민중의 세계사

A PEOPLE'S HISTORY OF THE WORLD

과거가 어떻게 현재를 만들어냈는지를 알아야만 사람들은 세상을 바꾸기 위해 싸울 수 있다. 세상은 분명히 바뀔 필요가 있었고, 지금도 여전히 그렇다. 20세기는 엄청난 변화가 일어난 세기였다. 그러나 어떤 것들은 전혀 변하지 않았거나 변했다 하더라도 오히려 더 나빠졌을 뿐이다. 그토록 끔찍한 체계가 어떻게 생겨났는지를 알기 위해서는 왕과 장군 따위의 이름을 외우는 것만으로는 부족하다. 어떻게 해서 인간이 특정 사회에 살게 됐는지, 그리고 그들 자신의 행동으로 사회를 변혁하고 결국 오늘에 이르게 됐는지를 알 수 있게 해 주는 방식을 찾아내야 한다. 과거를 이해하는 것은 미래를 개척하는 데 도움이 된다. 내가 이 책을 쓴 이유가 바로 그것이다.

민중의 세계사

A PEOPLE'S HISTORY OF THE WORLD

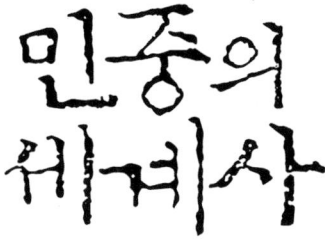

과거가 어떻게 현재를 만들어냈는지를 알아야만 사람들은 세상을 바꾸기 위해 싸울 수 있다. 세상은 분명히 바뀔 필요가 있었고, 지금도 여전히 그렇다. 20세기는 엄청난 변화가 일어난 세기였다. 그러나 어떤 것들은 전혀 변하지 않았거나 변했다 하더라도 오히려 더 나빠졌을 뿐이다. 그토록 끔찍한 폐해가 어떻게 생겨났는지를 알기 위해서는 왕과 장군 따위의 이름을 외우는 것만으로는 부족하다. 어떻게 해서 인간이 특정 사회에 살게 됐는지, 그리고 그들 자신의 행동으로 사회를 변혁하고 결국 오늘에 이르게 됐는지를 알 수 있게 해 주는 방식을 찾아내야 한다. 과거를 이해하는 것은 미래를 개척하는 데 도움이 된다. 내가 이 책을 쓴 이유가 바로 그것이다.

Chris Harman
크리스 하먼 지음

천경록 옮김

민중의 세계사

지은이 크리스 하먼
옮긴이 천경록
펴낸곳 도서출판 책갈피

초판 발행일 2004년 11월 15일
초판 7쇄 2018년 10월 1일

등록 1992년 2월 14일(제18-29호)
주소 서울특별시 중구 필동2가 106-6 2층(100-272)
전화 (02) 2265-6354
팩스 (02) 2265-6395

ISBN 89-7966-036-7 03300
값 35,000원

잘못된 책은 바꿔 드립니다.

차례

추천의 말 • 9
한국어판에 부치는 저자 머리말 • 13
머리말 • 15

1부 | 계급 사회의 등장

프롤로그: 계급 이전 • 29
1장 신석기 '혁명' • 38
2장 최초의 문명 • 46
3장 최초의 계급 분화 • 52
4장 여성 억압 • 60
5장 첫 번째 '암흑기' • 63

2부 | 고대 세계

1장 철과 제국 • 79
2장 고대 인도 • 83
3장 중국 최초의 제국들 • 91
4장 그리스의 도시국가들 • 101
5장 로마의 흥망 • 110
6장 기독교의 등장 • 130

3부 | '중세'

1장 수백 년의 대혼란 • 151
2장 중국: 제국의 재등장 • 155
3장 비잔티움: 살아 있는 화석 • 167
4장 이슬람 혁명 • 174
5장 아프리카의 문명들 • 190
6장 유럽의 봉건제 • 195

4부 | 대변혁

1장 신(新)스페인 정복 • 221
2장 르네상스에서 종교개혁으로 • 236
3장 새로운 질서의 산통(産痛) • 262
4장 아시아 제국들의 마지막 개화(開花) • 292

5부 | 새로운 질서의 확산

1장 사회 평화의 시기 • 307
2장 미신에서 과학으로 • 312
3장 계몽주의 • 318
4장 노예제와 임금 노예제 • 324
5장 노예제와 인종 차별 • 326
6장 '자유 노동'의 경제학 • 336

6부 | 뒤집힌 세계

1장 아메리카의 서곡 • 347
2장 프랑스 대혁명 • 362
3장 프랑스 외부의 자코뱅주의 • 392
4장 이성의 퇴조 • 408
5장 산업혁명 • 412
6장 마르크스주의의 탄생 • 422
7장 1848년 • 433
8장 미국 남북전쟁 • 445
9장 동양 정복 • 457
10장 일본: 예외 사례 • 469
11장 하늘을 뒤흔들다: 파리코뮌 • 473

7부 │ 희망과 공포의 시대

1장 자본의 세계 • 487
2장 세계 대전과 세계 혁명 • 519
3장 격동하는 유럽 • 549
4장 식민지 세계의 반란 • 572
5장 '황금의 20년대' • 589
6장 대공황 • 596
7장 목 졸린 희망: 1934~1936년 • 623
8장 세기의 어둠 • 647
9장 냉전 • 687
10장 신세계 무질서 • 730

결론: 이 시대의 환상 • 765
후주 • 785
용어설명 • 830
더 읽을거리 • 859
찾아보기 • 868

일러두기

1. 인명과 지명 등을 포함한 외래어는 최대한 외래어 표기법에 맞춰 표기했다.
2. 본문에서 [ ]는 옮긴이가 우리말로 옮기는 과정에서 독자들의 이해를 돕고 문맥을 매끄럽게 하기 위해 덧붙인 것이다. 단, 인용문에서는 옮긴이 첨가와 저자 첨가를 구분하기 위해 [—크리스 하먼]이라는 표기를 두었다.
3. ≪ ≫는 책, 잡지 등을 나타내고, < >는 신문, 영화, 노래 등을 나타낸다.
4. 저자의 원주(原住)는 책 뒤에 후주로 처리했다.
5. 중국어 인명의 표기는 신해혁명(1911년)을 기점으로 그 이전은 우리 한자 독음으로, 이후는 중국어음으로 표기했고, 지명은 중국어음으로 표기했다.

추천의 말

❧ 내 책 ≪미국 민중사≫ 같은 책이 세계사 분야에서도 있는지 많은 사람들이 내게 물어왔다. 매우 어려운 이 작업을 완성한 오직 한 권의 책을 알고 있다고 나는 언제나 대답해왔다. 그 책은 바로 크리스 하먼의 ≪민중의 세계사≫이다. 이 책은 내 서가에 없어서는 안 되는 책이다.

— **하워드 진**, ≪미국 민중사≫ 저자

❧ 중세 유럽에서 철학을 '신학의 시녀'라고 불렀듯이, 오늘날 계급 사회의 사학은 '권력의 시녀'에 불과할 뿐이다. 사학자들은 이 계급 착취 체제를 '역사의 합법칙적 결론'으로 일단 받아들여 놓고, 역사의 사실들을 이 체제의 '화려한 계보 만들기'의 재료쯤으로 간주한다.

근대 사학이 '과학성'을 자랑하지만, 사실 제도권 교과서를 통해 역사를 배운 일반인들에게 역사란 '위대한 인물'의 얘기로만 기억된다. '위대'하지 않은 모든 평민, 노비, 여성, 반란자, 장애인 등은 사학자가 만들어낸 '우리의 계보'에 포함되지 못한다. 우리는 지폐에서까지 그 얼굴을 볼 수 있는 퇴계와 같은 '위대한 인물'은 알지만, 채찍질을 당하면서 그의 논밭을 갈아야 했던 노비들의 이름을 알고 있는가? 아니면 최소한 그들의 존재라도 의식하고 있는가?

이런 지배자들의 역사에 본격적으로 도전하고 있는 책이 바로 크리스 하먼의 책이다. 우리는 이 책에서 지배자들에게 착취·학살당하고, 그 질서 아래에서 신음하고, 그 질서에 도전하고, 반란과 혁명을 통해서 인간으로서 존엄성을 지키려 했던 수많은 '역사의 아웃사이더'들의 발자취를 볼 수 있을 것이다.

— **박노자**, 오슬로대학 교수, ≪당신들의 대한민국≫ 저자

❧ 이 책은 세계 민중의 대서사시다! 역사는 본디 민중의 것이었다. 그러나 어쩌랴! 지금 현실은 그렇지 않은 것을. 이런 민중의 자기 배반, 자기 부정은 왕조사적 역사 읽기에서 비롯했다. 이 책은 그런 책들과는 다르다. 바로 그렇기 때문에 이 책은 세계화된 세계에서 야만적인 신자유주의에 맞서 싸우고 마침내 다른 세계를 가능하게 할 세계 민중을 위한 길잡이가 될 것이다. 젊은이들이 내게 추천 도서를 물어올 때 나는 꼭 이 책을 권하고 싶다.

— **홍세화**, ≪나는 빠리의 택시운전사≫의 저자

❧ 흔히 인류의 역사를 거대한 서사시라고 한다. 크리스 하먼은 인류의 태초부터 오늘에 이르는 그야말로 아마존 밀림처럼 복잡하고 태평양처럼 심원한 사건들의 혼돈에 쉽게 발견하기 어려운 질서를 부여해 마치 거대한 프레스코 벽화처럼 우리의 눈앞에 펼쳐 보이고 있다. 우리는 이 책에서 파라오부터 온갖 황제와 왕들, 현대의 권력자들에 이르는 지배자들의 위광을 넘어서 기술의 발전, 계급 구조와 충돌에 대한 그 영향, 사회경제적 변화의 의미, 이 틈새에 보이는 민중의 모습, 더 나아가 새로운 시대에 대한 전망까지도 읽을 수 있다. 이 책은 잿빛의 21세기를 맞이해 역사의 진보가 여전히 가능함을 웅변해 준다.

— **최갑수**, 서울대학교 서양사학과 교수

❧ 탐욕과 경쟁. 어느새 사람의 '본성'이 됐다. 현실을 직시하자는 명분 아래 인류에 대한 모멸이 저질러졌다. 사람을 '털 없는 원숭이'라거나 '이기적 유전자'로 풀이하는 과학이 바람을 일으켰다. 하지만 이 책은 그 '과학'이 사실무근임을 생생하게 증언한다. 동시에 지배 세력 중심의 세계사 서술이 지닌 따분함을 정면으로 거부한다. 그렇다고 '아래로부터의 역사'에만 매몰되지 않았다. 세계사의 상호 연관성을 쉽게 풀어주는 미덕까지 갖췄다. 그렇다. 이 책은 세상이 어떻게 바뀌었는지를 보여 줌으로써 앞으로 세상을 바꿀 열쇠를 독자에게 건넨다. 단 한 번뿐인 삶을 진솔하게 살려는 모든 젊은 벗에게 일독을 권한다.

— **손석춘**, <한겨레> 논설위원

❧ 우리는 이름 없는 풀뿌리 대중이 일상적 삶과 투쟁을 통해 사회를 변화시켜온 아래로부터의 세계사를 읽고 싶었다. 우리는 대규모 전쟁, 대학살, 경제 위기, 사회 대립으로 가득 찬 현대 세계가 나아질 수 있다는 희망을 주는 세계사적 통찰을 바랐다. 크리스 하먼의 이 책이 오랫동안 기다려온 바로 그 책이다.

─ **강성호**, 순천대학교 사학과 교수

❧ 마르크스주의 역사학계에 뒤숭숭한 분위기가 존재하는 것이 명백하지만, 또한 몇몇 마르크스주의 역사학자들의 활력은 지속되고 있음을 무시할 위험도 존재한다. 여러 사례를 들 수 있지만 여기서는 유럽 노예제에 대한 로빈 블랙번의 2권짜리 최근 저작과 크리스 하먼의 《민중의 세계사》를 언급할 만한 가치가 있다.

─ **매트 페리**, 《마르크스주의와 역사학》 저자

한국어판에 부치는 저자 머리말

내가 이 책을 쓴 목적은 과거를 재미있게 설명하는 것이 아니었다. 물론, 그러고 싶긴 했지만 말이다. 내 목적은 과거—수천 년에 걸친 인류의 행동—가 어떻게 현재를 만들어냈는지를 설명하는 것이었다. 그런 것을 어느 정도 알아야만 사람들은 세상을 바꾸기 위해 싸울 수 있다.

세상은 분명히 바뀔 필요가 있었고, 지금도 여전히 그렇다. 20세기는 엄청난 변화가 일어난 세기였다. 산업자본주의 체제가 직간접으로 모든 나라를 지배하게 됐다. 20세기 초에 세계 인구의 압도 다수는 농민이었다. 수천 년 동안 그들은 조상 대대로 흔히 외딴 마을에서 농사를 지어 먹고살았다. 20세기가 끝날 무렵 세계 인구의 거의 절반은 도시에 살면서, 공장·광산·사무실에서 생계수단을 찾으려 했다. 자본주의의 확산과 더불어 엄청난 기술 진보가 있었다. 그래서 20세기 초에 태어난 사람이라면 누구든지 지금 우리가 아주 당연하게 여기는 많은 것을 신기하게 생각할 것이다.

그러나 어떤 것들은 전혀 변하지 않았거나 변했다 하더라도 오히려 더 나빠졌을 뿐이다. 아프리카 대륙 전체에 굶주림이 널리 퍼져 있다. 어지간한 생활을 누릴 수 있을 것이라는 희망은 경제 위기 때문에 하루아침에 날아가 버린다. 결핵이나 말라리아 같은 옛 질병들과 에이즈 같은 새로운 질병들 때문에 해마다 수많은 사람들이 죽어간다. 한 세기 전보다 1천 배나 더 파괴적인 무기들을 사용하는 전쟁들이 끊이지 않는다. 그리고 많은 나라들이 1백만 배나 더 파괴적인 무기들, 모든 인간을 절멸시킬 수 있는 핵무기들을 쌓아두고 있다. 한반도 같은 곳이 바로 그런 곳이다.

그토록 끔찍한 체제가 어떻게 생겨났는지를 알기 위해서는 왕·황제·장군·총리 따위의 이름을 외우는 것만으로는 부족하다. 인류의 발명품에 대한 설명만으로도 부족하다. 어떻게 해서 인간이 특정 사회에 살게 됐는지, 그리고 그들 자신의 행동으로 사회를 변혁하고 결국 오늘에 이르게 됐는지를 알 수 있게 해 주는 방식을 찾아내야 한다.

이것이 바로 내가 이 책을 쓴 목적이다. 나는 1백50여 년 전에 칼 마르크스가 요약한 방법을 이용해 그렇게 하려 했다.(비록 몇 가지 점에서 나는 특정 사건들에 대한 마르크스의 설명에 동의하지 않지만 말이다.) 이를 통해 나는 독자들이 학교에서 배웠거나 인기 있는 TV 역사 다큐멘터리에 나오는 중요한 역사적 사실들을 이해할 수 있게 돕고 싶었다. 그러나 나는 또한 사회 밑바닥 인민 대중의 일상적 투쟁과 [역사책에] 기록되지 않은 영웅주의가 어떻게 해서 거듭거듭 사회를 변화시켰는지도 보여 주고 싶었다. 그들의 노고가 세계의 모든 부를 창조했기 때문이다.

마지막으로 하나 더 말하자면, 내가 이 책의 초판을 다 쓴 것은 1999년 9월이었다. 나는 이 책을 낙관적으로 끝맺으려 했다. 물론, 이것은 쉽지 않은 일이었다. 왜냐하면 전 세계 많은 사람들이 여전히 전쟁·경제 위기·굶주림·질병에 시달리고 있었기 때문이다. 당시 내 낙관주의가 옳았음은 두 달 뒤에 입증됐다. 세계화에 반대한 시애틀 시위를 계기로 현 체제에 반대하는 반란의 새 물결이 시작됐기 때문이다. 그때 이후 우리는 이 운동이 전 세계 여러 도시로 확산되고 2002년 2월 15일 사상 최대 규모의 반전 시위로 발전하는 것을 봤다. 우리는 또 에콰도르·아르헨티나·볼리비아 같은 나라들에서 대중 봉기로 정부가 타도되는 것도 봤다. 이런 운동들이 최후의 승리를 거두기까지는 아직 멀었다. 그러나 이런 운동들은 "다른 세계가 가능하다"고 믿는 사람들이 세계 도처에 얼마나 많은지 보여 줬다. 그런 정서를 공유하는 모든 사람들에게 이 책이 어떻게든 도움이 되기를 바란다.

2004년 10월 크리스 하먼

머리말

누가 일곱 개의 성문이 있는 테베를 세웠는가?
책에서 그대는 왕들의 이름을 발견한다네.
왕들이 바위 덩어리를 끌어 날랐는가?
그리고 몇 번이고 파괴된 바빌론,
누가 바빌론을 몇 번이고 일으켜 세웠는가?
건설 노동자들은 금으로 번쩍이는 리마의 어느 집에 살았는가?
만리장성이 완성되던 날 밤에 석공들은 어디로 사라졌는가?
위대한 로마는 개선문으로 가득 차 있다네. 누가 그것들을 세웠는가?
시저는 누구를 상대로 승리를 거뒀는가?
수많은 찬양을 받은 비잔티움,
그곳에 있던 것은 궁전뿐이었는가?
전설의 아닐란티스에서조차
대양이 도시를 삼켜버린 날 밤에 사람들은
물에 빠져서도 자기 노예들한테 고함치고 있었다네.

청년 알렉산더는 인도를 정복했다네.
그는 혼자였는가?
시저는 갈리아 사람들을 무찔렀다네.

그의 옆에는 요리사도 없었는가?
스페인의 펠리페 왕은 자기 함대가 물 속에 가라앉았을 때 눈물을 흘렸다네.
눈물을 흘린 사람은 그 혼자뿐이었는가?
프리드리히 2세는 7년 전쟁에서 이겼다네.
그 말고 누가 이겼는가?

쪽을 넘길 때마다 등장하는 승리.
누가 승리자들의 연회를 위해 요리를 만들었는가?
10년마다 등장하는 위인.
누가 그들을 위해 대가를 치렀는가?

너무나 많은 이야기.
그만큼 많은 의문.

— 베르톨트 브레히트의 "독서하는 노동자의 질문"

 브레히트의 시에 나오는 질문은 소리 높여 대답을 요구하고 있다. 그런 질문에 답하는 것은 역사의 과제다. 역사를 소수 전문가 집단의 전유물이나 여유 있는 사람들만의 사치로 여겨서는 안 된다. 자동차 대량 생산을 개척했고 노동조합 운동을 지독히 싫어했으며 초기에 아돌프 히틀러를 숭배했던 헨리 포드의 말과 달리 역사는 "허튼소리"가 아니다.
 역사는 오늘날 우리가 살고 있는 삶을 낳은 사건들의 연속이다. 역사는 우리가 어떻게 오늘날의 우리가 됐는지에 관한 이야기이다. 역사를 이해하는 것은 오늘날 우리가 살고 있는 세계를 변혁할 수 있는지, 어떻게 그렇게 할 수 있는지를 알기 위한 열쇠다. 조지 오웰의 소설 ≪1984≫에서 국가를 지배하는 전체주의자들의 구호 중 하나는 "과거를 지배하는 자가 미래를 지배한다"는 것이다. 이 구호는 브레히트의 시에 등장하는, 궁전에 살면서 연회를 즐기는 자들이 늘 신봉한 구호였다.

약 2천2백 년 전에 중국의 진시황제는 "현재를 비판하기 위해 과거를 이용한" 사람들한테 사형 명령을 내렸다. 아스텍 사람들은 15세기에 멕시코 계곡을 정복했을 때 과거 국가의 기록을 없애버리려 했고, 1620년대에 그 지역을 정복한 스페인 사람들은 아스텍 사람들의 모든 기록을 없애버리려 했다.

20세기에도 사정은 별반 다르지 않았다. 스탈린이나 히틀러의 공식 역사가들에게 도전한 사람들은 투옥과 망명과 사형을 당했다. 30년 전만 해도 스페인 역사가들이 바스크 지방의 게르니카 시 폭격 사건을 파헤치거나 헝가리 역사가들이 1956년의 사건들을 조사하는 것은 금지돼 있었다. 이런 일은 최근까지도 계속돼 왔다. 그리스의 내 친구들은, 제1차세계대전 전에 그리스가 어떻게 마케도니아의 대부분을 합병했는지를 정부와 다르게 설명했다는 이유로 재판을 받았다.

서방 공업국에서는 노골적인 국가 탄압이 비교적 흔치 않은 일로 느껴질 수도 있다. 하지만 언제나 더 은밀한 방식으로 통제가 이루어진다. 이 책을 쓰고 있는 지금 신노동당 정부는, 학교에서 영국의 역사와 업적을 강조해야 하며 위대한 영국인들의 이름과 연대기를 가르쳐야 한다고 주장하고 있다. 대학에서는 여전히 기성 지배 세력의 의견에 가장 가까운 역사가들이 명예 학위를 차지하는 반면, 그 의견에 도전하는 사람들은 대학에서 중요한 자리를 맡지 못한다. '타협'은 여전한 '출세 방법'이다.

최초의 파라오 시대(5천 년 전) 이후로 지배자들은 자신과 선조들이 이룩한 '업적'을 나열한 것을 역사로 내세워왔다. 그런 '위대한 인간들'이 도시와 기념물을 세웠고, 번영을 가져왔고, 위대한 업적과 군사적 승리를 이룩했으며, 반대로 '악한 인간들'이 세상에 온갖 나쁜 것을 퍼뜨려왔다는 식이다. 최초의 역사 문헌들은 군주와 왕조의 이름을 나열한 것들로서, '왕들의 목록'이라 불린다. 40년 전까지 영국의 학교에서는 이런 족보를 배우는 것이 역사 수업의 주된 부분을 차지했다. 신노동당(그리고 야당인 보수당)은 이런 교육을 부활시키려는 듯하다.

이런 역사관에서는 마치 퀴즈 대회에 나가듯이 그런 족보를 달달 외우는 것만이 지식의 전부다. 이것은 역사를 사소한 오락거리로 여기는 역사관이다. 이런 역사관은 과거와 현재 중에 어느 쪽을 이해하는 데에도 전혀 도움이 안 된다.

이런 '위인' 사관에 의식적으로 반대하는 다른 역사관이 있다. 그런 역사관에서는 특정 사건들을 선택해서 이야기를 들려주는데, 때로는 그 사건에 참가한 평범한 사람들의 관점에서 그렇게 한다. 이것은 사람들을 매혹할 수 있다. 그런 사료를 이용한 TV 프로그램 — 또는 채널 — 은 시청자가 많다. '왕, 연도, 사건' 위주의 역사에는 거의 흥미를 보이지 않던 학생들도 그런 종류의 역사에는 비상한 관심을 보인다.

그러나 이런 '아래로부터의 역사'는 매우 중요한 것을 빠뜨릴 수 있다. 즉, 사건들의 상호 연관성이다.

단지 어떤 사건에 관련됐던 사람들과 공감한다고 해서 그들의 삶을 결정했고 지금도 우리의 삶을 결정하고 있는 더 큰 힘을 이해할 수 있는 것은 아니다. 예컨대 로마 제국의 흥망을 이해하지 못하면 기독교의 등장도 이해할 수 없다. 유럽 봉건제에 불어 닥친 위기와 유럽 이외의 대륙들에서 일어난 문명의 발전을 이해하지 못하면 르네상스 시대의 문예 부흥도 이해할 수 없다. 산업혁명을 이해하지 못하면 19세기의 노동자 운동도 이해할 수 없다. 이 밖에 더 많은 사건들, 그리고 그 사건들 사이의 연관성을 이해하지 못하면 어떻게 인류가 오늘날의 상태에 이르게 됐는지도 전혀 이해할 수 없다.

바로 그런 연관성을 보여 주려는 것이 이 책의 목적이다.

나는 인간의 역사를 완벽하게 서술하지는 않았다. 어느 한 시기의 역사를 자세히 알기 위해 필요한 많은 인물들과 사건들이 빠져 있다. 그러나 현재를 낳은 일반적 경향을 이해하기 위해 인류사의 사소한 부분까지 속속들이 알 필요는 없다.

역사의 일반적 경향에 대한 한 가지 통찰을 제공한 것은 칼 마르크스였다. 칼 마르크스는 인간이 먹고살기 위해 협동해야만 지구에서 살아남을 수 있었으며, 먹고사는 새로운 방법이 등장할 때마다 인간들 사이의 더 넓은 관계도 바뀌어야 했다고 지적했다. 마르크스의 말을 빌자면, '생산력'의 변화는 '생산관계'의 변화를 수반하며, 생산관계의 변화는 마침내 사회관계 전체를 바꿔놓는다.

그러나 그런 변화가 기계적인 방식으로 일어나는 것은 아니다. 각각의 고비마다 인간은 어떤 길을 따라 나아갈 것인지 선택하며, 그런 선택은 거대한 사회적 갈등을 거쳐 관철된다. 사람들이 어떤 선택을 하는지는 역사의 어느 시점부터는 그들의 계급적 지위와 관련 있다. 노예는 노예 소유주와 다른 선택을 하기 쉽고, 봉건 장인은 봉건 영주와 다른 선택을 하기 쉽다. 인류의 미래를 놓고 벌어진 거대한 투쟁은 그 속에 계급 투쟁이라는 요소를 포함해왔다. 그런 거대한 투쟁들의 연속으로 이루어진 역사의 뼈대 주변에 역사의 나머지 부분이 자라난다.

이런 역사관이 개인의 역할이나 개인들이 퍼뜨리는 사상의 역할을 부정하는 것은 아니다. 이것이 강조하는 점은, 어떤 개인이나 사상이 일정한 역할을 할 수 있는 것은 오직 그 사회의 선행하는 물질적 발전, 인간이 먹고사는 방식, 그리고 계급과 국가의 구조 때문에 가능하다는 것이다. 뼈대가 곧 살아 있는 육체인 것은 아니다. 그러나 육체는 뼈대가 없으면 생존할 수 없다. 역사의 물질적 '토대'를 이해하는 것은 다른 모든 것을 이해하기 위한 불충분하지만 필수적인 전제 조건이다.

그 때문에 이 책에서는 세계사에 대한 윤곽만을 제공하려 한다. 하지만 그 윤곽은 과거와 현재를 모두 이해하는 데 도움을 줄 수 있으리라 믿는다.

이 책을 쓰는 동안 줄곧 두 가지 편견에 맞서야 했다.

한 가지 편견은 지금껏 존재한 사회들과 인류 역사의 중요한 특징들이 어떤 '변하지 않는' 인간 본성의 소산이라는 생각이다. 이런 편견은 학계와 주류 언론과 대중문화 곳곳에 스며들어 있다. 인간은 언제나 탐욕스럽고 경쟁적이며 공격적이라고들 하며 전쟁, 착취, 노예제, 여성 억압 같은 끔찍한 일들이 생기는 것도 그런 인간 본성 때문이라고 한다. 이런 '야만인' 이미지는 제1차세계대전 중에 서부 전선에서 일어난 학살과 제2차세계대전의 홀로코스트를 설명하는 데도 써먹을 수 있다. 나는 전혀 다르게 주장할 것이다. 오늘날 우리가 알고 있는 '인간 본성'은 역사 발전의 산물이지 그 원인이 아니다. 역사는 서로 다른 여럿의 인간 본성을 창조했으며, 거대한 정치·경제·이데올로기적 전투 끝에 새로운 인간 본성이 낡은 인간 본성을 대체해왔다.

지난 10년 동안 널리 퍼진 두 번째 편견은 인간 사회가 과거에는 변했을지 몰라도 더는 변하지 않는다는 생각이다.

미국 국무부 고문인 프랜시스 후쿠야마는 1990년에 이런 메시지를 주창해 국제적으로 각광받았다. 후쿠야마는 인류가 다름 아닌 "역사의 종말"을 목격하고 있다고 선언했고, 이 글은 수십 개 언어로 번역돼 전 세계 신문에 실렸다. 후쿠야마는 대규모 사회 갈등과 이데올로기 투쟁은 과거지사가 됐다고 주장했고, 수천 명의 신문 편집자들과 TV 뉴스 캐스터들이 맞장구를 쳤다.

런던경제대학(LSE) 학장이자 영국 신노동당 총리의 궁정 사회학자인 앤서니 기든스는 1998년에 출판한, 유명하지만 읽은 사람은 거의 없는 책 ≪제3의 길≫에서 똑같은 주장을 폈다. 기든스는 우리가 "자본주의에 대한 대안이 없는 세계"에 살고 있다고 썼다. 기든스는 널리 퍼진 가정을 받아들여 되풀이했을 뿐이다. 그것은 근거 없는 가정이다.

한 나라의 총생산을 조직하는 방식으로서 자본주의는 3백~4백 년밖에 안 됐다. 세계 규모의 총생산을 조직하는 방식으로서 자본주의는 기껏해야 1백50년밖에 안 됐다. 거대 도시를 세웠고 문자 해독 능력을 널리 보급했으며 시장에 대한 보편적 의존을 확산시킨 산업자본주의의 역사는 세계 대부분 지역에서 불과 50년 전에야 시작됐다. 반면 인류는 1백만 년 전부터 지구에 존재해왔고, 오늘날의 인류는 10만 년 이상 지구에 존재했다. 인류의 전체 수명에서 고작 0.5퍼센트도 안 되는 기간만 존재해온 사회 운영 방식이 앞으로 인류에게 남아 있는 수명 동안에도 계속 존재한다면 그것은—인류가 곧 멸망하지 않는 다음에야—참으로 놀라운 일일 것이다. 후쿠야마와 기든스는 칼 마르크스가 적어도 한 가지 점만은 옳았다는 것을 입증했을 뿐이다. 마르크스는 "부르주아지에게 역사는 지금까지만 존재했을 뿐, 더는 존재하지 않는다"고 말했다.

최근의 인류 역사는 순탄한 진보의 역사가 아니었다. 그것은 되풀이된 격변과 끔찍한 전쟁, 유혈낭자한 내전과 폭력적인 혁명과 반혁명으로 얼룩져 있다. 대다수 인류의 삶이 나아질 것처럼 보인 시기들은 거의 언제나 몇십 년, 심지어 몇백 년 동안 계속된 심각한 빈곤과 끔찍한 파괴의 시기로 이어졌다.

이런 일이 벌어지는 동안에도 자연의 힘을 지배하고 이용하는 인간의 능력이 크게 진보한 것은 사실이다. 그런 점에서 오늘날 우리는 수천 년 전보다 훨씬 큰 능력이 있다. 우리는 사람들이 자연의 힘 때문에 굶주리거나 동사하지 않아도 되는 세계에 살고 있으며, 한때는 사람들을 공포에 떨게 했던 질병들을 영원히 박멸할 수 있는 세계에 살고 있다.

그러나 이 자체로 수억 명의 목숨을 주기적으로 앗아가는 기아와 영양실조와 전쟁이 없어지지는 않았다. 20세기의 역사를 보면 잘 알 수 있다. 20세기에는 마침내 산업자본주의가 전 세계를 장악해, 가장 낙후된 곳에 사는 농민이나 유목민조차도 어느 정도는 시장에 의존하게 됐을 정도다. 그러나 20세기는 자유주의 철학자인 이사야 벌린이 "서구 역사상 가장 끔찍했던 세기"라고 표현했을 만큼 과거 어느 시기에도 뒤지지 않는 전쟁·학살·약탈·야만의 세기이기도 했다. 인류 전체의 삶이 마술적으로 개선됐다는 조짐은 지난 몇십 년 동안에는 전혀 찾아볼 수 없었다. 옛 동구권 전체가 빈곤해졌고, 아프리카의 여러 곳에서는 끝이 안 보이는 내전과 기근이 되풀이됐고, 절반에 가까운 라틴아메리카 사람들이 빈민이 됐다. 이란과 이라크는 8년 동안 전쟁을 벌였고, 세계 최강대국들의 연합군이 이라크와 세르비아에서 군사적 학살을 자행했다.

역사는 끝나지 않았고, 역사의 주된 특징들을 이해하는 것은 그 어느 때보다 필요하다. 나는 그 일에 도움을 주고자 이 책을 썼다.

그렇게 하기 위해서 나는 수많은 노작들의 도움을 받았다. 예컨대, 계급사회의 출현에 관한 장은 영국의 위대한 고고학자인 고든 차일드의 저작들이 없었다면 쓰지 못했을 것이다. 비록 몇 가지 중요한 세부 정보들은 낡았지만, 차일드의 저작 《역사적 사건들》은 읽고 또 읽을 가치가 있다. 중세에 관한 장은 마르크 블로크의 고전적 저작과 프랑스의 아날학파 역사가들의 연구 성과에서, 20세기 초에 관한 장은 레온 트로츠키의 저작에서, 20세기의 나머지에 관한 장은 토니 클리프의 분석에서 많은 도움을 받았다. 역사에 어느 정도 조예가 있는 독자들이라면 그 밖에도 여러 사람들의 영향을 감지할 수 있을 것이다. 그런 사람들 가운데 저자가 직접 인용한 일부 사람들은 본문이나 후주에서 그 이름을 언급했고 일부 사람들은 언급하지 않았지만, 결코 그들이 덜 중요하기 때문에 그랬던 것은 아니다. 크리스토퍼 힐, 제프리 드 생 크루아, 기 부아, 알베르 소불, 에드워드 톰슨, 제임스 맥퍼슨, 코삼비의 이름이 머리에 떠오른다. 독자들이 내 책을 읽고 나서 이 사람들의 저작들을 읽어 보고 싶은 마음이 들었으면 좋겠다. 특정 시기를 더 자세히 알고 싶어할 독자들을 위해 책 끝에 짧은 추천 도서 목록을 덧붙였다.

연대기가 역사의 전부는 아니다. 하지만 사건의 순서는 때때로 매우 중요하다. 독자들이(심지어 필자들조차도!) 사건의 순서를 추적하기 쉽지 않은 경우가 많기 때문에, 각 장이 시작될 때마다 해당 시기에 일어난 중대한 사건들에 관한 짧은 연표를 실었다. 비슷한 이유로, 책 끝에 인명, 지명, 낯선 용어에 관한 용어 설명을 달았다. 포괄적인 용어 설명은 아니지만, 어떤 장을 읽다가 다른 장에서 좀더 자세히 다루어진 인물, 사건, 지명을 언급할 때 유용할 것이다. 마지막으로, 초고를 완성된 책으로 바꾸는 과정에서 도움을 준 많은 이들에게 감사드린다. 이언 버챌, 크리스 뱀버리, 알렉스 캘리니코스, 찰리 호어, 찰리 킴버, 린지 저먼, 탤럿 아흐메드, 핫산 마함달리,

세쓰 하먼, 폴 먹가, 마이크 헤인즈, 티티 밧타차리아, 배리 파비어, 존 몰리뉴, 존 리즈, 케빈 오븐든, 샘 애쉬먼은 초고의 전부나 일부를 읽고 수많은 부정확함을 찾아내 줬으며, 때때로 내가 쓴 내용을 심각하게 재고하게 만들었다. 두말할 나위 없이, 이들은 이 책 곳곳에 등장하는 내 역사적 판단과 여전히 남아 있을 수 있는 사실의 오류에 아무 책임이 없다. 초고를 편집한 이언 테일러와 최종본 제작을 감독한 롭 호브먼에게 감사한다.

1부
계급 사회의 등장

지난 수천 년 동안의 인류 역사는 무엇보다 매우 다른 사회들과 매우 다른 사상들이 어떻게 발전했는지에 관한 역사다. 그 역사는 수많은 남녀들의 행위를 통해 형성됐다. 그들은 때로는 세상을 있는 그대로 받아들였고 때로는 세상을 바꾸려고 몸부림쳤으며, 그 과정에서 종종 실패하고 가끔은 성공하면서 자신들과 동료들과 사랑하는 이들을 위해 더 나은 삶을 만들고자 했다. 그렇다면 억압 구조를 없앰으로써 인간의 기본적 필요를 충족하는 데 부를 사용할 수는 없는지, 원시공산주의 시대의 우리 조상들이 수백 세대 동안 간직해온 삶의 가치들에 바탕을 두는 사회에 그 부를 종속시킬 수는 없을까?

연표

4백만 년 전 최초의 직립보행 유인원인 오스트랄로피테쿠스 출현.

1백50만 년 전~50만 년 전 '구석기시대' 초기. 분명한 인류인 호모 에렉투스 출현. 돌, 나무, 뼈로 만든 도구 사용.

40만 년 전~3만 년 전 유럽과 중동에서 네안데르탈인 출현. 문화의 흔적이 있으며 언어를 사용했을 것으로 추정함.

15만 년 전 '구석기시대' 중기. 아마도 아프리카에서 기원한 최초의 '현생 인류'(호모 사피엔스 사피엔스) 출현. 계급, 신분, 성 억압이 없었던 소규모 원시 유목민 집단을 이루어 채집 생활을 함.

8만 년 전~1만 4천 년 전 '구석기시대' 후기. 현생 인류가 중동에 도착(8만 년 전), 호주에 상륙(4만 년 전), 유럽에 도착(3만 년 전), 아메리카 대륙에 정착(1만 4천 년 전).

1만 3천 년 전 '중석기시대'. 기후 덕분에 일부 인류는 채집 생활을 계속하면서도 약 2백 명으로 구성된 촌락에 정주.

1만 년 전 '신석기시대'. 1차 농업혁명. 식물과 가축을 길들임. 더 발전한 도구, 토기 사용. 촌락 생활 확산. 집단들 사이의 조직적인 전쟁이 처음 일어남. 계급이나 국가는 아직 출현하지 않음.

7천 년 전 유라시아와 아프리카에서 쟁기를 사용하기 시작함. 북서 유럽으로 농업 확산. 일부 집단에서 족장 사회가 출현했지만 계급이나 국가는 아직 출현하지 않음.

6천 년 전~5천 년 전 중동과 나일 강변에서 '도시혁명'이 일어남. 일부는 구리를 사용.

5천 년 전(기원전 3000년) 이집트의 '고왕국'과 메소포타미아에서 국가 출현. 최초의 알파벳. 청동 발견. 명백한 사회 계급 분열. 종교적 위계 질서와 신전의 출현. 기원전 2800년에 최초의 피라미드 건축. 여성이 남성보다 열등하다고 보는 경향이 생겨남.

4천5백 년 전~4천 년 전(기원전 2500년~2000년) 인더스 강변에서 도시국가가 성장함. 사르곤이 최초로 통일된 중동 제국을 수립함. 서유럽에서 스톤 서클 건물들이 세워짐. 이집트 남부에서 누비아 문명이 출현한 듯함.

4천 년 전 '암흑기'. 메소포타미아 제국과 이집트 '고왕국' 붕괴. 소아시아, 철을 녹여 사용.

4천 년 전~3천6백 년 전(기원전 2000년~1600년) 크레타에서 미노스 문명 출현. 이집트에서 '중왕국'이 수립되고, 함무라비가 메소포타미아 제국을 통치함. 중국 북부에서 도시혁명 시작. 그리스에서 미케네 문명 출현.

3천6백 년 전(기원전 1600년) '중왕국' 붕괴로 위기를 맞은 이집트가 '제2중간기'에 들어섬. 크레타 문명, 인더스 문명, 미케네 문명의 붕괴로 '암흑기'가 찾아와 이런 지역들에서 문자가 소실됨. 상조(은나라)가 수립된 중국 북부에서 '청동기시대'가 열림.

3천 년 전(기원전 1000년) 에티오피아에서 악숨 문명이 출현. 지중해 연안에서 페니키아의 도시국가들이 수립됨. 올멕 문화의 '메소아메리카'와 차빈 문화의 안데스 지역에서 '도시혁명'이 일어남.

2천8백 년 전~2천5백 년 전(기원전 800년~500년) 인도, 그리스, 이탈리아에서 새로운 문명 출현. 누비아에서 메로에 유적이 건설됨.

2천5백 년 전~2천 년 전(기원전 400년~1년) 메소아메리카의 올멕 문명에서 고유 문자가 발명됨.

2천 년 전(서기 1세기) 멕시코 계곡에서 테오티우아칸이 생겨남. 단단한 금속을 사용할 줄 몰랐는데도, 아마도 세계 최대의 도시였음. 4백 년 뒤에 버림받음. 그 뒤를 이어 멕시코 남부와 과테말라에서 몬테알반 문명과 마야 문명 출현.

프롤로그: 계급 이전

21세기의 세계는 탐욕, 부자와 가난한 사람 사이의 엄청난 불평등, 인종차별적·국수주의적 편견, 야만스러운 관습, 끔찍한 전쟁이 존재하는 세계다. 그래서 사람들은 세상이 언제나 이 모양이었고 앞으로도 달라질리 없다고 믿기 쉽다. 실제로 수많은 작가, 철학자, 정치인, 사회학자, 기자, 심리학자가 그렇게 주장한다. 이런 사람들은 위계 구조, 굴종, 탐욕, 잔혹성을 인간의 '자연스런' 속성으로 그린다. 심지어 어떤 이들은 이것이 동물계 전체의 특징이라고 본다. 소위 '유전 법칙'이 강요하는 '사회생물학적' 법칙 때문에 그런 속성들이 나타난다는 것이다.[1] 인기를 누리는 많은 보급판 '과학' 책들이 그런 관점을 퍼뜨리고 있다. 이런 책들은 인간이 "털 없는 원숭이"(데스먼드 모리스)[2]요, "살인 추동"의 노예(로버트 아드리)[3]라고 말한다. 어떤 이는 인간이 "이기적 유전자"(리처드 도킨스)[4]에 따라 움직이도록 프로그램돼 있다는, 좀더 정교한 주장을 편다.

그러나 인간 속성에 대한 이런 식의 석기시대식 희화화는 우리가 지금까지 알아낸 선사시대 우리 조상들의 실제 삶에 비추어 보면 금세 근거를 잃어버린다. 지금껏 축적된 과학적 증거들은 경쟁과 불평등과 억압이 선사시대 사회의 특징이 아니었음을 보여 준다. 경쟁과 불평등과 억압은 정확히 말해 그리 오래지 않은 역사의 산물이다. 불과 5천 년 전만 해도 인류가 보였던 행동 방식에 대한 고고학적 발견과, 19세기와 20세기 초까지 비슷한 방식으로 조직됐던 세계 여러 지역의 사회들에 대한 인류학 연구가 그 증거를 제공한다.

인류학자인 리처드 리는 그런 발견들을 다음과 같이 정리했다.

국가가 출현해 사회적 불평등이 고착되기 전 수만 년 동안 인간은 혈족에 기반을 둔 소규모 사회 집단을 이루고 살았다. 이 집단의 경제 생활 제도는 토지와 자원의 집단 또는 공동 소유, 식료품 분배에서 널리 확산돼 있던 호혜주의, 비교적 평등주의적인 정치 관계를 핵심으로 하고 있었다.[5]

다시 말해 사람들은 서로 나눠 갖고 도왔으며, 지배자와 피지배자도, 부자도 가난한 사람도 없었다. 리의 언급은 1880년 프리드리히 엥겔스가 '원시공산주의'를 설명하면서 사용했던 문구들과 무척 비슷하다. 이 점은 매우 중요하다. 우리 종(현생 인류나 호모 사피엔스 사피엔스)의 역사는 10만 년이 넘는다. 이 시기의 95퍼센트에 해당하는 기간에는 오늘날 '인간 본성' 탓으로 돌려지는 속성들 대부분이 존재하지 않았다. 인간에게는 오늘날의 사회를 이 지경으로 만들 수밖에 없는 어떤 고정된 생물학적 속성도 없다. 우리가 새천년에 들어서면서 부딪히고 있는 어려움들은 인간 본성 탓이 아니다.

우리 종의 기원은 10만 년보다 훨씬 전으로 거슬러 올라간다. 우리의 먼 조상은 약 4백~5백만 년 전 아프리카의 유인원 종에서 진화해 나왔다. 무엇 때문이었는지는 모르지만 이 종은 가장 인간에 가까운 동물인 침팬지와 보노보(보통 '피그미 침팬지'로 불린다)처럼 더는 나무에서 살지 않고 땅에 내려와 직립보행을 하게 됐다. 이 종은 식물의 뿌리를 파내기 위해 초보적인 도구를 만들고(침팬지가 때때로 그러는 것처럼), 나무 열매를 따고, 땅 벌레와 곤충을 모으고, 작은 동물을 사냥하고, 맹수를 쫓기 위해 다른 포유류 종들보다 훨씬 더 협동적인 삶을 영위함으로써 땅에 내려와서도 생존할 수 있었다. 경쟁이 아니라 협동이 생존에 유리했다. 협동해서 일하는 법과 그에 필요한 새로운 정신적 습성을 배울 수 있었던 집단들은 생존하고 번식했지만, 그러지 못한 집단들은 소멸했다.

새로운 생활방식 덕분에 수백만 년 동안 인류는 아주 독특한 유전적 성질을 지닌 포유류로 진화했다. 다른 포유류들이 공격할 때 자신을 지킬 수 있다든지(날카로운 이빨과 발톱), 몸을 따뜻하게 할 수 있다든지(두터운 가죽), 도망칠 수 있다든지(긴 다리) 하는, 포유류들이 일반적으로 갖고 있는 고도로 특화된 육체 기관이 인류에게는 없었다. 대신에 초기 인류는 자연 환경에 극도로 유연하게 적응할 수 있는 유전적 특징들이 있었다. 인류는 손을 이용해 물체를 잡거나 만들 수 있었고, 목소리를 이용해 의사 소통을 할 수 있었고, 자연 환경을 조사하고 연구해 일반화할 수 있었고, 새끼를 오랫동안 기름으로써 기술과 지식을 전수할 수 있었다. 그런 필요에 부응하기 위해 커다란 뇌와 사회화에 필요한 능력과 욕구가 발달했다. 그러자 이번에는 다른 동물과 질적으로 다른 의사 소통 수단(언어)과 그것을 통해 직접 느낄 수 없는 사물을 개념화하는 능력(즉, 인류를 둘러싸고 있는 세계와 그 안에 존재하는 자기 자신을 인식하는 능력)이 발전했다.[6] 약 15만 년 전에 아프리카에서 현생 인류가 탄생한 것은 이런 과정의 정점이었다.[7]

그 다음 9만 년 동안 우리 조상들은 아프리카를 떠나 세계 여러 지역에 정착했고, 그 과정에서 네안데르탈인 같은 다른 인간 종들을 몰아냈다.[8] 적어도 6만 년 전에 인류는 중동에 도착했다. 4만 년 전에는 서유럽에 도착했고, 동남아시아의 섬들과 호주 사이에 가로놓인 바다를 (어떻게 해냈는지 모르지만) 건넜다. 1만 2천 년 전에는 얼어붙은 베링 해협을 건너 아메리카 대륙에 도착함으로써, 마침내 인류는 남극 대륙을 제외한 모든 대륙으로 흩어졌다. 각 지역에 정착한 소규모 집단들은 종종 수천 년 이상 서로 고립됐다.(얼음이 녹으면서 베링 해협은 건널 수 없게 됐고, 해수면이 높아지면서 동남아시아에서 호주로 건너가는 것도 어려워졌다.) 그러자 언어가 달라지기 시작했고, 서로 다른 지식이 축적되면서 사회와 조직과 문화도 달라졌다. 집단들 사이의 미세한 유전적 차이들도 좀더 분명해졌다(눈동자의 색깔, 머리털, 피부색 등). 그러나 인류는 여전히 똑같은 유전적 특성을 공유했다. 언제나 집단 내부의 편차가 집단들 사이의 편차보다 컸다. 누구나 다른 집단의 언어를 배울 수 있었으며, 집단마다 지적 재능의 분포에도 차이가 없었다. 인간 종은 광범하게 분산된 소규모 집단들로 나뉘었지만 여전히 단일한 종이었다. 각각의 집단이 발전한 방식은 그 집단의 특수한 유전자에 좌우된 것이 아니라, 환경을 이용하는 기술과 협동 형태를 그 집단이 처한 환경에서 먹고살기 알맞게 적용시킨 방식에 좌우됐다. 사회마다 고유한 관습, 태도, 신화, 제의(祭儀)가 생겨난 것도 그 때문이었다.

약 1만 년 전까지 인류 사회는 어느 정도 공통되는 근본적 특징들을 공유했다. 그들 모두 '채집' — 즉, 자연의 생산물(열매, 뿌리, 야생 동물, 물고기, 조개)을 구해서 가공해 사용하는 일 — 이라는 대략 똑같은 방식으로 의식주를 해결했기 때문이다. 그래서 당시 사회들을 보통 '수렵-채취 사회'라고(아니면 '채집 사회'라는 더 나은 용어로) 부른다.[9]

채집 사회는 불과 수백 년 전까지만 해도 지구 곳곳에 남아 있었고, 지금도 소수가 존재한다. 리처드 리 같은 인류학자들은 이런 사회를 연구함으로써 적어도 인류 역사의 90퍼센트에 해당하는 시기에 우리 종이 어떻게 살았는지 알아낼 수 있었다.

서방 세계의 오랜 통념은 그런 사회에 사는 사람들이 미개한 '야만인'[10]으로서 힘들고 궁핍한 "자연 상태"의 생활을 하며, 살아남기 위해 "만인에 대한 만인의 투쟁"을 방불케 하는 유혈낭자한 싸움을 벌여야 하기 때문에 그들의 삶은 "역겹고 야만적이며 짧았다"는 것이다.[11] 현실은 매우 달랐다.

사람들은 30~40명 단위의 느슨한 무리를 이루고 살았고 때때로 다른 무리와 합쳐 2백 명 남짓의 집단을 이루기도 했다. 그러나 그런 '무리 사회'의 삶은 '문명화된' 농업 사회나 산업 사회에 살고 있는 많은 사람들의 삶보다 결코 못하지 않았다. 한 저명한 인류학자는 이 사회를 "원시 풍요 사

회"라고 불렀을 정도다.[12]

이 사회에는 지배자도 사장도 계급도 없었다. 턴불은 콩고의 피그미족인 음부티족에 관해 다음과 같이 썼다. "족장도 공식 회의도 없었다. …… 다른 사람들보다 두드러지는 한두 명의 남성이나 여성은 있을 수 있었지만, 보통 거기에는 합당한 실용적 이유가 있었다. …… 법 질서는 협력으로 유지됐다."[13] 사람들은 식량을 얻기 위해 협동했으며, 한 사람의 위대한 지도자에게 복종하지도 서로 끝없는 싸움을 벌이지도 않았다. 어니스틴 프리들의 연구에 따르면, "남녀노소는 수렵을 나갈 것인지 채취를 나갈 것인지, 누구와 함께 나갈 것인지 등 하루를 어떻게 보낼지 자기들 마음대로 정한다."[14] 엘리너 리콕은 다음과 같은 사실을 발견했다. "사적인 토지 소유도 없었고, 성별 분업을 제외하면 노동 분업도 없었다. …… 사람들은 스스로 자신들이 맡고 있는 활동을 결정했다. 집단 활동은 무엇이든 합의해서 결정했다."[15] 개인들은 이기적이지 않은 관대한 태도를 취했고 서로 도왔다. 음식을 얻으면 자기 것을 챙기기 전에 먼저 무리의 다른 성원들에게 나눠 줬다. 리는 이렇게 말한다. "식량을 자기 가족만 소비하지 않았다. 언제나 생활 집단이나 무리에 속한 모든 성원들과 함께 식량을 나눠 먹었다. …… 널리 확산돼 있던 이런 호혜주의 원칙은 대륙과 환경을 막론하고 어느 수렵-채취 사회에서나 공통으로 관찰할 수 있다."[16] 리는 자신이 연구한 칼라하리 사막의 쿵족[17](소위 '부시맨')이 "지독히도 평등주의적인 부족"이라는 연구 결과를 발표했다. "쿵족은 이런 평등을 유지하기 위해 중요한 문화적 관습을 발전시켰다. 쿵족은 불손하고 교만한 사람들을 견제하고, 불행을 당한 사람들이 제자리를 찾도록 도와준다."[18] 한 초기 예수회 선교사는 또 다른 수렵-채취 부족인 캐나다의 몽타녜족에 관해 이렇게 말했다. "우리 유럽 사람들에게 지옥 같은 고통을 안겨 주는 두 명의 폭군조차 이 사람들의 위대한 숲을 지배하지는 않는다. 그 폭군이란 야심과 탐욕이다. …… 이들[몽타녜족] 가운데 어느 누구도 부를 얻기 위해 악마에게 영혼을 팔지 않는다."[19]

전쟁은 거의 일어나지 않았다. 프리들은 이렇게 썼다.

인접한 채집 집단들 사이에 영토를 얻기 위한 경쟁이 아주 없는 것은 아니다. …… 그러나 대체로 수렵-채취 사회의 성원들이 전투 훈련이나 군사적 원정에 쏟는 에너지는 적다. …… 무리 내의 분쟁은 보통 당사자들 가운데 한 집단이 무리를 떠남으로써 해결된다.[20]

그런데도 아드리는 오스트랄로피테쿠스(원숭이를 닮은 최초의 직립보행 동물)부터 문자의 출현에 이르는 선사시대 전체가 '살인 추동'에 바탕을 둔 시대였다고 주장한다. 아드리에 따르면, "수렵-채취 무리들은 아프리카의 뜨거운 태양 아래에서 너무 자주 마르는 샘물을 놓고 투쟁"했고, 우리는 모두 "카인의 후손들"이고, "인류 역사는 …… 유전적 필요 때문에 …… 신무기 개발이 주도"했으며, 따라서 우리는 오로지 '문명'이라는 얄팍한 허울로만 본능적인 "학살·노예화·거세·식인의 즐거움"을 가리고 있다.[21] 프리들 등이 제시한 증거들은 이런 식의 주장과 철저하게 배치된다.

그 어떤 '인간 본성' 주장에 관해서도 이 점은 중요하다. '인간 본성'이 존재한다면, 그것은 오랜 수렵-채취 시대에 일어난 자연 도태 과정을 통해 형성됐을 것이기 때문이다. 리처드 리는 옳게도 이렇게 주장한다.

평등주의적 공유의 오랜 경험이 우리의 과거를 형성했다. 우리가 위계적 사회의 삶에 적응한 것처럼 보일지라도, 세계의 많은 지역에서 인권이 유린당하고 있다 할지라도, 인류가 여전히 뿌리 깊은 평등주의 정신, 호혜주의 규범에 대한 뿌리 깊은 신봉, 뿌리 깊은 …… 공동체 정신을 간직하고 있다는 증거들이 존재한다.[22]

이와는 매우 다른 시각에서, 마가렛 대처가 가장 좋아하는 경제학자인 프리드리히 폰 하이에크는 인간이 "아는 사람에게 잘해 주고" 싶어하는,

"소집단에게나 적합한 감정"에 바탕을 둔 "오랫동안 잠재된 타고난 본능"과 "원시적 감정"을 지니고 있다고 불평한다.[23]

사실 '인간 본성'은 매우 유연하다. 오늘날의 '인간 본성'은 적어도 일부 사람들을 하이에크가 열광하는 탐욕과 경쟁에 탐닉하게 만든다. 또한 계급 사회의 '인간 본성'은 고문, 대량 강간, 산 채로 불태워 죽이기, 무자비한 살육 같은 매우 끔찍한 행위들을 허용한다. 채집 사회의 행동 양식이 이와 전혀 달랐던 이유는 먹고살기 위해 평등주의와 이타주의가 필요했기 때문이다.

수렵자와 채취자는 불가피하게 서로 긴밀히 의존해야 했다. 보통 채취자는 가장 안정적인 식량 자원을 제공했고, 수렵자는 가장 귀중한 식량 자원을 제공했다. 그 때문에 주로 수렵에 종사한 사람들은 채취자의 관대함 덕분에 생존했고, 주로 채취에 종사한 사람들과 짐승을 잡지 못한 수렵자들은 짐승을 잡아온 사람들 덕분에 귀중한 영양을 보충했다. 흔히 사냥은 한 사람의 남성 영웅이 한 것이 아니라, 함께 사냥감을 추격하고 함정을 놓은 한 무리의 남성들(때로는 여성과 어린이가 돕기도 했다)이 했다. 언제나 협동과 집단적 가치에 이점이 있었다. 협동하지 않았다면 채집자 무리는 단 며칠도 살 수 없었을 것이다.

여성에 대한 남성의 우위도 없었다. 언제나 성별 노동 분업은 있었다. 남성은 대개 사냥을 했고, 여성은 대개 채취를 했다. 임신 중이거나 아이에게 젖을 먹이는 여성이 사냥에 참여하면 아이가 위험해지고 그에 따라 무리의 재생산도 위협당하기 때문이었다. 그러나 이런 분업은 오늘날 우리가 알고 있는 남성 지배와 같은 것이 아니다. 여성과 남성은 야영지를 옮기거나 한 무리를 떠나 다른 무리에 가담하는 문제 등 중요한 결정을 함께 내렸다. 부부 단위도 느슨하게 조직됐다. 배우자가 떠난다고 해서 자신이나 자녀들의 생계가 갑자기 위협받는 일은 없었다. 종종 너무 쉽게 '인간 본성'의 일부라고 여겨지는 남성 우월주의는 존재하지 않았다.[24]

마지막으로, 오늘날 사람들이 당연하게 생각하는 사유재산에 대한 집착도 있을 수 없었다. 야영지에서 그날그날 구할 수 있는 식량에는 한계가 있었기 때문에, 채집 무리의 통상적인 규모도 제한될 수밖에 없었다. 무리의 개별 성원들은 식용 식물이나 동물을 찾아 야영지 근처를 끊임없이 옮겨 다녔고, 무리 전체도 때때로 한 지역의 먹을 것이 바닥나면 다른 곳으로 이동해야 했다. 모든 것을 들고 다녀야 하는 끊임없는 이동 때문에 무리의 어느 한 성원이 부를 축적하는 것은 불가능했다. 창이나 활과 화살을 메고 보따리나 몇 가지 하찮은 물건을 드는 게 고작이었다. 개인적인 부를 쌓는다는 개념도 없었다. 삶의 물질 조건 때문에, 당시의 사회들과 지배적인 관념들은 오늘날에는 당연한 것들과는 참 달랐다.

지난 수천 년 동안의 인류 역사는 무엇보다 그처럼 매우 다른 사회들과 매우 다른 사상들이 어떻게 발전했는지에 관한 역사다. 그 역사는 수많은 남녀들의 행위를 통해 형성됐다. 그들은 때로는 세상을 있는 그대로 받아들였고 때로는 세상을 바꾸려고 몸부림쳤으며, 그 과정에서 종종 실패하고 가끔은 성공하면서 자신들과 동료들과 사랑하는 이들을 위해 더 나은 삶을 만들고자 했다. 이처럼 끝없이 서로 연결된 이야기지만 그 가운데서도 두 가지 점이 두드러진다. 먼저, 자연을 이용해 먹고사는 인간의 능력, 즉 '원시공산주의'의 일부였던 원시적 물질 조건을 극복하는 인간의 능력은 점점 커졌다. 한편, 특권을 누리는 소수의 이익을 위해 대다수를 억압하고 착취하는 사회 조직 형태들이 잇달아 등장했다.

이 두 가지 병렬적인 변화를 추적한다면, 마침내 21세기 벽두의 세계가 어떻게 출현했는지 알 수 있을 것이다. 오늘날에는 우리 조상들은 꿈도 꾸지 못한 엄청난 규모의 부를 생산할 수 있지만, 계급 지배 구조와 억압과 폭력은 그 어느 때보다도 확고하게 자리를 잡은 것처럼 보일 수 있다. 10억 명이 절망적인 가난 속에서 살고, 수십억 명이 불안에 시달린다. 전쟁과 내전은 풍토병이 됐고, 통제를 벗어난 기술 변화 때문에 인간 삶의 기반 자체가 위험에 처했다. 억압 구조를 없앰으로써 인간의 기본적 필요를 충족하는 데 부를 사용할 수는 없는지, 원시공산주의 시대의 우리 조상들이 수백 세대 동안 간직해온 삶의 가치들에 바탕을 두는 사회에 그 부를 종속시킬 수는 없는지 하는 의문은 모든 사람에게 중대한 의문일 수밖에 없다.

그러나 우리는 먼저 계급 지배와 국가가 어떻게 출현했는지 살펴봐야 한다.

1. 신석기 '혁명'

　인간의 삶과 사상에 일어난 첫 번째 대규모 변화는 불과 1만여 년 전에 일어나기 시작했다. 세계의 몇몇 지역에서, 특히 중동의 '비옥한 초승달 지대'[25]에서 사람들은 먹고사는 새로운 방식을 채택했다. 자연에서 나는 식용 식물을 채취하는 대신에 농작물을 재배하고, 동물을 사냥하는 대신에 길들이는 방법을 알아냈다. 이것은 장차 인류의 생활방식 전체를 변모시킬 혁신이었다.
　이런 변화로 이 사람들의 삶이 선조들보다 더 편해진 것만은 아니었다. 그러나 기후 변화 때문에 일부 지역에서는 선택의 여지가 별로 없었다.[26] 그들은 이미 2천~3천 년 동안 야생 식용 식물과 동물 사냥감이 풍부한 일부 지역에서 사는 데 익숙해 있었다. 예컨대, 터키 남동부 지역에 살았던 한 '씨족'은 "열심히 일하지 않아도" 1년 동안 생존할 만큼의 야생 곡물을 3주 만에 채취할 수 있었다. 이들은 다른 사람들처럼 끊임없이 옮겨 다닐 필요가 없었다.[27] 그들은 오랫동안 같은 장소에 머물면서 과거의 엉성한 야영지를 영구적인 촌락으로 바꿀 수 있었다. 몇십 명이던 구성원이 몇백 명으로 늘어났고, 석기나 도기에 먹을 것을 저장했으며, 여러 가지 정교한 석제 도구들을 개발했다. 고대 로마 시대부터 오늘날까지의 기간보다 더 오랜 세월 동안 그들은 채집 사회 특유의 적은 노동량과 정착 생활의 이점을 결합할 수 있었다.

그러나 전 세계의 기후가 변하면서 먹을 것을 이런 식으로는 충분히 구할 수 없었다. '비옥한 초승달 지대'의 기후가 점점 건조해지고 추워지면서, 자연에서 자라는 야생 곡물은 구하기 어려워졌고, 영양과 사슴 떼의 규모도 줄어들었다. 수렵-채취 촌락들은 위기에 빠졌다. 더는 과거의 방식으로 살 수 없었다. 굶어 죽지 않으려면 소집단으로 흩어져 오래 전에 잊혀진 원시 유목 생활로 돌아가든지, 아니면 노동을 통해 자연의 부족분을 보충하는 모종의 방법을 찾아야 했다.

이 중 후자를 선택한 사람들의 길은 농업으로 이어졌다. 수백 세대 넘게 야생 식물을 먹고사는 동안 그들은 식물의 생장에 관한 엄청난 지식을 축적했다. 이제 어떤 무리들은 이 지식을 활용해 야생 식물의 씨앗을 뿌림으로써 안정된 식량 공급을 확보하기 시작했다. 어떤 식물의 씨앗은 다른 식물보다 더 많은 수확을 낸다는 사실을 관찰을 통해 알 수 있었고, 그런 씨앗을 선별 재배함으로써 그들은 새롭게 길들여진 품종을 개발하기 시작했다. 새로운 품종들은 야생 식물보다 훨씬 더 쓸모가 있었다. 정기적으로 수확하게 되자 그들은 야생 양·염소·소·당나귀 중 비교적 온순한 품종들을 포획해서 기를 수 있게 됐고, 더욱 온순한 품종을 양식할 수 있었다.

최초의 농업(흔히 '약탈농법'이라고 부른다)은 도끼로 숲의 나무와 덤불을 잘라내고 나머지를 불태워 화전을 일군 다음 괭이를 이용해 씨앗을 뿌리고 재배하는 것이었다. 2년이 지나면 보통 토양이 고갈됐다. 그러면 그 밭은 다시 야생지로 돌아가고 다른 곳에서 새로운 화전을 일구었다.

이런 식으로 식량을 얻게 되자 노동 방식과 생활방식이 근본적으로 바뀌었다. 사람들은 그 어느 때보다도 확고하게 촌락 정착지에 뿌리박게 됐다. 씨앗을 뿌리고 수확하는 동안 농작물을 돌봐야 했기 때문에 한 번에 몇 달씩 돌아다닐 수 없었다. 그리고 화전을 일구고, 농작물을 성기석으로 돌보고(잡초 뽑기와 물 주기 등), 수확물을 저장하고, 저장한 것을 나누고, 아이들을 기르기 위해 서로 협동하는 방법을 개발해야 했다. 완전히 새로운 사회 생활 방식이 발전했고, 그와 더불어 새로운 세계관이 생겨났다. 그 세계관은 다양한 신화와 종교 의례로 표현됐다.

이 변화는 정교한 '신석기' 도구의 출현과 관련 있었기 때문에 보통 '신석기 혁명'이라고 부른다.[28] 이 과정은 장기간에 걸쳐 일어났지만 노동과 생활방식의 철저한 재편을 수반하는 과정이었다.

'비옥한 초승달 지대'에서 출토된 고고학 증거들을 살펴보면, 당시 사람들이 소규모 촌락에서 가구 단위로 생활했음을 알 수 있다. 물론 이 가구들이 어떤 식으로 조직됐는지(예컨대, 가구들이 한 쌍의 남녀와 자녀들로 이루어졌는지, 어머니와 딸과 그들의 남성 배우자들로 이루어졌는지, 아니면 아버지와 아들과 그들의 여성 배우자들로 이루어졌는지)는 알 수 없다.[29] 농업이 시작된 이후로 수천 년 동안 계급이나 국가와 비슷한 것은 전혀 나타나지 않았다. '우바이드 시대 후기'(기원전 4000년 무렵)에도 "상당한 부의 차이는 거의 존재하지 않았고" '원시 문자 시대'(기원전 3000년 무렵)에도 "사회의 계층 분화는 아직 본격적으로 진행되지 않았다."[30] 남성 우월주의가 있었다는 증거도 없다. 일부 고고학자들은 점토나 돌로 된 다산부 조각상들이 존재한 것은 남성이 여성에게 기도하는 것을 '당연하게' 생각했음을 뜻하기 때문에 당시에는 여성의 지위가 높았을 것이라고 추측한다.[31] 그러나 한 가지 의미심장한 발전은, 사냥뿐 아니라 전쟁에도 쓰이는 무기가 더 많아졌다는 것이다.

이 사회의 생활방식은 비교적 최근까지도 세계 여러 지역에 남아 있었던 약탈농법 사회들(일부는 20세기에도 존속했다)의 생활방식과 매우 비슷했던 듯하다. 약탈농법 사회들은 상당한 차이들이 있었지만, 어느 정도 보편적인 특징들을 공유했다.[32]

가구는 경작지 단위로 구성되는 경향이 있었다. 그러나 사유지는 없었고, 개인이나 가구는 다른 사람들을 희생시켜 사유재산을 모으려 하지도 않았다. 그 대신, 각 가구는 같은 조상을 둔(적어도 그렇게 믿는) '씨족'이라는 더 넓은 사회 집단에 통합돼 있었다. 이 때문에 개인과 가구는 자기 혈족이거나 결혼을 통해 혈족 관계를 맺게 된 사람들, 또는 같은 '연령층' 집단의 사람들에 대해 분명한 권리와 의무를 지녔다. 이들에게는 농사를 망쳤거나 자녀가 많은 가구가 굶지 않도록 서로 식량을 공유할 의무가 있었다. 개인적으로 많이 소비하는 사람이 아니라 부족한 이들을 도와주는 사람이 존경받았다.

약탈농법 사회에서 대부분의 핵심 가치관은 계급 사회에서 당연하게 여기는 가치관보다 수렵-채취 사회의 가치관에 더 가까웠다. 그 한 예로, 18세기 초에 이로쿼이족을 관찰한 한 학자는 이렇게 썼다. "굶주리고 있던 한 가족이 식량이 떨어져 가는 움막을 방문했다. 움막에 있던 사람들은 청하지 않았는데도 얼마 안 남은 식량을 새로 온 사람들과 나눠 먹었다. 그렇게 하면 자신들도 자기들이 도와준 사람들처럼 굶어 죽을 위험에 빠질 텐데도 말이다."[33] 누어족에 관한 한 권위 있는 연구에 따르면, "대체로 누어족의 촌락에서는 모두 굶어 죽기 전까지는 아무도 굶어 죽지 않는다고 말할 수 있다."[34]

그런 '이타주의' 역시 먹고살기 위한 필요에서 비롯했다. 예컨대, 그런 이타주의 덕분에 노동력은 많지만 딸린 식구는 적은 가구들이 딸린 식구는 많지만 노동력은 적은 가구들, 특히 자녀가 많은 가구들을 도울 수 있었다.[35] 촌락 전체로 보면 아이들은 미래의 노동력이었다. 무리 전체가 소멸하지 않으려면 그런 '재분배' 체계가 필요했다.

수렵-채취 사회에서는 매일 채취를 나가고 주기적으로 야영지 전체를 옮길 때 아이들을 데리고 다녀야 했기 때문에 출산율이 매우 낮았다. 여성은 한 자녀밖에 데리고 다닐 수 없었기 때문에, 3~4년 간격을 두고 출산했다.(필요하다면 성 관계를 절제하거나 낙태하거나 갓난아이를 살해했다.) 농업에 기반을 둔 정착 생활에서는 아이를 낳고 몇 개월만 지나면 데리고 다닐 필요가 없었다. 자녀 수가 많을수록 미래에 더 많은 땅을 경작할 수 있었다. 대가족이 유리했다. 생산 방법의 변화는 **재생산**에도 영향을 미쳤다. 인구가 늘어나기 시작했다. 인구 증가율은 오늘날의 수준에는 훨씬 못 미쳤지만(연평균 0.1퍼센트),³⁶ 2천 년 남짓 동안 인구가 네 배로 늘어났다. 세계 인구는 이때부터 늘기 시작해 신석기 혁명 시대에 1천만 명에서 자본주의 초기에 2억 명으로 늘어났다.

수렵-채취 사회가 약탈농법 사회로 넘어오면서 또 다른 거대한 변화가 있었다. 수렵-채취 무리에서 큰 분쟁은 무리가 쪼개지거나 개인이 떠남으로써 해결됐다. 일단 화전을 일구고 경작을 시작하게 된 농경 집단은 분쟁을 그런 방식으로 해결할 수 없었다. 촌락은 규모가 더 컸고, 촌락민 사이의 관계는 수렵-채취 사회보다 더 복잡하고 체계가 있었다. 동시에 수렵-채취 공동체에는 없었던 문제가 생겨났다. 촌락에는 저장된 음식과 물품이 있었고, 이것은 외부의 무장 침입자들에게 쳐들어올 유인을 제공했다. 수렵-채취 사회에서는 거의 없었던 전쟁이 약탈농법 사회에서는 풍토병이 됐다. 이 때문에 사회 통제를 위한 공식 의사 결정 체계가 더 필요해졌다. 연장자들로 이루어진 씨족 회의가 그런 것이었다.

그 뒤 1만 년 동안 세계 몇몇 지역의 수렵-채취 사회들은 지역마다 독립적으로 농경 사회로 바뀌었다. 메소아메리카(오늘날의 멕시코와 과테말라), 남아메리카의 안데스 지역, 적어도 아프리카의 세 지역, 인도차이나, 파푸아 뉴기니 중부의 고산 계곡 지대, 그리고 중국에서 그랬다.³⁷ 그 지역에서 길들일 수 있는 작물과 가축이 어떤 것이 있었느냐에 따라 변화의 내용과 정도가 무척 달랐지만, 이 지역들에서 일어난 변화는 메소포타미아에서 일어난 것과 비슷했다. 이 점은 일부 '인종'이나 '문화'가 나머지 인류의 그것보다 '우수'하다는 주장들이 근거 없는 주장임을 보여 준다. 사실인즉슨, 기후와 생태의 변화에 직면한 세계 여러 곳의 인간 집단들은 과거의 생활방식을 유지하기 위해서라도 새로운 기술들을 채용해야 했고, 그 과정에서 과거의 생활방식이 그들로서는 전혀 예측할 수 없었던 방향으로 바뀌었다. 모든 경우에 느슨한 무리 생활은 체계적인 혈족, 엄격한 사회적 행동규범, 정교한 종교 의식과 신화를 통해 조직되는 촌락 생활로 대체됐다.³⁸

파푸아 뉴기니의 고산 지대는 농경이 독립적으로 발전한 전형적인 사례다. 이곳 주민들은 기원전 7000년 무렵부터 다양한 품종의 작물(사탕수수, 바나나, 견과, 타로토란, 식용 풀 줄기와 뿌리, 녹색 야채)을 재배하기 시작했다. 그에 따라 원시 유목적이거나 준(準)원시 유목적 수렵-채취 생활은 촌락 생활로 바뀌었다. 평등주의적 혈족 집단이 사회 조직의 중심이었고, 사적인 토지 소유도 없었다. 주민들은 해안에서 멀리 떨어져 있고 거의 접근 불가능한 험준한 산악 지대의 계곡에서 외부의 침입도 받지 않은 채 이런 생활을 계속하다가 1930년대 초에야 서양인들에게 '발견'됐다.

농경으로 전환하지 않은 원시 사회들도 많이 있었다. 수렵과 채취로 안락한 생활을 할 수 있었던 일부 사회들은 자신들이 목격한 농경을 불필요한 고역일 뿐이라고 생각했다. 반면 캘리포니아, 호주, 남아프리카 같은 곳의 사회들은 주변에 길들일 만한 동식물이 전혀 없었다.[39] 이런 집단들은 외부 세계와 접촉해서 다른 곳에서 길들여진 식물과 동물이 들어오기까지 수천 년 동안 수렵과 채취로 생존해야만 했다.[40]

그러나 일단 어느 한 곳에서 확립된 농업은 계속 퍼져 나갔다. 한 부족이 농경 사회로 전환하는 데 성공하면 다른 부족들도 그것을 모방하려 했다. 나일 강 유역과 인더스 강 유역에서 농업이 출현하게 된 데에는 '비옥한 초승달 지대'에서 길들인 농작물의 전파가 한몫 한 듯하다. 한편, 인구 증가 때문에 기존 농경 사회의 일부 주민들이 떨어져 나와 경작하지 않은 땅에 새로운 촌락을 건설하면서 농업이 함께 확산되기도 했다. 아프리카 서부의 반투어 사용자들은 이런 식으로 아프리카 중부와 남부로 퍼졌고, 동남아시아의 폴리네시아 사람들도 이런 식으로 대양을 건너 아프리카 동쪽의 마다가스카르 섬, 이스터 섬(남아메리카 해안에서 2천4백 킬로미터밖에 안 떨어져 있다), 뉴질랜드로 퍼졌다.

농경 사회와 접촉하게 된 수렵-채취 사회도 종종 생활방식이 바뀌었다. 그들은 불고기나 사냥감, 짐승 가죽 따위를 근처의 농경민들이 생산한 곡식이나 천, 발효 음료 등과 교환함으로써 자신들의 생계가 훨씬 나아질 수 있음을 깨달았다. 그러자 일부 수렵-채취 사회는 곡식은 재배하지 않은 채

가축만 사육하는 방식으로 농업의 한 가지 측면을 수용했다. 그 때문에 머지않아 유라시아, 아프리카, 남아메리카의 안데스 남부 지방에서 '유목민'이 출현했다. 이들은 습격과 거래를 병행하면서 농경민들의 촌락과 촌락 사이를 옮겨 다니며 유목민 특유의 사회 생활 방식을 발전시켰다.

농사와 목축이 퍼지면서 때때로 사회 생활에 마지막 중요한 변화가 일어났다. 처음으로 사회적 지위의 분화가 나타났다. 일부 개인이나 혈통에게 더 큰 권위를 부여하는, 인류학자들이 '족장 제도'나 '중요 인물'이라 부르는 것이 등장했다. '족장 제도'는 세습 족장과 족장 혈통의 확립으로 이어질 수 있었다. 그러나 이조차도 오늘날 우리가 당연하게 생각하는 계급은 아니었다. 사회의 한 부분이 다른 사람들의 노동으로 창출된 잉여를 소비하지는 않았기 때문이다.

평등주의와 공유는 여전히 일반적인 현상이었다. 높은 지위의 사람들은 공동체의 나머지 사람들에게 봉사했지, 기생하지는 않았다. 리처드 리가 언급했듯이, 수렵-채취 사회와 똑같은 "공유재산 개념"이 존재했다. "족장에게 바친 공물 대부분을 부족원들에게 재분배했고, 족장의 권력은 대중의 의견과 제도를 통해 견제와 균형의 대상이 됐다."[41] 그 때문에 남아메리카의 남비콰라족에게는 "관대함이 …… 권력의 핵심 속성"이며, '족장'은 자신이 관할하는 "음식·도구·무기·장신구의 잉여분"을 "개인이나 가족, 무리 전체가 달라고 간청하면" 기꺼이 내줘야 한다.[42] 이 때문에 지도자는 자기 밑에 있는 사람들보다 물질적으로 더 큰 곤경에 빠질 수도 있었다. 뉴기니의 부사마족의 경우 족장이 "자기 식량을 확보하기 위해 남들보다 열심히 일해야 한다. …… 족장은 남들보다 노동을 일찍 시작해서 늦게 끝내야 한다는 인식이 일반적이다. '족장의 손은 한시도 땅에서 자유롭지 않으며, 이마에서는 끊임없이 땀이 흐른다.'"[43]

'신석기시대'에 일어난 농업혁명은 사람들의 삶을 바꿔놓았고, 촌락 생활과 전쟁을 확산시켰다. 이런 의미에서 그것은 모종의 진정한 '혁명'이었다. 그러나 계급 분화, 상근 관료와 무장 집단에 기반을 둔 영구적 국가 기구의 확립, 여성의 종속 등 오늘날 우리가 당연하게 생각하는 요소들 대부분은 여전히 출현하지 않았다. 그런 요소들은 고든 차일드가 '도시혁명'이라고 부른 변화, 즉 사람들의 생계방식에 일어난 두 번째 중대한 변화가 '신석기 혁명'에 바탕을 두고 일어난 다음에 출현했다.

2. 최초의 문명

오늘날 우리가 알고 있는 문명의 기원은 5천 년 전으로 거슬러 올라간다. 최초 문명의 자취는 무엇보다 지구 곳곳에 남아 있는 거대한 건축물들에서 찾아볼 수 있다. 이집트와 메소아메리카의 피라미드, 이라크의 지구라트(단탑(段搭)으로 된 신전), 크레타의 크노소스 궁전, 그리스 본토에 있었던 미케네의 요새, 4천 년 전 인더스 강 유역의 하라파와 모헨조다로에 건설된 격자 모양의 계획 도시들이 그것이다. 이 때문에 인류학자 고든 차일드는 이런 변화를 '도시혁명'이라고 불렀다.[44] 이 유적들 자체도 놀랍지만, 몇 세대 전까지만 해도 매우 초보적인 농경에 기반을 둔 순수한 농촌 생활밖에 알지 못했던 사람들이 이 유적들을 세웠다는 사실은 더욱 놀랍다. 그들은 이제 바위를 쪼고, 옮기고, 일으켜 세우고, 거기에 복잡한 미술 작품을 장식해 넣을 수 있는 정교한 건축 기술을 지니게 됐다. 심지어 어떤 경우에는 초보적 문자를 이용해 당시의 행위와 생각을 새겨 넣기도 했다 (메소포타미아, 이집트, 에티오피아, 중국, 메소아메리카). 그리고 유라시아와 아프리카에서는 산화된 암석에서 구리와 주석을 얻는 방법을 알아냈다. 얼마 뒤에는 구리와 주석을 함께 녹여 만든 청동으로 장신구와 무기를 만들어 쓰는 방법도 발견했다. 이 때문에 이 시기를 보통 '청동기시대'라고 부른다.

생계방식에서 먼저 변화가 일어나지 않았다면, 이런 변화는 절대로 일어날 수 없었을 것이다. 처음에 변화는 주로 농업에서 일어났다. 매우 초보적인 기술과 야생 품종의 동식물을 이용했던 최초의 농업은 많은 세대를 거치면서 생산성이 완만히 증가했다. 그 덕분에 일부 지역에서는 여전히 여가를 꽤 즐기면서도 먹을 것을 충분히 얻을 수 있었다.[45] 이 때문에 원주민들을 "고귀한 미개인"이라고 부르며 이상화하는 경우도 있다. 그러나 생활 조건이 언제나 그처럼 목가적인 것은 결코 아니었다. 식량 생산의 증가가 인구 증가를 겨우 따라잡은 경우도 많았다. 사람들은 "가뭄이나 홍수, 폭풍우나 서리, 병충해나 우박" 등 통제할 수 없는 자연 현상 때문에 갑작스런 기근에 시달렸다.[46] 그 한 예로, 스페인 침략 이전의 메소아메리카 주민들은 몇 년 동안 잘 먹고 잘 살다가도 중간 중간에 예기치 않은 끔찍한 기근에 시달린 때가 많았다.[47]

그런 집단이 정착 생활을 계속하려면 두 가지 선택밖에 없었다. 한 가지는 다른 농경민들을 습격해 식량을 얻는 것이었다. 이 때문에 시간이 지날수록 전쟁이 사회의 중요한 특징으로 자리 잡았다. 예컨대, 신석기 혁명 후기 단계의 유럽에서는 전투용 돌도끼와 돌칼이 갈수록 흔해졌다. 또 다른 선택은 농업의 집약성과 생산성을 높이는 것이었다. 기술 혁신에 이점이 있었다. 기술을 혁신한 농경민 집단은 기근을 피해 살아남을 수 있었지만, 그러지 못한 집단은 결국 소멸하거나 뿔뿔이 흩어졌다.

단순히 기존 품종의 농작물을 개선하거나 길들인 짐승을 더 효과적으로 살찌우는 식의 혁신도 있었지만, 그보다 훨씬 더 획기적인 혁신도 있었다. 유라시아와 아프리카에서는 몸집이 큰 가축(처음에는 황소였다가 나중에 말로 바뀌었다)에 쟁기를 달아서 끌면 사람 손으로 괭이질을 하는 것보다 효과가 훨씬 크다는 사실을 발견했다. 둑과 도랑을 건설함으로써 홍수의 피해를 막아 농작물을 보호하고 메마른 땅에 물을 댔다. 짐승의 배설물을 모아 비료로 사용해 토양의 고갈을 막았고, 그 덕분에 이제는 몇 년마다 새로운 화전을 일굴 필요가 없게 됐다. 습지의 물을 빼고, 우물을 파고, 산

비탈을 다단식으로 개간하고, 모내기(중국 남부)를 하는 기술을 세계 여기 저기서 발견할 수 있었다.

모든 인간 노동과 마찬가지로 이런 신기술들에는 이중적인 면이 있었다. 신기술 덕분에 먹고사는 방법이 개선됐다. 과거에는 겨우 먹고살 정도만 생산했지만, 이제는 잉여가 생겨나기 시작했다. 그러나 다른 한편 사회 관계에도 변화의 바람이 일었다.

새로운 기술은 사람들의 협동 형태를 바꾸었다. 예컨대, 쟁기를 사용하면서 성별 분업이 강화됐다. 쟁기를 사용하는 노동은 임신했거나 아이를 기르는 여성에게는 벅찬 중노동이었기 때문이다. 상설적인 관개 시설을 건축하고 보수하려면 수십 가구나 수백 가구의 협동이 필요했다. 이것은 직접 노동하는 사람과 노동을 감독하는 사람의 분업을 부추겼다. 먹을 것을 저장하게 되면서 저장한 음식을 지키고 관리하는 사람들이 등장했다. 잉여가 생겨나자 처음으로 일부 사람들이 농사에서 해방돼 수공업, 전쟁 준비, 아니면 한 지역의 생산물을 다른 지역의 생산물과 교환하는 일 등에만 전념할 수 있게 됐다.

고든 차일드는 5천 년 전에서 6천 년 전 사이에 메소포타미아에서 티그리스와 유프라테스 강 유역에 사람들이 정착하게 되면서 일어난 변화를 설명했다. 차일드의 설명에 따르면, 이 땅은 매우 비옥한 땅이었지만, "협동"을 통해 "배수와 관개 공사"를 해야만 경작이 가능했다.[48] 비교적 최근에 마이젤스는 강가에 작은 물길을 뚫어 넓은 지역에 물을 댐으로써 수확을 상당히 늘릴 수 있었다고 설명했다. 그러나 늘어난 수확을 전부 소비했다간 낭패를 볼 수 있었으므로 일부는 흉년에 대비해 비축했다.[49]

곡식은 커다란 건물에 저장했다. 우뚝 솟아 있었기 때문에 멀리서도 볼 수 있었던 이런 건물은 사회 생활의 연속성과 보전을 나타내는 상징이 됐다. 곡식을 관리한 사람들은 사회에서 가장 권위 있는 집단으로 변해, 잉여를 모으고 저장하고 분배하면서 나머지 인구의 삶을 감독했다. 창고와 창고 관리자는 사회 위에 군림하면서 사회의 번영을 보장하는 권력처럼 보이게 됐고 대중의 복종과 찬양을 받았다. 그리하여 창고와 창고 관리자는 초자연적인 위상마저 지니게 됐다. 창고는 최초의 신전이었고 창고 관리자는 최초의 사제였다.[50] 건물 공사에 관여하고, 전문적인 수공 일에 종사하고, 신전에 있는 사람들에게 음식과 의복을 만들어 주고, 식량을 신전으로 옮기고, 생산물의 원거리 교환을 주관하는 사회 집단도 신전을 중심으로 생겨났다. 수백 년이 지나면서 농경 촌락은 소도시로, 소도시는 우루크, 라가시, 니푸르, 키시, 우르 같은 대도시로 발전했다.(성서에 나오는 족장 아브라함이 우르 출신이었다고 한다.)

약 2천5백 년 뒤에 메소아메리카에서도 조금 비슷한 과정이 진행됐다. 메소아메리카에서는 적어도 처음에는 관개가 결정적인 요인이었던 것 같지는 않다. 관개 시설 없이도 옥수수 농사는 상당 기간 잉여를 생산할 만큼 풍작이었기 때문이다.[51] 그러나 흉년에 대비해 잉여를 비축하고 풍토가 서로 다른 지역들 사이에 생산을 조정하는 일은 필요했다. 전문화된 집단이 생산을 조정하고, 계절의 흐름을 기록하고, 창고를 관리하는 것은 주민 전체에게 이득이 됐다. 여기서도 시간이 지나면서 창고는 신전이 됐고, 창고 관리자는 사제가 됐다. 이 과정에서 거대한 조각상, 장대한 피라미드, 신전, 정교한 계획 도시 등을 갖춘 올멕, 테오티우아칸, 사포텍, 마야 문명이 잇달아 출현했다.(서기 몇 세기 동안 테오티우아칸의 인구는 약 10만 명까지 증가한 듯하다.)

중동과 메소아메리카에서는 또 한 가지 중대한 역사적 사건이 일어났다. 신전에 귀속된 물품을 모으고 분배한 사제들은 돌이나 점토에 표시를 함으로써 입고와 출고를 기록하기 시작했다. 시간이 지나면서 특정 물건을 가리키는 그림 기호들이 표준화됐고, 때때로 그런 기호는 그 물건에 대응하는 단어의 소리를 상징하는 기호로 발전했다. 그러다가 마침내 사람들의 말과 생각을 시각적으로 표현하는 영구적인 방법이 개발됐다. 이것이 문자가 발명된 과정이다. 또한 신전 관리자들은 밤하늘을 자세히 관찰하면서 달과 행성과 별의 운동을 태양의 운동과 연계해서 연구할 시간과 여가가 있었다. 사제들은 우주의 움직임과 일식·월식 같은 사건들을 예측할 수 있게 되면서 거의 마술적인 지위를 가지게 됐다. 그리고 사제들은 달과 태양의 움직임에 바탕을 둔 달력을 만드는 방법도 알아냈다. 달력 덕분에 1년 중 씨앗을 뿌리는 데 가장 적합한 시기를 계산할 수 있었다. 이런 노력을 통해 점성술이라는 마술적 형태로나마 수학과 천문학이 신전에 뿌리를 두고 탄생했다. 고든 차일드는 말한다. "신전, 더 정확히 말해 곡식 창고에 상당한 사회적 잉여가 축적되면서 우리가 문명의 기준으로 간주하는 문화적 진보가 일어날 수 있는 실질적인 기회가 생겨났다."[52]

일단 메소포타미아와 메소아메리카의 최초 문명들에서 문자를 개발하자, 이 문명들과 접촉하게 된 사회들도 문자를 받아들여 자신의 언어에 알맞게 변형해서 사용하기 시작했다. 문자는 5천여 년 전에 중동 전역으로 빠르게 퍼졌고, 뒤이어 중앙아시아, 남아시아, 동아시아, 북동아프리카, 지중해 유럽으로 퍼져 나갔다. 메소아메리카에서는 올맥 이후의 모든 문명에서 문자를 사용했다. 그러나 문자 없이도 높은 수준까지 발전한 문명도 있었다. 가장 중요한 사례인 남아메리카 문명은 보조 기억 수단으로 기호를 사용했을 뿐, 말을 문자로 옮겨 적는 데까지는 결코 나아가지 못했다.

지면이 한정돼 있기 때문에, 집약 농업과 도시 생활로 전환한 몇 가지 사례만 소개했다. 사람들이 새로운 생계방식을 채택한 결과로 세계의 몇몇 지역에서 도시혁명이 일어났다. 또 그 정도에는 못 미치지만 적어도 부분적으로는 도시혁명의 방향으로 나아간 농경 사회들도 많았다. 그런 사회들은 수백 명이나 수천 명을 동원해야 지을 수 있는 인상적인 석조 건축물들을 남겼다. 기원전 4000~3000년 무렵에 세워진 몰타 섬의 석조 신전들, 서유럽의 거석 구조물들(스톤헨지가 가장 유명하다), 이스터 섬의 거인 석상, 그리고 타히티 섬의 석조 유적이 그런 사례들이다.[53] 때로는 '문명'화의 과정이 다른 곳의 발전에서 어느 정도 영향을 받기도 했다.[54] 그렇지만 소도시와 대도시의 형성, 그리고 흔히 문자의 발명으로 이어진 과정은 세계의 서로 다른 지역들에서 독자적으로 시작됐다. 농업이 어느 한계를 넘어 발전했을 때 작동하는 사회의 내적 동학 때문이었다. 그러므로 '문명'에 먼저 도달한 민족이 다른 민족보다 '우수'하다는 주장은 모두 허튼소리에 지나지 않는다.

3. 최초의 계급 분화

문명의 발전에는 대가가 따랐다. 도시 사회의 출현을 설명하면서 애덤스는 "원시 문자 시대 끝 무렵"인 기원전 3000년 즈음에는 "'여자 노예'를 상징하는 기호를 새긴 석판들"이 발견된다고 썼다. 얼마 뒤에는 '남자 노예'를 상징하는 기호도 등장한다. '완전한 자유민'과 '평민이나 예속 신분'을 구별하는 용어들도 처음으로 출현한다.[55] 이 무렵 "계급 분화가 있었다는 증거는 너무나 명백하다." "고대 에슈눈나에서 큰 도로를 따라 지은 저택들은······ 흔히 건물만 2백 평방미터 이상을 차지했다. 반면 대다수 집은 그에 비해 매우 작았고······ 구불구불하고 협소한 골목을 통해서만 큰 도로와 연결돼 있었으며······ 그 중 다수는 총면적이 50평방미터도 안 됐다."[56] 애덤스는 계속해서 말한다.

사회의 위계 구조 맨 밑바닥에는 사고팔리는 개인들인 노예가 있었다. ······ 한 석판에는 자그마치 2백5명의 여자와 아동 노예의 이름이 적혀 있다. 이들은 틀림없이 하나의 중앙집중적 직조 시설에 고용돼 있었을 것이다. ······ 어떤 여성들은 방앗간 일, 양조장 일, 요리에 종사했다고 한다. ······ 남자 노예들은 '눈먼 자'들이라고 불렸으며 보통 정원 일에 고용됐던 듯하다.[57]

보통 문명의 출현을 인류 역사의 위대한 진보라고 생각한다. 인류가 선사에서 역사로 넘어오게 된 결정적 한 걸음으로서 말이다. 그러나 어디든 문명이 출현한 곳에서는 다른 부정적인 변화도 함께 일어났다. 처음으로 계급 분화가 일어났고, 특권을 쥔 소수가 다른 모든 사람의 노동에 기생하기 시작했으며, 소수의 사회 지배를 강화하기 위해 병사와 비밀경찰로 이루어진 무장한 사람들의 집단(즉, 국가 기구)이 설립됐다. 어떤 사람들이 다른 사람들의 육체를 소유하는 노예제는 그런 발전을 보여 주는 명백한 증거다. 메소포타미아뿐 아니라 다른 초기 문명들에서도 같은 일이 벌어졌다. 그것은 혈족에 기반을 둔 촌락 공동체 시대 이후로 사회적 차별화가 얼마나 멀리까지 진행됐는지 보여 준다. 그러나 초기 메소포타미아 지배자들에게 노예는 비교적 덜 중요했다. 신전과 상류 계급에게 노동을 제공해야 했던 농민과 노동자에 대한 착취가 훨씬 중요했다. '슙-루갈'(shub-lugals) 같은 집단들이 존재했는데, 슙-루갈은 "자유와 지위가 축소된 집단"으로서 "바우 신전의 영지나 사유지에서 집단 노동을 하고, 배를 젓고, 관개 수로를 파고, 도시 민병대의 중추로 활동했다고 알려져 있다." 이들은 노동을 제공한 대가로 1년 중 넉 달분의 최저 생계 식량을 받았고, "신전 영지나 사유지에서 땅뙈기를 조금 떼어 받았다."[58] 한때 독립적인 농민이었던 이 집단은 특히 신전 같은 강력한 집단에 기대어 먹고살아야 하는 위치로 강등됐다.

고든 차일드는 기원전 2500년 무렵 라가시 시에서 공포된 어느 포고문이 사제들의 횡포를 잘 보여 준다고 설명한다. "사제들은 직무를 이용한 다양한 형태의 강탈 행위(예컨대, 과다한 장례비용 징수)를 자행했고, 신의 (즉, 공동체의) 땅과 소와 종을 자신의 사유재산과 개인 노예로 취급했다. '제사장은 가난한 사람들의 정원에 와서 나무를 가져갔다. …… 어떤 평범한 시민의 집이 위대한 사람의 저택 옆에 있다면', 그 위대한 사람은 원래 소유주에게 적절한 보상도 하지 않고 그 초라한 집을 자기 저택에 합쳐 버릴 수 있었다." 차일드는 결론짓기를, "이 고문서를 통해 진정한 계급 갈등을 엿볼 수 있다. …… 새로운 경제에서 생산된 잉여는 상대적 소수인 계급의 손에 집중됐다."[59]

착취의 규모는 점점 더 커져서 엄청난 수준에 달했다. T B 존스는 기원전 2100년 즈음에 도시국가인 라가시에서 "열두 개 남짓의 신전 기관들이 경지 대부분의 경작을 담당했다"고 말한다. "[농작물의 — 크리스 하먼] 절반가량은 생산 비용[노동자의 임금과 쟁기를 끈 짐승의 먹이 등등 — 크리스 하먼]으로 들어갔고, 4분의 1은 왕에게 세금으로 납부됐다. 사제들은 나머지 4분의 1을 가져갔다."[60]

C J 개드는 수메르의 유명한 '길가메시 서사시'에 나오는 "영웅 길가메시가 …… 자신이 건설한 우루크의 성벽과 강 위에 떠다니는 시체들을 바라봤다고 한다. 바로 그것이 당시에 가난한 시민들이 맞이했던 운명이었던 듯하다"라고 말한다.[61]

메소아메리카에서도 사정은 비슷했다. "호화로운 부장품을 갖춘 화려한 묘지"와 "화려하게 치장한 사람 앞에 무릎을 꿇고 있는 남자의 …… 즉, 귀족 앞에 무릎 꿇고 있는 하인의 …… 조각상"은 최초의 문명이었던 올멕 문명에서조차도 "뚜렷한 사회 계층 분화"가 있었던 증거라고 카츠는 말한다.[62] 마야 문명에서 목격할 수 있는 "많은 방이 딸린 건물이나 궁전"은 사회가 "엘리트와 평민으로 극명하게 나뉘어 있었다"는 사실을 보여 준다.[63]

전에는 다른 사람들을 착취한 적도 억압한 적도 없는 사람들이 왜 갑자기 변했을까? 왜 나머지 사회는 이 새로운 착취와 억압을 그냥 참았을까? 수십만 년 동안 지속된 수렵-채취 사회와 수천 년 동안 지속된 초기 농경 사회는 '인간 본성'이 자동으로 착취와 억압을 낳지 않았다는 사실을 보여 준다.[64]

이런 변화를 설명할 수 있는 유일한 사회 이론은 1840년대와 1850년대에 칼 마르크스가 윤곽을 제시했고 프리드리히 엥겔스가 더욱 정교하게 다듬은 이론이다. 마르크스는 '생산력'과 '생산관계'의 상호 작용을 강조했다. 인간은 생존에 필요한 재화를 생산하는 새로운 방식을 개발하며, 새로운 생산방식은 이전의 물질적 어려움을 덜어 줄 것처럼 보인다. 그러나 새로운 생산방식은 사회 구성원들 사이에도 새로운 관계를 창출하기 시작한다. 특정 시점에 이르면 새로운 사회관계를 수용하든지, 아니면 새로운 생계방식을 버려야 한다.

이런 생계방식의 변화 중 일부 때문에 계급이 출현하기 시작했다. 새로운 생산방식을 채택한 집단들은 생존에 필요한 것 이상의 잉여를 생산하고 저장할 수 있었다. 그러나 새로운 방식대로 하려면 일부 사람들은 밭에서 직접 일하는 부담에서 벗어나 집단의 활동을 조정하고 잉여의 일부를 당장 소비하지 않고 미래를 위해 창고에 비축하는 일 등을 전담해야 했다.

생산 조건은 여전히 불확실했다. 가뭄, 폭풍우, 메뚜기 떼가 농작물을 망쳐 놓으면 잉여는커녕 식량이 부족하게 될 수 있었고, 기아가 확산되면 사람들이 미래의 생산을 위해 비축해 놓은 저장물을 소비하려 들 수도 있었다. 육체 노동에서 벗어나 생산을 감독하게 된 사람들은 그런 조건에서는 다른 사람들을 괴롭힘으로써만, 즉 다른 사람들이 피곤하고 굶주릴 때에도 계속 일하도록 강요함으로써만 미래에 대비해 식량을 비축할 수 있었다. '지도자'는 '지배자'로 바뀌기 시작했다. 이들은 자신들이 자원을 통제하는 것이 사회 전체에 이득이 된다고 보게 됐다. 그 때문에 이들은 자신들의 통제권을 지키기 위해 다른 사람들에게 고통을 전가하는 것도 마다하지 않게 됐다. 그리고 이들은 기아와 가난이 주기적으로 인구 전체를 괴롭힐 때조차 자신들만큼은 배부르고 건강해야 사회가 진보할 수 있다고 믿게 됐다. 요컨대, 어떤 점에서는 사회 전체의 이익을 위해 행동했던 '지도자'들이 이제는 자신들의 이익이 마치 사회 전체의 이익인 양 행동하게 됐다. 다시 말해, 사회 발전의 결과로 타인을 착취하고 억압할 동기가 처음으로 생겨난 것이다.

잉여를 창출한 생산방식의 도입과 계급 분화는 농전의 양넌이었나. 매우 비옥한 토양이 있는 지역들에서 출현한 최초의 농경 사회는 계급 분화를 수반하지 않았다. 그러나 농경 사회가 확대되면서 이들은 훨씬 더 열악

한 조건에 처하게 됐고, 그런 상황에서 생존하려면 사회관계를 재편해야 했다.[65]

이전의 무(無)계급 사회에서 권위가 있었던 집단은 관개 공사를 하고 화전을 일궈 농업 생산을 증대하는 데 필요한 노동을 조직하기 시작했다. 이들은 자신들이 잉여를 통제하는 것과, 자연의 변덕에서 피해를 보지 않기 위해 잉여의 일부분을 사용하는 것이 모든 사람에게 이익이 된다고 보게 됐다. 대규모 물물교환을 통해 사회가 소비할 수 있는 재화의 종류를 다양화한 최초의 집단이나, 전쟁을 통해 다른 사회의 잉여를 빼앗는 데 능숙했던 집단도 마찬가지였다.

자연 재해나 토양 고갈이나 전쟁으로 무계급 농경 사회에 심각한 위기가 찾아오면 옛 질서를 유지하기 어려웠다. 이런 위기는 새로운 생산 기술에 대한 의존을 높였다. 그러나 새로운 기술이 널리 채택되려면 일부 부유한 가구나 혈통이 자신들의 옛 의무와 완전히 단절해야 했다. 과거에는 다른 사람들에게 부를 나눠 주는 사람이 권위도 있었지만, 이제 권위 있는 자는 다른 사람들이 고통 받는 동안 혼자서 부를 소비했다. "후기 족장 제도에서는······ 족장이 되려는 사람은 타인을 위해 자신의 생산물을 사용하지만 족장이 된 후에는 자신을 위해 타인의 생산물을 사용한다."[66]

동시에 전쟁 덕분에 일부 개인과 혈통은 다른 사회에서 빼앗은 약탈품과 공물을 자신들 손에 집중하면서 커다란 권위를 얻었다. 위계 구조는 갈수록 분명해졌다. 비록 그 위계 구조가 아직까지는 다른 사람들에게 물건을 나눠 줄 수 있는 능력과 결합돼 있었다 할지라도 말이다.[67]

이 과정은 결코 자동적이지 않았다. 세계 여러 지역에서 어떤 사회들은 대형 쟁기나 관개 시설 같은 노동집약적 방법을 사용하지 않고도 근대에 이르기까지 줄곧 번영을 누렸다. 파푸아 뉴기니, 태평양의 섬들, 그리고 아프리카·아메리카·동남아시아 일부 지역에서 비교적 최근까지도 생존했던, 부적절하게도 '미개' 사회로 알려진 사회들이 그런 경우다. 그러나 이들과는 처한 환경이 달랐던 사회들은 새로운 기술을 채택해야 생존할 수 있었다. 그 과정에서 지배 계급이 생겨났고, 지배 계급과 함께 도시, 국가, 그리고 우리가 보통 문명이라고 부르는 것이 출현했다. 이런 관점에서 보면, 그때 이후로 사회의 역사는 분명 계급 투쟁의 역사였다. 인류는 자연을 더 잘 통제할 수 있었지만, 대다수 사람들이 소수 특권 집단의 지배와 착취에 종속되는 대가를 치렀다.

소수 특권 집단은 국가라는 강압 구조를 확립해 자신들의 의지를 사회의 나머지에 강요할 수 있어야만 때때로 사회 전체가 엄청난 고통을 받고 있을 때에도 잉여를 계속 독점할 수 있었다. 소수 특권 집단은 자신들이 통제하는 잉여로 무장 인력을 고용하고, 효과적인 살상 도구를 독점하게 해 주는 금속 가공 등의 값비싼 기술에 투자함으로써 그런 목적을 달성할 수 있었다.

지배 계급의 권력이 사람들이 먹고사는 데 없어서는 안 되는 것인 양 신성하게 보이도록 해 주는 이데올로기와 법률이 뒷받침할 때, 무장력은 가장 큰 효과를 발휘했다. 예컨대, 메소포타미아에서 "초기의 왕들은 수로를 내고, 신전을 짓고, 시리아에서 목재를 수입하고, 오만에서 구리와 화강암을 수입한 자신들의 경제적 업적을 자랑했다. 고문서에 그려진 벽돌공이나 석공들의 의복, 그리고 신들에게서 신전의 설계도를 받고 있는 건축가들의 의복에는 때때로 이런 활동을 기념하는 설명이 적혀 있다."[68]

단지 **지배자들**만 자신들이 사회에서 가장 고귀한 가치의 화신이라고 생각했던 것은 아니다. 어떤 조건에서는 착취당하는 사람들도 지배자들의 그런 생각에 동조했다. 사회의 잉여가치를 흡수하고 잉여가치 재생산수단을 통제하는 것 그 자체 때문에 지배자들은 자신들이 통치하는 사람들 사이에서 사회의 힘을 상징하게 됐다. 지배자들은 신으로, 아니면 적어도 인민 대중과 신 사이에 필요한 매개자로 보였다. 이집트의 파라오를 신성을 지닌 것처럼 표현한 것과 메소포타미아와 메소아메리카 최초의 지배 계급을 사제와 비슷하게 표현한 것은 그 때문이다.

계급 이전의 사회에서도 불완전하게나마 종교 개념이 존재했다. 사람들은 알 수 없어 보이는 과정을 통제하는 신비스런 힘 때문에 어떤 식물은 꽃을 피우는 반면 어떤 식물을 그렇지 않고, 사냥감이 풍부한 때가 있는가 하면 굶주리는 때가 있고, 때때로 예기치 못한 갑작스런 죽음을 맞이하게 된다고 생각했다. 계급과 국가가 출현하자 사람들은 자신들이 통제할 수 없는 사회적 힘의 존재에도 직면해야 했다. 체계적인 종교 제도는 이 단계에서 출현했다. 신에 대한 숭배는 사회가 자신의 힘을 숭배하는 방식이 됐으며, 사람들이 자신들의 업적을 소외된 방식으로 인정하는 것이었다. 그 때문에 그런 업적을 만들어냈다고 주장한 자들(생산자 대중에게 명령을 내리고, 잉여를 독점하고, 그런 주장을 받아들이지 않은 사람들에게 무력을 사용한 자들)의 지배도 강화됐다.

일단 이런 식으로 확립된 국가 구조와 이데올로기는 특정 집단의 잉여가치 통제도 영속화했다. 그 집단이 더는 생산 발전에 기여하지 못했는데도 그랬다. 생산을 촉진하기 위해 출현한 계급은 더는 생산을 촉진하지 못했는데도 살아남았다.

최초의 계급 사회의 특징

보통 계급 사회를 사유재산에 기반을 둔 사회라고 생각한다. 그러나 사유재산이 계급으로 나뉜 모든 사회의 특징이었던 것은 아니다. 칼 마르크스는 사유재산이 전혀 존재하지 않았던 '아시아적' 형태의 계급 사회를 언급했다. 마르크스에 따르면, 이 사회의 지배자들은 국가 기구를 공동으로 지배함으로써, 토지를 사적으로 소유하지 않고 공동으로 경작한 농촌 주민 전체를 착취할 수 있었다. 마르크스는 18세기 영국의 정복기에 인도 사회도 사정이 비슷했다고 생각했다. 현대의 많은 연구 결과들은 마르크스가 잘못 생각한 점도 있음을 보여 준다.[69] 그러나 메소포타미아, 이집트, 중국, 인도, 메소아메리카, 남아메리카 문명들의 초기 역사는 마르크스의 모델과 잘 맞아떨어지는 듯하다.

신전을 운영한 사제들과 왕을 우두머리로 한 궁정의 행정 관리들이 사회의 잉여를 손에 쥐고 있었다. 이들은 관개와 제방 공사, 신전과 궁전에 딸린 농민의 노동, 교환에 대한 통제 등 생산의 특정 측면들을 지휘함으로써 잉여를 손에 넣었다. 그러나 사제와 궁정의 위정자 모두 사적인 지배나 소유는 하지 않았다. 그들은 지배 계급 집단의 일부로서만 계급 착취의 이득을 누릴 수 있었다.

사회 하층부의 농민도 토지의 사적 소유에 기반을 두고서 생산을 한 것으로는 보이지 않는다. 이제 대다수 사람은 잉여에 대한 통제권을 잃어버렸지만, 경제 생활을 공동체적으로 조직한 무계급 농경 사회의 특징은 왜곡된 형태로나마 여전히 남아 있었던 듯하다. 여전히 노동은 잔존하는 구래의 혈통을 통해 조직된, 상대방에 대한 호혜주의적 의무 체계에 바탕을 두었다. 그 때문에 메소포타미아에서 신전에 속하지 않은 토지는 장로 씨족들(소위 남성 연장자들이 다스린 혈족 집단)이 관리했으며, 후기 아스텍 시대(15세기)의 멕시코 농민 대중은 '칼풀리'(calpulli)로 편재돼 있었다. "뚜렷한 계층으로 나뉘어 있는" 혈족 집단인 '칼풀리'의 최상층 성원들은 나머지 성원들에게 지배 계급의 요구를 관철했다.[70] 잉카의 농민 대중도 '칼풀리'와 비슷한 '아이룰리'(aylulli)로 편재돼 있었다.[71] 고고학자들과 인류학자들은 흔히 그런 집단을 '원뿔형 씨족'이라는 용어로 부른다. '원뿔형 씨족'은 신화적인 공동의 조상을 둔 핵가족 집단들을 하나로 묶는다는 점에서 여전히 무계급 사회의 씨족과 같은 외양을 하고 있었지만,[72] 이제는 피착취 계급의 노동을 착취 계급의 이익을 위해 조직했고, 생산 단위이자 사회 통제 단위의 기능을 했다.

유라시아와 아프리카의 대부분 지역에서는 몇백 년 동안 지배 계급 내부에서 심각한 분열이 있었고 착취 계급과 피착취 계급 사이에서 유혈낭자한 전쟁과 심각한 투쟁이 벌어지고 난 다음에야 비로소 지배 계급과 농민들 사이에서 사유재산이 발전했다.

4. 여성 억압

사회가 계급으로 양극화하고 국가가 출현하자 세계 모든 곳의 여성은 패배를 당했다. 프리드리히 엥겔스가 1백여 년 전에 "여성의 세계사적 패배"라고 부른 지위 변화가 여성에게 일어났다. 남성과 함께 공동 결정권자였던 여성은 이제 의존적이고 종속적인 지위로 밀려났다. 종속의 정확한 성격은 계급 사회마다, 그리고 각 계급 사회에서 여성이 속한 계급마다 매우 달랐다. 그러나 어느 계급 사회나 여성 억압이 존재했다. 그리하여 여성 억압은 오늘날에도 인간 본성의 변함없는 한 측면으로 취급될 정도로 보편적인 것이 됐다.

잉여 생산과 함께 사람들 사이에 나타난 새로운 관계가 여성의 지위 변화를 초래했다. 새로운 집약적 생산 기술 때문에 남성의 노동은 처음으로 여성의 노동보다 중요해졌다. 수렵-채취 사회에서 중요한 식량 조달 수단이었던 채취는 아이를 기르고 아이에게 젖을 물리면서도 얼마든지 할 수 있는 일이었다. 괭이에 의존한 초기 농경 사회에서도 마찬가지였다. 그러나 무거운 쟁기를 사용하고 소와 말을 기르는 사회에서는 더는 그럴 수 없었다. 여성이 그런 일을 했던 사회는 출산율이 낮았고 인구가 증가하지 않았다. 이 사회는 여성을 그런 업무에서 배제하는 다른 사회에 밀려났다. 오래 전에 고든 차일드는 순전히 농사만 지은 "미개인들"의 경우 "여성은 보통 괭이질을 했고, 남성이 쟁기질을 했다. 그리고 가장 오래된 수메르와 이집트의 기록에서도 쟁기질을 하는 사람들은 사실 남성이었다"고 지적했다.[73] 차일드는 이렇게 암시했다. "쟁기는 …… 여성을 가장 힘든 노역에서 해방시켰지만, 그 때문에 여성은 곡류 농작물에 대한 독점권과 그에 따른 사회적 지위를 박탈당했다."[74] 가족이나 씨족의 미래에 관한 중요한 결정은 남성의 몫이 됐다. 그 결정을 실행하는 당사자가 남성이었기 때문이다. 잉여가 출현하면서 일어난 다른 변화들도 비슷한 영향을 미쳤다. 여성이 국지적 무역에 종사할 수도 있었고, 어떤 경우에는 전쟁에서도 일정한 구실을 했지만, 원거리 무역과 직업 군인 자리는 남성들이 독차지했다. 전사와 상인의 압도 다수는 남성이었다. 그리고 갈수록 전사와 상인이 잉여를 통제하게 되면서, 소유권과 권력은 남성의 특권이 됐다. 구래의 씨족이 붕괴하면서 그런 추세는 더욱 강화됐다. 성인 여성은 옛 씨족 안에서는 생산수단 사용에 대해 일정한 발언권이 있었고 부당한 대우를 받지 않았지만, 이제 더는 그런 사회관계에 속하지 않았다. 대신 성인 여성은 낯선 가족 안에서 '아내'라는 종속적인 지위를 얻었다.[75] 지배 계급 여성은 남성 잉여 관리자의 또 다른 소유물로 전락하면서 성적 쾌락을 제공하거나 후계자를 생산하는 일종의 장신구처럼 취급됐다. 지배 계급 여성은 고난과 외적 위험에서 보호받았지만 동시에 외부 사회와 교류하는 것도 차단당했다. 농민 가족이나 장인 가족에서 여성의 삶은 매우 달랐다. 그 여성들은 여전히 생산에 종사했고 끝없는 고된 노동에 참여했다. 그러나 남편이 가족과 사회의 관계를 통제하면서, 가족의 생존에 필요한 조치(아내의 임신을 포함해서)들을 여성과 아이들에게 강요했다.[76] 글자 그대로 '가부장제', 즉 다른 가족 성원들에 대한 아버지의 지배가 존재했다. 가부장제의 자취는 머지않아 모든 이데올로기와 모든 종교로 확산됐다. 여성 신과 여성 사제는 갈수록 부차적인 구실을 하게 됐으며, 세계를 창조하고 쇄신하는 능동적인 존재가 아닌 모성(母性)이나 아름다움의 상징으로서만 살아남았다.

모든 계급과 사회에서 여성의 역할이 똑같았던 것은 아니다. 농민 여성 억압은 귀족 여성 억압과 형태가 매우 달랐다. 남성이든 여성이든 독립적인 가정을 꾸리는 것이 허용되지 않은 노예들의 경우에도 여성 억압의 형태가 사뭇 달랐다. 젊은 남성의 사망률이 더 높았기 때문에 과부는 어디에서나 흔했는데, 그런 경우 여성이 농민 가족이나 장인 가족, 심지어 왕국 하나를 떠맡은 경우도 있었고, 그렇지 않은 경우도 있었다. 여성이 전혀 권리를 누리지 못한 사회들이 있었는가 하면, 어떤 사회들에서 여성은 재산을 소유·상속할 수도 있었고, 먼저 이혼을 제안할 수도 있었다. 1980년대 페미니스트 학자들이 공통으로 신봉한 '가부장제' 이론이 함축하고 있는 것과 달리, 여성이 모든 곳에서 억압받았다고 해서 어디에서나 똑같은 억압을 받았던 것은 아니다. 하지만 여성의 지위는 원시공산주의 시대보다 열등했다.

착취 계급의 출현은 여성뿐 아니라 사회 전체의 발전에 영향을 미쳤다. 착취자들은 사회의 자원 대부분을 자신들의 지배를 뒷받침하는 데 사용하기 시작했다. 하인을 고용하고, 직업 경찰과 군대를 고용하고, 자신들의 권력을 기리기 위한 거대한 사원이나 궁전, 무덤을 지으려면 비용이 많이 들었기 때문에, 대중에 대한 착취와 억압을 사회가 유지되는 유일한 방법으로 정당화하고 강화했다. 다른 사회들의 자원을 손에 넣을 수 있는 수단으로서 전쟁은 더욱 흔한 일이 됐다. 그러나 전쟁은 대중의 고통을 더욱 증대시켰다. 또한 전쟁은 이웃 사회에서 지배 계급과 국가의 출현을 촉진했다. 방어 수단을 획득하려면 자신들도 소수의 수중에 잉여를 집중해야 한다는 점을 공격당하는 이웃 사회들이 깨닫게 됐기 때문이다.[77] 비록 한때 지배 집단의 출현이 사회 전체에 '유용'했다고 해도, 지배 집단의 존재는 결국 어느 시점을 넘어서면 사회에 족쇄가 됐다. 중동, 인더스 강 유역, 지중해 동부에서 최초의 문명들이 출현하고 나서 1천~1천5백 년 사이에 벌어진 일들이 이 점을 극적으로 보여 줬다.

5. 첫 번째 '암흑기'

　최초의 문명들에서 탄생한 피라미드나 신전, 궁전, 거대한 조각상을 마주하면 누구나 압도될 수밖에 없다. 이런 기념비적인 건축물뿐 아니라 비바람을 막아주는 석조 가옥들도 인상적이긴 마찬가지다. 심지어 상하수도 시설이 돼 있는 가옥들도 있다. 더욱이 당시 사람들은 금속에 관한 지식조차 없었는데도 돌이나 나무, 때로 구리나 청동으로 된 정교한 도구를 사용해 이런 건축물들을 지었다.

　이 건축물들이 그 당시의 도시나 도시 주변에 살았던 사람들에게 준 위압감은 더욱 컸을 것이다. 엠파이어스테이트 빌딩이나 에펠 탑보다도 더 웅장했을 법한 기자(Giza)와 테오티우아칸의 피라미드, 우르나 우루크의 지구라트는 국가의 권력·영속성·안정을 보여 주는 영원한 상징이었을 것이다. 이런 건축물들은 지배 계급에게는 자신들의 권력이 해와 별의 움직임만큼이나 영원하고 확고하다는 믿음을 주었을 것이며, 대중에게는 더한층 자기 존재의 하찮음과 무력감을 느끼게 했을 것이다.

　그러나 피라미드와 조각상 그리고 간혹 건축물은 살아남았어도, 그것들을 만들어낸 사회는 조만간 심각한 위기에 빠졌다. 메소포타니아의 도시국가들은 서로 끊임없이 전쟁을 벌이다가 기원전 2300년 무렵 '비옥한 초승달 지대' 전체를 하나의 대제국으로 통일한, 북쪽에서 온 정복자 사르곤에게 항복했다. 사르곤이 죽은 뒤에 제국은 다른 정복자의 먹이가 됐다. 기자와 사카라[78]에 피라미드를 세운 이집트의 '고왕국'은 한 세기 반 동안 지속된 내전과 사회 혼란을 겪으면서 해체됐다(기원전 2181년부터 기원전 2040년까지의 소위 '제1중간기'). 1천 년 이상 존속했던 인더스의 도시 하라파와 모헨조다로는 기원전 1500년 무렵에 버림받았다. 기원전 1400년 즈음에는 크노소스의 장엄한 궁전으로 대표되는 크레타 문명이 붕괴하고, 곧이어 미케네 문명이 그리스 본토를 지배했다. 메소아메리카의 문명도 마찬가지로 갑작스런 붕괴를 겪었다. 테오티우아칸, 몬테알반, 마야의 남부 중심지들이 차례로 폐허가 됐다. 도시 전체가 텅빈 유적으로 변해버린 이 도시들은 나중에 아스텍인과 스페인 정복자들과 현대인들을 차례로 당황스럽게 했다.

무엇이 초기 문명의 이런 위기를 초래했는지에 관해 많은 역사적 추측들이 있었다. 다양한 설명이 있지만, 몇 가지 공통된 요소가 두드러진다.

먼저, 지배 계급이 자신이나 자신의 기념물에 갈수록 많은 자원을 소비했다는 것이다. 시간이 지날수록 신전과 궁전과 무덤은 더 호화로워졌고, 상류 계급의 사치가 도를 더했고, 농민들한테서 잉여가치를 뽑아내려는 노력도 강도가 세졌고, 아주 멀리 떨어진 곳에서도 진귀한 물건들을 수입했다.

오늘날까지 남아 있는 이집트의 기록들에 따르면, 이집트 국가의 행정 업무는 "농업 체계를 관리하는 일보다는 주로 농산물을 '궁궐' 내의 여러 중심지로 원활하게 수송하고 건설 공사를 감독하는 일에 치우쳤"고, 그 때문에 "농업 잉여가 심각한 압박"을 받았다.[79] 메소포타미아에서도 이런 사정은 비슷했을 뿐 아니라 도시국가들 간의 전쟁과 주변 유목민들과 벌인 전쟁으로 더 큰 압박을 받았다.

지배 계급의 권력과 부가 커지면서 대중의 생활수준은 생존에 필요한 최소 수준으로 떨어졌다.(때로는 그보다도 못했다.) 그 때문에 신전이나 궁전에서 일하는 수공 노동자들이 구리와 청동을 이용하는 새로운 기술을 개발했는데도, "잉여를 …… 만들어내는 …… 농민 대중은 새로운 장비를 사용할 경제적 여유가 별로 없었다. 이집트의 농민들과 채석공들은 여전히 신석기 도구를 사용해야 했다. 수메르에서는 여전히 양모를 잘라내지 않고 뜯어냈다. 인더스의 도시들에서도 대개 규질암으로 만든 칼을 사용했고, 이것은 금속 도구가 부족했음을 보여 주기에 충분하다."[80]

지배 계급이 전례 없는 규모로 자원을 흡수해가자, 자연 세계를 이해하고 통제하는 인류의 능력도 엄청나게 줄어들었다. 고든 차일드는 '도시혁명'으로 이어진 초기의 비교적 가난하고 문자가 없었던 공동체들이 이룩한 거대한 진보를 거대 국가의 확립이 가져온 결과와 비교했다.

> 기원전 5000~3000년에, 수백만 대중의 번영에 직간접으로 영향을 미쳤고 인류의 생물학적 풍요를 뚜렷하게 증대시킨 응용과학적 발명들이 탄생했다. …… 수로와 도랑을 이용한 인공 관개, 쟁기, 짐승을 이용한 동력, 돛단배, 바퀴, 과수 농업, 발효, 구리의 생산과 이용, 벽돌, 아치, 유리, 도장이 그 예다. 도시혁명의 초기 단계에서는 태양력, 문자, 숫자 표기, 청동이 발명됐다. …… 도시혁명이 일어나고 나서 2천 년 동안 인류의 진보에 이와 비슷한 영향을 미친 기여는 거의 없었다.[81]

이 기간에 일어난 진보("철, 물레방아, 알파벳 문자, 순수 수학")는 '위대한 문명들' 내부가 아니라 그 주변의 '야만 사회'에서 이루어졌다.[82]

브루스 트리거는 "위대한 창조와 발명의 시대로 보이는" 이집트의 초기 왕조 시대(기원전 3000~2800년)와, "율법학자들과 관료의 지배로 생산 방법의 변화가 억제"되면서 "발전이 멈춘" 그 이후 시기를 대조했다.[83]

신전·궁전·무덤의 규모가 커지고 지배 계급의 사치가 더해가는 것에 비례해 대중은 더욱 착취당했으며 그에 따라 사회 전체에 생계를 제공하는 기술은 정체됐다.

밭에서 하는 일상 노동에서 벗어난 사회 부문은 인간의 자연 통제력을 향상시키는 일에 더는 이해관계가 없었다. "혁명적 기술 진보의 대부분은 본래 '노동절약식 발명'으로서 등장했다. 그러나 이제 새로운 지배자들은 거의 무제한의 노동 자원을 마음껏 이용할 수 있었기 때문에 …… 노동절약식 발명의 필요성을 못 느꼈다."[84] 스스로 자기 자신을 신격화한 수메르의 왕들과 이집트의 파라오들처럼 미신을 장려함으로써 대중에 대한 권력을 강화한 지배자들은 문자를 아는 소수의 사제들과 직업적 관료들이 과학을 연구하도록 장려하는 데 이해관계가 없었다. 그 때문에 사제들과 관료들은 도시혁명 초기에 개발된 한 다발의 지식을 거의 신주 모시듯 떠받들며 고수했다. 이들은 기록을 베낌으로써 당시 확립돼 있던 사상을 후세에 전달했을 뿐, 새로운 연구를 더 시도하지는 않았다. 시간이 지나면서 과학은 현학으로 전락했고, 현학은 마법으로 전락했다.(물론 이런 일은 그때가 마지막은 아니었다.)[85] 결국 문자를 알고 있었던 엘리트 집단은 인간의 자연 통제력을 발전시키기는커녕 발전을 가로막았다.

인류의 생산력 발전 덕분에 출현한 지배 계급은 이제 생산력 발전에 장애물이 됐다. 그러나 생산력이 더 진보하지 않는 상태에서 지배 계급의 강탈이 계속되면 자원이 고갈되고, 대중은 마침내 먹을 것이 부족해지는 상태에 처할 수밖에 없다. 이런 시점에서는 약간의 기후 변화만 일어나도 대중은 굶주리고 사회는 뿌리째 뒤흔들린다. 이집트의 '고왕국' 말기에 그런 일이 일어났다. 가뭄으로 나일 강이 범람하지 않게 되자 물을 끌어 쓰기가 어려워졌다. 윌리와 쉼킨은 1천2백 년 전 메소아메리카의 '고전적' 마야 문명도 지배 계급의 '과잉 착취' 때문에 붕괴했을 것이라 추측한다.

> 상류 계급과 그들의 다양한 신하들과 그 밖에 초기 '중간 계급' 성원들이 늘어나면서 사회 전체의 경제적 부담도 가중됐을 것이다. …… 영양실조와 질병이 평민들 사이에 만연하면서 노동 능력은 더욱 약해졌다. …… 후기 고전 시대의 마야는 이런 내적 압박에도 불구하고 기술적·사회적 혁신을 하지 않았다. …… 마야의 지배층은 사회가 붕괴하는 순간까지 전통 방침을 고집했다.[86]

최초의 문명들에서 일어난 계급 투쟁

사회의 나머지를 먹여 살리는 피착취 계급이 가난해지는 것은 불가피하게 상이한 계급들 사이에서 이익 충돌을 초래했다.

사회는 기본적으로 소수의 지배자들과 그들에게 종속된 농민 대중, 이두 계급으로 분열해 있었다. 지배자들이 점점 더 무겁게 부과한 세금 때문에 아마도 이 두 계급 사이에 충돌이 발생했을 것이다. 그러나 솔직히 말해서 우리는 그런 충돌을 자세히 알지 못한다. 무덤에서 출토된 그림이나 신전에 새겨진 그림은 사람들이 '윗사람'을 향해 절을 하면서 시중을 들고 있는 그림 일색이다. 이것은 놀라운 일이 전혀 아니다. 시대를 막론하고 지배 계급은 대중을 그런 식으로 그리는 것을 좋아했기 때문이다.

그렇지만 많은 고고학자와 역사가는 이집트 고왕국의 붕괴가 '사회혁명'과 관련 있었다고 주장하면서, 고왕국 이후에 쓰여진 <이푸웨르의 훈계>라는 문서를 인용한다. 이 문서는 "여종들이 주인 마님의 자리를 차지하고, 관리들이 천한 남자들의 지시에 따라야 하고, 왕족의 아이들을 벽에 내동댕이치는"[87] 상황을 상상하고 있다. 마찬가지로 테오티우아칸, 몬테알반, 남부 마야의 메소아메리카 문명의 붕괴도 대개 농민 반란 때문이었다고 설명한다.[88]

그러나 지배자와 피착취 농민 사이에서만 갈등이 있었던 것은 아니다. 모든 초기 문명은 지배 계급의 내분도 커졌다는 증거를 남겨 놓고 있다.

메소포타미아와 메소아메리카에서 최초의 지배 계급은 신전의 사제들이었던 듯하다 그러나 세속적인 행정과 전쟁이 중요해지면서 왕들이 사제 집단과 나란히 출현하기 시작했고, 독립된 영지(그리고 그에 딸린 농민)를 소유한 세속 귀족들이 사원·왕궁과 나란히 등장하기 시작했다. 메소아메리카에서도 전사들의 권력이 갈수록 커졌던 듯하다.[89]

이집트의 왕들은 8백 킬로미터에 달하는 나일 강 유역을 다스리고 왕궁이 있는 수도로 식량과 물자와 노동의 유입을 확보하기 위해 지방의 사제들과 총독들에게 의존했다. 왕이 그들의 충성심을 사려고 하사한 토지 덕분에 사제와 총독은 몇 세기 동안 전체 잉여의 상당 부분을 자신들의 몫으로 빨아들이고 중앙 군주와 분리돼 어느 정도 독립된 권력을 행사할 수 있었다. 사제들과 총독들이 파라오를 본떠 작지만 호화로운 무덤을 짓기 시작했던 것이 한 가지 증거다.

새로운 착취 집단이 낡은 착취 집단과 나란히 출현한 것은 이중의 효과가 있었다. 한편으로, 더 많은 계층이 잉여에 기생하게 되면서 농민들에 대한 압력이 커졌다. 다른 한편, 자원이나 무장력이나 사상의 유포 수단을 통제하는 새 지배자들이 옛 지배자들의 단일 권력에 도전할 수 있게 됐다. 이집트의 고왕국 붕괴 역시 적어도 부분적으로는 지방 총독들과 제사장들이 중앙 군주의 이익보다 자신들의 이익을 앞세웠던 것에 원인이 있었던 듯하다. 켐프에 따르면, 이 때문에 "매우 전형적인 야심가들끼리 …… 내전"이 벌어졌다.[90]

지배 계급의 내분과 함께 새로운 하위 계급들이 성장했다. 농업 생산성 증대로 일부 사람들이 밭일에서 벗어날 수 있었고, 그 결과 목수·석공·가죽공·직조공·금속공 등 전문적인 수공 노동자 집단들이 출현하기 시작했다. 지배 계급의 손에 더 많은 잉여가 집중된 것도 한 가지 요인이었다. 사제들과 왕들은 정교한 신전, 무덤, 궁전, 그리고 자신들과 신하들이 쓸 사치품을 한도 끝도 없이 요구했다. 하지만 그렇게 하려면 궁전과 무덤과 신전 주변에 그런 것들을 생산할 수 있는 숙련 노동력을 끌어 모아야 했다. 이렇게 해서 새로운 장인 계급이 신흥 도시 인구의 핵심 부분으로 성장했다.

기자의 피라미드를 건축하고 이집트의 '왕들의 계곡'에 있는 무덤들을 조각한 사람들이 바로 그런 사람들이었다. "흔히 믿는 것과 달리" 이 무덤들은 "노예들이 지은 것도 아니고 …… 왕의 보물을 보호하기 위해 공사가 끝나고 죽음을 당한 사람들이 지은 것도 아니다."[91] 거대한 바위를 옮기는 데에는 수많은 농민의 강제 노동을 이용했을 수도 있다. 그러나 기원전 1500년 무렵에 테베(지금의 룩소르)에서 작성된 한 문서는 숙련된 장인들이 돌을 쪼고 조각하는 일과 목수 일을 담당했음을 보여 준다. 이들은 석조 주택이 늘어선 특별한 마을에 살았고, 열 명의 가족을 유지할 수 있을 만큼 충분한 곡식·기름·생선을 임금으로 받았다. 이것은 농민의 평균 수입의 세 배에 해당하는 수입이었다. 그들은 하루에 8시간을 노동했기 때문에 개인적인 부업으로 생활수준을 높일 수 있는 여유도 있었으며, 일부는 글을 읽고 쓸 줄 아는 사회의 극소수에 포함됐을 정도로 숙련돼 있었다. 하지만 그들은 완전한 자유민은 아니었다. 그들은 자신들을 담당한 기록관들과 현장 감독들의 자의적인 횡포에 시달렸고, 그 일부는 적어도 어떤 경우에는 파라오의 고관의 눈에 '잉여 인력'으로 찍혀 강제 노동을 해야 했다.[92] 그러나 그들은 기원전 1170년에 식량 배급이 늦어져 가족들이 굶주리자 아내들의 지지를 받으며 역사에 기록된 최초의 파업을 벌였다.[93]

그들은 현대적 의미의 임금 노동자는 아니었다. 고용주를 선택할 자유가 없었고, [화폐가 아닌] 현물로 임금을 받았으며, 국가의 중앙집권화한 물품 배급에 기대 생계를 해결했기 때문이다. 이 때문에 국가와 무관하게 행동하거나 국가에 도전할 생각을 품기 어려웠다. 의미심장하게도, 수공 노동자들은 자신들의 신뿐 아니라 왕족 계급의 신들과 신격화된 왕들을 숭배했다. 그런데도 이 억압받고 착취받은 계급은 지리적 집중성과 읽고 쓸 줄 알았다는 점 덕분에 1천5백 년이나 된 왕국의 지배자들에게 도전할 자신감을 얻게 됐다. 이것은 아주 먼 미래에 그들과 비슷하지만 수천만 명을 헤아리는 계급이 출현할 조짐이었을 것이다.

대다수 초기 문명들에서는 장인 계급과 더불어 상인 계급도 출현했다. 무역은 이미 선사시대에 출현했다. 예컨대 한 곳에서 파낸 부싯돌이 수백 킬로미터 떨어진 곳에서도 사용됐다. 신흥 지배 계급이 신전과 궁전을 짓는 데 쓸 원자재와 사치품을 찾기 시작하면서 무역은 더 중요해졌다. 그 물품들 대부분은 개인이나 집단이 길고 힘들고 위험한 여행을 다녀와야만 얻을 수 있었다. 게을러터진 지배 계급 내에서는 그런 여행을 하려는 사람이 거의 없었다. 따라서 상인들은 주로 피착취 농민 계급이나 도시 바깥에 사는 주민들, 특히 도시와 도시 사이의 광야를 떠돌아다닌 유목민들 가운데서 배출됐다. 거래가 중요해지자 상인들도 중요해졌고, 그 덕분에 상인들은 지배 계급에게 압력을 넣을 수 있을 정도로 큰 부를 축적하기 시작했다. 마침내 '비옥한 초승달 지대'의 시파르 시처럼 상인 계급이 다스린 도시들까지 생겨났다.

그러나 대체로 상인 계급은 사회의 주변부 계급이었다. 시간이 지나면서 이 주변부가 성장했을지라도 그것은 마찬가지였다. 장인들과 마찬가지로 상인 계급도 사회를 어떻게 운영해야 하는지에 관해 독립적인 견해를 발전시키지 못한 듯하다.

장인과 상인 계급의 발전 수준이 미숙했기 때문에, 사회가 거대한 위기에 빠졌을 때 사회의 재조직을 위해 투쟁할 수 있는 힘이나 강령을 지닌 사회 집단은 존재하지 않았다. 기존의 지배 계급은 사회에 만연한 굶주림과 가난을 덜어줄 수 있을 정도로 자연에 대한 인간의 지배력을 충분히 발전시킬 능력이 없었다. 하지만 다른 집단들도 그럴 능력이 없기는 마찬가지였다. 농민 대중은 착취자들에 맞서 일어설 수는 있었다. 하지만 농민은 굶주림을 면하기 위해 수확한 것을 모두 소비했다. 도시, 글을 읽고 쓸 줄 아는 계층, 수로와 둑을 돌보는 집단 등의 문명 구조를 지탱하는 데 필요한 '잉여'는 전혀 남겨 두지 않았다.

그 결과는 크레타, 미케네, 하르사파, 모헨조다로, 테오티우아칸, 몬테알반, 마야 등 붕괴한 문명들에서 가장 분명하게 찾아볼 수 있다. 도시는 버려졌고, 활짝 꽃피웠던 문화는 잊혀졌으며, 대중은 몇백 년(아니면 그 이상) 전 조상들의 순수한 농경 생활로 되돌아갔다.

지금까지 논한 문명들에 관해 알려진 것이 거의 없었던 시기에 칼 마르크스는 유명한 《정치경제학 비판 요강》 서문에서 다음과 같이 썼다.

인간은 자신의 삶을 사회적으로 생산하는 과정에서 물질적 생산력의 특정한 발전 단계에 조응하는 필수적이며 분명한 생산관계에 ─ 자신들의 의지와는 무관하게 — 편입된다. 이런 생산관계의 총합이 사회의 경제 구조, 즉 토대이다. 이 토대는 그 위에 법적·정치적 상부구조를 떠받치는 진정한 기반이며, 특정 형태의 사회적 의식도 그 토대에 조응한다. …… 인간 발전의 어떤 단계에서 사회의 물질적 생산력은 기존의 생산관계, 또는 생산관계의 법적 표현에 지나지 않는 기존의 재산 관계와 충돌한다. 본래는 생산력 발전의 형태였던 이런 관계는 이제 생산력 발전에 족쇄가 된다. 그 결과 사회혁명의 시대가 도래한다.[94]

그러나 사회혁명은 하나 이상의 결말을 낳을 수 있다. 마르크스가 《공산주의 선언》에서 언급했듯이, 역사에서 계급 투쟁은 "사회의 혁명적 재구성으로, 아니면 적대 계급들의 공멸로" 끝날 수 있었다.[95]

앞서 본 초기 문명들의 사례는 마르크스의 주장을 확증해 준다. 한때 "생산력 발전"에 기여했던 지배 계급이 나중에는 성장에 족쇄가 됐고, 결국 사회 전체를 격변에 빠뜨렸다. 그러나 더 발전한 새로운 생산 방법과 결부돼 있으며, 낡은 지배 계급을 타도하고 사회 전체에 자기 의지를 관철할 수 있는 계급이 출현하지 않았기 때문에, 위기는 더 한층의 생산력 발전으로 이어지지 않았다. 대신에 "적대 계급들의 공멸"이 일어나 그야말로 '야만 사회', 즉 도시도 문자도 선진 기술도 없는 사회로 회귀했다.

정복과 변화

이집트와 메소포타미아의 역사는 마르크스가 설명한 패턴에 딱 들어맞지는 않는다. 이들의 경우 1백여 년 동안 무질서, 내전, 기아의 시기가 지속됐지만 얼마 후 옛 질서와 사회 생활의 리듬이 다시 확립됐다. 메소포타미아의 경우 영토 확장으로 부가 유입된 덕분에, 이집트의 경우 나일 강의 수위가 높아진 덕분에 당장의 경제 위기를 극복했고, 지배 계급 내부에서 권력 이동이 일어나면서(메소포타미아는 사제에서 전사에게, 이집트는 멤피스에서 테베로) 몇백 년 동안 사회는 기본적으로 이전 방식에 따라 운영됐다. 그러나 위기의 근본 원인은 사라지지 않았다. 두 사회에서는 여전히 도시혁명 초기의 혁신적 동력이 결여돼 있었고, 새로운 생계방식도 거의 개발할 수 없었으며, 여전히 새로운 파국을 맞이할 가능성이 컸다. 메소포타미아에서는 (기존의 도시나 도시 주변의 유목민들 가운데서) 정복자들이 출현했다. 정복자들은 저항을 분쇄하기 위해 이 도시 저 도시로 행군하면서 거대하고 중앙집권화한 제국을 수립하고 결속시켰다. 그러나 이 때문에 사회의 자원은 더 한층 고갈됐고, 제국의 재정은 바닥났다. 그러자 중앙지배자는 호족들이 각자의 영지에서 '질서'를 유지하면서 잉여의 대부분을 흡수하는 것을 용납하게 됐다. 그 결과, 제국 전체의 방위가 허술해지면서 제국은 내부에서 출현한 반란군 지도자나 외부 정복자들에게 무방비로 노출됐다.

그래서 구약성서에는 아모리인, 카시트인, 아시리아인, 히타이트인, 메데스인, 페르시아인 등 '비옥한 초승달 지대'를 행진한 잇따른 정복자들이 등장한다.

수백 년 동안 이집트는 사막 덕분에 외부의 군사적 침입을 받지 않았다. 그러나 사막조차도 기원전 1700~1600년 무렵 '제2중간기'라는 또 한 차례의 대위기가 닥쳐오는 것을 막을 수는 없었다. 그러자 외부 세력이 봇물 터지듯 침탈해 왔다. 이집트 북부에서는 거의 틀림없이 팔레스타인에서 왔을 것으로 추정되는 '힉소스'인들이 파라오를 자칭했고, 남부에서는 누비아의 쿠시 왕조가 패권을 행사했다. 팔레스타인과 누비아는 모두 이집트가 정체하고 있던 시기에 빠르게 발전한 사회였다. 의미심장하게도 힉소스는 이집트에서 채용한 적이 없는 신기술을 이용하고 있었는데, 특히 바퀴를 사용하고 있었다. 기원전 1582년에 힉소스를 몰아내고 '신왕국'을 세운 이집트 지배자들조차 그런 혁신을 받아들였는데 수공 노동자들과 상인 집단이 발전할 여지를 폭넓게 허용함으로써만 그렇게 할 수 있었다.

차일드는 이렇게 말했다. "메소포타미아와 이집트의 부활한 문명은, 더는 '고관 댁'에 매여 있지 않고 그와 나란히 독립적으로 존재한 상인, 직업군인, 서기, 사제, 숙련공 등의 중간 계급이 훨씬 더 두드러졌다는 점에서 고왕국·중왕국과 가장 큰 차이가 있었다."[96]

후기 고왕국과 중왕국의 특징이었던 정체와 신왕국 초기 몇백 년의 역동성은 확실히 대조된다. 이 시기에 파라오들은 팔레스타인과 시리아로, 남쪽으로는 아프리카로 쳐들어갔다. 정복으로 새로운 원자재와 사치품이 유입됐다. 국내에서 나온 잉여도 많아졌고, 그 덕분에 파라오뿐 아니라 제사장과 지방의 관료들도 매우 정교한 무덤과 호화로운 궁전을 지을 수 있었다. 이런 일이 일어날 수 있었던 토대는 급격한 생산력 발전이었던 듯하다. 시간이 지나면서 더 단단하고 날이 쉽게 무뎌지지 않는 청동이 구리를 대체했다. 말이 끄는 바퀴 달린 차는 주로 전쟁에서 사용했지만 국내의 통신을 빠르게 하는 데에도 기여했다. 지렛대를 이용해 손이 닿지 않는 도랑물과 시냇물을 풀 수 있는 방아두레박이 도입되면서 관개도 쉬워졌다.[97]

외부의 침입은 1천 년 가까이 정체했던 이집트의 사회 구조를 아주 적당한 만큼만 뒤흔들어 생계수단의 혁신이 일어나도록 했다. 이것은, 새로운 생산관계를 기초로 등장한 계급이 아직 강력하지 않더라도, 특정 조건에서는 외부 세력이 적어도 일시적으로는 낡은 상부구조가 사회 생활을 질식시키는 것을 막을 수 있음을 암시한다.

2부
고대 세계

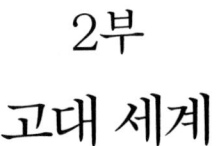

인류의 다양한 문명들이 더 화려한 꽃을 피우기 시작한다. 그런데, 전통적으로 유럽의 역사가들은 세계 역사가 중동에서 시작해 그리스와 로마를 거쳐 서유럽에 이르렀다고 본다. 그러나 중국 북부에서 출현한 문명은 유럽에서 출현한 모든 문명보다 뛰어났으며, 2천 년 넘게 이런저런 형태로 생존하면서 인류 역사상 가장 중요한 기술적 진보들 중 일부를 이룩했다. 그리고 세계사에 대한 서방의 설명 대부분은 '로마의 영광'을 후렴구처럼 반복해왔다. 로마의 등장을 고대 문명의 절정으로 묘사하고, 로마의 몰락은 역사의 비극으로 그린다. 한 각도에서만 보면 로마 문명은 분명 인상적이다. 그러나 이것이 전부가 아니었다.

연표

기원전 1000년~500년
철제 무기와 도구가 아시아, 유럽, 아프리카 서부와 중부로 확산. 중동, 인도 아대륙, 지중해 연안에서 표음문자 출현.

인도 갠지스 강 유역에서 화전 농경이 출현해 새로운 문명이 형성됨. 4계급 카스트 제도와 베다교 출현.

페니키아·그리스·이탈리아에서 도시국가 출현. 중동 지역이 각각 메소포타미아와 나일 강 유역에 기반을 둔 경쟁 제국들로 통일됨. 중국에서 소수의 '전쟁국가'(전국)들이 등장함.

기원전 600년~300년
'고전' 문명이 꽃을 피움. 중국의 공자와 맹자, 인도의 부처, 그리스의 아이스킬로스, 플라톤, 아리스토텔레스, 데모크리토스 등장. 그리스에서 계급 투쟁이 일어남.

마케도니아의 알렉산더 대왕이 중동을 정복하고, 마우리아 제국의 아쇼카가 인도 아대륙 대부분을 정복함.

로마에서 평민과 귀족 간의 투쟁. 이탈리아 대부분을 로마가 정복함.

기원전 300년~1년
인도에서 마우리아 제국이 붕괴했지만, 상업과 수공업은 계속 발전함. 힌두교의 브라만이 소를 잡아먹는 것에 반대함.

시황제가 중국 북부를 통일함. 철기 문화, 수공업, 상업이 크게 성장함. 만리장성과 수로와 도로망을 건설함. 농민 반란으로 한조(漢朝)가 수립됨.

로마가 지중해 지역 전체와 라인 강 이남 유럽 정복. 이탈리아에서 노예제와 농민의 빈곤이 확산됨. 농민들이 지지한 그라쿠스 형제가 기원전 131년과 기원전 121년에 살해됨. 시칠리아 노예 반란(기원전 130년대)과 이탈리아 스파르타쿠스 반란(기원전 70년대)이 일어남. 여러 차례의 내전. 율리우스 카이사르가 기원전 45년 권력을 장악함. 기원전 27년 아우구스투스가 제위에 오름.

서기 1년~200년
로마 제국의 절정기. 서기 70년 팔레스타인 반란을 진압함. 타르수스의 바울이 '기독교'를 유대교에서 분리해 창시함.

중국에서 강철 주조법 발견. 한 제국이 한반도, 중앙아시아, 중국 남부, 인도차이나로 영역을 확장. 유교를 국가 이데올로기로 채택함.

농경과 힌두교가 인도 남부를 거쳐 말레이 반도와 캄보디아로 확산됨. 인도 상인들의 재정 지원으로 커다란 절들이 세워지고 불교가 티베트와 실론에 전파됨.

서기 200년~500년
중국의 한조가 해체됨. 도시 경제가 붕괴하고,

농촌이 제후령으로 분할됨. '고전' 문헌에 대한 관심이 퇴조함. 일부 집단 사이에서 불교가 확산됨.

5세기에 굽타 제국이 인도의 대부분을 통일. 예술과 과학이 꽃을 피움.

로마 제국의 위기가 심화됨. 기술·경제 정체. 상업이 퇴조함. 노예제가 토지에 묶인 농민이 세금과 지대를 바치는 제도로 대체됨. 프랑스와 스페인에서 농민 반란. 제국의 국경선 방어가 갈수록 어려워짐. 오시리스교, 미트라교, 기독교가 부상함.

그리스 도시 비잔티움으로 수도를 옮김(330년) 콘스탄티누스가 기독교를 국교로 승인함. 이교도와 다른 기독교 종파들과 유대인에 대한 박해. 수도원 제도 출현. 제국 분열. 영국을 잃음(407년). 알라리크 왕이 고트족을 이끌고 로마를 약탈함(410년).

서기 500년 이후

서유럽에 '암흑기'가 찾아옴. 인구가 절반으로 감소함. 상업과 도시 생활과 문자 사용이 붕괴함.

동로마 제국이 성 소피아 성당을 지은 유스티니아누스 황제 시절(530년대부터 550년대까지)에 절정에 달했다가 퇴조함.

인도의 굽타 제국 붕괴. 무역, 도시, 화폐, 불교가 퇴조함. 사실상의 자급자족 촌락에서 농업과 수공업이 봉건 지배자를 위해 이루어짐. 승려 계급인 브라만이 이데올로기를 지배함. 여러 카스트로 이루어진 정교한 위계제가 완전히 확립됨. 문학, 예술, 과학이 퇴조함.

중국은 계속 분열하다가, 수나라(581년)와 당나라(618년)의 등장으로 경제와 무역 부흥.

1. 철과 제국

문명의 역사에서 두 번째 중대한 국면은 사제와 파라오가 지배한 대제국의 변방에 살았던 농민들과 유목민들 사이에서 시작됐다. 이런 사람들은 착취 때문에 에너지가 고갈되는 일도 없었고 전통에 세뇌당하지도 않았기 때문에 구리와 청동을 이용하고, 바퀴를 사용하고, 외국 문자를 받아들여 자기네 언어에 맞게 개량하는 등의 방식으로 도시혁명의 성과를 배울 수 있었다.

유라시아와 아프리카에서는 방대한 지역에 걸쳐 여러 사회가 '도시혁명'이 이룩한 기술 진보를 이용하기 시작했다. 어떤 사회는 대제국을 모방한 소제국을 건설했다. 구약성서에 묘사된 팔레스타인의 솔로몬 제국이 그런 경우였던 것으로 보인다. 반면, 어떤 사회는 적어도 처음에는 복잡하고 사치스럽고 어리석어 보이는 상부구조에 짓눌리지 않았다. 이런 사회에서는 혁신할 자유와 동기가 더 많았다.

이 사회들에서도 초기 도시혁명과 마찬가지로 신기술 채용과 함께 지배 계급의 손에 잉여가 집중됐다. 그러나 이전 문명들과 달리 이 새로운 지배 계급에게는 비옥한 토지가 많지 않았다. 그 때문에 신기술을 장려해야만 이전 문명의 지배자들이 손에 넣은 만큼의 잉여를 얻을 수 있었다.

그런 다음 새로운 지배 계급은 고대 문명들의 위기를 이용할 수 있었다.

이들은 옛 제국들이 내부의 계급 갈등으로 약화된 것을 틈타 바깥에서 제국을 침탈했다. 카스피 해 연안의 '아리안'족은 쇠퇴해가는 인더스 문명을 침탈했고, 그리스의 미케네 문명은 동족 언어인 '인도-유럽' 언어를 사용한 남동부 유럽 사람들에게 침탈당했다. 이집트는 '해양 종족'(Sea People)이라는 잘 알려지지 않은 집단에게 공격받았다. 히타이트인은 메소포타미아를 장악했고, 중국의 주(周)는 상(商)을 멸망시켰다.

메소포타미아, 이집트, 중국에서 문명의 본질적인 연속성은 훼손되지 않았다. 기술 발전 덕분에 새로 힘을 얻은 제국들이 곧 다시 출현했다. 인더스와 미케네 문명의 정복으로 도시 생활과 문자가 완전히 소멸했지만, 외부의 침입이 완전히 부정적인 결과를 낳은 것은 아니었다. 외부의 침입은 모순적인 구실을 했다. 한편으로 정복자들은, 예컨대 인더스의 도시들을 먹여 살린 관개 시설 같은 구래의 생산 시설을 파괴했지만, 다른 한편 인도 북부의 갈기 힘든 토양을 경작할 수 있게 하는 쟁기 같은 신기술을 탄생시키기도 했다. 그 결과 농업 생산이 증대해 결국 전보다 더 많은 잉여가 생겨났다.

가장 중요한 신기술은 기원전 2000년 무렵에 아르메니아의 산지에서, 그리고 그보다 몇백 년 뒤에 서아프리카에서 출현했다.[1] 그것은 철을 녹이는 기술이었다. 그것은 천천히 보급되면서 생산과 전쟁 기술을 뒤바꿔놓았다.

이미 도시혁명 초기부터 구리와 구리의 합금인 청동이 사용됐다. 그러나 구리와 청동을 생산하려면 비용이 많이 들었고 멀리 떨어진 곳에서 비교적 진귀한 광석을 들여와야 했다. 더욱이 청동 날은 쉽게 무뎌졌다. 그 때문에 구리와 청동은 부를 지배한 소수의 무기나 장신구에나 적합했지, 대중이 일할 때 도구로 사용하기에는 그리 유용하지 않았다. 그 때문에 도시혁명이 일어나고 1천5백 년이 지나도록 피라미드와 무덤과 신전을 건축한 노동자들은 종종 석제 도구를 이용했다. 농민들도 구리나 청동 도구는 거의 이용하지 않은 듯하다.

철광석은 구리광석보다 훨씬 더 흔했다. 광석을 금속으로 바꾸려면 정교한 공정이 필요했다. 그러나 대장장이들이 제련법을 알아내자 칼, 도끼, 화살촉, 쟁기날, 못을 대량 생산할 수 있었다. 철기가 농업에 미친 영향은 정말 컸다. 농민들은 쇠도끼를 사용해 빽빽한 삼림을 개간할 수 있었고, 쇠날이 달린 쟁기를 이용해 거친 땅을 갈아엎을 수 있었다. 게다가 비교적 싼 철창과 철검 덕분에 농민으로 이루어진 보병도 청동 갑옷을 입은 장수를 베어 쓰러뜨릴 수 있기 때문에, 무인 귀족들의 지배력이 약화됐다.

기원전 7세기 무렵 신기술을 바탕으로 한 새로운 문명들이 위세를 떨쳤다. 나일 강부터 메소포타미아 동부까지 세력을 뻗은 아시리아 제국은 전례 없이 다양한 민족으로 이루어진 수많은 인구를 하나의 문명으로 결합시켰고 다양한 언어를 표기할 수 있는 단일 문자를 만들었다. 인도 북부에서도 거의 1천 년의 공백 끝에 새로운 문명이 발전하기 시작해 상업이 부활하고 도시가 건설됐다. 중국 북부에서는 1백70개 약소 제후국들 간의 혼란스러운 전쟁이 계속되다가 소수의 왕국들이 등장하기 시작했다. 그리고 팔레스타인, 레바논, 소아시아, 그리스, 이탈리아, 북아프리카 등의 지중해 연안에서는 옛 메소포타미아와 그리스 제국과 달리 고도의 정치적·사상적 중앙집권화에서 벗어난 도시국가들이 발전했다.

새로운 생산 기술의 발전은 과학·이데올로기의 진보와 함께 일어났다. 청동기시대 메소포타미아와 이집트에서도 특히 수학과 천문학 같은 특정 과학이 발전했다. 그러나 이런 발전을 이룩한 사제 집단들은 2천여 년 동안 갈수록 물질 생활과 단절돼 갔으며, 그들의 발견도 복잡하고 난해한 종교 체계에 용해됐다. 따라서 새로운 진보는 이런 전통과 단절된 채 일어나야 했다. 메소포타미아의 도시인 아수르와 바빌론 또는 이집트의 도시인 멤피스나 테베 같은 옛 문명의 중심지가 아니라 인도 북부, 중국 북부, 지중해 연안의 새로운 도시늘이 그런 신보의 터전이 됐다.

새로운 문명들은 모두 철을 사용했을 뿐 아니라 그 밖에도 몇몇 공통점이 있었다. 새로운 수공 기술이 확산됐고, 원거리 무역이 성장했고, 상인이 하나의 사회 계급으로서 중요해졌고, 하층 농민과 수공 노동자들도 동전을 사용해 거래에 손쉽게 참여할 수 있게 됐고, 표음문자에 가까운 새로운 알파벳이 사용되면서(중국은 예외다) 글을 읽고 쓸 줄 아는 사람들이 늘어났으며, 지배적인 신을 섬기고 일정한 생활원칙이나 행동 규범에 충실한 '보편주의적' 종교들이 출현했다. 마지막으로, 새로운 문명은 모두 옛 문명들과 마찬가지로 계급 분화에 바탕을 두었다. 종종 굶주림에 시달린 농민들에게서 잉여가치를 뽑아내려면 달리 방법이 없었다. 그러나 문명들 간에는 상당한 차이가 있었다. 환경, 기후, 이미 재배 가능한 종(種)의 재고(在庫), 지리적 위치 등의 물질적 요소들은 사람들이 생계를 이어가는 방식과 지배자들이 잉여를 통제하는 방식에 영향을 미쳤고, 그런 방식들은 또 이후의 모든 역사에 영향을 미쳤다.

2. 고대 인도

　기원전 1500년 무렵에 인더스 문명을 파괴한 '아리안'족 침략자들은 원래는 전사 족장을 우두머리로 했으며, 우유와 고기를 먹고 산 유목 민족이었다. 아리아인들은 고대 도시들이 필요하지 않았기 때문에 약탈을 하고 나서 도시를 버렸다. 그리고 아리아인들에게는 문자도 필요없었기 때문에, 고대 문명에서 사용한 문자는 소실됐다.
　이 무렵 아리아인들은 자신들의 생활방식을 반영한 '베다교'를 실천했다. 베다교는 소를 포함한 산 동물을 제물로 삼아 제사를 지내는 일을 중요한 종교 의식으로 삼았고, 승려 계급인 '브라만'을 통해 전승돼온 전사 신들의 무용담을 신화로 가지고 있었다. 또 베다교의 신화는 전사 지배자들과 승려들이 잉여의 태반을 가져가는 행위를 정당화하는 교리를 담고 있었다. 베다교의 교리에 따르면, 전사 지배자들과 승려들은 날 때부터 다른 사람들보다 우수한 '재생족'[再生族: 몸으로 한 번 태어나고 정신적으로 완전하게 다시 태어난 집단]이었다. 그러나 4계급 카스트 제도를 갖춘 완성된 형태의 고전 힌두교는 사람들의 생계방식이 변하고, 베다교가 조금 다른 실천과 믿음을 가진 종교로 바뀌고 나서야 출현했다.
　기원전 1000년 무렵부터 느리게 확산된 철기 문화는 생활방식을 바꿔놓기 시작했다. 쇠도끼 덕분에, 정글로 뒤덮여 있던 갠지스 강 유역을 경작하기 시작했고, 전사 지배자들과 그들을 도운 승려들은 훨씬 많은 잉여를 가져갈 수 있었다. 이들은 농업을 확산시켰지만, 동시에 농민들이 촌락 곡식의 3분의 1이나 심지어 절반까지 공물로 바치게 했다. 이들은 무력으로 사람들을 순종하게 만들었지만, 동시에 '아리아인' 평민들을 하층 카스트인 바이샤(농민)로, 피정복민들을 최하층 카스트인 수드라(임금 노동자)로 분류한 종교 체계로써 그런 무력을 뒷받침했다. 카스트 제도는 촌락의 계급적 생산 조직(그렇지만 사유재산에 기반을 두지 않았다)에서 발전해 나왔다. 카스트 제도가 몇천 년 동안이나 유지된 것도 촌락의 계급적 생산 조직에 그 뿌리가 있기 때문이었다.

그러나 농촌에서 인간을 네 개의 카스트로 단순하게 분류하는 개념이 생겨나고 있을 때조차도, 생계방식이 여러 번 변화를 겪으면서 신분 제도는 더욱 복잡해지고 있었다. 새로운 농법이 성공하면서 지배자들이 더 많은 잉여를 얻게 되자, 촌락에 기반을 두지 않은 집단이 성장했다. 지배자들은 새로운 사치품과 더 나은 무기를 원했고, 그 때문에 목수, 대장장이, 방적공, 직조공, 염색공 같은 장인들이 늘어났다. 인도 아대륙 전체와 그 바깥으로 상업이 확산됐다. 첫 번째 도시혁명에서처럼 장인들과 상인들이 신전·병영 주변과 무역로를 따라 정착하기 시작하면서 촌락은 소도시로, 소도시는 대도시로 성장했다. 전사 지도자들 일부는 영토를 확장해 자신들의 왕국을 건설했다. 기원전 6세기에는 16개의 주요 국가들이 인도 북부를 주름잡았다. 그 중 하나였던 마가다 왕국[2]은 기원전 321년 나머지 왕국들을 집어삼킴으로써 인더스 강 동쪽의 북인도 대부분을 통일한 제국이 됐다. (인더스 강 서쪽 땅은 알렉산더 대왕이 수립한 그리스 제국이 통치했다.) 이것이 마우리아 제국이다.

마우리아 제국이 등장하면서 도시의 발전은 더욱 빨라졌다. 마우리아 제국은 한편으로 인도와 메소포타미아, 다른 한편으로 중국과 연결된 육상 무역로를 확보했다. 아라비아, 이집트, 동아프리카, 동남아시아와는 해상 무역로로 연결됐다. 이것은 세계(또는 적어도 '옛 세계') 무역 체계를 탄생시킨 핵심 고리였다. 그리스의 사신은 마우리아 제국의 도읍이었던 파탈리푸트라가 세계에서 가장 인상적인 도시라고 생각했다. 이 사신은 마우리아 제국의 군대가 코끼리 6천, 기병 8만, 보병 20만으로 이루어져 있다고 추산했다.³ 이것은 틀림없이 과장된 수치일 것이다. 하지만 그가 정말로 그렇게 믿었다는 사실만으로도 마우리아 제국의 규모와 번영이 어느 정도였는지를 짐작할 수 있다.

마우리아의 제국은 필요한 잉여를 "국가 경제 활동의 전례 없는 팽창"과 "농·공·상업에 대한 국가 통제", 광업과 소금·술·광물에 대한 독점을 통해 얻었다. 제국은 병사들을 금속 무기로 무장시키고 사람들에게 농·공업용 도구를 제공할 수 있는 위치에 있었다. 거대 규모의 상비군과 "엄청난 수의 관료"들이 제국의 세금으로 유지됐다. 촌락 단위까지 관료 체계가 조직돼 있었고, 몇 개의 촌락마다 "국경을 관리하고, 토지를 등록하고······ 인구와 가축 대장을 관리하는 향리"와 "온갖 수입에 관여하는 징세원"과 "이 모든 구조를 뒷받침하기 위한 정교한 비밀 감시 체계"가 존재했다.⁴

초기의 마우리아 국가는 순전히 기생적인 구실만 한 것은 아니었고, 사회 전체에 긍정적인 몇 가지 기능을 했다. 초기의 국가는 막대한 잉여의 일부를 "농촌 경제의 발전", 즉 새로운 정착지를 개척하고, 국가가 하사한 토지에 수드라들이 농민으로 정착하도록 장려하고,⁵ 관개 공사를 조직하고, 물의 분배를 조정하는 일 등에 사용했다. 그리고 초기의 국가는 토지의 사적 소유가 출현하지 못하도록 막았고, 지역의 유지가 새로운 정착지에서 생산된 잉여를 먹어치우는 일이 일어나지 않도록 토지 매매를 금지했다.

정착 농업이 확산되고, 무역과 도시가 출현하고, 강력한 국가가 등장하자 생활이 많이 변했고, 그에 따라 세계관과 사회관계에도 거대한 변화가 일어났다. 구래의 신들은 가축을 몰고 나니면서 선두를 벌이는 것을 미덕으로 내세웠다. 이제 새로운 신들은 농경을 미덕으로 강조하기 시작했다. 옛 생계방식과 새로운 생계방식에서 모두 중요한 자원인 소에 대한 태도도 달라지기 시작했다.

과거에는 소의 가치가 고기에 있었다. 이제 소는 거친 땅을 경작할 수 있는 유일한 동력이었기 때문에 보호해야 했다. 농민 가정이 굶주릴 때조차도 이듬해 농작물을 경작하고 그럼으로써 전사들과 승려들에게 적절한 수입을 가져다 줄 유일한 수단인 소를 죽여서는 안 됐다. 이런 필요 때문에, 거대한 종교적 혼란기를 거친 뒤에 현대 힌두교의 특징인(언뜻 보기에 비이성적인) 소 숭배와 도살 금지가 시작됐다.

도시 생활의 발전도 종교의 변화에 반영됐다. 장인과 상인이라는 새로운 직업인들은 보통 직업을 대대로 물려받았다. 복잡한 기술을 가장 쉽게 배울 수 있는 길이 어릴 때부터 집안에서 배우는 것이었다는 이유만으로도 그렇게 했다. 구전돼 내려온 각각의 손작업이나 거래에 관한 지식은 각각의 종교 의식들과 결부돼 있었고, 직업마다 작업을 주관하는 신이 따로 있었다. 브라만교[베다교가 체계화돼 발전한 종교]는 장인과 상인 집단의 사고 체계를 지배하기 위해 이런 신들을 브라만교 안으로 수용해야 했으며, 갈수록 확고해지고 세습화된 전사·승려·농민·하층노동자의 4계급 카스트 제도에 장인과 상인 계층을 끼워 넣어야 했다.

사회적 행위 양식에서 일어난 혁명은 불가피하게 종교 교리와 실천에도 혁명을 초래했다. 서로 다른 사회 집단들은 새로운 현실과 낡은 믿음 사이의 모순을 서로 다른 방식으로 해결하려 했다. 기원전 6세기에 인도 북부에서는 수많은 종파가 출현했고, 각각의 종파는 전통적인 믿음에 담긴 요소들을 자신들만의 특정한 패턴에 맞춰 재정립했다. 이 때문에 종파 간에, 그리고 기성 브라만 승려들을 상대로 격렬한 충돌이 벌어졌다. 이때 출현한 종파의 일부가 오늘날까지 살아남았다.

이 가운데 가장 유명한 종파는 마하비라가 창시한 자이나교와 고타마 싯다르타가 창시한 불교였다. 이 두 종교는 공통점이 몇 개 있었다. 둘 다 산 제물을 바치고 동물을 죽이는 일에 반대했다. 둘 다 전쟁에 반대하고 '아힝사'[불살생 또는 비폭력]를 주장했다. 둘 다 카스트의 구분에 반대했는데, 두 창시자 모두 브라만 출신이 아니었다. 또한 둘 다 삼라만상을 합리적으로 이해할 필요가 있다고 강조하는 경향이 있었다. 어떤 경우에는 유물론과 무신론에 가까울 정도로 신의 무용담이나 공적을 배제했다.

그런 교리는 당시 출현하고 있던 사회와 잘 맞아떨어졌다. 두 종교의 교리는 견인용 가축을 보호하고 있었고, 파괴적이기만 한 전쟁에 대한 농민·장인·상인의 혐오감을 표현하고 있었다. 이 사회 집단에서 경제적 번영을 누린 사람들은 갈수록 뚜렷해진 브라만의 카스트 제도 때문에 차별을 당했는데, 두 종교의 교리는 카스트 제도에 대한 이들의 혐오감도 대변했다. 두 교리는 일부 지배자들에게도 매력을 주었다.(기원전 264~227년에 재위한 마우리아 제국의 황제 아쇼카는 불교로 개종했는데, 자신이 거둔 최대의 군사적 승리에서 목격한 끔찍한 살육에 양심의 가책을 느꼈기 때문이라고 한다.) 카스트 제도에 대한 저항은 각 지역에서 잉여의 일부를 자신들의 호주머니에 챙긴 상층 카스트들과 싸움을 벌인 군주들에게도 도움이 됐다. 또한 그런 교리는 도시의 새로운 사회 집단들에게서 제국에 대한 지지를 이끌어낼 수 있었다. 비폭력이라는 교리조차 이미 정복에 성공한 군주가 잠재적 도전자를 억누르고 내부의 평화를 유지하는 데 도움을 줄 수 있었다. '보편주의적' 신앙 체계는 '보편화된' 군주제에도 알맞았다.

제국은 오래가지 않았다. 제국은 아쇼카가 죽자 곧 갈가리 찢겼다. 거대한 군대와 관료 기구는 제국의 자원에 엄청난 부담으로 작용했다. 통신 수단이 여전히 원시적이었기 때문에 황제가 지방 유지들의 권력을 무한정 억누르는 것도 무리였다. 그러나 이번에는 제국의 해체가 문명의 붕괴로 이어지지는 않았다. 농업과 상업은 계속 팽창했다. 인도 남부에서는 로마의 동전이 유통됐고, 배는 로마 제국, 에티오피아, 말라야, 동남아시아를 오가면서 상품을 실어 날랐다. 인도 상인들은 "그리스-로마 세계의 사치스러운 식재료를 공급한 기업가들"이었다.[6] 수공 기술도 성장을 서둘했다. "의류, 비단, 무기, 사치품 제조업이 발전했던 것으로 보인다. …… 화폐 경제가 도시와 농촌의 보통 주민들의 삶에 그처럼 깊숙하게 침투했던 적은 그 전에는 아마 없었을 것이다."⁷ 그런 경제 팽창 덕분에 첫 번째 제국이 붕괴한 지 5백 년 만에 전보다 덜 중앙집중적인 새로운 제국이 등장했다. 그것이 굽타 제국이었다.

왕족들뿐 아니라 상인과 상인 길드도 학문과 예술을 후원했다. 상인들의 기부금으로 장엄한 종교 건축물, 흠 잡을 데 없는 동굴 조각, 불교 수도원 등이 탄생했다. 그리스-로마 세계와 상품뿐 아니라 사상도 교류했다. 갠지스의 철학자들은 아테네와 알렉산드리아에서 벌어진 논쟁을 어느 정도 알 수 있었고, 그 반대도 마찬가지였다. 많은 학자들이 불교가 초기 기독교에 영향을 미쳤다고 평가했고, 서기 몇백 년 동안 인도의 일부 해안 도시들에서는 기독교의 한 교파가 소수의 청중을 얻었다.

종교적 신비주의와 나란히 과학 연구가 꽃을 피웠다. "인도 아대륙 최고의 지적 성과"는 수학이었다.⁸ 기원전 200년 즈음에는 기하학을 이용해 호와 현을 계산할 수 있었다. 그리스-로마의 과학은 인도 남부에 영향력을 미쳤지만, 인도의 수학은 "프톨레마이오스의 원의 현 계산법"을 뛰어넘어 "사인(sine)을 계산해 삼각법 연구의 시초를 다지는" 수준에 도달했다.⁹ 뒤이어 십진법이 완성되고, 몇 가지 부정방정식이 해결됐다. 아리아바타는 원주율(π)을 정확히 계산했고, 늦어도 서기 7세기에는 그리스인들과 로마인들에게는 알려져 있지 않았던 숫자인 0이 사용됐다.

세계적 상업 체계가 형성되기 시작했던 것처럼, 사상에서도 세계적 체계가 형성되기 시작했다. 힌두교는 남쪽으로 숲이 개척되는 것과 함께 인도 남부로 퍼졌다가 말레이 반도와 캄보디아까지 전파됐다. 상인들은 불교를 실론 섬에 전파했으며, 히말라야를 거쳐 티베트에, 무역로를 따라 중국과 마침내 백제, 일본에까지 불교를 전파했다. 한편, 인도의 수학 발전은 아랍 학문의 한 토대가 됐고, 아랍 학문은 1천 년 뒤 유럽의 '르네상스'에 핵심적인 기여를 했다.

그러나 인도 자체에서는 6세기 이후로 이런 문화적 동력이 소실됐다. 인도는 소국들로 나뉘어 전쟁에 빠져들었고, 북서부 지방은 잇따른 침략으로 폐허가 됐다. 사람들의 생계수단인 사회의 물적 토대가 충분히 발전하지 못했기에 제국의 거대하고 값비싼 상부구조를 지탱하기에는 역부족이었다. 잇따른 왕조들은 시간이 지날수록 영토를 보존하고, 내부의 평화를 유지하고, 도로를 유지하고, 상인들을 보호하는 일이 힘겨웠다. 무역과 상인들의 부와 불교의 영향력도 줄어들었다. 대형 사원들의 일부는 살아남았지만 그것들을 낳은 더 넓은 사회와 갈수록 단절돼, 마침내 불교는 인도의 왕국들보다 중국에서 더 번성하게 됐다.

소위 '봉건화'가 일어나 사회는 자급자족하는 촌락 경제들로 파편화했다. 이런 과정은 농민들에게서 뽑아낸 잉여 말고는 달리 관료들에게 녹봉을 줄 수 있는 방도가 없었던 왕들이 숲의 개간과 경작을 감독하는 관료들(주로 브라만)에게 땅을 하사하는 것과 동시에 일어났다. 대다수 장인은 지역에서 직접 생산한 것을 얻기 위해 촌락에서 일해야만 살아남을 수 있었다. 시장을 위한 생산은 갈수록 자급자족을 위한 생산으로 대체됐다.

새로운 지역으로 농업이 확산되면서 여전히 생산은 어느 정도 늘어났고, 느리게나마 농법에서 의미 있는 진보가 있었다. 그러나 이런 발전은 갈수록 브라만의 영향력이 증대하는 틀 내에서 벌어진 일이었다. 오직 브라만만이 각각의 촌락에 기반을 둔 자신들의 연결망을 가지고 있었기 때문이다. 문화는 갈수록 브라만의 문화가 됐고, 이것은 로밀라 타파르가 지적했듯이, "공식 교육"이 "완전히 스콜라적으로" 바뀌면서 "지적 속박"을 낳았다.[10]

브라만은 불교의 요소들을 수용했다. 특히 브라만은 자기 카스트의 신성함을 드러내기 위한 징표로서 채식주의를 채택했고, 소고기를 먹는 것을 완전히 금지했다. 그러나 브라만은 각각의 직업과 부족을 정교하고 변함없는 위계 구조에 못 박아버린 카스트 제도를 더욱 강화했다. 농민 사회 바깥의 부족은 '불가촉천민'이 됐다. 이들은 촌락 변두리의 천민 거주지에서 살아야 했고, 가장 비천하고 더러운 직업에만 종사해야 했으며, 상층 카스트들은 이들과 접촉하는 것만으로도 부정해진다고 생각했다.

수백 년 동안 급속한 변화와 지적 번영을 이룩했던 지역이 이제는 내향적인 촌락, 종교적 미신, 그리고 파편화한 채 서로 전쟁을 거듭하는 기생적인 왕국들의 터전이 됐다. 이렇게 변한 사회는 1천 년 가까이 지속됐다. 그 다음 천 년대에 이슬람과 유럽의 정복자들이 수많은 하위 카스트를 갖춘 완성된 카스트 제도와 마주치게 됐던 것도 그 한 가지 결과였다.

3. 중국 최초의 제국들

　전통적으로 유럽의 역사가들은 세계 역사가 중동에서 시작해 그리스와 로마를 거쳐 서유럽에 이르렀다고 봐왔다. 그러나 중국 북부에서 출현한 문명은 유럽에서 출현한 모든 문명보다 뛰어났으며, 2천 년 넘게 이런저런 형태로 생존하면서 인류 역사상 가장 중요한 기술적 진보들 중 일부를 이룩했다.

　기원전 221년에 제국을 수립한 진(秦)은 로마 제국이 통치한 사람들보다 더 많은 수의 사람들을 통치했다. 표준 크기의 이륜전차와 짐마차가 다닐 수 있는 도로의 길이는 6,800킬로미터에 달했다.(로마 제국의 도로는 5,984킬로미터였다.) 3,000킬로미터에 달한 첫 만리장성 공사에는 약 30만 명을 동원했고,[11] 실물 크기의 점토 병마용 '군대'가 지키고 있는 진시황릉을 짓는 데는 70만 명을 동원했던 것으로 추산한다. 큰 강들을 서로 연결한 수로 체계는 세계 어느 곳에도 그 유례가 없었다.

　진조(秦朝)는 몇백 년 동안 계속된 경제·사회 변화의 절정기에 수립됐다. 일부 지역에서는 메소포타미아와 비슷한 시기에 농경을 시작했다. 북부에서는 기장 농사를 하고 돼지와 개를 길렀으며, 남쪽의 양쯔 강 유역에서는 벼농사를 하고 들소를 길들이는 데 필요한 아주 다양한 기술이 발전했다.

기원전 2000년 이후로 신석기 기술을 이용해 지은 도시와 국가가 출현했다. 기원전 17세기 말에는 주석과 납을 구리와 섞어 청동을 만드는 법을 발견했고, 무인 귀족들은 청동으로 만든 무기를 사용해 북부의 황허 유역에 상조(商朝)를 세웠다. 상조는 장수·승려·행정가를 겸한 귀족 집단이 지배했다. 상조는 왕족의 제사에서 노비들을 산 제물로 바친 계급 사회였지만, 사유재산은 아직 발전하지 않았던 듯하다.[12] 기원전 11세기에 세워진 주(周)는 1백여 명의 제후들에게 권력을 위임했다. 이 제도는 흔히 '봉건제'라고 부른다.(중세 유럽의 봉건제와 비슷했기 때문이다.)[13] 그러나 일부 역사가들은 농업이 농민들의 개별 경작지에 바탕을 두고 조직되지 않았음을 보여 주는 기록을 들어 주조(周朝)의 사회가 봉건제가 아니라 마르크스가 말한 '아시아적 사회'의 일종이었다고 주장한다. 제후들은 농사뿐 아니라 "결혼, 잔치, 회합" 등 "농민의 일상 생활"을 통제했다.[14] 제후들은 어떤 농작물을 재배할지, 언제 씨를 뿌리고 수확할지를 농민들에게 지시했다. 제후들은 겨울철에도 농민을 집에서 쫓아내 들판으로 나 앉게 할 수 있었고, 반대로 들에 나가지 못하고 집안에만 갇혀 있게 할 수도 있었다.[15] 어떤 경우였든, 주 왕조에서는 경쟁하는 제후들 간의 전쟁이 거의 끊이지 않았다.

몇백 년이 지나면서 수많은 소국은 몇 개의 대국에 병합됐다. 기술 변화로 전쟁을 더 효과적으로 벌일 수 있게 됐기 때문이었다. 이륜전차의 수가 늘어났고, 새로운 공성전(攻城戰) 기술이 출현했으며, 검과 쇠뇌 덕분에 농민 보병이 처음으로 전차에 맞서 싸울 수 있게 됐다. 이런 전쟁은 지배자들에게 기술을 더욱 혁신할 동기를 제공했다. 기원전 4세기와 3세기('전국시대'라고도 알려진)에 이들은 북부의 황허 유역에서 평야 지대를 개간하고, 습지의 물을 빼고 관개 시설을 확산시켰다.(이 일은 흔히 대규모로 이루어졌다.) 제철업도 성장했다. 당시 중국 제철업의 규모는 타의 추종을 불허했으며, 주형틀을 이용해 검과 칼뿐 아니라 "가래, 괭이, 낫, 쟁기, 도끼, 끌" 등 철제 무기와 도구들을 대량으로 생산했다.[16]

새로운 농법으로 생산이 증대했다. 황소를 이용한 쟁기질로 집약 농업을 했고, 동물과 사람의 배설물을 비료로 사용했고, 기장·밀·콩을 재배했고, 콩 종류의 작물 재배로 지력을 회복했으며, 최상의 파종기에 대한 이해도가 높아지는 등의 새로운 진보를 이루었다.[17] 잉여도 갈수록 늘어났다.

자크 제르네는 이렇게 말한다. "전국시대는 역사상 가장 풍부한 기술 혁신이 일어난 시기 중 하나"였으며, "보통의 소비재(천, 곡물, 소금)와 금속·목재·가죽 상업이 상당히 발전한 시기였다. 가장 부유한 상인들은 그런 상업을 대규모 공업 기업(제철공장 등)과 결합시켰고, 갈수록 많은 노동자와 판매 상인을 고용했으며, 강을 오르내리는 대규모 선단과 다수의 마차를 관리했다. …… 거대 상인 기업가들은 국가의 부를 늘리는 데 최대의 기여를 한 사회 집단이었다. …… 제후국의 도읍들은 …… 거대 상업·제조업 중심지인 경우가 흔했다. …… 기원전 3세기에 일어난 전쟁들은 흔히 이런 거대 상업 중심지를 정복하는 것이 목적이었다."[18]

그러나 지배자들은 오래된 제후 계급의 권력을 분쇄해야만 새로운 방법들을 성공적으로 수용할 수 있었다. "몇몇 나라에서는 농업 기술의 변화와 더불어 …… 사회·경제적 변화"와 "정치 개혁이 일어났다."[19]

마침내 진나라는 그런 변화를 가장 체계적으로 실행한 덕분에 다른 나라들을 정복할 수 있었다. 진나라는 구래의 제후들을 물리치기 위해 무인과 관료 계급으로 이루어진 새로운 중앙집권적 행정 집단에 의존했다. 이들은 토지 소유를 허용하고 지역의 제후들이 아니라 국가에 직접 세금과 노동을 바치게 함으로써 개별 농민 핵가족에게 농경의 핵심 역할을 맡겼다. "새 정권을 뒷받침한 것은 새로운 소농의 생산력이었다."[20]

이것은 또 다른 착취 계급이 기존의 착취 계급을 대체한 위로부터의 사회혁명이었다. 엄청난 사상자를 낸 군대가 이 혁명을 수행했다. 한 권위 있는 설명에 따르면, 기원전 364년부터 기원전 234년까지 1백50년 동안 벌어진 전쟁으로 1백48만 9천 명이 사망했다.(아마도 과상된 수치일 것이다.)[21] 진나라가 제국으로 수립되기 직전의 몇 년은 "전쟁과 승리가 반복된 지루한 독주회"였다. 한 전투에서만 병사 10만 명이 참수형에 처해졌다고 전해

진다.²² 진 제국이 수립되면서 자그마치 12만 가구가 넘는 옛 "부자와 권력자" 가족들이 유배당했다.²³

이런 변화는 단지 강력한 군대를 거느린 소수 지배자들만의 작품은 아니었다. 기술과 농업의 변화는 지배자들이 통제할 수도 없었고 종종 원치도 않았던 동력들을 촉발시켰다.

농민이 생산하는 잉여가 늘어나면서, 사치품, 금속 무기, 말, 이륜전차, 활, 갑옷에 대한 신(新)·구(舊) 지배자들의 수요도 늘어났다. 농민들에게는 도구의 지속적인 공급이 필요했다. 이런 수요들을 충족하려면 독자적인 신기술을 가진 수공 노동자들이 점점 더 많이 필요했고, 국내만이 아니라 국가 간 무역을 수행하는 상인들이 계속 늘어나야만 했다. 표준화된 금속 형량 체계와 뒤이어 유통된 동전은 상업을 더 한층 촉진했다.

상인의 영향력은 거상이었던 여불위(呂不韋)가 기원전 250년 진나라의 재상이 된 사실에서도 잘 드러난다. 여불위는 10만 호의 토지를 하사받았으며, 3천 명의 학자를 측근으로 거느렸다.²⁴

쑤초윤은 이렇게까지 주장한다. "기원전 5세기부터 3세기까지의 혼란기에는 농촌에 기반을 둔 농업 경제 대신 주로 도시에 중심을 두는 사회생활이 발전할 가능성이 매우 컸다. 부유하고 규모가 큰 시장 중심지들이 번성했고, 도시의 이윤 추구 정신은 …… 널리 퍼져 있었다."²⁵

독일계 미국인으로 중국 역사를 연구한 칼 비트포겔은 그가 아직 마르크스주의자였던 1930년대에, 이 시기의 중국이 약 2천 년 뒤 유럽의 봉건제 말기와 비슷한 점이 있다고 주장했다.²⁶ 비트포겔에 따르면, 중국의 상인 '부르주아지'는 시장을 위한 임금 노동자들의 생산이 압도적인 비중을 차지하는 새로운 사회로 중국을 바꿀 수도 있었다. 그러나 중국은 그렇게 되지 않고, 국가 관료가 상인과 옛 제후들한테서 잉여를 빼앗아 자기 손에 집중시키는 데 성공하면서 국가 관료의 지배를 받게 됐다. 상인들은 국가와 제후들 사이의 싸움에서 국가를 지지했지만, 승리의 열매는 국가 관료에게 빼앗겼다.

진대와 그 뒤를 이은 한(漢)대(기원전 206년~서기 220년)에 국가는 상인들을 되풀이해서 공격했다. 예컨대, 한을 세운 한고조는 "상인이 비단옷을 입거나 수레에 타는 것을 금지했다. …… 상인과 상인의 후손은 국가 관리가 될 수 없었다."[27] 국가는 소금과 철이라는 두 개의 핵심 산업을 독점했다. 한조의 기록에 따르면, "부유한 상인들을 견제하기 위해 소금과 철에서 비롯하는 많은 이윤을 [제국이 — 크리스 하먼] 독점했다."[28] 농업 이윤보다 상업 이윤에 더 무거운 세금을 부과했고, 탈세를 한 상인의 재산을 몰수했다. 한무제(漢武帝, 기원전 141~87년)는 재위한 54년 동안 "상인들의 재산을 강제로 압류했다. 상인들은 살아남으려면 흔히 관료나 심지어 황실에 끈을 대야 했다."[29]

흔히 농민을 보호한다는 위선적인 명분을 내세워 상인들을 공격했다. 이 시기의 수많은 문서들은 상업과 공업이 농민의 생계를 망치고 있고 되풀이된 기근과 농민 반란을 초래하고 있으며, 상인들에게 국가를 위협할 수 있는 수단을 쥐어주고 있다며 불평했다. 또한 이 때문에 빈곤해진 계급이 반란을 일으킬 소지가 커졌다. 서기 9년의 황제 왕망(王莽)에 따르면, "거만한 부자들은 사악하게 행동했고, 가난에 찌든 빈민들은 흉악하게 행동했다."

이처럼 다양한 착취 계급이 힘을 겨룬 몇백 년은 불가피하게 지적 소요의 시대이기도 했다. 서로 다른 계급의 성원들은 세계를 서로 다르게 봤다. 서로 다른 계급들이 주변의 변화를 서로 다르게 해석하면서 다양한 철학·종교 학파가 출현해 경쟁하게 됐다.

공자(孔子)(기원전 6세기에 태어났다)와 기원전 4세기에 공자의 가르침을 추종한 맹자(孟子)는 전통 존중과 정직과 극기(克己)를 주장했다. 이것은 이후 몇 세기 동안 매우 안락한 생활을 하면서 사회를 전통적인 방법으로 운영한 소위 세공된 위정자들의 보수 이데올로기가 됐다. 그러나 맹자 시대에는 공자의 사상이 탐욕스런 제후들의 통치 방식에 대한 비판을 함축하게 됐다. 이런 비판은 공자보다 60여 년 늦게 태어난 묵자(墨子)의 사상에서 더 급진적인 형태로 나타났다. 묵자는 이기주의·사치·전쟁에 반대하고 공동의 절약에 기반을 둔 평등주의를 권위주의적 수단을 통해 확립하려 한 교파를 창설했다. 반면, 나중에 도교의 밑바탕이 된 도가(道家) 사상은 개인의 구원이 집단 행동에 있는 것이 아니라 개인이 무위자연(無爲自然)의 경지에 도달하는 법을 터득하는 데 있다고 설교했다. 중국 역사 내내 불교뿐 아니라 유교와 도교의 변종들은 대중의 마음을 장악하기 위해 경쟁했고, 평등주의적 교파들이 거듭 출현하면서 가난한 사람들의 고통을 대변했다.

그러나 기원전 마지막 몇 세기의 이데올로기 전투에서 승리한 사상은 이 중 어느 것도 아닌 '법가(法家) 사상'이었다. 법가 사상은 국가 자체의 힘과 관료적 기능을 핵심으로 강조했다. 법가는 국가 관료들이 공자와 맹자의 추종자들이 설교한 개인의 덕에 관심을 쏟음으로써 샛길로 빠지지 말고 오로지 국가의 법률을 집행하는 데에만 관심을 두어야 한다고 주장했다.

법가는 위정자의 역할을 보편적 선의 화신으로 옹호했다. 합리적 계산을 중시했으며, 자의적인 정치적 결정은 장사를 방해한다고 생각한 상인들의 정서에도 법가는 잘 맞아떨어졌다. 법가의 금언들은 대중화됐다. 예컨대, 위정자와 국가의 포고(布告)를 사회 전체를 위해 없어서는 안 되는 파수꾼으로 그린 노래들이 대중 사이에서 퍼졌다.

지배자들이 지적인 설득에만 의존해 전체주의적 세계관을 받아들이도록 한 것은 아니었다. 지배자들은 대중이 다른 대안을 접하지 못하도록 최선을 다했다. 중국 최초의 황제인 진시황은 일부 신하들의 건의를 받아들여 옛 전통을 언급하고 있는 책을 모두 불태우라는 명령을 내렸다. "글을 배운 자들 중에는 현재에 적응 못하고 현 시대를 비판하기 위해 과거를 공부하는 자들이 있다. 이 무리들은 일반 백성을 미혹에 빠뜨리고 어지럽게 하고 있다. …… 이를 금지하는 것은 마땅하다."[30] 감히 금서들을 논하는 사람들은 "처형한 후 시체를 공공장소에 방치할 것이며, 과거를 이용해 현재를 비판하는 자들은 가족들과 함께 죽음에 처할 것이다."[31]

국가 권력이 강화된 초기에는 여전히 상업과 수공업 생산이 계속 발전했다. 도로와 수로를 건설하고 중국 남부, 중앙아시아, 인도차이나, 한반도로 제국을 확대한 국가의 조치 덕분이었다. 중요한 기술 진보들이 더 있었다. 서기 2세기에 중국은 강철을 생산하고(유럽보다 1천5백 년 앞섰다), 세계 최초로 물레방아를 이용하고 있었다. 서기 3세기에는 사람들이 자기 몸무게의 두 배 이상인 짐도 나를 수 있게 해 주는 손수레를 사용했다.(서유럽보다 1천 년 앞섰다.)

그러나 상인-기업가 계급의 독립성은 제약됐다. 먼 훗날 중세 유럽 도시들에서 그랬던 것과 달리, 상인들은 독자적인 권력 중심지를 지닌 세력으로 설 수 없었고, 대신에 갈수록 국가 관료에게 의존하게 됐다.

상인 계급을 억압하는 조치들이 취해진 이후에도 농민의 운명은 별로 나아지지 않았다. 국가에 바친 세금 때문에 풍년일 때는 겨우 목숨을 연명했고, 흉년일 때는 굶어 죽었다. 언제나 삶은 고통의 연속이었다. 중국 북부의 토양은 파종과 수확 사이에 물이 말라 버리지는 않는지, 잡초나 해충이 번지지는 않는지 끊임없이 돌볼 필요가 있었다.[32] 그런데도 생산물의 3분의 1에서 절반 정도가 곧장 다른 사람의 손에 넘어갔다.

만리장성, 수로, 황릉, 궁전 등 이 모든 제국의 '기적'들에는 수백만 시간의 노동이 들어갔으며, 사회 전체에 돌아갈 이익을 줄어들게 만들었음을 결코 잊어서는 안 된다. 진시황은 한 방사(方士)에게서 남자들과 접촉을 피하면 불로장생할 수 있다는 말을 듣고는, "2백70개의 전각에 깃발, 종, 북, 미녀를 갖추도록 하고, 각 전각으로 통하는 길을 벽이나 지붕으로 막으라고 명령하면서 …… 자신의 거처를 노출하는 자는 누구라도 죽이겠다고 말했다."[33] 한번은 진시황이 자신의 측근 중에 밀고자가 있다고 생각해 4백60명을 죽였다.[34]

이런 낭비에 드는 비용을 얻기 위해서는 농민을 계속 압박해야만 했다. 농민 반란이 되풀이됐다. 고대 메소포타미아나 이집트, 인도, 로마의 기록들은 지배자들에 맞선 하층 계급의 봉기를 언급하는 일이 드물지만, 중국의 기록들은 농민 반란을 되풀이해 언급한다.

그 가운데 한 봉기가 진조의 멸망을 가져왔다. 이 반란은 노동자 출신인 진승(陳勝)이 시작했다. 진승은 9백 명의 죄수들을 감옥으로 데리고 가던 중에 기한 내에 도달할 수 없는 처지가 됐다. 처벌을 걱정한 진승은 "도망쳐도 죽고 늦게 도착해도 역모 죄로 죽는다. …… 어차피 죽을 바엔 차라리 나라를 세워 보고 죽자"고 결심하게 됐다. 반란으로 "살인이 만연했"[35]고, 황실은 대혼란에 빠졌고, 황제의 중요한 측근이었던 사람이 처형당했으며 마침내 황제까지 암살당했다. 혼란스러운 4년을 지나 반란군 지도자 중 한 사람이 도읍에 입성해 옥좌를 차지하고 새로운 왕조 한을 세웠다.

대중은 봉기에서 핵심 역할을 했다. 그러나 대중은 봉기의 열매를 맛보지 못했다. 새 제국은 옛 제국과 별 차이가 없었다. 한조는 오래지 않아 다시 반란에 직면했다. 서기 17년에 양쯔 강의 저지대에 살다가 홍수를 만난 농민들은 요술을 부릴 줄 안다는 '여모'(呂母)라는 여성 등을 지도자로 삼아 반란을 일으켰다. 눈썹에 붉은 칠을 했기 때문에 '적미군'(赤眉軍)이라고 불린 농민군은 두 지방에 독립 왕국을 세웠다.

이런 반란들은 그 후로도 되풀이된 하나의 패턴을 확립했다. 조세 제도를 통한 제국의 강탈과 지주의 착취는 농민들을 반란으로 내몰았다. 반란은 도읍을 갖춘 한 지방 전체를 완전히 정복하기도 했고, 때로는 제국의 수도까지 위협했다. 반란의 규모가 커지면 제국 군대의 장수들, 조정에서 밀려난 정부 관리들, 일부 지주들까지 반란에 가세했다. 그러나 이런 반란으로 탄생한 새로운 황제나 왕조는 이전의 왕조와 똑같이 농민 대중을 핍박했다.

이것은 단순히 개별 지도자들의 타락 문제가 아니었다. 농민은 자신들의 목적에 맞춰 사회를 운영할 수 있는 영구적이고 중앙집중적인 조직을 만들 능력이 없었다. 농민은 각자의 땅뙈기를 경작해 먹고살았기 때문에 자리를 오래 비울 수 없었다. 일정 기간이 지난 뒤에도 농토로 돌아가지 않은 사람들은 더는 농민 신분이 아니었다. 이들은 약탈이나 뇌물에 의존해 생존했고, 그들의 돈줄을 쥐고 있는 사람들의 입김에 좌지우지됐다. 자신들의 토지에 남은 사람들은 노역도 고난도 굶주림도 없는 더 나은 세상을 꿈꿨을 것이다. 그러나 농민들은 국가의 위정자들에게 의지해야만 관개와 홍수 방지 시설을 건설하고, 철제 도구와 자급자족할 수 없는 물품들을 손에 넣을 수 있었다. 농민들은 위정자들이 더 낫게 굴고 지주들이 자신들을 쥐어짜지 않는 세상을 꿈꿨을 것이다. 그러나 농민들은 자기들이 스스로 운영하는 완전히 새로운 사회는 꿈꿀 수 없었다.

그러나 농민 반란이 주는 타격이 누적되면서 한 제국은 점차 약해졌다. 한 제국의 수명은 서유럽 근대사만큼이나 오래 갔다. 그러나 제국은 각 지방의 대지주들을 상대하는 데 갈수록 어려움을 겪었다. 제국의 위정자들은 농민을 쥐어짜는 것 말고는 자신들과 조정을 지탱할 자원을 얻을 다른 방법이 없었기 때문에 주기적인 반란을 초래할 수밖에 없었다. 서기 184년에 '황건적'이라는 메시아적 운동이 일어났다. 어느 도교 종파의 지도자가 운동을 이끌었고, 36만여 명의 무장 세력을 규합했다. 반란을 진압하기 위해 파견된 장수들이 머지않아 서로 싸움을 벌이면서 혼란과 파괴가 가중됐다.

도성이 불타고, 나라 전체에서 약탈이 횡행하고, 상업로가 단절되면서 도시들이 급격하게 쇠퇴했고, 이에 따라 농촌 생활도 더욱 붕괴했다. 곧 각 지방을 할거하기 시작한 경쟁 지주들은 영지를 관할하고, 농민의 노동을 동원해 수로와 둑과 관개 시설을 보수하고, 전에는 적어도 이론상으로는 국고로 들어갔던 세금을 이제 자기 몫으로 징수하면서 스스로 정치·경제 권력을 접수했다.[36] 농민은 새로운 체제에서 농작물을 계속 생산했고 수공업도 대부분 유지됐지만, 순전히 지역의 수요를 충족하기 위한 것이었기 때문에 번성하기는 어려웠다. 오랫동안 계속된 기술 진보는 종말을 맞았고, 그 다음 3백 년 동안 중국 제국은 서로 경쟁하는 소국들로 분열했다.

어떤 점에서 이 시기는 5세기 인도의 상황, 같은 무립 서로마 세국의 붕괴와 유사한 점이 있다. 그러나 중요한 차이도 있다. 중국 문명의 본질적인 연속성은 무너지지 않았기 때문에 중국에서는 경제와 도시 생활이 인도나

로마보다 훨씬 더 급속하게 소생할 수 있는 토대가 있었다.

하지만 한때 기술 진보와 경제 팽창을 그토록 촉진했던 바로 그 정치 구조가 이제 더는 이전의 기능을 할 수 없었고, 그 결과 옛 사회가 부분적으로 붕괴했다. 옛 관료 지배 계급은 사회를 낡은 방식으로는 운영할 수 없었다. 토착 제후들은 사회가 조각나는 것을 눈뜨고 지켜볼 수밖에 없었다. 상인은 다른 특권 계급과 단절하고 농민 반란군을 이끌 수 있는 사회 변혁 강령을 제시하려 하지 않았고, 대신에 인도의 가장 온건한 불교 교파를 수용했다. 경쟁하는 계급들의 공멸은 없었지만, 공통된 마비는 분명히 있었다.

4. 그리스의 도시국가들

2천5백 년 전에 번성한 세 번째 위대한 문명은 고대 그리스 문명이었다. 마가다 왕국의 지배자들이 인도 아대륙을 지배하기 시작하고 진조가 중국에 새로운 제국을 건설한 기원전 4세기 후반에 알렉산더 대왕은 비록 잠시 동안이지만 발칸과 나일 강부터 인더스 강까지 뻗은 제국을 세웠다. 아테네에서 생겨나고 그리스령 알렉산드리아에서 발전한 사상은, 마가다 왕국에서 발전한 사상과 공자·맹자의 사상이 인도와 중국에서 그랬던 것처럼, 그 다음 2천 년 동안 지중해와 유럽의 사고에 커다란 영향을 미쳤다.

그러나 기원전 9세기에 그리스의 섬과 해안 촌락들에서 살았던 사람들은 유라시아나 아프리카에 살았던 농민들과 거의 차이가 없었다. 과거의 미케네 문명은 몇 가지 신화를 빼면 완전히 잊혀졌고, 미케네의 요새 궁전들은 폐허가 되도록 방치됐다. 촌락들은 서로 단절돼 있었고, 아시아 본토와 이집트 문명들과도 접촉이 없었다. 농민들은 문맹이었고, 수공 기술의 전문화는 초보 단계에 머물렀고, 조형 예술은 거의 없었으며, 사람들의 삶은 고됐으며, 기근이 자주 찾아왔다.[37]

이런 사람들을 새로운 문명으로 통합한 동력은 인도 북부와 중국 북부에서 작용한 것과 비슷한 동력이었다. 철 가공 지식은 느리지만 꾸준하게 확산됐고, 새로운 농업 기술을 발견했고, 상업이 성장했다. 옛 수공 기술을 다시 발견하고 새로운 수공 기술을 개발했으며, 알파벳 문자 체계를 정립했다. 기원전 7세기부터 경제가 꾸준히 성장했고, "거의 모든 주민층의 생활수준이 뚜렷하게 향상됐다."[38] 이런 변화 덕분에 기원전 6세기 무렵, 아테네의 아크로폴리스 같은 장엄한 건물을 창조했고, 서로 힘을 합쳐 페르시아 대군의 침공을 막을 수 있었던 도시국가들이 출현했다. 그러나 경제·사회 변화가 일어난 환경은 두 가지 중요한 점에서 중국과 달랐으며, 정도는 덜하지만 인도와도 달랐다.

머지않아 그리스의 해안 정착지들은 중국·인도와 달리 다른 문명들과 직접 접촉하게 됐다. 페니키아의 뱃사람들은 몇백 년 동안 지중해 연안을 따라 무역을 하면서 메소포타미아와 이집트 제국들의 기술 진보에 관한 지식을 전해 줬다. 기원전 6세기부터 그리스 도시국가들과 중동의 역대 제국들 사이에는 직접적이고 지속적인 교류가 있었다. 그것은 무역을 통해, 제국 군대에 고용돼 있던 그리스 용병들을 통해, 제국의 도시들에 거주한 그리스 망명자들을 통해 유지됐다. 그런 접촉은 그리스 문명 발전의 주요 동력이었다. 예컨대, 그리스의 알파벳은 페니키아인들이 사용한 셈족의 문자에서 직접 유래한 것이다.

중국과 인도의 문명은 비옥한 강 유역과 널찍한 평야에서 번성했다. 그 때문에 일단 숲을 개간하고 나면 농업 생산성을 꽤 높일 수 있었다. 반면, 그리스의 산악 지형은 농업의 확대를 방해했다. 그래서 기원전 8세기 초 이후로 잉여는 신기술을 사용해 얻었다. 그러나 인도와 중국과 다른 방식으로 대응하지 않는 한, 잉여가 어떤 시점에 이르러서는 줄어들기 시작할 것이었다.

토지 부족 때문에 그리스의 농민들은 바다를 건너 지중해 연안의 비옥한 해안 지방들을 식민지로 만들기 시작했다. 그리스 농민들은 에게해 연안과 이오니아 제도, 흑해 연안과 소아시아, 이탈리아 남부와 시실리에 정착했고, 심지어는 스페인과 프랑스 남부의 해안 지방까지 진출했다. 이런 식민화와 함께 무역이 확대되면서 본국의 수공업이 발전하기 시작했다. 예컨대, 그 때문에 아테네산 도기는 곧 지중해 연안 전체로 퍼졌다. 고립된 농어민 촌락으로 출발했던 사회들은 기원전 6세기 무렵 도시국가들의 연결망으로 발전했다. 도시국가들은 서로 싸웠지만, 무역을 통해 하나로 묶였다. 도시국가들은 무역 덕분에 똑같은 알파벳을 사용했고, 방언도 큰 차이가 나지 않았으며, 똑같은 종교적 관습이 있었고, 올림픽 경기 같은 공동의 축제를 벌였다.

토지의 생산성이 비교적 낮은 점 때문에 또 한 가지 중요한 부수적 결과가 생겨났다. 농민 가족과 아이들을 먹이고 나서 얻을 수 있는 잉여의 양은 매우 적었다. 그러나 먹여 살릴 아이가 없는 성인들의 노동력으로 토지를 경작하자 잉여를 상당히 늘릴 수 있었다.(나중에는 광산과 대규모 수공업 시설에도 이런 성인들을 고용했다.) 전쟁 포로들을 노예로 만든 것이 바로 그런 노동력을 제공해 줬다.[39] 이는 착취할 인간을 확보하는 값싼 방법이었다. 기원전 5세기 말에 노예 한 명에게 들어가는 비용은 자유민 장인에게 지급하는 1년치 임금의 절반도 안 됐다.[40]

옛 문명들에서도 노예제는 오랫동안 존속했다. 그러나 옛 문명의 노예들은 잉여 생산에서는 부차적인 구실밖에 하지 않았다. 노예들은 지배자들을 개인적으로 시중드는 일을 주로 했고, 농업과 수공업은 반자유민들이 맡았다. 하지만 이제 그리스에서 노예는 잉여의 주요 원천이 됐다. 로마에서는 더욱 그랬다.

의미심장하게도, 그리스의 주요 도시국가 가운데 유일하게 농노와 비슷한 신분의 농민들을 착취해 잉여를 얻은 스파르타는 비교적 비옥한 내륙 지방에 자리 잡고 있었다.[41] 농업이나 수공업 노동에 종사하지 않는 완전한 시민으로 이루어졌던 스파르타의 지배 계급은 농민인 '헬로트'들이 바친 공물로 먹고살았다. 그러나 이곳의 지배 계급이 검소한 생활방식을 자랑삼았던 사실로 볼 때 그들 역시 잉여를 얻는 방식에 한세가 있음을 의식했던 것 같다.[42] 스파르타의 예외는 그리스의 다른 도시국가들에서는 일관됐던 법칙을 입증해 주는 듯하다.

노예가 인구의 다수를 차지하지 않았기 때문에 노예제는 그리스 도시 국가들에게 중요한 것이 아니었다고 말하는 이들도 있다.[43] 그러나 드 생 크루아는 ≪고대 그리스 세계의 계급 투쟁≫이라는 놀라운 연구서에서 노예의 인구 비율과 사회의 총생산에서 노예 노동이 차지한 비중은 중요하지 않다고 지적했다. 핵심은 노예가 잉여 생산에서 차지한 비중이 어느 정도였는지이다. 지배 계급은 잉여 없이는 유유자적하는 생활을 할 수 없었고, 작가들과 시인들도 잉여 없이는 가혹한 육체 노동에서 벗어날 수 없었으며, 아크로폴리스 같은 경이적인 유적을 세울 자원도 잉여 없이는 얻을 수 없었기 때문이다. 지배 계급은 주로 노예가 경작한 토지를 지배했기 때문에 지위를 유지할 수 있었다. 그리스의 작가들과 철학자들은 노예 소유를 문명화된 생활의 정수라고 봤을 정도였다. 아리스토텔레스는 남편과 아내, 아버지와 아들과 더불어 주인과 노예를 가족의 본질적 구성 요소로 꼽았으며, 코린트의 왕 폴리보스는 노예와 소를 없어서는 안 되는 생필품이라고 말했다.[44]

그리스 역사에서 노예 반란은 중국의 농민 반란만큼 두드러진 특징은 아니었다. 그리스(그리고 뒷날의 로마) 노예제의 특성상 노예들이 착취자들에 맞서 조직적으로 투쟁하는 일은 매우 어려웠기 때문이다. 노예의 압도 다수는 지중해, 발칸, 소아시아에서 붙잡힌 전쟁 포로였다.(심지어 러시아 남부에서도 노예로 붙잡혀왔다.)[45] 문화와 언어가 다른 노예들이 함께 살면서 일하도록 노예들을 노예 시장에서 의도적으로 뒤섞어놓았다. 그 때문에 노예들은 자기 주인이 사용하는 그리스 방언을 통해서만 어렵사리 의사 소통을 할 수 있었다. 그리고 흔히 노예 소유주들은 반란을 일으킨 노예들을 처벌하거나 도망친 노예들을 추적할 때 다른 그리스인들의 도움을 받았다. 그 때문에 메세니아에서 스파르타의 헬로트 농노들은 서로 단결해서 반란을 일으키고 마침내 스스로 해방에 이를 수 있었던 반면, 엄밀한 의미의 노예들은 그럴 수 없었다. 착취에 맞선 노예들의 저항은 대개 수동적인 불만에 머물렀다. 이런 불만도 그 자체로서 그리스와 뒷날의 로마 역사에서 중요한 요소였다. 직접 생산자들은 기술이나 생산의 질을 아무리 개선한들 얻을 것이 거의 없었기 때문에 노동 생산성이 나아지지 않았다. 게다가 노예들을 제자리에 묶어둘 필요성은 정치인들이나 지배자들의 정책 결정에서 중요한 고려사항이었다. 그러나 노예들은 스스로 역사 과정에 개입할 수 있는 처지에 있지 않았다.

그렇지만 고전 시대 그리스의 역사에서는 또 하나의 계급 투쟁이 중요한 역할을 했다. 자신은 육체 노동을 전혀 하지 않으면서 비교적 다수의 노예들을 데리고 토지를 경작한 부유한 지주들과 소농·장인 대중 사이에서 계급 투쟁이 벌어졌다. 소농들과 장인들은 때때로 한두 명의 노예를 소유했지만, 그들 자신도 토지나 작업장에서 노예들과 함께 일했다.

그리스의 도시국가들은 처음에는 여전히 과거의 흔적을 지니고 있었다. 왕들은 전통적인 족장 혈통에서 나왔고, 씨족 혈연은 사회적 의무와 행동을 결정하는 중요한 역할을 했다. 사회는 여전히 공식적인 법률보다는 관습적인 권리와 의무 개념으로 유지됐다. 상업의 확대와 노예제의 발전으로 부유해진 지주들은 갈수록 그런 사회 규범에 도전했다. 지주들은, 구래의 유력한 혈통들은 특권을 누리는 반면 자신들은 여전히 가난한 사람들에게 전통적인 의무를 이행해야 하는 점을 못마땅하게 생각했다. "권력층 사이에서 격렬한 갈등이 일어났다. …… 갈등은 모든 기회를 통해 표출됐다. 그들은 땅과 유산을 두고 다투었고, 장례식조차도 더 호화스럽게 치르려고 다투었다."[46]

그 결과 많은 국가에서 왕정이 전복되고 '과두제' — 부자가 통치하는 공화정 — 가 수립됐다. 새로운 부자들은 과두제를 이용해 옛 지배자들을 몰아냈을 뿐 아니라 하층민들에게서 되도록 많은 잉여를 짜내려고 했다.

새로운 부자들은 자신들의 이익을 위한 국가 비용 — 예컨대, 해군 유지비 — 에 쓰려고 소농들에게 세금을 부과했다. 비교적 자주 찾아온 흉년 때문에 대다수 소농은 부자들에게 빚을 져야만 세금도 내고 목숨도 부지할 수 있었다. 그러자 마침내 부자들은 빚을 구실로 소농의 토지를 압류하고,

빚을 진 농민을 '채무 노예'로 삼기 시작했다. 과두제의 지배자들로 구성된 법원은 기쁜 마음으로 빈민에게 불리한 판결을 내렸다.

과두제 공화정은 곧 광범한 계층의 시민들에게 반감을 사서 뒤흔들렸다. 많은 경우에 종종 상층 계급 출신인 야심가들이 출현해서 시민들의 반감을 이용해 정권을 수중에 장악하고 '독재자'가 됐다. 그들은 대중에게 도움이 된 다양한 개혁을 실시함으로써 부자들을 화나게 했다. 그러나 그들은 계급 분화를 끝장내려고 하지 않았고, 끝장낼 수도 없었다.

특히 아테네를 비롯한 몇몇 국가에서는 아래로부터의 압력 때문에 훨씬 더 급진적인 변화가 일어났다. 과두제와 전제정 모두 '민주주의'로 대체됐다. '민주주의'라는 말은 글자 그대로 풀이하면 '인민의 지배'라는 뜻이다. 그러나 현실에서는 결코 인민 전체를 뜻하지 않았다. 그리스의 민주 정치는 노예와 여성, 그리고 대다수가 상인과 장인이었던 비(非)시민 거주자들을 배제했기 때문이다. 그리고 그리스의 민주 정치는 재산(그리고 노예)이 부자들의 손에 집중되는 것도 문제 삼지 않았다. 이것은 그리 놀라운 일이 아니다. 보통 자신들의 정치적 지위를 강화하기 위해 대중의 요구 일부를 수용한 부유한 반대파 지주들이 '민주 세력'을 이끌었기 때문이다. 그러나 그리스의 민주 정치는 가난한 시민들이 부자들에게 강탈당할 때 자기 자신을 보호할 힘을 제공했다.

그 때문에 솔론 시대(기원전 594년) 이후로 아테네에서는 채무 노예를 금지했고, 모든 시민에게 개방된 의회에 법률 제정 권한이 있었고, 판사들과 하급 관리들은 선출됐다.

이처럼 권력을 제약당한 상층 계급은 커다란 불만을 품었고, 그런 불만은 일부 문헌들과 철학 학파에 반영됐다. 상층 계급은 민주주의가 폭도들의 지배이며, 하층 계급에게 권리를 양보한 유한 계급의 성원들은 파렴치한 출세주의자들이며('데마고그'라는 단어는 여기서 유래했다), 미래의 유일한 희망은 인민의 지배라는 족쇄를 박살내는 데 있다고 주장했다. 아리스토파네스의 희곡과 플라톤의 정치 저작들의 논조가 그러하다. 아마 소크

라테스와 그의 제자들도 그런 생각을 공유한 듯하다.[47]

　상층 계급은 단순히 말로만 불만을 표현하지 않았다. 할 수만 있다면 언제든지 무력으로 권력을 찬탈했고, 그럴 때마다 철저한 반혁명을 일으켰다. 필요하면 방해가 되는 사람들을 모두 죽였다. 상층 계급에게는 보통 시민들에게는 없는 군사적 수단을 구매할 부가 있었기 때문에 그것이 가능했다. 상층 계급의 주력 부대는 필수적인 갑옷과 무기를 갖출 능력이 있는 대토지 소유 시민들로만 이루어진 '중장보병'(重裝步兵)이었다. 그 때문에 그리스의 대다수 도시국가의 역사는 부유한 지주들이 민주 정치에 맞서 끊임없이 투쟁을 벌이고 흔히 성공한 역사였다. 2백여 년 동안 민주 정치가 살아남은 아테네는 부분적인 예외였다. 상업에 의존한 아테네에서는 해군이 핵심 구실을 했는데, 해군은 가난한 시민들로 구성돼 있었기 때문이다. 민주 정치를 혐오한 아테네의 부자들조차도 종종 가난한 시민들에게 양보하지 않으면 안 된다고 생각했다. 그 때문에 스파르타와 벌인 펠로폰네소스 전쟁에 패배한 뒤에 과두 정치를 도입하려는 시도가 두 차례 있었지만 얼마 가지 못했다.

　기원전 5세기 말에 30년 동안 지속된 펠로폰네소스 전쟁은 같은 기간에 대부분의 도시국가 내부에서 민주 정치를 둘러싸고 일어난 계급 전투와 맞물렸다. 펠로폰네소스 전쟁은 스파르타와 아테네가 나머지 도시국가들을 놓고 영향력을 다투면서 일어났다. 당시 스파르타는 펠로폰네소스(그리스 남부의 본토)의 국가들을 동맹으로 편성해 국경을 지키고 헬로트에 대한 지배를 유지하려 하고 있었다. 해상 무역로에 의존하고 있던 아테네는 해안과 섬의 도시들로 구성된 해상 동맹을 구축했고 동맹국들에게 정기적으로 받아낸 공물로 국가 지출을, 특히 해군 유지비를 충당하고 있었다. 그러나 펠로폰네소스 전쟁은 단지 어느 동맹이 패권을 차지하느냐 하는 것만을 둘러싼 갈등이 아니었다. 그 전쟁은 사회 조직 방식에 관한 서로 대립하는 사상들의 충돌이기도 했다. 아테네와 그 동맹국들 내부의 상층 계급에는 적어도 반쯤은 스파르타의 승리를 환영한 사람들이 많이 있었다. 스파르타의 승리는 민주 정치를 전복할 구실을 줬기 때문이다. 말하자면 스파르타는 1930년대에 파시스트 이탈리아와 나치 독일이 유럽 곳곳의 일부 지배 계급에게 그랬던 것처럼, 특권을 누리는 소수가 나머지 사회 구성원들의 권리를 박탈하는 방식에 관한 모범 사례로서[48] 일부 상층 계급의 반혁명적 열망에 초점을 제공했던 것이다.

이 2백~3백 년 동안 떠오르는 그리스 문명의 특징이었던 사회 격변과 계급적 긴장은 그리스 문학·과학·철학의 위대한 업적을 가능하게 한 토양이었다. 이 시기에 사람들은 오래된 확신들에 의문을 던지지 않을 수 없었다. 호메로스가 썼다고 하는 시(실제로는 기원전 7세기에 처음 기록된 구전 무용담)가 그토록 강력한 힘을 지닌 것은 그것이 사회 격변의 시기에 자신들의 운명을 개척하려 한 사람들의 몸부림을 그리고 있는 점 때문이었다. 아이스킬로스의 희곡에 등장하는 비극적 긴장은 등장인물들이 서로 대립하는 도덕규범들의 충돌을 해결하지 못하는 것에서 비롯하는데, 이것은 낡은 사회 조직 방식과 새로운 방식의 충돌을 반영하는 것이었다. 그리스 고전 철학의 두 경쟁 학파는 철학자들이 진리, 삶의 목표, 인간의 행위 규범에 접근하기 위한 새로운 객관적 토대를 모색하면서 출현했다. '소피스트'와 '회의론자'는 하나 하나의 논지를 차례로 반박하는 것만이 가능하다고 결론 내렸다. 플라톤은 이어지는 논지 각각을 또 다른 논지로 파괴하는 것('변증법'이라고 부르는 과정)은 진리가 직접적인 인간의 경험 바깥의 영역에 존재할 수밖에 없다는 결론으로 이어진다고 주장했다. 그리고 플라톤은 철인들만이 그 진리에 도달할 수 있으며, 그런 철인들이 사회를 전체주의적으로 운영해야 한다고 주장했다. 플라톤의 제자였던 아리스토텔레스는 그가 네 개의 기본 '원소'(물, 불, 공기, 땅)로 이루어져 있다고 본 기존의 물질적·사회적 세계에 관한 실체적이고 경험적인 지식을 강조함으로써 플라톤의 주장을 반박했다. 기원전 5세기의 데모크리토스와 기원전 4세기 말의 에피쿠로스는 세계가 더는 쪼갤 수 없는 원자로 이루어져 있다는 유물론적 세계관을 발전시켰다.

메소포타미아·아시리아·페르시아의 제국들과 달리 거대한 관료 기구에 짓눌리지 않은 그리스의 도시국가들은 훨씬 더 역동적이었고, 전쟁이 일어났을 때 훨씬 더 많은 주민이 능동적으로 충성했다. 기원전 5세기에 그리스의 도시국가들이 단결해 침략군을 물리칠 수 있었던 것은 그 때문이다. 그리고 1백50년 뒤에 그리스의 영향을 받은 북부의 마케도니아 왕국의 군대는 짧은 기간이나마 그리스의 도시국가들뿐 아니라 알렉산더 대왕 치하에서 이집트와 중동의 두 유서 깊은 제국을 지배할 수 있었다. 알렉산더의 제국은 그가 죽고 나서 해체됐지만 그리스어를 사용하는 왕조들은 중동과 이집트의 경쟁 제국들을 계속 통치했다. 이 두 지역의 옛 문명이 이룩한 업적에 바탕을 두고 발전한 그리스의 과학과 철학은 이제 다시금 두 지역에서 더욱더 발전했다. 그리스의 과학·수학·철학 학파들은 이집트 땅에 세운 그리스 도시 알렉산드리아에서 또 한 번 절정기를 맞이했다. 기원전 300년에 유클리드는 기하학의 기본 정리를 세웠다. 조금 뒤에 에라토스테네스는 지구의 지름을 약 4만 킬로미터로 계산했다. 기원전 150년 무렵에 히파르코스는 먼 거리를 잴 수 있는 삼각법을 고안했고, 지구와 달 사이의 거리를 비교적 정확하게 계산했다. 3백 년 뒤에 클라디오스 프톨레마이오스는 히파르코스의 생각을 토대로 행성과 별의 움직임을 표시한 모형을 만들었다. 이 모형은 비록 천동설에 바탕을 두고 있었지만 행성의 운동 경로를 상당히 정확하게 계산할 수 있도록 해 줬다. 전반적으로 알렉산드리아의 과학과 수학은 인도와 중국에서, 그리고 서기 7세기부터 12세기까지 아랍 세계에서 그것들이 더 한층 발전하는 데 크게 기여했다. 그러나 유럽에는 1천 년이 지나도록 그런 발견들이 알려지지 않았다.

한편, 지중해 연안에 남아 있던 알렉산더 제국의 잔재는 곧 로마의 지배자들이 건설한 새로운 제국에 흡수됐다.

5. 로마의 흥망

세계사에 대한 서방의 설명 대부분은 '로마의 영광'을 후렴구처럼 반복해왔다. 로마의 등장을 고대 문명의 절정으로 묘사하고, 로마의 몰락은 역사의 비극으로 그린다. 그래서 유럽 계몽주의의 위대한 저작 가운데 하나인 에드워드 기번의 ≪로마 제국의 쇠망사≫는 이렇게 시작한다. "서기 2세기에 로마 제국이 차지하고 있던 지역은 지구에서 가장 아름다운 곳이었다. …… 온화하지만 강력했던 법률과 풍속은 갈수록 이 속주들의 연방을 공고하게 만들었다. 평화로운 주민들은 부와 사치가 준 혜택을 즐기고 남용했다."[49]

한 각도에서만 보면 로마 문명은 분명 인상적이다. 이탈리아의 작은 도시 하나가 결국 지중해 전체, 아스완 이북의 이집트, 도나우 강과 라인 강 이남의 유럽 전체, 소아시아와 시리아, 사하라 이북의 아프리카를 지배했다. 제국의 서부는 6백여 년 동안 존속했고, 제국의 동부는 1천6백 년 동안 존속했다. 어딜 가든 제국의 지배자들은 공공건물과 사원, 경기장과 배수로, 대중목욕탕과 포장도로를 건설했고, 후세 사람들은 이 유적들을 보면서 경탄했다.

그러나 로마 제국의 문명 그 자체는 인류의 먹고사는 능력이나 축적된 과학 지식과 문화적 성과의 창고에 보탠 것이 거의 없었다. 초기의 메소포타미아와 이집트, 고전 시대 그리스, 또는 기원전 마지막 5백 년 동안 인도와 중국이 이룩한 것과 비슷한 혁신은 로마 제국에서 일어나지 않았다. 생크루아는 "기술 분야에서 두세 가지 기여"를 빼면 오로지 두 가지 분야에서만 로마가 그리스보다 뛰어났다고까지 말한다. 첫째는 통치 관행, 즉 대제국을 하나로 결합할 수 있는 구조를 창출한 점이고, 둘째는 재산과 상속 문제를 규정한 '민법' 이론이다.(반면, 로마의 형법은 여전히 자의적이고 억압적이었다.)[50] 이것은 지나친 해석이다. 고가교(高架橋)와 원형극장과 사원과 도로를 세운 로마의 건축 공학은 분명 인상적이다. 그러나 대부분의 분야에서 로마 제국의 주된 공헌은 이집트·메소포타미아·그리스에서 일어난 초기의 발전을 중부 유럽과 서유럽에 확산시킨 것이었다. 로마 제국은 그것에 거의 아무것도 보태지 않았다. 더욱이 로마 제국이 건설된 토대 자체의 한계 때문에 로마가 붕괴했고, 로마의 붕괴는 다른 곳에서 빌려 온 업적들에 관한 기억만을 서구에 남겼을 뿐이다.

초기의 로마는 많은 점에서 그리스의 도시국가들과 닮았다. 로마는 그리스식 알파벳도 받아들여 로마식으로 개조했다. 로마는 아마도 처음에는 국가가 아니라 혈통을 통해 조직된 농업 사회였고(역사시대에조차 로마의 주민은 '씨족'과 '부족'으로 나뉘었다), 이 혈통에서 세습 지배 계급("파트리키[귀족] 계급")이 발전해 나왔다. 로마는 남북 무역로와 동서 무역로가 교차하는 티베르 강 하류의 전략적 요충지에 자리 잡고 있었다. 농업으로 얻은 잉여에다가 무역에서 얻은 수입(아마도 지나가는 무역상들에게 요금을 부과해서 얻은 수입이었을 것이다)까지 더해져서, 통나무 오두막들로 이루어진 진흙투성이의 촌락은 기원전 6세기 후반에는 "나무와 벽돌로 지은 주택, 기념비적인 사원들, 잘 지은 하수도 체계, 아테네에서 수입한 최상품 항아리"를 갖춘 부유한 도시로 발전했다.[51] 잠시 동안 로마는 북쪽의 에트루리아인(문자를 사용한 사회로, 인도-유럽 계통이 아닌 그들의 언어는 흑해 북부 어딘가에서 기원했을 것으로 추정한다)이 세운 국가의 지배를 받았다. 기원전 6세기 말(로마의 전통에 따르면 기원전 509년)에 로마인들은 에트루리아인들을 몰아내고 공화국을 수립한 뒤 오랜 군사적 확장기의 첫발을 내딛었다. 그 다음 4백 년 동안 이 과정은 다양한 국면을 거쳤다. 라틴어를 사용한 여러 도시와 동맹을 맺고, 이 도시들을 로마 공화국에 병합하고, 이탈리아 중부의 나머지를 정복하고, 북아프리카의 옛 페니키아 식민지와 이탈리아 남부를 장악하기 위해 카르타고와 잇따른 전쟁을 벌이고, 마지막으로 북쪽의 라인 강과 도나우 강에 이르기까지 유럽 전체를 점령한 뒤 소아시아, 시리아, 이집트의 옛 그리스 제국들을 합병했다.

각각의 팽창 단계에서 선봉 구실을 한 집단은 토지를 소유한 독립 농민들 사이에서 징병한 보병들이었다. 처음에는 보병 부대를 로마 국경 내에서 땅을 경작한 농민들로 충원했으나 나중에는 이탈리아의 다른 도시들에서 땅을 경작하고 있는 로마 시민권자로도 충원했다. 농민은 전투의 선봉이었지만 군대를 통제하지도, 승리에서 이득을 얻지도 못했다. 아테네와는 달리 로마는 어떤 의미에서도 민주주의가 아니었기 때문이다.

공화국과 계급 전쟁

초기 공화국 헌법은 '파트리키' 혈통의 세습 엘리트들에게 독점적인 권력을 부여했다. 원로원, 해마다 정책을 실행하기 위해 선출한 집정관(콘술), 판관, 재무관(콰이스토르), 법무관(프라이토르)은 모두 파트리키였다. 민회(民會)는 이런 행정관들을 선출하고 전쟁과 평화 문제를 결정할 이름뿐인 권한이 있었다. 그리고 총 193표에서 98표를 파트리키 계급이 가져갔고, 따라서 그들이 만장일치로 의견을 표명하면 소농 계급인 '플레브스'(평민) 의원들은 그 결정에 따를 수밖에 없었다. '프롤레타리'라고 불린 무산 시민은 딱 한 표만을 가졌다.

유력한 가문들은 정치적 지배력을 이용해 그렇지 않아도 상당한 본인 소유의 토지를 — 농민의 희생을 대가로 — 계속 늘려갔다. 이들은 농민을 빚더미로 내몰고 나서 토지를 빼앗고는 판관들이 파트리키에게 유리한 판결을 내려 주리라 기대할 수 있었다. 게다가 군대의 사령관이었던 그들은 군사적 승리를 거둘 때마다 정복한 땅의 가장 큰 몫을 떼어갔다. 그런 행태에 대한 반감은 두 차례 거대한 계급 투쟁의 물결로 끓어올랐다.

첫 번째 계급 투쟁의 물결은 공화국이 수립된 지 불과 15년 뒤에 시작됐다.

로마의 역사가였던 살루스티우스는 계급 분화 때문에 일어난 하층민의 반란을 생생하게 설명했다.

파트리키는 그 사람들을 노예처럼 취급했고, 처형하고 매질하라는 결정을 내렸고, 토지에서 몰아냈다. 이런 잔혹한 관행에 짓눌렸고, 무엇보다도 끊임없는 전쟁이 요구한 세금과 군복무의 이중 부담으로 엄청난 빚을 지게 된 평범한 사람들은 무장하고서 성산(聖山)과 아벤티네에 진지를 구축했고, 그 결과 호민관 제도와 몇 가지 권리를 얻어냈다.[52]

살루스티우스는 이 사건이 일어나고 4백 년 뒤에 이 글을 썼기 때문에 현대의 일부 역사가들은 그 설명의 정확성에 의문을 제기한다. 그러나 파트리키 관료들의 횡포에 대항한 투쟁은 1백 년 이상 되풀이해서 벌어졌다. 이런 투쟁에서 가장 인기 있었던 전술은 군복무를 거부하면서 연좌농성을 벌이는 행동인 '제체시온'(Secession)이었던 듯하다. 플레브스(평민)는 호민관을 대표로 선출해 행정관들의 억압에 맞설 수 있는 제도를 쟁취했다.[53] 호민관은 행정관이 누구가를 해치려 할 때면 말 그대로 그들 사이에 끼어들어 피해자를 보호했고,[54] 플레브스는 누구든 호민관을 건드리는 사람에게 린치를 가하기로 집단적인 맹세를 했다.[55] 생 크루아에 따르면, 호민관은 "마치 직장위원이 회사측 간부들에게 대항하는 식으로 국가의 행정관들에게 대항했다."[56] 시간이 지나면서 호민관은 헌법으로 보장된 필수 신분이 됐고, 국가 관료를 체포하고 투옥할 수 있는 권한도 갖게 됐다. 마침내 기원전 287년에 주민의 절반이 부채에 시달리게 되자 일어난 거대한 투쟁

은 파트리키의 공식 권력을 끝장냈고, 플레브스는 국가의 모든 직위에 취임할 수 있게 됐다.[57]

훗날 디오니소스와 할리카르나소스 같은 로마 작가들은 "계급 투쟁에서 나타난 온건함"이 "그리스의 도시들에서 잦았던 유혈 혁명과 대조됐다"고 찬양했다.[58] 그러나 플레브스의 승리가 가져온 성과는 그리스의 하층 계급이 때때로 얻었던 것보다 크지 않았고, 로마는 아테네식 민주주의를 이루지 못했다. 브런트가 지적했듯이, 오로지 소수의 부유한 플레브스만이 관직의 길이 열림으로써 이득을 볼 수 있었다.[59] 플레브스 대중에게 부여한다는 "민주적 통제 수단"은 "환상임이 드러났다."

> 플레브스에게 관직을 허용했다. 그러나 파트리키는 관직 독점을 포기하는 대신 일정 몫의 권력을 영속화했다. 소수의 플레브스만 속할 수 있는 새로운 귀족이 출현했고, 이들은 과거의 파트리키만큼이나 권세를 누렸다. …… 구래의 사회 갈등이 다시 등장했지만, 일단 부유한 플레브스의 정치적 열망이 충족되자 가난한 사람들은 지도자를 찾기가 더 어려워졌다.[60]

투쟁을 이끄는 부유한 지도자들의 이해관계가 지지자들의 이해관계와 매우 달랐던 것은 역사에서 이때가 마지막은 아니었다.

가난한 사람들이 이런 결과를 묵묵히 받아들이게 된 한 가지 요인은 공화국이 새로운 토지를 정복한 데 있었다. 새로운 영토에 정착한 일부 빈농들은 잠시 형편이 나아졌다. 그러나 머지않아 정복 전쟁은 대다수 농민의 조건을 훨씬 더 악화시켰다. 정복지에서 나온 약탈품 대부분은 부자들에게 돌아갔다. "해외에서 약탈한 막대한 부가 이탈리아의 개인들 손에 흘러 들어갔다. …… 그 압도 다수는 상층 계급과 중간 계급의 사람들이었다."[61] 이 돈의 대부분은 사치스런 소비에 사용됐지만, 일부는 부자들의 보유지를 더 늘리는 데 사용됐다. 그 때문에 토지의 가격이 뛰자, 채권자들이 채무 농민의 토지를 처분하는 경향이 강해졌다. 동시에, 징집 기간이 길어진 탓에 농사를 지어 지대와 세금을 내는 일이 어려워지자 갈수록 많은 농민들이 빚더미에 내몰렸다.

살루스티우스는 기원전 1세기 초에 관해 이렇게 썼다.

> 전시와 평상시에 소수가 모든 것을 지배했다. 그 소수가 국고, 속주, 관할구, 명예, 승리를 모두 자기 손에 놓고 주무른 반면, 민중은 군역과 결핍에 짓눌렸다. 장군들과 그 밖의 소수의 손에 전리품이 돌아가는 동안, 이웃의 권력자들은 병사의 부모와 아이들을 집에서 내쫓았다.[62]

그러나 이것이 전부가 아니었다. 포로들을 노예로 삼았기 때문에, 전쟁은 부자들이 착취할 수 있는 대량의 신규 노동력도 만들어냈다. 예컨대, 세 번째 마케도니아 전쟁이 끝나고 나서 15만 명의 포로가 노예로 팔렸다.[63] 대지주들은 노예를 싼 값에 사서 저비용으로 '라티푼디움'을 경작하는 데 이용했다. 한 예로, "카토[로마의 정치인]의 노예들은 해마다 튜닉[겉옷과 속옷을 겸한 소매 없는 얇은 의상] 한 벌과 담요 한 장을 받았고 고기는 전혀 먹지 않았다."[64] 부양 가족이 딸린 무토지 농민을 고용하려면 훨씬 비용이 많이 들었기 때문에, 토지를 잃은 농민들은 특정 계절에만 일할 수 있는 임시직 정도밖에 얻지 못했다.

노예 인구는 계속 늘어나 기원전 1세기에는 2백만 명에 달했다. 이에 비해 자유민 인구는 3백25만 명이었다. 그러나 이 수치는 로마 제국의 경제에서 노예가 차지한 실제 비중을 은폐한다. 자유민 인구에는 어린이가 많았던 반면, 대다수 노예는 성인이었기 때문이다. 더욱이, 어느 한 시점이든 성인 남자 시민 여덟 명 가운데 한 명쯤은 군대에 있었다.[65]

노예가 공화국의 주된 노동력이었다고 해서 시민 대중이 그 때문에 이득을 봤던 것은 아니다. 노예 노동은 자유민 노동력의 가난으로 이어졌다. 이 점은 로마 국가가 강력해질수록 자유민 인구의 수가 정체하거나 줄어든 사실을 통해 확인할 수 있다. 브런트는 이렇게 말한다. "가난한 사람들은 결혼할 돈이 없었고, 결혼하더라도 자녀를 기를 여유가 없었다. 그들은 피임 아니면 낙태나 영아 살인으로 가족이 늘어나는 것을 막았다."[66] 가난한 부모들이 버린 어린이들 대부분은 결국 노예 시장으로 흘러 들어갔다. "그토록 많은 이탈리아인들이 가난해진 것 자체가 막대한 노예 수입에서 비롯한 결과 중 하나였다."[67] A H M 존스도 같은 결론을 내렸다. "막대한 수의 노예 유입은 이탈리아 농민의 궁핍을 증대시켰다."[68] 이런 계급 양극화는 새로운 충돌을 낳았다. 이번 충돌은 지난번에 플레브스와 파트리키가 충돌했을 때보다 훨씬 더 유혈낭자했다.

기원전 133년에 티베리우스 그라쿠스가 호민관이 됐다. 귀족 집안에서 태어난 그라쿠스는 농민 대중의 가난을 우려스럽게 생각했다. 그 이유는 부분적으로는 공화국의 군사적 안전을 걱정했기 때문이었다. 그라쿠스는 노예의 유입 때문에 농민으로 이루어진 로마 군대의 중추가 서서히 파괴되고 있다는 사실에 주목했다. 한편, 시실리에서 일어난 무시무시한 노예 반란은 이런 식의 농업 조직 방식에 내재한 위험을 밝히 보여 줬다. "그라쿠스는 매우 감동적으로, 그리고 아마도 진심어린 마음으로 조국을 위해 싸운 농민들의 참상에 대해 얘기했지만, 십중팔구 마음속으로는 국가의 이익을 가장 중요하게 생각했을 것이다. 그는 자기 계급의 이익을 국가의 이익에 종속시켰던 것이다."[69]

그럼에도 그라쿠스의 정책은 빈농을 흥분시켰고, 원로원의 부유한 계급을 분노하게 만들었다. 그라쿠스의 정책에는 대지주가 경작하던 공유지를 빈민들에게 분배하는 내용이 들어 있었다. 농촌의 빈민들은 그라쿠스의 법안을 지지하기 위해 물밀듯이 로마로 몰려와서 성벽을 벽보로 뒤덮었고, 공화국의 민회는 법안을 통과시켜야만 했다. 원로원은 겁에 질렸다. 원로원은 농민들이 추수를 위해 로마를 떠날 때까지 기다렸다가 행동에 들어갔다. 한 무리의 원로들이 그라쿠스가 "헌법을 배반"했다고 주장하며 그라쿠스를 몽둥이로 때려죽이고 지지자들을 처형했다.[70]

하지만 이런 탄압도 빈농들 사이에서 끓어오른 불만을 막지 못했고, 10

년 뒤에 역사가 되풀이됐다. 티베리우스의 동생인 가이우스 그라쿠스가 빈농들의 지지와 새로운 부유층인 '에퀴테스'[일종의 상업·금융 자본가 계층]의 일정한 후원을 받으며 호민관으로 선출돼 3년 동안 로마 정치를 좌지우지했다. 집정관인 옵티무스는 원로원 지지자들에게 무기를 나눠 주고 3천 명의 크레타 용병을 이용해 가이우스를 살해하고 지지자들을 최대 3천 명까지 처형했다.[71] 로마 원로원의 영광스러운 '문명화된' 전통은 바로 그런 것이었다.

로마의 빈민은 그라쿠스 형제를 순교자로 숭배해 매일 무덤을 참배했다. 티베리우스와 가이우스는 모두 진심으로 대중의 고통을 가슴 아프게 생각했던 듯하다.[72] 그러나 그라쿠스 형제의 정책은 본질적으로 로마 국가를 강화해 제국의 나머지를 착취할 수 있는 국가의 능력을 증대하기 위한 것이었다. 그라쿠스 형제는 노예제가 대지주들을 부유하게 하지만 경제의 토대는 약화시킨다는 점을 반쯤은 인식한 듯하다. 그러나 그라쿠스 형제는 노예들에게 자기 자신을 스스로 해방시키라고 호소하지 않았으며, 빈농의 역할을 기존의 헌법 체계에서 압력 집단 역할을 하는 데 한정했다. 그들의 정책은 로마의 도시 빈민들에게조차 많은 것을 제공하지 않았다. 그 덕분에 원로원은 단지 때를 기다리다가 그라쿠스 형제를 유혈낭자한 방식으로 제거하기만 하면 됐다.

가이우스 그라쿠스를 살해하자 빈민들은 잠잠해졌다. 그러나 빈민들의 계급적 반감은 사라지지 않았다. 그런 반감은 로마 공화국이 로마 제국으로 바뀌는 과정을 포함한 기원전 1세기의 역사에 결정적인 역할을 했다. 이 시기는 지배 계급 분파들이 정복한 영토들에서 나오는 부와 권력을 서로 차지하려고 권모술수를 동원해 피비린내 나는 싸움을 벌인 시기였다. 지배 계급 분파들은 한편에 존재한 빈민들의 반감과 다른 한편에 존재한 원로원의 계급적 무절제를 무기 삼아 상대방을 공격했다. 같은 시기에 살았던 살루스티우스는 이 시기를 이렇게 묘사했다. "폭동이 빈번하게 발생하고, 당파 투쟁이 벌어지고, 마침내 내전이 일어나는 동안 소수의 권력자들은······ 원로원이나 인민의 옹호자를 자처하면서 지배를 꾀했다."[73]

기원전 108년에 마리우스는 에퀴테스의 지지를 받아 집정관이 됐다. 살루스티우스에 따르면, 마리우스는 "재산이라고는 손밖에 없는 모든 장인과 농민에게 사랑받았다."[74] 마리우스가 토지 분배 법안을 통과시키려 하자 격렬한 투쟁이 일어났다. "폭력은 새로운 수준에 도달했다. ······ 덕망 있는 사회 성원들은 모두 자신의 신하들과 함께 무기를 들고 나타나"[75] 마리우스에게서 버림받은 동맹자 사투르니누스를 때려 죽였다. 그 20년 뒤에는 마리우스의 또 다른 동맹자였던 술피키우스가 같은 운명에 처했다. 술피키우스는 잠깐 동안 로마를 지배했다가, 원로원의 유력한 가문들을 대신해 로마를 점령한 술라가 이끈 군대에게 살해당했다. 군대가 철수하자, 마리우스의 세 번째 동맹자였던 킨나가 로마를 다시 장악하고 2년 동안 이탈리아를 지배했다. 킨나가 원로원에서 자신의 의지를 관철하려 하자 "포룸[고대 로마 도시의 공공 광장]은 피에 젖었다." 그러나 킨나는 자신이 한 약속에도 불구하고 "인민의 권리에 그다지 관심을 기울이지 않았으며" 대중이 더 심해져만 가는 가난에서 벗어나도록 하기 위한 그 어떤 행동도 하지 않았다.[76] 술라는 귀족의 지지를 받으면서 되돌아올 수 있었고, 킨나는 자신의 병사들에게 살해됐으며, 그동안 저항했던 모든 사람에게 공포의 시대가 찾아왔다. 술라는 '프로스크립티오[범법자 명단을 게시한 공고문]'를 게시하고 명단에 있는 사람을 살해한 사람에게 금전적 보상을 했다. 그러자 부자들 가운데 반대파도 고통을 겪었다. 원로원 의원 40명과 에퀴테스 1천6백 명도 명단에 포함됐기 때문이다.[77] 마침내 기원전 64년 술라의 측근이었던 카틸리나가 파산에 직면하자 대중 반란을 일으켜 인생역전을 꾀했다. 카틸리나는 술라 밑에 있던 퇴역 군인들과 농민들을 이끌고 행진했다. 이번에는 집정관(이면서 작가)인 키케로가 기존 질서를 보호하기 위해 단호하고 유혈낭자한 행동에 나섰다. 키케로는 자신이 선발하고 조직한 부잣집 자제들을 풀어서 카틸리나의 주도적인 지지자들을 체포해 처형했다.

카틸리나의 반란은 빈농들에게 무장을 호소한 마지막 반란이었다. 그러나 부자들에 대한 반감은 없어지지 않았고 도시의 빈민들에게까지 전염되기 시작했다. 도시 빈민들은 생활 조건도 참혹했고, 생계도 불안했다. 도시 빈민들은 높이가 20미터 정도 되는 공동주택에서 현대 서구에서보다 7~8배는 더 조밀하게 모여 살았다. 이 공동주택은 붕괴와 화재의 위험에 항상 노출돼 있었고, 식수 시설도 하수 시설도 갖추고 있지 않았다. 대다수 빈민은 여름에는 항구에서 계절 노동에 종사했지만 겨울에는 굶다시피 했다.[78] 과거에 도시 빈민들은 순전히 자신들의 고통스러운 조건 자체 때문에 농민들의 반란에 함께하지 못했다. 흔히 도시 빈민은 부유한 원로원 의원들이 나눠 준 뇌물에 의지해 살았기 때문에 폭동이 일어나면 원로원의 편을 들었다. 그러나 이제 도시 빈민들은 국가의 식량 보조를 약속하는 정치인이나 야심 있는 장군들을 지지하기 시작했다. 카틸리나가 패배하고 10년 동안 폭력은 흔한 일이 됐다. 기원전 52년에 군중은 자신들에게 무료 급식을 제공한 클로디우스가 살해당하자 거리로 나와 원로원을 불태우고 부자들을 살해했다.

이것이 기원전 49년 율리우스 카이사르가 군대를 이끌고 이탈리아 국경을 넘어 들어와 권력을 장악했을 당시의 상황이었다. 원로원의 부자들에게서 제국의 운영권을 뺏은 것은 빈민이 아니라, 갈리아를 정복했을 때 1백만 명을 죽이거나 노예로 만든 귀족 출신의 부유한 장군이었다.

로마 시민들 사이에서 거대한 사회적 갈등이 벌어진 시기는 스파르타쿠스가 이끈 고대 세계 최대의 노예 반란이 일어난 시기이기도 했다.

스파르타쿠스 반란이 일어나기 전에도 로마는 이미 그리스보다 더 많은 노예 반란을 겪었다. 십중팔구 노예가 그리스보다 더 큰 규모로 집중돼 있었기 때문이었을 것이다. 예컨대, 기원전 138~132년에 일어난 노예 반란은 시칠리아 전체를 휩쓸었다. 일부는 목장에서 일했고 일부는 토지에서 일한 수만 명의 노예들이 반란에 참여했지만, 반란은 또한 "부자들이 고통당하는 것을 보고 즐거워한 현지의 자유민들에게서 어느 정도 지지를 받았다."[79] 노예들은 자기들이 차지해서 경작하려는 농장에서는 질서를 유지하려 했지만 자유민들은 오히려 약탈에 여념이 없었다. 기원전 104~101년에도 그런 양상은 되풀이됐다.

스파르타쿠스 반란은 이보다 규모가 더 컸으며, 로마 제국의 중심부를 위협했다. 반란은 기원전 73년 74명의 검투사들이 달아나면서 시작했다. 시간이 지나면서 7만 명의 노예가 반란에 가세해 로마 군대를 잇달아 무찌르면서 이탈리아 반도의 한쪽 끝에서 다른 쪽 끝까지 행진했다. 한때는 로마 근처까지 와서 집정관들이 이끈 군대를 무찔렀다. 그러나 스파르타쿠스는 로마를 장악하지 않았고, 대신에 시칠리아로 건너가려고 이탈리아 최남단까지 행군했다. 스파르타쿠스의 군대는 배를 제공하기로 약속한 해적들에게 배신을 당한 채, 노예들이 다시 북부로 이동하는 것을 막으려 한 로마 군대의 포위망에 갇혀버렸다. 노예군의 일부는 가까스로 함정에서 탈출하는 데 성공했지만, 결국 돌이킬 수 없는 패배를 당했다. 스파르타쿠스는 살해당했고(시체는 발견되지 않았지만[80]) 지지자 6천 명이 십자가에 못 박혔다.[81] 로마의 작가들은 반란을 진압하는 과정에서 10만 명의 노예가 살해당했다고 기록했다.[82]

고대 로마의 반란들은 2천 년 동안 피억압자 투사들에게 영감을 줬다. 1789~1794년 프랑스 혁명의 극좌파는 그라쿠스 형제를 모범으로 찬양했다. 칼 마르크스는 자신이 가장 좋아하는 역사적 인물이 스파르타쿠스라고 썼고, 1919년에 로자 룩셈부르크가 이끈 독일 혁명가들은 스스로 스파르타쿠스단이라 칭했다.

그러나 농민 반란도 노예 반란도 로마 제국을 지배한 대지주들의 권력을 깨뜨리지 못했다. 그 이유는 반란을 일으킨 계급의 특성에 있다.

농민은 부자들의 강탈에 저항할 수 있었고, 그에 대항해 봉기할 수도 있었다. 또한 농민은 국가를 개혁하기 위한 강령을 지닌 것처럼 보인 부유한 지도자들 밑으로 몰려들 수도 있었다. 그러나 농민은 토지 재분배와 부채 탕감을 뛰어넘어 사회 전체의 재편을 주장하는 독립적인 정치 강령에는 도달할 수 없었다. 농민이 생산한 잉여는 로마 같은 규모의 문명을 유지하기에는 너무 적었기 때문이다. 그 잉여는 노예제나 제국의 약탈, 둘 중 하나에서 나와야 했다. 과거의 농경 사회로 회귀하는 꿈은 자연스럽지만 비현실적인 꿈이었다.

도시 대중도 사회의 혁명적 재편을 이끌 수 없었다. 도시 대중은 생산에서 소농보다도 더 부차적인 지위에 있었다. 대다수 빈민은 임시 노동에 의지해 먹고살았다. 그 밖에 사치품 무역에 관계한 장인들은 부자들의 수요를 충족함으로써 먹고살았다. 로마에는 많은 노예가 있었다. 그러나 로마의 노예들은 농촌의 노예들보다 조건이 좋았다. 많은 경우, 로마의 노예들은 자기 주인에게 잘 보여서 이미 풀려나 로마 인구의 상당 부분을 점하고 있던 노예 출신 자유민 대열에 합류하려 했다.

마지막으로, 농촌의 노예는 생산에서 매우 중요한 역할을 했지만, 영웅적인 반란을 일으키는 수준을 뛰어넘어 전혀 다른 종류의 사회에 관한 사상을 정립하는 데까지 나아가는 것은 불가능했다. 농촌의 노예는 지중해의 도처에서 왔고, 아주 다양한 언어를 사용했다. 가족을 가질 수 없었기 때문에 저항의 전통을 후세에 물려주기도 어려웠다. 농촌의 노예들이 집단으로 생산에 참여하는 방식 — 노예 소유주의 매질 아래 사슬로 묶여 일하는 방식 — 도 근본적인 사회 재편 모델을 제공하지 못했다. 대신에 노예들은 새로운 왕국을 꿈꾸든지, 아니면 스파르타쿠스 반란처럼 로마 제국을 떠나 다른 곳으로 도망치는 것을 꿈꾸었다. 왜 스파르타쿠스는 로마를 장악할 기회를 포기했을까? 이것은 역사 최대의 수수께끼 중 하나다. 스파르타쿠스가 로마 사회를 재편할 생각까지는 미처 못 했을 것이고, 그렇다고 단순히 옛 질서를 인수해서 운영하는 처지가 되고 싶지는 않았으리라는 추측으로 그 수수께끼를 부분적으로 설명할 수 있을 것이다.

제국 : 정체와 몰락

폭동·반란·내전으로 사회가 혁명적으로 재편되지는 않았지만, 그것은 부유한 지주가 사회의 나머지를 지배한 정치적 상부구조를 급격하게 바꿔놓았다. 원로원은 가난한 사람들을 제자리로 되돌려 놓기 위해 장군들과 군대에 의존했다. 그러자 가장 유력한 장군이 원로원을 지배할 수 있게 됐다. 사회 문제들을 놓고 벌어진 내전은 장군들 간의 내전으로 대체됐을 뿐이었다. 마리우스와 킨나가 술라를 상대로, 폼페이우스가 율리우스 카이사르를 상대로, 카이사르 사후에 브루투스와 카시우스가 마르쿠스 안토니우스와 옥타비아누스(카이사르의 조카)를 상대로, 마지막으로 옥타비아누스가 마르쿠스 안토니우스를 상대로 내전을 벌였다.

마침내 신·구 부자들은 옥타비아누스(이제 '존엄자'라는 뜻을 지닌 아우구스투스라는 이름으로 불렸다)를 사실상의 절대군주로 옹립하는 것만이 정치 안정을 다시 확보하는 길이라는 점을 깨달았다. 아우구스투스는 수십 년에 걸친 사회 갈등의 기억을 자신의 목적에 이용할 수 있었다. 아우구스투스는 부자들을 안전하게 지켜 주면서도, 정복지에서 들어오는 막대한 조공의 작은 일부에 지나지 않는 비용으로 옥수수를 빈민들에게 값싸게 또는 무료로 제공함으로써 로마 도시 빈민의 친구로 행세했다.

로마 황제들은 속주들에서 공공연한 반란이 일어날 것을 우려해 원로원의 권력자들이 너무 심한 부정축재는 저지르지 못하도록 단속했다. 그리고 황제들은 독립적으로 사고하는 옛 지주 가문 출신들에게 때때로 공포정치를 사용한 반면, 자기 측근들에게는 부와 권세를 마음껏 누리도록 했다.

원로원의 옛 혈통들은 이것이 전통적 가치에 대한 야만적인 공격이라고 생각했다. 그때 이후로 네로와 칼리굴라라는 이름은 임의의 공포 통치와 비이성적인 폭력의 상징이 됐고, 전제와 독재에 반대하는 사람들은 그 뒤로 오랫동안 카이사르와 아우구스투스에 대항한 원로원 의원들을 압제에 맞서 인간의 자유를 옹호한 위대한 투사로서 떠받들었다. 프랑스 혁명의 초기 지도자들은 스스로 브루투스의 정신을 계승한답시고 토가[고대 로마 시민이 입은 겉옷]를 둘러 입었다. 그러나 그 황제들의 잘못은 기껏해야 전통적으로 귀족들이 피정복민들, 노예, 그리고 반란을 일으킨 로마의 하층 계급에게 자행한 것과 똑같은 만행을 소수의 귀족에게 자행한 데 지나지 않았다. 사임(Syme)은 귀족들이 말한 '리베르타스'(자유)란 단지 "부와 권력을 누린 …… 개인들이 기존 질서를 지키는 것"을 의미했을 뿐이라고 지적한다.[83]

적어도 빈민들은 원로원의 의원들이 자유를 옹호한다고 보지 않았다. 서기 1세기 중반에 요세푸스가 쓴 기록에 따르면, 부자들이 황제를 '폭군'으로, 황제의 통치를 받는 것을 '예속'으로 생각한 반면, 빈민들은 황제가 원로원의 '탐욕'을 견제한다고 생각했다.[84] 빈민들은 카이사르와 그의 후계자들이 퍼뜨린 데마고기와 값싼 곡식 때문에 마음이 혹했을지도 모른다. 그러나 빈민들이 원로원 계급을 미워할 이유는 충분했다. 그동안 원로원 계급은 사람들이 조금이라도 자신의 권리를 주장할 때면 그들을 가차없이 도살해온 장본인이었다. 흔히 원로원 계급이 지녔다는 시민적 덕목의 모범으로 간주되는 키케로도 그런 도살을 자행했다. 키케로는 로마의 빈민을 "더럽고 불결한 자들", "굶주리고 있는 경멸스러운 폭도들", "도시의 쓰레기" 따위로 묘사했고, 빈민들이 급진적 성향을 나타낼 때면 그들을 "사악한 무리"라고 불렀다.[85]

부자들은 '자유'에 관해 온갖 입발림을 늘어놓았지만, 황제 없이는 제국을 보존할 수도 하층 계급을 제자리에 묶어둘 수도 없었다. 아우구스투스 이후로 부자들은 때때로 특정 황제를 타도하려는 음모를 꾸미기도 했다. 하지만 그들의 대안은 새로운 공화국을 세우는 것이 아니라 단지 새로운 황제를 옹립하는 것이었다.[86] 부자들은 황제가 통치한 첫 2백 년 동안 과거보다 훨씬 더 번영을 누렸다. '후기 로마 제정'과 구분하기 위해 '원수정'(元首政, 프린키파투스)으로도 불리는 이 시기에 비단, 향료, 보석 같은 사치재가 동방에서 대량으로 유입됐고, 대토지 소유가 이탈리아 전체와 일부 속주들로 확산됐고, 그 덕분에 원로원 계급은 막대한 지대를 손에 넣었다.[87]

로마의 부자들만 부를 누렸던 것은 아니다. 갈수록 제국의 단일한 지배 계급으로 통합돼간 속주의 부자들도 부를 나눠 가질 수 있었다. "속주의 사회들은 공화국 시절보다 훨씬 더 번영을 누렸다."[88] 하지만 농민들과 부유한 지주들의 세율이 똑같았기 때문에 "속주의 농민들이 제국의 늘어난 부를 나눠 가졌는지는 의심스럽다."[89] 속주의 부자들이 새로이 안전을 보장받고 부를 늘리게 되자, 공통의 종교 의식(황제 숭배를 포함했다)과 언어(서부에서는 라틴어, 동부에서는 그리스어)와 문학에 기초를 둔 범(凡)제국적 문화가 발전했다. 제국의 한 쪽 끝에서 다른 쪽 끝에 이르는 도시들은 이 시기에 "공회당뿐 아니라 신을 숭배하기 위한 신전, 극장, 경기장과 원형 경기장, 체육관과 목욕탕, 시장, 배수로와 분수를 갖춘" 호화로운 도시들로 재건축됐다. "도시들은 자기 시의 건축물을 매우 자랑스럽게 생각했으며, 서로 경쟁하듯 화려한 건축 기술을 동원해 포장도로, 주랑, 개선문 등을 지었다."[90]

뒷날 이 시기는 로마 제국의 '황금 시대'로 기억됐다. 기번은 이렇게 썼다.

> 어떤 사람에게 인류가 가장 큰 행복과 번영을 누린 역사시대 하나를 꼽으라고 한다면, 그 사람은 망설이지 않고 도미티아누스가 사망한 때부터 코모두스가 즉위하기까지[서기 98~180년 — 크리스 하먼]의 시기를 지목할 것이다.[91]

그러나 위로부터의 안정은 공화국 시절과 마찬가지로 농민에 대한 약탈과 노예의 예속에 의존하고 있었다. 그런 관행은 적당한 수준으로 규제될 수는 있었지만 결코 사라지지는 않았다. 아풀레이우스의 2세기 풍자 소설 ≪황금 당나귀≫가 그리고 있는 제국의 실상은 기번의 것과는 매우 다르다. 아풀레이우스는 빵 굽는 일을 하는 노예의 조건을 다음과 같이 묘사한다.

> 피부에는 검푸른 채찍 자국이 도처에 나 있었고, 누더기가 딱지와 함께 등

에 달라붙어 있었다. 어떤 노예들은 앞치마 한 조각만 걸치고 있었고, 의복들은 모두 헤져 있어서 헤진 틈으로 몸뚱이가 다 드러나 보였다. 이마에는 낙인이 찍혀 있었고, 머리는 반쯤 밀려 있었고, 발에 매달린 쇠사슬에서 절그럭거리는 소리가 났고, 얼굴은 누렇고 추했다.[92]

아풀레이우스는 "한 부유하고 유력한 …… 지주"가 가난한 이웃의 소를 도살하고, 황소를 훔치고, 곡식을 쓰러뜨리고, 깡패들을 고용해 그 이웃을 토지에서 내몰았는데도 법적 책임을 지지 않아도 됐다고 말한다.[93]

아풀레이우스가 풍자한 세상은 번영과 기쁨이 아니라 불안, 불의, 고문, 약탈, 살인이 판을 친 세상이었다. 문명이라는 허울에도 불구하고, 검투사들이 서로 죽이고 맹수들이 죄수들을 찢어 죽인 콜로세움의 '경기'들이 황제가 지닌 권세의 상징이었다.

제국은 안정을 찾았을지 모르지만 사회의 밑바탕에 있는 주요한 문제들은 해결되지 않았다. 지배 계급과 지배 계급의 문명은 도시를 중심으로 하고 있었지만 경제는 압도적으로 농촌에 기반을 두었다. "경제에서 무역과 제조업은 매우 한정된 구실만 했다. …… 기본 산업은 농업이었고, 제국 주민의 압도 다수는 농민이었으며, 상층 계급의 부는 주로 지대에서 나왔다." 농업 생산에서 나온 수익은 무역과 공업의 20배에 달했다.[94]

무역과 제조업이 지배적이었던 도시는 몇 개 안 됐다. 이집트의 곡식이 이탈리아로 갈 때, 사치품이 아라비아와 인도에서 바다를 통해 이탈리아로 갈 때 거쳤던 알렉산드리아가 그런 도시였다. 알렉산드리아에서는 유리 제조, 직조, 파피루스 제조 같은 일부 공업이 꽤 성장했고, 일부 상인들은 재산을 엄청 모았다.[95] 그러나 대다수 도시는 무역과 공업 중심지가 아니라 지배 계급의 행정과 소비 중심지였다. 군사 용도로 건설한 도로는 같은 시기에 중국에서 건설된 운하·도로와 달리 무거운 짐을 수송하는 데는 맞지 않았기 때문에 육상 운송은 매우 느렸고 비용도 많이 들었다. 예컨대, 5백 킬로미터를 운송해온 밀은 값이 두 배로 뛰었다. 원거리 무역은 가장 값비싼 사치품에 한정됐고, 내륙의 도시들은 소비재 대부분을 인근 토지에서, 그리고 도시의 소규모 작업장에서 일하는 장인들을 통해 조달했다.

도시는 생산성을 늘리는 혁신의 원천이 되지 못하고 농촌 경제에 기생했다. 도시에 사는 대지주들은 새로운 도구와 토질 개선에 투자하기보다는 농민을 쥐어짬으로써 수입을 늘리려 했다. 특히 이탈리아에서 대부분의 토지를 경작한 노예 집단은 때때로 제국의 한 지방에서 사용한 선진 기술 지식을 다른 지방으로 전파할 수 있었지만, 그럼에도 더 생산적인 방식을 채용할 동기와 기회는 전혀 없었다. 이 점에서는 소농들도 사정이 비슷했다. 늘어난 생산을 자신들이 갖지 못하고 흔히 지주에게 지대로, 아니면 국가에 세금으로 바쳐야 했기 때문이다. 그 때문에 일정 정도 생산 방법이 진보했지만 매우 제한적이었다. 노동절약적 혁신은 매우 느리게 받아들여졌다. 기원전 25년에 처음 기록에 등장하는 물레방아는 그 다음 2백 년 동안 드물게 사용됐다. 당나귀나 사람이 끄는 방아가 노예 노동에 더 적합했기 때문이었다.[96] 같은 시기에 중국에서 물레방아가 확산된 것과는 무척 대조적이다.

이 모든 기간에 걸쳐, 처음에는 제국 경제에 그토록 중요한 요소였던 대규모 노예제가 점차 제국의 경제적 힘을 부식시켰다. 제국을 세운 정복 전쟁이 끝나면서 새로운 노예의 유입이 중단되자 노예의 가격이 비싸졌다. 지주들은 자기 '재산'이 죽지 않도록 더 많은 관심을 기울여야 했다. 일부 지주들은 기존의 노예들에게 다음 세대의 노예들을 낳게 해서 문제를 해결하려 했다. 하지만 그러려면 노예들의 '비생산적인' 아내와 자녀를 먹여 살려야 했기 때문에, 과거 자유민에 비해 노예가 비용이 훨씬 적게 드는 이점이 줄어들게 됐다. 일부 지주들은 높은 지대를 받고 소작인들에게 토지를 조금씩 나눠 줘서 경작하도록 하는 것이 더 싸고 간편하다는 사실을 알게 됐다. 그렇게 하면 감독할 필요도 없었고, 가족을 유지하는 비용을 부담할 필요도 없었다. 노예제의 중요성은 이런 식으로 감소하기 시작했다.

그 결과 부자들의 사치와 제국의 유지에 드는 비용은 여전했던 반면, 공화국 시절 노예가 제공한 잉여는 더는 바랄 수 없게 됐다. 지배 계급은 농민들을 더 압박하고 이탈리아 농민의 삶을 파괴한 과도한 착취를 제국 전체에서 반복할 때에만 과거의 지위를 계속 누릴 수 있었다. 공화국에서는 농민 가족 생산물의 10퍼센트에 불과하던 세금이 6세기에는 3분의 1로 늘어났다.[97] 농민은 이런 세금에다가 지주에게 지대도 내야 했다.

생 크루아는 서기 2세기 후반 이후 로마의 기록들이 제국의 다양한 속주들에서 일어난 '소란'을 언급하고 있다는 사실을 지적한다. 그 소란은 전면적인 농민 봉기일 때도 있었고, 군대의 탈영병, 가난한 농민, 도망친 노예 등이 벌인 약탈일 때도 있었다. 서기 284년부터 5세기 중반까지 갈리아와 스페인에서 농민 반란이 주기적으로 일어났다는 기록도 있다.

그런 반란들이 얼마나 중요했는지는 알 방법이 없다. 분명한 것은 그런 반란들이 특히 제국의 국경 지방에서 가난·불만·불안이 심화된 징후였다는 것이다. 국경 지방에서는 농민들이 지대와 세금을 내고 나면 먹을 것이 남지 않는 토지를 내버리는 사례가 늘어났다. 시간이 지나면서 국가는 농민을 토지나 특정 지주에게 사실상의 농노인 '콜로니'(coloni)로 예속시키는 법안들을 통과시키기 시작했다. 그러나 이런 입법 때문에 농민들은 '야만인'의 침입에 맞서 제국을 지지할 동기를 더 잃어버렸다.

갈수록 이런 침입은 잦아졌고, 이를 해결하기 위한 비용도 늘어났다. 황제들은 값비싼 대규모 용병에 의존하게 됐다. 용병의 숫자는 서기 4세기에 65만 명을 헤아렸다.[98] 그러나 이 비용은 농민에게 더 큰 부담을 안겨 줬고, 이 때문에 농토를 버리고 달아나는 농민들의 수가 늘어났다. 동시에 승전한 군대 사령관들은 군사력으로 옥좌를 차지하려는 유혹에 강하게 이끌렸다. 내전이 제국을 약화시키는 동안, 반란을 일으킨 병사들이 로마를 약탈하는 일까지 벌어졌다.

제국의 서부는 몰락기에 접어들었다. 무력을 앞세운 권력 찬탈이 더욱 잦아졌고, 야만인들의 침입은 더욱 대담해졌다. 서기 330년 이탈리아에 있던 도읍을 그리스어를 사용한 도시 비잔티움으로 옮긴 지배자들은 제국의 서부를 통제하기가 더 어려워졌고, 곧 두 명의 황제가 제국을 절반씩 다스리게 됐다. 그러는 동안, 영국 같은 제국의 주변부가 로마의 지배를 벗어났다. 황제들은 제국의 국경 안에 정착한 '야만인'(보통 게르만족)들을 매수함으로써 나머지 제국을 유지하려 했다. 그러나 로마화된 야만인 지도자들은 로마 지배자들의 권력을 동경한 나머지 전통적인 로마인들의 권력 획득 방법인 정복에 나서게 됐다. 고트족의 알라리크는 군대를 이끌고 로마를 약탈했다. 프랑크족의 클로비스는 갈리아의 지배자가 됐다. 동고트족의 테오도릭은 로마의 황제를 자임했고, 서고트족은 스페인에 로마식 왕조를 세웠다.

이런 몰락의 악순환은 생계방식 자체에도 영향을 끼쳤다. 전쟁과 내전은 농업을 파괴했다. 상인들이 도시 밖으로 멀리 나가기를 꺼려하면서 무역도 쇠퇴했다. 국가는 생산자에 대한 직접적인 징세를 통해 국가 자신의 필요와 국가가 고용한 수많은 사람들의 필요를 충족했기 때문에, 갈수록 세금과 지대는 현금이 아닌 현물로 납부됐다. 그 결과 무역은 더욱 쇠퇴했고, 상인과 장인 계급의 지위도 더욱 낮아졌다. 대도시들은 식량 문제에 부딪히기 시작했고, 소도시와 촌락은 자급자족 경제로 되돌아갔다. 농민 생산자들은 직접적인 정치·군사 권력을 행사하기 시작한 유력한 대지주들에게서 보호받을 수단이 없었다. 지역의 권력자에게 '보호'의 대가로 공물을 바치는 것은 흔히 외부 약탈자들의 표적이 되지 않는 유일한 방법이었다. 제국 안에 정착한 북쪽·동쪽에서 온 부족들도 이런 패턴을 그대로 따라했다.

요컨대, 노예제에 기반을 둔 제국의 통합 경제가 서부에서는 농노제에 기반을 둔 지역적이고 거의 자급자족적인 새로운 경제로 바뀌었다. 노예제가 완전히 사라지지는 않았다. 일부 대토지에서는 서기 1000년 무렵까지도 노예 노동을 계속 이용했다.[99] 도시의 몰락으로 어쩔 수 없이 자기 땅으로 돌아온 지주들이 농민들에게서 최대한의 잉여를 뽑아내는 데에는 노예 노동을 사용하는 것이 효과적임을 깨달았기 때문이다. 그러나 노예 노동은 더는 하나의 문명이나 제국을 지탱시킬 수 있는 토대가 될 수 없었다. 6세기 중반에 유스티아누스 1세가 잠깐 제국의 동부와 서부를 통일했던 일과 그 2백50년쯤 뒤에 샤를마뉴 대제가 신성로마제국을 수립한 일을 제외하면 제국을 부활시키려는 시도는 모두 실패했다. 물질적 토대가 그런 상부구조를 지탱할 만큼 강력하지 못했던 것이다.

6. 기독교의 등장

서기 400년대에 서로마 제국이 위기에 처했는데도 한 가지는 살아남았다. 몇백 년 동안 극소수만 신봉하다가 로마 제국의 공식 이데올로기로 변신한 기독교가 그것이었다. '야만인'들의 침략 시기에 제국의 모든 도회지에는 교회와 사제가 있었고, 각각의 속주에 주교가 있었다. 이들은 모두 로마와 비잔티움을 중심으로 한 위계 질서에 속해 있었다. 이곳에서 교권과 왕권은 서로 영향을 미쳤고, 황제들은 교회 교리의 세부 측면까지 방침을 하달했다.

기독교는 제국의 이데올로기로서 출발한 종교는 아니다. 기독교를 창시했다는 나자렛의 예수에 관해서는 알려진 것이 거의 없다. 예수가 신화의 인물이 아니라 실제 인물이었다는 확실한 증거도 없다. 분명 신약성서에서는 그런 증거를 발견할 수 없다. 신약성서는 예수가 로마의 속주였던 유다의 베들레헴에서 태어났다고 말한다. 예수의 가족이 아우구스투스 재위 때 실시한 인구조사에 응하기 위해서 그곳에 갔다는 것이다. 그러나 예수가 태어날 무렵에는 인구조사를 실시한 적이 없었고, 당시에 유다는 로마의 속주도 아니었다. 서기 7년에 인구조사를 실시했지만, 인구조사에 응하기 위해 원래의 거주지를 떠날 필요는 없었다. 그리고 신약성서는 예수가 헤로데 왕 재위기에 태어났다고 말하지만, 헤로데 왕은 기원전 4년에 죽었다.

이 시기의 로마와 그리스 작가들은 예수를 전혀 언급하지 않았으며, 유대인 출신의 로마 작가인 요세푸스의 예수에 관한 언급은 거의 틀림없이 중세 수도사들이 상상력을 발휘한 결과일 것이다.[100] 기독교인들을 언급한 믿을 수 있는 첫 번째 저작인 서기 100년 타키투스의 저작조차도 예수를 이름으로 언급하지 않고 단지 메시아[구원자]의 통칭인 '크리스토스'(그리스도)라는 그리스 단어를 사용하고 있을 뿐이다.

초기 기독교인들의 신앙도 예수의 삶만큼이나 알려진 것이 거의 없다. 신약성서의 복음서에 담긴 메시지들은 모순투성이다. 특히 루가 복음서는 여러 대목에서 격렬한 계급적 증오를 표현하고 있다. 예컨대, 부자는 곧장 지옥에 떨어지지만 거지인 라자로는 "아브라함의 품"에 안기게 되리라고 예수는 말한다.[101] 또 예수는 이렇게 설교한다. "부자가 하느님 나라에 들어가는 것보다 낙타가 바늘귀로 빠져 나가는 것이 더 쉬울 것이다."[102] 그리고 예수는 루가 버전의 산상설교에서는 이렇게 선언한다. "가난한 사람들아, 너희는 행복하다. 하느님 나라가 너희의 것이다. 지금 굶주리는 사람들아, 너희는 행복하다. …… 그러나 부유한 사람들아, 너희는 불행하다. 너희는 이미 받을 위로를 다 받았다. 지금 배불리 먹고 지내는 사람들아, 너희는 불행하다. 너희가 굶주릴 날이 올 것이다."[103] 반면, 다른 버전에서는 이 구절이 부자와 가난한 사람의 화해를 설교하는 메시지를 담고 있다. 마태오 복음서에는 예수가 이렇게 설교했다고 돼 있다. "마음이 가난한 사람은 행복하다. 하늘나라가 그들의 것이다. …… 옳은 일에 굶주리고 목마른 사람은 행복하다. 그들은 만족할 것이다."[104] '달란트'(동전)의 비유에서는 주인에게 받은 세 달란트를 투자해서 이윤을 남긴 종에게 상을 주고, 한 달란트를 받고서 다른 사람에게 빌려 주지 않아 이자 수익조차 남기지 못한 종을 혼내는 부자를 마치 훌륭한 사람처럼 다룬다. 달란트 비유는 이렇게 경고한다. "누구든지 있는 사람은 더 받아 넉넉해지고 없는 사람은 있는 것마저 빼앗길 것이다."[105]

그리고 기존의 지배자들에게 저항하라고 설교하는 듯한 구절이 있는가

하면, 복종을 종용하는 구절도 있다. 예컨대, 예수는 "카이사르의 것은 카이사르에게 돌리고 하느님의 것은 하느님께 돌려라"[106] 하고 말함으로써 로마인들에게 세금을 바치라고 설교한다. 마지막으로, 유대교의 율법에 대한 복종을 요구하는 구절이 있는가 하면, 위반을 촉구하는 구절도 있다.

약 90년 전에 칼 카우츠키는 고전 마르크스주의 저작인 《그리스도교의 기원》에서 후세의 기독교 저술가들이 '프롤레타리아' 집단의 '공산주의' 사상을 완화하려 하면서 그런 모순이 생겨났다고 암시했다. 이 문제에 관한 카우츠키의 몇 가지 주장은 의심해 볼 여지가 있지만,[107] 가장 먼저 쓰여진 마가와 루가의 복음서에 등장하는 많은 구절들은 훗날 기독교를 채택하는 제국에 저항하는 논조를 띄고 있다.

어떻게 그럴 수 있는지를 이해하려면, 기독교가 출현하고 확산된 조건을 살펴볼 필요가 있다.

1세기 전반에 예루살렘은 로마 제국에서 비교적 큰 도시였다. 원로원 의원 플리니는 예루살렘을 "가장 빛나는 동양의 도시"라고 묘사했다. 그러나 예루살렘은 동시에 가장 소란스러운 축에 끼는 도시이기도 했다. 예루살렘의 광채는 예루살렘이 중요한 무역로에 인접해 있었고, 나중에는 제국 전체에서 부를 끌어들인 종교 중심지였다는 점 때문에 생겨난 것이었다. 그러나 예루살렘 주변의 땅들 — 유다, 사마리아, 갈릴리 — 은 부유함과는 거리가 멀었다. 이 지역들은 로마의 모든 속주가 그랬듯이 로마에 공물을 바치고 로마 총독들의 치부를 돕는 데 필요한 엄청난 세금 강탈에 시달렸다. "빈곤을 보여 주는 …… 포괄적인 증거"가 존재했다.[108]

이 때문에 로마인들과 로마에 협조한 유대인 상층 계급에 대한 적개심은 상당했다. 애초에 로마를 불러들인 것도(기원전 139년에) 유대인 왕들이었고, 그 뒤로 로마의 도움에 의지해 동족끼리 전쟁을 벌인 것도 그들이었다.[109]

예루살렘에서는 폭동이 되풀이해서 일어났고, 농촌 지역(특히 갈릴리)에서는 '산적질'이 끊임없이 일어났다. 때때로 폭동과 산적질은 종교적인 색채를 띠었다. 헤로데 왕이 죽어갈 때 봉기가 일어났고, 헤로데 왕의 아들 아르켈라우스는 봉기를 진압하면서 유대인 3천 명을 죽이고 추가로 2천 명을 십자가에 못 박았다고 한다. 요세푸스에 따르면, 갈릴리의 농촌에서는 "유대인의 왕"을 자처한 유다라는 사람이 게릴라 전쟁을 일으켰고, 서기 7년 로마의 인구조사를 실시했을 때 두 명의 남자가 "사람들을 부추겨 반란을 일으켰고 …… 그 결과 유혈 사태가 확산됐다."[110] 40년 뒤에도 테우두스라는 예언자가 메시아(그리스어로 크리스토스)를 자처해 지지를 얻었다가 처형됐다. 로마의 지배자들은 "신의 계시를 구실로 …… 사람들에게 봉기를 선동"함으로써 "불경한 사상으로 도시를 불안에 빠뜨린 사악한 자들의 무리"도 비슷한 방식으로 다스려야 했다. 그 조금 뒤에는 "이집트 출신의 거짓 예언자가 …… 마술을 부린 덕분에 예언자로 받아들여졌다. 그는 …… 3만 명 …… 을 이끌고 사막에서 탈출해 소위 올리브 산으로 들어갔고 거기서 예루살렘으로 침투하려 했으며, 로마 제국 수비대를 전복하려 했다."[111] "이 반란이 진압되기가 무섭게 이번에는 …… 몇몇 마술사와 살인자가 손잡고 많은 추종자를 끌어 모았다. …… 이들은 유대인의 땅 전체를 헤집고 다니면서 부자들의 집을 약탈하고, 그 집에 사는 사람들을 베어 죽이고, 촌락을 불태우고 땅을 유린했다."[112] 이 모든 충돌에서 유대인 상층 계급에 대한 유대인 빈민들의 계급적 증오는 로마 점령군에 대한 증오와 결합돼 있었다.

계급 차이는 유대교에 대한 서로 다른 해석 방식으로도 표현됐다. 그리스어로 말하고 로마인들과 협력한 부자들은 세습 사제들과 결부돼 있던 사두가이파를 선호하는 경향이 있었다. 요세푸스에 따르면, 사두가이파는 "영혼 불멸과 죽은 뒤의 보상이나 처벌"을 부정했으며, "이방인뿐 아니라 농촌의 동족들에게도 잔인하고 엄격했다." 반면, 다양한 사회 배경을 지닌 비세습적 율법학자들은 바리사이파를 신호하는 경향이 있었다.[113] 바리사이파는 유대교의 '율법'(구약성서의 종교 의식과 식사 규정)을 엄격하게 고수할 것을 주장했고, 로마인들에 대한 상층 계급의 협력에 반대했으며, "영혼은…… 불멸하며…… 선한 영혼은 새로운 육체에 들어가지만, 사악한 영혼은 영원한 고통을 받게 된다"고 생각했다.[114] 세 번째 파인 에세네파는 그들이 사회 악이라고 간주한 것을 피하기 위해 농촌에 수도원 같은 공동체를 세우고 사유재산 없이 생활했다. 에세네파는 노예제를 부당하다고 생각했는데, 이것은 훗날의 기독교인들보다 더 급진적인 입장이었다. 마지막으로, 열심당은 종교적 신앙을 로마의 지배에 대항한 정치 선동과 결합했다.

예수가 설교했다는 시기의 예루살렘은 로마의 지배에 대한 서로 다른 태도와 계급 감정을 표현한 종교 사상들의 각축장이었다. 그러나 그것이 전부가 아니었다. 유대교 신자는 제국의 모든 대도시에 퍼져 있었기 때문에, 예루살렘에서 벌어진 교리 논쟁은 모든 곳에 영향을 미쳤다. 유대인들은 이미 오래 전에 작은 땅에서 나와 곳곳에 흩어져 살고 있었다. 5백 년 전에 아시리아와 바빌로니아 정복자들은 이스라엘과 유다 국가의 지배 계급을 메소포타미아로 이주시켰다. 페르시아 황제 크세르크세스가 예루살렘을 되찾아 주었지만, 대다수는 돌아가지 않고 새로운 고향에 기쁜 마음으로 눌러 앉아 번영을 누렸다. 그 밖의 대다수 유대인은 그토록 많은 그리스인들이 해외에 정착했던 것과 똑같은 이유로 팔레스타인을 떠나 지중해 전역에 정착했다. 즉, 이들은 한때 고향이었던 불모의 토지에서보다 더 나은 삶을 원했다. 하지만 일부 유대인들은 원하지 않는데도 고향을 등져야 했다. 이들은 팔레스타인 지방을 끊임없이 괴롭힌 전쟁에서 노예가 돼 주인을 따라가야 했다.

서기 1세기 초에는 로마의 거의 모든 도시에 "전체 도시 주민의 10~15 퍼센트에 달하는" 많은 유대인이 살고 있었다.[115] 인구의 상당수가 유대인이었던 알렉산드리아는 그리스 도시인 동시에 유대인 도시라 해도 과언이 아닐 정도였다. 로마에도 무시하지 못할 만큼 유대인이 있었기에 율리우스 카이사르는 그들의 지지를 얻으려 애썼다.

이 디아스포라[유대 왕국이 패망해 바빌로니아로 유배당한 뒤 이방인 사이에 흩어져 살게 된 유대인과 그 장소들]의 유대인들은 보이지 않는 유일신에 대한 믿음, 식사 규정과 안식일 준수 같은 신앙 생활을 통해 독립적인 공동체로서 정체성을 유지했다. 유대인들은 이런 관습 때문에 다른 주민들과 완전히 동화되지 않았다. 또한 유대인들은 예루살렘 유지를 위해 재산에 비례하는 일정 액수의 돈을 정기적으로 납부하고(예루살렘으로 유입된 부의 커다란 원천이었다) 사정이 허락하면 유월절 축제 기간에 예루살렘을 방문해야 했다. 식사 규정과 안식일은 비유대인 주민들과 사귀고 함께 일하는 것을 방해했을 것이므로 약간은 성가신 일이었을 것이다. 그렇지만 유대인 사회는 유대교 회당을 중심으로 살아남았는데, 아마도 오늘날의 이민자 공동체가 교회나 모스크를 중심으로 형성되는 것과 비슷한 이유에서 그랬을 것이다. 기도뿐 아니라 식사와 행동에서도 유대인들을 결속시킨 종교의 끈은, 심지어 부유한 상인이나 직공에게조차 삶이 불확실하고 하층 집단에게는 삶이 더욱 절망적이었던 도시라는 원자화된 세계에서 살아남으려고 발버둥친 사람들에게는 위안을 제공했을 것이다.

그러나 유대인 사회는 그저 살아남기만 한 것은 아니었다. 유대인 사회는 다른 사람들도 끌어들였다. 이 시대에 유대교 개종자들은 흔했다. 알렉산드리아의 유대인 필로는 "유대교는 야만인, 헬레네인, 동방과 서방의 민족들, 유럽인, 아시아인 등 모든 사람들을 정복하고 있다"고 말했다.[116] 그리스와 로마의 도시들에는 회당에는 나가지만 할례를 받고 성서의 모든 율법을 준수할 준비는 안 된 비유대인들인 "하느님을 경외하는 사람들"이라는 특별한 범주의 신자들이 존재했을 정도로 유대교가 사람들의 마음을 끌었다.

단지 공동체의식만이 사람들에게 매력을 준 것은 아니었다. 유대교의 핵심인 유일신 사상은 도시 거주자들의 처지와 잘 맞았다. 많은 신이 있으며, 각각의 신이 특정 장소나 자연의 힘과 결부돼 있는 다신교는 촌락이나 씨족이 사회적 존재의 중심인 농촌 거주자들에게 알맞았다. 그러나 도시의 상인, 장인, 거지는 다양한 직업을 지니고 다양한 지역에 거주한 수많은 사람들과 계속 접촉했다. 모든 것을 주관하는 익명의 신이라면 그 모든 접촉에서 사람들을 후원하고 보호해 줄 것처럼 여겨질 수 있었다. 이 때문에 모든 위대한 고대 문명에서 일신교는 하나의 추세였다. 인도와 중국에서 불교가 등장한 것이 그랬고, 페르시아에서 한 명의 '선한' 신(악마와 영원히 싸우는)을 숭배한 것이 그랬다.[117] 로마의 종교조차 다른 모든 신들보다 뛰어난 태양신을 숭배하는 경향이 있었다. 게다가 바리사이파 유대교는 현세의 고통이 아무리 심할지라도 내세에는 나은 것을 기대할 수 있다는 약속을 유일신 사상에 결합시키고 있었다.

로마 제국의 모든 무역 중심지들에는 다 합쳐서 수백만 명에 이르는 신자들이 있었을 정도로 유대교는 인기를 누렸고, 이것은 수천 킬로미터에 이르는 통신 네트워크를 형성했다.[118] 예루살렘에서 벌어진 모든 종교적 논쟁과 메시아에 대한 소문들은 이 네트워크를 따라 전파됐다. 로마의 각 도시에 흩어져 있던 사람들에게 그것들은 단지 팔레스타인에만 국한된 동떨어진 논쟁처럼 보이지 않았을 것이다. 팔레스타인의 고통은 제국 전체의 정복된 속주들과 하층 계급들이 겪고 있던 고통의 한 예에 불과했기 때문이다.

그 결과 유대교는 로마 제국 도시 대중의 보편적 종교가 되기 시작했다. 그러나 두 가지 장애물에 직면했다. 첫째는 식사와 할례에 관한 율법이었다. "하느님을 경외하는 사람들"의 사례는 유대교에 이끌린 사람들 대부분이 유대교의 율법을 끝까지 따를 준비가 돼 있지 않았음을 보여 준다. 둘째는 "선택된 민족"으로서 유대인의 장래에 대한 약속이었다. 이것은 분명히 로마가 지배하는 현실과 맞지 않았다. 팔레스타인의 유대인들은 로마의 지배를 전복하기 위한 모종의 대규모 봉기를 계획할 수도 있었다. 그러나 어디에서나 소수였던 디아스포라의 유대인들은 반란을 일으킬 처지에 있지 않았으며, 서기 70년에 팔레스타인의 유대인들이 봉기했을 때에도 한 일이 거의 없었다. 봉기가 패배하자 유대인들이 세계를 지배하리라는 유대교의 약속을 글자 그대로 받아들이기가 더 어려워졌다. 유대교는 현세의 약속을 내세의 약속으로 바꿔야 번영을 누릴 수 있었다.

기독교는 유대교의 일파로 출현했다. 복음서의 많은 구절들은 기독교가 처음에는 당시의 다른 예언자적 종파들과 거의 다르지 않았음을 암시한다. 복음서는 곳곳에서 '율법'에 대한 복종을 호소한 바리사이파의 말과, "검을 빼들라고" 호소한 열심당의 목소리와, 가족을 버리고 더 나은 생활방식을 채택하라는 에세네파의 주장을 되뇌고 있다. 루가 복음서에는 오늘날 기독교의 가족 옹호자들은 거의 인용하지 않는 예수의 말이 기록돼 있다. "누구든지 나에게 올 때 자기 부모와 처자식과 형제자매, 그리고 자기 자신마저 미워하지 않으면 내 제자가 될 수 없다."[119] 예수가 나귀를 타고 예루살렘에 들어갈 때 "유대인의 왕"으로 환호를 받았다든지 교회에서 고리 대금업자를 내몰았다든지 하는 설명은 다른 예언자들의 행동에 대한 요세푸스의 설명과 놀라울 정도로 비슷하다.[120]

그러나 그 많은 유대교 종파 가운데 하필 기독교가 번영해야 할 특별한 이유는 없었다. 제국의 도시들에 새로운 종교 사상에 목마른 사람들이 엄청나게 많다는 사실을 깨달은 사람은 타르수스의 사울이었다. 바리사이파에서 개종한 그리스어 사용자였던 사울은 팔레스타인 바깥에 살고 있었고, 여기저기 여행하면서 천막을 만드는 장인이었다. 사울은 유대교에 반쯤은 매력을 느끼면서도 엄격한 율법을 싫어한 사람들에게 의식적으로 접근하기 시작했다. 사울은 바리사이파에서 개종하면서 히브리식 이름인 '사울'을 로마식 이름인 '바울'로 바꿨다. 예루살렘에 기반을 둔 '유대인 기독교도인'들의 반발에 직면한 바울은 새로운 종교에 예의 할례와 식사 규정은 필요없다고 주장했고, 죽은 자의 부활을 전보다 더 강조함으로써 더는 구원이 이미 패배한 예루살렘 유대인들의 승리에 달려 있지 않음을 암시했다.

마지막으로, 기독교는 당시 번성하고 있던 다른 종교들의 감성적 요소들을 빌려와서 자기 것으로 만들었다. 신이 한 번 죽고 부활함으로써 세상의 죄를 씻는다는 생각은 이미 아도니스나 오시리스 등을 숭배하는 대중적 종교들과 그 밖에 여러 다산 신 숭배에서 발견할 수 있었다.(기독교에서 부활절이 그런 것처럼, 죽어서 묻힌 신의 부활은 봄을 상징했다.) 루가 복음서와 마태오 복음서에 등장하는 처녀 출산에 관한 이야기(예수의 혈통을 아버지인 요셉을 거쳐 유대인 왕 다윗까지 거슬러 올라가 추적하는 마태오의 주장과 모순된다)는 처녀 암소에게서 태어났다는 이집트의 오시리스 신화에서 영향 받은 것이다. '성모 마리아'는 이집트의 여신인 이시스와 놀라울 정도로 비슷한 이미지를 갖고 있다. 이시스는 "인류의 죄를 씻어주는 가장 성스럽고 영원한 분이시며 …… 고통을 겪는 우리를 어루만지는 어머니"이다.[121] 이것을 기독교의 '성모'에 대한 기도문으로 바꾸는 데에는 그리 많은 수정이 필요하지 않다.

그래서 초기 기독교인들은 이미 많은 인기를 끌기 시작한 유대교의 매력적인 요소들을 채택했고, 사람들을 겁먹게 하는 엄격한 율법을 버렸으며, 신비스런 종교들에서 인기 있는 주제들을 따왔다. 그렇다고 초기 기독교인들이 자신들도 믿지 않은 감성적 상징들을 냉정한 이해타산에 따라 조작했다는 것은 아니다. 전혀 그렇지 않았다. 초기 기독교인들은 로마 제국에서 도시 생활의 불안과 억압에 각별히 민감했고, 그런 자각을 바탕으로 종교 생활에 이끌렸다. 바로 이 때문에 초기 기독교인들은 다른 종교 요소들에서 유대교의 잔재와 합성하면 주변 사람들의 고통에 모종의 의미를 부여해 줄 수 있는 요소들을 감지할 수 있었다. 신약성서는 사도들이 '방언' 능력이 있다고 쓰고 있는데, 방언이란 내면 깊숙한 곳에 있는 감정을 황홀경 속에서 표현할 때 입에서 나오는 말이었다. 초기 기독교인들은 바로 그런 상태에서 구래의 종교적 환상들에 내재한 요소들을 뽑아 새로운 종교적 환상으로 합성해낸 듯하다.

새로운 종교의 청중은 어떤 사람들이었는가? 제국에서 가장 가난한 사람들, 즉 농업 노예 대중이 주된 청중은 아니었다. 초기 기독교는 (에세네파와 달리) 노예제를 원칙적으로 반대하지는 않았다. 성 바울은 노예와 주인이 "그리스도 안에서 형제"일지라도 노예가 주인 옆에 머물러야 한다고 썼다. 농민도 주된 청중은 아니었다. ≪사도행전≫은 기독교가 팔레스타인 바깥의 도시를 중심으로 퍼져 나갔음을 분명히 보여 준다.

주된 청중은 도시의 중산층 거주자들이었던 듯하다. 이 계층은 도시 인구의 0.2퍼센트에 불과했던 지배 계급보다 훨씬 아래층이었다.[122] 오늘날의 제3세계 도시들처럼 수많은 소상인, 장인, 사무원, 하급 관료 대중이 고대 도시에 거주했다. 이들은 아래로는 거지, 매춘부, 도둑 같은 룸펜 프롤레타리아 계층과 뒤섞이고 위로는 극소수의 부유한 상인 그리고 고급 관료 계층과 융화했다. 이 계층 전체는 비록 정도의 차이는 있어도 제국에 억압당한다고 느꼈지만, 드러내놓고 제국에 도전하기에는 종종 자신들이 너무 약하다고 생각했다. 기독교는 공공연하게 제국에 도전하지 않아도 구원받을 수 있으며, 새로운 세계가 하늘에서 도래한다고 말했다. 동시에 기독교는 비록 그 교리에 개인적인 고통―순교―이 따를지라도 그 덕에 구원이 더 빨라진다고 설교했다.

가난한 장인들과 상인들은 확실히 그런 설교에 매력을 느꼈다. 무엇보다도 교회는 유대교 회당처럼 내세까지 기다리지 않아도 현세의 물질적 불확실성을 어느 정도 견뎌내는 데 도움이 되는 사회 환경을 제공했기 때문이었다. 일부 부유층도 기독교에 매력을 느꼈다. 한 연구에 따르면, "40명의 개인들"이 "바울의 선교 활동"을 후원했는데, "모두 자산가이자 교양 있는 지배층 성원이었다."[123] 이런 사람들은 사도 바울의 선교 자금을 댔고, 자신의 집을 초기 기독교인들의 예배 장소로 제공했다.[124] 바울은 이런 사람들의 환심을 사려고 애썼다. "의미심장하게도, 바울은 개종자의 대다수가 가난한 사람들이었다는 것을 알고 있었는데도 자신은 오직 상류 계층 사람들에게만 직접 세례를 베풀었다."[125] 기독교는 주로 가난한 사람들에게 매력을 준 종교였지만, 초창기부터 부자들을 끌어들이려고 노력했다. 시간이 지나면서 기독교는 심지어 원로원의 권력층에 비해 차별받고 있다고 느낀 진짜 권력자들과 부자들에게도 매력을 줬다. 부유한 상인, 부유한 독립 여성, 대내로 노예 출신이었지만 자유민이 돼 성공한 사람, 황제의 하층 계급 출신 관리 등이 그런 부류였다.[126]

신약성서는 기독교의 초기 기록들을 2~3세기에 편집한 것이다. 이 초기 기록들이 표현하고 있는 기독교의 믿음들은 기독교가 확산되면서 바뀌었다. 이것은 거의 매 쪽마다 등장하는 모순들을 설명해 준다. 그러나 이런 모순들은 기독교가 계급을 초월해 호소력을 지니는 데 도움이 됐다. 예루살렘이 파괴되기 전에 팔레스타인에서 반란을 일으킨 유대인들 사이에서는 혁명적 긴박감과 임박한 변혁의 분위기가 만연했다. 가장 격렬한 분노는 묵시록을 통해 드러났다. 묵시록은 높은 곳의 권력자들을 끌어내리고 가난하고 비천한 사람들이 그 자리를 차지하는, "탕녀 바빌론"(로마를 뜻하는 것으로 쉽게 이해할 수 있다)의 파괴와 "성도들"의 군림을 예언한다. 그렇지만 그런 변혁의 일정을 먼 미래의 영원한 왕국으로 미룸으로써 혁명적인 메시지는 충분히 희석돼, 제국에 반감을 갖고 있었지만 진정한 혁명은 대단히 두려워한 사람들도 그런 메시지에 끌릴 수 있었다. 한두 명의 노예를 거느린 상인이나 작업장 소유자는 그리스도 안에서 형제들의 자유를 설교한 메시지를 우려하지 않았다. 그때의 자유는 물질적 의미의 자유가 아니었기 때문이다. 부유한 상인은 "바늘귀"가 사실은 낙타도 잘만 하면 통과할 수 있는 예루살렘의 작은 성문을 뜻하는 것으로 믿고 안심할 수 있었다.[127] 유복한 미망인이나 부유한 로마인의 독립적인 아내는 하느님이 보시기에 여성과 남성은 '하나'라고 주장한 바울의 구절에 매력을 느낄 수 있었던 반면, 남편은 현세에서는 아내가 남편을 섬겨야 한다는 "모든 여자의 머리[주인]는 남자"[128]라는 구절에 안심할 수 있었다.

기독교의 설교는 가난한 사람들에게 위안을 줬다. 그리고 부자이면서도 비천한 출신 때문에 경멸당한 일부 사람들에게도 자긍심을 부여해 줬다. 또한 기독교는 자기 주변의 세상에 환멸을 느낀 소수의 부자들에게 자신의 부를 포기하지 않으면서도 죄책감에서 벗어날 수 있는 길을 제공했다.

처음에는 작은 종파에 불과했던 기독교는 일단 성장하기 시작하자 성장에 가속도가 붙었다. 기독교는 유대교처럼 도시를 방문하는 장인이나 상인이 접촉할 수 있는 네트워크를 제공했다. 주마다 열린 예배를 통해 가난한 사람들은 부자들과 어울리는 데에서 오는 일종의 특권 의식을 느낄 수 있었고, 부자들은 서로 사업 소식을 교환할 기회를 얻을 수 있었다. 로마 제국을 하나로 묶은 무역로 체계와 행정 중심지들 속에서 성장한 기독교는 시간이 지나자 로마 제국의 그림자처럼 됐고, 무역로를 타고 심지어 로마 제국이 접촉한 적이 없거나 드문 지역(아르메니아, 메소포타미아의 페르시아 지방, 에티오피아, 아라비아 남부, 인도 남부)까지도 퍼져 나갔다.

기독교의 성장은 관료화를 수반했다. 최초의 전도사들은 누구에게도 설교 내용을 통제받지 않고 마음껏 설교했으며, 도시와 도시를 오갈 때 지역 신도들이 기꺼이 숙식을 제공한 덕분에 먹고살았다. 그러나 설교자와 신자의 수가 늘어나자, 각 도시에서 헌금을 모으고 행정을 담당하는 일은 커다란 업무가 됐다. 또한 '거짓 예언자'들이 사람들의 친절을 남용할 소지도 커졌다.

지역 신도 집단의 해결책은 '장로'와 주교가 감독하는 '집사'의 손에 헌금과 행정을 집중하는 것이었다. 채드윅은 교회에 관한 역사서에서 "두 세대 만에" 전도사들과 예언자들이 아닌 "꼭대기의 주교, 장로, 집사"로 이루어진 위계 조직이 발전했다고 쓰고 있다.[129] 처음에는 평범한 기독교인들이 주교를 선출했다. 그러나 오래지 않아 설교자들이 의사 결정을 독점했다. 동시에 주교 회의는 올바른 교리가 무엇이며, 누가 그것을 설교할 자격이 있는지 결정하기 시작했다.

이 과정은 기독교 교리 ― 그노시스주의 문제 ― 에 관한 대논쟁이 일어나면서 가속됐다. 종교적 신앙을 갖고 있지 않은 사람들은 아마도 이해하기 어렵겠지만, 이 논쟁은 악은 어디에서 비롯했는가 하는 해석상의 문제를 놓고 벌어졌다. 그러나 이 논쟁에는 심오한 실천적 함의가 담겨 있었다. 기독교 신학에서는 모든 것을 창조한 유일한 하느님만이 존재한다. 이 때문에 하느님은 선뿐 아니라 악도 창조했음이 틀림없었다. 언제나 '하느님'과 '선'을 묶어서 생각한 신자들에게 이것은 당혹스러운 결론이다. 이 문제에 대한 정통 기독교의 대답은 흔히 하느님과 악 사이에 많은 매개물(타락한 천사, 사탄, 순종하지 않은 인간)을 가져다 놓음으로써 쟁점을 흐리는 것이었다. 이런 시도가 설득력이 없을 때 그들은 이 문제에 대한 답은 하느님만이 아실 뿐 우리는 알 수 없으며, 이 또한 하느님의 오성이 우리보다 훨씬 뛰어나다는 점을 보여 주는 증거라고 선언한다.

그러나 더 논리적인 대답이 있었다. 우주에는 두 가지 원리, 즉 선의 원리와 악의 원리가 끊임없이 싸움을 벌인다고 말하는 것이 그것이었다. 이것은 그노시스파의 대답이었다.(적어도 부분적으로는 그랬다.) 그노시스파는 영혼은 선하며, 물질과 인간의 육체는 악하다고 말했다. 즉, 기독교인들은 영혼을 육체적 욕구에서 해방시킬 때만 순수해질 수 있었다. 이것은 독창적인 결론은 아니었다. 신약성서의 많은 구절이 그런 설교를 함축하고 있었다. 그러나 그런 교리는 교회 당국을 근심에 빠뜨릴 수밖에 없었다. 정신만이 순수한 것이라면, 오로지 물질 세계에 완전히 등을 돌린 사람들만이, 즉 굶주리면서 누더기를 걸치고 살아가는 수도자들만이 선한 기독교인일 것이었다. 이것은 인류 전체가 복음을 받아들이도록 하거나 부자들한테서 헌금을 받아내는 데에는 전혀 도움이 되지 않는 처방이었다. 그러나 설상가상으로 그노시스파의 일부는 훨씬 더 급진적인 결론에 이르렀다. 정신만 순수하다면, 육체가 무슨 짓을 하든 문제가 안 된다는 것이었다. 어차피 육체는 무슨 짓을 하든 순수하지 못한 것이기 때문이었다. 이제 이들의 구호는 "선한 자에게는 모든 것이 선하다"였다. 이런 구호에 따른다면 마음껏 사치스럽게 생활하고 다른 사람(특히 부자)의 재산을 빼앗아도 괜찮았으며, 교회 장로들에게는 가장 경악스럽게도 자유연애조차 허용됐다.

이 문제를 둘러싼 투쟁은 수십 년 동안 그리스도 교단을 뒤흔들어놓았고, 주교들이 사도들의 후계자인 자신들만이 교리 문제를 판정할 수 있다고 선언하고 나서야 비로소 해결됐다.[130] 이 논쟁은 3세기에 시리아 사람인 마니(Mani)가 그노시스파 기독교와 불교와 페르시아의 조로아스터교에서 여러 요소를 차용해 마니교를 만들었을 때 다시 폭발했다. 나중에 주류 기독교 사상의 대가가 된 히포의 아우구스티누스도 한때는 마니교를 믿었을 정도였다.

그런 '이단'과 벌인 투쟁에서 교회 관료는 행정을 지배하는 데서 더 나아가 휘하의 교회들이 따라야 할 교리를 통제하기에 이르렀다. 이를 통해 교회의 관료는 성서의 모순들이 기독교와 손잡은 부자들을 당황스럽게 할 수 있는 반란의 감정에 실마리를 제시하지 못하도록 했다.

기독교가 로마 제국의 약간 반항적인 그림자였다면, 교회들의 위계 질서는 제국 관료의 그림자로 변모하고 있었다. 교회들의 위계 질서는 제국의 행정 구조와 어깨를 나란히 한, 제국 전체를 아우르는 두 번째 행정 구조가 됐다. 그러나 비록 관료 구조가 제국의 그림자였지만 교회는 제국이 줄 수 없는 서비스를 도시 주민들에게 제공했다. "강력한 종교적 공동체의식" 덕분에 교회는 3세기의 위기에서도 모든 도시에서 남아 있을 수 있었다.[131] "전염병이나 폭동 같은 공공의 비상 사태 동안, 교회의 성직자들은 도시에서 사망자의 장례를 돌보고 식량 공급을 조직할 수 있는 유일한 단일 집단임이 입증됐다. …… [서기] 250년에 기독교인으로 사는 것은 로마 시민으로 사는 것보다 동료들한테서 더 많이 보호받을 수 있음을 뜻했다."[132]

이 무렵 교회의 신도 수와 영향력의 성장을 방해할 수 있는 요인은 국가의 탄압이나 내분밖에 없었다.

기독교 옹호자들은 언제나 기독교가 박해와 탄압을 받으면서 생존했다는 점을 과대 선전한다. 신앙을 위해 죽은 순교자들은 기적을 행했다는 사람만큼이나 성자로 추앙받는다. 그러나 초기 교회에 대한 탄압은 간헐적이었다. 당시 소수였던 기독교인들은 네로 황제 치하에서 로마가 불탔을 때 속죄양으로 지목돼 고통을 받았다. 그러나 네로가 일찍 쫓겨나면서 탄압의 물결도 끝났다. 보통 기독교인들은 제국의 제의(祭儀)에 참여하지 않았기 때문에 일부 기독교인들은 때때로 속주의 적대적인 총독들 손에 투옥되거나 처형당했다. 그러나 대부분의 시기 동안 제국 당국은 기독교의 성장을 용인했다. 심지어 3세기에 알렉산드르 세베루스와 필립 아라부스 같은 황제들은 교회에 우호적이었다.

그러나 3세기 후반에 이르자 교회는 무시할 수 없는 영향력을 지니게 됐다. 황제들은 교회 조직을 파괴할지 교회와 협력할지 선택해야 했다. 막시무스는 제국의 관료 조직에까지 침투해 있는 교회의 네트워크를 짓밟아야 할 때라고 판단했다. 284년에 황제가 된 디오클레티아누스는 한술 더 떴다. 기독교가 군대의 통일성을 위협하고 있다고 확신한 디오클레티아누스는 니코메디아의 황궁 맞은편에 있던 성당을 때려 부쉈고, 모든 교회를 파괴하라는 칙령을 내렸고, 모든 성직자들을 잡아들이라고 명령했으며, 신들에게 제물을 바치려 하지 않는 사람들을 사형에 처하려 했다. 제국의 동부에서 박해의 물결이 일어났다.

그러나 그런 조치들이 실효를 거두기에는 너무 늦었다. 서부의 지배자 콘스탄티우스는 디오클레티아누스의 칙령을 상징적으로만 시행하는 조치를 취했으며, 태양신 숭배자였던 그의 아들 콘스탄티누스는 312년 서부 제국을 지배하기 위한 싸움에서 교회를 자기편으로 끌어들이려고 노력했다. 그는 자신을 기독교인으로 여기기 시작했고, 분명 기독교인들도 그를 같은 신자로 여기기 시작했다. 콘스탄티누스는 아들을 목욕탕에 빠뜨려 죽이고, 아내를 처형하고, 마음껏 '죄'를 짓기 위해 죽기 직전까지 세례를 미뤘지만, 기독교인들은 그의 개인적 행실에 개의치 않았다. 박해가 끝나자 이제 기독교인들은 비신자들과 기독교 내부의 반대파를 박해할 수 있는 처지로 올라섰다.

제국 전체가 마침내 기독교 편으로 넘어온 시기는 새로운 이단들이 교회 전체를 시끄럽게 한 시기이기도 했다. 그러나 제국의 위정자들이 교회의 관료와 운명을 함께하게 되자, 교회 관료에 대한 위협은 제국에 대한 위협이었다. 콘스탄티누스는 기독교를 받아들이자마자 자신의 판정을 따르려 하지 않은 주교들을 직위 해제하고 유배를 보냈다.[133] 후대의 황제들도 콘스탄티누스의 전철을 밟아, 이쪽 편을 지지했다 저쪽 편을 지지했다 하면서 난동을 일으켰다. 그 때문에 이집트의 주교였던 아타나시우스는 다섯 번이나 직위 해제와 복직을 되풀이했다. 오로지 율리아누스 황제만이 교회의 논쟁에 기권했다. 율리아누스는 자신이 다신교의 부활을 꾀하는 동안 기독교의 경쟁 교파들이 서로 죽이기를 기대하면서 모든 형태의 기독교 숭배를 인정했다.

기독교가 제국을 장악한 마지막 국면에서 수도원 제도도 탄생했다. 이것은 중요한 사건이었다. 교회가 성공을 거두자 교회가 순수함과 가난에 대한 원래의 설교를 저버렸다고 느낀 반대자들이 끊임없이 출현했다. 이제 주교들은 궁전에서 살게 됐고, 교회를 가득 메운 하층 계급 사람들보다는 제국을 다스리는 자들과 더 많이 어울리는 유력 인사들이 됐다. 주교들의 현세의 성공과는 거리를 두는 길을 따라야만 구원을 얻을 수 있다고 생각한 사람들의 운동이 이집트에서 처음 시작됐다. 이들은 도시를 떠나 사막으로 갔고, 그곳에서 동조자들이 갖다 주는 빵과 물을 먹고, 누더기를 입고, 성 행위도 하지 않으면서 생활했다. '은둔자'라는 이름으로 알려진 이 수도사들은 예수가 세상을 구원한 것과 같은 방식으로 자신들도 의도적인 고행을 통해 죄에서 구원받고 있다고 믿었다. 이런 행동은 이들이 좋은 집에 사는 주교들보다 복음서의 설교에 더 충실한 생활을 하고 있다고 생각한 다른 신자들의 존경을 받았다.

이 운동에는 위험한 잠재력이 있었다. 이 운동은 예언자들이 복음서의 말씀을 이용해 제국과 부자들에 대한 증오를 부추기는 이단들을 탄생시킬 소지가 있었다. 그러나 이 운동은 오래지 않아 기존 체제에 통합됐다. 일부 은둔자들은 곧 편의를 이유로 서로 가까이 모여 지내기 시작했고, 그러자 얼마 안 있어 엄격한 규율 아래에서 협동 노동을 해야 한다는 점을 인정하게 됐다. 카이사레아의 바실리우스는 이를 노동뿐 아니라 사상에 관한 규율로 발전시키면서 개인의 자기 희생을 더 높은 권위에 종속시켰다. 머지않아 바실리우스의 후계자들은 사상이 다른 기독교 세력들을 폭력으로 꺾는 일에 그들의 열정을 동원했다.[134]

그러나 수도원 제도는 또 다른 장기적 결과를 낳았다. 종교적 열정을 지닌 대규모 노동력을 거느렸던 수도원들은 서부 제국의 몰락과 함께 찾아온 무질서에서 어느 정도 벗어날 수 있었다. 수도원들은 제국이 붕괴하는 동안 학자들이 안정을 찾을 수 있는 피난처가 됐다. 세속의 도서관들은 불탔지만, 일부 수도원의 도서관들은 살아남았고, 사서들은 신성한 문서(때로는 세속 문서) 한 쪽 한 쪽을 손으로 베끼는 일을 종교적 의무로 간주했다. 동시에 수도원들은 종교적 열정이 없는 사람들도 세상의 혼란에서 벗어나 보호받으면서 시간을 보낼 수 있는 곳이 됐다. 시간이 지나면서 농민들이 대부분의 노동을 담당하게 됐기 때문에, 수도사들은 기도·탐구 생활이나 무위도식 생활을 마음껏 누릴 수 있었다. 어떤 경우였든, 처음에는 부패한 사회를 거부한 종교적 헌신의 피난처로서 출발한 수도원은 제국이 무너진 서부에서 2백 년 만에 강력한 세력이 됐다. 독자적인 노동력 착취에서 나온 잉여로 유지됐고, 꼭대기에 교황을 둔 주교들의 위계 질서를 통해 통합된 이 수도원 네트워크는 그 뒤 1천 년 동안 서유럽 전체에서 부와 특권을 둘러싼 각축전의 강력한 참가자였다.

3부
'중세'

유라시아 남부를 지배한 세 제국은 5세기에 분열과 혼란을 맞았다. 세 제국 모두 비슷한 위기와 당혹감을 겪었다. 1천 년 된 문명들이 무너져 내리는 듯했다. 그러나 이어진 시기를 '암흑기'로 부르는 것은 적절하지 않다. 농민 대중의 삶은 무척 어려웠고, 수많은 사람들이 굶주림과 질병으로 죽었지만 문명은 붕괴하지 않았다. 중동의 여러 지역에서는 극적인 격변들이 일어났다. 이 격변들은 인류의 축적된 지식과 기술에 상당히 기여했으며, 중요한 세계적 종교 가운데 하나를 탄생시켰다. 그리고 19세기와 20세기 초 유럽의 식민주의자들은 아프리카를 "암흑의 대륙"이라고 불렀지만, 유라시아와 아메리카에서 문명을 출현시킨 모든 과정은 아프리카에서도 일어났다. 그것도 한 번이 아니라 여러 번이나 말이다.

연표

서기 600~900년
유럽의 '암흑기'. 상업이 붕괴함. 프랑크족이 로마식 제국을 재건하려 했지만 실패함(800~814년 샤를마뉴 대제). 북유럽인의 침략(800~900년).

인도에서 봉건제 성립. 상업이 붕괴함. 촌락에서 브라만의 지배와 카스트 제도가 뿌리내림.

이집트, 시리아, 메소포타미아, 발칸을 잃은 비잔틴 제국이 위기를 맞음. 기술과 경제가 정체함.

마호메트가 메카를 장악함(630년). 아랍의 이슬람 군대가 중동 대부분을 정복하고(640년대 중반), 카불(664년)과 스페인(711년)에 도착함. 750년 아바스 혁명으로 상인들이 어느 정도 정치적 영향력을 획득함. 상업과 수공업이 성장함. 이슬람 문화가 절정기를 맞아 그리스 문헌이 번역되고, 과학과 수학이 발전하고, 위대한 이슬람 철학자들이 배출됨.

중국 문명의 중심이 양쯔 강의 벼농사 지역으로 옮겨감. 공업과 상업이 부활하고, 불교가 번성하고, 기술이 발전함.

아프리카 서부와 동부 연안에서 문명 성장.

10세기와 11세기
유럽에서 농업과 상업이 회복됨. 더 선진 기술을 사용함. 농노제가 노예제를 대체함.

이슬람 아바스 왕조가 경제적 동력을 상실하고 분열됨. 신비스런 형태의 이슬람이 부상함. 이집트에서 파티마 왕조 수립.

비잔티움이 발칸 일부를 정복했지만, 기술 정체가 계속됨.

서아프리카 문명이 이슬람과 아랍 문자를 수용함.

송대에 중국 문명이 절정에 달함(960~1279년). 종이, 인쇄술, 화약, 기계 시계, 나침반이 발명되고, 상인의 영향력이 커짐.

12세기와 13세기
메소포타미아 이슬람 세계의 위기.

중화 제국이 남송(南宋)과 금(金)으로 분리됨.

몽골 유목민들이 폴란드에서 고려에 이르는 유라시아 지역을 유린함. 바그다드를 약탈하고(1258년) 중국을 정복함(1279년).

서유럽의 '십자군'이 이슬람 제국을 서쪽에서 공격함. 예루살렘을 장악하고(1099~1187년) 비잔티움을 약탈함(1204년).

중앙아시아의 이슬람 침략자들이 북인도의 요충지를 정복함. 상업이 새로 성장하고 화폐를 사용함.

유럽에서 농업 생산, 인구, 상업, 수공업이 성장함. 물레방아가 확산되고, 성당을 건축하고, 이슬람 지배 하의 스페인과 접촉해서 그리스어 문헌과 라틴어 문헌을 다시 발견함. 유럽 최초의 대학이 설립됨. 중국에서 발견된 기술을 사용함. 이탈리아에서 도시국가 등장. 단테(1265년생)가 이탈리어로 책을 씀.

이집트에서 노예 군인(맘루크)들이 정권을 장악함.

서아프리카에서 말리 왕조 출현. 통북투가 이슬람 학문의 중심지가 됨.

14세기

유럽 봉건제의 대위기. 플랑드르, 프랑스, 잉글랜드, 웨일스, 이탈리아 북부에서 기아·흑사병·반란이 유행. 복수의 교황이 존재함. 영국과 프랑스 사이에 백년전쟁 일어남.

중국에서 기아와 전염병이 유행함. 몽골에 대항한 홍건적의 난이 일어나 명(明)나라가 수립됨. 농업이 부활함.

오스만 투르크가 소아시아 정복에 나섬.

짐바브웨 석조 유적이 건축됨.

아스텍인들이 테노치티틀란을 찾아냄.

15세기

중국의 경제 성장이 재개됨. 중국에서 수천 킬로미터 떨어진 아프리카 동부 연안까지 상선이 진출함.

멕시코에서 아스텍 제국이 수립됨. 잉카의 정복자들이 1438년 이후로 안데스 지역 전체를 정복함.

서아프리카에 베닌 왕국 출현.

서유럽의 경제와 인구가 느리게 회복됨. 농노제가 쇠퇴함. 시장 관계가 확산됨. 인쇄 기술이 도입됨. 이탈리아 북부가 르네상스를 맞이함. 조선·항해 기술이 개선됨. 포르투갈이 아프리카 서부 연안을 항해해 희망봉에 도달함. 스페인 군주들이 무어인이 살고 있는 그라나다를 정복함(1492년). 콜럼버스가 대서양을 건넘(1493년).

1. 수백 년의 대혼란

유라시아 남부를 지배한 세 제국은 5세기에 분열과 혼란을 맞았다. 세 제국 모두 비슷한 위기와 당혹감을 겪었다. 1천 년 된 문명들이 무너져 내리는 듯했다. 야만인들이 국경을 휩쓸었고, 군벌들은 왕국을 분할했다. 기아와 전염병이 확산되고, 상업이 퇴조하고, 도시 인구가 줄어들었다. 세 제국 모두 새로운 불안정에 대처하기 위한 이데올로기적 시도가 있었다. 로마 제국이 다스린 북아프리카에서 아우구스티누스는 가장 영향력 있는 기독교 교리서 가운데 하나인 ≪신국론≫을 써서 현세의 도시 로마가 약탈당하는 현실을 해명하려 했다. 중국에서는 약 1천 년 전에 인도에서 다듬어진 불교 교리가 특히 더 시달림을 당해온 상인 계급 속에서 꽤 많은 신자들을 획득하기 시작했다. 인도에서는 힌두교가 강해지면서 새로운 교파들이 번성했다.

세 문명이 모두 비슷한 위기를 맞았기 때문에 일부 역사가들은 그 위기들이 세계적인 기후 변화 때문이라고 주장한다. 그러나 위기를 기후 탓으로만 돌리는 것은 몇 세기 동안 각 문명을 괴롭힌 중대한 문제를 간과한 것이다. 문제는 바로 토지를 경작하는 사람들이 자신들과 나머지 모든 사람을 위해 생계를 이어가는 기본 방식에 있었다. 농업 생산성의 발전은 철기 도구가 확산됐던 1천 년 전의 농업 생산성 발전 속도와는 비교도 안 될 정도로 더뎠지만, 부자들의 소비는 더욱 사치스러워졌고 국가라는 상부구조는 훨씬 더 방대해졌다. 최초의 청동기 문명들이 그랬듯이, 더는 이전의 방식대로 사회를 지탱할 수 없는 시점이 언젠가 오기 마련이었다.

위기는 로마 세계에서 가장 심각했다. 로마 문명의 번영은 끊이지 않을 것 같았던 노예 공급에 의존했다. 그 때문에 제국 당국과 대지주들은 인도나 중국보다 농업 생산을 개선하는 일에 훨씬 더 게을렀다. 따라서 붕괴의 충격도 그만큼 컸다.

이후 유럽에 도래한 시기는 옳게도 '암흑기'로 알려져 있다. 도시 생활, 문자 생활, 문학, 예술을 의미하는 문명은 점차 붕괴했다. 그러나 그것으로 끝이 아니었다. 로마의 영광을 위해 대가를 치른 보통 사람들은 로마의 몰락으로 더 큰 대가를 치렀다. 기아와 전염병이 옛 제국의 땅을 휩쓸었다. 6세기 후반과 7세기에 인구가 절반으로 줄어들었다고 추산된다.[1] 옛 제국의 국경들을 휩쓸고 지나간 게르만 전사들의 첫 번째 물결이었던 고트족, 프랑크족, 서고트족, 동고트족, 앵글족, 색슨족, 주트족은 이제 로마 땅에 정착하기 시작했다. 이 민족들은 곧 로마의 관습과 기독교를 받아들였고, 흔히 라틴어 방언을 언어로 사용했다. 그러나 그 뒤 과거에는 로마 세력권과 접촉한 적이 없었던 정복자들이 잇따라 쳐들어와서는 정착과 경작을 하기보다는 약탈하고 불태우기만 했다. 9세기와 10세기에 훈족과 북유럽인들은 프랑크족, 고트족, 앵글로-색슨족이 세운 왕국을 갈가리 찢어 놓으면서 5세기와 6세기 때만큼이나 큰 불안과 공포를 자아냈다.

하지만 정복자들은 결국 모두 정착했다. 그 대다수는 원래 농민이었고, 이미 철기를 무기뿐 아니라 도구로 사용하고 있었다.(철제 무기로 전투에서 '문명화된' 군대를 무찔렀다.) 정복자들의 사회는 이미 원시공산주의에서 계급 사회로 이행하기 시작했다. 족장은 왕이 되기를 열망했고, 귀족은 여전히 공동 경작의 전통을 일부 지니고 있었던 농민과 목축민을 지배하고 싶어했다. 만약 로마의 농업이 노예 노동으로 경작된 대규모 라티푼디움과 가난한 소농민 보유지가 혼합된 형태가 아닌 더 선진적 형태였더라면, 정착한 정복자들은 로마의 방식을 성공적으로 채택했을 것이며, 본질적으로 로마의 생활방식을 따랐을 것이다. 중국과 중국의 국경 지대에 잇따라 제국을 세운 '야만인'들도 그렇게 했음을 뒤에서 보게 될 것이다. 그러나 정복자들이 휩쓸고 들어왔을 때 로마 사회는 이미 해체되고 있었고, 정복자들은 단지 해체를 가속화했을 뿐이었다. 일부 정복자들은 전쟁 포로를 이용해 거대한 토지를 경작하는 로마식 농법을 꾀했다. 또한 일부는 옛 제국의 중앙집중적 구조를 재건하려 했다. 5세기 말에 동고트족의 테오도릭은 서부의 황제를 자처했다. 8세기 말에 샤를마뉴는 지금의 프랑스·카탈루냐·이탈리아·독일의 대부분 지역에 걸친 새로운 제국을 수립했다. 그러나 이 제국들은 그들이 죽자 원래의 로마 제국이 무너진 것과 똑같은 이유로 무너졌다. 그처럼 거대한 사업을 뒷받침할 만한 생산의 물질적 토대가 존재하지 않았던 것이다.

곧이어 도시 인구가 줄어들었을 뿐 아니라 도시들이 버림받고 폐허가 되는 일도 종종 생겼다. 상업은 금화가 더는 유통되지 않는 정도까지 퇴조했다.[2] 성직자들만이 읽고 쓰는 능력을 갖고 있었고, 성직자들은 일상 생활에서 더는 쓰지 않는 언어 — 문어체 라틴어 — 를 사용했다. 한 줌밖에 안 되는 수도원의 바깥에서는 고전적 학문이 완전히 잊혀졌다. 한때 수도원들은 유럽의 변두리인 아일랜드에 주로 몰려 있을 정도였다. 여기저기를 순회한 수도승 학자들만이 이런 문자 문화의 고립된 섬들을 연결해 준 유일한 고리였다.[3] 잇따른 침략자들이 수도원의 도서관을 불 지르면서 그리스-로마 세계의 학문을 담고 있던 많은 책이 소실됐다.

약 6백 년 동안 서유럽의 대부분이 그런 조건에 처해 있었다. 그러나 마침내 혼돈 속에서도 새로운 종류의 질서가 출현했다. 유럽 전역에서 농업은 후기 로마 제국의 자급자족적 영지와 정복자들의 촌락 공동체의 특징을 모두 지닌 방식으로 조직되기 시작했다. 시간이 지나면서 옛 제국보다 더 생산적인 농작물 재배 방법이 사용되기 시작했다. 바이킹족 같은 침략자들의 성공은 그들이 비록 도시 수준의 수공업과 문명은 없었을지라도 그들의 농업(그리고 해양) 기술은 발전해 있었음을 말해 준다. 농경 방식의 변화는 새로운 형태의 사회 조직과 결부돼 있었다. 조야한 성채에 거주한 무인 영주들은 자기 영지의 농민들에게서 무보수 노동이나 갖가지 세금을 걷으면서 촌락을 착취하는 동시에 보호하기 시작했다. 그러나 새로운 문명의 토대가 마련되기까지는 더 오랜 세월이 걸렸다.

2. 중국 : 제국의 재등장

로마 제국과 마찬가지로 중화 제국은 내부의 경제적 붕괴와 기근, 그리고 '야만인'의 침략으로 붕괴했다. 4세기는 가뭄·메뚜기 떼·기아·내전이 만연했고, 옛 제국이 경쟁 제국들로 분열했고, 정치·경제·행정이 혼돈스러웠던 시기였다. 자그마치 1백만 명의 농민이 고향과 농토를 버리고 북부의 심장 지대를 떠나 남부의 양쯔 강 유역과 이남 지역으로 피신했다. 농민들이 떠나면서 인구가 줄어들고 폐허가 된 지역에서는 많은 경작지들이 잡초 밭이 됐고, 생산적 생활은 자급자족적 농업으로 회귀했으며, 상업과 화폐가 쇠퇴했다.[4]

그러나 이어진 시기를 '암흑기'로 부르는 것은 적절하지 않다. 농민 대중의 삶은 무척 어려웠고, 수많은 사람들이 굶주림과 질병으로 죽었다. 그러나 문명은 붕괴하지 않았다. 북부에서 일어난 농업의 황폐화는 곧 양쯔 강 유역에서 강력하고 지속적으로 전개된 벼농사의 확대로 상쇄됐다. 이것은 번영하는 도시와 그곳의 식자층을 지탱하는 데 필요한 잉여를 제공해 줬다. 서유럽이 고립에 빠진 반면, 중국 남부는 동남아시아·인도·이란과 무역로를 트고 있었다. 북부에서는 '야만인' 왕소들이 시배권을 다투고 있었다. 그러나 이 왕조들은 중국 문명의 이점을 깨닫고 중국 문화를 받아들인 왕조였다.

더욱이 이 '야만인'들은 중국에서 배우기만 한 것이 아니었다. 그들은 옛 문명에 가르칠 수 있는 훌륭한 것들을 지니고 있었다. 야만족의 장인들과 축사들은 제국의 숨 막히는 비용과 전통에 짓눌리지 않은 바로 그 점 덕분에 특정 기술들을 개발할 수 있었다. "마구(馬具) 이용법, 말안장과 등자, 교량과 산길을 놓는 방법, 약초와 독초에 관한 학문, 항해술 등"의 기술들이 이제 중국 안으로 유입됐다.[5] 그런 혁신들은 부와 잉여를 더 늘릴 수 있는 길을 열었다. 예컨대, 과거에는 말을 전쟁과 빠른 통신에 이용했다. 그러나 옛날 방식으로 마구를 사용하면 말을 반쯤 목 조르게 되므로 말에게 무거운 짐이나 쟁기를 끌게 할 수 없었고, 그런 일에는 말보다 훨씬 느린 황소를 사용했다. 북부의 초원에서 개발된 새로운 기술들은 이런 사정을 바꿔놓기 시작했다.

제국의 붕괴가 지적 발전에 부정적인 기능만 한 것도 아니었다. 전쟁은 도서관과 세상에 둘도 없는 필사본들을 파괴했다. 그러나 이전의 지적 전통이 약화되면서 새로운 전통이 탄생할 여지가 생겨났다. 불교가 영향력을 얻기 시작했다. 티베트와 사마르칸트를 거쳐 이란에 이른 길고 긴 무역로를 걸어서 여행했거나 중국 남부에서 배를 타고 인도를 다녀온 상인들이 중국에 불교를 전파했다. 인도와 이란과 그리스가 중국 미술에 영향을 미치기 시작했다. 그 결과 일부 불상들은 헬레니즘 양식의 영향을 보여 준다. 제르네는 이 시기가 "중세 문명의 황금 시대"였다고까지 말한다. "종교적 열정이 이 귀족 세계에 생명을 불어넣었고, 중앙아시아의 산길과 인도양으로 이어진 해상로를 따라 유입된 거대한 상업적 흐름이 이 세계에 스며들어 있었다."[6] 확실히 이 모든 것은 유럽의 암흑기와 무척이나 달랐다.

6세기 말에 중국은 다시 제국으로 통일됐다. 먼저 수(隋)나라로 통일된 뒤 다시 당나라로 통일됐다. 새로운 황제들은 적들을 상대로 거둔 군사적 승리 덕분에 거대한 공사를 할 수 있을 만큼 충분한 잉여를 주민 대중에게서 뽑아낼 수 있었다. 뤄양(洛陽)과 장안(長安)에 새로운 도읍이 생겨났다. 뤄양의 성벽은 동서 9킬로미터, 남북 8킬로미터에 달했고, 성벽 안쪽의 직

사각형 도시를 25개의 큰길이 가로질렀으며, 각각의 큰길은 폭이 70미터를 넘었다. 넓이가 40미터에 이르고 길이가 수백 킬로미터에 달하는 운하가 황허, 위수, 양쯔 강을 연결했고, 그 덕분에 남부의 쌀로 북부의 도시를 먹여 살릴 수 있었다. 북서쪽 국경을 따라 만리장성을 수백 킬로미터 증축했고, 군사 작전을 통해 동쪽으로는 한반도까지, 서쪽으로는 인도와 페르시아 접경 지역까지, 남쪽으로는 인도차이나까지 제국의 영향력을 확대했다.

문신(文臣) 관료가 운영하는 행정 구조가 있었고, 문신 관료의 일부는 과거제도를 통해 충원했다. 문신 관료 집단은 지주 호족 계급을 견제하는 구실을 하기 시작했다. 이들은 잉여가 호족들에게 지대로 납부되지 않고 국가에 세금으로 납부되도록 하기 위해 호족들의 땅을 소농지로 분할하려 했다.[7] 국가는 소금·술·차를 전매함으로써 세입을 늘렸다.

국가는 강력했다. 국가는 도시 생활을 면밀히 단속했고, 순종을 강조한 유교가 국가 관료의 지배 이념이 됐다. 그러나 무역의 성장으로 아시아 도처에서 새로운 이데올로기가 들어왔다. 불교의 비중이 크게 성장했고, '네스토리우스파' 기독교(로마와 비잔티움에서는 이단으로 박해받은)가 일정한 영향력을 얻었으며, 마니교와 조로아스터교 신자도 생겨났다. 남해안의 상업 도시들에는 말레이 반도, 인도, 이란, 베트남, 크메르, 수마트라에서 온 많은 외국 상인이 있었다. 광둥(廣東)에는 이슬람 상인들을 위한 시아파와 수니파 사원까지 있었다. 중국 역시 사방에 영향력을 떨쳤다. 불교와 중국 문자가 한반도와 일본으로 전파됐고, 종이 제조법이 사마르칸트와 이란을 거쳐 마침내 아랍 세계와 몇백 년 뒤 유럽으로 전해졌다.

당(唐)은 3백 년 동안 존속하다가 위기에 빠졌다. 관료와 궁정 파벌들 사이에 싸움이 끊이지 않았다. 불교를 장려한 지배자도 있었지만 탄압한 지배자도 있었다. 지배 계급의 사치스런 생활과 대규모 국가 공사와 거대한 제국을 지탱하는 데 드는 비용이 급증했나. 소작농과 임금 노동자를 이용해 경작한 대토지가 늘어나면서 소농 계급이 급격히 몰락했고, 그 결과 국가의 세입도 줄어들었다.

한편, 농민 대중의 형편은 갈수록 나빠졌다. 어떤 지역에서는 90퍼센트의 농민이 "날품팔이로 먹고살았다"고 기록됐다.[8] 산적 떼가 늘어났고, "농민들이 참여하는 농촌 폭동이 빈번해졌다." 870년대에는 반란의 물결이 일어나 제국 전체를 위협했다.[9] 대규모 반란군은 북쪽에서 남쪽으로 행군했다가 880년에는 도읍을 장악하려고 다시 장안으로 향했다.[10]

그러나 이것은 억눌린 농민들의 승리가 아니었다. 대다수 반란군은 농민이 아니라 땅에서 쫓겨난 유랑민들이었고, 반란군 지도자들은 "일부는 농촌의 유생 출신이었고, 일부는 빈민 계급 출신이었다." 반란군 지도자인 황소(黃巢)는 "출신 지역에서 과거 응시자로 선발된 적도 있었다." 며칠도 안 가서 반란군과 지도자들은 서로 다른 길을 추구하고 있었다. 지방의 빈민 출신이었던 반란군 병졸들은 세계에서 가장 번영한 도시를 약탈했다. "시장이 불탔고, 헤아릴 수 없이 많은 사람들이 학살당했다. …… 가장 원성이 높았던 관료들은 질질 끌려 다니다가 살해됐다." 반면, 황소는 안정된 정권을 세워 스스로 황제가 되려는 야심을 품었다. 제국 체계를 부활시킨 황소는 최고위 관료들만 제거했을 뿐 옛 귀족들은 여전히 핵심 자리에 남겨놓았으며, 지지자들 가운데 불평을 털어놓는 사람들을 잔인하게 탄압했다. 누군가가 한 관청 문에 황소 정권을 풍자하는 시를 써놓자, 황소의 부관은 "이 관청의 관리들을 죽이고, 눈알을 파낸 다음 시체를 매달았다. 문을 지키는 병사들도 처형했고 도읍에서 시를 지을 줄 아는 모든 사람을 죽였으며, 그 밖에 글을 아는 사람들을 모두 노비로 만들었다. 합쳐서 3천 명 이상이 살해됐다."

황소는 지지자들에게 칼을 돌렸기 때문에 옥좌를 유지할 수 없었다. 1년 뒤에 제국의 장수들은 사기가 떨어진 반란군 잔류 병력에게서 도읍을 다시 탈취했다. 그러나 황소의 난으로 당나라는 사실상 멸망했다. 무인들이 제국을 차지하려고 서로 싸우면서 당나라는 실질적 힘을 모두 잃었다. 당은 50년 동안 5대 왕조로 분열했다가 새로운 왕조인 송(宋)으로 통일됐다.

많은 점에서 반란은 기원전 206년에 진조의 멸망을 가져왔고, 서기 184년에 한조의 분열에 일조했던 반란들과 비슷했다. 중국 역사에서 일어난 반란들은 흔히 비슷한 양상을 보였다. 왕조가 수립돼 궁전과 운하와 도로를 건설하는 야심 찬 계획에 착수한다. 조정은 유목 민족의 위협에 대응하기 위해 엄청난 비용을 들여 북쪽과 서쪽 국경을 요새화하고 해외 정복에 나선다. 조정은 권력을 확장하지만, 농촌의 대중을 끔찍한 가난으로 내몰고, 그 결과 반란이 일어나 제국이 멸망한다. 그러면 어느 반란 지도자나 제국의 장수가 새로운 왕조를 수립하고 이 모든 과정을 또다시 되풀이한다.

농촌의 빈민들은 반란이 승리했을 때에도 전혀 이득을 보지 못했다. 농촌에 널리 흩어져서 바깥 세상은 거의 알지 못한 채 땅뙈기에만 묶여 있던 농민들은 기존 국가의 억압에 맞서 반란을 일으킬 수는 있었지만, 자신들이 하나의 계급으로서 집단적으로 통치하는 새로운 국가를 세울 수는 없었다. 대신에 농민들은 '나쁜' 황제가 아닌 '좋은' 황제가 다스리는, 기존의 것과 별반 다를 바 없는 국가를 세우고자 했다. 그 때문에 농민들은 승리했을 때조차도 새로운 지배자를 세웠고, 그 지배자는 농민들을 옛 지배자와 똑같이 대했다.

이런 과정은 한 왕조의 정통성이 주기적으로 한 왕조에서 다른 왕조로 옮아간 '천명'(天命)에 달려 있다는 지배 이데올로기로 구현됐다.

그러나 서구의 많은 저자들이 주장하는 것과 달리, 이런 양상이 반복됐다고 해서 중국 사회가 "변하지 않는" 사회였던 것은 아니다. 왕조가 건설되고 멸망해가는 과정에서 변화가 누적됐다. 점차 새로운 기술이 생산에 도입됐고, 동시에 사회 집단들의 관계에서도 중요한 변화를 겪었다.

세계에서 가장 앞서가다

중국은 거대한 경제적 변화를 계속 겪었다. 소작인이나 임금 노동자를 고용한 대지주들은 새로운 농업 도구와 제분 기계에 투자하고, 한 해에 두 차례 이상 수확할 수 있는 농법을 개발함으로써 수입을 늘리고자 했다.[11] 북부의 농민들은 양쯔 강 유역과 이남 지역의 벼농사 지대로 계속 이주했다. 농업 생산성이 급격하게 증대했고, 부자들이 사치품을 사는 데 쓸 수 있는 잉여도 함께 늘어났다.

농민들은 상업망을 통해 지역 시장과 연결되기 시작했고, 지역 시장은 규모와 중요도가 커진 지방 도시들과 연결되기 시작했다. 세계 역사상 가장 많은 배들이 부자들을 위한 사치품뿐 아니라 일반 소비재를 싣고 8만 킬로미터에 달하는 강과 운하 체계를 누비고 다녔다. 화폐는 사회 모든 부문의 상거래에서 갈수록 큰 비중을 차지했으며, 동전뿐 아니라 지폐를 사용하기 시작했다. 상인의 수가 늘어났고, 일부 상인은 막대한 부를 축적했다. 도시들이 성장하면서, 송나라의 도읍인 카이펑(開封)은 크기가 중세 파리의 12배에 달했고, 주민이 1백만 명에 달했을 것으로 추정된다.[12] 양쯔 강 유역에 있는 항저우(杭州)의 인구는 1백50만~5백만 명이었을 것으로 추정된다.[13]

공업도 성장했다. 카이펑에는 "군사 기술이 급속히 발전하던 시기에 …… 나라 전체에 무기를 공급하는 병기창들이 있었다." 쓰촨(四川)과 양쯔 강 삼각주 출신의 정착 노동자들을 바탕으로 직물업이 성장했고, 철강업에서는 정부와 "민간 철 장인들"의 공동의 통제를 받으며 "정교한 기술과 대규모 설비 투자와 많은 수의 노동자들에 의존한 고도로 조직된 기업들"이 생겨났다. 작업장들은 "황족과 고위 관리와 부유한 기업인들을 위한 사치품을 생산"했을 뿐 아니라 "건축 자재, 화학 약품, 서적, 의복을 생산했다."[14]

상당한 기술 혁신이 있었다. 금속을 녹이는 데 목탄 대신 석탄을 이용했고, 풀무질에 수력 기계를 이용했고, 광산 채굴에 화약을 이용했다. 1078년의 철 생산량은 11만 4천 톤을 넘었다.(1788년 유럽의 철 생산량은 6만 8천 톤에 불과했다.)[15] 유럽에서는 7백 년 뒤에야 나타난 도자기 제조업이 전례 없이 성장했다. 1044년에는 화약을 사용했다.(유럽보다 2백40년 앞선 일이었다.) 1132년에 이르면 대나무 관을 통해 로켓을 발사할 수 있었고 1280년에는 청동과 쇠로 대포를 만들었다.¹⁶ "닻, 키, 캡스턴, 돛단배······ 방수 선체, 선박용 나침반" 같은 새로운 조선술 덕분에 중국의 선박들은 아라비아 만과 아프리카 동안까지 도달할 수 있었다.¹⁷ 어떤 선박은 1천 명까지 태울 수 있었고, 중국의 지도 제작술은 유럽은 말할 것도 없고 중동의 아랍 세계보다도 훨씬 앞서 있었다.

마지막으로, 인쇄술이 발전한 덕분에 역사상 처음으로 대량의 중간 계급 수요를 겨냥한 서적들을 출판했다. 각판(刻版) 인쇄는 이미 9세기부터 실행되고 있었다. 고전, 대장경, 약속어음, 의학과 약학에 관한 실용서뿐 아니라 비술(秘術)을 적은 책, 연감, 경서, 사전, 백과사전, 기초 교육용 책자, 역사서가 선을 보였다.¹⁸ 11세기에는 활판(活版) 인쇄가 선을 보였다. 14세기까지 대규모 인쇄에서 활자를 사용하지 않았는데, 한자가 워낙 많다보니 활판에 활자를 끼워 맞추는 방식이라고 해서 반드시 각판에 한 쪽 전체를 새기는 방식보다 시간과 비용이 절약되지는 않았던 까닭일 것이다. 어쨌든 중국은 유럽보다 5백 년 앞서서 책을 인쇄했고, 이제 문자는 더는 식자층의 특권이 아니었다. 특히 국가 경제의 새로운 심장부가 된 양쯔 강 이남 지역에서 관학(官學)과 사학(私學)이 늘어났다. 당시 이 지역에 살았던 한 중국인 작가는 이렇게 썼다. "모든 농민과 장인과 상인이 자식들에게 글을 가르친다. 심지어 목동들과 들에서 일하는 남편에게 음식을 갖다 주는 아내들조차 고대의 시를 암송할 수 있다."¹⁹

상업·공업의 성장과 더불어 상인 계급의 부와 규모와 영향력도 커졌다. 일부 역사가들은 이들을 '부르주아지'라고까지 부른다. 트위체트는 송대 후기에 "자신의 정체성과 고유 문화를 깊이 자각하고 있었던 부유하고 자기의식적인 도시 중간 계급"이 존재했다고 쓰고 있다.²⁰ 더욱이 상인들에 대한 국가의 태도도 중요한 변화를 겪었다. 과거의 왕조들은 상인들을 "혼란을 일으킬 수 있는 분자들"로 여겨 "끊임없이 감시"했다.²¹ 도시에서 일몰 후 통행금지가 시작되면 사람들은 거리에 나갈 수 없었고, 시장은 국가의 엄중한 감시를 받으면서 성 안에서만 열렸고, 상인 집안 출신은 공직에 나갈 수 없었다. 이제 이런 규제들 대부분이 유명무실해졌다. 때문에 11세기 초에 한 고위 관리는 "상인들을 통제"할 수 없다고 불평했다. "상인들은 쌀밥과 고기로 가득 찬 산해진미를 먹고, 우아한 저택과 여러 대의 마차를 소유하고, 부인과 자녀들을 진주와 옥으로 치장하게 하고, 종들에게 흰 비단 옷을 입히는 등 사치스럽게 생활한다. 상인들은 낮이면 일확천금을 얻을 궁리를 하고, 밤이면 빈민들을 등쳐먹을 궁리를 한다."[22]

새로운 도시 부자들은 부를 이용해 조정에 영향을 미치기 시작했다.

과거제도는 이제 훌륭한 가문 출신이 아닌 사람들이 조정의 높은 관직에 진출할 수 있는 수단이 됐다. …… 갈수록 새로운 관료 집단은 상업혁명에서 가장 크게 이득을 본 부유한 상인과 부유한 지주 집안 출신들로 충원됐다.[23]

겨우 수백 명이 과거를 통과했지만, 이들은 거대한 체제의 정점을 이루었다.[24] 13세기가 되면 무려 20만 명이 관학에서 수학했고 그 밖에 수천 명이 사학과 불학(佛學)에서 수학했다. 이들은 모두 체제의 꼭대기에 올라가는 것을 꿈꿨다. 그 상당수가 상인 집안 출신이었다.

잃어버린 세기들

상인은 갈수록 중요한 압력 집단이 됐지만, 아직 국가를 운영하기에는 힘이 한참 모자랐다. 국유 선박 운행 같은 수익성 있는 사업들을 상인들에게 위탁했을 때조차도 대규모 생산은 여전히 국가가 대부분 운영했다. 그러나 국가를 운영한 집단은 시골 선비를 이상으로 여긴 문신 관료들이었다.[25] 관직을 얻은 상인의 아들도 같은 이상을 공유했다. 그 결과, 송조가 절정기에 도달하자마자 새로운 위기의 조짐이 나타나기 시작했다.

역사가들이 보통 '신(新)유교'라고 부르는 경향이 국가의 지배 이데올로기였다. 신유교는 지배자들과 위정자들이 서로 존중하면서 법도 있는 관례를 따를 필요를 강조했다. 법도 있는 관례란 무신 귀족들의 폭력적 행동과 상인들의 가차없는 이윤 추구를 모두 피하는 것이었다. 조정에 진출하기를 열망한 사람들은 누구라도 신유교 학풍을 따랐고, 신유교는 잔인한 경쟁과 군사적 소란보다는 한가한 선비 생활을 꿈꾼 보수적인 사회 계층에게 알맞았다.

신유교는 송의 초기 황제들이 추구한 정책과도 맞아떨어졌다. 송의 황제들은 당나라가 군사적 팽창주의에 재정을 소모한 탓에 멸망했다고 생각했고, 그 때문에 군대의 규모를 줄이고 변방 국가들에게 뇌물을 줌으로써 평화를 샀다. 이런 접근법은 자연과 사회의 조화라는 거의 종교적인 관념을 통해 표현됐다. 그러나 이런 정책은 합리적이고 실용적인 핵심을 담고 있었다. 그것은 선행한 오랜 위기에서 탈출할 수 있는 수단이었다.

서구의 많은 저자들은 신유교의 지배 때문에 중국의 자본주의 발전 경로가 가로막혔다는 결론을 내렸다. 이들은 신유교가 '자본주의 정신'을 적대했기 때문에 중국 사회가 1천 년 넘게 정체했다고 본다. 또 어떤 저자들은 소위 '전체주의'가 중국의 경제 발전을 가로막았다고 강조한다.[26] 그러나 지금까지 살펴본 것처럼, 송대의 중국 사회는 정체와는 거리가 멀었다. 비유교 사상(불교, 도교, 네스토리우스파 기독교)이 존재했을 뿐 아니라 경전으로 출판됐다. 그리고 관리들은 이론으로는 유교를 신봉했지만, 실천에서는 매우 다르게 행동했다. 예컨대 파트리샤 에브리는 송나라 선비 계급의 지침서로 널리 읽힌 원채(袁采)의 ≪원씨세범≫(袁氏世範)이 신유교의 교리와 여러 측면에서 모순되는 점을 보여 줬다. 그 책에서 원채는 "사업의 목표가 이윤이라고 전제"했고, "전적으로 신유교에 충실한 자들이라면 …… [원채가—크리스 하먼] 설명한 …… 대부분의 활동을 삼가야 할" 정도로 원채는 "기업가다운 태도"를 보였다.[27]

지배적인 신유교 이데올로기와 상인 계급의 활동 사이에는 간극이 있었다. 그러나 경제가 성장하면서 자신들이 더욱 부유해지고 유력해지는 한 상인 계급은 그런 간극을 용인할 수 있었다. 그것은 몇백 년 뒤 유럽 최초의 자본가들이 돈벌이에 차질이 없는 한 흔쾌히 군주 국가와 협력하면서 국가의 이데올로기를 받아들였던 것과 마찬가지였다.

상인들과 부유한 무역가들이 완전한 자본가로 변모할 수 있는 능력을 약화시킨 중국의 특수성은 물질적인 것이었지 이데올로기적인 것이 아니었다. 중국의 상인 계급은 17세기와 18세기 유럽의 상인 계급보다 훨씬 더 국가 기구의 관료들에게 의존했다. 거대한 운하망과 관개 시설 같은 주요한 생산수단을 국가 관료가 운영했기 때문이다.[28] 이 때문에 중국 상인들은 국가가 잉여의 막대한 몫을 흡수해 황궁과 고위 관리의 사치스런 생활을 유지하고 이민족을 매수하는 등 비생산적인 데 사용했는데도 국가 기구와 협력하는 수밖에 없었다.[29]

이 시기에 귀족 관료와 부유한 상인들은 크게 번영한 반면 농민들은 뼈저린 가난에 허덕였다.[30] 11세기에 소순(蘇洵)은 이렇게 썼다.

> 부유한 집안은 큼직한 땅뙈기들을 소유하고 있다. …… 그 땅을 경작하는 것은 노예처럼 취급받고 매질을 당하면서 일하는 유랑민들이다. 소출의 절반은 주인이 가져가고 절반은 경작자들이 가져간다. 지주 한 명당 열 명의 경작자들이 딸려 있다. …… 명백히 지주는 그 절반을 축적해 부와 권력을 얻을 수 있지만 경작자들은 그 절반을 날마다 소비해야 하기 때문에 가난과 굶주림에 빠질 수밖에 없다.[31]

귀족 관료는 확실히 자신들을 위해 노동한 사람들에게는 '유교' 도덕을 지키지 않았다. 원채는 《원씨세범》에서 농민들과 장인들을 "삐뚤어진 성격과 자살하는 경향"을 지닌 "미천한 사람들"이라고 말하면서 이들을 매질하고 가축처럼 취급해야 한다고 권고한다.[32]

역사가 존 해이가르는 "남송 시대 말기에 대부분의 농촌은 애초에 농업과 상업 혁명을 촉발했던 바로 그 세력 때문에 빈곤해졌다"고 적고 있다.[33]

그러나 내적 위기의 징후가 충분히 성숙하기 전에 — 그리고 상인과 관료 사이의 이익 갈등이 전면에 등장하기 전에 — 외적 위기가 국가를 갈가리 찢어놓았다. 1127년에 북방 민족의 침입으로 송나라가 남쪽으로 밀려나면서 중국은 둘로 나뉘어졌다. 1271년에는 국토 전체가 또다시 침략을 받았다.

여진족의 1차 침략으로 북부의 조건이 근본적으로 달라지지는 않았다. 여진족은 이미 중국의 국가를 모방해 금(金)을 세웠고, 금의 관리들은 중국어를 사용했다. 약 1백50년 동안 사실상 두 개의 중화 제국이 존재했다.

몽골의 2차 침략은 훨씬 더 심각했다. 몽골 군대는 이미 중앙아시아의 본토에서 나와 서쪽으로는 중부 유럽, 남쪽으로는 아라비아와 인도, 동쪽으로는 중국과 고려를 유린하고 있었다. 몽골 사회는 방대한 유목민들을 거느린 무인 귀족들이 지배하고 있었다. 몽골족은 말타기에 능했고, 최신 갑옷과 무기를 살 수 있는 부를 지니고 있었다. 그런 장점들이 결합된 몽골 군대는 거의 천하무적이었다.[34] 그러나 몽골족은 독자적인 행정 구조를 갖추고 있지 않았기 때문에 피정복민들에게 의존해 행정을 조직했다.

중국에 들어온 몽골 지배자들은 원조(元朝)를 세우고 옛날 관료들 중 일부에 의존해 제국을 운영했다. 그러나 몽골 지배자들은 중국의 관료들을 신뢰하지 않았기 때문에 요직은 직접 장악했고, 수익성 있는 징세 사업은 중앙아시아의 이슬람 상인들에게 하청을 주고 군대를 파견해 그들을 도왔다. 이것은 세계 최고의 기술적·경제적 발전의 결과이자 동력이었던 사회 조직을 해체시켰다.

이미 송대부터 천천히 불어나고 있던 경제 문제들, 특히 농촌의 빈곤이 이제 정면에 떠올랐다. 1270년대 이후로 물가가 계속 오르기 시작했다. 대토지 소유가 더 확산되면서 북부의 농민은 더욱 가난해졌다.

그래도 중국 사회는 여선히 외국인들을 깜짝 놀라게 힐 민큼 발진해 있었다. 1275년 이탈리아의 여행가 마르코 폴로는 베이징(北京)에 있는 몽골의 황궁을 보고 깊은 감명을 받았다. 유라시아의 한쪽 끝에서 다른 쪽 끝까지 뻗어 있던 몽골 제국은 중국의 선진 기술 지식을 서구의 더 뒤처진 사회에 전파하는 데 중요한 기여를 했다. 그러나 중국 자체는 이미 경제적 역동성을 잃어버린 상태였고, 농민의 빈곤은 흔히 '백련교'나 '홍건적' 같은 종교 일파나 비밀결사가 이끈 농민 반란으로 이어졌다. 마침내 떠돌이 농업 노동자의 아들로 홍건적의 지도자였던 주원장(朱元璋)이 몽골의 도읍인 베이징을 장악하고 1368년에 황제가 됐다.

새 제국인 명(明)나라가 세워진 뒤로 원나라 말기의 파괴가 꾸준히 복구됐다. 그러나 경제의 역동성은 전혀 회복되지 않았다. 명나라 초기의 황제들은 자원을 농업에 집중하기 위해 공업과 대외 무역을 의도적으로 억눌렀고, 그 때문에 16세기 초에 공업과 무역은 12세기보다도 낙후한 상태였다. 그러는 동안 유라시아의 다른 여러 곳에서는 중국이 선구적으로 개발한 기술들이 유입돼, 지역마다 고유의 도시 문명 — 그와 더불어 육군과 해군이 — 이 번성하기 시작했다.

3. 비잔티움: 살아 있는 화석

서유럽에서 로마 제국이 붕괴했다고 해서 로마 제국 자체가 끝난 것은 아니었다. 고트족이 로마를 약탈한 지 1천 년이 지나도록 콘스탄티노플(지금의 이스탄불)에서는 로마인을 자처한 황제들이 제국을 통치했다. 오늘날에는 이 제국을 보통 비잔틴 제국이라 부른다. 비잔틴 제국의 황제와 신하들은 그리스어를 사용했는데도 자신을 로마인으로 여겼다. 호화로운 황궁, 도서관과 대중목욕탕, 그리스·로마의 고대인들이 쓴 저작에 능통했던 학자들, 3백 개가 넘는 교회와 장엄한 성 소피아 성당을 자랑한 콘스탄티노플은 제국이 존속한 1천 년 가운데 대부분의 기간 동안 유럽의 나머지 기독교 세계의 특징이었던 가난, 문맹, 미신, 끝없는 전쟁 등과 대비되는 문명의 보루로 우뚝 서 있었다.

12세기에 서유럽이 부흥하고 있을 때조차도 콘스탄티노플의 인구는 런던과 파리와 로마의 인구를 합친 수보다 많았다. "바그다드, 카이로, 코르도바는 콘스탄티노플보다 훨씬 넓고 인구도 많았"는데도, 콘스탄티노플은 이웃한 이슬람 제국의 권력층을 매료시켰다.[35]

그러나 1천 년 동안 비잔틴 문명은 인류의 생계 유지 능력이나 지식에 보탠 것이 별로 없었다. 비잔틴 제국은 모든 영역에서 이미 로마 제국과 기원전 5세기의 그리스인들이 알고 있던 지식에 의존했다.

6세기 중반에 완공한 성 소피아 성당[36]은 당시 유럽에서 가장 웅장한 건물이었다. 그러나 비잔틴의 건축가들이 이룩한 진보는 그것으로 끝이었다.[37] 성 소피아 성당 건축에 사용한 혁신 기술들을 다시 사용하지 않았고, 훗날의 건축가들은 성 소피아 성당을 완벽하게 수리하는 법을 알지 못했다. 비잔틴 문학은 독창성을 의도적으로 배격하는 것을 특징으로 삼았다. 비잔틴 문학은 "고전적 문체를 본뜨고, 경직된 형식들을 철저하게 따르려 했다. …… 내용의 독창성이나 창작의 자유, 주제 선택의 자유에 관해서는 어떤 문학적 가치도 부여하지 않았다."[38] 과거를 모방해야 한다는 강박 때문에 공무원 사회는 도시 생활에서 사용하는 당대의 그리스어와 전혀 다른 1천 년 전의 '고전' 그리스어를 사용했다. "웅변가들은 공식 연설에서 일상생활에서 사용하는 사물을 일상의 명칭으로 부르기를 꺼렸다."[39] 비잔틴 미술은 "끊임없는 제약"을 겪으면서 마침내 제국의 권력이나 교회에 봉사하는 선전 도구로 전락했다.[40]

기술에서는 몇 가지 진보가 있었다. "과학적 광물학은 신비주의에 짓눌려 철저하게 파괴됐지만"[41] 연금술사들은 금속을 다루는 새로운 방법들을 발견했다. 유리 제조·취급 기술을 개선했고, 정밀 나사를 이용해 정확한 측량을 했다. 특히 중국의 종이 제조법을 입수하면서 필기 용지가 개선됐다. "비잔틴인들은 캡스턴, 돌림바퀴, 물을 푸는 도구, 기중기, 투석기에 사용한 몇 가지 간단한 기계류(지레, 롤러, 톱니바퀴, 쐐기, 경사면, 나사, 도르래)를 알고 있었다."[42] 하지만 이런 진보는 오로지 지배 계급에게 사치품(예컨대 궁정 수학자 레오가 만든 노래하는 기계 새)을 제공하기 위한 용도와 군사 용도로만 이용된 듯하다. 군사 분야에서도 비잔틴인들이 이룩한 진보는 1천 년 전 알렉산드리아에서 알아낸 지식을 거의 넘어서지 못했다.

과학에서는 제한된 진보조차 일어나지 않았다. 그리스 알렉산드리아의 수학적·천문학적 발견들을 자세하게 기록한 몇몇 필사본이 남아 있었지만, 극소수의 학자만이 이 문서들을 진지하게 취급했을 뿐이다. 주류 사상가들은 성경의 창세기 편에 관한 이런저런 해석에 의존해 물질 세계를 이

해하려 했고 세계가 둥글지 않고 평평하다고 봤다.[43]

무엇보다도 토지를 경작한 압도 다수의 인구가 생계를 꾸려가는 데 사용하는 기술에서는 사실상 어떤 진보도 없었던 듯하다. 농경의 "방법과 도구는 고대와 전혀 또는 거의 다르지 않았다."[44] 여전히 황소가 끄는 가벼운 쟁기를 땅을 가는 데 이용했고, 비료를 체계적으로 사용하지 않았고, 12세기까지는 동물의 목을 조르는 마구(馬具)를 사용했기 때문에 두 마리의 말이 겨우 5백 킬로그램밖에 끌 수 없었다.(현대의 마구를 이용하면 이보다 네다섯 배는 더 끌 수 있다.) 그 결과, 농민이 아무리 허리를 졸라매도 국가 유지와 지배 계급의 사치에 쓰이는 잉여는 늘어나지 않았다. 이 단순한 사실이야말로 비잔틴 사회 전체를 그토록 정체하게 만든 근본 원인이었다. 비잔틴 제국은 서부의 옛 로마 제국을 붕괴시킨 위기를 견디고 살아남았다. 그러나 새로운 생산 방법도, 그것을 구현할 새로운 계급도 출현하지 않았다. 따라서 5세기에 서부를 대위기에 빠뜨렸던 바로 그 압력을 결국 피할 수 없었던 것이다.

로마 제국은 기본적으로 동부가 가장 비옥한 농경 지대였기 때문에 동부에서 살아남았다. 330년 콘스탄티노플이 도읍이 된 뒤로, 제국은 소아시아, 시리아, 발칸, 그리고 가장 중요한 곡창 지대인 나일 강 유역을 계속 지배할 수 있었다.(나일 강 유역은 과거 로마에 식량을 공급했던 것과 마찬가지로 이제는 콘스탄티노플에 식량을 공급했다.) 속주들의 경제는 지역의 대지주들이 장악하고 있었는데, 이들이 다스린 영지는 자급자족 경제나 다름없었다. 이집트의 대지주 영지들은 "경찰, 재판소, 사설 군대, 정교한 우편·수송 체계까지 갖추면서 소왕국이나 다름없게 됐다."[45] 그러나 제국의 군대는 충분히 강력했고 조직력도 견고했기에 제국에 필요한 자금을 계속 받아낼 수 있었다.

이런 구조는 6세기에 유스티니아누스가 마지막으로 서부 정복에 나서고 성 소피아 성당을 완공한 지 50년도 채 안 돼 거의 붕괴할 뻔했다. 그 많은 군대, 갑작스런 공사량 증가, 황궁과 교회의 사치 때문에 제국의 모든 부가 사회의 꼭대기로 빠져 나갔다. 농민들의 계속된 궁핍과 속주 도시들에 거주하는 그다지 부유하지 못한 주민들의 불만을 배경으로 "제국의 모든 도시에서 경쟁 분파들 사이에 격렬한 충돌"이 일어났다.[46] 제국과 교회는 종교적 획일성을 강제하려 함으로써 수많은 사람들을 소외시켰다. "수도사들의 폭력을 등에 업은" 주교들은 다른 종교 사원들을 공격해 "비기독교를 잔혹하게 파괴했다."[47] 유대인에 대한 탄압과 '단성론자'(單性論者), '아리우스주의', 네스토리우스파의 기독교 해석을 추종한 사람들에 대한 유혈낭자한 박해가 되풀이됐다. 7세기에 페르시아 군대, 시리아·이집트의 아랍 군대, 이어서 발칸 반도의 슬라브인이 차례로 침략해왔을 때 제국은 지지를 별로 받지 못했다. 비잔틴 제국은 콘스탄티노플과 몇몇 소도시들이 포함된 소아시아 일부에 한정된 제국으로 축소됐다. 콘스탄티노플의 인구도 크게 줄어들었고, 학문 역시 전반적으로 퇴조했다.

축소된 제국은 지배자들이 방위력을 강화하기 위해 경제를 재편함으로써만 살아남을 수 있었다. 제국의 지배자들은 국경 지방의 대토지를 작게 쪼갠 뒤 병사들에게 나눠 줌으로써 아예 일개 군대를 국경 근처에 정착시키려 했다. 지배자들은 이런 제도를 통해 제국을 방어하는 민병대와 확실한 징세 기반을 확보할 수 있다고 생각했다.

이런 식으로 지배자들은 제국의 심장부는 고스란히 간직할 수 있었고, 10세기에는 슬라브인들이 거주한 발칸 반도의 일부를 되찾을 수도 있었다. 그러나 체제의 근본 약점을 극복할 수 없었기 때문에 콘스탄티노플은 11세기 중반에 다시 쇠퇴하기 시작했다. 제국은 고질적인 모순에 시달렸다. 세금을 매길 수 있는 독립적인 농민층을 구축하려 했지만, 세금에 짓눌린 농민들은 부유하고 힘 있는 자들에게 토지를 계속 팔아넘겨야 했다.

소농들은 "해마다 병사 집단을 이끌고 쳐들어온 잔혹하고 탐욕스러운 세리(稅吏)들에게 시달렸다. …… 세금을 내지 않은 사람들은 그 자리에서 매질을 당하고 재산을 압류당했다."[48] 세금을 못 낸 사람들은 때때로 감옥에 가거나 고문을 당했다.(12세기 키프로스에서는 그런 사람들에게 굶주린 개떼를 풀었다.) 소농들은 최고의 풍년에도 겨우 세금을 낼 수 있었고, 흉년이 들면 가장 부지런한 농민들도 토지를 팔고 달아나야 했다. 그 때문에 농민들은 자청해서 일부 유력한 지주들의 '보호' 아래 들어가게 됐다. 의미심장하게도 932년에 일어난 농민 반란은 위대한 귀족 가문의 자손이라고 자처한 사기꾼이 이끌었다.[49]

제국 관료들은 도시 대중의 독자적인 조직화를 막는 데는 성공했다. 상인들과 장인들은 그들의 이윤을 강력하게 제한한 국영 길드로 편재됐다. 이 때문에 "강력한 부르주아지의 성장이 지체"[50]됐고, 떠오르는 무역 시장들을 외국 상인에게 빼앗겼으며, 이것은 제국을 더욱 약화시켰다.

도시들에 여전히 노예제가 남아 있었기 때문에 자유로운 임금 노동자 계급도 성장할 수 없었다. 9세기에서 11세기까지는 "위대한 전승으로 …… 값싼 인간 상품이 시장에 밀려들었다. 군사적 패배, 고립된 시장, 부의 감소와 같은 어려운 현실 때문에 노예의 원천이 고갈된 12세기에 가서야 비로소 노예제가 사라지기 시작했고 자유로운 노동자들이 …… 경제적 힘을 얻었다."[51]

콘스탄티노플이 누린 영광과 지배자들이 가진 부의 이면에는 주민 대중의 가난이 있었다. 압도 다수는 허름한 공동주택이나 오두막에 살았으며, 많은 주민들이 한겨울에도 바깥에서 잠을 잤다. 그러나 독립적인 경제적 기반이 없었던 빈민들은 독자 세력으로서 행동할 수 없었다. 빈민들은 폭동을 일으켜 잠시나마 대혼란을 야기할 수는 있었다. 하지만 그럴 때조차 빈민들과 이해관계가 다른 집단들이 빈민들의 반감을 손쉽게 이용했다. 유스티니아누스 시절 콘스탄티노플의 절반을 불태우며 2주 동안 지속됐던 '니케의 반란'은 유스티니아누스가 귀족에게 세금을 부과한 것에 반대한 귀족 세력에게 이용당했다. 그때부터 조심스러워진 황제들은 줄곧 도시 대중에게 값싼 곡물을 제공했고, 그 뒤에 일어난 폭동들은 대체로 황제의 적들에 맞서 황제를 지지하는 것들이었다.

심지어 도시 대중의 독립적인 계급 요구를 차단하고 그것을 엉뚱한 곳으로 비껴가게 하기 위한 제도화된 형태의 폭동까지 등장했다. 히포드롬이라는 원형 경기장에서 다양한 경기가 열릴 때마다 관중은 녹색과 청색의 '분파'로 편재됐다. 각자의 색깔에 맞춰 옷을 입은 양편의 청년 수백 명은 특별석을 차지하고 응원과 야유를 보내다가 주먹다짐을 벌였다. 때때로 이런 주먹다짐은 대규모 유혈 사태와 폭동으로 번졌다. 간혹 질서 유지를 위해 군대가 투입됐지만, 황제와 황후를 비롯한 고위 인사들이 저마다 한쪽 분파를 후원한 덕분에 폭동은 제국을 위협하기는커녕 단순한 스트레스 해소의 장으로 끝났다.[52]

값싼 곡물의 배급 체계가 붕괴한 12세기 이후에야 도시 거주자들의 계급 이익을 반영한 폭동들이 일어나기 시작했다. 그러자 흥미롭게도 장인들과 상인들의 다양한 '길드'와 연합이 일정한 구실을 하게 됐다.[53]

비잔티움은 문자를 읽고 쓸 줄 알았던 그리스어 사용자층이 제국의 관료 기구를 담당했기 때문에 그리스-로마 문화의 마지막 보루로 살아남았다. 그러나 이 집단은 생산에 기여하거나 생산을 조직하기보다는 다른 사람의 생산에 기생했다. 그 결과 이 집단은 자신들이 물질적 생산과 거리를 두고 있다는 점을 자랑으로 여겼고, 생산과 가까이 있어서 잉여의 일부분을 떼어갈 수도 있는 다른 계급의 출현을 두려워했다. 비잔틴 문화가 그토록 경직되고 메말랐던 원인이 여기 있었다. 그리고 그것은 모든 사회 집단이 미신과 신비주의에 사로잡혔던 이유도 설명해 준다. 사제들은 보통 적어도 반쯤은 문맹이었으며, 사제들의 설교는 성인들의 행적과 기적에 관한 단순화된 이야기와 신성한 유물들의 신통력에 대한 믿음에 의존했다. 과거에 비기독교가 지역 신들을 모셨다면, 이제 기독교는 지역별로 수호성인들을 모셨다. 어머니 신에 대한 숭배는 성모 마리아에 대한 숭배로 바뀌었다. 다산(多産) 제의는 참회 화요일 축제와 부활절 의식으로 바뀌었다.

이런 미신과 더불어 극히 야만적인 관습이 성행했다. 8세기에는 "혀와 손과 코를 베는 것이 형벌 체계의 일부였다. …… 교회는 혀 없는 죄인이라도 회개할 시간은 있기 때문에 이런 행위를 인정했다."[54] 교회의 엄격한 도덕주의 때문에 도시에서는 "여성이 엄격하게 격리"됐다. "덕망 있는 여성들은 결코 베일을 쓰지 않은 채 거리에 나오는 일이 없었다."⁵⁵ 그러나 매춘도 대규모로 행해졌다.

비잔틴 문명의 근본 약점은 13세기 초에 콘스탄티노플이 유럽에서 온 모험가·강도 패거리의 손에 떨어졌을 때 드러났다. 제4차 십자군 원정대는 애초의 예정지인 예루살렘보다는 콘스탄티노플이 전리품으로는 더 낫다고 판단하고, 콘스탄티노플을 약탈한 다음 봉건 왕국을 세워 지배했다. 이들은 1261년에 쫓겨났지만, 새로 들어선 비잔틴 국가는 옛날의 위용을 상실한 상태였고, 마침내 1453년 오스만 투르크에 함락됐다.

비잔틴의 특이한 문명은 1천 년 동안 보존됐다. 그러나 소위 문명화된 비잔틴의 지배 계급은 한편으로 세리(稅吏)들을 통해, 다른 한편으로 글자를 겨우 읽고 쓸 줄 알았던 농촌의 사제들을 통해서만 노동 대중과 접촉했다. 이런 문명은 한 시대의 업적을 다른 시대로 전달하지만 그 자신은 아무 것도 보태지 못하는 살아 있는 화석에 지나지 않았다.

그리스-로마 세계에서는 사회를 혁명적으로 바꿈으로써 생산력을 해방시킬 수 있는 계급이 전혀 탄생하지 못했다. 그 결과 서유럽에는 암흑기가 찾아왔고, 소아시아와 발칸 반도는 1천 년 동안 전혀 발전하지 못했다.

4. 이슬람 혁명

유스티니아누스 시대 이후로 비잔틴이 정체한 결과 잔존한 로마 제국은 아무것도 이룩하지 못했지만, 중동의 다른 지역에서는 극적인 격변들이 일어났다. 이 격변들은 인류의 축적된 지식과 기술에 상당히 기여했으며, 중요한 세계적 종교 가운데 하나를 탄생시켰다.

어울리지 않게도, 격변의 진원지는 대부분의 땅이 사막인 아라비아 반도의 메카였다. 이 지역은 낙타(기원전 1000년 무렵에 길들여졌다)를 이용해 가축을 몰고 오아시스와 오아시스 사이를 옮겨 다니며 상업과 약탈에 종사한 유목민들이 지배하고 있었다. 유목민들은 씨족으로 편재돼 있었고, 씨족들은 씨족 장로들의 총회가 다스리는 부족으로 연결돼 있었다. 부족들은 서로 싸움을 벌였고, 사막 너머에 있는 정착민들을 주기적으로 습격했다.

그러나 오아시스 주변과 일부 해안 지방(특히 남부)[56]에도 정착 농민들이 있었다. 적어도 1천 년 동안 존재한 이곳의 문명은 비슷하게 오래된 문명인 홍해 맞은편의 에티오피아 문명과 계속 접촉하고 있었다. 일부 유목민 가족들은 낙타 대열에 사치품을 싣고 로마 제국과 동양 문명 사이를 왕복하면서 재산을 모으자 이제는 곳곳의 무역 중심지에 정착하기 시작했다. 그런 정착지 중 한 곳이었던 메카는 7세기 초에 이미 번창한 도시가 돼 있었다.

유목민의 전통 가치관에서 핵심 덕목은 씨족이나 그에 소속된 개별 남성의 용기와 명예였다. 국가가 없었으므로 혈족 집단에 대한 의무만 있을 뿐 사회 전체에 대한 의무는 없었다. 공격·살인·약탈은 가족이나 씨족에 대한 침해로 간주돼 보복과 혈수[血讐: 유혈의 복수를 되풀이하는 두 씨족이나 가족 사이의 불화]를 통해 해결됐다. 이들에게 종교는 부족 집단과 운명을 같이하는 개별 신을 섬기는 것이었다. 말하자면 그들의 신은 구약성서에 나오는, 사막을 배회한 "이스라엘의 백성들"과 함께한 '계약의 궤'(契約櫃)와 비슷했다.

이런 가치관은 정착 생활을 하게 된 일부 유목민들 사이에서 발생한 긴장과 갈등을 쉽게 해결해 주지 못했다. 오랜 세월 정착한 농민들과 도시민들은 이미 그런 가치관과 결별한 지 오래였다. 아라비아 남부에서는 기독교가 번성했다. 오아시스에서 생활한 많은 농민들은 유대교로 개종하거나 다양한 기독교 종파들 가운데 하나를 받아들였다. 메카처럼 유목민, 상인, 장인, 농민이 뒤섞여 있는 도시에서는 서로 다른 종교관 때문에 논쟁이 일어났다. 이런 논쟁들은 실천적 함의가 있었다. 낡은 가치관과 신들은 씨족과 부족에 대한 충성보다 우선하는 단일 규범이나 법 체계를 애초부터 배제했기 때문이었다.

아라비아와 국경을 맞대고 있던 두 개의 대제국, 비잔티움과 페르시아에서 일어나고 있던 사건들 때문에 위기가 고조됐다. 6세기 말에 페르시아는 비잔틴 제국의 이집트와 시리아를 잠깐 빼앗으면서 9백 년 동안의 그리스-로마 지배를 끝냈다. 그러나 페르시아 사회 자체도 도시의 번영을 가져온 메소포타미아의 관개 시설을 소홀히 관리한 지주 귀족들 때문에 깊은 위기에 빠져 있었다. 전쟁이 낳은 파괴는 위기를 더욱 부채질했다. 두 제국의 대중은 가난에 시달렸고 사회는 혼란에 빠졌다.[57] 전 세계가 일대 혼란에 빠진 듯했다.

메카의 변변치 않은 상인 집안에서 태어나 고아가 된 마호메트는 이런 세계에서 성장기를 보낸 뒤 상인이 돼 먹고살려고 했지만 크게 성공하지는 못했다. 마호메트는 자신을 둘러싼 세계의 혼란 때문에 정신적으로도 혼란을 겪었다. 마호메트가 보기에는 서로 충돌한 세계관과 가치관 가운데 어느 하나도 이치에 맞는 것이 없었다. 마호메트는 자신의 삶과 자신이 살고 있는 사회에 어느 정도 일관성을 부여하고 싶은 강한 열망을 느꼈다. 마호메트는 종교적 환영을 잇달아 체험하면서 하느님(아랍어로는 '알라')과 대화를 나눴다고 믿게 됐다. 이런 환영들은 마호메트가 전에 접했던 여러 가지 종교 관념을 새로운 패턴으로 형상화했다. 마호메트는 환영 속에서 나눈 대화를 다른 사람들에게 받아 적게 했고, 이것은 나중에 코란으로 집성됐다. 시간이 지나면서 마호메트 주위에 신자들이 모여들었다. 신자들은 주로 메카의 다양한 상인 집안 출신의 젊은이들이었다.

　마호메트의 설교는 아랍의 농민과 도시민이 믿은 기독교·유대교와 많은 공통점이 있었다. 마호메트는 유목인들이 믿은 많은 경쟁 신에 맞서 유일신을 주장했다. 그리고 낡은 씨족·부족 중심의 규범들 대신 모든 신자가 서로 지켜야 할 '보편'의 의무를 내세웠다. 또 그는 사람들이 임의의 억압에서 보호받아야 한다고 강조함으로써 가난한 사람들에게 매력을 줬지만, 동시에 부자들도 자선을 베풀 것을 조건으로 포용했다. 초기 기독교처럼 마호메트의 설교도 도시의 여성들에게 일정한 호소력이 있었다.(마호메트의 집단에 속해 있던 일부 여성들의 남편들은 마호메트를 지독히 싫어했다.) 마호메트는 여성이 남성보다 열등하다고 전제하고 있었지만(예컨대, 여성이 베일을 쓰는 비잔틴 제국의 관습을 받아들인 것), 여성보다 '우월한' 남성이 여성을 학대하지 말고 존중해야 한다고 설교했으며, 여성이 일정한 재산권을 가지는 것도 허용했다.

　순수하게 종교적 측면에서 볼 때 마호메트의 설교는 유대교와 기독교의 성서 신화와 종교 관행에서 많은 것을 차용하고 있었다. 그러나 한 가지 중요한 점에서 당대의 기독교 종파들과 달랐다. 마호메트는 단순히 신앙과 도덕적 행동 규범만을 설교하지 않았다. 마호메트의 설교는 사회개혁을 위한 정치 강령이기도 했다. 마호메트는 경쟁하는 부족들과 권력자 가문들 사이에서 흔히 무력 충돌이 일어나는 '야만 사회'를 단일한 법전에 바탕을 둔 질서 있는 '움마 공동체'로 바꿔야 한다고 설교했다.

이런 정치적 설교 때문에 메카의 지배자 가문들과 충돌하게 된 마호메트는 신도들을 이끌고 메디나로 망명할 수밖에 없었지만, 마침내 서기 630년에 군대를 이끌고 메카로 돌아와 새로운 국가를 수립했다. 마호메트는 단일한 세계관으로 무장한 청년들로 이루어진 중추 집단을 구축하고, 전혀 다른 목적을 지닌 집단들과 전술적 동맹을 맺을 수 있었기 때문에 성공할 수 있었다. 단지 평화를 원한 도시민과 농민, 강력한 국가가 가져다 줄 이윤에 눈독을 들인 상인 가문, 마호메트의 군대에 달라붙어 전리품을 차지하려 한 부족 지도자들이 그런 동맹의 대상이었다.

새로운 국가는 양대 제국의 위기에서 어부지리를 얻을 수 있는 좋은 위치에 있었다. 마호메트는 632년에 죽었지만, 칼리프(마호메트의 후계자)였던 아부 바크르와 우마르—상인 가문 출신의 이 두 사람은 마호메트의 오랜 제자였다—는 모두 종교 교리와 정치적 실용주의를 결합하는 법을 알고 있었다. 두 사람은 서로 반목한 유목민 부족·씨족의 전투적 에너지를 양대 제국의 부유한 도시들을 공격하는 데 이용했고, 이 과정에서 두 제국이 얼마나 약한지 알게 됐다. 아랍 군대는 두 제국의 도시들을 차례로 함락했다. 636년에 다마스쿠스, 637년에 페르시아의 도읍인 크테시폰, 639년에 이집트의 바빌론(지금은 카이로에 흡수됨), 642년에 알렉산드리아를 함락했다. 10년 만에 마호메트의 신도들은 역사적 문명의 땅인 중동에 거대한 제국을 수립한 것이다.

그 성공은 부분적으로는 유목 부족의 전투 능력을 아주 영리하게 이용한 결과였다. 침투가 불가능해 보이는 사막을 빠른 속도로 통과한 이슬람의 (낙타를 탄) 기마 부대는 제국의 국경 도시들을 엄청난 위력으로 기습했다. 이슬람 군대는 옛 대영제국의 함대가 바다에서 그랬던 것과 꼭 마찬가지로 광활한 사막을 누비고 다니면서 훨씬 느린 속도로 움직이는 수비군을 마음껏 농락했다.[58] 현대 육군이 낙하산 부대를 이용해 멀리 떨어져 있

는 목표물을 자유자재로 기습하는 것과 마찬가지였다.[59]

그러나 이슬람 군대의 승리는 낡은 제국의 지배자들이 자신의 신민들한테 엄청난 미움을 산 덕분이기도 했다. 흔히 도시민의 대다수였던 유대인들과 '이단' 기독교인들은 아랍 군대를 환영했다. 무슬림 정복자들이 새로운 국가 구조를 만들지도 않았고, 주민들을 이슬람으로 개종시키려 하지도 않았던 초기에는 특히 그랬다. 처음에 무슬림 정복자들은 낡은 행정 기구를 대부분 그대로 두었고 기독교인, 유대인, 페르시아 조로아스터교도들의 신앙을 존중했다. 무슬림 정복자들은 단지 정기적으로 세금을 납부하라고 요구했고, 무슬림의 지배에 계속 저항한 귀족들의 토지와 국가 소유 토지를 압류했을 뿐이다. 주민 대다수는 새로운 환경이 옛 제국들보다 덜 억압적이라고 느꼈다.

어느 유대인 작가는 "조물주는 인간을 악에서 구하시려고 이스마엘[즉, 아랍—크리스 하먼] 왕국을 주셨다" 허고 말했고, 시리아의 한 기독교 역사가는 "하느님은 아랍인들을 매개로 우리를 로마인들에게서 해방시키셨고 …… 로마인들이 우리에게 했던 만행과 격심한 증오에서 우리를 구원해 주셨다"고 말했다.[60]

정복에서 당장 이득을 본 것은 아랍의 부족 군대 지도자들과 메카의 유력 가문들이었다. 이들은 전리품을 나눠 가짐으로써 몇 년 만에 아랍의 귀족 계급을 형성했다. 무척 부유했지만 극소수였던 이 새로운 상층 계급은 사막 가장자리의 새로 지은 병영 도시들에 살면서 주민들에게 세금을 거뒀지만 옛 제국의 땅은 기존의 지주들과 관리들이 관리하도록 놔뒀다.

그러나 일부 아랍 부족들이 승리의 열매를 너무 적게 분배받았다고 생각한 탓에, 승리한 군대 내부에서 마찰이 끊이지 않았다. 일부 부족들의 불만이 커지면서 마침내 640년대에 내전이 벌어졌다. 이 내전은 이후 이슬람 역사 전체에 그 흔적을 남겼다. 644년에 제2대 칼리프였던 우마르가 한 노예에게 살해당하자 칼리프 권력은 우스만에게 넘어갔다. 우스만은 마호메트의 초기 신도였지만 동시에 메카의 가장 유력한 상인 집안 출신이었다.

이 때문에 일부 부족들의 반감이 더욱더 커졌다. 우스만은 656년에 살해당했다. 마호메트의 조카이자 사위였던 알리가 칼리프로 추대되자 서로 경쟁하는 무슬림 군대들 사이에서 공공연한 전쟁이 일어났다. 하와리즈[아랍어로 '이탈자들'이라는 뜻]파로 알려진 알리의 일부 지지자들은 알리가 반대파들과 화해하려는 데 반발해 알리를 살해했다. 권력은 우스만의 조카에게 넘어갔는데, 그는 자신의 성(姓)을 따 우마이야라는 세습 왕조를 세웠다.

많은 사람들은 승리한 우마이야 가문이 마호메트가 비난했던 악행을 저지르고 있다고 느꼈다. 알리와 알리의 아들 후세인(680년에 우마이야 군대에게 살해당했다)은 마호메트 시대로 되돌아가길 원한 모든 사람에게 순교자로 비쳐졌다. 그런 사람들은 마호메트 시대가 순수함의 전형이었고, 그 순수함이 그때 이후로 더럽혀졌다고 생각했다. 그 뒤로 이슬람 역사에서 알리의 시대 또는 최초의 두 칼리프 시대로 되돌아가자는 호소는 기존 질서에 대항해 반란을 일으키자는 호소가 됐다. 오늘날 '이슬람 근본주의' 조직들도 많은 경우 그런 동기에 바탕을 두고 있다.

하지만 그것은 훗날의 일이고 당장의 우마이야 왕조는 시리아에 도읍을 세우고 제국을 공고화하는 일에 주력했다. 아랍 군대는 동쪽으로는 카불과 부하라를 장악하고 서쪽으로는 대서양에 도달하면서 계속 전진했다. 이 덕분에 옛 부족장·상인 출신의 아랍 귀족들은 훨씬 더 많은 부를 얻었다. 귀족들은 요새 도시들에서 막대한 비용을 들여 자신들만의 궁전을 짓고 사치스럽게 생활했다. 귀족들 휘하의 아랍 군인들은 세금을 면제받았고 정복지에서 나온 약탈품과 조공에서 연금을 받았다.

도시 계급들과 종교 반란

방대한 지역이 난일한 세국으로 통일되면서 사치품 무역이 엄청나게 성장했다. 상인, 상점 주인, 점원, 장인이 요새 도시들로 모여 들었다. 이들은 성 바깥으로 점점 확대된 교외에 거주하면서 아랍 지배자들과 그들의 궁전·군대·관리들에게 필요한 물건들을 제공했다. 대개 이들은 아랍인이 아니었지만 자기 지배자들의 종교인 이슬람에 매력을 느꼈다. 따지고 보면, 이슬람도 옛 제국을 지배한 유일신 종교와 크게 다르지 않았기 때문이다. 그러나 아랍인 무슬림들은 세금을 면제받고 조공의 일부를 떼어 받을 수 있는 무슬림의 종교적 특권을 개종자들에게 나눠 주고 싶지 않았다. 그래서 자신들만이 진정한 무슬림이라고 본 아랍인들은 새로운 개종자들을 '마왈리'로 지정하고 특권에서 배제했다.

우마이야 제국이 수립되고 1백 년이 흘렀을 무렵, 비(非)아랍계 무슬림은 제국의 도시에서 다수를 차지했으며, 아랍 상인들이 귀족이 되면서 포기해버린 공업과 상업의 핵심이 됐다. 비아랍계 무슬림은 행정 관료로서도 점차 중요해졌다. 그러나 이들은 여전히 차별당했다.

이런 상황에서 '알리의 당'을 뜻하는 '시아투 알리'(줄임말로 '시아'파)라고 스스로 명명한 무슬림 반대파는 준비된 청중을 발견했다. 알리 역시 부정부패에 타협했다고 믿었던 하와리즈파도 마찬가지였다. 과거 메카의 일부 도시 계급이 마호메트의 가르침에서 못마땅한 사회 질서에 맞서 싸울 수 있는 세계관을 발견했듯이, 이제 도시 계급은 똑같은 가르침이 마호메트의 부하들이 세운 국가에 맞서 투쟁할 때에도 마찬가지로 유용하다는 사실을 깨달았다. 그것은 도시 계급의 발전을 옥죄는 억압을 철폐하고 새로운 질서를 창조하라는 강력한 호소였다.

일부 역사가들은 이것이 페르시아 사람들과 아랍 사람들 간의 갈등이었다고 본다.[61] 그러나 정작 페르시아의 상층 계급은 우마이야 왕조를 지지했던 반면, 불만분자 중에는 많은 아랍인이 포함돼 있었다.

잔존한 페르시아 귀족들은 아랍 국가가 자신들의 특권을 인정해 주는 한, 아랍 국가와 협력했다. 개종한 페르시아 귀족들은 조로아스터교 신앙에서 이슬람 정통 신앙으로 개종했다. 이슬람화된 페르시아 도시민들과 농민들은 조로아스터교 신앙에서 아랍과 페르시아의 귀족들에게 대항한 이슬람

이단 신앙으로 개종했다.[62]

계급적 긴장이 높아지면서 새로운 종교·사회 질서의 탄생을 설교한 마흐디('인도받은 자')들이 이끈 반란들이 잇따라 일어났다. 이 반란들은 패배했다. 그러나 8세기 중반에 아랍 군대 지도자들 사이에서 싸움이 다시 벌어졌다.

마호메트 가문에서 '하심' 계열의 후손인 아부 알 아바스는 이 상황을 자신에게 유리한 방향으로 이용했다. 아부 알 아바스는 자기 집안의 노예였다가 해방된 아부 무슬림에게 페르시아 남서부에서 종교·사회 반란을 선동하라고 지시했다. 아부 무슬림은 대중 봉기를 일으킬 조건이 성숙할 때까지 비밀리에 활동하면서 지지자를 규합했다. 페르시아 서부의 도시들이 잇따라 아바스 가의 깃발(기독교의 천년왕국주의자들과 관련된 색깔인 검은색 깃발)을 올리고 지지를 선언했다. 아부 무슬림은 유프라테스 강까지 행군해 가서 우마이야의 주력 부대를 무찔렀다. 이처럼 "광범하고 성공적인 혁명적 선전" 덕분에 아부 알 아바스는 우마이야 왕조를 무너뜨리고, 왕가를 몰살하고, 새로 아바스 왕조를 세울 수 있었다.[63] 해방을 기대했던 빈민들은 곧 실망했다. 아바스 왕국의 지배자들은 아부 무슬림과 그의 동료들을 처형함으로써 신속하게 자신들의 '과격파' 지지자들에게 등을 돌렸다. 그렇지만 이 사건은 단순한 왕조 교체 이상의 의미가 있었다.

버나드 루이스는 그가 쓴 이슬람 역사서에서 이 사건이 "유럽사의 프랑스 혁명이나 러시아 혁명만큼이나 …… 이슬람 역사에서 중요한 혁명"이었다고까지 말한다.[64] 일부 역사가들은 이것을 "부르주아 혁명"이라고까지 부른다.[64a] 아바스 왕조는 분명 대중의 불만을 이용해 제국의 지배 체제를 완전히 재편했다. 우마이야 제국의 통치 권력은 공물을 위한 정복과 전쟁으로 성공한, 오로지 아랍인들로 구성된 무인 귀족들이 독차지했다. 반면 아바스 왕조에서 이슬람은 출신 민족이 더는 중요하지 않은, 진정으로 보편적인 종교로 바뀌어, 아랍계 신자들과 비아랍계 신자들은 갈수록 동등한 대우를 받았다. 여전히 부자와 가난한 사람은 있었지만 말이다. "새로운 사회 질서는 공무원, 상인, 은행가, 그리고 이슬람 학자·법학자·교사·성직자 계급인 '울라마'로 이루어진 다민족적 지배 계급 아래에서 농업과 상업 같은 평화 경제에 바탕을 두었다."[65] 새로운 도읍인 바그다드로 왕궁을 옮긴 것은 변화의 상징이었다. 옛 페르시아의 도읍인 크테시폰의 폐허에서 몇 킬로미터밖에 안 떨어져 있었던 바그다드는 메소포타미아의 가장 비옥한 관개 지역과 중요한 인도 무역로 위에 자리 잡은 웅장한 도시였다.

아바스 혁명은 1백여 년 동안의 경제 발전으로 가는 길을 열어젖혔다. 메소포타미아와 나일 강 유역은 밀, 보리, 쌀, 대추야자, 올리브를 생산하면서 번영을 누렸다. 아바스 제국의 지배자들은 메소포타미아의 관개 수로를 수리했다. 그 덕분에 농산물은 계속 풍작이었던 듯하다.[66] 인도에서 도입한 면화는 페르시아 동부에서 스페인까지 퍼져 나갔다. 제국의 무역량도 방대했다. 상인들은 인도, 스리랑카, 인도 동부, 중국까지 여행했고, 중국 남부의 도시들에는 아랍 상인들의 정착지까지 생겨났다. 또 무역의 범위는 흑해를 지나 볼가 강을 넘어 러시아까지, 에티오피아와 나일 강을 지나 아프리카까지, 유대인 상인을 통해 서유럽까지 뻗어 있었다.(스웨덴에서도 아랍 동전이 발견됐다.)

무역이 확대되면서 일종의 은행 제도도 출현했다. 바그다드에 본부를 둔 은행들은 제국의 다른 도시들에 지부를 두었으며, 정교한 수표와 신용증 발행 체계를 갖추고 있었다.[67] 그 덕분에 상인들은 제국의 한쪽 끝에서 다른 쪽 끝까지 많은 양의 금이나 은을 가지고 다닐 필요가 없었다. 바그다드에서 수표를 인출해 모로코에서 현금으로 바꿀 수 있었다. 코란은 이자를 받고 돈을 빌려 주는 행위를 금지하고 있었기 때문에 대부분의 은행가들은 기독교인이나 유대인이었다. 물론, 막심 로댕송이 지적했듯이 이슬람 사업가들도 법망을 피해갈 방도를 금방 찾아냈다.[68]

장인 중심의 산업도 번창했다. 주로 직물업이 번창했지만, 도기, 금속, 비누, 향수, 종이(중국에서 배웠다)도 제조했다. 상업과 도시의 번영은 "정직한 상인"을 "이상적인 도덕적 표상"으로 간주한 문학과 사상에 반영됐다.[69] 그 유명한 ≪아라비안나이트≫는 "상인과 장인, 더 위로는 부유한 사업가, 곡식 상인, 징세 대행인, 수입상, 부재지주 등이 포함된 부르주아지의 생활"을 그리고 있다.[70]

이슬람 학자들이 마호메트의 말('하디스')과 공식 이슬람 법전('샤리아')을 집성하기 시작한 것도 이 무렵이었다. 오늘날 서방에서는 흔히 이 법전들을 소위 "유대교-기독교 전통"의 '인도적'이고 '문명화된' 가치와 반대되는 순전한 야만주의의 표현인 듯 소개한다. 그러나 9세기와 10세기에 이 법전들은 제국의 관료와 지주 귀족들의 임의적인 지배에서 벗어나고자 했던 상인과 장인의 가치관을 부분적으로 표현하고 있었다. 이것은 서유럽에서 발전하고 있었던 봉건 제도는 말할 것도 없고 '기독교' 영역인 비잔티움의 현실과도 선명하게 대비되는 일이었다. 이슬람 역사에 관한 어느 학술 연구서가 지적했듯이, "상대적 유동성에 관한 평등주의적 배려"에 바탕을 두고 성립된 샤리아는 "농업 제국들에서는 찾아볼 수 없는 독립성"을 지니고 있었다. 상인들과 장인들은 "이슬람이 법적 정당성을 심판하는, 더 개방적이고 평등주의적이고 계약 중심적인 토대 위에서 사회 전체를 재구성"하기를 기대할 수 있었다.[71]

전반적으로 이 시기는 급격한 사회 변화가 촉발한 가치관의 충돌이 지적 탐구의 증대로 이어지는 시기의 한 표본이었다. 아직까지는 이슬람에 관한 단일한 정통 해석이 확립되지 않았고, 경쟁 학파들은 사람들의 마음을 장악하기 위해 서로 다퉜다 도시의 하층 계급은 시아파에 속한 여러 가지 이단들에서 매력을 느꼈다. 시아파의 교리는 제국에 맞선 반란 시도들을 거듭 촉발했다. 그러는 동안 시인과 학자와 철학자는 일부 부유한 궁정 관료나 지주, 상인의 후원을 받으려고 제국 전역에서 바그다드로 모여들었다. 이들은 그리스·페르시아·고대 시리아·인도 말로 된 철학·의학·수학 서적들을 아랍어로 번역했다. 알 킨디, 알 파라비, 이븐 시나(서구에서는 보통 '아비켄나'(avicenna)로 알려져 있다) 같은 철학자들은 플라톤과 아리스토텔레스의 사상에 바탕을 두고 세계를 합리적으로 설명하려 했다. 알 화리즈미, 알 부즈자니, 알 비루니 같은 수학자들은 그리스와 인도의 유산을 결합해 발전시켰다. 천문학자들은 아스트롤라베[육분의가 나오기 전의 천체 관측 도구]와 육분의(六分儀)를 만들고 지구의 둘레를 측정했다.

기생충과 마비

확실히 무슬림 제국은 암흑기 유럽뿐 아니라 정체한 비잔틴 제국과도 뚜렷하게 대비됐다. 그러나 무슬림 제국은 심각한 단점이 있었고, 그 때문에 중국의 역동성과 혁신과 기술 진보에는 필적할 수 없었다.

첫째, 도시 생활과 문화는 번창했지만 생산 기술은 그에 걸맞는 정도로 발전하지 못했다. 아바스 혁명은 상업이 팽창할 여지를 만들어냈고, 그 덕분에 도시의 중간 계급은 국가의 기능에 영향을 미칠 수 있었다. 그러나 진정한 권력은 본질적으로 다른 사람들의 생산에 기생한 집단에게 여전히 남아 있었다. 갈수록 황궁의 지배자들은 자기도취 욕구를 만족시키고 국민에게 경외심을 심어주기 위해 대규모 지출을 감행하는 등 동양 군주들의 전통적인 권력 상징들에 집착하게 됐다. 국가 관료들은 뇌물을 받거나 국가 수입을 횡령함으로써 거대한 재산을 모으려 했다. 상업으로 부자가 된 상인들도 땅 투기를 하거나 징세 대행인이 되는 것이 생산 기술 발전에 투자하는 것보다 이득이 크다고 생각했다.

도시 공업은 거의 전적으로 개별 장인들의 소규모 생산에 기반을 두고 있었다. 민간 기업가가 아닌 국가가 운영하는 몇몇 산업을 제외하면, 임금노동자를 사용하는 대규모 작업장은 거의 발달하지 못했다. 오래지 않아 국가 관료들은 상업에서 나온 이윤도 잠식하기 시작했다. 주식으로 쓰이는 식량에 대한 투기를 규제하려는 관료들의 노력은 개인의 이익을 위해 특정 필수품들의 매매를 독점하려는 시도로 전락했다.

아바스 왕조의 첫 몇십 년 동안 농촌에서 일어난 진보의 성과는 곧 사라져버렸다. 일단 관개 시설이 과거 수준으로 회복되자, 시설 유지에 필요한 국가 자금을 다른 용도로 돌려쓰거나 착복하는 일이 벌어졌다. 갈수록 토지는 바그다드의 휘황찬란한 생활방식을 유지하는 데 드는 단기 이윤에만 관심 있는 대지주들 손에 넘어갔다. 대지주들은 갈수록 농민들을 압박하다가 대토지에 노예 노동을 도입하기 시작했다. 고대 로마에서처럼 농민은 토지를 잃은 데다가 임금 노동 시장마저 줄어들었다. 또한 노예들은 토양의 장기적 생산력을 보존하려는 소농들의 이해관계를 공유하지 않았다.

갈수록 정교해진 지배 계급의 '상부구조'는 생산이 더는 증가하지 않은 농촌을 무겁게 짓눌렀다. 메소포타미아 문명들의 농업에 관한 어느 중요한 연구서에서 언급하고 있듯이, 도시의 지배 계급은 "농업 발전에 거의 관심을 기울이지 않았다. 대신에 도시의 지배 계급은 궁정의 권모술수와 부패에만 온 신경을 쏟았다. 이것은 지배 계급이 벌인 내전과 더불어 농촌의 자원을 더욱더 소진시켰다. 더욱이 부패하고 약탈적인 대리 징세 관행을 통해 세입을 유지하거나 늘리려 한 근시안적 시도 때문에 상황은 더 나빠졌다."[72]

토양의 염분화 같은 자연 조건 때문에, 토지를 매우 정성들여 관리할 때조차도 소출을 몇백 년 전 수준 이상으로 늘리기는 어려웠을 것이다. 그런 토양을 소홀히 관리한 결과는 끔찍한 황폐화였다. "한때 칼리프의 지배를 받으면서 가장 번영했던 지역들에서 농경이 중단되고 촌락이 흩어졌다."[73] 13세기 초에 한 관찰자는 다음과 같이 썼다.

이제 모든 것이 폐허가 됐고, 모든 도시와 촌락이 흙무더기로 변했다. ……그 어떤 술탄도 건설과 건축에는 관심이 없었다. 그들의 목표는 오로지 세금을 거둬 소비하는 것이었다.[74]

제국의 심장부에서 경제가 쇠퇴하자 이슬람 제국은 정치적 분열을 겪기 시작했고, 이 때문에 경제는 더욱 쇠퇴했다. 토지에서 나온 세입이 줄어들자, 황궁은 상인들을 희생시켜 재정을 얻으려 했고, 속주의 재정 책임을 총독들에게 넘겼다. 그러자 총독들도 이득을 챙겼다. 총독들은 오래지 않아 독립적인 지방 권력자가 됐다.

한편, 칼리프들은 반란을 일으킬 수 있는 아랍 군대에 대한 의존도를 줄이려 했지만 역효과만 낳았다. 중앙아시아에서 온 터키인들이 점차 용병이나 맘루크(황족을 보호하는 군대 기능을 한 특권 노예 집단) 역할을 했다. 시간이 지나면서 맘루크 장군들은 칼리프를 자기들 마음대로 앉혔다가 폐위시킬 만큼 강력해졌고, 결국 칼리프는 다른 사람들의 결정을 형식적으로 승인해 주는 이름뿐인 존재가 됐다.

11세기에 제국은 분열했다. 스페인, 모로코, 튀니지는 이미 오래 전에 독립 왕조를 세웠다. 페르시아의 동부는 바그다드의 칼리프들에게 이름뿐인 충성만을 바치는 왕조들이 다스렸다. 시아파의 이스마일파 반란 세력은 이집트, 시리아, 아라비아 서부, 인도의 신드 주를 관할하는 또 하나의 칼리프 국가를 수립했다. 장엄한 알 아즈하르 사원이 있는 새 도읍 카이로는 11세기에 바그다드와 쌍벽을 이룬 또 하나의 이슬람 중심지로서, 이집트에서 사마르칸트까지 모든 지역의 무슬림 반대파들에게 혁명적 열망의 초점을 제공했다. 결국 그 카이로 정부조차 얼마 안 가서 이스마일파 내부의 반대파들이 일으킨 반란에 직면했지만 말이다.(지금도 레바논에 남아 있는 드루즈파가 여기에서 기원했다.)

이슬람 제국의 분열은 그 자체로는 총체적인 경제적 붕괴나 문화적 붕괴를 초래하지는 않았다. 바그다드는 쇠퇴했고 마침내 1258년 몽골 군대가 바그다드를 점령하고 약탈했지만, 이집트는 2백 년 동안 계속 번영했다. 서쪽의 코르도바부터 동쪽의 사마르칸트와 부하라에 이르는 모든 지역에서 경쟁하는 왕실들이 학자들을 서로 후원하려고 다툰 덕분에 이슬람 문화도 번성했다.

제국을 괴롭혀온 많은 문제들은 곧이어 후대의 국가들도 괴롭혔다. 이 국가들은 기존의 생산 체계를 되살리고 원거리 무역에 착수할 수 있었기 때문에 잠시 동안 번영을 누렸다. 그렇다고 해도 이것이 새로운 생산 방법을 통해 사회 전체를 더 높은 수준으로 끌어올리는 것만은 못했다. 부유한 행정·무역 도시였던 이집트의 알렉산드리아와 카이로의 경제는 여전히 나일 강 유역과 삼각주의 촌락들에 기생하고 있었다. 농촌의 식량과 원자재는 지배자들에게 세금으로, 지주들에게 지대로 흘러 들어갔다. 그러나 도시는 농촌에 선진적인 도구와 기술을 제공하지 못했다. 농촌의 생활은 1천 년 전과 거의 다를 바 없었다. 마침내 기생적인 도시 생활은 도시의 경제 기반마저 파괴할 수밖에 없었다. 12세기에 이집트 영토의 일부는 이슬람 제국들보다 문명 수준이 낮았던 서유럽에서 광신자들이 이끌고 온 도적 집단, 즉 십자군에 함락될 정도로 취약했다. 십자군의 승리는 중동이 정체하고 있었던 시기에 서유럽은 이제 막 후진성에서 벗어나기 시작했다는 증거였다. 이집트는 13세기에 맘루크 장군들이 정권을 장악하고 나서야 페르시아처럼 몽골에 정복당하는 것을 모면할 수 있었다.

이슬람 문화와 과학에 찾아왔던 위대한 시기도 이 무렵에 끝났다. 몇백 년 동안 주로 도시의 종교였던 이슬람은 갈수록 농촌으로 확산됐는데, 그 과정에서 고행자와 신비주의자들(일부는 사후에도 '성인'으로 숭배됐다)이 주도한 '수피' 운동의 인기에 의존하게 됐다. 그 결과, 요술과 기적을 일으키는 잡다한 하급 신들의 위계 서열이 유일신 종교에 다시 도입됐다. 이슬람의 고등교육 기관인 마드라사에서 단일한 정통 — 특히 시아파 이단들을 겨냥한 정통 — 을 가르치고 이슬람 지배층이 그 정통을 사회 전체에 강요하게 되자 합리적인 논쟁은 과거지사가 됐다. 학문은 세계에 대한 이해를 확대하는 것이 아니라 코란과 하디스를 외우는 것이 됐다. 이 때문에 독립적 사상과 과학적 진보는 갈수록 억눌렸다. 시인이자 수학자였던 오마르 하이얌은 12세기 초에 "학식 있는 사람들이 사라지고 있다. 남아 있는 사람은 한 줌밖에 안 되는데다가 커다란 시련을 겪고 있다"며 한탄했다.[75] 물론, 그럼에도 스페인의 아랍 도시들은 13세기에도 유럽의 학자들에게 학문의 등대였다. 14세기에 이븐 할둔은 18세기 프랑스와 스코틀랜드의 계몽주의 사상가들이 발견한 것들을 앞질러 발견했다.[76]

7세기와 8세기에 이슬람 문명이 출현했던 것은 처음에는 아랍 군대가, 그 다음에는 아바스 혁명이 상인·장인을 지주·장군과 동등하게 생각하는 교의를 내걸고 지중해부터 인더스에 이르는 지역을 통일한 덕분이었다. 상인과 장인을 중시한 덕분에 통일 제국은 상품, 기술 혁신, 미술 기법, 과학적 지식을 유라시아 전역으로 퍼뜨릴 수 있었고 메소포타미아, 이집트, 그리스, 로마의 고대 제국들과 고전 시대 인도와 동시대의 중국이 이룩한 유산을 더욱 발전시킬 수 있었다. 그러나 이것을 가능하게 한 아바스 혁명에도 태생적 한계가 있었고, 그 때문에 10세기 이후 이슬람 문명은 쇠퇴의 길로 접어들었다. 아바스 혁명은 불완전한 혁명이었다. 아바스 혁명으로 상인과 수공업 기술자들은 국가에 대한 영향력을 얻었지만 통제력을 얻지는 못했다.

도시 계급과 대지주 계급 사이에서 균형을 유지한 국가 기구의 권력은 막대해졌다. 국가는 모든 계급에게서 세금을 빨아들였고, 장군들과 관료들에게 방대한 영지를 하사했고, 사회의 생산 기반을 발전시키는 데 사용할 수도 있었던 잉여를 빼앗아갔으며, 마침내 엄청난 수의 농민들이 계속 일하는 것조차 어려울 정도로 가난해졌다. 그 결과 총생산이 감소했다. 그러자 이번에는 상인들과 제조업자들의 시장이 축소됐고, 그 때문에 수공 생산에서 초보적이나마 공장 생산 체제로 옮겨갈 수 있는 유인도 줄어들었다. 기술 발전은 억제됐다. 그 때문에 중국에 다녀온 상인들이 인쇄술의 존재를 알고 있었는데도 무슬림 세계에는 인쇄술이 소개되지 않았다. 주민 대중은 가난과 미신에 빠져 있었다. 문명을 향유한 소수의 인구마저 이들을 부양한 경제 조건이 악화되면서 문명 생활을 지속하기 힘들어졌다.

거듭된 반란들이 이슬람 제국들을 뒤흔들었다. 살해된 혁명 지도자 아부 무슬림을 추종한 사람들의 반란, 칼리프들에게 오염당하기 전의 순수한 이슬람을 알리의 후손이 대표한다고 믿은 사람들의 반란, 도시민 반란, 농민 반란, 9세기에 메소포타미아 남부의 염습지(鹽濕地)에서 16년 동안 지속된 흑인 노예들의 위대한 잔지(Zanj) 반란,[77] 그리고 이집트에 또 하나의 칼리프 국가를 탄생시킨 이스마엘파 반란이 일어났다.

그러나 고대 로마의 반란들이나 중국의 농민 혁명들이 그랬듯이, 이 반란들도 궁지에서 탈출할 수 있는 길을 제시할 수 없었다. 흔히 종교적 형태를 취한 이 반란들은 거대한 불만을 보여 줬지만, 사회를 새로운 토대 위에서 재편하기 위한 계획들은 제시하지 못했고, 제시할 수도 없었다. 대중의 생계방식은 그런 일이 가능할 만큼 충분히 발전하지 못했기 때문이었다.

중국의 당나라·송나라 문명과 마찬가지로 이슬람 문명은 더욱더 발전하기 위한 씨앗을 남겼다는 점에서 중요했다. 그러나 낡은 상부구조는 그 씨앗이 싹트지 못하도록 짓눌렀다. 그 씨앗은 그런 상부구조가 거의 존재하지 않았던 유라시아의 미개한 지역에 이식된 뒤에야 싹틀 수 있었다.

5. 아프리카의 문명들

19세기와 20세기 초 유럽의 식민주의자들은 아프리카를 "암흑의 대륙"이라고 불렀다. 이들에 따르면 아프리카에는 문명도 역사도 없었다는 것이다. 옥스퍼드 대학교의 교수였던 에거튼은 "공허, 지루함, 난폭한 야만"이 아프리카의 삶이라고 말했다.[78] 유럽인들의 편견이 어찌나 강했던지, 짐바브웨의 12세기 도시 유적을 발견한 최초의 유럽 사람인 칼 마우흐는 이것이 아프리카 토종 유적이 아니며, 북쪽에서 온 백인이 예루살렘의 솔로몬 성전을 본따 건축한 유적임이 틀림없다고 확신했을 정도였다.[79] 1965년에 영국 보수당의 역사가 휴 트레버-로퍼는 "아프리카에는 유럽인의 역사만 존재한다. 나머지는 대체로 암흑의 역사였다"고 썼다.[80]

그러나 유라시아와 아메리카에서 문명을 출현시킨 모든 과정은 아프리카에서도 일어났다. 그것도 한 번이 아니라 여러 번 그랬다. 이집트가 가장 분명한 사례다. 이집트 문명의 특정 부분들은 십중팔구 메소포타미아의 영향을 받은 듯하지만, 이집트 문명의 뿌리는 이집트 남부 나일 강 유역의 정착민이 이룩한 독립적인 발전에 있었다.[81] 그리스의 역사가인 헤로도토스는, 기원전 1000년대 초반에 이집트를 잠깐 정복했고 표음문자를 사용한 누비아(아스완 이북의 나일 강 유역)의 쿠시 문명을 언급한 바 있다. 로마인들은 초기부터 기독교를 받아들였고, 아라비아 남부와 긴밀하게 접촉했고(마호메트의 초기 신자들 일부는 메카의 박해를 피해 이곳으로 도망쳤다), 고유 문자를 개발한 에티오피아의 악숨 문명을 알고 있었다. 인도 상인, 무슬림 제국 상인, 심지어 중국 상인들까지 아프리카 동부 연안에 있는 모잠비크 이북의 모든 도시들과 왕래했다. 그런 상인 가운데 한 명이었던 이븐 바투타는 1331년에 오늘날의 탄자니아에 있는 킬와를 "세계에서 가장 아름답고 잘 건축된 도시 가운데 하나"라고 표현했다.[82] 레오 아프리카누스라는 이탈리아식 별명으로 더 잘 알려져 있는 그라나다 출신의 무어인 망명자 하산 알 와잔은 15세기 초에 모로코에서 출발해 사하라 사막을 건너는 동안 니제르 강을 따라 세워져 있던 약 열두 개의 왕국을 방문했다고 기록했다. 그는 탐보(통북투) 시에 수천 명이 거주했으며 "많은 행정관, 학식 있는 의사들, 종교인들"이 있었다고 기록했다. "베르베르인들이 세운 나라들에서 수입한 필사본 책이 매우 잘 팔린다. 다른 어떤 물품보다도 책을 파는 게 가장 많은 수익을 남긴다."[83] 서아프리카 해안의 숲 지대에서도 문명이 발원해, 그곳의 베닌 시는 처음 방문한 포르투갈 사람들에게 강렬한 인상을 남겼다. 또한 앙골라 북부의 콩고 왕국부터 부간다(오늘의 우간다) 지역까지 중앙아프리카의 광범한 지역에서도 문명들이 출현했다.

이런 문명들이 출현한 과정은 유라시아와 아메리카 문명의 경우와 본질적으로 다르지 않았다. 먼저 일부 지역에서 농경이 출현했고, 잉여가 늘어나면서 이전의 공동체 구조는 족장 혈통과 나머지 주민들로 양극화하기 시작했다. 그 다음에는 이 족장 혈통이 사회의 나머지를 착취한 지배 계급으로 발전했고, 주민 대중 속에서는 장인과 상인으로 이루어진 전문화된 집단이 농민·유목민 대중과 나란히 등장했다.

때때로 이런 발전은 다른 문명들의 영향으로 더 한층 가속화됐다. 이집트는 누비아에 영향을 미쳤고, 아마도 아라비아 남부(기원전 1000년에 이미 도시가 존재했다) 역시 홍해 건너편의 에티오피아에 영향을 미쳤고, 인도와 아랍 상인들은 아프리카 동부 연안에 영향을 미쳤다. 그러나 외부의 영향력을 이용할 수 있는 독자적인 문명이 이미 출현해 있었기 때문에 그런 일이 가능했다. 아프리카 동부 연안에 이미 어떤 것을 사고팔 수 있는 복잡한 사회가 형성돼 있지 않았다면 상인들은 그곳에 가지 않았을 것이다.

다양한 아프리카 민족들의 먹고사는 방식에서 일어난 가장 중요한 변화들은 외부의 영향과 완전히 무관하게 일어났다. 식물을 재배하는 기술이 그랬다. 유라시아와 나일 강 유역의 고대 문명들에서 재배한 농작물들은 사하라 이남 아프리카 지역 대부분의 열대·아열대 기후에서는 재배할 수 없었기 때문이다. 훨씬 뒤에 시작된 철 생산도 독자적으로 시작됐다. 기원전 1000년 무렵에 철기에 관한 지식이 유라시아 전역에 퍼지고 있던 시기에 서아프리카의 대장장이들도 철광석을 녹이는 법을 알아냈다. 그러나 이들이 사용한 기술은 조금 달랐기 때문에, 아프리카의 철기 문화가 독자적으로 발전했다는 사실을 알 수 있다.[84]

농업과 철은 사하라 이남 아프리카의 모습을 바꿔놓았다. 농업과 철을 처음 채용한 서아프리카의 반투어 사용자들은 그 수가 늘어나면서 기원전 2000년~서기 500년에 원래 아프리카 중부와 남부 지역 대부분을 차지했던 수렵-채취 사회들을 몰아냈다. 농업 잉여가 상당했거나 상업 요충지에 자리 잡았던 사회들은 서기 500년 이후 어느 시점부터 계급 사회와 도시 생활로 이행하기 시작했다. 아프리카 동부 연안의 도시들은 무역을 통해 인도양의 다른 문명들과 접촉했다. 서아프리카의 도시들은 한편으로 나일 강과 이집트까지, 다른 한편으로 사라하 사막을 거쳐 마그리브까지 뻗어 있던 무역망에 속하게 됐다. 상업의 접촉 덕분에 고유 문자가 개발되는 긴 과정을 거치지 않고서도 아랍어를 받아들여 문자를 사용할 수 있게 됐다. 아랍 문자와 함께 들어온 이슬람은 구래의 '이교' 신앙들보다 도시 생활의 분위기에 더 잘 맞았다.

토착 문명 발전으로 이집트 문명, 누비아 문명, 에티오피아 문명이 차례로 탄생했다. 때때로 소위 '미개인'들로 이루어진 무계급 사회들이 문명과 문명 사이에 산재해 있기는 했지만, 15세기에 문명은 서해 연안에서 동해 연안까지 아프리카 대륙 전체에 존재했다. 아프리카 문명들은 유럽 사람들이 아프리카 해안에 상륙하기 훨씬 전부터 이슬람을 통해 세계적인 무역망과 연결돼 있었다.(심지어 고대 짐바브웨의 몰락은 짐바브웨가 수출하던 금 가격이 15세기에 세계적으로 하락했던 탓이라는 설명도 있다.)[85]

아프리카 사람들은 결국 떠오르고 있던 세계 체제의 제물이 됐다. 아프리카 사람들을 '인간 이하'로 취급한 인종 차별 이데올로기가 아프리카 문명을 역사 기록에서 모조리 지울 수 있었던 것은 바로 그 때문이다. 그러나 아프리카가 그런 운명이 된 것은 지리적인 우연 때문이다.

유라시아 대륙은 동서로 뻗어 있다. 유라시아는 기후가 근본적으로 비슷한 광활한 땅덩어리들로 이루어져 있기 때문에 곳곳에서 같은 종류의 작물들을 재배할 수 있다. 밀, 보리, 호밀은 아일랜드 지역에서 베이징 지역까지 자라며, 벼는 한국·일본 지역에서 인도양 지역까지 자란다. 가축 품종의 확산을 방해하는 천연 장애물도 거의 없다. 말, 소, 양, 염소는 이따금씩 끼여 있는 사막 지대를 제외하면 거의 모든 곳에서 번식할 수 있다. 그 때문에 농업의 진보는 비교적 빨리 퍼져 나갈 수 있었다. 비슷한 환경에서 농사를 지은 이웃 민족들한테 배우면 됐기 때문이다. 일련의 유목 민족들은 유라시아 대륙을 한쪽 끝에서 다른 쪽 끝까지 휩쓸고 지나갈 수 있었다. 유목 민족들은 훈족이나 몽골족처럼 때때로 파괴를 자행하면서도 새로운 기술 지식을 전파했다.

반면, 북서로 뻗어 있는 아프리카에는 몇 개의 서로 다른 기후대가 존재한다. 마그리브나 이집트에서 잘 자라는 농작물이 사바나 지대에서는 쉽게 자라지 못하며, 사바나 지대에서 자라는 농작물도 적도 부근의 열대 지방에서는 쓸모가 없어진다.[86] 그 때문에 기후 장벽을 뛰어넘을 수 있는 획기적인 새로운 방법이 개발되지 않는 한 한 지역에서 개량된 농업 기술은 흔히 그 지역에서만 쓸모가 있었다. 게다가 목축이 남쪽으로 확산되는 것을 방해한 중대한 천연 장애물이 있었으니, 바로 중앙아프리카의 체체파리[아프리카산 흡혈 파리]였다. 이 파리 때문에, 길들인 소를 가진 농민들이 목축에 안성맞춤인 남아프리카 땅에 도달하기가 너무 어려웠다. 15세기 이전에는 세계 어디에도 맞바람을 거슬러 항해할 수 있는 기술이 없었기 때문에 서해안에서 먼 바다로 항해하는 것은 불가능했다. 동해안은 접근하기 쉬웠지만, 해안가의 고지대를 넘어 내륙에 접근하기는 어려웠다. 대서양에서 나일 강 유역까지 아프리카를 관통하며 대륙을 둘로 가르는 사하라 사막은 서기 500년 무렵에 낙타가 길들여진 뒤에도 매우 용감한 여행자들만 넘을 수 있는 장애물이었다.

영국인, 독일인, 스칸디나비아인처럼 후진적인 유럽인들은 암흑기에도 중국이나 인도, 중동에서 성취한 기술 혁신과 개량 농법에 관한 지식을 결국에는 얻을 수 있었다. 유럽인들은 세계에서 가장 큰 땅덩어리 곳곳에서 일어난 진보들을 자기 것으로 빨아들일 수 있었다. 반면 사하라 이남 아프리카의 문명들은 독자적인 자원에 주로 의지해야 했다. 이 문명들은 크기가 유라시아의 절반이고 인구는 그 6분의 1밖에 안 된 대륙에서 비교적 고립돼 있었다. 잇따른 아프리카 문명들이 보여 주듯이, 그것이 사회가 발전하는 데서 극복할 수 없는 장벽은 아니었다. 그러나 과거에는 후진적이었지만 아시아에서 쉽게 기술을 차용하고 발전시킬 수 있었던 서유럽의 약탈자들이 마침내 쳐들어왔을 때 그것은 치명적인 약점으로 작용했다.

6. 유럽의 봉건제

1천 년 전에 카이로와 코르도바 같은 거대 이슬람 도시의 상인들은 발이 넓었다.[87] 어쩌다 북유럽의 왕궁에 들른 이슬람 상인들은 틀림없이 그곳의 상황에 경악했으리라.

북유럽 땅은 서로 싸우는 장원들로 나뉘어 있었다. 장원들은 흔히 빽빽한 삼림 지대나 늪 지대를 사이에 둔 채 서로 단절돼 있었다. 각각의 장원은 자급자족 경제나 다름없었고, 장원의 주민들은 거의 전적으로 토지에서 나온 생산물만을 먹고살았다. 그 때문에 농민들은 주로 빵과 죽을 먹었고, 자기 집에서 양모와 아마(亞麻)로 실을 잣고 천을 짜 옷을 만들어 입었다. 또 농민들은 노역이든 현물 세금이든 적어도 자기 노동의 5분의 2는 영주에게 무보수로 바쳐야 했다. 농민들은 농노였기 때문에 토지나 영주를 떠날 자유도 없었다.

영주 가족의 생활수준은 훨씬 높았지만, 영주 가족들 역시 농민이 생산할 수 있는 것만 먹고 입었다. 영주의 성은 조잡했다. 나무로 지었고, 나무와 진흙으로 된 방책을 둘렀으며, 악천후에 취약했다. 영주는 농민들보다 옷이 훨씬 많았지만, 촉감이 부드럽지 않기는 마찬가지였다. 또한 영주가 농민보다 더 교양을 갖추고 있었던 것도 아니다. 다른 영주들에 맞서 자기 땅을 지키고 반항하는 농민을 혼내주려면 영주는 말타기와 무기 사용법에 관한 전문 지식이 필요했지만, 읽고 쓸 줄 아는 능력은 필요없었다. 그래서 대다수 영주는 애써 글을 배우려 하지도 않았다. 더 큰 장원을 다스리는 영주가 뭔가 기록을 남기려 할 때는 읽기와 쓰기 능력을 보존해온 극소수 사회 집단에 의지했다. 수도사와 성직자가 바로 그들이었다.

철(쟁기, 칼, 영주의 무기 따위에 사용할)과 소금 같은 몇 가지 물건은 상인한테서 구입했다. 그러나 상인들은 동양 문명의 부유한 상인 계급과는 아주 달랐다. 상인들은 봇짐장수나 떠돌이 땜장이에 가까웠으며, 숲 사이로 난 작은 길과 진흙투성이의 식별하기 어려운 도로를 따라 걸어서 여행했다.

도시는 거의 없었고, "영국 같은 나라와 독일 땅 거의 전부에는 도시가 하나도 없었다."[88] 그나마 있는 도시들은 비교적 큰 장원이나 종교 기관을 위한 행정 중심지에 지나지 않았고, 성이나 수도원, 큰 교회 주변에 몇 개의 집이 있는 게 고작이었다.

그런데도 이처럼 거대한 유라시아 대륙 끄트머리의 가장 후진적인 지역이 나중에는 나머지 세계를 압도하는 새로운 문명의 발상지가 됐다.

이런 변화를 두고 온갖 설명들이 난무하는데, 이 가운데는 신기한 설명이 있는가 하면 터무니없는 설명도 있고 저질스러운 설명도 있다. 어떤 이들은 '유대교-기독교' 전통에 공을 돌린다. 그러나 분명 기독교는 로마 제국 말기나 유럽의 암흑기나 비잔틴 제국의 정체기 내내 어떤 장점도 보여주지 못했다. 또 어떤 이들은 소위 '일'과 '기업가 정신'을 자극한 기후 덕분에 유럽이 성공했다고 설명한다.[89] 만약 그렇다면 최초의 문명들은 과연 어떻게 번성할 수 있었는지 의구심이 들 수밖에 없다. 유럽의 성공이 소위 유럽인들의 '인종적' 우월성 때문이라는 저질스러운 설명은 유럽인들이 그토록 오랫동안 뒤처져 있었다는 사실만 봐도 근거가 없다. '불확정' 변수들 때문에 유럽이 부상했다는 식의 설명들도 있다. 즉, 우연이라는 것이다. 오랜 전통의 주류 역사관에 따르면 어쩌다가 유럽에 훌륭한 인물들이 잇따라 나타나는 바람에 그렇게 된 것이고, 독일의 사회학자 막스 베버의 추종자들은 운 좋게도 칼뱅주의와 '프로테스탄트 윤리'가 출현해서 그렇게 됐다고 주장한다. 또 일부 북미 학자들은 15세기 영국에서 벌어진 농민과 영주의 충돌에서 어느 쪽도 승리하지 못한 우연한 결과 때문이라고 설명한다.[90]

뒤쳐진 곳이 전진하다

이 모든 설명은 한 가지 명백한 점을 놓치고 있다. 유럽의 바로 그 후진성 때문에 사람들은 새로운 생계방식들을 다른 곳에서 빌려와야 했다는 것이다. 몇백 년 동안 유럽인들은 중국, 인도, 이집트, 메소포타미아, 스페인 남부에서 이미 알려져 있었던 기술들을 서서히 차용하기 시작했다. 그에 조응해서, 송대의 중국이나 아바스 왕국처럼 느리지만 누적된 변화가 전체적인 사회관계에 일어났다. 하지만 이번에는 낡은 제국의 상부구조의 무게에 짓눌려 지속적인 진보가 질식당할 일은 없었다. 바로 그런 낙후함 덕분에 유럽은 다른 거대 제국들을 뛰어넘어 약진할 수 있었던 것이다.

경제·기술의 진보가 전혀 억제되지 않았거나 자동으로 일어난 것은 결코 아니었다. 낡은 구조는 되풀이해서 새로운 방법을 방해하고 차단했으며, 때로는 파괴했다. 다른 곳에서처럼 분쇄당한 대규모 반란이 일어났고, 새로운 사회를 약속했다가 낡은 구조를 다시 만들어내는 것으로 끝난 운동들이 벌어졌다. 비옥한 지역들이 황무지로 변했고, 번영했던 도시들이 황량한 폐허가 됐다. 끔찍하고 무의미한 전쟁과 야만스러운 고문과 대규모 노예화가 벌어졌다. 그러나 결국 역사상 앞서 출현했던 것들과는 전혀 다른, 사회와 생산을 조직하는 새로운 방식이 출현했다.

첫째 변화는 농업에서 일어났다. 암흑기에 토지를 일궈서 먹고산 사람들은 문맹인 데다가 미신을 믿었으며 더 넓은 세계를 알지 못했다. 그러나 이들은 생계의 원천이 무엇인지만큼은 잘 알고 있었기에 기회가 있을 때마다 좀더 쉽게 배를 채울 수 있는 새로운 농법을 받아들였다. 6세기에 동유럽의 슬라브인들 사이에서는 갈기 힘들지만 비옥한 토지를 뒤엎을 수 있는

"무거운 바퀴가 달린 쟁기"가 등장해 그 다음 3백 년 동안 서쪽으로 퍼져 나갔다.[91] 쟁기와 함께 동물의 배설물을 이용해 기름진 땅을 만드는 새로운 방목법이 도입됐다. 이 두 가지 덕분에 농민 가족은 "전보다 더 많은 고기, 유제품, 생가죽, 양모를 생산하면서도 곡물 수확을 늘리는 농업 양식"[92]을 사용해 농산물 생산량을 50퍼센트나 늘릴 수 있었다. 한 경제사가는 "그것은 당시 역사상 인력에 비해 가장 생산적인 농법이었다"고 말한다.[93]

그 다음 몇 세기 동안 새로운 기술들을 더 많이 채용했다. 느린 황소 대신에 중앙아시아식으로 말에 마구를 씌워서 쟁기를 끌게 하는 방법과 콩과 작물을 이용해 지력을 회복하는 방법을 도입했다. 중세 농민을 연구한 프랑스 역사가 조르주 뒤비는 이런 혁신이 누적되면서 곡식 생산량이 12세기에는 두 배로 늘어났다고 지적했다.[94]

그런 변화는 느리게 일어났다. 실비아 스럽은 "중세의 연간 경제 성장률은 가장 높았을 때가 …… 0.5퍼센트 정도였을 것이다"라고 주장했다.[95] 하지만 그런 성장이 3백~4백 년 동안 누적되면서 경제 생활이 바뀌었다.

그런 진보는 농민 생산자들의 지혜에 크게 의존했지만, 뭔가 다른 것도 필요했다. 봉건 영주들이 잉여를 모조리 약탈하지 않고 일부를 농업 발전에 쓰는 것을 용납해야만 그것이 가능했다. 봉건 영주들은 거칠고 탐욕스러운 자들이었다. 영주들은 토지를 무력으로 취득해서 지켜왔다. 영주들은 매매가 아니라 직접적인 강탈로 부를 얻었고, 그렇게 얻은 부의 대부분을 사치와 전쟁에 허비했다. 그러나 영주들은 여전히 자신들의 장원에 기대어 먹고살았기 때문에, 로마 공화국 후기나 아바스 왕조 말기에 출현했던 부재지주 계급은 아니었다. 아무리 우둔한 영주라 해도 이듬해의 농사를 지을 수 없을 정도로 농민들을 약탈하면 자기 역시 먹고살지도, 전쟁을 벌이지도 못한다는 것쯤은 알고 있었다. 독일의 경제사가 크릿테가 지적했듯이, "영주 계급은 무슨 일이 있어도 농민 보유지를 보존해야 했기 때문에 …… 흉년 등의 비상 사태 때 농민을 도왔다."[96] 농민들에게 더 좋은 쟁기를 쥐어 주면 사치품과 전쟁에 쓸 수 있는 더 많은 잉여를 얻을 수 있었기 때문에 일부 영주들은 "특히 쟁기 같은 철제 농업 용구를 보호했다."[97] 봉건 시대 내내 영주들은 돈을 들여 새로운 땅을 개간했다. 또한 영주들은 최초의 기계이자 오랫동안 가장 중요한 기계였던 물레방아를 널리 보급시킨 원동력이었다.

다른 지배 계급들과 마찬가지로 봉건 영주의 최대 관심사는 착취였다. 영주는 농민의 무보수 노동을 동원해 방앗간을 짓고, 농민들이 그곳에서 곡식을 빻게 하고, 그들한테 방앗간 사용료까지 받았다. 그러나 어떤 시기에 일부 영주는 착취 수준을 높이려고 생산수단 개량에 관심을 쏟았다.

봉건 지배 계급은 무인 영주들로만 이루어져 있지는 않았다. 대토지 중 상당수는 수도원 소유였다. "대수도원장과 주교와 대주교는 …… 부와 권력과 지휘 능력에서 …… 무인 대지주들에 버금가는 존재들이었다. …… 수도원이나 고위 성직자들은 거대한 재산을 모았다."[98] 읽고 쓸 줄 아는 능력이 있었던 수도사들은 때때로 그리스와 로마, 비잔틴과 아랍 제국에서 저술된 기술 서적을 읽을 수 있었다. "초기의 방아나 물레방아, 풍차 같은 농업 기술에서 일어난 진보들을 살펴보면 흔히 종교 집단이 선도 역할을 했음을 알 수 있다."[99]

새로운 기술을 전면적으로 채용하자 영주(무인 영주와 성직자 영주 모두)와 농민의 관계도 바뀌었다. 대토지 소유주들은 마침내 로마 시대의 낭비적인 관행인 노예 노동을 포기해야 했다.(10세기 말까지도 좀처럼 사라지지 않은 관행이었다.) 대토지 소유주들은 생산물의 일정 몫을 받는 대가로 토지를 농민들에게 나눠 주는 '농노제'의 이점을 깨닫기 시작했다. 농노들은 되도록 열심히 일하면서 자기 땅에 새로운 기술을 활용할 동기가 있었다. 총생산이 늘면서 영주들의 수입도 늘었다. 영주들은 특히 군사력을 동원해 과거의 자유농민들을 농노로 만듦으로써 수입을 더 늘렸다. 기 부아가 말한 "서기 1000년의 변혁"으로 농업 노예제는 종말을 고했고, 낡은 로마식 노예제보다 훨씬 더 역동적인 생산양식인 봉건 농노제가 최종 확립됐다.[100]

슈퍼마켓에서 먹을 것을 사는 현대인들은 1000~1300년에 농촌에서 일어난 변화의 중요성을 과소평가하기 쉽다. 농민 가족들의 식량 생산량이 두 배로 증가하자 유럽 전체에서 인간의 삶에 새로운 가능성이 열렸다. 늘어난 잉여 식량을 통제하는 사람들은 행상들이 가져오거나 장인이 만든 상품을 그 식량과 교환할 수 있었다.

쉽게 말하자면, 곡식은 영주 가족이 입을 비단, 영주의 무기를 만들 철, 성에 들여놓을 가구, 더 맛있는 식사에 사용할 포도주와 향료로 교환할 수 있었다. 또한 곡식은 철제 날이 달린 목제 쟁기, 칼, 낫, 그리고 어떤 경우에는 고삐·재갈·쇠편자를 갖춘 말 등 농민의 생산성을 더 한층 높일 수 있는 수단과 교환할 수도 있었다.

그런 물건들을 공급하기 위한 정기 시장이 생겨나자 비천한 봇짐장수는 상당한 신분을 지닌 상인으로, 상인은 부유한 무역상으로 변신할 수 있었다. 장인과 상인이 도시에 정착하고 성과 교회 부근에 상점과 작업장을 세우면서 도시가 부활하기 시작했다. 과거에는 고립돼 있던 촌락들을 팽창하는 도시를 중심으로 한데 연결시킨 상업망이 성장해 사람들의 생활방식에 널리 영향을 미쳤다.[101] 사치품과 무기를 살 돈을 얻으려고 영주들은 농노들에게 상품 작물을 재배하게 했으며, 노역이나 잡다한 현물로 내던 지대를 돈으로 내도록 했다. 일부 영주들은 자기 땅에서 시장을 열게 해 주는 대가로 상인들에게 요금을 징수하는 데서 추가 수입원을 발견했다.

도시 생활은 농촌 생활과 아주 달랐다. 상인과 장인은 영주의 통치를 직접 받지 않은 자유로운 개인들이었다. 독일에서는 "도시의 공기는 인간을 자유롭게 한다"는 속담도 있었다. 시간이 지날수록 도시 계급들은 영주의 특권을 인정하지 않았다. 노동력이 더 필요해진 상인과 장인은 인근 장원에서 도망친 농노들을 환영했다. 그리고 도시의 크기와 부가 성장하자, 상인과 장인은 성벽을 짓고 민병대를 무장시켜 자신의 자유와 독립을 지킬 수단을 손에 넣었다.

13세기의 문명

머지않아 사회의 모든 면이 바뀌었다. 유럽 봉건제에 관한 고전적 연구서를 쓴 프랑스의 역사가 마르크 블로크는 이 시기를 봉건 영주들 사이의 관계도 변한 "2차 봉건 시대"라고까지 불렀다. 왕들은 더 큰 영향력을 지니게 됐다. 왕들은 자신들의 권력을 봉건 영주들의 위계 구조 꼭대기에 공식적으로 확립할 수 있었다. 왕들은 여러 도시에 자치정부를 허용했고, 이를 이용해 영주들을 견제할 수 있었다. 그리고 왕들은 영주가 아닌 왕의 관리들이 '정의'를 다스리는 전국적 법원 체계를 세우려 했다.(그러나 영주들은 자신의 장원과 관계된 일에는 여전히 강력한 힘을 행사했다.)

지적 생활도 변했다. 상인들은 초기 봉건 영주들과 달리 회계 장부나 계약서 같은 기록들을 보관해야 했다. 그리고 상인들은 촌락에서 영주들이 임의로 내리는 판결이 아닌 글로 된 공식 법률을 원했다. 일부 상인들은 특히 자기 지방의 방언을 문자 언어로 읽고 쓰는 법을 배우려 했다. 읽고 쓰는 능력은 더는 수도원의 전유물이 아니었고, 라틴어 역시 유일한 문자 언어가 아니었다. 학문은 수도원에서 파리, 옥스퍼드, 프라하 등의 도시에 설립된 새로운 대학들로 옮겨왔고, 학자들은 이제 돈을 받고 가르침으로써 교회 당국의 직접적 통제에서 벗어나 먹고살 수 있게 됐다. 학자들은 그리스-로마 세계의 비종교 저작들을 진지하게 연구하는 데 관심을 보이기 시작했고, 아랍어 번역서를 구하기 위해 시칠리아나 스페인 무어인 지방과 시리아까지 다녀왔다.[102] 학자들은 플라톤과 아리스토텔레스와 이슬람의 아리스토텔레스파 철학자인 아베로에스의 사상에 관해 서로 논쟁을 벌이기 시작했다.

흔히 중세의 사상은 원문을 시시콜콜하게 따져가면서 논쟁을 위한 논쟁을 일삼은 '스콜라주의'를 연상시킨다. 그러나 새로운 사상 발전의 첫 국면은 이런 의미의 스콜라주의와는 거리가 멀었다. 그 때문에 12세기 초에 파리 대학의 지식인 세계를 주름잡았던 아벨라르는 다음과 같이 주장했다. "오성(悟性) 있는 사람이란 사물의 숨은 원인을 이해하고 숙고할 수 있는 사람을 말한다. 숨은 원인이란 사물의 기원을 말하는데, 감각적인 경험보다는 이성을 통해 더 잘 규명할 수 있다."[103] 신비주의자였던 클레르보의 성 베르나르두스는 아벨라르가 "인간의 이성만으로 신을 완전히 이해할 수 있다"는 태도를 취한다며 공격했다.[104]

새로운 학자들이 이성에 의존하려 했다고 해서 실천 활동과 거리를 둔 것은 아니었다. 로저 베이컨은 서구에서는 처음으로 화약 제조 공식을 작성했고 거울과 돋보기 이용법을 연구했다. 드 마리쿠르는 자석의 성질을 연구했으며, 자성을 응용한 기계를 고안했다.[105]

학자들의 번역으로 그리스, 로마, 알렉산드리아에서 1천 년 전에 발견된 기술들과, 동지중해와 중앙아시아의 이슬람 사회들이 중국에서 도입한 기술들이 전해졌다. 이 덕분에 이미 지방의 방아 장인, 대장장이, 건축가가 개량해 놓은 도구들과 설비들이 더욱 개선됐으며, "어떤 문화에서도 볼 수 없었던 산업 기계화를 향한 열풍"이 일어났다.[106]

대장간의 풀무질과 축융(縮絨: 옷감을 곧게 펴는 마무리 작업)의 동력으로 물레방아를 사용하기 시작했다. 크랭크와 복식 크랭크는 상하 운동을 회전 운동으로, 또는 회전 운동을 상하 운동으로 변환해 주었으며, 플라이휠은 회전 속도를 균등하게 유지해 주었다. 12세기에는 극동의 물레와 나침반이 전해졌으며, 13세기에는 노가 아닌 키를 이용해 배의 방향을 바꿀 수 있게 되면서 해상 운송의 신뢰성이 크게 향상됐다. 안경이 발명되면서 시력이 나빠진 서기들과 학자들이 은퇴할 필요가 없어졌다. 말 등자, 개량 갑옷, 쇠뇌, 투석기, 화약과 대포(1320년에 처음 사용했다)는 전쟁의 양상을 바꿔놓았다. 그리고 거의 눈에 띄지 않았지만, 손수레라는 소박한 물건 덕분에 허리가 휘어질 정도로 힘들었던 토지 노동의 성격도 바뀌었다.

13세기 말과 14세기 초에는 이런 기술 진보를 바탕으로 중세 사회와 문화가 활짝 꽃을 피웠다. 이 시기에는 자치 도시국가인 '코뮌'이 이탈리아 북부와 플랑드르[107]의 정치를 지배했다. 보카치오, 초서, 그리고 무엇보다 단테 같은 작가들은 자기 지방의 방언으로 된 세속 문학 작품을 써 명성을 얻었고, 이들이 사용한 방언은 '국민' 언어로 변신하기 시작했다. 그리고 중세 도시들에는 도시 문화의 기념물인 대성당들이 우뚝 서 있었다. 이 예술적 건축 작품들은 몇 세기 동안의 농업·기술·이데올로기의 변화가 없었다면 상상도 할 수 없는 것이었다.

14세기의 위기

경제 성장과 기술 진보의 시기는 계속되지 않았다. 그런 성장과 진보는 여전히 사치품, 전쟁 준비, 군사적 명예 중심의 생활방식에 집착한 봉건 영주 계급이 지배하는 사회에서 일어났기 때문이다. 이 때문에 시간이 지날수록 발전이 촉진되기보다는 소진됐다. 그 전형적인 예로서, 중세의 전설에서 '성군'으로 찬양한 사자왕 리처드나 '성' 루이 9세는 '십자군 전쟁'에 막대한 비용을 들여가며 사나운 약탈자 무리를 이끌고 유럽과 소아시아를 건너 팔레스타인의 무슬림들을 쫓아내려 했다. 노르망디 왕가가 잉글랜드뿐 아니라 스코틀랜드, 웨일스, 프랑스와 아일랜드 대부분을 정복하려고 벌인 전쟁이나, 독일의 '신성로마' 황제들이 교황과 손잡은 프랑스 왕들과 13세기 이탈리아에서 벌인 전쟁도 마찬가지로 낭비였으며 농토를 황무지로 만들었다.[108] 기껏해야 세입의 1~2퍼센트가 새로운 투자에 사용됐다.[109]

영주들은 자신들이 소비하는 부를 생산하는 일상 활동에서 갈수록 멀어졌다. 조잡한 요새에서 살던 무인의 후손들은 정교한 성에 살면서 비단옷을 입었고, 자신들이 다른 사회 집단보다 우월하다는 것을 보여 주기 위한 사치스런 궁정 의식과 기사 의식에 참여했다. 영주들은 자신들이 다른 어떤 계층과도 구별되는, 신성한 종교 의식을 통해 세습적인 법적 권리를 승인받은 특별한 계급이라고 생각했다. 영주 계급은 대귀족부터 그들에게 법적으로 종속된 보통 기사까지 여러 등급으로 세분화돼 있었다. 그러나 모든 영주는 부유한 상인이든 초라한 장인이든 가난한 농민이든 간에 정작 부를 창조하는 사람들을 갈수록 경멸했다.

교황과 대주교와 주교는 이런 지배 계급의 일부로서 똑같은 태도를 취했지만 독자적인 이해관계가 있었다. 11세기 말에 등장한 '개혁적' 교황들은 일종의 신정(神政) 구조를 유럽 전체에 확립하기 위해 수도원과 교구의 연결망을 중앙집중화하려 했다. 그 결과, 교회가 서로 싸우는 영주들을 화해시키는 구실을 함으로써 사회에 지배적인 영향력을 발휘하게 됐다. 또 하나의 결과는 십자군 전쟁이라는 엄청난 낭비와 파괴였다. 교황들은 예루살렘을 '이교도'인 무슬림(단 한 번도 기독교 순례자들을 못 들어오게 막은 적이 없었다)에게서 해방시키자는 구호를 앞세우고 전리품에 대한 기대도 부추겨 왕·영주·기사가 교황의 관할 아래 대규모 군대를 이끌고 십자군에 참여하도록 꼬드겼다. 교황들은 군대가 도시들을 제멋대로 약탈하고, 어린이와 여성을 강간·살해하고, 유대인·무슬림·비(非)가톨릭 기독교인들을 학살하고, 1204년에 콘스탄티노플을 정복·약탈한 것에 개의치 않았다.[110] 교황들(프랑스 왕들과 동맹했다)과 황제들이 서로 전쟁을 벌이면서 13세기 이탈리아가 풍지박살난 것도 교황들의 야심이 일으킨 결과였다.

그리고 교황과 주교는 영주들과 공유했던 더 광범한 도덕률도 열심히 떠받들었다. 이 시기의 가장 위대한 예술 작품인 성당은 지배 계급 권력의 표상이기도 했다. 성당은 신이 인간 사회의 성격을 정했다고 강조했다. 그에 따르면 왕·영주·대주교·주교·기사·평민으로 이루어진 현세의 위계 질서는 천사·성인·인간으로 이루어진 천상의 위계 질서에 상응하는 것이었다.

교회가 대중의 마음을 휘어잡을 수 있었던 것은, 수명이 짧고 삶이 언제나 불안정한 사회에서 번성하기 마련인 신성한 유물이나 기적에 관한 미신과 신비스런 믿음 때문이었다. 그래서 교회 지도자들은 도시에서 새로운 사상이 퍼지는 것을 두려워했다. 아벨라르와 베이컨 같은 사람들의 이성주의는 미신의 힘을 허물어뜨릴 수 있었고, 가난과 겸손을 복음으로 설교한 탁발승들은 "신성한 빈민들"이 "부패한 부자들"을 상대로 전쟁을 벌일 자격이 있다는 이단 신앙을 부추길 소지가 있었다. 갈수록 교회는 새로운 사상을 억눌렀다. 교회는 온건한 프란체스코 수도회는 공식으로 인정했지만, 수도회 내의 '극단파'인 신령파(神靈派)는 박해했다. 그 뒤 1277년에 교회는 학자들이 "천인공노할 오류" 219개를 가르치는 것을 금지했다.(이 가운데 12개는 중세 후기 기독교의 위대한 변증자였던 토머스 아퀴나스의 명제였다.) 로저 베이컨은 자택 감금된 것으로 보이며, 파리에 있던 아베로에스 추종자들은 추방돼 이탈리아의 파도바로 떠났다. 마지막으로, 14세기에는 종교재판이 처음 출현해 이단자들을 화형하기 시작했다. 새로운 분위기에서 학자들은 "위험한 토론"을 피하기 시작했다. 토머스 아퀴나스가 귀족·기사·상인·장인·농민의 위계 질서를 정당화하는 과정에서 기독교 신학을 아리스토텔레스의 사상에 바탕을 두고 고쳐 쓴 뒤로 중세의 사고는 진정한 스콜라주의에 빠졌다. 교회의 근본 교리나 물질계에 관한 기독교적 개념들에 전혀 의문을 제기할 수 없는 지적 황무지 상태가 계속됐다.

1300년이 됐을 때 유럽 사회의 심장부에는 엄청난 모순이 자리 잡고 있었다. 물질적·문화적 삶은 절정에 달해 로마 문명의 절정기와 비교할 만했다. 사회는 느리게나마 전진하면서 가난과 불안과 미신에서 벗어나고 있는 듯했다. 그러나 사회의 상층은 갈수록 마비됐다. 영주들은 자신들과 나머지 계급들 사이에 갈수록 확고한 장벽을 쳤고, 교회는 반대파들과 이성적인 사고를 억눌렀으며, 갈수록 많은 양의 잉여가 사치품, 전쟁, 종교 의식에 낭비됐다.

기근이 유럽 전역에 확산되고 영양실조가 만연할 때 더 엄청난 살상을 일으키는 역병이 뒤를 이으면서 모순은 전면에 드러났다. 14세기의 대위기에서 인구의 절반이 죽고, 엄청난 수의 촌락이 버려졌고, 수백만 헥타르의 농지가 황무지로 변했다. 기 부아는 이렇게 말한다. "유럽 대륙의 대부분에서 …… 1백여 년 동안 …… 인구가 대폭 줄고 생산력이 퇴보했다. 규모와 지속 기간에서 역사상 전례 없는 현상이었다. 완선한 파국의 분위기에서 끊임없는 역병, 파괴를 수반한 풍토성 전쟁, 정신적 혼란, 사회적·정치적 동요가 일어났다."[111]

과거의 문명들을 '암흑기'에 빠뜨린 위기에 대한 설명처럼, 유럽에 찾아온 위기의 원인을 자연 환경 탓으로 돌리려는 시도들이 있다. 어떤 역사가들은 유럽의 기후가 추워졌기 때문이라고 가정한다. 그러나 이것은 사람들이 왜 수십 년이 지나도록 그런 변화에 적응하지 못했는지를 설명하지 못한다. 예컨대, 한때 밀을 길렀던 곳에서는 보리를 기르고 포도나무를 길렀던 곳에서는 밀을 기르는 식으로 새로운 내한성(耐寒性) 작물을 더 많이 심는 방법도 있었을 텐데 말이다. 또 어떤 학자들은 인구는 증가한 반면 경작할 수 있는 토지는 바닥났기 때문이라고 설명한다. 그러나 모든 황무지가 개간된 상태였을 가능성은 매우 적다. 설사 그랬다손 치더라도, 그 전 몇백 년 동안과 달리 농산물 생산량이 더 증가하지 않은 이유를 설명하지는 못한다.

위기의 진정한 원인은 봉건 지배 계급의 생활방식을 지탱하기 위한 사회적 부담이 늘어났다는 데 있다. 한편으로는 조르주 뒤비가 지적했듯이, "가장 앞선 지방에서는 …… 귀족과 도시의 생활수준이 점점 올라가면서 필요해진 재화"와 사치품에 대한 수요 증가로 "곡물 중심 농업 체계가 동요하기 시작했다."[112] 다른 한편으로는 기술을 개선하기 위한 신규 투자가 별로 없었다. 로드니 힐턴은 "사회 구조와 토지 귀족의 습관 때문에 생산을 위한 투자가 축적될 수 없었다"고 적었다.[113]

계급 투쟁과 천년왕국 운동

대위기는 사회 전체를 격변으로 들끓게 만들었다. 지배 계급들조차 어려움을 겪었다. 처음에는 굶주리는 농민들한테서 잉여를 뽑아내기 어려워졌기 때문에, 그 다음에는 기아와 역병으로 사망자가 늘어나면서 농촌에 일손이 심각하게 딸렸기 때문에 "영주의 수입이 위기"[114]에 처했다. 그 해결책으로 영주들은 서로 과거보다 훨씬 더 적극적으로 전쟁을 벌였다. 끝나지 않을 것 같았던 영국과 프랑스 왕들 사이의 '백년전쟁'이 그 한 예였다. 한편 영주들은 자신들 밑에 있는 농민과 자치도시민 계급한테서 더 많이 빼앗아 잉여를 보충하려고도 했다. 경제 위기는 격렬한 계급 투쟁을 낳았다.

영주와 농민 간의 전쟁은 새로운 것이 아니었다. 예컨대, 10세기에 프랑스 북부에서는 농노화에 대한 저항이 거대한 봉기로 이어졌다. 훗날의 어느 시는 이렇게 노래했다.

농노와 농민들은……
몇 차례 공회를 열었지.
그들은 이런 명령을 퍼뜨렸다네.
더 높은 곳에 있는 자, 그 자가 적이라고……
그들 중 몇몇은 맹세했지.
앞으로는 영주도 주인도
절대 모시지 않겠노라고.[115]

일단 봉건제가 완전히 확립되자, 농민들은 영주에게 직접 도전하기 어려워졌다. 영주는 농민들에게는 없는 무기를 갖고 있었고, 농민들에게 몇 가지 도구를 제공해 줬고, 흉년이 들면 먹을 것도 나눠 줬으며, 교회는 영주의 권력을 뒷받침하는 설교를 했다. 그러나 농민들은 영주가 관례적인 수준을 넘는 요구를 해오면 여전히 저항했다. 농민들은 각각의 영지에서 영주와 그 신하들보다 머릿수가 압도적으로 많았고, 몇 세대 동안 같은 마을에서 생활하고 결혼해온 탓에 끈끈한 유대감을 갖고 있었기 때문에 일정 정도 힘이 있었다.

쓰라린 반감은 많은 지역에서 전례 없이 거대한 불길로 타올랐다. 1325년에 플랑드르 서부 지방의 자유농민들은 무기를 집어 들고 교회의 십일조와 영주에 대한 납세를 거부했다. 1328년에 프랑스 왕이 개입하고 나서야 농민들은 진압됐다. 1358년에는 거대한 '자크리'(농민 반란)가 일어났다.

유럽의 봉건제 _ 207

프랑스 북부 세느 강 유역의 농민들은 귀족들을 공격하고 성을 불태웠다. 1381년 영국에서는 '와트 타일러의 난'이 일어났다. 와트 타일러가 이끈 농민 반란군은 잠깐 동안 런던을 장악했다.(반란군은 왕을 믿는 실수를 저질렀고, 그 결과 타일러는 교수형을 당했다.) 반란을 계기로 농민 전체가 봉건 영주에게 자유를 요구하며 단결하기 시작했다. "강제 노역과 농노제 폐지는 농민 강령의 첫째 항목이었다."[116] 전직 신부로서 반란을 고무하는 데 앞장섰고 많은 인기를 끌었던 존 볼은 귀족의 특권을 거리낌없이 공격하자고 설교했다. "아담이 땅을 갈고 이브가 실을 짤 때 귀족이 있었는가?"

도시 주민들 일부도 1320년 플랑드르의 농민 반란과 1381년 영국의 농민 반란에 지지를 보냈다. 런던 시민들은 농민들에게 런던 성문을 열어 줬고, 런던 빈민들은 반란에 가담했다. 그리고 14세기에는 낡은 질서에 대항한 도시의 반란도 널리 일어났다.

일부 반란은 과거 도시민들이 지방의 영주들을 상대로 벌였던 독립 투쟁의 연장이었다. 플랑드르에서는 이런 투쟁이 되풀이해서 일어났다. 1350년대 후반에는 영국이 프랑스 국왕을 투옥한 기회를 틈타 일부 부유한 자치도시민들이 파리를 장악했다. 부유한 상인 가문에서 태어난 에티엔느 마르셀은 3천 명의 장인을 이끌고 왕궁으로 쳐들어가 도팽(왕위 계승자를 지칭하는 프랑스 명칭)에게 반란군과 같은 색깔의 옷을 입혔다. 1378년 이탈리아 북부 피렌체에서 일어난 반란은 한 단계 더 나아갔다. '촘피'라고 불린, 양모업에 종사한 평범한 장인 대중은 양모업을 지배한 상인 길드들의 우두머리들에 대항해 두 달 동안 도시를 장악했다.[117]

사람들이 이처럼 계급적 전투성을 직접 드러냄으로써만 삶의 파괴에 대응했던 것은 아니다. 그리고 중세 유럽에는 천년왕국 운동의 오랜 역사도 있었다. 부자들에 대한 대중의 반감, 그리스도의 재림에 대한 종교적 기대, 그리고 종종 외부 사람들에 대한 증오를 결합한 것이 천년왕국 운동이다. 교황들이 공식 십자군을 조직하자 대중은 인민 십자군, 소년 십자군, 목자 십자군 같은 비공식 십자군을 조직했다. 예수의 후계자를 자처한 이단 전도사들은 아주 큰 지지를 받았다. 대중은 약탈하고 지지자를 끌어 모으며 도시에서 도시로 행진했다. 대중은 봉건 지배 계급 자체에 반감을 드러내지는 않았고, 대신에 부패한 사제들과 특히 유대인들에게 그런 반감을 돌렸다. 유대인은 손쉬운 표적이었다. 유대인은 기독교가 지배적인 사회에서 유일한 비기독교 집단이었고, 교회의 적대적인 태도 때문에 농업에서도 배제됐기에 어쩔 수 없이 중세 사회의 주변부에서 상업이나 고리대금업에 종사해야 했다. 그리고 유대인은 진정으로 부유한 계급이 아니었기에 자신을 지킬 수단도 없었다. 군중은 유대인에게 당장 기독교로 개종하든지 죽든지 둘 중 하나를 선택하게 했다. 그러나 군중은 사제들도 거리로 끌고 나왔고 교회도 약탈했다.

위기 때문에 이처럼 혼란스러운 유사 종교 운동들이 잇따라 일어났다. 1309년에 플랑드르와 프랑스 북부에서는,

무장 대열이 출현했다. 비참할 정도로 가난한 장인들과 노동자들의 대열에 재산을 탕진한 귀족들이 뒤섞여 있었다. 이 사람들은 구걸과 약탈을 자행하며 전국을 휩쓸고 다니면서 유대인을 죽이고 성으로 돌진했다. …… 마침내 3년 전에 반란을 일으킨 직물 노동자들을 궤멸시키고 지도자들을 산 채로 매장했다는 브라방 공작의 성을 공격했다.[118]

1520년에는 성직을 박탈당한 한 사제와, 더 많은 피를 흘려야 새 시대가 밝아올 것이라고 선포한 어느 수도승들과 예언자들이 이끈 빈민과 무산자 대열이 또다시 행동에 나섰다. 이들은 파리의 감옥을 습격하고 샤틀레 궁전으로 돌진한 다음에 툴루즈와 보르도로 향했다. 그들은 행진하면서 유대인들을 죽였다.[119] 그러나 이들은 또한 사제들이 "양들을 약탈한 거짓 목자라고 규탄하면서 수도원의 재산을 빼앗자는 얘기를 주고받기 시작했다." 아비뇽에 있던 교황은 군대를 보내 한 번에 20~30명씩 가담자들의 목을 매달았다.[120]

1340년대 후반에 흑사병이 도는 동안에는 병에 대한 공포가 '고행자 운동'이라는 종교적 히스테리로 이어졌다. 교황의 성명에 감화받은 사람들이 많을 때는 5백여 명씩 무리를 지어 똑같은 옷을 입고 찬송가를 부르면서 도시로 행진해 들어가, 원을 그리고 서서 쇠못이 박힌 가죽 채찍으로 자기 등을 피투성이가 될 때까지 찬송가 가락에 맞춰 때렸다. 이들은 십자가에 못 박혔던 그리스도의 고통을 흉내 내면 세상을 그 지경으로 만든 죄를 씻어 내고 천국에 갈 수 있다고 믿었다. 고행자들이 체험한 종교적 황홀경은 오늘날 '도덕적 공황'이라고 부른 것과 결합돼 있었다. 즉, 고행자들은 흑사병이 갑자기 돌게 된 배경에는 틀림없이 모종의 음모가 도사리고 있다고 믿었다. 고행자들은 우물에 독을 풀어 흑사병을 퍼뜨렸다고 비난받은 유대인들을 학살했다. 물론 유대인들은 기독교인들만큼이나 흑사병에 시달리고 있었다. 그러나 고행자들은 사제들도 공격했고, 교회의 재산을 빼앗자는 얘기도 주고받았다. 이 때문에 교황은 고행자들을 비난하는 '교서'를 내렸고, 세속 당국들은 교서에 복종하지 않는 고행자들을 교수형이나 참수형에 처했다.[121]

15세기 초에는 보헤미아[122]에서 색다른 종교 운동이 일어났다. 이 운동은 플랑드르, 프랑스, 이탈리아에서 일어난 도시 반란과 비슷한 몇몇 특징을 보였지만, 1백 년 뒤에 일어날 거대한 종교개혁의 예행연습이기도 했다. 운동이 일어나기 전에 보헤미아의 경제는 급속하게 발전하고 있었다. 보헤미아에는 유럽 최대의 은광이 있었고, (게르만 영역) 신성로마제국 최대의 학문 중심지였다. 그러나 그 부는 대부분 교회가 쥐고 있었다. 교회는 보헤미아 땅의 무려 절반을 소유하기도 했다. 이 때문에 도시와 농촌의 빈민 계급뿐 아니라 게르만어가 아닌 체코어를 사용한 많은 기사들조차 교회를 못마땅하게 생각했다.

이런 감정은 설교자이자 대학 교수였던 얀 후스에 대한 대중적 지지로 나타났다. 후스는 교회의 부패를 강력히 비판했고 오직 교황만이 신의 뜻을 해석할 수 있다는 주장을 통렬하게 반박했다. 후스는 보헤미아 왕 바츨

라프한테서도 어느 정도 지지를 받았다. 신성로마제국의 황제가 1415년에 교황의 명령에 따라 후스를 화형에 처하자, 보헤미아에 살던 거의 모든 체코인들이 반란을 일으켜 교회를 장악했고, 교회의 재산은 지역 주민들의 통제에 넘어갔다.

보헤미아 왕은 이 운동에 등을 돌렸고, 귀족들과 부유한 상인들은 농민들이 교회뿐 아니라 그 누구의 착취도 거부하는 경향을 보이자 갈수록 우려하게 됐다. 급진파였던 '타보르파'에 속한 장인들은 네 달 동안 프라하를 장악했다가 교황과 황제의 분노를 달래려 한 상인들에게 쫓겨났다. 황제와 교황이 보헤미아 반란을 진압하려고 나서면서 10년 동안 전쟁이 벌어졌다. 체코의 귀족들과 프라하의 자치도시민들이 계속 이쪽 편과 저쪽 편 사이에서 오락가락한 탓에 타보르파의 기층 사람들은 갈수록 급진 사상으로 기울었다. 그들은 "만민이 형제로서 함께 살자. 누구도 다른 사람에게 종속되지 말자", "주님이 다스리는 왕국을 이 땅의 인민들 손에", "영주와 귀족과 기사를 범법자들처럼 숲으로 몰아내 베어 죽이자"는 평등주의의 구호를 외쳤다.[123] 1434년 5월에 가서야 2만 5천 명의 귀족 군대가 타보르파 군대를 무찌를 수 있었다. 타보르파 지휘관 한 명이 도주한 것도 도움이 됐다. 타보르파 가운데 적어도 1만 3천 명이 살해당했다.

플랑드르, 이탈리아 북부, 프랑스 북부, 영국, 보헤미아에 이르기까지 봉건제의 위기는 잇따라 거대한 반란들을 촉발했다. 그러나 봉건 군주의 권력은 손상되지 않았다. 사회를 단결시켜 체제를 공격할 수 있는 계급이 출현하지 못했기 때문이다.

몇백 년 동안 자치도시민들은 영주의 권력에 저항했다. 그러나 도시의 자치정부는 대개 과두제로 운영됐고, 봉건 영주들을 진지하게 반대하는 일이 드물었던 대상인들이 과두제를 지배했다. 봉건 체제의 일부였던 대상인들은 봉건 이데올로기 대부분을 수용하는 경향이 있었다. 내개 대상인들은 봉건 영주를 무찌르는 것이 아니라 그 자신도 봉건 영주가 되고 싶어했다. 대상인들은 상업으로 얻은 부를 영지와 농노로 이루어진, 더 영구적인 듯한 부로 바꾸길 원했다. 큰 반란이 일어날 때마다 대상인들은 기껏해야 이쪽 저쪽으로 동요하면서 영주들과 화해하려 들었고, 최악의 경우에는 대중을 공격하는 일에 가담했다. 이탈리아 북부에서 일어난 일은 그 전형이었다. 14세기 초에 이탈리아 북부는 아마도 유럽에서 경제가 가장 발전한 지역이었고, 위기도 가장 덜했다. 상인 가문인 메디치 가문은 이탈리아 북부에서 가장 중요한 도시로서 직물업이 주요 산업이었던 피렌체를 지배했다. 그러나 15세기에 메디치 가문은 자기 가문의 권력을 이용해 봉건제를 분쇄하기는커녕 영주와 왕족 가문들 간의 권모술수에서 중요한 세력이 되려고 힘썼으며, 그 덕분에 이탈리아 북부는 서로 전쟁을 벌인 소국들로 끊임없이 분열하다가 결국 경제적 쇠퇴를 맞았다.[124]

도시의 장인들은 더 급진적일 수 있었다. 한두 세대 전만 해도 농노였던 집안에서 태어난 대부분의 장인들은 흉년이 들면 주변의 농민들과 마찬가지로 굶주렸다. 장인들이 도시의 과두 지배자들과 충돌하고, 때때로 농민 반란과도 운명을 함께했던 사례는 많다. 그러나 장인은 동질적 집단이 아니었다. 일부 장인은 비교적 부유했으며, 가족 노동을 이용한 자기 작업장을 갖고 있었고 한두 명의 임금 노동자('직인')와 도제를 거느렸다. 반면 어떤 장인은 아주 가난했으며, 무슨 일감이든 얻어 보려고 시골에서 올라온 궁핍한 대중과 똑같은 신세가 될까 봐 전전긍긍했다. 그 때문에 농촌 반란과 도시의 동맹을 이끌어낸 장인 운동이 출현했는가 하면, 부유한 상인 편에 가담한 장인 운동도 있었다. 또한 도시 대중의 일부가 '인민의 십자군'과 고행자 운동 같은 종교적 광기를 지지한 것도 그 때문이었다.

마지막으로 농민이 있었다. 농민 봉기는 사회를 뒤흔들었지만 농민은 문맹인데다가 시골 곳곳에 흩어져서 각자의 촌락과 토지에만 관심을 가졌기 때문에, 현실적인 사회 재편 강령을 스스로 생각해 낼 수 없었다. 그런 강령에는 영주의 권력을 혁명적으로 공격하고, 도시의 기술 발전을 이용해 농촌의 농업 생산량을 끌어올릴 수 있는 계획이 결합해 있어야 했다. 그러나 아직 경제가 충분하게 발전하지 않았기 때문에 도시에서든 농촌에서든 혼란스럽게나마 그런 강령을 제시할 수 있는 계급은 아직 형성되지 못했다.

언젠가는 그런 계급으로 성장할 수 있는 씨앗은 이미 존재했다. 몇몇 도시의 상인과 장인은 기술 혁신과 생산적 투자에 관심이 있었다. 일부 농촌 지역에는 영주의 착취로 인한 부담에서 벗어나 토지를 더 생산적으로 경작해서 더욱 부유해지기를 희망한 유복한 농민들이 있었다. 그러나 그들은 유망한 씨앗이었지만 사회 전체를 파괴하고 있던 위기를 끝낼 수 있는 계급은 아직 아니었다.

시장 봉건제의 탄생

그러나 유럽 봉건제의 위기는 한 가지 매우 중요한 측면에서 고대 로마, 송대의 중국, 중동의 아랍 제국들을 강타한 위기와 차이가 있었다. 유럽은 위기를 훨씬 더 빨리 극복했다.

15세기 중반부터 경제가 회복되고 인구가 다시 증가하기 시작했다.[125] 기근과 역병을 이기고 살아남은 사람들의 생활수준도 높아졌다. 비록 인구 감소 때문에 경작하는 토지의 면적도 줄었지만, 그나마 가장 비옥한 토지를 경작했기 때문이다. 식량 생산량의 감소율은 인구 감소율보다 더 낮았다. 게다가 어떤 도시들은 더욱 중요해졌다. 농촌의 일부 인구, 특히 영주들은 도시에서 생산한 상품에 너무 많이 의존하게 된 나머지 사회를 더는 이전의 자급자족적 장원 생산 체제로 되돌릴 수 없었다. 상품 수요가 증대하면서 상품을 살 수 있는 현금 수요도 늘어났다. 전보다 더 많은 농업 생산물을 내다 팔아야만 더 많은 현금을 얻을 수 있었다. 시장은 계속 농촌에 침투하면서 촌락과 가구를 도시의 상인들과 연결시켰다.

시장의 성장은 봉건 사회를 느리지만 확실하게 바꿔놓았다. 소수의 상인들은 인도, 동남아시아, 중국의 물건들을 유럽에 들여오는 사치품 무역을 통해 부자가 됐다.[126] 이런 상인들은 막대한 부를 이용해 왕과 황제에게 돈을 빌려 준 은행가 노릇을 하면서 전쟁 비용을 댔으며, 그 덕분에 경제적 보상뿐 아니라 정치적 보상까지 얻었다. 그만큼 높이 올라가지 못한 상인들조차도 자기 도시의 정치를 지배했고, 세력권을 넓히려는 왕들의 핵심 동맹 노릇을 할 수 있었다.

왕은 왕대로 단순히 다른 왕들과 싸우거나 다른 대지주 집단과의 정략 결혼으로 땅을 얻는 데서 그치지 않고 상업 이윤의 일부를 차지하면 더 나은 미래를 보장받을 수 있다고 생각하기 시작했다. 포르투갈의 군주들은 상인들이 최신 기술로 건조한 배를 타고 아프리카를 돌아 아시아의 부에 접근하도록 장려했고, 스페인의 '가톨릭 군주'는 대서양을 서쪽으로 횡단한 콜럼버스의 항해 비용을 댔다.

대다수 상인들은 여전히 상점 주인에 불과했다. 그러나 운 좋은 사람들은 봉건 사회의 틈새시장을 발견하고 조금씩 넓혀 나감으로써 영향력과 부를 늘릴 수 있었다. 푸줏간 주인은 비천한 신분일 수도 있었지만, 지방의 농민들에게 특정 가축을 전문적으로 기르도록 금전적 유인을 제공할 수 있는 위치에 있었다. 다시 말해, 어느 정도는 농업 경제에 대한 지배력을 발휘하기 시작했던 것이다. 15세기에는 "모든 도시에 푸줏간이 있었고, 푸줏간 주인들은 모두 부유한 신흥 목축 경제인이자 그 우두머리였다."[127]

도시의 상인들은 흔히 농촌 생활에 또 다른 방식으로 영향을 미쳤다. 그들은 더 가난한 축에 드는 농민들에게 도시 길드의 통제를 받지 않는 농촌 수공업을 시작하도록 부추겼다. 그 결과 '선대제'(先貸制)가 발전했다. 상인들은 원자재를 농촌의 노동자에게 공급하고, 농촌의 노동자는 그것을 가지고 자기 집에서 완제품을 만들었다. 그러나 가격은 상인들이 주는 대로 받을 수밖에 없었다.

이런 변화가 얼마나 중요했는지는 직물업에서 잘 드러난다. 14세기 중반에 영국의 가장 중요한 수출품인 양모의 96퍼센트는 해외에서, 특히 플랑드르의 도시들에서 직물로 가공됐다. 한 세기 뒤에는 양모의 50퍼센트가 영국 내에서 직물로 가공됐다. 상인들은 플랑드르 장인들의 지배력을 약화시킴으로써 이윤을 늘렸다. 그러나 상인들은 여기에서 그치지 않았다. 상인들은 과거에는 봉건 영주에게 종속됐던 농촌 노동의 일부를 장악했다. 시간이 흐르면서 한 형태의 착취가 다른 형태의 착취로 바뀌었다. 농민의 노동 생산물을 직접 약탈한 체제가, 원자재나 도구를 공급받는 대가로 개별 노동자들이 자진해서 스스로 생산한 총가치보다 적은 가치를 받는 체제로 바뀐 것이다.

이것은 완전한 자본주의 생산은 아니었다. 기업가가 직접 통제하는 대작업장 생산은 주로 광산 같은 극소수 산업에 한정돼 있었다. 선대제는 여전히 자신을 자영업자라고 여길 만한 사람들에게 의지하고 있었다. 그러나 선대제는 완전한 자본주의를 향한 한 걸음이었다. 상인들은 단순히 상품을 매매하는 데에서 더 나아가 생산을 고민하게 됐고, 직접 생산자들은 생산물의 일정 몫을 상인들에게 이윤으로 넘겨주지 않으면 먹고살 수 없었다.

더욱이, 갈수록 상인과 생산자는 모두 자신들이 통제할 수 없는 시장의 명령에 종속됐다. 흩어져 있는 농촌 생산자들은 도시 길드와 달리 생산량을 제한하고 가격을 통제할 힘이 없었다. 농촌 생산자들은 다른 생산자들이 새로 도입하는 원가 절감 기술을 따라잡으려 발버둥쳐야 했다. 봉건적 생산 조직은 경쟁이 투자를 낳고, 투자는 경쟁을 격화시키는 색다른 생산 조직에 길을 내주고 있었다. 처음에는 낡은 체제의 몇몇 틈새에서만 이런 일이 일어났다. 그러나 그 틈새는 마치 산성 약품처럼 주변을 부식시키면서 세상을 바꿔놓았다.

변화는 일부 영주의 행동 방식에도 영향을 미쳤다. 현금을 늘리기 위해 안간힘을 쓴 영주들에게는 두 가지 방법이 있었다. 하나는 낡은 봉건 권력을 이용해 체계적인 폭력을 가함으로써 농노제를 더 강화하는 것이었다. 즉, 농민이 장원에 바치는 강제 노동을 더 늘리는 것이었다. 그렇게 되면 농노는 자신의 생존에 필요한 몫의 노동까지 영주에게 무상으로 바치게 되고, 영주는 상인들에게 잉여를 팔아 더 큰 논을 만실 수 있게 될 것이었다.

다른 한 가지 방법은 영주가 자기 토지의 상당 부분을 생산성 높고 진취적인 농민들에게 고정된 지대를 받고 장기 임대하는 것이었다. 영주에게 토지를 빌린 농민들은 다시 토지가 적거나 없는 농민들을 고용해 일을 시켰다. 이것은 사실상 영주가 자본주의 방식으로 경작되는 토지에서 나온 지대를 수입으로 삼음으로써 시장 체제 발전이 함축하는 바를 모두 감수하겠다는 것을 뜻했다.

도시들이 촘촘하게 들어서 있던 지역은 어떤 식으로든 자본주의 농업을 향해 나아가기 시작했고, 그렇지 않은 지역은 농노제를 강화하는 방향으로 나아갔다. 3백여 년 동안 영국, 네덜란드, 프랑스의 일부, 독일 서부, 보헤미아가 전자의 방향으로 나아갔고, 동유럽과 이탈리아 남부가 후자의 방향으로 나아갔다. 그러나 어떤 식으로 일어났든 간에 변화는 단기간에 일어난 것도, 단순하게 일어난 것도 아니었다. 영주들은 불균등한 속도로 움직였고, 변화 과정 전체는 또 다른 변화들과 얽혀서 진행됐다. 일부 왕들은 도시 부자들의 도움을 받아 권력을 확대하려 했다가 대영주들의 저항에 부딪혔다. 왕들은 또 서로 전쟁을 벌였다. 도시화가 촉진한 새로운 세계관은, 봉건 질서와 결부돼 있었고 교회의 설교로 구현된 낡은 세계관과 충돌했다. 농민은 영주에 맞서 봉기했고, 도시에서는 부자와 빈민 사이에 계급투쟁이 분출했다.

어떤 곳에서든 1백 년 이상의 전쟁, 혁명, 이데올로기적 소란을 거치고, 또 한 차례 기근과 역병을 일으켰던 심각한 경제 위기를 치르고 나서야 문제가 해결됐다.

4부
대변혁

콜럼버스가 아메리카 대륙을 '발견한' 것은 아니었다. 적어도 1만 4천 년 전에 시베리아에서 알래스카로 가기 위해 베링 해협을 건넌 '인디언들'은 이미 아메리카 대륙을 발견했다. 심지어 콜럼버스는 아메리카에 도착한 최초의 유럽인도 아니었다. 바이킹족은 콜럼버스보다 5백 년 전에 북아메리카의 북동 연안에 잠시나마 머무른 적이 있다. 그러나 1493년은 역사의 전환점이었다. 유라시아 대륙의 대서양 연안에 있는 후진 사회들이 처음으로 세계의 다른 지역들에 지배력을 행사할 수 있는 가능성을 보여 줬기 때문이다. 대서양 반대쪽에서 이런 일이 일어나고 있는 동안 마찬가지로 중요하고 마침내 세계를 뒤흔들게 될 변화가 유럽 본토에서 일어나고 있었다. 정치, 지적 생활, 이데올로기가 변하고, 그 저변에서는 수백만 명의 생계방식이 바뀌고 있었다.

연표

❧ 15세기
1453년 오스만 제국이 콘스탄티노플 점령.
1450~1520년 이탈리아 르네상스의 절정기—레오나르도 다빈치, 미켈란젤로, 마키아벨리.
1490년대 프랑스, 스페인, 영국의 왕권 강화.
1493년 스페인 국왕들이 그라나다 점령.
1492년 콜럼버스가 카리브 해에 상륙.

❧ 16세기
1510년 포르투갈이 고아 점령.
오스만 제국이 카이로(1517년), 알제(1529년) 점령. 비엔나 포위(1529년).
르네상스의 영향이 서유럽으로 확산돼 네덜란드의 에라스무스, 독일의 뒤러, 프랑스의 라블레 등장.
1518~1525년 루터의 종교개혁이 독일 남부를 휩쓸다.
1519~1521년 코르테스가 아스텍 정복.
1525년 독일 농민전쟁.
1529년 무굴 제국이 인도 북부 정복.
1532년 피사로가 잉카 제국 정복.
1534~1539년 잉글랜드에서 위로부터의 종교개혁과 수도원 폐쇄.
잉글랜드에서 최초의 농업 인클로저.
1540년 코페르니쿠스의 우주론이 사후 30년 만에 출간됨.
1544~1584년 이반 뇌제(雷帝)가 러시아를 중앙집권화하고 시베리아 정벌 시작.
1550년대와 1560년대 프랑스 종교전쟁.
1560년대 트리엔트 공의회가 가톨릭 반(反)종교개혁 착수.
1560~1630년 마녀사냥의 물결.
1540년대~1560년대 피테르 브뢰헬의 플랑드르 풍속화.
1560년대, 1570년대 스페인 통치에 저항하는 저지대 지방[지금의 베네룩스 3국]에서 첫 반란이 일어남.
1590년대 셰익스피어가 최초의 희곡 저술.

❧ 17세기
1600년 브루노가 종교재판을 받고 화형당함.
1609년 프라하의 케플러가 정확한 행성 궤도 계산.
1609년 갈릴레오가 망원경으로 달을 관찰.
1618년 보헤미아에서 30년 전쟁 시작.
1620년대와 1630년대 북아메리카에서 최초의 영국 식민지 건설.
아메리카의 작물들(감자, 옥수수, 고구마, 담배)이 유라시아와 아프리카로 전파.
1628년 하비가 혈액 순환을 설명.
갈릴레오가 아리스토텔레스의 물리학을 반박하고(1632년) 종교재판소에서 유죄 판결(1637년)을 받음.

1637년 데카르트의 ≪방법서설≫, '합리주의' 철학 창시.
1630년대 네덜란드가 옛 포르투갈 제국 대부분 인수.
1630년대~1660년대 화가 렘브란트가 암스테르담에서 활동.
1641~1642년 영국 내전 시작.
1643년 인도에서 샤 자한 통치. 타지마할 건축 시작.
1644년 중국 명나라 붕괴. 만주족의 중국 점령. 인도의 면화, 유럽 수출 증가.
1648년 30년 전쟁 종식.
1649년 영국 국왕 참수.
동유럽에서 '제2의 농노제' 시대.
1651년 홉스의 ≪리바이어던≫이 보수주의 정치를 유물론적으로 옹호.
1653년 아메리카에서 플랜테이션 노예제 시작, 바베이도스에 흑인 노예 2만 명 거주. 유럽과 라틴아메리카에서 중국 비단과 도자기 시장이 성장.
1655년 영국이 네덜란드와 벌인 전쟁에서 승리. 자메이카 획득.
1658년 아우랑제브가 인도 무굴 제국의 황제로 등극. 마라타족과 전쟁(1662년).
1662년 보일이 기체의 법칙 발견. 원자론 옹호.
1687년 뉴턴이 물리학 혁명 완성.
1688년 '명예혁명', 시장 지향적인 젠트리의 영국 지배 확립.
1690년 로크가 '경험주의' 철학 창시.
1687년 미국 버지니아에서 일어난 베이컨의 반란에서 흑인과 백인이 단결. 주 의회가 흑인과 백인 간의 결혼 금지령 발표(1691년).

1. 신스페인 정복

수많은 수상(水上) 도시와 촌락, 그리고 육지의 마을과 곧게 뻗은 평평한 도로를 봤을 때…… 우리는 너무 놀라서 여기가 전설에 나오는 아마디스[중세 기사도를 주제로 한 산문체 로맨스의 주인공]의 땅이 아닌지 의심했다. 전부 석조로 된 거대한 탑과 피라미드와 건축물이 물에서 솟아나 있었기 때문이다. 몇몇 병사들은 우리가 꿈을 꾸고 있는 것은 아닌지 물어 볼 정도였다.[1]

신전 자체는 세비야 성당보다 더 높다. …… 도시 한 복판에 있는 광장은 살라망카의 광장보다 두 배나 크고 그 주위는 기둥으로 둘러싸여 있다. 날마다 6만 명이 그곳에 모여서 물건을 사고판다. 제국의 모든 지역에서 흘러 들어온 온갖 종류의 상품들, 즉 식료품과 의복은 말할 것도 없고 금붙이, 은붙이, 구리 세공품…… 각종 보석, 가죽, 뼈, 조개, 산호, 면화, 깃털…… 등이 거래된다.[2]

스페인에서조차 보기 드문 너무나 아름답고 멋진 건물이었다. …… 잉카 제국에는 길이가 200야드에 폭이 50~60야드나 되는 넓은 홀이 있는 집이 많았다. …… 그 중 가장 큰 것은 4천 명을 수용할 수 있는 규모였다.[3]

1520년대와 1530년대에 멕시코의 아스텍 문명과 페루의 잉카 문명을 처음 접한 유럽인들은 눈앞에 나타난 휘황찬란한 건물들을 보고 소스라치게 놀랐다. 아스텍의 테노치티틀란[지금의 멕시코시티]은 유럽의 어떤 도시 못지않게 큰 도시였다. 잉카의 수도 쿠스코는 좀더 작은 규모였지만, 그 도로망은 유럽 어디에서도 찾아볼 수 없는 것이었다. 잉카 제국을 연결하는 도로의 총 길이는 4천8백 킬로미터에 달했는데, 이는 전 유럽의 도로 길이보다 길었고 심지어 명(明)대의 중국을 능가하는 것이었다.

그 문명들은 복잡한 관개 시스템을 이용해 주민들에게 생계수단을 제공할 만큼 진보적이었다. 그들은 물자를 모아서 수백 또는 수천 마일 떨어진 수도까지 운송하는 수단을 개발했다. 농업이 진보하면서 예술과 과학도 발전했다. 그리하여 건축, 회화, 수학이 발달했고, 달의 운동(음력의 기초)과 눈으로 보이는 태양의 운동(양력의 기초)을 연계한 달력을 만들었다.

하지만 채 몇 달이 안 돼 스페인 사람 에르난 코르테스와 프란시스코 피사로—이들은 모험심 많은 불한당에 지나지 않았으며 피사로는 문맹이었다—가 이끄는 소규모 군대가 이 두 제국을 모두 정복했다.

그들은 선배 모험가 크리스토퍼 콜럼버스(스페인어로는 크리스토발 콜론)의 선례를 따르고 있었다. 이 제노바 출신의 선장은 전설적인 중국 문명과 '향료 제도'(동인도제도)를 찾아서 대서양 건너 서쪽으로 항해하는 탐험에 자금을 대도록 당시 스페인의 공동 통치자였던 아라곤의 페르난도 왕과 카스티야의 이사벨 여왕을 설득했다.

콜럼버스가 '평평한 지구'라는 미신을 버리고 모종의 새로운 과학적 견해에 바탕을 두고 자기 주장을 폈다는 얘기는 널리 퍼진 신화에 불과하다. 사실, 15세기 무렵에는 지구가 둥글다는 견해가 이미 꽤 널리 퍼져 있었다. 콜럼버스 자신은 고대 그리스 로마의 저술가들에게서 인용한 엉터리 과학과 종교적 신비주의를 뒤섞은 인물이었다.[4] 그는 자신이 요한계시록에 나오는 재앙에서 기독교를 구원하기 위해 하느님이 선택한 도구라고 믿고 있었다.[5] 그는 10세기의 아랍 지리학자 알 파르가니의 (정확한) 계산을 제대로 이해하지 못했기 때문에 지구의 둘레를 약 25퍼센트나 작게 계산했다. 1492년 8월 3일 그는 몇 주 후면 중국이나 일본에 도착해 2백 년 전 마르코 폴로 시절에 중국을 지배했던 쿠빌라이 칸의 신하들을 만날 수 있기를 바라면서 세 척의 작은 배를 거느리고 출항했다. 하지만 그는 10월 둘째 주에 카리브 해의 한 작은 섬에 도착했고, 더 나아가 오늘날의 쿠바와 아이티에 닿을 때까지 항해를 계속했다.

그 섬들의 원주민에게는 국가도 사적 소유도 없었고, 그들은 이 낯선 손님들을 놀라우리만치 친근하게 대했다. 스페인 사람들은 그들이 '타이노족'이라고 이름 붙인 원주민에 대해 "점잖고 평화로우며 매우 단순한 사람들이었다"고 썼다. "보트가 물을 찾아 해안에 다다랐을 때 인디언들은 무척 친절하게도 물을 구할 수 있는 장소를 가르쳐 줬고 물이 가득 찬 물통을 …… 보트까지 들어다 줬다."[6]

그러나 콜럼버스의 목적은 그 지역 주민들과 친해지는 것이 아니었다. 그를 매혹시킨 것은 금으로 만든 그들의 코걸이였다. 콜럼버스는 부자가 되고 싶었고, 스페인의 군주들에게 자신의 항해에 돈을 대준 것이 잘한 일이었음을 입증하고 싶었다. 그래서 콜럼버스는 원주민과 전혀 말이 통하지는 않았는데도 그들한테서 금이 묻힌 장소를 알아내려고 무진 애를 썼다!

그는 나중에 다음과 같이 썼다. "금은 참으로 영물이다. …… 금을 가진 사람은 이승에서 원하는 대로 할 수 있고 다른 영혼들을 천국에 데려갈 수도 있다."[7]

콜럼버스는 왕실의 후원자들에게 보낸 편지에서 말하기를, 원주민들은 "너무 자애롭고 관대하며 다루기 쉬운 사람들인지라 세상에 이보다 더 좋은 땅과 사람들은 없을 것입니다. 그들은 이웃을 제 몸 같이 사랑합니다. 그들이 하는 말은 세상에서 가장 달콤하고 온화하며, 말을 할 때는 언제나 웃음을 머금고 있습니다."[8] 그러나 그의 목적은 바로 이런 사람들을 붙잡아서 노예로 만드는 것이었다. 콜럼버스의 아들은 말하기를, "아버님은 섬사람 몇 명을 포로로 만들라고 명령하셨다. …… 그래서 기독교인들은 12명의 [원주민] 남자와 여자, 아이를 붙잡았다."⁹ 콜럼버스는 요새를 만들어 그 안에 거주하는 "50명의 인원만으로 나머지 원주민들을 무엇이든 시키는 대로 복종하게 만들" 계획이었다.¹⁰

섬의 모든 원주민이 그런 행위를 참을 만큼 어리석지는 않았다. 머지않아 콜럼버스는 평화를 사랑하는 타이노족도 있지만 호전적인 '카리브 사람들'도 있다면서 그들은 '식인종'이기 때문에 무력 진압이 필요하다고 주장하게 됐다. 당시에도 그리고 그 이후에도 원주민들이 인육을 먹었다는 증거는 결코 발견되지 않았다. 콜럼버스 자신은 카리브 사람들이 사는 어떤 섬에도 내려본 적이 없었고 그가 만난 유일한 원주민은 선원들이 포로로 잡아온 여자들과 아이들뿐이었다. 그러나 식인종 이야기 덕분에 스페인 사람들이 총으로 원주민을 위협하고 쇠칼과 석궁(石弓)으로 그들을 살해한 것은 정당화됐다. '야만인'들 사이에 '식인 풍습'이 널리 퍼져 있다는 신화는 20세기까지 살아남아 식민지 지배를 그럴싸하게 정당화했다.¹¹

잔인한 방법에도 불구하고 콜럼버스가 발견한 황금은 매우 적었다. 그는 이듬해인 1493년에 스페인의 국왕들한테 훨씬 더 많은 돈을 받아내, 많은 병사와 세 명의 신부를 포함해 규모가 커진 함대와 1천5백 명의 이주 희망자들 — "모든 업종의 수공업자들과 노동자들, 그 땅을 경작할 농민들, 기사들, 하급 귀족들, 그리고 그곳의 황금과 신비로움에 관한 소문에 이끌린 사람들"¹² — 을 거느리고 다시 항해했지만 얻은 것은 여전히 신통치 않았다. 히스파니올라 섬(오늘날의 아이티) 전역에 각각 한 채의 요새와 몇 개의 교수대를 갖춘 정착촌을 일곱 개 건설한 다음, 콜럼버스는 14세 이상의 모든 '인디언'들은 석 달에 한 번씩 일정량의 황금을 바쳐야 한다고 포고했다. 이를 어긴 사람들은 두 손을 잘라서 출혈로 죽을 때까지 방치하는 처벌을 받아야 했다.¹³ 하지만 이런 야만적인 조치에도 불구하고 황금에 대한 수요를 충족할 수 없었다. 어느 누구도 그 섬에서 매우 소량의 황금밖에 발견하지 못했다는 단순한 이유 때문이었다.

콜럼버스는 부자가 되려는 자신의 욕심을 다른 방식으로 채우려 했다.

그것은 바로 노예제였다. 1495년 2월에 그는 1천6백 명의 타이노족 — 2년 반 전에 자신들을 도와주었던 그 '온화하고' '평화로운' 사람들 — 을 붙잡아서 그 중 5백50명을 노예로 팔아먹을 작정으로 쇠사슬에 묶어 세비야로 가는 배에 태워 보냈다. 대서양을 건너는 항해 도중 2백 명이 죽었다. 이어서 콜럼버스는 엥코미엔다 제도(制度)를 확립했는데, 이 제도는 스페인 국왕이 임명한 식민지 정착민들에게 인디언들의 강제 노동을 이용할 수 있게 해 줬다.

콜럼버스의 조치들이 그가 여전히 '인디언'이라고 부른 사람들에게 미친 영향은 재앙적이었다. 콜럼버스가 처음 상륙했을 당시 히스파니올라 섬의 인구는 십중팔구 1백만 명이 족히 넘었거나 그보다 훨씬 더 많았을 것이다.[14] 그런데 20년이 지나자 그 수는 약 2만 8천 명으로 줄어들었고, 1542년에는 겨우 2백 명에 불과했다. 정착민이었다가 신부가 된 라스 카사스는 식민지 정착민들이 "원주민들을 잔인무도하게 학살"한다고 비난했다.[15] 최근에는 또 다른 더 중요한 원인이 있었다는 설명이 제기되고 있다. 즉, '인디언들'에게 전혀 면역력이 없는 질병들을 유럽인들이 가져왔다는 것이다. 홍역, 인플루엔자, 발진티푸스, 폐렴, 결핵, 디프테리아, 그리고 무엇보다도 천연두가 전에는 결코 그런 병을 접해보지 못했던 사람들에게 끔찍한 해를 끼쳤을 것이다. 하지만 그 섬의 원주민들이 사실상 전멸한 이유가 단지 질병 때문이었다고 보기는 어렵다. 아메리카 대륙 본토의 대다수 지역에서는 '인디언들'이 적어도 일부는 어쨌든 살아남았던 것이다. 초기 스페인 식민지의 사망자 규모는 콜럼버스와 그 정착민들의 야만적인 방법을 빼놓고는 설명할 수 없다.

하지만 그처럼 야만적인 방법도 콜럼버스와 정착민들, 그리고 왕실 후원자들에게 그들이 원하는 부를 가져다 줄 수는 없었다. 최초의 식민지들은 많은 문제를 안고 있었다. 지체 높은 정착민들은 생각보다 실기가 힘들다는 것을 깨달았다. 인디언 노동자들은 죽어갔고, 자신들이 획정한 대농장을 경영하는 데 필요한 노동력은 고갈됐다. 머지않아 하층 계급 정착민들은 윗사람들의 일하라는 압력에 신물이 났다. 그래서 콜럼버스가 히스파니올라 섬의 총독을 지내던 시절은 그의 통치에 저항하는 반란이 되풀이된 시절이기도 했다. 그는 토착 원주민들을 대했던 것과 똑같이 야만적인 방식으로 그런 반란들에 대응했다. 세 번째 항해 끝 무렵, 그는 히스파니올라 섬 정착민들의 조롱을 받으며 쇠사슬에 묶인 채 본국 스페인으로 송환됐다. 그의 후임으로 온 총독이 산토도밍고 마을 광장에 목 매달려 있는 7명의 스페인 사람들을 보고는 기겁했기 때문이다.[16] 그는 스페인에서 한동안 구금됐다가 풀려났다. 그러나 네 번째 항해는 비참한 여정이었다. 국왕은 그가 히스파니올라에 정착하는 것을 금지했다. 결국 콜럼버스의 배는 난파됐고 그가 스페인으로 돌아왔을 때는 모든 꿈이 무너진 채 사람들의 기억에서 잊혀졌다. 그를 후원했던 스페인 국왕은 멀리 떨어진 섬들보다는 이탈리아 지배권을 둘러싸고 프랑스와 벌인 전투에 훨씬 더 열중했다. 그런 태도는 다른 모험가들이 대규모 부를 발견한 뒤에야 바뀌었다.[17]

아스텍 정복

1517년에 멕시코 아스텍의 지배자였던 몬테수마는 창백한 얼굴의 괴상한 사내들이 "물 한가운데서 움직이는 여러 개의 산"에 올라탄 채 자기 왕국의 해안에 출몰한다는 보고를 처음으로 받았다.[18] 그 배들은 정찰대 소속이었다. 2년 후 스페인령 쿠바 정착촌에서 온 에르난 코르테스가 이끄는 병사 5백 명이 상륙했다. 코르테스는 거대한 제국에 관한 소문을 듣고 그것을 정복하기로 마음먹었다. 그의 병사들은 이것을 정신 나간 야망이라고 생각했다. 그래서 코르테스는 부하들이 쿠바로 되돌아갈 수 없도록 타고 온 배를 불살라 버려야 했다. 하지만 2년이 채 못 돼 그는 자기보다 몇백 배나 더 큰 군대를 쳐부쉈다.

그가 성공할 수 있었던 것은 여러 가지 요인 덕택이었다. 몬테수마는 그럴 수 있었는데도 코르테스의 부대를 그 상륙 지점에서 파괴하지 않았다.

오히려 그들이 해안에서 멕시코 계곡으로 이동하는 데 필요한 편의를 제공했다. 표리부동한 코르테스의 행동은 끝이 없었다. 그는 아스텍의 수도 테노치티틀란에 도착하자 몬테수마에게 우호적인 척 행동하다가 그를 붙잡아 포로로 만들었다. 스페인 사람들이 의도치 않게 들여온 천연두 병원균이 테노치티틀란을 휩쓸었는데, 스페인이 그 도시를 포위 공격하는 결정적인 순간에 엄청나게 많은 사람들이 이 천연두 때문에 쓰러졌다. 결정적으로 스페인 사람들에게는 우수한 무기가 있었다. 중요한 것은 총이 아니었다. 그들의 총은 잘 맞지도 않았고 장전하는 데 시간이 많이 걸렸다. 더 중요한 것은 철로 만든 스페인의 갑옷과 칼이었다. 이 칼은 두꺼운 천으로 만든 아스텍의 갑옷을 쉽게 뚫고 베어낼 수 있었다. 테노치티틀란을 공략하는 마지막 전투에서 스페인은 우수한 조선 기술 덕택에 아스텍 사람들이 물자 공급을 의존해온 카누를 물리치고 도시를 둘러싼 호수를 지배할 수 있었다.

스페인이 승리할 수 있었던 요소들 가운데 몇몇은 우연한 것이었다. 몬테수마 대신 그 동생 퀴틀라와크가 통치하고 있었다면 코르테스는 결코 안내를 받아가며 수도를 돌아다닐 수 없었을 것이고 황제를 납치할 수도 없었을 것이다. 분명 코르테스의 부대는 천하무적이 아니었다. 코르테스가 자기 군대 대부분을 잃고서 테노치티틀란에서 도망쳐야 했던 적도 있었다. 만약 스페인 사람들이 더 많은 적과 마주쳤다면 사병들 사이의 분열이 결정적인 패인이 됐을지도 모른다. 왜냐하면 코르테스를 반역자로 취급하라는 명령을 받은 새로운 스페인 부대가 멕시코에 상륙했기 때문이다.

하지만 코르테스가 승리할 수 있었던 우연한 요인들 저변에는 더 근본적인 어떤 것이 있었다. 그는 스페인 제국과 마찬가지로 착취와 억압에 바탕을 두고 있지만 기술은 덜 발달한 그런 제국과 대결했던 것이다.

원래 아스텍 사람늘은 제한된 농업 지식을 갖고 있는 수렵-채취사들로서, 13세기 중엽에 멕시코 계곡에 도착했다. 그 지역에는 테오티우아칸과 마야 문명(이 책의 2부 참조)의 자취를 물려받은 몇 개의 도시국가가 이미 자리 잡고 있었는데, 그들은 아스텍 사람들을 정복하고 가장 척박한 땅만 남겨 줬다. 하지만 아스텍 사람들의 피정복민 생활은 그리 오래가지 않았다. 기술이 비약적으로 발전해 곡물 생산량이 엄청나게 증대했고—호수 위의 인공 섬('떠다니는 정원')에서도 경작을 했다—집약 농업으로 전환하면서 사회의 나머지 사람들에게 노동을 강요하는 귀족 계급이 성장했다. 귀족들은 단지 아스텍의 하층 계급들을 착취하는 것으로는 만족할 수 없었다. 머지않아 그들은 멕시코 계곡의 패권을 쟁취하기 위해 다른 도시국가들과 싸우기 시작했고 제국 건설에 착수해 남쪽으로 수백 마일을 뻗어 내려가 오늘날의 과테말라까지 정복했다. 새로운 군국주의적 지배 계급이 등장하면서 군국주의 이데올로기가 성장했다. 그것은 아스텍의 옛 부족 신 우이칠로포크틀리(벌새)에 대한 숭배를 중심으로 했다. 그 신은 폭력으로 죽은 사람들에게 영원한 생명을 주었지만 날마다 여행하기 위해서 사람의 피를 끊임없이 요구하는 신이었다. 이 종교의 주요 의식은 전쟁 포로를 산 제물로 바치는 것이었다. 피정복민들은 아스텍 사람들에게 물질적 공납을 바치는 것은 말할 것도 없고 수많은 여자와 아이를 제물로 바쳐야 했다. 아스텍의 전사 계급은 이 종교를 통해 제국 건설을 위한 전투 결의를 다질 수 있었다. 그리고 그것은 로마의 경기장과 (포로로 잡힌 왕을 교수형시키는) '개선 행진'이 그랬던 것과 마찬가지로 종종 굶주린 아스텍의 하층 계급들이 자신들의 운명을 받아들이도록 도와줬다. 그러나 제국이 성장하면서 지배 계급의 몇몇 개인이 인신 공양을 전례 없이 높은 수준으로 끌어올렸고, 이는 아스텍 사회에 긴장을 조성했다. 심지어 테노치티틀란에 있는 사원의 제단에서 96시간 동안 8만 명의 사람들이 제물로 학살당한 경우도 있었다.[19] 이것은 피정복민들이 억압을 한층 더 절감하게 만들기도 했다. 비록 공포 분위기를 조성함으로써 그들이 반란을 일으키지 못하게 막기도 했지만 말이다. 그들은 더 평화로운 신을 숭배하는 것에 매력을 느꼈다. 심지어 아스텍의 귀족들 사이에서도 언젠가는 깃털 달린 뱀 형상을 한 평화의 신 케찰코아틀이 돌아올 것이라 믿는 사람들이 있었다.

스페인의 정복자들이 도착했을 때는 바로 이런 갈등이 최고조에 달했을 때였다. 1505년에 거대한 기근의 충격으로 아스텍의 많은 하층 계급들이 스스로 노예가 돼 팔려 나갔다. 정복과 약탈로 얻을 수 있는 부는 줄어들었고, 몬테수마는 유혈낭자한 종교 의식을 이용해 지배 계급 내에서 권력을 강화했다. 하지만 그런 종교 의식에 대한 도전이 만만치 않았던 까닭에, 몬테수마는 코르테스가 바로 돌아온 평화의 신 케찰코아틀일지도 모른다는 두려움에서 코르테스를 환영했다. 어쩌면 더 중요한 것은 아스텍의 지배를 받은 사람들이 그 침략자 편에 적극 가담한 사실일 것이다. 테노치티틀란을 둘러싼 마지막 전투에서는 아스텍 편에서 싸운 토착민 군대보다 스페인 편에서 싸운 토착민 군대가 더 많았다.

아스텍과 스페인 제국 모두 공납으로 유지되는 제국이었고 반란 분자에 대한 잔인한 보복에 의존하고 있었다. 아스텍은 신들을 달래기 위해 인신 공양을 했고 스페인은 이단자들을 화형시킨 것처럼, 둘 다 가장 잔혹한 종교 의식을 고수했다. 정복이 끝난 뒤에 스페인 사람들은 테노치티틀란의 장터에 영구적인 이단화형장을 설치했다.[20] 그러나 스페인은 유라시아와 북아프리카에서 2천 년 동안 발달한 철기 문명의 기술들을 사용한 반면, 아스텍은 비록 세계 어느 곳보다 더 발전된 것이긴 했지만 어쨌든 돌과 나무를 바탕으로 한 기술들에 의존했다. 그들이 갖고 있던 금속이라고는 금과 구리뿐이었다. 그리고 구리는 희귀했기 때문에 장식용으로만 쓰였다. 그들의 무기는 흑요석으로 만든 것이었는데, 이 돌은 예리한 칼날이 될 수는 있지만 쉽게 부러졌다.

금속이 없었던 탓에 아스텍의 기술은 또 다른 면에서도 뒤떨어졌다. 예를 들면 아스텍에는 바퀴 달린 운송 수단이 없었다. 고든 차일드는 그 이유가 바퀴 모양을 만드는 데 필요한 톱은 구리보다 더 단단한 철이 없으면 제작하기가 쉽지 않기 때문이라고 했다.[71]

아스텍 사람들이 야금술을 몰랐던 이유는 무엇일까? 재레드 다이아몬드는 아프리카의 경우와 비슷한 어떤 지리적 불리함을 지적한다. 멕시코 사람들은 수천 마일 떨어진 곳의 기술 혁신을 배울 수 있는 처지가 아니었다. 중앙아메리카의 열대 지대는 멕시코와 안데스 산맥의 다른 거대한 라틴아메리카 문명 — 여기서는 야금술이 훨씬 더 발전하긴 했지만, 여전히 철은 발견하지 못했다 — 을 갈라놓았다.[22] 그러나 멕시코 사람들이 굳이 야금술을 사용할 만한 동기가 컸던 것도 아니었다. 그들은 야금술 없이도 정교한 식량 생산방식을 개발했고 감탄할 만한 도시들을 건설했다. 비록 그들도 주기적인 기근에 시달렸지만, 그것은 유럽과 아시아의 철기 문명들도 마찬가지였다. 철제 무기를 갖춘 유럽인들과 갑자기 맞닥뜨리고 나서야 야금술이 없는 것이 그들에게 치명적인 약점으로 작용했고, 그 결과 다른 여러 측면에서는 전혀 '앞서' 있지 않은 사람들에게 패배하고 말았다.

페루 정복

비슷한 역사적 사건이 되풀이되는 것은 흔하지 않은 일이다. 그러나 멕시코 정복 후 10년이 지난 1530년대 초반에 코르테스의 친척인 프란시스코 피사로가 파나마를 출발해 남미의 태평양 연안을 따라 남쪽으로 항해했을 때 바로 그런 일이 일어났다.

피사로는 그 전에도 정탐하기 위해 두 번 여행했었고 내륙 어딘가에 거대한 제국이 있음을 알고 있었다. 이번에 그는 보병 1백6명과 기병 62명을 이끌고 툼베스라는 연안 마을에 상륙했다. 거기서 그는 거대한 잉카 제국이 내전 중이라는 소식을 들었다. 잉카의 우아이나 카파크 황제가 죽은 뒤 이복 형제 아타우알파와 우아스카르는 각각 잉카 제국의 북쪽과 남쪽을 차지하고 왕위 계승을 둘러싼 다툼을 벌이고 있었다. 피사로는 잽싸게 아타우알파 측과 연락을 취해 자신이 그에게 우호적인 존재라고 믿게 만들었고 그의 초대를 받아서 안데스의 카하마르카 마을에서 아타우알파를 만날 수 있었다. 잉카인 안내원이 없었다면 스페인 파견대가 내륙의 산 속으로 여행하는 것은 사실상 불가능했을 것이다. 잉카의 안내원들은 날마다 먹고

쉴 수 있는 휴게소가 중간 중간에 잘 갖춰진 길을 따라 스페인 군대를 인도했다.

카하마르카에서 스페인 군대는 총과 말을 숨긴 채 마을의 담장 안에 머물렀다. 아타우알파는 잉카의 대군 대부분을 뒤에 남겨 두고 예복 차림으로 비무장의 남자 5천~6천 명과 함께 마을로 들어왔다. 피사로의 형제 에르난도는 나중에 다음과 같이 얘기했다.

아타우알파는 제복을 차려입은 인디언 3백~4백 명을 앞세우고 가마에 탄 채 도착했다. 인디언들은 노래를 부르면서 길 위의 먼지를 쓸어냈다. 그들 뒤에 아타우알파가 지도자들과 추장들에 둘러싸인 채 들어왔는데, 그 가운데 가장 중요한 인물들은 부하들의 어깨 위에 올라타 있었다.[23]

스페인 군대와 동행했던 도미니크파의 한 수도사가 아타우알파에게 기독교로 개종하고 스페인 국왕에게 공물을 바치라고 설득하기 시작했다. 교황이 라틴아메리카의 이 지역을 스페인에게 할당했다는 것이 그 이유였다. 잉카 황제는 다음과 같이 대답했다고 한다.

나는 아무에게도 공물을 바치지 않을 것이다. …… 그대의 교황에 관해 말하자면, 그는 제정신이 아닌 게 틀림없다. 그렇지 않고서야 어떻게 자기 소유물도 아닌 나라들을 남들에게 나눠 주겠다고 말할 수 있겠는가? 내 신앙으로 말하자면, 나는 바꿀 생각이 전혀 없다. 그대가 말하기를 그대의 신은 자기 피조물의 손에 죽었다고 했다. 그러나 우리의 신은 아직도 하늘에 살아 계시면서 당신의 자식들을 굽어 살피신다.[24]

아타우알파는 건네받은 성경책을 땅바닥에 내동댕이쳤다. 수도사는 피사로에게 말했다. "우리가 여기 서서 이 개 같은 작자와 쓸데없는 말을 주고받는 동안 저 밖은 인디언들로 가득 차는 것을 모르겠소? 즉시 저들을 공격하시오. 내 그대의 죄를 사하리다."²⁵ 피사로가 흰색 스카프를 흔들자 숨어 있던 스페인 군대가 총을 쏘기 시작했고 모여 있던 잉카인들이 총소리와 연기에 놀라서 허둥대자 기병대가 그들을 향해 돌진했다. 잉카인들이 달아날 곳은 어디에도 없었다. 사망자 수는 스페인의 추정에 따르면 2천 명, 잉카인들의 추정에 따르면 1만 명이었다.²⁶

아타우알파는 이제 스페인의 포로가 돼 그들이 제국의 심장부를 탈취하는 동안 그 앞잡이 노릇을 해야 했다. 그는 스페인 사람들이 이상하리만치 황금에 집착하는 것을 보고 황금으로 그들을 매수할 수 있다고 생각해 엄청난 황금 더미를 모았다. 하지만 그것은 완전한 오산이었다. 피사로는 금을 빼앗은 다음 형식적인 재판을 거쳐 잉카 황제를 처형했다. 황제의 죄목은 다름이 아니라 "간통과 중혼"(일부다처제 혼인), "우상 숭배", "스페인에 대한 반란 선동"이었다. 그는 도시 광장으로 끌려 나와 화형당할 위기에 처하자 기독교로 개종하고 싶다고 말했다. 설마 세례 받은 기독교인을 화형에 처하겠느냐고 생각했던 것이다. 그의 판단은 옳았다. 세례가 끝나자 피사로는 화형 대신 교수형에 처하라고 명령했다.²⁷

무차별 학살과 아타우알파의 살해는 잉카 제국의 나머지 지역을 정복하는 데서 하나의 전형이 됐다. 황금의 유혹에 이끌린 스페인 병사들이 수백 명씩 더 몰려들자 피사로는 아타우알파의 형제들 가운데 한 명을 허수아비 황제로 세워놓고 잉카의 수도 쿠스코를 향해 행군하기 시작했다. 그 과정에서 피사로는 자기에게 대항하려 한 또 다른 잉카 지도자 칼리쿠치마를 화형했다. 쿠스코를 점령하자마자 스페인 사람들은 주택과 사원을 돌아다니며 황금을 훔치고 잉카의 공주들을 사로잡았다. 쉰여섯 살인 피사로는 열다섯 살 난 공주를 임신시킨 것을 자랑삼았고, 결국에는 자신의 추종자와 그 공주를 결혼시켰다. 칠레 남부로 향하는 스페인 군대와 동행했던 크리스토발 드 몰리나 신부는 평범한 잉카인들이 어떤 취급을 받았는지를 나중에 다음과 같이 묘사했다.

자발적으로 스페인 사람들을 따르지 않으려는 원주민은 밧줄과 쇠사슬로 묶어서 끌고 다녔다. 스페인 사람들은 매일 밤 그들을 매우 조잡한 감옥에 집어넣었고 낮에는 무거운 짐을 지운 채 끌고 다녔다. 그들은 굶어 죽어갔다. 이 원정에 참여했던 어떤 스페인 사람은 12명의 인디언을 한 줄로 쇠사슬에 엮었고, 그 때문에 12명 모두 죽었다는 것을 자랑삼아 떠벌렸다.[28]

스페인 정복자들은 부자가 되기 위해 황금 약탈은 물론 노예제에 의존하기도 했다. 그들은 잉카 제국을 엥코미엔다 지역들로 분할했다. 그 지역에서 선택받은 식민지 이주민들은 강제 노동을 시킬 수 있는 권리를 가졌는데, 이것은 인디언 남자들은 1년에 9개월 동안 스페인 사람들을 위해 일해야 한다고 규정한 1512~1513년의 부르고스 법에 근거를 두고 있었다. 만약 인디언들이 복종하지 않으면 그들의 처자식은 노예가 될 것이고 재산을 몰수할 것임을 알려 주기 위해 그 포고령을 선포했다.[29] 성직자들에게 바쳐야 하는 공물도 있었는데, 성직자 중에는 "개인 소유의 창고와 선박, 종교 범죄자들을 벌주기 위한 쇠사슬과 감옥을 보유한" 사람들도 있었다.[30]

모든 일이 스페인 사람들 마음대로 된 것은 아니었다. 그들은 일련의 반란에 부딪혔다. 피사로의 형제 가운데 한 명은 쿠스코에서 몇 개월 동안 포위됐다. 1572년 마지막 황제 투팍 아마루가 처형될 때까지 잉카인들의 저항은 계속됐다. 그러나 잉카족은 여러 가지 비슷한 이유에서 결국 멕시코의 아스텍과 같은 운명을 맞이했다. 그들에게는 구리가 있었지만 철은 없었고, 라마[남미에 살고 있는 낙타과의 동물]는 있었지만 훨씬 더 강력한 말과 노새는 없었다. 제아무리 세련된 청동기 문명이라 하더라도 철기 문명 앞에서는 버틸 수 없었다. 그 철기 문명이 아무리 조야할지라도 말이다. 헤밍스가 지적했듯이 말(馬)은 "정복의 탱크"였다.[31] 인디언들이 남쪽으로 더 멀리 떨어진 칠레에서 말 사용법을 알게 됐을 때에야 정복자들은 심각한 패배를 맛보았다.

황족 가운데 소수는 새로운 질서 아래에서 스페인의 상층 계급에 스스로 통합되는 방식으로 살아남았다. 헤밍스가 말한 대로 "그들은 여느 스페인 하급 귀족처럼 직함이나 문장(紋章), 멋진 스페인 의류, 불로 소득을 열망하고 있었다."[32] 그러나 잉카 대중의 생활은 이전과는 비교할 수도 없을 만큼 나빠졌다. 1535년에 한 스페인 귀족은 국왕에게 보낸 편지에서 다음과 같이 썼다. "저는 이 나라의 많은 지역을 돌아다니며 끔찍한 파괴를 목격했습니다."[33] 정복 이전과 이후의 상반되는 상황을 보여 주는 또 다른 예가 있다. "[전에는] 온 나라가 평온하고 식량이 풍부했지만, 지금은 왕국의 모든 도로마다 황폐한 마을들이 끝없이 펼쳐져 있는 것을 볼 수 있을 뿐이다."[34]

정복의 피해는 가능한 한 많은 부를 차지하려는 새로운 지배자들의 집념 때문에 더욱 악화됐다. 경쟁하는 스페인 사령관들은 서로 격렬한 내전으로 치달았고, 새로 부유해진 정착민들은 스페인 국왕이 보낸 대리인들에 반대하기 시작했다. 서로 싸우는 군인들이 불 지르고 약탈하는 바람에 농업에 필수적이었던 구릉 지대의 계단식 농지와 관개 운하는 황폐해졌고, 라마 떼는 도살됐으며, 흉작에 대비한 비축 식량도 거덜 났다. 굶주린 사람들은 유럽에서 들어와 카리브 해를 휩쓸었던 바로 그 질병들 때문에 타격을 입었다. 그 충격은 14세기 유럽의 흑사병보다 훨씬 더 심각했다. 리마의 계곡에서는 2만 5천 명의 인구 가운데 겨우 2천 명만이 1540년대까지 살아남았다. 제국의 토착 인구는 2분의 1에서 4분의 3이 줄어들었다.

토지가 너무나 황폐해졌기 때문에 이제는 스페인 왕정조차도 걱정하기 시작했다. 왕정이 원한 것은 부를 가져다 주는 제국이었지 노동력이 고갈된 제국이 아니었다. 1500년대 중반에는 정착민들의 파괴 행위를 제한하고 인디언들에 대한 착취를 제어할 수 있는 조치들에 관한 토론이 계속 되풀이됐다. 정착민들을 비난했던 라스 카사스 같은 신부들이 유명해진 것은 바로 그때였다. 하지만 그들의 노력은 옛 잉카 제국을 많이 바꿔놓지는 못했다. 왜냐하면 이제는 인구 15만 명의 세계 최대 도시 가운데 하나였던 포토시의 은광과 수은 광산에서 국왕이 이윤을 벌어들이려면 강제 노동이 필수적이었기 때문이다. 1570년에 로이사 대주교가 이끄는 한 위원회는 광산들이 공익 사업장이므로 강제 노동을 허용해야 한다는 데 동의했다.[35]

2. 르네상스에서 종교개혁으로

콜럼버스가 아메리카 대륙을 '발견한' 것은 아니었다. 적어도 1만 4천 년 전에 시베리아에서 알래스카로 가기 위해 베링 해협을 건넌 '인디언들'은 이미 아메리카 대륙을 발견했다. 심지어 콜럼버스는 아메리카에 도착한 최초의 유럽인도 아니었다. 바이킹족은 콜럼버스보다 5백 년 전에 북아메리카의 북동 연안에 잠시나마 머무른 적이 있다. 그러나 1493년은 역사의 전환점이었다. 유라시아 대륙의 대서양 연안에 있는 후진 사회들이 처음으로 세계의 다른 지역들에 지배력을 행사할 수 있는 가능성을 보여 줬기 때문이다. 그래서 비록 스페인이 아메리카에서 한 짓은 3백~4백 년 전에 십자군이 중동에서 한 짓과 똑같이 야만적이었지만 그 결말은 달랐다. 십자군은 와서 보고 정복하고 파괴했다. 그 뒤에 남은 것이라곤 버려진 요새들을 빼면 아무것도 없었다. 스페인도 와서 보고 정복하고 파괴했다. 하지만 그 뒤로 계속 눌러 앉아서 새롭고 영구적인 영역을 확립했다.

대서양 반대쪽에서 이런 일이 일어나고 있는 동안 마찬가지로 중요하고 마침내 세계를 뒤흔들게 될 변화가 유럽 본토에서 일어나고 있었다. 정치, 지적 생활, 이데올로기가 변하고 있었다. 그리고 그 저변에서는 수백만 명의 생계방식이 바뀌고 있었다.

많은 주류 역사학은 어떻게 한 국왕이 다른 국왕한테서 왕권을 탈취했는가 하는 문제에 골몰한다. 거기에는 여러 왕과 왕비, 대신의 이름 정도만 나오고 궁중 암투나 왕족 간의 살해, 왕조끼리의 전쟁 이야기가 뒤따른다. 15세기 말에 시작된 정치적 변화들은 그런 사소한 것이 아니었다. 그런 변화들에 힘입어 새로운 종류의 국가가 등장했고 그런 국가의 이런저런 변종들이 결국 세계를 지배했다.

사람들은 흔히 고대나 중세 세계에 대해 말할 때 '나라'나 '민족'이라는 말을 사용한다. 그러나 당시의 국가들은 현대의 '민족' 국가와는 사뭇 달랐다.

오늘날 우리는 한 나라가 일정한 국경선 안에서 지리적 연속성을 가진 영토로 구성되는 사실을 당연하게 여긴다. 한 나라 안에는 단일한 행정 구조와 단일한 조세 체계(가끔 지역에 따라 다르기도 하지만)가 있으며 그 나라 안의 서로 다른 지역 사이에 관세 장벽이 없는 것을 당연하게 생각한다. '시민'은 아무리 제한된 권리라 하더라도 특정 권리를 보장받는 대가로 나라에 충성해야 한다고 생각한다. '나라 없는' 설움은 결단코 피해야만 하는 최악의 운명이다. 또한 우리는 지배자와 피지배자가 함께 사용하는 하나의 국어(가끔은 여러 언어)가 존재하는 것을 당연하게 생각한다.

중세 유럽의 왕정에는 이런 특징들이 거의 없었다. 그 영토는 뒤죽박죽이어서 여러 가지 언어를 사용하는 사람들을 포함하고 있었고 지리적 장애물도 뛰어넘었다. '게르만 민족의 신성로마제국' 황제는 대개 보헤미아를 하나의 왕국으로서 다스렸고 게르만어를 사용하는 여러 지역과 이탈리아의 일부 지역에 대한 통치권도 주장했다. 잉글랜드 국왕들은 프랑스어를 사용하는 광대한 영토에 대한 권리를 주장하기 위해 일련의 전쟁을 치렀다. 프랑스 국왕들은 알프스 산맥 너머 오늘날 이탈리아에 해당하는 지역들을 차지하려고 했던 반면, 라이벌인 부르고뉴 공국의 일부였던 프랑스 동부와 잉글랜드 국왕이 통치했던 프랑스 남서부·노르망디·브르타뉴 지방은 거의 통제할 수 없었다. 국왕이 결혼과 상속을 통해 멀리 떨어진 지역에 대한 통치권을 획득하거나 전쟁으로 국내 영토를 빼앗겼을 때는 국경선이 통째로 바뀔 수 있었다. 한 국가 안에 통일된 행정부가 하나뿐인 경우는 거의 없었다. 한 국가는 보통 왕후국, 공국, 남작령, 독립적인 자치도시들로 이루어졌는데, 각각 독자적인 통치자와 재판소, 법률, 조세 구조, 관세 징수소, 무장력 등을 확보하고 있었다. 그래서 각자가 국왕에게 바쳐야 하는 신하의 의무는 흔히 명색뿐이었고 어떤 경쟁국 국왕이 더 나은 조건을 제시하면 그 의무는 무시됐다. 국왕들은 흔히 자기 백성들이 쓰는 언어를 사용할 줄 몰랐고, 공식 문서와 법령은 그 법률의 규제를 받는 사람들이 알아듣기 힘든 언어로 쓰였다.

15세기 말이 가까워지면서 유럽의 주요 지역에서는 이런 사정이 바뀌기 시작했다. 그때는 바야흐로 스페인이 라틴아메리카를 정복하려고 뻗어나갈 즈음이었다. 프랑스의 샤를 7세와 루이 11세, 잉글랜드의 헨리 7세와 헨리 8세, 스페인의 공동 국왕 이사벨과 페르난도는 모두 대(大)봉건 영주들을 누르고 자신들의 권력을 강화하는 데 성공했으며 오늘날의 국경선에 해당하는 지역 안에서 모종의 범국가적 질서를 확립하는 데 성공했다.

그런 변화들은 중요했다. 봉건 구조에서 근대 구조로 이행하는 최초의 움직임이었기 때문이다. 하지만 그런 이행은 아직 불완전한 것이었다. '신식' 왕정들 가운데 가장 강력했던 스페인의 행정 체계조차도 여전히 카탈루냐, 발렌시아, 아라곤, 카스티야로 나뉘어 있었고 스페인 왕들은 1백50년 후까지도 지금의 이탈리아와 베네룩스에 있는 영토들을 지키기 위해서 여러 차례 전쟁을 치렀다. 프랑스 국왕들은 지방 영주들을 '절대' 왕정에 복종시킬 때까지 일련의 전쟁과 내전을 감내해야 했다. 심지어 그 후에도 각 지방의 내부 관세 징수소와 법률 체계는 여전히 남아 있었다. 1066년의 노르만 정복으로 다른 곳보다 더 통일된 봉건 국가를 형성한 영국에서도 북부의 백작들은 상당한 권력을 보유했고 국왕들은 '프랑스'에 대한 자신들의 권리를 여전히 포기하지 않았다.

하지만 '새로운 왕정'들과 훗날 거기에서 파생한 프랑스와 스페인의 '절대왕정'들은 낡은 봉건 질서와 다른 새로운 것이었다. 그 국가들은 봉건제에 바탕을 두고 있었지만 그 속에서 국왕은 시장 체제에 연결된 새로운 세력과 성장하는 도시를 이용해 봉건 영주들의 힘을 견제하는 법을 터득했다.[36] 그들의 정책은 아직도 부분적으로는 무력이나 정략결혼을 통해 영토를 차지하는 고전적인 봉건적 목적을 지향하고 있었다. 그러나 또 다른 목적이 점점 더 중요해지고 있었다. 그것은 바로 상업과 국내에 기반을 둔 생산을 구축하는 것이었다. 그래서 이사벨과 페르난도는 무어인들의 그라나다 왕국을 정복했고 이탈리아 영토를 차지하기 위한 전쟁을 벌였지만, 상업을 확장하려는 기대를 품고 콜럼버스와 그 후계자들에게 돈을 대주기도 했다. 헨리 8세는 [정략] 결혼을 이용해 다른 왕들과 혈연을 맺기도 했지만, 잉글랜드의 양모 산업과 해군력 증강을 장려하기도 했다.

그렇다고 해서 이런 왕들이 그 선조들보다 덜 야만적이었던 것은 분명 아니다. 그들은 국내외에서 자신의 권력을 강화할 수 있는 조치라면 수단과 방법을 가리지 않았다. 음모, 살인, 납치, 고문이 바로 그들의 주특기였다. 그들의 철학은 피렌체의 공무원이었던 마키아벨리의 저작에 가장 잘 드러난다. 이탈리아가 단일 국가로 통일되는 것이 평생의 꿈이었던 마키아벨리는 이 목표를 달성하는 데 필요한 '군주'의 행동지침들을 제시했다. 그의 꿈은 결국 좌절됐다. 하지만 그의 저작에 열거된 술책들은 스페인 군주들이나 헨리 8세의 특기들을 그대로 묘사한 듯한 인상마저 든다.

이사벨과 페르난도는 그라나다를 정복한 뒤에 이슬람 왕국들은 결코 기독교인들에게 하지 않았던 짓을 저질렀다. 즉, 종교재판을 이용해 기독교로 개종하거나 그 나라에서 도망치기를 거부한 사람들을 살해한 것이다. 9백 년 동안 그 나라에서 살아왔던 무슬림 사람들은 17세기 초에 이르러 완전히 추방됐다. 거의 8백 년에 걸친 이슬람 지배 기간 내내 별 탈 없이 지내왔던 유대인들도 쫓겨났다. 그들은 북아프리카, 터키 지배 하의 발칸 반도(제2차세계대전 당시 히틀러의 군대가 살로니카를 점령할 때까지도 그곳에는 스페인어를 사용하는 유대인 공동체가 남아 있었다), 동유럽에서 새로운 삶을 꾸려나가야 했다. 심지어 기독교로 개종한 사람들, 즉 '교화자'들도 안전하지 못해서 1570년대에는 한 바탕 박해에 시달렸다.

잉글랜드의 헨리 7세와 헨리 8세, 그리고 그 후계자들이 사용한 가혹한 방법들은 옛 봉건 귀족들의 권력만 겨냥하지 않았다. 엄청나게 많은 극빈층이 이런 방법의 표적이 됐다. 그들은 생계수단을 잃고 나라 안을 떠돌아다녔다. 귀족들이 신하들과 지주들의 낡은 군대를 해산하고 옛 공유지에 '울타리'를 쳤으며 소자작농들에게서 토지를 빼앗았기 때문이다. 역대 국왕들은 극빈층을 "자발적 범죄자들"[37]로 취급했다. 1530년에 제정된 법은 다음과 같이 규정하고 있다.

신체 건강한 부랑자들은 채찍형과 징역에 처한다. 그들은 수레바퀴에 묶여서 피가 흘러 넘칠 때까지 채찍으로 맞은 다음 자기가 태어난 곳이나 최근 3년 동안 살았던 곳으로 돌아가 '노동에 종사할' 것을 맹세해야 한다.

그 법률은 나중에 다음과 같이 바뀌었다.

또다시 떠돌아다니다 붙잡힌 사람은 다시 한 번 채찍으로 얻어맞고 한 쪽 귀를 자른다. 세 번째 부랑하다 붙잡히면 상습범으로 처형한다.[38]

새로운 사상들

아메리카 대륙을 '발견'하고 '신식 왕정'들이 등장하던 시기는 르네상스의 시기이기도 했다. 르네상스는 이탈리아의 도시들에서 시작해 1백 년 이상 다른 서유럽 지역으로 퍼져 나간, 지적 생활과 예술의 '부활'이었다. 대륙 전체에서 고대 학문을 다시 발견하게 됐고 그럼으로써 중세 유럽의 특징이었던 협소한 세계관, 종교적 미신, 숨 막히는 예술적 획일성과 결별하게 됐다. 그 결과 플라톤과 아리스토텔레스, 유클리드 시대 이후로 유럽 세계가 알지 못했던 과학의 진보가 있었고 예술과 문학이 활짝 꽃을 피웠다.

일부 역사책의 주장과 달리, 이것은 그런 결별을 위한 최초의 시도가 아니었다. 2백 년 전에도 그런 시도가 있었다. [스페인의] 톨레도에서는 라틴어와 그리스어, 아랍어로 된 저작들이 번역됐고, 아벨라르와 로저 베이컨 같은 사상가들의 노력이 있었으며, 보카치오와 초서, 단테의 저작들도 있었다. 그러나 교회와 국가가 도시와 농촌의 계급 투쟁과 연결될지도 모르는 사상들을 근절하려 했기 때문에 그런 노력들은 14세기의 거대한 위기와 함께 중단되고 말았다. 지적 탐구의 중심이었던 대학에서는 점점 더 실생활과 무관해 보이는 현학적 논쟁들이 난무하게 됐다.

르네상스는 13세기의 정신적·문화적·과학적 시도로 회귀하는 것이었지만, 훨씬 더 높은 수준과 광범한 기반 위에서 회귀하는 것이었다. 르네상스가 탄생한 이탈리아의 도시국가에서 르네상스는 중세 말의 무미건조한 세계관에 정면으로 도전하지는 않았다. 소수의 상인들이 그런 도시국가들을 지배하고 있었는데 그들은 비(非)봉건적 수단으로 얻은 부를 과시하면서 낡은 봉건 귀족들을 밀쳐냈다. 그러나 그들은 봉건제의 틀 안에서 자신들의 입지를 굳히기 위해 부와 권력을 사용했다. 예컨대 피렌체를 지배한 것은 메디치 가(家)였다. 그들은 상인과 은행가로 출발했지만 교황 두 명과 프랑스 왕비 한 명을 배출했다. 그들이 발전시킨 문화에는 자신들의 모순된 입장이 반영돼 있었다. 그들이 주문한 회화와 조각품을 제작한 사람들은 낡은 사회의 한복판에서 떠오르는 새로운 사회를 시각적으로 탁월하게 표현한 평민 출신의 기술자들이었다. 시스티나 성당에 있는 미켈란젤로의 〈아담의 창조〉나 〈최후의 심판〉은 인간을 찬양하는 종교적 작품들이다. 그의 최고 걸작들 중에는 억압과 속박에서 벗어나려는 인간의 투쟁을 보여 주는 거대한 노예나 포로의 조각상들이 있다. 반면에 소수 지배자들의 후원을 받은 문학은 13세기와 14세기 초의 전통에서 조금 후퇴했다. 이탈리아의 혁명가 그람시가 약 70년 전에 썼듯이, 단테는 피렌체 사람들이 쓰는 이탈리아 방언으로 책을 썼지만 르네상스 '인문주의'의 언어는 소수의 지식인 엘리트가 사용하는 라틴어였다. 유럽 전역의 학자들에게는 라틴어가 의사 소통 수단이었지만 피렌체와 밀라노, 베니스의 인민 대중에게는 그렇지 않았다. 더욱이 고전 문헌에 대해서는 거의 미신에 가까운 경외심이 남아 있어서, 여전히 그리스나 로마의 저술가를 인용하는 것이 논쟁에서 이기는 비결이라도 되는 것처럼 생각했다.

르네상스가 전 유럽으로 퍼지면서 그 내용이 바뀌기 시작했다. 그리스어나 라틴어로 된 원전의 구어체 번역물이 늘어났다. 그리고 고전 저작들을 단순히 읽는 데 그치지 않고 그것에 도전하는 사람들도 늘어났다. 코페르니쿠스, 케플러, 갈릴레오가 이룩한 과학의 진보가 가장 좋은 사례이다. 16세기는 2천 년 전의 낡은 사상들을 다시 뱉어내는 것으로 시작했지만, 겨우 1백 년이 채 지나지 않아 대중의 언어로 쓰인 새로운 저작들이 폭발적으로 쏟아져 나왔다. 프랑스의 라블레, 영국의 셰익스피어와 말로, 벤 존슨, 스페인의 세르반테스의 작품들이 바로 그랬다. 이는 단지 소설이나 연극, 아니면 많은 새로운 사상들을 종이에 옮겼다는 점에서만 중요한 것이 아니었다. 그것은 수백만 명의 일상 언어에 형식을 부여한 점에서도 중요했다. '새로운 왕정'이 등장한 시대는 국어가 최초로 부상하는 시대이기도 했다.

새로운 종교들

스페인 군대가 그라나다를 점령하고 콜럼버스가 서인도제도에 상륙한 지 25년 후에, 34세의 수도사 겸 신학 교수인 마틴 루터는 독일 남부의 비텐베르크 교회 정문에 한 장의 종이를 못 박았다. 거기에는 가톨릭 교회의 '면죄부' 판매를 공격하는 95개 조항의 반박문이 적혀 있었다. 면죄부는 사람들의 죄를 용서하고 천국행을 보증하는 문서였다. 루터의 행위는 1천2백 년 전에 콘스탄티누스 대제가 기독교를 포용한 이후 서구 교회를 가장 커다란 분열로 몰아넣었다. 교회나 신성로마제국의 어떠한 조치도 루터에 대한 지지가 커지는 것을 막을 수 없는 듯했다. 바젤, 취리히, 스트라스부르, 마인츠 등 독일 남부와 스위스의 도시들이 루터 편으로 넘어왔다. 작센, 헤세, 브란덴부르크처럼 독일에서 가장 강력한 몇몇 제후들도 마찬가지였다.

1546년에 프랑스의 모(Meaux) 시 광장에서 14명의 루터파 수공업자들을 화형하는 등 당국의 억압 조치가 있었지만 머지않아 네덜란드와 프랑스에서도 개종자들이 나타났다.[39] 잉글랜드의 헨리 8세는 스페인의 캐서린 공주와 이혼하려 했으나 스페인 국왕과 동맹을 맺고 있던 교황이 이혼을 허락하지 않자 가톨릭 교회와 관계를 끊었다.

루터는 면죄부, 교회 의식, 신자와 하느님 사이의 중재자로서 사제의 역할, 교황의 성직자 징계권 등에 관한 신학적 논쟁으로 포문을 열었다. 그러나 가톨릭 교회가 중세 사회의 중심부였기 때문에 그런 쟁점들은 사회·정치 문제들을 빗겨갈 수 없었다. 사실상 루터가 했던 일은 전체 봉건 질서를 대표하는 이데올로기 통제 기관들에 도전한 것이었다. 그런 이데올로기 통제의 혜택을 누렸던 사람들은 반격할 수밖에 없었다. 이런 쟁점들에 관한 논쟁은 그 후 1백25년 동안 유럽 대부분을 일련의 전쟁과 내전에 빠뜨렸다. 독일의 슈말칼덴 전쟁, 프랑스의 종교 내전, 스페인의 지배에서 벗어나 독립하기 위한 네덜란드의 오랜 전쟁, 독일의 국토를 황폐하게 만든 30년 전쟁, 영국 내전 등이 바로 그런 전쟁들이었다.

루터는 탁월한 논객이었다. 그는 성경을 번역해 독일어 발전에 결정적 영향을 미쳤을 뿐 아니라 자기 주장을 개진한 소책자들을 끊임없이 쏟아냈다. 하지만 이것만 가지고는 그의 행위가 몰고 온 충격을 설명할 수 없다. 루터 이전에도 그와 매우 비슷한 사상을 바탕으로 로마 가톨릭 교회에 반대했던 오랜 전통이 있었다. 2백 년 동안 유럽의 주요 도시에는 '발도파' 교회 집단이 비밀리에 존재해왔다. 1백 년 전에 보헤미아에서는 후스파가 매우 비슷한 사상을 지지하며 싸운 적이 있었고, 14세기 말 영국의 종교개혁가 위클리프를 추종하는 '롤라드파'는 아직도 많았다. 그러나 이런 운동들은 가톨릭 교회와 교회의 존속 틀인 사회를 결코 파괴할 수 없었다. 그러나 루터는 이 일에 성공했고, 취리히의 츠빙글리와 제네바의 칼뱅과 같은 다른 종교개혁가들도 교리의 차이만 있었을 뿐 같은 일을 해냈다.

이런 일이 왜 일어났는지를 알려면 14세기의 위기 이후 나타난 더 광범한 경제·사회 변화들을 살펴볼 필요가 있다. 이런 변화들은 새로운 왕정, 새로운 세계의 정복, 르네상스라는 새로운 학문을 위한 토대를 놓은 것처럼 새로운 종교를 위한 토대를 놓았다. 봉건 경제와 봉건 사회는 뭔가 새로운 것을 낳고 있었고, 프로테스탄티즘은 그것의 탄생을 알리는 신호였다.

이행기의 경제

수백 년 이상 계속된 서유럽 사회의 변화들은 느리긴 했지만 차곡차곡 쌓여가고 있었다. 그것은 흔히 당시 사람들은 거의 느낄 수 없었던 그런 변화들이었다. 먼저 장인들과 조선공, 군사 기술자들이 여타의 유라시아 지역과 북아프리카에서 유래한 기술 혁신을 채택하고 거기에다 자신들의 혁신을 보태면서, 느리고 간헐적이긴 했지만 계속해서 생산 기술이 발전했다. 그래서 16세기가 시작될 무렵에는 12세기는 물론 14세기에도 보지 못했던 장비들이 넘쳐났다. 주요 도시마다 있었던 기계식 시계, 물레방아와 풍차, 무쇠를 만들 수 있는 용광로, 배를 건조하고 의장하는 새로운 방식과 배의 위치를 확인할 수 있는 새로운 장비들, 전쟁용 대포와 머스킷총[총강에 선조가 없는 구식 소총], 전에는 소수의 도서관에 신주처럼 보관된 필사본으로만 접할 수 있었던 원본을 대량으로 복사할 수 있는 인쇄기가 바로 그런 것들이었다.

이런 기술 혁신들은 더 광범한 변화들을 위해 반드시 필요한 전제 조건이었다. 아랍 지역에서 유래한 아스트롤라베[관측과 시간 측정에 사용한 초기 과학기기]와 중국에서 유래한 나침반이 없었다고 하더라도 콜럼버스는 아메리카로 가는 길을 발견할 수 있었을지 모른다. 콜럼버스 이전에 다른 사람들이 그렇게 했을 가능성은 매우 높다. 그러나 그런 장비가 없었다면 콜럼버스의 귀환과 스페인의 정복을 가능하게 해 준 고정된 항로를 표로 그릴 수는 없었을 것이다. 왕들의 군대는 개량된 석궁과 총기 없이도 어쩌다가 전투에서 이길 수 있었을지 모른다. 그러나 갑옷 입은 기사들의 기병대를 무찌르거나 봉건 영주들의 성을 무너뜨리거나 농민들로 이루어진 창병(槍兵)들을 물리칠 수는 없었을 것이다. 이탈리아 북부의 르네상스 사상가들은 인쇄기 없이도 그리스와 로마의 저작들에 관한 관심을 되살릴 수 있었을 것이다. 그러나 이런 저작들의 복사본을 수천 부씩 찍지 못했다면 그 영향력이 전 유럽으로 퍼져 나가는 것은 불가능했을 것이다. 마찬가지로, 교황권에 대한 루터의 도전이 그토록 거대한 청중을 얻지도 못했을 것이다. 사실 인쇄기는 루터의 사상이 성공할 수 있는 길을 닦아놓았다. 예컨대 영국에서는 인쇄소 덕분에 교권에 반대하는 위클리프의 주장들과 ≪농부 피어스≫로 표현된 랭런드의 메시지, 그리고 정도는 덜 하지만 초서의 주장들이 "늦었지만 최대의 힘"을 발휘할 수 있었고, 그 결과 "14세기가 16세기를 침범했다."[40]

그러나 기술만 가지고 할 수 있는 것은 아무것도 없었다. 그런 기술들을 실제로 사용해야 했는데, 때때로 그 비용은 엄청났다. 무기를 제작해야 했고, 광물을 개발해야 했으며, 인쇄기를 만들기 위해서는 자금을 조달해야 했고, 배를 건조해야 했고, 군대는 식량을 공급받아야 했다. 그런 일을 필요한 규모로 실행할 수 있었던 것은 오직 생산의 사회적 조직 방식이 기술적 조직 방식만큼이나 거대한 변화를 겪고 있었기 때문이다.

봉건 시대 초기의 생산은 농민 가족의 생계를 유지하고 영주의 사치스런 생활을 보장하는 것과 같이 직접적인 사용을 위한 것이었다. 당시 중요했던 것은 애덤 스미스와 칼 마르크스가 나중에 '사용가치'라고 불렀던 것, 즉 농민 가족에게 필요한 생필품과 봉건 영주의 사치품들이었다. 농민으로 하여금 더 열심히 일하거나 새로운 기술을 이용해 생산을 확장하게끔 만드는 압력은 더 잘 살아보려는 농민의 욕구나 더 사치스런 생활을 누리고픈 영주의 욕구에서만 나올 수 있었다. 마르크스가 썼듯이, 농민에 대한 착취의 **수준**은 "**봉건 영주의 위장 크기**"에 따라 제한됐다. 그런 사회에서 교환과 화폐는 부차적인 역할밖에 하지 못했다. 재산을 불리고자 하는 사람은 금을 쌓아두기보다는 토지를 움켜쥐었을 것이다.

15세기 초에는 이미 사정이 꽤 달라져 있었다. 판매를 위한 물품 생산—금이나 은과 교환하고 그 금과 은을 가지고 이번에는 다른 물품들과 교환하는—이 점점 더 확산됐다. 스미스와 마르크스가 '교환가치'라고 부를 것이 점점 더 중요해졌다. 농민 가족은 여전히 스스로 먹고 입을 식량과 의복의 대부분을 직접 생산했지만, 지대를 납부하고 농사 도구를 구입하며 흉작에 대비하려면 돈이 필요했다. 영주와 왕들은 거액의 돈이 필요했다. 장거리 무역 덕분에 세상 저 끝에서 온 이국의 사치품들을 비싼 대가를 치르고 얻을 수 있게 됐다. 또한 돈을 충분히 많이 번 사람은 다른 사람들을 정복할 수 있는 군대를 획득하거나(군대는 차츰 용병들로 이루어지게 됐다) 탐사항해·무역·해적질에 필요한 배를 얻고 선원들을 고용할 수 있었다. 화폐는 대체로 오늘날의 화폐로 바뀌기 시작했다.

이에 따라 시간이 흐르면서 노동의 세계는 완전히 바뀌어, 인간의 필요를 충족하는 것이 아니라 돈을 가진 사람들이 더 많은 돈을 벌 수 있게 해주는 수단으로 전락했다. 이 과정은 16세기 초에 완결된 것이 결코 아니었다. 대다수 장인은 무슨 일에 대해서든 여전히 관례상의 보수를 기대했고 축제 기간과 성인(聖人) 기념일에 자유롭게 쉴 수 있었다. 그리고 대다수 농민은 아직도 자기네 노동이 상품 시장의 쉴 틈 없는 쳇바퀴에 매여 있는 것이 아니라 계절 변화와 밀접하게 연관돼 있다고 생각하고 있었다. 하지만 이 과정은 진행 중이었고 2백 년 동안 지속됐다. 도시와 농촌으로 파고들어 느리게 퍼져 나간 시장의 연결망은 점점 더 많은 사람들의 생활을 잠식했다. 주요 도시, 항구나 배가 다닐 수 있는 강 근처에 있는 시골의 모든 지역은 '산업 작물'—린넨에 쓸 아마(亞麻), 포도주용 포도, 기름을 만들기 위한 올리브, 염색용 대청(大靑)이나 사프런— 생산지로, 아니면 도시와 상층 계급의 늘어나는 고기 수요를 충족하기 위한 목축지로 바뀌어 가고 있었다. 상인들은 점점 더 '선대제'를 이용해 수공업자들이 낡은 관례상의 보수가 아니라 수요와 공급에 기반을 둔 더 낮은 보수를 받아들이도록 압력을 넣고 있었다. 그리고 흔히 그랬던 것처럼 도시의 장인들이 자신의 생활

방식을 상인들의 이윤몰이에 희생시키기를 거부했을 때 상인들은 시골에 기반을 둔 신흥 공업을 촉진시키고 있었다. 독일 남부의 고지(高地), 보헤미아, 트란실바니아와 같은 지역에서는 푸거 가(家) — 스페인 전쟁과 신성로마제국의 국왕들에게 자금을 댔다 — 와 같은 대형 금융업자들이 임금 노동을 이용해 광산을 채굴하고 있었다.

14세기 유럽의 위기가 5세기 로마 제국과 3세기·13세기 중국의 위기들과 사뭇 다른 결과를 낳은 이유는 바로 이런 시장을 위한 생산 덕분이었다. 로마 제국과 중국에서는 기근, 내전, 외세의 침략으로 나라가 여러 개의 영지로 쪼개졌고, 각각의 영지는 대개 경제적으로 서로 단절돼 있었다. 반면, 14세기의 위기에 뒤이어 찾아온 것은 유럽 전역에 걸친 시장 관계의 확산이었다. 심지어 봉건적 농노제가 부활된 곳에서도 농노제는 영주가 상당한 이윤을 남기고 대상인들에게 팔 수 있는 작물을 생산하기 위해 고안된 것이었다.

14세기의 위기는 도시들을 파괴하지 않았다. 비록 기근과 전염병의 여파로 엄청나게 많은 촌락이 버려졌지만 대다수 도시는 손상되지 않은 채 남아 있었다. 그리고 15세기 중엽에 이르면 그런 도시들은 인쇄나 조선 기술 같은 신기술 사용을 촉진한 새로운 경제 팽창의 선두에 서 있었다. 모든 도시가 이 새로운 시기의 혜택을 본 것은 아니었다. 바로 이런 시장의 확산, 직접적인 사용이 아니라 교환을 위한 생산의 확장은 개별 도시들을 사고의 위험에 노출시켰다. 전에는 잘 나갔던 일부 도시들이 이제는 시장을 통해 예측 불허의 생산 변동이나 멀리 떨어진 곳에서 일어나는 정치적 사건의 충격에 노출되면서 뒷걸음치게 됐다. 반면에, 전에는 뒤처졌던 다른 도시들이 이제는 앞으로 도약했다. 16세기에는 바르셀로나, 피렌체, 북유럽과 발트해 연안의 거대한 한자(Hansa) 동맹의 무역 도시들이 어느 정도 쇠퇴한 반면, [북해 연안의] 저지대 지방 북부(현재의 네덜란드)와 스페인 남부, 독일 동남부, 잉글랜드에 있는 다른 도시들은 번영하기 시작했다.

시장은 또 다른 결과도 낳았다. 그것은 수백만 명의 사람들이 살아가는 조건을 바꿔놓았다. 15세기 중엽 이후 가격은 오르기 시작했고 대중의 생활수준은 떨어지기 시작했다. 흑사병이 휩쓴 뒤에 흔히 두 배로 뛰어 올랐던 실질 임금은 15세기 중엽부터 16세기 말까지 절반에서 3분의 2쯤 하락했고,[41] 농민들은 다양한 종류의 [봉건] 부과금을 영주에게 납부하라는 점증하는 압력에 시달리고 있었다.

도시와 농촌을 가리지 않고 부자들 사이에서는 돈벌이 열풍이 불어 닥쳤다. 콜럼버스와 코르테스, 피사로의 황금욕은 이런 열풍의 표현이었다. 또 다른 사례는 루터의 분노를 불러일으킨 교회의 면죄부 장사였다. 동유럽의 농노제 부활과 서유럽 일부 지역에서 도입된 최초의 자본주의적 농업도 비슷한 사례이다. 화폐는 모든 것의 척도가 돼가고 있었다. 하지만 여전히 낡은 봉건제의 위계 구조를 지탱하는 가치관들이 사회의 공식 가치들이었다.

교회는 중세 가치관의 핵심 버팀목이었다. 교회의 의식들은 상이한 계급들에게 기대되는 행위를 구체화했고, 그것은 흔히 교회의 조각품과 스테인드글라스 창문을 통해 가시적으로 표현됐다. 하지만 교회 자체도 황금욕에 오염됐다. 메디치나 보르자 같은 거대 상인 가문의 인물들은 그들 자신의 부를 늘리기 위해 교황이 됐고, 자신의 서자(庶子)들에게 그 부를 물려주려 했다. 돈벌이가 되는 주교 자리에 10대 소년들을 임명했다. 성직자들은 몇몇 교회에서 소득을 챙겼으면서도 그 교회들에 얼굴 한 번 비추지 않았다. 귀족들은 그들 소득의 거의 절반가량을 교회에서 걷은 십일조에서 충당했다. 고리대금을 죄라고 여겼지만 신부들과 수도사들은 고리대금을 통해 가난해진 농민들을 더욱 쥐어짰다.

역사가들은 자본주의와 프로테스탄티즘의 정확한 관계에 대해 논쟁을 벌이느라 막대한 시간을 소모했다. 사회학자이자 독일 민족주의자이기도 한 막스 베버의 영향을 받은 학파는 이른바 프로테스탄트 '정신'이 어디에서 유래했는지 설명하지도 않은 채 프로테스탄트 가치들이 자본주의를 낳았다고 주장했다.[42] 다른 학파들은 아예 그 둘 사이에 아무런 관계도 없다고 주장했다. 왜냐하면 많은 초기 프로테스탄트들은 자본가도 아니었고 독일에서 가장 확고한 프로테스탄트 지역들 중에는 '재판(再版)농노제' 지역들도 있었기 때문이다.[43]

하지만 그 둘의 관계는 매우 이해하기 쉽다. 봉건제 내부에서 기술 변화의 충격과 사람들 사이의 새로운 시장 관계들은 '혼합 사회'—'시장 봉건제'— 로 이어졌고 그 안에서는 자본주의적 행동·사고방식이 봉건적 행동·사고방식과 뒤섞였을 뿐 아니라 서로 충돌하기도 했다.

시장 구조가 봉건적 구조 위에 포개지는 바람에 대중은 그 둘의 결점으로 고통받게 됐다. 시장의 부침은 많은 사람의 생계를 거듭 위협했다. 동부와 남부 유럽의 방대한 지역에 여전히 남아 있던 봉건적 농법으로는 영주의 사치품과 국왕 군대의 식량은 말할 것도 없고 농민 자신이 먹고사는 데 필요한 식량도 수확할 수 없었다.[44] 지배 계급의 소비 증대에 따른 상부구조 팽창은 농민의 생산 기반을 불안정하게 만들었고 16세기가 지나면서 사회는 점점 더 새로운 위기의 시대로 치달았다. 그 위기 때문에 사회는 전진과 후퇴 사이에서 분열했다.

그 결과 모든 사회 계급이 혼란을 느꼈고 모든 계급이 낡은 종교적 신앙에서 위안을 찾으려 했지만, 이미 교회 자체도 혼란에 빠져 있었다. 새로운 상황에 적응하려면 사람들은 낡은 봉건제에서 물려받은 사상들을 새로운 틀에 맞게 바꿔야만 했다. 루터, 츠빙글리, 칼뱅, 존 녹스와 나머지 사람들—심지어 예수회를 창건하고 가톨릭 반(反)종교개혁을 진두지휘했던 이그나티우스 로욜라조차도—이 바로 그런 일을 해냈다.

독일의 종교개혁

마틴 루터와 장 칼뱅은 혁명 운동을 시작할 의도는 없었다. 심지어 사회 개혁 운동을 시작하려고 했던 것도 아니었다. 그들은 기성 종교 질서에 급진적으로 도전할 준비는 돼 있었다. 그들이 보기에 문제는 신학적인 것이었다. 즉, 가톨릭 교회가 성경에 나와 있는 예수와 사도들의 가르침을 어떻게 왜곡하고 타락시켰는지의 문제였다. 중요한 것은 개인의 '신앙'이지 신부의 중재나 '선행', 특히 교회에 헌금하는 것과 같은 선행이 아니라고 그들은 주장했다. 성상(聖像)과 성물함을 통해 잡다한 가톨릭 성인들을 숭배하는 것은 성경의 메시지를 흐리는 우상 숭배나 다름없다고 그들은 주장했다. 칼뱅은 한술 더 떠서 신도들이 성찬식을 통해 예수의 성체(聖體)를 먹고 마신다고 믿는 것은 신성 모독이라고 주장했다. 이 때문에 그는 로마 교회는 말할 것도 없고 루터의 추종자들과도 화해하지 못했다. 초기의 프로테스탄트들은 바로 이런 쟁점들을 놓고 커다란 개인적 위험을 무릅썼으며 그 추종자들에게 결연히 싸우라고 촉구했다. 유럽 전역의 도시에서 이단에 대한 형벌이 공개적 화형이었는데도 말이다.

하지만 루터와 칼뱅 모두 사회 쟁점들에 관해서는 보수적이었다. 1521년에 [신성로마제국] 황제가 그의 머리를 요구했을 때 루터는 사람들이 비종교적 문제에서는 이런 [세속의] 권력에 복종해야 한다고 주장했다.

> 아무리 그 명분이 정당할지라도 폭동을 정당화할 수 없다. …… 세속의 권력과 칼은 사악한 사람들을 벌하고 경건한 사람들을 보호하기 위해 신이 정하신 것이다. …… 그러나 선과 악을 구분하지 못하는 보통 사람들이 봉기한다면 그들은 무차별하게 칼을 휘두를 것이고 그 과정에서 불가피하게 잔혹하고 불공정한 사태를 야기할 것이다. 따라서 삼가 세속의 권력에 복종해야 한다.[45]

마찬가지로, 칼뱅의 견해도 "대중적 순종의 교리"로 이해됐다. 지배자와 피지배자로 구분된 사회 질서는 "신의 섭리"이고 "인류에게는 원죄가 있기 때문에 이런 질서는 필연적으로 억압적이다."[46]

그러나 그들의 교리는 사회 투쟁을 촉발했고, 그들은 그 투쟁에서 어느 한 쪽을 편들어야만 했다.

수도사에서 교수로 변신한 루터는 유럽의 '인문주의' 르네상스 운동의 한 성원으로서 비슷한 배경의 사람들을 자기편으로 설득할 수 있었다. 또한 그는 작센의 선제후[47] 프리드리히 같은 유력한 인물들의 보호를 받을 수 있었는데, 프리드리히 자신도 이미 교회와 다투고 있었다. 그러나 1520년대에 루터의 가르침이 독일 남부 전역에서 급속하게 퍼질 수 있었던 진정한 이유는 불만을 품은 사회 계급들이 그의 가르침에 매력을 느꼈기 때문이었다. 하지만 루터는 이런 계급들을 신뢰하지 않았다. 25년 후에 칼뱅의 가르침이 프랑스에서 확산된 배경도 이와 같았다.

오늘날 독일의 종교개혁을 연구하는 역사가들은 상이한 단계들, 즉 '도시의(또는 도시민의) 종교개혁', '농민의 종교개혁', '제후의 종교개혁'을 구분한다.[48] 1521년에 보름스에서 열린 유명한 제국의회에서 루터가 황제에게 반항함으로써 유명해진 뒤에, 도시의 종교개혁은 독일 남부와 스위스의 도시들을 휩쓸었다. 그 도시들은 부유한 상인 가문과 소(小)귀족들로 이루어진 낡은 기성 과두제로 운영되고 있었다. 이들은 여러 세대 동안 지방 의회를 지배하고 있었고, 심지어 일부 형식적인 민주적 구조가 갖추어진 곳에서도 그랬다. 많은 과두 지배자는 나름대로 교회에 불만이 있었고—예컨대 성직자들은 과세를 면제받았기 때문에 다른 사람들이 세금을 더 많이 내야 했다—지방 제후들의 힘을 두려워하고 있었다. 그러나 그들은 기존의 사회·종교 질서와 수없이 많은 연계를 맺고 있기도 했다. 그들은 도시 외부의 토지에서 나오는 봉건 지대에 의존해 살고 있었고, 교회에서 돈벌이 잘 되는 자리에 자기 자식들을 앉혔으며, 교회의 십일조를 가로채는 방법들을 터득했다. 그래서 교회의 '개혁'을 요구하는 데 매력을 느끼면서도 거부감을 느끼기도 했다. 대체로 그들은 커다란 격변을 겪지 않고서도 자신들이 도시의 종교 생활을 더 강력하게 통제할 수 있고 교회 기금을 더 많이 사용할 수 있게 해 줄 점진적 변화를 추구했다.

그러나 이런 사회 계층 밑에는 소상인과 수공업자—그리고 가끔은 장인 가족 출신의 신부와 수녀, 수도사—로 이루어진 방대한 집단이 있었다.

그들은 교회가 약속한 종교적 위안을 제공하지 못하는 성직자들을 위해 대가를 치르는 것에 넌더리가 났다. 바로 그들의 선동 덕분에 종교개혁은 여러 도시에서 잇따라 성공할 수 있었다. 1521년에 에르푸르트에서는 마틴 루터가 그 도시를 거쳐 간 뒤에 "학생들과 장인들"이 "성직자를 공격"하고 "신부 사택을 파괴"하는 데 가담했다.[49] 바젤에서는 직조공들이 복음은 "정신뿐 아니라 손으로도" 움켜쥐어야 한다면서 "우리는 이웃들을 사랑과 진실한 신앙으로 보살펴야 한다"고 주장했고 교회 장식에 쓰는 돈을 "겨울에 땔감이나 양초 같은 생필품이 없는 가난한 사람"에게 돌렸다.[50] 브라운슈바이크, 함부르크, 하노버, 렘고, 뤼베크, 마그데부르크, 뮐하우젠, 비스마르에서는 수공업자와 상인의 위원회가 도시의 통치 기구들로 하여금 종교적 개혁들을 수행하게 했다.[51] 비텐베르크는 "갈등으로 분열되고 성상(聖像) 파괴자들로 들끓"었고, 시 당국은 질서정연한 변화를 위해 루터 본인에게 기대야만 했다.[52] 스트라스부르에서는 "아래로부터 코뮌의 압력을 받은 치안 판사들이 종교적 관행에서 볼 때 명백히 불법인 개혁들을 단행하기 시작했다. 동시에 그들은 점점 더 많은 변화를 요구하는 대중적인 압력을 황제나 제국의회, 또는 교회의 총회가 덜어주기를 바랐다."[53] 이런 식으로 "대개 시 정부가 아니라 수공업자 길드, 즉 아래로부터의 압력으로"[54] 독일의 제국도시 가운데 3분의 2가 새로운 종교 편으로 넘어갔다. 루터는 자기 교리의 성공을 신의 뜻으로 돌렸다. 그는 "말씀이 모든 것을 이루셨다"고 썼다. "내가 필립과 암스도르프와 함께 맥주를 마시며 앉아 있는 동안, 하느님께서는 교황에게 일격을 가하셨다."[55] 사실 그의 가르침이 그 정도의 반향을 일으켰던 것은 바로 풍토병 같은 경제 위기가 조장한 계급 감정 때문이었다.

그러나 의회를 비롯한 통치 기구들은 적당히 개혁 조치를 도입해 기층의 선동을 잠재울 수 있었다. "일단 의회가 복음주의 가르침을 공식 선포하고 미사를 폐지하며 성직자들을 시민 기구로 흡수하자, 도시의 교회 생활에 관한 결정권을 거리에서 의회 내부로 옮기는 것이 자연스러워 보였다."[56]

농민전쟁

1524년 말에는 훨씬 더 폭력적인 두 번째 운동이 분출했다. '농민전쟁'으로 (그리고 오늘날 일부 역사가에게는 '평민 혁명'으로) 알려진 이 운동은 "전(前)근대 유럽에서 가장 중요한 대중 봉기"였다.[57] 이미 50년 전부터 독일 남부에서는 일련의 농촌 반란들이 휩쓸고 지나갔다. 막 싹트기 시작한 농촌 공업의 수공업자들은 이제 도시의 종교적 소란에 관한 소식을 지방으로 퍼뜨렸고, 그런 소식은 오랫동안 심화된 불안정한 삶에 대한 불만이 폭발하는 도화선이 됐으며 종교적·사회적 반란을 촉발했다.

즉흥적으로 만들어진 수천의, 심지어 수만의 군대들이 제국의 남부와 중부 지역을 휩쓸고 다니면서 그 운동을 여러 곳으로 퍼뜨렸고, 그 과정에서 수도원을 약탈하고 성을 습격했으며 도시를 정복하려 했다.[58] 봉건 영주들과 주교들은 놀란 나머지 지역 단위의 협상을 통해 반란군들을 달래는 한편, 대제후들에게 빨리 와서 도와달라고 간청했다. 도시의 과두 지배자들은 어찌할 바를 모르고 있었다. 그들은 한편으로는 농촌의 영주·주교·수도원에게 나름대로 불만이 있었고 도시의 더 가난한 시민들한테서 반란군 편에 가담하라는 압력을 받고 있었다. 그러나 다른 한편 그들은 반란으로 위협받는 토지의 소유자들이었다. 겁에 질린 그들은 대개 반란에서 비켜서서 어떻게든 평화협상을 체결하기를 원했다.[59]

하지만 반란군들은 이럭저럭 몇몇 도시를 장악하고 다른 도시들도 자기 편으로 만들었다. 잘츠부르크에서는 "광부, 광산업자, 농민"이 봉기에 가담했다.[60] "하일브론에서는 시민과 '특히 여성들'의 압력을 받은 도시 치안판사들이" 모든 수도원과 성직자의 사택을 점령한 "반란군에게 성문을 열어 줘야만 했다."[61] 이런 식으로 반란군들은 메밍겐, 카우프보이렌, 바인베르크, 베르마팅겐, 노이슈타트, 슈투트가르트, 뮐하우젠과 같은 도시들을 장악했다.

어디서나 반란군들은 불만 사항 목록들을 작성했고, 지역의 강령을 작성할 때 그것들을 종종 결합했다. 메밍겐 지역의 농민들이 반란 세력에 동조하는 장인과 신부의 도움을 받아 작성한 12개 조항의 목록은 거듭거듭 인쇄돼 거의 전국적인 반란 선언문으로 알려지게 됐다.[62]

그 목록은 인민 대중에게 가장 중요한 종교적 요구들 — 지역 공동체의 독자적인 사제 임명권과 십일조 사용 방법의 결정권 — 에서 시작하고 있었다. 그러나 더 나아가 농민의 생계에 사활적인 요구들 — 농노제 폐지, 영주에게 바치는 다양한 부과금 폐지, 공유지 잠식 중단, 농민의 어로·수렵·벌채에 대한 영주의 금지령 철폐, 자의적인 재판 금지 — 도 담고 있었다.

이것은 **혁명적인 강령은** 아니었다. 거기에는 귀족들과 제후들을 설득해서 농민들의 주장을 관철할 수 있다는 생각이 들어 있었다. 분명 처음에는 대다수 운동 가담자들이 영주의 태도를 바꾸게 할 수만 있다면 사태가 나아지리라고 믿은 듯했다. "대체로 농민들은 귀족들이 농민 공동체나 [반란군의] 무리나 기독교 연합에 기꺼이 굴복한다면 귀족들을 용인하려 했다."[63] 보수적 역사가 G R 엘튼은 다음과 같이 썼다. "대체로 농민들은⋯⋯ 놀라운 자제력을 발휘했다."[64] 정반대의 관점에서 프리드리히 엥겔스는 다음과 같이 썼다. "그들은 귀족과 정부에 대한⋯⋯ 태도 문제에서 놀랍도록 결단력이 없음을 보여 줬다. 그런 결단력은 오직 농민들이 적들의 행위를 직접 경험한 다음에, 즉 전쟁 중에만 나타났다."[65] 이 '온건함' 때문에 농민들은 영주와 화해할 수 있는 방법이 있다고 주장하는 사람들에게 거듭 현혹됐다.

하지만 농민들의 가장 기초적인 요구들조차 여태까지 지배해왔던 제후들과 귀족들의 기반 전체에 대한 도전이었다. 농민들은 종교적 언어를 빌어 이제는 법원에서 제정한 법보다 더 높은 법이 존재한다고 말하고 있었다. 어느 촌락 집회에서 선포했듯이, "오직 우리의 창조주이신 하느님만이 ⋯⋯ 농노를 소유하실 지어다."[66] 농민들은 자신을 영주와 교회에 예속시키는 '존엄한 법'을 농민의 이해를 대변하는 '신의 법'으로 대체할 태세였다.

영주 계급은 자기 계급의 지위를 침식하게 될 양보 조치들을 취할 수는 없었다. 영주들은 양보하는 척 하면서 용병 군대들을 동원하기 시작했다. 1525년 4월에 용병 군대들은 행동을 개시했다. 엘튼이 인정하듯이,

지배 계급들은 뿌리째 흔들렸고, 그들의 대응은 그들이 퇴치하려 했던 위협보다 훨씬 더 야만적이었다. …… 수천—어떤 추산에 따르면 10만—명의 농민들을 살해했다. 그 농민들 대다수는 일방적 살육에 불과했던 이른바 '전투'가 끝난 직후의 추격전에서 사망했다. 제후의 중기병(重騎兵)들은 도망가는 농민들을 쫓아가 도살하는 것에서 재미를 톡톡히 봤다.[67]

루터는 반란을 보고 경악했다. 도시의 과두 지배자들과 마찬가지로 처음에는 그도 농민들의 불만을 산 영주들을 비판했다. 그러나 일단 농민 군대가 상당한 성과를 올리기 시작하자, 루터는 완전히 영주 편에 붙어버렸다. 그는 반란군에 대한 가장 극단적인 보복 방식을 택하라고 영주들에게 촉구하는 소책자 ≪살인하고 도적질하는 농민 무리에 맞서≫에서 다음과 같이 썼다. "할 수 있는 사람은 누구나 그들을 비밀리에 또는 공공연하게 목 졸라 죽이고 칼로 난도질하고 박살내야 한다. 이것은 미친개를 죽여야 하는 것과 똑같은 이치다."[68] 그는 제후들이 "손을 놓아서는 안 된다. …… 씨를 말려라, 살육하라, 누구든 힘 있는 자가 그렇게 할 수 있도록 하라!"라고 썼다.[69] 어느 편지에서 그는 다음과 같이 주장했다. "제후들과 관리들이 죽느니 차라리 모든 농민이 죽는 게 더 낫다."[70]

그는 혼자가 아니었다.

영주들이 저항을 국가에 대한 반역으로 해석했듯이, 종교개혁가들은 저항을 복음에 대한 반역으로 해석했다. 마틴 루터, 필립 멜란히톤, 요하네스 브렌츠, 우르바누스 레기우스, 츠빙글리 모두 1515년에 평민의 반대편에 섰다.[71]

사실 봉기를 지원하는 데 부신한 프로테스탄트 설교자들도 있었다. 가장 잘 알려진 인물은 토머스 뮌처다. 대학 교육을 받은 유망한 성직자였던 그는 처음에 루터가 교황·황제와 충돌했을 때 루터 편을 들었다. 그러나

3~4년이 채 못 돼 그는 루터가 양보하고 있다고 비판했다. 뮌처 자신의 저작과 설교는 차츰 종교 문제들을 뛰어넘어 인민 대중에 대한 억압에 도전하기 시작했다. 그에게 기독교 [정신의] 실현은 세계의 혁명적 변화를 뜻했다.

> 가난한 사람들을 곤궁에서 구제할 사람이 아무도 없다는 사실이야말로 이 땅에서 가장 혐오스러운 일이다. …… 모든 고리대금업자, 도둑, 강도 중에서 우리의 국왕과 지배자들은 그야말로 최악이다. …… 그들은 가난한 농부들과 수공업자들을 억압한다. …… 이 가난한 사람들은 사소한 법률을 하나만 어겨도 그 대가를 치러야만 한다. 이 모든 것에 대해서 거짓말 박사[루터—크리스 하먼]는 그저 이렇게 말한다. "아멘."[72]

이런 말 때문에 뮌처는 당국의 분노를 샀고 1524년의 대부분을 숨어 지냈다. 그리고 온 나라를 돌아다니면서 지지자들을 규합해 소규모 비밀 집단을 구성했다. 루터는 제후들에게 뮌처를 벌하라고 촉구했다. 심지어 오늘날에도 많은 주류 역사가들은 뮌처를 거의 미치광이처럼 취급한다. 엘튼이 보기에 뮌처는 "종교개혁 초기의 사악한 천재", "천방지축 날뛰는 광신도", "위험한 미치광이"였다.[73] 그러나 뮌처의 유일한 '미친' 짓은 계급 지배를 뒷받침하기 위해서가 아니라 그것에 맞서 투쟁하기 위해 당대의 거의 모든 사상가가 공유했던 성경의 언어를 차용한 것이었다.

반란이 일어나자 뮌처는 튀링겐의 광산 지대에 있는 뮐하우젠으로 갔다. 그곳에서 그는 전에 수도사였던 파이퍼가 이끄는 급진적인 도시민 계층 운동에 투신해 혁명의 보루인 그 도시를 방어했다. 그는 반란군이 프랑켄하우젠에서 루터파인 헤세 공과 가톨릭파인 작센 공에게 패배한 뒤에 체포돼 고문을 받다가 스물여덟 살의 나이로 참수당했다.

반란의 분쇄는 독일 사회 전체에 엄청난 영향을 미쳤다. 그 때문에 대제후들의 지위가 엄청나게 강화됐다. 커져가는 제후의 힘에 분노해 그들을 통일된 독일 제국에 종속시키기를 원했던 더 하급의 기사들은 반란 초기에는 우호적인 태도를 보이면서 종교 문제를 둘러싸고 가끔 무기를 들기도 했다.[74] 이제 그들은 농민에 대한 착취를 유지할 수 있는 보증인으로서 제후들을 받아들였다. 마찬가지로 처음에는 동요했던 도시의 과두 지배자들도 제후들이 반란에서 자신들을 보호해 줄 최후의 보루라고 생각하게 됐다. 심지어 더 하층의 시민들조차 겁에 질린 나머지 지지할 엄두를 내지 못했던 반란군에게 승리한 쪽과 어렵지 않게 화해했다.

그러나 새로 강화된 제후의 권력을 인정함으로써 도시의 상층·중간 계급들은 독일 사회의 미래를 자신의 이해에 맞게끔 결정하지 못하게 됐음을 인정한 셈이었다. 봉건제 내에서 자본주의 요소들이 성장하면서 발생한 위기는 혁명적 폭발로 이어졌다. 그러나 14세기의 대위기 때 일어난 반란들이 유럽 전역에서 분쇄됐던 것처럼 이번에도 반란은 분쇄됐다. 도시의 중간 계급들은 프로테스탄티즘이라는 새로운 종교 이데올로기를 받아들이기는 했지만, 착취받는 계급들을 규합해서 낡은 질서를 공격하는 데 그 이데올로기를 사용할 태세는 안 돼 있었다. 그래서 농민들은 분쇄됐고 도시 중간 계급들은 커져가는 제후들의 권력 앞에서 무기력해졌다.

독일의 프로테스탄티즘은 이런 비겁함의 피해자였다. 루터주의는 제후들의 응원부대가 되기를 자처함으로써 스스로 그들의 역사적 포로가 됐다. 애초에 루터의 교리는 교인들의 신앙적 평등을 주장함으로써 교회의 지배력을 잠식했다. 그러나 반란을 두려워한 루터는 낡은 규율을 다시 끌어들였다. 루터의 절친한 협력자들 중 한 사람이었던 멜란히톤이 1525년의 영향을 받아서 썼듯이, "독일인들처럼 난폭하고 거친 사람들에게는 지금 누리고 있는 자유를 더 축소할 필요가 있다."[75] 그런 규율을 집행할 사람들은 바로 제후들이었다. 반란이 패배한 뒤에 루터주의는 제후들에게 이중의 무기가 됐다. 한편으로는 자신들의 권력을 침해하려 하는 가톨릭 황제에 대항하는 무기가 될 수 있었고 다른 한편으로는 피착취 계급들에 대한 이데올로기적 지배를 유지하는 수단도 될 수 있었다. 그래서 독일 봉건제의 위기에 대한 반발로서 출발한 프로테스탄티즘은 이제 농민들이 농노 신세로 되돌아가야만 했던 독일 북부와 동부의 공식 신앙이 됐다. 기독교 그 자체도 애초에는 로마 제국의 위기에 대한 반발로서 등장했다가 나중에는 그 제국의 이데올로기로 변신한 것과 마찬가지였다. 한편 독일 남부와 중부 지역 농민들은 1525년에 억압자들의 편에 섰던 프로테스탄티즘을 더는 받아들일 이유가 없었다.

이 때문에 독일 남부의 도시들은 황제와 그 지역 가톨릭 제후들한테서 새로운 종교를 포기하라는 압력을 점점 더 많이 받게 됐다. 도시의 과두 지배자들은 프로테스탄트 제후들이 자신들을 보호해 줄 것이라 기대했다. 그러나 이 때문에 과두 지배자들은 그런 제후들 사이의 봉건적 왕위 쟁탈전에 휘말렸을 뿐이다. 그들과의 동맹이 1546년에 황제를 상대로 한 '슈말칼덴' 전쟁에서 시험대에 올랐을 때, 프로테스탄트 제후들은 진지하게 싸울 준비조차 하지 않았고 프로테스탄트 도시들을 포기해버렸다. 결국 그 도시들은 전쟁에서 승리한 가톨릭 군대의 분노에 내맡겨졌고 이때 이후 남부 도시들에서 프로테스탄티즘은 [가톨릭의] 묵인 아래서만 생존할 수 있었으며, 그것의 쇠퇴는 도시 중간 계급들의 독립성 상실을 반영했다.

프랑스의 종교전쟁

프랑스의 종교개혁에 관한 이야기는 독일의 종교개혁이 30년 후에 재연된 것과 같았다. 경제 위기 때문에 농민, 수공업자, 임금 생활자는 가난해졌고 기근과 전염병이 반복됐으며 1557년에는 국가가 파산했다. 모든 사회 계급의 구성원들은 최대 자산 소유자였던 교회와 한 줌밖에 안 되는 귀족 가문의 지배에 반대해 들고 일어났다.[76] 프로테스탄티즘은 계급을 초월한 호소력이 있었다. 그러나 헨리 헬러가 보여 주듯이, "그것이 대중 운동인 한, 소규모 제조업자, 소상인, 수공업자가 그 운동의 기층을 이루고 있었다."[77] 1백50년 전의 위대한 프랑스 소설가 발자크도 똑같은 점을 지적했다.

종교개혁은 ……[이제 막] 정치의식에 눈을 뜬 하층 계급 사람들 사이에서 주로 동조자들을 발견했다. 대귀족들은 종교 문제와 전혀 무관한 [자신들의] 이익을 위해서만 그 운동을 장려했다. …… 그러나 장인들과 상업 종사자들의 신앙은 진실한 것이었고 지적 관심에 바탕을 둔 것이었다.[78]

프랑스의 중간 계급 가문 출신이었지만 박해를 피해 제네바에서 살았던 칼뱅은 루터의 세계관보다 훨씬 더 중간 계급에게 적합한 세계관을 만들어냈다. 루터는 처음에 교회의 규율에 반대하는 설교를 했다가 나중에는 제후의 규율에 굴복했다. 반면, 칼뱅은 도시 중간 계급 스스로 운영하는 새로운 종류의 교회와 그에 따르는 규율을 강조했다. 그는 추종자들이 신에게 선택받았다고 믿게 만들었고, 그들은 타인보다 술을 덜 마시고 금욕하며 절제하는 생활을 통해 이를 입증하려 했다. 그런 태도는 귀족의 사치스런 세계에는 다가가지 못하지만 자기 밑에 있는 '방탕한' 빈민들을 두려워하면서도 경멸하는 점잖은 수공업자나 상점주인 가족들의 태도로 안성맞춤이었다.

헬러가 쓰고 있듯이,

일부 도시민들은 …… 대다수 인류가 가난해지고 있으며 한 세기의 물질적, 참말이지 문화적 진보가 다시 한 번 위태로워졌음을 알 수 있었다. 정당하게도 그들은 사회의 부를 전쟁과 사치에 낭비한 교회와 봉건 질서 때문에 그런 잘못이 생겨난 것이라고 판단했다. 그들의 반란은 체제를 통제하는 사람들과 그 체제에 가장 적대적인 사람들 모두 자신들을 방어하려는 시도였다. 그렇게 하는 한 가지 방법은 일·금욕주의·규율을 강조하는 이데올로기를 내세우는 것이었다.[79]

칼뱅은 사회적으로 보수적이어서 기존 사회 질서를 신의 뜻이라고 생각했다. 그러나 그의 종교개혁 요구는 필연적으로 사회적 함의를 내포하고 있었다. 그것은 "단순히 어느 정도의 경제적 해방뿐 아니라 종교적 헤게모니의 이전도 포함하는, 도시 부르주아지를 위한 중요한 진보를 뜻했다."[80] 이것은 국가를 혁명적으로 재구성하자는 요구가 아니었다. 도시의 중간 계급들은 아직 너무 약해서 그렇게 할 수 없었다. 그러나 그것은 근본적인 개혁을 암시하고 있었고 사회 위기 상황에서 부르주아지의 이익을 보호하려 했다.

칼뱅의 사회적 온건함 때문에 1550년대에 사회 위기가 가장 첨예해졌을 때 이런 개혁조차 성취할 수 없었다. 귀족 일파가 교회 조직의 특권들을 공격하기 시작했고 양대 귀족 가문이었던 부르봉 가와 몽모랑시 가가 왕위 계승을 둘러싸고 세 번째 거대 가문이자 광신적 가톨릭 가문인 기즈 가와 격렬하게 싸웠다.

중간 계급들은 개혁을 위한 투쟁에서 농민과 도시 빈민을 규합하기 위해 귀족의 분열을 이용할 수 있었다. 분명 농민들의 불만도 컸고 그들에게도 나름의 이견과 반교권주의 전통이 있었다. 그러나 중간 계급의 급진적 부문은 칼뱅의 충고에 따라 자신들의 운명을 반대파 귀족과 연계했다. 농민들이 1550년대 중반의 심각한 빈곤에 대한 반응으로 "성인들의 기도문을 암송하고" 몇몇은 자기 몸에 채찍질을 하면서 행진했을 때, 도시의 중간 계급들은 최선을 다해서 농민들을 도시에서 몰아냈다. "칼뱅교도들은 시골 사람들의 무지와 미신과 음란함에 질려버렸다." 한편 농민들은 "칼뱅식 금욕주의"에 거부감을 느꼈고 "여전히 자신들의 성인, 기적, 미사, 춤, 잔치, 술에 얽매여 있었다."[81]

위기는 1560년대에 일련의 유혈낭자한 종교전쟁 — 파리에서 프로테스탄트 명사(名士)들이 학살된 것으로 유명한 바르톨로메오 축일의 대학살을 포함해 — 에서 절정에 달했다.[82] 귀족에 의존하는 칼뱅의 전략 때문에 이런 전쟁들은 "대부분 귀족이 지도하고 귀족으로 구성된 군대가" 수행하는, 본질적으로 봉건적인 싸움으로 전락했고[83] 그 와중에 사회적 쟁점들은 잊혀졌다. 이런 전략은 낡은 질서의 옹호자들을 이롭게 했을 뿐이다. 가톨릭 귀족들의 수가 프로테스탄트 귀족들보다 두 배 더 많았기 때문이다.

머지않아, 내전에 참가한 많은 사람이 근본 문제들을 점차 잊어버렸음이 틀림없다. 이것은 내전에서 계급 충돌의 요소를 전혀 찾아내지 못하는 많은 역사가에게 그런 문제들이 머릿속에서 희미해졌던 것과 마찬가지다.[84] 가톨릭 경쟁자들과 마찬가지로 돈에 환장하고 방탕하고 '부도덕'했던 칼뱅파 제후들의 행위는 많은 칼뱅파 중간 계급을 낙담하게 만들었을 뿐이다.[85] 반면에 빈민들을 경멸하는 칼뱅파의 태도 때문에 가톨릭 제후들은 파리에서 폭동을 조직할 수 있었다. 역사에서 흔히 그랬듯이, 반대파 지도자들은 옛 지배자들의 한 부문을 신뢰하는 것이 '실용적인 정치'라고 생각했다. 그 결과는 쓰라린 패배였다.

칼뱅파가 선택한 구세주였던 나바르의 앙리는 결국 프로테스탄트를 배신함으로써 왕위에 올랐고 프로테스탄트들은 거주가 허용된 특정 도시들에서만 살다가 한 세기 뒤에 나라 밖으로 쫓겨났다. 이곳 중간 계급의 패배는 독일의 패배만큼 완벽한 재앙은 아니었다. 여전히 상공업은 약간 진보했고 성공한 사업가들은 번성할 수 있었다. 몇몇은 돈을 주고 새로운 귀족 계층에 진입하거나(법복[法服]귀족) 자녀를 옛 귀족들과 결혼시켜서(대검[帶劍]귀족) 일정한 지위를 얻을 수 있었다. 그러나 그 뒤로 2백50년 동안 그들은 억압과 낭비, 귀족의 허세를 용인하는 사회에서 살아야만 했다. 역사에서 흔히 그렇듯 '온건함', '명망', 그리고 '현실주의'를 추종한 대가는 패배였다.

3. 새로운 질서의 산통

칼뱅주의가 어디서나 패배한 것은 아니었다. 칼뱅 자신은 제네바 도시 국가의 시민들한테 환영받았다. 그는 그 도시에서 지적·정치적으로 영향력 있는 인물이 됐고 모든 면에서 옛것과 똑같이 편협한 듯한 새로운 종교 정설을 제시했다. 1547년에 자크 그뤼에가 '신성 모독'과 '무신론'이라는 죄목으로 처형됐다. 1553년에는 스페인의 망명객 세르베투스가 '이단' 혐의로 산 채로 화형당했다. 칼뱅은 고된 노동이라는 자기 나름의 규율을 강요하기 위해 공개적인 질책과 추방, 채찍질을 이용했다. 법률은 간음과 신성 모독을 금지했고 학교 출석을 의무적으로 강요했다. 많은 점잖은 시민들은 그 체제를 성가시게 여겼다. 그러나 그 체제는 돈벌이에 이상적인 환경을 조성했다.

제네바의 사례는 유럽의 다른 곳에도 영감을 줬다. 경제는 후진적이었고 도시 중간 계급은 상대적으로 취약했던 스코틀랜드 같은 곳에서조차 칼뱅주의는 어떻게든 사회가 진보하기를 원한 사람들에게 지적으로 매력을 줬다. 설교자 존 녹스는 가톨릭인 메리 스튜어트 여왕에 맞서 상이한 귀족 집단들과 취약한 시민 계급을 규합할 수 있었다. 가장 의미심장한 사례로, 네덜란드에서는 번창하는 도시의 시민들이 스페인의 통치에 반대하는 혁명에서 칼뱅주의의 기치 아래 지방 제후들과 함께 봉기했다.

네덜란드의 반란

현재의 벨기에와 네덜란드 지역은 15세기에 스페인 국왕에게 넘어갔다. 이 때문에 그 지역 주민들 사이에서 특별한 적대감이 생긴 것은 아니었다. 왜냐하면 당시는 근대 민족주의가 출현하기 전이었기 때문이다. 봉건 영주들은 강력한 황제 — 1555년까지 재위한 플랑드르 태생의 카를 5세 — 에게 봉사함으로써 이득을 봤다. 도시의 중간 계급들도 스페인의 양모로 만든 섬유 제품을 아메리카의 스페인 식민지에 수출해 이윤을 남기는 혜택을 누렸다. 식민지에서 금과 은이 유입돼 스페인 국왕의 금고를 거친 다음 결국에는 저지대 지방[지금의 베네룩스 3국] 상인들의 주머니로 들어갔다. 15세기에 부유하고 강력했던 스페인의 심장부 카스티야는 1백 년 간의 경제적 정체기로 접어든 반면, 네덜란드는 유럽에서 경제적으로 가장 역동적인 지역이 됐다.

스페인 국왕은 1490년대 이후로 이 나라의 가톨릭 조직들에 대한 통제력을 이용해, 특히 종교재판소를 이용해 자신의 통치에 반대하는 사람들을 짓밟았다. 1550년대 중반부터 재임했던 펠리페 2세는 이 과정을 한 단계 더 밀고 나갔다. 그는 유럽 전역에서 이단과 프로테스탄티즘에 맞서 싸우는 것과, 점점 더 퇴보하는 카스티야 경제에 들어맞는 가톨릭 이데올로기를 어느 곳에나 강요하는 것이 자신의 소임이라고 생각했다. 스페인에서 이것은 카탈루냐의 자치를 공격하는 것과 아직 남아 있는 소수의 무어인들을 억압하는 것을 뜻했다. 저지대 지방에서는 그것이 도시 중간 계급 중 성장하는 소수의 프로테스탄트와 지방 귀족을 공격하는 것으로 나타났다. 동시에, 점점 심해지는 곤궁과 경제 위기에 처한 인민 대중에게는 더 무거운 세금이 부과됐다.

프랑스에서 종교전쟁이 한창이던 1560년대에 첫 번째 반란의 물결이 일었다. 칼뱅주의는 남부에서 북부 도시들로 퍼졌고 '우상 파괴' — 종교석 성상 파괴와 성당 약탈 — 의 물결이 뒤따랐다. 스페인의 알바 공작이 1만의 군대를 거느리고 브뤼셀로 진군해, 다른 지방 귀족들과 마찬가지로 무장 저항을 지지하지 않았던 에그몬트 백작을 포함한 수천 명을 처형함으로써 반란을 진압했다. 10년 후에 두 번째 반란이 일어나 북부 지방에서 성공했다. 그곳에서 반란은 일부 귀족—그 중에서 가장 중요한 인물은 오라녜 공이었다—의 지지를 얻어냈고 지방 연합국(훗날 네덜란드 공화국으로 알려진)이라는 독립국가를 건설했다. 새 공화국의 도시들과 상업은 엄청나게 번창했다. 그 뒤로 한 세기가 지나도록 그곳은 유럽에서 경제적으로 가장 역동적인 지역이었고, 동인도의 식민지에서 포르투갈을 밀어냈고 포르투갈의 브라질 지배권까지 위협했다. 반면 남부의 귀족들은 투쟁을 포기했고, 그 때문에 스페인 군대는 도시들을 다시 정복할 수 있었다. 3백 년 동안 경제 발전의 중심이었던 헨트, 브뤼헤, 안트웨르펜 같은 곳이 이제는 오랜 정체기로 접어들었다.

30년 전쟁

네덜란드와 스페인의 투쟁은 1609년에 중단돼 12년 동안의 휴전에 들어갔다. 그러나 휴전이 채 끝나기도 전에 동쪽으로 수백 마일 떨어진 곳에서 또 다른 커다란 종교전쟁이 일어났다. 그 전쟁은 30년 동안 계속되면서 라인 강과 발트해 사이에 있는 많은 지역을 황폐하게 만들었고 엄청난 인명 손실을 가져왔다. 전쟁이 끝날 무렵 독일 인구는 전쟁 초기의 약 3분의 2로 감소했다.

오늘날 이 전쟁에 관한 책을 읽는 독자라면 누구나 그 변화무쌍한 성격에 혼란을 느끼지 않을 수 없을 것이다. 많은 동맹이 결성됐다가 해체됐다. 어느 날 유럽의 한쪽 끝에서 전투가 벌어지면 그 다음 날에는 수백 마일 떨어진 곳에서 전투가 벌어졌다. 한 가지 쟁점이 타결된 것처럼 보이자마자 다른 쟁점이 불거졌다. 수많은 군대가 편을 바꿨다. 수많은 전투원들은 그 전쟁을 종교 원칙들에 관한 전쟁이라고 생각했고 그 원칙들에 목숨을 바칠 준비가 돼 있었다. 하지만 어떤 단계에서는 프로테스탄트 제후들이 가톨릭 황제를 지원한 반면, 다른 단계에서는 교황과 프랑스의 가톨릭 왕정이 프로테스탄트인 스웨덴 국왕을 지원했다. 그 전쟁에서 가장 유능했던 사령관은 자신이 섬기는 지배자[황제]의 명령을 받은 자기 휘하의 장군들에게 암살당했다. 베르톨트 브레히트가 반전(反戰) 서사극 ≪억척어멈과 그 자식들≫에서 훌륭하게 묘사했듯이, 그 전쟁에서 유일하게 변함없는 특징은 미쳐 날뛰는 용병 부대와 약탈당한 마을들, 굶주린 농민들과 불타는 도시들인 듯했다. 30년 전쟁이 역사가들 사이에서 숱한 논쟁을 불러일으킨 것도 무리는 아니다.[86] 하지만 안개로 뒤덮인 사건들을 관통하는 일정한 패턴을 찾아내는 것은 가능하다.

1610년대에 스페인은 여전히 유럽 최대의 열강이었다. 합스부르크 가(家)의 일파였던 그 지배자들은 왕국의 모든 영토에서 자신들의 권력을 강화하기 위해, 여전히 가톨릭 교리를 무자비하게 강요하고 있었다. 카스티야뿐 아니라 이베리아 반도의 다른 왕국인 아라곤(특히 카탈루냐), 가까스로 획득한 포르투갈, 칠레에서 일어난 강력한 '인디언' 반란 때문에 잠시 수세에 몰렸던 아메리카, 밀라노 공국과 나폴리 왕국을 포함한 이탈리아의 주요 지역, 네덜란드 남부에서도 그랬다. 또한 스페인 지배자들은 네덜란드 북부를 다시 점령하기 위해 전쟁을 준비하고 있었다.

스페인 국왕과 확고한 동맹을 맺고 있었던 것은 합스부르크 가의 다른 일파인 '게르만 민족의 신성로마제국' 황제들이었다. 그들은 제국을 대서양에서 오스만 제국 국경선까지 전 유럽을 아우르는 거대하고 중앙집권적인 왕정으로 변모시킬 꿈을 꾸고 있었다. 그러나 당시 제국의 대부분은 강력하고 독자적인 제후들이 운영하고 있었다. 황제들의 실질적인 권력은 오스트리아 영토 내에만 머물렀고 여기서조차 영주, 기사, 도시 과두제의 대표자들로 이루어진 '신분제 의회' 때문에 강력하게 제한됐다. 이들은 중요한 정책의 결정권을 자신들이 가져야 한다고 주장했고 오스트리아 영토에서 가장 큰 지역이었던 보헤미아 왕국에서는 합스부르크 가의 사람이 아닐 수도 있는 국왕의 선택권을 요구했다. 때문에, 황실 내의 점점 더 많은 사람들이 스페인처럼 종교적 획일성을 강제하는 것이 황제에 맞선 저항을 분쇄하는 좋은 방법이라고 생각하게 됐다.

1560년대의 '반종교개혁'과 함께 가톨릭 교회의 교리와 조직이 강화됐다. 가톨릭 교회의 트리엔트 공의회는 마침내 모든 가톨릭 성직자들이 가르쳐야 할 공통의 교리에 합의했다. 예수회라는 새로운 종교 질서는 과거 많은 교회의 특징이었던 부패와 느슨함과는 사뭇 다른 규율 의식, 종교적 열정, 지적 엄밀함을 미덕으로 삼았다. 그것은 특히 유럽의 상층 계급 내에서 프로테스탄티즘과 싸우는 전위가 됐고, 활동할 수 있는 모든 도시에서 귀족 신자들의 네트워크를 형성했다.

반종교개혁의 가톨릭 신앙은 스페인 지배자들에게 더없이 편리했다. 예수회가 유럽의 지배 계급 사이에 뿌리를 내린 것은 이데올로기의 힘으로 스페인의 군사력을 보충하는 방법이기도 했다. 일단 이런 과정이 시작되자 그것은 자체의 논리를 갖게 됐다. 16세기 초에 로마 교황의 느슨함 덕분에 교회 조직은 부패하긴 했지만 때로는 교양도 있어서 르네상스 사상과 예술이 번성할 수 있는 여건을 제공했다. 예수회 수도사의 1세대는 르네상스 전통 일부를 물려받아서, 교육적 역할과 자선에 대한 관심으로 명성을 얻었다.[87] 하지만 반종교개혁 세력은, 특히 예수회의 수도사들은 머지않아 공공연한 '이단'뿐 아니라 모든 비판적 사상을 탄압하기 시작했다. 로마 교황은 위대한 종교학자 에라스무스의 모든 저작을 금지했고 실생활 언어로 번역된 성경을 일절 금지했다. 트리엔트 공의회에서 주요한 역할을 했던 톨레도의 대주교조차 머지않아 종교재판소에서 '이단'으로 박해를 받았다.[88] 예수회의 수도사들은 사람들을 구원하려는 '목적'이 어떠한 '수단'도 정당화시킨다면서, 자신들을 추종하는 귀족들의 온갖 정책을 정당화한 것으로 악명이 높았다. "흉측한 조직의 안위를 위해 개인성이 희생당함으로써 예수회 내에서 불합리하고 유일한 권위에 대한 숭배가 승리했다."[89]

가톨릭 반종교개혁과 양대 합스부르크 왕가는 하나의 거대한 적을 공유했으니, 그것은 바로 합스부르크 가에 적대적이고 프로테스탄트로 돌아선 해방된 북부 네덜란드였다. 체코의 역사가 폴리젠스키가 썼듯이, "유럽은 내부에서 쪼개졌다. …… 한편에는 해방된 네덜란드가 있었고 다른 한편에는 스페인이 있었다. 이 둘은 전 대륙의 운명을 좌우할 세력이 결집하는 양대 초점이 됐다."[90]

하지만 전쟁은 네덜란드의 국경선이 아니라 6백40킬로미터 떨어진 보헤미아에서 시작됐다. 오늘날의 체코 공화국과 슐레지엔을 포함하는 보헤미아 왕국은 신성로마제국에게 가장 중요했다. 그것은 제국 내에서 가장 큰 단일 국가였고 16세기 후반에는 황실의 고향이었다. 그러나 스페인에서 불어온 가톨릭 반종교개혁 이데올로기 ― 왕권을 신성시하고 반론은 무엇이든 경계하는 ― 의 영향력이 점증하면서 제국 내에서 보헤미아 왕국의 상태는 비정상적으로 돼갔다. 보헤미아는 국왕이 아닌 신분제 의회가 권력을 쥐고 있었고 1백70년 전의 후스 전쟁이 끝난 후 줄곧 다양한 종교 집단의 공존을 용인하고 있었다. 가톨릭은 물론, '양형영성체파',[91] 루터파, 칼뱅파도 있었다. 이것은 가톨릭 반종교개혁의 전체 이데올로기에 대한 모욕이었다. 그것은 마치 신분제 의회의 권력이 스페인 왕정을 모방한 중앙집권적 게르만 왕정을 수립하려는 황제의 꿈에 대한 모욕인 것과 마찬가지였다.

전쟁의 직접적 원인은 보헤미아 왕국에서 종교의 자유를 억압하려는 시도였다. 황실은 프로테스탄트 교회들을 파괴하고 몇몇 프로테스탄트 저명 인사들을 체포했으며 인쇄물을 검열하고 인구의 90퍼센트를 차지하는 비(非)가톨릭 인구의 공직 진출을 금지하기 시작했다. 신분제 의회의 프로테스탄트 대표들이 불평을 터뜨리자 황제는 항의를 무시하고 의회의 회합을 불법으로 선포했다. 격분한 신분제 의회는 유명한 1618년의 '프라하 투척 사건' ― 높이 18.3미터의 창문에서 황제의 관리들을 내던진 사건. 그들은 거름 더미 덕분에 중상은 면했다 ― 으로 보복했다. 그리고 합스부르크 가의 페르디난드를 보헤미아 국왕 자리에서 몰아내고 독일 출신의 프로테스탄트인 팔츠 백작령의 제후 프리드리히로 바꿔버렸다.

합스부르크 가는 보헤미아의 신분제 의회와의 충돌을 네덜란드 북부와 그 동맹군들을 상대로 한 더 큰 전투의 전초전으로 받아들였다. 그러나 그 이면에는 훨씬 더 뿌리 깊은 투쟁, 즉 시장이 낡은 봉건제를 바꿔놓음으로써 전 유럽이 겪고 있던 변화에 대응하는 두 가지 서로 다른 방식 사이의 투쟁이 있었다.

이것은 결코 보헤미아의 신분제 의회가 조야하게나마 봉건제에 대항해 '자본주의'나 '부르주아지'를 대리했음을 뜻하지는 않는다. 신분제 의회는 사회의 세 계층—시민뿐 아니라 (시민들보다 더 큰 영향을 미치던) 대영주와 기사라는 두 봉건 집단—을 대표했다. 시민의 대표자들도 전부 부르주아였던 것은 아니다. 흔히 그들도 토지를 소유해 봉건적 방식으로 경영했기 때문이다. 그러나 폴리젠스키가 보여 주듯이, 보헤미아 지역에서는 농촌 생활의 봉건적 성격을 잠식하는 변화가 일어나고 있었다. 많은 지주·귀족·시민이 농노의 부역이나 물품 지대를 고정 화폐 지대로 바꾸면서 산업 작물의 재배를 늘리고 소도시의 성장과 여러 형태의 수공 생산을 장려했다. 농업과 공업의 생산 방법을 개선하려는 유인(誘因)이 있었고 '자유로운' 임금 노동이 확산됐다. 농민이 제공해야 했던 부자유 노동은 일 년에 한 번 있을 만큼 뜸해졌다. 봉건제가 보헤미아 전역에서 완전히 끝난 것은 결코 아니었다. 그러나 봉건제와 새로 태어나고 있는 자본주의 생산 형태 사이에 타협이 이루어졌다. 폴리젠스키는 다음과 같이 쓰고 있다. "개인적인 것이든 직업적인 것이든 봉건적 의무라는 거대한 구조물 전체가 일련의 압력으로 침식되고 있었다. 그 압력은 서로 다른 방식으로 생산을 그 족쇄에서 해방시키는 경향이 있었다."[92] 그 덕분에 보헤미아는 경제적으로 역동적이었고 적어도 1590년대까지는 인접한 독일의 농민들이 겪은 경제 정체와 빈곤에 시달리지 않았다.

신분제 정부 체제가 서로 다른 이해관계의 갈등을 신중하게 조율하고 종교적 관용을 인정한 덕분에, 앞서 말한 경제의 변화들이 느리지만 평화롭게 일어날 수 있는 틀이 마련됐다. 따라서 세 신분의 성원들은 평화적으로 공존하면서 서로 이익을 얻을 수 있는 구조를 방어할 이유가 있었다.

심지어 봉건제의 거물들 일부조차도 전 유럽을 봉건제로 후퇴시키려고 하는 세력들에 맞서 저항했다.

하지만 전쟁 과정이 보여 주듯이 그것이 이야기의 끝은 아니었다. 몇몇 거물은 전쟁이 벌어지기 전에 예수회로 개종해 황제와 가톨릭 반종교개혁 편에 붙었다. 심지어 보헤미아의 대의에 확고히 충성한 귀족들조차 그들 고유의 계급적 관점으로 전쟁을 바라보면서 시민 계급의 불만을 샀고, 이는 다시 전쟁 노력을 약화시켰다. 프로테스탄트 국왕의 왕실에 들러본 사람들은 "프리드리히와 그 측근들이 '비천한 농민들'에게 보여 준 무관심과 잔인함에 몹시 놀랐다."[93] 주요 인물 중에는 유일하게 오스트리아의 체르넴비만이 만약 "농노들이 해방되고 농노제를 폐지하면······ 평민들이 기꺼이 자기 나라를 위해 싸울 것이다"라고 주장했다.[94] 하지만 그의 제안은 묵살됐다.

보헤미아 군대가 두 번이나 제국의 수도 비엔나까지 진격했지만, 그들은 매번 퇴각하지 않을 수 없었고 적군은 보헤미아의 영토 안으로 거침없이 밀고 들어왔다. 결국 1620년에 보헤미아 군대가 화이트마운틴 전투에서 중요한 패배를 당하자 프로테스탄트 국왕과 귀족 장군들은 프라하로 돌아와 계속 항전 태세를 취하기보다는 외국으로 도망치는 쪽을 택했다. 전쟁에서 패배한 이유는 보헤미아의 신분제 의회가 황제를 물리칠 수단을 갖고 있지 않았기 때문이 아니라 그 지도자들의 계급적 이해관계 때문에 그런 수단을 활용하지 못한 탓이다.

보헤미아의 지도자들은 유럽의 다른 프로테스탄트 지배자들이 자신들을 방어해 주리라고 기대했다. 하지만 그들에게 돌아온 것은 쓰라린 실망이었다. 독일 프로테스탄트 제후 연합은 화이트마운틴 전투가 벌어지기 전에 이미 철군했다. 네덜란드와 영국 정부(보헤미아의 프리드리히 국왕은 잉글랜드의 제임스 1세의 딸과 결혼했나)는 스페인에 대항하는 전선을 확대하기를 거부했다. 자기 나라의 상업이 점점 더 번성하자 그들은 종교적 의무를 이행하기보다 무역 전쟁을 더 중요하게 생각했다. 하지만 보헤미아 전쟁에 개입하지 않았다고 해서 독일의 프로테스탄트 제후들이나 네덜란드 사람들이 그 전쟁의 후폭풍에서 자유로울 수는 없었다. 승리에 들뜬 스페인 국왕은 한술 더 떠서 다음 목표인 네덜란드의 영토와 스페인 영토 중간에 놓여 있는 팔츠 백작령을 점령했다. 이 때문에 네덜란드와 영국은 독자적인 행동을 취하지 않을 수 없었고 팔츠의 싸움을 지원하기 위해 돈과 군대를 보냈다. 그것은 독일 제후들과 프랑스·스웨덴 왕정에게는 유럽의 세력 균형이 불리한 방향으로 뒤바뀔 수도 있는 위협이었다. 그래서 1630년대 말이 되면 가톨릭인 프랑스와 루터파인 스웨덴이 칼뱅파인 네덜란드의 동맹군이 됐고 그들은 교황의 후원을 받았다. 교황은 이탈리아에 대한 스페인의 영향력이 커져서 자신의 영토를 위협하지 않을까 두려워했던 것이다.

가톨릭으로 개종한 보헤미아의 거물 발렌슈타인이 지휘하는 군대를 거느린 황제가 한때 승리를 목전에 둔 듯했다. 그러나 발렌슈타인을 미워한 사람들은 그에게 배신당한 보헤미아의 프로테스탄트들만이 아니었다. 그가 독일 가톨릭 제후들의 독립적 권력을 말살할 수도 있는 제국을 건설할 것처럼 보이자 가톨릭 제후들도 그를 두려워했다. 발렌슈타인은 제국의 완전한 가톨릭화를 주창한 인물들을 적으로 만들었다. 지금의 사회 환경을 2백 년 전 상태로 되돌리자는 그들의 요구를 발렌슈타인은 받아들일 수 없었기 때문이다. 과거에 그는 네덜란드 국적의 프로테스탄트 은행가인 드 비테[95]의 도움을 받아 보헤미아와 여타 지역에서 끌어 모은 거대한 토지를 관리해본 경험이 있었고, 그 과정에서 새로운 경제 조직 방식의 필요성에 눈을 떴고 어느 정도는 종교적 관용이 필요하다는 것을 깨달았다.[96] 그는 비록 건성으로나마 극단론자들의 요구에 저항했으며 총사령관 자리에서 두 번이나 해임됐고 결국 황제가 보낸 자객들에게 암살됐다.[97] 폴리젠스키가 지적하듯이, "발렌슈타인의 몰락 이면에는……개인적인 증오 이상의 요인이 있었다. 더 근본적인 요인은 그가 추구한 경제 체제에 맞서 봉건적 절대주의의 극단적 옹호자들이 벌인 대결이었다."[98]

그러나 극단론자들의 권모술수가 전쟁의 승리를 가져다 주지는 못했다. 발렌슈타인이 죽은 뒤에도 전쟁은 14년 동안이나 계속됐고 스페인과 프랑스라는 경쟁하는 절대왕정들을 중심으로 점점 더 몰려든 동맹국들은 계속 바뀌었다. 전쟁이 끝날 무렵에는 적극적인 참전국 가운데 전쟁의 시작을 기억하는 나라는 거의 없었으며 이들조차 애초에 전쟁을 시작한 명분의 일부분도 기억하지 못했다. 분명한 것은 독일의 황폐화와 여타 지역의 경제적 비용뿐이었다. 1648년의 베스트팔렌 조약으로 결국 평화는 찾아왔지만 거의 모든 이해당사국에서 사회적·정치적 불안이 존재하고 있었다. 스페인 제국에서는 카탈루냐와 포르투갈의 반란이 일어났고, 네덜란드 북부에서는 상인들과 오라녜 공(公) 사이에 충돌이 벌어졌으며, 프랑스에서는 '프롱드'라고 알려진 정치적 반란이 시작됐다.

전쟁은 모든 초기 참전국에게 해를 끼쳤다. 보헤미아는 살인적이고 숨막히는 봉건 절대주의의 노예가 됐다. 토지는 이제 생산성은 뒷전인 채 오직 되도록 많은 농산물을 수탈하려고만 하는 영주들의 손으로 넘어갔다. 농민들이 무보수 노동에 자기 시간의 절반이나 쏟아야 했기에 16세기의 특징이었던 새로운 기술에 대한 관심은 사라졌다.[99] 전쟁으로 인구가 줄어든 도시들은 빚더미와 물리적 파괴의 충격으로 정체했다. 유럽 문화의 중심지 중 하나였던 보헤미아는 시골 변두리로 전락했다. 그 변화의 상징은 체코어가 시골에서만 명맥을 유지한 채 2백 년 동안 거의 잊혀진 반면, 독일어가 도시에서 유력해진 일이었다.[100] 보헤미아에서 일어난 갈등은 새로운 생계방식과 낡은 사회관계들의 갈등이었다. 하지만 그 갈등의 해결 방식은 옛것이 새것을 극도로 유혈낭자하게 파괴하는 것이었다. 전쟁 초기에 혁명적 주도력이 부족했던 것의 대가는 실로 끔찍했다.

스페인 국왕도 많은 것을 잃었다. 카스티야에서는 전쟁 전에도 이미 경세가 악화되는 조짐이 보였다. 그래도 막강한 군사력으로 이런 약점을 은폐할 수는 있었다. 하지만 1648년에는 더는 그럴 수 없었다. 국왕은 포르투갈을 잃어버렸다. 그는 카탈루냐와 라틴아메리카에 있는 그의 제국, 필리편, 이탈리아의 일부와 네덜란드 남부를 억압할 수는 있었다. 하지만 제국의 이익은 점점 다른 곳으로 빠져 나갔고, 이베리아 반도는 유럽의 후진 지역으로 전락해갔다.

독일 제후들은 개전 초에 비해 전쟁이 끝났을 때 훨씬 더 독립적인 권력을 행사할 수 있었다는 점에서 전쟁의 승자에 속했다. 그러나 독일의 인민 대중은 그 대가를 치렀다. 관세 징수소에 의해 서로 단절되고 제후들의 끊임없는 암투로 누더기가 된 영토 조각들은 전쟁이 빚어낸 극단적인 경제적·사회적 붕괴를 극복할 수 있는 기초가 되지 못했다. 독일 남부는 16세기 초에 유럽에서 가장 도시화되고 경제적으로 선진적인 지역들 중 하나였지만 17세기 말에는 분명 아니었다.[101]

프랑스는 그 이전 세기의 종교전쟁에서 살아남았듯이 30년 전쟁에서도 살아남았다. 왕권이 강화됐고(프롱드의 난 때문에 잠깐 혼란을 겪기는 했지만), 경제의 집중이 매우 천천히 이루어졌으며, 낡은 봉건적 방식과 단절한 새로운 경제 조직 형태를 엄청 느린 속도로 채택했다. 프랑스 지배자들은 전쟁에서 얻은 것이 조금이라도 있었지만 인민 대중은 아무것도 얻지 못했다.

전쟁의 유일한 실제 '소득'은 독립적인 네덜란드 공화국이 살아남았고 자본주의 방식에 기반을 둔 네덜란드의 새로운 지배 계급이 성장한 것이었다. 1백25년에 걸친 종교개혁과 종교전쟁과 내전의 참화라는 연기를 뚫고서 유럽의 한 작은 지역에 새로운 경제 생활 조직 방식을 채택한 국가 하나가 수립됐다. 베스트팔렌 평화조약이 체결되는 동안, 비슷한 변화가 바로 북해 건너편에서 폭력적인 방식으로, 그러나 대가를 훨씬 덜 치르면서 완성되고 있었다.

영국 혁명

1649년 1월 망나니의 도끼가 잉글랜드와 스코틀랜드의 국왕 찰스 1세의 목을 쳤다. 그 사건은 전 유럽을 경악하게 만들었다.[102] 가톨릭이든 루터파든 칼뱅파든 대륙 전체의 지배자들은 영국 정부와 외교를 단절했다.[103] 영국 정부는 전 유럽의 지배자들이 공유한 한 가지 중요한 원칙을 배신했다. 즉, 출생의 우연 덕분에 남들을 지배할 수 있는 신성한 권리를 유린한 것이었다.

국왕의 처형을 명령한 사람들은 결코 극단적인 공화파가 아니었다. 불과 20개월 전에 그들의 지도자 올리버 크롬웰은 "왕께서 부여하신 권리가 없다면 어느 누구도 자신의 생명과 재산을 온전히 향유할 수 없을 것이다"라고 말하면서 왕정의 원칙을 옹호했다.[104] 이제 그는 "국왕의 머리에 왕관을 씌운 채 그의 목을 칠 것이다"라는 유명한 선언을 했다. 그는 어떤 사람들은 자신도 모르게 신에게서 타인을 지배할 운명을 부여받았다는 가정을 문제 삼는 새로운 시대로 들어가는 문을 열었다.

영국 혁명에 관해 유행하는 설명들은 그것이 동질적인 '젠트리'[중세 후기에 군사적 역할을 잃은 기사가 지주화하거나, 자영농이나 상인이 토지를 구입해 지주화함으로써 형성된 소지주 계층] 엘리트 내의 경쟁자들 사이에서 벌어진 단순한 암투의 결과라고 말한다. 그런 설명은 한 상층 계급의 인물을 다른 인물과 연결시키는 연줄과 가문 관계를 도표로 그려 놓고, 전투와 처형을 음모와 역(逆)음모의 과정에서 빚어진 예기치 못한 결과라고 얘기한다.

그런 해석들은 1649년이 결코 역사적 이변이 아니라는 점을 이해하지 못한다. 그것은 1백50년 동안 유럽의 많은 지역을 분열시켜 서로 싸우게 만들었던 동일한 사회적 힘들—시장 관계들이 낡은 봉건 질서에서 탄생해 그 낡은 질서를 다시 바꿔놓음으로써 분출한 힘들—이 충돌한 결과였다. 거기에는 서로 경쟁하는 상층 계급의 궁정 신하들과 정치인들뿐 아니라 네덜란드의 반란에서 선연에 떠올랐던 상인의 이해관계도 설려 있었다. 거기에는 독일 남부에서 종교개혁을 했거나 프랑스에서 화형당한 사람들과 닮은 수공업자들과 소상인들도 연관됐고, 규모는 훨씬 작았지만 1525년의 독일 농민전쟁과 근본에서 다르지 않은 농민들의 시위도 한 가지 변수로 작용했다. 영국의 내전에서 각각의 진영을 결속시켰던 요소는 유럽의 종교개혁에서 파생한 서로 대립하는 종교적 관념들이었다.

평화로운 전주곡

영국의 종교개혁은 독일의 일부 지역에서 있었던 '제후의 종교개혁'과 비슷하게 왕의 포고를 통해 이루어졌다. 헨리 8세는 외교상의 이유로 로마 가톨릭 교회와 단절했고 옛 수도원의 토지를 헐값에 판매함으로써 영국의 지배 계급 대다수를 자신의 정책에 묶어뒀다.

그러나 영국의 종교개혁이 단지 국왕의 변덕과 상층 계급의 탐욕에 힘입은 것만은 아니었다. 그것은 변하는 사회를 설명할 수 있는 새로운 세계관을 원하는 사람들 사이에서, 특히 상인과 수공업자뿐 아니라 토지를 소유한 일부 젠트리 사이에서도 뿌리를 내렸다.

영국에서 위로부터의 종교개혁과 아래로부터의 종교개혁을 구분하는 경계는 16세기 후반을 지나면서 흐려졌다. 튜더 왕조의 메리 여왕(스페인의 펠리페 2세와 결혼한) 치하에서 낡은 가톨릭을 억지로 되살리려는 시도가 낳은 끔찍한 경험 때문에, [헨리 8세에게] 교회 토지를 하사받은 영주들은 메리의 후계자인 프로테스탄트 여왕 엘리자베스 1세를 지지하는 청교도 시민들과 어깨를 나란히 하게 됐다.

느리지만 지속적인 경제적 변화가 이런 과정을 촉진했다. 비록 영국이 여전히 유럽에서 후진 국가들 중 하나였지만 말이다. 1500~1650년에 인구는 두 배 이상 늘어났다.[105] 이 기간의 끝 무렵에는 12명 가운데 1명 이상이 도시에서 살고 있었다. 수공업, 특히 섬유업의 생산고는 광업이나 제철업과 마찬가지로 급상승했다. 수천 명이 도시뿐 아니라 시골의 산업에서도 일자리를 얻게 됐고, 아덴의 숲[잉글랜드 중부의 산림 지대]에 사는 가구의 60퍼센트가 옷감 생산에 종사했으며 긴 양말 뜨개질에 고용된 시골 사람들이 10만 명에 달할 정도였다.[106] 임금 노동을 고용해 가족 노동을 보충하는 부유한 농장주, 즉 '요먼'이 차지한 토지의 비율이 매우 커졌다. 그리고 소수의 젠트리는 소농들을 최저 생계수준 이하로 몰아넣기보다는 임금 노동을 고용하고 토지를 개량하는 요먼에게 장기 임대를 허용함으로써 장기적으로 더 크고 안정된 수입을 얻을 수 있음을 깨닫기 시작했다.

사회는 아직도 수많은 봉건적 특징을 지니고 있었다. 많은 젠트리와 귀족이 농민들을 쥐어짰다. 비록 농노제가 흑사병 이후로 사라졌다고는 하지만 그들은 아직도 수많은 봉건 부과금을 받아낼 수 있었다. 아직도 대부분의 토지는 임금 노동을 사용하는 농업 자본가가 아니라 소농과 중농이 경작하고 있었다. 여전히 임금 노동자들이 아닌 장인들이 대다수 공업을 지배했다. 젠트리는 수입을 보충하기 위해 자기 소유의 토지를 개량하는 한편, 여전히 왕실에서 나오는 교부금―결국은 세금에서 나오는―에도 의존하고 있었다. 또한 가장 강력한 상인들은 국왕의 허락을 받고 시장을 독점했는데, 그 때문에 물가가 올라서 다른 공업들이 어려워졌다. 하지만 1550년대 중반에서 1610년대 중반까지는 30년 전쟁 전의 보헤미아에서 그랬던 것처럼 느리게나마 경제가 발전했고 새로운 자본주의 방식의 맹아가 천천히 생겨나고 있었다.

이 기간에는 정치적 함의가 담긴 종교적 소요들도 있었다. 엘리자베스 여왕의 통치 말년에는 일부 '청교도' 칼뱅파에 대한 박해와 그들의 해외 이주가 있었고, 스코틀랜드의 제임스 6세가 잉글랜드의 제임스 1세로 권좌에 올랐을 때는 일부 가톨릭 대지주들의 잔당이 연루된 좌절된 음모['화약 음모' 사건 : 영국의 가톨릭교도들이 의회를 폭파하고 제임스 1세와 왕비, 그리고 제임스 1세의 큰아들을 시해하고자 꾸민 음모]가 있었다. 그러나 이 시기의 특징은 대체로 국왕, 대지주, 젠트리, 국교회, 상인 사이에 높은 수준의 합의가 있었다는 점이다. 이것은 정책을 결정하는 상관을 국왕이 임명하지만 정책의 실행과 재정 지원을 위해서는 양원'―대귀족과 주교로 이루어진 상원, 그리고 토지를 소유한 각 주의 '젠트리'와 자치도시민의 대표자들로 이루어진 하원 — 의 지지를 얻어야 하는 헌법 체계에서도 드러난다.

국가 기구는 프랑스나 카스티야보다 훨씬 더 취약했다. 상비군도 없었고 전국적인 경찰도 없었으며 초보적인 공무원 제도만 있었다. 각 지역의 실제 권력은 젠트리에게 있었는데, 그들은 대부분의 법률을 집행했고, 일하는 계급의 사람들에게 형벌을 내렸으며, 대부분의 징세를 책임졌고, 유사시에 군대를 징발했다. 국왕의 권력은 젠트리를 설득하거나 구슬려서 자기 뜻대로 움직이게 할 수 있는 능력에 달려 있었다. 그러나 이것은 정책에 관해 폭넓은 합의가 존재하는 한 쉬운 일이었다.

전쟁으로 가는 길

사태가 악화되기 시작한 것은 제임스 1세 치하의 1610년대 말, 더 심각하게는 그의 아들인 찰스 1세 치하의 1620년대 말이었다. 돈을 요구하는 국왕과, 세금을 책정해서 그 돈을 제공하는 젠트리·상인 계급의 의회 사이에 불화가 생겼다. 국왕은 의회의 통제를 받지 않는 수입원 — 새로운 세금과 관세, 영주 직함과 특정 품목의 독점권 매각 — 을 모색함으로써 의회를 더 격분하게 만들었다. 의회는 그런 조치에 대한 통제를 받아들이기 전에는 어떠한 정규 예산도 제공할 수 없다고 위협했고, 국왕은 반대파들을 처벌하기 위한 '성실청'(星室廳)과 같은 특별 법원을 동원하며 의회 없이 통치하려 했다. 그 결과 국왕에 대한, 아니면 적어도 1610년대와 1620년대의 버킹엄과 1630년대의 스트래퍼드 같은 국왕의 '고문'에 대한 불신이 팽배해졌다.

분쟁은 점점 더 종교적인 색채를 띠었다. 젠트리와 상인들은 독실한 종교적 신념에서든 아니면 노골적인 경제적 이해타산에서든 자신들을 30년 전쟁 당시의 프로테스탄트 세력과 동일시하는 경향이 있었다. 상인들은 어떻게든 스페인의 영향력이 약화되면 아메리카와 동인도제도의 시장에 접근하기가 더 쉬워질 것이라고 생각했다. 제임스와 찰스는 다른 방향으로, 즉 가톨릭 강대국들과 동맹을 추구하는 방향으로 나아갔다. 찰스는 로셸시의 프로테스탄트를 공격하고 있던 프랑스 왕의 딸과 결혼했다. 찰스가 임명한 캔터베리 대주교 로드는 칼뱅파 목사들을 제거했으며 종교적 반대파들을 단죄하는 데 교회 법원을 이용했고 국왕에 대한 납세 거부는 불경스런 짓이라고 설교하도록 성직자들에게 지시했다. 교회 조직은 마치 공무원 조직의 일부라도 되는 듯이, 국왕을 대리하는 '도덕적' 경찰처럼 행세하기 시작했다.

젠트리와 상인들 가운데 일부는 자신들이 유럽의 그 많은 프로테스탄트와 같은 운명에 처하지 않을까 두려워하기 시작했고, 대륙을 휩쓸고 있는 왕당파 가톨릭 반종교개혁의 물결 속에서 익사하지 않을까 걱정하기 시작했다. 그런 두려움은 1620년대 말에 국왕이 납세 거부 혐의로 5명의 기사를 투옥하고 의회를 해산했을 때 일어난 국왕과 하원의 충돌 뒤에 더욱 증폭됐다. 궁중에서는 프랑스 출신의 왕비 주변에 강력한 가톨릭 세력들이 모여들었고 왕비의 예수회 고문이 기세등등해졌으며, 국왕의 신임을 받는 스트래퍼드가 가톨릭 신자들로 구성된 아일랜드 상비군을 창설했다.

국왕의 강경 노선이 먹혀드는 듯했다. 그런데 1637년에 국왕이 그 한계를 넘어섰다. 그는 스코틀랜드에 새로운 비(非)칼뱅파 기도서를 강요하려 했던 것이다. 그가 내세운 근거는 스코틀랜드가 독자적인 정치 제도와 법률 구조, 교회를 갖춘 전혀 다른 나라라는 것이었다. 그러자 스코틀랜드의 귀족, 법률가, 칼뱅파 목사, 시민들로 이루어진 '의회'가 반란군을 일으켰다. 국왕은 자신만만하게 진압에 착수했지만 불현듯 이에 필요한 자금을 조달할 수 없다는 사실을 결국 깨달았다. 스코틀랜드군이 잉글랜드 북부로 침입해 오자 그는 11년 만에 처음으로 의회를 소집해야만 했다.

그리하여 웨스트민스터에 모인 젠트리와 사치도시의 대표자들은 뭔가 커다란 대가를 얻기 전에는 국왕의 요구를 승인하지 않으려 했고, 심지어 많은 수의 영주들도 마찬가지였다. 대체로 그들의 정치적 태도는 보수적이었다. 그러나 그들에게 보수주의는 각 지역의 지배자로서 자신들의 고유한 지위를 유지하는 것을 의미했고 그 지위는 지난 11년 동안 국왕한테서 위협받고 있었다. 라틴아메리카나 카리브 해에서 스페인의 무역 독점을 끝장 내려는 야망을 품은 존 핌과 같은 인물이 다수파를 이끌었다. 그들은 불만사항을 시정해 달라고 요구했다. 새로운 세금 폐지와 납세 거부자 사면, 특별 법원 해산, 의회의 동의 없는 국왕의 의회 해산권 폐지, 왕실 고문 책임자인 스트래퍼드의 재판과 처형, 상원에서 주교들 축출, 스코틀랜드 칼뱅파와의 우호적인 평화가 그들의 요구 사항이었다.

국왕은 예컨대 스트래퍼드의 재판 회부 같은 몇 가지 양보 조치들을 취했다. 그러나 그런 요구들을 모두 들어줄 수는 없었다. 그렇게 하면 왕정이 수백 년에 걸쳐서 획득해온 권력을 대부분 포기하는 것이나 다름없었다. 그런 권력이 없다면 국왕은 얼굴 마담이나 다름없는 존재로 전락하고 말 것이다. 유럽에 있는 다른 국왕들의 권력은 축소되기는커녕 오히려 강화되고 있는 마당에 그럴 수는 없었다.

시간이 지나면서 국왕은 자신의 처지가 나아지고 있음을 깨달았다. 많은 하원의원과 대다수 상원의원이 국왕에 맞서 급진적 태도를 취하길 주저했다. 저항이 너무 확대되면 자신들의 권력에 맞선 저항을 고무할 수도 있었기 때문이다. 일부 젠트리와 귀족 사이에서, 특히 런던의 시장 경제가 영향을 끼칠 수 없을 만큼 멀리 떨어져 있어서 많은 봉건적 관습이 그대로 남아 있던 북부와 서부 지역에서 '왕당파'가 성장했다. 심지어 경제적으로 더 발전한 지역에서도 왕실의 후원으로 재정적 이득을 본 젠트리와 왕실의 독점권 허용으로 이익을 본 대상인들(예컨대 동인도회사), 그리고 많은 세대에 걸쳐 복종하는 습관에 길들여진 모든 사회 계급의 사람들이 국왕을 지지했다.

1642년 1월에 국왕은 이제 전권을 장악하기 위해 쿠데타를 시도해 볼 만큼 스스로 충분히 강력해졌다고 판단했다. 그는 가장 지도적인 하원의원 5명을 체포하기 위해 4백 명의 무장한 지지자들을 이끌고 하원을 덮쳤다.

그러나 그들은 이미 멀리 도망가서 런던 시의 상인과 소상인, 도제가 제공한 은신처에 숨어버린 뒤였다.

그 다음 날 국왕이 그들을 추적해 런던 시로 들어왔을 때의 상황에 대해 한 목격자는 다음과 같이 말했다. "국왕은 런던에서 생애 최악의 날을 맞았다. 수천 명의 사람들이 …… 상점 문을 닫은 채 칼과 도끼 창을 들고 가게 문 앞에 서서 '의회의 특권'이라고 외치고 있었다."[107] 국왕이 무장 '기병대'를 이끌고 런던에 다시 쳐들어올 것이라는 소문이 퍼지자 "손에 잡히는 온갖 무기를 든 엄청난 군중이 거리로 쏟아져 나왔다. 여자들은 침략자들에게 끼얹을 뜨거운 물을 준비했다. 사람들은 '말들이 지나가지 못하게' 각종 의자와 빈 물통을 거리에 내놓았다."[108]

그것은 불길한 징조였다. 국왕은 단순한 치안 회복 조치만으로는 절대권력을 수립하는 데 실패했다. 1주일이 채 못 돼, 그는 군대를 일으켜 런던을 되찾겠다는 의지를 간직한 채 런던을 떠났다. 정치 분쟁은 이제 내전으로 치달았다.

1차 내전

국왕은 북부 영주들의 아들과 가신들, 왕실 젠트리, 군사 모험가들, 실직 상태의 용병들, 왕당파 귀족의 자제들, 나중에 전국을 돌아다니며 거만한 약탈 행위로 악명을 떨치게 될 악당들로 이루어진 '기사당'의 중추를 자기 주변으로 끌어 모았다. 이들 외에도 가톨릭 반종교개혁에 앞장선 사도들 가운데 의미 있는 소수를 포함해, 스페인과 프랑스의 절대왕정이 사회 운영 방식의 모범이라고 생각한 사람들도 가세했다. 지배 계급의 의회파는 이제 독자적인 군대를 일으키지 않으면 자신들의 생명과 재산을 보호할 수 없게 됐다. 그러나 지배 계급 외부의 인민 대중도 그 싸움에 말려들었나.

왕실이 부여한 독점권 보유자들에 반대하는 상인들은 평범한 소상인들과 도제들의 시위들을 고무함으로써 런던 시의 통제권을 획득할 수 있었다. 그러나 그들은 대중 운동의 불길을 자기들 마음대로 껐다 켰다 할 수는 없었고, 특히 기사당 장교들이 가담자들을 공격하는 상황에서는 더욱 그랬다. 도제들은 수백수천 명씩 시위를 벌였다. "메카닉[장인이나 소공업자를 가리키는 옛 말] 설교자들"은 사람들로 하여금 "1주일에 2~3일씩 천직과 생업을 무시하도록" 조장한다는 비난을 받았다.[109] 이런 일은 경제적 어려움 때문에 국내 여러 지역에서 인클로저와 늪지 간척(이 때문에 영국 동부의 농민들은 생계수단의 일부를 빼앗겼다)에 반대하는 다소 자생적인 폭동이 일어나고 있던 시기에 발생했다.

대중적 분노의 폭발은 지배 계급의 의회파에게는 양날의 무기였다. 그것은 왕실의 쿠데타 시도에 직면해 그들의 생명을 보존할 수 있는 방편이었다. 그러나 그것은 통제를 벗어나면 그들 자신의 계급 지배를 위협하는 운동이 될 수도 있었다. 도시의 선동이 시 정부에서 국왕 지지자들의 지배력을 분쇄하자마자 의회파는 그것을 잠재우려 하고 있었다. 많은 의회주의자들은 자신들이 직접 부과하는 새로운 형태의 종교적 규율만이 하층 계급의 반란을 억누르고 질서를 확립할 수 있다고 확신하게 됐다. 그들은 국왕이 자신들의 요구를 받아들이도록 강제하고 싶었지만, 되도록 빨리 싸움을 끝내고자 안달했다.

이 집단이 머지않아 의회 내의 온건파를 형성했다. 그들은 자기 계급 출신의 교회 어른(장로)들이 다른 모든 사람에게 부과하는 단일한 교리 체계가 있어야 한다는 관념을 지지했기 때문에 '장로파'라고 불렸다.

이제 전쟁은 피할 수 없었다. 온건한 장로파 젠트리조차도 무제한의 왕권이 가져올 결과를 두려워했기에 저항에 나서야만 했다. 그러나 내전 초기 2년 동안 그 저항은 1619년에 보헤미아의 신분제 의회가 합스부르크 가와 싸울 때 그랬던 것처럼 진정한 혁명적 조치들을 경멸했기 때문에 후퇴했다.

의회군은 전국적 전략을 추구할 수 있는 단일한 부대가 아니라 영주가 장군이고 지방 젠트리가 장교인 각 지방 군대를 모아놓은 것이었다. 사병들은 흔히 자기 의지에 반해 싸움을 강요당한 징집병들이었고 열정적인 혁명가들이 전혀 아니었다. 젠트리가 군대 유지 비용을 부담하기 싫어했기 때문에 의회군은 왕당파 기사당과 마찬가지로 토지를 약탈함으로써 생계를 해결했고, 그 때문에 시골의 농민들과 도시 장인들의 반감을 샀다.

의회파는 두 가지 성공을 거뒀다. 1642년 말에 런던의 소상인과 장인 집단은 수도로 진격해 오는 국왕의 군대를 턴햄 그린에서 저지했고 1644년 여름에 의회와 스코틀랜드의 연합군은 왕당파 군대를 마스턴 무어에서 격퇴했다. 그러나 1642년과 1644년 사이에 벌어진 대부분의 전투는 결정적인 것이 아니었다. 1645년 초에는 사태가 더 악화돼 곧 재앙이 닥칠 것만 같았다. 국왕은 런던에서 겨우 80킬로미터 떨어진 옥스퍼드에서 여전히 버티고 있었다. 의회군은 지치고 보수도 못 받고 사기는 떨어진데다가 종종 항명하기도 했다. 대규모 탈영이 이어졌고, 스코틀랜드 군대는 국왕과 단독 협상을 벌일 위험이 있었다. 빨리 무슨 조치를 취하지 않는다면 영국판 화이트마운틴 전투에서 모든 것을 잃게 될 참이었다.

희미하게나마 희망은 있었다. 마스턴 무어 전투에서 왕당파를 패퇴시킬 때 여러 의회군 가운데 '동부연합군'의 '철기군'이라는 기병대가 결정적 역할을 했다. 그 기병대는 나머지 의회군과 다른 방식으로 모집됐다. 그 지도자인 케임브리지셔의 지주 출신 하원의원 올리버 크롬웰은 일부러 귀족을 장교로 뽑지 않았고 열의 없고 가난한 징집병들로 사병을 구성하지도 않았다. 그 대신 그는 '중간 계급' 출신 자원자들에 의존했다. 이들은 주로 부유한 농민인 '요먼'층에서 충원됐다. 그들은 말을 소유할 만큼 부유했지만 고된 노동을 해야 하는 책무 — 흔히 청교도로서 해야 하는 종교적 책무 — 에서 벗어나지 못할 만큼 가난했다. 한 관찰자는 나중에 다음과 같이 썼다. 그들은 "대부분 양심적 동기에서 이 분쟁에 참여한 자유농민과 그 아들들이었다."[110] 그런 군대는 국왕 편에서 말을 타는 '신사 자제들'과 용병들에 견줄 만큼 숙련될 수 있는데다, 최초의 승전에서 전리품을 쫓아 흩어질 가능성이 더 적기 때문에 전투에서 더 규율 있게 행동할 수 있다고 크롬웰은 생각했다. 그는 다음과 같이 말했다. "나는 '신사'라 불릴 뿐 아무것도 아닌 지휘관보다는 비록 평범한 황갈색 코트를 입었을지라도 자기가 무엇을 위해 싸우는지 알고 있으며 그 대의를 사랑하는 지휘관을 곁에 두고 싶다."[111]

또한 크롬웰은 부대원들이 젠트리와는 사뭇 다른 가치관과 견해를 표현할 수 있도록 허용하지 않으면 그런 사람들을 끌어들일 수 없다는 것도 알고 있었다. 그는 자기 부대에서 하층 중간 계급의 구원이라는 전투적인 메시지를 설파하는 다양한 종교 분파들을 쫓아내려는 의회파 내 장로파들의 시도를 허용하지 않았다. 급진적인 설교자들이 군대와 함께 돌아다녔다. 그 가운데 가장 널리 알려진 휴 피터는 "병자와 빈민을 위한 제대로 된 구호가 이루어지고 법률 체계가 개선돼 …… 빚 때문에 감옥에 가는 일이 없는 정당한 사회 질서"에 관해 말했다.[112] 크롬웰은 심지어 자기 사령관인 맨체스터 백작에 맞서 비종교적 급진파 존 릴번을 방어하기도 했다. 그 백작은 크롬웰이 "단 한 사람의 귀족도 없는 영국을 보기를" 원하며 "영주들을 좋아하지 않는다는 이유로" 특정 사람들을 편애한다는 험담을 하고 다녔다.[113] 당시 크롬웰의 진심이 어땠는지는 알 수 없다. 그러나 그가 과거에 케임브리지셔에서 늪지 간척에 반대하는 농민들을 방어하는 발언으로 지지를 얻은 적이 있었고 국왕을 쳐부수기 위해 필요하다면 중간 계급의 계급 감정을 이용할 용의가 충분히 있었다는 것은 사실이다. 이것은 유럽 대륙의 여러 투쟁에서 그토록 많은 프로테스탄트 지도자들에게는 모자랐던 단호함이 크롬웰에게는 있었음을 보여 준다.

신형군(新型軍)

1645년 봄에 패배를 면할 수 있는 유일한 방법을 알고 있는 하원의원과 장교 집단 가운데서 크롬웰은 핵심 인물이었다. 그 방법이란, 전면전을 기피하는 귀족들이나 젠트리 아마추어들이 지휘하던 기존의 군대를 중앙집중적 군대로 완전히 탈바꿈시키는 것이었다. 하원의 강력한 저항과 상원의 반대에 직면한 그들은 오직 런던의 점점 더 급진화하는 장인들과 반(反)독점 상인층에 의존함으로써만 이것을 관철할 수 있었다. 혁명의 승리를 가능하게 한 '신형군'은 최악의 위기 상황에서 탄생한 것이다.

그 보병의 대다수는 낡은 방식으로, 즉 전쟁과 관련한 쟁점들에 지금껏 아무 관심도 없었던 비자발적인 징집병들로 충원됐다. 하지만 그 중에서도 기병대는 크롬웰의 철기군이 그랬듯이 정치적·종교적 열정을 품은 자원자들로 구성됐다. 심지어 보병들 중에서도 열정적인 소수가 결정적인 전투의 순간에 동료들의 사기를 진작시킬 수 있었다. 사실상 군대 내에 혁명적 중추가 존재했고, 그 노력은 휴 피터 같은 사람들의 감동적인 설교와 소책자, 소식지, 비공식 성경 읽기와 수많은 종교·정치 토론으로 강화됐다.

이런 혁명적 접근법의 효과는 1645년 6월의 네이즈비 전투에서 극적으로 드러났다. 의회군은 왕당파 기병대의 성공적인 초반 돌격 뒤에도 흩어지지 않고 버틴 다음 앞으로 진격해서 적을 격파했다. 며칠 만에 옥스퍼드에 있던 국왕의 사령부는 의회의 수중에 떨어졌고 국왕은 도망쳐서 뉴어크에 있는 스코틀랜드 군대에게 항복했다.

이것은 영국 내전에서 결정적인 전투였다. 하지만 그것으로 혁명이 끝난 것은 아니었다.

국왕에 대한 두려움이 사라지자 대다수 젠트리는 대중에 대한 두려움에 사로잡혔다. 그들은 즉시 신형군의 해체, 종교의 자유 박탈, 반대파 종교 집단과 세속적 혁명 세력의 분쇄를 요구했다.

그러나 의회의 젠트리로서도 다루기 힘든 또 다른 세력이 대두하고 있었다. 신형군의 사병들은 보수도 받지 못한 채 해산당하는 것이 전혀 달갑지 않았고 게다가 아일랜드의 비참한 전쟁터로 가는 것은 더더욱 싫었다. 자신들의 원칙을 위해 싸워온 기병대의 '중간인'(中間人)들은 격분했고 전보다 더 급진적인 견해에 이끌렸다. 징집병들은 전망이 보이지 않는 미래에 대한 걱정이 앞섰고 비록 가끔은 심정적으로 왕정에 동조하기도 했지만, 머지않아 그들 중 헌신적이고 열정적인 소수의 얘기에 귀를 기울였다.

8개의 기병 연대는 '선동가'라는 직함으로 알려질 대표자들을 각각 2명씩 선출해 자신들의 견해를 표명했다. 다른 연대의 병사들도 이를 따랐다. 선동가들은 국왕의 권력뿐 아니라 젠트리의 권력에도 도전하는 요구들을 군대 사병들의 이름으로 내놓기 시작했다. 하원의 젠트리를 비난하는 탄원서는 "통치권의 맛을 본 일부는 압제자로 변해버렸다"고 선언했다.[114] 연대의 집회들은 소수에게만 투표권을 부여하는 하원 선거를 비판했고, 매년 의회를 개최할 것을 요구했고, 장로파 목사들에 대한 복수를 다짐했으며, 법정에서 알아들을 수 없는 용어를 사용하는 것을 비난하는 등 거의 반란의 성격을 띠었다.[115] 선동가들의 모임은 이제 사병들의 요구를 밀어붙이는 사병들 자신의 조직 체계로 변하기 시작했다. 그들은 자체적으로 필진을 구성해 소책자를 준비하고 장교들에게 인쇄기를 구해달라고 요구했으며 비(非)신형군 연대에 대표단을 보내 선동하고 전국의 '호의적인 친구들'(다른 급진파들)과 연락을 취하기 시작했다.

수평파와 혁명가들

리처드 오버튼, 존 와일드먼, 윌리엄 월윈, 존 릴번 같은 사람들이 이끄는 급진 민주파인 수평파의 영향력이 날로 커지고 있었다. 1647년 10월에 수평파에 대한 지지는 절정에 달해 크롬웰과 다른 군 지도자들은 푸트니에서 수평파의 영향을 받은 병사들과 토론을 주재하지 않을 수 없었다. 가장 급진적인 장교인 레인보로위가 젠트리와 상인 계급 지배의 기초 전체에 도전하는 견해를 제시한 것은 바로 여기에서였다. "나는 영국에서 가장 가난한 사람이 가장 위대한 사람처럼 생활할 수 있어야 한다고 생각한다. …… 영국에서 가장 가난한 사람은 엄밀히 말하면 자신을 대변해 주지 못하는 정부에 완전히 종속된 것이 아니다."[116] 이에 대한 답변에서 크롬웰의 긴밀한 동맹자인 아이어턴은 여전히 독립파들을 추동하고 있는 계급적 관점을 다음과 같이 간단명료하게 설명했다. "왕국에 영구불변의 이해관계를 가진 사람들⋯⋯ 즉 토지를 소유한 사람, 무역을 책임지는 회사에 몸담고 있는 사람⋯⋯ 오직 그런 사람들만이 ⋯⋯ 왕국의 운영에 관여할 권리가 있다."[117]

종종 지적되듯이, 수평파는 남성의 보통선거권을 요구하지 않았다. 그들은 압력을 받았을 때 투표권을 허용하는 것을 확대하려는 그들의 계획에서 '하인들'— 남에게 고용된 사람들 — 을 배제하는 선까지 양보할 용의가 있었다. 부분적으로 이것은 왕당파 영주와 젠트리가 그들의 하인, 노동자, 종자(從者)를 협박해서 주인들에게 투표하게 만들지도 모른다는 두려움에서 비롯했다. 다른 한편 이것은 군대 내에서 급진적인 영향력의 중추를 이루는 집단이 징집된 빈민들이 아니라, 자신들은 노동자나 직인보다 한 층 위라고 여긴 소(小)소유자 자원병들이었기 때문이다.

수평파 지도자 릴번은 소소유자들의 정치적 권리 요구는 사유재산에 대한 공격을 의미하지 않는다는 것을 명시했다. 수평파는 "자유와 올바름[즉, 재산 — 크리스 하먼]을 가장 진실되게 그리고 가장 끈질기게 주장하는 사람들"이라고 릴번은 썼으며, 그들의 저서나 선언문에는,

⋯⋯ 자유나 올바름을 조금이라도 훼손하거나 보편적인 공동체 또는 그 비슷한 어떤 것으로써 평준화를 이룩하려는 일체의 의도[도 없었다] ⋯⋯ 부와 권력을 평준화한다는 이런 위선은 너무나 우스꽝스럽고 바보 같은 견해라서 두뇌와 이성, 현명함을 갖춘 사람이라면 어느 누구도 그런 원칙을 고집할 수 없을 것이다.[118]

그럼에도 선동가들을 선출한 것과 소소유자가 부자와 똑같은 권리를 가져야 한다는 요구는 이미 잔뜩 겁먹은 '온건' 장로파를 질겁하게 만들기에 충분했다. 젠트리와 상인 계급 대표체의 권력은 군대에 들어온 숭하층 계급 성원들의 새로운 대표체에게 도전받고 있었다. 더구나 그 사람들은 전국에서 최고로 강력한 무장 조직의 구성원들이었다. 지배 계급의 한 분

파와 국왕 사이의 충돌로 시작했던 것이 이제는 혁명적 충돌로 발전할 위험이 있었다.

의회의 온건파는 세 명의 선동가를 소환해 그들을 처벌하겠노라고 위협했다. 훗날 장로파 지도자 덴즐 홀리스는 다른 사람들에 대한 경고의 표시로 [그때] 과감하게 한 명을 처형해야 했다고 말했다. 그러나 온건파는 그들을 석방했다. 온건파는 믿을 만한 군대를 독자적으로 갖추기 전까지는 아무것도 할 수 없었다. 이제 그들은 그런 군대를 만들려고 하면서 런던의 민병대에서 급진파들을 쫓아내기로 런던의 과두제와 합의했으며, '안보위원회'를 설립해 각 군(郡)마다 젠트리가 통제하는 무장력을 조직했고, 무기고를 자신들 수중에 확보하려 했으며, 스코틀랜드 군대를 통제하는 동료 장로파들과 협상해서 그 군대를 잉글랜드로 끌어들이려고 했다. 그들은 이전의 왕정을 약간 개선해 복구하려면 왕당파 젠트리와 단결해야 한다고 믿게 됐다.

크롬웰 주변의 독립파는 의회 내에서는 매우 취약했다. 그러나 그들은 선동가 운동이 통제를 벗어나지 않는 한 그 운동을 자신들의 방어 수단으로 이용할 수 있음을 깨달았다. 그들은 사병 대표와 장교 대표가 각각 절반씩 차지하는 '군대위원회'를 구성했다. 다수의 사병들은 여전히 자기 '상전들'을 순순히 따랐기 때문에, 장교들은 병사들의 불만을 자신들에게 유리한 방향으로 활용할 수 있었다.

처음에 독립파의 목표는 국왕을 자기들의 협상 테이블로 끌어내는 것이었다. 이를 위해 그들은 분견대를 보내서 장로파 무리의 수중에서 국왕을 체포해오도록 했다. 크롬웰과 그 측근들은 자신들이 내전에서 이겼다는 것을 분명히 해두고 싶었고, 국왕으로 하여금 그가 줄곧 거부했던 많은 개혁 조치들을 포함해 자신들의 요구 사항을 수락하게 만들고자 했다. 그러나 그들의 요구 사항에는 여전히 왕정 철폐가 들어가 있지 않았고, 선출되지 않은 상원의 존속과 상층 계급에 국한된 투표권도 공격 대상이 아니었다.

2차 내전과 대(大)처형

하지만 찰스는 왕권의 원칙에 위배된다고 생각한 요구들을 양보할 생각이 전혀 없었다. 그는 1647년 11월 포로였다가 탈출한 뒤 새로운 내전을 일으키기로 결심했다. 이제 크롬웰은 국왕과 협상하려는 자신의 노력이 잘못이었음을 깨닫고 신형군을 동원해 의회에 전쟁 조치들을 찬성하라는 압력을 넣었다. 1648년 여름에 보통 '2차 내전'이라 부르는 것이 시작됐다. 전에 의회를 지지한 사람들이 이제는 기사당과 한편이 돼서 싸웠고 웨일스 남부, 켄트, 에식스에서 왕당파의 봉기가 있었으며, 스코틀랜드군이 쳐들어왔다.

이번에는 반(反)왕당파가 승리한 뒤에 관용 정책이나 국왕과의 협상은 없었다. 크롬웰은 "끝까지 고집부리면서 나라를 혼란하게 만드는 자들은 신속히 처단할 것이다"라고 선언했고, 신형군의 장교들은 찰스와 그의 최측근들에 대한 사형 선고를 요구했다. 하원의 다수파를 차지하고 있던 장로파들이 결코 찬성하지 않을 것임을 확신한 군대는 런던을 점령했다. 프라이드 대령 휘하의 분견대가 주요 장로파의 하원 출입을 막았고, 다른 부대는 런던의 주요 과두 지배자들한테서 시의 통제권을 박탈했다. 1월 말에 사형 집행인은 화이트홀에 모인 군중 앞에서 국왕의 잘린 머리를 들어 보였다.

국왕을 처형하게 만든 사건들과 함께 신형군 내부에서, 그리고 신형군을 지지하는 민간인들 사이에서 소요가 있었다. 군대 내에서 혁명적 운동이 없었다면 크롬웰과 독립파는 런던의 통제권을 장악하고 장로파와 국왕을 다시 물리칠 수 없었을 것이다. 반혁명의 위협에 직면한 크롬웰은 일정 기간 동안은 장로파의 억압에 맞서 기꺼이 수평파를 방어했다. 그는 수평파와 합의하려는 시도로서 심지어 런던 탑에 갇혀 있는 릴번을 면회하러 가기도 했다. 그러나 그는 2차 내전이 다가오자 무력에 의존하기도 했다. 그는 전쟁을 빌미로 부대를 새편함으로써 급진파를 고립시키고 병사들의 반란 기도를 진압했으며 — 반란 주도 용의자 중 한 명이었던 리처드 아널드는 처형됐다 — 런던의 수평파들을 투옥했다. 동시에 그는 국왕의 처형과 그 직후까지 수평파의 영향을 받은 군대 사병들에게 계속 의존했다. 그러고 나서야 겨우 그는 계급 감정을 분명하게 표현하는 사람들을 자신 있게 분쇄할 수 있었다. 크롬웰은 국무회의에 참석한 동료들을 꾸짖으면서 다음과 같이 말했다. "경들에게 말하건대 이 자들을 쳐부수는 것 말고는 달리 이들을 다룰 방법이 없습니다. 그렇지 않으면 그들이 여러분을 쳐부술 것입니다."[119] 1649년 봄에 런던에 있는 수평파 지도자들은 런던 탑에 갇히게 됐고, 5월에 군인 1천 명이 일으킨 반란은 진압됐으며 그 지도자 4명은 옥스퍼드셔의 버퍼드에 있는 교회 경내에서 처형됐다.

신형군의 대부분은 더는 잉글랜드에서 국왕과 장로파를 쳐부술 필요가 없었다. 선동가들을 뺀 나머지 신형군은 아일랜드로 파병됐다. 반면에 수평파의 소책자는 병사들에게 다음과 같이 물었다.

여러분은 [장교들을—크리스 힐먼] 이 잉글랜드의 지배자로 만들었듯이 그들을 아일랜드의 절대 영주와 지배자로 만들기 위해 계속해서 사람들을 죽일 겁니까? 아니면 아일랜드 사람들이 십일조…… 소비세, 관세, 상업 독점체의 횡포를 겪고 몰락하게 만드는 것이 여러분의 소원입니까? 아니면 아일랜드의 감옥을 불쌍한 불구자들로 채우고 그 땅에 거지 떼가 넘쳐나게 하는 것이 [여러분의 소원입니까]?[120]

이것은 잉글랜드의 지배 계급이 장차 아일랜드에서 자행할 짓을 예언한 경고였다. 그러나 이것조차 총살형으로 지도자들을 잃은 가난한 사람들이 유일한 생계수단마저 잃지 않으려고 군사 규율에 따르는 것을 막을 수는 없었다.

수평파 운동은 사회의 가난한 대중에 기반을 둔 것이 아니라 '중간 부류', 즉 장인, 소상인, 그나마 사정이 나은 농민, 그리고 이들 집단에서 충원된 병사를 기반으로 탄생한 것이었다. 그들은 이런 집단 출신으로는 가장 급진적이고 용감한 당파였고 만약 성공했더라면 실제 일어난 것보다 훨씬 더 커다란 혁명적 변화를 가져왔을 강령을 추구했다. 그들은 자본주의 생산 형태의 성장과 더불어 번창하기를 바라는 사회 집단들의 관점에서 그렇게 했다. 그 집단들은 이후 1백 년 동안 점점 더 자의식적인 '중간 계급'으로 구체화됐다. 하지만 그 과정에서 그들은 사회의 한 부문이 나머지를 지배하는 것은 신의 뜻이라는 전통적 관념에 도전하기 시작했다. 독일 농민 전쟁 당시에 뮌처와 그 동료들이 그랬듯이, 그들 역시 계급 지배에 저항하는 또 하나의 전통을 확립했다.

수평파의 패배는 그 전 여러 해 동안의 선동과 투쟁으로 얻은 것이 아무것도 없음을 뜻하지는 않는다. 크롬웰 주변의 집단은 비록 제한된 범위나마 혁명적 조치를 취함으로써 겨우 승리할 수 있었다. 1649년부터 잉글랜드 정부는 ─ 머지않아 스코틀랜드 정부도 ─ 군 장교들이 운영했고 그들 가운데 다수는 '중간 부류' 출신이었다.

크리스토퍼 힐은 2차 내전의 결과를 다음과 같이 지적했다.

비록 수평파는 아니었지만 이제 사태를 장악하고 있는 사람들은……[전보다 ─ 크리스 하먼] 상당히 더 낮은 사회 계급이었다. …… 전에 하인이었던 에워 대령, 목축업자 또는 백정의 아들인 …… 토머스 해리슨 대령 …… 프라이드는 …… 짐마차꾼이며 양조장 노동자였다. …… 오키 대령은 양초 제조업자, 휴슨은 제화업자, 거피는 소금 장수, 바크스테드는 금 세공업자이며 골무 제조업자, 베리는 철공소의 점원, 켈시는 단추 제조업자였다. …… 1648년 12월에 권력을 장악해 찰스 1세를 처형한 사람들은 잉글랜드의 전통적 지배자들보다 신분이 훨씬 더 낮은 사람들이었다.[121]

그런 사람들은 영국 사회를 완전히 봉건적 방향으로 되돌리려 했던 사람들의 지배력을 깨뜨리는 일련의 조치들을 밀어붙였다. 이런 식으로 영국 혁명은 시장 관계와 자본주의 착취 형태에 기반을 둔 사회의 발전 토대를 마련했다.

비록 일부 상인 가문과 연계를 맺긴 했지만 크롬웰 자신은 새로운 '부르주아' 착취 계급 출신이 아니었다. 그러나 그런 계급으로 진화하고 있던 사회 집단에 의존하지 않았다면 그는 결코 성공할 수 없었을 것이다. 그의 천재성은 새로운 방법과 새로운 사람들을 동원해야만 영국 사회의 위기를 해결할 수 있다는 점을 알아차린 능력에 있었다. 오직 그 길만이 영국 혁명을 프랑스의 칼뱅파나 보헤미아의 신분제 의회가 처했던 운명에서 구원할 수 있었다. 젠트리 가문 출신의 한 인물이 혁명을 끝까지 완수한 덕에 본질적으로 부르주아 노선에 따라 운영되는 사회가 확고히 정착됐다.

그는 10년 동안 사실상 독재자로서 잉글랜드를 지배했다. 크롬웰 정권의 기반은 군사력이었다. 그러나 그것은 더 넓은 사회적 지지 기반이 없으면 무한정 살아남을 수 없었다. 크롬웰은 이것을 인식하고 자신을 뒷받침할 의회를 수립하려 했지만, 1640년대 중반 내내 독립파와 장로파를 분열시켰던 의견 대립이 재현됐을 뿐이었다. 혁명적 격변이 낳은 불안정을 끝내고 싶었던 각 지방의 젠트리는 더 나아간 개혁을 방해했다. '중간 부류'의 여러 부문은 더 급진적인 개혁을 원했고 군 장교들 사이에 이들을 대표하는 사람들이 많았다. 그러나 그들은 그런 개혁이 더 큰 사회 불안을 가져온다면 개혁을 완수할 의지가 없었고, 10년이 지나면서 그들은 내전 기간 동안 자신들이 맞서 싸웠던 바로 그 젠트리 분파—아직도 사회 질서 유지의 전제 조건이 왕정이라고 생각하고 있는 사람들—와 연합하게 됐다. 이 과정은 크롬웰이 죽은 뒤 1660년에 최고조에 달했다. 처형당한 국왕의 아들을 다시 데려와 국왕 자리에 앉히는 일을 군대의 일파와 의회의 잔당들이 합의한 것이다.

비록 혁명은 끝났지만 많은 성과들이 살아남았다. 왕정의 존재 여부는 이제 의회를 통해 표현된 유산 계급의 의지에 달려 있었다. 그들이 1688년에 '무혈' 혁명으로 제임스 2세를 몰아냈을 때 드러났듯이 말이다. 전에는 결코 그렇지 않았지만 이제 유산 계급의 부는 시장의 힘에 성공적으로 대처하는 능력에 달려 있었다. 대토지 소유주들은 점점 더 자본주의 농업 방식을 받아들였다. 늘어난 도시 거주민들은 다른 사람들을 고용하거나 아니면 남을 위해 일하는 경우가 더 많아졌다. 길드는 더는 생산 기술의 혁신을 막을 수 없었다. 1689년이 되면 영국 도시의 4분의 3에서 길드가 하나도 없었다.[122] 정부 정책은 왕가의 야욕이 아니라 무역 팽창 욕구에 좌우됐다.

동시에 이런 변화들은 세계 역사에서 근본적으로 새로운 그 무엇을 의미했다. 이제 사람들의 생계 활동은 단위별로 이루어졌고 그 단위의 생존은 다른 단위보다 더 낮은 생산 비용을 유지할 수 있는 운영자들의 능력에 달려 있었다. 대농(大農), 중간 규모 제철업자, 심지어 개인 직조공조차도 자기 사업이 망하지 않아야만 생계를 유지할 수 있었고, 사업이 망하지 않으려면 비용을 절감하는 새로운 생산 방법 채용에서 뒤쳐지지 않아야 했다.

부자나 빈민의 직접 소비가 아니라 경쟁을 위한 경쟁이 점점 더 경제 활동의 추진력이 됐다. 그 이후의 성장 과정은 종종 무질서했고 갑작스런 오르내림으로 점철됐다. 또한 남에게 노동력을 팔아서 연명하게 된, 전보다 더 늘어난 인구는 이런 변화의 혜택을 거의 누리지 못했다. 그러나 그것은 영국 경제와 그 지배자들의 상황을 바꿔놓았다. 유럽에서 가장 가난한 지역 가운데 하나였던 곳이 최고의 선진국으로 급속하게 변하면서 그 지배자들에게 세계 제국을 건설할 수 있는 수단을 제공했다. 그리고 그 과정에서 새로운 자본주의 생산 형태가 과거의 모든 생산 형태를 몰아내기 시작했다.

4. 아시아 제국들의 마지막 개화

오늘날 과거를 되돌아보면 16·17세기에 유럽에서 일어난 일이 결국 세계를 바꿔놓았음을 알 수 있다. 이 때문에 소수의 유럽 열강이 아시아와 아프리카 대부분을 식민지로 만들어 자기들끼리 나눠 가질 수 있었고, 전 세계는 새로운 생산 조직 방식, 즉 산업자본주의에 이끌렸다.

그러나 그 밖의 지역에 사는 인류의 6분의 5에게도 역사가 멈춰 있었던 것은 아니다. 멕시코와 페루 제국은 거의 하루아침에 유럽의 식민지로 전락했지만, 나머지 아메리카 대륙은 그렇지 않았다. 북아메리카에서는 17세기 말까지 협소한 동부 연안만 식민지화됐다. 30년 전쟁 당시 아프리카와 아시아 대륙의 유럽 식민지들은 무역 거점에 지나지 않았고 그 후 오랫동안 변함이 없었다. 네덜란드 정착민들은 아프리카 남단의 수렵-채취인들인 코이산족(이른바 '호텐토트족'과 '부시맨족')을 정복하는 데 성공했다. 그러나 강철을 만들 줄 알아서 성능 좋은 무기를 갖춘 북쪽의 농경민들을 유럽인들이 무찌르고 [아프리카] 북부로 진출하는 데는 2백 년이 더 걸렸다. 포르투갈 사람들은 16세기에 인도의 남서 연안의 고립무원인 고아를 점령해 당대 유럽의 기준에 비춰 봐도 인상적이었던 도시를 세웠고,[123] 중국의 남부 연안에서 떨어져 있는 마카오 섬의 무역 도시를 경영했다. 그러나 그들의 성과는 가까이 있는 거대한 왕국과 제국에 견주면 하찮은 듯했다. 인도 남부의 4대 왕국 중 하나의 수도였던 비자야나가르[124]를 방문한 최초의 포르투갈인은 1522년에 쓰기를, 10만 채의 주택을 갖춘 그 도시는 로마만큼 크고, 식량 공급 체계를 고려하면 "세계에서 물자 공급이 가장 잘 되는 도시"라고 했다.[125] 분명히 그 도시의 유적은 16세기 초 유럽의 도시 대부분보다 훨씬 더 넓은 지역을 덮고 있다. 더 북쪽으로 가면, 1525년에 [인도] 아대륙을 정복하기 시작한 무굴 제국의 황제들이 유럽에서는 결코 찾아볼 수 없는 거대한 도시들—라호르, 델리, 아그라—을 건설하거나 재건했다. 중국의 지배자들은 남부 연안의 유럽인들을 사실상 무시할 수 있었다. 그들의 거대 도시들을 위협하는 유일한 세력은 북방의 유목민들이었다. 한편 오스만 투르크는 서유럽 바로 옆에서 발흥한 거대 열강이었다. 1453년에 콘스탄티노플을 점령한 뒤에 계속해서 1517년에 카이로, 1528년에 알제, 1526년에 헝가리를 점령했고 1529년과 다시 1683년에는 비엔나를 포위했다. 오스만 제국은 유럽의 종교개혁 당시 외교 책략과 군사 연합에 계속 참여했으며 그 문화는 당시 문학에서 동경의 대상으로 그려졌다. 오스만 제국과 인도의 무굴 제국 사이에는 이란의 사파비 제국이 있었는데, 호화로움으로 유럽의 방문객들을 놀라게 만든 새로운 수도 이스파한이 그 중심지였다. 그리고 동아시아 연안에서 얼마 떨어져 있지 않은 일본 열도는 중국의 문화와 기술을 엄청나게 많이 도입해 비교적 발달한 문명을 건설했는데, 그 문명도 유럽 봉건제의 일부 특징인 강철과 화약을 동원한 귀족 영주들 간의 헤게모니 쟁탈전이라는 양상을 두루 갖추고 있었다.[126] 심지어 유럽에서도 르네상스, 종교개혁, 종교전쟁이 휩쓴 지역 밖에서 거대 열강 하나가 등장했다. [유럽] 동부의 지배자들은 대를 이어 옛 모스크바 공국을 중앙집권적인 러시아 국가로 변모시켰고 그 다음에는 아시아 북부 전체와 서쪽으로는 폴란드를 잠식할 만큼 확산된 하나의 제국으로 만들었다.

당시에 이 세계들은 유럽에 비해 결코 경제적으로 뒤지지 않았다. 그것은 19세기 말에야 그렇게 된 것이다. 유럽을 10세기의 낡은 봉건제에서 16세기의 사뭇 다른 사회로 몰아간 기술적 진보들이 그 제국들에서도 나타났다. 그들은 모두 모종의 화기를 사용했으며, 최초의 무굴 황제인 바부르는 1526년에 인도 북부에서 매우 유능한 자신의 기병대를 보완하기 위해 대포를 사용해서 훨씬 더 큰 군대를 무찔렀다. 이 사회들은 건축 기술과 수공 기술을 서로 빌려왔고, 그래서 예컨대 아시아와 유럽에서 온 수공 기술자들이 무굴 황제 샤 자한이 건축하는 타지마할 건설 현장에서 일했다. 아메리카에서 온 새로운 식물의 재배가 확산되면서 그 모든 곳의 농업과 식생활이 상당히 바뀌기 시작했다. 인도에서는 칠리고추·후추·감자·담배·옥수수를, 그리고 중국에서는 고구마·땅콩·옥수수·담배를 재배하기 시작한 것이다.

중국의 찬란한 황혼

15세기 초에 이미 중국은 14세기의 위기에서 회복되고 있었다. 그 한 가지 증거는 일련의 웅장한 항해 탐사다. 2만 명 이상을 실은 대규모 선단이 인도의 서쪽 연안과 아덴을 거쳐 아프리카 동쪽으로 항해했는데, 한때는 약 9천6백 킬로미터에 달하는 그 항로를 쉬지 않고 주파한 적도 있었다. 이것은 스페인과 포르투갈 함대가 이에 견줄 만한 항해를 시도했을 때보다 75년이나 앞선 것이었다.

제르네는 16세기를 "새 시대의 시작"이라고 부른다.[127] 그가 지적하듯이, 농업에서는 토양을 개선하는 새로운 방식, 작물의 품종 개량법과 더불어 토지 경작, 관개, 파종, 생산물 가공에 새로운 기계를 사용했다. 공업에서는 무명을 짜는 베틀의 개선, 서너 가지 색깔의 목판 인쇄술의 발전, 납과 구리의 합금으로 주조한 활자의 발명, 하얀 가루 설탕을 만드는 새로운 제조 방식, 그리고 서너 개의 물레 감는 장치가 달린 비단 짜는 베틀이 도입됐다.[128] 17세기 초에는 농업 기술, 길쌈, 도자기, 철강, 강을 통한 운송, 무기, 먹과 종이, 수압 장치와 같은 다양한 주제를 다룬 "과학·기술에 관한 수많은 저작이 출간됐다."[129] 이때는 기술이 정체한 시기는 분명 아니었다. 지식인들이 과거에서 물려받은 확신을 그저 앵무새처럼 반복하는 그런 시기도 아니었다. 제르네는 제염(製鹽) 노동자 출신으로 독학한 왕간(王艮)과 같은 사상가들에 관해 말하고 있다. 왕간은 역사적 인물들이 확립한 견해에 의문을 제기하면서 전통적 도덕과 시대의 위선을 공격하고 "하층 계급, 여성, 소수 인종"을 방어했다.[130] 제르네는 계속해서 다음과 같이 말한다.

16세기 말과 17세기 전반에는 연극과 장편·단편 소설이 두드러지게 발전했고, 대중적이면서도 교양 있는 문화, …… 읽을거리와 오락을 갈구하는 도시 중간 계급이 급증했다. 도서 산업이 그토록 번창하고 그토록 양질의 출판물들이 나왔던 적은 이전에는 결코 없었다.[131]

"교육 수준이 높지는 않지만 고전 교육의 지적 구속에서 자유로운, …… 도시 대중을 위해 …… 고문(古文)보다는 대화체에 훨씬 더 가까운 언어로 쓰인" 문학 작품과 더불어 "값싼 출판물이 급속히 늘어났다."[132] 제르네의 설명이 정확하다면 중국은 유럽과 거의 동일한 시기에 기술적·지적 르네상스를 경험하고 있었던 셈이다.[133]

이에 견줄 만한 사회적 변화들도 일어났다. 국가는 오랫동안 유지돼온 농민과 장인의 부역을 점점 더 화폐 세금으로 바꿨다. 농업의 상업화로 면화, 염료, 야채 기름, 담배와 같은 산업 작물을 생산하게 됐다. 지주에 의해 토지에서 쫓겨난 더 가난한 농민들은 수공업을 하거나, 광산 지역으로 이주하거나, 도시에서 일자리를 찾는 등 다른 방식으로 생계수단을 찾았다. 상업과 수공업이 번창했는데, 특히 동남부 연안 지역에서 그랬다. 유럽과 마찬가지로 대부분의 생산은 아직도 장인들의 작업장에서 이루어졌다. 그러나 가끔은 본격적인 산업자본주의에 가까운 경우도 있었다. 소기업이 성장해 대기업이 됐고 그 일부는 수백 명의 노동자를 고용하기도 했다. 여성 농민들은 상하이 서남쪽 쑹장(松江)의 면화공장에서 일자리를 얻었다.[134] 16세기 말에 장시(江西)에 있는 30개의 종이공장에는 5만 명의 노동자들이 있었다.[135] 중국의 일부 산업들은 단순히 지역 시장이 아니라 세계 시장을 겨냥해 생산하기 시작했다. 대량의 비단과 도자기를 일본으로 수출했다.[136] 머지않아 "교토와 리마의 거리에는 중국산 비단 옷을 입은 사람들이 돌아다녔고, 필리핀과 멕시코의 시장에서 중국 면화가 팔렸으며, 사카이에서 런던까지 유행에 민감한 가정에서는 중국의 도자기를 사용하고 있었다."[137]

이 시기에는 하층 계급은 계속해서 가난했지만 경제는 성장했다. 인구도 14세기에는 거의 절반으로 떨어져 대략 7천만 명이었다가 16세기 말에는 1억 3천만 명, 1650년대에는 1억 7천만 명까지 늘어난 걸로 추산된다.[138] 그러나 그 뒤로 중국은 다시 한 번 파멸적인 위기에 빠져들었는데, 이것은 4세기와 14세기의 위기와 여러 모로 비슷했으며 같은 시기인 17세기에 유럽이 겪었던 위기와도 비슷했다. 전염병, 홍수, 가뭄, 그리고 다른 재앙들이 잇따랐다. 굶주림은 모든 곳을 황폐하게 만들었다. 인구는 성장을 멈췄고 심지어 몇몇 지역에서는 줄어들기조차 했다.[139] 한때 번창하던 산업들이 문을 닫았다. 1640년대에 (상하이의 내륙인) 저장(浙江) 북부에서 올라온 보고서들은 "대규모 아사(餓死), 거지 떼, 영아 살해, 사람 고기를 먹는" 사례 등을 기록하고 있다.[140]

> 1642년에 [양쯔 강 하류의 — 크리스 하먼] 대도시 쑤저우(蘇州)는 눈에 띄게 쇠퇴해 폐허로 변한 빈집이 많아졌고, 한때 부유했던 농촌도 무장한 사람들만이 들어갈 엄두를 내는 임자 없는 땅으로 변했다.[141]

역사가들은 흔히 이런 위기를 그 전의 위기와 마찬가지로 과잉 인구나 지구의 기후 변화에서 비롯한 흉작 때문이라고 설명한다.[142] 그러나 "1640년대 초에 시골을 괴롭힌 끔찍한 '기근' 와중에도 양쯔 강 하구 삼각주에서는 쌀을 구할 수 있었다. …… 사람들은 단지 쌀을 살 수 있는 돈이 부족했던 것이다."[143]

그 위기들의 뿌리는 사실상 중국의 사회 조직에 있었다. 중국 국가와 그인적 구성원인 관료 계급은 14세기 위기의 여파로 경제 확장을 장려했다. 그러나 그들은 머지않아 몇 가지 부작용, 특히 상인 계급의 영향력 증대를 두려워하기 시작했다. 1433년에 인도와 아프리카로 가는 대형 항해 사업이 갑자기 중단됐다.(그 때문에 결국 유럽에서 온 배가 중국을 '발견'했지 그 반대는 아니게 됐다.)[144] "명나라의 주요 관심사는 연안 무역으로 농촌 사회가 어지러워지는 것을 사전에 방지하는 것이었다."[145] 그 지배자들은 모든 해외 무역을 막을 수는 없었다. 오늘날 '지하 경제'라고 부르는 것이 연안 지역에서 성장했고, 그런 지역들을 통제하는 '해적'과 첨예한 무장 충돌이 벌어졌다. 하지만 국가의 조치들은 어쨌든 새로운 생산 형태의 발전을 가로막았다.

한편 점점 더 늘어나는 국가의 비생산적 지출은 엄청난 경제적 출혈이었다. 예컨대 만력제(萬曆帝) 치하에서 연간 6백 톤의 곡물에 해당하는 수입을 얻는 1급 제후가 45명이었고, 더 낮은 지위의 귀족은 2만 3천 명이었다. 산시 성(山西省)과 허난 성(河南省)의 조세 수입 가운데 절반 이상이 이런 수당으로 지불되고 있었다. 조선의 지배를 둘러싸고 일본과 벌인 전쟁[임진왜란]은 "국고를 완전히 고갈시켰다."[146]

심각한 곤궁은 사회적 불만을 낳았다. 1596년에서 1626년 사이에는 경제적으로 가장 발전한 지역에서 거의 해마다 '직공'의 도시 소요가 벌어졌다.[147] 1603년에는 사설 광산에서 온 광부들이 베이징에서 행진을 했으며, 1620년대에는 남서 지방에서 비(非)한족[묘족]의 반란들이 있었고, 1630년대에는 북부에서 주요 농민 반란들이 일어났다. 사회의 상층부에서도 지식인과 전직 관리들 사이에서 모종의 반대파가 생겨났다가 비밀경찰 조직에 걸려 분쇄됐다.[148]

1644년에 정치적 붕괴가 찾아왔다. 양치기 출신의 농민군 지도자가 새로운 왕조를 선포하자 명나라의 마지막 황제는 목을 매어 자살했다. 한 달 후에 북방의 만주족 침략자들이 베이징을 점령했다.

중국의 경제·정치 위기는 동시대 유럽의 그것과 비슷한 점이 많았다.

아시아 제국들의 마지막 개화_297

그러나 차이점도 있었다. 상인과 장인 계급은 낡은 질서에 대한 독자적인 대안을 제시하지 못했다. 그들은 프랑스의 칼뱅파 상인들과 시민들처럼 반대파 귀족에게 일정한 영향력을 행사하는 것조차 할 수 없었다. 그들이 네덜란드 북부의 상인 부르주아지와 영국 '중간 계급들'이 했던 것처럼 사회 전체를 자기 계급의 전망에 맞게 개조하지 못했던 것은 틀림없다. 과거의 위기 때와 마찬가지로, 중국의 상공업자 계급들은 독자적인 대안을 제시하기에는 국가 관료에게 너무 많이 의존하고 있었던 것이다.

그 직후의 혼란은 몇 년 가지 않았다. 만주족은 오래 전에 중국 문명의 많은 측면을 흡수했고, 얼마 동안은 내부 질서를 회복하고 황실의 재정을 안정시킴으로써 경제 회복의 틀을 잡았다. 아메리카에서 온 작물들이 생활 깊숙이 침투하고 산업 작물들이 팽창하면서 농업은 더욱 발전했다. 농민은 "일반으로 루이 15세 당시의 프랑스 농민보다 더 잘 살았고 행복했다." 부유한 농민들은 심지어 자식들이 정식 교육을 받는 데 필요한 돈을 댈 수도 있었다.[149] 상업과 수공업 생산이 회복돼 과거 어느 때보다 나아졌다. 상하이 남서쪽 지방에는 전임으로 고용된 20만 명의 섬유 노동자들이 있었고, 수만 명의 도공들이 도자기를 생산해 궁중에 바치기도 하고 유럽처럼 멀리 떨어진 곳으로 수출하기도 했다. 수백 명의 임금 노동자를 고용한 작업장에서 차 잎을 처리함으로써 차 산출량이 급격히 늘어났고 해외로 수출됐다. 어떤 추산에 따르면 1571~1821년에 라틴아메리카에서 유럽으로 흘러 들어온 은의 절반은 중국산 상품 구매에 들어갔다고 한다. 미래에 대한 희망이 생기면서 인구는 비약적으로 늘어나 1812년에는 2억 6천만 명에 이른 듯했다.[150] 청나라는 "세계에서 가장 크고 부유한 국가였다."[151]

제국의 힘이 어마어마해지자 그 지배 계급은 자만심에 빠졌고 그 자만심은 지적 정체를 불렀다. 만주족이 지배한 초기 몇 년 동안은 지적 탐구가 융성했고 "권위주의적인 제국의 정신적 기초와 제도에 대한 문제제기와 급진적 비판, 그리고 자유로운 사상"의 물결이 일었다.[152] 예술, 문학, 철학, 역사 모두 활기가 넘친 듯했다. 그 시대에 관한 기록들은 유럽의 '계몽주의'

를 연상시킨다.[153] 그러나 "교육받은 계급들이 너도 나도 새로운 정권 편에 붙으면서" 비판 정신은 자취를 감췄다.[154] 도시 중간 계급을 위한 통속 문학은 쇠퇴했고,[155] 조금이라도 정권에 대한 비판으로 해석될 수 있는 것은 모조리 금지됐다. 1774년부터 1789까지 1만 권 이상의 책이 금서가 됐고 2,320권이 폐기됐다. 반체제 작가와 그 친척들은 추방, 강제 노동, 재산 몰수, 심지어 처형까지 당했다.[156] 지식인들은 영화를 누릴 수 있었지만, 현실 문제들을 다루는 것을 회피함으로써만 그렇게 할 수 있었다. 잘 나가는 문학은 "문학적 회상과 암시로 가득 찬, 이해하기 힘든 고전 형식으로 쓰인 것들이었다. …… 소설은 은근히 냉소적이며 심리적이거나 …… 현학적인 것이 됐다."[157]

17세기 위기의 근본 원인은 전혀 해결되지 않은 상태였고, 머지않아 낡은 징후들이 다시 나타났다. 황실의 엄청난 지출, 정부를 파고든 부정부패의 확산, 값비싼 대가를 치른 변방의 전쟁, 지방 관리와 세리들의 농민 억압 증대, 제방 유지와 치수의 실패, 주기적으로 되풀이되면서 때때로 재앙을 낳는 홍수 등.[158] 1795년에는 '백련교도'의 봉기와 함께 농민 반란의 새로운 물결이 시작됐고, 그 후 50년이 채 못 돼 중국 역사상 가장 거대한 반란 중 하나가 일어났다.

인도의 무굴 제국

인도의 무굴 제국은 중국과는 사뭇 다른 사회였다. 거대한 운하나 관개 시스템도 없었고,[159] 거의 2천 년이나 된 문학 전통에 길들여진 중앙집권적 관료 체제도, 대토지 소유자 계급도, 지방 시장에서 물품을 사고파는 농민들도 없었다.

일련의 이슬람 지배자들이 13세기부터 인도 북부의 많은 지역들을 침략해 중세 시대의 지방 농민 경제에 중앙집권적인 구조들을 강요했다. 그런 체제를 계승·발전시킨 것은 무굴 제국 황제들이었는데 그들은 위계화된 관료 체계를 통해 지배력을 행사했고, 각각의 관료들은 특정 지역에서 토지세를 징수할 권한이 있었으며, 그렇게 걷은 토지세로 국가의 군사 기능에 필수적인 기병대를 유지해야 했다. 비록 그들은 농민들을 착취함으로써 부유해졌지만 결코 토지를 소유하지는 않았다. 각 지방에는 또 다른 지주 계급, 즉 자민다르도 있었다. 그들은 흔히 무굴 제국 전의 착취 계급에서 유래한 상층 카스트 힌두교도였는데, 세금 징수를 도우면서 자기 몫을 챙겼다.[160]

대다수 시골 사람은 사실상 자급자족하는 마을에 살고 있었다. 세습적인 농민 집단들이 세습적인 대장장이·목수·직조공·이발사 집단들을 위해 식량을 생산했고, 이처럼 각각의 마을에서는 현금 지불 없는 자급자족적인 노동 분업이 이루어졌다. 중세 카스트 제도의 모든 요소들이 손상되지 않은 채 그대로 남아 있었다.

그러나 농민들은 세금을 내기 위해 현금이 필요했고, 현금을 얻기 위해 자기 수확의 2분의 1에서 3분의 1을 팔아야만 했다. 1620년대에 한 관찰자가 기록했듯이, 세금을 납부하지 못한 사람들은 "무거운 쇠사슬에 묶인 채 여기저기 저잣거리를 끌려 다니다가" 노예로 팔렸고, "가난하고 불행한 그 부인들은 어린아이들을 안은 채 그 뒤를 따라가면서 계속 흐느꼈고 자신들의 곤경을 슬퍼했다."[161]

이런 식으로 농민한테서 뽑아낸 착취의 대부분은 황실, 국가 관료, 군대로 들어갔다. 이르판 하비브가 설명하듯이, 국가는 "단순히 착취 계급을 보호하는 기능을 했을 뿐 아니라 그 자체가 주요한 착취 도구였다."[162] 이런 수입 가운데 마을로 되돌아간 것은 거의 없었다. 국가는 그 수입을 제국의 대·소도시에 사용했다.

그 결과로 상업과 도시 수공업 생산이 늘어났고 경제적 정체와는 거리가 먼 체제가 생겨났다. 무굴 제국 시대에는 "공업과 상업이 전례 없는 번영을 누렸고 그 번영은 도시들의 전반적인 성장으로 반영됐다."[163] "수공업이 집약되고 확장되고 다양해졌"으며 국내외 무역도 마찬가지였다. "대도시가 1백20개나 있었으며"[164] "라호르, 델리, 아그라에서는 인구·생산·소비가 거대하게 집중됐고 그 정도가 덜하긴 했지만 러크나우, 바라나시, 알라하바드에서도 그랬다."[165] 당대의 관찰자들은 라호르를 "동양 최대의 도시"라고 생각했다.[166] 어떤 유럽 방문객은 아그라의 인구를 65만 명으로 추산했으며,[167] 델리는 유럽 최대 도시인 파리만큼 크다고 말했다.[168]

17세기가 되자 최대의 공업인 면직물 공업은 그 생산품을 유럽으로 수출하고 있었다. "32개나 되는 도시들이 면화를 대량으로 만들어냈다."[169] "대·소도시나 촌락 가운데 면직물 공업이 없는 곳은 하나도 없는 것 같았다."[170] 그리고 "촌락의 거의 모든 집에서 물레를 돌리고 있었다."[171] 동시에 "르네상스 시기의 유럽 상황을 연상시키는 상업 신용, 보험, 초보적인 예금 저축 기구"가 조직됐다.[172]

그러나 이런 경제적 진보를 지속하기 위한 한 가지 요인이 빠져 있었다. 그것은 바로 도시의 공업 진보가 농촌으로 다시 유입되지 않았다는 사실이다. 당대의 어떤 목격자는 다음과 같이 썼다. "농민들을 너무 쥐어짜서 농민들에게는 배를 채울 수 있는 말라비틀어진 빵조차 거의 남지 않았다."[173] 그들은 개량된 도구들을 구입할 수 있는 여유가 전혀 없었다. "어떤 형태로든 촌락이 도시의 공업에 의존했다는 증거는 전혀 없다."[174] 그래서 도시 상업의 성장에는 촌락의 정체와 빈곤화가 뒤따랐다. 보통, 도시는 "사회적으로 쓸모 있는 상품을 생산하는 곳이 아니라 지방 농산물을 먹어 치우면서 시골을 황폐하게 만드는 곳이었다."[175]

그 장기적인 결과는 제국의 농업 생산 기반의 파괴였다.[176] 샤 자한이 조세 수입으로 라호르, 델리, 아그라를 아름답게 꾸미고 타지마할을 건설하는 동안에 어떤 관찰자는 "뇌물 수수와 조세 수입을 위한 농업 때문에 토지는 엉망이 됐고, 그 결과 농민들은 강탈당하고 노략질당하고 있었다"[177]라고 기록했다. 농민들은 보시를 버리고 달아나기 시작했다. 하비브는 어떻게 "기근이 대대적인 인구 이동을 가져왔는지" 말해 준다. "…… 그러나 농민 이동의 근본 원인은 다른 어떤 것보다도 바로 인간이 만든 체제였다."[178]

토지 없는 노동자들이 일자리를 찾아 도시로 물밀 듯이 쏟아져 들어왔기 때문에 도시는 부분적으로 성장했다. 그러나 이것은 지나친 세금으로 쇠약해진 농촌을 치유할 수 없었다. 제국이 최고의 전성기를 구가하는 것처럼 보이던 바로 그때 제국은 쇠퇴의 길로 들어서기 시작했고 결국은 붕괴하고 말았다.

샤 자한의 아들이자 그를 유폐시킨 아우랑제브의 통치 기간 동안 이것이 명백해졌다.[179] 무굴 제국을 다룬 많은 역사책들은 아우랑제브의 광적인 이슬람 신앙, 힌두교 억압 조치들, 끝없는 전쟁 등을 그보다 1백 년 전에 통치한 악바르 대제의 종교적 관용과 지방 관리들의 탐욕 견제를 기반으로 한 외관상의 계몽적 통치와 비교한다. 이런 차이들 가운데 어떤 것은 두 황제의 개성에서 비롯했음이 틀림없다. 그러나 그들의 개성은 서로 다른 두 시대의 산물이기도 하다. 하나는 제국이 그 농업 기반을 손상시키지 않고도 확장할 수 있는 시기였고 다른 하나는 그것이 더는 불가능한 시기였다.

마침내 도시와 도시 공업은 농업의 쇠퇴로 고통 받기 시작했다. 아마 벵골만은 예외였을 것이다. 1712년 이후 아그라에서는 "도시의 현재 상태에 대한 한탄과 과거의 영광에 관한 얘기만" 오갔다.[180]

처음에는 무굴 제국의 권력에 감히 도전하는 농민들이 거의 없었다. "사람들은 더 나은 삶은 바라지도 않는다고 공언하면서 참을성 있게 버틴다"고 어떤 유럽 여행가는 1620년대에 기록했다.[181] 이 시기의 불만은 새로운 종파들이 생겨나는 형태로 나타났다. 그들은 더는 쓰지 않는 산스크리트어가 아니라 방언을 사용했고, 그 예언자들과 설교자들은 직조공·소면공(梳綿工)·노예를 포함해 주로 하층 계급 출신이었으며 시크교 창시자 구루 나나크는 곡물 상인이었다.[182] 그 종파들은 브라만 중심의 전통적인 종교 이데올로기에 도전했고 "비타협적인 일신교, 복잡한 제례 의식 포기, 카스트 장벽과 종교 차별 거부"를 주장했다.[183] 그러나 그들은 전면적인 반란의 언어를 회피하기도 했다. 그들은 "전투성이나 물리적 충돌"이 아니라 "겸손과 체념"을 가르쳤다.[184]

이것은 그 추종자들의 여건이 악화되면서 바뀌었다. "그 종파들은 언제나 낡고 신비한 껍데기 안에 머물러 있을 수만은 없었다. …… 그들은 무굴 제국에 대항한 가장 강력한 반란 중 두 차례 반란에 영감을 불어넣었는데, 사트나미파와 시크교도의 반란이 바로 그것이다."[185] 아우랑제브의 통치 말년에 "반쯤은 분쇄된 시크교 반란군들"은 라호르 내륙에서 이미 골칫거리가 되고 있었다.[186] 아그라와 델리 사이의 지역에서는 자트 농민 카스트의 반란이 일어났고(어느 저술가는 반란 진압 과정에서 "인간처럼 생긴 짐승 1만 마리"가 도살됐다고 자랑했다),[187] 1709년에는 시크교도의 거대한 반란이,[188] 그리고 "제국의 몰락을 부른 요인 가운데 단일 세력으로는 가장 컸던" 마라타족의 반란이 있었다.[189]

농민들의 반감이 곧 반란군의 전투력이었다. 그러나 반란의 지도부는 보통 자민다르나 지방의 다른 착취 계급에서 나왔는데, 그들은 잉여의 더 큰 부분을 무굴 제국의 지배 계급이 가져가는 것이 불만이었다. "억압받는 사람들의 봉기"가 "두 억압자들 사이의 전쟁"과 뒤섞였다.[190]

상인과 장인은 반란에서 핵심 역할을 하지 못했다. 그들은 무굴 제국 지배자들의 사치품 시장에 의존했고 유럽의 일부 지역에서 도시 계급들이 농민들에게 영향을 미칠 수 있게 해 준 지역 시장들의 연결망이 없었다. 낡은 사회는 위기에 빠졌지만, '부르주아지'는 그 사회를 변화시키는 투쟁에서 독립적인 역할을 할 준비가 돼 있지 않았다.[191] 이것은 자민다르 지도자들로 하여금 자기들 나름의 목표를 위해 거리낌없이 반란을 이용할 수 있게 해 줬고 결국 사회는 진보할 수 없었다.

이르판 하비브가 결론을 내리듯이,

그리하여 무굴 제국은 파괴됐다. 무굴 제국의 반대편에 섰던 세력들은 새로운 질서를 창출하지도 않았고 그럴 수도 없었다. …… 이제 끝없는 약탈, 무정부 상태, 외세의 침략을 막을 수 있는 것은 아무것도 없었다. 그러나 무굴 제국은 줄곧 스스로 자신의 무덤을 파왔다.[192]

이렇게 해서, 이제 서유럽 군대가 독자적으로 제국을 건설하기 시작했고 그 과정에서 인도의 상업 부르주아지한테 지지를 받을 수 있는 길이 활짝 열렸다.

5부
새로운 질서의 확산

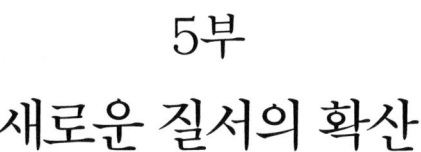

1650년 이후 1백25년 동안 유럽은 그 전 1백25년 동안의 유럽과 사뭇 달랐다. 종교전쟁, 농민 봉기, 내전, 혁명은 과거의 일이 된 듯했다. 하지만 그 시기의 주요 특징들은 앞선 시기의 혁명적 격변이 낳은 산물이었다. 르네상스와 종교개혁이 사회 곳곳에 미신이 스며들어 있던 세계를 배경으로 탄생했으며, 네덜란드 혁명과 영국 혁명의 여파로 계급 사회 발생 이후 기존 통념에 대한 가장 급진적인 지적 도전이 일어났다. 이런 흐름은 특정 사상가들의 머리에서 우연히 생겨난 것이 아니라, 생계방식의 변화를 반영한 것이었다. 도시의 장인과 시골의 선대제로 이루어졌던 세계는 이제 세계 곳곳에서 공업 도시를 세우고 있었던 것이다.

연표

🙢 18세기

50년 동안 중국의 농업과 공업이 회복됨.

인도에서 시크교도와 마라타족의 반란으로 무굴 제국 붕괴.

남동부 유럽의 많은 지역에서 경제 정체.

1703년 러시아 표트르 대제가 상트페테르부르크 건설 시작, 서유럽의 과학 기술 도입 노력.

1707년 잉글랜드와 스코틀랜드의 통일.

1716년 스튜어트 왕가의 복위 시도 실패. 영국의 농업혁명. 인클로저가 거의 모든 토지로 확산.

영국 경제가 프랑스와 네덜란드를 차례로 따라잡다.

1734년 볼테르가 첫 번째 철학 저작 출간, 영국의 제도 칭송. 바흐가 음악에서 대위법과 푸가 형식 발전시킴.

1746년 영국의 컬로든 전투에서 스튜어트 왕가 복위를 노리는 최후의 시도 패배. [스코틀랜드] 고원 지대 봉건제의 유산이 유혈낭자하게 파괴됨.

1751년 디드로가 '계몽'사상을 대중화하기 위해 ≪백과전서≫를 발간하기 시작.

1757년 영국의 동인도회사가 벵골 장악.

루소가 ≪인간 불평등 기원론≫(1755년)과 ≪사회계약론≫(1762년) 발간.

1759년 볼테르가 낙천주의를 조롱하는 풍자 소설 ≪캉디드≫ 발간. ≪백과전서≫ 발행 금지.

1761년과 1766년 프랑스에서 두 명의 프로테스탄트 처형.

프로이센, 러시아, 포르투갈, 오스트리아에서 '계몽 군주'들의 개혁 통치 실패.

글래스고가 주요 상공업 도시로 성장.

데이빗 흄, 애덤 퍼거슨, 애덤 스미스의 '스코틀랜드 계몽주의'.

1763년 영국이 새로운 식민지 지배권을 둘러싼 전쟁에서 프랑스에게 승리함.

노예 무역의 전성기. 브리스틀, 리버풀, 보르도, 낭트의 성장.

1770년 북아메리카의 (인구 3백만 명 가운데) 노예가 40만 명.

1771년 아크라이트가 더비셔의 크롬퍼드에서 최초의 방적공장 설립.

1774년 롱이 ≪자메이카의 역사≫에서 인종 차별을 '과학적'으로 정당화하려 함.

1775년 와트와 볼턴이 일반적으로 응용 가능한 최초의 증기기관 제작.

1776년 애덤 스미스가 ≪국부론≫에서 '자유 노동'과 '자유 무역'에 근거를 둔 질서 설파.

영국 지배에 맞선 북아메리카 식민지의 반란. 톰 페인의 ≪상식≫이 계몽사상을 대중화함.

1776년 독립선언서에서 "모든 인간은 평등하게 창조됐다"고 선언(그러나 노예제 문제에 대해서는 침묵).

1783년 헨리 코트가 석탄을 이용하는 진일보한 제철 기술 발명.

영국에서 산업혁명 시작. 40퍼센트의 사람들이 더는 농촌에서 생활하지 않게 되다.

모차르트의 교향곡과 오페라 <피가로의 결혼>(1786년), <돈 조반니>(1787년).

1. 사회 평화의 시기

　1650년 이후 1백25년 동안 유럽은 그 전 1백25년 동안의 유럽과 사뭇 달랐다. 종교전쟁, 농민 봉기, 내전, 혁명은 과거의 일이 된 듯했다.
　18세기 초에는 스페인 왕위 계승 전쟁, 18세기 중반에는 7년 전쟁과 같은 유럽 열강들 사이의 쓰라린 전쟁이 있었다. 덴마크, 스웨덴, 폴란드, 포르투갈 같은 나라들에서는 사회 상층부의 국왕들과 귀족들이 권력 분배의 정확한 비율을 둘러싸고 투쟁을 벌이기도 했다. 1690년·1715년·1745년에는 스튜어트 왕조 지지자들이 무력으로 영국의 기존 헌정 질서를 전복하려 하기도 했다. 그러나 이전 기간 내내 유럽의 그 많은 지역을 뒤흔들었던 열정은 이제 그 주변에서만 겨우 살아남았다. 1750년대 중반의 세계를 살펴본 사람이라면 누구나 쉽사리 다음과 같은 결론을 내릴 것이다. 즉, 볼테르의 풍자 소설 《캉디드》가 훌륭하게 묘사한 당시의 불합리와 야만주의에도 불구하고, 혁명의 시대는 이미 오래 전에 지나갔다는 것이다.
　하지만 그 시기의 주요 특징들은 앞선 시기의 혁명적 격변이 낳은 산물이었다. 한때 반혁명의 보루였던 합스부르크 왕가는 이제 그림자에 지나지 않았고 스페인 국왕의 지위를 부르봉 왕가에 넘겨줬다. 반면, 혁명 세력이 승리한 네덜란드 공화국과 영국은 점점 더 중요해졌다. 네덜란드는 옛 포르투갈 제국의 식민지 가운데 많은 지역을 가져갔고 그 다음에는 영국이 이에 도전했다.

17세기 후반은 때때로 "네덜란드의 황금기"라고 불린다. 새로운 식물·농법의 채택과 해안 간척으로 농업이 번창했다.[1] "암스테르담 바로 위에 있는 늪 지대인 잔스트리크"가 "제지에서 정미(精米)까지 수많은 공업의 기계화"를 가능하게 하는 1백28개의 공업용 풍차를 보유한, 아마도 "전 유럽에서 …… 가장 근대적인 공업 지대"로 부상하면서 네덜란드의 공업은 '절정'에 달했다.[2]

영국은 내전 직후에 '농업혁명'을 겪기 시작했다. 농업은 점점 더 상업화됐고 순무와 감자에서 옥수수까지 새로운 작물들이 널리 도입됐다. 자본주의적 농업과 '인클로저'의 거대한 물결이 확산됐다. 지주들과 농업 자본가들이 방목용 공유지 주변에 울타리를 치고 가난한 농민 대중을 쫓아내는 바람에 그들은 임금 노동자가 될 수밖에 없었다.

공업 산출량도 늘어났다. 한 추산에 따르면, 1710~1760년에는 연간 0.7퍼센트 증가했지만, 1760~1780년에는 1.3퍼센트, 1780~1800년에는 2퍼센트씩 증가했다. 도시 거주민의 비율도 증가해서 1650년에는 약 9퍼센트였지만 1800년에는 20퍼센트가 됐다.[3] 1707년의 잉글랜드와 스코틀랜드의 통일에 대해 처음에는 반대가 많았지만 그 결과는 실질적이고 지속적인 상공업의 성장이었다. 15년 후에 글래스고를 방문한 다니엘 디포는 글래스고를 "사업 도시이자 국내외 무역 도시로서 …… 여기에서는 국내외 무역 모두 증대하면서 발전하고 있다"고 묘사할 수 있었다.[4]

산업 혁신은 18세기의 마지막 25년 동안 산업혁명의 기초를 놓으면서 이제 통일된 왕국에서 자체의 추진력을 얻기 시작했다. 최초의 사용 가능한 증기기관은 (비록 제임스 와트가 광산을 제외한 어디서나 쓸 수 있는 효율적인 기관으로 만든 것은 60년 후였지만) 1705년에 개발됐다. 1709년에는 숯이 아니라 코크스를 이용해 철을 녹였다(비록 널리 쓰일 만큼 충분히 품질이 좋아진 것은 40년 후였지만). 하그리브스의 제니 방적기(1766년), 아크라이트의 수력 방적기(1769년), 크럼프턴의 뮬 방적기 등 1730년

대부터 1760년대까지 수십 년 동안 일련의 발명가들은 방적 작업을 각 구성 요소별로 분해해 기계화하는 데 성공했다.[5] 그런 거대한 변화와 더불어, 더 오래되고 주로 수작업에 바탕을 둔 많은 산업에서 더 작고 점진적인 변화가 있었다. 양말 직기 확산, '새로운 커튼'용 천을 더 저렴하게 짜는 법, 직조공의 생산성을 두 배로 높인 비사(飛梭) 도입, 더 정교한 장비를 사용하는 더 깊숙한 탄광(석탄 채굴량은 1650년의 50만 톤에서 1750년의 5백만 톤, 1800년의 1천5백만 톤으로 늘어났다)이 바로 그것이다.[6]

해외 무역을 둘러싼 경쟁이 격화하는 새로운 분위기에서 이제 기술 혁신은 받아들여지는 데 수십 년 심지어 수백 년씩 걸리는 우연한 사건이 아니라 성공의 필수 요건이었다.

네덜란드와 영국은 현대적인 공업 사회가 아니었다. 인구의 대다수는 아직도 시골에서 살았고 형편없는 도로 때문에 지방 소도시에서 주요 도시로 가는 불편한 여행은 아직도 여러 날이 걸렸다. 당시에는 현대의 민주주의 비슷한 것도 없었다. 대토지를 소유한 귀족들이 영국 정부를 지배했는데, 보통 그들은 하원의원들을 선출하는 더 작은 젠트리와 시민들의 투표 성향을 좌지우지할 수 있었다. 네덜란드에서는 대상인들이 비슷한 힘을 갖고 있었다.

하지만 두 나라 모두 2백 년 전은 말할 것도 없고 1백년 전과도 질적으로 달랐다. 그리고 이웃 유럽 국가들과도 질적으로 달랐다. 개별 영주에 대한 농민들의 법적 종속은 완전히 사라졌다. 진정한 전국 시장이 존재했고, 독일과 이탈리아의 특징인 뒤죽박죽된 소국들도 없었으며, 프랑스 도처에 널려 있던 관세 장벽도 없었다. 매우 많은 사람이 조금이나마 도시 생활을 경험했다. 17세기 말이 되면 영국인의 꼬박 6분의 1이 적어도 얼마 동안 런던에 체류한 적이 있었다. 시골의 공업은 농업 지구에서조차 많은 사람의 노동을 흡수했고, 항구와 해군은 농업이 아니라 상업에 의존하는 수많은 하층 계급을 고용했다. 런던은 파리를 능가하는 유럽 최대의 도시가 됐고, 비록 개별 수공 노동자들이 대부분의 생산을 담당하기는 했지만 상인

사회 평화의 시기 _309

이나 더 부유한 다른 장인들이 그들의 노동을 차츰 조율했다. 잉글랜드 서부의 '의류업자'들은 1백 명, 4백 명, 심지어 1천 명까지도 고용했고 대다수 젠트리보다 더 커다란 수입을 올렸다.[7]

정부를 지배하는 거대 가문들은 대상인은 물론 '중간' 무역업자, 제조업자, 농업 자본가들을 만족시키는 정책을 채택하기 위해 주의를 기울였다. 1760년대와 1770년대 초반에 런던 시민들은 의회와 정부가 귀족과 젠트리의 이익 추구에 종속되는 것에 맞서 맹렬한 선동을 전개했고 그들의 대변인 존 윌크스는 얼마 동안 투옥됐다. 그러나 그들은 일부 거대 가문의 지지를 받았으며 결국 혁명적 수단을 쓰지 않고서도 자신들의 의지를 관철할 수 있었다. 그들은 이미 16세기와 17세기 초반의 거대한 이데올로기·정치 투쟁에서 중요한 고지들을 점령해뒀기 때문이다.

혁명의 파고가 짓밟혔던 다른 유럽 국가에서는 사정이 사뭇 달랐다. 이런 나라들에서 17세기는 경제 쇠퇴의 시기였다. 사망이 출산을 앞질러 인구가 감소했고, 도시 수공업이 침체했으며, 영주와 국가가 모든 잉여를 가져가서 농민들이 끝없는 빈곤에 허덕이는 동안(그리고 일부 지역은 '재판[再版]농노제'로 고통을 겪었다), 농업에 대한 투자는 저조했다. 18세기에 폴란드·시칠리아·카스티야의 전체 농업 산출량은 십중팔구 2백 년 전보다도 낮았다. 보헤미아에서는 1770~1772년의 기근으로 열 명 중에 한 명이 굶어 죽었다. 그것은 반혁명이 승리한 대가였다.

프랑스, 독일 남서부, 이탈리아 북부는 그 '중간'에 있었다. 이들 지역은 카스티야, 이탈리아 남부, 동유럽처럼 경제 후퇴를 겪지는 않았다. 그러나 농업과 공업은 대략 영국과 네덜란드보다 더 뒤떨어졌다. 혁신적 농업 기술과 자본주의적 관계들은 일부 대도시 인근 지역에서 확산됐다. 수공업 생산이 약간 늘어났고 몇몇 경우 전보다 더 큰 광공업 회사들이 설립되기도 했다. 대서양 무역을 지향한 일부 항구들은 꽤 성장했고, 특히 프랑스 서부 연안에서 그랬다. 1780년대에는 프랑스 인구의 20퍼센트가 주로 소규모 공업에 종사하고 있었다. 반면에 영국은 40퍼센트였다. 유럽의 주요 지역들은 산업자본주의라는 동일한 방향으로 움직이고 있었지만, 그 속도는 서로 무척 달랐다.

2. 미신에서 과학으로

유럽의 서로 다른 지역들은 경제적 성취가 달랐던 것만큼이나 지적인 부분에서 일어난 시도도 달랐다.

르네상스와 종교개혁은 사회 곳곳에 미신이 스며들어 있던 세계를 배경으로 탄생했다. 종교적 유물과 성직자의 주문(呪文)에 대한 믿음, '술사'(術士)들이 나눠 준 마법의 묘약과 부적에 대한 믿음, 귀신들림과 악령 퇴치에 대한 믿음, 사악한 마법을 거는 '마녀'의 능력과 병을 치유하는 국왕의 안수에 대한 믿음이 바로 그런 미신이었다.[8] 글을 모르는 대중 사이에서만 그런 미신이 횡행했던 것은 아니다. 농민들뿐 아니라 지배자들 사이에서도 그런 믿음은 널리 퍼져 있었다. 국왕들도 성물(聖物)을 수집했다. 크리스토퍼 콜럼버스, 올리버 크롬웰, 아이작 뉴턴 등 다양한 사람이 성경의 요한계시록을 근거로 한 예언들을 진지하게 받아들였다. 코르테스나 피사로 같은 사람도 전투에서 이긴 것을 신의 개입 덕분으로 돌렸고, 어느 국왕(스코틀랜드의 제임스 6세였다가 머지않아 잉글랜드의 제임스 1세가 된)은 마법을 다룬 책을 쓰기도 했다.

그런 미신은 사람들을 괴롭힌 질병의 진정한 원인에 대한 무지와 공존했다. 대다수 사람은 수명이 짧았다. 돌연사는 흔한 일이었고, 그것은 당시의 지식 수준으로는 도저히 설명할 수 없는 것이었다. 의사들의 무지도 대단해서 그 치료법은 병을 치유하는 것만큼이나 악화시키기 일쑤였다. 전염병이나 천연두는 소도시 인구의 4분의 1 이상을 쓸어버릴 수 있었다. 대다수 사람은 10년에 한 번 이상 끔찍한 흉작 — 그리고 갑작스런 굶주림 — 을 예상할 수 있었다. 단순한 화재조차도 거리 전체를 불태우거나 1666년에 런던에서 그랬던 것처럼 도시 전체를 태워버릴 수 있었다.

이런 문제들 중 어느 하나라도 해결하려면 겉보기에는 비자연적인 사건들 배후에 있는 자연적 원인들을 규명하는 것이 장기적 해결책이었다. 그러나 과학은 아직도 미신에서 완전히 분리되지 않았다. 자연의 물질을 분리하고 융합하는 방법에 관한 지식(화학)은 비(卑)금속이 황금으로 변질된다는 믿음(연금술)과 뒤섞여 있었다. 행성과 천체의 운동에 관한 지식(천문학) — 날짜를 계산하고 항해 지도를 작성하는 데 필수적이다 — 은 사건들을 예언하기 위한 신념 체계(점성술)에 아직도 묶여 있었다. 수학에 대한 진지한 관심은 아직도 숫자 배열의 마술에 관한 믿음과 결합돼 있었다. 또한 이런 혼동을 대부분 거부하면서도 과학 지식을 오로지 고대 그리스·로마·아라비아의 원문들을 연구함으로써만 얻으려는 것도 여전했다.

이것은 악순환이었다. 마술적인 믿음은 과학의 진보 없이는 일소할 수 없었다. 그러나 과학은 마술적인 신념 체계에 짓눌려 있었다. 더욱이, 당시에 과학적 신념 체계와 비과학적 신념 체계의 차이는 오늘날만큼 뚜렷하지 않았다.

행성·태양·천체가 지구를 중심으로 회전한다는 믿음을 예로 들어보자. 이 견해는 아리스토텔레스의 세계관에 바탕을 두고 그의 사후에 프톨레마이오스가 수정한 것이다.[9] 다른 견해, 즉 지구가 태양 주위를 돈다는 주장도 오랫동안 있어왔다. 이것은 고대 그리스·로마 세계에서는 폰투스의 헤라클레이데스가, 중세 때는 니콜 오렘과 니콜라우스 쿠자누스가 주장한 관점이다. 그러나 오늘날에는 이해하기 힘들지만, 가장 교양 있고 과학에 개방적인 사람들조차 1천5백 년 동안 "지구가 움직인다"는 견해를 부정했다. 왜냐하면 그것은 도전받지 않았던 또 다른 견해, 즉 물체의 운동에 관한 아리스토텔레스의 원리와 모순됐기 때문이었다. 1543년에 폴란드의 수도사 코페르니쿠스가 제시한, 지구와 행성들이 태양 주위를 돈다는 새로운 설명도 이런 반론에 적절히 대처하지 못했다. 그의 이론은 대체로 외면당했는데, 몇몇 실용 분야에서 지동설의 효용성을 인정한 사람들 사이에서도 그것은 마찬가지였다. 예컨대 프랜시스 베이컨—경험적 관찰의 필요성을 강조한 베이컨은 과학을 미신에서 해방시키는 데 공로가 컸다고들 말한다—도 "근대적인 경험적 접근법을 가르치는 사람으로서 그런 전도된 상상의 필요성을 느끼지 않기 때문에" 코페르니쿠스의 체계를 부정했다.[10] 행성의 운동에 관한 코페르니쿠스의 계산에서 부정확한 점들이 밝혀지면서 의혹은 더욱 짙어졌다. 50년 뒤에 케플러는 이 문제를 수학적으로 해결했는데, 그는 행성의 궤도가 원이 아니라 타원이라고 가정하면 정확하게 계산할 수 있음을 보여 줬다. 그러나 우리의 기준으로 보면 케플러 자신의 믿음조차 마술적인 것이었다. 그는 행성 간의 거리와 태양에서 행성까지의 거리가 물리적 힘의 고유한 성질을 표현한 것이 아니라 숫자 배열의 고유한 성질을 표현한 것이라고 생각했다. 그는 아리스토텔레스의 세계관보다 훨씬 더 낡고 신비스러운 플라톤이나 심지어 피타고라스의 세계관으로 후퇴했는데, 그런 세계관에서 보면 현실의 서로 다른 부문들에서 하나의 보편적 패턴을 발견하게 된다. 그런 신념은 천문학의 계산뿐 아니라 점성술의 예언까지도 정당화할 수 있었다. 왜냐하면 현실의 한 영역에서 일어난 현상은 다른 영역에서 일어난 것과 비슷한 패턴을 따른다고 생각했기 때문이다. 케플러는 별 거리낌없이 점성술적인 예측들을 했다. 1618년에 프라하에서 그는 "5월에 크나큰 어려움이 닥칠 것이다"라고 예언했다. 그 예언은 정확한 것으로 판명됐는데, 왜냐하면 30년 전쟁이 시작됐기 때문이다. 그러나 천체의 운동 때문은 아니었다.

어떤 물체에 대한 다른 물체의 신비한 영향력을 믿은 사람은 케플러 혼자만이 아니었다. '신플라톤주의'는 17세기 후반까지도 케임브리지 대학에서 영향을 미쳤다. 그래서 사람들은 어떤 사람을 다치게 한 칼을 손질하면 그 칼로 생긴 부상을 치료하는 데 도움이 된다고 믿었다.[11] 마치 자석이 약간 떨어져 있는 쇳조각을 끌어당길 수 있는 것처럼 말이다.

갈릴레오는 1609년에 최신 발명품인 망원경을 이용해 달 표면의 분화구와 산들을 발견함으로써 코페르니쿠스의 우주상을 받아들이게 하는 데 지대한 공헌을 했다. 갈릴레오의 발견은 아리스토텔레스와 프톨레마이오스의 설명이 주장했듯이 달이 지구와 근본적으로 다른 물질들로 이루어진 것이 아님을 보여 줬다. 또한 그는 물체의 운동에 관한 나름의 설명으로 아리스토텔레스의 설명에 도전하면서 새로운 물리학 요소들을 발전시켰다. 그러나 갈릴레오의 설명도 아직은 완전한 단절이 아니었다.[12] 갈릴레오는 예컨대 우주가 유한하다는 믿음을 받아들였고 행성들이 타원을 그리며 회전한다는 케플러의 관념을 부정했다. 이 점에서 그는 아직도 낡은 사상의 포로였다. 머지않아 그는 또 다른 의미에서 포로가 된다. 그는 종교재판소의 심판대에 서게 됐고 코페르니쿠스의 체계를 비난하도록 강요받으며 죽을 때까지 가택 연금 상태로 지내야 했다.

물리학과 천문학을 둘러싼 논쟁들은 그 당시의 일반적인 이데올로기 논쟁들과 뒤엉켰다. 1543년까지만 해도 코페르니쿠스는 자신이 속한 가톨릭 교회의 박해를 두려워하지 않고 자신의 견해를 출간할 수 있었다. 사실 그의 견해에 대한 가장 맹렬한 공격 가운데 일부는 루터의 제자인 멜란히톤에게서 나온 것이었던 반면, 가톨릭 교회의 달력 개정은 코페르니쿠스의 모델에 바탕을 둔 계산에 의존했다.

그러나 가톨릭 반종교개혁과 함께 사정은 바뀌었다. 13세기의 철학적 논쟁들을 해결하기 위해 2백50년 전에 신학자 토머스 아퀴나스가 채택했던 아리스토텔레스의 모델 쪽으로 가톨릭 반종교개혁 지지자들이 집결했다. 새로 탄생한 종교재판소가 앞장서서 의혹을 품은 사람들에게 그런 모델을 강요했다. 아리스토텔레스(그리고 아퀴나스)는 모든 식물과 사람은 사물의 질서 속에서 고유한 위치를 차지한다고 가르쳤다. 천체에 확고한 위계 질서가 있듯이 지구에도 확고한 위계 질서가 존재한다는 것이다. 이것은 종교개혁을 파괴하기를 원했을 뿐 아니라 반항적인 중하층 계급들을 낡은 봉건 질서에 복종하게 만들고자 했던 계급과 국왕들의 입맛에 딱 맞는 세계관이었다. 그런 관점에서 보자면, 코페르니쿠스의 세계관은 루터나 칼뱅의 견해와 마찬가지로 [체제] 전복적인 것이었다. 1600년에는 조르다노 브루노가 우주는 무한하다고 주장했다는 이유로 화형당했다. 가톨릭 국가들의 이데올로기적 분위기는 과학적 탐구의 진척을 가로막았다. 갈릴레오의 재판에 관한 소식을 들은 프랑스 수학자이자 철학자인 데카르트는 훗날 뉴턴의 발견들의 전조가 되는 자신의 연구 결과를 은폐했다.[13] 과학적 진보의 무게중심이 네덜란드 공화국과 혁명 이후의 영국으로 이동한 것은 전혀 놀랄 만한 일이 아니다. 보일, 후크, 호이겐스가, 그리고 무엇보다도 코페르니쿠스·케플러·갈릴레오의 우주론을 괴롭혔던 문제들을 새로운 물리 법칙으로 해결한 뉴턴이 그 중심이 됐다.

이것은 프로테스탄트 지도자들이 가톨릭 경쟁자들보다 더 계몽돼 있었기 때문은 아니다. 키스 토머스가 지적하듯이, "모든 종파의 신학자들"은 마법이 실제로 존재한다고 인정했다.[14] 그러나 프로테스탄티즘의 대중적 기반은 지식의 진보를 원한 사회 집단들 — 장인과 소상인 — 에게 있었다. 비록 그들이 원하는 지식이라고 해봤자 성경을 읽기 위해 글을 깨치는 정도가 고작이라고 해도 말이다. 프로테스탄티즘이 확산되면서 읽고 쓰는 것을 널리 장려하게 됐고, 사람들이 일단 읽고 쓸 수 있게 되자 그들은 새로운 사상들을 무더기로 접할 수 있게 됐다. 더욱이, 낡은 정설이 도전받는다는 단순한 사실만으로도 사람들이 더 많은 관념에 의문을 던지도록 추동하기에 충분했다. 이것은 영국 혁명 기간 동안 가장 뚜렷하게 드러났다. 장로파는 어느 정도 검열을 완화하지 않고서는 주교들과 국왕에게 도전할 수 없었다. 그러나 이 때문에 장로파 외에 다른 사람들도 자신들의 다양한 종교적 견해를 자유롭게 표현할 수 있게 됐다. 종교적 예언들과 갖가지 성경 해석의 불협화음 속에서 사람들은 그 모든 것에 대한 의구심을 공공연하게 드러낼 수 있음을 난생 처음 깨달았다. 신형군의 어느 술 취한 기병은 다음과 같이 물을 수 있었다. "식탁 위의 저 냄비가 왜 하느님이어서는 안 되는가?" 보수적 정치이론가 토머스 홉스는 철저하게 유물론적인 저작 ≪리바이어던≫을 출간했는데, 그 책에는 종교적 기적이라는 관념을 공격하는 내용이 들어 있었다. 신형군이 왕당파의 수중에서 옥스퍼드를 탈취하자 홉스와 생각이 비슷한 한 무리의 과학자들이 모여 옥스퍼드의 자유로운 분위기에서 과학적 진보를 위한 학회를 결성했다.

홉스는 왕정복고 시대에 이단으로 몰려 화형당하지 않을까 두려워했다. 그러나 그는 사실상 왕실의 연금을 받았고 그 학회는 '왕립학회'가 됐다. 사람들은 과학의 진보를 자연에 대한 통제력 증대와 동일하게 생각하기 시작했고 농업·공업·상업·군사력의 증대라는 이익을 가져오는 것으로 생각했다.

그렇다고 해서 미신에 맞선 전투가 승리한 것은 아니다. 선진 공업 국가에서 엄청나게 많은 사람들이 아직도 종교적이든 '마술적'이든 점성술과 부적을 믿고 있다. 이것은 소위 '교육받지 못한' 사람들에게만 해당하는 얘기가 아니다. [20세기의] 로널드 레이건, 인디라 간디, 프랑스의 전 총리였던 에디스 크레송 같은 '세계적인 지도자들'도 점성술사에게 자문을 구했다. 18세기에는 마법의 영향력이 훨씬 더 컸다.

하지만 변화가 있었던 것만큼은 사실이다. 1640년대 중반에 아직 결말이 나지 않은 내전의 혼란 속에서 전문 마녀 색출가 매튜 홉킨스는 잉글랜드 동부의 시골에서 마녀재판을 열어 2백 명에게 유죄를 덮어씌울 수 있었다. 이 수치는 그 전 어느 때보다도 훨씬 큰 것이었다.[15] 반면, 신형군이 점령한 스코틀랜드에서는 마녀에 대한 기소가 잠시 중단됐고,[16] 1668년에 한 평론가는 "철학을 아는 체하는 자들 중에 더 지체 낮은 사람들과 덜 경직된 젠트리는 대체로 마녀가 존재한다는 믿음을 비웃었다"고 지적할 수 있었다.[17] 영국에서 최후의 마녀 처형은 1685년에 있었다. 비록 마녀를 저벌하는 법률은 그 뒤 50년 동안 법령집에 그대로 남아 있었지만 말이다. 그 전 세기의 경제·사회·정치 변화의 결과로서 전반적인 '정서'가 달라졌다.

3. 계몽주의

　네덜란드 혁명과 영국 혁명의 여파로 계급 사회 발생 이후 기존 통념에 대한 가장 급진적인 지적 도전이 일어났다. 유럽의 다른 지역에 있는 중간 계급, 심지어 상층 계급 가운데 지적으로 더 의식 있는 부문들은 사회에 문제가 있다는 것을 깨닫기 시작했고, 사상을 바꿈으로써 사회 변화를 꾀하려 했다. 그리하여 편견과 미신에 대한 공격이 르네상스와 종교개혁 때보다 훨씬 더 광범하게 벌어졌다. 그 결과는 계몽주의라고 알려진 사상의 흐름이었다.

　이 포괄적 범주에는 다양한 사상가와 저술가가 포함됐다. 자연과학자, 철학자, 풍자작가, 경제학자, 역사가, 평론가, 정치이론가, 심지어 모차르트 같은 음악가도 있었다. 그들 전부가 견해가 같았던 것은 아니다. 일부는 주요 쟁점에 대해 완전히 정반대의 생각을 하기도 했다.[18]

　그들이 공유했던 것은 경험적 지식에 근거를 둔 합리적 사고의 힘에 대한 신뢰였다. 따라서 비록 기존 신화와 기성 신념에 도전하게 될지라도 그 것은 세계에 적용돼야만 했다. 그런 접근법은 기존 유럽 사회의 많은 제도와 이데올로기에 대한 도전이었다.

　한 가지 영향은 프랑스의 철학자 데카르트, 네덜란드의 스피노자, 독일 남서부의 라이프니츠가 끼친 것이었다. 그들은 의심할 여지가 없는 몇 가지 이성적 원칙에서 추론을 이끌어내 이 세계를 완벽하게 이해할 수 있다고 확신했다. 그런 확신은 물리학의 근본 법칙들을 확립한 뉴턴의 성공을 기반으로 18세기에 성장했다.[19] 이런 '합리주의' 철학자들이 반드시 정치적 급진파인 것은 아니었다. 라이프니츠는 우주가 예정된 조화에 따라 움직이며 "[현재의 세계가] 가능한 모든 세계 가운데 최상의 세계다"라는 유명한 선언을 했다. 이 견해는 볼테르의 ≪캉디드≫에서 풍자의 대상이 됐다. 그러나 합리주의적 접근법은 다른 이들의 수중에서는 거의 혁명적인 무기가 될 수 있었다. 왜냐하면 그것은 제1원리에서 추론할 수 없는 모든 제도나 실천을 거부해야 한다고 암시했기 때문이다.

또 다른 영향은 영국에서 존 로크가 시작한 약간 다른 전통이었다. 로크는 지식이 합리주의자들의 '본유관념'[태어나면서부터 인간 정신에 내재해 있다고 하는 관념]에서 나오는 것이 아니라 이미 존재하는 것에 대한 경험적 관찰에서 나온다고 주장했다. 로크는 라이프니츠만큼이나 정치적으로 보수적이었다. 그는 영국의 지주·상인 신사들의 태도를 반영했다. 그들은 일찍이 영국 국왕들이 상층 계급 의회를 통해 통치하기로 합의했을 때 이미 자신들의 목적을 달성했다. 하지만 18세기가 지나면서 프랑스와 독일에서는 영국의 경험론적 접근법에서 점점 더 급진적 결론들을 이끌어냈다. 그래서 프랑스의 볼테르와 몽테스키외는 로크를 무척 존경했으며, 영국의 노선을 따라 유럽 대륙의 국가들을 개혁해야 한다는 결론을 로크의 저작에서 이끌어냈다. 영국에서는 보수적인 교의가 영국 해협 건너편에서는 [체제] 전복적인 교의가 될 수 있었다.

계몽사상가들은 혁명가들이 아니었다. 그들은 상층 계급 인사들의 후원에 의존하는 반대파 지식인들이었다. 그들의 희망은 사회 전복이 아니라 사회 개혁이었고, 그것은 사상의 전투에서 승리함으로써 달성된다는 것이었다. 디드로는 러시아의 여제 예카테리나 2세를 방문할 때 아무런 모순도 느끼지 못했으며 볼테르도 프로이센의 국왕 프리드리히 대제에게 협력할 때 아무 거리낌이 없었다. 그들 주변의 사회 환경은 돌바크의 부인이 매주

2회 여는 '살롱'에 정기적으로 참가한 사람들을 보면 알 수 있는데, 그곳에서 사상가인 디드로·흄·루소, 장차 미국의 지도자가 될 벤저민 프랭클린, 급진적 화학자 조지프 프리스틀리 같은 사람들은 나폴리 대사 셸본 경, 미래의 프랑스 재무장관 네케르, 브라운슈바이크 공(公)과 어울렸다.[20] 볼테르는 "교육받아야 할 사람들은 노동자들이 아니라 선량한 부르주아들과 소상인들이다"라고 주장했다. 주민 대다수가 돈 주고 살 수 없는 책에 공을 들였던(디드로와 달랑베르의 17권짜리 ≪백과전서≫ 초기 판본은 겨우 4천 부 팔렸다) 프랑스의 백과전서파조차도, 반(半)종교적 비밀 의식을 매개로 상층 계급과 중간 계급의 '계몽된' 엘리트가 모두 모일 수 있었던 프리메이슨 협회에 참여하는 것을 통해, 아니면 우호적인 귀족들의 살롱을 통해 새로운 사상을 열성적으로 선전했다.

또한 계몽주의 사상가들은 기존 제도나 사상을 공개적으로 비판하기를 꺼려했다. 그래서 볼테르는 종교적 미신에 대해 분노하고("불명예를 분쇄하라"는 그의 슬로건이었다) 성경의 기적 이야기를 통렬하게 비판할 수는 있었지만, 돌바크가 철저히 무신론적인 저작 ≪자연의 체계≫를 (익명으로) 출간했을 때는 당혹스러워 했다. "이 책 때문에 철학은 국왕과 왕실 전체의 눈에 혐오스런 것으로 비쳐지게 됐다"고 볼테르는 썼다.[21] 영국에서는 기번이 선구적인 역사 저작 ≪로마 제국 쇠망사≫를 저술했다. 이 책은 기독교 교회의 영향력을 비난하면서 혹평을 하고 있다. 그러나 대중의 신앙을 뒤흔들려는 것은 아니었다. 스코틀랜드 사람인 데이빗 흄은 종교를 가차없이 공격한 자신의 책을 평생 동안 출간하지 않았다. 볼테르는 루소가 ≪사회계약론≫에서 기존 사회 제도에 부정적인 태도를 취했다며 반대한 반면, 루소는 종교에 대한 볼테르의 '부정적인' 태도에 반대했다.

그러나 그들이 급진적 태도를 아무리 꺼려했을지라도, 계몽사상가들은 자신들이 살고 있는 사회의 버팀목 일부에 도전했다. 그 사회의 개혁은 쉽지 않았고, 강력한 이익 집단들은 어떤 문제제기도 대단히 불온한 것으로 간주했다. 그 결과 많은 사상가들이 고통을 치렀다. 볼테르는 어떤 귀족이

고용한 깡패들에게 두들겨 맞고 바스티유 감옥에 투옥된 뒤로 여러 해 동안 파리를 떠나 살기로 결심했다. 디드로는 한동안 파리 근처의 뱅센 요새에 감금됐다. 루소는 프랑스 당국의 손이 닿지 않는 스위스에서 생의 후반부를 보냈고, 보마르셰(그의 《피가로의 결혼》은 모차르트 오페라의 원작이다)의 희곡들은 하인이 주인의 의도를 좌절시킬 수 있음을 암시했다는 이유로 여러 나라에서 출판이 금지됐다.

특히 교회는 기존 사상에 대한 어떤 문제제기에도 적대적일 수 있었다. 남부 유럽에서 가톨릭 반종교개혁은 18세기 후반까지 모든 반대파를 잔인하게 짓밟았다. 스페인에서는 1700~1746년에 7백 건의 이단화형이 있었다.[22] 프랑스에서 프로테스탄트들은 아직도 갤리선의 노예가 되는 형벌에 처해질 수 있었으며, 1761년에 툴루즈와 1766년에 아브빌에서는 두 명의 프로테스탄트가 교수형당하기 전에 수레바퀴에 묶여 사지가 찢겨졌다.[23]

그런 것에 도전함으로써 사상가들은 사회 조직 방식에 근본적인 의문을 제기했다. 비록 완전한 해답을 제시하는 것은 회피했지만 말이다. 볼테르의 《캉디드》는 유럽의 어떤 국가도 민중의 필요를 충족할 수 없다고 암시했다. 루소는 《사회계약론》을 다음과 같이 혁명적 사상으로 시작했다. "인간은 자유롭게 태어나지만, 어디서나 속박돼 있다." 비록 그 자신은 대중을 거의 신뢰하지 않았지만 말이다. 철학자 돌바크와 엘베시우스는 자연과 사회를 철저하게 유물론적으로 분석하려 하면서 신에 관한 그 어떤 관념도 부정했다.[24] 박물학자 뷔퐁은 동물 종에 관한 거의 진화론적인 이론을 제시했다.(그리고 '인종'의 차이를 기후 조건 탓으로 돌리면서 인류의 통일성을 주장했다.)[25] 스코틀랜드 사람인 애덤 퍼거슨과 애덤 스미스는 인간 사회가 수렵·목축·농업 단계를 거치면서 진보한다고 봤다. 그럼으로써 사회 발전에 관한 유물론적 이해의 기초를 놓았다. 그들 중 계몽주의 지식인들은 인간과 인간의 제도를 이해하려는 노력에서 과거의 이느 누구보다도 더 멀리 나아갔다.

그들의 사상이 유럽 전역의 지적 토론을 지배하면서 어디서나 다른 견해의 옹호자들을 수세에 몰아넣었다는 점에서 그들의 사상은 일면 '헤게모니'를 쥐게 됐다. 유럽 대륙의 '낡아 빠진', 경제적으로 정체한 사회와 대조되는 모종의 '근대' 사회, 영국처럼 경제적으로 성공한 사회를 원하는 모든 사람이 그들의 사상에 귀를 기울였고, 그런 청중 중에는 심지어 최상층의 사람들도 있었다.

여러 국면에서 오스트리아, 러시아, 포르투갈, 폴란드의 정부는 계몽주의 사상과 연계된 특정 개혁 조치들을 추진하려 했다.(그래서 역사가들은 가끔 이들을 '계몽 군주'라고 부른다.) 1759~1765년에 포르투갈, 프랑스, 스페인, 나폴리, 파르마의 지배자들은 예수회 수도사들을 내쫓았다. 그리고 교황은 가톨릭 군주들의 압력을 받아 유럽에서 예수회를 해체했다.[26] 프랑스에서는 가장 저명한 '중농학파' 계몽주의 경제학자 가운데 한 사람인 튀르고가 1774년에 루이 16세의 장관이 됐다. 그러나 각각의 경우에 위로부터의 개혁은 결국 중단됐다. 심지어 '계몽된' 군주들조차 지배 계급들의 저항에 맞서 그런 개혁 조치들을 실행에 옮길 수는 없었다. 그 지배 계급들의 재산은 잔존하는 봉건적 착취 형태에 의존하고 있었던 것이다.

디드로는 《백과전서》에서 그 목표가 "전반적인 사고방식을 바꾸는 것"이라고 썼다.[27] 계몽사상가들은 지배 계급 지식인들을 포함한 지식인들의 사상에 도전하는 데서 커다란 성공을 거뒀고, 그것은 2백 년 전의 종교개혁보다 더 광범한 도전이었다. 1780년에는 볼테르와 루소의 저작들이 "거대한 독자층을 얻었"고,[28] 값싼 《백과전서》 판본이(가끔은 해적판도) 디드로 자신이 의도했던 것보다 훨씬 더 많이 팔렸다. "그것은 앙시앵 레짐[구체제]의 부르주아지를 통해 확산됐"고 "진보적 이데올로기가 …… 사회 구조에서 가장 낡고 부식된 부분들까지 스며들었다."[29] 하지만 계몽사상가들은 사회를 개혁하려는 자신들의 목표를 달성하는 데서 거의 효과를 거두지 못했다. 1778년에 볼테르는 의기소침한 상태에서 죽음을 맞이한 듯하다.[30] 6년 뒤에 칸트는, 비록 "그는 계몽의 시대를 살고 있었지만 …… 시대 그 자체는 계몽되지 않았다"고 지적했다.[31]

사상을 바꾸는 것은 사회를 바꾸는 것과 똑같지 않았다. 세상을 바꾸기 위해서는 혁명과 내전의 순환이 또 한 차례 필요했다.

4. 노예제와 임금 노예제

계몽사상은 특정 사상가들의 머리에서 우연히 생겨난 것이 아니었다. 그것은 인간관계의 변화를 적어도 부분적으로 반영한 것이었다. 그런 변화는 영국과 네덜란드에서 가장 멀리 나아갔다.

16세기와 17세기의 소란을 관통하는 핵심 변화는 사람들의 생계방식에서 시장을 통한 교환이 점점 더 지배적인 역할을 하게 됐다는 점이다. 교회는 이단자들을 화형할 수 있었고 합스부르크 가의 군대는 자신들의 지배에 반대하는 도시들을 약탈할 수도 있었다. 그러나 교황, 황제, 제후, 영주는 모두 사업을 벌이는 데 현금이 필요했다. 때문에 그들은 낡은 질서를 유지하려 하면서도 궁극으로는 그 낡은 질서의 토대를 잠식할 시장의 힘을 확산시키는 데 기여할 수밖에 없었다.

이것은 아메리카 정복 후에 가장 뚜렷하게 드러났다. 아메리카의 광산에서 흘러 들어온 은은 가톨릭 반종교개혁을 지원하는 군대의 가장 중요한 자금줄이었다. 그러나 그런 은의 유입은 새로운 대륙 간 시장 연결망의 일부분이었다. 다량의 은이 유럽 북서부를 거쳐서 중국, 동인도, 인도로 흘러 들어가 사치품을 구입하는 데 쓰였다. 마닐라에서 아카풀코까지, 베라크루스에서 세비야까지, 암스테르담에서 바타비아[32]까지, 바타비아에서 광둥까지 새로운 국제 운항로가 세계 여러 지역 사람들의 삶을 잇기 시작했다.

시장 관계는 사람들의 사회 신분이 아무리 불평등할지라도 그들은 특정 거래를 인정하거나 거부할 수 있는 평등한 권리가 있다는 가정에 의존한다. 구매자는 자유롭게 가격을 제시하고 판매자는 그 제안을 거부할 수 있는 자유가 있다. 고관대작과 상인, 귀족과 시민, 영주와 소작인은 이런 점에서 평등한 권리를 갖는다. 시장이 확산되는 한, 금전적 이해타산은 지배와 복종에 근거를 둔 낡은 편견들을 공격한다.

계몽주의는 현실에서 일어나는 이런 변화를 관념의 영역에서 인식한 것이었다. (비록 일부 계몽사상가들이 여성의 평등권이라는 문제를 제기하기는 했지만) 평등한 남성들의 세계라는 계몽주의의 그림은 사람들이 평등한 입장에서 자기가 소유한 재화를 사고파는 데 동의하거나 거부할 수 있는 세계를 추상한 것이었다. '합리적' 상태란 자의적인 장애물 없이 이런 일이 일어날 수 있는 상태를 의미했다.

하지만 이런 계몽주의의 그림에는 두 가지 커다란 함정이 있었다. 그것은 단지 18세기의 카스티야, 시칠리아나 동유럽과 같은 유럽의 '후진' 지역뿐 아니라 볼테르 같은 사람들의 모델이었던 영국에서도 마찬가지였다. 그 하나는 아메리카의 동산[動産: 소나 말 같은 개인 소유물] 노예제였고 다른 하나는 국내 무산 노동자들의 임금 노예제였다.

5. 노예제와 인종 차별

18세기 유럽의 부에서 점차 커지는 부분이 구매자와 판매자 간의 평등권에 정확히 반대되는 제도, 즉 강제 노예제 덕분에 생겨났다. 철학자들은 유럽의 커피하우스에서 평등권을 이야기했을 것이다. 그러나 그들이 마신 커피를 생산한 사람들은 아프리카 서부에서 총구에 떠밀려 배에 실리고 끔찍한 환경에서 대서양을 건너(도중에 10명 중 1명 이상이 죽었다) 경매 시장에서 팔린 다음 죽을 때까지 채찍질을 당하면서 하루에 15시간, 16시간, 심지어는 18시간 노동을 한 사람들이었다.

이런 운명에 처한 사람들이 약 1천2백만 명이었다.[33] 항해 도중에 1백50만 명이 죽었다. 플랜테이션의 사망자 수는 가공할 만한 것이었는데, 그것은 대농장주들이 노예들에게 죽도록 일을 시키다가 죽으면 대체 인력을 새로 사는 것이 수지맞는 일이라고 생각했기 때문이다. 18세기에 영국령 카리브 제도로 끌려온 노예들은 모두 1백60만 명이었지만, 18세기 말까지 살아남은 노예 인구는 60만 명에 불과했다. 북아메리카에서는 (더 온화한 기후와 신선한 음식물을 섭취하기가 더 쉬운) 조건 덕분에 수입뿐 아니라 출산을 통해서도 노예 인구가 급속하게 팽창해 18세기 초에 50만 명이었던 노예가 18세기 말에는 3백만 명으로, 그리고 1860년대에는 6백만 명으로 늘어났다. 그러나 여전히 노예의 사망자 수는 노예가 아닌 사람들보다 훨씬 더 많았다. 패트릭 매닝이 지적하듯이, "1820년까지 신세계로 이주한 아프리카인들이 약 1천만 명이었던 데 비해 유럽인들은 2백만 명이었다. 신세계의 백인 인구 1천2백만 명은 흑인 인구의 대략 2배였다."[34]

노예제는 물론 17세기와 18세기에 발명된 것이 아니었다. 그것은 중세 시대에 유럽과 중동의 몇몇 지역에서 소규모로 유지돼왔다. 예컨대, 지중해 연안 국가에서 해군 갤리선의 인원을 충원하는 방식이 그러했다. 그러나 그것은 농노제가 착취의 주요 형태였을 때 일시적이고 주변적인 현상이었으며 실제로 존재했던 노예들 가운데 흑인들이 다른 집단보다 유별나게 많았던 것도 아니었다. 백인들도 갤리선의 노예가 될 수 있었고 노예(slave)라는 단어는 '슬라브인'(Slav)에서 유래한 것이었다. 패트릭 매닝이 서술하듯이, "1500년에는 아프리카인이나 그 후손은 전 세계 노예 인구 중에서 분명 소수였다. 그러나 1700년에는 다수였다."[35]

이런 변화는 스페인의 아메리카 정복과 함께 시작됐다. 크리스토퍼 콜럼버스는 자신을 최초로 맞이했던 아라와크족의 일부를 세비야로 보내 노예로 팔리게 만들었고, 아메리카 인디언들을 카리브 해의 노예로 이용하려는 시도들이 있었다. 그러나 그 시도들은 그다지 성공하지 못했다. 야만스런 처우와 전염병 때문에 인디언 인구는 90퍼센트나 감소했으며 스페인 정복자들은 완전한 노예제에 의존하기보다는 강제 노동과 공물 수탈이 더 수지맞는다는 것을 깨달았다. 그리고 인디언들이 죽어서 그 토지를 경작할 노동력이 사라지는 것을 두려워한 스페인 국왕은 인디언들을 먼저 기독교로 개종시켜야 한다고 생각한 신부들의 인디언 노예제 비판을 귀담아 들었다.

국왕과 식민지 정착민들은 다른 방법으로 노동력을 충원하기에 이른다. 그것은 바로 아프리카 서해안에서 노예들을 사오는 것이었다. 코르테스는 아프리카 노예들이 경작하는 플랜테이션을 시작했고 심지어 인디언을 다루는 스페인의 방식에 대한 가장 저명한 비판자였던 라스 카사스 신부조차도 아프리카인을 노예로 만드는 것을 추천했다.(비록 그렇게 충고한 것을 나중에 후회하기는 했지만 말이다.)

포르투갈, 네덜란드, 영국, 프랑스가 식민지에서 담배와 설탕을 상업적으로 경작하기 시작하면서 노예제는 대규모로 활성화됐다. 이런 작물들을 재배하려면 엄청난 노동력이 필요했는데, 유럽에서 오는 자유 이민자들은 그런 노동력을 제공할 수 없었다.

처음에 플랜테이션 소유주들은 유럽에서 온 일종의 부자유 노동을 이용했다. 사실상의 채무 노예인 '연기(年期)계약 노동자들'은 대서양 횡단의 대가로 3년이나 5년, 또는 7년 동안 무보수로 일했다. 어떤 사람들은 '유령' 한테 납치돼서 오기도 했는데, 영국에서는 알선업체 요원들을 그렇게 불렀다.[36] 다른 사람들은 죄수였거나 유럽의 내전과 종교전쟁에서 잡힌 포로들이었다. 1638년에 바베이도스의 설탕 플랜테이션에는 2천 명의 계약 노동자들과 2백 명의 아프리카 노예들이 있었는데, 계약 노동자에게는 12파운드, 노예에게는 25파운드의 비용이 들었다.[37] 계약 노동자든 노예든 둘 다 4~5년 이상 생존하기 힘들었기 때문에 플랜테이션 소유주들에게는 계약 노동자가 노예보다 "더 가치 있는" 것처럼 보였다.

상인들과 지배자들은 이에 대해 전혀 도덕적인 갈등을 느끼지 않았다. 따지고 보면 영국 해군도 '쪼들리는' 사람들로 충원됐다. 가난한 사람들이 길거리에서 납치돼 출항 전에는 "흑인 노예보다 별로 나을 게 없는" 환경에 "수감"돼 있다가[38] 바다에서는 자신들이 호송하는 노예선의 인간 '뱃짐'과 마찬가지로 높은 사망률에 시달렸다.[39] 의회의 법령은 장교를 구타하거나 심지어 경계 근무 중 수면에 대해서도 사형을 선고할 수 있는 권한을 선장에게 부여했다.[40]

그러나 유럽에서 온 계약 노예제는 담배와 설탕 시장이 성장하자 플랜테이션 소유주들에게 필요한 노동력을 충분히 공급할 만한 규모가 되지 못했으며 그들은 점점 더 아프리카에 의존하게 됐다. 1653년이 되면, 바베이도스에서 노예는 계약 노동자들의 수를 능가해 전자는 2만 명이었고 후자는 8천 명이었다.[41] 1700년에 북아메리카의 남부 식민지에는 겨우 2만 2천4백 명의 흑인들이 있었지만 1770년에는 40만 9천5백 명이나 됐다.

처음에 플랜테이션 소유주들은 백인 계약 노동자들과 아프리카 노예들을 매우 비슷하게 취급했다. 버지니아에서는 계약 노동자가 도주하면 복무 기간이 두 배로 늘어났고, 한 번 더 도주하면 뺨에 R자의 낙인을 찍었다. 바베이도스에서는 병들어 일할 수 없게 된 계약 노동자들을 플랜테이션 소유주들이 죽인 경우도 많았다.[42] 계약 노동자들과 노예들은 서로 어울려 함께 일했으며, 버지니아에서는 그들 간의 결혼이 적어도 한 건 이상 있었다.(그 뒤 3백 년 동안은 결코 상상도 할 수 없는 일이었다.)

함께 일하고 서로 어울려 지낸 계약 노동자들과 노예들은 저항 투쟁도 함께 할 수 있었다. 계약 노동자들과 노예들이 서로 도주하도록 도와준 사례들은 플랜테이션 소유주들에게 걱정거리가 되기 시작했다. 그들의 근심은 1676년에 버지니아에서 '베이컨의 반란'이 일어났을 때 절정에 달했다. 그때 부유한 농장주들과 총독의 적들은 식민지 통제권을 빼앗는 것을 도와줄 용의가 있는 계약 노동자와 노예에게 모두 자유를 주었던 것이다. 반란군의 동기는 복잡했다. 그들의 요구 가운데 하나는 인디언들한테서 더 많은 땅을 빼앗기 위한 전쟁을 일으키라는 것이었다.[43] 그러나 그들의 행동은 가난한 백인들과 아프리카인들이 지주들에 맞서 어떻게 단결할 수 있는가를 보여 줬다. 식민지 지주들은 두 집단을 분열시키는 조치들로써 대응했다.

식민지의 노예제를 다룬 역사책에서 로빈 블랙번이 썼듯이, 버지니아 하원[식민지 버지니아의 대표 회의. 영국의 해외 식민지 중 최초로 선거를 통해 구성된 통치 기구]은 영국인 계약 노동자들과 아프리카 노예들 사이의 인종 장벽을 강화하려고 애썼다. 1680년에 버지니아 하원은 "기독교인에 반대해 감히 손을 올리는 흑인이나 노예"가 있다면 그는 맨 등에 채찍 30대를 맞을 것이라고 규정했다. 1691년의 버지니아 법령은 "자신의 남녀 주인에게 시중드는 자리에 불법으로 불참한 흑인, 물라토[백인과 흑인 사이의 혼혈인], 또는 다른 노예들을 숙이는 것"은 합법이라고 규정했다. 또한 그 법은 "흑인이나 물라토, 또는 인디언"과 결혼하는 백인 남녀를 식민지에서 추방해야 한다고 포고했다.[44] 바꿔 말하면, 대농장주들은 백인과 흑인이 자동적으로 서로 미워하기는커녕 일부 백인들이 노예들과 친밀해질 가능성이 있음을 알아차렸고 식민지 당국은 노예 소유주들에게 생사여탈권을 부여함으로써 이를 억누르려 했다. 바야흐로 인종 차별이 하나의 이데올로기로서 발전하기 시작한 순간이었다.

오늘날 인종 차별이 너무 널리 퍼져 있기 때문에 사람들은 그것이 언제나 존재했던 것이라고 생각한다. 즉, 서로 다른 인종 간의 타고난 반감에서 연유한다고 생각하는 것이다. 그렇게 되면 노예제가 인종 차별의 부산물(그 반대가 아니라)인 것처럼 보이게 된다.

하지만 고대나 중세 시대 사람들은 피부색이 이를테면 키나 머리색, 또는 눈동자의 색보다 더 의미 있는 어떤 것이라고 결코 생각하지 않았다. 고대 이집트의 무덤에 있는 그림들에는 옅은 색, 갈색, 검은색 피부를 가진 인물들이 무작위로 섞여 있다. 로마 역사에서는 적어도 한 명의 황제를 포함해 많은 중요 인물이 북아프리카 출신이었는데, 그 어떤 문헌도 그들의 피부가 흰색이었는지 아니면 검은색이었는지 굳이 언급하지 않는다. 16세기 초에 그려진 네덜란드의 그림들도 흑인과 백인이 자유롭게 어울리는 것을 보여 준다. 예컨대 요르단스의 그림 <모세와 십보라>는 모세의 아내를 흑인으로 그리고 있다.[45]

중세 유럽에서 유대인에 대한 깊은 적대감은 흔한 것이었다. 그러나 이것은 유대인의 신체적·정신적 특징에서 비롯한 적대감이 아니라 종교적 적대감이었다. 완전히 기독교적인 중세 유럽 사회에서 오직 유대인만이 비가톨릭 집단이었기 때문이다. 유대인을 박해했던 사람들도 유대인들이 종교적 신념을 포기하면 그냥 내버려뒀다. 문제가 됐던 것은 불합리한 종교적 증오였지 불합리한 생물학적 인종 차별이 아니었다. 후자는 노예 무역과 함께 발생했다.

초기의 노예 상인들과 노예 소유주들은 인종의 차이를 근거로 자신들의 행위를 변명하지 않았다. 대신에 그들은 전쟁이나 적어도 '정의로운 전쟁'에서 포로로 붙잡힌 사람들을 노예로 삼는 것을 정당화했던 고대 그리스나 로마의 문헌들에 의존했다. 소유주가 그 노예들을 합법적 수단으로 획득한 이상 그 노예들은 사유재산이었고 어떤 식으로든 처분할 수 있었다. 그래서 볼테르가 그토록 존경해마지 않았던 영국의 철학자 존 로크는 1690년대에 노예제를 정당화하면서도(그리고 로크는 왕립아프리카회사의 몫을 소유함으로써 노예 무역에서 이득을 챙겼다)[46] 아프리카인들이 유럽인들과 본질적으로 다르다는 관념을 거부했다.[47]

그러나 18세기 중엽이 되자 이 낡은 변명은 대서양의 노예 경제 규모에 적합하지 않게 됐다. 그 많은 노예들이 모두 '정의로운 전쟁'의 포로들이라고 주장하기는 힘들었다. 사람들은 노예가 아프리카의 상인들한테서 사온 사람들이거나 노예의 자식으로 태어난 사람들이라는 것을 알게 됐다.[48] 그리고 노예 상인들과 소유주들은 노예를 소유하지 않은 압도 다수의 백인들에게 먹혀들 수 있는 주장이 늘 필요했다. 식민지에서는 흔히 노예 소유주들이 최고로 좋은 땅을 차지하고 값싼 노예들을 이용해 가격 경쟁력에서 우위를 점하는 것에 대해 소농들이 분개했다. 런던 같은 항구에서는 도망친 노예들이 가난한 슬럼가에서 피난처를 발견했다. 상인들과 소유주들에게는 사람들이 노예를 경멸하고 불신하고 두려워하게 만드는 방법이 필요했다. '전쟁 포로' 논리로는 결코 그 목적을 달성할 수 없었다. 반면, 아프리카인 혈통이 유럽인 혈통보다 천부적으로 열등하다는 생각은 상인들과 대농장주들의 필요에 딱 들어맞는 것이었다.

노예제를 지지하는 기독교인들은 성경에 나오는 노아의 아들 중 한 명인 함의 후손의 운명에 관한 언급에서 정당화의 근거를 발견했다. 그러나 아프리카인들의 "인간 이하의 야만적 습성"을 들먹이는 이른바 '과학적' 정당화 시도도 있었다. 예컨대 1774년에 출간된 에드워드 롱의 ≪자메이카의 역사≫라는 책이 그러했다. 그런 주장들 덕분에 계몽주의의 영향을 받은 사상가들조차 계속해서 노예제를 지지할 수 있었다.[49] 그들은 "모든 인간은 평등하게 창조됐다"고 선언한 다음 비(非)백인들은 인간이 아니라고 덧붙일 수 있었다.

인종 차별은 처음부터 완전한 형태를 갖춘 이데올로기로서 나타난 것이 아니었다. 그것은 약 3백 년에 걸쳐 발전했다. 그래서 예컨대 북아메리카 원주민에 대한 초기의 태도는 그들이 유럽인과 다른 것은 상이한 생활조건에서 살고 있기 때문이라고 생각하는 경향이 있었다. 사실 제임스타운(버지니아)의 총독이 직면한 한 가지 문제는 백인 정착민들이 보기에 인디언들의 생활이 꽤나 매력적이었다는 것이었고, 그 때문에 "그들은 [백인 정착민이] 도주해 인디언들과 함께 살면 사형에 처한다고 규정했다."[50] "수천 명의 유럽인들"이 "인디언들의 생활방식"을 좋아했던 것의 영향은 루소와 같은 유력한 저술가들의 '자연 상태'에 관한 긍정적 견해에 반영돼 있다.[51] 심지어 18세기 중엽에도 "훗날 '레드맨[red men : 아메리카 원주민들을 뜻하는 속칭]'이라는 용어가 부풀려져 갖게 된 안 좋은 의미는 발견되지 않았다. …… 피부색은 특별히 중요한 특징으로 여겨지지 않았다."[52] 18세기 말에 유럽의 정착민들이 토지의 소유와 사용을 둘러싸고 인디언 원주민들과 점점 더 충돌하게 되면서 그런 태도도 바뀌었다. 인디언들을 "피에 굶주린 괴물"로 묘사하는 경우가 점점 더 늘어났고, "그들은 점점 더 황갈색의 이교도, 거무스레한 속물들, 구리빛 피부의 해충으로, 그리고 18세기 말에는 레드스킨(redskins)으로 불렸다."[53] 인종 차별은 아프리카 노예제에 대한 변명에서 한층 더 발전해 지구의 모든 사람을 '흰색', '검은색', '갈색', '붉은색', '노란색'으로 끼워 맞출 수 있다는 생각으로 완전히 성숙했다. 비록 많은 유럽인들의 피부가 연분홍이고, 많은 아프리카인들은 갈색이며, 많은 남아시아 출신 사람들의 피부색이 유럽인들 못지않게 옅고, 아메리카 원주민들의 피부는 분명히 붉은색이 아니며, 중국인과 일본인은 전혀 노랗지 않는데도 말이다!

약 60여 년 전에 마르크스주의자 C L R 제임스와 카리브의 민족주의자 에릭 윌리엄스는 인종 차별의 탄생과 서유럽 경제 발전에서 노예제가 수행한 중요한 역할에 대해 주의를 환기시켰다. 그렇게 함으로써 그들은 신세계의 동산 노예제와 구세계의 임금 노예제의 연관성에 관한 칼 마르크스의 주장을 더 가다듬었다.

그 후 그들의 주장은 자주 비난받았다. 비판가들은 노예제에서 얻은 많은 이윤이 결국 공업에 투자된 것이 아니라 사치스런 대저택에 쓰였다고 말한다. 그 대저택에서 상인과 부재(不在) 농장주들은 고대 귀족의 생활양식을 모방할 수 있었고, 유럽 북서부 경제에 돌아온 이익은 전부 다 노예제를 바탕으로 한 식민지 무역의 통제권을 둘러싸고 벌어진 전쟁 비용으로 낭비됐다는 것이다.[54] 1960년대에 나온 어떤 경제사 교과서에서 말하듯이,

> 해외 무역의 이윤이 공업 투자를 위한 저축에 기여한 정도는 그다지 크지 않다. …… 노예제에서 나온 이윤을 측정하려는 시도들은 무역과 투자의 전체 흐름에 비춰볼 때 하찮은 수치만을 얻었을 뿐이다.[55]

그러나 이것은 노예제에 바탕을 둔 생산이 18세기의 서유럽, 특히 영국의 경제 생활에 끼친 매우 실질적인 효과를 무시하는 추상이다. 보통 '삼각 무역'이라고 불린 무역 체계는 수공업과 선대제 공업이 급격히 성장하기 위한 판로를 제공했다. 아프리카 해안의 상인들은 유럽산 철물·총·직물을 사고 노예를 팔았다. 노예들은 끔찍한 조건에서 운송돼(모든 노예가 대서양 횡단에서 살아남을 만한 조건을 제공하는 것보다는 [노예의] 10퍼센트가 죽게 놔두는 것이 재정적으로 더 수지맞는 일이었다) 아메리카에서 팔렸다. 거기서 얻은 돈은 유럽에서 판매할 담배, 설탕—나중에는 원면—을 사는 데 쓰였다.[56]

설탕 플랜테이션에는 사탕수수를 제분하고 그 즙을 정제하기 위한 비교적 고급 장비가 필요했고 그것을 유럽의 제조업자들한테서 사들였다. 무역은 해운업과 조선업의 성장을 촉진했고 그런 업종은 숙련·비숙련 노동을 고용하는 점점 더 중요한 부문으로 자리 잡았다. 무역항 리버풀, 브리스틀, 글래스고를 통해 유입된 이윤 가운데 일부는 식민지 생산과 연계된 공업 과정에 투자되거나 영국의 내륙 시장과 연결되는 새로운 운송로(운하,

유료 도로) 건설에 투자됐다.

    노예제가 자본주의의 성장을 낳은 것이 아니라 자본주의의 성장이 노예제를 낳았다. 서인도제도와 북아메리카의 플랜테이션 생산이 겨우 맹아적 형태였을 때인 17세기 말에 영국의 공업과 농업은 이미 역동적인 모습을 띠었다. 바로 이런 역동성 덕분에 노예 무역은 이륙할 수 있었다. 식민지 생산물에 대한 수요가 존재할 수 있었던 것은 바로 이런 역동적인 영국 경제가 담배와 설탕 소비를 상층 계급부터 밑으로는 도시와 심지어 시골의 대중까지 확산시켰기 때문이다. 식민지 약탈과 사람들의 노예화만으로는 그런 국내의 동력을 창출할 수 없었다. 식민지를 거느린 제국이었는데도 스페인과 포르투갈의 경제는 정체했다. 영국 경제가 성장할 수 있었던 것은 국내에서 자유 노동의 이용이 성장함으로써 새로운 방식으로 아메리카의 노예 노동을 착취할 수 있게 됐기 때문이다.

    임금 노동에 점점 더 많이 의존한 국내 경제의 역동성은 영국의(그리고 정도는 덜 했지만 프랑스의) 노예 소유주들이 아프리카에서 인간 뱃짐을 얻을 수 있게 해 줬다. 대다수 노예들은 아프리카 연안 국가들의 상층 계급한테서 사들였다. 왜냐하면 노예 상인 자신들은 아프리카의 내륙 사정에 너무 무지해서 수백만 명의 내지인들을 납치해 멀리 떨어진 해안까지 운송할 수 없었기 때문이다. 그들은 아프리카의 상인들과 지배자들이 그렇게 하도록 만들었는데, 그 대가로 다른 방식으로 얻을 수 있는 것보다 더 질 좋은 상품들을 그들에게 공급했다. 그러나 인종 차별 신화에도 불구하고 아프리카인들은 "무지몽매한 야만인들"이 아니었다. 그들은 상대적으로 세련되고 흔히 글을 읽고 쓸 줄 알던 사회에서 살고 있었는데 그 수준은 중세 말기의 대다수 유럽 사회에 필적하는 것이었다. 영국 경제가 그 수준을 앞지르기 시작한 것은 단지 자본주의가 그곳에서 처음으로 발전했기 때문이었다. 따라서 노예제 같은 흉악한 상업 행태는 18세기에야 가능했다. 그것은 대다수 아프리카와 서유럽 국가들의 경제 발전 수준이 비슷했던 레오 아프리카누스 시대(16세기 초)에는 생겨날 수 없었다.

플랜테이션 노예제는 네덜란드와 영국이 자본주의적 팽창을 시작한 결과였다. 그러나 그것은 자본주의에 다시 유입돼서 그것을 떠받치는 강력한 힘이 되기도 했다.

그렇게 함으로써 노예제는 자본주의를 성숙시킨 세계 체제를 형성하는 데서 중요한 역할을 했다. 그것은 (파나마에 식민지를 건설하려는 스코틀랜드 지배 계급의 독자적인 시도, 즉 다리엔 계획이 실패한 뒤에) 영국이 스코틀랜드를 흡수하고 18세기 후반에 동인도회사의 벵골 정복을 통해 동양에서 새로운 제국을 건설하기 시작하는 데 필요한 자극을 제공했다.

영국 지배 계급의 성장이 가져온 또 다른 측면은 아프리카의 많은 부분이 쇠퇴한 것이었다. 노예 무역은 연안 지대의 지배자들과 상인들로 하여금 독자적인 공업을 발전시키지 않고서도 비교적 고급 소비재와 무기를 접할 수 있게 해 줬다. 정말이지 수입품이 "아프리카의 공업을 약화시켰다."[57] 성공한 국가는 다른 나라와 전쟁을 벌여 그 백성들을 노예로 만들 수 있는 그런 나라였다. 평화를 지향하는 지배 계급들은 호전적으로 변해야만 살아남을 수 있었다. 졸로프, 베닝, 콩고 같은 국가들은 자기 나라의 상인들이 노예를 공급하는 것을 금지하려 했으나 이웃 나라의 지배 계급들은 노예 공급을 통해 부와 권력을 얻고 있음을 깨달았다.[58] 반면에 새로운 군사적 지배 계급들이 출현하지 않은 전(前)계급 사회들은 파괴에 직면했다. 연안의 지배자들은 내륙을 약탈함으로써 이익을 얻었다.

일부 역사가들은 그 결과로 "중앙집권화된 아프리카 국가들"이 성장한 것을 일종의 '진보'라고 주장했다. 그러나 이것은 사회의 물질적 기반이 저변에서 약화되는 것을 수반했다. 유럽과 북아메리카의 인구가 급성장하는 바로 그 순간에 아프리카의 인구 성장은 가로막혔다.[59] 심지어 서아프리카에서는 1750~1850년에 인구가 감소하기도 했다.[60] 이 때문에 19세기 말에는 아프리카 국가들이 유럽의 식민지 침략에 더욱 취약해졌다 서유럽은 경제적으로 전진한 반면, 아프리카는 후퇴했다.

6. '자유 노동'의 경제학

　1771년에 전직 이발사이자 가발 제조업자였던 리처드 아크라이트가 더비셔의 크롬퍼드에서 세계 최초의 수력 방적공장을 설립했다. 그는 6백 명의 노동자들을 고용했는데 그들은 주로 어린이였고 수공 방적공보다 10배의 노동을 할 수 있었다. 1775년에는 스코틀랜드의 수학 도구 제작자인 제임스 와트가 버밍엄의 기술자 매튜 볼턴과 힘을 합쳐 증기기관을 만들었다. 그것은 기계를 돌리고 엄청난 적재량을 운반할 수 있었으며 마침내 전에는 꿈도 꿀 수 없었던 속도로 배와 차를 움직일 수 있었다. 1783~1784년에는 헨리 코트가 더 우수한 제철 방법인 '교련법'(攪鍊法)과 압연기를 발명했다.

　이런 발명들과 다른 것들을 통합함으로써, 수백 명 또는 심지어 수천 명을 고용하고 증기력으로 움직이는 공장에 바탕을 둔 완전히 새로운 생산방식을 개발할 수 있는 길이 열렸다. 18세기 말에는 맨체스터 지방에만 그런 공장들이 50개나 있었다. 얼마 안 가서 유럽과 대서양 건너 다른 지역의 기업가들도 그 새로운 방법을 따라하고 있었다. 도시의 장인과 시골의 선대제로 이루어졌던 세계는 이제 공업 도시를 세우고 있었다.

　이런 변화들이 시작되던 바로 그때, 스코틀랜드의 어느 교수는 자신이 새로운 경제 체제의 근본 원리라고 생각한 것을 발표했다. 오늘날 애덤 스미스의 ≪국부론≫은 대개 보수주의의 성경으로 간주된다. 그러나 그것이 처음 출현했을 때, 그것은 유럽에 널리 퍼져 있는 질서와 영국에서 아직도 그 질서를 동경하고 있던 사람들에 대한 급진적 도전이었다.

스미스는 애덤 퍼거슨과 데이빗 흄을 포함하는 사상가 집단인 '스코틀랜드 계몽주의'의 일부였다. 그들은 봉건적 스코틀랜드 고원 지대를 근거지로 해서 영국에 절대왕정을 다시 수립하려는 스튜어트 왕가의 시도에 경악했고, 편견에 뿌리내린 낡은 질서라고 생각한 것을 대체하기로 결심했다. 이 때문에 그들은 당시 대다수 영국 사상가들보다 유럽의 계몽주의에 훨씬 더 강한 친밀감을 느꼈다. 스미스는 ≪백과전서≫를 칭송했으며 볼테르, 돌바크, 엘베시우스, 루소와 친하게 지냈다.[61] ≪국부론≫은 '불합리'한 봉건 세계를 일소하려는 계몽주의적 시도의 일부였다.

그 책은 인간 삶의 질을 높이기 위한 재화('국부')를 창출하는 근대적 방식과 이것의 실행을 방해하는 낡은 제도와 방법들을 비교했는데, 후자는 "부유한 유럽 국가들"의 특징이었고 "봉건 정부가 우세했던 옛날에" 유력했던 것이었다.[62] 그 책은 근대적인 핀 '제조공장'에 대한 묘사로 시작한다. 그 공장에서는 노동자들이 각자 한 가지씩 작은 임무를 맡는 정교한 노동 분업 덕분에 노동 생산성이 엄청나게 증대했다.

스미스는 부가 어디에서 나오는지에 관한 전통적 견해를 뒤집었다. 중세 초기에는 부가 토지에서 나온다고 생각했다. 1500년대 이후 금과 은으로 이루어진 부에 초점을 맞춘 '중상주의' 관념이 점점 더 유력해졌다.

스미스는 이런 관념에 모두 도전하면서 인간의 노동이 부의 원천이라고 주장했다. 그는 다음과 같이 썼다. "어느 나라든지 그 국민에게 생활필수품과 편의를 제공하는 원천은 그 나라 국민의 연간 노동이다." "노동이 모든 상품의 교환가치의 진정한 척도다."[63]

그 노동은 두 가지 방식으로, 즉 '생산적으로' 또는 '비생산적으로' 사용될 수 있다. '생산적' 노동은 판매할 수 있는 내구재 생산에 도움이 된다. 그런 내구재는 다른 노동에 종사하는 사람들이 소비하거나 더 많은 재화를 생산하는 데 쓰이는 '자본'이 된다. 어느 경우든 생산적 노동의 산출은 더 큰 산출로 이어져 '국부'를 증대시킨다.

노동이 어떤 새로운 상품 생산을 돕지 않고 즉각 소비된다면 그것은 '비생산적' 노동이다. 사람들의 시중을 드는 "비천한 하인들"의 노동이 그렇다. 그들의 노동은 일단 실행되면 소멸될 뿐이다. 생산적 노동자들을 많이 고용하는 사람은 부유해질 것이다. 하지만 그가 "다수의 비천한 하인들을 거느리면 그는 가난해질 것이다." 스미스는 다음과 같이 덧붙였다. 그에 못지않게 '비생산적'인 것은,

…… 사회에서 가장 존경받는 일부 계급들의 노동이다. …… 예컨대 사법 관리들과 군 관리들을 모두 거느린 군주와 육군·해군 전체는 비생산적 노동을 하는 사람들이다. 다른 사람들의 연간 생산물이 그들을 먹여 …… 살린다. …… 가장 근엄하고 가장 중요한 일부 계급들, 그리고 가장 하찮은 일부 전문직들도 똑같은 부류로 분류해야 한다. 성직자, 법조인, 의사, 저술가, 노름꾼, 어릿광대, 음악가들이 바로 그런 부류다.[64]

18세기에 유럽 각국에는 실제로 하는 일은 없지만 높은 보수를 받는 한직(閑職)이 많았다. 그 덕분에 왕실과 정부의 식객들은 게으르고 사치스럽게 살 수 있었다. 스미스의 교의는 그들을 맹렬하게 공격하는 것이었다. 또한 그것은 농업에 투자하지 않은 채 지대 수입으로 살아가는 지주들을 맹렬히 공격한 것이었다. 그것은 시장 발전을 저해하는 굴레를 떨쳐내고 시장을 해방시키자는 요구였다. 그것은 영국에서는 개혁을 위한 프로그램이었고 유럽에서는 혁명을 위한 프로그램으로 쉽게 해석할 수 있는 것이었다.

스미스는 더 나아가 무역을 통제하거나 다른 영토를 점령하려는 국가의 어떤 시도도 반대했다. 사람들을 그냥 내버려두면 그들은 언제나 자신들의 노동으로 생산한 재화를 다른 사람들의 노동으로 생산한 가장 값싸고

질 좋은 재화와 교환할 것이라고 그는 말했다. 그들은 누구나 자신들이 가장 잘하는 일에 집중하면서 되도록 효율적으로 그 일을 하려고 애쓸 것이며, 다른 사람들이 원하지 않는 물건을 생산하는 데는 관심을 두지 않을 것이다. 시장은 사람들의 활동을 가능한 최상의 방식으로 조화시킬 것이다.

자기 나라의 생산자들을 장려하는 각국 정부의 노력들은 사람들이 필요 이상의 노동을 소모하게 만들 뿐이다. 그런 통제들은 특정 이익 집단에 도움이 될지는 모르지만 '국부'를 감소시킬 것이라고 스미스는 주장했다. 자유 무역만이 유일한 합리적 전진 방식이었다.

마찬가지로 그는 '자유' 노동의 장점을 주장했다. 노예제는 이윤을 얻는 쉬운 방법처럼 보였지만, 노예들은 자발적 노동을 할 수 없었으므로 노예제는 장기적으로 자유 노동보다 비용이 더 많이 들었다. 스미스는 "재산을 모을 가망이 없는 사람에게는 되도록 많이 먹고 적게 노동하는 것만이 유일한 이득이다"라고 주장했다.[65]

그는 봉건제와 절대주의 체제에 맞서, 그 체제 안에서 탄생하고 있던 순수한 시장 체제의 장점을 찬양했다. 에릭 롤이 설명하듯이, 스미스의 저작들은 "단일한 계급의 이해관계를 표현했다. …… 그는 자신의 주된 공격 대상이 산업자본주의가 더 한층 성장하는 데 가장 커다란 장애물이었던 자들의 특권적 지위라는 사실을 결코 모를 리 없었다."[66]

시장 체제에 관한 스미스의 해석은 일면적이었다. 영국의 자본주의는 단지 평화로운 시장 경쟁을 통해서 나머지 유럽을 뛰어넘은 것이 결코 아니다. 노예제는 자본의 일부를 제공했고 식민지는 시장을 제공했다. 18세기 내내 국가 지출은 계속 높았는데, 그만한 국가적 배려가 없었다면 새롭고 수익성 있으며 경쟁력 있는 산업들이 결코 출현하지 못했을 것이다. 산업자본주의가 두 발로 일어서는 데는 식민지화·노예제·중상주의라는 목발들이 필요했다. 비록 두 발로 일어선 뒤에는 더는 그런 목발들이 필요하지 않다고 느끼기 시작했을지라도 말이다.

그런 목발을 제공할 수 있는 국가가 없는 나라들은 고전했다. 이것은 아일랜드의 경우에 뚜렷이 드러났는데, 영국 의회가 아일랜드의 무역을 제한하자 토착 자본가들은 수난을 당했다. 영국의 동인도회사 관리들이 아무런 대가 없이 벵골을 약탈하자 인도도 점점 더 그렇게 됐다. 영국 자본주의가 일단 지배적 지위를 확립하게 되자, 다른 나라의 자본가 계급들은 유아기의 산업들이 태어나자마자 교살당하지 않으려면 국가의 지원이 필요하다고 생각했다.

산업자본주의가 유아기에 있을 때 글을 쓴 애덤 스미스는 순수한 시장체제에도 나름의 비합리성이 있음을 보지 못했다. 생산자들 사이의 경쟁은 수요와 공급을 자동으로 조절해 주는 것이 아니라 생산의 대규모 폭발('호황')과 그에 뒤이어 생산자들이 상품을 팔아 이윤을 남기기 힘들다고 판단하게 되면서 대규모 폭락('불황')을 일으킨다. 그래서 45년 후에 스미스의 가장 중요한 후계자인 데이빗 리카도는 기계 도입이 노동자들의 상태를 악화시킬 수 있음을 인정하면서 자신의 ≪정치경제학 원리≫에 한 장(章)을 덧붙였다. 스미스가 거기까지 내다보려면 자신의 시대를 뛰어넘어야 했을 것이다. 하지만 스미스의 저작을 현대 자본주의 분석의 최종판으로 제시하고자 하는 사람들은 똑같은 변명을 할 수 없다.

마지막으로, 노동과 가치에 관한 스미스의 주장에는 중요한 함의를 가진 모순이 하나 있었다. 거의 모든 계몽사상가들과 마찬가지로 스미스 역시 재산의 규모가 불평등하더라도 그 사람들이 시장에서 서로 대면하는 한 평등하다고 가정했다. 그러나 그의 주장 일부는 이 가정에 도전하면서 '자유' 노동이 과연 얼마나 노예 노동보다 더 자유로운 것인지 문제를 제기하기 시작했다.

노동이 모든 가치의 원천이라고 주장한 스미스는 지주나 공장 소유주가 직접 생산자한테서 가져가는 노동이 바로 지대와 이윤이라는 결론을 내렸다.

토지가 사유재산이 되자마자, 지주는 노동자가 그 토지에서 산출하거나 거뒤들일 수 있는 거의 모든 생산물 가운데 일정 몫을 요구한다. 그의 지대는 토지에 고용된 노동의 생산물에서 최초로 공제되는 몫이다. …… 거의 모든 다른 노동의 생산물도 일정 몫은 이윤이라는 형태로 공제된다. 거의 모든 수공업과 제조업에서 노동자들에게는 작업에 필요한 도구를 제공해 주고 작업이 끝날 때까지 임금과 생활비를 대 줄 고용주가 필요하다. 고용주는 노동자들의 노동 생산물을 공유하고 …… 이 몫이 곧 그의 이윤이다.[67]

이익의 조화가 아닌, 고용주와 노동자 사이에 이익 충돌이 발생한다.

쌍방의 이익은 결코 동일하지 않다. 노동자들은 되도록 많이 받으려고 하며 고용주들은 되도록 적게 주려고 한다. 노동자들은 임금을 올리기 위해 단결하려 하고, 고용주들은 낮추기 위해서 단결하려 한다. 보통의 경우에 쌍방 가운데 어느 편이 분쟁에서 유리한지, 그리고 상대방에게 자신의 뜻을 쉽게 관철시키는지 예견하는 것은 어렵지 않다. 고용주들은 수가 적기 때문에 훨씬 더 쉽게 단결할 수 있다. 게다가 법은 그들의 결사를 공식적으로 승인하거나 적어도 금지하지는 않지만, 노동자들의 결사는 금지한다. …… 모든 분쟁에서 고용주는 훨씬 더 오랫동안 버틸 수 있다. 지주, 농장주, 제조업자 고용주, 상인은 …… 그들이 이미 비축한 재산으로 한두 해를 정상적으로 생존할 수 있다. 많은 노동자들은 1주일도 생존할 수 없다.[68]

스미스의 논리는 산업 자본가들의 관점에서 '봉건제'의 비생산적 유물을 비판한 것이었지만 더 나아가 자본가들까지 비판하는 논리로 발전했다. 즉, 자본가들을 노동자들의 노동에서 나오는 이윤으로 먹고사는 비생산적 기생충으로 보는 논리로 발전한 것이다. 그것은 (산업 자본가의 관점에서 지주들을 공격한) 데이빗 리카도의 저작들을 거쳐서 1820년대와 1830년대 최초의 사회주의 경제학자들과 칼 마르크스에게까지 전달된 논리였다. 가장 위대한 계몽주의 정치경제학자가 낡은 질서와 싸우는 데 사용했던 무기들이 이제는 새로운 질서와 싸우는 데 사용됐다.

스미스는 그런 결론들을 이끌어내는 것을 회피했다. 그는 가치가 노동에서 나온다는 그의 관념과 또 다른 정반대 관념을 뒤섞음으로써 그렇게 할 수 있었다. 후자에 따르면 어떤 상품의 가치는 지주, 자본가, 노동자가 그 상품으로 얻는 '수입'의 합계에 좌우된다. 비록 순환 논법(수입은 가치에 의존하고 가치는 수입의 총합이다)이긴 했지만 맬서스와 [경제학] 통속화의 대가인 장 밥티스트 세이가 채택한 이런 사상은 리카도가 죽은 뒤에 주류 경제학의 정설로 자리 잡았다.

그렇지만 스미스는 대두하고 있는 새로운 경제 체제의 중심 개요를 묘사한 최초의 인물이었다. 그것은 영국 자본가들에게 자신들이 어디로 가고 있는지에 관한 모종의 그림을, 그리고 다른 나라의 자본가 지망생들에게 무엇을 모방해야 하는지에 관한 모종의 개념을 제시했다. 그것은 1백25년에 걸친 사회 평화의 시기가 새로운 혁명적 격변기에 이제 막 자리를 내주려고 하던 바로 그때에 발표됐다. 그 사상은 장차 새 시대의 많은 주역들의 태도를 형성하게 될 터였다.

6부
뒤집힌 세계

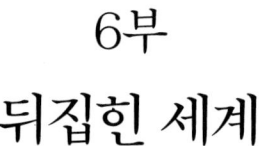

1776년 미국에서는 "모든 인간은 평등하게 창조됐다"는 문구가 담긴 혁명적인 독립선언서가 작성됐다. 또한 1789년 프랑스에서는 역사상 가장 유명한 혁명 중 하나인 프랑스 대혁명이 시작됐다. 괴테의 말대로 "바로 오늘, 바로 여기서 세계사의 새로운 시대의 막이 올랐다." 어느 곳에서나 세상은 거꾸로 뒤집히고 있었다. 새로운 기계, 새로운 야금술, 새로운 동력원을 사용하는 산업혁명을 통해 사람들의 생계 방식이 급변했으며 사회도 새로운 방식으로 조직됐다. 그러나 자본주의가 확립된 이후에도 세상은 계속 뒤집혔다. 그리하여 마르크스와 엥겔스는 그 유명한 소책자에서 이렇게 말한다. "공산주의라는 유령이 유럽을 떠돌고 있다."

연표

1773년 '보스턴 차 사건'.
1775년 렉싱턴과 벙커 힐 전투.
1776년 미국 독립 선언.
1781년 요크타운에서 영국 패배.
1780년대~1830년대 영국에서 공장 체제와 광업 확산.
1789년 바스티유 감옥 습격, 프랑스 대혁명의 시작.
1791년 산토도밍고의 노예 반란.
1792년 프랑스의 혁명 전쟁. 발미 전투. 국왕 처형.
1793~1794년 자코뱅파의 프랑스 지배. 봉건 부과금 폐지. '공포정치'.
1794년 자코뱅파의 몰락. '테르미도르 반동'.
1793~1798년 영국이 산토도밍고를 점령하려다 노예 군대에 패배함.
1797년 영국 해군의 수병 반란.
1798년 아일랜드에서 영국의 지배에 반대하는 봉기 발생, 이에 대항하는 오렌지회 결성.
1799년 영국의 결사법, 노동조합 금지. 나폴레옹이 프랑스에서 전권 장악.
1801~1803년 나폴레옹이 아이티에 노예제 재도입 시도. 투생의 투옥과 처형. 데살린이 노예 군대를 이끌고 승리.
1804년 베토벤의 교향곡 <영웅>.
1805년 나폴레옹이 황제로 등극.
1807년 헤겔의 《정신현상학》.

1807년 영국에서 노예 무역 금지.
1810년 스페인의 지배에 반대하는 최초의 봉기가 멕시코와 베네수엘라에서 발발.
1810~1816년 러다이트 운동, 영국 북부에서 기계 파괴.
1814~1815년 나폴레옹의 패배. 왕정복고. 워털루 전투.
1811~1818년 제인 오스틴과 월터 스콧의 소설 출간.
1819년 노동자 계급 시위대에 대한 '피털루' 학살.
1830년 파리 혁명, 국왕 교체.
1830년대 스탕달과 발자크의 소설.
1830년 세계 최초의 여객 철도.
1831년 패러데이가 전기 유도 발견.
1832년 영국의 중간 계급이 투표권 획득.
1834년 영국에서 구빈법 개정령에 따라 구빈원 설립.
1838~1839년 차티스트 운동, 노동자들의 투표권 요구.
1839~1842년 중국과의 아편전쟁.
1842년 랭커셔의 총파업.
1840년대~1860년대 디킨스, 조지 엘리엇, 브론테 자매의 소설.
1840년대 중반 태평천국 반란군이 중국의 절반을 점령.
1846~1849년 아일랜드의 대기근.

1847년 ≪공산주의 선언≫.

1848년 봄 유럽 전역에서 혁명이 벌어짐. 아일랜드의 봉기 실패. 런던에서 최후의 거대한 차티스트 시위.

1848년 6월 프랑스 부르주아지가 노동자 운동 분쇄.

1848~1849년 유럽 전역에서 왕정복고.

1850년대와 1860년대 독일과 프랑스로 공업 확산.

1843~1856년 영국이 인도 북부 점령 완수.

1857년 인도 병사들의 반란.

1857~1860년 2차 아편전쟁. 중국 여러 도시에 식민지나 다름없는 치외법권 구역 설정.

1859년 다윈의 ≪종의 기원≫.

1859~1871년 이탈리아가 왕정으로 통일됨.

1861년 미국 남북전쟁 발발. 러시아의 짜르, 농노제 폐지.

1863년 링컨이 노예제 폐지 선언.

1865년 미국의 남부군 패배.

1864년 태평천국 반란군이 영국군에게 마침내 분쇄되다.

1866년 노벨이 다이너마이트 발명.

1867년 위로부터의 메이지유신으로 일본 도쿠가와 바쿠후의 봉건 지배 종식.

1867년 마르크스의 ≪자본론≫ 출간.

1870년 보불전쟁. 루이 보나파르트의 몰락.

1871년 파리코뮌. 노동자들이 도시 지배. 당시의 공화파 정부가 도시를 공격해 수천 명을 살해함.

1871년 비스마르크가 프로이센 국왕 치하의 독일 제국 설립.

1873년 최초의 전기 기계.

1870년대 중반 미국 남부의 여러 주에서 군대 철수. '짐크로우'식의 인종 차별 기승.

프랑스 대혁명 연표

1787~1788년 대토지 과세에 저항하는 귀족의 반동. 국왕이 삼부회 소집에 동의.

1789년 4월 베르사유에서 삼부회 개최.

1789년 6월 제3신분의 대표자들이 스스로 국민의회라고 선언.

1789년 7월 파리 군중이 바스티유 감옥 습격.

1789년 10월 여성들의 베르사유 행진. 국왕을 끌고 파리 귀환. 라파예트의 국민방위대가 파리를 지배하기 시작. 입헌왕정.

1790년 7월 파리에서 연맹 축제, 국왕과 인민 간의 '화합' 축하.

1791년 봄 국왕의 파리 탈주 시도.

1791년 7월 국민방위대가 샹 드 마르스 광장에서 시위대 학살.

1791년 8월 산토도밍고(아이티)에서 노예 봉기 시작.

1791년 9월 재산에 따라 선거 자격을 까다롭게 규정한 헌법.

1792년 1월 파리의 식량 폭동.

1792년 4월 지롱드파 정부가 오스트리아와 프로이센을 상대로 전쟁 선포. 심각한 군사적 패배.

1792년 8월 파리의 봉기. 국왕 체포. 당통이 정부에 입각.

1792년 9월 발미 전투 승리. 성인 남성의 투표에 의한 국민공회 선거.

1793년 1월 국왕 처형.

1793년 2월 영국 참전.

1793년 봄 침략군이 파리를 향해 진군. 프랑스 서부(방데)에서 왕당파의 반란 발생.

1793년 5월~6월 파리의 봉기. 로베스피에르와 당통이 지도하는 자코뱅 정부 수립. 내전 발발.

1793년 여름 마라 암살. 봉건적 부과금 폐지. 왕당파가 툴롱을 영국군에게 넘겨주다.

1793년 9월 파리에서 주르네(Journée)가 일어남. 최고가격제 제정. 공포정치의 시작.

1793년 10월~12월 왕당파·지롱드파의 반란 패배.

1794년 2월 자코뱅파가 프랑스 제국 전체에서 노예제 폐지.

1794년 3월~4월 자코뱅파가 에베르, 당통을 차례로 처형. 모든 전선에서 혁명군이 승리.

1794년 6월~7월 '대(大) 공포정치'

1794년 7월 '테르미도르 반동'. 로베스피에르를 비롯한 자코뱅파 처형.

1794년 11월~12월 자코뱅 클럽 폐쇄. '최고가격제' 폐지.

1795년 3월~5월 최후의 대중 봉기에 대한 잔혹한 진압. 1천2백 명 체포, 36명 처형.

1795년 9월 제한선거권을 규정한 신헌법. 정부가 보나파르트에 의존해 왕당파 반란 진압. 5명의 총재가 실질적인 권력을 행사하는 총재 정부 구성.

1799년 11월 보나파르트가 권력을 장악하고 '제1통령'이 되다.

1804년 보나파르트가 스스로 황제가 돼 나폴레옹 1세라 칭함.

1. 아메리카의 서곡

    1781년에 영국군이 요크타운을 떠날 때 군악대는 <뒤집힌 세계>라는 곡을 연주하고 있었다. 그리고 조지 왕에게 충성해 군대와 함께 떠나는 수천 명의 '왕당파'에게도 틀림없이 세상이 그렇게 보였을 것이다. 그들이 자라면서 사회의 '자연스런' 질서라고 배워왔던 모든 가정이 승리한 반란의 발 밑에 짓밟혔다. 하지만 불과 8년 전만 해도 반란군의 99퍼센트는 그런 가정을 공유하고 있었다.

    반란에서 가장 유명한 인물 중 한 사람으로서 베테랑 시사평론가이자 정치인이었던 벤저민 프랭클린은 1760년대에 "성군(聖君)을 모시고 있는 우리는 행복하다"고 썼다.[1] 그의 신문 기사와 연감을 읽은 수천 명의 아메리카인들은 1774년 직전까지도 그에게 동의했다. 그의 고향인 식민지 펜실베이니아에는 "의식적인 혁명 전통이 전혀 없었다."[2] 버지니아의 지도자인 토머스 제퍼슨은 1776년 초에도 여전히 아메리카인들은 영국 왕정과 "분리되는 것을 원하지도 않고······ 관심도 없다"고 단언하고 있었다.[3]

    하지만 바로 그 제퍼슨이 1776년 여름에 13개 식민지 대표들이 모인 '대륙회의'에서 "모든 인간은 평등하게 창조됐다"는 문구가 담긴 독립선언서를 작성했고 그것이 회의에서 채택됐다. 유럽에서 국왕과 귀족에 대한 복종이 거의 보편적이었던 그 시절에 그것은 명백히 혁명적인 선언이었다.

도대체 어떻게 이런 일이 벌어졌을까?

식민지들은 영국 국왕의 후원에 힘입어 1백50년 전에 건설됐다. 각 식민지의 궁극적인 정치적 권위는 런던에서 임명한 총독에게 있었다. 그러나 실제 권력은 각 식민지의 상이한 집단들에게 있었다. 뉴잉글랜드 시골의 독립 농민들과 그 해안 도시의 상인들과 장인들, 소작농들을 거의 봉건적 방식으로 다루는 뉴욕의 대지주들, 그리고 영국의 대서양 무역과 연계된 뉴욕의 상인들, (총독을 임명한) 펜 가(家)와 펜실베이니아에 있는 한 줌의 부유한 퀘이커교 가문들, 그리고 가난한 백인들에게는 어떠한 발언권도 인정하지 않은 버지니아·사우스캐롤라이나·노스캐롤라이나의 노예를 소유한 대농장주들이 바로 그들이었다. 식민지에서는 격렬한 사회적 충돌들도 있었다. 1766년에 뉴욕의 허드슨 강 유역에서 봉기한 소작농들과 지주들의 충돌, 펜실베이니아에서 필라델피아 엘리트와 서부 정착민들의 충돌, 노스캐롤라이나와 사우스캐롤라이나에서 소농 '자경단'[식민지 시대에 개척지의 여러 군(郡)에서 과도한 법정수수료와 관리들의 부패에 맞서 싸우기 위해 조직된 감시 단체]과 대농장주들인 '그란데'[스페인 귀족 가운데 가장 높은 계급의 칭호] 간의 충돌이 있었다. 게다가, 남부의 대농장주들은 1739년에 사우스캐롤라이나에서 일어났던 것과 같은 노예 반란을 끊임없이 두려워했다. 이처럼 상충하는 이해관계 때문에 1750년대 초에 식민지들을 통일하려던 시도는 실패하고 말았다.

각 식민지의 사람들은 자신들을 '아메리카인'이 아니라 '영국인'으로 생각했다. 따지고 보면 식민지들은 영국의 '대서양' 경제권에서 성장하고 번성했기 때문이다. 식민지 인구는 꾸준히 늘어나 3백만 명 정도가 됐는데, 이는 영국의 3분의 1이었다. 식민지 상인과 지주는 꽤 많은 부를 향유했고 농민과 장인은 자신들이 대서양 건너편의 선조들보다 더 잘 산다고 느꼈다. 따라서 어느 누구도 이 좋은 판을 뒤엎을 이유가 없는 듯했다.

균열에서 분열로

하지만 경제 팽창이라는 바로 그 사실 때문에 대서양 양쪽의 상인, 지주, 제조업자는 서로 다른 이해관계와 태도를 키워가고 있었다.[4] 런던에서는 식민지들이 영국의 상업 이익에 해로운 정책들을 취할지도 모른다는 두려움이 커지고 있었다. 식민지에서는 영국 정부가 자신들의 요구를 무시하고 있다는 의구심이 커지고 있었다. 식민지 대표로서 런던에서 활동했던 프랭클린 같은 몇몇 사람은 1770년대 중반까지 이런 두려움과 의구심을 오해라고 생각했다. 그러나 이런 반목은 어느 쪽에서 보더라도 완전한 오해는 아니었다. 식민지와 영국은 어느 순간에는 불가피하게 충돌할 수밖에 없는 상황이었다.

떠오르는 세계 시장 체제는 애덤 스미스와 그 동료들이 암시했던 (그리고 오늘날에도 여전히 암시하는) 것과 같이 국가의 경제적 역할이 없는 그런 체제가 아니었다. 무역망은 체제 전반으로 확산됐지만 특정 도시들 주변에 집중됐고, 그런 도시에서는 상인·금융업자·제조업자가 사고파는 것뿐 아니라 사회적으로도 서로 어울리고 있었으며 정부 당국에 압력을 넣었다. 서로 경쟁하는 국민국가들의 성장은 그런 사람들의 이익을 충족시켰는데, 각 국민국가는 봉건제 때보다 훨씬 더 응집력 있는 정치 구조와 국민국가에 합당한 국어를 갖추고 있었다. 영국 자본가들이 자신들의 이익을 위해 의회의 젠트리에게 압력을 넣지 않으리라고는 상상할 수 없었다. 그리고 이와 마찬가지로 아메리카 식민지의 자본가들이 자신들만의 정치적 조치들로 맞대응하지 않으리라고 상상하는 것도 불가능한 일이었다.

경제와 정치에서 특정 사건들을 계기로 훨씬 더 장기적인 경향들이 극명하게 드러나는 경우가 종종 있다. 1760년대와 1770년대가 그러했다. 영국과 프랑스 사이에 벌어진 1756~1763년의 7년 전쟁은 식민지들, 특히 북아메리카 식민지 지배권과 그에 병행하는 무역 지배권에 집중됐다. 영국은 서인도제도에서 프랑스를 물리치고 벵골의 통제권을 장악하고 캐나다를 점령해 세계 제국의 기초를 놓았다. 그러나 그 과정에서 엄청난 대가를 치러야 했다.

영국 장관들은 아메리카의 식민지 주민들에게 전쟁 비용의 일부를 치르게 하는 것이 합리적인 조치라고 생각했다. 장관들은 식민지들도 큰 이득을 챙긴 셈이라고 생각했는데, 왜냐하면 미시시피 강 유역을 장악하고 식민지들이 서쪽으로 확장하는 것을 저지하려는 프랑스의 계획이 좌절됐기 때문이다.

그래서 영국은 식민지에 일련의 세금을 부과했다. 1764년의 당밀(럼주를 만드는 데 쓰이는 원당)세, 일련의 거래에 대한 1765년의 '인지세', 아메리카의 영국군 주둔 비용을 식민지 주민들이 부담하게 했던 숙영법(宿營法), 1767년의 수입세가 그것이었다.

이들 각각의 세금은 엄청난 분노를 자아냈다. 불황기에 사람들은 현금이 부족했고 각종 세금은 특정 산업에 손해를 끼치는 위협이 됐다. 프랑스는 더는 군사적 위협이 아니었고 영국 정부는 영국 내의 대지주들에 대한 세금을 낮추기 위해 추가 수입이 필요했다. 무엇보다도, 식민지 주민들은 자신들이 아무 발언도 할 수 없는 정책들을 위해 세금을 내야 했다.

영국에서는 재정에 관한 정부의 어떠한 제안도 하원이 거부할 수 있다고 식민지 주민들은 주장했다. 그렇다면 아메리카에서도 식민지 의회가 그와 똑같은 권한을 행사할 수 있어야 하는 것 아닌가? 그렇지 않다면 식민지 주민들의 근본적 '자유'가 짓밟히고 있는 것이다. 그들의 항의는 아직 혁명적인 언어로 나타나지 않고 있었다. 사람들은 자신들이 '영국인'으로서 '자유'를 방어하고 있다고 생각했다. 하지만 그 덕분에 그들은 처음으로 영국에 맞서 단결하고 행동하게 됐다.

그 행동은 사회적으로 여러 가지 형태로 벌어졌다. 꼭대기에서는 식민지 대표들이 대륙회의에 모여 각종 세금을 철폐할 때까지 영국과의 무역을 보이콧할 것을 호소했다. 이런 방식은 무역을 관장하는 소규모 상인 집단들만이 모종의 행동을 취할 수 있게 만들었다.

그러나 다른 세력들도 행동에 나섰다. 1765년과 1766년에는 자칭 '자유의 아들들'이라는 단체가 모든 식민지에서 생겨났다.⁵ 그 구성원은 부유한 농장주도, 대지주도, 심지어 유복한 상인도 아니었고 "엘리트와 진짜 평민의 중간에 있는" 사람들, 즉 "반대파 지식인, 식민지 사이를 왕래하는 소상인, 장인"이었다.⁶ 그들은 영국 혁명의 신형군에서 매우 중요한 구실을 했던 '중간 부류'와 매우 비슷했다. 식민지 도시들에는 대중적인 항의와 폭동의 전통이 있었다. '자유의 아들들'은 거의 정당과 같은 기능을 하면서 "영국 문제에 관한 전통적인 군중 행동"을 지도하고 "많은 평범한 아메리카인들 사이에서 새로운 정치의식을 고양하는 데" 이바지했다.⁷

군중의 행동은 수동적인 무역 보이콧을 넘어섰다. 보스턴에서 사람들은 인지를 판매하는 관청일 것이라고 생각한 건물을 파괴했고 인지를 배급하는 사람의 집을 공격했다.⁸ 뉴욕에서는 반역자로 보이는 사람들의 집을 헐어버리고 그 도시에 주둔하는 영국 병사들과 충돌했다.⁹ 영국인에 대한 분노는 전반적으로 고통스런 시기에 부를 과시하는 엘리트에 대한 쓰라린 반감과 뒤섞였다. 군중은 그런 사람들이 자주 찾는 극장을 공격했다. "뉴욕에서 가장 급진적인 신문인 <뉴욕 저널>은 영국 쟁점을 과장하기는 했지만 높은 지대, 물가 상승, 일자리 부족이라는 악을 공격하는 논설을 계속해서 싣기도 했다."¹⁰

항의 운동이 일어날 때면 행동이 사람들의 사상을 바꾸고 사상의 변화는 더 많은 행동을 일으키기 마련이다. 이것은 1760년대의 보스턴과 뉴욕에서 분명히 드러났다. 뉴욕에서는 사람들이 영국의 조치에 항의해 '자유의 막대'를 세웠다. 매번 병사들이 그 막대를 파괴했지만 다시 새로운 막대들을 꽂았다. 세리(稅吏)들의 조직을 새롭게 꾸리려는 영국 정부의 시도는 사람들 사이에서 자신들이 외부의 강압에 휘둘리고 있다는 느낌을 강화시켰을 뿐이다. 보스턴에서는 반감이 점점 더 치솟아 1770년 3월에는 군대를 향해 눈덩이를 던진 군중에게 군내가 발포해 5명이 살해당한 '보스턴 학살 사건'이 일어났다.

영국 정부는 국내에서 런던의 많은 상인들이 압력을 넣고 런던 군중이 존 윌크스를 따라 폭동을 일으키자 잠시 물러났다. 영국 정부는 차에 대한 세금 하나만 빼고 새로운 세금은 전부 취소했고 아메리카인들의 흥분은 가라앉았다.

하지만 그것으로 사태를 마무리할 수는 없었다. 보스턴과 여타 지역에서 억압을 경험한 사람들은 일체의 과세 시도에 대해 그 어느 때보다 분노했다. 그리고 영국의 지배 집단 내에서는 식민지들이 영국과 무관하게 독자적인 이익을 추구하는 데 여념이 없다는 두려움이 전에 없이 더 커졌다. 그들에게 교훈을 가르쳐 주지 않는다면 불복종은 걷잡을 수 없는 악습이 될 것이고 식민지를 보유하면서 얻는 이득이 전부 날아갈 판이었다.

눈덩이에서 총탄으로

바늘로 찌르면 풍선이 터지듯이, 어떤 작은 행동이 폭발을 초래할 수 있는 역사적 시기가 있다. 그 작은 행동이 1773년 11월에 보스턴 항에서 일어났다. 동인도회사의 배 한 척이 차(茶)를 내리고 있었다. 총독의 아들들은 차를 들여옴으로써 아직 철폐되지 않은 세금에 반대하는 보이콧을 깨뜨릴 작정이었다. 수천 명이 해안가에서 항의하는 동안 아메리카 원주민으로 변장한 1백 명의 활동가들이 배에 올라 차를 바다에 던져버렸다.

식민지의 명망 있는 여론 주도층은 겁에 질렸다. 그것은 "폭력적인 불의"라고 벤저민 프랭클린은 호통을 쳤다.[11] 그러나 그것은 이미 영국 정부에 분노하고 있던 사람들 사이에서 강력한 반향을 일으켰다. 그 사건으로 영국 정부의 인내심은 마침내 한계에 다다랐다. 영국 정부는 식민지를 복종시키라는 명령과 함께 게이지 장군을 매사추세츠의 총독으로 임명하고 보스턴에 군대를 파견했으며 '불관용법'을 가결해 이 법을 위반하는 식민지 주민들은 영국으로 연행해 재판에 회부한다고 포고했다.

더는 과세가 쟁점이 아니었다. 식민지 주민들이 자신들을 다스리는 법률에 대해 발언권을 가질 것인지 아닌지가 쟁점이었다. 제퍼슨이 썼듯이,

"아메리카 여러 주의 4백만 명이 영국 본토에 있는 16만 명의 유권자들에게 복종할 것인지 아닌지"가 문제였다.[12] (그러면서도 그는 자신의 고향인 버지니아에서 흑인 노예와 많은 가난한 백인들에게 전혀 발언권이 없었다는 사실은 은근슬쩍 무시해버렸다.) 모든 식민지가 위협받았다. 분노의 물결이 휩쓸었으며, 분노를 드러내기 위한 위원회들이 생겨났다. 차 보이콧이 확산됐고 13개 식민지 의회가 2차 대륙회의에 대표를 파견하는 데 동의했다.

대륙회의에 참석한 사람들은 대체로 재산을 소유한 명사들이었다. 그들은 대영제국의 구조 내에서 명성을 쌓았고 그런 구조를 전복할 생각은 없었다. 선택할 수 있다면, 그들은 낡은 방식을 유지하는 쪽을 선호했을 것이다. 하지만 그것은 불가능한 선택이었다. 그들은 새로운 무역 보이콧을 선언했다. 그러나 영국 정부의 조치들이 워낙 가혹했기에 새로운 보이콧의 실행을 단지 상인들에게만 맡겨둘 수는 없었다. 대중적인 저항을 조직하는 것으로 그것을 보완해야 했다. 모든 '시·군·읍'에서 사람들은 영국 제품의 구입·소비 반대를 선동하는 위원들을 선출해야 했다.[13]

이것은 매사추세츠를 따라 보이콧에 가담한 버지니아 농장주들에게는 문제가 되지 않았다. 그들은 총독을 제외한 식민지의 모든 기관을 통제했다. 그들은 방해받지 않고 자신들의 의지를 강요할 수 있었다. 그러나 다른 곳에서는 그것이 수많은 문제를 제기했다.

매사추세츠에서 대중의 여론은 영국의 조치에 반대하는 데 거의 만장일치였다. 그러나 우스터 같은 지역의 판사들은 새로운 법을 시행하기로 결정했다. 이에 대해 무엇을 할 것인가? 뉴욕에서는 많은 부유한 상인들이 영국의 제국주의 무역에서 이득을 챙겼고 보이콧을 실행에 옮기기를 주저한 반면, 강력한 지주 가문들은 영국 총독의 지도를 따르고자 했다. 이에 대해서는 무엇을 할 것인가? 펜실베이니아에서는 많은 퀘이커교도 상인 엘리트들이 동료 식민지 주민들의 요구보다 영국에 대한 '충성'을 더 중요하게 생각했다. 그런 곳에서 무엇을 할 것인가?

보이콧을 실행할 위원들을 선출하라고 호소한 것은 대륙회의가 그 사실을 인식했든 안 했든 낡은 제도들을 새로운 것들로 혁명적으로 대체하는 것을 뜻했다.

계급과 대결

우스터에서는 무장한 농부들이 법원의 기능을 정지시켜야만 했다. 그 때문에 영국 관리들이 아니라 성공적인 경력을 쌓는 데 여념이 없는 지역 판사들과 대결하게 될지라도 말이다.[14] 뉴욕에서는 "독립을 위한 결정들을 실행하는 것은 [영국] 의회·국왕과 결별하는 것은 말할 것도 없고 …… 오래된 …… 권력 집단도 제거하는 것을 뜻했다." 그렇게 할 수 있는 에너지는 "군중과 혁명위원회의 '인민'에게서 나왔다." 매주 총회를 열어 '공식' 위원회 설립을 거듭 요구하고 왕당파를 '메카닉, 상인, 하급 전문가'로 대체해야 한다고 주장한 사람들은 바로 '메카닉'(장인)들이었다.[15] 필라델피아에서는 메카닉 1천2백 명이 집회를 열어서 더 젊은 상인 엘리트들이 수천 명의 대중 집회를 소집하고 위원회를 건설하도록 부추겼다.

'평화로운' 보이콧에서 전쟁으로 이동한 것도 아래로부터 직접 행동의 결과였다. 매사추세츠 렉싱턴에서 행진하는 민병대에게 영국군이 총을 쏘자, 말을 타고 달려가서 보스턴 근처 콩코드에 숨겨둔 무기를 탈취하기 위해 영국군이 열을 지어 오고 있다는 소식을 무장한 농부들에게 알린 것으로 유명해진 사람은 바로 장인인 폴 리비어였다. 렉싱턴 전투에서 영국군과 싸우고 그 다음에는 보스턴을 습격해 벙커 힐의 영국군 수비대를 포위한 것은 바로 그런 농부들이었다. 각각의 경우에, 중간 계급과 하층 계급의 성원들은 영국의 지배층과 단절하지 못한 채 머뭇거리는 상층 계급 사람들을 옆으로 제껴버려야 했다.

에드워드 컨트리먼이 혁명에 관한 자신의 탁월한 저서 두 권에서 정확히 강조하듯이, 투쟁이 그나마 전진할 수 있었던 것은 민중이 옛 엘리트층에 맞서 새로운 기관들을 수립했기 때문이었다. "1774년에서 1776년 여름 사이에 그런 위원회들이 뉴욕에서 했던 일은 1789~1792년에 파리에서, 그리고 1917년에 러시아에서 유사한 기구들이 했던 바로 그런 일이었다."[16]

그런 선동은 1776년의 사건들에서 중심적이었다. 뉴욕에서는 대서양 무역에 연계된 부유한 상인들과 총독에 의존하는 관리들, 그리고 일부 대지주들이 영국에 반대하는 그 어떤 행동에 대해서도 격렬한 적대감을 드러냈다. 필라델피아에서는 펜실베이니아 의회의 다수파가 독립에 완강하게 반대했다. 영국에 대항하는 전쟁은 이 두 도시의 지원이 없으면 성공할 수 없었다. 하지만 그런 지원은 옛 경제적·정치적 엘리트층에게 도전하는 것을 통해서만 쟁취할 수 있었다. 부유한 상인이나 지주 출신이 아니라 주로 장인이나 소상인 출신의 참신하고 더 급진적인 사람들이 위원회의 통제권을 장악해야만 했다. 위원회는 수출입을 허용할 품목이 무엇인지 결정함으로써 여러 도시의 생활에 엄청난 영향을 미쳤기 때문이다.

무기의 역할을 한 소책자

상층 계급의 낡은 정치 체제는 그냥 사라지지 않았다. 그들은 사람들이 자신들의 지배에 계속 복종하고 영국에 맞선 저항을 무디게 하기 위해 여러 세대에 걸친 정신적 관습에 의존했다.

그런 관습과 복종을 깨뜨리려면 대중 선동과 대중 선전이 모두 필요했다. 대중 선동은 보이콧에 찬성하는 주장, 보이콧 파괴자들에 반대하는 행진, 총독과 영국 장관 초상 소각, 건물 약탈 등의 형태를 띠었다. 선전에는 낡은 사고방식을 뒷받침하는 주장들을 분쇄하는 것이 들어 있었다. 1776년 한 해에만 수십 종의 신문과 잡지는 말할 것도 없고 4백 종의 소책자가 등장했다. 그러나 그 가운데 결정적인 소책자는 최근에 영국에서 이민 온 톰 페인의 40쪽짜리 소책자였다.

페인은 벤저민 프랭클린의 추천서를 가지고 1775년 초에 필라델피아에

도착했다. 그는 정치 생활에서 핵심 역할을 하기 시작한 장인과 소상인으로 이루어진 '중간'층의 전형적인 산물이었다. 영국에서 그는 숙련된 코르셋 제작자, 선원, 소비세 징수원, 여인숙 주인 등 다양한 경력을 쌓았다. 갓 마흔 살을 넘긴 나이로 아메리카에 도착했을 때 그는 비슷한 사람들 사이에서 회람되던 새로운 잡지를 내던 곳에서 일자리를 얻었다. 그의 독자층과 마찬가지로 그는 보이콧을 열광적으로 지지하는 사람이었지만 아직 혁명가는 아니었다. 그는 나중에 "영국에 대한 복속은 완강했고 당시에 이에 반대하는 언동은 반역에 해당했다"고 썼다.[17] 1775년의 사건들, 특히 점점 더 가혹해진 영국의 탄압 때문에 그는 마음을 바꿔 독립 공화국을 수립하자는 주장을 받아들이게 된다. 그는 1776년 초에 출판한 소책자 ≪상식≫에서 바로 그런 주장을 개진했다.

그 소책자는 총독이나 의원들의 언어가 아니라 장인과 상인의 언어로 된 대중적인 스타일로 쓰였다. 그러나 그것은 단지 선동적인 저작만은 아니었다. 그것은 선동적인 요구들을 정당화하는 일반화된 논리를 제시하려 했다. 그 과정에서 페인은 그 전 1백25년 동안 유포되던 지적 사상, 즉 홉스, 로크, 볼테르, 그리고 십중팔구 루소의 저작에서 발췌한 사상 일부를 채택해 보통 사람도 이해할 수 있는 방식으로 서술했다. 페인은 영국에서 인기 있는 과학 강연과 여러 클럽 토론회에 참여하면서 계몽사상을 일부 접했다. 이제 그는 이런 사상을 거리와 상점의 언어로 바꾸면서 "정직한 사람 한 명이 여태껏 살아남은 왕가의 그 어떤 불한당들보다 훨씬 더 사회에 가치가 있다"고 주장했다. 그는 조지 3세가 주장하는 이른바 "통치권"이 "산적"떼를 이끌던 "프랑스인 사생아"의 혈통에 근거를 둔 것이라며 비웃었다.

≪상식≫은 놀라운 성과를 거뒀다. 그것은 아마 15만 부가 팔렸을 것이다. 펜실베이니아의 정치가 벤저민 러시는 나중에 말하기를,

그것이 아메리카의 정신에 끼친 영향은 너무나 갑작스럽고 광범한 것이었

다. 보통 사람들이 그것을 읽었고, 여러 클럽과 학교에서 그 책을 낭독했으며, 어떤 경우에는 성직자가 설교 대신 그 책의 내용을 전하기도 했다.[18]

당시는 논쟁들 때문에 사람들이 사물을 이해하는 방식이 갑자기 달라진 역사적 시점 가운데 하나였다. 펜실베이니아의 급진 운동은 자극을 받았고 혁명적 조치들을 취할 준비가 돼 있었다.

많은 부유한 상인과 대지주는 여전히 국왕에게 충성을 바치면서 그 전 2년 동안 투쟁에 휩쓸린 적이 없는 주민들에게 영향을 미치고 있었다. 그들이 식민지 의회를 통제하는 데 매우 중요한 선거에서 4석 가운데 3석을 차지했고, 독립 선언에 대한 펜실베이니아의 지지를 얻어내려는 어떠한 계획도 가망 없는 것처럼 보였다. 하지만 펜실베이니아의 지지 없이는 다른 식민지들의 지지를 기대하는 것도 거의 불가능했다.

독립을 지지하는 급진파는 선택의 여지가 하나밖에 없다고 생각했다. 그것은 바로 영국 혁명기에 신형군이 선택한 방법이었고 1백50년 뒤에 러시아 혁명에서 다시 채택된 방법이었다. 그들은 식민지 의회 외부에서 활동가들의 운동을 건설해 의회의 결정을 뒤엎어야만 했다. 4천 명이 모인 집회에서 사람들은 식민지의 미래를 결정할 대표자 대회 소집을 요구했고, 식민지 민병대의 대표들로 이루어진 '병사위원회'는 그 요구를 지지했다. 무장 병력을 거느리지 못한 옛 의회는 갑자기 무기력해졌다. 그것은 6월 14일에 휴회해 다시는 열리지 못했고, 6월 18일에는 민중대회가 열려 그때까지 어디서도 찾아볼 수 없었던 가장 급진적인 헌법을 만들었다. 이 헌법은 남성 인구의 90퍼센트에게 투표권을 부여했지만, 더는 국왕에게 충성하지 않겠다는 서약을 하지 않으려는 사람에게는 투표권을 주지 않았다. 이제 며칠 뒤면 대륙회의에서 독립선언서가 채택될 길이 활짝 열린 것이다.

새로운 미합중국의 창건은, 독립을 지지한 펜실베이니아의 주민들이 왕정을 고수하려는 사람들에 맞서서 '독재' 조치들을 취했기 때문에 겨우 가능했다.

혁명 속의 내전

흔히 미국 혁명은 두 정규군 사이에 면밀히 계획된 몇 차례 전투만으로 치러진, 비교적 유혈 사태가 적은 사건처럼 묘사된다. 그러나 사실은 미국 혁명에 내재한 '내전'의 요소 때문에 어떤 곳에서는 대단히 유혈낭자한 전투가 벌어졌다. 뉴욕의 트라이언 계곡 지대는 강력한 왕당파 지주인 존슨 가문이 통제하고 있었고 그들은 모든 반대파를 짓밟기 시작했다. "어떤 추산에 따르면 전쟁이 끝날 때까지 7백 개의 건물이 불에 탔고 1만 2천 개의 농장이 버려졌으며 수십 만 부셸의 곡물이 파괴됐고 거의 4백 명에 이르는 반란군 쪽 여성이 과부가 됐으며 혁명가들의 자녀 약 2천 명이 고아가 됐다."[19] 반란군이 더 우세한 지역에서는, 왕당파가 영국군에 협조하는 것을 막으려면 사람들의 정상적인 '권리'를 침해하는 조치들을 취해야만 했다. 그래서 위원회들은 왕당파 출판물을 검열했고 왕당파 군대에 가담한 사람들의 토지를 몰수했으며 왕당파 상인과 금융업자에게 진 빚을 폐기했다. 군중은 왕당파 판사들의 몸에 타르를 칠하고 새털을 뿌리는 린치를 가했으며 왕당파들을 발가벗긴 채 거리에서 끌고 다녔다. 뉴욕은 대부분의 전쟁 기간 동안 영국군이 점령하고 있었으며, 반란군이 복귀했을 때 그들은 영국군에 협조한 사람들에 대한 대중의 반감을 행동으로 조직했다. 적어도 2만 명 이상의 왕당파가 1783년에 영국 배를 타고 뉴욕을 떠났다.[20] 차 사건이 투쟁의 출발점이었을지는 모르지만, 그 결말은 결코 아니었다.

전쟁이 길어지고 식량 부족이 만연해지자, 위원회들은 상인들이 왕당파 점령 지역에 식량을 수출하는 것을 막고 독립 운동을 지지하는 대중을 위한 식량을 확보해야만 했다. 그들은 부자들에게 더 무거운 세금을 매겼고 물가를 통제했으며 배신자들의 토지를 몰수했다. 이것은 전쟁에서 이기기 위해 필요한 조치였다. 그러나 부자들의 희생으로 가난한 사람들이 이익을 얻는 조치이기도 했다. 반란은 필연적으로 국가적인 차원뿐 아니라 사회적인 차원의 의미도 있었다.

반란이 성공하려면 그 방법밖에는 없었다. 영국군의 전략은 뉴욕을 탈취함으로써 식민지들을 서로 분리시키고 연안 무역을 봉쇄해 물자를 부족하게 만든 다음, 강력한 군대를 보내 전략 요충지들과 도시들을 점령하는 것이었다. 영국인들은 자신들의 용병 부대가 경험 없는 민병대를 손쉽게 격퇴할 것이고 그 결과로 반란군의 사기가 일단 꺾이면 반란 초기의 열기도 점차 식을 것이라 생각했다. 또한 그들은 영국군이 승승장구하면 상인들과 지주들이 반란에서 발을 빼고 영국의 지배에 순응할 것이라고 예상했다.

그 전략은 완전히 잘못된 것은 아니었다. 고초가 심해지면서 반란군의 열기도 일부 사그라졌다. 뉴욕에서는 영국에 협력하는 사람들이 많았으며, 영국군이 필라델피아를 점령했을 때도 그런 사람들은 많았다. 반란군은 전쟁 내내 더 잘 무장하고 더 규율 잡힌 왕당파 군대에 직면해 퇴각하는 일이 잦았다. 점령지인 필라델피아의 외곽에 진을 친 반란군 대다수는 고통스런 겨울을 보내야 했다. 그런데도 영국군의 전략이 실패한 이유는 간단했다. 위원회와 선동 활동이 대중을 반란의 대의에 굳게 결합시켰기 때문이었다. 대중 저항이 계속되는 한, 반란군은 왕당파 군대를 만나면 일단 퇴각한 다음 적절한 순간에 기습 공격을 해서 그들을 지치게 만들 수 있었다.

그 전쟁을 결코 단순한 계급 문제로 환원할 수는 없었다. 버지니아에서는 가장 부유한 농장주들도 기꺼이 투쟁에 가담했다. 플랜테이션 소유주인 워싱턴은 독립군을 지휘했고 또 다른 노예 소유주인 제퍼슨은 독립선언서를 작성했다. 뉴욕에서는 일부 지주들과 상인들이 영국군을 지지했지만, 다른 일부는 반란군 편에 가담했다. 심지어 펜실베이니아에서도 벤저민 프랭클린 같은 부자가 결국은 지역 정치 기구의 옛 친구들과 관계를 끊고 열렬한 독립 지지자가 됐다.

더욱이, 최후의 성공 여부는 이런 사람들이 영국에 맞서 프랑스 왕정과 동맹을 구축할 수 있는 능력에 달려 있었다. 프랑스의 고문들은 워싱턴이 반란군을 지휘하는 것을 도왔고 프랑스 해군은 부기를 넘겨줬으며 영국의 해안 봉쇄를 약화시켰다.

상층 계급 가운데 반란군을 편든 부문이 있었던 것처럼, 중하층 계급 가운데 독립 투쟁을 환영하지 않은 사람들도 많았다. 때때로 이것은 그들이 어릴 적부터 신성한 것으로 배워온 [국왕에 대한] 충성심을 압도할 만큼 세금 문제가 자신들의 이익을 심각하게 침해한다고 느끼지 못했기 때문이었다. 또한 그 투쟁을 이끄는 지역 유지들이 과거에 그들을 괴롭혔던 자들이었기 때문에 독립 투쟁을 지지하지 않기도 했다. 그래서 뉴욕 주에서는 자신들이 증오하는 지주가 영국군에 반대한다는 이유로 많은 소작농들이 영국군을 지지했다. 마찬가지로 노스캐롤라이나와 사우스캐롤라이나에서는 독립에 찬성하는 플랜테이션 소유주에 대한 쓰라린 반감 때문에 가난한 농부들이 왕당파 게릴라로서 무기를 들었는데, 그 결과 양편 모두 피의 보복을 주고받았다.

영국군은 심지어 북아메리카에서 가장 억압받는 두 집단, 즉 흑인 노예와 아메리카 원주민한테서 혁명군보다 더 많은 지지를 얻는 데 성공하기도 했다. 버지니아의 왕당파 총독은 영국군을 위해 싸우려는 노예들에게 자유를 주겠다고 제안했다. 꽤 많은 노예들이 실제로 그 제안을 받아들였고 전쟁이 끝났을 때 영국군과 함께 떠났다.[21] 반면, 1779년에 대륙회의가 캐롤라이나와 조지아의 흑인들이 반란군에 가담해 싸우는 대가로 그들에게 자유를 주자는 제안을 했을 때, 주 정부들은 그것을 고려조차 하지 않았다.[22] 그렇다고 해서 독립 운동 전체가 노예제에 찬성한 것은 아니다. 뉴잉글랜드에서 많은 급진파는 노예제를 혐오스러운 것으로 여겼고 많은 흑인이 개별적으로 지역 민병대에서 백인들과 함께 싸웠다. 매사추세츠와 버몬트는 1780년에 노예제를 폐지했고, 필라델피아는 투표를 통해 노예제를 단계적으로 폐지하기로 했다. 메릴랜드에서는 가난한 백인들과 흑인들이 공통의 대의를 위해 싸우자고 얘기했고 심지어 버지니아에서도 일부 농장주들이 노예제를 없애도 되는 제도라고 생각하기 시작했다.[23]

그리고 영국군은 식민지 주민들보다 '인디언' 동맹군을 얻는 것이 더 쉽다는 것을 깨달았다. 왜냐하면 인디언들한테서 영토를 빼앗는 데 여념이 없기는 정착민이나 투기꾼이나 마찬가지였고, 가장 급진적인 독립 투사들 일부는 원주민들을 가장 적대하는 사람들이기도 했기 때문이다.

하지만 미국 혁명은 식민지들이 단순히 정치적으로 영국과 분리된 것 이상이었다. 전(前)자본주의의 멍에들을 떨쳐낸 하나의 사회가 전쟁의 소용돌이 속에서 태어났다. 뉴욕 대지주들의 봉건적 권리들은 사라졌다. '거대 가문'에 대한 사람들의 복종은 흔들렸다. 북부와 중부 식민지들에서 수십만 명의 사람들이 인간 평등과 억압으로부터 해방이라는 사상을 받아들였고, 그 원칙을 백인뿐 아니라 흑인에게도 적용해야 한다고 생각하게 됐다. 유럽의 많은 계몽주의 추종자들이 보기에 독립선언서의 문구는 그들이 품은 이상을 생생하게 실현한 것이었다.

혁명을 강화하기 위해 그토록 헌신한 급진 세력들은 어디에서도 자신들의 권력을 유지하지 못했다. 펜실베이니아와 같은 곳들에서 그들은 중하층 계급에게 실질적인 이익을 주는 조치들을 잠시 동안 실행할 수 있었다. 모든 남자에게 투표권을 부여하고, 1년마다 열리는 의회, 부채에 맞서 농부들을 보호하기 위한 조치들과 물가 통제를 규정한 주 헌법들이 있었다. 그러나 1788년에 각 주가 연방 헌법에 동의할 무렵에는, 미국 전역에서 자유시장 창출을 원하는 세력들이 각 주의 의회를 장악했다. 이것은, 그렇지 않았다면 상상할 수도 없었을 규모의 경제적 변화를 위한 기틀을 마련했을 뿐 아니라 억압과 착취의 새롭고 낡은 형태들을 확산하고 강화시키기도 했다.

2. 프랑스 대혁명

1792년 여름에 독일 계몽주의의 최고 대표자인 괴테는 "바로 오늘, 바로 여기서 세계사의 새로운 시대의 막이 올랐다"고 썼다.

1년 전에 네덜란드의 보수적인 귀족 반 하겐도르프는 이미 사태의 진행 방향을 이해하고 있었다. "모든 나라에서" 두 거대 당파가 형성되고 있다고 그는 썼다. 그 중에서 교회와 국가라는 한 당파는 "인민 대중 위에 군림하는 한 사람이나 몇몇 사람이 운영하는, 그 기원이 신성하고 교회의 지지를 받는 올바른 정부"를 신봉했다. 다른 당파는 "정부를 승인하는 모든 사람의 자유로운 합의에서 유래한 것을 제외하고는" 정부의 어떠한 권리도 부정했고 "정부의 모든 구성원이 자신의 행동에 책임질 수 있는 정부"를 주장했다.[24]

괴테를 흥분시켰던 것은 이 양대 '당파'가 프랑스 북부에 있는 발미에서 충돌했으며 두 번째 당파가 승리한 사실이었다. 프랑스의 혁명 세력이 유럽 군주 절반의 군대를 물리쳤다.

10년 전만 해도 대다수 지식인은 프랑스에서 혁명이 일어나리라고 상상도 하지 못했으며, 그 불길이 전 유럽으로 확산되리라고는 더더욱 상상할 수 없었다. 프랑스 왕정은 1천 년 넘게 잘 유지돼왔고 1백40년 동안 절대 권력을 누리고 있었다. '태양왕' 루이 14세와 그의 위대한 베르사유 궁은 프랑스를 유럽 최대 열강으로 만든 영원한 '절대주의'의 강화를 상징했고 그 후계자들인 루이 15세와 루이 16세도 그런 유산들을 고스란히 물려받았다.

하지만 1789년 여름에 그런 권력이 갑자기 붕괴하기 시작했다. 국왕은 세금을 올리는 방법을 논의하기 위해 프랑스 사회를 구성하고 있던 세 '신분' — 성직자, 귀족, 그리고 나머지 주민인 '제3신분' — 의 대표자들을 소집했다. 그러나 제3신분 대표자들은 귀족에게 복종하는 것도, 국왕의 명령을 이행하는 것도 거부했다. 그들은 자신들이 '국민의회'라고 선포하고, 국왕이 그들의 회의장을 폐쇄하자 실내 정구장에 모여서 국왕이 헌법 제정 요구를 받아들이기 전에는 해산하지 않을 것이라고 맹세했다. 국왕은 2만 명의 군대를 소집하고, 개혁 요구에 동감하는 듯했던 재무총감 네케르를 파면하는 것으로 대응했다.

제3신분의 대표자들은 모두 존경받는 중간 계급 출신이었고 대다수는 중간 계급 중에서도 더 부유한 부분 출신이었다. 절반은 변호사였고, 나머지는 주로 상인, 은행가, 기업가, 부유한 중간 계급 지주였다. 장인이나 농민은 단 한 사람도 없었다. 또한 그들 거의 대다수가 비록 '입헌적'인 것이긴 하지만 왕정의 필요성을 인정했고 어떤 선거 제도라도 재산을 기준으로 엄격하게 투표권을 제한해야 한다고 생각했다. 그러나 그들은 쉽게 분쇄되지 않았고, 베르사유에서 벌어진 논쟁은 전에는 결코 정치를 생각해본 적도 없는 수많은 파리 민중 사이에서 동요를 불러일으키고 있었다. 클럽들이 출현했다. 처음에는 부유한 중간 계급 성원들의 클럽을 중심으로 지금 벌어지고 있는 일들에 대한 토론이 오갔다. 수많은 소식지와 소책자가 등장했다. 파리의 중간 계급 대표자 약 4백 명이 시청에 모여 자신들이 시 자치위원회, 즉 '코뮌'이라고 선언했다.

바스티유 함락과 그 이후

군사 쿠데타가 임박했다는 소문은 파리의 대중을 전에 없이 흥분시켰다. 7월 12일에 파리의 가난한 지구에서 온 군중이 닥치는 대로 머스킷 총을 들고 나와 시위를 벌였다. 이틀 뒤에는 엄청난 규모의 군중이 왕실 지배의 상징인 바스티유 요새(폭 24.4미터의 해자[垓字]로 둘러싸인 30.5미터 높이의 요새)로 진격했다. 이것은 단순한 항의 시위가 아니었다. 머스킷 총에 쓰이는 화약이 그 건물에 보관돼 있었고, 수많은 반정부 인사들이 그곳에 갇혀 있었다. 군중은 그곳을 점령하기로 결심했다. 수비대의 대포가 불을 뿜었다. 총격전이 3시간 동안 계속됐고 83명이 죽었다. 사람들은 폐병원[廢兵院 : 전쟁 부상병을 위한 병원]에서 탈취한 대포를 독자적으로 끌고 나왔다. 사령관은 요새와 그 주변의 민간 거주 지구를 날려버리겠다고 위협하다가 결국 바스티유를 대중에게 넘겨줘야 했다. 혁명이 수도를 장악했다. 머지않아 전국의 여러 도시에서 이런 일이 되풀이됐다.

바스티유 함락은 혁명에서 첫 번째 위대한 전환점이었다. 파리 대중의 행동은 국민의회에 용기를 불어넣어 봉건제 폐지를 선포(비록 봉건적 부과금 폐지에 대한 보상금을 농민들이 지불하는 조건이었지만)하고 미국의 독립선언서와 비슷한 논조의 '인권선언'을 채택하게 했다. 게다가 대중 행동은 군사적 기습을 감행하려는 국왕의 또 다른 시도를 막아냈다. 파리의 가난한 지역에서 온 여성들이 베르사유로 행진했고, 2만 명의 무장한 남성들이 그 뒤를 따랐다. 그들은 왕궁에 쳐들어갔고 국왕을 파리로 연행해 민중의 감시를 받게 했다.

이것은 여전히 왕정 전복과는 거리가 멀었다. 바스티유를 습격한 군중과 베르사유로 행진한 여성들은 국왕의 귀족 친구들에 대한 증오뿐 아니라 가난한 지역들을 덮친 식량 부족에 자극을 받아 스스로 행동한 것이었다. 그러나 그들은 아직도 제3신분의 공식 대표자들, 즉 제한된 변화만을 바라는 상층 계급 사람들의 지도를 받아들이고 있었다. 이들은 인원을 거의 다 부유한 중간 계급 지구에서 충원한 국민방위대의 수중에 파리의 새로운 무장력을 집중시켰다. 국민방위대를 통솔하는 사람은 전직 장군이었던 귀족 라파예트로서, 그의 '민주주의' 경력은 미국 독립전쟁 당시 공식 프랑스 고문으로 활동한 것이었다. 그의 지도 아래 의회는 헌법을 기초하는 일에 착수했다. 그 헌법은 터무니없는 재산 자격을 근거로 투표권을 이른바 '능동적 시민'들에게만 부여했고 새로운 법률들을 2년 연기할 수 있는 권한을 국왕에게 주었다. 그들은 민중이 국왕과 의회의 '화합', 부자와 빈민의 '화합'을 바탕으로 구축된 새로운 질서에 환호하리라고 생각했다. 실제로 처음에는 많은 사람들이 그렇게 생각했다. 거대한 '연맹 축제'에서 국왕과 귀족, 중간 계급과 파리의 대중이 바스티유 함락 1주년을 함께 기념했을 때, 해방감과 열광적인 환희가 일반적인 분위기였다.

그러나 일체감은 오래가지 않았다. 귀족들은 재산을 보존할 수 있었는데도 오래된 특권을 상실한 데 몹시 분개했다. 많은 귀족들이 해외로 망명했고 그곳에서 국내 잔류자들과 함께 혁명을 전복하려는 음모를 꾸몄다. 왕과 왕비는 다른 나라의 군주들에게 비밀 편지를 보내 프랑스를 침략하라고 촉구했다.

동시에, 물질적 여건이 나아지지 않은 탓에 도시와 농촌의 대중 사이에서는 고통이 커져가고 있었다. 이미 1789년 여름에는 농민들의 불만이 여러 차례 폭발해 ― '대공포' ― 농민들이 귀족의 대저택에 침입하고 봉건 부과금이 기록된 문서들을 불태우는 일이 발생했다. 장이 서는 도회지와 도시 여러 곳에서는 식량 부족, 물가 상승, 실업에 관한 동요가 되풀이되면서 귀족과 투기꾼에 대한 증오와 결합됐다. 신문의 확산 ― 1789년의 마지막 6개월 동안에만 2백50종의 신문이 쏟아져 나왔다 ― 과 사람들이 모여 현재 일어나는 일들을 토론하는 정치 클럽들의 영향력에 힘입어 여러 가지 사상이 들끓고 있었다. 클럽들 가운데 가장 유명한 것은 북부 도시 아라스 출신의 변호사 로베스피에르가 이끄는 파리의 자코뱅 클럽이었으며, 이 클럽은 전국에 있는 다른 클럽들과 연락을 주고받았다. 또 다른 변호사 당통은 코르들리에 클럽을 수도했는데, 이 클럽은 가입비가 더 저렴해서 대중과 더 가까웠으며 그 회원들은 장 폴 마라가 펴낸 일간지 <인민의 벗>에서 많은 영향을 받았다.

하지만 라파예트의 '온건한' 입헌왕정 사상이 2년 넘게 정치 지형을 지배했다. 1791년 6월에 국경 지대에 집결한 반혁명군에 합류하기 위해 파리에서 탈주하려던 국왕의 시도는 오로지 시골 우체국장이 신속하게 지역 민병대를 소집한 덕분에 좌절됐다. 의회의 지배 분파는 왕정에 대한 어떤 도전도 거부했다. 그들은 "혁명이 끝났다"고 선언했고 국왕은 납치됐던 것이라는 소문을 퍼뜨렸다. 그 지도자 중 한 사람인 바르나브는 "가장 커다란 위험"은 "왕정 파괴"일 것이라고 말했는데, 왜냐하면 그것이 "재산 개념의 파괴"를 뜻하기 때문이라는 것이었다.[25] 장 폴 마라는 숨어 지내야 했으며 한동안 영국에 망명하기도 했다. '르 샤플리에' 법은 노동조합과 파업을 금지했다. 국민방위대는 샹 드 마르스 광장에서 공화정 청원서에 서명하기 위해 줄지어 선 수천 명의 사람들에게 발포했다. 샹 드 마르스는 약 12개월 전에 연맹 축제가 열렸던 바로 그 장소였다. 이 학살에서 50명이 죽었는데, 훗날 왕비 마리 앙투아네트가 겪게 된 운명에 눈물을 흘리는 사람들은 이 학살을 거의 언급하지 않았다.

하지만 억압은 증가하는 대중 선동을 막을 수 없었다. 식량 부족, 물가 상승, 실업 때문에 노동자들은 말할 것도 없고 장인과 소상인(부유한 계급들의 반바지 대신 긴바지를 입었다고 해서 상퀼로트로 알려진)도 절망의 나락으로 내몰렸다. 1792년 1월과 2월에는 파리에서 식량 폭동이 일어났으며 시골에서는 농민들이 떼를 지어 시장으로 몰려가서 양곡과 빵 가격을 낮추라고 요구했다. 자코뱅파의 일원인 에베르는 특별히 상퀼로트 독자층을 겨냥한 〈르 페르 뒤셴〉[인기 희극인이라는 뜻]이라는 신문을 발간했다. 가장 가난한 지구 가운데 한 곳에서 인기 있는 신부였던 자크 루를 추종하는 집단도 형성됐는데, 그 적들은 이들을 '격앙파'라고 불렀고 이들은 귀족과 부자에 대한 가난한 사람들의 원초적인 증오를 분명히 표현했다. 정치 클럽에 가입하고 파리 각지에서 열린 정례 '지구' 회합에 떼를 지어 참여하는 상퀼로트의 수가 늘어났다. 전직 여배우였던 클레르 라콩브가 이끄는 혁명적 여성 조직이 식량 시위와 베르사유 행진에 참여했던 사람들 사이에서 지지 기반을 획득했다.

억압은 사회의 꼭대기에서 벌어지고 있는 분열을 숨길 수도 없었다. 왕과 왕비는 여전히 국외의 반혁명군과 음모를 꾸미고 있었다. 정부를 운영하던 '온건파' 내에서는 그런 음모를 두려워하는 사람들과 아래의 대중을 두려워하는 사람들이 분열했다. 자코뱅 클럽 내에서는 스스로 로베스피에르나 당통보다는 덜 급진적이라고 생각한 (그 지도자 중 한 사람인 브리소의 이름을 딴) 브리소파나 지롱드파로 알려진 집단이 정부에서 라파예트를 교체하려는 책략을 개시했다.

서로 경쟁하는 이 집단들은 각자 자신들이 부딪힌 문제들의 해결책이 단 하나뿐이라고 생각했다. 그것은 바로 프랑스의 북쪽 국경선 너머에 집결한 외국 군대와 전쟁을 벌이는 것이었다. 국왕은 전쟁이 벌어지면 외국 군대가 승리할 것이고 결국 외국군이 자신의 권력을 완전히 회복시켜 줄 것이라 생각했다. 라파예트는 전쟁이 일어나면 자기가 사실상의 독재자가 될 수 있을 것이라고 생각했다. 지롱드파는 열광적인 민족주의의 물결에서 자신들이 이득을 볼 것이라고 생각했다. 역사가나 통속 소설가들이 너무나 자주 피에 굶주린 괴물로 묘사하는 로베스피에르가 전쟁을 가장 단호하게 반대했다. 그는 전쟁이 반혁명에 이르는 문을 열어젖힐 것이라고 자코뱅 클럽에서 주장했다. 그러나 그는 지롱드파가 국왕과 합의해서 정부를 구성한 다음 1792년 4월에 오스트리아와 프로이센을 상대로 전쟁을 선포하는 것을 막을 수 없었다.

혁명 전쟁

전쟁은 시작부터 참담했다. 프랑스 군대는 심각한 패배를 겪었으며—부분적으로 프랑스 징고들이 적군 편으로 넘어가는 경향이 있었던 탓이었다—국왕은 그것이 야기한 혼란을 지롱드파를 제거하는 구실로 이용하려 했다. 브라운슈바이크 공작은 만약에 침략군이 승리하면 "보복의 본때를 보여 줄" 것이며 "파리 시를 군사적으로 응징하고 반란군을 응당하게 처벌할 것"이라고 침략군을 대표해 선언했다.[26]

하지만 반혁명의 위협은 도리어 역효과를 낳았다. 그것은 기층의 활동을 새롭게 고무시켰다. 인민 대중은 외국의 침략으로 지난 3년 동안 따낸 것이 모두 위협받고 있음을 직감했다. 너무 가난해서 투표 자격이 없다고 공식적으로 간주된 '수동적 시민' 수천 명이 파리 각 지구의 정례 총회로 물밀듯이 몰려들었다. 국민의회가 반혁명 세력의 침략에 맞서 싸울 자원병을 모집한 결과 파리에서만 1만 5천 명이 자원했다. 열성 혁명 분자들로 구성된 적극적인 연맹군이 지방 도시들에서 파리로 진군하기 시작했다. 그 중에서 마르세유 출신의 연맹군이 가장 유명했는데, 그들의 행진곡은 혁명가(革命歌)가 됐다. 파리의 48개 지구 총회 중 하나만 빼고 모두 공화국을 요구했다. 가난한 지역들의 지방 국민방위대는 혁명적 분위기에 점점 더 감염됐다.

반혁명의 위협을 느낀 사람들은 가난한 사람들만이 아니었다. 로베스피에르, 당통, 마라가 이끄는 중간 계급의 더 급진적 부문들도 마찬가지였다. 그들은 만약에 혁명을 더 밀어붙이지 못하면 패배는 불을 보듯 뻔하다고 생각했다. 그들은 1792년 8월 10일에 혁명을 더 한층 밀어붙였고 그것은 혁명의 두 번째 커다란 전환점이었다. 각 지구에서 온 수십만 명의 상퀼로트가 연맹군에 가담해 튈르리 궁으로 행진했다. 국왕을 보호하기로 돼 있던 국민방위대가 반란군에 가담했고 왕당파 6백 명과 반란군 3백70명이 사망한 전투에서 왕당파의 군대가 패배했다.

파리의 대중이 다시 한 번 시를 통제했다. 재산 자격으로 선출된 지 1년도 되지 않은 '온건한' 대표자들로 이루어진 의회는 새로운 권력에 굴복했다. 의회는 왕권 정지를 의결했고 파리의 각 지구에 기반을 둔 새로운 혁명적 코뮌을 인정했으며 남성 보통선거권에 따라 새롭게 선거를 실시했다. 지롱드파가 다시 실권을 잡게 됐지만 [장관직] 세 자리를 자코뱅파에게 내줘야 했다. 그 중에서 가장 유명한 인물은 법무장관이 된 당통이었다.

이런 변화만으로는 외세의 위협을 물리치는 데 충분하지 않았다. 이제는 라파예트 같은 사람들도 가담한 외국 군대가 파리로 진군해 오자 프랑스 군대는 계속해서 패배했다. 수도에는 귀족과 왕당파가 많았으며, 경비가 허술한 감옥에 갇혀 있는 사람들도 많았는데 그들은 지난 3년 동안 굴욕을 앙갚음할 날을 손꼽아 기다리고 있었다. 또한 군대의 장교단과 정부 기구 내에는 왕당파에 동조하는 사람들이 부지기수였다.

혁명이 처한 위험에 대처할 수 있는 방법은 두 가지뿐이었다. 혁명을 열렬히 지지하는 자원병을 대규모로 전선에 보내 적군과 정면 대결하는 것, 그리고 왕당파와 귀족들이 더는 후방에서 쿠데타를 획책하지 못하도록 단호한 조치를 취하는 것이었다. 정부를 장악하고 있던 지롱드파는 두 가지 임무 가운데 어떤 것도 실행에 옮길 수 없었다. 반면에 당통은 대중의 열의를 이끌어내는 데 필요한 활력을 보여 줬다. 파리의 가난한 지역 출신의 열성 자원병들을 동원해 전선의 군대에 새로운 생명력을 불어넣은 그의 슬로건은 "대담해져라, 대담해져라, 더욱더 대담해져라!"였다.

파리에서도 대중은 단호한 행동에 돌입했다. 마라에게 자극받은 그들은 스스로 국내의 반혁명 세력을 분쇄하는 과업에 착수했다. 그들이 감옥을 습격해 왕당파라고 생각되는 사람들을 즉결 처형한 것이 '9월 학살'로 알려지게 된 사건이다.

그런 행동은 적군이 파리를 점령하면 바로 자신들이 교수대나 단두대로 직행하게 될 것임을 직감한 군중의 대응이었다. 또한 그들은 많은 고위층 사람들이 적군을 도와줄 준비가 돼 있다는 것도 알고 있었다. 그들은 이미 샹 드 마르스 광장의 학살에서, 전선에서 적과 내통한 장교들이 벌인 학살에서, 빵이 부족해서 겪는 굶주림 때문에, 친구들과 이웃들이 고통을 받는 것을 목격했다. 그들은 뭔가를 해야 했다. 불행히도 심리적 공황 상태에서 자신들을 지도할 독자적인 조직이 없었던 군중은 감옥에 갇힌 사람들을 무차별 살해하는 방향으로 이끌리기 쉬웠고, 그래서 평범한 죄수들이 열렬한 반혁명 분자들과 함께 죽어갔다. 하지만 그 행동은 파리 시내의 왕당파 제5열을 겁먹고 숨죽이게 만드는 효과를 냈다.

9월 20일 혁명군은 발미에서 침략군을 막아냈다. 그 다음 날 새로운 국민공회 — 역사상 최초로 모든 남성 유권자의 투표로 선출된 한 나라의 입법 기관 — 는 왕정을 폐지하고, 프랑스는 "분리할 수 없는 하나의 공화국"이라고 선언했다.

국왕뿐 아니라 겨우 3년 전만 해도 제거할 수 없다고 생각했던 매우 많은 제도들이 사라졌다. 주교와 수도원장의 사치를 위해 민중이 납부해야 했던 십일조가 없어지면서 봉건제의 잔재는 이제 말뿐 아니라 실제로도 일소됐다. 국가 권력은 더는 교회의 미신을 지탱하지 못했다. 교육을 장려하고 과학 지식을 확산해 계몽사상을 일상 공간으로 끌어들이려는 계획들이 수립됐다. 지역 유지들을 이롭게 해 주면서 상업로를 방해했던 관세 징수소들이 사라졌다. 전선의 자원 민병대에서는 일반 병사들이 자기 동료들 중에서 장교를 선출했다.

괴테가 새로운 시대가 시작됐다고 믿은 것도 무리가 아니다.

하지만 혁명은 결코 끝나지 않았다. 그 뒤 2년 동안 사회의 기층과 정부 양쪽에서 급진화가 더욱 심화했다. 그러다가 1794년 여름에 혁명의 물결이 갑작스레 퇴조했고, 그 때문에 새로운 불평등과 몇몇 낡은 특권이 부활해 결국은 새로운 왕정 수립으로 이어졌다. 그 과정에서 그토록 많은 사람이 프랑스 혁명을 이해하기 어렵게 만들고 공감하기도 어렵게 만든 그 유명한 '공포정치'가 나타났다. 국민공회에서 가장 근소한 표차로 통과된 국왕의 처형 이후 다른 여러 귀족과 왕비의 처형이 줄을 이었다. 그 다음에는 자코뱅파가 지롱드파의 지도자들을 단두대로 보냈다. 로베스피에르와 생 쥐스트는 당통과 에베르도 단두대로 보냈다. 그리고 마침내 지롱드파·당통·에베르의 옛 지지자들이 연합한 '테르미도르파'는 로베스피에르와 생 쥐스트도 단두대로 보냈다. "혁명은 언제나 자기 자식들을 집어삼킨다"[27]는 속담과 더불어, 혁명은 언제나 쓸모없고 피비린내 나는 모험이라는 생각을 암암리에 널리 퍼트린 것은 바로 이런 소름끼치는 광경이었다.

하지만 그것은 잘못된 일반화다. 영국 혁명은 그 지도자들을 집어삼키지 않았고—그 과업은 왕정복고 이후에 망나니들이 맡게 됐다—미국 혁명에서도 그렇지 않았다. 더구나 그것은 프랑스에서 실제 작동했던 힘들을 완전히 간과한 말이기도 하다.

혁명의 뿌리

혁명적 사건들을 간단하게 요약해서 설명하려는 사람들은 대개 눈길을 끄는 사건들과 가장 유명한 인물들의 이야기에 집중하게 마련이다. 그러나 혁명이라는 것은 언제나 그 이상이다. 그것은 장기간에 걸친, 종종 느리고 감지되지 않는 발전에서 비롯하는 갑작스런 사회 세력 균형의 변화를 수반한다. 혁명을 이해하려면 그런 발전들에 주목해야만 한다.

보통 '앙시앵 레짐'(구체제)으로 알려진 낡은 사회의 꼭대기에는 국왕과 귀족이 있었다. 전통적인 봉건 귀족인 대검귀족은 영국에서는 오래 전에 상실한 특권적 지위를 프랑스에서는 계속 유지했다. 프랑스 국왕들은 수세기에 걸쳐 거대 귀족들의 독립적인 권력을 일부 축소했다. 그들은 도시들과 돈 많은 신흥 '부르주아' 계급들을 거대 귀족을 견제하는 세력으로 이용함으로써 그렇게 할 수 있었다. 16세기와 17세기의 국왕들은 정부와 법원의 관직을 돈 많은 계급의 자식들에게 판매함으로써 이것을 제도화했는데, 이들은 머지않아 새로운 세습 귀족, 즉 법복귀족이 됐다. 이 집단은 국왕의 칙령을 실행하는 고등법원(파를망: Parlements)을 지배했다.

마지막으로 교회의 대(大)'제후들'로 이루어진 귀족의 형태가 하나 더 있었다. 주교와 수도원장이 바로 그들이었다. 이들은 거대 귀족들에 견줄 만한 부를 향유한 반면, 대다수 성직자들은 농민들보다 나을 게 거의 없는 조건에서 살고 있었다. 상층 성직자들의 지위는 왕의 후원 덕택이었는데, 이런 왕의 후원은 왕실에 대한 교회의 영향력 덕택에 가능했다. 그래서 예컨대 샤를 모리스 드 탈레랑은 옛 귀족 가문의 일원으로서 "사도다운 미덕이라고는 하나도 없고"²⁸ 심지어 성품(聖品)을 다 끝마치지 못했는데도 스물한 살에 중요한 수도원장에 임명될 수 있었다. 귀족들과 마찬가지로 상층 성직자들은 세금은 내지 않으면서 교회의 십일조는 말할 것도 없고 엄청나게 넓은 토지에서 지대와 봉건 부과금을 징수했다.

귀족의 어떤 주요 부문도 그 특권을 결코 포기하려 하지 않았다. 정말이지 사치스런 소비 생활을 유지하는 데 들어간 비용이 늘어나면서 귀족들은 봉건 부과금을 더 가혹하게 징수하고 농촌의 일부 공유 재산을 접수하며 국가와 군대와 교회의 수지맞는 직위들을 독점함으로써 그런 특권들을 강화하기 시작했다. "귀족의 폭력적 반동"이 있었던 것이다.²⁹

이 시기는 프랑스가 상당한 산업 성장을 경험하고 있던 때였다. 특히 시골의 수공업 생산이 그랬다. 최근의 추산에 따르면 18세기 내내 경제는 연간 1.9퍼센트씩 성장했다.³⁰ 섬유 생산량은 250퍼센트 증가했고, 석탄 생산량은 일고여덟 배 늘어났으며, 철 생산량은 4만 톤에서 14만 톤으로 증가했다. 1789년에는 프랑스 인구 가운데 5분의 1이 공업이나 수공업에 고용돼 있었다.³¹

돈 많은 대상인 계급(특히 서인도제도의 설탕 식민지들과 연계된 대서양 연안 항구 도시의 대상인들)과 '선대업자'와 가끔은 제조업자(인쇄업을 지배한 한 줌의 독점업자들 같은)들의 사업 규모와 부가 증가했다. 부유한 부르주아지의 지위는 어딘가 비정상적이었다. 공식적·법률적으로는 그들이 어느 귀족보다도 더 열등했다. 그러나 흔히 그들은 더 부유했고 국왕에게 상당한 영향을 미칠 수 있었다. 게다가 그들은 토지를 사들여 농민에게 봉건 부과금을 징수할 수 있었고 국왕의 징세 대행인으로서 이익을 챙길 수도 있었다. 그들 바로 밑에 있는 하층 부르주아지는 영향력이 전혀 없었다. 그러나 그들도 흔히 무역, 소매업, 사치품 제조로 벌어들인 가문의 돈을 토지에 투자하거나 특정 관직을 매입하는 데 썼다. 이 두 집단의 부르주아지 모두 귀족이 자신들을 차별하는 데 불만을 품었지만, 그렇다고 그들이 절대왕정에 대한 혁명적 반대의 입장으로 저절로 돌아선 것은 아니었다. 사실 그들은 여전히 귀족으로부터 자신들을 보호하기 위해 국왕에게 의존할 용의가 있었다.

부르주아지와 도시 빈민 사이에는 많은 소상인과 장인이 끼여 있었다. 전통적으로 그들은 국가에서 후원하는 길드의 가격 규제 조치에 힘입어 자신들의 수입을 지켰다. 그러나 시장이 확산되자 이런 방식으로는 안정된 소득을 얻기가 더 어렵게 됐다. 급격한 시장 변동으로 그들은 수입을 잃어 버릴 수 있었고 1780년대 말이나 1790년대 초에 다시 나타난 것과 같은 흉작 뒤의 빵 가격 상승은 그들을 굶주리게 할 수 있었다. 게다가 이제는 수공업과 소매업 인력에서 점점 더 많은 부분이 스스로 사업주가 될 가망이 전혀 없는 직인 — 피고용인 — 들로 채워지고 있었다. 이들은 여전히 보수적이고 길드에 집착하는 장인·상인과 공통점이 거의 없었다.

또한 '출세 지향적인 사람들' — 즉 수지맞는 상거래, 모종의 정치적 서비스에 대한 금전적 보상, 새로운 생산 기술 개척 등 성공을 거머쥘 기회라면 무엇이든 기꺼이 찾아나서는 사람들 — 도 늘어나고 있었다. 그러나 그들이 비록 낡은 질서의 '비합리성'에 분개할 수 있었을지라도 — 그들은 종종 대중화된 형태의 계몽사상을 탐독했다 — 혁명가들은 아니었다.

농민은 프랑스 사회의 대다수를 이루고 있었다. 농민의 성격은 지역에 따라 크게 달랐다. 몇몇 지역에서는 농업 자본가들이 출현해 혁신적인 기술을 이용하는 등 영국과 비슷한 변화를 겪었다. (포도 재배나 방직과 농업의 결합을 통해) 시장에 팔기 위한 생산에 종사하는 농부들은 약간 더 많았다. 그러나 그들은 여전히 작은 땅 조각만을 소유했다. 그 밖에 엄청난 수의 농민들이 지주한테 토지를 빌리거나 수확을 지주와 나눠 가졌는데, 그들은 농업 개량에 필요한 자금 수익을 남기지 못했다. 비록 그 일부가 제한된 수의 노동자들을 고용할 수 있었지만 말이다. 마지막으로 형식적인 농노제는 없었지만 많은 농민들이 중세 시대와 거의 다르지 않은 조건에서 살고 있었다. 하지만 거의 모든 농민들이 어떤 특징들을 공유했다. 그들은 토지가 실제로는 자신들 소유라고 느꼈지만 지주에게는 봉건 부과금을, 교회에는 대개 지대에다가 수확의 9퍼센트에 달하기도 하는 십일조를 납부해야만 했다. 더욱이 그들은 귀족과 성직자가 면제받는 높은 세금들도 내야만 했다. 이 부담 때문에 흉작이거나 구입해야 하는 물건의 가격이 오르면 그들은 끔찍한 고통을 겪어야 했다.

국왕, 귀족, 상이한 부르주아지 집단들, 다양한 농민 부문들 사이의 복잡한 관계 때문에 일부 '수정주의' 역사가들은 프랑스 혁명을 계급적 관점에서 설명할 수 없다고 주장했다.[32] 그들의 주장에 따르면, 부르주아지는 근대 산업에서보다는 법무 관직, 토지 소유, 심지어 봉건 부과금에서 수입을 얻는 경우가 더 많았다는 것이다. 그러므로 부르주아지는 봉건제에 바탕을 둔 국왕과 귀족에 맞서 새로운 자본주의적 생산방식을 대표하는 계급일 수가 없었다. 이 역사가들은 혁명에 가담한 대기업가들은 소수였던 반면 상당수의 상인들은 국왕 편이었던 사실이 자신들의 주장을 입증한다고 말한다.

사실에 바탕을 둔 그들의 주장 일부는 틀림없는 진실이다. 하나의 계급으로서 부르주아지는 분명히 낡은 질서에 대한 요지부동의 혁명적 반대파는 아니었다. 부르주아지는 수백 년 동안 이 질서 속에서 성장해왔고 이데올로기와 재정 양면에서 수많은 방식으로 낡은 질서와 묶여 있었다. 혁명을 지도한 인물들은 금융업자나 산업 자본가들이 아니라 당통과 로베스피에르 같은 변호사나 데물랭 같은 언론인이었고 심지어 마라는 상층 계급들을 치료하던 전직 의사였다. 그러나 수정주의 역사가들이 내린 결론은 근본적으로 잘못된 것이다. 귀족과 부르주아지의 이해관계가 서로 뒤엉켜 있었지만, 그들은 프랑스 사회에 관한 정반대의 전망으로 이끌렸다. 전자는 과거를 지향하고 모든 변화에 맞서 귀족의 특권과 봉건 부과금을 방어했다. 후자는 시장의 형식적인 평등에 바탕을 둔, '출세 지향적인 사람'들이 혈통 때문에 차별받지 않는 사회를 원했다. 대다수 부르주아지는 그런 사회 모델을 발전시키는 데 필요한 조치들을 취할 때 거듭거듭 주저했다. 그러나 결국 그런 사회 모델이 승리했을 때, 치를 떨면서 외국으로 망명한

자들은 귀족들이었지 결코 부르주아지는 아니었다.

이처럼 서로 대립하는 양극으로 사회를 분열시킨 것은 처음에는 부르주아지가 아니라 귀족의 반동이었다. 영국 혁명이나 미국 혁명과 마찬가지로, 초기의 격변을 가져온 것은 뭔가 새로운 것을 요구하는 인민 대중이 아니라 사태를 후진시키려는 낡은 질서의 시도였다.

1780년대에 프랑스 국왕의 가장 큰 관심사는 돈이었다. 국왕은 영국과 프로이센을 상대로 벌인 7년 전쟁에서 막대한 돈을 썼고, 영국을 상대로 한 미국 독립전쟁에서는 또 다시 더 많은 돈을 쏟아 부었다. 조세 수입을 늘리기 위한 방안을 찾지 못하면 파산할 수도 있었다. 그러나 이런 방안을 찾기란 거의 불가능했다. 귀족과 성직자에게 세금을 면제해 주자 그 부담이 하층 계급들에게 돌아갔고, 그들 대다수는 더 많은 세금을 납부할 수 없는 지경에 이르렀다. 시골의 평균 생활수준은 하락하고 있었고, 도시의 임금은 겨우 22퍼센트 오른 반면 물가는 65퍼센트나 상승했다.[33] 더욱이 형편없이 비효율적인 징세 방법 때문에 세금을 걷는 '징세 대행인'들이 상당한 금액을 빼돌리고 있었다.

국왕은 상황이 얼마나 심각해졌는지 잠시 깨닫게 됐다. 그는 1786년에 '개혁' 내각을 임명했고 내각은 조세 체계를 합리화하고 징세 범위를 귀족과 교회 소유의 대토지까지 확장하는 방안을 제시했다. 귀족들은 격분했다. 국왕이 소집한 '명사회'(名士會)는 그 제안을 거부했다. 더 나아간 개혁안을 제출했을 때 지방 고등법원(파를망)의 법복귀족들은 그것의 실행을 거부했다. 그리고 대신들이 이에 굴하지 않고 계속 나아가려 했을 때 그 귀족들은 일부 지역에서 폭동으로 발전한 대중적 항의 시위를 조직했다. 이런 항의 시위에서 귀족은 다른 계급의 사람들도 여전히 자기편으로 만들 수 있음을 발견했다. 따지고 보면 세금 인상 논의는 일부 부르주아지와 농민에게도 모종의 위협처럼 보일 수 있었다.

자신들이 타고난 지도자라고 생각한 귀족들은 대중의 지지를 이용해 정부를 자신들의 뜻대로 굴복시킬 수 있다는 환상을 갖고 있었다. 그들의 핵심 요구는 1614년에 마지막으로 열렸던 의회인 삼부회를 소집하라는 것이었다. 이 요구를 수용해 1789년 5월에 삼부회를 소집한 국왕은 부르주아지나 하층 계급의 진보적인 운동에 양보한 것이 아니라 귀족의 반동적 요구에 양보한 것이었다.

하지만 귀족에 대한 이런 양보는 다른 계급들로 하여금 조직화하게 만들었다. 다른 계급들은 '제3신분'의 대표자들을 선출할 필요가 있었다. 도시에서 이것은 '선거인단' 선출을 위한 회합을 뜻했고 이 선거인단이 이번에는 대표자들을 선출할 것이었다. 시골에서 그것은 결정을 내릴 지역 회합에 누구를 보낼 것인지를 마을 사람들이 결정하는 것을 뜻했다. 인민 대중은 그런 일을 해본 적이 없었고 대개는 가장 언변이 뛰어난 사람들을 신뢰했다. 그 결과 변호사와 다른 부유한 중간 계급 인사들이 제3신분의 회합을 지배하게 됐다. 그러나 대표 선출 과정은 수백만 민중에게 용기를 불어넣어 사회에서 그들이 바라는 바가 무엇인지를 처음으로 생각하게 만들었다. 프랑스 전역의 시골과 도시에서 그들은 진정서 — 삼부회가 이행하기를 바라는 요구 사항 목록 — 를 작성했다. 토론의 결과로 파리의 더 가난한 지구들에서 결집하기 시작한 활동가 집단들이 생겨났으며 그들은 7월에 바스티유 감옥을 습격하고 10월에는 베르사유로 행진하게 된다. 또한 그것은 농민들 사이에서 소요를 조장해 1789년 여름에 지방 귀족에 반대하는 반란으로 폭발했다.

귀족의 반동 공세는 중간 계급을 성나게 만들었고 삼부회가 소집되자 그 대표자들 사이에서 자기 주장을 내세우는 분위기가 형성됐다. 그들은 혁명을 의도하지는 않았다. 그들은 여전히 왕정을 선호했고, 귀족을 폐지하기보다는 그들의 콧대를 꺾어서 자의적인 특권과 공갈협박을 끝내려고만 했다. 그러나 그들은 명령에 고분고분 따를 기분이 아니었고 사회적 소요를 보면서 대담해졌다. 때문에 그들은 '인권'을 주장하고 봉건제 종식을 선언하는 등 과감한 저항의 몸짓을 보였다가도 곧바로 국왕에게 상당한 권력을 남겨 주고 귀족의 재산을 보장하는 타협에 이를 수 있었던 것이다.

그러나 귀족의 반동은 그렇게 빨리 끝나지는 않았다. 귀족이 부, 지방 영지, 군대의 장교단을 지배하고 있는 한, 그들은 낡은 특권적 지위를 재건하려 할 것이었다.

개혁가들, 혁명가들, 그리고 상퀼로트

1789년 여름에 중간 계급의 회합을 지지했던 대중 운동은 하층 계급들을 고무해 처음으로 자신들의 비참한 운명에 도전하게 만들었다. 그들은 소수의 부와 다수의 빈곤이 동전의 양면이라는 사실을 깨닫기 시작했다. 처음에 그들은 부와 귀족을 같게 생각했다. 그러나 머지않아 그들은 귀족의 흉내를 내거나 '징세 대행인', 지주, 투기꾼으로서 부유해진 부르주아지 일부에게도 주목하고 있었다.

1789년의 소요는 수천 명의 새로운 정치 활동가들을 중간 계급에서 배출했다. 바로 그들이 정치 클럽에 참석했고 많은 소책자와 신문을 읽었고 선거인단 회합에 참여했다. 처음에 그들은 의기양양했다. 계몽주의의 꿈을 실현할 수 있는 기회, 볼테르가 신랄하게 비판했던 잘못들을 바로잡을 수 있는 기회, 루소가 상상한 사회를 도입할 수 있는 기회를 역사가 그들에게 제공하고 있는 것처럼 보였다. 그들은 브루투스 같은 고대 로마 인물들의 환생이 바로 자신들이라고 상상하면서 당당한 태도를 취했다.

그러나 그들은 한편에서는 귀족의 반동과 다른 한편에서는 대중적 소요 사이에 갇힐 위험에 처해 있었다. 비록 1789년에 대중적 소요가 귀족을 물리칠 수 있음을 보여 줬지만, 지주들이 부르주아지 출신이라 할지라도 농민들은 지주들의 땅 문서를 소각하는 것을 멈추지 않았고 도시민들도 부르주아 신분의 식량 투기꾼을 계속 공격했다.

바로 이 때문에 중간 계급 정치 활동가들이 계속 분열했던 것이다. 내제로 다수파는 안정, 재산, 국왕·귀족과의 화해를 선택했다. 급진적 소수파만이 대중을 고무하는 위험을 기꺼이 떠맡았다. 그러나 다수파의 양보 덕분에 대담해진 반동 세력은 오히려 다수파를 위협하는 행보를 취했고, 그 때문에 다수파는 결국 급진파 쪽으로 붙을 수밖에 없었다. 비록 그 일부는 반혁명 편으로 쪼개져 나갔지만 말이다.

이것이 바로 1791년과 1792년의 상황이었다. 그것은 1793년에 재현되게 된다.

공화국 선포와 국왕 처형에서 절정에 달한 1792년의 위기는 파리의 각 지구를 통해 조직된 대중과 자코뱅파가 라파예트를 쫓아내게 만들었다. 지롱드파는 이 행동에 보조를 맞추었지만, 더 나아가서 국왕 처형에 동의하기를 여전히 꺼리고 있었다. 그들은 '폭도'를 두려워했고 브리소는 폭도를 "무질서의 히드라"라고 불렀다.[34] 그들은 도시와 시골에 굶주림이 만연한 상황에서 가격을 통제하고 사람들을 먹여 살리기 위한 양곡을 징발하며 '사재기꾼과 투기꾼'을 본보기로 처벌하라는 파리 각 지구의 요구들에 저항했다.

대신에 그들은 옛 정부가 했던 것과 비슷한 방식으로 대중을 공격했다. 그들의 지도자 가운데 한 사람은 4월에 부유한 부르주아들에게 다음과 같이 경고했다. "여러분의 재산이 위협받고 있으며 여러분은 위험 앞에서 눈을 감고 있습니다. …… 이 독벌레 같은 자들을 본래의 소굴로 쫓아내십시오."[35] 국민공회는 [정부] 전복 혐의로 마라를 혁명재판소에 세우는 데 압도적인 찬성표를 던졌지만 결국 마라는 무죄 판결을 받았다. 에베르도 체포됐고, 국민공회 의장은 도시에서 "되풀이되는 반란"이 멈추지 않으면 "파리는 파괴될 것"이라며 브라운슈바이크 공작의 악명 높은 성명서와 비슷한 어투로 선언했다.[36] 군대는 사령관인 뒤무리에가 탈영해서 적군 편으로 넘어가자 새로운 일련의 패배에 겪었다. 프랑스 서부의 방데 지역에서는 불만을 품은 농민들이 피에 굶주린 왕당파의 봉기에 가담했다.

마지막으로, 5월 29일에는 '온건파'와 왕당파가 힘을 합쳐 리옹을 탈환했고 자코뱅파 시장인 샬리에를 투옥했다가 7월에 처형했다.

비록 많은 역사가들이 로베스피에르의 자코뱅파가 주로 중간 계급의 더 낮은 계층 출신이라고 주장하지만 자코뱅파도 지롱드파만큼이나 중간 계급이었다. 그들 자신도 공개 성명에서 거듭 강조했듯이, 그들은 소유의 '권리'를 방어하는 데서도 지롱드파만큼 헌신적이었다. 또한 로베스피에르 본인은 뇌물에 흔들리지 않는 사람이었지만, 그를 지지하는 많은 사람은 혁명에서 금전적 이득을 취할 때 아무런 양심의 가책도 느끼지 않았다. 사실, 그들 역시 부르주아지의 일원이었거나 부르주아 지망생들이었다는 점을 고려하면 이상할 것도 없는 일이다. 당통 자신은 재산을 불렸으며, 어떤 때는 국왕한테 돈을 받기도 했다. 마라와 에베르는 파리의 대중을 상대로 선동했지만 이윤에는 반대하지 않는 장인들과 소상인들의 관점에서 그렇게 했다.

그러나 1793년 초여름에 그들은 혁명을 더 진전시키지 않으면 반동의 광란이 들이닥쳐서 자기 자신이든 지난 4년 동안 획득한 성과든 어느 것도 살아남지 못할 것임을 깨닫게 됐다. 또한 그들은 혁명을 진전시키는 유일한 방법은 다시 한 번 파리의 대중과 동맹을 맺고 농민들에게 양보하는 것임을 알 수 있었다. 비록 그것이 부르주아의 이익과 충돌하는 조치일 지라도 말이다. 로베스피에르는 자신의 일기에 다음과 같이 썼다. "위험의 원천은 중간 계급들이다. 그들을 쳐부수기 위해 우리는 민중과 동맹을 맺어야만 한다."[37] 다시 말해, 자코뱅 클럽 내의 급진 부르주아지는 지롱드파 온건 부르주아지에 맞서서 파리 각 지구의 혁명적인 상퀼로트와 단결해야만 했다. 혁명의 세 번째 커다란 전환점이 도래했다.

1793년 5월 26일, 로베스피에르는 민중에게 반란을 일으키라고 호소했다. 5월 29일에 33개 지구 대표자들이 모여 9명으로 구성된 봉기위원회를 선출하고 주르네(journée), 즉 새로운 봉기를 조직했다. 5월 31일과 6월 2일에 경보가 울리고 대포가 발사되는 것을 신호로 대중이 거리로 몰려나왔다. 8만 명의 무장한 군중에게 눌러싸인 국민공회는 29명의 지롱드파 의원 체포령을 내려야만 했다. 파리의 지구들은 이제 수도에서 권력의 중심이었으며 자코뱅파 지도부가 사실상 프랑스 정부였다.

패배한 지롱드파는 도시에서 도망쳐 지방에서 반란을 선동했다. 그들은 군대의 장교단에 친구들을 두고 있었으며 대상인들 가운데 동맹 세력이 있었고 농촌의 반란을 두려워한 중간 계급 지주들한테서 동정을 얻었고 어떤 '폭도'라도 위협으로 여긴 모든 사람의 충성을 확보했다. 그리고 물론 반혁명의 승리를 기뻐할 귀족들의 지지를 받았다. 몇 주 내에 프랑스 남부와 서부의 많은 지역이 지롱드파의 수중에 떨어졌다. 왕당파가 방데를 장악했고 반(反)자코뱅파는 남쪽 항구인 툴롱과 지중해 해군의 군함들을 영국군에게 넘겨줬으며 외국 군대들은 아직도 파리를 향해 진군해 오고 있었다. 지롱드파 수중에 있는 캉(Caen) 시 출신의 젊은 여성 샤를로트 코르데가 마라의 도움이 필요하다며 그에게 접근해 목욕 중인 마라를 칼로 찔러 죽였을 때 반혁명은 수도에도 타격을 입힐 수 있음을 보여 주기도 했다.

파리의 상퀼로트는 부패를 막기 위해 더 혁명적 조치들을 취할 것을 자코뱅파 지도자들에게 촉구했다. 그리고 자코뱅파 지도부는 곧 선택의 여지가 없음을 알게 됐다. 공안위원회 — 적어도 1주일에 한 번은 국민공회에 보고했으며 매달 새로 선출한 — 에 무엇이든 적절한 긴급 조치를 취할 수 있는 권한을 부여했다. '최고가격제'로 빵 가격을 통제했고, 인민이 굶주리는 동안 투기 행위를 하는 자는 사형에 처했다. 전쟁 비용을 치르기 위해 부자들의 돈을 강제로 차용했고 가족을 부양하는 데 필요한 최소한도 이상의 모든 수입에 10~50퍼센트의 누진세를 부과했다.[38] 경제는 점점 더 중앙의 지시를 따랐고 전쟁 물자를 생산하는 주요 부문들은 국유화됐다. 망명객과 교회한테 빼앗은 토지는 농민들의 분노를 달래기 위해 잘게 쪼개졌다. 전선에서는 자원병으로 이루어진 혁명 군대와 옛 군 부대가 통합됐고, 그래서 자원병들은 정규군에게 열정을 불어넣고 그들한테서 군사 기술을 배울 수 있었다. 그리고 그들은 함께 장교를 선출했다. 의심스런 관리들은 정부에서 쫓겨났다. 시골의 반혁명 봉기들을 진압하기 위해 전권을 위임받은 혁명위원들이 파견됐다. 18~25세의 모든 미혼 남성은 군복무를 해야 했고 오랫동안 부자들이 복무를 면제받기 위해 대리인을 고용하던 대리 복무제도 사라졌다. 마침내 9월에 한 차례 더 주르네(봉기)가 일어난 뒤에 국민공회와 공안위원회는 가차없는 억압 정책이 필요하다는 데 동의했다. 그것은 바로 공포정치였다.

자코뱅파와 공포정치

공포정치의 추동력은 아래로부터 나왔다. 즉, 그 추동력은 구체제에서 고통을 겪었고 구체제가 복귀하면 훨씬 더 큰 고통이 닥칠 것임을 이해한 사람들, 배반과 부정한 이익 추구 때문에 이미 전선에서는 날마다 자신의 친구들과 친척들이 죽어가던 사람들이었다. 그것은 내전이라는 조건에서 혁명 정권의 반대파는 정권에 해를 끼칠 수 있는 모든 기회를 붙잡으려 한다는 사실에 대한 합리적 이해와 감정적 복수심이 결합된 것이었다. 감옥이 혁명의 적들을 억제할 수는 없었다. 그들은 일단 자신들의 음모가 성공하면 풀려날 것이라고 기대했기 때문이었다. 자코뱅파의 한 쪽 극단에서 '공포정치가' 에베르 같은 사람들은 이런 감정을 부채질했다. 그러나 주류 자코뱅파 지도자들은 그런 요구를 받아들이기를 주저했다. '냉혹한 학살자'라는 신화와는 사뭇 다르게, 로베스피에르는 혁명 초기에 사형제 폐지를 요구한 거의 유일한 인물이었다. 반면, 지롱드파는 하층 계급 출신의 평범한 '죄수들'을 사형하는 것은 찬성했지만 국왕을 처형하는 문제는 망설였다.

1793년 9월 이전에는 혁명재판소에 소환된 260명 중 4분의 1인 66명만이 사형 선고를 받았다. 10월부터 그 추세에 가속도가 붙었다. 왕비 마리 앙투아네트의 처형에 뒤이어 지롱드파와 오를레앙 공작(자코뱅으로 행세하면서 자신만의 대의를 추구하려 했던)에 대한 사형 선고가 잇따랐다. 1793년의 마지막 3개월 동안 395명의 피고인 중 177명이 사형 선고를 받았고, 12월에 파리의 감옥에 투옥된 사람들의 수는 8월의 1,500명에서 4,525명으로 늘어났다. 그러나 이 단계에서 처형된 사람들의 수는 통속 소설과 영화에서 묘사하듯이 날마다 떼거지로 단두대에 끌려가는 정도에는 훨씬 못 미쳤다.

귀족과 왕당파의 처형을 둘러싸고 2백 년 동안 계속돼온 불평불만은 균형에 맞게 교정해야 한다. 처형은 구체제에서는 일상사였다. 가난한 사람들은 천 한 조각을 훔쳤다는 이유만으로도 교수형에 처해질 수 있었다. 언젠가 마크 트웨인이 썼듯이, "두 가지 공포정치가 존재했다. 하나는 몇 달 동안 지속됐고, 다른 하나는 1천 년 동안 지속됐다." 북쪽에서 파리를 향해 진군해 오는 군대가 만약에 파리를 점령했다면 자코뱅파보다 훨씬 더 무시무시한 공포정치를 확립했을 것이고 왕당파와 귀족들을 이용해 '주모자들'을 색출하고 즉결 처형했을 것이다. 리옹, 마르세유, 툴롱을 점령한 '온건파'와 왕당파는 "애국자를 단두대형이나 교수형에 처한" 재판소를 설립했다. 그 결과는 "참담했다."[39] 리옹의 희생자 수는 800명이었다고 한다.[40] 방데의 어느 왕당파 신부는 공화국 지지자들을 색출하는 "피비린내 나는 수색 작전이 날마다 벌어졌다"고 증언했다. 심지어 공화국을 용인한 성직자가 집전한 미사에 참석하는 것조차도 "투옥되고 나서 감옥이 꽉 찼다는 핑계로 살해되거나 총살당할" 근거가 됐다.[41] 마슈쿨에서는 524명의 공화주의자들이 총살당했다.[42] 이 모든 것에 덧붙여, 프랑스 북부 국경선에서는 왕당파와 지롱드파가 시작하고 혁명에 반대하는 국내외의 모든 적들이 열광적으로 합류한 전쟁에서 엄청난 수의 사람들이 전사하고 있었다. 적군에 동조하는 프랑스 장교들은 수천 명의 병사들을 일부러 사지에 보내기도 했다.

혁명을 다룬 인기 작가들의 공포 소설에는 반혁명과 전쟁의 희생자들은 좀처럼 등장하지 않는다. 심지어 찰스 디킨스의 《두 도시 이야기》에서도 그렇다. 그런 작가들에게는 고귀한 신사나 귀부인의 죽음은 끔찍한 비극이지만 공화파 수공업자나 여성 재봉사들의 죽음은 전혀 관심거리가 아니다.

바로 이것이 1793년 9월 말에 로베스피에르가 국민공회에서 펼친 주장의 요지였다. 그는 공화국 장군인 우샤르가 불필요한 퇴각으로 군사적 재앙을 초래했다는 이유로 그를 처벌하는 것을 정당화하고 있었다. "배반과 나약함 때문에 지난 2년 동안 10만 명의 사람들이 도살당했다"고 그는 말했다. "반역자에 대한 나약함이 우리를 파괴하고 있다."[43] 그것은 자코뱅파의 조치들에 찬성해야 할지 말지를 망설이던 많은 의원들을 [자코뱅파 쪽으로] 끌어당긴 주장이었다.

혁명 기간 동안 최악의 유혈 사태는 혁명가들이 결코 통제권을 상실하지 않았던 파리에서 일어난 것이 아니라 반대파들이 점령하고 있는 지역을 탈환하는 전투에서 발생했다. 공화국 군대가 피의 복수를 감행한 곳이 몇 군데 있었다. 리옹에서 혁명위원회는 1,667명에게 사형을 선고했다. 방데에서는 무기를 든 채 포로로 붙잡힌 반란군은 즉결 처형당했다. 낭트에서는 2천~3천 명의 반란 지지자들이 루아르 강에 산 채로 수장됐다. 툴롱에서는 도시를 영국군에게 넘겨준 혐의를 받은 사람들이 집단으로 처형됐다.[44]

공포정치의 또 다른 측면도 살펴봐야 한다. 이것은 1793~1794년에 혁명 지도자들이 상대방에게 휘둘렀던 공포정치다. 그것은 지롱드파와 자코뱅파 사이의 적대감으로 시작됐다. 지롱드파는 마라를 고소함으로써 자신들도 탄압에 의존할 용의가 있음을 보여 줬다. 그럼에도 자코뱅 정부가 수립된 뒤 처음으로 체포된 지롱드파 지도자들은 단지 가택 연금됐을 뿐이다. 그때 그들은 파리를 떠나 지방에서 반란을 선동함으로써 이것이 말만으로는 해결할 수 없는 갈등임을 입증했다. 로베스피에르와 당통은 어떤 지롱드파라도 자유롭게 내버려두면 똑같이 행동할 것이라는 점을 깨달았다. 지롱드파가 그렇게 행동하는 것을 막는 유일한 방법은 강력한 탄압이었고, 내전이라는 조건에서 그것은 처형을 뜻했다.

그러나 중간 계급 자코뱅파가 보기에는, 지롱드파에게 적용한 똑같은 논리를 내전이라는 소선에서 다른 특징 공화주의자들에게도 적용해야 했다. 한편 로베스피에르에게는 자신의 동맹 세력인 파리의 상퀼로트가 골칫거리가 되기 시작했다. 그들은 거리에서 혁명에 대한 대중적 지지를 동원하는 데서 놀랄 만한 성과를 가져다 줬다. 그러나 그들은 로베스피에르를 비롯한 여러 자코뱅 지도자들을 배출한 바로 그 사회 집단, 즉 공화국에 대한 지지 여부를 놓고 동요하는 재산 소유자 집단도 적으로 돌리고 있었다. 로베스피에르는 공포정치를 시행하라는 상퀼로트의 요구를 채택하면서 동시에 상퀼로트 조직들을 탄압하기 시작했다. 9월 중순에 자크 루가 체포됐다. 10월에는 클레르 라콩브의 '혁명적 공화파 여성협회'가 해체됐다. 그리고 마침내 [1794년] 3월에는 에베르와 다른 몇몇 사람이 단두대에서 처형됐다.

명망 있고 재산을 소유한 중간 계급에게 공포심을 줄 수밖에 없는 요구들을 내놓는 '극단론자들'만이 로베스피에르의 유일한 골칫거리는 아니었다. 또한 그는 혁명의 당면한 필요보다 개인의 이익을 앞세우는 사람들 때문에 혁명이 파괴될 것을 두려워했다. 특히 당통 주변의 일부 사람들이 이에 해당했다. 당통은 엄청난 혁명적 용기와 열정을 갖고 있었지만 의심스런 부자들과 어울림으로써 얻을 수 있는 보상에 끌리기도 했다. 그의 친구들이 프랑스 동인도회사와 관련된 주요 부패 사건에 연루된 것도 우연이 아니었다. 1794년 1월과 2월에 당통이 자기 주변에 비공식적인 '관용'파를 끌어 모았을 때, 로베스피에르는 그가 9개월 전 지롱드파의 전철을 밟는 게 아닌지 두려워하기 시작했다. 에베르가 처형된 지 닷새 후에 이번에는 당통과 데물랭, 그리고 다른 사람들이 체포돼 재판을 받고 나서 처형됐다.

로베스피에르와 그의 최측근 동맹들은 자신들이 사면초가에 빠졌다고 느꼈다. 바로 그들 자신의 계급이 반쯤은 반혁명 세력에 이끌리고 있었던 것이다. 이윤 추구가 그 계급의 본질인 만큼 그 계급의 성원들은 끊임없이 뇌물과 부패의 유혹을 받기 쉬웠다. 과감한 조치에 대한 두려움만이 중간 계급을 승리의 길에서 이탈하지 않도록 채찍질할 수 있었다. 로베스피에르는 자신이 중간 계급의 핵심 가치들을 실현하는 새로운 사회를 대변한다고 믿었다. 그는 자신의 목표를 '덕'(德)과 동일시하는 것을 통해 이런 믿음을 표현했다. 그러나 그는 중간 계급 자체를 징계하지 않고서는, 그것도 가끔은 매우 가혹하게 징계하지 않고서는 이것을 달성할 수 없었다. 그가 1794년 2월에 썼듯이, "덕이 없는 공포정치는 무익하다. 그러나 공포정치가 없는 덕은 무기력하다."

더욱이 공포정치는 국가를 혁명적 감정과 행동의 초점으로 만들었다. 그것은 중간 계급에게 위험으로 충만한 길, 즉 혁명의 주도권을 점점 더 하층 계급에게 넘겨주는 길에서 상퀼로트 대중을 멀어지게 하는 데 기여했다. 중간 계급 정치인들로서는 상퀼로트가 독립적으로 행동하고 주장하는 것보다는 국가의 단두대가 작동하는 것을 구경하면서 카르마뇰[프랑스의 민족무용. 1789년 프랑스 혁명 당시 민중이 광장에서 춘 춤으로 유명하다] 춤을 추는 것이 훨씬 더 나았다. 이제 공포정치는 단지 혁명을 방어하는 수단일 뿐 아니라, 부르주아지 내의 유화적인 분파와 대중 사이에서 줄타기를 하는 정치 집단이 국가를 중앙집권화하는 수단이 됐다.

1794년 봄에 로베스피에르 주변의 자코뱅파는 파리의 대중 조직들을 서서히 끝장내면서 혼자 힘으로 통치하고 있었다. 코뮌을 제거하고 각 지구들을 해체하며 식량 사재기를 감시하는 위원직을 폐지했다. 정부 권력은 이제 겉으로는 통일돼 보이는 인간 집단의 수중으로 전례 없이 집중됐고 더는 좌우의 견제를 받지 않았다. 그러나 그렇게 집중된 권력은 그 어느 때보다 더 억압에 의존함으로써만 목적을 달성할 수 있었다. 소불이 설명하듯이,

> 지금까지는 공포정치가 …… 혁명의 적을 겨냥했다. 그러나 이제는 그것이 확대돼, 정부 위원들에 반대하는 사람들도 겨냥하게 됐다. 이런 식으로 위원들은 공포정치를 통해 정치 생활에 대한 그들의 지배력을 강화했다.[45]

이처럼 집중된 공포정치는 그 자체의 추진력을 얻었다. 자코뱅파의 중핵은 자신들을 지지하지 않는 사람들은 모두 적이라고 느끼기 시작했다. 그리고 그 느낌은 부분적으로는 이유 있는 것이었다. 자코뱅파 자신의 계

급인 중간 계급 내에서도 그 계급의 자유를 단속하는 자코뱅파에 대한 적대감이 싹트고 있었고, 자크 루와 에베르를 추종했던 많은 상퀼로트 사이에서도 적대감이 존재했다. 그런 적대감에 공포정치로 대응하는 것은 자코뱅파 중핵의 고립을 훨씬 더 심화시킬 뿐이었다. 그러나 공포정치를 중단하는 것은 자코뱅파 중핵에 복수하기를 원하는 사람들을 자유롭게 해 줄 위험이 있었다.

로베스피에르는 무엇을 할 것인지를 두고 동요했다. 그는 예컨대 낭트에서 벌어진 집단 익사(溺死)의 책임자를 파리로 소환함으로써 특정 지방에서 공포정치를 제어하려 했다. 하지만 그 이후인 1794년 5월부터 그는 파리에서 공포정치를 급격히 확대했고, 그 뒤로 3개월 동안 처형된 사람 수가 그 전해에 처형된 사람 수만큼 많아졌다. 처음으로 피고인의 변호권이 거부당했고, 배심원들은 단지 '도덕적 유죄'만으로도 유죄 선고를 내릴 수 있었으며, 서로 아무 관련이 없는 사람들이 감옥에서 '공모했'을지도 모른다는 근거로 집단으로 재판을 받기도 했다. 바로 이 시기에 미국 혁명과 영국 평민 급진주의의 위대한 소책자 작가 톰 페인만이 가까스로 처형을 면했다. 그의 죄목은 그가 몇몇 지롱드파와 친하게 지냈던 '외국인'이라는 것이었다.(물론 과거 한때 대부분의 자코뱅파 지도자들도 지롱드파와 친분이 있었다.)

테르미도르 반동과 그 이후

자코뱅파의 방법은 혁명 정권을 지키는 데 성공한 반면, 지롱드파의 방법은 그러지 못했다. 1794년 여름에 혁명군은 자신이 십중팔구 유럽 역사상 최강의 군대임을 입증하고 있었다. 지방의 반란들은 분쇄됐고 프랑스 군대는 브뤼셀을 점령하고 북진하는 중이었고, 공화국은 실로 "분리할 수 없는 하나"인 듯 보였다.

하지만 바로 이런 성공들이 자코뱅파에게 극복할 수 없는 골칫거리를 만들어냈다. 그들은 좌파와 우파 사이에서 균형을 잡음으로써, 그리고 그 과정에서 자신들의 계급 일부에게 매우 가혹한 징계를 함으로써 성공할 수 있었다. 왜냐하면 대다수 중간 계급은 몇 달 전까지도 다른 대안을 찾지 못했기 때문이었다. 이것이 바로 국민공회가 계속해서 공안위원회의 권력을 갱신하는 데 찬성표를 던진 이유였다. 그러나 혁명군의 계속된 승리는 독재가 더는 필요하지 않다는 분위기를 키우고 있었다.

로베스피에르는 그 전 여러 달 동안 많은 적들을 만들었다. 당통에 동조하는 '관용파', 과도한 억압 정책을 실행했다는 이유로 지방에서 소환된 파견 의원들, 에베르의 옛 동맹 세력들, 지롱드파와 결코 단절하지 않았으면서도 두려움 때문에 그 사실을 숨긴 자들이 바로 그들이었다. 1794년 7월 27일, 그들은 단결해 국민공회에서 논쟁이 한창일 때 로베스피에르를 기습 공격했다. 한 의원이 로베스피에르와 그 동맹 세력들에 대한 체포 영장 발부를 제안했고 국민공회는 만장일치로 찬성했다.

자코뱅파는 대중에게 혁명적 봉기를 일으킬 것을 호소함으로써 최후의 자구책을 꾀했다. 그러나 이미 그들 자신이 위원회들을 해체했고 그런 봉기를 조직할 수 있는 상퀼로트의 신문들을 금지한 뒤였다. 그들은 불과 4일 전에 식량 투기 금지령을 해제했고 많은 장인들의 수입을 감소시키는 최고임금제를 공표했다. 파리의 48개 지구 가운데 겨우 16개만이 무장력을 보내 봉기 시도에 가담했으며, 그들은 적절한 지도부 없이 여러 시간 동안 주변을 서성이다가 그냥 흩어졌다. 로베스피에르와 그의 동맹 세력 21명은 7월 28일에 처형됐고 그 다음 날 또 다른 71명이 처형됐다. 혁명 역사상 최대 규모의 처형이었다.

로베스피에르는 국민공회에서 다음과 같이 외쳤다. "공화국은 구제불능에 빠졌다. 이제 강도들이 승리하고 있다." 그 전 5년 동안의 위대한 운동이 막을 내렸다는 의미에서 그는 옳았다. 로베스피에르가 타도된 달(月)의 공화국 혁명력 이름인 테르미도르는 그 이후 내부의 반혁명을 뜻하는 말이 됐다.

그를 타도한 동맹 세력들은 권좌에 오래 머물지 못했다. 그 뒤로 몇 달 동안 혁명을 증오하는 사람들이 새로운 자신감을 얻었다. 부유한 청년 조직 폭력배인 '부잣집 도련님들'(jeunesse dorée)이 파리의 길거리를 활보하기 시작했고, 혁명의 이상을 옹호하려 하거나 '상전'에게 존경을 표하지 않는 사람들은 누구든지 공격했다. 그들 가운데 한 패거리는 자코뱅 클럽을 폐쇄했다. 헌법도 수정돼 선거권을 제한하는 새로운 재산 자격이 도입됐다. '백색 테러'로 옛 혁명가들이 무더기로 처형당했고 그 밖에도 수많은 사람들이 보복 공격을 당했다. 1795년 4월과 5월에 상퀼로트가 일으킨 두 차례의 짧은 봉기는 가난한 사람들이 기회만 주어지면 '부잣집 도련님들' 따위는 꺾을 수 있음을 보여 줬지만, 결국 그 봉기는 테르미도르파에 충성하는 군대에게 짓밟혔다. 망명귀족들이 국내로 돌아와서 머지않아 왕정이 복구될 것이라고 큰소리치기 시작했다. 왕위 계승권자인 미래의 루이 18세는 망명지에서 자신은 세 신분 제도와 더불어 구체제를 복구할 것이며, 테르미도르파를 포함한 모든 혁명 가담자를 처벌하겠다고 힘줘 말했다. 그 다음에 1795년 10월에는 왕당파가 파리에서 독자적인 봉기를 감행했다. 겁에 질린 테르미도르파는 이전의 자코뱅파를 다시 무장시키는 한편 상퀼로트에게 도와달라고 호소하기 시작했다. 적어도 군대(특히 한때 자코뱅파였던 나폴레옹 보나파르트라는 장교가 이끄는)가 그들을 도와주러 오기 전까지는 그랬다. 유혈낭자한 왕정복고를 두려워한 테르미도르파는 5명의 총재 수중에 권력을 집중하기로 합의했다. 4년 동안 총재 정부는 우왕좌왕하면서 계속해서 더 많은 권력을 나폴레옹에게 넘겨줬다. 나폴레옹의 군대는 왕당파와 대중적 자코뱅주의의 부활을 모두 억누를 수 있는 보루였다. 1799년에 나폴레옹은 사실상 자신에게 독재 권력을 부여한 쿠데타를 일으켰다. 1804년에 그는 옛 자코뱅파의 일부와 망명에서 돌아온 몇몇 귀족에게 지지를 받으며, 교황이 자신을 황제로 임명하게 만들었다. 그러다가 1814년과 1815년에 나폴레옹의 군대는 결국 패배했고, 다른 유럽 열강들은 부르봉 왕조를 재건할 수 있게 됐다. 로베스피에르가 마지막으로 절박하게 경고한 것이 현실로 나타난 듯했다.

하지만 두 가지 점에서 그는 틀렸다. 혁명은 1794년의 테르미도르를 기점으로 끝났지만 혁명이 가져온 많은 변화들은 그대로 남았다. 나폴레옹 정권은 이런 많은 변화들을 견고하게 다지면서 세워졌다. 봉건 부과금 폐지, 독립[자영]농 창출, 내부 관세 징수소 철폐, 단일한 국가 행정부 창설, 무엇보다도 왕조나 귀족의 목표가 아니라 부르주아의 목표라는 견지에서 정부 정책을 결정하는 것이 바로 그런 변화였다. 나폴레옹 군대는 구체제의 군대가 아니었다는 바로 그 이유 때문에 한동안 유럽의 많은 지역을 점령할 수 있었다. 그것은 혁명기에, 특히 자코뱅파 집권기에 확립된 방식으로 조직되고 동기를 부여받은 군대였다. 나폴레옹 군대에서 가장 뛰어난 장군들은 혁명기에 사병으로 시작해서 본인들의 능력으로 승진한 사람들이었다. 나폴레옹은 심지어 자코뱅 '공포정치인' 출신에게 경찰 지휘권을 맡기기도 했다.

그 전에 있었던 네덜란드·영국·미국의 혁명과 마찬가지로 프랑스 대혁명은 완전한 시장 중심의 사회를 이룩하는 데 거대한 장애물이 됐던 과거의 유산들을 일소했다. 그리고 1792~1794년 이후로 귀족의 반동이 그것들을 되돌려놓을 수 있는 길은 완전히 사라졌다.

20년 뒤에 혁명을 돌이켜 보면서 소설가 스탕달은 이렇게 말했다. "2천년의 세계 역사에서, 그토록 급격한 관습·사상·신념의 혁명은 아마 전에는 결코 없었을 것이다."[46] 혁명가들은 패배했을지 모르지만, 혁명의 많은 유산은 살아남아서 근대 세계를 형성했다.

로베스피에르는 또 한 가지 측면에서도 틀렸다. 그것은 혁명이 단지 중간 계급 정치 집단들(각각의 정치 집단이 그 이전보다 더 급진적인)만으로 이룩된 것이 아니었기 때문이다. 핵심적으로 그것은 또한 도시와 농촌에서 전에는 결코 역사 창조에 참여할 기회가 없었던 수백만의 사람들이 정치에 가담함으로써 이룩된 것이다. 그들은 자신들의 이익을 위해 싸우는 방법과 과연 그 이익이 무엇인지를 논쟁하는 법을 배웠다. 1789년과 1792년에 귀족의 대저택을 불사른 농민들은 훗날에도 정부가 그들의 토지를 가져가도록 내버려두지 않았다. 파리와 여타 도시들에서 하층 계급들은 자신들의 이익을 위해 역사상 전례 없는 규모로 투쟁했다. 그리고 그것은 1830년, 1848년, 1871년뿐 아니라 1936년, 1968년에도 되풀이될 것이었다.

프랑스 혁명을 설명할 때 그 혁명이 세계 역사에 미친 전반적인 영향을 살펴보는 것은 매우 옳지만, 언제나 그곳에서 벌어진 일들을 간과할 위험이 있다. 즉, 파리의 좁은 길거리와 사람들이 북적대는 빈민 거주 지역에서 일어났던 일들 말이다. 바로 여기에서 사람들은 마라와 에베르의 저작을 읽고 논쟁했으며, 각 지구의 '상설 회의'에서 여러 시간을 보냈고, 곡식을 매점매석하는 사람들을 색출하고 왕당파 앞잡이들을 수색했으며, 창을 날카롭게 다듬고 바스티유 감옥으로 진격했고, 입헌 왕당파를 지롱드파로 그리고 지롱드파를 자코뱅파로 교체했던 봉기를 조직했으며, 수천 명이 자원해 전선으로 떠나거나 혁명을 확산하기 위해 시골로 떠났다.

도시의 대중 운동에는 한계가 있었다. 그런 한계는 당시 프랑스의 사회 구조에서 기인한 것이었다. 도시 대중의 압도 다수는 여전히 작은 작업장에서 일하고 있었는데, 거기에서 장인과 그의 가족은 아마 생활수준이 자신들과 별반 다르지 않을 피고용인 두어 명과 함께 작업했다. 그들은 함께 거리에 나오거나 지구 회합과 클럽에 참여했을 것이다. 그러나 그들이 대부분의 시간을 보내는 생산 과정에서 그들은 서로 유기적으로 결합돼 있지는 않았다. 그들의 이상은 아버지가 가장으로 있는 개별 가족 단위의 보존이었지 사회의 집단적 재조직이 아니었다. 크로포트킨과 게랭의 혁명사[47]에서 나타나듯이, 그들은 과거에 자신을 모욕했던 귀족과 [지금] 그들을 굶어 죽게 내버려 두는 투기꾼들에 맞서 싸우면서 엄청난 용기와 창의력을 보여 줬다. 그렇게 싸우는 과정에서 그들은 편견들을 벗어던지기 시작했다. 수많은 시위에서 여성들이 전위 역할을 한 것, 일부 혁명가들이 여성에게도 투표권을 달라고 요구한 것, 그리고 혁명적인 여성 클럽들이 출현한 사실에서 이 점을 확인할 수 있다. 하지만 1793~1794년에 혁명이 거대한 위기에 봉착했을 때 그들은 승리를 가져다 줄 수 있는 독자적인 강령을 제시하기 힘들었다.

알베르 소불이 보여 주듯이, 그들은 자신들 생활 조건 때문에 자코뱅파를 밀어붙여 필요한 급진적 조치들을 취하게 만들 수는 있었지만, 혁명의 문제들을 해결할 수 있는 집단적이고 계급적인 대응을 독자적으로 추진할 수는 없었다. 그들은 최고가격제를 위해 싸울 수는 있었지만, 결정적인 생산 과정을 접수할 위치에 있지는 않았다. 심지어 공포정치에 대한 열광도 그들의 무력함을 보여 주는 징후였다. 그들은 혁명의 운명을 그들 스스로 직접 집단으로 통제할 수 없었기 때문에 다른 사람들이 혁명을 파괴하지 못하도록 막는 데만 온 힘을 기울여야 했다.

하지만 그들의 행동과 주도권은 당통의 감동적인 발언이나 로베스피에르의 단호한 심지만큼이나 프랑스의 낡은 질서를 뒤집어엎는 데 큰 기여를 했고, 그렇게 이룩한 혁명은 그 다음 세기까지 전 유럽과 여타 지역의 수많은 사람들에게 영감이나 두려움을 안겨 줬다. 대중 운동이 분쇄된 직후에 (1796년에 처형된) '그라쿠스' 바뵈프를 중심으로 한 혁명가 집단도 그들에게서 나왔고, 바뵈프가 사회·경제적 평등을 강조했던 것은 19세기와 20세기의 사회주의 운동의 기초를 놓는 데 도움이 됐다.

3. 프랑스 외부의 자코뱅주의

"자유를 회복하고자 하는 모든 사람을 돕는 것"은 지롱드파가 이끄는 1792년의 국민공회가 내놓은 약속이었다. 브리소는 유럽의 국왕들을 상대로 자신이 선포한 전쟁은 낡은 형식의 정복 전쟁이 아니라 해방 전쟁이 될 것이라고 주장했다. 분명히 프랑스 외부에는 그 어떤 혁명적 진보도 기뻐할 사람들이 많았다.

이것은 찬란한 정신적 여명이었다. 생각하는 모든 존재는 환희로 가득 차서 이 시대를 맞이했다. 고상한 감정들이 인간의 정신을 흥분시켰다. …… 영혼의 열광이 전 세계를 전율하게 했다.[48]

노쇠한 독일 철학자 헤겔은 젊은 시절 일어났던 프랑스의 사건들이 세계에 끼친 충격을 그렇게 묘사했다. 그의 기억이 그를 속이고 있는 것은 아니었다. 계몽주의가 사람들에게 영향을 미친 모든 곳에서 혁명의 메시지는 반향을 불러일으켰다.

영국의 시인 워즈워스, 사우디, 콜리지는 바스티유 감옥 습격에 열광했다. "완벽하게 태어난 신(神)처럼, 희망이 인류의 가슴속에서 샘솟는다"고 콜리지는 썼다. 시인이자 판화가인 윌리엄 블레이크는 한 병사와 논쟁하면서 혁명의 원리들을 옹호하다가 체포될 뻔했다. 선구적인 화학자 조지프 프리스틀리의 집은 왕당파 패거리의 공격을 받았다. 독일의 철학자 칸트와 피히테는 젊은 헤겔만큼 열광적이었다. 심지어 테르미도르 뒤에도 칸트는 "자코뱅파의 악행은 과거의 폭군에 비하면 아무것도 아니었다"고 말할 수 있었다.[49] 베토벤은 혁명가(革命歌)의 멜로디를 자기 음악과 혼합시켰고 혁명군의 정신을 그의 위대한 세 번째 교향곡 <에로이카>에서 구현했다.(원래 나폴레옹에게 헌정한 곡이었으나 나폴레옹이 스스로 황제가 된 것에 혐오감을 느낀 베토벤은 이를 취소했다.) 아일랜드에서는 벨파스트 중간 계급의 울프 톤과 옛 귀족 가문의 일원인 에드워드 피츠제럴드 경이 파리로 가서 혁명 정부와 접촉했다. 라틴아메리카에서는 역시 카라카스의 귀족 가문 출신인 열여섯 살의 시몬 볼리바르가 1799년에 파나마에서 스페인 총독과 논쟁하면서 혁명을 옹호했다. 한편, 멕시코의 사제 미겔 이달고는 호세 마리아 모렐로스 같은 학생들을 설득해 혁명의 이상 쪽으로 이끌었다.

총검으로 수행한 혁명

그런 열광 덕분에 프랑스 군대는 국경선을 지나 벨기에, 네덜란드, 이탈리아 북부와 독일 남부로 진격하면서 처음에는 많은 지역에서 동맹군들을 발견했다. 왕정이나 과두 지배 체제에 반대하는 중간 계급 반대파들은 자신들을 '자코뱅파'로 묘사했다. 심지어 자코뱅파가 권좌에서 물러난 뒤에도 이것은 여전히 혁명 세력 지지자들을 부르는 일반적인 이름이었다. 프랑스 군대가 진군할 때마다 이런 세력들은 프랑스 군대와 협력하면서, 프랑스에서는 아래로부터 강요된 개혁들을 위에서 관철했다. 농노제와 봉건 부과금 폐지, 교회와 국가의 분리, 교회 토지 몰수, 내부 관세 징수소 폐지, 다소 민주적인 의회 설립이 바로 그런 개혁이었다. 그러나 머시않아 문세가 생기기 시작했다.

전쟁을 일으킨 브리소의 주장에 대한 로베스피에르의 한 가지 반론은 다른 나라 사람들이 외국의 침략자들을 환영하지 않으리라는 것이었다. 전쟁의 의도가 아무리 좋을지라도 말이다. 처음에는 많은 지식인들과 일부 중간 계급이 열광했지만, 로베스피에르가 옳았음이 곧 입증됐다. 승리를 거둔 프랑스 군대는 점령한 나라들을 약탈하고 공물을 부과함으로써만 겨우 군대 유지비를 충당할 수 있었다. 해방 전쟁으로 시작했던 것이 혁명적 방어전이라는 고통스런 시기를 거쳐서 마침내 제국주의적 정복 전쟁이 됐다. 나폴레옹은 벨기에, 사보이, 라인 강 남쪽의 독일 소국들을 병합하고 민주적 의회들을 왕정으로 교체한 뒤 자기 형제들을 이탈리아, 베스트팔렌, 네덜란드, 스페인의 국왕으로 임명함으로써 그 과정을 논리적 결론으로까지 몰고 갔다.

심지어 나폴레옹 치하에서도 프랑스 군대는 봉건제의 잔재들을 쓸어냈고 적어도 몇몇 경우에는 자본주의 생산 발전을 위한 기초를 마련했다. 그러나 프랑스에서 그토록 중요했던 상퀼로트와 농민들의 봉기가 없는 상태에서 점령 지역의 '자코뱅파'는 인민 대중 사이에 어떠한 기반도 확보할 수 없었다. 농민들과 도시의 하층 계급들은 프랑스의 점령에서 새로운 질서와 일체감을 느낄 수 있는 것을 전혀 얻지 못했다. 왜냐하면 프랑스에 바치는 공물과 프랑스 군대에 필요한 물자를 공급하는 데 드는 비용은 낡은 봉건 부과금과 마찬가지로 큰 부담이었기 때문이다. 각 지역의 '자코뱅파'는 프랑스 군대가 철수할 때마다 낙동강 오리알 신세가 됐다.

이런 일이 1812~1814년에 도처에서 벌어졌다. 나폴레옹은 자기 형을 스페인 국왕에 임명하고 북유럽 평원을 가로질러 모스크바로 진군함으로써 두 전선에서 그의 제국을 지나치게 확장했다. 그것은 재앙적인 전략이었다. 그의 군대는 마드리드의 대중 봉기를 가까스로 진압했지만 그때부터 계속해서 게릴라 전사들에게 시달렸고 웰링턴이 이끄는 영국군은 이베리아 반도를 가로질러 전투를 벌였다. 한편, 버려진 모스크바의 점령은 적군의 공세와 혹심한 겨울 때문에 1천6백 킬로미터에 달하는 나폴레옹의 보급선이 파괴되면서 재앙으로 변했다. 프랑스군이 점령지에서 어찌나 반감을 샀던지, 스페인과 프로이센의 자유주의자들은 왕당파 세력과 동맹을 맺고 프랑스군을 몰아냈을 정도였다. 이것은 마치 '민족 해방' 전쟁처럼 보였지만, 국왕들은 승리를 거두고 나자 자유주의자들을 배신했고 고야의 그림 <암흑의 시절>에 표현된 극도의 억압과 의기소침으로 그들을 내몰았을 뿐이다.

나폴레옹의 패배(첫 패배 이후 놀랍게도 1백 일 동안의 복귀에 성공했다가 1815년에 워털루에서 또 패배했기 때문에 정확히 말하면 두 차례의 패배) 때문에 모든 국왕·제후·귀족은 복귀할 수 있었고, 18세기 구체제의 낡은 상부구조가 이미 바뀐 사회 구조 — 적어도 프랑스, 이탈리아 북부, 독일 서부에서는 그랬다 — 위에 덧씌워진 기묘한 반쪽 세계가 만들어졌다. 이런 세계는 알렉산더 뒤마(그의 아버지는 흑인 노예의 아들이었고 나폴레옹 휘하의 장군이었다)의 ≪몬테크리스토 백작≫에서, 스탕달(나폴레옹 군대에서 장교였다)의 소설 ≪적과 흑≫, ≪파르마의 수도원≫에서 훌륭하게 묘사하고 있다.

영국 : 전통의 탄생

혁명이 정치 생활에 깊은 영향을 끼친 것은 유럽 대륙뿐이 아니었다. 그것은 영국에도 강력한 영향을 끼쳤다. 영국 부르주아지의 가장 중요한 부문은 이미 1789년 이전에 정치 권력에 대한 중요한 영향력을 획득했기 때문에 혁명을 고려할 이유가 전혀 없었다. 그러나 프랑스의 사건들은 급속하게 팽창하는 여러 도시의 광범한 대중을 흥분시켰다. 수가 계속 늘어나는 장인, 직인, 구멍가게 주인, 그리고 그들과 더불어 공장의 새로운 산업 노동자 일부도 자극을 받았다.

혁명을 옹호하고 영국에서도 비슷한 헌법 원리들을 요구한, 1부와 2부로 된 톰 페인의 저작 ≪인간의 권리≫는 10만 부가 팔렸다. 1791년 말에 셰필드에서는 정부를 욕하면서 "엄청나게 비싼 식료품 가격에 관해 얘기하던 …… 메카닉 대여섯 명이" 셰필드헌법협회를 구성하고 의회 선거를 해마다 실시할 것과 보통선거권을 요구했다. 1792년 3월에는 그 수가 2천 명이나 됐고, 그 해 가을 발미 전투에서 혁명군이 승리한 뒤에는 6천 명이 참가하는 가두 축하 집회를 조직했다.[50] 비슷한 협회들이 맨체스터, 스톡포트, 버밍엄, 코번트리, 노리치에서 생겨나 다양한 수준의 성공을 거뒀다.[51] 1792년 초에 제화공 토머스 하디가 창설한 런던통신협회는 급성장해 48개 '분회'(지부)에서 5천 명의 회원을 조직했고[52] 각 지방 협회들과 함께 전국적인 연결망을 구축하고 있었다.

그 운동은 1792년 말에 프랑스 혁명에 대항하는 전쟁을 준비하던 영국 정부를 걱정시키기에 충분할 만큼 컸다. 이미 1791년에 버밍엄의 지역 유지들은 바스티유 감옥 함락을 축하하는 지역 개혁가들의 만찬을 공격하도록 폭도들을 선동했고 그 저택을 약탈했으며 회합 장소에 불을 질렀고 화학자 조지프 프리스틀리 같은 사람들을 도시에서 쫓아냈다.[53] 이제 정부는 전국에서 반자코뱅 선동을 조장했다. 각 지역에는 왕당파 협회들이 설립돼 민족주의적 전쟁 열병을 부추겼다.

또한 민주주의 사상을 선전하려는 그 어떤 시도도 악랄하게 탄압했다. ≪인간의 권리≫ 때문에 반역죄로 고발당한 톰 페인은 영국을 떠나야 했다. '스코틀랜드 인민의 벗'의 두 지도자인 젊은 변호사 토머스 뮤어와 영국의 유니테리언 설교자인 토머스 파머는 '스코틀랜드 제헌의회'에 세 명의 대표를 파견했다는 이유로 불공정하기로 악명 높은 재판을 받은 뒤에 추방됐다.[54] 토머스 하디와 런던의 다른 지도자 12명은 반역죄로 재판을 받았고 하디의 아내는 폭도들이 그 집을 공격했을 때 죽었다. 이를 불쌍히 여긴 배심원단이 피고인에게 무죄를 선고하자, 의회는 활동가들이 배심원단을 대면하지 않고 투옥될 수 있도록 인신보호영장의 효력을 일시 정지했다.

영국과 스코틀랜드 자코뱅파의 선동이 도시의 계급들 사이에서 폭넓은 반응을 불러일으킬 때도 있었다. 그들은 수천 명의 사람들을 옥외 집회로 불러 모을 수 있었고, 1797년 영국 해군을 뒤흔든 거대한 해군 폭동의 일부 지도자들은 분명히 자코뱅파의 사상에 영향을 받고 있었다. 그러나 중간 계급 대중은 자신에게 유리한 현재 상태를 방어하기 위해 기꺼이 토지 소유 계급과 단결했고 정부가 그 운동을 마음대로 짓밟을 수 있게 내버려뒀다. 1790년대 말이 되면 누구든지 혁명의 이상에 동조하기가 매우 힘들게 됐다.

하지만 셰필드헌법협회, 런던통신협회, 스코틀랜드 인민의 벗 등이 했던 선동은 한 가지 중요한 결과를 낳았다. 에드워드 톰슨이 그의 책 ≪영국 노동 계급의 형성≫에서 보여 줬듯이, 그것은 1815~1848년의 사건에 큰 영향을 준 전통을 창출하는 데 기여했다.

아일랜드의 공화파 봉기

프랑스의 사례는 영국의 가장 오래된 식민지인 아일랜드에 훨씬 더 직접적인 영향을 미쳐서 오늘날까지 지속되는 혁명적 민족주의 전통을 낳았다.

영국 정부는 아일랜드에서 1650년대에 일어난 저항을 분쇄한 뒤로 얼스터 지방의 가톨릭 토착민들한테서 빼앗은 땅에 (주로 스코틀랜드에서 이주한) 프로테스탄트 농민들을 정착시킴으로써 아일랜드 섬에 대한 지배력을 굳건히 다졌다. 이 정착 농민들의 후손들은 만약 가톨릭 봉기가 일어나면 자신들이 토지에서 쫓겨날지도 모른다는 두려움 속에서 살았다. 그래서 그들은 역시 프로테스탄트였던 영국계 아일랜드인 지주들과 자신들이 하나의 이익 공동체라고 느끼게 됐다. 그들은 영국 정부가 부과하는 정책들에 도전하면 토지를 빼앗긴 가톨릭을 고무하지 않을까 두려워했다. 1770년대까지 더블린의 프로테스탄트 의회는 런던에서 수립된 정책들을 수동적으로 가결하는 기능만 했다.

그러나 18세기의 마지막 25년 동안 그런 태도는 바뀌기 시작했다. 미국의 독립전쟁은 더블린 의회의 협상력을 높여 줬다. 왜냐하면 영국 정부는 프랑스군의 공격을 격퇴하는 데 투입할 아일랜드계 자원 민병대를 원했기 때문이다. 잠시 동안 아일랜드 의회가 아일랜드의 지주들과 기업가들의 이익을 대변할 수 있을 듯 보였다. 그러나 전쟁이 일단 끝나자 이런 희망은 꺾였고, 영국에 대한 반감이 매우 커졌다. 특히 벨파스트에서 상업에 종사하면서 점점 성장하던 프로테스탄트 중간 계급이 그랬다.

이런 감정들은 프랑스 혁명에 대한 열렬한 지지와 결합됐다. 자원자들은 제헌의회를 요구하면서 가톨릭의 해방을 지지하기 시작했다. 1792년에 "이제는 민주주의를 위한 투쟁의 맨 앞에 선 벨파스트에서는 프랑스 혁명 기념일에 축제가 벌어지고 거대한 행진이 있었다. …… 공화주의 정신이 전체 분위기를 사로잡았다." 종교적 파벌주의를 공격하는 포스터가 나붙었다. "미신에 사로잡힌 질투가 바로 아일랜드판 바스티유의 원인이다. 단결해 그것을 쳐부수자."[55] 이 사건의 조직자 중 한 사람인 젊은 프로테스탄트 변호사 울프 톤은 벨파스트의 어느 만찬에서 주로 기업가들(포목상, 아마포 제조업자, 가죽 제조업자, 사무원, 약제사, 시계 제조업자, 그리고 세 명의 상인들)인 12명의 남성과 함께 '아일랜드인협회'라는 새로운 급진 조직을 결성했다.[56]

영국과 마찬가지로 아일랜드에서도 새로운 자코뱅주의를 억압해 파괴하려는 시도가 있었다. 영국의 지령으로 아일랜드의 상층 계급이 통과시킨 법률은 무기 휴대를 금지했고 아일랜드인협회를 불법화했다. 지하로 숨어들어야만 했던 그 조직은 점점 더 혁명적으로 변했다. 그들의 목표는 영국의 지배를 타도하는 것이 됐는데, 왜냐하면 영국의 지배를 받는 상황에서 아일랜드는 경제적 후진성을 벗어나지 못했고 종교 노선에 따라 쪼개져 있었기 때문이었다. 근대 국가를 창출하려면 프랑스에서 그랬던 것처럼 혁명적 봉기가 일어나야 했다. 그들은 그 국가가 당연히 자본주의 국가일 것이라고 전제했지만, 그것이 외국의 지배와 토착 귀족이라는 무거운 짐을 떨쳐버릴 수 있다고 생각했다. 톤은 이것을 달성하는 것은 중간 계급에게 달려 있으며, 특히 아일랜드인협회의 프로테스탄트들이 가톨릭 농민들을 일깨워 분기시키는 데 달려 있다는 것을 점점 더 깨닫게 됐다. 왜냐하면 가톨릭 농민들은 무장한 지하 '방어' 조직들을 통한 반(反)지주 선동의 오랜 전통을 갖고 있었기 때문이다.

봉기를 지지할 준비가 돼 있는 사람 수는 영국 정부에게 충성하는 사람 수보다 더 많았는데, 전자는 10만 명이었던 데 비해 후자는 6만 5천 명이었다.⁵⁷ 그러나 그들은 훈련과 무장 수준이 훨씬 더 낮았다. 성공하려면 프랑스에게서 군사 지원을 받아야 할 듯했다.

봉기는 1798년에 일어났다. 그러나 프랑스의 지원은 너무 작고 늦어서 8월에 1천1백 명의 군대가 메이오에 상륙한 것이 전부였다. 이미 그때는 당국이 운동의 지도자들을 체포함으로써 이미 무장한 반란군들을 때 이른 행동으로 유도한 상태였다. 웩스포드와 앤트림의 봉기는 진압됐다. 그 뒤에 자행된 탄압이 어찌나 끔찍했던지, 그에 비하면 프랑스 혁명의 공포정치는 어린애 장난 같았다. 봉기를 지지한 혐의자들에 대한 보복으로 무려 3만 명이 희생됐다.⁵⁸

이것이 이야기의 전부가 아니었다. 봉기가 일어나기 전 3년 동안 긴장이 고조되자, 당국은 프로테스탄트 집단들이 가톨릭을 증오하는 캠페인을 조직하도록 의도적으로 부추겼다. 1795년 가을에 앤트림의 다이아몬드 마을에서 가톨릭과 프로테스탄트 농민들 사이에 충돌이 있은 뒤, 프로테스탄트의 반(半)비밀결사인 오렌지회가 창설됐다. 영국계 아일랜드인 지주들은 모든 종류의 농민들을 경멸했기에 처음에는 그 새로운 기구에 가담하지 않았다. 그러나 그들은 머지않아 반란의 위협을 격퇴하는 데서 오렌지회가 더없이 유용하다는 것을 깨달았다.

> 1796년과 1797년에 …… 오렌지회는 지배 계급에게 경멸받고 사회적으로 용납되지 않는 산발적인 소규모 주변부 조직으로 출발해, 영국과 아일랜드의 일부 최상층 인사들이 용인하고 적극 후원하는, 지역 전체를 포괄하는 강력한 협회로 점차 변모했다.⁵⁹

군 사령관인 레이크 장군은 오렌지회의 행진에 참석했고, 무장한 오렌지회 그룹들이 아일랜드인협회 지지자들을 토벌할 때 정부군·민병대와 협력하는 일이 점점 잦아졌다. 그들은 프로테스탄트 반란군들에게 채찍으로 맞고 고문을 당하든지 아니면 오렌지회에 가담해 다른 반란군들을 채찍으로 때리고 고문하든지 선택하라고 강요했다.[60] 그런 식으로 영국 정부와 영국계 아일랜드인 지주들은 봉기를 진압했을 뿐 아니라 가톨릭과 프로테스탄트 사이에 종교적 증오를 엄청나게 증폭시켰다.

지난 2백 년 동안 아일랜드의 정치를 지배해온 양대 전통, 즉 공화주의와 오렌지주의는 한때 유럽 전역을 뒤흔든 혁명과 반혁명에서 파생된 전통들이다.

하지만 이제 아일랜드는 당분간 영국 정부의 '문명화된' 정치인들의 관심에서 멀어졌다. 아일랜드인협회를 상대로 분열 지배 정책을 성공적으로 수행한 결과, 2년 후에 그들은 아일랜드 의회로 하여금 투표를 통해 스스로 해산하도록 만들 수 있었다. 과거에 아일랜드의 농업과 공업은 영국이 통제하는 시장에서 배제됨으로써 심각한 손실을 입었다. 이제 그들은 자신들을 보호할 수 있는 최소한의 정치적 수단마저 빼앗긴 반면, 영국계 아일랜드인 지주들은 막대한 지대를 뽑아내 영국에서 빈둥거리며 비생산적으로 그것을 소모했다. 영국 정부는 '아일랜드 문제'를 해결했다고 믿었다. 그 믿음은 30년이나 40년마다 한 번씩 도전받으면서 현재에 이르게 된다.

아이티의 흑인 자코뱅파

반혁명이 모든 곳에서 성공한 것은 아니었다. 대서양 건너 4천8백 킬로미터 떨어진 섬 아이티에서 그 결과는 아일랜드와 사뭇 달랐다. 그러나 그것은 10년 동안의 처절한 봉기·전쟁·내전을 통해 달성된 것이었다.

히스파니올라 섬의 서부 지역인 산토도밍고는 프랑스 왕정의 식민지 중 가장 풍요로운 곳이었다. 그곳의 플랜테이션에서 생산하는 설탕은 카리브 해와 아메리카의 여타 유럽 식민지에서 생산하는 설탕을 모두 합친 것보다 더 많았고, 플랜테이션 소유주와 낭트·보르도 같은 프랑스 항구의 상업 자본가들의 주머니에 돈을 채워 줬다.

이런 부의 원천은 흑인 노예 50만 명의 가혹한 노동이었고, 그런 노동은 그들의 생명을 갉아먹었기 때문에 아프리카에서 노예를 계속 수입하지 않으면 그 수를 유지할 수 없었다. 3만 명의 백인들이 그들 위에 군림했는데, 그 백인들이 인구에서 차지하는 비율은 북아메리카의 어떤 주보다도 훨씬 더 작았다. 그리고 이들과 함께 비슷한 수의 자유로운 혼혈 인종, 즉 '물라토'가 살았는데 그 일부는 매우 부유해졌고 심지어 노예 소유주가 되기도 했다.

비록 백인들이 상대적으로 소수였지만 그렇다고 해서 욕심이 적은 것은 아니었다. 그들은 식민지의 부가 자신들이 노력한 결과라고 생각했고 외부에서 그 상업에 강요한 규제, 즉 프랑스판 중상주의 체제에 분개했다. 따라서 그들은 1789년 봄과 여름에 '본국'의 부유한 중간 계급이 펼친 선동의 일부분으로서 자신들의 '자유'를 요구해야만 한다고 느꼈다. 바스티유 감옥 습격 소식이 전해진 뒤에 국왕의 총독에 맞선 무장 저항이 있었다. 비록 식민지 반란군들은 '자유'와 '평등'이라는 혁명의 슬로건을 흑인 노예나 자유로운 물라토에게 적용하려는 의도가 전혀 없었지만 말이다.

비록 인구의 7퍼센트에 불과했지만, 백인들은 매우 심각하게 분열해 있었다. 프랑스의 중간 계급이 귀족들에게 앙심을 품었던 것처럼, 대개 서너 명의 노예들을 소유한 '작은 백인들'은 자신들에게 쓰라린 굴욕을 안겨 주는 '큰 백인'들에게 앙심을 품었다. 거래 상대를 자유롭게 결정할 수 있기를 원했던 대농장주들은 '작은 백인들'에게 정치적 통제권을 허용할 마음이 없었다. 그리고 이 두 집단은 모두 혁명적 정신으로 충만한 프랑스 의회가 물라토와 자유로운 흑인들 — 비록 노예를 언급하지 않는 신중함을 보이긴 했지만 — 을 포함한 모든 자유로운 인간의 평등권을 선포하자 격분해 마지않았다. 자유로운 주민들을 이루고 있던 네 집단 — 총독 지지자들, 큰 백인들, 작은 백인들, 물라토 — 은 머지않아 끊임없이 서로 이합집산하며 내전을 벌이다시피 했다.

그들 모두 흑인 노예들이 마치 아무것도 달라지지 않은 듯 평상시처럼 계속 노동하고 고통받고 처벌받고 죽어가는 데 만족하고 있을 줄 알았다. 그것은 완전한 오산이었다. 노예들은 반란의 기회를 붙잡았다. 플랜테이션에 불을 질렀고, 노예 소유주들을 살해했으며, 무장 집단을 꾸려 백인 민병대와 전투를 벌이고 반란을 확산시켰으며, 자신들의 지도자들을 배출했다. 전에 가축 관리인이었던 가장 유명한 지도자 투생 루베르튀르는 머지않아 경쟁하는 백인 집단들, 물라토, 섬의 다른 반쪽에서 침략해 오는 스페인 군대, 프랑스의 지롱드파가 파견한 후임 대표자들 사이에서 노련하게 책략을 부리고 있었다. 그러다가, 프랑스에서 상퀼로트가 자코뱅파를 권좌에 올린 바로 그때 영국 군대가 산토도밍고에 상륙했다.

그 다음에 벌어진 일은 단순히 산토도밍고의 미래를 결정짓는 것 이상을 의미했다. 영국의 지배 계급 중 주요 부문은 애덤 스미스의 주장에 영향을 받아 노예제 시대는 이제 지나갔다는 결론을 내리고 있었다. 어차피 그들은 이미 북아메리카의 설탕 플랜테이션을 상실했고 서인도제도에 있는 설탕 플랜테이션은 프랑스의 설탕 플랜테이션보다 훨씬 덜 중요했다. 윌리엄 피트 정부는 윌리엄 윌버포스의 노예제 반대 캠페인을 장려하기도 했다. 그러나 노예제 경제에서 가장 중요한 산토도밍고를 획득할 수 있다는 전망은 그들이 마음을 고쳐먹게 만들었고, 그래서 영국 정부는 다시금 노예제를 열광적으로 받아들일 태세였다. 이 시도가 승리했다면 전 세계의 노예제는 새로운 힘을 얻었을 것이다.

프랑스에서 자코뱅파에게 권력을 가져다 준 혁명의 고조는 노예 반란에서도 똑같이 중요한 의미가 있었다. 지롱드파의 많은 지도자들이 개인적으로는 헌신적인 노예제 반대론자들이었고 1788년에 결성된 '흑인의 친구들'이라는 모임의 회원이었다. 그들은 주로 계몽사상의 영향을 받은 언론인들이거나 변호사들이었다. 그러나 그들의 가장 중요한 정치적 기반은 프랑스 서부 항구 도시들의 상업 부르주아지였고, 이들은 이익을 침해하는 어떤 조치도 격렬히 반대했다. 지롱드파는 노예제에 반대하는 주장을 선전하기는 했지만, 그것을 실천할 준비는 돼 있지 않았다. 반면, 자코뱅파를 앞으로 밀어붙인 대중 세력은 노예제에서 얻을 물질적 이익이 전혀 없었고 쉽사리 노예들의 고통을 자신들의 고통과 동일시했다. 동시에, 중간 계급 자코뱅 지도자들은 영국을 포함한 연합군에게 군사적 패배를 당할까 봐 두려워했기에 카리브 해의 영국령 섬들에서 노예 반란을 고무하는 것이 더 유리하다고 생각했다.

1794년 2월 4일, 자코뱅이 주도하는 국민공회는 모든 프랑스 영토에서 노예제 폐지를 공포했고, 국민공회 의장은 산토도밍고에서 온 흑인과 물라토 사절들에게 우애의 키스를 했다. 두 혁명 사이에 동맹이 체결됐고 이는 노예제에 대한 영국 자본주의의 몫을 키우려는 피트의 희망을 산산조각 낼 참이었다. 6만 명의 영국 원정군은 많은 사상자를 냈고 이것은 10년 후에 이베리아 반도의 웰링턴 군대가 기록한 사상자 수보다 더 많았다. 그러자 영국 의회의 물질적 이해타산은 다시 한 번 바뀌었다. 의회는 노예 무역 반대론자들에게 새로운 발언 기회를 주었고 1807년에 노예 무역을 금지하기로 의결했다.

불행하게도 산토도밍고의 옛 노예들에게 이것으로 문제가 끝난 것은 아니었다. 테르미도르 반동 이후 프랑스에서 세력 균형이 오른쪽으로 움직인 것은 옛 노예 소유주들과 그들의 중상주 동맹군들에게 새로운 활력을 불어넣어 줬다. 나폴레옹이 스스로 황제가 되려고 준비하고 있을 때, 그는 또한 제국의 식민지에 노예제를 다시 강요하려고 계획했다. 그는 투생 루베르튀르의 부대가 장악한 산토도밍고를 탈환하기 위해 1만 2천 명의 군대로 이루어진 함대를 보냈다. 뒤이어 벌어진 전쟁은 분명 영국군에 대항한 전쟁만큼이나 격렬했다. 적군과 화해하려는 잘못된 판단으로 투생이 납치돼 프랑스 감옥에서 죽은 뒤에, 한동안 프랑스군이 승리힐 것처럼 보였다. 투생의 옛 부관이었던 데살린이 임무를 이어받아, 투생이 영국군을 쳐부쉈듯이 마침내 흑인의 저항을 결집해 나폴레옹의 군대를 무찔렀다.

산토도밍고는 아이티라는 흑인 독립국이 됐다. 그것은 가난한 나라였다. 15년 동안 거의 끊임없이 계속된 전쟁은 엄청난 손실을 가져왔다. 소수에게 그토록 많은 부를 안겨 줬던 설탕 경제는 거의 노예제에 가까운 방식으로 재건하지 않고서는 회복될 수 없었다. 데살린의 후계자인 크리스토프가 그런 방식을 도입하려 했지만 사람들은 받아들이지 않았다. 분명 그들은 가난했지만 자메이카, 쿠바, 브라질, 또는 북아메리카에 있는 동료 흑인들보다는 더 자유로웠다.

라틴아메리카 최초의 혁명들

열여섯 살의 나이에 목청 높여 혁명의 원칙들을 옹호했던 베네수엘라인 볼리바르가 1815년에 아이티를 방문했을 때 그를 사로잡은 것은 바로 아이티의 자유였다. 이제 그는 라틴아메리카 전역에서 스페인의 지배에 도전하고 있는 반란의 지도자들 중 한 명이었다.

그 반란은 아이티의 반란과 마찬가지로 유럽의 사건들로 촉발된 것이었다. 1808년에 나폴레옹은 부르봉 왕가의 힘없는 국왕 카를로스 4세가 퇴위한 뒤에 자기 형 조제프를 스페인 국왕에 임명했다. 이것은 마드리드 봉기, 영국의 지원을 받은 스페인군의 잔여 부대가 벌인 전투, 농촌의 대규모 게릴라 활동 등으로 점철된 반란을 촉발했다. 반란의 원동력 가운데 많은 부분은 신앙심이 투철한 농민들에게서 나왔는데, 그들을 지도한 사람들은 귀족과 교회의 봉건 관습에 대한 어떠한 도전에도 공포를 느끼고 카를로스의 아들 페르난도를 왕위에 앉힘으로써 절대왕정을 복원(종교재판을 부활하는 것도 포함해서)하기로 결심한 신부들이었다. 그러나 한동안 카디스의 자유주의 부르주아 위원회(junta)는 반란의 전국적 구심점 노릇을 할 수 있었다. 비록 그 자유주의 사상은 전국의 대부분 지역에서 전투에 참여한 세력들의 사상과는 정반대였지만 말이다.

그 결과, 스페인 본국만이 아니라 스페인 제국 전체에서 6년 동안 응집력 있는 정부가 없는 상황이 됐다. 아메리카에서는 캘리포니아부터 대륙의 남쪽 끝에 이르는 모든 지역에서 갑작스런 권력 공백 상태가 발생했다. 다양한 정치 세력들이 이 공백을 메우려 했고 불가피하게 서로 격렬한 전쟁을 치르게 됐다.

북아메리카의 영국인들과 산토도밍고의 프랑스인들처럼, 스페인 출신의 정착민들은 과거 3백 년 이상 동안 식민지에서 독자적인 이해관계를 발전시키기 시작했고 이것은 제국 지배자들의 이해관계와 충돌했다. 스페인 본국의 정치 위기는 그런 이해관계를 전면으로 내세울 수 있는 기회를 제공하는 듯했다.

스페인 왕정에 충성을 맹세한 식민지 총독들은 그런 요구들을 거부하기로 결심했는데, 그들은 군대도 거느리고 있는데다가 교회에서 더 많은 지원도 기대할 수 있었다. 총독들에게 유리한 점이 또 하나 있었다. 바로 식민지 사회 내의 분열이 북아메리카의 경우보다 훨씬 더 심각했다는 것이다. 대지주들은 라틴아메리카의 광범한 지역을 주름잡으면서 토착민들에 대한 봉건적 통치 형태를 확립했다. 한편, 도시에는 라틴아메리카의 다른 지역들보다 주로 스페인과의 무역을 통해 부를 축적한 상인들이 있었고 국왕과 지주들이 똑같이 경제 발전을 속박하고 있다고 생각한 중간 계급이 있었으며 장인, 노동자, 그리고 일부 지역에서는 흑인 노예들로 이루어진 대중이 있었다.

바로 그런 상황에서, 자신도 대지주 가문 출신이었던 볼리바르는 1810년에 스페인의 지배에 반대하는 베네수엘라의 첫 반란에 참여했다. 같은 시기에 3천2백 킬로미터 떨어진 멕시코의 과달라하라에서는 혁명적 신부인 이달고가 봉기를 이끌고 있었다. 봉기들은 처음에 잠시 성공을 거뒀다가 나중에는 분쇄됐다. 이달고는 처형당했고 볼리바르는 생명을 부지하기 위해 도망쳐야 했다. 그 패턴은 볼리바르가 카라카스에서 또 다른 봉기들을 일으켰을 때도 반복됐다. 그는 다시 한 번 패배했고 지원을 얻기 위해 아이티로 갔다. 한편, 모렐로스가 이달고의 기치를 이어받았지만 그 역시 처형당했다. 볼리바르는 세 번째 시도에서 성공했다. 베네수엘라에서 진군을 시작해 누에바그라나다(지금의 콜롬비아)를 거쳐 볼리비아로 들어가서 아르헨티나의 '해방자' 산 마르틴과 만난 다음 칠레의 '해방자' 오이긴스와 합류해 스페인 왕정 세력을 페루에서 쫓아냈다. 한편, 멕시코에서 일어난 세 번째 반란으로 마침내 스페인은 독립을 승인해야만 했다. 하지만 볼리바르와 이달고의 이상을 좇았던 사람들에게 승리는 쓰라린 것이었다. 그들은 프랑스 혁명의 가치를 받아들였고 그들의 목표는 단지 국왕을 제거하는 것뿐 아니라 봉건제 종식, 노예 해방, 완전한 부르주아 공화국 수립이었다. 이달고는 농민들에게 토지 분할을 언급하면서까지 반란을 호소했고, 볼리바르는 승리한 뒤에 라틴아메리카 '연합국'을 건설하기 위해 파나마에서 '대륙회의'를 소집했다.

하지만 대륙을 지배하는 대지주들은 이런 것에는 관심이 없었다. 볼리바르가 초기에 잇따라 패배하고 이달고가 처형된 것은 그런 급진적 주장에 그들이 반대했기 때문이다. 비록 그들이 결국은 볼리바르와 이달고의 후계자들을 '해방자'라고 환영하긴 했지만, 그들은 또한 자신들의 입맛에 맞는 조건대로 독립이 될 수밖에 없게끔 조처했다. 토지개혁은 결코 이루어지지 않았으며, 여전히 지역의 과두 지배자들이 권력을 장악하고 있었고, 미국과 경쟁하는 단일한 라틴아메리카 공화국을 건설하려는 계획은 실패했다. 그가 이룩한 성공과 베네수엘라의 모든 도시에 세워진 그의 동상에도 불구하고, 볼리바르는 실망한 채 죽음을 맞이했다.

라틴아메리카는 독립 이전과 거의 똑같은 상태였다. 그 대륙에서는 몇몇 눈에 띄는 식민지 도시들이 17, 18세기의 영화를 간직한 채 유럽의 많은 도시들에 견줄 만한 경관을 자랑하고 있었고, 그 도시들을 에워싸는 광활한 대토지들을 준(準)농노들이 경작하고 있었다. 라틴아메리카의 독립국들은 스페인의 지배에서 해방됐지만 얼마 동안은 여전히 외국의 열강들에 의존했다. 멕시코는 19세기에 미국과 프랑스의 침략을 받게 되고, 영국은 아르헨티나와 칠레 같은 나라들에게 지배적인 영향력을 행사하게 된다. 라틴아메리카의 각 나라에서 과두 지배 파벌들은 서로 음모를 꾸미고 쿠데타를 일으켰으며, 서로 경쟁하는 '자유주의' 정당과 '보수' 정당을 운영하면서, 한편에는 엄청난 특권이 있고 다른 한편에는 광활한 빈곤의 늪이 공존하는 사회 구조를 보존했다.

4. 이성의 퇴조

계몽사상의 영향을 받은 많은 지식인 집단은 1789년에 혁명적 열정에 휩쓸렸다. 그러나 그 감정은 보편적인 것이 아니었다. 얼마 안 가서, 현재 벌어지고 있는 일은 문명에 대한 습격이라고 비난하는 목소리가 들려왔다. 그들의 불만은 3년 뒤에 일어날 공포정치에 관한 것이 아니었다. 라파예트의 국민방위대는 아직도 파리를 빈틈없이 통제하고 있었고, 정부 관리들이 국민의회에 책임을 지긴 했지만 국왕이 여전히 관리들을 임명하고 있었으며, 로베스피에르는 아직도 사형 제도를 비난하고 있었다. 그들의 불만은 다름이 아니라 인민 대중이 어떤 식으로든 국가 대사에 관여할 수 있다는 생각 그 자체에 관한 것이었다.

영국의 에드먼드 버크는 지금까지도 반혁명의 교과서로 남아 있는 책에서 "추잡한 대중"이 문명의 기초를 파괴하고 있다고 썼다.

> 유럽의 영광은 영원히 사라졌다. 상류층과 신분에 대한 고결한 충성심, 긍지에 찬 복종으로 순응하기, 노예 상태에서조차 살아 있었던 진심어린 순종, 고귀한 자유의 정신을 우리는 결코, 결코 다시 볼 수 없을 것이다.[61]

버크가 이전부터 골수 보수주의자로 알려진 사람은 아니었다. 그는 영국의 아메리카 정책에 반대했고 벵골을 점령한 영국군의 행위를 비난했다. 1780년대 말에 미국에서 런던으로 돌아온 톰 페인은 버크를 친구로 여겼다. 그러나 버크가 보기에는 대중이 정치 생활에 참여하려는 사소한 낌새조차도 용납할 수 없는 것이었다. 1790년에 간행된 그의 책 ≪프랑스 혁명에 관한 고찰≫은 '하인'과 노동자, 또는 장인과 농민 같은 사람들이 통치해야 한다는 일체의 사상에 맞서 지주들과 부자들, '교양 있는 계급들'을 단결시키려는 목적으로 쓴 것이었다. 그것이 뜻하는 바는 자유주의 교의에 대한 어떤 양보도 거부하는 것이었다. 한때 노예제 폐지에 긍정적이었던 버크는 이제 노예제 폐지론을 "저주받은 자코뱅주의의 누더기 조각"이라고 비난했다.[62] 나중에 쓴 글에서 그는 톰 페인이 "형사 재판으로 처벌받아" 마땅하다고 주장했다.[63]

≪프랑스 혁명에 관한 고찰≫은 나오자마자 상층 계급 사이에서 베스트셀러가 됐다. 영국에서 5만 부가 팔렸으며 2년이 채 못 돼 수많은 외국어로 번역됐다. 조지 3세도 그 책을 좋아했고 [러시아의] 예카테리나 2세는 열광했으며 폴란드의 마지막 왕 스타니슬라프 2세도 칭찬을 아끼지 않았다. 물론 그들 가운데 어느 누구도 '노예 상태'를 경험하거나 '고귀한 자유 정신'을 실천한 적은 없었다.

영국에서 출간된 버크의 저작들에 호응해, 대륙에서는 드 메스트르의 저작들이 출간됐다. 메스트르는 지배자들은 "혈통이나 재산을 통해 인민과 구별돼야 하고, 인민이 권위를 존중하지 않게 되면 모든 정부가 끝장날 것"이라고 주장했을 뿐 아니라[64] 그 주장을 계몽주의의 기초 전체를 공격하는 데까지 확장했다. 그는 "귀족이 저지를 수 있는 가장 큰 범죄는 기독교의 교리를 공격하는 것이다"라고 썼다.[65]

그는 낡은 편견에 대한 도전이 피착취 계급의 지배자들에 대한 도전으로 이어질 수 있다는 사실을 경고한 유일한 사람은 아니었다. ≪로마 제국 쇠망사≫에서 불합리한 기독교 신앙에 맹공을 퍼부었던 기번은 이제 기독교 신앙의 여지를 남겨뒀다. 그는 "낡은 미신의 거짓을 맹목적이고 무지한

다수 대중에게 드러내 보이는 것의 위험성"에 관해 썼다.⁶⁶

단지 혁명뿐 아니라 계몽주의의 기초 그 자체가 공격을 받았다. 그리고 이런 공격은 혁명군이 전진하면서 유럽의 모든 왕족과 귀족을 공포에 떨게 만들자 더욱 강화됐다. 그들은 대중 사이에서 논리적 사고가 확산되는 것을 차단하기 위해 반계몽주의 신념을 퍼뜨렸으며 계몽주의 전통을 계속 유지하려는 사람들을 야만적으로 탄압했다.

1789년에 수많은 사람들을 사로잡았던 희망이 두 번째 공포정치의 여파로 상처를 입고 테르미도르 반동과 나폴레옹의 황제 등극을 거치면서 희망이 절망으로 뒤바뀌자 반(反)이성의 물결은 더욱 높아졌다. 절망한 사람들은 냉소주의나 심지어 반동적 분위기에 젖어들었다. 1797년에 콜리지는 "시대와 정부 형태를 불문하고 모든 지배자들은 다 똑같다"고 썼다. 독일의 시인 횔덜린은 더 나은 세상을 향한 희망 그 자체가 죄악이라고 암시했다. "세상을 천국으로 만들기 위해 애쓴 바로 그 사람들이 세상을 지옥으로 만들었다."⁶⁷ 1789년의 희망을 배반하지 않았던 사람들조차도 대개는 낡은 질서와 직접 대결하는 것을 포기하게 됐다. 종교적 신화와 군주제의 환상에 대한 맹신을 설교하는 사람들이 점점 더 무대를 차지하게 됐다.

50년 전에 흄은 회의론의 견해를 공공연히 표명할 수 있었던 반면에 [이제] 셸리는 무신론을 옹호했다는 이유로 열여덟 살에 옥스퍼드에서 쫓겨났다. 볼테르는 구약성서의 불합리성을 폭로했지만 1840년대에 다비드 슈트라우스 같은 사람들이 성서에 대한 공격을 재개하기 전까지 그런 일은 다시 일어나지 않았다. 프랑스의 뷔퐁과 라마르크, 영국의 에라스무스 다윈은 18세기에 종(種)이 진화할지도 모른다는 생각을 발전시켰지만, 그 뒤 영국의 분위기가 너무 나빴기 때문에 심지어 1830년대와 1840년대에도 에라스무스의 손자 찰스 다윈은 진화론을 세상에 공표하는 것을 20년 동안 미루어야 했을 정도다.⁶⁸ 스코틀랜드의 계몽사상가 애덤 스미스와 애덤 퍼거슨은 인류가 수렵-채취 사회에서 현재 사회까지 발전해왔다고 주장했다. 그러나 사회를 신이 부여한 그 자체의 것으로만 여긴 채 《국부론》에서 따온 문구를 되뇌기만 하는 사람들 때문에 이런 사상은 잊혀졌다. 약 50년 동안 마치 어떤 사람의 주술로 사람들의 생각이 얼어붙기라도 한 듯한 상황이 지속됐다.

계몽주의에서 반계몽주의로 완전히 선회한 것은 아니었다. 산업의 확산과 전쟁 기술의 수요 덕분에 수학·물리학·화학 분야에서 커다란 진보가 있었고 이는 더욱 촉진됐다. 이윤을 추구하는 산업 자본가들과 더 높은 지대에만 관심이 있는 지주들 사이의 충돌을 보면서 데이빗 리카도는 스미스의 자본주의 이해를 더욱 심화시켰다. 독일 철학자 헤겔은 인간 지성의 발전에 관한 계몽주의적 통찰들을 종합했다. 비록 그런 발전을 그 물질적 토대와 분리하는 방식이긴 했지만 말이다. 월터 스콧, 발자크, 스탕달, 제인 오스틴은 신흥 자본주의 세계에서 중간 계급의 딜레마를 문학적으로 표현하는 형식으로서 소설을 발전시켰다. 문학, 음악, 미술에서 '낭만주의'는 이성보다는 감정과 정서를 찬미했다. 이것은 흔히 계몽주의 이전의 이른바 '황금기'에 대한 찬양으로 빠지기 십상이었지만, 봉건제의 유물을 벗어던지지 못한 사회들에서는 폭정과 억압에 대한 민중 저항의 전통을 찬양하는 것으로 나아가기도 했다. 생시몽, 푸리에, 그리고 영국에서 성공한 기업 경영자인 로버트 오언과 같은 소수의 '공상적' 사상가들은 더 나은 사회를 조직하는 방식에 관한 청사진을 만들었다. 비록 그런 사회를 실현할 수 있는 어떤 주체도 발견하지 못했지만 말이다. 그러기 위해서는 새로운 세대, 즉 1810년대 말과 1820년대 초에 태어나서 계몽주의와 혁명 초기의 유산을 계승하고 발전시킬 세대가 필요했다. 그러나 18세기의 생활양식을 다시 강요하려는 그 모든 왕정복고 시도가 있었지만, 그 사이에 세상은 눈에 띄게 달라지고 있었다.

5. 산업혁명

기업가로서 장차 사회주의자가 될 로버트 오언은 1815년에 이렇게 말했다. "뉴래너크에 있는 내 공장에서는 2천여 명의 청소년들과 성인들이 기계의 동력과 운전을 감시한다. …… 그들은 60년 전 같았으면 스코틀랜드 전체 인구의 노동력이 필요할 만한 일을 자기들 혼자서 해치운다."[69]

오언의 얘기는 조금 과장된 것일 수도 있지만, 그는 중요한 진실을 말하고 있었다. 인류의 생산방식은 1만 년 전의 수렵-채취 사회가 최초로 농사를 짓기 시작한 이후 사상 최대 규모로 변하고 있었다. 처음에 이런 변화들은 잉글랜드 북부, 스코틀랜드 저지대, 벨기에 일부에서 집중적으로 일어났지만 머지않아 곳곳으로 퍼졌다.

이런 생산방식의 변화에는 서로 연관된 일련의 혁신이 포함돼 있었다. 즉, 복잡한 기계를 사용하고, 나무나 쉽게 휘는 동이나 쉽게 부서지는 주철 대신에 강철로 도구를 만들었으며, 지역 삼림이 죄다 벌목되면 장소를 옮겨야만 했던 목탄 화덕 대신에 석탄 화덕에서 철을 제련했고, 석탄을 연료로 사용하는 증기엔진에서 나오는 어마어마한 새로운 동력원으로 기계를 돌리는 등의 혁신이 있었다.

새로운 기계, 새로운 야금술, 새로운 동력원을 사용하게 되자 생산력이 상상을 초월할 정도로 증대했으며 인간과 상품의 이동 시간이 많이 줄었다.

18세기 후반만 해도 보스턴에서 필라델피아로 가려면 여전히 2주가 걸렸고, 배는 풍향이 바뀔 때까지 항구에서 2주 이상 정박하기도 했으며, 식량 운송이 어려워서 정기적으로 기근이 발생했다. 유라시아와 아프리카에는 3천 년 이상 바퀴가 달린 운송 수단이 있었지만 지형이 험하고 습지가 많은 곳에서는 사용할 수 없었다. 짐을 실은 노새의 행렬이 짐마차보다 더 중요한 물품 운반 수단인 경우도 많았다. 유럽에서는 진흙 도로 중앙에 흙벽을 설치해 말이나 노새가 좀더 편하게 다닐 수 있게 했지만 짐마차가 지나갈 때에는 도움이 안 됐다. 인도 무굴 제국에서는 등에 짐을 실은 황소 떼를 이용해 육상 운송 문제를 해결했다.[70]

비교적 값싼 철제 곡괭이와 삽을 이용하는 많은 노동 인력이 운하를 건설하고 최초로 평평하고 단단한 도로를 건설해 주요 도시를 연결하는 작업에 투입됐다. 광산 소유주들은 레일—처음에는 나무로 만들었지만 곧이어 철로 만들었다—을 깔고 홈이 파인 바퀴가 달린 운반구를 이용하면 석탄을 더 빨리 운반할 수 있다는 것을 발견했다. 기술자들은 증기엔진을 배와 기차와 공장의 동력원으로 응용했다. 1830년에는 여객 열차가 처음으로 맨체스터와 리버풀을 왕복 운행했다.[71] 갑자기 인류는 전에는 상상도 못했던 속도로 이동할 수 있게 됐다. 며칠이 아니라 몇 시간이면 한 도시에서 다른 도시로 물품을 운반할 수 있었다. 또한 군대도 하루 만에 국토 최남단에서 최북단으로 이동할 수 있는 가능성이 열렸다.

농업도 급속히 바뀌었다. 영국에서는 인클로저를 통해서, 그리고 이전 세기에 등장한 신종 작물과 새로운 농법—순무, 감자, 귀리나 보리 대신에 밀, 신종 풀, 좀더 효율적인 쟁기, 향상된 윤작 농법—을 거의 보편적으로 사용하게 되자 마침내 소작농이 완전히 사라졌다. 이런 변화는 식량 생산을 증가시켰을 뿐 아니라 전례 없이 많은 사람들을 자본주의적 농장이나 신규 산업에서 임금 노동자로 일해야만 하는 처지로 내몰았다.

새로운 계급

수많은 사람의 노동 환경과 생활 환경이 변했다. 사람들은 역사상 전대미문의 규모로 도시로 몰려들기 시작했다. 산업이 목탄을 연료로 사용하고 수력과 풍력에서 동력을 얻는 방식에 머무르는 한, 그것은 농촌 지역에 한정돼 있었다. 하지만 이제 석탄과 증기가 그런 상황을 바꿔놓았다. 랭커셔의 맨체스터와 스코틀랜드의 글래스고에서는 거대한 굴뚝이 달려 있는 근대적 공장들이 곳곳에 들어섰다. 1830년대에 영국은 인류 역사상 가장 도시화된 사회가 됐다. 1750년만 해도 영국에서 인구 5만 명이 넘는 도시는 런던과 에든버러뿐이었지만 1851년에는 29개로 늘어났고, 대다수 사람들이 도시에 살았다.[72]

근대 산업 생산으로 단숨에 전환한 것이 아니었다. 오늘날 대다수 제3세계 국가에서처럼, 주요 산업이 성장하자 '저임금 노동'에 바탕을 두는 소규모 산업이 대규모로 성장했다. 영국의 산업혁명은 처음에 섬유 산업과 광업에 뿌리를 두고 있었다. 그러나 섬유 산업의 경우, 공장에서는 주로 여성들과 어린이들의 노동을 이용해 면화 방적에 주력했으며, 직조는 여전히 농촌 지역의 베틀 노동자들이 담당했다. 베틀 노동자들의 숫자는 엄청 늘어났으며, 도시에서는 산업화 이전 수준의 수많은 소규모 사업장에 고용된 노동자들의 숫자도 증가했다. 광부들은 대체로 도시보다는 농촌 마을을 중심으로 그 수가 크게 증가했다. 하지만 그 마을들도 강이나 운하, 철도 주변에 있는 마을들이었다.

사람들이 먹고살기 위해 자본가 계급과의 현금 거래에 갈수록 많이 의존하게 되면서 그들의 삶도 바뀌었다. 1790년대에는 자영업 베틀 직조공들의 수가 많았지만, 그들은 1840년대에는 동력 직기를 이용하는 공장들 때문에 근근이 살아가기도 어려운 처량한 신세로 전락했다.

경제사가들은 '생활수준' 문제에 대해서, 즉 사람들이 도시로 이주해 산업 노동자로 살아가게 되자 삶이 나빠졌는가 하는 문제에 대해 오랫동안 논쟁을 벌여왔다. 하지만 그런 논쟁은 대부분 핵심을 벗어나 있다. 사람들은 도시로 가면 농촌의 비참한 생활을 벗어날 수 있을 것이라고 기대했기 때문에 도시로 이주했다. 오늘날 뭄바이[봄베이]나 자카르타 같은 제3세계의 주요 도시들로 사람들이 몰려드는 이유도 이와 비슷하다. 그러나 도시는 안락하고 안정된 미래를 제공할 수 없었다. 특정 시기에 노동 시장에서 잘 팔리는 기술을 보유한 사람들은 운이 좋은 편이었지만, 그들 역시 베틀 노동자들과 마찬가지로 얼마 안 가서 그런 기술이 쓸모없게 되는 상황에 직면했다. 18세기 초 농촌 경제는 고통이 따르기도 했지만 종종 느리게 변했다. 그러나 19세기 도시 경제는 변화 속도가 종종 파괴적일 정도로 빨랐다. 생산은 시장에서 상품을 판매할 목적으로 이루어졌는데, 그 시장은 급속도로 팽창과 수축을 거듭할 수 있었다. 호황 때 사람들은 '일확천금'의 환상을 쫓아 정든 고향을 버리고 도시로 몰려들었지만, 불황이 닥쳐 일자리를 잃으면 조금이나마 먹을 것을 수확할 수 있는 땅덩어리조차 없이 오도 가도 못하는 신세가 됐다.

　새로운 노동 계급의 일부는 얼마 동안 안정된 생활을 보장할 수 있는 노동 기술들을 습득했다. 하지만 그들도 불황기나 신기술 도입이 가능한 시기에 노동 조건을 악화시키려는 고용주들에 맞서 힘든 싸움을 벌여야만 했다. 그리고 도시 인구 중에는 언제나 '극빈층'이 있었다. 극빈층은 병들거나 늙거나 기술이 없는 탓에 반영구 고용 상태에 진입조차 할 수 없었다.

　이런 새로운 노동력은 거대한 부를 창출했다. 하지만 그 부는 다른 사람들에게 돌아갔다. 대다수 노동 인구의 생활수준이 상승했다고 주장하는 통계학자들조차 생활수준 상승이 같은 기간의 생산성 증대에는 훨씬 못 미치는 점을 부인하지 못한다. 새로운 노동 계급이 최저 생계수준에 조금 미달하거나 약간 더 웃도는 생활을 하는 동안 제인 오스틴의 소설에 나오는 부류의 인간들은 운치 있는 장소에서 차를 홀짝거리고, 근사한 저녁상에서 포도주를 마시고, 사냥을 즐기고, 사교와 연애에 몰두하는 생활을 할 수 있었다. 1815년 직후의 곤궁한 시기에도 국민총생산의 12퍼센트 정도가 국채 소유자들의 이자 수익으로 들어갔다.

새로운 노동 인구는 그들의 피땀으로 먹고사는 사람들에게 계속되는 골칫거리를 하나 안겨 줬다. 그것은 바로, 어떻게 해야 이 노동자들을 마음대로 부려먹을 수 있느냐 하는 문제였다. 농촌에서 자란 노동자들은 계절의 리듬, 즉 짧은 기간 동안 집중해서 일하고 더 오랜 기간 동안 쉬는 것에 익숙해 있었다. 이들은 일요일에도 쉬고 가능하면 월요일(영국에서는 '성월요일'(Saint Monday)이라고 했고 독일에서는 '우울한 월요일'(Blue Monday)이라고 했다)에도 쉬었다. 공장 소유주들은 그런 습관을 근절하는 일에 광적으로 집착하게 됐다. 기계는 해뜨는 순간부터 해질 때까지 돌아가야 했고 가스등이 발명돼 야간에도 일할 수 있게 되면서 더 오랫동안 기계를 돌려야 했다. 공장에 걸린 시계는 "시간은 돈"[73]이라는 새로운 격언을 사람들에게 단단히 주입시켰다. 사람들이 해가 떠 있는 시간 대부분을 밀폐된 방에서 해와 나무와 꽃을 보지 못하고 새들의 노래 소리도 듣지 못한 채 하루 종일 일하는 것을 전혀 이상하게 생각하지 않게 만들려면 인간 본성 자체를 바꿔야 했던 것이다.

유산 계급은 이들이 가난에서 조금이라도 벗어나면 새로 확립된 기강이 흔들릴 것이라고 믿었다. 가난한 사람들이 노동하지 않고서 얻는 소득이 있다면 "게을러지고 나태해지고 사기꾼 근성이 생겨 쓸모없어질" 것이며, "근검절약 습관"을 잃고 "나태와 불복종"이 확산될 것이다.[74]

토머스 맬서스는 빈민들의 생활수준은 나아질 수 없다는 편리한 '증거'를 제시했다. 빈민들은 생활수준이 나아지면 전보다 더 가난해질 때까지 그저 아이들을 더 많이 낳을 뿐이라는 것이다. 애덤 스미스의 사상을 널리 보급한 장 밥티스트 세이도 진정한 자유 시장에서는 실업이란 있을 수 없는 일임을 '증명'했다. 사람들이 일자리를 찾을 수 없는 것은 시장이 부담할 수 있는 수준보다 높은 임금을 요구하기 때문이다. 구빈 제도는 빈곤에 대한 안전망을 제공함으로써 이런 악습을 권장할 뿐이다. 따라서 가난을 없애는 유일한 방법은 가난한 사람들을 더욱 가난하게 만드는 것이다! 또한 '사지 멀쩡한' 실업자가 가난 구제를 신청할 바에는 어떤 일이든 닥치는 대로 하게 만드는 여건을 조성해야 한다고 주장했다. 1834년에 영국에서 제정된 수정 구빈법은 그런 여건들을 조성하기 위해 감옥 같은 작업장 — 그 대상자들이 '바스티유 감옥'이라는 별명을 붙인 — 에 갇혀서 일할 의지가 있는 사람들에게만 가난 구제를 실시하도록 규정했다.

산업화는 노동자들의 물질적 삶을 바꿔놓았을 뿐 아니라 사고방식도 바꿔놓았다. 사람들이 몰려 사는 도시에서 생활하는 노동자들은 고립된 농촌에서 살아가는 사람들과는 전혀 다른 태도를 갖게 됐다. 도시 생활은 가난뿐 아니라 외로움과 절망감까지 안겨 줄 수 있었다. 그러나 과거와는 비교도 안 될 만큼 많은 사람들이 같은 문제로 고민하고 같은 조건에서 살아가고 노동하면서 새로운 계급 공동체의식이 탄생할 수도 있었다. 게다가 농촌과 달리 사람들은 더 넓은 세상에 눈뜰 수 있었다. 노동자들은 농민이었던 선조들보다 읽고 쓰는 일에 훨씬 더 익숙했고, 읽기와 쓰기를 통해 멀리 떨어진 지역에서 일어나는 사건들을 알 수 있었다.

노동의 새로운 세계는 새로운 형태의 가족을 만들었고 여성의 지위를 근본적으로 바꿔놓았다. 농촌 주부는 언제나 생산적 역할을 담당해왔지만 그것은 대체로 가족과 외부 사회 사이의 거래를 책임진 남편의 역할에 종속돼 있었다. 반면, 1차 산업혁명 때에는 수많은 여성(그리고 아이들)이 공장에서 일했다. 노동 조건은 참으로 끔찍했다. 어찌나 끔찍했던지 많은 여성들이 자신들을 노동과 육아라는 이중의 고통에서 벗어나게 해 줄 괜찮은 남자가 나타나기를 꿈꿨을 정도다. 그러나 처음으로 여성이 자기 돈을 갖게 되면서 남편이나 애인에게서 어느 정도 독립된 지위를 얻게 됐다. 랭커셔의 '공장 아가씨들'은 경찰을 조롱하고 병사들에게 도전했던 파리 동쪽 지역의 여직공들과 마찬가지로 독립심이 강한 것으로 명성이 높았다. 생산을 혁명적으로 바꾸는 과정에서 자본주의는 수천 년 동안 여성 억압을 지속시켜왔던 태노들을 근본으로 뒤바꾸기 시작하고 있다.

주체와 객체

새로운 산업 노동 계급은 가만히 앉아서 고통을 당하고만 있지 않았으며, 그에 맞서 싸울 힘이 있음을 곧바로 보여 줬다. 17~18세기에 특정 수공업 부문이 도심지에 집중적으로 형성돼 있었는데, 이것은 영국 혁명에서 도제와 장인이 했던 역할, 미국 독립전쟁에서 뉴욕과 펜실베이니아의 '메카닉'이 했던 역할, 특히 프랑스 혁명에서 상퀼로트가 했던 역할에서 표출됐다. 이제 사람들은 도시에 전례 없는 규모로 형성된 거대한 작업장에 훨씬 더 큰 규모로 모여들고 있었다. 이것은 노동자들에게 이전의 피착취 계급보다 훨씬 더 큰 저항의 잠재력을 제공했다. 또 그런 저항이야말로 기존 사회를 뿌리째 반대하는 사상이 자라날 수 있는 토양이었다.

급진적 선동가 존 셀월은 1796년에 미래를 이렇게 내다봤다.

> 소수가 행하는 무시무시한 자본 축적과 독점은…… 그만큼 거대한 치유의 씨앗을 자라게 한다. …… 사람들을 한 곳으로 몰아넣는 것은…… 몇몇 악습을 낳을 수도 있지만, 지식을 확산하는 데 유리하며, 궁극으로 인간 해방에 유리하다. 모든 대형 공장과 작업장은 어떤 법률로도 침묵하게 만들 수 없고 어떤 치안관도 해산할 수 없는 일종의 정치 사회를 형성한다.[75]

20년도 채 안 돼 셀월의 예언이 맞아떨어졌다. 나폴레옹 전쟁이 끝나갈 무렵 영국에서 새로운 소요들이 곳곳에서 발작을 일으키듯 일어났다. 그것은 나중에 가면 좀더 확대된 차원으로 발전했고 이전의 어떤 저항보다 더 오래 지속됐다. 이런 저항의 물결이 등장한 배경에는 다양한 조류의 운동들이 있었다. 1790년대 운동의 후예인 런던의 급진적 직공들, 기계 도입으로 임금이 깎이던 스타킹 제조공들이 주도한 '러다이트' 운동, 그리고 숙련 노동자와 면방적공과 농장 노동자들로 구성된 비합법 노동조합('탈퍼들의 순교자' 같은 지도자들은 호주로 강제 이주당했다) 운동이 바로 그것들이었다. 투쟁은 기계 파괴 운동에서 시작해, 맨체스터에서 젠트리 민병대의 공격을 받은 1819년의 '피털루' 대중 시위, 대규모 파업, 중간 계급과 똑같은 투표권을 쟁취하려는 1830~1832년의 투쟁, 1834년 이후의 구빈원 공격, 노동자 지구를 통제하려는 목적으로 창설된 경찰 부대에 맞선 저항에 이르기까지 여러 국면을 거쳐 발전해갔다. 이런 투쟁들을 통해 운동을 조직·선전·선동하고 어떤 경우에는 애덤 스미스와 데이빗 리카도의 사상을 자본가들에 대항하는 무기로 활용하기도 했던 지도자들이 배출됐다. 또한 노동자들의 운동은 <블랙 드워프>와 <가난한 자의 수호자>와 같은 독자적인 신문을 갖추게 됐다. 이 신문들의 소유주들은 투쟁 소식을 보도하고 자본가와 지주에게 도전한 대가로 여러 차례 체포됐다.

차티스트

1830년대 후반에는 이처럼 다양한 조류들이 합류한 결과 차티스트 운동이 등장했다. 이것은 역사상 처음 있는 일이었다. 사회 존속에 필요한 노동을 담당하는 인민 대중의 운동이, 그것도 일시적인 폭동이나 반란이 아니라 영구적인 조직과 자체의 민주주의를 갖추고 아래로부터 조직된 운동으로서 등장했던 것이다. 1837년에 리즈에서 창간된 차티스트 운동의 신문 <북극성>은 지배 계급의 주요 신문 <타임스>만큼이나 많이 읽혔으며, 사람들은 모든 산업 지구의 작업장과 술집에서 글을 모르는 노동자들을 위해 신문에 실린 기사들을 큰 소리로 낭독했다.

영국 학교의 역사 수업에서는 차티스트 운동이 결국 실패한 사소한 운동이었던 것처럼 가르친다. 그러나 차티스트 운동은 19세기 영국에서 가장 커다란 대중 운동이었다. 차티스트 운동은 지배 계급을 세 번이나 공포에 떨게 만들었다. 1838~1839년에는 수많은 노동자가 차티스트 강령을 소개하고 토론하는 대중 집회에 참가했다. 수많은 사람이 민중 봉기에 대한 기대감을 불어넣기 시작했다. 정부는 걱정한 나머지 군대를 산업 지구에 투입했다. 사우스웨일스의 뉴포트에서는 무장 봉기 시도가 있었다.[76] 1842년에는 역사상 최초의 총파업이 랭커셔에서 일어났다. 노동자들은 여러 공장을 돌아다니면서 행진했고 용광로의 불을 끄면서 투쟁을 확대했다.[77] 마지막으로 1848년에는 영국의 공황, 아일랜드의 기근, 그리고 유럽을 휩쓴 혁명에 자극을 받아 떨쳐 일어난 노동자 대중이 다시 지배 계급에 맞선 대결을 준비했다. 하지만 그들의 희망은 좌절됐다. 정부는 굳건히 버텼고, 하층 중간 계급은 정부 편에 섰고, 차티스트 운동 지도자들은 동요했으며, 런던 남부의 케닝턴에 10만 명이나 운집하게 만들었던 분노도 공중분해가 됐다. 그러나 그렇게 되기까지 정부는 런던 절반을 군대로 점령하다시피 해야만 했다.[78]

생동하는 운동이 모두 그렇듯이, 차티스트 운동도 서로 다른 사상을 갖고 있는 서로 다른 집단들로 구성돼 있었다. 차티스트 운동의 공식 강령(인민헌장)은 경제의 사회주의적 재편보다는 남성 보통선거권과 매년 새로 선출하는 의회에 바탕을 둔 원대한 민주적 개혁을 추구하는 강령이었다. 차티스트 운동의 지도자들은 기성 지배자들을 자기편으로 만들 수 있다고 확신하는 '도덕적 힘'파와 기성 지배자들을 타도해야 한다고 확신하는 '물리적 힘'파로 나뉘었다. 그러나 '물리적 힘'파조차 그들의 목적을 어떻게 달성할 것인지 구체적으로 알지 못했다. 그렇지만 차티즘은 12년 남짓 존속하면서 매우 인상적인 잠재력을 보여 줬다. 부르주아지는 대부분의 유럽 지역에서 봉건주의 잔재를 없애기 위한 싸움을 아직 끝내지 못하고 있었다. 그러나 부르주아지는 이미 자신들을 겨냥해 프랑스 혁명의 혁명적 언어를 사용할 수 있는 새로운 피착취 계급을 만들어내고 있었다.

이것은 프랑스 혁명이나 산업혁명과 마찬가지로 세계사에서 중요한 것이었다. 영국 자본가들이 산업화로 성공하자 다른 지역들도 영국을 따라하기 시작했다. 1789년 이전에 이미 프랑스와 독일 남부 지역에는 공장들이 몇 개 들어서 있었다. 이제 이 나라들뿐 아니라 이탈리아 북부, 카탈루냐, 보헤미아, 미국 북부, 심지어 러시아의 우랄 산맥 지역과 나일 강 유역에서도 공장들이 생기고 있었다. 새로 생긴 공장의 굴뚝에서 시커먼 연기가 뿜어져 나오는 곳이면 어디서나 그곳에서 일하는 노동자들의 자생적인 분노와 저항도 함께 터져 나왔다. 1830년에 파리 대중은 1795년 이후 처음으로 거리로 쏟아져 나왔다. 부르봉 왕조의 국왕 샤를 10세의 자문위원들은 왕에게 물러날 것을 설득하고 샤를 10세의 친척인 오를레앙의 '부르주아 군주' 루이 필리프를 왕에 앉히는 것만이 혁명을 멈출 수 있는 유일한 대안이라고 생각했다. 이런 꼼수는 성공했지만, 하층 계급의 힘이 이런 사건을 통해 드러나자 유럽의 다른 지역에서도 봉기의 물결이 힘차게 출렁거렸다. 그러나 벨기에를 네덜란드에서 분리해 영국의 비호를 받는 독립국가로 만들어 준 봉기를 제외하면 나머지 봉기는 모두 실패했다.

프랑스의 시인이자 역사가인 라마르틴은 다음과 같이 말했다. "우리 사회와 정부가 프롤레타리아 문제를 제대로 인식하고 해결하지 못하면 그것은 현대 사회에서 거대한 폭발로 이어질 것이다."[79] 18년 뒤에 그의 예언은 현실로 나타났다. 유럽 전역이 혁명의 소용돌이에 휩싸였고 라마르틴 자신도 짧은 순간이나마 영광을 누렸다.

6. 마르크스주의의 탄생

"공산주의라는 유령이 유럽을 떠돌고 있다." 이 문구는 역사상 가장 막강한 영향력을 발휘한 소책자 가운데 하나의 첫 문장이다. 파리에서 추방당한 두 명의 독일인들이 1847년 말에 이 소책자를 완성했다. 이 소책자는 혁명이 임박했음을 예측했고, 소책자 초판의 잉크가 마르기도 전에 정말로 혁명이 터졌다. 그러나 이것만으로는 머지않아 전 유럽의 언어로 번역된 이 저작의 엄청난 힘을 설명할 수 없다. 그때와 마찬가지로 지금도 이 소책자가 많은 독자들을 매료시키는 점은 겨우 40여 쪽 분량으로 새로운 산업자본주의 사회의 등장을 전체 인류 역사의 맥락에서 파악했다는 점이다. 그 소책자는 산업자본주의 역시 그 이전 체제들과 마찬가지로 일시적인 것에 불과하다는 점을 보여 주려 했으며, 낡은 봉건 질서의 잔재를 아직 충분히 청산하지 못한 산업자본주의 사회에서조차 그 체제를 궁지에 몰아넣고 있던 거대한 계급 갈등을 설명하려 했다.

그 소책자의 저자들인 프리드리히 엥겔스와 칼 마르크스는 분명 엄청난 능력의 소유자들이었다. 그러나 그들의 영향력은 단지 그들 개인의 천재성에 힘입은 것만은 아니었다. 이 점에서는 플라톤이나 아리스토텔레스, 공자나 부처, 사도 바울이나 예언자 마호메트, 볼테르나 루소 같은 위인들도 마찬가지였다. 엥겔스와 마르크스는 개인의 천재성 이상의 어떤 요인 때문에 역사의 한 페이지를 장식할 수 있었다. 그들은 특정 시대의 모든 모순이 한꺼번에 나타나는 장소와 시대에 살았을 뿐 아니라, 앞서 열거한 사람들에게는 없던 것을 갖고 있었다. 즉, 그들은 동시대의 모순들을 인식하는 데 그치지 않고 그것을 설명할 수 있게 해 주는, 선대 사람들이 쌓아 올린 지적 전통과 과학적 진보의 성과를 활용할 수 있었다.

두 사람 모두 프러시아의 라인란트 지방의 중간 계급 가정에서 태어났다. 마르크스의 아버지는 유대인 집안에서 태어났지만 프로테스탄트였으며 유복한 공무원이었다. 엥겔스의 아버지는 라인란트와 맨체스터에 공장을 갖고 있는 부유한 공장주였다. 1830년대와 1840년대 라인란트에서는 이런 집안 출신이라고 해서 반드시 순응주의자가 되리라는 법은 없었다. 라인란트는 독일에서 자본주의가 가장 발달한 지역이었으며, 불과 2~3년 전에 프랑스가 라인란트를 점령하면서 봉건 사회의 잔재가 모두 사라졌다. 그러나 라인란트를 통치한 프러시아 군주정은 여전히 봉건 사회의 잔재들을 갖고 있었다. 좀더 나이든 중간 계급들조차 이런 봉건 사회의 질곡에서 벗어날 수 있는 '개혁'에 대한 열망을 품고 있었으며, 좀더 젊은 세대의 경우에는 이런 열망이 급진주의 정신으로 발전했다.

대부분의 유럽 지역과 마찬가지로 독일 전체도 19세기 초반의 몇십 년 동안은 지적 반동의 시기를 겪었다. 독일의 가장 유명한 철학자 헤겔은 인류의 정신이 역사를 통해 발전한다는 오랜 믿음을 이제는 신비스럽고 종교적인 색깔로 덧칠한 채 프러시아 국가의 덕행을 — 아니면 적어도 1820년대 프러시아의 '신분제' 헌법을 — 찬양하고 있었다. 그러나 1830년대와 1840년대 초에 대학에 들어간 세대들에서는 계몽사상과 심지어 프랑스 혁명 초기의 사상으로 돌아가고자 하는 움직임이 있었다. 브루노 바우어와 같은 '청년 헤겔주의자'는 모든 사물이 모순을 통해 바뀐다는 헤겔의 사상을 기존 독일 사회에 대한 자유주의적 비판으로 발전시켰다. 슈트라우스는 볼테르의 구약성서 비판을 확장해 신약성서에 대해 의문을 제기했다. 루트비히 포이어바흐는 80년 전에 돌바크와 엘베시우스가 개척한 유물론 철학을 계승했다. 모든 계급의 계몽된 사람들이 서로 협력해서 봉건주의나 자본주의 그 어느 것도 아닌 더 나은 사회를 만들자는 칼 그륀의 '진정한 사회주의' 요구는 폭넓은 지지를 받았다.

마르크스와 엥겔스도 이 세대의 빼놓을 수 없는 한 부류로서, 과거와 현재 사이에 갇혀 있는 독일 사회를 이해하려고 고심 중이었다. 그들은 헤겔을 연구했고, 포이어바흐의 주장을 수용했으며, 엘베시우스와 돌바크의 사상을 깊이 파고들었고, 슈트라우스의 종교 비판을 수용했다. 하지만 마르크스와 엥겔스는 여기서 멈추지 않았다. 그들은 제한적이나마 첫걸음을 내딛고 있었던 신생 산업자본주의와도 격돌했다. 엥겔스의 아버지는 엥겔스를 맨체스터 공장으로 보내서 경영을 돕게 했다. 여기서 엥겔스는 독일의 자유주의 이상이 약속하는 밝은 미래와 영국 산업혁명을 통해 등장한 노동자들의 비참한 삶의 현실이 충돌하는 것을 직접 경험했다. 그는 거기서 본 것을 《영국 노동 계급의 상태》에서 기술하고 있다. 그리고 엥겔스는 이런 현실에 맞서 싸우는 노동자들을 봤다. 1842년 총파업 이후 맨체스터에 도착한 엥겔스는 차티스트 운동에 참여했다.[80] 차티스트 운동을 통해서 엥겔스는 '공상적 사회주의'의 관점에서 자본주의를 비판하는 로버트 오언의 저작들을 읽게 됐고, 기존 체제의 정당성을 옹호하는 '정치경제학'을 비판적으로 연구하게 됐다.[81]

마르크스는 그리스 원자론에 대한 박사학위 논문을 끝낸 뒤에 스물네 살의 나이로 최근 창간된 자유주의 신문 〈라인 신문〉의 편집장이 됐다. 〈라인 신문〉의 편집장으로 일하는 동안 마르크스는 프러시아 검열 당국과 충돌했고—〈라인 신문〉은 6개월 뒤에 발간이 금지됐다—훗날 마르크스 자신이 고백한 바에 따르면, 처음으로 '물질 문제'와 정면으로 대면하게 됐다. 마르크스는 숲에서 땔감을 주워 모으는 농민들의 관행을 '도둑질'로 규정하려는 귀족들의 시도에 관해 쓰면서 재산이란 무엇인지 그리고 어디서 비롯했는지를 숙고하기 시작했다. 그 뒤 마르크스는 파리로 추방당했다. 파리에서 생활하는 동안 마르크스는 군주제의 강압 정치야말로 원자화된 사회를 하나로 엮는 유일한 방법이라는 헤겔의 법철학을 비판적으로 읽고서, 단순히 자유주의적 헌법을 제정하는 것만으로는 사람들에게 진정한 자유를 가져다 줄 수 없다는 확신을 갖게 됐다. 마르크스는 스미스와 리카도 같은 사람들의 정치경제학을 진지하게 연구하기 시작했고 발표하지 않은 초고[82]에서 자본주의 성격에 관해 자신이 내린 결론을 제시했다.

소외

마르크스는 스미스와 리카도 같은 사람들이 설명한 체제에서는 인간의 삶이 시장의 작동에 좌우된다고 지적했다. 그러나 시장 자체는 인간의 노동 생산물들의 상호 작용에 불과한 것이다. 다시 말해, 인간은 자신이 과거에 수행한 노동에 종속되고 마는 것이다. 포이어바흐는 인간이 스스로 만들어낸 신을 숭배하는 방식을 '소외'라고 표현했다. 마르크스도 소외라는 용어를 자본주의 시장에 적용했다.

> 노동으로 생산하는 물건, 즉 노동 생산물은 생산자와는 무관한 이질적인 하나의 힘으로서 노동과 대립하게 된다. 노동 생산물은 물건으로 굳어진 노동이며, 사물로 뒤바뀐 노동의 대상화다. …… 정치경제학에서는 이런 방식으로 실현되는 노동은 노동자에게는 실체의 상실로 나타나고, 대상화는 대상의 상실이나 물건에 대한 예속으로 나타난다. ……
>
> 노동자는 더 많이 생산하면 할수록 더 적게 소비해야만 한다. 그가 더 많은 가치를 창조할수록, 그 자신은 더 무가치하고 보잘것없는 존재가 된다. …… [체제는—크리스 하먼] 노동을 기계로 대체하지만, 일부 노동자들을 다시 야만적인 노동 속으로 내동댕이치고, 다른 노동자들을 기계로 만들어놓는다. …… 체제는 지식을 낳지만 노동자의 사고는 미비시킨다. …… 분명 노동은 부자들에게 멋들어진 것들을 생산해 주지만 노동자에게는 결핍만을 안겨 준다. 호화로운 대저택이 생겨나지만 노동자에게는 초라한 판자집뿐이

다. 아름다움을 만들어내지만 노동자에게는 추함이 돌아갈 뿐이다. …… 노동자는 일에서 벗어났을 때만 자아를 느끼며, 일하는 동안에는 자신이 껍데기일 뿐이라고 느낀다. 그는 일하지 않을 때 마음이 편안하고, 일하는 동안에는 편안함을 느낄 수 없다.[83]

마르크스는 노동자가 생산 과정을 집단으로 통제하는 방식으로만, 즉 '공산주의'를 통해서만 이런 비인간성을 극복할 수 있다고 결론지었다. 그에 따르면 인간 해방이란 자유민주주의자들이 떠들어대듯이 봉건주의의 잔재를 없애는 단순한 정치혁명을 통해서 달성되는 것이 아니라 '공산주의' 사회를 확립하는 사회혁명을 통해서 달성되는 것이다.

마르크스와 엥겔스는 파리와 브뤼셀에서 독일의 망명 사회주의자 그룹들에 함께 참여하면서 자신들의 새로운 사상에 실천적 내용을 부여하려 했다. 이런 노력이 최고조에 이르렀던 것은 그들이 '의인동맹'이라는 망명 직공들의 조직에 참여했을 때였다. 의인동맹은 나중에 '공산주의자 동맹'으로 이름을 바꿨으며, 마르크스와 엥겔스에게 ≪공산주의 선언≫을 써달라고 부탁했다.

그런 와중에도 마르크스와 엥겔스는 자신들의 사상을 발전시켰다. ≪신성가족≫과 미발표 초고인 ≪독일 이데올로기≫에서 마르크스와 엥겔스는 좌파 헤겔주의자들을 비판했고, 미신에 맞선 이성의 싸움만으로 사회가 바뀔 수 있다는 계몽주의 관념의 유산을 비판했다. 이를 위해 그들은 포이어바흐의 유물론에 의존했지만, 그 과정에서 포이어바흐를 뛰어넘었다. 포이어바흐는 종교를 소외된 인간성의 표현이라고 규정했지만 어째서 그런 소외가 발생하는지 묻지 않았다. 마르크스와 엥겔스는 인류가 자연에서 생계를 유지하기 위해 여러 세대에 걸쳐 투여한 노력과 그 노력의 결과로 사람들 사이에 형성된 관계가 소외의 원천이라고 생각했다. 포이어바흐의 유물론은 외부 세계가 인간을 바꿀 뿐 아니라 인간이 외부 세계를 바꾸기도 한다는 점을 무시한다고 마르크스와 엥겔스는 주장했다. 이런 '변증법적' 상호 작용 덕분에 역사에 대한 유물론적 해석이 가능하다고 두 사람은 주장했다. 마르크스와 엥겔스는 ≪공산주의 선언≫에서 역사에 대한 유물론적 해석을 정치경제학에 대한 자신들의 비판과 결합해 역사와 사회에 대한 총체적인 관점을 제시했다.

여기서 그런 관점을 굳이 자세하게 살펴볼 필요는 없다. 어차피 이 책 전체가 그런 관점에 입각해서 역사를 해석하려는 시도이기 때문이다. 그러나 몇 가지 중요한 논지들은 짚고 넘어갈 필요가 있다.

새로운 세계 체제

마르크스의 사상은 종종 1백50년도 더 된, 시대에 뒤떨어진 낡은 사상으로 치부된다. 특히 마르크스가 태어나기 무려 40여 년 전에 출판된 애덤 스미스의 ≪국부론≫에 대한 수박 겉핥기식 독해를 근거로 그런 비판을 하는 사람들이 많다. 그러나 산업자본주의가 유라시아 대륙 서쪽 언저리의 작은 지역에 국한돼 있던 시기에 나온 ≪공산주의 선언≫은 자본주의가 세계를 뒤덮고 있는 오늘날의 세계 — 소위 '세계화'된 세계 — 를 예언하고 있는 듯하다.

> 자신의 생산물 시장을 끊임없이 확장해야 할 필요성 때문에 부르주아지는 지구 전체를 훑고 다녀야 한다. 부르주아지는 어느 곳에서나 둥지를 틀어야 하고 정착해야 하며 …… 부르주아지는 세계 시장을 개척함으로써 모든 나라의 생산과 소비에 세계적인 성격을 부여했다. 반동주의자로서는 분통이 터질 노릇이겠지만, 부르주아지는 산업의 민족적 토대를 허물었다. …… 전에는 지역과 민족에 따라 서로 단절된 채 자급자족하던 세계가 이제는 모든 방향으로 상호 작용하고 있으며 각 나라는 전 세계적으로 서로 의존하고 있다. ……
> 온갖 생산 도구들을 급속히 개량하고, 통신을 대단히 수월하게 만듦으로

써 부르주아지는······ 모든 나라를 문명으로 통합시켰다. 그들은 값싼 상품이라는 포탄을 퍼부어 어떤 만리장성이라도 무너뜨린다. ······ 부르주아지는 모든 나라들로 하여금 멸망을 피하기 위해 부르주아적 생산양식을 채택하게 만든다. ······ 한 마디로, 부르주아지는 자신의 모습을 본뜬 세계를 창조한다.

마르크스가 비판받아야 한다면, 그의 설명이 시대에 뒤떨어져서가 아니라 그가 묘사한 과정이 ≪공산주의 선언≫ 집필 당시에는 아직 맹아의 형태로만 존재했기 때문일 것이다. 마르크스의 묘사는 1847년의 세계보다 오늘날의 세계에 훨씬 더 들어맞는다.

마르크스와 엥겔스는 소외라는 주제를 채택해 그것을 훨씬 더 간단히 설명했다.

부르주아 사회에서 살아 있는 노동은 축적된 노동을 증가시키기 위한 수단일 뿐이다. ······ 과거가 현재를 지배한다. ······ 자본은 독립적이며 인격을 갖고 있지만 살아 있는 인간은 종속적이며 인격이 없다.

이것은 부르주아 사회에 대한 신랄한 비판으로 이어진다.

그토록 어마어마한 생산수단과 교환수단을 만들어낸······ 부르주아 사회는 스스로 주문을 외워서 불러낸 악마의 힘을 더는 통제할 수 없는 마법사와 비슷하다. ······ 거대한 상업 공황이 주기적으로 되풀이되면서 매번 부르주아 사회 전체의 존립을 한층 더 크게 위협하는 것을 보더라도 그것을 알 수 있다. ······ 공황이 일어나면 이전 시대에는 생각하지도 못했을 희한한 전염병, 즉 과잉생산이라는 전염병이 퍼진다. ······ 마치 인류를 멸망시킬 세계대전이나 굶주림 때문에 모든 생계수단의 공급이 멎은 것처럼 보이며, 공업과 상업이 파괴된 것처럼 보인다. 하지만 왜? 생계수단이 너무 많고, 공업이 너무 많고, 상업이 너무 많기 때문이다. ······ 그렇다면 부르주아지는 이런 공황에서 어떻게 빠져나올까? 한편으로는 생산력을 강제로 대량 파괴함으로써, 다른 한편으로는 새로운 시장을 개척하고 기존 시장을 더 철저하게 쥐어짜는 것을 통해 공황을 극복한다. 다시 말해서, 부르주아지는 좀더 광범하고 좀더 파괴적인 공황을 준비하고, 그런 공황을 예방하는 수단들을 줄임으로써 공황에서 벗어나는 것이다.

마르크스와 엥겔스는 ≪공산주의 선언≫에서 자본주의의 위기와 장기적 운명을 간략하게 다룰 수밖에 없었다. 그 뒤 마르크스는 부르주아 정치경제학 서적들을 꼼꼼하게 읽고 세계 최초의 자본주의 사회인 영국 자본주의를 집중적으로 연구하면서, 소외된 노동의 축적과 순환에 바탕을 둔 이 세계의 논리, 즉 자본주의 논리의 작동 방식을 철저히 규명하는 일에 남은 인생의 대부분을 바쳤다.[84]

마르크스와 엥겔스는 자본주의 사회와 그보다 앞선 계급 사회의 중요한 차이점을 지적했다. 자본주의 이전의 지배 계급은 자신들의 지배를 강화하기 위해 보수주의를 강요했다. 그러나 자본주의에서는 자본가들 자신이 아무리 보수주의를 정치·이데올로기 무기로서 선호한다 해도, 이미 자본주의 사회의 경제적 역동성이 보수주의의 토대를 무너뜨린다.

부르주아지는 생산도구를 끊임없이 혁신하지 않고서는, 따라서 생산관계와 사회의 모든 관계를 혁신하지 않고서는 생존할 수 없다. …… 생산의 끊임없는 혁신, 모든 사회 조건의 지속적인 교란, 그리고 영원한 불확실성과 동요는 부르주아 시대를 그 이전의 모든 시대와 구별해 준다. 고정되고 굳어진 모든 관계는 그것에 따라붙는 오래되고 고색창연한 편견들과 더불어 휩쓸려 나가며, 새로 만들어진 모든 관계는 미처 굳어지기도 전에 낡은 것이 돼버린다. 단단한 것은 모두 기체가 돼 흩어지고, 신성한 것은 모두 모독당하며, 인간[85]은 결국 자신이 처한 삶의 현실과 자신이 동류 인간들과 맺고 있는 관계를 있는 그대로 냉정하게 바라볼 수밖에 없게 된다.

노동자와 새로운 체제

《공산주의 선언》은 자본주의의 또 다른 측면으로서, 자본주의가 탄생시킨 노동 계급을 강조했다.

부르주아지 — 즉, 자본 — 가 발전하는 것과 비례해서 프롤레타리아 — 즉, 현대의 노동 계급 — 도 발전한다. 노동 계급은 일자리가 있어야만 먹고살 수 있고, 노동을 통해 자본을 증식시킬 수 있어야만 일자리를 얻을 수 있다. 자기 자신을 조각조각 나눠서 팔아야 하는 노동자들은 다른 상거래 품목과 마찬가지로 하나의 상품이며 따라서 경쟁에 뒤따르는 온갖 부침과 시장 변동의 충격에 노출돼 있다.

노동 계급은 자본주의 자체의 발전 때문에 자본주의에 대항할 수 있는 하나의 세력으로 단결하게 된다.

산업이 발전하면서 프롤레타리아는 수적으로 늘어날 뿐 아니라 거대하게 밀집되고, 힘이 커지며, 그런 힘을 더 많이 자각하게 된다. 기계가 노동의 차이를 모두 없애고 거의 모든 곳에서 임금이 똑같은 수준으로 낮아짐에 따라 프롤레타리아 내부의 다양한 이해관계와 삶의 조건은 갈수록 평준화한다. …… 상업 공황 때문에 노동자들의 임금은 변동 폭이 더욱 커진다. 그 어느 때보다 더 빨리 발전하는 기계를 계속해서 개량하기 때문에 노동자들의 삶은 갈수록 불안정해진다.

이런 상황에서 노동자를 하나의 계급으로 조직하기 시작하는 '연합체'(노동조합)들이 발전한다. 설사 이것을,

…… 노동자들이 자기들끼리 경쟁을 벌임으로써 끊임없이 좌초[시킨다 해도] …… 부르주아 계급이 존재하고 지배하기 위한 필수 조건은 자본의 형성과 증식이며, 자본의 필수 조건은 임금 노동이다. 산업의 발전 — 그 비자

발적 추진자는 부르주아지다—은 경쟁에서 비롯한 노동자들의 고립을 협동에 바탕을 둔 노동자들의 혁명적 결합으로 대체한다. 따라서 근대 산업의 발전에 따라 부르주아지가 생산물을 생산하고 전유하는 기초 그 자체가 그들의 발 밑에서 무너져 내린다. 따라서 부르주아지는 무엇보다도 자신의 무덤을 파는 사람들을 생산한다.

이 구절들은 대규모 산업과 세계 시장의 발전을 다룬 마르크스의 다른 구절들과 마찬가지로 1847년의 유럽 상황에 대한 경험적으로 정확한 관찰이 결코 아니었으며—아프리카·아시아·아메리카 대륙 상황의 묘사로서는 더욱 부적절했다—오히려 미래의 발전 추세를 예견한 것이라 할 수 있다. 프랑스와 독일에서 산업 노동 계급은 여전히 전체 인구 가운데 소수였으며 "압도 다수의 이익을 위해서 행동하는 압도 다수"(다른 구절에서 묘사하는)가 아니었다. 독일에서는 1870년에도 공장 노동자는 전체 노동 인구의 10퍼센트에 불과했다. 1848년 영국의 경우 그 비중이 훨씬 컸지만, 여전히 많은 노동 인구가 농장, 소규모 작업장에서 일하거나 하인으로 일했다. 그러나 마르크스와 엥겔스는 자본이 전 세계를 정복함에 따라 산업 노동 계급이 성장할 것이라는 점을 분명히 알고 있었다.

때때로 마르크스와 엥겔스는 그렇게 성장한 계급이 대규모 산업에 몰려 있는 전형적인 '프롤레타리아'로만 구성될 것이라고 가정했다는 이유로 비판받기도 한다. 나는 20세기의 마지막 4분기 역사를 다루는 장에서 이 문제를 다시 짚어볼 것이다. 다만 여기서 언급할 것은, 설령 엥겔스가 맨체스터에서 겪은 일과 차티스트 운동에서 겪은 일을 바탕으로 마르크스와 엥겔스가 그런 결론을 내렸다고 하더라도 그것이 두 사람의 주장에 내재된 필연적 결론은 아니라는 것이다. 농민이나 장인의 생산 활동을 임금 노동이 대체한다고 해서 반드시 특정 형태의 임금 노동만이 증가하는 것은 아니다. 마르크스와 엥겔스의 가정이 뜻하는 것은, 사회적 노동 인구 중에 자신의 노동 능력(마르크스는 나중에 이것을 '노동력'이라고 불렀다)을 팔아서 생계를 꾸려야 하는 비율이 갈수록 커질 것이라는 점이다. 한편으로 자본의 경쟁적 추동이, 다른 한편으로는 노동자가 자본에 맞서 싸우는 수위가 노동자들의 노동 조건과 임금 수준을 결정할 것이다. 이것은 노동자가 공장에서 일하든 사무실에서 일하든 고객 지원 센터에서 일하든, 또는 작업복 차림이든 정장 차림이든 청바지를 입었든 마찬가지다. 이런 관점에서 보면, 오늘날 모든 종류의 노동자가 '국제 경쟁'에서 기업이나 국가가 성공하는 것에 생계가 달려 있다는 소리를 듣는 마당에 마르크스와 엥겔스의 논리에 문제가 있다고 말하기는 어렵다.

마르크스와 엥겔스는 《공산주의 선언》 끝 부분에서 여전히 자본주의가 전 세계적으로는 미발전 상태임을 부분적으로 인정했다. "공산주의자는 주로 독일에 주력한다. 왜냐하면 독일은 부르주아 혁명 전야에 있기 때문이다." 그리고 그들은 부르주아 혁명이 "17세기의 영국 혁명과 18세기의 프랑스 혁명 당시보다 유럽 문명이 훨씬 더 발전해 있고 훨씬 더 강력한 프롤레타리아가 존재하는 상황에서 수행될 수밖에 없다"고 덧붙인 다음, 그 부르주아 혁명은 "그 직후에 다가올 프롤레타리아 혁명의 전주곡일 뿐"이라고 썼다.

혁명이 임박했다는 그들의 주장은 완전히 올바른 것으로 입증됐다. 그리고 이번 혁명에서 노동자들의 역할이 전보다 훨씬 두드러질 것이라는 그들의 주장도 올바른 것으로 입증됐다. 그러나 두 사람이 예측하지 못한 것은 부르주아지가 프롤레타리아의 이런 역할에 대응하는 방식이었다.

7. 1848년

오후 내내 파리를 돌아다니면서 느낀 것 중에 두 가지가 특히 내 마음을 사로잡았다. 첫째, 최근에 일어난 혁명은 독특하면서도 전적으로 대중적 성격을 띠고 있었으며 혁명을 통해 소위 인민—즉, 직접 일하는 계급—이 다른 모든 계급에 대해 전지전능한 힘을 발휘하게 됐다는 점이다. 둘째, 갑자기 권력의 유일한 주인이 된 비천한 사람들이 처음 승리한 그 순간부터 거의 어떤 증오심도 보이지 않았다는 것이다. ······

그날 하루, 나는 파리의 어느 곳에서도 옛 권력의 하수인들을 보지 못했다. 병사도 없었고, 헌병도 없었으며, 경찰도 없었다. 국민방위대마저 사라졌다. 오직 인민만이 무기를 휴대했으며, 공공건물을 경비하는 것도, 감시·명령·처벌 권한을 행사하는 것도 인민이었다. 이처럼 거대한 도시가 아무 것도 가진 것 없는 사람들의 수중에 떨어진 것은 놀라우면서도 등골이 오싹한 광경이었다.[86]

이것은 1848년 2월 25일에 대해 역사가 알렉시스 드 토크빌이 썼던 얘기다. 프랑스 국왕 루이 필리프는 왕위를 버리고 도망갔다. 공화주의자 학생들과 일부 중간 계급들의 시위 내일이 외무부 밖에서 경찰과 충돌하면서 파리 동쪽의 빈민 지구에서 자생적인 봉기가 일어났다. 파리 동쪽의 빈민 지구는 반세기 전에 일어난 혁명에서 상퀼로트가 주로 활동했던 곳이었다.

"개혁 만세"를 외치는 군중이 군대 저지선을 뚫고 왕궁과 의회 건물로 몰려들었다. 야당 정치인들은 힘을 합쳐 라마르틴이 이끄는 정부를 구성했다. 대중의 지지를 얻기 위해 야당 정치인들은 사회주의 개혁가 루이 블랑을 정부에 참여시켰고 역사상 처음으로 육체 노동자 알베르를 정부에 참여시켰다.

프랑스 혁명은 유럽의 모든 왕정에게는 하나의 폭탄과도 같은 것이었다. 이미 그 전해 12월에는 스위스에서 짧은 내전이 일어났고, 1월에 시칠리아에서는 봉기가 일어났다. 이제 비엔나, 밀라노, 베니스, 프라하, 베를린에도 봉기가 확산돼 성공을 거뒀고, 사실상 독일 제후령의 모든 산업 지구와 수도에서 봉기가 일어났다. 도시마다 자유주의 중간 계급이 이끄는 시위는 거대한 군중 시위로 확산돼, 군중이 군대와 경찰을 격퇴하고 왕궁과 정부 건물들을 점거하는 사태가 벌어졌다. 1814년과 1815년의 반혁명을 주도한 메테르니히 같은 반동적 정치인들은 걸음아 나 살려라 하며 도망쳤다. 왕족과 귀족들이 남아 있기는 했지만 자유주의 헌법을 지지하는 척해서 겨우 지위를 유지했다. 절대주의 체제는 사실상 모든 곳에서 죽은 듯했다. 남성의 보통선거권, 언론의 자유, 배심원의 재판 권리, 귀족 특권과 봉건적 세금 폐지와 같은 급진 민주주의 개혁들이 달성된 것처럼 보였다.

그러나 그것은 잠깐이었다. 여름에 왕족과 귀족들은 자신감을 되찾고 있었다. 그들은 민주주의 운동에 굴복하기는커녕 오히려 그것을 공격하기 시작했고, 늦가을에는 베를린, 비엔나, 밀라노 같은 주요 도시들에서 운동을 파괴했다. 마침내 1849년 여름에는 반혁명이 전 대륙에서 다시 한 번 승리를 거뒀다.

2월과 3월의 혁명은 소규모 상공인, 장인, 노동자 대중이 참여한 봉기가 왕정주의자와 귀족의 군대와 경찰을 물리쳤기 때문에 승리했다. 그러나 그들의 빈자리를 채운 정부와 의회는 주로 유산 중간 계급의 성원들로 이루어졌다. 그래서 독일 지역 전체(독일어를 사용하는 오스트리아까지)를 대표해 선출돼서 5월에 열린 프랑크푸르트 국민의회에는 무려 4백36명의 주

정부 공무원(행정·사법 관리들이 이끄는), 1백 명의 사업가와 농장주, 1백 명의 변호사와 50명의 성직자가 포함돼 있었다.[87] 그런 사람들은 구체제에 대항하는 혁명적 행동에 목숨을 걸기는커녕 자신의 경력조차 위험에 빠뜨리지 않으려 했다. 게다가 그들은 자신들을 권좌에 앉힌 대중을 '무질서한 폭도'이자 옛 지배 계급만큼이나 위험한 무리들로 간주했다.

새로운 정부와 의회는 영국 혁명 당시의 '장로파', 미국 독립전쟁 당시의 뉴욕과 펜실베이니아의 '온건파', 프랑스 혁명 당시의 지롱드파가 느꼈던 것과 같은 두려움에 휩싸였다. 그러나 이번에는 그 두려움이 훨씬 더 증폭된 형태로 나타났다. 자신의 의지를 나머지 계급에게 강제할 수 있는, '독립파'나 자코뱅파에 견줄 만한 혁명적 중간 계급은 등장하지 않았다.

그동안 서유럽의 산업이 발전한 결과, 자본가 계급은 프랑스 혁명 당시보다 1848년에 훨씬 더 크고 강력해졌다. 그리고 지식인, 교수, 교사, 공무원 같은 중간 계급이 늘어나고 있었다. 이런 중간 계급은 영국을 자신들의 경제 모델로 간주했고 프랑스 혁명으로 탄생한 통일된 국민국가를 자신들의 정치 모델로 간주했다. 헝가리와 폴란드에서는 심지어 일부 귀족도 오스트리아와 러시아의 지배에서 벗어나 민족 독립을 쟁취하자고 선동했다.

그러나 입헌주의나 공화정을 지지하는 중간 계급이 성장하면서 노동 계급도 성장했다. 대다수 생산은 여전히 장인이 소수의 직공을 고용한 소규모 작업장이나 '선대제' 아래에서 상인들을 위해 일하는 직조공과 방적공의 집에서 이루어지고 있었다. 그렇지만 자본주의 시장이 통합되자 이들의 상황은 갈수록 악화했다. 예컨대 파리에서는,

> 장인 생산의 상당 부분에서, 생산에 대한 실제 통제권은 판매를 조직하고 자금줄을 쥐고 있는 상인들에게 넘어가고 있다. 이런 업종의 노동자와 심지어 그들을 고용한 독립 상인들조차 공장 노동자들과 마찬가지로 외부 사회의 힘이 자기 삶을 지배하고 있으며 온갖 방식으로 효율성을 높이도록 강요하고 있다는 것을 갈수록 뼈저리게 느꼈다. 이런 외부 사회의 힘은 보

통 '자본주의'나 '금융 봉건주의'와 동일시됐다.[88]

정도는 다르지만 비슷한 상황이 베를린, 비엔나, 라인란트 산업 지구에서 나타났다.

시장 경제의 변덕에다 흉작이 겹치면서 서쪽으로는 아일랜드—지대를 납부하기 위해 곡물을 수출한 탓에 1백만 명이 굶어 죽었다—부터 동쪽으로는 프로이센에 이르기까지 엄청난 경제 위기가 발생하자 1845년 이후 불만은 더욱 거세졌다. 굶주림, 물가 인상, 대량 실업에 대한 분노가 1848년 2월과 3월에 혁명으로 활활 타오른 것이다. 장인들과 노동자들이 혁명에 참여하게 되자 중간 계급 입헌주의자들과 공화파가 조직한 거리 시위의 성격이 크게 바뀌었다. 슈바르츠발트(독일 남서부의 삼림 지대) 같은 지역의 농민들은 봉건적 세금과 귀족 지주들에 맞서 봉기를 일으켰다. 이것은 1525년 농민전쟁 이후 처음 있는 일이었다.

엄청난 규모의 반란 앞에서 대·소 자본가 모두 등줄기가 싸늘해지는 것을 느꼈다. 노동자와 농민의 관심사는 단지 민주적 헌법이나 봉권적 특권만이 아니었다. 그들은 생활수준 향상을 요구함으로써 자본주의의 이윤과 소유권에 도전하고 있었다. 재산을 가진 자유주의자들은 장차 이 운동을 분쇄하기 위해 자신들의 전통적인 적대 세력인 유산 귀족·왕정주의자들과 손을 잡게 된다.

이미 독일과 오스트리아에는 3월 투쟁의 피가 마르기도 전에 이런 조짐이 있었다. 새로운 정부는 국민방위대의 입대 자격을 중간 계급으로 제한했고, 구체제 군대의 장교들을 그대로 두었고, 옛 왕정의 국가 관료들과 화해했으며, 농민에게 봉건적 부과금 철폐를 위한 봉기를 중단하라고 명령했다. 베를린의 프로이센 의회는 헌법에 대한 프로이센 국왕의 동의를 얻어 내느라 시간을 허비했고 명색이 범(凡)독일 의회인 프랑크푸르트 국민의회는 절차상의 규정을 놓고 입씨름하는 것 말고는 거의 아무 일도 하지 않았다. 의회는 혁명에 대한 인민의 열망을 한데 모으기 위한 구심점을 제공하지 않았을 뿐더러 귀족 반동 세력이 다시 힘을 모아 군대를 재무장하는 것을 막지도 않았다.

6월 투쟁

하지만 파리에서 일어난 사태가 이런 흐름을 결정적으로 뒤집었다.

2월에 구질서를 무너뜨리는 과정에서 결정적 역할을 했던 노동자들과 장인들은 그들 나름의 경제적·사회적 불만이 있었고 이런 불만들은 새 정부의 자유민주적 강령을 뛰어넘는 것이었다. 특히 그들은 최저 생활 임금이 보장되는 일자리를 요구했다.

그들은 무정형의 대중이 아니었다. 1830년 이후 사회개혁을 지향하는 단체(루이 블랑과 같은 사람들이 주도하는)와, 사회적 요구와 자코뱅적 봉기주의를 결합한 비밀결사 조직들(오귀스트 블랑키 같은 사람들이 주도하는)이 지지를 얻었다. 그들은 카페와 작업장에서 자신들의 사상을 토론했다. "불안정과 빈곤을 없애는 수단으로서 대의제 정부가 필요하다고 강조한 공화파 신문과 사회주의 신문은 1840년대 초의 호황이 끝나고 심각한 불황기가 닥쳐오자 갈수록 지지를 얻었다."[89]

2월 24~25일에 무장한 군중이 지켜보는 가운데 구성된 정부는 군중이 제시한 요구를 무시할 수 있는 처지가 아니었다. 정부 회의는 "대중이 보는 앞에서 그들의 압력을 받으며" 개최됐고 끊임없는 "행렬, 대표 임명, 정견 발표"로 점철됐다.[90] 그리하여 정부는 노동시간을 1시간 30분 줄이는 법령을 제정했고 모든 시민에게 일자리를 약속했다. '국영 작업장'을 세워 실업자에게 일자리를 제공했고, 노동부 장관 루이 블랑은 뤽상부르 궁전에 '노동위원회'를 설립했다. 노동위원회에 참여한 "8백 명의 위원, 즉 고용주 대표, 노동자 대표, 모든 학파의 경제학자"들이 "사실상의 의회"가 됐다.[91]

처음에 유산 계급은 이것에 대해 감히 불만을 제기하지 못했다. 하지만 2월 24~25일의 충격이 가시자 상황이 바뀌었다. 금융가·상인·기업가는 중간 계급의 여론을 '사회적 공화국'에 반대하는 방향으로 선회하게 만들었다. 그들은 노동자에 대한 양보 조치와 국영 작업장(사실 국영 작업장은 영국 구빈원보다 나을 게 거의 없었다) 때문에 경제 위기가 더욱 심해지고 있다고 비방했다.

정부에 참여한 부르주아 공화파도 이런 주장에 동의했다. 그들은 옛 정권의 부채를 인수함으로써 부랴부랴 금융가들을 달랬고, 농민에게 세금을 부과해 국가 예산의 균형을 유지하려 했다. 부르주아 공화파는 국민방위대가 중간 계급의 통제를 받도록 했고 수많은 청년 실업자들을 기동타격대로 징집해 자신들이 직접 통제했다. 또한, 제헌의회 소집을 위한 선거를 4월 말에 실시한다고 선포했다. 이 때문에 파리 장인들과 노동자들은 수도 밖으로 자신들의 메시지를 전파할 시간적 여유가 없었으며, 결국 지방의 지주·변호사·성직자는 농민들에게 파리가 '적화'된 탓에 새로운 세금이 부과되고 있다는 악선전을 하면서 선거를 좌지우지할 수 있게 됐다. 새로 선출된 의회는 이제 거의 노골적으로 이런저런 왕가 가운데 하나를 지지하는 세력들이 지배했고[92] 두 명의 사회주의자 장관은 즉시 쫓겨났다.

그러다 6월 21일에 정부는 국영 작업장을 폐쇄한다고 발표했고 실업자들에게 지방으로 흩어지든지 군대에 입대하든지 선택하라고 강요했다.

노동자들과 장인들은 2월에 얻은 모든 성과들을 도로 빼앗겼다. 그들은 다시 무기를 들 수밖에 없었다. 다음 날 그들은 파리 동쪽에 바리케이드를 치고 중앙으로 진격하기 위해 온 힘을 다했다. 공화파 정부는 이에 맞서 자신들이 보유한 광폭한 무력 수단을 모조리 쏟아 부었다. 카베냐크 장군의 지휘 하에 병사 3만 명, 국민방위대 6만~8만 명, 기동타격대 2만 5천 명[93]이 투입됐다. 그리하여 부유한 서쪽 지구와 가난한 동쪽 지구가 대결하는 양상으로 4일 동안 파리 시내에서 내전이 벌어졌다.

한편에는 '공화정'을 지지하는 세력이 있었고, 이들 가운데는 두 왕가(부르봉과 오를레앙)의 왕정 지지자들, 지주, 상인, 변호사, 그리고 중간 계급 공화파 학생들이 있었다.[94]

다른 한편에는 주로 파리의 소규모 수공업 종사자들 — 건설, 금속 가공, 의류·신발·가구 제작 업체부터 철도 관련 작업장 같은 일부 근대적 공장에서 일하는 노동자들, 많은 비숙련 노동자들, 그와 더불어 적지 않은 수의 소규모 사업가들 — 로 구성된 4만여 명의 봉기 세력이 있었다.[95] 저항의 중심지마다 특정 업종 출신들이 주도력을 발휘했다. 짐마차꾼들이 주도하는 곳도 있었고, 부두 노동자들이 주도하는 곳도 있었고, 가구장이들과 소목장이들이 주도하는 곳도 있었다. 프리드리히 엥겔스가 지적했듯이, 남성들만이 아니라 여성들도 싸움에 나섰다. 뤼 드 클레리에 설치된 바리케이드에서는 "두 명의 젊고 아름다운 그리제트[파리 빈민 여성 — 크리스 하먼]"를 포함한 7명이 바리케이드를 지키고 있었다. 두 여성 가운데 한 명은 붉은 깃발을 든 채 국민방위대를 향해 혼자 걸어가다가 총에 맞아 쓰러졌다.[96]

봉기는 처참하게 진압됐다. 국민방위대 장교이자 화가인 메소니에는 다음과 같이 보고했다.

뤼 드 라 마르텔리의 바리케이드가 함락됐을 때 나는 이 전쟁의 공포를 온몸으로 실감했다. 바리케이드 수비대원들은 사살당하거나 창 밖으로 내던져졌다. 땅에는 온통 시체뿐이었고 대지는 피로 새빨갛게 물들었다.[97]

얼마나 많은 사람이 죽었는지 알 수는 없지만 1만 2천 명이 체포됐고 수천 명이 프랑스령 가이아나로 유배됐다.

구질서의 부활

파리 노동자들의 패배는 모든 지역에서 혁명의 적들에게 용기를 불어넣었다. 독일의 융커(귀족) 비스마르크는 프로이센 국회에서 파리 노동자들의 패배야말로 "전 유럽에서 가장 다행스러운 사건"[98]이라고 말했다. 독일 왕국과 속주에서 정부 당국은 좌파와 공화주의 클럽들을 해산하기 시작했고 신문을 검열하고 선동가들을 체포했다. 이탈리아에서는 오스트리아 군이 피에몬테 군대를 물리치고 밀라노에 대한 통제권을 되찾았으며, 나폴리의 왕은 군사 독재를 수립했다. 오스트리아 장군 빈디슈그레츠는 체코의 중간 계급·학생·노동자와 닷새 동안 전투를 벌인 뒤에 프라하에서 계엄령을 선포했다. 그는 10월 말 대중의 처절한 저항을 진압하고 2천 명을 죽이면서 비엔나를 점령한 다음 헝가리로 진격했다. 1주일 뒤에 프러시아 왕은 베를린의 제헌의회를 해산했다. 프랑크푸르트의 '온건' 다수파는 이런 노골적인 반혁명 조치에 대응한답시고 3월에 프러시아 국왕을 독일 황제로 선포하자는 동의안을 제출했다. 그러나 프러시아 왕은 그 제안을 거절하고는 독일 남부에 군대를 파견해 나머지 혁명 세력을 진압했다.

1848년 봄에 맛보았던 커다란 희망은 1849년 초에 절망으로 바뀌었다. 그러나 혁명의 물결은 아직 사그라지지 않았다. 민주주의 협회들과 노동자 클럽에 소속된 활동적인 회원의 수는 여전히 보수파와 '온건파' 조직들보다 훨씬 많았다. 봄에는 라인란트, 팔츠 백작령, 드레스덴, 바덴, 뷔르템베르크에서 일어난 봉기가 성공해 지배자들은 이전의 3월 혁명에서 그랬듯이 줄행랑을 쳤다. 그러나 많은 사람들은 여전히 프랑크푸르트 국민의회가 투쟁을 지도해 주기를 기다리고만 있었다. 국민의회는 그럴 준비가 안 돼 있었는데도 말이다. 남부에서 구성된 혁명군(엥겔스는 혁명군의 자문위원이었다)은 진격하는 프러시아 군대와 맞섰으나 전투에서 지고 수세에 몰린 나머지 국경을 건너 스위스로 도망가야 했다. 오스트리아 황제는 러시아 짜르(황제)의 군사 지원에 힘입어 마침내 코슈트가 이끄는 헝가리 민족운동을 분쇄했다. 나폴리 왕은 5월에 시칠리아를 되찾았고, 로마를 장악하고 교황을 쫓아낸 혁명적 민족주의자들은 3개월에 걸친 프랑스 공화국 군대의 포위 공격 끝에 결국 로마를 버리고 달아나야 했다.

이 모든 혁명 과정의 진원지였던 프랑스에서 중간 계급 공화파는 노동자를 물리치고 나자 이제는 왕정주의자들의 진군에 맞서 자신들을 보호해 줄 세력이 아무도 없음을 깨달았다. 그러나 왕정주의자들은 그들대로 부르봉 왕가 지지자들과 루이 필리프 왕가(오를레앙 왕가) 지지자들로 분열해 있었으며, 누구를 왕으로 앉혀야 할지 몰라서 갈팡질팡했다. 나폴레옹의 조카 루이 보나파르트가 바로 이런 분열의 간극을 비집고 들어왔다. 그는 1848년에 5백50만 표를 얻어 대통령이 됐다. 반면에 중간 계급 공화파 지도자 르드뤼 롤랭은 40만 표를 얻었고 좌파 혁명가 라스파유는 겨우 4만 표를 얻었다. 다음 선거에서 질지도 모른다고 걱정한 보나파르트는 1851년에 쿠데타를 일으켰다. 이듬해에 보나파르트는 스스로 황제가 됐다.

칼 마르크스는 그 해 말에 다음과 같이 결론지었다.

> 3월에서 12월에 이르는 전체 독일 부르주아지의 …… 역사는 …… 순수 부르주아 혁명이 …… 독일에서는 불가능하다는 것을 …… 보여 준다. …… 봉건 절대주의 반혁명이나 사회 공화주의 혁명 가운데 하나만이 가능할 뿐이다.[99]

간사한 부르주아지

그러나 이런 혁명들이 유럽에서 아무런 변화도 가져오지 못한 것은 아니다. 독일과 오스트리아에서는 혁명의 여파로 봉건적 세금과 농노제가 마침내 폐지됐다. 비록 토지를 소유한 융커들이 농업 자본가가 됐을 뿐 농민에게는 거의 도움이 안 됐지만 말이다. 대다수 독일 군주들은 자신들이 승인한 헌법에서 군주의 정부 임명권을 확보했지만, 유산 계급과 심지어 노동자·농민에게도 희석된 형태로나마 의회 대표 자격을 부여했다. 이로써 자본주의의 발전을 위한 길이 활짝 열리게 됐다. 비록 부르주아지가 국가에 직접 영향력을 행사할 수 없는 군주제 하의 자본주의 발전이었지만 말이다.

독일은 독자적인 산업혁명을 시작했다. 산업 성장률은 연간 4.8퍼센트였으며, 철도는 연간 14퍼센트 성장했다. 1850년 이후 30년 동안의 투자는 1850년 이전 30년 동안의 투자의 4배였다. 프러시아에서는 25년 동안 석탄 생산이 4배 증가했으며, 원철 생산은 14배 증가했고, 철강 생산은 54배 증가했다. 증기엔진을 사용하는 기계 수는 18배 증가했다. 알프레드 크루프은 1836년에 겨우 60명의 노동자를 고용했지만, 1873년 무렵에는 1만 6천 명을 고용했다. 독일의 공업화는 영국보다 60년 늦었지만 금세 영국을 따라잡고 있었다.[100] 루르 지방의 탄광촌들은 남부 웨일스의 탄광촌들보다 더 크고 집약적이었다. 독일의 화학 공업은 영국보다 훨씬 먼저 합성 염료를 개발했다.

같은 기간에 프랑스에서도 대규모 공업이 급속하게 성장했으며, 그보다는 느린 속도로 오스트리아-헝가리 제국에서도 대규모 공업이 성장했다. 부르주아지는 1860년대 후반에 과거를 돌이켜 보면서 1848년에 자신들이 정치 투쟁에는 패배했을지 몰라도 경제 투쟁에서는 이겼다고 회고할 수 있었다. 프랑스에서 부르주아지는 루이 보나파르트를 믿었다. 마찬가지로 독일 부르주아지는 비스마르크가 프러시아 왕정 내에서 독재에 가까운 권력을 휘두르며 덴마크·오스트리아·프랑스와 전쟁을 벌이고 서유럽에서 가장 강력한 통일 독일 제국을 세웠을 때 떨 듯이 좋아했다.

이탈리아와 헝가리의 부르주아지도 1848~1849년의 민족 운동의 패배를 딛고 일어났다. 처음에 오스트리아 왕정은 밀라노, 베니스, 부다페스트, 프라하, 크라쿠프, 자그레브를 계속 지배했다. 그러나 민족 운동은 결코 파괴되지 않았다. 이탈리아 중간 계급 사이에서는 민족 통일에 대한 열망이 여전히 살아 있었으며, 비록 농민이나 도시 빈민이 그런 열정을 공유하는 경우는 무척 드물었지만(전체 인구의 4퍼센트만이 나중에 이탈리아 표준어가 되는 토스카나 방언을 사용했다) 나폴리 왕정과 롬바르디아의 오스트리아 지배자들에 대한 증오와 적개심만큼은 매우 컸다. 1850년대 후반에 피에몬테에서 왕의 장관인 카보우르는 이런 정서를 이용하려 했다. 그는 급진 민족주의자 마치니와 공화주의 혁명가 가리발디와 거래를 했고, 다른 한편으로 영국 정부와 프랑스 정부하고도 거래했다. 가리발디는 1천 명의 혁명적 '붉은 셔츠단'을 이끌고 시칠리아에 상륙해 섬 전체를 나폴리 왕정에 맞서 봉기하게 만든 다음[101] 북쪽으로 진격했다. 피에몬테의 왕도 남쪽으로 군대를 파견했고, 결국 나폴리 왕정의 군대는 위아래로 협공을 당해 분쇄됐다. 동시에 프랑스 군대가 롬바르디아에서 오스트리아 군대를 내쫓았다. 그러자 카보우르와 피에몬테의 왕은 가리발디의 군대를 무장 해제시키고 가리발디를 추방함으로써 자신들의 책략을 매듭지었고, "현 상태를 유지하려면 변화가 필요하다"[102]고 생각한 이탈리아 남부 귀족들은 마지못해 그들을 지지했다. 피에몬테의 왕은 이제 이탈리아 전체의 왕이 됐다. 그러나 이렇게 통일된 이탈리아에서도 점차 근대 자본주의로 이행한 북부 지역과, 여전히 지주들이 농민을 농노처럼 취급하며 마피아 강도단이 득실거리던 가난한 남부 지역 사이의 분열은 오랫동안 남아 있었다.

마찬가지로 헝가리도 아래로부터의 반란을 체제 내로 흡수하기 위한 지배자들의 책략에 힘입어 독립 국민국가의 반열에 올랐다. 1860년대에 오스트리아 왕정은 프랑스와 프로이센을 상대로 차례로 전쟁을 치른 끝에 왕정을 재편했다. 오스트리아는 두 개의 병렬적인 행정 구조를 세웠다. 첫 번째 행정 구조는 독일어를 사용하는 정부 기구가 운영했고 부분적으로나마 비엔나 의회에 책임을 졌으며 오스트리아, 체코 지역, 크라쿠프 주변의 폴란드 지역, 슬로베니아의 슬라브어 사용 지역을 통치했다. 두 번째 행정 구조는 헝가리어를 사용하는 부다페스트의 정부 기구가 운영했으며 헝가리, 슬로바키아, 트란실바니아의 일부 루마니아어 사용 지역, 크로아티아와 (터키와 분쟁을 치른 끝에) 보스니아의 세르비아-크로아티아어 사용 지역을 통치했다. 이런 병렬적인 행정 구조를 통해서 오스트리아 왕정은 반세기 동안 안정된 지배 체제를 유지할 수 있었다.

그러나 유럽에는 아직도 요구 사항을 전혀 충족하지 못한 두 개의 오래된 민족 운동이 있었다. 1840년대 후반 아일랜드에서는 프랑스 혁명기에 탄생했다가 1798년에 분쇄당한 민족주의가 부활하고 있었다. 1840년대의 대기근은 아일랜드 경제가 영국 지배 계급에게 종속돼 있는 것이 얼마나 끔찍한 인간적 대가를 요구하는지를 생생하게 보여 줬다. 1백만 명이 죽고 1백만 명이 이민을 떠남으로써 인구가 절반으로 줄었다. 지배 계급에 속한 입헌주의 정치인로서 한 평생 '통합 왕국'[United Kingdom : 영국을 뜻하는 것] 틀 속에서 아일랜드계 가톨릭 신자들의 권익 신장을 주장하며 활동한 다니엘 오코늘조차 독립 문제를 제기할 수밖에 없었다. 새로운 세대의 중간 계급 급진주의자들은 한걸음 더 나아가 공화정을 쟁취해야 한다는 결론에 도달했다. 1848년에 그들은 봉기를 일으켰지만 처참하게 패하고 말았다. 그러나 이때부터 '아일랜드 문제'는 영국 정치 생활의 중심 문제로 자리 잡게 됐다.

유럽의 한 쪽 끝에서 아일랜드 문제가 해결되지 못하고 있는 동안 유럽의 다른 쪽 끝인 폴란드에서도 독립 투쟁이 끊이지 않고 있었다. 폴란드 귀족은 1790년대에 폴란드 영토를 러시아·프러시아·오스트리아가 나눠 가진 것에 대해 줄곧 원한을 품고 있었고, 1830년대와 1860년대에는 러시아의 지배에 맞서는 반란들을 주도했다. 폴란드 귀족은 봉건 지주였으며, 폴란드인 하층 계급뿐 아니라 벨로루시인, 우크라이나인, 그리고 유대인 하층 계급까지 지배했다. 그러나 러시아 짜르에 맞선 투쟁을 통해 그들은 1814년과 1848년 이후에 유럽에 강요된 반혁명적 체제와 충돌했고, 유럽 전역의 혁명가들·민주주의자들과 공통된 대의를 위해 싸우게 됐다. 영국의 차티스트, 프랑스의 공화파, 독일의 공산주의자들이 볼 때 폴란드의 투쟁은 곧 자신들의 투쟁이었다. 그리고 추방당한 폴란드 귀족들은 이탈리아, 남부 독일, 헝가리, 파리에서 계속 투쟁했다.

8. 미국 남북전쟁

    1861년 4월 12일, 사우스캐롤라이나의 지원병들이 찰스턴 요새 맞은편에 있는 섬터 요새의 미합중국 연방군에게 발포했다. 이는 노예제에 찬성하는 남부 주들이 에이브러햄 링컨의 대통령 취임과 최근의 공화당 결성을 거부한다는 뜻을 매우 극적으로 표현한 것이었다.

    그때까지만 해도 그런 의견 차이가 전쟁까지 불러올 줄은 아무도 예상하지 못했다. 링컨은 겨우 한 달 전에 대통령에 취임했고, 자신의 유일한 관심사는 북서부의 새로 개척된 지역을 '자유 노동'을 위해 보존하는 것뿐이라고 거듭 강조했다. 링컨은 비록 개인적으로는 노예제를 싫어했지만 그렇다고 남부의 노예제를 금지하려고 하지는 않았다. 1858년에 벌어진 한 논쟁에서 링컨은 이렇게 주장했다. "나는 노예제가 존재하는 주들의 노예제에 간섭하려는 의도는 없다."[103] 링컨은 1861년 선거 운동 기간에도 이런 주장을 되풀이했다.[104] 남부 주들이 미연방에서 분리 독립을 꾀하는 동안 의회는 남부의 노예제를 그대로 두는 타협안을 모색하느라 힘을 소진했다. 노예제 폐지론자들은 의회 내에서도 소수였고 북부의 일반 주민 중에서도 소수였다. 그들은 자신들의 텃밭이라 생각했던 보스턴에서조차 적대적인 군중 때문에 모임을 방해받기 일쑤였다.

    섬터 요새가 포격당하기 사흘 전만 해도 주요 노예제 폐지론자들은 내전은 불가능하며 정부가 결국 남부 주들의 요구를 들어줄 것이라고 확신했다. 흑인이자 노예제 폐지론자인 프레드릭 더글러스는 다음과 같이 썼다. "반역과 반란을 힘으로 진압하자는 얘기는 술에 취해 도랑에 빠진 여자가 부리는 주정만큼이나 쓸모없고 무기력하다. 노예제는 우리 정부를 감염시켰다."[105] 그러나 섬터 요새의 포격 사건으로 미국 역사에서 가장 피비린내 나는 전쟁이 시작됐다. 죽은 미국인 수만 해도 독립전쟁, 제1차세계대전, 제2차세계대전, 한국전쟁, 베트남전쟁에서 죽은 미국인 수를 모두 합친 것보다 많았다.

건널 수 없는 심연

사태의 배경에는 단순한 오해 이상의 것이 있었다. 그것은 근본적으로 서로 다른 사회 조직 방식들의 충돌이었다.[106]

미합중국에서는 세계 시장의 증대하는 수요를 충족하기 위한 두 가지의 서로 다른 경제 형태가 독립전쟁을 거치면서 출현했다. 북부에서는 소농, 장인, 소규모 작업장의 임금 노동 등 '자유 노동'이 우세했다. 반면에 남부에서는 노예를 소유한 플랜테이션 소유주들이 우세했다. 물론 여기서도 대다수 백인 인구는 노예가 없는 소농, 장인 또는 노동자였다.

초창기 정치 지도자들은 '노예' 지역과 '자유' 지역의 현저한 차이가 극복할 수 없는 문제라고 생각하지는 않았다. 남부와 북부는 지리적으로 떨어져 있었고, 더군다나 제퍼슨(독립선언서를 작성했고, 1800년에 대통령에 취임했으며, 노예 소유주로서 조금은 양심의 가책을 느꼈다) 같은 남부 출신의 노예 소유주조차도 노예제의 수명이 다해가고 있다고 생각했다. 무엇보다도 애덤 스미스는 '자유' 노동이 언제나 노예 노동보다 더 효율적이고 수익성이 높다는 것을 증명했다.

그러나 그것은 랭커셔 공장들의 한도 끝도 없는 면화 수요를 조달하기 위해 대규모 면화 재배를 도입하기 전의 얘기였다. 1790년에 남부는 1년에 겨우 1천 톤의 면화를 생산했다. 1860년 무렵에는 연간 생산량이 1백만 톤으로 불어났다. 작업반장이 채찍을 휘두르며 한 무리의 노예들을 부려먹는 방식은 면화를 대규모로 재배하고 수확하는 데서 아주 효율적이었다. 1860년에 노예 수는 4백만 명에 달했다.

그러나 농장주들이 원했던 것은 노예뿐이 아니었다. 농장주들은 해외의 면화 수요에 부응하기 위해 더 많은 땅을 원했다. 그들은 미합중국 정부가 스페인에게서 플로리다를 매입하고 프랑스에게서 루이지애나를 매입했을 때 필요한 땅을 일부 얻었다. 또한 농장주들은 일부 인디언 부족들에게 제공된 땅을 빼앗았고(그 때문에 인디언들은 엄청난 고초를 치르면서 1천6백 킬로미터 서쪽으로 추방됐다) 멕시코와 전쟁을 벌여 막대한 양의 토지를 추가로 확보했다. 그러나 이것으로도 양이 차지 않았다. 이제 농장주들은 미시시피 강과 태평양 사이의 미개척 지역 ― 기존의 모든 주들을 합친 것보다 훨씬 더 넓은 지역 ― 으로 눈을 돌렸다.

북부 주들도 19세기 중반 무렵에 커다란 변화를 겪고 있었다. 북부 주들의 인구는 가난에 찌든 유럽 대륙에서 탈출해 미국에서 소농이나 고임금 노동자로 성공하려는 꿈을 안고 몰려든 이민자들 때문에 계속 증가했다. 또한, 인구가 증가하자 제조업자들과 상인들의 시장도 커졌다. 뉴잉글랜드의 섬유 생산량은 1817년 4백만 야드에서 1837년에는 3억 8백만 야드로 늘어났다. 1860년 무렵 미합중국의 산업 생산량은 영국에 이어 세계 2위였으며 영국을 급속히 따라잡고 있었다. 북부의 자유민들은 서부 지역을 토지 소유의 꿈을 실현할 수 있는 땅으로 생각했던 반면, 북부 자본가들은 서부 지역을 잠재적으로 막대한 이윤을 획득할 수 있는 땅으로 봤다.

'수송 혁명'은 커다란 변화를 일으키고 있었다. 운하가 뉴욕과 5대호와 중서부를 이어주었고, 중서부는 오하이오·미시시피·미주리를 왕복하는 증기선을 통해 멕시코만과 연결됐다. 1860년에는 철도 길이가 4만 8천 킬로미터에 달했고, 이것은 나머지 세계의 철도 길이를 모두 합친 것보다도 길었다. 어느 곳에서나 전에는 자급 농업을 하던 촌락들이 갈수록 시장과 연관을 맺고 있었다. 주들 간의 고립과 남부와 북부의 단절은 이제 옛날 일이 돼가고 있었다.

따라서 누가 미시시피 서쪽의 주인이 되느냐 하는 문제는 언젠가는 해결을 봐야 할 문제였고, 다른 문제들도 그것과 연결돼 있었다. 북부 산업 자본가들의 주요 분파들은 자신들의 생산물과 시장을 영국 자본가로부터 보호하기 위한 관세를 원했다. 그러나 남부의 면화 경제는 영국 면화 산업과 긴밀히 연결돼 있었기에 자유 무역에 대한 어떤 위협도 곱게 보지 않았다. 연방 정부는 과연 누구를 위한 외교 정책을 수행해야 했을까?

거의 반세기 동안은 모든 일이 농장주들의 뜻대로 이루어졌다. 1820년에는 미주리가, 1840년대에는 텍사스가 노예 주(州)로서 미합중국에 편입됐다. 1850년대에 연방군은 도주한 노예들을 겨냥한 새로운 법을 발효해, 도망친 노예들을 보스턴 같은 북부 도시들에서 붙잡아 남부의 주인들에게 돌려보냈다. 그러다가 1854년에 민주당 대통령과 의회는 캔자스 주와 여타 주에서 백인 정착민 다수가 찬성할 경우 그 주는 노예 주가 될 것이라고 결정했다. 다시 말해, 동북부의 자유민들이 캔자스를 비롯한 서부 지역으로 몰려오기 전에 남부의 노예제 지지자들이 먼저 자신들의 부를 이용해 이 지역에 기반을 구축하면 노예제 도입이 보장되는 것이었다.

이 조치에 분노한 것은 단지 백인 인도주의자들과 흑인 자유민들이 주도하는 노예 해방 운동 진영만이 아니었다.(그 운동은 노예제가 거의 존재한 적이 없는 뉴잉글랜드에서 소수이기는 하지만 상당한 지지 기반을 확보한 상태였다.) '자유 토지'를 요구한 사람들, 즉 서부의 땅을 소규모 농장으로 분할해서 새로운 정착민에게 나눠 줄 것을 요구한 모든 북부 사람들(그들도 인종 차별 사상에 감염돼 있었을지 모르지만)도 그 조치에 격분했다. 두 집단에게 모두 걱정거리였던 것은 대통령·의회·연방대법원을 자기편으로 두고 있는 농장주들이 서부 전체를 삼켜버릴지도 모른다는 것이었다. 그렇게 되면 농부가 되려는 사람들의 희망은 짓밟힐 것이고, 산업 자본의 진출 범위는 소수의 동북부 주들을 벗어나지 못할 것이며, 당분간은 정부에 대한 통제권이 농장주들에게 넘어갈 판이었다.

캔자스에서는 '자유 노동' 정착민과 미주리에서 건너온 노예제 옹호자들 사이에 축소판 내전이 벌어지기도 했다. 전국에서 여론이 양분됐다. 북부에서는 이런 상황을 배경으로 새로운 정당인 공화당이 결성됐고 1860년 대선에서 에이브러햄 링컨을 대통령 후보로 내세웠다.

공화당은 모든 계급에 걸쳐 지지를 받았다. 대자본가, 농민, 장인, 노동자 가운데 공화당을 지지하는 부문들은 서부 지역을 자유 노동을 위해 보존해야 한다는 굳은 결의를 바탕으로 서로 뭉쳤다. 그렇다고 해서 그들이 모두 인종 차별을 반대했던 것은 아니다. 그들 중에는 존 브라운(버지니아의 노예를 해방시킬 목적으로 흑인과 백인으로 구성된 조직을 이끌고 버지니아 주 하퍼스페리의 연방 병기창을 점거했다가 1859년 12월에 처형당한 인물)을 공공연하게 찬양하는 사람들을 포함한 노예제 폐지론자들의 중추 집단이 있었다. 그러나 대다수 사람들은 인종 차별을 계속 받아들였다. 흑인의 투표권을 부정하는 '자유 노동 주'도 있었고, 일부 주들은 심지어 흑인의 거주권조차 인정하지 않았다. 주민 다수가 링컨에게 투표한 뉴욕에서는 1860년에 주민 투표에서 흑인에게 백인과 동등한 투표권을 주자는 의견이 찬성 1 반대 2의 비율로 부결됐다.

북부에서 공화당은 인종 차별이나 심지어 노예제보다도 자유 노동을 핵심 쟁점으로 부각시킨 덕에 성공을 거둘 수 있었다. 링컨은 이런 접근법을 몸소 보여 준 인물이었다. 바로 이 때문에 링컨은 북부 주에서 54퍼센트의 지지를 얻었고 미합중국 전역에서 40퍼센트의 지지를 얻을 수 있었다. 링컨은 캔자스 문제를 둘러싸고 민주당의 북부파와 남부파가 분열한 것에 힘입어 당선됐다.

하지만 링컨의 입장이 아무리 온건해도 농장주들은 링컨의 당선을 위협 요소로 간주했고 따라서 이에 대응해야 한다고 생각했다. 농장주들이 보기에는 자신들의 세계 전체가 위험에 처한 듯했다. 남부 지역은 팽창하지 않으면 저주받을 운명이었는데, 링컨의 당선으로 팽창의 꿈은 저주받은 듯했다. 또한 일부 농장주들은 남부 지역에 대한 통제력마저 위협받을 수 있다고 느꼈다. 남부의 백인들 중 3분의 2는 노예를 소유하지 않았고, 이들이 북부에서 인기를 끄는 사상에 동조할 위험이 있었기 때문이다.

면화를 생산하는 최남단 7개 주 ― 인구의 거의 절반이 노예였던 ― 는 미합중국에서 분리할 것을 선언하고 무장하기 시작했다. 4월에는 선제 행동에 들어가 섬터 요새를 공격했다. 남부 7개 주는 적대 행위가 시작되면 다른 노예 주들도 동참할 것이라고(실제로 나머지 7개 주 가운데 4개 주가 동참했다) 올바르게 판단했다. 그러나 그들은 또한 병력이 겨우 1만 6천 명밖에 없는 링컨 정부가 결국은 자신들의 요구에 굴복할 것이라고 잘못 판단했다.

기나긴 파국

대체로 내전은 비정규군 사이의 소규모 충돌로 시작해서 대규모 정규전으로 확대되는 경향이 있다. 미국 내전도 예외가 아니었다.

섬터 요새 공격 직후 "북부는 광적인 애국주의 열풍에 휩쓸렸다. …… 북부 곳곳의 마을들에서 전쟁 회의가 열렸다."[107] 북부 주들은 군에 자원한 남자들과 민병대를 연방정부에 지원하겠다고 앞 다투어 나섰다. 노예제 폐지론자들의 집회에는 열광적인 군중이 모여들었다. 보스턴의 한 노예제 폐지론자는 다음과 같이 보고했다. "북부 전체가 마치 일치단결한 군 부대 같다. 남녀노소를 가리지 않고 모두 광적인 애국주의자가 됐다. …… 해방군이 남부연합 주들로 진군할 시기가 무르익고 있다."[108] 새로운 사상에 대한 관심이 급증하는 등 혁명기에나 나타나는 분위기가 감돌았다. 노예 해방 운동가 웬델 필립스의 글이 실린 신문들은 20만 부나 판매됐다.[109] 프레드릭 더글러스 같은 연사들은 가는 곳마다 뜨거운 환영을 받았다.[110] 전에는 여성의 정치 참여를 결코 용납하지 않았을 대규모 청중이 열아홉 살의 노예제 폐지론자 애나 디킨슨의 연설에 넋을 잃고서 귀를 기울였다.[111]

그러나 18개월 동안 북부는 이처럼 혁명에 가까운 분위기와 모순되는 방식으로 전쟁을 수행했다. 링컨은 북부를 전쟁의 기치 아래 결집시킬 수 있는 유일한 방법은(그것이 옳은 판단이었는지는 의문이지만) 최선을 다해 온건파 여론을 만족시키는 것이라고 믿었다. 링컨은 노예제에 대해 불만은 없지만 통일 국가를 원했던 북부 민주당과, 노예 소유 비율이 비교적 낮고 미합중국에 잔류하기로 결정한 세 경계 주—메릴랜드, 델라웨어, 켄터키—의 지도자들을 만족시키려 애썼다. 그는 온건파를 정부 요직에 임명했고, 여름에 북군이 불런 전투에서 크게 패배한 뒤에는 민주당원이자 남부 노예제 지지자였던 매클렐런을 북군의 총사령관으로 임명했다. 매클렐런은 서부 전선 사령관인 프리몬트가 미주리의 모든 노예를 해방시키라는 명령을 내리자 이를 취소했다. 또한 그는 북군으로 도망쳐온 노예들('밀수품'이라 불렸음)을 군역에 종사하지 않는다는 조건으로 남부연합의 주인들에게 송환할 뜻이 있음을 내비치기도 했다.

온건 정책으로는 전쟁에서 이길 수 없다는 것이 머지않아 명백해졌다. 매클렐런은 워싱턴 지역에 대규모 군대를 결집시켜 가까운 남부연합 수도 리치먼드를 공격하는 데 초점을 맞춘 매우 신중한 정책을 취했다. 그런 작전은 남부 주들의 사회 체제는 그대로 둔 채 그 주들을 미합중국 연방에 다시 병합하는 데만 관심이 있었던 사람들의 정치에 부합하는 것이었다. 그러나 군사 정책으로서 그것은 완전히 실패한 정책이었다. 전쟁이 시작된 지도 이미 18개월이 지났지만 미시시피에서 북부군이 승리를 거둔 것을 제외하면 전선은 여전히 처음과 똑같은 상태였으며, 남부연합은 여전히 프랑스만한 크기의 지역을 통제하고 있었다. 북부는 점차 사기가 떨어졌고 가장 열렬한 지지자들 일부조차 승리하기 어렵다며 낙담하기 시작했다.[112]

그러나 전쟁을 계속 질질 끄는 분위기에서 노예제 폐지론자들은 새로운 청중을 확보할 수 있었다. 그들은 남부가 4백만 명의 노예들을 육체 노동에 부려먹을 수 있었기 때문에 그토록 많은 백인 자유민들을 전장에 투입할 수 있다는 점을 지적했다. 반면, 북부는 군대를 모집하는 데 갈수록 많은 어려움을 겪고 있었다. 노예제 폐지론자들은 링컨이 노예 해방을 선언해서 남부 경제의 기반을 뿌리째 흔들어버리고 흑인 병사들을 모병함으로써 북군을 강화해야 한다고 주장했다.

노예제 폐지론자 웬델 필립스는 유명한 연설에서 링컨의 정책을 맹렬히 비난했다.

매클렐런이 배신자라는 것이 아니다. 단지 배신자라면 매클렐런이 지금껏 행동했던 것과 똑같이 행동했을 것이라는 말이다. 리치먼드 점령을 두려워할 필요가 없다. 매클렐런은 리치먼드를 점령하지 못할 것이다. 전쟁이 합리적인 목표도 없이 이런 상태로 계속된다면, 아까운 피와 돈만 쓸데없이 날리게 될 것이다. …… 링컨은 …… 최고로 무능력한 인간이다.[113]

망설이는 혁명가들

필립스의 연설은 커다란 흥분을 일으켰고 필립스에 대한 격렬한 비난도 불러일으켰다. 그러나 그의 연설은 혁명적 방법만이 효과를 거둘 수 있다는, 점차 확산되고 있는 믿음을 명쾌하게 표현한 것이었다. 매클렐런의 보수주의에도 불구하고 급진적 지휘관들은 이미 이런 방법들을 일부 적용하고 있었다. 그들은 자기 군대로 도망친 노예들을 환영했고, 북군 점령 지역에서 '반란군'의 재산(노예를 포함한)을 몰수했다. 그러던 중 결정적인 순간에 링컨이 최초의 흑인 부대를 편성하고, 여전히 북부에 대항하던 모든 주의 노예에게 자유를 선언하며, 매클렐런을 해임하는 등 급진적 조치를 취했다.

이로써 북부에 승리를 안겨 줄 새로운 전략을 실현할 길이 열렸다. 비록 승리하기까지는 2년이나 더 걸렸지만 말이다. 남부연합은 1863년 여름에 게티스버그 전투에서 패배한 뒤에도 여전히 광범한 지역을 차지하고 있었다. 그랜트와 셔먼 같은 북군 장군들은 남군뿐 아니라 남군을 지탱하는 사회 구조도 겨냥하는 전면전을 벌여야만 남부를 함락할 수 있다는 것을 깨달았다. 셔먼의 군대가 유명한 조지아 진격으로 농장들을 약탈·방화하고 노예들을 해방시킨 뒤에야 비로소 남부연합은 완전히 패배했다.

전쟁 초기의 1년 6개월을 좌우한 매클렐런의 노선이 전쟁 말기에 그랜트와 셔먼의 노선으로 대체된 것은 프랑스에서 지롱드파의 방법이 자코뱅파의 방법으로 대체된 것만큼이나 중대한 전환점이었다. 링컨 자신의 성격과 방식은 로베스피에르와 매우 달랐으며, 그랜트와 셔먼은 보수적인 사상을 가진 직업 군인이었다. 하지만 그들이 깨달은 것은 북부 사회가 우세해지려면 남부 사회 전체를 혁명화해야 한다는 것이었다.

칼 마르크스는 링컨이 자기도 모르는 사이에 어떻게 혁명적 조치를 취하게 됐는지 다음과 같이 설명했다.

링컨은 역사적으로 독특한 인물이다. 링컨에게는 주도력도, 이상주의적 열정도, 역사적 장식물도 없다. 링컨은 그 자신의 가장 중요한 발언 내용에도 가장 흔해 빠진 형태를 부여한다. 다른 사람들은 1제곱미터의 땅을 차지하려고 싸우면서도 자신이 "이상을 위해 싸운다"고 주장하는 반면, 링컨은 이상에 이끌려 행동할 때조차 1제곱미터의 땅에 관해 얘기한다. 이 …… 선의의 보통 사람은 커다란 쟁점들의 중요성을 알지 못하고 보통선거권을 지지하는 세력들의 상호 작용으로 권좌에 올랐다. 구세계에서는 오직 영웅만이 달성할 수 있었던 위업을 신세계의 사회·정치 구조에서는 선의의 보통 사람이라도 달성할 수 있음을 보여 준 이 사례는 신세계가 지금껏 성취한 가장 큰 승리였다.[114]

재건과 배신

그러나 남부에 혁명적 변화를 강제한 북부의 기존 부르주아 사회 역시 뿌리 깊은 계급 적대를 비롯해 나름의 모순을 안고 있었다. 이런 모순은 북부가 승리한 직후에 수면 위로 떠올랐고 마침내 1865년 봄에 링컨이 암살되기에 이르렀다. 기성 정치권 내부에 균열이 일기 시작했다. 링컨의 부통령이자 대통령직 계승자인 앤드류 존슨은 패배한 주들을 끌어안는 정책을 추구했다. 존슨은 남부 주들이 노예제의 형식적 폐지를 제외한 실질적 사회 구조 변화를 전혀 이행하지 않으면서도 미합중국에 다시 편입돼 의회에서 막강한 영향력을 행사할 수 있도록 하는 방안을 밀어붙였다. 여전히 농장주들이 엄청난 부를 보유하고 있는 반면에 옛 노예들은 빈털터리인 상황에서, 이것은 사실상 전쟁 이전 상황으로 돌아가는 것을 의미했다.

그러자 북부의 흑인과 노예제 폐지론자, 전쟁 중에 피어난 혁명적 민주주의 정서에 영향을 받은 급진 공화당 의원들, 남부를 점령한 일부 군 장교들이 즉각 존슨의 정책을 반대했다. 곧이어 다른 사람들도 이 반대파 대열에 잇따라 가담했다. 남부에서 압도적인 지지를 받는 민주당 세력들이 의회에 대거 복귀하는 것을 원하지 않았던 주류 공화당 정치인들, 여전히 서부 지역에 대한 패권을 장악하는 데 골몰하던 산업 자본가들, '일확천금'을 노리고 북군을 따라 남부로 진출한 사업가들(소위 '뜨내기'들)이 그런 사람들이었다. 존슨의 계획을 좌초시킬 만큼 강력했던(의회에서 존슨 탄핵안은 겨우 한 표 차이로 부결됐다) 이 연합 세력은 1868년에 공화당 후보 그랜트를 대통령으로 당선시켰으며, 그 뒤 10년 동안 남부에서 '재건' 정책 실행을 강요할 수 있었다.

이 시기에 북군은 남부 농장주가 주 정부나 지방 정부에 진출하는 것을 금지했다. 그 자리를 대신 차지한 것은 남부 공화당의 백인들과 흑인들이었다. 해방된 노예들에게 투표권을 부여했고, 그들은 투표권을 행사했다. 흑인들은 판사나 주 정부 관리로 기용됐다. 또한 미연방의 하원의원 20명과 상원의원 2명이 흑인이었다. 남부 입법부는 처음으로 교육을 진지하게 고려해서 가난한 백인과 흑인 아동들에게 모두 학교를 지어 줬다. 이에 반발한 농장 귀족들은 KKK단을 부추겨 새로운 권리를 행사하는 흑인들과 그런 흑인들을 돕는 백인들을 테러하려 했다. 살인 사건이 잇따라 일어났고 1866년 5월 테네시 주의 멤피스에서는 46명의 흑인과 2명의 백인 동조자가 학살당하는 끔찍한 사건이 벌어지기도 했다. 그러나 북군이 남부를 점령한 이상, 흑인들이 지키려고 했던 성과들을 테러만으로 파괴할 수는 없었다. 무엇보다도, 무려 20만 명의 흑인들이 북군에 복무한 적이 있었으며 그들은 싸우는 법을 알고 있었다.

그러나 북군이 부르주아 점령군이었기 때문에 결코 할 수 없었던 일이 하나 있었다. 토지를 몰수한 뒤 해방된 노예들에게 분배함으로써 그들이 옛 주인에게 의존하지 않고도 살아갈 수 있게 만드는 일이 바로 그것이었다. 셔먼은 그런 조치를 잠깐 실시해, 4만 명의 노예 출신 흑인들에게 땅을 나눠 줬지만 존슨은 분배한 땅을 모두 회수했다. 그때부터 노예 출신 흑인들은 종종 토질이 열악한 정부 소유지만을 사용할 수 있었다. 대다수 흑인들은 과거의 노예 소유주들 밑에서 소작농이 되거나 노동자로 일해야 했다. 과거에는 억압받는 노예 계급이었다가 이제는 억압받는 농민·노동자 계급이 된 것이다.

이것조차 최악의 상황은 아니었다. 1870년대 중반이 되자 북부 자본가들은 남부에서 목적을 달성했다고 느꼈다. 그들은 이미 남부에서 급진적 재건을 통해 농장주들의 권력을 재기 불능으로 만들어놓았다. 북부 자본가들의 산업은 머지않아 영국을 따라잡을 정도로 빠르게 팽창했고, 북부 자본가들의 철도는 태평양 해안까지 뻗어 있었다. 남부가 서부 지역에 대한 지배권을 넘볼 가능성은 이제 없어졌으며, 북부 자본가들은 누가 남부를 지배하든 결국은 자신들이 하위 파트너로서 지배할 것이기 때문에 더는 점령군이 주둔할 필요를 못 느꼈다.

북군이 철수하자 KKK단을 비롯한 인종 차별주의 세력들이 활개를 쳤다. 한 손에는 인종 차별적 테러를, 다른 손에는 경제 권력을 쥐고 있던 대농장주들은 정치적 힘을 되찾았다. 그들은 먼저 남부 전역에서 흑인(그리고 가난한 백인)의 선거권을 제한했다가 나중에는 아예 폐지했고, 사회 생활의 모든 영역에서 흑백 인종 분리를 제도로 확립했으며, 경제·정치·사회 투쟁에서 가난한 백인들(백인 인구의 대다수)과 흑인들의 단결을 방해하는 인종 간의 적대 분위기를 조장했다. 때때로 자신의 처지에 대한 불만이 폭발할 때면 가난한 백인들이 인종 차별 이데올로기의 장벽을 허물어뜨리는 일도 있었다. 1880년대와 1890년대의 '포퓰리스트' 운동에서, 1930년대와 1940년대의 노동조합 운동의 폭발에서 그런 예를 찾아볼 수 있다. 그러나 매번 백인 과두 지배 체제는 인종 차별적 증오심을 부추겨서 그들을 분열시키는 방법을 알고 있었다. 1863년 1월 노예 해방 선언 이후 90년이 지나도록 흑인들은 여전히 공민권을 행사하지 못했고, 워싱턴의 연방정부는 이런 문제에 전혀 신경 쓰지 않았다.

    북부 자본은 남북전쟁에서 톡톡히 이득을 챙겼다. 노예 신분에서 벗어난 흑인들도 잠시나마 남북전쟁의 혜택을 볼 수 있을 듯했다. 그러나 한 가지 형태의 억압을 없애는 데 기여한 현대 산업자본주의는 그 자리에 다른 형태의 억압을 확립하는 데에도 이해관계를 너무나 많이 갖고 있음을 보여 줬다. 옛 노예 주인에게나 현대의 산업 자본가에게나 인종 차별은 똑같이 중요한 무기였으며, 산업 자본의 주요 정당인 공화당도 1860년대에 자신들이 내걸었던 구호들을 금세 잊어버렸다.

9. 동양 정복

동양의 찬란한 문명은 1776년 애덤 스미스의 ≪국부론≫이 출판됐을 당시에도 여전히 서유럽인들에게 동경의 대상이었다. 서구는 인도와 중국에서 수입한 섬유·도자기·차를 좋아했고, 볼테르[115] 같은 지식인들은 동양 문명을 최소한 영국·프랑스·독일 문명과 대등한 것으로 생각했다. 애덤 스미스는 중국을 가리켜 "전 세계에서 …… 가장 풍요롭고 ……가장 문명화돼 있고, 가장 부지런한 나라들 중 하나이며 …… 정체해 있는 듯하지만 결코 후퇴하지는 않는 나라"라고 했다.[116] 하지만 그로부터 1백 년 뒤에 상황은 크게 바뀌었다. 아프리카와 북미의 원주민들에게 적용된 인종 차별의 편견을 이제는 인도·중국·중동의 토착민들에게도 사용했다.[117] 그 사이에 영국은 사실상 인도 전체를 식민지로 만들었고 두 차례에 걸친 전쟁에서 중국에 굴욕을 안겨 줬으며, 프랑스는 알제리를 점령했고, 러시아와 오스트리아-헝가리는 오스만 제국에서 큼직한 땅덩이들을 떼어 먹었다. 서유럽 사회와 미국 사회를 근본적으로 바꿔놓은 자본주의가 발전하자 서유럽과 미국의 지배자들은 나머지 세계를 정복할 수 있는 위치에 서게 됐다.

영국의 인도 제국

인도는 대형 제국으로서는 처음으로 서유럽 사람들에게 함락당했다. 이것은 순수한 군사 작전을 통해 하룻밤 사이에 이루어진 것도 아니고 단순한 기술 우위의 결과도 아니다.

19세기 중반에 서구의 논평가들(마르크스를 포함해서)은 인도가 '오랫동안' 정체해 있었다고 오해했다. 사실, 무굴 제국이 붕괴한 뒤에도 경제 발전은 일정 수준 지속돼서 "상인, 은행가, 징세 대행인의 재산은 늘어났다."[118] 그러나 그들은 서로 싸우는 6개 왕국의 그늘 밑에서 살았다. 6개 왕국 중에서 그들에게 국가 정책에 대한 중요한 발언권을 주거나 심지어 그들의 재산을 실제로 안전하게 보호해 준 왕국은 하나도 없었다. 이것은 동인도회사가 군대와 무기를 앞세워 개입할 수 있는 구실을 제공했다. 많은 상인들은 동인도회사가 인도 지배자들과 달리 자신들의 이익을 보장해 줄 수 있다고 믿었다.

18세기가 시작될 무렵에도 동인도회사는 여전히 인도에서 주변 세력이었다. 동인도회사는 해안가의 무역 거점을 확보하려 해도 인도 지배자들의 허가를 받아야 했다. 그러나 시간이 지나면서 동인도회사는 내륙의 섬유와 기타 상품을 동인도회사에 판매하는 인도 상인들과 갈수록 끈끈한 유대 관계를 맺었다. 그리하여 1750년대에 동인도회사의 간부 로버트 클라이브는 벵골 지방의 어느 야심가를 그의 경쟁자와 싸움 붙여서 어부지리를 얻었고, 프랑스 군대를 무찌르고 벵골 지방에 대한 지배권을 얻었다. 그때까지 벵골은 옛 무굴 제국에서 가장 부유한 지역이었다. 동인도회사는 세금을 징수하고 정부를 운영한 반면, 공식 통치권은 인도 귀족의 수중에 남겨 뒀다. 영국은 북미의 옛 제국을 잃고 있었지만 동시에 인도에서 새로운 제국을 얻기 시작했으며 그것도 거의 거저먹기로 얻고 있었다. 동인도회사는 인도 주민에게 부과한 세금으로 모든 비용을 충당하려 했으며, 주로 '세포이' 인도인 부대로 구성된 군대에 의존했다.

벵골에서 성공을 거둔 동인도회사는 다른 곳에서도 승승장구했다. 다른 인도 지배자들은 동인도회사를 유용한 동맹으로 여겼으며, 동인도회사의 도움으로 군대를 훈련시키고 행정 체계를 확립했다. 인도 상인들은 자신들한테서 갈수록 많은 섬유를 구입할 뿐 아니라 인도 지배자들의 손길을 막아 재산을 보호해 주는 동인도회사의 영향력 확대를 환영했다. 동인도회사는 옛 자민다르[공납과 조세 징수를 담당하는 관리들] 가운데서 새로운 대지주 계급을 육성해 자신의 지배력을 공고히 했다.

영국인들은 필요하다면 완고한 현지 지배자들을 제거하고 동인도회사가 직접 통치하는 방식으로 어렵지 않게 자신들의 지배력을 더 견고히 할 수 있었다.

1850년까지 영국은 인도 지배자들 일부를 매수하고 다른 일부는 정복하는 방식으로 마침내 영국의 지배 영역을 인도 아대륙 전체로 확장했다. 1818년에 마라타 왕조가 정복당했고, 1843년에 신드가, 1849년에 시크교도가, 1856년에 우드가 정복당했다. 영국 각료들은 동인도회사가 로마 제국의 분열 지배 방식을 충실히 모방했다며 자랑했다. 때로는 뇌물을 사용하고 때로는 폭력을 사용하면서 동인도회사는 지배자들끼리, 왕국들끼리, 특권 계급들끼리, 카스트들끼리, 종교들끼리 싸움을 붙였고 가는 곳마다 토착 동맹 세력을 발견했다. 이 덕분에 동인도회사는 "영국인 장교가 지휘하는 20만 명의 토착민 군대와 …… 그들을 견제하는 겨우 4만 명의 영국 군인만으로"[119] 인구 2억의 제국을 정복했던 것이다.

거대한 부가 동인도회사의 직원들에게 흘러 들어갔다. 클라이브는 23만 4천 파운드 — 오늘날 화폐가치로 계산하면 수백만 파운드 — 의 약탈품을 갖고 인도를 떠났으며, 인도 총독 워렌 헤이스팅스는 거액의 뇌물을 받은 것으로 악명이 높았다. 이런 부는 농민 대중이 만들어낸 것이었다. 동인도회사는 회사 간부들을 '수금원'이라고 불렀고, 이들은 무굴 제국과 똑같은 방식으로 대중을 수탈했지만 그 수법은 더 효율적이었고 그 결과는 더 처참했다.

낭연한 결과로서, 무굴 제국 후기부터 가난에 시달렸던 인민 대중은 더욱 가난해졌다. 1769년의 흉작에 이어 기근이 찾아들고 전염병이 돌아 최대 1천만 명이 사망했다. 반세기 전만 해도 유럽인들을 깜짝 놀라게 만들 정도로 어마어마한 부를 자랑했던 지역이 이제는 세계에서 가장 가난한 나라의 대열로 추락하고 있었다.

동인도회사에 붙어서 떡고물을 얻어먹던 인도 귀족들과 마하라자, 상인, 자민다르는 이런 상황에 전혀 개의치 않았다. 그들은 동인도회사가 살찌면 같이 살쪘다. 그러나 머지않아 그들은 뼈저린 시행착오 끝에 영국과 자신들의 협력 관계가 대등한 관계가 아니라는 것을 깨달았다. 토착 지배자를 키운 동인도회사는 조금의 미련도 없이 그들을 내팽개칠 수 있었다.

인도 상인들이 동인도회사와 거래해 아무리 많은 이익을 얻어도, 기본적으로 동인도회사의 통제권은 영국이 갖고 있었다. 이것은 19세기 초반 수십 년 동안 극적으로 드러났다. 랭커셔 면화공장들은 기계화를 통해 인도의 수공업보다 더욱 낮은 가격으로 옷감을 생산할 수 있게 됐다. 이제 인도 제품이 영국 시장에서 중요한 위치를 점하기는커녕 오히려 영국 옷감들이 인도 시장을 점령하게 됐고, 따라서 인도의 섬유 산업 대부분이 파괴돼 수백만 섬유 노동자들의 삶이 파탄났으며 인도 상인들은 손해를 입었다. 자신들의 정부가 없는 인도 상인들은 이익을 보호할 수단이 없었다. 인도는 탈산업화를 겪었고 영국 자본가들은 조선업과 은행업 같은 고수익 부문에서 인도 상인들을 밀어냈다. 한편, 엄청난 특권을 누리는 극소수의 영국 관리들은 갈수록 거만하고, 난폭하고, 비열하고, 탐욕스럽고 인종 차별적으로 변해갔다.

1857년에 그들은 자신들의 행동에 대해 값비싼 대가를 지불했다. 동인도회사가 세포이 용병들의 종교적 신념을 무시하고 소기름(힌두교의 금기)과 돼지기름(이슬람의 금기)을 바른 탄약통을 사용하라고 명령하자 세포이 병사들은 장교들에게 등을 돌렸다. 이 문제는 백인 '사힙'['나으리' 쯤 되는 인도 말]들의 오만함에 치를 떨었던 모든 인도 사람들에게 분노의 초점을 제공했다. 반란을 일으킨 병사들은 몇 주 만에 인도 북부의 광활한 지역을 장악했고 영국인 장교들과 관리들을 닥치는 대로 살해했으며 소수의 고립된 방어 진지에 숨은 나머지 영국인 장교들과 관리들을 포위했다.

힌두교도와 시크교도는 무슬림에 대한 원한을 모두 잊고 역사적 수도인 델리에서 무굴 제국의 후손을 황제 자리에 앉혔다.

그러나 봉기는 마침내 궤멸됐다. 당황한 영국 정부는 부랴부랴 군대를 인도로 보냈고, 장교들은 타밀나두와 봄베이에서 인도 병사들을 설득해 북부의 항명 병사들을 진압하는 데 성공했다. 앞으로 또 일어날지 모르는 항명의 가능성을 아예 뿌리 뽑기 위해 매우 야만적인 조치들을 취했다.

하지만 영국 정부는 탄압만으로는 인도를 평정하기 어렵다는 것을 알았다. 황금알을 낳는 거위를 죽이지 않으려면 영국 기업의 강탈 행위를 어느 정도 통제해야 했고, 분열 지배를 더욱 강화하는 것도 필요했다. 그래서 영국 정부는 인도의 여러 공동체와 종교 사이의 분열과 대립을 제도적으로 안착했다. 설사 그 때문에 인도 사회의 행동 규범을 부르주아의 기준에 부합하게 만드는 것을 포기하는 한이 있더라도 말이다. 동인도회사를 통한 간접 통치는 영국의 직접 통치로 바뀌었고, 빅토리아 여왕을 인도 여왕으로 선포했으며, 토착 인도 지배자들과 지주들을 영국 체제에 매어 두기 위한 온갖 방법을 동원했다.

그러나 행정이 질서 있게 이루어졌지만 인민 대중은 계속 가난하게 살았다. 농사를 지어 먹고사는 사람들의 비율이 전체 인구의 50퍼센트에서 75퍼센트로 늘어났다.[120] 세수의 25퍼센트가 인도를 지배하기 위한 군대 유지비에 들어간 반면 교육·공중보건·농업에는 각각 겨우 1퍼센트 정도만 들어갔다.[121] 기근이 나라 전체를 휩쓸고 지나갔다. 1860년대에 1백만 명 이상이 죽었고 1870년대에는 3백50만 명 이상, 1890년대에는 최대 1천만 명이 죽었다.[122]

그러는 동안 영국의 상층 중간 계급 자제들은 인도 군대의 상급 장교직이나 신설 공무원직 등 인도 농민들의 세금으로 유지되는 안락한 관직들을 차지했다. 그들은 본국에서 아내들을 데리고 왔고 속물들과 인종 차별주의자들이 득실거리는 군락들을 형성했다. 이런 군락들은 키플링의 ≪산중야화≫, 포스터의 ≪인도로 가는 길≫, 오웰의 ≪버마의 나날≫, 폴 스콧의

≪왕관의 보석≫에 묘사돼 있다.

영국인 '사힙'들은 인도 사람들을 '토착민'이라 부르며 멸시했다. 하지만 그들은 여전히 토착민 일부에 의존해 인민 대중을 통제했다. 옛 라자(귀족)들이나 마하라자(토후국 왕)들은 어느 때보다도 더 호화찬란하게 재건축한 궁전에 살면서 수많은 부인, 하인, 말, 코끼리, 사냥개를 거느렸다. 그들은 때로는 명목상으로나마 지배했지만(하이데라바드가 가장 유명했다) 실제로는 영국 '자문위원'한테 명령을 받았다. 북부 전역에 산재해 있던 자민다르는 귀족들에는 못 미치지만 나름대로 사치스러운 생활을 향유하면서 농민들을 지배했고, 그들도 영국에 의존하면서 살아갔다.(가끔 자신들의 신세를 한탄하기는 했지만 말이다.) 이에 덧붙여, 영국의 세금 징수와 자민다르의 지대 징수를 도와준 촌락 단위의 브라만 계급과 족장들이 있었다. 그들 모두 오래된 신분제적(또는 종교적) 분열을 조장함으로써 윗사람들을 상대로 자신의 협상력을 강화하고 아랫사람들에 대한 착취를 수월하게 만들었다. 그리하여 19세기 말에는 신분제의 속박이 대체로 19세기 초보다 더욱 체계화됐다. 같은 시기에 신흥 중간 계급이 등장하고 있었다. 신흥 중간 계급은 영국 지배 구조 안에서 변호사나 공무원으로 출세하기를 원했지만 인종 장벽 때문에 그런 희망은 번번이 좌절됐다.

중국 정복

중국은 인도처럼 특정 유럽 제국에 흡수되는 것은 면했다. 그러나 중국 인민 대중의 운명은 결코 부러워할 만한 것이 아니었다.

13세기 마르코 폴로 시대부터 서구 상인들은 중국의 부를 호시탐탐 노려왔다. 그러나 그들은 한 가지 문제에 부딪혔다. 중국은 유럽인들이 원하는 것을 많이 생산했지만, 유럽은 중국인들이 원하는 것을 별로 생산하지 못했다. 그래서 영국 동인도회사는 스스로 수요를 창출하는 상품인 아편을 인도의 새로 정복한 땅에 경작함으로써 그런 문제를 해결하려 했다. 1810

년에 이르면 동인도회사는 광둥을 통해 연간 3백25톤의 마약을 중국으로 수출했고, 곧이어 수세기 동안 계속된 중국의 무역 흑자를 적자로 바꿔놓았다. 중국 관리들이 아편 유입을 금지하려 하자 영국은 마약 중독을 확산시킬 권리를 수호하기 위해 1839년에 전쟁을 일으켰다.

중국 관료들은 전 세계에서 가장 오래되고 가장 인구가 많은 제국을 통치하고 있었다. 중국은 오직 북부의 유목민족에게만 정복당한 적이 있었다. 따라서 중국의 지배자들은 1만 1천2백 킬로미터 이상 떨어진 바다 건너편 나라의 도전쯤은 쉽게 물리칠 수 있을 것이라 생각했다. 유라시아 반대편의 경제 발전 — 수세기 전에 있었던 중국의 혁신에서 크게 도움을 받아 이룩한 발전 — 덕분에 그 누구도 상상하지 못한 막강한 국가가 탄생했다는 것을 그들은 알 턱이 없었다.

어느 고위 관리가 황제에게 올린 보고서는 영국과의 전투에서 거뜬히 승리할 것이라고 예견하고 있었다.

> 영국 야만인들은 하찮고 혐오스러운 종족이며 자기들이 갖고 있는 군함과 대포를 믿고 있습니다. 그들은 먼 거리에서 왔기 때문에 보급품을 제때 받을 수 없을 것이며 병사들은 전투에서 한 번 지면…… 사기를 잃고 결국 패배할 것입니다.[123]

그러나 3년 동안 간헐적으로 전투가 벌어지고 협상이 진행된 끝에 영국에게 무릎 꿇고 강화 조건을 받아들인 쪽은 중국이었다. 그리하여 중국 황실은 항구 몇 곳을 아편 무역에 개방했고, 전쟁 배상금을 지불했고, 홍콩을 영국에 양도했으며, 영국 국민에게 치외법권을 인정해 줬다. 얼마 안 가서 영국은 이런 양보 조치들로는 성이 차지 않는다고 생각했다. 영국은 1857년에 2차 전쟁을 일으켰고 5천 명의 군대가 광둥을 포위해 추가로 무역 개방을 따냈다. 여전히 성이 차지 않은 영국은 프랑스 군대와 합세했고 2만 명의 군대가 베이징으로 진격해 원명원(圓明園)을 불태웠다.

중국학자들 사이에서는 영국이 손쉽게 승리할 수 있었던 이유에 관해 의견이 분분하다. 산업 발전의 산물인 우월한 무기와 전함 덕분에 영국이 가볍게 승리했다고 주장하는 학자들도 있고,[124] 중국과 영국의 산업 격차는 아직 영국의 승리를 보장할 정도로 크지는 않았다고 주장하면서 청나라 내부의 취약성을 강조하는 학자들도 있다.[125] 그러나 그 결과에 대해서는 어느 누구도 이견이 없다. 영국에 대한 양보 조치 때문에 중국은 무역을 통제하고 화폐로 쓰이는 은의 유출 증대를 막기가 더 어려워졌다. 공업과 농업 모두 갈수록 쇠약해졌다. 또한 중국의 패배는 다른 열강들이 비슷한 양보 조치를 요구할 수 있는 길을 열어 줬고, 마침내 유럽 국가들은 중국 해안 전역에서 치외법권 지역이나 '조계'(租界)(사실상의 소형 식민지)들을 확보하게 됐다.

안 그래도 청나라가 쇠퇴하면서 더 팍팍해진 농민들의 삶은 열강의 침탈로 더욱 악화했다. 성들 사이의 경계 지역에 있는 토질이 나쁜 산악 지대에서는 생활 조건이 더 비참해졌다. 중국 농민들은 과거에 그런 상황에서 언제나 그래왔듯이, 반체제 종교 집단에 합류해 주인들에게 반기를 들었다. 그 결과가 태평천국의 난이었다. 그것은 국가 권력에 맞선 전면 항쟁이었다.

태평천국 운동은 1840년대 중반 중국 남부의 농민, 노동자, 소수의 가난한 지식인들 사이에서 시작됐다. 태평천국 운동을 주도한 사람은 농민 출신의 서당 훈장인 홍수전(洪秀全)이었다. 홍수전은 자신이 예수의 형제라고 생각했고 지상의 악귀들을 퇴치하고 '태평'한 '천국'을 세우라는 신의 계시를 받았다고 생각했다. 그는 인간들 사이의 엄격한 평등, 토지 균등 분배, 재산 공동 소유, 여성을 남성에게 복종시키는 사회 차별 철폐와 같은 교리를 전파했다. 목적의식과 규율이 투철했던 그의 추종자들은 엄청난 수의 지지자들을 끌어 모을 수 있었고 황제가 보낸 군대도 물리칠 수 있었다. 1853년에 이미 지지 세력이 2백만 명에 달했던 태평천국 운동은 제국의 옛 수도였던 난징(南京)을 점령했고 독립국가를 수립해 중국 영토의 40퍼센트 정도를 다스렸다.

하지만 태평천국 운동의 평등주의 이상은 오래가지 않았다. 운동의 고위 지도자들은 머지않아 이전의 황실 관료들처럼 행동하기 시작했고 홍수전은 "수많은 첩실을 거느리며 방탕하고 사치스러운 생활"[126]을 했다. 농촌에서는 굶주리고 헐벗은 농민들이 여전히 세금을 내야 했다(비록 이전보다는 조금 낮은 세율이었지만).

태평천국 운동의 지도부가 이상을 포기하는 과정은 과거에 중국에서 일어난 농민 반란들의 패턴을 그대로 따라가는 것이었다. 광대한 지역에 흩어진 채 농사를 지으며 살아가는 무지한 농민들은 운동의 지도부와 그 군대를 통제할 수 있을 만큼 응집력이 강한 세력이 아니었다. 또한 태평천국 운동의 지도자들은 "모든 사람을 위한 풍요"라는 이상을 구현하기에는 물질적 자원이 턱없이 부족하다는 것을 곧 깨달았다. 이에 대한 손쉬운 대응은 전통적 지배 방식과 그에 수반되는 전통적 특권 사회로 되돌아가는 것뿐이었다.

그러나 반란의 마지막 단계에서 뭔가 새로운 조짐들이 나타났다. 홍수전에 이어 실질적인 지도자가 된 그의 사촌은 전통 방식과 단절할 것을 예고하는 강령을 만들기 시작했다. 물론 그가 만든 강령은 평등주의 이상으로 되돌아가자는 것은 아니었다. 그는 서구의 기법들—은행 개설, 철도 건설과 증기선 건조, 광업 촉진, 과학 기술 장려—을 채택해 중국 경제를 '근대화'하자고 주장했다. 이것은 태평천국 운동 내부에 과거 농민 반란들의 패턴을 극복하고 중국의 빈곤 퇴치를 가로막는 사회 장벽들을 일소할 수도 있는 세력이 존재했음을 보여 준다. 하지만 이 세력은 미처 날개를 펼 시간도 얻지 못했다. 중국 황실은 상인들이 자금을 대고 영국과 프랑스가 최신 무기로 무장시킨 재정비된 군대를 양쯔 강 쪽으로 보냈고, 고든 소령이 지휘하는 외국 군대가 이들을 보조했다. 마침내 1864년에 난징이 참락됐고 10만 명이 죽었다.[127]

이처럼 서구 자본주의 국가들은 중국의 낡은 전자본주의 질서를 안정시키는 데 기여했고, 그 뒤 50년 동안 그 질서는 살아남았다. 그렇게 함으로써 서구 자본주의 국가들은 서유럽과 북미의 경제가 발전하는 동안 중국은 퇴보하게 만들었다.

동방 문제

동양에서 세 번째로 컸던 오스만 제국에서도 이와 비슷한 패턴이 나타났다. 광활한 다민족 제국인 오스만 제국은 4백 년 동안 북아프리카, 이집트, 지금의 수단, 아라비아 반도, 팔레스타인, 시리아, 이라크, 소아시아, 발칸 반도와 때로는 헝가리와 슬로바키아를 포함하는 대다수 유럽 지역을 지배했다. 오스만 제국은 이스탄불의 터키 황제가 지배했으며, 소아시아와 발칸의 일부 지역에 터키 지주 계급이 있었다. 그러나 대체로 오스만 제국의 각 지역을 운영한 것은 정복당한 비(非)터키계 사람들 — 대부분의 발칸 지역에서는 그리스인, 중동에서는 아랍인, 이집트에서는 오스만 이전의 맘루크 지배자들의 후손들 — 로 이루어진 상층 계급이었다. 이스탄불에서는 다양한 종교 집단 — 그리스 정교인, 시리아 기독교인, 유대교인 등 — 이 자치 구조를 갖고 있었으나 전반적으로 술탄의 지배에 협력했다. 군대조차 순전히 터키인들로만 구성된 것은 아니었다. 군대의 중핵은 친위 보병으로 구성돼 있었다. 친위 보병은 어렸을 적에 발칸 지역의 기독교 가정에서 이스탄불로 끌려온 아이들로서 명목상으로는 노예로 차출됐으나 냉혹한 투사로 길러졌다.

당시의 모든 사회와 마찬가지로, 오스만 제국의 부는 대부분 농업에서 나왔다. 그러나 오스만 제국은 오랫동안 서유럽과 무역을 해왔고(흑해와 카스피 해로 흘러드는 강을 경유해 러시아와 스칸디나비아를 통해, 그리고 남쪽으로는 베니스와 제노바와의 무역을 통해), 인도와 중국(아프가니스탄 북부를 관통하는 '실크로드' 같은 육로를 경유해, 그리고 홍해와 페르시아 만의 항구를 통해)과도 무역을 해왔다. 18세기 중반 이전까지만 해도 농업

(커피와 면화 같은 새로운 작물의 보급)과 수공업이 느리지만 꾸준하게 발전했다.

그러나 19세기 초에는 오스만 제국을 둘러싼 외세의 압력이 갈수록 커지고 있었다. 나폴레옹은 영국 군대에게 쫓겨나기 전까지 이집트를 점령하고 있었고, 1830년에는 프랑스 군주정이 알제리 토착민들의 격렬한 저항에도 불구하고 알제리를 점령했다. 러시아 군대는 대부분의 카프카스 지역과 흑해 연안을 점령했고 이스탄불에도 눈독을 들였다. 세르비아인들이 터키의 지배에 맞서서 반란을 일으켜 1815년에 독립 왕국을 수립했고, 그리스는 1820년대에 영국과 러시아의 도움을 얻어 독립했다. 러시아의 짜르는 다른 곳에서 비슷한 운동들을 부추기면서 러시아어와 비슷한 언어를 사용하고 똑같이 그리스 정교를 따르는 인종 집단들의 '보호자'인 척했다.

러시아의 진출은 서유럽 지배자들을 겁주기 시작했다. 심지어 오스트리아와 프러시아처럼 여전히 러시아 군대의 도움을 받아 자기 나라의 혁명을 분쇄하던 나라들조차 그랬다. 러시아의 팽창을 저지하기 위한 장벽으로서 오스만 제국을 이용하려는 서유럽 지배자들의 희망은 1914년 제1차세계대전이 일어날 때까지 유럽 외교에서 핵심 관심사였고, 이것이 이른바 '동방문제'로 불리게 됐다.

영국 정부는 이런 노력에서 단연 선두를 달렸다. 영국 정부는 오스만 지배자들을 떠받쳐 줌으로써 러시아의 힘 — 영국 정부는 러시아를 인도 북부에서 자신들의 지배를 위협하는 요소로 봤다 — 을 견제할 수 있었으며, 이에 대한 보답으로 오스만 지배자들은 중동과 발칸 지역 시장으로 영국 상품의 자유로운 유입을 보장했다.

이런 정책의 중요성은 이집트에서 드러났다. 이집트(그리고 인근 지역인 시리아, 레바논, 팔레스타인)의 통치권은 1805년에 알바니아 출신의 '파샤' 무함마드 알리에게 넘어갔다. 그는 오스만 술탄의 이름으로 지배했지만 사실상 1840년까지 독자적으로 지배한 통치자였다. 국력을 좌우하는 요소로서 공업의 중요성이 나날이 커지고 있음을 간파한 무함마드 알리는 국가 주도로 이집트에서 산업혁명을 시작하려 했다. 그는 국가 독점 산업들을 설립했고 유럽에서 근대적 섬유 기계를 도입하고 숙련된 유럽 기술자를 고용해 이집트인들에게 섬유 기계 사용법을 가르치게 했다. 또한 그는 용광로를 건설하게 했고 맘루크 지주들한테서 땅을 빼앗아 수출용 상업 작물을 재배하게 했다. 그 결과 1830년대에 이집트의 1인당 면화 방적기 수는 전 세계 5위 수준이 됐고 최대 7만 명이 근대적 공장에서 일했다.[128]

그러나 무함마드 알리의 실험은 1840년에 갑자기 중단됐다. 영국은 이집트에 대한 오스만 제국의 통제력을 되찾아 주기 위해 해군을 보내 이집트 영역의 레바논 연안 항구들을 포격하고 시리아에 군대를 상륙시켰다. 무함마드 알리는 어쩔 수 없이 자신의 군대(이집트 섬유공장들을 위한 보호 무역 시장을 제공했다)를 감축하고 독점 산업들을 해체하고 영국이 부과한 '자유 무역 정책들'을 받아들여야 했다. 냉소적인 파머스톤 경은 다음과 같이 시인했다. "영국이 무함마드 알리를 굴복시킨 것은 편협하고 잘못된 일이었다. 그러나 어차피 우리는 편협하다. 유럽의 사활적인 이해관계가 걸린 문제에 대해서 우리는 편협할 수밖에 없다."[129] 유럽의 대다수 선진 열강의 지배자들은 다른 곳에서 산업자본주의의 발전을 가로막는 정책들을 강요하는 것을 무척 만족스러워했다. 이집트는 그 뒤 몇십 년 동안 중국과 인도처럼 탈공업화를 겪었고, 마침내 무함마드 알리의 후계자들이 빚을 갚을 수 없게 되자 영국 군대에게 점령당했다.

이집트는 최소한 공업화를 시도해보기라도 했지만, 오스만 제국의 다른 지역에서는 그런 시도조차 거의 없었으며, 설사 그런 시도가 있더라도 값싼 상품들이 물밀듯이 밀려들어 와서 공업화 시도를 좌절시켰다. 그리고 오스만 제국, 영국령 인도, 제정 러시아 사이에 끼여서 옴짝달싹할 수 없었던 이란 제국에서 진행된 비슷한 시도들도 비슷한 방법으로 좌절당했다.

10. 일본: 예외 사례

19세기에 비유럽 세계에서 단 한 곳, 오직 한 곳만이 아시아의 나머지 지역과 아프리카, 라틴아메리카, 대부분의 동유럽 지역을 엄습했던 정체나 후퇴를 모면했으니 그곳은 바로 일본이었다.

중국의 훨씬 더 오래된 문명이 이미 수천 년 동안 일본의 발전에 영향을 미쳤다. 일본의 기술, 문자, 문학, 그리고 주요 종교 중 하나는 중국의 영향을 받은 것이었다. 그러나 한 가지 중요한 점에서 일본은 중국과 달랐다. 일본은 중국의 대운하와 관개 수로 같은 것도 없었고, 강력한 중앙집권적 국가도 아니었다. 1600년 무렵까지 일본의 경제 체제와 정치 체제는 중세 유럽의 체제와 매우 비슷했다. 천황은 허약했고 실제 권력은 지방 영주들에게 있었는데, 영주들은 저마다 사무라이(중세 유럽의 기사들과 대체로 비슷한)를 데리고 있었다. 사무라이들은 농민을 직접 착취하고 자신이 모시는 영주의 군대에 소속돼 다른 영주의 사무라이들과 싸웠다.

17세기 초에 영주 가문 가운데 하나인 도쿠가와 가문이 나머지 영주들을 굴복시켰다. 도쿠가와 가문의 수장은 '쇼군', 즉 국가의 실질적 통치자가 됐다. 천황은 상징적 통치자로 남아 있었다. 나머지 영주들은 쇼군의 수도인 에도(지금의 도쿄)에 장기간 체류해야 했고 충성의 표시로서 가족들까지 그곳에 인질로 남겨야 했다. 쇼군들은 그 이전 시대에 벌어진 마지막

대규모 전쟁에서 무시무시한 위력을 발휘했던 조총을 금지했다.(하지만 사무라이는 계속 존속했고 무기를 휴대할 수 있었는데, 농민·장인·상인에게는 그럴 권리가 없었다.) 또한 쇼군들은 자신들의 지배를 약화시킬 수 있는 외국의 영향력을 차단하고자 했다. 그들은 중국과 네덜란드와 벌이는 무역을 제외한 모든 대외 무역을 금지했는데, 중국과 네덜란드의 무역선들조차 삼엄한 감시를 받으며 딱 한 곳의 지정된 항구를 통해서만 출입할 수 있었다. 쇼군들은 외국 서적을 일절 금지했고, 수천 명이 넘는 가톨릭 개종자들을 야만적으로 탄압했다.

이런 조치들을 통해서 이전 시대의 피비린내 나는 전쟁을 끝낼 수 있었다. 그러나 쇼군들은 물밑에서 사회가 변하는 것을 막을 수는 없었다. 영주들과 그 가족들이 에도에 모여 살게 되자 그들과 가신들을 먹여 살리기 위한 곡물 거래가 급증했고, 그들의 수요에 맞춰 도시 수공업자들과 상인들이 급증했다. 일본의 몇몇 도시는 전 세계에서 가장 큰 도시들의 반열에 오를 만큼 성장했다. 공식적으로는 매우 낮은 신분인 상인 계급의 중요성이 점점 커졌고, 대중적인 시와 연극과 소설이 등장하는 등 새로운 도시 문화가 싹텄다. 이런 도시 문화는 국가의 공식 문화와는 매우 달랐다. 1720년 이후 서양 서적에 대한 규제가 완화되면서 일부 지식인들은 서구 사상에 관심을 보이기 시작했고 '네덜란드 학파'가 과학, 작물 재배학, 코페르니쿠스 천문학을 연구하기 시작했다. 돈의 중요성이 갈수록 커지면서 많은 사무라이들이 가난해져, 빚을 갚기 위해 무기를 팔고 농사를 짓거나 수공업에 종사해야 했다. 한편, 되풀이된 기근으로 농민들의 삶이 어려워졌다. 1732년에는 (전체 2천6백만 명 가운데) 1백만 명이 굶어 죽었고 1775년에는 20만 명, 1780년대에도 수십만 명이 굶어 죽었다. 이 때문에 지방에서는 농민 반란이 잇따라 일어났다.[130] 도쿠가와 바쿠후(幕府)의 정치적 상부구조는 전혀 손상되지 않은 채 그대로 남아 있었다. 그러나 물밑에서는 르네상스 시대에 서유럽에서 탄생했던 사회 세력과 비슷한 성격의 사회 세력이 태동하고 있었다.

바로 이런 상황에서 1853년에 미국 해군의 페리 제독이 4척의 전함을 이끌고 일본 해안에 도착해 일본 정부에게 대외 무역 개방을 요구했다. 그러자 일본 사회의 모든 지배층이 혼란에 빠졌다. 도쿠가와 바쿠후는 쌍방의 무기 수준을 비교한 다음, 더는 옛날 방식을 고집하는 것이 불가능하다고 결론을 내렸다. 얼마 전 아편전쟁에서 중국이 겪었던 수모를 피하려면 일본은 양보할 수밖에 없었다. 그러나 다른 지배 계급 분파들에게 옛 방식은 신성불가침한 것이었으며, 외국인에게 양보하는 것은 그런 지고지선의 이념을 배신하는 것이었다. 그들 사이에 끼여 있었던 하층 사무라이 집단들은 전투적이거나 심지어 혁명적 수단으로 "천황을 숭배하고 야만인들을 물리치는[존왕양이(尊王攘夷)]"[131] 것을 목적으로 하는 결사체를 구성했다. 그들의 요구는 일면 매우 전통적이었다. 그들은 선대의 천황들이 수백 년 동안 누리지 못했던 권력을 천황에게 되돌려 주기를 원했다. 그러나 일부 사무라이들은 '야만인들'의 경제력과 군사력에 대항하려면 일본 사회가 철저히 바뀌어야 한다는 점을 이해했다.

마침내 이 사무라이들이 목적을 달성할 수 있는 기회가 찾아왔다. 1860년대 후반에 두 명의 봉건 영주가 사무라이들의 지원에 힘입어 도쿠가와 쇼군을 타도하고 천황의 이름으로 새로운 정부를 수립한 '메이지유신'이 바로 그것이었다.

메이지유신은 위로부터의 혁명이었다. 그 구호는 전통적이었으며, 인민 대중의 생활 조건은 조금도 나아지지 않았다. 그러나 유신을 주도한 세력들은 과거의 것을 조금이라도 지키려면 자본주의를 향해 나아가는 수밖에 없음을 알고 있었다. 그들은 봉건 영주들의 권력을 박탈함으로써 영주들의 특권을 국가에 종속시켰다. 또한 사무라이·농민·상인·장인 사이의 낡은 신분 차별도 없앴다. 사무라이가 농민을 착취해 얻은 소득은 이제 곧바로 국가에 귀속됐다. 최저 생계수준 이상의 소득을 원하는 사무라이는 국가에 고용되거나 사기업에 취직해야 했다. 가장 중요한 것은, 정부가 직접 새로운 산업을 육성하고 관리했으며 세금 수입에서 보조금을 지급했다는 것이다. 산업들이 제 발로 일어설 수 있을 만큼 강력해지자 일본 정부는 국가와 긴밀히 유착해 있는 상인 가문이나 금융 가문에 산업을 넘겨줬다.

메이지유신은 일본뿐 아니라 전 세계적으로도 두 가지 면에서 이후 자본주의의 발전에 의미심장한 사건이었다. 메이지유신은 본격적인 자본주의 생산관계의 개척을 주도하는 세력이 반드시 부르주아지일 필요는 없다는 것을 보여 줬다. '중간 부류'들이 영국 혁명에서 성취했던 것이나 자코뱅파 '부르주아지'가 프랑스 혁명에서 성취했던 것을 일본에서는 옛 착취 계급의 한 부문이 자력으로 해냈던 것이다.

또한 메이지유신은 자본가 계급이 아직 출현하지 않은 곳에서는 국가가 산업을 육성하고 새로운 자본주의식 노동 형태를 강제하는 등 자본가의 역할을 대신할 수도 있음을 보여 줬다. 일본에서는 국가가 근대적 공장에서 임금 노동을 착취해 산업의 기초를 다진 뒤에야 비로소 성숙한 산업 자본가 계급이 등장했다. 20세기 들어 세계 각국의 자본주의가 발전한 경로는 대체로 영국이나 프랑스의 모델보다는 일본식 모델에 가깝다.

한편, 신생 일본 자본주의는 메이지유신 이후 27년 만에 중국과 전쟁을 벌임으로써 힘을 과시했다. 일본은 이제 외세 침략의 피해자 신세에서 벗어나 압제자의 대열에 합류한 것이다.

11. 하늘을 뒤흔들다 : 파리코뮌

1870년대 초에는 신흥 자본주의 질서가 세계 정복을 향해 순조롭게 나아가고 있었다. 자본주의 질서는 미국과 서유럽 대부분 지역을 제패했고, 미국과 서유럽은 다시 나머지 세계를 제패하고 있었다. 러시아 짜르조차 1861년에 농노제를 폐지할 수밖에 없었다. 물론 토지의 절반을 옛 봉건 계급에게 넘겨줌으로써 농민들을 그들의 학정에 내맡기긴 했지만 말이다. 어느 곳에서나 세상은 거꾸로 뒤집히고 있었다.

그러나 파리에서 일어난 사건들은 자본주의가 확립된 이후에도 세상은 계속 뒤집힐 수 있음을 보여 줬다. 마르크스와 엥겔스는 《공산주의 선언》에서 "부르주아지는 자신의 무덤을 파는 사람들을 생산한다"고 썼다. 1871년 3월 18일, 프랑스 부르주아지는 이것이 얼마나 진실인지 확인할 수 있었다.

4년 전에 루이 나폴레옹은 천장이 너무 높아 "거기까지 올라가려면 기계를 이용해야 했던"[132] 길이 482미터의 타원형 유리 건물을 중심으로 '대박람회'를 개최해 유럽 군주들에게 프랑스 제국의 위엄을 과시했다.

나폴레옹에게는 축하할 어떤 것이 있는 듯했다. 프랑스는 나폴레옹이 1851년에 공화정을 무너뜨린 이후로 눈부신 자본주의 발전을 이루었다. 근대 공업이 성장하면서 산업 생산은 두 배로 증가했으며, 가내 수공업 노동자들을 공장 노동자들처럼 취급한 선대제 자본가들의 재래식 수공업에 대한 통제력은 과거 어느 때보다도 커졌다.

그러나 루이 나폴레옹 자신의 지위는 겉보기와는 달리 그렇게 안전하지는 않았다. 그의 권력은 줄타기에 의존하고 있었다. 루이 나폴레옹은 지배 계급의 경쟁 분파들을 서로 싸움 붙이고, 이탈리아와 멕시코(그는 멕시코에서 프랑스가 지목한 막시밀리안을 황제로 앉히려 했다)에서 군사적 모험으로 나폴레옹 1세의 공적을 흉내 냄으로써 자신의 지위를 떠받치려 했다. 그러나 이런 계략도 루이 나폴레옹의 지배에 대한 저항이 커지는 것을 막을 수는 없었다. 일부 부르주아지는 투기 열풍으로 자신들은 손해를 입은 반면 황제와 친한 금융가들의 호주머니는 불룩해진 것에 쓰라린 반감을 품었다. 멕시코에서 군사적 모험은 막시밀리안이 총살당하면서 재앙으로 뒤바뀌었다. 1848년의 학살을 기억하고 있었던 파리 노동자들은 임금보다 생계비용이 더 빨리 올라가자 정권을 증오했다. 루이 보나파르트가 총애하는 관리인 하우스만은 파리 인구의 절반 이상이 하루 11시간을 일하는데도 "극빈 상태에 가까운 빈곤"에 처해 있다고 기록했다.[133] 1869년에는 공화파 야당이 파리를 비롯한 여러 대도시 선거에서 돌풍을 일으켰다. 그러자 1870년 7월에 루이 보나파르트는 프로이센 지도자 비스마르크의 도발을 유도한 다음 프로이센에 전쟁을 선포했다.

프랑스군은 스당 전투에서 참패했다. 루이 보나파르트는 완전히 신뢰를 잃어 물러나게 됐다. 권력은 부르주아 공화파 야당에게 넘어갔다. 그러나 프로이센 군대는 곧바로 파리를 포위했고 비스마르크는 가혹한 강화 조건을 내걸어, 거액의 배상금 지불과 프랑스령 알자스-로렌 지방의 양도를 요구했다.

파리는 상상을 초월하는 시련을 겪으며 5개월 동안의 포위 공격을 견뎌냈다. 사람들은 살기 위해 개와 쥐를 잡아먹었고 겨울에는 영하의 날씨에도 집에 불을 땔 수 없었다. 폭등하는 물가를 감당하는 것은 고스란히 노동자, 장인, 그리고 그 가족들의 몫이었다.[134] 도시를 방어하는 것도 그들의 몫이었다. 그들은 앞 다투어 국민방위대에 자원해 방위대의 규모를 35만 명으로 불렸고, 그들 스스로 장교를 선출해 국민방위대의 중간 계급적 성격을 없앴다. 머지않아 그들의 저항은 프러시아 군대만큼이나 공화정에게 근심거리가 됐다. 1792년 상퀼로트의 후손들이자 1848년 투사들의 아들, 딸인 그들이 다시 무기를 들었던 것이다. '적색' 클럽들과 혁명적 신문들이 우후죽순처럼 생겨나 노동자들과 장인들에게 부르주아 공화파가 1848년에 어떤 만행을 저질렀는지 상기해 줬다. 칼 마르크스는 이렇게 썼다. "파리의 무장은 곧 혁명의 무장이었다."

공화정은 10월 31일 좌파의 정부 전복 시도를 분쇄했다. 1월 22일에는 브르타뉴의 정규군을 동원해 벨빌의 노동 계급 지구에서 군중에게 발포함으로써 또 한 번의 정부 전복 시도를 가까스로 진압했다. 공화정은 다음번에는 진압에 실패할까 봐 두려워했다. 부통령 파브르는 "내전이 바로 코앞에 닥쳐 있고 굶주림은 몇 시간 앞으로 다가왔다"[135]며 정부를 보호하는 길은 하나밖에 없다고 판단했다. 1월 23일 밤에 파브르는 몰래 프러시아 국경을 넘어 프랑스의 항복 조건을 놓고 프러시아와 협상했다.

파리의 빈민들은 이런 소식을 듣고 격분했다. 5개월 동안의 죽을 고생이 그야말로 헛것이 됐기 때문이다. 그러던 중에 공화정은 겨우 [선거일을] 8일 앞두고 항복 결정을 확인하는 총선을 실시하겠다고 선포했다. 1848년에도 그랬듯이 파리의 좌파에게는 농촌 선거구에서 선거 운동을 벌일 수 있는 시간적 여유가 전혀 없었다. 여전히 농촌에서는 대다수 유권자들이 살고 있었고 성직자들과 부유한 지주들이 투표에 결정적 영향을 미칠 수 있었는데도 말이다. 그 결과, 복귀한 6백75명의 의원 중 4백 명이 왕정주의자였다. 파리 시민들의 불만은 점점 커져갔다. 포위 기간에 배신당했던 대중은 이제 공화국에게 배신당했다. 곧이어 세 번째 배신이 뒤따랐다. 71세의 오귀스트 티에르가 정부 수장으로 임명된 것이다. 오귀스트 티에르는 이제 '온건 공화주의자'를 자처했지만 사실 그는 1834년에 공화주의 봉기를 진압함으로써 출세의 첫 계단을 밟은 인물이었다.

한동안 파리 대중은 무기를 버리지 않았다. 반면에 정규군은 프로이센와 체결한 강화조약에 따라 해산한 상태였다. 게다가 많은 잘사는 중간 계급이 이런 기회를 틈타 파리에서 도망간 탓에 국민방위대는 그 어느 때보다 더 노동 계급적인 조직으로 변했다.

티에르는 파리 대중과 한바탕 충돌할 수밖에 없다는 것을 알았다. 티에르는 파리 대중이 대포 2백 문을 포함해 국민방위대의 무기를 장악하고 있음을 알고 이를 압수하기 위해 정규군을 몽마르트르 언덕으로 보냈다. 병사들이 무기를 운반할 말들이 도착하길 기다리는 동안 현지 주민들이 병사들과 논쟁하기 시작했다. 리사가레이는 그때의 일을 이렇게 묘사했다. "여자들은 …… 남자들이 올 때까지 기다리지 않았다. 여자들은 기관총을 에워싸고는 '창피하지도 않냐? 도대체 무슨 짓이냐?' 하고 말했다."[136] 병사들이 아무 대꾸도 못하고 어찌할 바를 몰라 허둥대는 사이에 3백 명의 국민방위대원 행진 대열이 옆으로 지나가면서 드럼을 두드리며 주민들에게 싸우자고 호소했다. 국민방위대, 여성들, 아이들이 병사들을 둘러싸자, 르콩트 장군이 군중에게 총을 쏘라고 세 차례나 병사들을 다그쳤다. "병사들은 꼼짝도 하지 않았다. 사람들이 다가와서 병사들과 우애를 나눴고, 르콩트와 그의 장교들은 모두 체포됐다."[137]

그날 오후, 그러니까 3월 18일 오후 3시에 티에르와 정부는 파리를 떠났다. 세계 최대 도시 하나가 무장한 노동자들의 손에 넘어갔다. 게다가 무장한 노동자들은 이번만큼은 파리를 중간 계급 정치인들에게 넘겨주지 않을 참이었다.

새로운 종류의 권력

무장한 대중은 처음에는 국민방위대의 선출된 지도자들 — 국민방위대의 '중앙위원회' — 를 통해 권력을 행사했다. 그런데 선출된 지도자들은 독재로 나아가는 것으로 해석할 수 있는 행동은 절대 하지 않겠다고 결심했다. 그들은 지역마다 남성 보통선거권을 기초로 한 선거를 실시해 새로운 대의 기구인 코뮌을 구성했다. 보통의 의회 대표들과 달리, 코뮌에 선출된 사람들은 유권자들이 즉시 소환할 수 있었으며 그들의 수입은 숙련 노동자의 평균 임금을 넘지 않았다. 게다가 선출된 대표들은 단지 법률을 제정하기만 하고 법률 집행은 높은 봉급을 받는 관료들에게 맡기는 것이 아니라, 자신들의 결정을 실행에 옮길 책임이 있었다.

칼 마르크스가 파리코뮌을 방어하는 저작인 《프랑스 내전》에서 지적했듯이, 사실상 그들은 낡은 국가를 해체해 계급 사회 등장 이후 가장 민주적인 자신들만의 새로운 사회 구조로 대체했다.

> 보통선거권은, 3년이나 6년에 한 번씩 지배 계급 가운데 누가 의회에 가서 인민을 잘못 대표할지를 결정하는 수단이 아니라 코뮌을 구성하는 인민에게 봉사하는 수단이었다. …… 코뮌 헌법은, 지금까지 사회의 자유로운 운동에 기생한 채 사회의 자유로운 운동을 저해해온 국가라는 기생충이 빨아들인 모든 힘을 코뮌이라는 사회 기구에 돌려줬던 것이다. ……
>
> 코뮌의 진정한 비밀은 바로 여기에 있었다. 코뮌은 본질적으로 노동 계급의 정부이자, 소유 계급에 맞선 생산 계급의 투쟁의 성과였으며, 노동의 정치적 해방을 이룩하기 위해 드디어 발견하게 된 정치 형태였던 것이다.[138]

마르크스는 코뮌이 파리 노동 인민의 대표 기관으로서 노동 인민에게 이로운 조치들을 실행하는 데 착수했음을 지적했다. 빵집의 야간 작업 금지, 고용주가 종업원에게 벌금 부과 금지, 소유주들이 문을 닫은 모든 작업장이나 공장을 노동자들의 협동조합에 넘겨주기, 미망인에게 연금을 지급하고 모든 아동에게 무상교육 제공, 포위 기간에 발생한 채무 회수 중지, 임대료를 체불한 세입자 강제 퇴거 금지와 같은 조치들이 거기에 포함됐다. 또한 코뮌은 국제주의를 표방해 군국주의 기념물을 부수고 독일 노동자를 노동부 장관에 임명했다.[139]

그러나 노동자 정부가 얼마나 더 많은 것을 이룩할 수 있는지를 보여 주기에는 파리코뮌의 남은 수명이 너무 짧았다. 프랑스 공화정은 코뮌을 진압할 군대를 조직하기 시작했고, 그것도 '적'인 프로이사와 협력하면서 그렇게 했다. 공화정은 비스마르크를 설득해 지난 가을에 붙잡힌, 파리의 혁명적 분위기에 물들지 않은 프랑스 전쟁 포로들을 석방하게 만들었다. 공화정은 거의 노골적으로 왕정을 지지하는 장교들을 지휘관으로 임명해, 석방된 전쟁 포로들과 농촌에서 모집한 신병들을 베르사유에 집결시켰다. 4월 말 티에르는 코뮌 함락의 임무를 띤 부대에게 파리를 포위하라는 명령을 내렸고 프로이사 국경을 통과해도 된다는 비스마르크의 동의를 얻어냈다. 코뮌은 압도적인 열세에 놓여 있었다. 게다가 코뮌은 다른 문제도 안고 있었다. 선출된 대표들은 대의를 위해서 영웅적으로 헌신했지만 코뮌 주변으로 몰려들고 있는 적대 세력에 대처하는 방법을 정치적으로 이해하지 못했다.

1830년대 이후 프랑스 노동 운동 내에서 두 가지 주요한 정치적 경향이 발전해왔다. 첫째 경향은 오귀스트 블랑키와 연관돼 있었다. 그들은 노동자 투쟁을 1793년의 자코뱅주의보다 더 급진적이고 더 사회적으로 의식화된 형태의 투쟁으로 여겼다. 그들은 노동 계급을 대신해 행동하는 매우 조직적인 소수 음모가들의 역할을 강조했다. 그래서 블랑키의 삶은 노동자 대중이 준비가 안 된 상태에서 저지른 여러 차례의 영웅적인 봉기 시도와 그에 따른 오랜 감옥 생활의 반복으로 점철됐고(그는 코뮌 기간에도 공화정에 의해 투옥돼 있었다) 노동자들은 블랑키가 없는 상황에서 행동했다. 둘째 경향은 프루동의 사회적 가르침에 뿌리를 두고 등장했다. 프루동 추종자들은 자코뱅주의의 경험에 쓰라린 환멸을 느꼈고 정치 행동도 일절 거부했다. 그들은 노동자들이 국가에 도전하지 않고서도 '상호주의' — 협동조합들이 사업을 공동으로 경영하는 것 — 를 통해 문제를 해결할 수 있다고 주장했다.

마르크스는 이런 두 경향 모두 위험스러울 만큼 부적절하다고 봤다. 마르크스는 노동자들이 프랑스 대혁명에서 교훈을 얻어야 한다는 점에는 추호의 의심도 없었지만, 노동자들이 그보다 훨씬 더 멀리 나아가야 한다고 믿었다. 그 역시 블랑키와 마찬가지로 결정적인 정치 행동이 필요하다고 강조했지만, 그런 정치 행동은 소수의 영웅적 행동이 아니라 조직적인 대중 행동에 바탕을 둬야 한다고 주장했다. 또한 프루동과 마찬가지로 생산의 경제적 재조직이 필요함을 강조했지만, 정치혁명 없이는 실현 불가능하다고 주장했다. 그러나 마르크스는 파리의 상황에 영향을 끼칠 수 있는 처지가 아니었다. 코뮌에는 마르크스와 협력할 의사가 있는 블랑키주의자 바이양과 같은 사람들이 있었지만, 어느 누구도 마르크스의 사상에 완전히 공감하지는 않았다. 국민방위대의 중앙위원회와 코뮌은 마르크스주의자들이 아니라 블랑키주의자와 프루동주의자로 구성돼 있었으며, 그들의 의사 결정은 두 전통의 결함 때문에 심각한 병폐를 앓았다.

공화정이 3월 18일 파리에서 도망칠 때 그 수중에 남아 있는 군대는 사실상 하나도 없었다. 그때 국민방위대가 베르사유로 진격했다면 공화정의 군대를 총 한 방 쏘지 않고 해산시킬 수도 있었을 것이다. 그러나 '비정치적'인 프루동주의 전통 때문에 코뮌은 번지르르한 결의문들을 통과시키느라 시간을 낭비했고, 그동안 티에르는 자유롭게 병력을 끌어 모을 수 있었다. 티에르가 4월 2일 파리에 포탄을 퍼붓기 시작하면서 적의를 드러내자 코뮌은 뒤늦게나마 베르사유 진격을 명령했다. 그러나 진지한 사전 준비도 없었고 전열을 정비하지도 않은 채 파견된 국민방위대는 적군의 포격에 응수할 만한 변변한 대포도 갖추지 못했다. 코뮌은 베르사유에 주둔한 티에르의 미약한 군대에게 불필요한 승리를 안겨 줬고, 그 결과로 티에르의 군대를 손쉽게 해산시킬 수 있는 기회는 모두 날아가 버렸다.

파리에서도 코뮌은 비슷한 실수를 저질렀다. 프랑스의 모든 금은 프랑스 은행 금고에 있었다. 코뮌은 금을 몰수해 티에르의 돈줄을 끊고 프랑스 경제를 쥐락펴락할 수 있었다. 그러나 블랑키주의 전통이나 프루동주의 전통 모두 '재산권'에 대한 그런 공격을 허용하지 않았다. 그 결과 상황이 필요 이상으로 티에르에게 유리해졌다.

부르주아지의 복수

티에르는 그런 기회를 틈타 어마어마한 병력을 끌어 모았다. 티에르의 군대는 외곽 요새부터 체계적으로 파리를 포격했고, 몇 차례의 소규모 접전에서 코뮌 부대들을 격파한 다음 5월 21일에는 마침내 파리 시내로 진군해 들어갔다. 티에르가 파리를 손쉽게 점령할 수 있을 것으로 기대했다면 그것은 오산이다. 파리 노동자들은 한 길, 한 블록, 한 채의 건물도 호락호락 내주지 않았다. 티에르의 군대가 코뮌 군대를 파리 서쪽의 부자 동네에서 동쪽의 본거지로 몰아내기까지는 무려 1주일이나 걸렸고, 마침내 코뮌의 마지막 저항을 분쇄한 것은 성령 강림 대축일 아침이었다.

코뮌의 패배는 근대 역사에서 거의 유례없는 광란의 폭력 사태로 이어졌다. 부르주아 신문 <르 피가로>는 "지금이야말로 지난 25년 동안 파리를 좀먹고 있던 도덕적 타락에서 파리를 구원할 수 있는 가장 좋은 기회"라고 떠벌렸다.[140] 베르사유 군대를 지휘한 개선장군들은 그런 기회를 놓치지 않았다.

코뮌 편에서 싸운 사람은 누구나 그 자리에서 총살당했다. 성령 강림 대축일 아침과 다음 날 아침 사이에만 1천9백 명이 총살당했다.(1793~1794년의 '공포정치' 기간 내내 파리에서 죽은 사람보다 더 많은 사람이 하루 만에 죽었다.) 군대는 거리를 순찰하면서 가난한 사람들을 마구 붙잡아 코뮌 지지자처럼 보인다는 이유만으로 30초짜리 재판을 거쳐 처형했다. 어떤 성직자는 25명의 여성이 전진하는 군인들에게 끓는 물을 부은 혐의로 처형당하는 장면을 목격했다고 말했다. 런던 <타임스>는 이렇게 논평했다.

…… 비인간적인 복수의 법칙을 따르는 베르사유 군대는 죄수들, 여성들, 아이들을 총살하고 총검으로 찔러 죽이고 온몸을 찢어 갈겼다. …… 우리

기억에 역사상 이보다 더 끔찍한 일은 없었을 것이다. …… 베르사유 군대가 저지르는 집단 처형의 광경은 역겨움 그 자체다.[141]

현대의 프랑스 역사가들의 추산에 따르면, 전체 사망자 수는 약 2만~3만 명 정도였다.[142] 그 밖에도 4만여 명의 코뮌 지지자들이 1년 동안 감옥선(船)에 갇혀 있다가 재판을 받았고, 그들 가운데 5천 명이 유배됐으며 또 다른 5천 명은 좀더 약한 벌을 받았다.

유배된 사람들 중에는 유명한 여성 투사들의 지도자 루이즈 미셸도 있었다. 루이즈 미셸은 법정에서 이렇게 말했다. "나를 변호하지는 않겠다. 누구에게 변호를 받지도 않으리라. 나는 전적으로 사회혁명의 편에 서 있다. 나를 살려 둔다면 나는 계속해서 복수를 목 놓아 외칠 것이다."[143] 코뮌은 당시의 시대적 편견 때문에 여성에게 투표권을 주지 않았다. 그렇지만 노동 계급 여성들은 코뮌 탄압이 바로 자신들에 대한 탄압이라는 것을 이해했다.

코뮌의 분쇄는 파리 노동 계급에게 끔찍한 영향을 남겼다. 앨리스테어 호른은 다음과 같이 썼다. "몇 년 동안 파리의 모습은 기이하게 변해 있었다. 주택 도장공, 배관공, 타일 까는 노동자, 제화공, 아연 노동자 중 절반이 자취를 감춘 것이다."[144] '공화주의' 정부의 만행을 기억하면서도 다시 한 번 더 나은 세계를 위한 투쟁을 벌이고자 결의한 새로운 세대의 노동자들이 일어서기까지 약 20년을 기다려야 했다.

그러나 코뮌에 대해 최후의 한 마디를 던진 것은 칼 마르크스였다. 마르크스는 코뮌이야말로 자본의 신세계가 그때까지 직면한 도전 가운데 가장 커다란 도전이었으며, 자본이 탄생시켰지만 자본에 적대적인 새로운 계급에게는 최고의 영감을 주었다고 말했다. 친구인 쿠겔만에게 보낸 편지에서 마르크스는 코뮌 전사들이 "하늘을 뒤흔들었"[145]고 "전 세계적 중요성을 갖는 새로운 출발점"[146]을 제시했다고 썼다.

7부
희망과 공포의 시대

20세기 초에는 자본이 세계 곳곳을 누비고 다녔으며, 어느 곳에서나 자본 때문에 삶이 바뀌지 않은 사람들은 거의 없었다. 그리고 소수의 지배 계급이 전 세계를 지배했다. 인류 역사의 광대한 물결은 소수의 유럽 국가들이 만들어놓은 좁은 수로를 통해 흘러갔다. 엄청난 인명을 앗아간 양차 대전 자체는 이것의 극단적인 표현이었다. 나치가 독일에서 거둔 엄청난 성공은 유럽 전역에 충격을 주었으며, 세계에서 가장 강력한 노동 계급 운동을 사실상 하루아침에 분쇄했다. 자본주의의 황금기를 겪으며 사람들은 이제 더는 갈등과 전쟁은 없을 것이라고 믿었다. 하지만 1968년과 그 이후 전 세계는 또다시 혁명의 물결을 탔다. 언제 어디서나 저항하는 사람들은 있었다.

연표

1880년대 영국이 이집트를 점령하고 아프리카를 분할. 전화, 축음기, 발전기, 전등의 상용화 개발.

1890~1900년 일본이 중국 공격, 타이완 점령. 미국-스페인 전쟁. 자동차와 영화 등장.

1899~1902년 보어전쟁. 영국이 최초의 강제수용소 설치.

1900년 멘델이 죽은 뒤 16년 만에 그의 유전자 이론이 널리 보급됐다.

1903년 최초의 비행기 등장.

1904년 러일전쟁에서 러시아가 패배.

1905년 러시아 혁명. 세계산업노동자연맹 결성. 아인슈타인의 특수상대성 이론 등장.

1910~1914년 영국의 '대혼란기'. 아일랜드에서 오렌지당이 무장.

1911년 중화공화국 선포. 멕시코 혁명.

1912~1914년 러시아에서 파업과 바리케이드 등장. 더블린의 공장폐쇄. '빵과 장미' 파업.

1912~1913년 발칸전쟁.

1913년 포드의 자동차 대량 생산 공장 완공.

1914년 제1차세계대전, '제2인터내셔널' 붕괴.

1916년 더블린의 '부활절 봉기'.

1917년 2월과 10월에 러시아 혁명 일어남. 프랑스군과 독일 해군 병사들의 반란. 미국의 전쟁 참여.

1918년 독일과 오스트리아-헝가리 제국에서 혁명이 일어남.

1919년 코민테른 창립. 로자 룩셈부르크 살해, 독일 내전, 바이에른과 헝가리 소비에트 공화국 수립, 아일랜드에서 게릴라전, 인도의 암리차르 학살, 중국의 5·4 운동, 베르사유 조약.

1920년 독일 노동자들이 카프 폭동 패퇴. 이탈리아의 공장점거.

1921년 영국이 아일랜드를 분할함. 러시아의 크론슈타트 반란.

1922년 이탈리아에서 파시스트 집권.

1923년 프랑스의 루르 점령, 거대한 인플레이션, 공산당의 봉기 취소, 나치의 폭동.

1925년 하이젠베르크의 양자 이론.

1926년 영국 총파업 패배.

1927년 상하이의 노동자 학살. 레온 트로츠키 추방.

1928~1929년 스탈린의 권력 장악, 1차 5개년 계획, 농업 '집산화', 대량 체포.

1929년 미국 증시 폭락.

1931년 스페인 혁명.

1933년 독일에서 히틀러가 권력 장악. 우크라이나와 카자흐스탄의 기근.

1934년 비엔나의 반(反)파시스트 봉기, 프랑스의 반파시스트 시위, 스페인의 아스투리아스 봉기, 미국의 파업 투쟁.

1936년 프랑스와 스페인에서 인민전선의 선거 승리, 프랑스의 공장점거, 스페인의 군사 쿠데타와 혁명적 봉기, 미국에서 CIO 결성, GM 연좌 파업. 모스크바 재판.

1938년 히틀러의 오스트리아 점령, 뮌헨 조약.
1939년 스페인에서 파시스트 승리, 독일의 폴란드 침공, 제2차세계대전 시작.
1940년 프랑스 함락, 이탈리아 참전.
1941년 히틀러의 러시아 공격, 일본의 진주만 공격.
1942년 나치의 홀로코스트 계획 수립, 독일 군대의 스탈린그라드 전투 패배. 벵골의 기근, "인도를 떠나라" 운동.
1943년 토리노 파업, 연합군의 이탈리아 남부 상륙.
1944년 연합군의 노르망디 상륙, 파리를 해방시킨 봉기, 바르샤바 봉기, 영국이 그리스의 레지스탕스를 공격함.
1945년 레지스탕스가 이탈리아 북부를 해방시킴, 미국과 영국이 독일 서부 점령, 러시아가 독일 동부 점령. 히로시마와 나가사키에 원폭 투하. 영국이 베트남에서 프랑스의 지배를 다시 확립. 동유럽에서 공산당 주도의 정부 수립.
1947년 영국이 인도에서 철수. 영토 분할로 유혈 내전 발생. 유엔이 팔레스타인에서 이스라엘 국가를 후원. 최초의 컴퓨터.
1947~1949년 냉전 시작, 마셜플랜, 프라하 쿠데타, 베를린 공수, 유고슬라비아와 러시아의 분열, 미국의 매카시즘. 중국인민해방군의 베이징 입성
1950년 한국전쟁. 인도네시아가 네덜란드로부터 독립.
1952~1957년 케냐에서 영국에 대항하는 마우마우 봉기 일어남.
1953년 나세르가 이집트 군주정 전복. 스탈린 사망. 미국의 수소폭탄 실험.
1954년 제네바 조약으로 한국전쟁이 끝나고 베트남이 분할됨. CIA가 과테말라 정부 전복. 알제리에서 프랑스에 저항하는 봉기.
1955~1956년 몽고메리 버스 보이콧을 계기로 미국에서 공민권 운동 시작.
1956년 이집트가 수에즈 운하를 국유화하자 영국·프랑스·이스라엘이 이집트를 침공. 흐루시초프의 스탈린 비난. 헝가리 혁명.
1957년 가나 독립
1958년 이라크의 민족주의 혁명. 중국의 '대약진 운동'. 프랑스에서 드골 집권.
1959년 쿠바에서 카스트로의 반란군이 아바나에 입성.
1960년 나이지리아 독립.
1961년 CIA의 쿠바 침공 시도 실패. 러시아와 중국 사이의 최초 분열. 베트남에 미국 '고문단' 주재.
1962년 쿠바 미사일 위기.
1964년 알제리 독립. 미군의 도미니카 공화국 상륙.
1965년 인도네시아에서 군사 쿠데타가 일어나 50만 명이 살육당함.
1967년 이스라엘이 '6일 전쟁' 이후 서안 점령. 디트로이트 흑인 봉기. 흑표범당 창당. 그리스에서 극우파 대령들의 쿠데타.
1968년 베트남의 구정 공세, 유럽 전역의 학생 시위. 프랑스 5월 사태. '프라하의 봄'.
1969년 이탈리아의 '뜨거운 가을'. 아르헨티나의 코르도바 봉기. 북아일랜드 '분규'.
1970년 폴란드에서 파업으로 고무우카 퇴진. 칠레에서 아옌데 대통령 당선. 미국의 캄보디아 침공, 켄트 주립대학교에서 학생들이 총에 맞아 사망.
1973년 칠레의 쿠데타, 중동 전쟁, 그리스 과학기술대학생들의 항쟁.
1974년 세계 경기 후퇴, 영국의 2차 광부 파업과 히스 정부 퇴진. 포르투갈 혁명, 그리스 군사 독재 몰락.
1975년 이탈리아의 '역사적 타협'. 포르투갈 식민지들의 독립. 포르투갈에서 혁명적 좌파 패배. 로디지아의 게릴라 투쟁.

1976년 스페인의 야당 합법화. 남아공 학생 봉기. CIA가 앙골라 내전 지원.

1976~1977년 마오쩌둥 사망 이후 중국의 혼란, 최초의 시장 개혁.

1979년 이란 혁명, '이슬람 공화국'. 니카라과에서 산디니스타의 권력 장악. 영국에서 대처 정부 집권. 러시아의 아프가니스탄 침공.

1980년 폴란드 조선소 점거, 연대노조 노동자 운동. 터키의 군사 쿠데타. 미국의 후원을 받는 이라크가 이란을 상대로 전쟁을 벌임. 짐바브웨 백인 지배 종식. 실리콘 칩을 사용한 최초의 개인용 컴퓨터.

1981년 유럽의 크루즈 미사일. '2차 냉전'. 엘살바도르 내전, 니카라과에서 산디니스타 정부를 상대로 콘트라 반군이 미국을 등에 업고 테러 활동. 폴란드 군부가 연대노조 분쇄.

1982년 포클랜드 전쟁.

1983년 미국의 그레나다 침공.

1984~1985년 영국 광부 파업.

1987년 글라스노스트 때문에 소련에서 60년 만에 처음으로 자유로운 논쟁이 허용됨.

1988년 소련의 비러시아계 공화국들에서 시위 발생. 폴란드 광부 파업. 유고슬라비아와 남한에서 파업 물결. 알제리에서 봉기에 가까운 투쟁이 일어남.

1989년 폴란드에서 비공산당 정부 등장, 중국 톈안먼 항쟁, 러시아 광부 파업, 동유럽의 정치혁명. 세르비아에서 밀로셰비치 집권. 미국의 파나마 침공. 과학자들이 '온실효과'의 위험을 경고하기 시작.

1991년 미국 주도의 대이라크 전쟁. 러시아의 불발 쿠데타, 소련 해체. 유고와 알제리에서 내전이 일어남.

1992년 소말리아의 기근과 내전. 타지키스탄 내전. 러시아 경제의 침체.

1994년 남아공에서 흑인 정부 수립.

1995년 파업이 프랑스 정부를 뒤흔듦.

1998년 동아시아의 경제 위기. 인도네시아에서 수하르토 정권 몰락.

1999년 미국 주도의 대 세르비아 전쟁.

#　1. 자본의 세계

1900년 무렵에는 자본이 세계 곳곳을 누비고 다녔다. 어느 곳에서나 자본 때문에 삶이 바뀌지 않은 사람들은 거의 없었다. 오직 남극 대륙의 빙하 지대, 아마존 삼림, 뉴기니 고원의 계곡만이 여전히 자본주의의 전도사들, 즉 값싼 물건, 성경, 세균, 노력 없이 얻는 부에 대한 희망을 갖고 들어오는 유럽 탐험가들을 기다리고 있었다.

세계 각지에 사본이 끼친 영향은 불균등했다. 많은 지역에서 현지 소비를 위한 생산이 아니라 멀리 떨어져 있는 자본가들의 이윤을 위한 생산이 도입됐지만 생산 활동 자체는 여전히 구시대적 육체 노동을 통해 이루어지고 있었다. 그러나 서유럽과 북미에서는 기계화가 공업, 운수, 심지어 농업으로까지 확대됐다.

영국에서 흰 세기 전에 일어난 산업혁명은 섬유 생산의 한 부문, 즉 면화 방적에만 집중돼 있었다. 이제 비누 제조, 인쇄, 염색, 조선, 제화, 제지 부문을 포함한 모든 형태의 제조 활동이 혁명적 변신을 거듭했다. 전기 발전과 필라멘트 전구가 발명된 덕분에 새로운 방식으로 어둠을 밝히고 노동 시간을 연장할 수 있게 됐다.(봄베이에서 벌어진 최초의 섬유 노동사 파업은 이에 대한 반발로 일어났다.) 전기 모터가 발명되자 증기엔진 같은 직접적 동력원을 이용해 기계를 일정 거리만큼 이동하는 것이 가능해졌다. 타자기는 사업 서신 작성 절차를 혁명적으로 바꿔놓았고 오랜 경력을 지닌 남성 사무원들의 업무 독점을 무너뜨렸다. 전신기가 발명되고 1880년대 말에는 전화가 발명되면서 생산과 전쟁을 모두 먼 거리에서 더 쉽게 지휘할 수 있게 됐으며 사람들은 좀더 쉽게 교류할 수 있게 됐다.(1895년 엥겔스는 죽기 직전에 런던의 자기 집에 전화를 갖고 있었다.) 공장이 등장하는 것과 더불어 철도도 계속 확장돼, 시골 지역 구석구석을 도시와 가깝게 연결해 줬다. 기차·공장·증기선의 치솟는 연료 수요를 충족하기 위해 탄광들이 우후죽순 생겨났다. 작은 마을 크기의 제철공장들이 곳곳에 들어섰고 공장 근처에는 그 공장 노동자들이 사는 마을이 형성됐다.

한 가지 산업의 성장은 다른 산업의 성장을 촉진했다. 도시, 광산촌, 제철공장 마을에 사는 사람들은 밥을 먹고 옷을 입어야 했다. 이전에는 "개척되지 않았던" 미국 중서부의 초원 지대에서 곡물이 들어오고, 아르헨티나의 팜파스에서 소고기가 들어오고, 호주에서 양모가 들어오자 최초의 농산업이 발달했다. 이에 따라 음식을 저장하고 보존하는 새로운 방법들이 발명됐다. 도시가 성장하면서 사람들을 거주지에서 일터로 실어 나를 수단이 필요하게 됐다. 말이 끄는 '승합마차'를 운행하고, 전차를 부설하거나 지하철을 건설하면 돈을 벌 수 있다고 믿은 자본가들은 실제로 그렇게 했다. 자본가들이 그런 사업을 벌이지 않는 경우에는 지역 자치정부가 그렇게 했다. 19세기 중반의 중간 계급은 가난한 사람들이 지저분한 인구 밀집 지역에서 찢어지게 가난하게 살아가고 병들어 죽거나 굶어 죽는 것을 그냥 간과하려 했다. 그러나 19세기 말에 중간 계급은 질병이 가난한 동네에서 부자 동네로 옮아갈 수 있다는 것을 알게 됐다. 그래서 그들은 하수도를 건설하고, 도시의 인구 밀집 지역을 청소하고, 깨끗한 물을 공급하고, 가스를 공급해 거리의 가로등을 밝히고, 가정에 난방을 제공하는 일을 추진했다. 자본가들은 이런 서비스로 돈을 벌기 시작했고 서비스를 제공하기 위해 노동자들을 새로 고용했다.

도시화 과정은 더욱 빨라졌다. 1880년대에는 런던 인구의 3분의 1 정도가 런던에 새로 이주한 사람들이었다.[1] 반면에 1900년 무렵에는 영국 인구의 4분의 3이 소읍이나 도시에 살았으며 10명 가운데 1명만이 농사를 지었다.[2] 영국은 극단적인 사례였다. 20세기 초 독일에서는 인구의 3분의 1이 여전히 농사를 지었고, 많은 산업 노동자들은 도시보다는 소읍이나 공장 지대에서 살았다. 프랑스에서는 1950년까지도 인구의 3분의 1이 여전히 농사를 지었고, 일본은 농민의 비율이 38퍼센트나 됐다.[3] 미국에도 많은 농민 (기계화가 초원 지대를 바꿔놓기 시작했지만)이 있었고, 1940년대까지만 해도 소읍에서 사는 사람들이 대도시에 사는 사람들보다 많았다. 하지만 이 모든 나라에서도 대세는 영국의 사례를 따라가고 있었다. 교회와 성직자, 시골 지주, 학교 교사가 있는 촌락은 점차 옛것이 되고 있었다. 사람들의 생활방식 전체가 많이 바뀌고 있었다.

이것은 자본에게 기회인 동시에 골칫거리였다. 비물질적 서비스에 대한 수요가 생겼다는 점에서는 기회였다. 사람에게는 물질적 욕구 외에 다른 욕구도 있다. 휴식을 취하고 사람들과 사귀면서 육체의 피로와 일상의 노동이 주는 따분함에서 벗어날 필요가 있었다. 과거의 촌락 공동체 생활에서는 계절에 따른 휴식이 있었고 마을 사람들끼리 격식 없는 모임을 통해 그런 욕구를 해소할 수 있었지만, 공장 생산과 도시 생활은 그런 기회마저 대부분 박탈했다. 이런 상황에서 자본은 새로운 사회화 방식을 제공함으로써 이윤을 노릴 수 있었다. 양조장 사업가들은 여러 술집에 술을 납품하는 것으로 수입을 올렸다. 최초의 신문 재벌들은 흥미와 오락을 원하는 독자가 아주 많다는 것을 발견했다.(영국의 신문 재벌 함스워스는 <토막 뉴스>라는 주간지를 발행해 크게 성공했다.) 오락 산업은 음악 공연장들을 통해 불안한 첫 발을 뗐지만 1890년대에 축음기(레코드 플레이어의 전신)와 '활동사진'이 발명되면서 한층 더 성장했다.

새로운 자본주의 산업 세계는 조직된 스포츠도 탄생시켰다. 공을 이용한 격식 없는 놀이는 이미 수천 년 동안 존재해왔다. 그러나 자본주의 사회의 경쟁 정신을 반영해 서로 경쟁하는 팀들이 규칙에 따라 경기를 벌이는 현상은 19세기 영국에서 하나의 새로운 풍경이 됐으며, 이것은 곧이어 전 세계로 퍼져 나갔다. 많은 팀들이 공장 주변의 마을이나 심지어 공장을 대표하는 팀('아스널'과 '모스크바 다이너모' 등)으로서 탄생했다. 지역 실업가들이 그런 팀들을 관리했는데, 그들은 이런 식으로 계급을 초월한 지역의 일체감을 조장하는 것이 자신에게 이롭다는 것을 알고 있었다.

자본주의는 이전 사회 형태의 산물인 사람들을 데려와 그런 사람들 삶의 일부 — 즉 작업장이나 공장에서 하루 12시간, 14시간이나 16시간을 노예처럼 일하면서 보내는 것 — 를 이용하는 것에서 출발했다. 그러나 이제 자본주의는 삶의 모든 영역에 침투해(사람들이 잠자는 침대부터 비를 막아주는 지붕, 먹는 음식, 출퇴근 수단, 노동의 일상을 잊게 해 주는 오락에 이르기까지) 사람들의 삶 전체를 돈벌이 수단으로 삼을 수 있게 됐다. 자본주의는 하나의 총체적인 체제가 됐다.

그러나 이것은 동시에 골칫거리를 낳기도 했다. 자본주의는 더는 체제 외부에서 새로운 노동력의 공급을 기대할 수 없었다. 자본주의는 새로운 노동력을 계속 공급받기 위한 조치를 취해야 했고, 이는 곧 새로운 세대의 사람들을 길러내야 함을 뜻했다. 자본가들은 영국 산업혁명의 초기에는 그런 문제에 거의 관심을 갖지 않았으며, 다른 나라의 산업 자본가들도 마찬가지로 무관심했다. 여성과 아동은 방적공장에서 가장 값싸고 적응력이 뛰어난 노동력이었으며, 자본가들은 그들의 건강이나 육아에 미칠 영향은 신경 쓰지 않고 그들을 혹사했다. 자본 축적을 위해 노동 계급 가족을 파괴해야 한다면, 그렇게 하지 뭐!

그러나 1850년대에 좀더 안목이 넓은 자본가들은 미래의 노동력 공급원이 고갈될 것을 우려하기 시작했다. 1871년 영국의 구빈법 감사관들의 보고에 따르면, "도시에서 자란 빈민 계급 아이들, 특히 런던에서 자란 아이들 중에서 15세가 될 때까지" 키가 "160센티미터를 넘는 아이들이 없고" 가슴둘레가 73.7센티미터에 달하는 "아이들이 없다 …… 는 것은 기정사실이다. 발육 부진이야말로 이 집단의 특징이다."[4] 1893년 런던 시의회는 "명

백한 해결책은 …… 런던 노동 계급의 체력과 정신력을 높이는 것"이라고 결론지었다.⁵

아동 노동시간을 제한하고 임신 가능성을 해칠 수 있는 업종에서 여성 고용을 금지하는 법을 잇달아 제정했다. 소수 자본가들은 '시범 마을'—비누 제조업자 레버가 머지 강가에 지은 '포트 선라잇'과 초콜릿 제조업자 캐드버리가 버밍엄 근처에 지은 '본빌' 등—을 지어 노동자들이 장기적 생산성 향상에 유리한 환경에서 거주하게 했다.(술은 엄격히 금지했다.) 그러나 노동자의 '체력' 문제를 해결하기 위한 정부 차원의 노력은 20세기에 들어와서 첫 10년이 거의 끝나갈 무렵에야 비로소 시작됐다. '체력저하조사위원회'는 1899~1902년 보어전쟁에 동원된 병사들의 체력이 유난히 허약했던 원인을 조사한 끝에 영국의 미래의 전쟁 수행 능력에 우려를 표시했고, 이에 대응해 자유당 정부는 학교 무료 급식을 도입했다. 이것은 훗날 복지 국가로 나아가는 단초가 될 최초의 제한된 조치였다. 그러나 이를 제외하면 정부의 노력은 노동 계급의 '정신력'을 제고하는 데 집중됐다. 즉, '낭비', '무절제', '술주정', '무차별적 자선 …… 에 따른 도덕적 해이'⁶ 등을 도덕적으로 공격하는 데 주안점을 두었다.

이런 추론된 결함들에 대처하는 방식의 일환으로서, 일하는 남편과 순종적인 아내와 예절 바른 아이들로 구성된 안정된 일부일처제 가족이라는, 중간 계급의 이상적인 가족상을 찬양하며 박애주의자들, 교회들, 국회의원들은 가족주의 캠페인을 벌였다. 그들은 그런 가족만이 순종적이고 착실한 아이들을 길러낼 수 있다고 주장했다. '인간 본성'에 따라 여성이 있어야 할 자리는 가정이었다. 이런 가족 모델에 도전하는 행위들이 과거에는 제아무리 흔한 일이었다 해도 이제는 '비도덕적'이거나 '비자연적인' 행위로 간주됐다. 따라서 혼전·혼외 성교, 이혼, 피임, 성적 위생과 성적 유희에 대한 논의는 모두 새로운 공식 청교도주의 분위기에서 엄격하게 금지됐다. 남성의 동성애는 영국에서 이때 처음 범죄 행위가 됐다.

이런 가족 모델과 연관된 개념으로서 '가족 임금', 즉 아내가 집에 남아서 아이를 키우기에 충분할 정도의 남성 소득이라는 개념이 생겨났다. 하지만 이것은 극소수의 노동자들을 제외하고는 어느 누구에게도 현실화되지 못했다. 호황기에 파업과 노동력 부족으로 생긴 손실을 피하려고 남성 노동자들의 임금을 인상했던 고용주들은 불황기에는 이런 인상분을 언제든지 다시 빼앗아갈 준비가 돼 있었다. 결혼해서 아이를 낳은 뒤로 아내 역할에 충실하려고 일자리를 포기한 수많은 여성은 여전히 다양한 일(파출부나 청소)에 종사하면서 임금을 받았다. 그러나 고용주들은 이상적인 가족상을 확립하고 이에 비춰 여성의 노동은 남성 '가장'의 노동보다 더 하찮은 것처럼 보이게 만듦으로써 여성 노동자들에게 더 낮은 임금을 지불할 수 있는 편리한 명분을 얻었다.

노동자의 '도덕'에 대한 우려와 함께 효율성에 대한 집착도 점점 심해졌다. 산업혁명 초기의 자본가들은 날마다 사람들을 되도록 오래 일하게 만들어, 칼 마르크스가 '절대적 잉여가치'라고 했던 것을 뽑아낼 이윤을 얻으려 했다. 이제는 2교대제와 3교대제를 통해 사실상 24시간 내내 생산할 수 있게 되자 자본가들의 관심사는 노동 강도를 강화하고 휴식시간을 없애는 것으로 옮아갔다. 미국인 프레드릭 테일러는 '과학적 관리 기법'을 도입했다. 그는 초시계를 차고 있는 감시관들을 동원해 노동자의 행동을 하나하나 쪼개서 노동자가 하루에 수행할 수 있는 최대 동작 횟수를 파악한 다음, 이런 기준의 달성 여부에 따라 임금을 지불하는 관리 기법을 도입했다. 이제는 기계가 노동자의 부속물이 아니라 노동자가 기계의 부속물이 됐다.

마지막으로, 생산성을 높이려면 노동자들을 교육하고 읽고 쓰는 법을 가르치는 것도 필요했다. 읽기·쓰기·계산 능력은 전자본주의 사회의 농민들과 농장 노동자들에게는 선택 사항이었다. 그렇기 때문에 전자본주의 사회나 초기 자본주의 사회의 문학에 대한 논의는 주로 상층 계급과 중간 계급의 문학을 대상으로 한다. 그러나 자본주의 생산의 복잡한 상호 작용 과정은 이제 기초적인 계산 능력을 갖춘 읽고 쓸 줄 아는 노동력을 요구했고(단지 기계의 설명서와 포장 용기의 라벨 내용을 읽을 수 있기 위해서라도), 그에 못지않게 중요한 것으로서, 시간을 엄수하고 복종하는 습관이 몸에 배인 노동력을 요구했다. 이런 노동력 없이 산업혁명을 수행했던 영국 자본주의조차 1870년대에는 미래의 노동자를 배출하기 위해 열 살까지 의무교육을 실시하기 시작했다. 그러나 중상층 계급 자식들의 교육은 사립 기관인 '문법' 학교나 '공립'(잘못된 명칭) 학교들의 몫으로 남겨졌다. 영국의 시장 지배력에 도전하기에 충분한 능력을 갖춘 노동력이 필요했던 후발 자본주의 국가들은 미래의 노동자를 훈련하고 중간 계급 일부를 기술적으로 준비시키기 위해 처음부터 엄격한 공립 교육 프로그램을 추진했다.

후기 봉건제와 절대주의 시대의 유아 자본주의는 18세기 말과 19세기 초에 청년 자본주의로 성장했다. 20세기 초에 자본주의는 유럽과 북미에서 성숙 단계로 접어들고 있었다. 동시에 자본주의는 오늘날 우리가 살고 있는 사회의 많은 특징들을 그때부터 드러내고 있었다. 그 결과 중 한 가지는 사람들이 이런 특징들을 당연하게 여기기 시작했다는 것이다. 산업혁명 초기에는 농촌 생활에서 도시 노동자 생활로 전환하는 것이 사람들에게 엄청난 충격을 주었다. 그래서 사람들은 예컨대 차티스트들이 소규모 농장들을 설립하려 했을 때처럼 현재의 병폐를 치유하기 위해 시선을 과거로 돌리기도 했다. 그러나 20세기 초에 들어서자 그런 충격은 사라졌다. 여전히 사람들은 자동차나 전등 같은 개별적인 혁신을 보고 놀라워했다. 그러나 경쟁, 시간 엄수, 탐욕에 바탕을 둔 사회에 대해서는 더는 놀라지 않았다. 자본주의 사회만이 사람들이 알고 있는 사회의 전부였다. 자본주의 사회 특유의 행동 양식은 마치 '인간 본성'인 것처럼 여겨졌다. 사람들은 자신들의 행동 양식이 조상들 눈에는 얼마나 기괴하게 비칠지 미처 깨닫지 못했다.

진보 이데올로기

산업자본주의의 신세계를 예찬하는 사람들은 인류의 모든 문제를 해결할 날이 바로 코앞에 다가왔다고 믿었다. 대다수 지식인들도 이런 낙관주의를 공유했다. 인간의 발명 능력은 해마다 새로운 기적들을 창조하고 있었다. 부르주아지와 중간 계급은 과거 어느 때보다 안락한 삶을 살았고, 일부 노동자들조차 생활수준이 나아졌다. 모든 일이 그저 지금처럼 계속되기만 한다면 과거 세대의 꿈이 실현되는 것은 단지 시간문제일 뿐인 듯했다.

그런 믿음은 과학과 기술 발전으로 더욱 강화됐다. 물리학자 톰슨(켈빈 경)은 뉴턴의 역학을 응용해 가장 작은 원자 단위부터 가장 커다란 은하에 이르기까지 우주 전체의 기계적 모델을 제시했고, 제임스 클러크 맥스웰은 전기와 자기에 대한 마이클 패러데이의 실험 결과를 이것에 통합시키려 했다.[7] 동시에 박물학자 다윈과 월러스는 자연 도태 과정을 통한 종의 진화를 설명했고, 다윈은 인류 자체가 유인원과 비슷한 포유류의 후손이라는 것을 증명했다. 화학자들은 생물에서 발견되는 일부 유기물을 무기물에서 만들어내는 데 성공했다.

종교와 미신에 사로잡힌 옛 세력들은 이런 지식 발전에 저항하려 했지만, 과학과 산업이 이윤 추구를 위해 서로 연결돼 있었기 때문에 이들은 단지 지연 전술밖에 쓸 수 없었다. 옥스퍼드의 국교회 주교는 교황이 갈릴레오를 비난했듯이 다윈의 제자 헉슬리를 비난할 수 있었다. 그러나 국교회는 사람들의 정신을 지배할 능력을 상실했다. 마침내 계몽사상이 비이성 세력과 벌인 오랜 전투에서 승리한 듯했다.

막힘없는 진보에 대한 새로운 믿음은 '실증주의'(프랑스 사상가 콩트가 붙인 명칭)나 '과학주의'라고 불리게 됐다. 실증주의는 인간 행동을 물질적 조건과 선천적 열정 사이의 맹목적인 상호 작용으로 묘사하는 에밀 졸라의 소설들을 탄생시켰고, 실증주의에 바탕을 두고서 드라이저는 대기업을 다룬 소설에서 자본가들의 행동을 '적자생존'의 한 형태로 묘사했다. 또한 실증주의는 달 착륙에 성공한 인류의 이미지를 그린 H G 웰스의 초기 SF 소설이나 조지 버나드 쇼의 《인간과 초인》과 《소령 바바라》의 희곡에서 나타나는 낙관주의의 토대가 됐다. 지그문트 프로이트는 켈빈의 우주 구성 요소들과 비슷한 방식으로 상호 작용하는 인간 정신의 구성 요소들 — 자아, 초자아, 이드—로써 비이성적인 감정과 행동을 설명하려 했는데, 여기서도 실증주의의 존재를 감지할 수 있다.[8] 또한 실증주의는 버트런드 러셀의 철학의 배경이었으며, 자비로운 공무원들이 점진적 개혁을 실시하면 사회가 좀더 나은 방향으로 바뀔 수 있다고 믿었던 영국의 시드니 웹, 비어트리스 웹 부부와 페이비언 협회의 사상적 기초이기도 했다.

과거에 종교적 반(反)계몽주의에 의존했던 반동 세력들조차 과학적 접근법을 따른다고 주장했다. 자연에 대한 다윈의 과학적 통찰은 특정 계급·민족·인종이 다른 계급·민족·인종을 지배할 수 있는 것은 그들이 '선천적 우월함'에 힘입어 생존 투쟁에서 승리한 덕분이라고 주장하는 '사회적 다윈주의'로 왜곡됐다. '더 나은 혈통'이나 '우월한 혈통'에 대한 낡은 편견은 이제 얼핏 보면 과학적인 듯한 현대적 버전으로 대체됐다. 마찬가지로, '아담의 저주'—'원죄'—에서 비롯한 악을 다스리기 위해 강력한 국가 권력이 필요하다는 성 아우구스티누스(그리고 루터와 칼뱅)의 주장은 사람들의 '동물적 본성'을 제어하기 위해 강력한 국가 권력이 필요하다는 주장으로 거듭났다. 과거에는 교회가 인간의 행위 양식을 교정할 수 있는 권한을 요구했다면, 이제는 '우생학' 지지자들이 국가가 '선천적' 지능과 '범죄성'에 대한 소위 과학적 척도를 사용해 일부 사람들의 생식 능력을 제한해야 한다고 주장했다. 이런 사상은 자기 '인종'의 앞날에 대한 걱정과도 연결돼 있었다. 가난한 사람들이 부자들보다 아이를 많이 낳는 경향이 있었기 때문이다. 이는 단지 상층 계급의 반동주의자들만이 아니라 당시에 청년이었던 존 메이너드 케인스 같은 중간 계급 개혁파들도 공유했던 근심거리였다.

그러나 대체로 '과학주의'와 '실증주의'는 미래가 현재보다 나을 수밖에 없으며 근대성 자체는 인류의 발전을 뜻한다는 믿음과 결합돼 있었다. 1914년이 밝아올 무렵에는 이미 미래에 대한 믿음이 신에 대한 믿음을 대신하고 있었다. 물론 양자를 절충하려 한 점잖은 견해의 신봉자들도 여전히 많았다.

부르주아 민주주의 등장

19세기 중반의 지배 계급에게 '민주주의'는 지독히 혐오스러운 단어였다. 그들은 민주주의를 여전히 버크가 말한 "돼지 같은 무리들"의 "군중 정치"라고 비난했다. 영국의 휘그당 소속 역사가 매콜리는 토리당원들 못지 않게 단호했다. 매콜리는 다음과 같이 말했다. "보통선거권은 정부의 존립 목적에 치명적일 것이며 문명의 존립과 절대 양립할 수 없는 것이다."[9] 지배 계급이 아래로부터의 압력에 떠밀려 선거권을 양보해야 했을 때조차 그들은 하층 계급을 제외하기 위해 선거권에 재산 자격을 도입하려 했다. 1832년의 영국 선거법 개정안에 따라 선거권 적용 대상은 남성 20만 명에서 1백만 명(성인 남성의 5분의 1도 안 되는 수)으로 확대했다. 거대한 대중적 흥분 속에서 통과된 1867년 법률은[10] 유권자 수를 더 늘렸으나 여전히 남성의 절반이 투표권을 갖지 못했으며 "자유당과 보수당의 그 어떤 지도자들도 그 법이 민주적 헌정을 세울 것으로 기대하지 않았다."[11] 프로이센와 그 밖의 여러 독일 연방에서는 3계급 투표제 덕분에 가장 부유한 소수가 의석의 대다수를 차지할 수 있었다. 그 밖에도, 거의 모든 나라의 지배 계급은 의사 결정에 대해 거부권을 행사하는 제2의 비선출 의회 — 상원이나 귀족 의회 — 를 구성하고 군주가 정부 지도자를 임명할 수 있게 하자고 주장했다. 따라서 마르크스가 파리코뮌 당시에 루이 보나파르트의 독재가 민주공화정보다는 자본주의 지배 계급의 열망에 좀더 부합한다고 했던 것은 그리 놀라운 일이 아니다. "적어도 유럽에서는 그것이 근대 계급 지배의 국가 형태다."[12]

그러나 시간이 지나면서 일부 지배 계급은 민주주의의 운영 규칙을 자신들이 정할 수만 있다면 민주주의는 그리 큰 위협이 아니라는 것을 깨달았다. 루이 보나파르트 자신도 1851년에 자신의 권력 장악을 확정짓기 위해 보통선거권(남성)에 바탕을 둔 선거를 교묘히 활용함으로써 톡톡히 재미를 봤다. 대부분 농민으로 구성된 프랑스 유권자들은 촌락의 성직자들과 교사들을 통해 정치 상황에 관한 정보를 얻었다. 따라서 보나파르트가 도시에서 벌어지는 사건 정보들의 흐름을 잘 통제하고 유언비어를 퍼뜨려 유권자들을 겁줄 수만 있다면, 그는 선거에서 당당히 승리해 자신이 공화파보다 '더 민주적'임을 증명할 수 있었다. 비스마르크는 프로이센 국왕을 독일 제국 황제로 앉힐 때 보나파르트의 수법을 흔쾌히 따라했다. 독일에서는 매우 제한된 권력의 제국의회를 선출할 때에만 남성 보통선거권을 적용했고 독일 각 연방의 선거에서는 여전히 재산 자격에 따라 선거권을 제한했다.

영국의 지배 계급은 선거권의 점진적 확대가 자신들의 국가 정책 결정권을 위협하지 않는다는 것을 깨달았다. 왜냐하면 대부분의 국가 권력은 의회의 직접적인 통제 범위 밖에 있었기 때문이다. 국가 권력은 군부·경찰·사법부·행정부의 비선출 위계 조직에 있었다. 이런 국가 조직들은 의회의 정상적인 활동 범위를 규정하고 마음에 안 드는 조치들은 '위헌'으로 규정해 거부할 수 있었다.(1912년에 하원이 아일랜드의 '자치'를 가결했을 때 그들이 보인 반응이 그러했다.) 이런 조건에서 의회는 대중이 지배 계급에게 압력을 행사하는 창구 구실을 하기보다는 대중의 대표자들을 길들이는 수단으로 전락해, 지배 계급이 허용하는 좁은 범위 내에서 수용 가능한 요구만을 의원들이 제기하도록 강요했다. 영국의 주요 자본가 정당 — 자유당 — 의 지도자 글래드스톤은 이미 1867년에 "좀더 많은 사람들에게 의회를 정치적 관심의 초점으로 생각하도록 부추기는 것이 바람직하다"[13]는 점을 감지했다.

랩프 밀리번드가 지적했듯이,

정치인들의 '민주주의' 수용은 정치인들이 민주주의로 전향했음을 뜻하지 않았다. 오히려 그것은 민주주의의 효과를 거세하려는 시도였다. …… 신중하게 제한되고 적절하게 통제되는 민수주의는 용납할 수 있으며 어떤 면에서는 바람직하기도 했다. 그러나 그 범위를 벗어나는 것은 어떤 것도 용납할 수 없었다. 그것이 정치 체제 전반의 정서였다.[14]

어디든 선거권이 확대된 곳에서는 지배 계급의 정치인들이 하층 계급의 기호에 영향을 끼치기 위해 의식적으로 노력했다. 영국에서 선거법이 개정된 1867년에 보수당은 최초로 의회 밖에서 회원을 모집해 '국민연합'을 설립하려 했다. 그 일차 목적은 지역 단체들과 술집들의 네트워크를 통해서 "보수당을 지지하는 노동자들을 끌어 모으는 것"이었다.[15] "보수당은 직접적이면서도 긴급하게 노동 계급의 마음에 호소했으며, 이것은 국민연합의 초기 활동에서 나타난 가장 두드러진 특징이었다."[16] 보수당은 윗사람에 대한 일부 노동자들의 복종심에 호소했고, 노동자들 사이의 종교적·인종적 적개심에 호소했으며(그래서 잉글랜드 북부와 스코틀랜드의 일부 마을에서는 보수당원이 되는 것이 아일랜드 이민자들을 적대하는 프로테스탄트 오렌지당의 당원이 되는 것을 뜻했다), 영국의 제국주의적 팽창을 미화하고 선거 시기에 빈민에게 돈을 뿌리면서 인기를 얻으려 했다.[17] 보수당이 하층 중간 계급과 노동 계급의 지지를 얻기 위해 노력하자, 자유당도 이에 뒤질세라 지역 단체들로 구성된 독자적인 전국 네트워크를 구성했다. 1905년 이후에야 비로소 소수의 '독립적' 노동당 후보들이 노동자들 사이에서 40년 동안 유지돼온 보수당과 자유당의 정치 독점을 깨고 선거에서 당선되기 시작했다. 하지만 그들도 보수당·자유당과 마찬가지로 기존 체제 수호에 헌신했다.

다른 곳에서도 상황은 본질적으로 비슷했다. 미국에서 노동 계급은 미국 본토 출생과 이민자의 대립(민주당의 친[親]남부 성향 때문에 더 복잡하게 얽힌)을 축으로 해서 공화당과 민주당으로 나뉘었다. 프랑스에서는 보수 가톨릭 정당이 반유대주의 정서를 부추기면서 반교권적 중간 계급 공화파들과 영향력을 다퉜다. 독일 동부의 융커 지주들은 자신들이 농촌 노동자들의 투표 성향을 비교적 쉽게 좌지우지할 수 있음을 발견했다. '국가자유주의적' 친(親)비스마르크 성향의 자본가들은 독자 정당을 운영했고, 남부에서는 가톨릭 교회가 심지어 광산 지역에서도 사람들의 정치적 사고를 지배했다.

대중 언론의 성장은 상층 계급 정당들의 이런 노력에 힘을 보태 줬다. 1820년대와 1830년대에 영국 지배 계급은 신문에 높은 세금을 부과해 노동자들이 감당할 수 없을 만큼 신문 가격을 비싸게 만듦으로써 이 신생 계급 사이에서 선동적 사상이 확산되는 것을 막으려 했다. 그러나 1850년대 이후에 나타난 새로운 세대의 자본가들은 대중 신문이 돈벌이가 된다는 것을 발견했다. 20세기 초 알프레드 함스워스(곧이어 노스클리프 경이 된다)와 맥스 에이킨(나중에 비버브룩 경이 된다)과 같은 사람들은 신문을 정치적 무기로 여겼다. 그런 사람들은 마피킹 포위 사건[1885년에 영국군 전초지로 세워진 이곳의 수비대가 보어전쟁 중에 보어인에게 포위당한 사건] 같은 보어전쟁에서 일어난 사소한 에피소드조차 모든 계급의 초유의 관심사로 만드는 능력이 있었다. 마찬가지로, 프랑스 언론도 독일 간첩이라는 누명을 쓰고 억울하게 투옥된 드레퓌스 대위 사건에서 반유대주의 히스테리를 부추겼고, 독일 언론은 1907년에 전쟁 공포증을 이용해 선거에서 사회주의자들이 대거 패배하게 만들었다.

부르주아 민주주의를 통제하려는 이런 노력에는 새로운 종류의 민족주의를 배양하는 것도 포함됐다. 19세기 중반의 민족주의는 1814~1815년에 구질서가 부활하면서 유럽에 부과된 국가 체제에 의해 분열되거나 억압당하는 사람들 사이에서 주로 발견됐다. 따라서 민족주의는 해방 투사들의 슬로건이었으며, 민주주의와 공화주의에 대한 요구와도 결합됐다. 그런 아래로부터의 민족주의는 세기말에 러시아 제국, 오스트리아-헝가리 제국, 또는 오스만 제국에게 억압당하는 집단들 사이에서 여전히 널리 퍼져 있었다. 시장의 확산이 민족주의를 부추겼다. 현지 언어를 사용하는 농민 출신의 중간 계급은 국민국가나 최소한 기존 국가 내부의 자율적인 민족 자치 지구를 세워서 자신들의 이익을 위해 투쟁하기 시작했다.

이런 낡은 민족주의와 나란히, 그리고 그에 대립해서 새로운 민족주의가 등장했다. 옛 군주정과 신흥 자본주의 지배자들은 위로부터 이 새로운 민족주의를 전파했다. 그리하여 비스마르크는 일종의 독일 민족주의를 수용했다. 러시아 짜르는 핀란드어, 우크라이나어, 폴란드어, 터키어 등을 사용하는 속국들을 '러시아화'하려 했다. 프랑스의 상층 계급은 대중의 열정을 독일에 대한 '복수', 그리고 북아프리카와 인도차이나 정복으로 쏠리게 만들었다. 영국 지배자들은 "바다를 평정하고" "원주민들을 개화"하는 것을 자신들의 사명이라고 선언했다.[18] 정부, 신문, 자본가, 금융가는 그런 민족주의 선전에 온 힘을 다해 투신하면서 각국 지배 계급과 피착취 계급의 공통된 정체성을 주장했다. 한쪽이 호화롭게 사는 동안 다른 한쪽은 땀 흘려 일하거나 굶어 죽는데도 그들 모두 '일가 친척'이라는 것이었다. 중간 계급 일부는 공직에 진출해 제국을 운영하는 데 참여할 기회를 갖게 되자 새로운 민족주의에 물질적으로 결탁했다. 그래서 이들은 여러 계층의 노동자들 사이에서 새로운 민족주의가 확산되도록 도왔다. 예컨대 중간 계급과 노동 계급 청년들을 대상으로 하는 보이스카우트 같은 새로운 준군사 대중 조직들을 운영함으로써 말이다. 이런 준군사 조직들은 '비정치성'을 가장했지만 실제로는 군주, '조국', 그리고 '제국'이라는 지배 계급 이데올로기에 적극 헌신했다.

그런 조치들의 전반적인 효과는 1840년대에 지배 계급이 치명적인 위협으로 봤던 선거권을 1900년대에 와서는 노동자 대표들을 길들이는 수단으로 바꿔놓은 것이었다. 그런 변화가 하룻밤 사이에 또는 아무 마찰도 없이 일어난 것은 아니었다. 상층 계급의 저항도 있었다. 영국에서는 지배 계급이 중간 계급의 투표권을 수용한 1832년부터 성인 남녀의 보통선거권을 인정하기까지 95년이 걸렸다. 벨기에에서는 선거권을 확대하기 위해 두 차례 총파업을 해야 했다. 독일에서는 1900년대에 선거권 확대 문제를 놓고 거리에서 치열한 격돌이 있었으며, 1918년에 혁명적 격변이 일어나자 비로소 지배 계급은 투표권을 모든 사람에게 부여했다.

지배 계급은 노동자 참정권에 저항하면서 여성 참정권에도 저항했다. 시장 관계가 확산돼 노동 계급 여성뿐 아니라 좀더 많은 중간 계급 여성들도 유급 노동력에 포함됐다. 그러나 도덕론자들의 모범 가족은 다음 세대의 '제대로 된' 양육이 주된 관심사였기 때문에 여성의 역할을 가정 내로 국한했고, 이것을 여성 본연의 능력과 여성적 '가치'라는 관념들로 정당화했다. 그런 관념들은 중노동을 했던 중세의 농민 여성들에게는 어처구니없는 애기였을 것이며, 랭커셔 방적공장의 여성 노동자들에게도 전혀 들어맞지 않는 애기였다. 그러나 1900년대의 중간 계급 남성 — 그리고 신문의 영향을 받은 노동 계급 남성 — 은 그런 관념들을 바탕으로 여성의 선거권 요구를 말도 안 되는 소리로 간주했다.

역설적이지만, 투표권 박탈조차 사람들을 부르주아 민주주의 체제에 묶어두는 효과가 있었다. 대부분의 투쟁 요구는 체제에 포함시켜 달라는 것이었지 체제를 뛰어넘자는 것은 아니었다. 1914년 이전의 투표권 획득 투쟁은 상층·중간 계급 여성들을 재산과 국가에 맞서는 직접 행동으로 이끌었다. 그러나 제1차세계대전이 터지자 영국 여성 참정권 운동의 가장 유명한 지도자들 — 에멜린 팽크허스트와 크리스타벨 팽크허스트 — 은 모병 운동에 뛰어들어 남자들을 서부 전선의 살육 현장으로 내몰았다. 반면, 처음부터 전쟁에 반대했던 실비아 팽크허스트는 마침내 의회 자체를 진보의 장애물로 인식하게 됐다.

사회민주주의

산업과 산업 노동 계급이 급속히 팽창한 덕분에 1848년과 1871년의 패배로 심각한 타격을 입은 사회주의 조직들의 사상에 귀를 기울이는 새로운 청중이 등장했다. 그러나 어느 곳에서도 이런 조직들은 국가에 혁명적으로 도전할 만한 자신감이 없었다. 그 대신 그들은 독일 사회주의자들의 전략을 따랐다. 그들은 새로운 선거 제도로 생긴 틈새 공간 — 아무리 상층 계급의 이익에 맞게 조정되고 제한된 공간이지만 — 을 활용했고 노동조합, 복지 단체, 스포츠 모임, 심지어 노래 클럽 같은 합법 노동자 조직들을 만들었다.

독일 사회민주당(SPD)은 여러 측면에서 크게 성공했다. 독일 사회민주당의 득표수는 선거 때마다 점점 더 늘어나, 마침내 대지주 정당과 산업가 정당을 앞질렀다. '사회주의자단속법' 하에서 12년 동안 비합법 정당으로 살아남은 사회민주당은 이제 당원이 1백만 명이나 됐으며 90개의 지방 일간지를 발행했다. 독일 사회민주당의 부속 조직망(노동조합, 복지조합 등)은 많은 공업 지역에서 일상 생활의 일부분이 됐다. 당 내의 신문 편집자, 조직자, 의회 대표가 수시로 체포됐는데도 이 모든 일들을 용케 해낸 것이다. 독일 사회민주당은 부르주아 민주주의를 이용해 자본주의에 대항할 수 있음(엥겔스가 수많은 글에서 강조한 교훈이다)을 보여 주는 듯했다.

다른 정당들도 곧 독일 사회민주당의 모범을 따르기 시작했다. 독일 사회민주당은 엥겔스가 쥘 게드와 폴 라파르그의 프랑스 노동당에게 촉구했던 모델이다. 스페인에서는 마드리드의 노동자 파블로 이글레시아스가 기본적으로 동일한 방법으로 사회당인 PSOE를 건설하기 시작했다. 이탈리아의 활동가들도 마찬가지였다. 숙련 노동자들이 20년 동안 생활수준 상승을 경험한 결과 글래드스톤이 이끄는 자유당의 메시지에 더 귀를 기울이던 영국에서조차 1883년에는 급진 민주주의자들의 단체가 좌경화해 독일 사회민주당의 축소판이라 할 수 있는 사회민주연맹(SDF)을 건설하기 시작했다. 1889년 제2인터내셔널로 알려진 노동자 조직의 국제 연맹체가 결성될 당시에, 독일 사회민주당은 제2인터내셔널의 등대 역할을 했다.

그러나 이런 정당들의 이념과 일상의 실천 사이에는 모순이 있었다. 그들은 이론에서는 자본주의의 혁명적 전복을 지향했지만, 실천에서는 자본주의 내에서 개혁을 위해 조심스럽게 압력을 넣는 활동에 치중했다. 이런 모순은 1890년대 중반에 수면 위로 떠올랐다.

독일 사회민주당의 주요 지식인 가운데 에두아르트 베른슈타인이라는 사람이 있었다. 베른슈타인은 엥겔스의 친구였고, 비합법 기간에 망명 생활을 하면서 독일 사회민주당을 유지하는 데 중요한 역할을 했다. 1890년대 중반에 베른슈타인은 마르크스와 엥겔스의 기본적인 이론의 가정이 틀렸다고 선언했다. 베른슈타인은 일반화된 경제 위기가 더는 자본주의의 필연적 요소가 아니라고 주장했고, 마르크스와 엥겔스가 계급 간의 극단적 양극화를 예측한 것도 오류였다고 말했다.

> 모든 선진국에서는 부르주아지의 특권이 단계적으로 민주적 기구들에게 넘어가고 있다. …… 개인의 이익과 반대로 공통의 이익이 갈수록 힘을 얻어가고 있으며, 경제적 힘들의 근본적인 동요가 일어나지 않고 있다.[19]

베른슈타인은 마르크스가 파리코뮌에 대한 글들에서 요구한 "근대적 국가 체제의 해체"[20] 없이도 이런 과정을 완수할 수 있다고 주장했다. 의회주의를 더욱 확산하고 사회주의자들이 철저한 '자유주의'[21]와 기존 체제 내부의 점진적 개혁 정책을 수용하기만 하면 되는 것이다.

독일 사회민주당의 주요 이론가 칼 카우츠키는 베른슈타인의 주장을 비판했다. 카우츠키는 자본주의는 개혁을 통해서는 끝장낼 수 없으며 특정 시점에 '권력 투쟁'과 '사회혁명'을 해야 한다고 주장했다. 그러나 카우츠키의 실천적 결론은 베른슈타인의 결론과 별반 다르지 않았다. 카우츠키는 사회주의 혁명이 사회주의자들의 득표수가 필연적으로 증가함으로써 실현될 것이라고 말했다. 마침내 독일 사회민주당이 선거에서 다수표를 얻으면 사회주의 정부를 전복하려는 자본주의 세력의 어떠한 기도도 정당하게 분쇄할 수 있을 것이다. 따라서 그때까지는 자본주의 세력의 보복을 유발하는 어떤 행동도 피해야 한다고 그는 주장했다. 베른슈타인과 달리 카우츠키는 사회 변혁이라는 원대한 목표가 남아 있다고 말했다. 그러나 일상적인 사회주의 활동에 대한 카우츠키의 처방은 베른슈타인의 처방과 거의 다를 것이 없었다.

베른슈타인과 카우츠키는 중간 계급 지식인의 낙관적 '과학주의'나 '실증주의'를 공유했고, 진보의 기계적 불가피성을 믿었다. 베른슈타인은 과학, 기술, 민주주의가 확대됨으로써 자본주의가 사회주의로 이행하고 있다고 봤다. 카우츠키는 이런 이행 과정이 현재가 아니라 미래에 일어날 것이라고 생각했지만, 베른슈타인과 마찬가지로 이행의 불가피성을 확신했다. 역사적으로 생산력의 변화는 생산관계의 변화로 이어졌으며, 사람들이 기다리기만 하면 앞으로도 그렇게 될 것이라고 카우츠키는 주장했다. 27세의 폴란드계 독일 혁명가 로자 룩셈부르크만이 그런 자기만족식의 사상에 도전했다.

표를 모으고 부속 조직을 유지하는 데 온 힘을 쏟아온 사회민주당 조직자들은 베른슈타인의 사상을 공식적으로 비난하는 데 힘을 실어 줬지만 체제 내의 온건한 행동 노선을 계속 추구했다. 고용주를 협상으로 끌어들이는 일에만 관심을 가졌던 노동조합 지도자들도 마찬가지였다. 베른슈타인은 당 내에서 표를 잃었지만 결국 그의 주장은 관철된 셈이었다.

그러나 사회주의 정당들이 자본주의 내에서 영향력을 확대할 수 있는 능력은 궁극으로는 자본주의 자체의 안정에 달려 있었다. 베른슈타인은 체제가 위기에서 해방됐다는 가정을 자기 주장의 핵심 요소로 채택함으로써 이를 인정했다. 분명 1890년대에 독일 자본주의는 위기로 빠져드는 일체의 경향을 극복한 단계에 들어선 듯했고, 베른슈타인은 이것을 일반화해 미래에도 적용했던 것이다.

반면, 로자 룩셈부르크는 1890년대에 자본주의를 안정시킨 듯한 바로 그 과정이 나중에는 훨씬 더 큰 불안정을 낳을 것이라고 주장했다.[22] 또한 룩셈부르크는, 영국의 자유주의 경제학자 홉슨이 이미 절반 정도 인식했고 1916년에는 러시아 혁명가 니콜라이 부하린과 블라디미르 레닌이 명확히 제시한 원리를 이미 이해하고 있었다. 그 원리란, 당시 자본주의의 급속한 성장은 열강의 제국주의적 팽창과 밀접히 연관돼 있다는 것이다.

제국주의

1876년에 아프리카에서 유럽이 지배하는 땅은 10퍼센트도 안 됐다. 그러나 1900년에는 아프리카 땅의 90퍼센트 이상이 유럽 식민지였다. 영국, 프랑스, 벨기에는 아프리카 대륙을 나눠 갖고 독일과 이탈리아에게는 조그마한 부스러기 땅들만 남겨 줬다. 같은 기간에 영국, 프랑스, 러시아, 독일은 중국의 식민 영토에서 시작되는 광범한 세력권을 구축했다. 일본은 조선과 타이완을 점령했고, 프랑스는 인도차이나 전체를 점령했으며, 미국은 푸에르토리코와 필리핀을 스페인한테서 빼앗았고, 영국과 러시아는 이란을 나눠 갖기로 비공식적으로 합의했다. 태평양과 인도양의 작은 섬들조차 영국이나 프랑스의 지배를 벗어날 수 없었다. 유럽과 아메리카 이외의 지역에서 순수한 독립국가는 다섯 손가락에 꼽을 수 있었으니, 그런 나라들은 오스만 제국의 일부, 타이, 에티오피아, 아프가니스탄 정도였다.

동화와 성인 소설은 용감한 백인들이 무지한 '원주민'들을 정복하면 결국에는 원주민들도 고마워한다는 식의 신화를 퍼뜨렸다. 키플링은 미국인들에게 영국 식민주의의 영광을 모방할 것을 촉구하는 시에서 원주민들을 "반은 악마고 반은 아이"인 존재로 묘사했다. 이런 신화는 아프리카 사람들과 인도양과 태평양의 섬 주민들을 하나같이 식인 풍습과 주술을 간직한 '원시인'들로 취급했다.

그러나 사실 1790년대와 1800년대의 뭉고 파크나 1850년대과 1860년대의 리빙스턴과 스탠리 같은 유럽 '탐험가'들이 그 유명한 아프리카 일주에 성공할 수 있었던 이유는 오직 그곳에 이미 구조화된 사회와 국가가 확립돼 있었기 때문이었다. 이런 국가들은 별 어려움 없이 유럽인들의 초기 정복 시도를 물리칠 수 있었다. 주목할 만한 사실은, 1880년까지 서유럽인들은 약 4백 년 동안 아프리카 해안 지역과 정기적으로 바다를 통해 접촉해 왔으며, 인도인·아랍인·터키인은 그보다 꽤 더 오랫동안 아프리카 내륙 지방과 접촉해왔다는 것이다. 그러나 유럽인들은 주로 해안에 있는 몇몇 고립된 지역들밖에 장악하지 못했다. 브루스 밴더포트가 썼듯이, "최소한 근대 초기까지 유럽의 기술 우위는 바다 위를 제외하고는 그리 강력하지도 중요하지도 않았다. 원주민들은 유럽의 혁신을 빨리 따라잡았다."[23]

아프리카에서 식민지를 만들려는 유럽의 첫 시도는 피비린내 나는 전투를 수반했으며, 유럽이 패배하는 경우도 많았다. 프랑스는 알제리와 세네갈을 손에 넣기 위해 오랫동안 격렬한 전투를 치러야 했다. 영국은 1870년대 초에 아샨티 군대에게 패배했고, 1884년 하르툼에서 마흐디가 이끄는 수단 군대에게 패배했으며(중국에서 태평천국의 난을 진압하는 데 기여했던 찰스 조지 고든도 이때 죽음으로써 죄 값을 치렀다), 1879년 이산들와나에서 줄루족에게 패배했다. 이탈리아마저 1896년 아도와에서 에티오피아 군대에게 참패하자 "의기양양하던 백인의 정복 정신은 송두리째 박살나고 말았다."[24]

그러나 1880년대에 들어서자 서유럽의 급속한 공업화 때문에 미래의 식민국가들 쪽으로 균형추가 결정적으로 기울고 있었다. 후장식 소총, 강의 상류까지 항해할 수 있는 철갑 증기선, 그리고 가장 악명 높기로는 개틀링 기관총 같은 신무기들에 힘입어 유럽 군대는 최초로 대부분의 전투들에서 결정적 우위를 차지했다. 게다가 공업이 발전해 무한한 상품 유입이 가능해지자 유럽인들은 아프리카의 동맹들을 매수해 유럽인들 편에서 싸우게 만들 수 있었다. 아도와에 주둔한 '이탈리아' 군대의 절반은 에리트레아인이거나 티그라이인이었고, 수단에 주둔한 '영국' 군대의 대다수는 이집트인이나 수단인이었다. 인도에서 영국 지배자들이 매우 효과적으로 써먹었던 '분열 지배' 전략이 아프리카에서도 대규모로 적용되기 시작했다.

유럽인들은 '야만'에 맞서 싸운다고 주장했지만 유럽인들의 방식이 더 야만적이었다. 키치너 경의 영국 군대가 1898년 옴두르만 전투에서 승리함으로써 마침내 수단을 정복했을 때 기관총으로 무장한 병사들이 1만 명의 수단 군대를 죽인 반면 키치너 군대의 사망자는 48명에 불과했다. "수많은 마흐디교도들이 죽었고, 부상자는 영국 군대에게 아무런 도움도 받지 못했다. 영국인들은 그저 등을 돌리고 진군해 갔을 뿐이다."[25] "부상자들은 물을 달라고 했고 도움을 요청했지만 장교들은 그들을 외면했다"고 어떤 영국군 병사는 일기에 썼다. 키치너는 그들의 지도자 마흐디의 해골을 잉크병으로 만들었다.[26] 나이지리아에서 사티루의 반란 부락을 진압한 루가드 경의 원정대도 마찬가지로 잔인했다. 그는 자기 부하들이 2천 명 가량의 반란군을 죽였지만 자기 부하들은 한 명도 죽지 않았다고 회고했다. 포로들은 처형당했고 그들의 머리는 쇠꼬챙이 위에 꽂혔다.[27] 벨기에 국왕 레오폴드는 아프리카를 '문명화'하고 노예제를 없애겠다며 아프리카에 대한 서유럽 십자군을 진두지휘했다. 레오폴드는 거대한 콩고 땅을 개인의 제국으로 만들었는데, 그 방식의 잔혹함은 다른 식민 열강들 사이에서도 악명이 높았다. 영국 외무부에 보내는 공식 보고서에서 로저 케이스먼트는 자신이 콩고의 고무 생산 지역을 방문한 얘기를 하면서 "내가 자주 들른 번창했던 마을들과 지역들에는 오늘날 …… 사람이 전혀 살지 않는다"고 말했다. 그는 벨기에 병사들이 마을을 약탈하고 불태운 다음 자신들이 총알을 낭비하지 않았음을 증명하기 위해 희생자들의 손을 잘라 양동이에 가득 담아갔다는 사실을 알게 됐다.[28]

자본주의 열강들이 세계 나머지 지역을 정복하는 데 그토록 많은 돈과 노력을 쏟은 것은 분명 자비심 때문은 아니었다. 그러나 그렇다고 해서 인종 차별주의가 그 동기였던 것도 아니다. 물론 자본주의 열강은 자신들의 사명을 정당화하는 데 인종 차별을 적극 활용했다. 하지만 진정한 동기는 이윤이었다.

역사가들은 식민 열강들이 제국을 통해 더 많은 부를 얻을 수 있다고 판단한 것이 과연 옳았는지를 두고 끝없는 논쟁을 해왔다. 그러나 18세기 노예 무역의 경제적 실익에 관한 비슷한 논쟁과 마찬가지로 그것은 핵심을 비껴가는 물음이다. 열강들은 제국을 통해 더 많은 부를 얻을 수 있다고 믿었다. 제국 팽창의 선두에 섰던 철면피들은 세계를 돌아가게 만드는 것은 바로 돈이라는 사실을 아주 잘 알고 있었다. 레오폴드 국왕이나 영국의 모험가 세실 로즈 같은 사람늘은 자신들을 이상주의자라고 생각했을지도 모르지만 어쨌든 그들은 부자가 되려고 아프리카에 갔다. 레오폴드는 런던 주재 벨기에 대사에게 보내는 편지에서 다음과 같이 썼다. "아프리카라는 거대한 케이크 가운데 한 조각이라도 가질 수 있는 기회를 절대 놓치고 싶지 않다."[29]

이런 세계 분할 과정은 같은 기간에 서구 자본주의에서 어떤 일이 일어나고 있었는지를 살펴봐야만 이해할 수 있다. 1870년대와 1880년대 — 소위 '대공황' — 는 특히 영국에서 시장 침체, 물가 하락, 낮은 이윤과 배당으로 얼룩진 시기였다. 영국 투자가들은 이익을 유지하는 한 가지 방법으로서 해외 투자에 눈을 돌렸다. 외국 주식에 대한 총투자액은 1883년 9천5백만 파운드에서 1889년 3억 9천3백만 파운드로 증가했다. 곧이어 그것은 영국 국민총생산의 8퍼센트에 이르렀고 저축의 50퍼센트를 흡수했다.[30] 이런 자금은 주로 '주식' — 철도·교량·항구·항만·수로 건설이나 정부 기관의 자금 조달을 위한 고정 금리의 투자 상품 — 에 투자됐다. 투자 목적이 무엇이었든지 간에 그것은 국내에서 얻을 수 있는 이익보다 높은 수준의 이익을 약속했다. 또한 그것은 국내 공업 생산물(철로, 기관차, 교각 등)을 위한 시장을 제공했으며, 값싼 원자재가 대량으로 흘러 들어오게 했다. 그리하여 투자는 영국 자본주의가 새로운 팽창기로 접어드는 데 기여했다.[31] 그런 투자가 계속되려면 해외 채무자들이 채무를 상환하게끔 강제할 수단이 필요했다. 식민주의는 국가의 무장력을 통해 그런 수단을 제공했다.

그래서 영국과 프랑스는 이집트 지배자가 1876년에 채무를 상환할 수 없게 되자 이집트의 금융 통제권을 공동으로 접수했고, 1880년대 초 영국 정부는 무력으로 '보호령'을 세웠다. 이것은 사실상 이집트를 영국 제국에 흡수하는 조치였는데, 이를 통해 영국은 수에즈 운하 회사의 배당금을 차지했고 영국이 훨씬 더 많이 투자한 나라인 인도로 통하는 길목을 확보하게 됐다.

비슷한 방식으로, 영국 군대는 네덜란드어를 사용하는 보어족이 지배하는 아프리카 남부의 트란스발 지역에서 금과 다이아몬드가 매장된 것을 발견하고서 트란스발 지역에 대한 통제권을 빼앗으려 했다. 격렬한 전쟁 끝에 남아프리카공화국은 영국 기업 이익의 안정된 보호자가 됐다.

모든 투자가 식민지로 간 것은 아니다. 상당히 많은 영국 투자 자금이 미국으로 흘러 들어갔고, 아르헨티나와 같은 중남미 국가들에도 많은 자금을 투자했다. 그 때문에 어떤 사람들은 해외 투자와 제국주의 사이에는 아무 관계도 없다고 주장했다. 그러나 문제는 식민지들이 식민 본국의 자본가들에게 보호받는 투자처를 제공한 점이었다. 동시에, 식민지는 다른 곳의 투자 경로를 보호하기 위한 군사적 발판도 제공했다. 몰타, 키프로스, 이집트, 남예멘, 희망봉과 같은 영국 점령 지역들은 이윤의 원천으로서 중요했을 뿐 아니라 인도로 가는 중간 기지로서도 중요했다. 마찬가지로, '왕관의 보석'인 인도 역시 싱가포르·말레이 지역의 주석과 고무, 최근에 개방된 중국 시장, 부유한 호주와 뉴질랜드 영토로 가는 중간 기지였다. 제국은 영국 자본주의가 감기에 걸리는 것을 막아 주는 뜨개질 옷이었다. 한 올의 실은 거의 중요하지 않게 보일 수도 있지만 실 하나가 끊어지면 나머지도 풀어지기 시작할 수 있다. 적어도 제국을 운영한 지배자들, 런던에 거주하는 그 동료들, 영국 산업계에 종사하는 그 친구들은 사물을 그렇게 이해했다.

영국만이 유일한 제국 열강은 아니었다. 프랑스는 거의 영국만큼 많은 곳을 지배했고, 네덜란드는 오늘날 우리가 인도네시아라고 부르는 거대한 군도를 소유했고, 벨기에는 아프리카 중부의 중요한 지역을 차지했고, 제정 러시아의 짜르는 러시아의 동·서·남쪽으로 막대한 지역을 차지해 인도 국경 지대에서 태평양 항구인 블라디보스토크까지 그 영역에 포함됐다.

그러나 산업이 가장 빠르게 성장한 유럽 열강인 독일은 사실상 식민지가 없는 상태였다. 독일의 중공업은 갈수록 '트러스트' ― 원료 추출에서 완제품 출하에 이르는 생산의 전 과정을 통제하는 기업들의 연합 ― 를 통해 조직됐다. 트러스트는 국가와 함께 성장했고, 많은 영국 자본가들의 특징이었던 국가 권력에 대한 낡은 소자본가적 불신을 품고 있지 않았다. 트러스트는 국가가 관세를 통해 국내 시장을 보호하고 해외 시장 개척을 도와주리라고 기대했다.

그들은 네 방향으로 활로를 개척하고자 했다. 첫째는 독일이 독자적인 조약항[19세기 중반 열강들의 압력에 못 이겨 해외 무역과 외국인 거주지로 개방한 아시아 국가들의 항구]을 차지한 중국이었다. 둘째는 독일이 탕가니카, 르완다-브룬디, 서남 아프리카를 차지한 아프리카 대륙이었다. 셋째는 모로코 통제권을 놓고 독일이 프랑스·스페인과 각축을 벌인 마그리브였다. 마지막으로, 그들은 유럽 동남부와 터키를 거쳐 메소포타미아와 페르시아 만으로 이어질 베를린-바그다드 철도를 중심으로 세력을 확장하려 했다. 그러나 독일 자본가들과 제국 건설자들은 어떤 방향으로 나아가든지 기존 제국이 지배하는 식민지·기지·괴뢰국의 연결망들과 맞닥뜨렸다. 즉, 발칸 반도에서는 러시아, 북아프리카에서는 프랑스, 중동과 동아프리카에서는 영국, 중국에서는 그 모든 열강과 맞서야 했다.

간단히 말해서, '대공황' 극복과 노동자들의 생활수준 개선이라는 양보를 가능하게 했던 자본주의의 수익성 증가는 제국의 확장에 의존하고 있었다. 그러나 제국은 확대될수록 서로 충돌하는 경향이 있었다.

제국의 지배자들은 그런 충돌의 결과가 군사력에 좌우된다는 것을 알고 있었다. 그래서 독일은 전함을 건조해 영국의 해상 지배에 도전했고, 영국은 '드레드노트형 전함'을 건조해 대응했다. 프랑스는 징집병의 군복무 기간을 2년에서 3년으로 늘려 독일군에 대항하려 했다. 제정 러시아는 국영 군수공장을 짓고 독일, 오스트리아-헝가리 제국, 오스만 제국과의 전쟁에 대비해 철도망을 설계했다. 베른슈타인 같은 개량주의적 사회주의자들을 그토록 열광하게 만든, 제국주의가 자본주의에 가져다 준 안정성이라는 환상의 이면에는 이처럼 전쟁으로 치닫는 추동력이 도사리고 있었다.

생디칼리스트와 혁명가

제국주의 시대에도 계급 투쟁은 멈추지 않았다. 특정 시기에 일부 지역에서는 계급 투쟁이 무디어지거나 순수한 선거 영역으로 치우기치도 했다.

사회주의 정당이 가장 강력했던 독일에서 특히 그랬다. 그러나 다른 곳에서는 격렬한 충돌이 있었다. 1880년대에 미국에서는 노동시간을 둘러싼 선동의 물결이 일었으며, 철강(1892년 홈스테드 공장점거), 철도(1894년 풀먼 파업), 광산(1902년 펜실베이니아 무연탄 광산 파업) 부문에서 격렬한 투쟁이 있었다. 미국 고용주들은 파업 노동자들을 사살하기 위해 경찰과 핑커턴 사립 탐정단을 동원했고 이 운동들을 분쇄했다.

영국에서는 1880년대 후반에 경기가 회복되면서 비숙련 노동자들이 파업을 벌이고 노동조합으로 조직됐다. 이런 파업 물결은 런던 동쪽 끝에서 벌어진 유명한 '성냥팔이 소녀들의 파업'과 1889년 부두 노동자 파업으로 시작됐다. 고용주들은 1890년대 초반에 재연된 경기 불황을 틈타 파업 파괴(헐에서 전문 파업 파괴자들을 이용했을 때처럼) 공작으로 많은 새로운 노동조합들을 파괴했고, 사람들을 굶겨서 다시 일자리로 돌아가게 했고(브래드포드에서 주로 여성인 공장 노동자들이 오랫동안 끌었던 파업에서처럼), 공장을 폐쇄했고, 법적 조치를 통해 노동조합 기금을 압류(태프베일 철도노조 파업에서처럼)했다. 프랑스에서도 1880년대와 1890년대에 격렬한 파업이 있었다. 1886년 초에 데카즈빌에서 2천 명의 광부가 6개월 동안 벌인 파업에 군대가 투입돼 수많은 사람들이 체포됐다. 1891년 5월 1일에는 프랑스 북부의 푸르미에서 군대가 파업 중인 섬유 노동자들에게 총을 쏴 10명이 죽고 아이들을 포함해 30명 이상이 다쳤다.[32]

제국주의가 식민지를 '초착취'함으로써 얻은 초과 이윤으로 서유럽과 북미의 노동자들을(또는 적어도 숙련 노동자들로 구성된 특권 '노동 귀족'들을) '매수'하고 있다는 주장들이 제기됐으며, 베른슈타인 같은 사람들의 개량주의적 사회주의가 얻고 있는 영향력의 배경을 이것으로 설명하려는 시도들이 있었다. 그러나 많은 노동자 집단은 식민지화의 절정기에, 그러니까 서유럽의 해외 투자가 정점에 달했던 시기에 탄압을 빋았다. 분명 비숙련 노동자들만이 탄압받은 것은 아니었다. 당시 최대의 제국주의 열강인 영국에서는 1890년대에 숙련된 기술자·인쇄공·제화공이 임금 인하와 노동 조건 악화에 반대해 수많은 파업과 공장점거에 참가했다. 1900년대 초를 다룬 고전적 노동 계급 소설인 로버트 트러셀의 《누더기 바지 차림의 박애주의자들》은 숙련 도장공과 도배공에 관한 소설이다. 서유럽과 북미에서 자본주의가 안정을 누릴 수 있었던 것은 노동자 집단을 매수한 덕분이 아니라, 제국주의가 위기로 치닫는 체제의 경향을 완화한 결과로 개혁이 가능하고 '실용적인' 것으로 보이는 환경이 조성된 덕분이었다.

어찌됐든, 상대적인 계급 평화의 시기는 새로운 세기가 시작되면서 이미 끝나가고 있었다. 자본주의적 관계가 확산되면서 노동 계급이 성장하고 변했다. 제화, 인쇄, 식자, 조선, 엔지니어링 같은 구식 수공업은 최신의 자본주의 방식에 걸맞게 구조조정됐다. 광업과 철강 생산이 곳곳에서 확대됐다. 화학과 전기 제조 등 새로운 산업이 등장했다. 영국 산업혁명의 전형적 특징이었던 섬유공장의 노동자들뿐 아니라 이제는 수백만 명의 노동자들이 세계 곳곳에서 중공업 부문에 고용됐다. 1909년 헨리 포드는 대중 소비 시장을 겨냥한 최초의 자동차인 유명한 T 모델(또는 '틴 리찌')을 판매하기 시작했다. 1913년에 헨리 포드는 디트로이트에서 하일랜드파크 공장을 가동하기 시작했고 여기에는 수만 명의 노동자가 고용됐다. 그로부터 20년 안에 10여 개 국가의 수많은 노동자들이 비슷한 장소에서 일하게 된다. 한편, 체제 전체에 걸쳐 새로운 경제 불안정의 신호들이 나타났다. 1900년대 초에는 대다수 공업국에서 실질 임금이 떨어지기 시작했다. 베른슈타인이 과거의 일로 치부했던 경제 위기가 이제 무서운 기세로 부활했다.

이것은 국제 노동자 투쟁의 새로운 물결을 낳았으며, 대다수 국가에서 격렬한 파업들이 여기저기서 산발적으로 일어났다. 새로운 활동가 집단들이, 의회 활동에 치우친 기존 사회주의 정당이나 고용주와 협상하는 데 몰두하는 기존 노동조합 지도자들과는 전혀 다른 노선을 따라 조직되기 시작했다.

1905년 미국에서 결성된 세계산업노동자연맹(IWW)은 광업·벌목업·하역업·섬유업 부문의 전투적 파업을 주도했으며 기존의 '온건한' 미국노동총연맹(AFL)에게 무시당했던 흑인·여성·비숙련 노동자를 조직했다. 프랑스의 노동총동맹(CGT)도 비슷하게 전투적인 관점을 견지해, 노동조합의 투쟁 방식만으로 노동자 혁명이 가능하다고 주장했고 의회 정치 참여를 일절 거부했다. CGT의 관점은 노동조합을 뜻하는 프랑스어 '생디카'(syndicat)에서 유래한 '생디칼리즘'이라는 단어로 세계에 알려졌다. 스페인에서는 노동자총연맹(UGT)의 사회당 지도부에 대한 혁명적 대안으로서 전국노동자연맹(CNT)을 아나키스트들이 결성했다. 아일랜드에서는 영국 부두 노동조합의 전투적 조직자 짐 라킨이 1907년 벨파스트에서 대중 파업을 주도해 가톨릭과 프로테스탄트가 단결하게 만들었고, 이것은 심지어 경찰 내부에서도 불만을 표출하도록 유발했다. 그런 다음 라킨은 새로운 노동조합인 아일랜드 운수일반노동조합을 결성했다. 또한 영국에서는 IWW의 지부를 설립하려는 시도가 있었고, 1889년의 부두 노동자 파업에서 주도적 역할을 했던 금속 노동자 톰 만이 호주와 남아공에서 돌아와 기존 노동조합들에서 현장조합원들 사이의 단결에 바탕을 둔 자신만의 생디칼리즘을 전파했다.

러시아의 상황, 즉 1905년 혁명은 의회주의 방법과 다른 대안이 있다는 생각을 더욱더 고무했다. 러시아 제정은 1814~1815년에 서유럽에서 구체제의 부활을 주도한 뒤로 줄곧 반혁명의 중심지였다. 온건한 자유주의자들조차 러시아 제정을 혐오했다. 그랬던 러시아 제정이 1905년에 거의 붕괴 직전까지 간 것이다. 수도인 페테르부르크에서 군대가 노동자 시위대에 총을 쏜 뒤로 잇따른 파업 물결이 러시아 전역을 휩쓸었다. 원래 노동자 시위를 주도한 사람은 가퐁 신부였다. 가퐁 신부는 비밀경찰과 연관돼 있었고 국가가 후원하는 노동조합을 이끌었다. 노동자들은 단순히 '작은 성부'(짜르)에게 '간신'들의 말을 듣지 말라고 간청하러 갔을 뿐이었다. 그러나 군대가 발포한 뒤로 파업의 성격은 갈수록 혁명적으로 변했다. 사회주의자들은 노골적으로 혁명을 주장하는 신문들을 발간했다. 흑해 함대에서는 전함 포템킨의 수병들이 주도하는 반란이 일어났다. 12월에는 모스크바에서 사회민주당의 전투적인 '볼셰비키' 분파—그 지도자는 블라디미르 레닌이었다—가 봉기를 시도했다. 한편 페테르부르크에서는 주요 작업장에서 선출된 대표들로 구성되고 26세의 레온 트로츠키가 의장이 된 새로운 종류의 조직이 혁명 세력의 중심으로 우뚝 솟았다. 그 조직의 명칭은 '소비에트'였다. 러시아어로 단순히 '평의회'를 뜻하는 말이었다. 당시에는 누구도 소비에트의 역사적 의미를 충분히 이해하지 못했다. 그러나 소비에트는 혁명 세력을 조직하는 새로운 방법이었으며, 프랑스 혁명기의 가두 봉기나 심지어 파리코뮌과도 전혀 다른 것이었다. 파리코뮌은 노동 계급 거주 지구의 대표들로 이루어진 기구로서, 여전히 소규모 작업장들의 비중이 압도적인 도시에서나 적합한 조직 형태였다. 반면 소비에트는 30년 동안의 공업화로 대형 공장들이 곳곳에 들어선 도시에 더 적합했다.

페테르부르크가 바로 그런 도시였다. 비록 러시아 전체는 여전히 대체로 후진적이었지만 말이다. 인구의 대다수는 농민이었으며, 농사를 짓는 방법도 중세 후기 이후로 거의 변한 것이 없었다. 제정은 러시아 자본가 계급이 아니라 귀족에 기반을 두고 있었기 때문에 1905년 혁명의 많은 과제들은 17세기 영국 혁명과 18세기 후반 프랑스 혁명의 과제들과 같았다. 그러나 러시아 제정은 무기와 철도 장비를 생산하기 위해 자본주의의 성장을 대거 촉진해야만 했고, 그 과정에서 약 2백만 명의 산업 노동자들이 탄생했다. 그들의 존재는 단순히 프랑스식 부르주아 혁명에 그칠 수도 있었던 러시아 혁명의 성격을 바꿔놓았다. 대다수 러시아 사회주의자들은 이것을 깨닫지 못했다. 그들 대다수는 러시아가 자본주의를 통과하지 않고 농민 부락에 바탕을 둔 모종의 사회주의로 곧장 나아갈 수 있을 것이라고 믿었다. 따라서 국가 권력을 분쇄하기 위한 무장 행동만이 필요하다고 믿었다. 이런 사회주의자들은 나로드니키('인민의 벗')로 알려져 있었으며 사회혁명당을 창당했다. 러시아 자본주의의 발전을 간파한 마르크스주의자들도 있었지만 그들 다수도 사회민주당의 '멘셰비키' 경향이었다. 멘셰비키는 노동자는 부르주아지의 혁명을 거들기만 하면 된다고 믿었다. 레닌의 볼셰비키조차 '부르주아 민주주의 혁명'을 이야기했다. 그러나 레온 트로츠키는 한 걸음 더 나아갔다. 트로츠키는 노동자들의 참여가 혁명을 '연속적' — 1848년 이후 마르크스가 처음 사용한 문구 — 인 것으로 만들 수 있다고 말했다. 노동자의 참여는 불가피하게 혁명 운동을 단순히 부르주아 민주주의적 요구를 제기하는 수준에서 사회주의적 요구를 제기하는 수준으로 끌어올린다고 트로츠키는 주장했다.[33]

서유럽에서 1905년 혁명의 중요성을 가장 잘 이해한 사람은 러시아가 점령한 바르샤바에서 1905년 혁명을 직접 겪은 로자 룩셈부르크였다. 그는 ≪대중파업≫[34]에서 1905년 혁명은 파업 운동이 어떻게 자생적으로 정치적 문제를 제기함으로써 의회를 통하지 않는 변혁 전략을 제시하는지 보여 줬다고 주장했다. 로자 룩셈부르크의 주장은 독일 사회주의 운동 내부에서는 청중을 별로 얻지 못했으며, 러시아 제정이 혁명을 분쇄하자 로자의 주장은 더욱 빛이 바랜 듯했다.

그러나 1910년 이후 몇 년 동안 북미와 서유럽에서는 더욱 크고 격렬한 파업들이 새롭게 분출했다. 미국에서는 매사추세츠의 그 유명한 로렌스 파업이 일어나 열몇 개 나라 출신의 여성 노동자들 2만 명이 IWW 선동가 엘리자베스 걸리 플린과 빅 빌 헤이우드의 주도로 파업에 참가했다. 영국에서는 철도, 항만, 광산에서 시작된 대규모 파업이 다른 업종들로 확산되고 비숙련·미조직 노동자들도 참가한 '거대한 동요'가 발생했다. 1913년 아일랜드에서는 5개월 동안 운수업종과 다른 업종의 노동자들이 더블린을 점거했다. 이탈리아에서는 반제국주의 시위, 5만 명의 금속 노동자가 참여한 도리노 파업(그 과정에서 두 명이 노동자가 군인들에게 살해당했다), 그리고 군인 10만 명이 투입됨으로써 겨우 진압된 이탈리아 북부 전역의 투쟁 물결이 있었고, 그 뒤로 또 한 번 노동자와 경찰 사이에 유혈 충돌을 빚은 앙코나에서 '적색 주간'이 있었다.[35] 일반적인 투쟁 수준이 유럽 평균보다 여전히 낮았던 독일에서조차 루르에서 격렬한 광부 파업이 있었다. 마지막으로 러시아에서는 1912년에 레나 금광에서 파업을 벌인 광부들이 학살당한 이후 노동자 투쟁이 다시 상승해 멘셰비키와 볼셰비키는 반(半)

합법 신문을 발간하게 됐으며, 1914년 여름 페테르부르크의 시가전으로 투쟁이 절정에 달했다.

제국주의가 식민지에서 피비린내 나는 모험을 벌임으로써 체제의 중심부를 안정시킬 수 있던 시대는 이미 지나가고 있었다. 그러나 이런 변화 끝에 기다리고 있을 미래를 누구도 보지 못한 채 유럽은 역사상 전대미문의 유혈 사태에 빠져 들었다.

전쟁으로 가는 길

제국주의가 식민지 사람들의 노예화를 뜻할 뿐 아니라 식민 열강들 사이의 전쟁을 뜻하기도 한다는 사실은 일찍이 태평양을 향해 세력권을 확장하던 러시아가, 조선을 통해 서쪽으로 진출하려는 일본과 중국 북부에서 충돌한 1904년에 극명하게 드러났다. 뒤이은 러일전쟁에서 러시아의 패배는 1905년 혁명의 촉진제이기도 했다. 1906년과 1911년에 프랑스와 독일이 모로코를 둘러싸고 충돌했을 때도 비슷한 전쟁이 일어날 것처럼 보였다.

그러나 진정으로 위험한 지역은 각각의 열강들이 특정 지역 국가를 자기 나라의 종속국으로 간주한 유럽의 동남부, 즉 발칸 반도였다. 1912년과 1913년에 이런 국가들 사이에 전쟁이 벌어졌다. 처음에 세르비아·그리스·몬테네그로·불가리아가 마케도니아와 트라케의 터키 영토를 차지하자 터키는 이스탄불과 트라키아 동부의 좁고 협소한 지역만을 갖게 됐다. 그러다가 그리스·세르비아·루마니아가 열강들의 부추김으로 이번에는 불가리아를 침공했다. 모든 당사국이 상대방에게 잔혹 행위를 저질렀다. 나라마다 도시 중간 계급의 일부는 단일 언어를 사용하는 '근대' 국민국가를 세우고 팽창시키려 했다. 그러나 농촌에서는 거의 어디서나 여러 방언과 언어를 사용하는 다양한 인종 집단이 한데 어우러져 살고 있었다. '순수한 인종으로 구성된' 국민국가를 확보하는 유일한 방법은 전쟁을 수행하면서 필요한 기준에 맞지 않는 민간인들을 추방하고 심지어 학살하는 것이었다. 첫 번째 전쟁은 런던 조약으로 끝이 났고, 두 번째 전쟁은 부다페스트 조약으로 끝이 났다. 그러나 이런 조약들은 전쟁으로 치닫는 근본적인 압력들을 전혀 제거하지 못했으며, 이런 압력들은 오스트리아-헝가리 제국이 지배하는 대부분의 동유럽 지역과 과거에 오스만 제국에 속했던 지역들에도 존재했다. 말하자면 발칸 지역 전체가 거대한 화약고였다.

그 폭발력이 어느 정도인지는 1914년 7월 오스트리아 황태자 프란츠 페르디난트가 오스트리아가 지배하는 보스니아 주의 수도 사라예보를 공식 방문했을 때 드러났다. 프란츠 페르디난트 황태자는 오스트리아인들을 몰아내고 보스니아를 이웃 세르비아와 통합하는 것을 지지하는 어떤 민족주의자에게 암살당했다.

그 다음 일은 잘 알려져 있다. 오스트리아 정부는 세르비아에 전쟁을 선포했고, 러시아 정부는 자기 나라의 지위가 위협당할 것을 염려해 오스트리아에 전쟁을 선포했다. 독일은 오스트리아와 이해관계가 같다고 판단해 러시아에 대항했다. 프랑스는 독일이 러시아를 물리치고 유럽의 지배적 열강이 되는 것을 막아야 한다고 생각했다. 프랑스 편에 뛰어든 영국은 독일 군대가 벨기에를 지나간 것을 빌미 삼아 독일과 전쟁을 시작했다. 서유럽에서 44년 동안 유지됐던 평화 — 모든 사람이 그때를 가장 긴 평화의 시기로 기억한다 — 가 겨우 1주일 만에 모든 주요 국가가 참여하는 전쟁으로 바뀌었다.

혁명과 마찬가지로 전쟁도 매우 사소한 사건들 때문에 일어나는 경우가 다반사인 것처럼 보인다. 그렇기 때문에 사람들은 전쟁을 잘못된 판단과 오해의 연쇄 작용에서 비롯한 우발적인 사건이라고 생각하기 십상이다. 그러나 사소한 사건들은 커다란 사회 세력이나 정치 세력 사이의 균형을 상징적으로 보여 주는 한, 의미심장한 사건이 된다. 점화플러그는 가장 값싼 자동차 부품들 중 하나이며, 혼자서는 어떤 것도 작동시킬 수 없다. 그러나 점화플러그는 엔진의 석유 증기의 폭발력에 불을 붙일 수 있다. 마찬가지로, 암살이나 세금 인상 자체는 별로 중요한 사건이 아닐 수도 있지만 국가나 거대한 사회 세력들이 충돌하는 계기가 될 수 있다.

　1914년 여름에 오랫동안 진행된 외교 활동의 배후에는 매우 간단한 사실이 숨어 있었다. 자본주의가 전 세계적으로 확장해 자신의 문제를 해결하려 하면서 등장한 제국주의 경쟁 열강들은 이제 세계 곳곳에서 서로 충돌하고 있었다. 경제적 경쟁이 영토 확장 경쟁으로 변했으며, 그 결말은 군사력에 좌우됐다. 사라예보에서 암살 사건이 일어나 충돌의 연쇄 작용이 시작된 이상 어느 국가도 물러날 수 없었다. 왜냐하면 어떤 국가도 전 세계에서 자기 나라의 힘이 약해지는 위험을 감수할 수 없었기 때문이다. 경제 성장을 촉진하고 진보의 필연성에 대한 믿음을 고취했던 제국주의는 이제 유럽의 심장을 갈기갈기 찢으려 하고 있었다.

2. 세계 대전과 세계 혁명

1914년 8월 4일

제1차세계대전에 참전한 거의 모든 사람은 이 전쟁이 빨리 끝날 것이라고 생각했다. 독일 황태자는 "밝고 즐거운 전쟁"을 예견했다. 그는 프랑스가 단 몇 주 만에 패배했던 1870년 보불전쟁의 재연을 기대했다. 프랑스 병사들은 전선으로 이동하는 기차에 '베를린행'이라고 썼다. "크리스마스 때쯤이면 다 끝날 거야"라는 말은 영국인들의 입버릇이 됐다.

처음에 전쟁은 대중의 지지를 받았다. 베를린에서 활동하던 로자 룩셈부르크는 "광란…… 애국적인 가두 시위…… 노래하는 군중, 커피숍에 모여 애국적인 노래들을 열창하는 사람들…… 얼토당토않은 소문에 금방이라도 광포해질 준비가 돼 있는 폭도…… 열광하는 여성들의 환호 속에서 …… 예비병들을 가득 싣고 떠나는 기차"36를 목격했다. 트로츠키는 다음과 같이 썼다. "오스트리아-헝가리에서 대중의 애국적 열정은 특히 놀라워 보였다. …… 나는 비엔나의 주요 거리를 돌아다니다가 정말 놀라운 한 무리의 사람들이 상류층이 애호하는 원형 대로에 운집해 있는 것을 봤다. …… 짐꾼, 세탁부, 제화공, 도제, 교외에서 나온 소년들."37 런던에서는 8월 4일에 "거대하고 매우 열광적인 군중"이 버킹검 궁 바깥에 모여 있었다.38 프랑스의 감옥에 갇혀 있던 빅토르 세르쥬는 다음과 같이 묘사했다. "병사들이 기차에 오르는 모습을 보면서 군중이 열광적으로 <라 마르세예즈>를 부르는 소리가 감옥까지 들려왔다. '베를린으로 가자! 베를린으로 가자!' 하는 외침도 들을 수 있었다."[39] 페테르부르크에서조차 며칠 전의 파업과 바리케이드는 까맣게 잊혀진 듯했다. 훗날 영국 대사 뷰캐넌은 "러시아가 완전히 바뀐 듯했던" "8월 초의 그 경이로운 나날들"을 회고했다.[40]

열광적인 시위와 애국적인 노래들에서 느껴지는 것만큼 전쟁에 대한 대중의 지지가 확고했던 것은 아니다. 역사가 데이빗 블랙번은 독일에 대해 이렇게 썼다. "7월 하순의 애국적 시위에는 비교적 소수만이 참여했으며, 주로 학생들과 젊은 판매원들이 주축을 이루었다. 루르 같은 노동 계급 지구는 조용했다. …… 좀더 나이 많은 사람들은 당시의 분위기가 1870년의 열광적인 분위기와는 사뭇 다름을 지적했다."[41] 페테르부르크의 혁명적 노동자 쉴리야프니코프는 전쟁에 대한 중상층 계급의 열렬한 태도와 공장의 좀더 가라앉은 분위기를 대조했다.

> 페테르부르크 언론은 대중의 국수주의를 자극하려고 많은 노력을 기울였다. 그들은 독일에 남아 있는 러시아인 여성들과 노인들에 대한 '독일'의 잔혹 행위들을 교묘하게 부풀려 보도했다. 그러나 이런 적대적인 분위기조차 노동자들을 과도한 민족주의로 내몰지는 못했다.[42]

런던의 청년 노동자 랠프 폭스는 핀즈베리파크에서 매주 반전 집회를 조직하는 것이 가능했다고 말했다.[43]

트로츠키는 이런 분위기를 뿌리 깊은 민족주의보다는 대중의 단조로운 삶에 대한 반작용이라고 설명했다.

> 세상에는 아무런 희망도 없이 따분하게 하루하루를 살아가는 사람들이 부지기수다. 바로 그런 사람들이 현대 사회의 주요 지탱물이다. 전시 동원의 비상 벨 소리는 그들의 삶에 하나의 약속처럼 파고든다. 익숙한 것과 오랫

동안 혐오했던 것들이 무너지고 뭔가 새롭고 특별한 것이 그 자리를 차지한다. 훨씬 더 엄청난 변화들이 장차 그들 앞에 놓여 있다. 그 변화는 더 나은 방향을 향한 것일까, 아니면 더 나쁜 방향일까? 당연히 더 나은 방향일 것이다. 어떻게 '평상'시보다 더 나쁠 수 있겠는가? …… 전쟁은 모든 사람에게 두루 영향을 미치고, 그 결과 지금껏 억압당하고 인생에 배신당해온 사람들은 이제 자신들이 부자들이나 권력자들과 대등한 위치에 서 있는 것처럼 느끼게 된다.[44]

각각의 사회 계급들은 결코 서로 완전히 분리돼 있지 않다. 상층 계급의 정서는 중간 계급의 정서에 영향을 주며, 중간 계급의 정서는 하층 계급의 정서에 영향을 준다. 서로 죽이지 못해 안달하는 유럽 지배 계급들의 의지는 수많은 방식으로 중간 계급과 노동 계급의 일부에게 전염됐다. 애국적 연설과 '적군의 잔학 행위'에 관한 신문 기사, 행진하는 악대와 대중가요, 소설가·시인·철학자의 선언 등을 통해서 말이다. 독일 역사가 마이네케는 제1차세계대전이 일어나자 자기는 "이루 말할 수 없는 환희"에 휩싸였다고 말했다. 급진적 프랑스 소설가 아나톨 프랑스는 약간 부끄러운 듯이 "병사들 앞에서 짧은 연설을 하고 다녔다"고 회고했다. 철학자 베르그송은 제1차세계대전을 "야만에 맞선 문명의" 전쟁이라고 묘사했다. 영국 시인 루퍼트 브루크는 "우리의 삶의 방식에 고귀함이 되살아나고 있다"[45]고 썼고, 소설가 H G 웰스는 "전쟁을 끝내기 위한 전쟁"에 열광했다. 교사들은 사춘기 소년들에게 그런 얘기를 되풀이하면서 전장에 나가 싸우라고 독려했다. 누구든 반대의 목소리를 내는 사람은 "우리 아이들을 등 뒤에서 칼로 찌르는" 배신자로 낙인찍혔다.

그런 압력에 저항할 만한 노동자 집단들은 여전히 꽤 많았다. 사회주의 운동과 노동조합 투사 집단들은 언론의 거짓 선전과 비난에 이미 익숙해 있었다. 전쟁 전야에도 수많은 사람들이 지도자들의 평화 호소를 듣기 위해 런던, 파리, 베를린에서 열린 수천 명 규모의 집회들에 참석했다. 그러나 일단 전쟁이 터지자 똑같은 지도자들이 전쟁을 지지하는 입장으로 돌아섰다. 독일과 오스트리아의 사회민주당, 영국 노동당과 노동조합회의(TUC), 프랑스 사회당의 게드와 생디칼리스트 주오, 러시아의 고참 마르크스주의자 플레하노프와 고참 아나키스트 크로포트킨은 모두 일치단결해서 다른 나라 지배자들과 싸우는 자기 나라 지배자를 편들었다. 약간이나마 회의적이었던 사람들 — 예컨대 독일의 카우츠키와 하세, 영국의 케어 하디 — 은 '당의 단결'을 유지하고 '나라'를 배신했다는 비난을 피하기 위해 침묵했다. 하디는 "전시에는 국민이 단결해야 한다"고 썼다. "자기 나라를 위해 싸움터에 나간 아들들이 국내의 불협화음 때문에 사기가 떨어지는 일이 있어서는 안 된다."[46]

부르주아 민주주의에 수십 년 동안 순응해온 데 따른 악영향이 나타나고 있었다. 자본주의 국가 구조 안에서 개량을 추구해왔던 탓에, 그 국가가 군사적 갈등에 말려들자 개량주의 세력들은 국가를 편들고 나선 것이다. 교전국들에서 유일하게 세르비아 사회당과 러시아 볼셰비키만이 비타협적으로 전쟁을 반대했다. 이탈리아 사회당도 이탈리아가 마침내 영국, 프랑스, 러시아와 동맹하자 전쟁에 반대했다. 그러나 그들의 반전 입장은 누구를 편들어야 할지를 둘러싸고 이탈리아 지배 계급이 분열한 것에 영향을 받은 결과였다. 게다가 이탈리아 사회당 일간지의 좌파 편집자였던 베니토 무솔리니 같은 인물은 당에서 떨어져 나와 열렬한 전쟁 지지 선동에 투신했다.

신속한 승리에 대한 믿음도 완전히 잘못된 것으로 판명됐다. 개전 초기에 독일군은 벨기에를 거쳐 파리에서 불과 80킬로미터 떨어진 프랑스 북부까지 진격하는 데 성공했고, 러시아군은 독일 동부의 프로이센 지역으로 깊숙이 진격해 들어갔다. 그러나 독일과 러시아 모두 얼마 안 가서 격퇴당했다. 독일군은 마른(Marne) 전투에서 프랑스군과 영국군에게 패해 후퇴한 다음 48킬로미터 정도 후방에 참호를 파고 방어선을 구축했다. 러시아군은 타넨베르크 전투에서 크게 패한 다음 독일 영토에서 쫓겨났다. '기동전'(신속하게 움직이는 군대의 전쟁)은 소모전으로 변해, 양측은 상대방이 참호를 파고 지키는 강력한 방어선을 뚫으려 할 때마다 엄청난 피해를 입었다. 4개월이면 끝날 것이라고 예상했던 전쟁은 4년 이상의 장기전으로 변했고, 그 범위도 동부 전선과 서부 전선에서 터키, 메소포타미아, 이탈리아–오스트리아 국경, 그리스 북부로 확대됐다.

제1차세계대전은 인류 역사상 가장 유혈낭자한 전쟁이었으며 약 1천만 명의 사망자를 냈다(독일 1백80만 명, 러시아 1백70만 명, 프랑스 1백40만 명, 오스트리아–헝가리 1백30만 명, 영국 74만 명, 이탈리아 61만 5천 명). 프랑스는 전투 연령의 남성 5명 중 1명을 잃었으며, 독일은 8명 중 1명을 잃었다. 5개월에 걸친 베르됭 전투에서 2천3백만 개 이상의 포탄을 발사했다. 베르됭 전투에 참가한 2백만 명 가운데 절반이 죽었다. 1916년에 4개월 동안 벌어진 솜(Somme) 전투에서 1백만 명이 죽었고 전투 첫 날에만 영국 병사 2만 명이 전사했다.

또 제1차세계대전은 사회 전체에 엄청난 혼란을 불러일으켰다. 1915~1916년 무렵에는 이 전쟁이 총력전이라는 사실을 모든 열강이 깨달았다. 전쟁에서 이기려면 모든 국가 자원을 전선으로 돌려야 했고, 그것이 생활수준에 미칠 악영향은 고려할 여지가 거의 없었다. 소비재를 생산하던 기업들은 군수품 생산으로 전환해야 했다. 과거에 적국에서 수입했거나 해상 봉쇄로 들여올 수 없게 된 식량과 원료의 대체품을 찾아야 했다. 노동자들을 이런 업종에서 저런 업종으로 전환시켜야 했고 새로운 노동력을 발굴해서 전선으로 나간 노동력을 대체해야 했다. 또한 극심한 식량 부족을 초래하는 한이 있더라도 농업 노동자들을 징집해야만 했다. 독일에서 1917년 겨울은 먹을 것이 순무밖에 없었기 때문에 '순무 겨울'이라고 불렀다. 독일 노동자의 하루 평균 섭취 열량은 1,313칼로리였는데, 이것은 장기적인 생존에 필요한 영양 수준의 3분의 1에도 못 미치는 것이었다. 이런 영양 부족으로 75만 명이 죽었다.[47] 각국 정부는 군사비를 충당하기 위해 화폐를 찍어내야 했다. 식량과 기초 생필품이 부족해 물가가 폭등했고 인민 대중 사이에서는 불만의 목소리가 터져 나왔다.

　장군들과 정치인들 모두 전쟁에서 이기려면 국가가 '자유 시장' 경제 원리와 무관하게 경제의 대부분을 통제해야 한다는 것을 분명히 이해하게 됐다. 독점화된 산업과 국가의 통합 추세가 눈에 띄게 강화되고 있었다. 이것은 제1차세계대전 이전에도 이미 일부 국가들에서 뚜렷이 나타났다. 1917년에 영국 전시 내각의 보고서는 국가 통제가 "전쟁 노력에 직접 영향을 주는 국가의 활동뿐 아니라 모든 산업을 포괄하는 수준으로까지"[48] 확장돼 왔음을 인정했다. 전쟁이 끝날 무렵 영국 정부는 전체 수입품의 90퍼센트 정도를 구매했고, 국내 소비 식품의 80퍼센트 이상을 판매했으며, 대부분의 가격을 통제했다.[49] 전쟁 후반의 독일에서는 힌덴부르크 장군과 루덴도르프 장군이 거대 독점 트러스트의 사장들을 통해 경제의 대부분에서 사실상 독재 권력을 행사했다.[50]

　또한 장군들과 자본가들은 영토를 많이 획득할수록 이용할 수 있는 경제 자원도 늘어난다는 것을 알게 됐다. 그래서 그들은 전쟁 목표를 전반적으로 다시 검토해 아시아나 아프리카의 식민지를 획득하고 방어하는 것뿐 아니라 새로운 지역을 차지하는 것, 특히 유럽의 공업 지대나 준(準)공업 지대를 차지하는 것을 전쟁 목표에 새로 첨가했다. 독일의 입장에서 보면 이것은 프랑스령 로렌의 철광석 생산 지역을 합병하고, 벨기에·중부 유럽·루마니아에 대한 독일의 지배를 확립하고, 베를린-바그다드 철도를 중심으로 터키와 중동에서 독일의 세력권을 구축하는 것을 뜻했다.[51] 프랑스의 입장에서 보면 그것은 알자스-로렌을 탈환하고 독일의 라인란트 지역에 대한 모종의 지배권을 확립하는 것을 뜻했다. 러시아 입장에서 보면 그것은 이스탄불의 병합(영국이 비밀조약에서 약속한)을 뜻했다. 개별 자본가들이 경제적 경쟁을 통해 자본을 확대하려 했던 것과 마찬가지로, 국민국가를 통해 하나로 결속된 자본가 집단들도 군사적 경쟁과 전쟁을 통해 자본을 확대하려 했던 것이다. 제국주의는 더는 식민지에만 국한된 현상이 아니었다. 물론 식민지가 여전히 중요했지만 말이다. 이제 제국주의는 하나의 총체적 체제, 즉 어떤 나라의 자본주의든지 다른 나라의 자본주의를 희생시키면서 확장하지 않고서는 생존할 수 없는 그런 체제였다. 그것은 총체적 군사화와 총력 전쟁이라는 논리 — 그것이 초래할 사회 혼란에는 개의치 않는 — 에 바탕을 둔 체제였다.

그 때문에 생기는 사회 혼란은 노동 계급, 전통적 쁘띠부르주아지, 그리고 농민에게 막대한 영향을 끼쳤다. 생활수준이 갑자기, 때로는 재앙적일 만큼 하락했다. 독일에서 1917년 무렵 남성의 '실질' 임금은 군수업체에서는 5분의 1 이상 하락했고 민간업체에서는 거의 절반 정도 하락했다.[52] 노동조합 지도자들이 전쟁을 지지하면서 파업을 일절 반대했기 때문에 임금과 노동 조건을 방어하기 위한 전통 방식들을 이용할 수 없게 됐으며, 노사 간의 '휴전'을 깨면 가혹한 처벌이 뒤따랐다. 영국에서 파업 지도자들은 국토방위법에 따라 투옥됐고, 독일에서 파업 선동 혐의자들이 대거 징집돼 전선으로 내몰렸다.

또한, 노동 계급의 생활양식도 크게 혼란스러워졌다. 노동 계급 남성의 절반이 이전의 직장과 공동체에서 쫓겨나 전선으로 내몰렸고 여성 노동력이 대거 유입돼 그들의 빈자리를 채웠다. 독일에서 10인 이상을 고용한 산업체에서 일하는 여성들의 수는 절반 정도 늘어나 2백만 명 이상으로 증가했다.[53] 영국에서는 군수공장에서 일하는 여성들의 수만 해도 80만 명이나 됐다.[54] 자본주의의 전쟁 추동은 체제가 그토록 강요하려고 노력해왔던 가족의 정형을 해체하고 있었다. 장기적으로 이것은 섬유 노동자 같은 집단들에서 나타나는, 여성과 남성이 평등하다는 의식을 훨씬 더 광범한 노동 계급 여성에게 퍼뜨리는 효과가 있었다. 그러나 당장에 그것은 노동 계급 여성이 떠맡아야 할 부담을 배가시켰다. 노동 계급 여성은 공장에서 장시간 일하면서 아이들까지 길러야 했다. 그 여성들은 종종 생존하기 위해 할 수 있는 모든 것을 다했다.

궁핍, 혼란, 전통적인 노동 방식과 생활방식을 방어할 수 없는 상태 등 바로 이런 것들이 제1차세계대전 초기에 노동 계급이 맞닥뜨린 조건이었다. 생활수준이 떨어졌고, 노동시간이 길어졌으며, 공장의 노동 조건은 더 위험해졌고, 파업 횟수도 많이 줄어들었다. 그러나 1915년과 1916년에 그런 절망은 저항도 키워내고 있었다. 전쟁으로 고통받는 노동 계급 지구에서 주로 여성들을 중심으로 자생적인 항의의 움직임들이 나타났다. 1915년 글래스고에서 일어난 대규모의 임대료 파업이나 1916년 겨울과 1917년에 수많은 독일 지역에서 식량 부족을 둘러싸고 벌어진 지역 시위들이 바로 그런 움직임들이었다. 또한 남성 노동자들 중 징집 압력을 가장 적게 받은 집단들—전쟁 노력에 중요한 요소로 간주된 숙련 금속 노동자들—의 파업도 점점 많아졌다. 그들의 노동조합 활동가 네트워크—글래스고, 셰필드, 베를린, 부다페스트, 비엔나 같은 도시들의 직장위원들—도 온전히 남아 있었다. 고통이 가중되자 두 종류의 저항이 서로 연결됐으며 전쟁에 대한 의문이 함께 제기되기 시작했다. 파업 지도자들은 종종 전쟁에 반대하는 사회주의자들이었다. 비록 아직도 많은 파업 참가자들이 '자기편'을 지지해야 한다고 믿고 있었지만 말이다.

한편, 전선으로 나간 수많은 남자들은 생전 그 무엇을 통해서도 준비할 수 없었던 새로운 경험을 하고 있었다. 그들은 전쟁이 베를린이나 파리로 떠나는 즐거운 소풍도 아니고 위대한 모험 따위도 아니라는 사실을 곧 깨달았다. 전쟁이란 그저 진흙탕, 지루함, 형편없는 음식, 그리고 사방에서 옥죄여오는 죽음의 공포만을 의미했다. 게다가 노동 계급이나 농민들 가운데서 징집된 "불쌍한 총알받이 보병들"은 장군들과 장교들이 좋은 음식과 포도주를 마시며 좋은 숙소에서 지내고 시중드는 병사들을 데리고 다니는 것을 보면서 사는 게 왜 이리 달라야 하는지 한숨을 내쉬었다. 그렇다고 해서 이런 감정이 저절로 반란으로 이어진 것은 아니었다. 많은 징집병들은 윗사람의 지시에 저항해본 경험이 없는 사회 집단 출신들이었다. 어릴 때부터 머릿속에 주입된 복종의 습관은 그들로 하여금 고집스럽게 자신들의 운명을 받아들이게 하고, 전쟁을 묵묵히 수행해야 할 또 하나의 지루하고 따분한 일 정도로 여기게 만들 수도 있었다. 게다가 어떤 종류의 반항도 무자비한 군법으로 다스렸기에 더욱 그랬다. 영국군 장교이자 전쟁 시인인 윌프레드 오언이 관찰했듯이, 전선으로 돌아가기를 기다리는 병사들의 "모든 얼굴에 나타난 기묘한 표정은 절망이나 공포가 아니었다. 아니, 그것은 공포보다도 더 끔찍했다. 그들의 얼굴은 마치 죽은 토끼의 얼굴처럼 무표정하고 공허했기 때문이다."[55]

그러나 반란의 가능성은 언제나 있었다. 장군들은 1914년 크리스마스에 일어난 일을 기억하며 공포에 떨었다. 그날 영국 병사들과 독일 병사들은 참호에서 뛰쳐나와 서로 어울렸다. 1916년 크리스마스 기간에 영국 장교들은 참호에서 나와 영국 병사들과 어울리려는 독일 병사는 보이는 즉시 사살하라는 명령을 받았다.[56] 하지만 그런 으름장으로도 갑자기 분출한 거대한 반란을 막을 수는 없었다. 서부 전선 중에서도 프랑스에서 1917년 4월에 최초의 거대한 반란이 일어났다. 프랑스군의 절반에 해당하는 68개 사단이 최근의 공세에서 병사 25만 명이 희생당하자 전선으로 돌아가기를 거부한 것이다. 군 수뇌들은 양보와 탄압 — 5백 명이 사형 선고를 받았고 49명이 실제로 처형당했다 — 을 병행해 기강을 회복했으나 이미 일부 부대가 적기를 게양하고 혁명가인 인터내셔널가를 부른 다음의 일이었다. 서부의 다른 지역에서 일어난 병영 반란들은 프랑스군의 반란과는 규모가 달랐다. 그러나 1917년에는 이탈리아에서 5만 명의 병사들이 반란을 일으켰고, 불로뉴 근처의 에타플르에 있는 영국군 기지에서 10만 명의 병사들이 5일 동안 유혈 반란을 일으켰다. 영국군 장군들은 먼저 양보 조치들을 취함으로써 반란을 종식시킨 다음 반란 주모자들을 처형했으며 이 모든 과정을 비밀에 붙였다.[57]

병사들의 반란들은 유럽 전역에서 커져가는 혼란과 불만의 분위기를 반영한 것이었다. 그런 분위기는 산업 노동 계급에만 한정된 것은 결코 아니었다. 군대에서 하급 장교로 복무하는 중간 계급 출신 다수에게도 그런 분위기가 영향을 끼쳤다. 영국의 전쟁 시인들의 시, 레마르크의 ≪서부 전선 이상 없다≫, 헤밍웨이의 ≪무기여 잘 있거라≫, 바르뷔스의 ≪포화≫,

미리빌리스의 ≪무덤에서 보낸 생활≫과 같이 전쟁에 대한 환멸을 표현한 전후 소설들에서도 그런 감정을 읽을 수 있다. 독일의 극작가 에른스트 톨러의 경우처럼, 그런 감정은 사람들을 혁명적 좌파로 기울게 할 수 있었다. 그러나 그런 감정은 전쟁에 걸었던 희망이 무너진 책임을 부패와 배신과 '외부' 세력의 개입 탓으로 돌리는 우익 민족주의를 낳을 수도 있었다.

마지막으로, 전쟁은 고립된 농촌에서 많은 농민들을 프랑스·이탈리아·오스트리아-헝가리·러시아 군대로 끌어들였고 기계화된 전쟁의 혼란과 공포의 아수라장으로 떠밀었다. 근대 매스컴이 대다수 유럽 농촌으로 파고들기도 전에 농민 징집병들은 완전히 새로운 경험들과 사상들을 접하게 된 것이다. 여러 나라 군대의 틈바구니에서 자신들의 언어가 지역 방언임을 깨닫게 된 농민 출신 병사들은 처음으로 모종의 민족 정체성을 부여받았다. 그들이 이 사태에 어떻게 적응하느냐에 따라 그들은 모순된 방향으로 이끌릴 수 있었다. 다시 말해, 전통 관습을 실천하는 성직자, 비슷한 방언을 사용하는 중간 계급 민족주의자, 아니면 참호에서 사회주의적 주장을 펼치면서 부자들에 대한 오래된 반감에 일관성을 부여해 주는 노동자들 가운데 어느 한쪽의 영향으로 이끌릴 수 있었다.

바로 이것이 유럽 국가들이 상대방의 살을 깎아먹는 동안, 참호와 병영에서 고통받고 혼란에 빠져 있던 수많은 병사들의 정서였다.

1917년 2월

"나이든 우리 세대는 앞으로 다가올 혁명의 결정적 전투들을 살아 생전에는 보지 못할 듯하다." 망명 중이던 레닌은 1917년 1월 취리히에서 독일어를 사용하는 청년 노동자들의 모임에서 다음과 같이 말했다. 그래도 레닌은 먼저 혁명은 불가피하다고 주장한 다음에 이렇게 말했다. 그는 다음과 같이 말했다. "유럽은 혁명을 잉태하고 있다. 앞으로 유럽에서는 약탈 전쟁 때문에 프롤레타리아가 지도하는 대중 봉기가 일어날 것이다."[58]

6주 뒤에 러시아 제국의 수도 페트로그라드[59]에서 첫 번째 봉기가 일어났다. 2월 23일 아침[60]까지도 막강한 듯했던 권력자 짜르는 3월 2일 아침에 물러났다. 11월에는 레닌이 이끄는 혁명 정부가 러시아를 지배하고 있었다.

2월 23일의 혁명을 예상한 사람은 아무도 없었다. 사회주의자들은 2월 23일 국제 여성 노동자의 날 기념행사를 했다. 이런 전통은 1910년 독일 사회주의 여성 지도자 클라라 제트킨의 호소로 확립된 것이었다. 페트로그라드의 사회주의 지하 조직들은 전단, 연설, 집회로 국제 여성 노동자의 날을 기념했지만 전투적 행동을 할 수 있는 시기가 아니라고 생각해 파업을 호소하지 않았다.[61] 그러나 대부분이 남편을 군대에 보낸 여성 섬유 노동자들은 심각한 식량 부족에 시달린 나머지 파업을 일으키고 공장 지역을 행진했다. 나중에 노벨 기계공장의 어떤 노동자는 다음과 같이 회상했다.

우리는 여성들의 목소리를 들을 수 있었습니다. "높은 물가를 끝장내자!", "굶주림을 끝장내자!", "노동자들에게 빵을 달라" …… 투지가 충만한 여성 노동자 대중이 거리를 가득 메웠습니다. 우리를 발견한 여성들은 손을 흔들면서 "빨리 나오세요!", "일하지 마세요!" 하고 외쳤어요. 눈덩이가 창문으로 날아들었습니다. 우리는 혁명에 동참하기로 결정했습니다.[62]

다음 날 페트로그라드의 노동자 40만 명 중 절반이 투쟁 대열에 합류해 공장에서 시내로 행진해 들어갔고, "빵"이라는 구호는 "전제정 타도"와 "전쟁 종식"이라는 구호로 변했다. 무장 경찰이 시위대를 공격했고, 정부는 페트로그라드의 병영에서 전선으로 이동하려고 대기하고 있던 수천 명의 군대를 동원해 시위대를 해산하려 했다. 그러나 4일째 되는 날에 병영 전체에서 반란의 물결이 요동쳤다. 노동자 대중과 병사늘은 한데 어우러서 총으로 무장하고 적기를 휘날리면서 페트로그라드 거리를 휩쓸고 다녔으며, 경찰들과 정부 관리들을 체포했다. 질서를 회복하기 위해 기차로 파견된 연대들도 페드로그라드에 도착하자마자 혁명의 편으로 넘어갔다. 철도 노동자들은 페트로그라드로 돌아가려는 짜르의 필사적인 시도를 좌절시켰다. 비슷한 운동이 모스크바와 다른 러시아 도시들을 휩쓸었다. 짜르의 장군들은 짜르가 물러나지 않으면 질서를 유지할 가능성이 없다고 짜르에게 말했다.

무엇이 짜르를 대신하게 될까? 페트로그라드의 타우리데 궁의 양쪽에서 두 개의 비슷한 기구가 등장해 정부의 기능을 떠맡았다. 한편으로는 제정 내부의 공식적인 반대파, 즉 유산 계급에게 압도 다수의 의석을 안겨 준 계급별 선거 제도로 선출된 옛 국가 두마의 부르주아 정치인들이 있었다. 다른 한편으로는 1905년의 소비에트를 본따 만든 노동자평의회, 즉 소비에트로 결집한 노동자 대표들이 있었다. 핵심 문제는 서로 경쟁하는 이 기구들 가운데 어떤 기구가 권력을 장악할 것인가 하는 것이었다. 2월에 두마 의원들은 소비에트의 묵인 아래 임시정부를 구성할 수 있었다. 10월에는 소비에트 다수파가 자신들의 정부를 구성하게 된다.

두마의 핵심 인물들은 제1차세계대전이 일어난 이후로 제정의 비판적 협력자들이었다. 그들은 제정과 협력해 전쟁 산업을 조직했고 그에 따른 이윤을 얻었지만, 황후와 얼마 전 암살당한 황후의 최측근 라스푸틴 주변의 부패한 무리들이 권력을 휘두르는 것에 분노했다. 그들이 원한 것은 제정 체제의 전복이 아니라 제정 체제 내부의 사소한 개혁이었다. 두마의 주요 인물 중 한 명인 로지앙코는 나중에 다음과 같이 말했다.

> 온건한 정당들은 혁명을 원하지 않았을 뿐 아니라 혁명을 두려워했다. 특히 인민자유당, 즉 온건파의 좌파이며 따라서 다른 정당들보다 러시아의 혁명 정당들과 가장 많이 접촉하는 정당인 '카데츠'는 다가오는 재앙을 그 누구보다도 우려했다.[63]

영국 혁명, 미국 독립전쟁, 프랑스 혁명에서, 그리고 1848년 혁명에서는 다수의 유산 계급이 방향을 급선회해 봉기에 반대했다. 그러나 그들은 운동에서 모종의 주도적 구실을 했다. 1917년 러시아 유산 계급은 산업 노동자들이 두려워 이조차 하지 못했다. 러시아 혁명에 대해 멘셰비키 역사가 수하노프는 다음과 같이 썼다. "러시아 부르주아지는 다른 나라 부르주아지와 달리 체제가 전복된 다음 날이 아니라 체제가 전복되기 전에 이미 인민을 배신했다."[64]

로지앙코와 밀류코프 같은 두마 지도자들은 짜르가 물러나는 순간까지도 군주정을 개혁하기 위해 협상하고 있었다. 그런 다음 그들은 짜르를 대신하는 정부 — 르보프 공(公)이 주도하고 대지주와 자본가가 지배하는 정부 — 를 임명했다. 새 정부에는 혁명 경력이 있는 인물은 겨우 한 사람만 들어가 있었다. 그는 정치수를 변호해 유명해진 변호사 케렌스키였다.

소비에트의 노동자 대표단은 초기에는 여러 부문 노동자의 활동을 조정하기 위해 모였다. 반란을 일으킨 군대가 대표들을 파견해 소비에트에 동참한 이후 소비에트는 전체 혁명 운동의 중심이 됐다. 소비에트의 선출된 집행부는 페트로그라드의 실제 운영 업무를 대부분 통제해야 했다. 반란을 일으킨 병사들에게 식량을 나눠 주고, 옛 경찰들과 관료들의 체포를 감독하고, 공장별로 노동자 10명 당 1명을 민병대로 파견해 혁명의 질서를 유지하게 하고, 모든 신문이 파업 중인 상황에서 사람들에게 소식을 알려 주기 위해 신문을 발간하는 일 등을 했다. 노동자들과 병사들은 소비에트의 명령을 따르려 했고 러시아의 다른 지역에서 등장한 소비에트들도 계속 페트로그라드 소비에트 편에 섰다. 사실, 페트로그라드 소비에트는 혁명 정부였다. 그러나 그것은 공식 권력을 장악하기를 거부하고 두마 지도자들이 공식 권력을 장악하기를 기다린 정부였다.

소비에트의 노동자 대표들은 불법 사회주의 정당들의 영향을 어느 정도 받았다. 전시의 탄압 때문에 사회주의 정당들의 소식 구소가 모두 파괴됐지만, 사회주의 정당들의 사상이 미친 영향과 투옥되거나 추방되거나 지하로 잠적한 지도자들의 명성은 남아 있었다. 그러나 이 정당들은 혁명 초기에 소비에트가 두마 지도자들이 선택한 정부를 승인하는 데 반대하는 일에 자신들의 영향력을 이용하려 하지 않았다. 마르크스주의 정당인 볼셰비키와 멘셰비키는 전술을 둘러싸고 거듭 의견을 달리했다. 1905년에 멘셰비키는 부르주아지가 주도권을 잡을 때까지 기다리는 정책을 추진한 반면, 볼셰비키는 노동자들이 부르주아 혁명을 앞으로 밀고 나아가야 한다고 주장했다. 전쟁 기간에 많은 멘셰비키가 독일과 오스트리아에 맞서서 러시아를 방어해야 한다고 주장했지만, 볼셰비키와 '국제주의파' 멘셰비키는 전쟁 지지를 근본적으로 거부했다. 그러나 그들은 다가올 혁명의 성격이 부르주아 혁명일 것이라는 점에서는 서로 의견이 일치했다.

그래서 페트로그라드에 가장 먼저 도착한 볼셰비키 지도자들인 스탈린과 몰로토프는 두마가 선택한 부르주아 임시정부를 인정했다. 이 때문에 그들은 즉시 전쟁을 끝내라고 더는 요구할 수 없었다. 왜냐하면 전쟁은 이제 제정을 위한 전쟁이 아니라 '혁명 방어' 전쟁이 됐기 때문이다. 유명한 혁명가 레온 트로츠키만이 혁명의 성격을 다르게 규정하고 혁명이 프롤레타리아 혁명으로 발전할 수 있다고 주장했다. 그러나 트로츠키는 2월에 미국에서 망명 생활을 하고 있었고 자신의 정당을 갖지 못한 상태였으며 멘셰비키와 볼셰비키의 중간에 있는 느슨한 사회주의 조직에 속해 있었다.

소비에트의 노동자 대표들은 새 정부의 구성에 만족하지 않았다. 그들은 르보프 공과 그 주변의 지주들과 자본가들을 믿지 않았다. 하지만 그들은 마르크스주의에 대한 지식을 갖고 있는 듯한 경험 많은 정치 지도자들에게 "당신들은 틀렸어" 하고 말할 자신이 없었다.

노동자 대표들보다 병사 대표들은 임시정부를 지지하는 쪽으로 끌려가기가 훨씬 더 쉬웠다. 대다수 병사 대표들은 전에 정치 행동을 해본 적이 전혀 없었다. 병사 대표들은 '윗사람들'에게 양보하라고 배우면서 자랐으며, 쓰라린 경험을 통해서 짜르와 고위 장교들에게는 반기를 들었지만 자신들과 같은 편이라고 생각하는 윗사람들에게는 여전히 양보했다. 즉, 병사 대표들이 반란을 일으킨 지 겨우 며칠 뒤에야 비로소 혁명의 언어를 사용하는 법을 배운 임시정부와 부대의 많은 하급 장교들에게 여전히 양보했다.

임시정부의 실패

임시정부는 우여곡절을 겪으며 겨우 8개월 동안 존속하다가 두 번째 혁명으로 타도됐다. 두 번째 혁명 뒤에 임시정부 지지자들은 임시정부의 실패 원인을 레닌의 음모 탓으로 돌렸다. 그들은 러시아가 기회만 있었다면 모종의 의회민주주의로 발전하고 고통 없이 산업화했을 것이라고 주장했다. 그런 주장은 소련 몰락 이후 10년 동안 새롭게 지지를 받았다. 하지만 그런 주장은 1917년의 실제 상황과 맞지 않는다.

짜르가 무너지자 임시정부를 지지하던 부르주아 세력과 혁명을 일으킨 대중은 서로 반대 방향으로 나아가고 있었다. 그들 사이의 간극은 시간이 지날수록 벌어졌다.

러시아 자본가들은 페트로그라드 노동자들이 봉기를 일으키고 병사들이 봉기를 지지하게 만들었던 정책들을 계속 추진하기로 작정했다. 제정은 후진적이고 반쯤은 중세적인 러시아를 세계 2위의 선진 자본주의 국가인 독일과 전쟁을 벌이게 만들었다. 그리하여 대규모 경제 혼란, 수많은 사상자, 도시의 식량 공급 체계 붕괴, 도시 노동자들의 빈곤화가 발생했다. 그러나 새 정부는 옛 정부만큼이나 단호하게 전쟁을 계속하려 했다. 왜냐하면 러시아 자본가들은 다른 제정 장군들과 마찬가지로 제국을 흑해 너머의 이스탄불과 지중해까지 확대하려 했기 때문이다. 러시아 자본가들의 대기업들은 국가와 공동으로 운영되는 독점체였으며, 그들의 국내 시장은 후진적 농업과 가난한 농민들 때문에 제한돼 있었다. 이처럼 협소한 시장을 확대하는 방법으로 국경선을 확장하는 것보다 더 좋은 방법이 있을까? 그들은 제국주의 전쟁이 얼마나 심각한 혼란을 일으키는지 따위는 아랑곳하지 않고 제국주의 전쟁의 논리만 봤다. 임시정부는 케렌스키를 총리로 앉히고 '온건' 사회주의 정당들에게 각료 자리를 주는 정부 개편을 할 때조차도 러시아 자본가들의 그런 논리를 받아들였다. "임시정부의 많은 좌파 각료들 조차" 다르다넬스 해협과 동유럽의 '위성'국가들을 포함하는 새 제국 건설 이라는 "목적에 슬그머니 동의했다."⁶⁵

군사 정책의 연속성은 제국의 비러시아계 민족들—전체 인구의 절반 이상을 차지하는—에 대한 정책의 연속성과 짝을 이루었다. 폴란드, 핀란드, 카프카스, 그리고 정도는 덜하지만 우크라이나에도 반란의 전통이 있었다. 짜르들은 탄압을 일삼고 러시아화를 강요해 그 어떤 자결 운동도 억눌렀다. 시장과 원료 공급 지역을 잃을 것을 두려워한 새 정부는 짜르들이 사용한 이런 방법을 계속 사용했다.

제정은 대지주들에게 러시아 국토의 절반을 주었으며, 구체제는 국가 권력을 이용해 대토지 분할 시도를 모두 분쇄했다. 새 정부에 파고든 자본가 집단은 완고했다. 각료들은 궁극적인 개혁을 떠들어대면서도 개혁을 완성할 때까지 농민은 무조건 기다려야 한다고 주장했다.

볼셰비키가 있든 없든, 그들의 정책은 불만을 증대시킬 것이었다. 어느 누구도 2월에 봉기를 일으키라고 명령하지 않았다. 마찬가지로 어느 누구도 여름에 농민들에게 대지주의 저택을 습격해 토지를 나눠 가지라고 명령하지 않았다. 어느 누구도 핀란드인, 우크라이나인 또는 카프카스인과 발트해 연안 민족들에게 자신들의 국가를 요구하라고 명령하지 않았다. 어느 누구도 제복 입은 수백만 농민에게 전선에서 탈영하라고 말하지 않았다. 5백 년 이상 지속된 군주정이 저항으로 무너지는 것을 본 사람들은 다른 불만들을 해결하라고 누군가에게 지시받을 필요가 없었다. 특히 그들 가운데 많은 사람들이 총을 갖고 있고 총을 사용하는 법을 배운 상황에서는 말이다.

임시정부는 장작불에 기름을 쏟아 부은 꼴이었다. 임시정부는 6월 오스트리아령 슐레지엔을 침공하려 하면서 본심을 드러냈다. 특히 케렌스키가 사형을 포함해 제정 시대의 군율을 다시 강요하려 하자 군대 내부에서 불만이 급격히 커졌다. 슐레지엔 침공은 경제 혼란을 더 부채질했다. 1914~

1917년에 물가는 거의 네 배 뛰었다. 10월 즈음에 물가는 다시 두 배가 뛰었다. 도시 식량 공급량은 줄어들었고 굶주림이 커져갔다. 우익 역사가 노먼 스톤은 다음과 같이 썼다.

> 러시아는 대중이 혁명 초기부터 볼셰비키였기 때문에, 또는 소비에트나 볼셰비키 지도자들의 음모 때문에 볼셰비키화했던 것이 아니다. 러시아는 구질서가 레닌의 (독특한) 예측에 어느 정도 부합하는 방식으로 붕괴했기 때문에 볼셰비키화했던 것이다. 가을에 도시는 굶주림과 질병에 시달렸다. 천정부지로 치솟는 인플레이션 때문에 임금 인상이 빛을 보지 못했으며 러시아 전체의 경제 생활이 완전히 피폐해졌다. 군수품 생산이 감소해 군대는 싸우고 싶어도 싸울 수 없었다. 광산, 철도, 공장이 모두 점거당했다. …… 경제 혼란이 러시아를 볼셰비즘 품에 안겨 줬다.
> 다른 대안이 있었다면 볼셰비즘은 피할 수도 있었을 것이다. 그러나 모두 알다시피 러시아 자본주의는 이미 붕괴했다.[66]

정당들과 혁명

10월 혁명은 단순히 비인간적인 힘들이 기계적으로 발전한 결과가 아니었다. 10월 혁명은 이런 힘들에 대응해 특정 방식으로 행동하는 인민 대중—노동자·농민·병사—에 의존했다. 바로 여기서 레닌과 볼셰비키는 결정적 역할을 했다. 그들이 없었어도 파업, 시위, 노동자들의 공장점거, 농민들의 시주 재산 공격, 군사 반란, 미러시아계 민족들의 반란은 여전히 있었을 것이다. 그러나 이런 저항이 의식적으로 사회 변혁을 시도하는 하나의 운동으로서 자동으로 결합되지는 않았을 것이다.

오히려 이런 저항들은 서로 고립돼 실업 노동자, 절망적인 병사, 혼란스러운 농민이 구질서의 잔당들이 충동질하는 반유대주의 선동과 러시아 민족주의 선동의 물결에 쉽사리 휩쓸렸을 것이다. 그랬다면 8월에 페트로그라드로 진격해 군사 독재를 수립하려 했던 코르닐로프 장군 같은 자들이 분명히 성공할 수 있었을 것이다. 부르주아 민주주의는 1917년 러시아에서 생존할 가능성이 없었지만, 그렇다고 해서 굶주림과 절망에 지친 대중이 그들의 절망 위에서 우익 독재가 수립되는 것을 방관할 가능성이 없었던 것은 아니었다. 트로츠키가 지적했듯이, 1922년에 이탈리아에서 등장한 파시즘이 1917년 말이나 1918년에 러시아에서 다른 이름으로 손쉽게 등장할 수도 있었다.

러시아 혁명이 다른 혁명과 달랐던 점은 혁명적 사회주의 정당이 혁명이 일어나기 이전 15년 동안 러시아 노동자의 비중 있는 소수에게서 지지를 받은 점이었다. 러시아 전역은 대체로 후진적이었지만 페트로그라드와 몇몇 다른 도시에서는 대규모 공장들이 증가했다. 1914년 페트로그라드에서는 5백 인 이상의 공장에서 25만 명의 산업 노동자가 일하고 있었으며, 이것은 서구의 선진 자본주의보다 높은 비율이었다.[67] 바로 그런 노동자들이 1890년대부터 사회주의 선전과 선동이 뿌리를 내릴 수 있는 비옥한 토양을 제공해 줬다.

레닌은 자기 세대의 대다수 사회주의 지도자들과 달리(혁명 당시 레닌은 47세였다) 선동의 목적은 좌파 지식인들이나 노동조합 같은 조직들의 수동적 지지를 얻는 것이 아니라 노동 계급 내부에서 제정에 반대하는 봉기를 일으키려는 활동가들의 네트워크를 구축하는 것이어야 한다고 주장했다. 이런 주장 때문에 레닌은 마르토프, 단, 악셀로드 같은 옛 동지들과 갈라서야 했다. 물론 레닌과 그들은 다가올 혁명의 성격이 부르주아 혁명이라는 것에 대해서 겉으로는 의견이 일치한 듯했다. 볼셰비키는 두 개의 마르크스주의 정당 가운데서 '강경파'로 여겨졌고, 중간 계급 지식인이나 노동조합 관료들과 혁명 정당을 좀더 엄격히 구분했으며, 목적을 분명히 하기 위해 이론적 문제들을 해결하는 데 더 끈질기게 매달렸다. 1914년 여름 볼셰비키는 페트로그라드 노동자들의 지지를 받는 더 큰 정당이었고 합법 신문 〈프라우다〉를 발간했으며 두마의 노동자 대표 다수의 표를 얻었다.[68] 제1차세계대전은 정당들 사이의 차이를 훨씬 더 분명하게 드러냈다.

볼셰비키는 단호하게 전쟁에 반대했고(물론 많은 볼셰비크들이 레닌의 '혁명적 패전주의'를 지지하는 데까지 나아가지는 못했지만) 볼셰비키의 두마 의원들은 투옥됐다. 많은 멘셰비크들은 전쟁을 지지했고 마르토프 주변의 소수파인 '멘셰비키 국제주의파'는 전쟁을 반대했으나 다수파와 관계를 유지했다.[69]

1917년 초에 페트로그라드의 노동자들과 병사들 사이에서 볼셰비키나 멘셰비키보다 많은 지지를 얻은 제3의 정당이 있었다. 그것은 바로 사회혁명당이었다. 사회혁명당은 마르크스주의 정당이 아니었지만, 농민의 요구를 강조하고 선도 행동(예를 들어 미움을 받는 경찰서장 암살)으로 혁명적 소요를 촉진하는 데서 무장한 소수의 영웅적 역할을 강조한 '인민주의' 전통 출신이었다. 사회혁명당의 가장 유명한 지도자들은 주로 중간 계급 출신이었고 1917년에는 전쟁과 임시정부를 지지했지만 자신들의 토지개혁 강령을 실천하지는 못했다. 가을에 덜 유명한 지도자들이 정부에 대한 불만이 증가하는 것을 보고 사회혁명당에서 떨어져 나가 '좌파 사회혁명당'을 만들었다.

2월에 페트로그라드 소비에트에서 사회혁명당은 볼셰비키보다 더 강력했다. 볼셰비키는 혹독한 제정 탄압에 시달렸고, 많은 노동자와 병사는 새로운 상황에서 옛 정당들이 어떤 차이가 있는지 알지 못했다. 그러나 수많은 볼셰비키 노동자들은 2월 봉기에서 중요한 역할을 했고, 볼셰비키는 공장과 노동 계급 지구에서 강고한 핵심 당원을 확보하고 있었다. 푸틸로프 공장에는 1백 명이 당원이 있었고, 비보르그 공단 지구에서는 5백 명의 당원이 있었으며, 3월 초에는 페트로그라드 전체에 2천 명의 당원이 있었다. 혁명이 진행되면서 볼셰비키는 급속히 성장했고, 그리하여 페트로그라드 전체의 볼셰비키 당원 수는 4월 말에 1만 6천 명으로 늘어났다.[70] 노동자 30명 가운데 1명꼴로 당원이 됐기 때문에 볼셰비키의 선동과 선전은 페트로그라드의 대다수 공장 지구로 파고들었다. 5월 말 볼셰비키는 페트로그라드 지방 정부 선거에서 20퍼센트의 득표율을 기록했다.(멘셰비키의 득표

율은 3.4퍼센트였고 사회혁명당의 득표율은 대략 50퍼센트였다.)[71]

볼셰비키 당원들은 2월과 3월에 볼셰비키가 임시정부를 지지하는 것을 보고 혼란스러워했다. 레닌이 4월에 망명지에서 돌아온 뒤에야 비로소 상황이 분명해졌다. 러시아 자본주의는 러시아의 어떤 문제도 해결할 수 없으며, 러시아 자본가들의 정책은 노동자·농민·병사의 조건을 모두 악화시킬 뿐이라고 레닌은 주장했다. 레닌은 트로츠키의 주장과 매우 비슷한 주장 — '정통' 볼셰비크들이 전에 거부했던 주장 — 을 발전시켰다. 레닌은 노동 계급이 제정 타도에서 결정적 역할을 했으며 소비에트에서도 결정적 역할을 해서 기존의 어떤 부르주아 원칙보다 훨씬 더 민주적인 의사 결정 방법을 만들어냈다고 지적했다. 노동 계급은 계속 전진해 자신과 가난한 농민들에게 유리한 정책들을 실행할 수 있었다. 그러나 그러기 위해서는 먼저 소비에트가 국가 권력을 잡고 옛 군대와 경찰을 노동자 민병대로 바꾸고 은행을 국유화하고 토지를 가난한 농민들에게 나눠 줘야 했다.

볼셰비키당의 운영 방식은 독재적이지 않았다. 레닌의 주장은 먼저 페트로그라드의 많은 고참 볼셰비크한테서 신랄한 비판을 받았다. 그러나 레닌의 주장은 비보르그 같은 공단 지역 노동자들 사이에서 즉시 반향을 불러일으켰다. 레닌은 그들이 이미 혼란스럽게 느끼고 있었던 것을 명확하게 정리했다. 톰 페인의 ≪상식≫이 1776년 초에 아메리카 식민지 사람들을 위해서 했던 것, 또는 1792~1793년에 마라의 <인민의 벗>이 파리 상퀼로트를 위해서 했던 것을 레닌은 전투적인 러시아 노동자들을 위해서 했다. 즉, 레닌은 기존의 모든 신념이 서로 충돌하는 상황에서 쉽고 명확한 세계관을 제시한 것이다. 그는 인민 대중이 분노하는 피해자에서 더 나아가 역사의 능동적 주체로 나서도록 도와줬다.

레닌은 겨우 몇 주 만에 대다수 당원의 지지를 얻었다. 그러나 병사들과 농민들의 지지는 말할 것도 없고 노동자 대중의 지지를 얻는 것만 해도 좀 더 오랜 시간이 걸렸다. 처음에 레닌은 당원들에게 임시정부를 무너뜨리고 전쟁을 끝내야 한다는 점을 "참을성 있게 설명"하라고 말했다. 다수 노동자의 지지를 아직 얻지 못한 소수의 볼셰비키가 이런 목적을 달성할 수는 없었기 때문이다. 임시정부의 행동, 노동자·농민·병사의 자발적 투쟁 때문에 '설명'은 효과가 있었다. 볼셰비키가 페트로그라드 지방 선거와 의회 선거에 출마해 얻은 득표율은 5월 20퍼센트에서 8월에는 33퍼센트로 11월에는 45퍼센트로 증가했다. 모스크바에서 볼셰비키의 득표율은 6월 11.5퍼센트에서 9월 말 51퍼센트로 높아졌다. 7월 초에 열린 최초의 전 러시아 소비에트 대회에서 볼셰비키는 대의원의 13퍼센트를 차지했다. 10월 25일 2차 대회에서 볼셰비키는 53퍼센트를 차지했고 볼셰비키와 동맹한 좌파 사회혁명당이 21퍼센트를 차지했다.[72]

볼셰비키는 선거에서 표를 얻는 데만 치중하지는 않았다. 볼셰비키는 모든 노동자 투쟁에 개입해 인플레율만큼 임금을 인상하게 하고, 노동 조건 악화에 맞서 싸우고, 경영자들이 공장을 폐쇄해 경제 혼란을 초래하지 못하게 막았다.[73] 볼셰비키는 병사들에게 용기를 북돋아 장교에게 도전하게 하고 농민들을 고무해 토지를 나눠 갖도록 했다. 볼셰비키는 피착취·피억압 대중에게 그들 스스로 소비에트를 통해 사회를 운영할 수 있음을 입증해 보이기 시작했다.

위대한 혁명은 모두 우여곡절을 겪기 때문에 사람들이 혁명 과정 전체를 보지 못할 위험이 있다. 1917년의 러시아도 예외가 아니었다. 임시정부와 장군들의 행동 때문에 7월에 페트로그라드 노동자와 병사의 분노가 폭발했고 임시정부를 무너뜨리려는 자생적인 움직임이 있었다. 그러나 볼셰비키 지도자들(바로 얼마 전에 볼셰비키당에 입당한 트로츠키를 포함해)은 그때 페트로그라드에서 권력을 장악해도 다른 곳에서 지지를 거의 얻지 못할 것이며 반동 세력이 이것을 빌미삼아 페트로그라드의 혁명 운동을 고립시킨 다음 분쇄할 것이라고 올바르게 판단했다. 어쨌든 그들은 운동을 자제시키면서도 운동에 대한 굳은 연대를 보여 줘야 했다.

그 결과는 언뜻 긍정적이지 않은 듯했다. 볼셰비키가 운동을 자제시키자 혁명적 노동자들과 병사들의 사기가 눈에 띄게 떨어졌으며, 볼셰비키가 운동에 대한 굳은 연대를 보여 주자 임시정부는 많은 볼셰비키 지도자들을 체포했고 그래서 레닌을 비롯한 다른 지도자들은 몸을 숨겨야 했다. 운동을 탄압함으로써 임시정부는 임시정부 자체를 포함해 혁명의 모든 상징을 파괴하려는 세력들에게 문을 열어 준 꼴이 됐다. 코르닐로프 장군은 페트로그라드 진격을 꾀했다. 볼셰비키가 권력을 장악해 소비에트 체제를 건설하는 방향으로 나아가는 마지막 단계는 역설적으로 코르닐로프의 쿠데타 시도에 맞서 임시정부 지지자들과 함께 페트로그라드에 대한 혁명적 방어를 조직하는 것이었다. 그러나 임시정부에 대한 마지막 한 조각의 기대조차 허물어뜨리는 방식으로 혁명적 방어를 조직해야 했다.

그 뒤에도 10월 25일 소비에트 정권 수립은 필연적이지 않았다. 그날 소집된 전 러시아 소비에트 대회의 다수파는 정권 장악을 지지할 게 분명했다. 그러나 지노비에프와 카메네프 같은 볼셰비키 지도자들은 멘셰비키나 사회혁명당 지도자들과 협의해야 한다고 주장하며 소비에트의 정권 장악을 반대했다. 반면에 레닌과 트로츠키는 꾸물거리다가는 치명타를 맞을 것이라고 확신했다. 인민 대중은 자신들이 세상을 바꾸고 오랫동안 계속된 계급 지배가 주입한 복종과 순종의 관습을 벗어 던질 수 있다는 자신감을 얻었다. 볼셰비키당이 계속 꾸물거리는 것은 그런 자신감을 공유하지 않겠다고 선언하는 것이며, 그 과정에서 그런 자신감이 사라지도록 돕는 것이었다. 경제 위기는 날로 깊어지고 있었으며 희망은 사기저하와 절망으로 바뀔 가능성이 있었다. 실제로 이런 상황이 벌어졌다면, 농민들과 병사들과 일부 노동자들은 군사적 모험가의 깃발 아래로 모여들었을 것이다.

1917년 10월

페트로그라드의 10월 혁명은 한 가지 점에서 2월 혁명과 크게 달랐다. 10월 혁명은 훨씬 더 평화적이었다. 교전도 적었고 혼란도 적었다. 이것을 보고 일부 우익 역사가들은 10월 혁명을 '쿠데타', 즉 볼셰비키 지도자들이 대중을 따돌리고 일으킨 소수 행동이라고 묘사했다. 그러나 10월 혁명은 쿠데타가 아니었기 때문에 질서정연하고 평화적으로 진행됐다. 10월 혁명은 소수가 위로부터 추진한 행동이 아니라 대중의 가슴 깊이 묻혀 있던 열망을 표현하는 조직을 통해서 조직된 인민 대중의 행동이었다. 볼셰비키가 주도한 페트로그라드 소비에트 군사혁명위원회는 노동자들과 병사들이 따르는 결정을 내릴 수 있었다. 왜냐하면 군사혁명위원회는 대중이 선출하고 대중이 구성원들을 교체할 수 있는 소비에트의 일부였기 때문이었다. 그 때문에 군사혁명위원회는 임시정부가 갖지 못했던 권위를 가졌고 페트로그라드에 주둔한 소수의 군대를 제외한 모든 사람이 그 명령을 따르게 할 수 있었다. 따라서 케렌스키와 그의 각료들은 도망가는 길밖에 없었다.

트로츠키는 10월 25일에 "이제 임시정부는 존재하지 않는다"고 소비에트에 보고했다.

우리는 봉기가 일어나면 학살이 자행되고 혁명이 피바다에 빠질 것이라는 얘기를 들어왔다. 지금까지 모든 일은 유혈 사태 없이 진행됐다. 사상자도 없다. 역사적으로 그토록 거대한 대중이 참여하고 유혈 사태도 없이 일어난 혁명 운동은 지금까지 본 적이 없다.[74]

3개월 동안 숨어 지내다가 다시 나타난 레닌은 혁명 직후에 다음과 같이 말했다.

이제 러시아 역사의 새 시대가 시작되고 있다. …… 우리의 일상 과제들 중 하나는 전쟁을 즉시 끝내는 것이다. 그러나 전쟁을 끝내려면 …… 자본주의 자체를 타도해야 한다. 이미 이탈리아·독일·영국에서 폭발하기 시작한 전 세계 노동 계급 운동이 전쟁을 끝낼 수 있도록 도울 것이다. ……우리의 강점은 무엇이든 이길 수 있고 프롤레타리아를 세계 혁명으로 이끌고 나갈 대중 조직이 있다는 점이다. 러시아에서 우리는 즉시 프롤레타리아 사회주의 국가 건설을 위해 나아가야 한다. 전 세계 사회주의 혁명 만세![75]

10월 혁명은 기념비적인 사건이었다. 1792~1793년에 파리 노동 계급은 중간 계급 가운데 가장 급진적인 집단에 압력을 넣어 권력을 쥐도록 했지만, 그들은 노동 계급을 배신했고 다시 탐욕적인 보수파에게 권력을 빼앗겼을 뿐이다. 1848년에 그런 대중의 후손들은 자신들의 대표들에게 압력을 넣어 2월에 권력을 장악하게 했지만 결국 6월에 바리케이드에서 무참하게 학살당했다. 1871년에 그들은 좀더 전진해 잠시 권력을 장악했지만, 그것도 겨우 2개월 동안 한 도시에서만 장악했을 뿐이다. 그런데 이제 노동자·병사·농민의 의회가 태평양 연안에서 발트해 연안에 이르는, 인구 1억 6천만 명의 나라에서 국가 권력을 장악했다. 세계 사회주의로 가는 길이 본격적으로 열리는 듯했다.

포위당한 혁명

혁명의 지도자들은 혁명이 옛 러시아 제국의 영토 안에 머무르는 한, 거대한 문제들에 직면할 것임을 아주 잘 알고 있었다. 페트로그라드와 다른 몇몇 도시의 노동 계급이 세계 최대 규모의 공장들 일부에, 행정과 통신의 중심지에 집중돼 있었기 때문에 혁명은 성공을 거뒀다. 그렇지만 노동 계급은 여전히 전체 인구 가운데 소수였다. 농민 대중이 혁명을 지지한 것은 그들이 사회주의자였기 때문이 아니라 혁명이 고전적 부르주아 혁명과 똑같은 이익 — 토지 분배 — 을 제공했기 때문이었다. 전쟁이 야기한 경제 위기는 이미 산업 전체를 휩쓸고 있었고 도시에서 굶주림을 낳고 있었다. 빵 배급량은 300그램으로 줄어들었고 대중의 하루 평균 에너지 섭취량은 겨우 1,500칼로리였다.[76] 농민들이 도시에 식량을 공급하도록 설득할 수 있을 만큼 공산품을 생산하기 위해 산업을 재편하는 것은 모든 공장의 경영자들을 감독하는 노동자위원회들이 직면한 매우 어려운 과제였다. 좀더 산업이 발전한 나라들에서 혁명이 일어나 러시아 혁명을 지원하지 않으면 그런 과제는 거의 달성할 수 없었다.

전쟁이 그런 혁명들을 불러일으킬 것이라는 신념 때문에 레닌은 러시아 혁명이 부르주아 혁명일 수밖에 없다는 기존 주장을 포기했다. 1906년에 레닌은 다음과 같이 비판했다.

사회주의 혁명을 위한 권력 장악이라는 생각은 …… 어리석고 반쯤은 아나키즘적인 생각이다. 러시아의 경제 발전 수준과 광범한 프롤레타리아 대중의 조직화 수준 때문에 노동 계급의 즉각적인 완전한 해방은 불가능하다. …… 정치적 민주주의 이외의 다른 경로를 통해서 사회주의로 가려는 사람은 누구나 바보 같고 반동적인 결론에 도달할 수밖에 없을 것이다.[77]

이제 레닌은 생각을 바꾸었다. 왜냐하면 러시아 전역을 반란에 휩싸이게 만든 전쟁이 유럽의 다른 지역에서도 똑같은 효과를 내고 있었기 때문이다. 그러나 1918년 1월에 레닌이 주장했듯이 "독일 혁명이 없으면 우리는 망할 것이다."[78] 국제 혁명에 대한 믿음은 환상이 아니었다. 전쟁 때문에 이미 러시아에서 일어났던 반란과 비슷한 반란들이 규모는 작을지라도 폭풍처럼 휘몰아치고 있었다. 1917년 프랑스군과 영국군과 독일 해군의 반란, 빵 배급량 감소에 항의하며 독일의 20만 금속 노동자가 일으킨 파업, 1917년 8월 토리노에서 닷새 동안 벌어진 노동자와 군대 사이의 전투,[79] 영국의 공장·광산에서 벌어진 불법 파업, 1916년 더블린에서 일어난 공화파의 부활절 봉기 등의 반란들이 일어났다.

전쟁 반대는 이제 유럽 대륙 전역에 널리 퍼져 있었다. 독일에서는 전쟁을 지지하는 독일 사회민주당이 반전 평화주의 정서를 대변하는 의원들을 대거 내쫓았다. 쫓겨난 의원들은 독자적으로 독립사회민주당을 결성했다. 영국에서는 장차 노동당 지도자로 부상하게 되는 램지 맥도널드가 리즈에서 평화를 갈망하는 노동자 대표들의 대회를 소집해 대회 의장을 맡았다.

그러나 혁명이 시간을 맞춰 놓고 한꺼번에 일어나는 것은 아니다. 위기에 빠진 체제의 일반적 압력 때문에 여러 곳에서 비슷한 양상의 격렬한 투쟁들이 일어난다. 그러나 이런 투쟁들의 형태와 시기는 지역 상황과 전통에 따라 다르다. 러시아의 후진적 농민 경제와 낡은 국가 구조 때문에 거대한 러시아 제국은 1917년에 서유럽과 중부 유럽의 국가들보다 먼저 무너졌다. 다른 유럽 국가들은 1649~1848년에 잇따라 혁명이 일어난 결과, 이미 적어도 부분적으로는 근대화되고 공업화돼 있었다. 다른 유럽 국가들은 러시아가 갖고 있지 않았던 것을 정도의 차이는 있지만 갖고 있었다. 즉, 다른 유럽 국가들에서는 의회주의적 사회주의 정당과 노동조합 관료가 자리를 잡고 있었고 기존 사회 구조에 편입돼 있는 상태에서도 광범한 노동자층의 지지를 받고 있었다.

1918년 1월 오스트리아-헝가리와 독일에서 파업 물결이 요동쳤고 비엔나와 베를린에서 50만 명의 금속 노동자가 파업에 참가했다. 파업 노동자들은 러시아 혁명의 영향을 크게 받았으며 경찰의 야만적인 공격을 받았다. 그러나 베를린 노동자들은 전쟁을 지지하는 독일 사회민주당 지도자 에베르트와 샤이데만에게 파업위원회에 그들의 자리를 마련해 줄 만큼 여전히 환상을 품고 있었다. 에베르트와 샤이데만은 자신들의 영향력을 이용해 파업을 진정시킨 뒤 아예 짓밟았고 그리하여 수많은 노동자가 희생됐다.

브레슬라우 감옥에 갇혀 있던 로자 룩셈부르크는 11월 24일 칼 카우츠키의 부인 루이제에게 보낸 편지에서 러시아가 어떤 위험에 부딪힐 것인지 이미 내다봤다.

러시아인들을 보면 기쁜가요? 당신의 지혜로운 남편이 지적했듯이, 러시아 경제 발전이 너무 후진적임을 통계가 보여 주기 때문이 아니라 선진 유럽의 사회민주주의가 러시아가 피흘리며 죽어가는 것을 조용히 바라보고 있을 파렴치하고 철면피인 겁쟁이들로 가득하기 때문에 지옥 같은 지금 상황에서 러시아가 버틴다는 것은 아무래도 어렵겠지요.[80]

1월에 독일 사회민주당이 저지른 행동은 로자 룩셈부르크의 경고가 옳았음을 보여 줬다. 독일 최고사령부는 폴란드의 국경 도시 브레스트-리토프스크에서 열린 회담에서 혁명 정부에 최후통첩을 했다. 독일이 러시아령 우크라이나의 방대한 지역을 차지하도록 허용하지 않으면, 독일군이 곧장 러시아로 진격한다는 것이었다. 혁명 정부는 독일 최고사령부를 무시하고 독일 노동자들과 병사들에게 직접 호소하고 전선을 따라 독일에 수많은 전단을 배포했다. 그러나 파업 운동이 패배해 독일군이 즉시 혁명적으로 해체될 가능성이 없었고, 독일군은 수백 마일이나 전진했다. 볼셰비키당과 소비에트 내에서는 대책을 놓고 격렬한 논쟁이 벌어졌다. 부하린과 좌파 사회혁명당은 독일에 맞서 혁명 전쟁을 하자고 주장했다. 레닌은 볼셰비키가 혁명 전쟁을 수행할 힘이 없기 때문에 최후통첩을 받아들이자고 주장했다. 트로츠키는 혁명 전쟁에도 반대하고 최후통첩을 받아들이는 것도 반대하면서 독일 내부의 상황이 그런 딜레마를 해소해 줄 것이라고 기대했다. 결국 레닌은 최후통첩을 받아들이는 것만이 현실적 대안이라고 대다수 볼셰비키들을 설득했다. 좌파 사회혁명당은 이에 항의해 정부에서 물러났고 볼셰비키만이 통치하게 됐다.

독일이 내건 강화 조건들은 전쟁이 러시아 경제에 끼친 피해를 더욱 심화시켰다. 우크라이나는 러시아의 석탄 공급지였으며 러시아에서 소비되는 곡물의 대부분을 생산했다. 산업 생산은 연료 부족 때문에 붕괴했고 도시의 식량 부족 사태는 전보다 훨씬 더 나빠졌다. 페트로그라드에서는 1월 27일 빵 배급량이 150그램으로 줄었고 2월 28일에는 50그램으로 줄어들었다. 혁명을 일으킨 페트로그라드의 노동 계급은 심각한 타격을 입었다. 4월에 페트로그라드의 공장 노동자 수는 1917년 1월 수준의 40퍼센트에 불과했다. 1905년 이후 노동자 운동의 주축이었던 대규모 금속공장들이 가장 심한 타격을 입었다. 1918년 상반기에 1백만 명이 넘는 노동자들이 다른 곳으로 식량을 찾기 위해 페트로그라드를 떠났다. "혁명을 주도하며 러시아 전역에 이름을 떨친 적색 페트로그라드의 프롤레타리아가 겨우 몇 개월 사이에 격감했다."[81]

생산 과정에서 차지하는 전략적 비중 덕분에 러시아의 나머지 지역을 혁명으로 이끌 수 있었던 노동자들은 더는 그런 역할을 하지 못했다. 그들이 건설한 기관 — 소비에트 — 은 여전히 존재했지만 작업장과 소비에트의 유기적 관계는 사라졌다.

혁명의 열기는 여전히 식지 않았고 열성적인 노동자·병사·농민을 볼셰비키당으로 끌어들였다. 볼셰비키당은 노동 계급 사회주의에 대한 이상을 불어넣어 영웅적 행동을 불러일으켰던 것이다. 이런 열기 때문에 트로츠키는 1917년 노동자 민병대를 통해 형성된 강고한 핵심 노동자들을 중심으로 수백만 명의 강력한 적군(赤軍)을 창설할 수 있었다. 그러나 소비에트, 볼셰비키당, 적군은 더는 살아 있는 노동 계급의 일부가 아니었다. 오히려 그들은 최신판 자코뱅주의와 비슷했다. 1790년대의 자코뱅주의가 부르주아지의 급진 분파의 이상에 따라 움직였다면, 최신판은 노동 계급 사회주의와 세계 혁명이라는 이상에 따라 움직이긴 했지만 말이다.

이런 이상을 실현하기 위해 투쟁하는 것은 1918년이 지나면서 더욱 어려워졌다. 독일이 우크라이나를 점령하자 6월과 7월에 영국 정부와 프랑스 정부가 러시아를 협공했다. 3만 명의 체코슬로바키아 군대(체코 민족주의자들이 영국·프랑스·러시아 편에 붙어 싸우기 위해 조직한 오스트리아-헝가리 군대 출신 포로들)가 시베리아 횡단 철도를 따라 형성된 소도시들을 점령해 러시아를 반쪽으로 갈라놓았다. 체코슬로바키아 군대의 보호를 받는 우파 사회혁명당과 멘셰비키는 사라토프에서 정부를 세운 다음 거리에서 볼셰비크로 의심되는 사람을 닥치는 대로 죽였다.[82] 일본군도 태평양 연안의 블라디보스토크를 점령했다. 영국 군대가 북부의 무르만스크를 점령했고 남부의 바쿠를 장악했다. 같은 기간에 좌파 사회혁명당은 페트로그라드 주재 독일 대사를 암살해 브레스트-리토프스크 강화조약을 파기하고 무력으로 권력을 장악하려 했으며, 우파 사회혁명당은 볼셰비키 연설가 볼로다르스키를 암살하고 레닌에게 부상을 입혔다.

밖으로는 외국 군대가 포위해 들어오고 안으로는 테러와 반혁명 시도가 잇따르자 혁명 정권의 성격이 변했다. 볼셰비키로 전향한 아나키스트 빅토르 세르쥬는 1928년에 쓴 ≪러시아 혁명의 첫 해≫에서 그런 변화를 다음과 같이 묘사했다. 1918년 6월까지도,

> 공화국은 전체적인 내부 민주주의 체계를 갖추고 있었다. 프롤레타리아 독재는 아직 당 독재나 중앙위원회의 독재나 특정 개인들의 독재가 아니었다. 프롤레타리아 독재의 메커니즘은 복잡했다. 소비에트마다, 혁명위원회마다, 볼셰비키당이나 좌파 사회혁명당의 위원회마다 프롤레타리아 독재의 요소를 일부 갖고 있었고, 각자 나름의 방식대로 프롤레타리아 독재를 운영하고 있다. …… 모든 법령이 [전 러시아 소비에트 집행위원회] 회의에서 논쟁의 대상이 됐고 흔히 그런 논쟁은 엄청난 관심을 불러일으켰다. 이런 회의들에서 반정부 세력들은 의회가 허용하는 것보다 더 자유롭게 연설할 수 있었다.[83]

이제 이런 상황은 모두 바뀌기 시작했다.

> 연합군의 침공, 쿨락[부농 — 크리스 하먼]의 반란, [좌파 사회혁명당과 — 크리스 하먼] 소비에트 간의 동맹의 붕괴는 공화국의 생존을 명백히 위협했다. 프롤레타리아 독재는 민주주의의 껍질을 즉시 벗어던질 수밖에 없었다. 굶주림과 지방의 무정부 상태 때문에 해당 인민위원들에게 권력이 엄격하게 집중됐다. …… 음모 때문에 강력한 내정(內政) 방어 기구를 도입할 수밖에 없었다. 암살, 농민 반란, 살해 위협 때문에 공포정치를 사용할 수밖에 없었다. 반혁명을 일삼는 사회주의자들을 불법화하고 아나키스트들이나 좌파 사회혁명당과 결별한 결과, 공산당이 정치 권력을 독점할 수밖에 없었다. …… 지방 소비에트에서 베-치크[전 러시아 집행위원회 — 크리스 하먼]에 이르는 소비에트 기관들과 인민위원평의회는 이제 진공 상태에서 움직이고 있었다.[84]

바로 이때 혁명 정부는 처음으로 공포정치를 체계적으로 사용했다. '백색' 반혁명 세력은 혁명가로 의심되는 사람들을 즉시 사살하겠다고 했다. 그들은 10월 혁명 당시에도 모스크바를 사수하기 위해 그런 짓을 했고, 핀란드에서 백군은 1월에 사회민주당의 봉기를 진압한 뒤 2만 3천 명의 '적군'을 학살했다.[85] 이제 혁명가들은 같은 방법으로 대응할 수밖에 없다고 느꼈다. 반혁명 세력으로 의심되는 사람들을 사살하고, 부르주아들을 인질로 잡고, 혁명에 반대하는 사람들의 가슴속에 두려움을 심어 주기 위한 방법들을 채택했으며, 이런 정책은 이제 혁명 활동의 일부로 인정받았다. 솔제니친의 ≪수용소 군도≫와 같은 작품들이 묘사한 것과 달리, 혁명 정부가 사용한 공포정치는 스탈린이 1929년부터 사용한 공포정치와 사뭇 달랐다. 혁명 정부의 공포정치는 상상 속의 반혁명 행위가 아니라 현실의 반혁명 행위에 대한 대응이었으며 1921년 내전이 끝난 다음 사라졌다.

혁명 정부는 혹독한 고통을 참아내며 옛 러시아 제국 전역의 가난한 하층 계급의 지지를 끌어낼 수 있었기 때문에 모든 고난을 이겨냈다. 혁명 정부만이 노동자들에게 희망을 주었고, 가난한 농민들에게 토지를 보장했으며, 백군과 손잡고 깡패처럼 날뛰는 반유대주의 세력에게 저항했고, 비러시아계 민족의 자결권을 두려워하지 않았다.

그리고 혁명 정부를 이끌었던 사람들 — 목숨을 걸고 혁명 정부의 메시지를 전파한 수많은 자원자들도 — 은 유럽 공업국들에서 혁명이 일어나 자신들을 구원해 줄 것이라는 희망을 언제나 버리지 않았다.

3. 격동하는 유럽

독일의 11월

　역사적으로 보면 서유럽에서 혁명의 열기가 분출하기까지는 그리 오래 걸리지 않았다. 러시아 10월 혁명이 일어난 지 겨우 12개월 만에 독일에서 혁명이 폭발했다. 물론 12개월은 굶주림과 전쟁에 지친 러시아에게는 아주 긴 시간이었다.

　독일 제국이 요구한 브레스트-리토프스크 강화조약의 조건들 덕분에 독일 지배자들은 한숨 돌리기는 했지만 그런 여유는 오래가지 못했다. 독일군은 1918년 3월 유혈낭자한 대공세를 펼치며 1914년 이후 프랑스로 가장 깊숙이 진격했지만 곧바로 저지당했다. 8월의 2차 진격 시도가 실패하자 독일군은 후퇴해야 했다. 독일군은 병력이 모자랐던 반면, 1년 전에 참전한 미국이 영국-프랑스 연합군에게 새로운 군대와 막대한 장비를 제공했다. 독일 최고사령부는 완전히 절망했고 루덴도르프는 모종의 신경쇠약에 시달렸다.[86] 9월 말에 루덴도르프는 즉시 휴전한 다음 황제를 설득해 사회민주당 각료를 포함하는 새 정부를 구성함으로써 패전 책임을 모면해야겠다고 결심했다. 그러나 4년 동안 유럽을 들쑤셔놓은 전쟁을 간단히 끝내기는 불가능했다. 경쟁하는 제국주의, 특히 프랑스 제국주의는 독일 제국주의가 그 해 초에 러시아에 요구했던 것과 같은 전리품을 원했다. 한 달 동안 독일 정부는 그런 대가를 치르지 않으려고 필사적으로 노력했지만 전쟁은 그 어느 때보다 더 피비린내를 풍기며 계속됐다. 영국군, 프랑스군, 미군은 프랑스와 벨기에의 독일 점령 지역으로 진격했다. 발칸 반도에서는 영국·프랑스·세르비아·그리스·이탈리아 연합군이 오스트리아군을 궤멸시켰다.

1천2백 년 전에 탄생한 신성로마제국의 후예이자 금방이라도 무너질 듯한 다민족 오스트리아-헝가리 군주정은 엄청난 압력에 시달렸다. 오스트리아-헝가리 군대는 붕괴했고, 소수 민족의 중간 계급 지도자들은 주요 도시를 장악했다. 체코인과 슬로바키아인은 프라하·브르노·브라티슬라바를 장악했다. 통일 '유고슬라비아'의 남슬라브 국가 지지자들은 자그레브와 사라예보를 장악했다. 자유주의 귀족 미차엘 카로이가 이끄는 헝가리인들이 부다페스트를 장악했고, 폴란드인들은 크라쿠프를 차지했다. 비엔나 거리를 가득 메운 군중이 공화정을 요구하고 제국의 휘장을 찢어버리자[87] 오스트리아의 독일어 사용 지역에서는 사회민주당이 주도하는 부르주아 정당들과의 연합 정권이 권력을 장악했다.

이런 완패 행진에서 벗어나기 위해 발버둥치던 독일 최고사령부는 함대에게 영국으로 진격하라고 명령했다. 해군이 영국에 대한 보복 전투에서 뜻밖의 승리를 가져다 주기를 기대했던 것이다. 그러나 함대 수병들은 쓸데없이 목숨을 버리려 하지 않았다. 1년 전에 그들이 일으킨 반란은 진압됐고 반란 지도자들은 처형당한 적이 있었다. 왜냐하면 반란이 너무 수동적이었기 때문이다. 수병들은 단순히 항명 행동만 계속했기 때문에 장교들과 헌병들이 수병들의 뒤통수를 칠 수 있었다. 이번에 그들은 똑같은 실수를 되풀이하지 않았다. 키일 군항의 수병들은 무장한 채 파업 중인 부두 노동자들과 함께 거리를 행진했고 진압군의 무장을 해제했으며 병사평의회를 세웠다. 수병 반란은 독일 전체에서 혁명의 불꽃을 지핀 불씨와도 같았다.

노동자들과 병사들의 대규모 시위대가 브레멘, 함부르크, 하노버, 쾰른,

라이프치히, 드레스덴, 기타 수많은 소도시들을 장악했다. 뮌헨에서는 시위대가 왕궁을 점령하고 전쟁에 반대하는 개량주의적 사회주의자 쿠르트 아이스너를 '바이에른 자유국'의 총리로 선포했다. 11월 9일에는 베를린에서도 대규모 시위가 일어났다. 총을 들고 적기를 휘날리는 노동자와 병사의 대규모 시위 행렬이 베를린 전역을 휩쓸자, 바로 얼마 전에 감옥에서 풀려난 반전 혁명가 칼 리프크네히트는 제국 궁전의 발코니에서 '사회주의 공화국'과 '세계 혁명'을 선언했다. 황제의 마지막 정부에서 전쟁을 지지한 독일 사회민주당 장관 샤이데만은 제국 의회의 발코니에서 '공화국'을 선언했다. 황제는 네덜란드로 도망갔고 두 개의 사회민주당이 '인민위원들'의 '혁명 정부'를 구성하고 1천5백 명의 노동자·병사 대표들로 이루어진 의회의 승인을 구했다. 이것은 노동자·병사 평의회가 이제 독일 전역과 독일이 점령한 벨기에에서 정치 권력의 결정 기구가 됐음을 상징하는 것이었다. 노동자·병사 평의회, 즉 소비에트로 뭉친 혁명 세력이 북해에서 북태평양에 이르는 유라시아 북부 전역을 휩쓰는 듯했다.

그러나 독일의 평의회들은 혁명적 권력을 혁명적 목적에 사용하지 않으려는 자들에게 그 권력을 넘겨줬다. 신임 총리 에베르트는 취임한 지 24시간이 지나기도 전에 군 사령부의 그뢰너 장군에게 전화를 걸었다. 에베르트와 그뢰너는 서로 협력해서 — 전시 '독재자' 힌덴부르크의 지원을 얻어 — 군대의 질서를 회복하고 군대가 사회 전체의 질서를 회복할 수 있게 하자고 합의했다.[88]

자본주의 국가를 통한 개혁을 지지한 사회민주당 정치인들은 1914년에 전쟁이 일어나자 당연히 국가를 지지했다. 마찬가지로 당연하게, 이제 그들은 혁명의 위협 앞에서 국가 권력을 다시 확립하려고 노력했다. 그들은 과거의 억압 구조와 계급 권력을 '질서'로 봤다. 착취당하는 가난뱅이들이 이런 구조에 도전하는 것은 '무정부 상태'와 '혼란'이었다.

이런 도전의 살아 있는 화신은 바로 가장 유명한 반전 투사인 로자 룩셈부르크와 칼 리프크네히트였다. 특히 리프크네히트는 베를린의 병사들과 노동자들의 대중적 지지를 받았다. 사회민주당 지도자들은 군부와 손을 잡고 노동자들과 병사들의 저항을 분쇄하려 했다. 군부는 베를린에서 봉기를 도발하고 외부에서 군대를 불러와 봉기를 진압한 다음 리프크네히트와 룩셈부르크에게 유혈 사태의 책임을 돌렸다. 룩셈부르크와 리프크네히트는 군 장교들에게 체포됐다. 리프크네히트는 두들겨 맞아 의식을 잃고 쓰러진 다음 총에 맞아 죽었다. 룩셈부르크는 총개머리판에 맞아 두개골이 깨졌고 머리에 총을 맞은 다음 운하에 버려졌다. 사회민주당 신문은 리프크네히트가 '탈출하려다가' 총에 맞아 죽었으며 룩셈부르크는 '성난 군중'의 손에 죽었다고 보도했다. 점잖은 중간 계급 인사들은 이 소식을 듣고 "기뻐 날뛰었다."[89] '교양 있는' 부자들이 자신들의 지배에 도전하는 사람들에게 취한 태도는 그라쿠스 형제와 스파르타쿠스 이후에도 여전히 변하지 않았다.

그러나 혁명의 열기를 가라앉히는 것은 서로 동맹을 맺은 사회민주당과 군부에게 그리 쉬운 일이 아니었다. 흔히 역사가들은 독일 혁명이 금방 끝나버린 사소한 사건인 것처럼 묘사해왔다. 20세기 역사를 다룬 대작인 에릭 홉스봄의 《극단의 시대》도 이렇게 주장한다. 홉스봄은 11월 [봉기] 며칠 뒤에 "공화국이 된 옛 정권은 더는 사회주의자들 때문에 골머리를 앓지 않았다. …… 새로 결성된 공산당이 골칫덩이가 아니었던 것은 말할 것도 없다"고 썼다.[90] 사실 거대한 혁명의 첫 번째 물결은 1920년 여름까지 가라앉지 않았으며 1923년에 두 번째 물결이 몰아쳤다.

역사에 등장하는 모든 위대한 혁명과 마찬가지로, 1918년 11월 혁명은 많은 사람들을 처음으로 정치에 관심을 갖게 만들었다. 1914년 전에 사회주의자에게 표를 던졌던 핵심 노동자들 외에도 많은 사람들이 혁명과 사회주의에 대해 얘기했다. 그런 정서는 전에 가톨릭중앙당, 자유주의적인 진보당, 자유주의적이지 않은 '국민자유당' 또는 심지어 프로이센 지주들이 이끄는 농민 정당에 투표했던 수많은 노동자들과 하층 중간 계급에게까지 확산됐다. 전쟁 기간에 많은 고참 사회민주주의 노동자들이 전쟁을 지지하는 지도자들에 맞서 좌익반대파 편에 서기 시작했다. 고참 독일 사회민주당 당원들의 절반 정도가 좌파인 독립사회민주당 편에 섰다. 이런 노동자들 외에도 부르주아 정당을 버리고 좌경화했지만 여전히 사회민주당 지도자들을 사회주의자로 여기는 사람들도 많았다. 전에 그들은 사회민주당 지도자들이 사회주의자라는 이유 때문에 사회민주당에 반대했지만, 이제는 사회민주당을 지지했다.

사회민주당 지도자들은 이런 정서를 이용해 좌파적 언사를 계속 사용하면서도 좌파적 정책들은 질서를 유지하고 혁명적 '과도함'을 자제함으로써 점진적으로 도입될 수 있을 뿐이라고 주장했다. 그들은 룩셈부르크와 리프크네히트가 혁명을 위험에 빠뜨렸다고 주장했고 몰래 장군들과 손잡고 반대파들에게 총구를 겨눴다.

그들의 이런 선전을 도와준 사람들은 독립사회민주당 지도자들이었다. 독립사회민주당 지도자들은 전쟁을 싫어했지만 대체로 자본주의를 개혁하는 데 몰두했다. 이런 독립사회민주당 지도자들에는 카우츠키, 베른슈타인, 그리고 그 뒤 10년 동안 부르주아 정당들과의 두 차례 연립정부에서 재무장관을 지내는 힐퍼딩이 포함돼 있었다. 혁명이 일어난 뒤 두 달 동안 독립사회민주당은 독일 사회민주당 다수파가 이끄는 정부에 충성을 다했고 사회민주당 다수파가 노동자와 병사 대중에게 정책을 선전하는 것을 도왔다.

그러나 사회민주당 지도자들을 열렬히 지지했던 사람들은 시간이 지나면서 그들에게 등을 돌리기 시작했다. 11월에 정부가 통제력을 회복하도록 도와주기 위해 베를린에 파견된 군대가 1월 첫 주에 정부에 대항해 반란을 일으켰고, 많은 노동자들과 1월 봉기 진압을 도왔던 많은 병사들이 3월에 베를린에서 반란을 일으켰다. 1월 중순 실시된 선거에서 독일 사회민주당은 1천1백50만 표를 얻었고 독립사회민주당은 2백30만 표를 얻었다. 그러나 그 뒤 몇 주 동안 루르, 독일 중부, 브레멘, 함부르크, 베를린, 뮌헨에서 사회민주당을 확고하게 지지했던 노동자들이 총파업을 일으키고 손에 무기를 들고 정부 정책에 대항했다. 1920년 6월 독일 사회민주당은 독립사회민주당보다 겨우 60만 표를 더 얻었다.

사회민주당 지도자들은 자신들의 인기에만 의존해 '질서를 회복'하는 것이 불가능함을 금방 알아챘다. 1918년 12월 말에 사회민주당 내무장관 노스케는 "누군가 피를 흘려야 한다"고 떠들어대며 특수 용병 부대인 프라이코어(Freikorps)를 창설하기로 장군들과 합의했다. 장교와 옛 군대의 '돌격부대'에서 차출된 프라이코어는 철저히 반동적이었다. 보수적인 역사가 마이네케는 "구질서가 회복된 것 같았다"고 썼다. 프라이코어의 언어는 격렬한 민족주의의 언어였으며 흔히 반유대주의적이기도 했다. 프라이코어는 행운을 나타내는 고대 힌두교의 상징인 만(卍)자가 그려진 깃발을 사용했으며, 대다수 구성원이 나중에 나치의 핵심 간부들이 됐다.

1919년 상반기의 독일 역사는 11월 혁명을 일으키고 1월 선거에서 사회민주당을 지지한 사람들을 프라이코어가 공격하며 독일 전역을 휩쓸고 다닌 역사였다. 프라이코어는 거듭 무장 저항에 부딪혔다. 4월에 독자적인 적군(赤軍) 1만 5천 명을 보유한 바이에른 소비에트 공화국이 선포된 것은 이런 무장 저항의 절정이었다. 바이에른 소비에트 공화국은 머지않아 무너졌다.

"혁명의 정신"

독일 내전 기간은 유럽의 대부분 지역이 혼란에 빠진 시기이기도 했다. 영국 총리 로이드 조지는 3월에 프랑스 총리 클레망소에게 보낸 편지에 다음과 같이 썼다.

유럽 전역이 혁명의 정신으로 가득 차 있다. …… 유럽 전역의 인민 대중이 정치·사회·경제의 측면에서 기존 질서 전체에 의문을 던지고 있다.[91]

파리 주재 미국 사절인 하우스는 일기장에 비슷한 두려움을 적어놓았다. "볼셰비즘이 도처에서 득세하고 있다. …… 우리는 문이 열린 화약고 위에 앉아 있으며 언젠가 불꽃이 튀어 화약고가 폭발할 것이다."[92]

그들을 근심하게 만든 직접적 원인은 러시아의 전쟁 포로였던 헝가리인 벨라 쿤의 주도로 헝가리에서 소비에트 정권이 수립된 것이었다. 체코슬로바키아와 루마니아가 헝가리 영토 일부를 점령하는 것을 막을 수 없었기 때문에 1918년 말에 수립된 자유주의적 민족주의 정권은 붕괴했다. 그래서 공산당–사회민주당 연립정부가 평화적으로 권력을 장악했던 것이다. 연립정부는 국내 개혁과 국유화를 추진하고 체코슬로바키아와 루마니아에 맞서 혁명 전쟁을 수행하려 하면서 동쪽에서는 러시아 적군(赤軍)이 지원해 주고 서쪽에서는 오스트리아 노동자들이 봉기하기를 기대했다.

어디에서도 혁명 정부는 권력을 장악하지 못했지만 어디에서도 상황은 안정되지 않았다. 중부 유럽과 동부 유럽의 신생 민족주의 공화국들에는 새로운 질서에 분노한 소수 민족들이 포함돼 있었다. 체코슬로바키아에는 독일어 사용자들이 다수인 지역도 있었고 헝가리어 사용자들이 다수인 지역도 있었다. 루마니아와 유고슬라비아에는 헝가리어를 사용하는 소수 민족들이 많았다. 유고슬라비아와 오스트리아는 이탈리아와 국경 분쟁을 벌였고, 불가리아는 루마니아와 국경 분쟁을 벌였다. 슐레지엔에서는 폴란드군과 독일군의 전투가 계속됐다. 터키와 그리스는 전면전을 벌였고 양국에서 대대적인 인종 청소가 이루어졌다. 체코슬로바키아와 불가리아에는 자국 정부의 중간 계급 민족주의에 반대하는 혁명적 정서를 가진 노동자들이 많았다.

1919년 4월 오스트리아 혁명가들은 실업자들을 이끌고 의회 건물을 공격하려 했다. 동쪽으로는 러시아와 손잡고 서쪽으로는 오스트리아를 거쳐 바이에른 소비에트와 손잡고 헝가리에서 혁명을 일으켜 과거의 독일, 오스트리아–헝가리 제국 전체를 뒤엎는다는 생각은 전혀 황당한 생각이 아니었다.

그러나 체제는 뒤집히지 않았다. 오스트리아 사회민주당은 독일 사회민주당보다 좌파적인 얘기들을 했지만 독일 사회민주당과 마찬가지로 혁명을 더욱 전진시키는 것에 확고하게 반대했다. 오스트리아 사회민주당은 비엔나 노동자평의회를 설득해 저항을 억누르고 오스트리아 자본주의를 생존시켰다. 한편, 부다페스트의 공산당-사회민주당 연립정부는 진정한 노동자평의회를 구성하지 않았다. 연립정부는 옛 장교들에 의존해 군대를 운영했고 농촌의 대토지를 분배하지 않아 농민을 소외시키는 근본적인 잘못을 저질렀다. 1백33일 뒤에 사회민주당이 연립정부를 포기하자 정권은 붕괴했고 호르티 장군이 주도하는 우익 독재가 들어섰다.

1919년의 소용돌이는 패전국들에 국한되지 않았다. 패전국과 같은 정도는 아니지만 승전국들도 영향을 받았다. 영국군과 프랑스군은 본국으로 돌아가려고 대기하는 병사들의 반란 때문에 흔들렸다. 러시아 혁명을 분쇄하기 위해 파견된 군대들도 혁명의 소용돌이에 영향을 받았다. 아르항겔스크에 주둔해 있던 영국군·프랑스군·미군은 전투를 거부했고, 프랑스군은 반란이 일어나자 오데사와 다른 흑해 항구에서 철수해야 했다.[93]

동시에 영국 내부에서도 산업 노동자들의 투쟁 물결이 높이 솟구쳤다. 1919년 초 기계 노동자들의 파업으로 글래스고에서는 경찰들과 노동자들이 격렬하게 충돌했고, 벨파스트에서는 총파업 비슷한 상황으로 발전해 구교도와 신교도가 뭉치게 됐다. 리버풀과 런던에서는 경찰이 파업을 일으켰다. 정부는 여러 가지 약속(나중에 파기했지만)을 내놓으며 광부 파업을 가까스로 피했지만 철도망이 9일 동안 마비되는 것은 피하지 못했다. 1920년 1월 광부노조·운수노조·철도노조가 '삼각 동맹'을 형성하자 정부는 공포에 떨었다. "각료들은 …… 완전히 겁에 질린 듯했다"고 각료회의 의장은 썼다.[94]

스페인은 지배자들이 독일을 지지하는 왕정과 영국-프랑스를 지지하는 부르주아지(그리고 파블로 이글레시아스가 이끄는 사회당)로 분열했기 때문에 전쟁에 참여하지 않았다. 그러나 물가가 폭등해 산업 노동자와 농업 노동자의 생활수준이 많이 악화됐다. 1917년 여름에는 광범한 총파업이 일어났지만 실패했고, 1918년에는 새로운 투쟁의 불길이 솟아올랐다.

계절 노동에 종사하는 일용직 노동자들을 통해서 대규모 토지를 경작하던 스페인 남부에서 1918~1920년은 "볼셰비키의 3년"으로 불렸다. 러시아의 볼셰비키가 가난한 농민들에게 토지를 나눠 줬다는 소식에 고무돼 "조직적 행동, 파업, 충돌, 집회의 물결이 솟구쳤다."[95] 미국 소설가 더스 패서스는 "여기서도 러시아는 봉홧불이었다"고 썼다.[96] 세 차례 대규모 파업이 일어났고 노동자들이 토지를 점령했고 부재지주의 저택을 불살랐으며 때로는 들판에도 불을 질렀다. 일부 소도시들에서는 "볼셰비키형 공화국"이 선포됐으며 운동의 불길을 가라앉히기 위해 2만 명의 군대가 파견됐다.[97] 선동은 남부에 국한되지 않았다. 발렌시아에서는 파업이 벌어진 1주일 동안 노동자들이 거리 이름을 '레닌', '소비에트', '10월 혁명'으로 고쳤으며 마드리드에서는 식량 폭동이 일어나 2백 개 상점이 약탈당했다.[98] 가장 중요한 투쟁은 1919년 초 카탈루냐에서 일어났다. 노동자들이 파업을 일으켜 바르셀로나 전력의 대부분을 공급하던 라 카나디엔세 공장을 점거했고 대중교통을 마비시켰고 카탈루냐 전체를 어둠 속으로 몰아넣었다. 카탈루냐 섬유공장의 70퍼센트에서 파업이 일어났으며, 가스 노동자들과 수도 노동자들도 파업을 일으켰고 인쇄노조는 '적색 검열'을 실시했다. 정부는 비상 사태를 선포하고 3천 명의 파업 노동자들을 잡아 가두었다. 그러나 이것으로도 고용주들의 조건부 항복처럼 보이는 사태를 멈출 수는 없었다. 노동자들은 잠시 일터로 돌아갔지만 정부가 투옥된 파업 노동자들의 석방을 거부한 탓에 다시 파업이 벌어졌다. 정부는 기관총으로 무장한 군대를 카탈루냐에 투입했고, 8천 명의 부르주아 자원병들을 무장시켰고 노동조합을 폐쇄했고 2주 만에 총파업을 분쇄했다. 고용주들이 고용한 총잡이들이 노동조합 활동가들을 사살하고 다녔기 때문에 카탈루냐의 노동자 운동은 마침내 힘을 잃었다. 그에 대한 보복으로 가르시아 올리베르, 프란시스코 아스카소, 부에나벤투라 두루티 등 CNT의 아나키스트 조합원들은 지배계급의 주요 인물들을 암살했다. 그들의 암살 활동은 노동자 세력을 더 파편화시키기만 했다. 그러나 카탈루냐 노동 계급의 가슴속 깊이 자리 잡은 계급적 적개심은 그 뒤 17년 동안 거듭거듭 폭발하게 된다.[99]

1919년 노동자 투쟁의 상승 물결은 유럽에만 국한된 것은 아니었다. 미국에서는 노동조합이 없는 업종에서 노동조합을 결성하려는 사상 최대 규모의 시도가 있었고 철강 노동자 25만 명이 격렬한 파업을 벌였다. 호주에서는 "사상 최대의 손실을 기록한 연쇄 파업들 …… 이 1919년에 폭발했으며 노사 분규로 인한 노동손실일수가 6백30만 일이나 됐다."[100] 캐나다 위니펙에서는 캐나다 서부와 미국 서북부 해안 전역의 선동 물결의 일환으로 총파업이 벌어졌다.

서유럽의 혁명적 봉기는 1920년 독일과 이탈리아의 결정적 투쟁에서 절정에 달했다.

독일에서는 여러 지역에서 잇따라 내전이 벌어졌고, 내전 과정에서 의회주의의 관점을 버리고 혁명적 관점을 받아들인 수많은 노동자들이 죽었다. 일반적인 통계에 따르면, 사망자 수는 2만 명 정도라고 한다. 그러나 독일의 기존 지배자들은 여전히 만족하지 못했다. 많은 지배자들이 이제 사회민주당을 분쇄하고 권력을 장악할 수 있을 만큼 힘이 있다고 느꼈다. 3월 13일에는 군대가 베를린으로 진격해 정부를 전복했다고 선포하고 고위 공무원 카프를 총리 자리에 앉혔다.

사회민주당 지도자들이 무장시킨 암살단은 좌파에 대한 공격에서 사회민주당 지도자들에 대한 공격으로 옮겨갔다. 그것은 너무 나간 행동이었으며, 사회민주당이 과거에 장군들과 협력하기 위해 둘러댄 핑계들을 받아들였던 현장 노동자들은 암살단의 행동에 격분했다. 주요 노동조합 연맹의 의장 레기엔은 총파업을 호소했고 독일 전역의 노동자들이 레기엔의 호소에 응답해 파업을 일으켰다.

그러나 주요 지역에서는 노동자들이 작업을 중단하는 데에만 머무르지 않았다. 노동자들은 새로운 노동자평의회를 구성하고 무기를 들고 쿠데타 동조 세력으로 알려진 군대를 공격했다. 루르에서는 전투 경험이 있는 수천 명의 노동자가 적군(赤軍)을 결성했고, 독일 최대의 산업 지역에서 제국 군대를 쫓아냈다. 며칠 만에 쿠데타 정부도 붕괴했다. 사회민주당 각료들은 베를린으로 돌아와 좌파적 목소리만 요란하게 내다가 다시 제국 군대와 손잡고 유혈낭자한 방법을 사용해 루르에서 '질서'를 회복했다.[101]

이탈리아에서 1919년과 1920년은 "붉은 2년"으로 알려져 있다. 노동자들은 잇따라 파업을 일으켰고 노동조합과 사회당으로 모여들었으며, 덕분에 사회당은 당원 수가 5만 명에서 20만 명으로 늘어났다. 파업이 꼬리에 꼬리를 물고 이어졌다. 1919년 여름에는 혁명 러시아와 연대하는 3일 동안의 총파업이 벌어졌다. 1920년 봄에는 토리노의 금속 노동자들이 고용주들에게 공장평의회를 인정받기 위해 격렬한 파업을 일으켰지만 실패했다. 당시에 안토니오 그람시의 신문 <신질서> 주변에 모인 혁명가들은 공장평의회를 소비에트의 첫걸음으로 봤다.

투쟁의 열기는 8월에 절정에 달했다. 밀라노에서 기계 노동자들이 공장 폐쇄에 저항해 공장을 점령했다. 4일 만에 운동은 이탈리아 전역의 금속업종으로 확산돼 40만 명의 노동자가 파업에 참가했다. "금속 노동자들이 일하는 모든 공장, 조선소, 제강공장, 단조공장, 주물공장에서 점거가 계속됐다."[102] 다른 업종에서도 대략 10만 명의 노동자가 금속 노동자들의 뒤를 이어 파업을 벌였다. 이제 사람들은 이 투쟁을 더는 단순한 경제 투쟁으로 생각하지 않았다. 노동자들은 공장에서 무기를 만들어 보관하기 시작했다. 노동자들은 노동자 통제에 기반을 둔 새 사회를 건설하기 시작했다고 믿었기 때문에 공장을 계속 가동했다. "수많은 노동자들이 무기가 있든 없든 간에 공장에서 일하고 잠자고 당직을 서면서 '생동하는 혁명'의 특별한 나날을 살고 있다고 생각했다."[103]

정부는 마비됐다. 남부에서는 전쟁에서 돌아온 농민들이 토지를 자발적으로 나눠 갖기 시작했다. 앙코나에서 병사들이 반란을 일으켜 알바니아 전선으로 투입되는 것을 거부했다. 총리 졸리티는 내전이 벌어지면 이길 수 없다는 두려움에 떨고 있었다. 졸리티는 상원에서 다음과 같이 말했다.

점거 사태를 멈추게 하려면 …… 금속업종의 6백 개 공장 …… 하나하나에 군대를 파견해야 할 것이다. …… 소규모 공장에는 1백 명을 파견하고, 대규모 공장에는 수천 명을 파견해야 할 것이다. 공장을 점령하려면 동원 가능한 모든 병력을 배치해야 할 것이다! 그리고 공장 바깥에 있는 50만 명의 노동자는 누가 감시할 것인가? 내전이 일어날 것이다.[104]

하지만 졸리티는 금속 노동조합 지도자들이 파업 사태를 평화적으로 해결하기 위해 양보할 것이며 사회당 지도자들이 노동조합 지도자들의 결정에 반발하지 않을 것이라고 생각하고 행동했다. 이렇게 하면 나중에 고용주들이 마음껏 싸울 수 있을 것이라고 생각했다. 졸리티의 생각이 옳은 것으로 드러났다. 사회당은 점거 사태가 노동조합 지도부의 탓이라고 공식적으로 발표했고, 주요 노동조합 연맹의 임시 총회를 열어 혁명에 대한 호소를 거부하고 고용주들과 합의하자는 결정을 3대 2로 가결했다. 운동의 핵심인 주요 공장의 금속 노동자들은 사기가 떨어져 패배했다. 금속 노동자들은 혁명을 위해 싸웠지만 그들이 얻은 것은 약간의 임금 인상과 사소한 노동 조건 개선뿐이었다.

서유럽의 혁명?

루르의 적군(赤軍)과 이탈리아의 공장점거는 서유럽에서 혁명의 가능성이 결코 없었으며 서유럽 혁명은 모두 러시아 볼셰비키의 머릿속 환상이었을 뿐이라는 주장이 새빨간 거짓말임을 증명한다. 1920년 봄과 여름에 자본주의 사회에서 자랐고 자본주의 사회를 당연한 것으로 생각했던 수많은 노동자들이 투쟁을 시작했으며, 투쟁 과정에서 사회 운영 방식에 대한 혁명적 사회주의 관점을 받아들였다. 1920년 8월에 세계 혁명은 환상이 아니었다. 러시아 적군(赤軍)은 바르샤바로 진격하고 있었고, 독일 노동자들의 머릿속에는 '카프 반란'을 물리친 기억이 있었으며, 이탈리아 공장들은 바야흐로 점거 직전이었다.

그러나 세계 혁명은 일어나지 않았다. 사회주의 역사가들은 러시아 혁명이 다른 곳에서 되풀이되지 않은 이유에 대해 논의해왔다. 한 가지 이유는 러시아와 서유럽의 객관적 차이들과 분명히 관계가 있다. 대다수 서유럽 국가의 자본주의는 역사적으로 러시아보다 더 오랫동안 성장해왔으며 대중을 자본주의의 지배에 통합시키는 사회 구조를 발전시킬 가능성이 더 컸다. 러시아와 달리, 대다수 서유럽 국가들에서는 농민에게 토지가 제공되거나(독일 남부나 프랑스처럼) 하나의 계급으로서 농민 계급은 사라졌으므로(영국처럼), 농민이 더는 구질서에 저항할 수 있는 세력이 아니었다. 대다수 서유럽 국가들도 노쇠하고 허약한 러시아 제정의 국가 기구보다 더 효율적이었으며 따라서 전쟁의 충격을 좀더 잘 이겨낼 수 있었다.

그러나 그런 객관적 요인들이 모든 것을 설명하는 것은 아니다. 앞서 살펴봤듯이, 서유럽의 수많은 노동자들은 혁명적 행동과 태도로 나아갔다. 물론 이런 현상은 러시아에서 노동자들이 혁명적 행동과 태도로 나아간 지 겨우 몇 년 뒤의 일이었다. 그러나 혁명적 태도로 나아가는 것이나 심지어 혁명적 행동을 하는 것이 곧 혁명을 일으키는 것과 같은 것은 아니다. 혁명을 일으키려면 변화에 대한 열망 이상이 필요하다. 혁명을 일으키려면 변화에 대한 열망을 현실로 옮길 수 있는 의지와 분별력—크롬웰의 신형군이나 로베스피에르의 자코뱅당이 위대한 부르주아 혁명에서 보여 준 의지와 분별력—을 가진 사람들의 조직이 필요하다. 1920년의 결정적 시기에 독일과 이탈리아에는 그런 조직이 없었다.

유럽의 사회주의 운동은 대체로 1871년부터 1900년대 초까지 비교적 사회가 평온했던 시기에 성장했다. 유럽의 사회주의 운동이 지지를 얻은 이유는 사람들이 계급으로 분열된 사회에 분노했기 때문이다. 그러나 그런 지지는 주로 수동적 지지였다. 유럽의 사회수의 운동은 원칙에서는 기존 사회에 반대하면서도 실천에서는 기존 사회와 공존하는 기관들—노동조합, 복지단체, 협동조합, 노동자단체—을 만들었다. 유럽 사회주의 운동은 이런 기관들을 운영한 덕분에 안정을 유지했고, 심지어 선출된 대표자들의 기구라는 점에서 지배 계급의 좀더 자유주의적인 분파들한테 어느 정도 인정을 받았다. 유럽 사회주의 운동은 봉건 영주를 혐오하면서도 봉건 영주의 행동과 생각을 모방하는 경향이 있는, 중세 후기의 상인들과 중산층 시민들과 약간 비슷한 처지였다. 많은 하층 봉건 계급은 기존 사회의 위계체계를 당연한 것으로 여겼기 때문에 봉건 영주의 행위를 받아들였다. 마찬가지로 노동자 운동의 기층 노동자들도 종종 지도자들의 행동을 받아들일 태세가 돼 있었다.

전쟁 직전 몇 년 동안 일어난 대중파업은 이런 태도에 도전하는 전투적·혁명적 흐름들을 탄생시켰으며, 전쟁 때문에 분열은 더 심해졌다. 득세한 개량주의에 대한 적대감과 전쟁에 대한 적대감이 서로 겹치는 경향이 있었다. 물론 베른슈타인과 쿠르트 아이스너 같은 개량주의자들도 전쟁을 싫어했다. 전쟁이 끝날 무렵 기본적으로 세 가지 흐름이 등장했다.

첫째, 에베르트-샤이데만-노스케를 필두로 전쟁을 지지하는 사회민주당이 있었다. 그들은 전쟁 지지를 자본주의를 받아들이는 것의 일부로 봤다. 둘째, 전쟁을 자본주의의 야만성이 극단적으로 드러난 것으로 보아 전쟁을 반대하고 전쟁을 영원히 끝낼 수 있는 수단이 혁명이라고 생각하는 혁명가들이 있었다. 셋째, '중도파'나 '중도주의'로 알려진 많은 무정형의 집단이 있었다. 이런 중도주의의 전형은 바로 독일의 독립사회민주당이었다. 독립사회민주당의 대다수 지도자들은 전쟁 전의 사회주의의 이론과 실천을 받아들였고 자본주의 안에서 국회의원이나 노동조합 활동가로 활동하는 것을 자신들의 미래라고 생각하고 있었다.

전쟁 중에 중도주의자들은 기존 정부에게 평화협상을 하라고 호소했을 뿐 전쟁 노력을 좌절시킬 수 있는 대중 선동은 하지 않았다. 전쟁 뒤 그들은 좌파적 언사를 사용했지만 사회주의의 목적은 '질서정연한' 방식으로써만 달성할 수 있다고 언제나 조심스럽게 주장했다. 대표적인 사례로, 독일 독립사회민주당의 힐퍼딩은 소비에트와 의회를 결합한 헌법안을 제안하려

했다. 중도주의자들은 평화적 타협안을 거듭 제출하고 노동자들의 행동 분출을 지연시킴으로써 상대편이 유리하게 만들었다. 혁명적 사회주의자 오이겐 레비네는 바이에른 소비에트를 주도한 혐의로 자신에게 사형을 선고한 법정에서 다음과 같이 말했다. "사회민주당은 출발하자마자 멀리 달아나서 우리를 배신한다. 독립사회민주당은 미끼에 넘어가서 우리편에 가담한 다음 우리를 주저앉힌다. 우리 공산당은 벽을 등지고 선다. 우리 공산당은 모두 휴가 중 사망한 병사들이다."[105]

중도주의 조직들은 일반적으로 전쟁 이후 매우 빨리 성장했다. 중도주의 조직은 유명한 의회 지도자들과 대형 신문사를 갖고 있었으며, 전투적인 노동자들을 대거 끌어들였다. 1918년 11월 독일 독립사회민주당의 당원 수는 로자 룩셈부르크의 스파르타쿠스 동맹보다 10배 정도 많았을 것이다.

이탈리아 사회당도 독일 독립사회민주당과 같은 종류의 당이었다. 이탈리아 사회당 지도자들의 정치적 태도는 기본적으로 의회주의였다. 물론 그들은 혁명을 얘기했고 적어도 일부 지도자들은 사회 변혁을 원했다. 또한 이탈리아 사회당에는 노골적으로 개량주의를 주장하는 세력이 있었으며, 가장 두드러진 의회 지도자는 필리포 투라티였다. 이탈리아 사회당은 투쟁의 물결이 솟구치자 크게 성장했지만 노동자들의 분노와 전투성을 국가에 대한 혁명적 공격으로 연결할 수 있는 지도력이 없었다. 이탈리아 사회당의 가장 유명한 지도자 세라티는 공장점거 8개월 뒤에 다음과 같이 시인했다. "누구나 혁명을 얘기했지만 아무도 혁명을 준비하지 않았다."[106] 그 뒤 60년 동안 사회당의 지도자가 되는 피에트로 넨니는 다음과 같이 시인했다. "당은 거대한 선거 기구일 뿐이었으며 이론적으로는 거부했던 [의회] 투쟁만을 위한 기구였다."[107] 토리노의 활동가 안젤로 타스카는 다음과 같이 회상했다. "노동자 조직들과 사회주의 조직들이 선택한 방법은…… 지나치게 흥분한 대중에게 조용히 있으라고 충고하고…… 혁명을 약속하는 것이었다."[108] "이탈리아의 정치 생활은 '다가올 혁명'의 밑천을 말잔치로 흥청망청 써버리며 시간만 질질 끄는 모임 같은 것이었다."[109]

러시아 혁명의 지도자들은 '중도주의자들'과 우파 의회주의적 사회주의자들의 부적절함을 알아채고 각국에 새로운 공산주의 인터내셔널과 연계된 공산당을 새로 결성하라고 촉구했다. 그러나 전쟁 시기의 탄압과 혼란 때문에 공산주의 인터내셔널의 1차 대회는 1919년 3월에야 열릴 수 있었으며, 그 뒤에도 다른 지역은 말할 것도 없고 유럽 전역의 대표들조차 드문드문 참석했다. 1920년 7~8월에 열린 2차 대회야말로 최초의 진정한 대표자 회합이었다.

유럽 전역의 노동자들 사이에 퍼져 있던 혁명적 정서의 힘은 대표단을 파견한 정당들이 보여 줬다. 이탈리아, 프랑스, 노르웨이의 주류 사회주의 정당들은 대표단을 파견했다. 독일 독립사회민주당, 스페인의 CNT, 심지어 영국의 독립노동당, 미국의 사회당조차 대표단을 파견했다. 2차 대회의 주요 메시지 중 하나—공산주의 인터내셔널에 가입하기 위한 '21개 조건'에 명시된—는 소속 정당들이 활동 방식과 지도부를 변혁할 때에만 진정한 혁명 정당이 될 수 있다는 것이었다. 특히, 소속 정당들에는 독일의 카우츠키, 이탈리아의 투라티, 영국의 맥도널드 같은 당원들이 계속 남아 있을 수 없었다.

21개 조건은 커다란 소동을 불러일으켰고 많은 중도주의 지도자들은 21개 조건을 받아들이지 않았다. 21개 조건을 둘러싸고 분열한 뒤에야 비로소 독일 독립사회민주당과 프랑스 사회당의 다수파, 이탈리아 사회당 소수파가 '새로운 종류의' 공산주의 정당이 되는 것에 찬성했다.

그러나 이런 방향의 움직임은 1920년 독일과 이탈리아의 대투쟁에 영향을 주기에는 너무 늦은 것이었다. 1923년 프랑스군이 루르를 점령하고 물가가 천문학적으로 치솟아 독일에서 새로운 위기가 발생하자, 독일 전체는 좌익과 우익으로 갈라졌고, 히틀러의 나치당이 최초로 성장했으며, 보수파 쿠노 정부에 맞서 성공적인 총파업이 벌어졌다. 그러나 그때조차 전쟁 이전 사회주의의 보수적인 의회주의 전통은 가장 전투적인 혁명가들 일부에게조차 여전히 영향을 끼치고 있었다. 그들은 튀링겐과 작센에서 사회민주당과 공동으로 의회주의적인 '노동자 정부'를 세웠다. 그들은 의회주의적 노동자 정부를 혁명 봉기의 발판으로 사용하려 했다. 그러나 공산당 지도자들은 대다수 노동 계급이 의회주의적 노동자 정부를 지지했는데도 봉기 계획을 취소했다.[110]

개량주의적 사회주의자들은 혁명의 위협이 제거되면 삶은 이전처럼 계속될 것이며 자본주의가 평화적으로 팽창하고 민주주의가 확산될 것이라고 믿으면서 혁명을 거부했다. 이탈리아의 사건들은 개량주의적 사회주의자들의 믿음이 얼마나 어리석은 것인지 보여 줬다.

쓰라린 대가 : 최초의 파시즘

1920년 공장점거 시기에 무솔리니는 이탈리아에서 전국적으로 알려진 인물이었다. 무솔리니는 대중을 선동하는 사회당 편집자였으며 사회당과 결별하고 전쟁을 지지했다. 그러나 무솔리니 개인의 정치 성향을 추종하는 자들은 소수였고, 혁명가였다가 민족적 국수주의자가 된 소수의 사람들과 이탈리아가 오스트리아와 유고슬라비아 연안의 영토에 대한 권리를 포기했다고 믿은 전투병 출신의 소수에 국한돼 있었다. 그들 중 소수는 1919년 3월 최초의 파시스트 전투 부대를 결성했지만 1919년 선거에서 매우 나쁜 성적을 기록했고 이탈리아 노동자들이 고용주와 정부에 대항해 싸우자 주변으로 밀려나 무기력한 상태로 있었다.

공장점거가 권력 [장악]을 위한 혁명적 투쟁으로 발전하지 못하자 무솔리니의 운명이 바뀌었다. 노동자는 급증하는 실업률 때문에 "붉은 2년"의 물질적 성과들이 사라지자 사기가 떨어졌다. 고용주들은 노동자 운동에 잊지 못할 교훈을 주기 위해 필사적으로 노력했으며 '자유주의' 총리 졸리티는 좌파에 대항할 만한 세력을 찾고 있었다. 무솔리니는 졸리티의 목적에 이바지했다. 일부 대기업과 졸리티 정부는 무솔리니에게 은밀하게 자금을 댔다. 전시 장관은 6만 명의 예비역 장교에게 파시스트 전투 부대에 입대하면 군복무 시절에 받던 월급의 80퍼센트를 지급하겠다는 광고 전단을 배포했다.[111] 졸리티는 1921년 3월 '중도-우파' 선거 협약을 체결했고, 그 덕분에 무솔리니는 35개 의석을 확보했다. 그 대가로 무솔리니의 무장 단체들은 좌파와 노동조합의 힘이 강한 지역들을 체계적으로 공격하기 시작했다. 노동자와 소작인이 지주에 맞서 격렬하게 투쟁한 포 강 유역의 지역들이 가장 먼저 공격을 받았다.

50~60명 정도의 파시스트로 구성된 무장 단체들이 트럭을 타고 마을과 소도시에 나타나서 사회당의 '인민 회관'을 불태우고, 시위대를 해산하고, 투사들을 폭행하고, 아주까리 기름을 투사들 입에 부어넣으며 좋다고 웃어댔다. 그들은 경찰들이 자신들이 도망갈 시간을 충분히 줄 것임을 알고 있었다. 사회당원들과 노동조합원들은 대체로 직장에 매여 있었고 외진 마을들에 흩어져 있었기 때문에 그런 공격에 신속하게 대응할 수 없었다. 파시스트들은 매우 안전하다고 생각했다. 왜냐하면 언제나 경찰은 늑장을 부리다가 파시스트들이 떠난 뒤에 나타난다는 것을 알고 있었기 때문이다. 그래서 파시스트들은 "살인 행위를 스포츠로 생각"했다.[112]

파시스트들은 잇따라 성공을 거뒀다. 그들은 도시에서 "지주, 군 장교, 대학생, 관리, 불로 소득 생활자, 전문직, 상인"[113]을 동원해 농촌으로 원정을 갈 수 있었다. 파시스트 돌격대의 수는 1920년 10월 1백90명에서 1921년 2월 1천 명, 그 해 11월에는 2천3백 명으로 불어났다.[114]

그러나 파시스트는 아직 충분한 힘이 없었다. 졸리티 정부는 파시스트를 이용하기를 원했지, 파시스트에게 이용당하기를 원하지는 않았다. 그리고 그들에게는 여전히 파시스트들을 저지할 만한 힘이 있었다. 1921년 7월 사르자나에서 5백 명의 파시스트들은 11명의 병사들이 총을 쏘자 달아났다.[115] 이때 노동자들은 파시스트와 싸우기 위해 독자적인 준군사단체인 인민행동대를 만들기 시작했다. 파시스트 지도자 방켈리는 돌격대가 사람들의 반격을 받았을 때 "방어하는 방법"을 몰랐다고 인정했다.[116] 파시스트 운동 내부에 잠시 위기가 있었으며 "기가 꺾인" 무솔리니는 파시스트 집행

부에서 물러났다.[117]

무솔리니는 노동 운동 지도자들의 태도 때문에 다시 살아났다. 투라티의 개량주의적 사회당과 주요 노동조합 연맹 CGL은 파시스트들과 평화협정을 체결했다. 주류 사회당에서 좀더 좌파로 알려진 지도자들(결국은 투라티와 결별한)은 수동적인 태도를 취했고 인민행동대를 비난했다. 당시의 공산당 지도자 아마데오 보르디가는 파시스트들과 다른 부르주아 정당들의 차이를 보지 않으려 했고 투쟁을 자제하고 인민행동대를 비난했다.

지주들과 대자본가들이 정부에 충분한 압력을 넣어 태도를 바꾸게 만들 때까지 무솔리니는 기다렸다가, 평화협정을 깨고 자기가 정한 시기에 노동자 조직들을 다시 공격하기 시작했다. 이번에는 마을과 지방 소도시뿐 아니라 대도시에 있는 좌파들의 건물, 신문사 건물, 노동조합 회관까지도 공격했다.

노동 운동의 공식 지도자들은 마침내 1922년에 무솔리니의 공격에 대응하려 했다. 그들은 모든 노동조합이 참여하는 '노동 동맹'을 결성했고, 라벤나에 있는 사무실이 공격당한 뒤인 7월에 3일간의 총파업을 호소했다. 그러나 당시는 경제가 불황인 데다가 실업률마저 높아 3일간의 파업으로는 무솔리니에 대한 대자본가들의 자금 지원을 막을 수 없었다. 그리고 노동자 조직들을 체계적으로 동원해 파시스트와 싸워 거리를 장악하지 못했기 때문에, 파업 뒤에도 무솔리니는 전과 마찬가지로 강력했다.

파업이 실패한 뒤 노동 계급의 사기가 떨어져서 무솔리니는 밀라노, 앙코나, 제노바 같은 도시들까지 통제할 수 있게 됐다. 물론 인민행동대가 파르마에서 파시스트들을 격퇴했을 때 저항이 성공할 가능성이 보이기도 했다.[118] 1922년 10월 무솔리니는 졸리티와 부르주아 자유주의자들을 무시할 수 있을 만큼 힘이 커졌다. 그들이 무솔리니에게 각료 자리를 제안하자 무솔리니는 정부가 자기 말을 듣지 않으면 파시스트들을 로마로 진격시키겠다고 으름장을 놓았다. 이것은 무솔리니의 허세였다. 국가가 무솔리니를 저지하려 했으면 쉽사리 무솔리니를 막을 수 있었을 것이다. 그러나 군 장성들과 대자본가들은 무솔리니를 저지하려 하지 않았다. 왕은 무솔리니를 총리 자리에 앉혔고 무솔리니는 로마까지 진군하지 않고 밀라노에서 기차를 타고 로마에 왔다.

자유당이 무솔리니가 의회 다수파를 차지하도록 도와주고 무솔리니의 첫 번째 정부에서 각료 자리를 차지했을 때, 이탈리아 부르주아지는 특권과 이윤의 보전을 민주주의 원칙보다 더 중요하게 생각한다는 것을 보여줬다.

무솔리니가 이탈리아에 '질서'와 안정을 가져올 것이라고 믿은 세력은 부르주아지만이 아니었다. 어떤 이탈리아 파시즘 역사가는 다음과 같이 회고하고 있다.

> 공산주의자들과 거의 모든 사회주의자들을 제외하고, 민주주의적 반파시스트들과 CGL의 사회주의자들을 포함해 모든 의원이 무솔리니의 정부를 환영하고 악몽이 끝났다며 안도의 한숨을 내쉬었다. 사람들은 내전이 끝났다고 말했다. 사람들은 파시즘이 결국 합법적으로 행동할 것으로 기대했다.[119]

사실 진짜 악몽은 이제부터 시작이었다. 무솔리니가 집권하자 경찰과 파시스트가 손을 잡았다. 경찰과 파시스트는 노동 계급 조직을 체계적으로 해체할 수 있었고 자유주의 정치인들과 지식인들은 파시스트 폭력의 위협에 대항할 만한 힘이 없었다. 한동안 민주주의 장식물들은 그대로 있는 듯했다. 사회당의 좌파 의원들과 공산당 의원들조차 의회에서 마음껏 자기 의견을 얘기할 수 있었다. 물론 의회 밖에서는 그럴 수 없었다. 그러나 실제 권력은 이제 헌법 기구가 아니라 무솔리니가 갖고 있었다.

이것은 1924년에 극적으로 드러났다. 무솔리니의 심복 부하들이 지도적인 개량주의적 사회주의자 의원 마테오티를 암살했다. 파시스트들은 전에 받았던 지지의 대부분을 잠시 잃게 됐다. "암살 범죄가 발생한 다음 주에 정부는 금방이라도 무너질 수 있었다"[120]고 판단하는 사람들도 있었다. 그러나 의회의 저항은 의사당 밖에서 항의 시위를 벌이고 독자적으로 '아벤틴'[이탈리아 로마에 있는 지역 이름] 의회를 구성하는 수준에 머물렀다. 그들은 정부에 맞서는 대중 행동을 촉구해 사회 격변을 불러일으키는 위험을 감수하려 하지 않았으며, 대다수 의원들은 얌전하게 파시스트들에게 무릎을 꿇은 다음 1925년 초에 의회에서 다시 의원직을 수행했다.

무솔리니는 어떤 극악무도한 행동을 해도 괜찮다는 것을 알게 됐고, 이탈리아를 전체주의 체제로 바꿔놓고 스스로 전능한 두체[Duce : 무솔리니의 칭호로 지도자라는 뜻]가 됐다. 무솔리니의 성공은 유럽 전역의 지배 계급한테서 찬사를 받았다. 영국 보수당의 윈스턴 처칠은 신이 나서 무솔리니를 칭찬했고,[121] 곧이어 많은 사람들이 무솔리니가 사용한 방법을 베끼기 시작했다. 그들 중에는 뮌헨의 민족주의적 반유대주의 단체들 사이에서 주목받고 있었던 아돌프 히틀러도 있었다.

쓰라린 대가 : 스탈린주의의 씨앗

혁명이 확산되지 않았기 때문에 러시아는 고립됐고, 물리적 봉쇄뿐 아니라 16개 나라 군대의 침공으로 공포, 내전, 파괴, 질병, 굶주림에도 시달려야 했다. 산업 생산은 1916년의 18퍼센트로 떨어졌고 도시에 남아 있던 소수의 노동 계급은 식량을 구하기 위해 농촌을 돌아다니며 농민들과 직접 물물교환을 해야 했다. 발진티푸스가 퍼지고 식인 풍습까지 등장하자, 볼셰비키는 사실상 존재하지 않는 노동 계급의 직접적인 대표가 아니라 당 체제를 통해 권력을 고수하게 됐다. 볼셰비키가 생존한 것은 여전히 당의 대다수인 노동자들의 혁명적 용기와 인내심이 얼마나 컸는지를 말해 준다. 그렇다고 볼셰비키가 생존을 위해서 정치적 대가를 치르지 않은 것은 아니었다.

이것은 1921년 3월 페트로그라드 외곽 해군 요새인 크론슈타트에서 엄청난 가난이 혁명 정부 때문이라고 비난하며 수병들이 봉기했을 때 명확하게 나타났다. 크론슈타트는 1917년 볼셰비키 세력의 주요 거점 중 하나였지만, 고참 투사들이 적군(赤軍)에 편입돼 전선으로 나가고 농촌 출신 신병들로 대체됐기 때문에 병사들의 구성이 바뀌었다. 봉기는 가난을 이겨내기 위한 대안을 전혀 제시할 수 없었다. 왜냐하면 당시의 가난은 부와 빈곤의 공존에서 비롯한 자본주의의 위기가 아니라 내전, 외국군 침공, 봉쇄로 전국이 황폐해져서 생긴 것이었기 때문이다. 한 계급은 풍요를 누리고 다른 계급은 굶주리는 것이 아니라 굶주림의 정도가 다를 뿐이었다. 겨우 몇 달 전에 내전에서 패배한 구체제의 장군들은 반격의 기회만 엿보고 있었으며, 그 일부가 마침내 크론슈타트 반란군 일부와 우호적인 관계를 맺었다. 시간은 혁명 정부의 편이 아니었다. 요새 주변의 얼음이 녹고 있었고, 그리되면 크론슈타트를 탈환하기가 어려워졌을 것이다.[122] 이런 요인들 때문에 볼셰비키는 봉기를 진압할 수밖에 없었다. 볼셰비키당 내부의 '노동자반대파'도 이런 사실을 인정했고, 그들이 선두에 서서 얼음을 건너 수병들을 공격했다. 그러나 크론슈타트는 고립과 외국군의 침공 때문에 혁명이 비참한 상황으로 내몰렸음을 보여 준 신호였다. 혁명은 1917년의 볼셰비즘이 아니라 자코뱅주의에 좀더 가까운 방법들을 이용해서만 생존할 수 있었다.

이런 방법들은 볼셰비키 당원들에게도 영향을 미쳤다. 내전 기간은 노동자 민주주의와는 전혀 어울리지 않는 권위주의적인 태도를 많은 사람들에게 심어 줬다. 레닌은 1920~1921년 겨울 당내 논쟁에서 "우리 나라는 관료주의로 일그러진 노동자 국가"[123]라고 주장하면서 그것을 인정했다. 레닌은 국가 기구를 "짜르 체제에서 빌려와 소비에트 세계가 거의 손보지 않은 …… 부르주아적이고 전제적인 메커니즘"이라고 묘사했다.[124] 이것은 많은 당원들의 태도에 영향을 끼쳤다. "모스크바를 보라. 거대한 관료 집단이 있다. 누가 누구를 지도하는가? 4천7백 명의 책임 있는 공산당원이 관료 집단을 지도하는가 아니면 그 반대인가?"[125]

1921년 여름 공산주의 인터내셔널 3차 대회가 열렸다. 3차 대회는 다소나마 혁명적인 대표들을 모두 불러 모은 첫 대회였다. 많은 대표들이 혁명의 땅에 발을 디디는 것에 흥분했다. 그러나 혁명의 언어가 살아남았고 많은 볼셰비키가 혁명의 이상에 여전히 투신하고 있었지만, 당 전체는 고립, 권위주의, 낡은 관료주의에 대한 의존이 끼친 영향에서 벗어날 수 없었다. 1851년에 마르크스는 "인간이 역사를 만들"지만 "스스로 선택한 조건에서" 만드는 것은 아니라고 썼다. 또한 이런 조건들은 인간 자체를 바꿔놓는다. 상황의 압력 때문에 볼셰비즘은 공산주의 인터내셔널이 응집력 있는 조직으로 완성돼 가고 있는데도 천천히 다른 것으로 변해가고 있었다. 그것은 나중에 스탈린주의라는 이름을 갖게 된다. 물론 요시프 스탈린은 1923년이나 1924년까지는 실질적인 권력을 행사하지 못했으며 1928~1929년에야 비로소 절대 권력을 갖게 됐다.

4. 식민지 세계의 반란

20세기 초에는 소수의 지배 계급이 전 세계를 지배했다. 인류 역사의 광대한 물결은 소수의 유럽 국가들이 만들어놓은 좁은 수로를 통해 흘러갔다. 전쟁 자체는 이것의 극단적인 표현이었다. 세계대전은 영국·독일·프랑스 지배자들의 제국주의적 야망에서 비롯한 것이었다.

그러나 전쟁이 끝날 무렵 반란의 물결은 식민지 세계를 휩쓸고 제국주의 지배자들의 지배를 위협하고 있었다. 1916년 더블린에서 무장 봉기가 일어났고, 1918~1921년에는 아일랜드 전역에서 게릴라 전쟁이 벌어졌다. 영국의 이집트 점령에 맞서 거의 혁명에 가까운 투쟁이 벌어졌고, 중국에서는 1919년 학생들의 시위로 시작된 민족주의 선동이 1926~1927년 내전으로 절정에 달했다.

서구의 지배에 맞선 저항이 전쟁보다 먼저 일어났다. 아프리카의 식민지 개척은 잇따른 격전을 통해서만 가능했다. 영국의 인도 지배는 1857년 대규모 봉기로 흔들렸다. 19세기에서 20세기로 접어들면서 의화단의 난이 일어나 서구의 지배에 반대하는 물결이 중국을 휩쓸었다.

그러나 그런 저항은 애초에 외세의 정복에 무릎을 꿇었던 바로 그런 종류의 사회를 부활시키려는 시도들과 종종 결부돼 있었다.

그러나 20세기로 접어들면서 새로운 저항의 조류들은 전통적 문제를 들고 나올 때조차 서구 자본주의의 방법을 배우고 모방하려 했다. 이런 저항의 조류들 중심에는 학생, 변호사, 교사, 언론인—이 집단의 구성원들은 식민 지배자의 언어로 공부하고, 유럽풍의 옷을 입고, 유럽 자본주의의 가치를 받아들였지만, 식민 지배자들의 경찰들은 계속해서 그들의 열망을 억눌렀다—이 있었다. 식민 도시마다 이런 사람들이 꽤 많았으며, 그들의 시위와 저항은 거리를 휩쓸었고 좀더 전통적 입장을 갖고 있는 훨씬 더 많은 사람들을 끌어들일 수 있었다.

이제까지 영국의 가장 중요한 식민지였던 인도에서도 총독부가 일반적인 분열 지배 전략의 일환으로 인도 최대 주인 벵골을 무슬림과 힌두교도 지역으로 분할하려 했던 1900년대 중반에 전국적인 저항 운동이 벌어졌다. 저항 운동은 "우리 나라"(Swadeshi)라는 구호를 내걸고 팻말을 들고 시위를 벌였으며, 영국이 파견한 군대와 격렬하게 충돌했고, 영국 상품 불매 운동을 이끌어냈다. 저항 운동은 영어를 사용하는 전문직 중간 계급에 기반을 둔 이전의 온건 조직인 인도 국민의회와, '테러리즘'의 방법을 지지하고 힌두교야말로 '진정한' 인도 전통이라고 주장하면서 상층 계급 힌두교도의 무슬림에 대한 적개심을 부추기는 B G 틸라크 같은 사람들을 한데 묶어놓았다. 세계대전이 일어나자 틸라크와 마하트마 간디(1915년 남아프리카공화국에서 인도로 귀국한)는 영국의 전쟁 노력을 지지했다. 총독부는 인도 군대를 2백만 명으로 늘릴 정도로 많은 병사들을 모집할 수 있었으며, 충원한 인도군의 대부분을 유럽 전선으로 파견해 학살극에 가담하게 했다.

중국에서는 새로운 기운이 일어나 만주 제국을 붕괴시켰다. 과거의 중간 계급과 외국에서 공부한 새로운 중간 계급은 서구 열강과 일본이 훨씬 더 넓은 '조계'(租界)를 차지하고 '불평등 조약'을 강요하는 것을 막지 못하는 만주 제국에 실망했다. 1911년 10월 군사 반란이 일어났고 최근에 망명지에서 귀국한 쑨원을 대총통으로 하는 공화국이 선포됐다. 20년 동안 쑨원은 민족 독립과 자유민주주의를 위해 싸운 여러 비밀단체를 조직해왔다. 그러나 쑨원의 권력 장악은 오래가지 않았으며, 한 달도 채 안 돼 쑨원은 대총통직을 옛 만주 제국의 장군이었던 위안스카이에게 넘겨줬다. 위안스카이는 독재자로 군림했고 의회를 해산했다.

이집트에서는 1900~1910년에 영국에 반대하는 민족주의 물결이 일어났고, 총독부는 신문을 금지했고, 영국에 맞서는 민족주의 운동의 지도자들 중 한 명을 투옥했고 나머지는 추방해 이 민족주의 운동을 분쇄했다.

아일랜드 봉기

인도가 영국의 최대 식민지였다면 아일랜드는 영국의 가장 오래된 식민지였으며 19세기 중반에 아시아나 아프리카의 어떤 지역과도 맞먹는 수준의 고통을 겪었다. 바로 아일랜드에서 식민 제국에 대한 최초의 근대적 봉기 — 1916년 부활절 월요일 봉기 — 가 일어났다.

아일랜드에서는 1백 년 이상 영국 지배에 저항하는 두 가지 전통이 있었다. 하나는 입헌 민족주의였으며, 영국 의회에서 의석을 확보해 영국에 압력을 넣어 제한된 자율성('자치')을 얻어내는 것을 목표로 했다. 나머지 하나는 공화주의였으며, 비밀 조직인 아일랜드공화주의조합, 즉 '페니언단'을 통해 무장 반란을 준비했다.

전쟁 전에는 어떤 방법도 성공하지 못했다. 영국 국가는 페니언단이 꾸민 여러 음모와 반란을 아주 쉽게 분쇄했으며 페니언단 지도자들은 감옥에 갇혔다. 입헌 민족주의자들도 마찬가지였다. 1880년대에 입헌 민족주의자들은 영국 지배 계급의 자유당 세력에게서 '자치'에 대한 명목상의 지지를 얻어냈다. 그러나 1912~1914년에 영국 하원이 [아일랜드] 자치법을 통과시킨 뒤에도 자유당은 약속을 지키지 않았다. 오히려 자유당은 자치가 영국 '헌법'에 대한 위협이라고 주장하는 보수당과 타협하고, 독일에서 공공연히 무기를 수입하는 반(反)자치 '오렌지당' 왕당파와 타협하고, '커래이 항명 사건'을 통해 자치법을 실시하지 않겠다는 의지를 분명히 보여 준 상급 장교들과 타협했다. 그러나 1914년에 전쟁이 터지자 입헌 민족주의자들은 서둘러 영국의 전쟁 노력을 지지했고 수많은 아일랜드인들을 영국군에 자원하도록 꼬드기는 일을 도왔다.

그 뒤 1916년 부활절 기간에 8백 명 정도의 무장 반란군이 더블린 중심가의 공공건물, 특히 중앙우체국을 점령했다. 대다수 참가자들은 시인이자 교사인 패드라익 피어스가 이끄는 공화주의자들이었다. 그러나 무장 민병대인 아일랜드시민군에 소속된 좀더 소수의 사람들도 그들과 함께 투쟁했다. 아일랜드시민군은 9개월 동안 진행된 더블린 직장폐쇄 이후에 아일랜드 사회주의의 시조이자 미국의 세계산업노동자연맹(IWW) 조직자였던 제임스 코널리가 주도해 수립됐다.

봉기는 엉뚱한 방향으로 조직됐다. 어떤 참가 조직의 지휘관은 동원 명령을 취소함으로써 참가자 수를 3분의 1로 줄였다. 그리고 독일제 무기를 들여오기 위한 시도는 영국군에게 저지당했다. 그러나 무엇보다도 더블린 대중은 봉기에 무관심했다. 그리하여 추방당한 폴란드 혁명가 라데크는 전체 사건을 실패한 폭동이라고 규정했다. 반면, 망명 중이었던 레닌은 봉기가 식민 지배에 맞선 잇따른 봉기의 시작이며 유럽 열강을 뒤흔들어놓을 것이라고 주장했다.

확실히 봉기는 아일랜드에서 영국의 지배를 뒤흔들어놓았다. 안절부절 못하는 영국 지배 계급이 봉기를 진압하기 위해 취한 조치들 — 더블린 중심가에 함포를 쏘고 봉기 지도자들이 백기를 내걸고 항복한 뒤에 봉기 지도자들을 처형한 조치 — 때문에 영국 지배에 대한 적개심이 커졌다. 이런 적개심은 1918년 영국 정부가 아일랜드에서 징병제를 도입하려고 했을 때 심화됐다. 영국 의회를 보이콧하던 신페인당 후보들이 1918년 말 총선에서 압승했고 친영 통일주의자[아일랜드 자치에 반대하는 세력] 후보들은 북부의 얼스터 주에서 의석의 절반을 잃었다. 신페인당 의원들은 더블린에 모여 회의를 열어 아일랜드 공화국의 새로운 의회를 선보하고 1916년 봉기의 지휘관 가운데 하나인 이몬 드 발레라를 대통령으로 임명했다. 한편 무장 반란군은 게릴라군, 즉 전직 목사 마이클 콜린스가 이끄는 아일랜드공화국군(IRA)으로 재결집해 의회에 대한 충성을 맹세했다. IRA와 의회는 서로 협력해 영국 법원과 징세관에 대한 보이콧, 무장 행동, 영국 군대의 이동에 반대하는 파업을 통해서 영국의 아일랜드 지배를 불가능하게 만들었다.

영국은 3백 년 동안의 제국 건설 과정의 특징인 잔인무도함으로 대응했는데, 선출된 아일랜드 지도자들을 투옥했고, 반란군으로 추정되는 사람들을 교수형에 처했고, 축구장에 모인 군중에게 자동기관총을 발사했고, 용병 부대인 '블랙 앤드 탠'(Black and Tan)을 만들어 민간인을 잔인하게 학살하고 코크 중심가를 불태웠다. 그런 폭력도 저항을 잠재울 수 없었다. 그러나 동북부에서는 영국이 제공한 무기로 무장한 종파적 프로테스탄트 폭도들이 가톨릭교도들을 직장과 집에서 몰아냈고 민족주의 지지자들에게 테러를 가해 항복하게 했다.

영국 각료회의 의사록[126]은 지배 계급이 무엇을 해야 할지 몰라서 쩔쩔매고 있었음을 보여 준다. 아일랜드 문제는 국제적 망신거리였는데, 영국 제국을 무너뜨리려는 미국 정치인들에게는 호재였기 때문이었다. 아일랜드 문제는 영국에서도 거대한 정치적 문제를 유발했다. 왜냐하면 영국 노동 계급의 상당 부분이 아일랜드 출신이거나 아일랜드인의 후손이었기 때문이다. 또한, 아일랜드 문제는 제국의 다른 지역에서도 문제를 일으켜 영국 코노트 유격대에 소속된 아일랜드 병사들이 인도에서 반란을 일으키기도 했다. 그러나 대다수 각료들은 아일랜드 민족주의에 양보하는 그 어떤 조치도 제국을 배신하는 행위이자 식민지 반란을 부추기는 행위라고 생각했다.

마침내 1921년 영국 총리 로이드 조지는 해결책을 찾았다. 콜린스가 이끄는 아일랜드 대표단과 협상을 하면서 로이드 조지는 아일랜드가 영국 지배 하의 북아일랜드 6개 지역을 포기하고, 일부 아일랜드 항구에 영국군의 기지를 제공하고, 영국 왕실에 충성 서약을 하는 것에 동의하지 않으면 전면적인 탄압을 통한 초토화 정책을 쓰겠다고 협박했다. 전면전이 벌어지면

재산을 모두 날릴까 봐 두려워한 중간 계급의 압력 때문에, 콜린스는 타협안을 받아들였고 의회에서 가까스로 다수 의석을 차지했다. 드 발레라는 대다수의 IRA와 마찬가지로 그런 타협안을 거부하고 타협을 배신 행위로 봤다. 콜린스가 영국의 압력에 무릎을 꿇고 영국군을 주둔시키고 더블린에서 IRA가 통제하는 건물들에서 IRA를 쫓아내자, 콜린스파와 드 발레라파 사이에 내전이 벌어졌다. 1923년 공화주의자들이 결국 무기를 버렸고 로이드 조지의 전략은 완전히 성공했다.

아일랜드에는 모종의 독립 정부가 있었지만 벨파스트를 중심으로 한 산업 지역과 떨어져 있고 수백 년 동안 계속된 영국 식민주의의 파괴적 영향을 극복할 가능성이 거의 없는 피폐화된 지역을 지배했다. 드 발레라가 1930년대 초에 선거를 통해 권력을 장악했지만, 영국 지배의 상징들이 일부 사라졌다는 것을 제외하고는 근본적인 변화는 전혀 일어나지 않았다. 반세기 동안 젊은이들의 미래를 약속하는 유일한 길은 영국이나 미국으로 이민을 가는 것이었다. 남아 있는 사람들은 가난에 찌든 채 아일랜드 교회가 설교하는 무력한 가톨릭의 지배를 받으면서 살았다.

한편 북아일랜드는 1972년까지 줄곧 통일주의 정당의 지배를 받았는데, 이 정당을 쥐락펴락했던 자본가들과 지주들은 오렌지당의 비열함을 동원해 노동자들과 농부들 가운데 다수인 프로테스탄트들을 소수인 가톨릭계와 대립시켰다. 1916년 봉기 이후 처형된 제임스 코널리는 아일랜드 분할이 "국경 양측에서 반동의 광란"을 낳을 것이라고 예측했다. 그 뒤 전개된 상황은 코널리가 옳았음을 입증했다. 영국 제국주의는 아일랜드 유산 계급의 두려움을 이용해, 영국 지배에 맞선 최초의 거대한 도전에서 사실상 상처 하나 입지 않고 승자로 떠올랐다. 이런 교훈은 다른 곳에서도 적용됐다.

인도 민족 운동

인도, 중국, 이집트의 민족 운동은 전쟁 초기에 마비됐다. 그러나 전쟁 말기에 그런 운동은 성장하고 강화됐다. 전쟁 때문에 수많은 아시아인과 북아프리카인이 근대 자본주의와 직접 접촉할 수 있는 기회가 늘어났다. 인도 병사들은 서유럽 전선, 메소포타미아, 갤리볼루에서 싸웠다. 수많은 중국인, 베트남인, 이집트인이 여러 전선에서 후방 지원 노동자로 동원됐다. 또한 전쟁은 현지 산업을 발전시켰다. 왜냐하면 적대 행위 때문에 수입이 중지되고 대규모의 새로운 전쟁 물자 시장이 형성됐기 때문이다.

새로운 산업은 유럽에서 산업혁명이 초래했던 것과 같은, 계급 구조의 변화를 낳았고 그리하여 전직 농민·장인·임시고용 노동자가 근대적 노동 계급으로 바뀌었다. 근대적 노동 계급은 여전히 전체 노동 대중 가운데서 소수였다. 중국에서는 그 비율이 0.5퍼센트 미만이었다. 그러나 절대 수치로 보면 근대적 노동 계급의 수는 상당했다. 인도에는 2백60만 명의 노동자가 있었고[127] 중국에는 1백50만 명의 노동자가 있었다.[128] 노동자들은 봄베이, 캘커타, 광둥, 상하이 같은 교통·행정 중심 도시들에 집중돼 있었다. 상하이에서는 노동 계급이 이미 인구의 5분의 1에 육박해 있었고, 셰노는 그가 쓴 중국 노동 운동사에서 노동 계급이 "전체 인구에서 실제로 차지하는 비중에 견줘 훨씬 더 큰 힘을 발휘할 수 있었다"고 썼다.[129]

학생, 지식인, 전문직 중간 계급은 제국 열강과 국내의 협력자들에 저항하는 데서 잠재적인 두 동맹 세력을 얻게 됐다. 외국 자본가에 맞서 자신들의 이익을 지켜줄 국가를 원하는 토착 자본가들이 있었고, 외국인 경찰·경영자·감독관에게 분노를 품고 있는 노동자들이 있었다.

이런 변화는 배고픔·질병과 계속해서 싸웠던 대중의 부담이 전쟁 때문에 가중되는 것과 동시에 진행됐다. 전시의 세금과 대출 때문에 1억 파운드가 인도에서 빠져 나가 제국의 재정을 살찌웠다. 세금 인상과 물가 상승으로 이런 막대한 금액이 빠져 나갔으며 노동자들과 가난한 농민들은 커다란 타격을 입었다.[130]

인도의 이런 울분은 1918~1920년 인도 전역을 휩쓴 소요의 물결로 표출됐다. 봄베이의 섬유 노동자 파업이 확산돼 12만 5천 명의 노동자가 파업에 참가했다. 봄베이, 타밀나두, 벵골에서 식량 폭동이 일어났고 캘커타에서는 채무자들이 채권자들에 대항해 격렬한 시위를 벌였다. 대중 시위, 파업, 폭동이 인도의 많은 지역으로 확산됐다.[131] 포위된 암리차르의 잘리안왈라바그 광장에 운집한 수천 명의 시위대에게 발포하라고 다이어 장군이 군대에게 명령해서 3백79명이 죽고 1천2백 명이 다쳤다. 이런 학살 때문에 시위는 더욱 늘어났고 정부 건물과 전화선이 공격을 받았다. 1920년 상반기에는 2백 건 이상의 파업이 벌어졌고 1백50만 명 이상의 노동자가 참가했다. 정부 보고서는 다음과 같이 기록했다.

…… 힌두교도와 무슬림 사이의 전례 없는 우의 …… 하층 계급조차 힌두교도와 무슬림을 가리지 않았다. [힌두교도와 무슬림이] 한데 어우러지는 믿을 수 없는 광경들이 펼쳐졌다. 힌두교도는 무슬림이 주는 물을 공공연하게 받아 마셨고 그 반대의 경우도 마찬가지였다.[132]

그러나 저항의 전투성 때문에 민족주의 운동의 지도자들은 근심에 휩싸였다. 민족주의 운동의 지도자들 중에서 가장 영향력 있는 인물은 바로 마하트마 간디였다. 간디는 작은 공국(公國)의 총리 아들로 태어나 런던에서 공부해 변호사가 됐다. 그러나 간디는 농민의 옷을 입고 힌두교의 내용을 강조하면 영어를 사용하는 전문직 계급과 농촌의 인도 대중 사이의 언어와 문화의 차이를 메울 수 있다는 것을 알았다. 해로우 학교[영국의 사립학교]를 졸업하고 힌디어에 매우 서툴렀던 젊은 자와할랄 네루는 이렇게 할 수 없었다. 동시에 간디는 인도 의회에 기대어 시장을 보호받기를 원했던 인도 자본가들과도 가까웠다.

그런 서로 다른 이해관계를 하나로 합치려면 영국 자본가들뿐 아니라 인도 자본가들에게도 불똥이 튈지 모르는 선동을 잠재워야 했다. 그래서 간디는 당국에 맞선 평화적이고 규율 있는 비협조를 강조했다. 4년 전만 해도 독일과 영국의 전쟁에서 영국 제국주의를 지지할 것을 호소했던 간디는 이제 비폭력을 원칙으로 제기했다. 이런 평화적 비협조주의는 설사 그것이 계급 투쟁으로 전환될 때조차 분명한 한계가 있었다. 간디는 납세 거부를 호소하는 것을 거부했다. 왜냐하면 납세 거부는 농민이 자민다르[인도의 토지 소유자]에게 지대를 납부하지 않는 사태로 발전할 수 있었기 때문이다.

그러나 간디가 원하는 방식으로는 1918~1921년에 인도를 휩쓸었던 것 같은 운동을 통제할 수 없었다. 영국 경찰과 군대가 보여 준 탄압 수준과 농민·노동자·도시빈민의 투쟁 수준 때문에 평화로운 저항이 거듭해서 폭력적인 충돌로 발전했다. 이런 일은 아마다바드, 비람감, 케다, 암리차르, 봄베이에서 일어났다. 1922년 2월 비하르의 차우리 차우라 마을에서는 경찰이 시위대와 난투극을 벌이고서 시위대에게 총을 쏘았다. 마을 사람들은 경찰서를 불태우고 22명의 경찰을 죽였다. 경찰은 그 보복으로 1백72명의 농민을 죽였다.[133] 의회 지도부의 어느 누구와도 협의하지 않고 간디는 즉시 저항 운동 전체를 취소했고 영국 당국에게 숨 돌릴 여유를 줬다. 봄베이 총독 로이드 경은 나중에 그 저항 운동이 "공포를 안겨 줬고" "거의 성공 직전에 있었다"고 인정했다.[134] 이제 영국 정부는 운동을 마음껏 탄압하고 간디를 체포했다. 운동은 10년 후퇴했다. 게다가 종교적 분열이 전면에 부상하면서 각각의 종교 집단은 영국의 무력에 홀로 대응해야 했다. 1920년대 중반과 후반에 인도 전역에서 힌두교도와 무슬림이 격렬하게 충돌했다.

1차 중국 혁명

민족 운동은 인도보다는 중국에서 훨씬 더 크게 폭발했으며, 새롭게 형성된 산업 노동 계급이 훨씬 큰 역할을 했다. 그러나 궁극으로 노동 계급은 훨씬 큰 패배를 맛보았다.

1919년 5월 4일 베르사유 승전국 회담을 통해서 중국 내 독일의 조계(租界)가 미국 대통령 우드로 윌슨의 '민족자결권' 약속에도 불구하고 일본으로 이양된다는 소식이 중국에 전해졌다. 일본·영국·프랑스의 기업들이 이미 철도·항구·강·수로를 통제했고 세금과 관세 수입을 가장 많이 차지했으며, 외국 열강들의 경찰과 군대가 주요 도시의 핵심 '조차' 지역에서 '질서'를 유지했다. 상하이의 어느 공원에는 "개와 중국인 출입 금지"라는 악명 높은 경고판이 붙어 있었다. 한편, 여러 열강의 지원을 받은 중국 군벌들은 중국의 나머지 지역을 나눠 갖고 있었다. 미국의 자유주의가 이런 상태를 종식시켜 줄 것이라고 믿었던 많은 지식인들이 이제는 미국에게 버림받았다고 느꼈다.

학생 시위가 수백만 대중의 감정을 자극하는 촉매 구실을 했다. 지식인들은 결의안을 통과시킨 뒤 집회와 시위에 참여했고, 일본 제품 불매 운동을 벌였고, 상하이에서 학생 주도의 동맹 휴업을 지원했다. 학생, 전문직 중간 계급과 점점 더 많은 산업 노동자들은 제국주의 열강의 중국 분할과 농촌의 경제 쇠퇴를 막기 위해 뭔가 해야 한다고 확신했다.

이미 지식인들과 학생들 사이에서는 '부흥 운동'이 전개되고 있었다. 부흥 운동은 중국의 과거 역사에서 서구의 계몽사상에 견줄 만한 사상이 등장했지만 유교적 정통성을 내세우는 세력 때문에 꽃 피우지도 못했던 순간들이 있었다고 믿었다. 주요 인물들 중 한 명인 후스(胡適)의 말을 빌면, 부흥 운동은 "삶에 대한 새로운 시각을 대중에게 깨우침으로써 그들을 전통의 굴레에서 해방시키고 그들이 편안한 마음으로 신세계와 신문명을 대할 수 있게 하기 위해"[135] 그런 대안적 사상들의 전통을 이어가고자 했다. 이런 분위기는 중국의 '신식' 교육 기관의 수많은 학생들과 교사들을 휩쓸었다.[136] 그들은 중국 자본가들의 격려를 받았고 때로는 쑨원의 국민당과 자신들을 동일시했다. 그러나 동시에 마르크스주의가 중국 상황을 설명할 수 있는지를 고민하기 시작한 일부 지식인들과 학생들에게 러시아 혁명이 큰 영향을 미치고 있었다. 중국의 미성숙한 노동 계급이 강력하게 성장하고 있던 파업과 불매 운동에 갈수록 많이 참가해 "모든 지역과 모든 업종에 영향"[137]을 미치자 마르크스주의에 대한 관심이 커졌다.

1922년에 일어난 일련의 파업들은 새로운 운동의 잠재력을 보여 줬다. 홍콩에서 2천 명의 선원이 일으킨 파업이, 계엄령이 선포됐는데도 확산돼 12만 명이 총파업을 일으켰고 고용주들이 굴복하게 만들었다. 중국 북부의 영국 소유 KMAS에서 5만 명의 광부가 일으킨 파업은 그보다는 덜 성공적이었다. 광산의 청원 경찰, 영국 해군, 군벌이 광부들을 공격했고 광부 노동조합 지도자들을 체포했다. 그러나 노동자, 지식인, 심지어 일부 부르주아 세력들이 파업을 지지해 파업 노동자들은 오랫동안 버틸 수 있었고 결국 임금 인상을 따냈다. 중국 경찰은 제사(製絲) 공장의 여성 노동자 2만 명이 벌인 최초의 대규모 파업을 분쇄하고 지도자들을 체포해 군사 법정에 세웠다. 한커우(漢口)에서 영국인 소유 공장의 노동자들과 영국 경찰 사이에 벌어진 충돌은 군벌이 파업 중인 35명의 철도 노동자를 사살하고 업무 복귀를 호소하길 거부한 노동조합 지부 서기를 처형하는 사태로까지 나아갔다. 그런 패배들 때문에 노동자 운동이 더 전진하지 못했지만 저항 정신이 파괴된 것은 아니었다. 오히려 그런 패배로 계급의식이 더욱 투철해지고 기회가 되면 투쟁하겠다는 의지가 더욱 결연해졌다.

　이런 일이 1924~1927년에 일어났다. 남부의 광저우(廣州)는 민족주의 지식인들이 주목하는 곳이 됐다. 쑨원은 광둥에서 입헌 정부를 세웠지만 쑨원의 권력 장악은 불안정했기 때문에 좀더 폭넓은 지지가 필요했다. 쑨원은 소비에트 러시아에 국민당을 재조직하는 것을 도와달라고 요청했고 최근에 구성된 중국 공산당원들에게 입당을 권유했다. 이들의 지지가 얼마나 큰 힘이 될 수 있는지는 영국의 이익에 봉사하는 '매판' 자본가들이 독자적인 군대, 즉 10만 명의 상단(商團)을 조직해 쑨원에게 대항했을 때 드러났다. 공산당 주도의 공인대표대회(工人代表大會)가 쑨원을 구원해 줬다. 공인대표대회 산하의 공단군(工團軍)이 상단의 힘을 무력화하는 데 도움을 줬고 인쇄 노동자들은 상단을 지지하는 신문을 저지했다.

　노동자의 저항과 민족적 요구의 결합이 갖는 위력은 1925년 광저우 이외의 지역에서 다시 나타났다. 일본인 소유의 면화공장 파업을 지지하는 시위대에게 경찰이 발포한 뒤에 총파업이 일어나 상하이를 마비시켰다. 한 달 동안 각목으로 무장한 시위대가 물품의 이동을 통제하고 파업 파괴자들을 붙잡아 감금했으며, 다른 12개 이상의 도시에서 연대 파업과 시위가 벌어졌다. 홍콩에서도 거대한 파업이 일어나 홍콩을 13개월 동안 마비시켰고 경제적 요구와 더불어 민족주의적 요구(중국인과 유럽인의 평등한 대우)를 제기했다. 홍콩의 수많은 파업 노동자들은 광저우에서 식량과 편의를 제공받았다. 광저우에서는,

> 파업위원회의 책임이 노동조합 조직의 정규 활동 범위를 훨씬 넘어섰다. …… 1925년 여름에 파업위원회는 사실상 일종의 노동자 정부가 됐으며 실제로 당시에 파업위원회에는 …… "제2의 정부"라는 …… 이름이 붙었다. 파업위원회는 수천 명으로 구성된 군대를 갖추고 있었다.[138]

파업은 광저우의 민족주의 세력이 중국의 나머지 지역을 통제하는 군벌들을 정복하기 위해 북쪽으로 진격할 만큼 힘이 있다고 느끼게 만드는 분위기를 조성했다. 그리하여 1926년 초여름에 '북벌'이 시작됐다. 장제스 장군이 지휘하는 북벌군의 핵심은 러시아가 운영하는 황푸군관학교 출신의 장교들로 구성돼 있었다. 홍콩의 파업을 중심으로 결성된 노동자 군대의 구성원들도 북벌군에 자원했다.

북벌은 군사적 승리를 거뒀다. 단기 용병으로만 유지되던 군벌 군대는 북벌군의 혁명적 열정을 견뎌낼 수 없었다. 군벌들이 지배하던 도시의 노동자들은 북벌군이 가까이 오자 파업에 들어갔다. 후베이(湖北)와 후난(湖南)에서는 노동조합이 무장을 하고 홍콩 파업 때의 광저우 노동자 정부보다 훨씬 큰 규모의 '노동자 정부'를 구성했다.[139] 1927년 3월 북벌군은 상하이에 접근하고 있었다. 60만 명의 노동자가 참가하는 총파업이 벌어졌고 장제스가 도착하기 전에 노동조합 민병대의 봉기가 상하이를 휩쓸었다.[140] 상하이의 권력은 노동자들의 지도자들이 통제하는 정부의 수중으로 넘어

갔다. 물론 여기에는 민족주의적 대부르아지도 포함돼 있었다. 며칠 동안은 혁명적 민족주의가 전진해서 군벌의 권력을 파괴하고 외국 열강의 지배를 분쇄하고 중국의 분열·부패·가난을 끝내는 것을 그 어떤 것도 막을 수 없는 듯했다.

그러나 이런 희망은 아일랜드와 인도에서 그런 희망이 물거품이 됐던 이유들과 비슷한 이유들 때문에 꺾여버렸다. 북벌의 승리는 북벌군의 전진으로 고취된 혁명적 분위기에 달려 있었다. 그러나 북벌군 장교들은 그런 분위기에 공포를 느낀 사회 계층 출신이었다. 북벌군 장교들은 노동자를 착취해 이익을 얻고 심지어는 농민의 끔찍한 생활 조건에서 이익을 보는 상인과 지주 가문 출신이었다. 북벌군 장교들은 노동자 운동을 권력 장악 술책에 이용한 다음 헌신짝처럼 내팽개칠 준비가 돼 있었다. 장제스는 이미 광저우에서 많은 공산당 투사들을 체포하고 노동조합을 탄압해 노동자 운동을 분쇄한 경력이 있었다.[141] 이제 장제스는 상하이에서 훨씬 더 극적인 조치들을 준비했다. 장제스는 승리한 봉기군한테서 상하이를 넘겨받은 뒤에 부유한 중국 상인들과 은행가들, 외국 열강의 대표들과 상하이 범죄 조직의 두목들과 만났다. 장제스는 범죄 조직들에게 주요 좌파 노동조합 사무실을 동이 트기 전에 공격하라고 지시했다. 불과 며칠 전만 해도 상하이를 통제했던 노동 계급 조직들이 파괴됐다.[142]

장제스는 좌파에 맞서 승리했지만 외국의 지배나 군벌의 지배를 끝내는 것을 포기해야 했다. 광저우에서 상하이까지 이어진 북벌 기간의 특징이었던 혁명적 활력 없이 장제스가 중국 전역에서 명목상의 지배자가 될 수 있는 유일한 길은 중국인의 민족적 열망에 반대한 자들에게 양보하는 것이었다. 그 뒤 18년 동안 장제스 정부는 수치스럽게도 부패, 범죄 조직과 유착, 외국 침략자를 물리칠 수 없는 허약함으로 악명을 날렸다.

이런 사례는 노동자와 농민을 저지할 수만 있다면 중간 계급 민족주의 지도자들이 자신들의 운동을 배신할 수 있음을 보여 주는 비극적 증거였다. 또한, 이제 러시아를 지배하는 자들이 혁명적 원칙을 포기했음을 보여 주는 증거이기도 했다. 왜냐하면 러시아 지배자들은 장제스가 광저우에서 중국 노동자들을 탄압한 뒤에도 중국 노동자들에게 장제스를 믿으라고 충고했기 때문이다.

이집트의 민족주의 혁명의 경험은 기본적으로 중국, 인도, 아일랜드의 경험과 똑같았다. 전쟁 이후 비슷한 대중 봉기가 있었고 1919년에는 민족주의 중간 계급과 시가전차·철도 같은 부문의 파업 노동자들이 사실상 동맹을 맺었다. 투쟁이 잇따라 폭발하자 영국은 이집트에 군주제의 성격을 띤 정부 수립을 허용하는 것으로 제한된 양보를 해야 했다(비록 새 정부에서도 중요한 결정권은 영국이 쥐고 있었지만). 그러나 주요 민족주의 정당인 와프드당은 노동자 투쟁에 등을 돌렸고 이런 타협 조건의 범위 안에서 정부를 구성했다. 와프드당은 자체 방어에 필요한 군대가 없었기 때문에 결국 영국인 협력자들에게 쫓겨나게 된다.

멕시코 혁명

대서양 건너에 있는 멕시코는 유럽에서 세계대전이 터지자 비슷한 혁명적 투쟁을 겪었다. 멕시코는 1820년 스페인의 지배가 끝난 이후 이름뿐인 독립을 누려왔다. 그러나 정착민 가문들인 크리올이라는 협소한 엘리트 계층이 대다수 원주민들과 혼혈인인 메스티소를 계속 지배했다. 33년 동안 이어진, 갈수록 독재로 변해가는 포르피리오 디아스 대통령 재임 기간에는 외국 자본, 대체로 미국 자본이 점차 멕시코 경제를 장악해갔다. 경제 성장률은 20세기 첫 몇 년 동안은 멕시코의 '기적'을 얘기할 만큼 충분히 높았다.[143] 물론 대다수 원주민들은 전통적 공동체에서 쫓겨났고 노동자들(1910년 전체 노동 인구 5백20만 명 중 80만 명이 노동자였다[144])의 생활수준은 더 나빠졌다.[145] 같은 기간에 멕시코 자본가들은 외국 자본가들의 하위 파트너이자 때로는 외국 자본가들을 원망하는 파트너로서 부를 누렸다. 그러나 1907년 세계 금융 위기가 멕시코를 강타해 선진국에 진입하려는 멕시코의 꿈은 산산조각 났다.

부유한 농장주이자 섬유공장과 광산 소유주 가문의 아들인 프란시스코 마데로는 독재자 디아스를 축출하는 운동에 대한 중간 계급의 지지를 이끌어내고 대중적 불만의 구심점을 제공할 수 있었다. 멕시코 북부에서 전직 소도둑이었던 프란시스코 비야가 이끄는 무장 반란이 일어났고, 남부에서는 소농인 에밀리아노 사파타가 이끄는 무장 반란이 일어났다. 디아스는 도망갔고 마데로가 대통령으로 선출됐다.

그러나 사파타 농민군의 대토지 분할 요구는 쫓겨난 독재자 디아스의 행동보다 마데로의 부유한 지지자들—과 미국 정부—을 더 화나게 만들었다. 오랫동안 피비린내 나는 전투가 지속됐다. 마데로의 군대는 북부와 남부의 농민군과 충돌했고, 뒤이어 마데로 휘하의 우에르타 장군이 미국의 지원을 등에 업고 마데로를 죽였다. 두 명의 중간 계급 출신 부자인 카란사와 오브레곤은 '입헌'군을 결성해 마데로의 정책을 계속 펼쳤다. 사파타와 비야는 우에르타를 물리치고 멕시코시티를 점령했다.

1914년 11월의 유명한 사진에는 사파타와 비야가 대통령 궁에 나란히 있는 모습이 담겨 있다. 이때는 혁명이 절정에 달한 시점인 동시에 혁명이 끝난 시점이기도 했다. 농민군 지도자들은 전국적인 권력을 수립할 수 없었다. 그들에게는 멕시코의 혁명적 변혁을 중심으로 노동자와 농민을 단결시킬 수 있는 강령이 없었다. 비록 사파타가 나중에 그런 혁명적 강령을 거의 수립할 뻔했지만 말이다. 그들은 수도를 떠나 북부와 남부의 지역 근거지로 돌아가, 진정한 토지개혁에 반대하는 입헌주의 장군들에 맞서 무력한 저항을 전개했다.

12년 뒤 중국에서 일어난 것처럼 직접적인 반혁명이 일어나지는 않았다. 카란사와 오브레곤은 혁명적 언사를 계속 사용했고, 미국의 압력에 저항했으며 대중에게 양보 조치를 약속했다. 1919년 4월 사파타가 암살되고 나서야 비로소 멕시코 자본가들은 다시 안도감을 느꼈다. 그 뒤에도 중간 계급 정치인들은 혁명으로 고취된 정서를 자신들의 목적에 이용했고 제도

혁명당(PRI)을 통해 멕시코를 사실상 일당국가로서 지배했다. 그러나 멕시코는 여전히 자본주의에게는 안전한 곳이었다.

1927년 모스크바에서 글을 쓰면서 레온 트로츠키는 소위 제3세계에서 이런 반란들이 주는 교훈을 이끌어냈다. 레온 트로츠키는 1848년 이후의 독일과 1905년 이후의 러시아에 대한 분석을 그런 교훈을 끌어내는 기초로 삼았다. 그 전의 이론가들은 자본주의의 '불균등' 발전 — 자본주의가 다른 지역으로 확산되기 전에 세계의 일부 지역에 뿌리를 내리는 방식 — 에 주목했다. 트로츠키는 '불균등 결합 발전'을 강조했다.[146]

트로츠키의 주장은 다음과 같다. 자본주의가 등장하면서 경제가 가장 낙후한 지역에도 영향을 미치는 세계 체제가 생겨났다. 세계 체제는 전통적 지배 계급을 갈가리 찢어놓고 전통적 중간 계급의 토대를 잠식했다. 식민 지배 계급의 통제, 외국 자본, 이미 선진화된 국가들의 산업과 벌이는 경쟁 때문에 토착 자본가 계급의 성장이 가로막힌다. 중간 계급은 완전히 독립적인 국민국가를 세우기 위해 투쟁하고 자신들의 성장을 가로막는 이런 장애물을 분쇄하려 한다. 그러나 그것은 중간 계급 자신이 두려워하는 계급 행동을 자극할 위험이 있다. 왜냐하면 근대 운송 체계와 근대 산업 지구가 전투적이고 글을 읽고 쓸 수 있는 노동 계급을 창출했고 수많은 사람들을 고립된 마을에서 바깥으로 끌어냈기 때문이다. 이런 계급들에 대한 두려움 때문에 '민족 자본가'와 대다수 중간 계급은 옛 지배 계급이나 식민 권력에 대한 적대감을 잊게 된다. 오직 노동 계급이 주도하고 쓰라린 불만을 품은 농민 세력이 그 뒤를 따르는 '연속' 혁명만이 민족 부르주아지가 입으로만 얘기하는 민족적·민주주의적 요구를 이행할 수 있다.

1917년 러시아에서 바로 이런 혁명이 일어났다. 그러나 제3세계에서는 그런 혁명이 일어나지 않았다. 제1차세계대전 말에 세계 최강의 제국주의 국가인 영국은 국내에서 대규모 산업 투쟁이 벌어지고 유럽 전역에서 혁명의 기운이 활화산처럼 폭발하던 시기에 아일랜드, 인도, 중국, 이집트에서 반란이 일어나 상처를 입었다. 그렇지만 영국은 아프리카의 독일 식민지와 오스만 제국의 아랍 영토 대부분을 병합할 정도로 팽창한 식민 제국을 보존했다. 프랑스, 벨기에, 네덜란드, 일본, 그리고 갈수록 노골적으로 돼가는 미국 제국주의는 모두 그대로 보존됐고 자본주의가 안정을 되찾을 수 있는 능력이 더욱 커졌다.

5. '황금의 20년대'

 '새 시대', '재즈 시대', '황금의 20년대.' 주류 정치인들과 언론들은 1920년대의 미국을 이런 말들로 찬양했다. 미국은 제1차세계대전을 거치면서 세계 최대 규모의 경제로 부상했다. 영국과 독일이 서로 공격하는 동안, 미국은 영국 해외 투자의 상당 부분을 인수하면서 계속 성장하다가 1928년에는 1914년의 두 배에 달하는 산출량을 달성했다.

 이런 성장과 더불어 수많은 사람의 삶이 마치 마술에 걸리기라도 한 듯이 바뀌었다. 얼마 전까지만 해도 극소수 부자의 전유물이었던 1890년대와 1900년대 초의 발명품들 — 전구, 축음기, 라디오, 영화관, 진공청소기, 냉장고, 전화기 — 이 이제는 널리 보급되기 시작했다. 헨리 포드의 자동차공장에서는 최초의 대량 생산 모델인 모델 T가 조립돼 나왔고, 이로써 부자들의 상난삼이었던 사동차는 중산 계급 거주시와 심시어 일부 노동 계급 거주지에서도 심심치 않게 볼 수 있는 물건이 됐다. 비행기가 날아다니는 횟수가 점차 잦아지면서 유복한 소수 사람들은 미국 횡단 시간을 며칠에서 단 몇 시간으로 줄일 수 있게 됐다. 마치 사람들이 오랜 암흑과 침묵과 속박의 심연에서 벗어나 갑자기 내리쬐는 빛과 끊임없는 소음과 현란한 움직임이 지배하는 새로운 우주에 내던져진 듯한 풍경이었다.

 이런 변화는 '재즈 시대'라는 말로 표현됐다. 재즈 말고도 대중적 음악 형식들은 언제나 존재했다. 그러나 이전의 형식들은 특정 지역이나 특정 문화와 연관된 것들이었다. 대부분의 인간 집단은 비교적 서로 고립된 채 살아왔기 때문이다. 유일하게 국제적이거나 범지역적인 음악 형식은 비교적 발이 넓은 착취 계급을 위한 '클래식' 음악이 있었고, 때로는 종교 음악도 있었다. 18·19세기에 들어와 도시가 성장하면서 뮤직홀, 댄스홀, 노래 클럽이 생겨나고 인쇄 악보가 보급되자 사정이 달라졌다. 그러나 무엇보다 축음기와 라디오가 등장하면서 산업화한 세계의 리듬을 표현하는 새로운 장르를 수용할 수 있는 새로운 문화적 토양이 마련됐다. 숨 가쁜 도시 생활, 시장 중심의 세계에서 원자화한 삶이 느끼는 쓰라림을 표현할 수 있는 그런 장르 말이다. 재즈, 또는 적어도 희석된 형태로나마 새로운 대중음악의 바탕이 된 (희석된) 재즈는 바로 이런 토양에 뿌리를 내릴 수 있었다. 재즈는 가혹한 상품 생산 체제에 적응하려고 노력하던 미국 남부의 옛 노예들이 향유한 아프리카·유럽풍의 잡다한 민요 형식들이 결합돼 탄생했다. 남부의 면화·담배 농장에서 일하던 수많은 사람들이 북부의 도시들로 이주하자 재즈도 북부로 흘러 들어갔다. 그곳에서 재즈는 다시 민족과 국경을 초월해 수많은 사람들의 각광을 받게 됐고, 자본 축적의 밀물을 타고 널리 확산됐다.

이 모든 것은 불황과 실업에 대한 기억이 잊혀져 가면서 사람들이 '번영'을 당연한 것으로 받아들이기 시작할 무렵에 일어났다. 미국의 경제학자 앨빈 H 핸슨은 자본주의의 청년기에 나타나는 "소아병" 증세가 "완화되고 있"으며 "경기 순환의 성격이 바뀌고 있다"고 1927년에 썼는데, 이는 당시에 널리 유행하던 생각을 잘 보여 준다.[147] 또 다른 경제학자인 버나드 바루치는 1929년 6월자 《아메리칸 매거진》과 한 인터뷰에서 이렇게 말했다. "세계 경제는 대약진의 기로에 서 있는 듯하다."[148]

또한 중간 계급들에게는 과거의 갈등도 희미한 기억이 된 듯했다. 1919년에 철강 파업이 패배한 탓에 미국노동총연맹(AFL)은 협소한 숙련노동자층 바깥으로 기반을 확대할 엄두조차 내지 못하고 있었다. 법무장관 파머와 미래의 FBI 국장 J 에드거 후버의 공작으로 옛 투사들의 조직이었던 IWW와 새로운 투사들이 몸담고 있던 공산당이 이미 분쇄된 상황이었다. 처지를 개선하고자 하는 노동자들은 '아메리칸 드림'의 개인적 성공에 대한 약속을 믿는 수밖에 없었다. 미래의 트로츠키주의자인 파렐 돕스가 공화당에 투표하고 상점을 개업하려 하고 판사가 되려고 했듯이 말이다.[149] 민주당 전국위원회 의장이자 제너럴모터스(GM) 이사였던 존 J 라스콥 같은 지도적 경제학자·사업가·정치인은 "누구나 부자가 돼야 한다"고 선언했고 매주 15달러씩 주식에 투자하면 누구든지 부자가 될 수 있다고 장담했다.[150]

심지어 미국의 극빈층에게조차 희망이 보이는 듯했다. 애팔래치아 산맥의 가난한 백인 '자작농'들과 남부의 흑인 소작농들이 일자리를 찾아 디트로이트, 시카고, 뉴욕으로 홍수처럼 밀려들어 왔다. 때는 바야흐로 '할렘 르네상스'의 시기였다. 북부의 빈민가조차 노예의 손자, 손녀에게는 약속의 땅처럼 보일 수 있었다. 여전히 흑인들은 깊은 좌절과 분노를 안고 살았지만, 그런 감정은 주로 흑인 분리주의와 흑인 자본주의, 그리고 '아프리카 귀향'처럼 미국 체제와 정면 대결하는 것을 피하는 식의 강령을 설파한 마커스 가비의 운동으로 표출됐다. 현상의 표면밖에 보지 못하는 사람들 눈에는 주식과 증권을 사고파는 사람들 수가 기록적으로 증가하는 사실이 곧 모든 사람이 '아메리칸 드림'을 이런저런 형태로 수용하고 있음을 말해 주는 듯했다.

유럽에서는 새 시대와 재즈 시대의 도래기 좀더 지연됐다. 독일에서는 사회주의 혁명 아니면 파시즘의 승리가 임박한 듯했던 1923년의 위기가 지나가자 잠깐 동안 물가가 끔찍하게 폭락했다. 그러나 미국의 차관인 '도스안'[Dawes Plan : 제1차세계대전 이후 독일의 전쟁배상금 지불에 관한 계획안] 덕분에 독일 자본주의는 수명이 연장됐다. 산업 생산이 급증해 1914년 수준을 넘어섰으며 정치 질서도 안정을 되찾은 듯했다. 1928년의 선거를 통해 사회민주당 연립정부가 되돌아온 반면, 히틀러의 나치당은 고작

2퍼센트를 얻었고 공산당은 10.6퍼센트를 획득했다. 1928년 여름에 독일 사회민주당 지도자 헤르만 뮐러는 이렇게 장담할 수 있었다. "우리의 경제도, 우리의 복지 체계도 모두 튼튼하다. 공산당과 나치는 머지않아 전통적인 정당들에 흡수될 것이다."[151]

독일에 위기가 발생한 지 2년 반이 지난 뒤에 영국도 중대한 사회적 위기를 경험했다. 당시 재무장관인 윈스턴 처칠은 달러 대비 파운드 가치를 전쟁 이전 수준으로 고정해 영국의 패권 회복을 상징적으로 과시하려 했다. 하지만 그 때문에 영국 상품의 수출 가격이 높아졌으며 핵심 산업에서 실업률이 증가했다. 그러자 영국 정부는 임금을 전반적으로 삭감하고 광산업 부문을 필두로 노동시간을 연장함으로써 비용 상승을 만회하려 했다. 광부노조는 이런 조치를 거부했고, 1926년 5월에 노조원들은 대량 해고됐다. 다른 노조 지도자들이 총파업을 호소했고 총파업이 매우 효과적이었는데도, 지도자들은 9일 만에 파업을 철회하고 무기력하게 항복함으로써 고용주들이 파업에 대한 보복으로 활동가들을 해고하고 산업별로 노조를 하나씩 분쇄할 수 있는 길을 내주고 말았다.

루르 지역의 위기와 영국 총파업이 일단락되자 미국에서 유행하던 새 시대의 분위기가 유럽의 주류 사상에 영향을 미치기 시작했다. 유럽 중간 계급은 새로운 소비재들의 대량 생산에서 혜택을 볼 수 있었으며, 일부 노동자들에게까지 그런 혜택이 돌아가는 것도 단지 시간 문제인 듯했다. 미국이 경제 위기를 탈출할 수 있다면 유럽도 그럴 수 있을 것 같았다. 독일에서는 베르너 좀바르트가 핸슨을 따라하듯 이렇게 선언했다. "유럽 경제생활에서 나타나는 분명한 경향은 서로 대립하는 힘들이 균형을 이루다가 점차 줄어들어 마침내 사라진다는 것이다."[152] 이에 질세라 에두아르트 베른슈타인은 자본주의가 사회주의로 평화롭게 이행하리라는 자신의 예언이 실현되고 있다고 주장했다. 그는 바이마르 공화국을 '자본주의 공화국'으로 보는 것은 황당한 짓이라고 썼다. "카르텔과 독점이 성장한 덕분에 공적 통제가 강화됐고, 그 결과 그런 기업들은 결국 공기업으로 바뀔 것이다."[153]

오래된 산업 지역에서 여전히 실업이 만연했던 영국에서조차 노동조합회의(TUC)는 광부들의 파업 패배 1주년을 경축하며 주요 고용주들과 일련의 대화를 추진했으니, 그것이 곧 몬드-터너 교섭이었다. 그 목적은 갈등을 "협력"으로 대체하고 "산업의 효율성을 증대하면서 노동자들의 생활수준을 개선하는 것"이었다.[154] 1929년에는 소수당인 노동당 정부가 자유당의 지지를 받아 출범했다.

자본주의가 장기적 안정에 들어섰다는 믿음은 러시아의 지배 세력에게도 영향을 끼쳤다. 러시아에서 점차 힘이 커지고 있던 두 사람, 즉 당 총서기 요시프 스탈린과 이론가 니콜라이 부하린은 자신들의 새로운 교리인 일국사회주의론을 정당화하는 근거로서 이런 믿음을 이용했다. 그들의 주장은 자본주의의 안정화 때문에 혁명은 일어날 법하지 않다는 것이다.[155] 부하린은 독일 사회민주당의 힐퍼딩이 썼던 용어를 사용해, 서구가 빠르게 경제가 성장하고 위기로 치닫는 경향이 훨씬 더 적은 "조직된 자본주의" 단계로 접어들었다고 주장했다.[156]

새로운 것의 탄생

비록 중간 계급의 여론과 대중문화는 1920년대 중반에는 전쟁 전의 낙관주의를 회복한 듯했지만, 그것은 불안한 회복이었다. 무려 한 세대의 유럽 청년들이 플랑드르 지방의 진흙탕에서 자신들의 환상이 비참하게 짓밟히는 경험을 했고, 그런 경험은 쉽게 잊혀지지 않았다. 때문에 당시 분위기는 새로운 희망이라기보다는 냉소적인 자아도취에 더 가까웠다.

그런 분위기는 동시대의 '고급 예술' — 회화, 조각, 진지한 음악과 문학 — 에도 반영됐다. 이미 전쟁 전에도 소수의 사람들은 점진적 진보에 대한 세간의 안이한 믿음에 도전해왔다. 세계적인 기계화 추세는 전쟁 전부터 이미 양날의 칼처럼 비쳐졌던 것이다. 기계화는 한편으로 비할 데 없이 큰 힘과 역동성의 표상이었지만, 다른 한편으로는 인간이 자기 삶의 주인이라는 일체의 관념을 누더기로 만들어놓았다. 새롭게 등장한 철학·문학 조류들은 그 어떤 종류의 진보에 대해서든 회의적이었고 비이성적인 것들에 중요한 자리를 내줬다. 이런 경향은 물리학 이론 분야의 발견들(1905년의 특수상대성 이론, 1915년의 일반상대성 이론, 그리고 1920년대 중반의 '불확정성 원리'에 바탕을 둔 하이젠베르크판[版] 양자론) 때문에 우주에 관한 낡은 기계적 모델이 파괴되면서 더욱 힘을 얻었다. 같은 시기에 인기를 끈 정신분석학도 이성에 대한 믿음을 파괴하는 듯했다. 프로이트 자신이 한때는 이성을 그토록 중시했는데도 말이다.[157]

예술가들과 작가들은 예술·문학 형식의 혁명을 통해 주변의 새로운 환경에 적응하려 했다. 그런 '혁명'은 뿌리 깊은 모호함에 바탕을 두고 있었다. 즉, 기계화된 세계에 대한 경외심과 공포를 동시에 담고 있었다. 이렇게 해서 '모더니즘'이라고 불리는 사조가 탄생했다. 형식주의와 수학적 정확성을 강조하는 것이 그 주된 특징이었지만 그 밖에도 모더니즘은 서로 충돌하는 이미지와 소리의 불협화음을 부각하고 개인적인 것과 사회적인 것을 작은 파편들로 해체하는 경향이 있었다. 19세기 중반(헝가리의 마르크스주의 평론가 게오르크 루카치는 1848년이 결정적 해였다고 주장한다) 까지만 해도 고급 문예의 주요 소재는 중간 계급 주인공들이 종종 비극적인 실패로 끝날지라도 자신을 둘러싼 세계의 주인이 되고자 노력한다는 내용 일색이었다.[158] 그러나 제1차세계대전 이후의 고급 문예는 불가항력의 힘들 때문에 파편화하고 노리개로 전락한 개인들을 주로 다뤘다. 예를 들면 카프카의 소설 《심판》과 《성》(城), 버그의 오페라 《루루》, T S 엘리엇의 시 《황무지》, 더스 패서스의 삼부작 《USA》, 베르톨트 브레히트의 초기 희곡들, 그리고 피카소가 '분석적 입체파'로 전향한 시기에 그린 작품들이 그렇다.

그러나 최고의 예술가들과 작가들은 단순히 현실 세계의 파편화를 반영하는 데 지나지 않는 예술·문학 작품들의 내적 파편화에 불만을 품게 됐다. 그래서 그들은 각자 성공한 정도는 달랐지만, 기계화한 세계에서 인간이 설 자리를 되찾기 위해 파편들을 새로운 양식으로 재구성하려 했다. 그러나 현실 자체가 파편화하고 비인간적으로 된 상황에서 그런 작업은 쉽지 않았고, 때문에 그들 대다수는 정치적 해답을 찾는 쪽으로 가게 됐다. 이미 1920년대에 이탈리아의 '미래주의자'들은 파시즘의 비합리성을 받아들인 반면, 러시아의 미래주의자들은 세계를 변혁하려는 러시아 혁명의 합리적 시도를 수용했다. 그러나 1920년대의 상당 기간 동안 대다수 모더니스트는 일부러 자신을 대중문화와 분리하는 방식(비록 일부 대중문화 양식을 차용하기는 했지만)의 자의식적인 아방가르드주의[전위주의]를 고수함으로써 어느 한 쪽의 정치적 선택도 거부했다. 그들은 시대의 망상을 고수하지는 않았을지 모르지만 그런 망상에 당당히 도전하지도 않았다. 아무리 그들이 '황금의 20년대'에 실망했다 해도 그 모더니즘은 1920년대의 가정들을 당연한 것으로 받아들인 것이었다.

세계는 수십 년 동안 전쟁, 혁명, 식민지 봉기로 얼룩졌다. 그러나 1927년이 되면 세계 지배자들은 전 세계가 과거의 충격에서 벗어났다는 데 의견이 일치했다. 미국 대통령 쿨리지가 1928년 12월에 "미국에서 역대 어느 의회도 지금처럼 밝은 전망을 가진 적이 없었다"고 선언했을 때 이의를 제기할 사람은 별로 없었다. [그러나] 곧 다가올 악몽을 알아챈 사람은 거의 아무도 없었다.

6. 대공황

　재즈 시대의 희망은 1929년 10월 24일 '검은 목요일'에 무너져 내렸다. 그날 미국의 주가는 거의 3분의 1이나 폭락했다. 주식 투자에 전 재산을 건 부자 투기꾼들은 빈털터리가 됐고, 신문들은 월스트리트에서 발생한 11건의 자살 소식을 전했다. '돈은 거저먹기'라는 믿음을 가지고 있었던 모든 사람에게 그것은 한 시대의 종말을 뜻했다.

　이런 붕괴는 좀더 뿌리 깊은 체제의 결함이 드러난 것이었다. 붕괴가 시작됐을 때 독일·미국·영국의 경제는 이미 하향세로 돌아서고 있었다.[159] 생산량이 급속히 감소하기 시작했고, 미국 경제가 그 곤두박질의 선두에 있었다. 1930년 말 무렵에 세 나라의 생산량은 제1차세계대전이 끝난 뒤 침체기보다도 낮았다. 새 미국 대통령 허버트 후버는 번영이 "임박했다"고 주장했지만, 침체의 골은 더욱 깊어갔다. 1931년과 1932년에는 1930년보다 상황이 더 악화돼, 미국의 지방 은행 5천 개와 독일과 오스트리아의 주요 은행 2개가 파산했다. 1932년 말까지 세계 산업 생산량은 3분의 1이 줄었고, 미국의 생산량은 46퍼센트나 감소했다.

　그토록 심각하고 오래 지속된 불황은 전례가 없는 일이었다. 공황이 시작된 지 3년이 지났지만 회복의 조짐은 여전히 보이지 않았다. 미국과 독일 노동자의 거의 3분의 1, 그리고 영국 노동자의 5분의 1이 일자리를 잃었다. 독일과 미국에서는 공업 노동자들만 타격을 입는 데 그치지 않았다. 그때까지만 해도 자기 자신을 중산층으로 생각한 화이트칼라 노동자들이 용도 폐기됐고, 농산물 가격 폭락으로 농민들은 은행의 빚 독촉에 어려움을 겪었다.

유럽에서 전쟁이 일어나면 으레 세계대전으로 확대되는 것처럼, 미국과 서유럽의 공황은 세계 공황으로 이어졌다. 두 지역의 공황은 식량과 원료 생산에 적합한 경제 구조를 만들어온 제3세계 나라들을 쑥대밭으로 만들었다. 갑자기 시장이 사라져버린 것이다. 최근에 와서야 화폐 경제에 통합됐던 사람들이 갑자기 돈을 구할 수 없게 됐지만 그들에게는 생계를 이어갈 다른 어떤 수단도 없었다.

위기는 착취당하는 계급들만 강타한 것은 아니었다. 지배 계급에게도 불황의 충격이 번져, 유서 깊은 기업들이 파산했다. 금융가들은 파산 대열에 합류하게 될까 봐 두려워했고, 기업가들은 이윤이 시장과 함께 사라져 가는 것을 지켜봐야 했다. 그들은 외국과의 경쟁에서 살아남을 수 있게 도와달라고 국가에 요청했고, 각국 자본가는 앞 다투어 자기 나라의 통화 가치를 낮추어 경쟁자들보다 싼 값에 상품을 팔려고 애썼다. 이 나라 저 나라에서 줄줄이 관세와 수입쿼터제를 도입해 세금을 물리고 물량을 제한함으로써 수입을 억제했다. 1846년 이후로 자유 무역의 요새 노릇을 하던 영국마저 그런 조치를 취했다. 국제 무역량은 1928년의 3분의 1로 떨어졌다. 그러나 후에 정치인들과 경제학자들이 퍼뜨린 신화와 달리, 무역 규제가 불황—그런 조치들을 취하기 전에 이미 진척되고 있었던—을 낳은 것이 아니라 불황이 규제를 초래한 것이었다.

공황은 가난뱅이 입장에서 '황금의 20년대'를 지켜봐왔던 사람들의 삶을 갈가리 찢어놓았다. 서구의 거대 도시들에서 그들은 창백하고 지친 얼굴로 누더기 차림을 한 채, 무거운 발을 끌며 무료 급식소를 찾아다녔다. 또 세계 나머지 지역의 소작지에서 그들은 소작료와 세금을 내기에 충분할 만큼 곡물 가격이 오르기만을 애타게 기다리면서, 혹시 땅을 떼이지 않을까 두려워하고 뭐든 먹을 것을 재배해 끼니를 이으려 애썼다. 자본주의적 관점에서 보면 가장 덜 '진보한' 사람들—그때까지도 화폐 경제에 거의 편입되지 않았던 자급형 영세농들—이 오히려 가장 잘 살아남았다. 노동력을 판매해 생계를 이어간 사람들은 기댈 데가 전혀 없었다. 전 같으면 곤궁에서 벗어나기 위해 미국으로 이민이라도 갈 수 있었지만 이제는 대량 실업 탓에 그 길마저 막혔다.

런던과 시카고와 베를린과 파리, 글래스고와 마르세유와 바르셀로나, 캘커타와 상하이와 카이로와 아바나 등 어디나 황폐하기는 마찬가지였고, 도처에 만연한 비참은 새로운 희망의 도화선이 될 수도, 절망에 찬 광기의 전조가 될 수도 있었다.

1930년대는 희망과 절망이 모든 도시의 거리에서 힘겨루기를 하던 10년이었다. 그것은 혁명과 반혁명이 격렬하게 투쟁하던 10년이었다. 그 10년은 인류를 또다시 전쟁으로 몰고 간 반혁명의 승리로 끝이 났고, 새로운 전쟁의 야만성은 1914~1918년의 대학살조차 무색하게 만들었다.

러시아 : 물구나무선 혁명

서구와 제3세계에서 공산주의는 공황의 수혜자 중 하나였다. 자본주의의 붕괴는 혁명적 사회주의자들이 15년 동안 주장해온 것이 옳았음을 확증해 줬다. 그리고 공황이 초래한 상황에 맞서 가장 열정적으로 싸운 사람들 또한 공산주의자들이었다. 그들은 경찰의 곤봉 세례를 무릅쓰고 뉴욕, 시카고, 런던, 버컨헤드, 베를린, 파리에서 실업자들의 시위를 주도했다. 사우스웨일스의 광산과 캘리포니아의 과일 농장과 파리의 자동차공장에서 공산주의자들은 임금 삭감 저지 투쟁을 필사적으로 벌였다. 영국의 지배를 받던 인도에서 그들은 노동조합을 조직하려다 고초를 겪었고, 중국에서는 농민 게릴라군을 조직하려 애썼으며, 백인 치하의 남아프리카공화국 판자촌에서 조직화를 했고, 미국 남부에서는 목숨을 걸고 인종 차별에 맞섰다.

1930년대를 종종 "붉은 10년"이라고 부르는 것은 공산주의가 그 시기의 수많은 지식인의 마음을 사로잡았기 때문이다. 1933년 무렵에 이미 미국의 소설가들인 존 스타인벡, 존 더스 패서스, 시어도어 드라이저, 제임스 T 패럴, 리처드 라이트, 대쉘 해밋과 스코틀랜드 소설가인 루이스 기번, 영국 작가들인 W H 오든과 크리스토퍼 이셔우드, 프랑스 소설가인 앙드레 지드, 독일 극작가인 베르톨트 브레히트 같은 사람들이 공산주의 진영에 모여들고 있었다. 그들보다 덜 유명한 사람들 중에도 '프롤레타리아' 소설을 쓰려 애쓰고, '선전·선동' 문건을 대중에게 배포하고, 소규모 문학잡지들에 정치적 입장을 표명하는 사람들이 많았다. 지식인들의 이런 급진화는 공황이 야기한 공포에서 벗어나고 싶어한 대중 사이에 퍼진 훨씬 광범한 정서, 즉 소수의 공장 노동자들과 도처의 실업자 대열에서 감지되던 분위기를 드러낸 것이었다. 대다수는 공산당에 결코 가입하지 않았다. 그러나 그들이 비록 진정으로 공산주의를 믿는 단계에 이르지는 못했지만, 공산주의가 대안이라고 생각하고는 있었다.

1930년대 사람들은 대개 공산주의는 곧 소련이요, 소련식 혁명을 다른 곳에서 따라하는 것이라고 생각했다. 그러나 월스트리트가 붕괴하는 시점에 러시아에는 1917년 혁명은 사실상 흔적조차 남아 있지 않았다.

앞에서 살펴봤듯이, 레닌은 사망하기 전인 1924년에 이미 '기형화'와 관료화 때문에 노동자 국가가 어려움에 처했다고 말했다. 그런 경향은 1920년대 중반에 극에 달했다. 내전으로 모든 것이 파괴된 매우 어려운 상황을 극복하기 위해 혁명 정부는 내부의 자본주의에 대한 양보 조치, 즉 신경제 정책(NEP)을 시행할 수밖에 없었다. 그 결과 인민 대다수의 생활수준은 완만하게 향상됐다. 그러나 1917년 혁명의 정신에 적대적인 계층들 — 다른 사람들을 임금 노동자로 고용한 소자본가들, '네프맨' 소상인들과 부농인 쿨락들 — 의 영향력도 커졌다. 산업은 여전히 국가의 수중에 있었지만 시장의 압력에 종속됐고, 생산 수준이 회복됐지만 실업률은 그보다 더 많이 증가했다. 1922년에 공업 부문 관리자의 약 65퍼센트가 노동자로 공식

분류됐던 반면, 1923년에는 그 비율이 36퍼센트에 그쳤다.[160]

레닌이 죽을 당시에 소련 정부에 사회주의적인 면이 남아 있었다면, 그것은 사회적 토대 때문이 아니라 최고 결정권자들이 여전히 사회주의의 열망을 간직하고 있었기 때문이었다. 레닌이 지적했듯이, "현재 당의 프롤레타리아 정책은 일반 당원들이 아니라 이를테면 일부 '고참' 당원들의 막강하고 완벽한 권위로써 결정되고"[161] 있었다. 그러나 레닌이 병석에서 죽어가는 동안, 당의 나머지 부분을 장악한 자들의 악영향으로 '고참'들까지 썩어들어 가고 있었다. 레닌이 마지막으로 취한 정치적 행위는 다른 당원들을 관료적으로 잔혹하게 다룬 스탈린을 당 서기에서 몰아낼 것을 촉구하는 유언장을 작성한 것이었다. 그러나 당 지도부의 실세들인 지노비예프, 카메네프, 부하린과 스탈린은 레닌의 권고를 무시하고 유언장의 존재를 비밀에 부치기로 결정했다.[162]

상황은 그들을 1917년의 원칙에서 점점 더 멀어지게 만들었다. 그들은 관료적 기구들에 의지해 국가를 경영했고, 그 기구들을 담당한 자들은 예상대로 부농들과 네프맨 무리와 신흥 '적색' 산업가층에게 거듭 양보했다. 그들은 혁명을 수행한 노동자들의 이익보다는 이들 집단을 달래는 데 더 관심을 쏟았다.

이런 상황이 당 내에서, 그리고 당 지도부 내에서조차 불만을 불러일으켰다. 이미 1920~1921년에 자칭 '노동자반대파' 그룹이 당 출판물과 25만 부에 달하는 소책자에서 노동자들이 큰 손실을 입고 있다고 주장했다.(당 출판물은 당시까지 반대파에 문호를 개방하고 있었고, 소책자들은 당 인쇄소에서 출판됐다.) 그러나 그들은 국가의 전반적 궁핍화에 대처할 방안을 제시하지는 못했다. 1923~1924년에는 당의 관료화에 비판적인 고참 볼셰비키 46인의 공개서한을 필두로 더 광범한 반대파 운동이 일어났다. 이들 '좌익반대파'는 1905년에 상트페테르부르크 소비에트 의장이었고 10월 봉기의 조직자였으며 적군(赤軍) 창시자였던 트로츠키를 중심으로 결집했다. 그들은 서로 연관된 세 가지 조치 — 노동 계급의 사회적 비중을 높이기 위한 공업의 확충, 노동자 민주주의 확대, 당과 국가 내부의 관료화 경향 종식 — 를 통해서만 앞으로 나아갈 수 있다고 주장했다. 그래야만 혁명이 전 세계로 확산될 때까지 노동자 국가의 건강을 보전할 수 있다는 것이었다.

반대파는 당의 역사에서 유례없는 탄압을 계속 받았다. 좌익반대파의 입장을 제시하는 기사 하나가 당 기관지에 실릴 때마다 비난 기사 열 개가 당 지도부에서 쏟아져 나왔다. '트로츠키주의'에 대한 맹비난이 줄을 잇고 트로츠키 자신도 적군 사령관이라는 요직에서 과학기술부 장관이라는 한직으로 밀려난 반면, 스탈린은 권력을 점점 더 자신의 손에 집중시키고 있었다.

당의 관료화가 얼마나 심각했었는지는 1926년 스탈린과 부하린이 지노비예프와 결별한 사건에서 잘 드러난다. 당시까지 사실상 만장일치로 지노비예프를 지지했던 페트로그라드 지구 조직이 단번에 만장일치로 그를 비판하는 쪽으로 돌아섰다. 지노비예프와 그 추종자들은 이전에 트로츠키와 좌익반대파가 받았던 것과 똑같은 공격의 표적이 됐다.

스탈린과 부하린이 '일국사회주의'라고 알려진 전혀 새로운 교의를 적극 수용함으로써 당 내에 널리 퍼진 관료적 보수주의를 드러낸 것도 바로 그 시점이었다. 그 전만 해도 볼셰비키 지도자들은 설령 노동자들이 한 나라에서 그들의 국가를 세우더라도 그 토대 위에서는 사회주의를 완벽하게 실현하지 못하리라는 데 의견이 일치했다. 5천 년에 걸친 계급 사회의 유습을 청산하려면 근대 산업자본주의가 창출한 모든 생산수단을 활용해야만 했다. 그런데 그것들은 한 나라가 아니라 전 세계적 규모로 존재했고, 러시아 같은 후진국에는 그런 수단이 턱없이 부족했다. 결국, 혁명은 확산되지 않으면 사멸할 것이었다.

레닌은 셀 수 없을 정도로 많이 그 점을 되풀이해 말했고, 스탈린 자신도 1924년에 펴낸 ≪레닌과 레닌주의≫에서 같은 주장을 했었다.

사회주의의 주요 과제 — 사회주의적 생산의 조직 — 가 아직 우리 앞에 남아 있다. 몇몇 선진국 프롤레타리아의 도움 없이 이 과업을 완수하고 한 나라에서 사회주의의 최종 승리를 성취할 수 있을까? 아니, 그것은 불가능하다. …… 사회주의가 최종으로 승리하려면, 그리고 사회주의적 생산을 조직하려면 한 나라, 특히 러시아 같은 농업국의 노력으로는 불충분하다.[163]

그러나 스탈린은 마르크스주의 이론과 과학적 엄밀함의 중요성을 얼마나 하찮게 여겼던지, 같은 책의 다음 판에서는 그저 "아니"와 "불충분하다"만 삭제해버렸다!

스탈린과 부하린은, 관료적 특권을 상실할까 봐 두려워한 나머지 그것을 위협할 만한 모든 것과 투쟁한 지배 집단의 대표 주자였다. 그 집단의 주된 특성은 관성과 현실 안주였다. 러시아는 바깥 세계를 간단히 무시해버리고 국내 자원을 바탕으로, 부하린의 유명한 말처럼, "달팽이 걸음으로 사회주의를 건설하면" 된다는 생각이야말로 그들의 입맛에 꼭 맞는 대안이었다. 노동자 민주주의와 세계 혁명을 상기시키려고 애쓰는 반대파와 투쟁하던 스탈린과 부하린을 공장주, 부농, 벼락부자 상인과 타협을 일삼던 하급 관료들이 앞 다투어 지지한 것도 바로 그 때문이었다. 그들의 지지에 힘입어, 지배 집단은 페트로그라드 노동자들이 10월 혁명 10주년 기념일에 벌인 반대파 지지 시위를 경찰력을 동원해 해산하고,[164] 반대파를 당에서 축출하고, 그들을 먼 곳으로 유형 보내고, 마침내는 트로츠키를 소련에서 쫓아내는 등 반대파에게 더 억압적인 조치들을 취할 수 있었다.

비록 그렇다 하더라도, 1928년까지 러시아의 분위기는 1930년대와는 사뭇 달랐다.(스탈린 시대의 굴라크, 즉 집단 수용소를 다룬 많은 작품은 이 점을 무시하고 있다.) 적색 테러는 내전 이후 점차 자취를 감추었다. 1928년에 수용소에 갇힌 사람은 3만 명에 불과했고, 강제 노동이 있었던 것도 아니었다. 그때까지만 해도 전체주의 정권은 아니었다.

당시의 사료들을 연구한 마이클 레이먼은 이 시기를 다음과 같이 묘사했다.

탄압, 특히 정치 탄압이 계속 만연해 있었지만, 예방책으로서 대대적 테러라는 수단은 사실상 포기됐다. 평상시 규범인 합법성이 자리 잡고 법 절차를 준수했다. 일상적인 시민 생활이 복구됐다. NEP 시대 특유의 문화가 레스토랑, 제과점, 유흥업소와 함께 진면목을 드러냈다. 예술과 이념 생활은 더욱 풍요로워졌다. …… 노동자들은 …… 새로운 노동조합법과 노동자의 권리, 완화된 공장 규율의 긍정적 측면을 실제로 경험했다. …… 스탈린의 권위는 여전히 제약됐다. 그의 힘은 막강했지만 무제한적이지는 않았다.[165]

그러나 스탈린과 부하린이 옹호한 구조 전체는 근본적 약점이 있었고, 반대파를 축출하자마자 그 약점은 모습을 드러냈다. 그 구조가 안정되려면, 공산품 생산 수준이 농민의 요구를 충족시킬 만큼 높지 않은데도 농민들은 계속해서 양곡을 도시에 공급해야 했고, 서구 자본주의 열강은 군사력으로 혁명을 무력화하려는 시도를 완전히 포기해야 했다. 실제로 둘 중 어느 조건도 유지될 수 없었다. 일부 농민은 부유해질수록 국가에 더 많은 것을 요구했고 원하는 것을 얻기 위해 행동에 나섰다. 그리고 여전히 세계를 서로 나눠 갖고자 하는 주요 자본주의 열강들은 러시아를 갈라 먹으려는 욕심을 버리지 않고 있었다.

두 가지 문제는 1928년 중반에 절정에 달했다. 농민들이 도시에 양곡 판매를 거부하기 시작했고, 당시까지 러시아의 가장 큰 교역 상대국이었던 영국은 외교 관계를 단절하고 사실상 무역 금지 조치를 취했다. 레이먼이 설명한 대로, 정치적 위기가 크레믈린을 뒤흔들었다.

바뀐 국제 상황이 소련 내부의 관계에 심각한 영향을 끼쳤다. 당 지도부의 권위가 크게 실추됐다. …… 정치 집단들은 당황했고 방향감각을 상실했다. 당 지도부는 …… 점점 더 신경질과 불안에 사로잡혔다.[166]

지배 집단은 양분됐다. 부하린은 필사적으로 이전의 정책을 유지하고 싶어했다. 그러나 그것은 관료들이 국내에서 권력의 일부를 포기하고 농민들을 달래는 한편, 장차 있을 외국의 요구에 저항할 엄두도 내지 말아야 함을 뜻하는 것이었다. 처음에는 당황해 어찌할 바를 모르던 스탈린은 이윽고 관료들이 국내외에서 지위를 강화할 기회를 제공하는 정책 — 농민들에게서 양곡을 강제로 징발함으로써 지탱되는 강제 공업화 — 쪽으로 나아가기 시작했다. 그것은 공장 경영주들의 입맛에 딱 맞는 정책이었다. 그 시기에 관한 한 연구서에서 서술한 대로, "양적 성장을 촉진하려는 욕구는 관료들과 경영자들 — 상당수가 이미 당원이었던 — 도 당 지도부에 못지 않았다."¹⁶⁷ 그리고 그런 정책은 탱크, 전함, 전투기, 기관총을 서방 국가들과 똑같은 규모로 생산함으로써 외국의 침략을 막을 수 있는 수단도 제공했다.

스탈린은 주장했다.

공업화의 지체는 낙오를 뜻할 것이요, 낙오한 자는 패배할 것입니다. ……우리는 선진국들보다 50~100년 뒤쳐져 있습니다. 우리는 10년 안에 이 차이를 좁혀야 합니다. 그렇게 하지 않으면 선진국들이 우리를 분쇄할 것입니다.¹⁶⁸

서구와 군사적으로 어깨를 나란히 하기 위해 관료들이 선택한 강제 공업화의 길은 자체의 논리를 내포하고 있었다. '투자재' — 공장·기계·원료처럼 더 많은 공장·기계·원료를 생산하는 데 사용하는 재화들 — 의 생산은 소비재의 희생을 바탕으로 성장했다. 생산수단 생산에 대한 투자 비율은 1927~1928년에 32.8퍼센트이던 것이 1932년에는 53.3퍼센트, 1950년에는 68.8퍼센트로 늘어났다.¹⁶⁹ 그러나 그것은 곧 점점 늘어나는 공업 노동자 대중을 부양하는 대가로 농민들이 원하던 재화들을 생산할 수 없음을 뜻했다.

식량을 확보하려면 농민들에게 강제력을 더 사용할 수밖에 없었다. 스탈린은 곡물 징발에서 토지 징발로 나아감으로써 그 논리에 충실했다. 토지 집산화 — 사실상 국가의 농민 수탈 — 는 강제 공업화의 또 다른 얼굴이었다. 집산화 덕분에 잉여 곡물이 늘어나 도시를 부양하고 외국에 내다 팔아 외제 무기를 구입하는 데 쓸 수 있었다. 그러나 집산화 때문에 농업 총생산도 감소했다.

집산화로 농민들은 엄청난 곤경에 처하게 됐다. 수백만의 소농과 중농이 쿨락이라고 비판받은 뒤 가축 수송 열차에 실려 무더기로 강제 이주됐다. 곡물 징발로 수천만 명이 기아에 시달렸다. 노동자들 역시 생활수준이 낮아져 고통을 겪었는데, 한 연구에 따르면 생활수준은 6년 동안 50퍼센트나 낮아진 것으로 추산된다.[170] 역사상 전례 없는 경찰국가가 아니고서야 대다수 국민을 그런 식으로 압박할 수가 없었다. 모든 저항을 무자비하게 분쇄해야 했다. 노동자와 농민이 의사를 표현할 수 있는 통로를 철저히 봉쇄해야 했다. 노동조합은 국가에 완전히 종속됐다. 엄청나게 많은 사람이 노동 수용소로 끌려가서 1930년에는 수용자가 1928년의 20배나 됐다.[171] 노동자와 농민에게 호의적인 태도를 보이면 관료라도 어김없이 벌을 받아야 했고, 불만의 초점이 될 만한 소설이나 시, 음악을 — 심지어 의도적인 것이 아니더라도 — 창작한 지식인도 마찬가지였다. 당 내에서 논쟁이 자취를 감추고, 그때그때의 '일탈 행동'에 대한 의례적인 비판이 그 자리를 대신했다. 1920년대의 예술 실험은 '사회주의 리얼리즘'이라는 가짜 이름표를 단 따분한 체제순응주의에 자리를 내줬다. 내전 기간부터 1928년까지는 드물었던 사형이 다반사로 집행됐다. 1930년에는 (1921년보다 두 배 이상 많은) 20,201명이 사형당했다. 이 추악한 총계는 (1921년 통계의 거의 40배에 해당하는) 1937년에 353,704명으로 정점에 달했다.[172]

여론 조작용 재판을 열어 사람들에게 사형 아니면 노동 수용소에서의 종신형을 선고하는 것은 단순한 엄포용에 그치지 않았다. 피고들을 '해외 트로츠키주의 첩자'라고 낙인찍으면 대중의 분노는 정권을 비껴서 이른바 '파괴공작원'들 쪽으로 향했다. 테러는 1936~1937년에 절정에 달해 레닌이 살아 있을 당시의 중앙위원들 중에서 스탈린과 그의 밑에서 스웨덴 대사로 일하던 알렉산드라 콜론타이를 제외한 나머지 위원 전부에게 사형이 선고됐고, 망명해서 목숨을 부지하던 레온 트로츠키는 1940년에 스탈린의 자객 손에 암살당했다.

스탈린 추종자들은 그가 레닌의 계승자로서 1917년의 열망을 완수하려 했다고 수십 년 동안 주장했다. 오늘날 서방 자본주의 추종자들 중에도, 비록 좋은 뜻보다는 나쁜 뜻에서이긴 하지만, 같은 주장을 하는 사람들이 많다. 그러나 스탈린은 1930년대 중반에 벌어진 테러에서 1917년의 볼셰비키들을 용의주도하게 첫 표적으로 삼았다. 1917년 당시 볼셰비키 당원의 14분의 1만이, 그리고 1920년 당시 당원의 6분의 1만이 1939년에도 계속 소련 공산당 당원으로 남아 있었다.[173] 나머지 당원들의 상당수가 처형당하거나 수용소에 갇혔다. 레온 트로츠키가 거듭 강조했듯이, 스탈린주의가 레닌주의를 충실히 계승하기는커녕, 둘 사이에는 피의 강이 놓여 있었다.

스탈린의 논리는 더 큰 경쟁자한테 경쟁 압력을 받는 자본가의 논리 — 노동자들에게 경쟁을 위해 모든 '희생'을 무릅쓰라는 논리 — 와 똑같았다. 스탈린이 생각한 "서구를 따라잡는" 길은 다른 곳에서 써먹은 각종 '원시적 축적' 방법을 따라하는 것이었다. 영국에서는 인클로저와 몰아내기로 농민들을 토지에서 쫓아낸 것이 산업혁명의 기반이 됐다. 스탈린은 '집산화'로 농민들의 토지 통제권을 강탈했고, 그 결과 수백만의 농민들이 도시로 이주할 수밖에 없었다. 영국 자본주의는 카리브 해 연안과 북부 아프리카에서 노예제를 통해 부를 축적했다. 스탈린은 수백만 명을 노예 수용소 '굴라크'에 몰아넣었다. 영국은 아일랜드와 인도와 아프리카를 약탈했다. 스탈린은 소련 내의 비러시아계 공화국들의 권리를 빼앗고 모든 주민을 수천 마일 떨어진 곳으로 쫓아냈다. 영국의 산업혁명 과정에서 노동자들은 가장 기본적인 권리를 누릴 수 없었고, 성인 남녀와 아이들은 하루에 14~16시간씩 일해야 했다. 스탈린도 마찬가지여서, 노동조합의 독립성을 박탈하고 파업 노동자들을 쏴 죽였다. 단 하나 의미 있는 차이가 있다면, 서방 자본주의가 원시적 축적을 이루는 데 수백 년이 걸린 반면 스탈린은 같은 과정을 러시아에서 20년 안에 이루려고 했다는 것뿐이었다. 그랬기 때문에 [러시아에서] 잔인함과 야만성은 더욱 농축된 형태로 나타났다.

스탈린주의 관료제는 산업혁명기 영국의 소규모 '시장' 자본주의를 본뜨는 식으로는 서방을 '따라잡을' 수 없었다. 러시아가 군사적으로 성공하려면 국내 사업의 규모가 서방과 대등해져야만 했다. 그러나 그렇게 되기까지 사기업들이 성장해 서로 집어삼키기를 기다릴 여유가 없었다. 국가가 개입해 생산 규모를 필요한 수준까지 끌어올려야 했다. 소규모 사기업들이 아니라 국가자본주의 독점체들이 필요했고, 국가가 경제 전체를 조정해서 다른 모든 부문의 생산을 축적에 종속시켜야 했다.

그 결과로 탄생한 체제를 사회주의라고 생각한 사람이 많았고, 지금도 그렇다. 스탈린주의가 러시아에서 사적 자본주의를 분쇄했고 나중에는 동유럽과 중국에서도 그랬기 때문이다. 그러나 그 방식은 서구 전시 경제의 방식과 아주 흡사했다. 전시 경제처럼, 새로운 체제도 중공업 건설과 무기 생산을 위해 대중의 소비를 계획적으로 억제했다.

1930년대에 그 과정을 목격한 서구 사람들은 소련의 경제적 성공에 매료됐고, 1950년대와 1960년대 초반에 소련의 급속한 공업 발전을 목격한 제3세계 사람들 역시 그러했다. 어떤 결점이 있던지 간에, 스탈린주의는 다른 나라들의 시장자본주의를 괴롭히던 위기에서 벗어날 방법을 발견한 것처럼 보였다. 영국의 페이비언주의자로서 평생 동안 혁명에 반대한 웹 부부가 1930년대 중반에 소련을 방문했다. 몹시 감명을 받은 두 사람은 ≪소련: 새로운 문명?≫이라는 책을 썼다. 2판을 낼 무렵에는 더 감명을 받았던지 아예 물음표를 지워버렸다.

그러나 소련은 1930년대에도 자신이 속한 세계 체제를 벗어나 존재할 수는 없었다. 다른 나라들의 경기가 위축되는 동안에도 국가 지령을 통해 공업을 성장시킬 수 있었지만, 거기에는 민중의 막대한 희생이 따랐다. 심지어 세계 경기 후퇴에도 곧장 영향을 받았다. 스탈린은 우크라이나와 카자흐스탄에서 생산한 곡물을 팔아 외제 무기들을 수입할 비용을 충당했다. 1929년 이후에 곡물 가격이 폭락하자 그는 이전의 두 배나 되는 곡물을 팔아야 했고, 곡물을 국가에 빼앗긴 농민들 중에 적어도 3백만 명이 굶어 죽었다.

세계 혁명의 포기

스탈린주의는 고립에 대한 대응책이었지만, 동시에 그것은 고립을 영속화하기도 했다. '일국사회주의' 이론은 세계 곳곳에서 혁명의 기회를 말아먹는 정책들을 각국의 공산당에게 강요하는 결과를 낳았다.

스탈린-부하린 동맹의 첫 단계 동안 러시아는 신뢰할 만한 서방 동맹자를 물색했는데, 그것은 '영-소 노동조합 협정'을 통해 영국 TUC에 추파를 던지는 것으로 나타났다. TUC가 총파업을 배신했는데도 말이다. 이에 용기를 얻은 영국 노동조합주의자들은 "모든 권력을 TUC 총평의회로!"라는 슬로건을 내걸었다. 영국 노동조합 지도자들의 행적을 훑어보기만 해도 그들이 그런 권력을 어떻게 남용할지 뻔히 알 수 있는데도 말이다.

같은 기간에 러시아는 동방의 동맹자도 물색했는데, 그것은 장제스를 찬양하는 것으로 표현됐다. 장제스가 광둥에서 노동자 조직을 공격한 뒤에도 스탈린과 부하린은 상하이 등지의 중국 공산당원들에게 그를 믿으라고 말했다.[174]

'일국사회주의'가 "달팽이 걸음의 사회주의"에서 강제 공업화로 방향을 전환하면서 해외 공산당들에게 요구하는 정책들도 달라졌다. 1928년, 해외 공산당원들은 갑자기 세계가 혁명적 진전의 새 국면인 '제3기'에 접어들었다는 말을 들었다. 그리고 몇 개월 전만 해도 러시아 공산당 지도부가 그토록 칭송해 마지않던 노동조합들과 사회민주당 좌파들이 주적(主敵)으로 규정됐다. 스탈린과 그 추종자들은 그들이 '사회파시스트들'로서 극우만큼이나 위험한 존재라고 선언했다. 전 세계 공산당들은 그들을 공격하는 데 주력해야 했고, 어떠한 상황에서도 그들과 제휴하기를 거부해야 했으며, 필요하다면 기존 노동조합에서 떨어져 나와 새로운 노조를 조직해야 했다.

해외 공산당들은 그런 정책을 순순히 받아들이는 새 지도부들을 꾸릴 것을 강요받았고, 거의 모든 당의 기존 지도부가 새 정책에 비협조적이라는 이유로 당에서 축출됐다. 스탈린이 그처럼 180도 선회한 이유는 무엇일까? 거기에는 영국과 중국에서 저지른 실수를 은폐하려는 심산이 일부 작용했다. 장제스가 중국 공산당원들을 학살할 준비를 하고 있던 1927년 3월에 그를 비판하지 못하게 했던 스탈린과 부하린이 11월에는 광둥에서 권력을 장악하라고 공산당원들을 몰아세웠다. 힘의 균형은 공산당에게 전적으로 불리했고 그 결과는 대학살이었다. 하지만 '제3기' 정책으로 전환한 뒤에는 스탈린과 부하린을 너무 보수적이라고 비판하는 것이 매우 어려워졌다. 방향 전환은 그 밖의 기능들도 수행했다. 전 세계에 필사적이고 영웅적인 투쟁 분위기를 조장하는 것은, 대중의 삶에 끼치는 영향은 아랑곳하지 않고 러시아를 공업화하려던 필사적인 몸부림과 궁합이 잘 맞았다. 또한 그런 방향 선회에 힙입어, 스탈린은 러시아에서 일어나는 일을 비판할 만한 사람들을 전 세계 운동 진영에서 모조리 제거할 수 있었다. 그 결과, 해외 공산당들은 러시아 대외 정책의 하수인으로 확실하게 개조됐다.

'제3기'는 해외 공산당들한테는 재앙이었다. 1929년에 폭발한 위기는 무시 못할 소수의 노동자들을 급진화하게 만들었고, 자본주의의 해악에 관한 공산당원들의 선전이 점차 공감대를 넓힐 수 있게 해 줬다. 그러나 대다수 노동자는 기존의 사회민주주의 정당과 노동조합이 제공하는 보호막 안에 머무르려 했다. 급진적 방향으로 움직인 것은 대체로 젊은 노동자들과 실업자들이었다. 경찰의 잔혹한 탄압에 맞서는 시위야말로 실업자들이 분노를 효과적으로 나타낼 수 있는 유일한 수단이었기 때문이었다. 반면, 직장이 있는 노동자들은 일자리를 잃을 것을 두려워한 탓에 의회나 노동조합 지도자들의 '온건' 노선에 동조할 때가 많았다.

이런 노동자들도 분노하기는 마찬가지였다. 파업 말고는 선택의 여지가 없게끔 고용주들이 상황을 몰아가면 그들도 가장 전투적으로 투쟁할 수 있었다. 그러나 평소에 그들은 분노를 안으로 삭일 뿐, 투쟁이 성공할 기회가 왔다고 느끼기 전까지는 분노를 드러내지 않았다. 경기가 잠시 나아져 기업에서 노동자들을 추가로 고용할 때처럼, 공황으로 지배 계급이 분열하자 노동자들은 갑자기 새로운 투쟁의 기회를 맞이하게 됐다. 그 결과, 1929년 이후 몇 년 동안 전투적인 투쟁이 급증했다. 스페인에서는 군주제가 혁명으로 타도됐고 노동 운동이 대대적으로 부활했다. 쿠바에서는 혁명적 봉기가 일어났다. 프랑스 좌파는 세를 크게 불려 '인민전선' 정부를 구성하고 주요 공장들을 점거했다. 미국에서는 대중적 노동조합주의가 탄생해 세계 최대 자동차공장인 제너럴모터스(GM) 점거에서 절정을 이루었다.

그러나 어디에서든 공황이 시작되자마자 그런 움직임이 일어난 것이 아니라 2년, 4년, 아니면 6년의 시차를 두고 일어났고 기존의 노동조합과 사회민주주의 조직의 영향력이 단번에 분쇄된 것도 아니었다. 대개는 사회민주주의 분파의 지도자들은 영향력을 유지했고 좌파적 언사를 이전보다 훨씬 많이 사용함으로써 잠시 영향력을 확대하기까지 했다. 그들을 단순히 '사회파시스트'라고 비판했다가는 그들을 따르던 노동자들한테 배척당하기 일쑤였다.

스탈린의 영향력 아래 각국 공산당이 거의 6년 동안이나 저지른 오류가 바로 그것이었다. 공황으로 급진화한 사람들은 공산당으로 발길을 돌렸다. 그러나 각국 공산당은 그 사람들을 노동조합과 사회민주주의 조직의 세력권 안에 있던 광범한 노동자들과 유리된 투쟁으로 이끌었고, 그리하여 그들은 패배했다. 전투를 통해 단련된 소수의 당원들은 고난을 무릅쓰면서 굳세게 싸웠다. 그러나 대다수, 때로는 절대 다수의 당원들이 역경과 굶주림에 굴복하거나 고용주들의 보복 해고에 희생돼 중도에 포기했다. 공산당원 수의 변화가 이 점을 잘 보여 준다. 체코슬로바키아 공산당은 당원 수가 1928년에 9만 1천 명이던 것이 1931년에는 3만 5천 명으로, 프랑스 공산당은 5만 2천 명에서 3만 6천 명으로, 미국 공산당은 1만 4천 명에서 8천 명으

로, 영국 공산당은 5천5백 명에서 2천5백 명으로 줄었다.[175]

공산당이 성장한 나라도 있었는데, 그 나라는 바로 독일이었다. 위기의 여파는 미국보다는 독일에서 훨씬 심각했다. 왜냐하면 공황으로 일자리를 잃은 사람들 중 상당수가 그로부터 불과 7년 전에 인플레이션으로 저축을 다 날려버렸기 때문이었다. 영세 자영업자들과 농민들 같은 중간 계급들은 높은 이자율로 매우 심각한 타격을 입었다. 경제·사회 위기를 극복할 수 없으리라는 불안감이 사회 전체에 만연한 가운데, 당원 수는 1928년에 12만 4천 명에서 1931년에는 20만 6천 명으로 늘었고, 공산당의 득표수도 1928년의 3백20만 표에서 1930년에는 4백60만 표, 1932년 11월에는 5백90만 표로 늘어났다.

그러나 대다수 당원이 실업자였다. 1930년에 베를린 지역의 당원 중에서 공장에 취직한 사람은 40퍼센트였던 반면에 약 51퍼센트가 실업자였고, 1931년에 중앙당 당원 가운데 작업장에서 당 활동을 할 수 있는 처지에 있는 당원은 17퍼센트에 불과했다.[176] 더욱이 탈당 비율이 엄청나게 높아서 베를린에서는 약 40퍼센트나 됐다.[177] 한편, 사회민주당 당원들은 비록 이전보다 표를 잃기는 했지만 그래도 1932년 11월 선거에서 7백20만 표를 얻었고 공장위원회 위원직의 84퍼센트를 차지해 겨우 4퍼센트에 그친 공산당원들과 대조되는 모습을 보였다.[178]

공산당원들은 사회민주당원들을 사회파시스트라고 비난함으로써 고립을 자초했다. 혼란스러워하면서도 어쨌든 경제 위기에 맞서 뭔가 하고 싶이하고 히틀러의 나치당에 저항하고 싶어한 노동자 대중은 그들에게 등을 돌렸다. 스탈린의 지령을 따른 결과는 당이 상처를 입는 데 그치지 않았다. 그것은 인류 전체의 재앙으로 이어졌다.

히틀러 : 권력으로 가는 길

1929년 10월에 월스트리트가 붕괴했을 때, 유럽에서 가장 큰 두 나라의 정부를 노동당식의 사회민주주의 정당들이 지배하고 있었다. 영국에서는 같은 해 초에 노동당의 램지 맥도널드가 자유당의 지원에 힘입어 소수당 정부를 구성했고, 독일에서는 한 해 전에 사회민주당의 뮐러가 '온건' 부르주아 정당들과 함께 '대연정'을 구성하고 총리 자리에 올랐다.

1930년 당시에는 이 두 정부 모두 엄습한 공황에 대처할 방법을 알지 못했다. 실업자의 증가는 사회복지 지출의 증대를 뜻했다. 산업 생산의 감소는 조세 수입의 감소를 뜻했다. 정부 예산이 적자로 치닫기 시작했다. 재정 불안이 두 나라를 강타했다. 미국 은행가들은 1920년대 중반에 독일 경제를 부흥시키는 데 기여한 '도스안' 차관을 상환하라고 요구했고, 금융가들은 파운드화의 국제 환율을 놓고 도박하기 시작했다. 국립은행 총재인 (5년 전에 자유주의적 지배 계급의 대표로 임명된) 독일의 샤흐트와 (베어링 은행가 가문 출신인) 영국의 노먼은 실업수당 지급을 위한 보험기금 마련에 드는 비용을 삭감하라고 정부에 건의했다. 양국 정부는 압력을 이기지 못하고 산산조각 났다. 독일에서는 재무장관 — 한때 '오스트리아 마르크스주의' 경제학자였고 독립사회민주당에서 활동한 전력이 있는 루돌프 힐퍼딩 — 이 위기에 대처하지 못해 1930년 초에 내각이 붕괴했다. 영국에서는 램지 맥도널드와 그가 내세운 총리 필립 스노든이 노동당을 버리고 보수당과 연립 내각을 구성했다.

독일과 미국에 비해 영국은 경제 위기가 덜 심각했다. 영국 산업은 영국이 제국이었기 때문에 여전히 거대한 시장에 접근할 수 있는 특권이 있었다. 임금 하락보다는 물가 하락 폭이 더 커서, 북부의 옛 공업 지역과 스코틀랜드·사우스웨일스의 실업 노동자들이 고통을 겪던 시기에도 중간 계급은 윤택한 삶을 누렸다. 영국 정부가 공공 부문에서 실업수당과 임금 지출을 삭감하자 실업자들이 폭동을 일으켰고, 수병들이 한때 반란을 일으켰으며, 교사 집단 등이 분노를 터뜨렸다. 그러나 정부는 위기를 쉽게 수습해 1931년과 1935년 선거에서 사기가 떨어진 노동당에 압승을 거뒀고 영국 자본주의의 주요 부문에게 공황에서 탈출할 길이 있다는 확신을 주었다. 지배 계급 중에서 1933년과 1934년에 오스왈드 모즐리의 변종 파시즘[영국 보수당 소속 하원의원과 영국 노동당 소속 하원의원을 지냈다. 1932년 영국 파시스트 동맹을 창립했고 이후 네오파시즘의 국제적 지도자가 됐다]을 지지할 태세를 갖춘 사람들은(예컨대, 로터미어 가문이 경영하던 <데일리 메일>에서 "검은 셔츠단 만세!"라는 낯 뜨거운 기사를 내보낸 일을 떠올려 보라) 1936년 무렵에는 대부분 지지를 철회했다.

독일에서는 상황이 매우 달랐다. 실업률이 영국보다 50퍼센트쯤 높았고 중간 계급 상당수가 극도의 궁핍으로 고통을 겪었다. 공황 때문에 아돌프 히틀러가 이끄는 국가사회주의(나치)당에 대한 지지율이 치솟았다. 이전에 81만 표였던 나치당의 득표수는 1930년에 6백만 표 이상으로 급증했고, 1932년 7월에는 그 두 배로 늘어나 총 투표수의 37.3퍼센트에 달했다. 그러나 나치당은 단순한 선거용 정당이 아니었다.(어찌 보면 선거를 주된 목적으로 하는 정당조차 아니었다.) 당 조직의 핵심부에는 준군사 집단인 전투원들 — SA, 즉 돌격대 — 이 자리 잡고 있었다. 1930년 말에 10만 명이던 그 수는 1932년 중반에 40만 명으로 늘어났다. 무장한 이 깡패들은 한편으로는 이른바 '유대인' 금융자본을 공격하고 다른 한편으로는 이른바 '유대인'·'마르크스주의' 노동 계급 운동을 공격하는 등 그들이 사회 위기에 책임이 있다고 비난하던 사람들을 상대로 전투를 벌이는 데 전념했다. 거리를 장악하고 다른 모든 사회 조직을 굴복시키기 위해 언제든 싸울 태세가 돼 있는 이런 무장력의 존재야말로 나치즘과 파시즘을 기존 부르주아 정당과 구별하는 특징이었다.

1920년 이후에 이탈리아에서 무솔리니가 이런 종류의 조직을 최초로 성공적으로 조직했다. 그 조직원들을 결속시킨 것은 강렬한 민족주의였지, 반유대주의라고 보기는 어려웠다.(파시스트 지도자들 중에는 1920년대 중반에 로마 시장을 역임했던 사람도 있었는데 그는 유대인이었다. 그리고 1930년대에 히틀러와 동맹을 맺을 때까지 파시스트 이데올로기에서 반유대주의가 두드러지지 않았다.) 그러나 그 밖의 점들에서 무솔리니는 히틀러의 모범이었다.

히틀러의 당은 프랑스군의 루르 점령과 엄청난 인플레이션으로 위기가 조성된 1923년에 처음으로 두각을 나타냈다. 나치당은 우익 테러 조직, 반유대인 단체들, 바이에른 주의 뮌헨에 모여든 프라이코어 단원들 같은 무리들의 구심점이 됐다. 그러나 1923년 11월에 시의 권력을 장악하려는 시도가 비참한 실패로 끝난 데다 위기도 진정되면서 나치당의 세력은 약화했다. 1927~1928년 무렵에 히틀러의 당은 선거에서 사실상 들러리였고 당원도 수천 명에 불과했으며 지도부는 사분오열돼 있었다. 그런데 세계 경제 위기가 닥치면서 당세를 엄청나게 불릴 기회를 잡은 것이었다.

점점 더 많은 사람이 '온건' 부르주아 정당을 떠나 히틀러 주위에 몰려들었다. 그들이 지지하던 정부가 위기를 관리하는 과정에서 노동자들뿐 아니라 수많은 중간 계급 지지자들까지 빈곤과 파산에 빠뜨렸기 때문이었다. 예컨대, 소도시 탈부르크에서 나치는 다른 부르주아 정당들의 희생을 바탕으로 득표수를 3년 만에 1백23표에서 4천2백 표로 늘렸다.[179]

이탈리아 파시스트들과 마찬가지로, 나치당은 중간 계급의 정당이었다. 히틀러가 당을 장악하기 전에 당원 중에서 비중이 컸던 집단은 자영업자(17.3퍼센트), 사무직 노동자(20.6퍼센트), 공무원(6.5퍼센트)이었다. 이 집단들이 나치당에서 차지하는 비율은 전체 인구에서 그들이 차지하는 비율보다 50~80퍼센트 높았고, 그들 모두 오늘날보다 훨씬 더 사회에서 특권층 대접을 받고 있었다. 노동자들도 나치당에 합류하기는 했지만, 그 비율은 전체 인구에서 그들이 차지하는 비율보다 50퍼센트쯤 낮았다.[180] 나치당은 선거에서 실제로 노동 계급의 표를 얻기도 했다. 그러나 그 표의 상당수는, 제1차세계대전 직후에 노동조합을 조직하려는 노력이 실패로 돌아가면서 노동 계급 정치의 전통이 거의 사라진 동부 프로이센 같은 지역의 농업 노동자들의 표이거나, 중간 계급의 영향력이 가장 크게 미친 소도시에 살던 노동자들의 표이거나, 아니면 조직되지 않은 데다 때로는 나치당원, 그 중에서도 특히 돌격대원이 되면 누릴 수 있는 여러 혜택에 매력을 느낀 실업자들의 표였다.[181] 따라서 나치당의 중간 계급적 성격을 부정하려는 시도는 무의미하다.("연구서들은 나치에 대한 투표와 계급 사이의 상관관계가 작다는 것을 보여 준다"[182]는 마이클 만의 주장이 그 예이다.)

그러면 중간 계급들은 왜 좌파가 아니라 나치에 매력을 느꼈을까? 거기에는 수십 년에 걸친 반(反)사회주의 이념 교육이 일부 영향을 미쳤을 것이다. 자신들이 육체 노동자들보다 우월하다는 확신을 갖게끔 교육받은 자영업자들과 사무직 노동자들은 공황이 심화되자 노동자 대중과 자신들을 구별해 줄 만한 것에 끈질기게 매달렸다. 정부와 금융가들에 대한 그들의 분노는 바로 밑의 노동자 대중에 대한 두려움과 짝을 이루고 있었다. 하지만 1918~1920년의 혁명기에는 그들 중에도 모종의 사회주의적 변화가 불가피하다는 데 동의하는 사람들이 많았다.

또 다른 요인은 좌파 스스로 처신을 잘못한 것이었다. 독일 사회민주당은 이탈리아 선배들의 경험에서 하나도 배운 것이 없었다. 오히려 그들은 "독일은 이탈리아가 아니다"라고 되풀이했다. 카우츠키가 1927년에 바로 그런 주장을 했다. 그는 파시즘이 이탈리아에서 거둔 성공, 즉 "자본주의 종식에 기꺼이 이바지할 수많은 룸펜 분자들을 …… 긁어모으는" 개가를 선진국에서는 결코 되풀이하지 못할 것이라고 선언했다.[183] 힐퍼딩은 1933년 1월 히틀러가 총리에 취임하기 바로 며칠 전에도 똑같은 주장을 되뇌고 있었다. 그는 사회민주당이 독일 헌법을 고수함으로써 나치당이 '합법' 영역으로 들어오도록 강제했고 그 결과 나치당은 패배할 것이라고 말했다. 힌덴부르크 대통령이 그 전해 여름에 히틀러의 내각 구성 요구를 거절한 것이 그 예라는 것이었다. 그는 "이탈리아의 비극 뒤에 독일의 희극이 온다. …… 이것은 파시즘의 몰락을 상징한다"고 주장했다.[184]

합법성을 강조한 사회민주당 지도자들은 그들이 공직에서 자진 사임한 1930년 이후에 점점 심화되는 위기를 관리할 책임을 진 후속 정부들에 대해 '관용' 정책을 취했다. 먼저 브뤼닝이, 이어서 파펜이, 그리고 마지막으로 슐라이허가 이끈 후속 정부들은 의회 내 다수파의 지지를 받지 못한 채,

대통령에게 부여된 포고령에 의한 권한에 의지해 통치했다. 그들은 노동자와 하층 중간 계급의 생활을 더욱 어렵게 하는 조치들—예컨대, 브뤼닝이 발표한 임금 10퍼센트 삭감안—을 잇따라 취했지만, 어떤 조치로도 경제 위기 악화와 그에 따른 궁핍을 멈추게 할 수는 없었다. 사회민주당의 '관용' 정책이란 사실상 그들이 고난과 굶주림밖에는 선사할 것이 없음을 자백하는 것이었다. 그들은 기존 부르주아 정당을 포기한 사람들의 지지를 나치당이 주워갈 수 있도록 길을 활짝 열어 줬다.

사회민주당 사람들은 기를 쓰고 히틀러를 돕기로 작정한 듯했다. 그들은 전투원들과 사회주의자스포츠협회 회원들과 청년 조직 조직원들로 구성된 일종의 자체 방위 조직인 '제국의 깃발'(Reichsbanner)을 만들었다. 그러나 사회민주당은 그 조직을 오로지 방어용으로만, 즉 나치당이 헌정을 파괴할 때—그 순간은 끝내 오지 않았다—에만 활용해야 한다는 입장을 고수했다. 그리고 사회민주당은 프러시아 주정부와, 그에 속한 잘 무장된 대규모 경찰력을 장악하고 있었다. 그 경찰력을 동원해 1929년 메이데이에 베를린에서 공산당원들이 주도한 시위를 진압했고(그 과정에서 25명이 죽었다), 1930~1931년에 프러시아 전역에서 나치의 시위를 금지했다. 그러나 스스로 합법주의라는 족쇄를 찬 사회민주당은 정작 나치의 위협이 최고조에 달했던 1932년 여름에는 그런 무장력을 사용하지 않았다. 그 해에 치른 대통령 선거에서 사회민주당은 자체 후보를 내지 않고 늙은 힌덴부르크에게 투표하라고 지지자들을 설득했다. 이에 대해 힌덴부르크는 히틀러와 비밀협상을 벌인 파펜의 요구를 받아들여 프러시아의 사회민주당 정부를 끌어내리는 법령을 발표하는 것으로 보답했다. 사회민주당은 순순히 이 조치에 따랐고 자신들이 나치즘에 대항하는 가장 강력한 요새라고 자랑하던 정권을 순순히 내놓았다. 거리낄 것이 없어진 돌격대원(SA)들은 공공연히 시가행진을 벌이면서 보는 이들에게 자신들의 활력을 과시하고 자신들이 어려운 생활 조건을 바꿀 수도 있는 운동 세력이라는 인상을 심어 주는 한편, 반대 세력들을 거리에서 몰아냈다. 사상 최악의 경기 침체에 대해 전신

마비 증세를 보이던 사회민주당의 모습과 너무나 대조됐다.

사회민주당 활동가들이 혼란에 빠진 것은 당연했다. 탈부르크에서 나치즘이 성장한 과정을 연구한 한 역사가는 1933년 초의 사회민주당의 모습을 다음과 같이 묘사한다.

> …… 많은 사람들이 나치가 정권을 잡으리라고 예상했다. 사회민주당은 투쟁 계획을 세웠지만, 무엇을 위해 싸워야 하는지는 명확하지 않았다. 슐라이허 장군이나 파펜의 공화국을 위해서? 대통령의 포고령으로 유지되는 민주주의를 위해서? 1933년의 그 음울했던 1월에 탈부르크의 사회민주당은 집회 한 번 열지 않았고, 한 차례의 연설도 하지 않았다. 도대체 무슨 말을 한단 말인가?[185]

무기력해진 사회민주당은 나치당이 활개를 치도록 멍석을 깔아 줬다. 그러나 나치당은 선거에서 얻은 지지만으로는 정권을 장악할 수 없었다. 그들이 여러 차례의 자유 선거에서 얻은 득표율은 최고 37.1퍼센트였고, 실제로 1932년 11월 선거에서는 7월 선거 때보다 득표수가 2백만 표 줄어들기도 했다. 히틀러가 총리 자리에 있고 야당이 잔뜩 움츠러든 상황에서 치른 1933년 3월 선거에서조차 나치당은 겨우 43.9퍼센트를 득표했다. 괴벨스는 1932년 말에 쓴 일기에서 나치당의 정권 장악 실패로 당원들의 사기가 떨어지고 수천 명이 당을 떠나기까지 했다고 불만을 털어놓았다.

독일 지배 계급의 핵심 대표자들이 나치당에 정권을 넘기기로 결정하고 나서야 그들은 권력을 잡을 수 있었다. 대기업가들 중에서 나치당에 오랫동안 돈을 대 준 자들은 나치당이 좌파와 노동조합의 맞수로서 쓸모가 있다고 판단했다. 신문재벌 후겐베르크는 "히틀러의 …… 정치 활동 초기에 자금난을 …… 덜어" 줬다.[186] 1931년 당시에는 루르 지방의 유력한 산업가 티센이 "열렬한 나치 지지자"였고,[187] 전직 국립은행 총재 샤흐트는 날이 갈수록 나치에 더 동조하는 모습을 보였다.[188]

그러나 1932년까지 독일 자본가층의 주류는 그들이 거의 손에 틀어쥐고 있던 두 정당 — 대기업가들이 후원한 독일 인민당(전쟁 전의 국가자유당의 후계자)과, 후겐베르크와 대지주들이 후원한 독일 국민당 — 을 지지했다. 그들은 빈곤층이 된 중간 계급 출신 나치당원들 중 상당수와 당 지도자들 중 일부가 단지 노동자들의 '마르크스주의' 조직들을 공격하는 데 그치지 않고 대기업을 표적으로 삼는 이른바 '국민 혁명'까지 요구한다는 이유로 나치당을 불신했다.

세계 공황으로 이윤에 타격을 입게 되자 일부 자본가들의 생각이 바뀌기 시작했다. 히틀러에게 돈을 대 준 적이 없을 뿐더러, 가난해진 중간 계급들을 기반으로 독립적으로 성장해온 나치즘 운동을 불신하던 대다수 기업가들조차 나치당을 쓸 만한 도구로 생각하기 시작했다. 한 연구자는 이런 변화를 다음과 같이 설명한다.

> 불황이 날로 심각해지자, 대다수 상류 계급 지도자들이 불황을 극복하려면 베르사유 조약을 철폐해야 하고, 전쟁 배상금 지불을 중지해야 하며, 노동자 세력을 무력하게 만들어야 한다고 믿었다. …… 1931년 여름에 대기업가들은 바이마르 공화국을 "불명예스러운 체제"라고 규정하고 "국가 독재"를 요구했다.[189]

루르 지방의 기업가들, 대지주들, 군 장교단 대부분도 이런 견해를 공유했다. 그리고 그들의 정치적 입장도 히틀러가 추진하던 정책과 여러 모로 비슷했다. 그리고 히틀러가 당 내에서 '국민 혁명'식 접근법을 가장 적극적으로 주창하던 오토 슈트라서를 숙청한 뒤에, 1931년 9월 하르츠부르크에서 열린 국민당, 인민당, 기업가·지주 단체들과의 연석회의에 참석하고 1932년 1월에는 "루르 지방 산업계의 우두머리들 앞에서 연설"[190]을 하게 되면서 그런 유사성은 더욱 커졌다.

기업가들은 히틀러가 자신들의 이익을 위협하지 않으리라는 확신을 점점 더 갖게 됐고, 일부는 돌격대원들을 노동 운동을 분쇄하는 데 유용한 도구로서 바라봤다. 1932년 가을 무렵에는 거의 모든 기업가가 만일 나치가 자신들이 원하는 정책을 추진하고 노동 계급의 저항을 약화시킬 만한 힘을 갖추었다면 정부에 나치를 끌어들여야 한다고 믿었다. 그러나 그들은 나치의 존재 가치에 대한 판단에서는 여전히 의견이 갈렸다. 대다수는 그들이 신뢰하는, 예컨대 파펜 같은 기존 부르주아 정당 출신 정치인들에게 핵심 요직을 맡기고 싶어했다. 그 당시에 히틀러에게 정권을 맡겨야 한다고 밀어붙이던 사람들은 소수에 불과했다. 기업가들은 히틀러가 자신들의 재산을 지키는 경비견 노릇을 해야 하며, 모든 경비견이 그렇듯, 그에게 단단한 사슬을 채워야 한다는 입장이었다. 그러나 히틀러는 그런 제약을 받아들이려 하지 않았고, 슐라이허 장군이 이끈 정부가 그들의 요구를 충족시킬 수 없다는 사실이 입증되면서 대기업가들의 분위기도 바뀌기 시작했다. 상병 출신으로 벼락출세해 거만을 떠는 데다 말투마저 거친 히틀러를 좋아하지 않는 최고 기업가들이 많았지만, 그들도 오직 히틀러만이 군대를 움직여 부르주아 세계의 안정을 회복시킬 수 있음을 인정하기 시작했다. 파펜이 먼저 나서서 한 은행가의 집에서 히틀러를 만났다. 그 며칠 후, 파펜은 영국 대사에게 말했다. "히틀러가 이끄는 운동이 붕괴하거나 분쇄된다면 그것은 재앙일 것이오. 왜냐하면 결국에는 나치당이 공산주의에 대항하는 최후의 보루이기 때문이오."[191]

 대지주들, 히틀러를 후원한 샤흐트나 티센 같은 기업가들, 그리고 군 고위 지휘관 일부는 히틀러를 총리에 임명함으로써 정치 위기를 해결하라고 힌덴부르크 대통령에게 이미 압력을 가하고 있었다. 그 막후에는 파펜과 그에게 의지하는 대기업가들이 있었다. 히틀러에 대한 의구심을 여전히 거두지 않은 일부 기업가 세력도 만만치 않았지만, 그들도 그런 식의 위기 해결책에는 반대하지 않았다. 그리고 일단 히틀러가 권좌에 오르자, 그들 역시 히틀러가 나치의 의석을 늘릴 목적으로 (그리고 나치당 내부의 위기를 해소할 목적으로) 요구했던 선거에서 기꺼이 그에게 선거자금을 댔다.[192] 만일 중간 계급의 대중 운동을 조직하지 못했다면 히틀러는 아무것도 할 수 없었을 것이다. 그 일을 위해 히틀러는 종종 독일 주류 대기업가들이 싫어할 만한 정치적 선택도 마다하지 않았다. 그러나 결국에는 그들도 히틀러가 정권을 잡는 쪽이 만성적인 정치 불안보다 낫고, 그가 몰락해서 독일 정치판이 좌경화하는 것보다는 확실히 낫다고 생각하게 됐다.

1933년 1월 31일 히틀러가 총리에 취임했다. 많은 사회민주당 지지자들이 싸우고 싶어했다. 브라운탈은 그 점을 이렇게 설명한다.

> 독일 노동자들의 저항 의지를 가장 인상 깊게 보여 준 시위들 …… 1월 30일 오후와 저녁, 독일 도시들에서 노동자들이 자발적으로 격렬한 시위를 벌였다. 공장들에서 파견된 대표자들이 …… 투쟁 명령을 기대하고서 같은 날 독일 전역에서 베를린으로 모여들었다.[193]

그러나 사회민주당 지도부의 결정은 히틀러가 '합법적으로' 정권을 잡았으니 당원들은 아무 행동도 하지 말라는 것이었다! 사회민주당 기관지인 <전진>에는 "정부와 그 쿠데타 위협에 맞서 사회민주당원들과 철의 전선(Iron Front)은 헌법과 합법성을 바탕으로 굳건히 버틸 것이다"[193a]라고 허세 부리는 기사가 실렸다. 당은 새 정권에 대한 '섣부른' 저항을 막는 데 총력을 기울였다.

공산당은 사회민주당 일반 당원들의 이런 저항 의지를 그 이전 3년 내내 감지할 수 있었을 것이다. 그런데도 공산당 지도부는, 어리석어서 그랬는지 스탈린의 지령에 충실하려고 그랬는지, 1929~1933년에 나치당을 저지하기 위한 공동전선에 참여하라고 사회민주당 지도부에 한 번도 요구하지 않았다. 그런 정책에 의문을 품기 시작한 사람들은 영향력 있는 자리에서 하나씩 제거됐다. 1931년 여름의 일이야말로 이런 어리석음의 결정판이었다. 나치당은 프로이센에서 사회민주당 정부를 제거하기 위한 국민투표를 획책했고, 공산당 지도부는 스탈린의 지령에 따라 그것을 "적색 국민투표"라고 규정한 뒤 당원들에게 '찬성'표 던지기 운동을 벌이라고 지시했다! 사회민주당의 일반 당원들이 나치당에 저항할 방법을 공산당에서 찾는 것을 포기하게 만드는 조치로서 이보다 더 적절한 게 있을까.

논자들이 종종 주장하는 것과 달리, 이런 정황이 곧 공산당이 나치당의 일종의 동맹이었음을 뜻하는 것은 아니다. 예컨대 베를린에서는 공산당의 단체들이 나치당을 격퇴하기 위해 날마다 치열한 가두 투쟁을 벌였다.[194] 그러나 그들의 투쟁은 광범한 지지 기반과 유리된 투쟁이었다.

사회민주당의 소심함과 마찬가지로, 공산당 지도부의 정신나간 행태 또한 히틀러가 집권한 뒤에도 계속됐다. 이탈리아의 경험에서 배운 것이 없었던 그들은 나치당이 여느 부르주아 정권과 똑같이 행동하리라고 믿었다. 그들은 나치 독재가 근본적으로 불안정하며 단명하기 십상이라고 주장했다.[195] 그들의 구호는 "히틀러 다음은 우리다"였다. 모스크바에서 발행된 당 기관지 <프라우다>에 "독일 공산당의 놀라운 승리" 운운하는 기사가 실리는가 하면, 좌익반대파의 일원이었다가 스탈린의 졸개로 변신한 라데크는 "마른(Marne) 전투 패배와 같은 패배"를 나치당에 안겨 주자고 주장하는 글을 <이즈베스챠>에 기고했다.[196]

이런 전망에 따라 독일 공산당 활동가들은 새 정권을 비판하는 전단을 대대적으로 살포하고 청원 운동을 벌이는 등 공세를 유지하라는 명령을 받았다. 그러나 히틀러 체제는 여느 부르주아 정권과 달랐다. 그의 체제는 대중적 지지를 받고 있었으며, 그 지지자들은 전투원들을 모집하고 고용주들이 노동조합 활동가들을 미워 놓고 해고할 수 있게 해 주고 비밀경찰과 합세해 체제 반대 세력의 거점들을 분쇄하는 등 노동 계급의 저항을 철저히 탄압할 태세를 갖추고 있었다. 청원서에 서명한 사람은 누구라도 돌격대원들에게 실컷 얻어맞고 경찰에 끌려가기 십상이었다.

며칠 사이에 나치당의 준군사 조직은 국가 기구에 통합되고 있었다. 돌격대와 경찰이 한통속이 돼 노동 계급 정당들을 끈질기게 괴롭혔다. 2월 27일, 나치당은 제국의회 방화 사건을 빌미로 공산당 활동을 금지했고, 기관지 발행을 정지시켰으며, 1만 명의 당원을 집단 수용소로 끌고 갔다.

사회민주당 지도부는 끝까지 비겁하고 어리석었다. 공산당에 대한 탄압의 손길이 자신들에게는 미치지 않으리라고 믿은 그들은 지하 투쟁을 주장한 당원들을 당에서 쫓아냈다. 노동조합 지도자들은 나치당과 협력해 5월 1일을 '전 국민 노동의 날'로 바꾸겠다는 약속까지 했다. 다음 날인 5월 2일, 나치당은 그들 역시 집단 수용소로 끌고 갔다.

히틀러가 총리에 취임한 때부터 1939년에 전쟁이 터질 때까지 22만 5천 명가량이 정치범으로 징역형 선고를 받았고, "1백만 명에 달하는 독일인이 길든 짧든 집단 수용소에서 고문과 인격적 모욕을 겪은" 것으로 추정된다.[197]

노동자 조직들만 수난을 당한 것은 아니었다. 공산당, 사회민주당, 노동조합들을 공격한 보답으로 대기업가 정당들 — 국민당과 인민당 — 의 지지를 확보한 히틀러는 공격의 칼날을 그들에게 돌려 정당을 해산하고 나치 일당국가를 인정하라고 강요했다. 그는 국가 테러를 동원해 모든 조직의 독립성을 파괴했다. 사회적으로 존경받는 집단이든 중간 계급 조직이든 가리지 않았다. 변호사 단체, 교수 협회, 심지어는 보이스카우트 조직까지 탄압했다. 저항의 기미가 조금이라도 보이면 정치경찰(게슈타포)이 주동자들을 집단 수용소로 끌고 갔다. 전체주의 정책에 대한 모든 이의 제기를 공포가 잠재웠다.

나치의 통치는 대기업가들과 군 장교단의 직접적인 동의를 기반으로 유지됐다. 나치당이 억압 수단과 정치 생활 전반에 대한 통제권을 행사하는 가운데, 나치의 폭력에서 상대적으로 안전한 그들은 자유롭게 이윤을 추구하고 군비를 확장했다. 그들의 동맹은 1년 후 '피의 숙청일'에, '2차 혁명'을 주장해서 장군들과 대기업가들을 걱정시킨 돌격대(SA) 지도자들을 히틀러가 친위대(SS)를 동원해 암살함으로써 혈맹 관계로 발전했다. 그 대가로 히틀러는 총통 자리를 얻었고 모든 정치 권력을 한손에 틀어쥐게 됐다.

7. 목 졸린 희망: 1934~1936년

나치가 독일에서 거둔 엄청난 성공은 유럽 전역에 충격을 줬다. 나치는 세계에서 가장 강력한 노동 계급 운동을 사실상 하루아침에 분쇄했다. 다른 곳의 우익 세력에게 나치의 사례는 재빨리 배워야 할 교훈이었고, 노동자 조직 입장에서는 그 의미를 숙지해 봐야 할 교훈이었다. 합법주의 노선의 신성불가침성과 공산주의의 임박한 승리를 주장하던 지도자들로서는 내키지 않는 일이었겠지만 말이다.

1934년 비엔나

히틀러의 수법을 재현하려는 우익의 첫 합동 공세가 1934년에 오스트리아, 프랑스, 스페인에서 벌어졌다. 오스트리아의 지배 계급은 1918~1919년 제국 붕괴 직후에 사회민주당이 연립정부를 주도하는 것을 묵인했다. 이웃 나라들에서 혁명적 봉기가 잇따르고 국내에 강력한 노동자·병사 위원회들이 존재하는 상황에서, 사회민주당만이 그들의 요구가 권력 장악으로까지 번지지 않도록 자제시킬 수 있었기 때문이었다. 한 오스트리아 사회민주당원이 훗날 말했듯이, "오스트리아 중간 계급 정당들은 대부분 무능해서 사회민주당이 오스트리아 민주주의를 수호할 임무를 지게 됐다."[198] 봉기의 물결이 잠잠해지자, 사회민주당원들은 정부를 떠나 비엔나 시위원회에 대한 통제권을 이용해 노동자들의 생활 조건을 개선하는 데 주력했다. 당시에 비엔나는, 도시의 성인 인구가 총 3백만 명에 불과한 나라에서 60만 당원을 거느리고 전국 선거에서 42퍼센트의 득표율을 기록하던 사회민주당의 요새였다.

반면, 우익 가톨릭 정치인들은 농촌 지역을 장악하고 의회에서 다수를 차지하고 있었다. 이탈리아에서 무솔리니가 거둔 성공에 고무된 그들은 1920년대 말에 준군사 조직인 조국방위대(하임베어, Heimwehr)를 창설해 사회민주당 방위대인 방위동맹과 점점 더 빈번하게 충돌했다.

히틀러의 승리는 오스트리아 파시스트들의 확신을 부추기는 한편, 그들을 둘—오스트리아와 독일의 합병을 원하던 세력과, 이탈리아와 연합한 가톨릭 국가 수립을 원하던 세력—로 분열시키기도 했다. 후자 그룹의 대표자였던 돌푸스는 이런 상황을 이용해 1933년 3월 초 의회를 해산하고 긴급명령에 의한 통치를 꾀했다.

돌푸스는 친독일파에 적대하는 듯한 행동을 취했지만, 그의 주요 표적은 노동 운동이었다.

> 사회주의자 방위대는 해체됐다. 사회주의자가 통치한 비엔나는 시 수입의 상당 부분을 아무 근거 없이 빼앗겼다. 사회주의자 노동자들은 해고 위협을 받으며 돌푸스의 새 정당인 조국전선에 가입하라는 지시를 들었다. …… 돌푸스는 의회민주주의를 영원히 제거하고 오스트리아를 기독교·협동조합주의 연방국으로 재편하겠다는 계획을 공식으로 천명했다.[199]

오스트리아 사회민주주의자들은 1919년 이후에 자신들이 독일 사회민주주의자들보다 더 좌파이고 우파에 맞선 투쟁 의지가 더 충만하다고 허풍을 떨어왔다. 그들은 또 바로 그 때문에 오스트리아 공산당이 세력을 키우지 못했다고 큰소리쳤으며, 오스트리아 노동 계급 운동도 독일과 같은 분열 때문에 약화되고 있다고 주장했다. 그러나 돌푸스의 쿠데타에 맞서 그들은 아무런 대응도 하지 않았다.

그들의 입지는 탄탄했다. 쿠데타가 있기 불과 며칠 전에 철도 노동자들이 전면 파업을 통해 명백한 승리를 거둠으로써 노동 계급의 힘은 입증됐었다. 그런데도 사회민주주의자들은 돌푸스가 자신들과 함께 어떤 식으로든 반(反)나치전선을 구축하기를 바랐다. 그들은 당원들에게 행동에 돌입할 준비를 갖추되 '성급한' 행동은 절대 하지 말라고 지시했다.

상황은 이런 식으로 11개월 동안 계속됐다. 그동안 돌푸스는 야금야금 그러나 체계적으로 공격했고, 사회민주당은 계속해서 지지자들에게 인내를 요구했다. 1천 개의 공장에서 파견된 대표자들이 비엔나에서 대회를 열었을 때, 한 사회민주당 지도자는 "내전의 참극을 피할 기회가 조금이라도 남아 있는 한, 우리는 명예와 양심에 의거해 그것을 붙잡아야 한다"[200]면서 즉각적인 행동 돌입 요청을 거부했다. 사회민주주의자 브라운탈은 당시 상황을 다음과 같이 회상했다.

오스트리아 노동자들은 몹시 실망하고 기가 꺾였다. 오스트리아 파시즘이 기세를 올리고 있는데도 당 지도부가 회피 전술로 일관하자, 그런 절망감은 훨씬 더 깊어졌다.[201]

돌푸스는 마음만 먹으면 언제든지 사회주의자들에게 결정적 공격을 할 수 있게 됐다 1934년 2월 12일, 대변인을 시켜 "우리는 오스트리아를 깨끗이 청소하는 작업에 착수하려 한다. 우리는 그 일을 완벽하게 수행할 것이다"[202]라는 성명을 발표한 직후에 돌푸스는 공격을 감행했다.

아침 일찍부터 경찰이 린즈에 있는 사회당 본부에서 부기를 수색했다. 건물에 있던 노동자들이 저항했고 발포가 시작됐다. 세 시간 뒤, 비엔나의 전기 노동자들이 파업에 들어갔다. 총파업의 신호탄으로 예정돼 있던 파업이었다. …… 비엔나에서 총격이 시작됐다. 내전이 시작됐다.

전투는 나흘 동안 계속됐다. 온갖 액운이 노동자들을 덮치기로 작정한 듯했다. 주로 공화국방위대(방위동맹) 소속 부대원으로 구성된 극소수의 사회주의자 노동자들은 손에 넣을 수 있는 무기는 모두 들었다. …… 공식 총파업 명령은 하달되지 못했다. 사회당 인쇄기를 쓰기로 전기 노동자들과 사전에 약속을 해두지 않았기 때문이었다. 노동자 대중은 전투 중이던 공화국방위대 부대원들에게 호의적이었지만 파업을 벌이지는 않았다. 사기가 꺾인 그들은 가까운 곳에서 소수의 사회주의자 그룹들이 대포와 기관총 앞에 쓰러져가는 동안에도 일을 했다. …… 2월 16일, 전투가 끝났다. 열한 명이 교수형을 당했다. …… 오스트리아 노동 운동은 지하로 쫓겨 들어갔다.[203]

비록 패배했지만, 오스트리아 노동 운동이 결국에는 파시즘에 반격을 가했고 독일 노동 운동처럼 맥없이 항복하지는 않았다는 사실이 다른 나라의 반파시스트들을 고무했다. "베를린보다는 비엔나를 본받자"가 여러 사회민주주의 정당에서 좌파를 새롭게 결집하게 만드는 구호가 됐다.

그러나 정작 오스트리아에서는 돌푸스의 추종자들이 정권을 잡고서 종종 '성직자 파시스트'(clerico-fascist)라고 불린 체제를 4년 동안 유지했다. 그러다가 1938년에 무솔리니와 히틀러의 거래에 따라 독일군이 중간 계급 군중의 환호를 받으며 오스트리아를 점령했고 오스트리아는 완전히 나치화됐다.

독일 사례는 노동 운동이 단결해서 싸울 준비가 돼 있지 않으면 파시즘을 저지할 수 없음을 분명히 보여 줬다. 오스트리아의 사례는 단결만으로는 부족하며 실제로 싸울 준비가 돼 있어야 한다는 점을 보여 줬다.

프랑스와 인민전선

1934년 2월, 파리에서도 내전이 임박한 듯했다. 잇따른 중도 급진당 정부들은 세계 경제 공황에 디플레이션 정책으로 대응했다. 그 정책은 공공 부문 노동자들의 임금을 삭감하고, 여전히 인구의 다수를 차지하는 농민들의 수입을 감소시키는 것이었다. 동시에, 집권당의 주요 인사들이 연루된 금융 스캔들도 잇따랐다.

민중의 분노는 점점 더 혼란스러운 분위기를 띠어 공무원들이 항의하고, 소상점주와 소기업가들이 시위를 벌이고, 농민들이 격렬한 군중 행동에 나섰다. 준군사 조직인 다양한 '동맹'을 중심으로 결집한 극우파는 이런 상황에 편승해 시가행진을 하면서 민족주의, 극단적 가톨릭주의, '부패한' 금융가 비판, 반유대주의 따위가 뒤섞인 이념으로 중간 계급 지지자들의 수를 늘려갔다.

1934년 초에 극우파는 히틀러가 1년 전에 독일에서 거둔 승리를 프랑스에서 재현할 수 있다는 희망을 품고 있었다. 2월 6일, 극우 조직들은 급진당의 에두아르 달라디에가 막 구성한 '중도 좌파' 정부에 항의해 파리에서 대규모 시위를 벌이라는 명령을 조직원들에게 내렸다. 그들의 목표는 하원에 난입해 달라디에 정부를 우파 정부로 교체하도록 강제함으로써 자신들이 정권을 장악할 계기를 마련하는 것이었다.

격렬한 전투의 밤이 오고 시위대와 경찰이 서로 총을 겨눠 15명이 죽고 1,435명이 다쳤다. 다음 날 달라디에가 더는 질서를 유지할 수 없을 것 같다며 사임했고, 대신 '중도 우파' 정부가 들어섰다. 극우파는 정부를 강제로 '해체할' 수 있는 힘을 과시했고, 프랑스 역시 이탈리아와 독일이 걸었던 길을 따르기 시작한 듯했다.

프랑스 좌파는 이전의 다른 나라 좌파들만큼이나 상황 대처에 무능하다는 인상을 주었다. 독일 사회민주당이 브뤼닝 정권을 용인했듯이, 프랑스 사회당(SFIO) 역시 급진당 정부를 용인했다. 공산당은 사회당이 '사회 파시스트'라는 '제3기'의 허튼소리를 계속 늘어놓았다. 2월 3일, 우익의 궐기가 더욱 격렬해지는데도 공산당 기관지 〈뤼마니테〉의 머리기사는 "낭황할 것 없다"였고, 같은 신문 2월 5일자에는 파시스트와 정부 중에서 택일하는 것은 "페스트와 콜레라" 중에서 택일하는 것과 같다는 내용의 기사가 실렸다.²⁰⁴ 2월 9일에도 공산당은 단독으로 항의 시위를 벌여 경찰과 격렬한 전투를 벌인 끝에 아홉 명이 죽었는데, 그들은 이 시위가 파시스트와 실각한 달라디에 정부의 "살인자들"을 함께 겨냥한 것이라고 천명했다.²⁰⁵

주요 노동조합동맹인 CGT가 2월 12일에 시위를 벌이기로 결정했고, 사회당은 사회당대로 따로 시위를 조직했다. 공산당은 막판에 가서야 시위 결정을 내렸지만 역시 다른 조직들과 함께하는 것은 아니었다. 각 조직의 시위대가 서로 마주쳤을 때 어떤 상황이 벌어질지 예측하기란 어려웠다. 이전처럼 서로 난투극을 벌이지나 않을지 사람들은 걱정했다. 결과는 그 반대였다. 각 시위대가 한데 모여들자 사람들은 한 목소리로 반파시스트 구호를 외쳤고 혼연일체가 됐다. 한 책에서는 당시의 광경을 이렇게 묘사한다. "이런 조우가 기뻐 날뛸 것 같은 열광을 촉발해 환호성이 터져 나왔다. '단결! 단결!'의 박수갈채와 구호들과 함성들."²⁰⁶

총파업과 연합 시위의 성공으로 우익의 행보에 제동이 걸렸다. 공식 협정을 맺은 공산당과 사회당은 급진당의 희생을 바탕으로 선거에서 둘 다 의석을 늘렸다. 또 CGT와 공산당 주도 하에 CGT에서 떨어져 나온 주요 조직이 재결합하면서 조합원 수도 약간 늘어났다. 반파시스트 위원회들이 우후죽순처럼 전국에 생겨나 거리의 주도권을 놓고 우익과 힘겨루기를 했다.

그러던 차에 공산당이 이전보다 훨씬 과감하게 정책을 전환했다. 공산당은 사회당뿐 아니라 급진당까지 포함하는 삼자 협정을 맺자고 제안했다. 급진당이 비록 부르주아 정당이긴 하지만 공화국 수호를 지지하기 때문이라는 것이었다. 사회당·공산당·급진당의 '인민전선'이 1936년 5월 선거에서 압승하자, 공산당은 이 선거 결과가 공산당의 노선이 옳았음을 입증하는 결정적 증거라고 주장했다. 분명, 좌파는 선거에서 잘 해냈다. 처음으로 사회당이 의회에서 최대 정당이 됐고, 공산당 의석 수도 10석에서 76석으로 엄청 늘었다. 이런 성과에 힘입어, 사회당 당수 레옹 블룸은 18명의 사회당원과 13명의 급진당원이 포함된 내각을 구성할 수 있었다. 공산당은 내각에 참여하지 않았지만 의회에서 찬성표를 던졌다.

그러나 사회당-급진당 연립정부보다 더 인상적이었던 것은 거리와 작업장의 분위기였다.(따지고 보면, 이전 4년 동안 두 당은 언제든 연립정부를 구성할 수 있는 의석 수를 이미 확보하고 있었다.) 계속된 좌파의 시위는 60만 명 이상이 모인 파리코뮌 기념 시위에서 절정을 이루었다. 블룸의 총리 취임을 앞둔 때에도 프랑스 역사상 가장 커다란 파업 물결이 일기 시작했다. 프랑스 여러 지역—르아브르, 툴루즈, 쿠르브부아—에서 시작된 분산되고 단기적이고 고립된, 그러나 승리한 파업들이 5월 26일에 돌연 거대한 운동으로 발전했다. 5월 26일에는 파리 외곽의 기계공장들에서 노동자들이 파업에 들어가 공장을 점거한 일이 있었다. 5월 28일, 파리 시내 비앙쿠르에 있는 거대한 르노 공장에서 파업이 벌어져 노동자들이 공장을 점거했고, 주말 무렵에는 7만 명의 노동자가 파업에 참가했다. 성령강림절 휴가 기간에 잠시 소강 상태였던 공장점거 물결은 그 후 기계공업 부문에서 모든 산업 분야로, 그리고 사실상 프랑스 전역으로 퍼져 나갔다. 초콜릿공장, 인쇄소, 건설 현장, 자물쇠공장으로, 심지어 노동조합이 없을 뿐더러 전에는 직원들이 서로 이야기하기조차 두려워했던 백화점까지 점거가 확산됐다. 노르 현(縣)에서만 25만 4천 명의 노동자가 1천1백44개의 작업장을 점거했다. 영국 대사는 그 상황을 러시아의 1917년 상황에 비유하면서 블룸이 케렌스키와 같은 처지라고 논평했다.[207]

불과 2년 전만 해도 극우파의 득세에 기꺼워하던 고용주들은 이제 노동자들에게 엄청난 양보를 해도 좋으니 파업을 진정시켜 달라고 블룸에게 매달려야 할 판이었다. 6월 7일에 총리 공관에서 특별 회동을 한 그들은 노동계약제, 상당한 수준의 임금 인상, 10인 이상 작업장에서 노동자 대표 선거 등을 즉시 실시하겠다는 내용의 협정서에 서명했다. 3일 후, 정부에서는 2주의 유급휴가제와 주당 40시간 노동제 도입에 관한 법안들을 하원으로 보냈다. 법안들은 유례없이 7일 만에 신속하게 통과됐다. 심지어 우익의 확고한 지지 기반이던 비민주적 상원에서조차 그 법안들을 거부하지 못했다.

노동자들 중에는 단지 임금 인상, 노동시간 단축, 휴가만을 바랐던 게 아니라고 느끼는 사람들이 많았다. 그들은 어떤 식으로든 사회 전체를 바꾸고 싶어했다. 그들의 파업은 6월 11일까지 계속됐고 공산당이 개입했다. 공산당 당수 모리스 토레즈는 "현재로서는 권력을 잡는 것이 불가능하기" 때문에 업무에 복귀할 수밖에 없으며 "파업을 끝내는 법을 알 필요가 있다"고 주장했다.[208]

공산당을 극좌파로 생각한 가장 전투적인 파업 노동자들은 여러 약속을 이행하는 것을 전제로 업무 복귀에 마지못해 동의했다. 그 결정은 그들에게 물질적 이익을 안겨 줬다.(비록 인플레이션이 곧바로 임금 상승분을 잠식하기는 했지만 말이다.) 그러나 그 대가로 그 전 몇 해 동안 극우파에 동조하는 태도를 보인 경찰들과 장군들, 고위 공무원들이 권력을 다시 쥐게 됐다. 그리고 힘의 균형추가 바뀐 6월에 양보한 것들을 호시탐탐 재빨리 되찾으려 한 자본가들이 산업·금융 통제권을 다시 쥐었다.

노동자들이 권력을 잡을 만큼 상황이 무르익지 않았다는 토레즈의 판단은 옳았다. 그의 말대로 잘해야 1917년 2월 정도의 상황, 어쩌면 그보다 훨씬 못한 7월 정도의 상황이었다. 그러나 그 상황은, 공산당이 2년 전만 해도 그저 공염불으로나 외치던 구호들 ─ 소비에트 창설, 국가와 대기업의 힘을 감시하고 견제할 노동자 대표 기구 창설 ─ 이 실제로 먹혀들 수 있는 상황이었다. 노동자들이 그런 구호들을 흔쾌히 받아들일 것이 확실한데도, 토레즈는 그런 말은 아예 입에 올리지도 않았다.

그것은 우연이 아니었다. 어처구니없는 '제3기' 정책은 모스크바의 코민테른 노선이 바뀌고 나서야 폐기됐다. 인민전선을 통해 친자본가 성향의 부르주아 정당과 동맹을 맺는다는 전술 역시 그런 노선 전환에 따라 채택된 것이었다. 스탈린은 1935년에 소련이 프랑스의 중도 우파 라발 정부와 맺은 상호방위조약을 공고히 하기 위해 외국의 정치적 동맹자들을 확보하고 싶어했다. '자유주의적' 자본가 정부에 대한 공산당의 지원이 그 일을 수월하게 해 줄 것으로 보였다. 코민테른은 그런 전술이야말로 파시즘의 진격을 막을 수 있는 유일한 '현실적' 방도라고 주장했다.(비록 그 핵심 논지는 베른슈타인 같은 사람들이 40년 전에 써먹은 것과 다를 바가 없었지만 말이다.)

공산당이 급진당 같은 부르주아 정당들과 동맹을 맺으려면 세계 체제를 강타한 공황에 대한 구체적인 혁명적 대안들을 모두 포기할 수밖에 없었다. 공산당은 혁명적 변화에 관한 논의는 먼 훗날의 일로 미루고, 자본주의를 수호할 임무를 띤 정부들을 "관용으로 대하면서" 자본가들이 극우라는 대안에 더는 매력을 느끼지 않게 되기를 바랐다. 그러나 그런 관용이란 노동 운동의 사기가 떨어져 자본가들이 공세를 취해도 좋겠다는 확신을 가질 때까지 노동 운동을 억누르는 것을 뜻했다.

1936년 7월 14일, 프랑스에서 인민전선 운동을 축하하는 집회가 열렸다. 1백만 명에 가까운 사람들이 파리에 모여 프랑스 혁명일을 기념했고, 프랑스 전역의 다른 도시들에서도 수천 명 규모의 집회가 열렸다. 집회 참가자들은 혁명 당시 복장을 하고 있었다. 혁명과 계몽의 영웅들 — 로베스피에르, 볼테르, 마라, 빅토르 위고 — 로 집회는 장관을 이루었다. 파리 집회에서는 급진당 당수 달라디에가 토레즈, 블룸과 나란히 연단에 섰다. 르노 공장 노동자들이 가져온 깃발들에도 사회당·공산당·급진당의 것이 섞여 있었다. 이 모든 것은 당과 계급을 가리지 않고 모든 사람이 한 자리에 서기만 한다면, 그리고 프랑스 혁명이라는 단일한 전통을 확인하기만 한다면 파시즘의 악몽이 사라질 것이라고 사람들을 설득하기 위해 연출된 장면들이었다. 인민전선식 단결이 함의하는 '실용성'의 정치란 바로 이런 것이었다.

그로부터 3일 뒤, 피레네 산맥 지대 전역에서 그런 '실용성'의 정치를 시험하는 사건들이 벌어졌다. 이탈리아·독일·오스트리아에서 파시즘이 승리한 데 고무받은 몇몇 스페인 장군이 공화파 정부를 전복하기 위해 반란을 일으켰다. 공화파 정부는 정권을 수호하기 위해 프랑스에 곧바로 무기 지원을 요청했다. 레옹 블룸은 무기를 지원하고 싶었지만, 급진당을 이끈 정치인들이 격렬하게 반대했다. 7월 30일에 블룸은 무기 지원을 하지 않겠다고 하원에 다짐했고 곧 '비개입' 정책에 동의했다. 그것은 곧 선출된 공화파 정부가 독일과 이탈리아의 무기로 무장한 파시스트 성향의 군대에게 공격받도록 방치하는 것을 뜻했는데도 말이다. 프랑스 공산당은 블룸의 입장에 강력하게 반발했다. 심지어는 1936년 12월에 하원에서 진행된 불신임안 표결에서 기권표를 던지기까지 했다. 그러나 공산당 역시 대안을 제시하지는 못했다. 자유주의자들과의 동맹에 집착한 공산당으로서는 프랑스 자본주의에 대항하는 운동을 조직할 엄두를 낼 수 없었기 때문이었다.

그런 정책은 국제 관계에서는 물론이고 국내에서도 더는 먹혀들지 않았다. 급진당은 파업 물결이 지속되는 동안에만 노동자들을 위한 개혁에 동참할 준비가 돼 있을 뿐이었다. 1936년 하반기에 그들이 보인 모습이 대체로 그러했고, 그때에도 이미 5월 말이나 6월에 비해 훨씬 유보적인 태도를 보였다. 사회당, 공산당과 CGT 지도부가 사태를 진정시키는 데 성공하자, 급진당은 태도를 바꿔 경제 위기의 조짐에 대응하기 위해 디플레이션 정책을 실시해야 한다고 요구하기 시작했다. 노동시간 단축 등 일자리 창출을 위한 '경기 부양' 정책들을 실시해본 후인 1937년 초, 블룸은 급진당의 요구에 공감을 표하면서 자신의 팽창·개혁 프로그램을 잠시 '중단'하겠다고 선언했다. 그러나 그것으로는 충분하지 않았다.

1937년 7월, 자본 유출에서 비롯한 금융 위기를 수습하기 위해 상원에 제출한 재정안이 부결되자 블룸은 사임했다. 그러던 중에 인민전선 정부라는 마술로도 국가 기구가 얼마나 변하지 않았는지를 보여 주는 사건이 벌어졌다. 1937년 3월에 파리 근교에서 반파시스트 시위를 벌이던 사람들에게 경찰이 총을 쏴 7명이 죽은 것이다.

블룸이 사임한 후에 급진당 정부가 사회당이 참여한 가운데 9개월 동안 프랑스를 통치했다. 이전의 위기가 채 끝나기도 전에 새로운 세계 경제 위기가 미국에서 시작됐고, 급진당 정부는 지출 삭감이라는 오래된 급진당의 정책 — 인민전선에 희망을 건 사람들의 사기를 떨어뜨리는 효과밖에 없는 정책 — 으로 대응했다. 히틀러의 오스트리아 침공과 동유럽에서 프랑스의 외교 정책 실패에서 비롯한 위기로 블룸이 총리직에 복귀했고, 불과 26일 만에 달라디에가 다시 그를 대신했다. 고용주들은 이제 노동자들을 공격하기에 충분한 힘을 가졌다고 느끼고 있었고, 달라디에 정부는 2년 전의 가장 중요한 개혁 중 하나 — 주당 노동시간을 40시간으로 줄이는 것 — 를 뒤집으려 하기 시작했다. 그 뒤에 벌어진 파업과 공장점거를 진압하기 위해 경찰이 개입했다. 르노 공장에서는 무장경찰이 공장에 투입된 후에 20시간 동안 전투가 벌어졌다.[209] 경찰은 패배한 노동자들에게 파시스트식 경례를 한 채로 "경찰 만세"를 외치며 행진하라고 강요했다.[210]

줄리언 잭슨은 당시 상황을 이렇게 설명한다.

1934년 2월 12일의 총파업으로 탄생한 인민전선은 1938년 11월 31일에 역시 파업으로 마침내 생을 마쳤다. 아이러니하게도, 2월 12일 파업이 원래 달라디에의 강제 사임에 항의하기 위해 계획된 것이었다면, 11월 30일 파업은 같은 달라디에의 노동 정책에 항의하기 위해 소집된 것이었다.[211]

인민전선의 첫 국면은 희망을 제공하는 듯했고 좌파 정당과 노동조합은 급속하게 성장했다. 공산당 당원 수는 1933년에 2만 9천 명이던 것이 1936년 2월에는 9만 명으로, 1936년 12월에는 28만 8천 명으로 늘었고, 공산주의청년단 회원 수도 같은 기간에 3천5백 명에서 2만 5천 명, 10만 명으로 증가했다. 사회당 당원 수는 1933년에 13만 1천 명이던 것이 1936년에 20만 2천 명으로 늘어났고, 청년사회주의자 회원 수는 1934년에 1만 1천3백20명이던 것이 1937년에 5만 6천6백40명으로, CGT 조합원 수는 1935년에 78만 5천7백 명이던 것이 1937년에 약 4백만 명으로 늘어났다.[212] 그러나 1938년에 인민전선의 실적에 대한 환상이 깨지자 상황은 반전됐고 좌파 정당들의 당원과 지지자가 줄어들었다. 1938년 후반의 패배한 파업 이후에 자행된 대량 해고와 차별 때문에 좌파 정당과 노동조합은 쑥대밭이 됐고 조직원 수는 급감했다.[213]

제2차세계대전이 터진 다음 해 8월, 프랑스 지배 계급은 불과 3년 전에 공산당을 불법화하고 공산당 소속 의원들을 추방하고서 희희낙락하며 치른 선거로 구성됐던 의회와 똑같은 의회를 구성할 만큼 강력한 지위에 있었다. 그로부터 9개월 뒤, 바로 그 의회 — 사회당 의원들이 대다수 의석을 차지한 — 가 페탱 원수에게 독재권을 주기로 결의했고, 페탱은 프랑스 파시스트들이 포함된 정부를 구성해 나치 독일이 국토의 북쪽 절반을 점령하는 데 협력했다.

지금도 에릭 홉스봄 같은 역사가들은 좌파가 우파의 공세에서 어떻게 살아남을 수 있는지를 보여 주는 사례로서 인민전선을 거론한다. 프랑스의 사례는 그런 주장을 확실하게 뒷받침해 주지 못한다. 1934년에 노동자들의 단결된 투쟁은 분명히 극우파를 수세로 몰아넣었다. 그러나 1936년에 주류 친자본가 정당과 단결하려던 시도는 독일 사회민주당의 '관용' 정책과 똑같은 결과를 낳았다. 짧은 소강기를 거쳐 우파가 다시 주도권을 쥘 수 있게 해 준 것이다. 비극적이게도, 이런 경험은 1930년대 반파시즘 투쟁의 위대한 세 번째 사례인 스페인의 사례에서도 되풀이된다.

스페인 : 파시즘, 혁명, 내전

영국 작가 조지 오웰은 1936년 11월의 바르셀로나를 다음과 같이 묘사했다.

노동 계급이 장악한 도시를 가 보기는 처음이었다. 크고 작은 모든 건물을 사실상 노동자들이 장악했다. 모든 상점과 카페에는 집산화됐음을 알리는 표지가 붙었다. 심지어 구두닦이까지도 집산화돼 구두통이 빨강과 검정으로 칠해져 있었다.

웨이터들이나 점원들은 얼굴을 빤히 쳐다보면서 손님들을 동등한 존재로서 대했다. 아첨하는 말은 물론이고 심지어 의례적인 말조차 잠시 사라져버렸다. 개인 소유의 차는 없었다. 모든 차량을 징발했다.

　무엇보다 기묘한 것은 군중의 모습이었다. 겉으로 보기에 그 도시에는 부유층은 사실상 존재하지 않는 듯했다.

　무엇보다도 그곳에는 혁명과 미래에 대한 믿음이 있었다. 마치 평등과 자유의 시대에 불쑥 태어난 듯한 느낌이 들었다. 모든 사람이 자본가의 기계 부품 노릇을 거부하고 인간답게 행동하려 애쓰고 있었다.[214]

　프랑코 장군 휘하의 스페인 군대가 정권 장악을 꾀한 뒤 불과 4개월이 지났을 때의 모습이 그러했다. 군부의 시도는 스페인 국토의 절반이 넘는 지역에서 노동자 봉기 때문에 수포로 돌아갔다. 내전이 벌어졌다. 6년에 걸쳐 점차 치열해졌던 계급 투쟁이 최고조에 달한 것이다.

　1920년 초반에 노동 운동이 패배함으로써 독재자 프리모 데 리베라가 1920년대 나머지 기간 동안 스페인을 통치하게 됐다. 그는 군대를 이용해 저항 세력을 탄압했고, 그럼으로써 전투적 노동자들의 조직화를 막을 수 있었다. 아나코-생디칼리스트와 공산당 지도자들은 거의 대부분 망명했다. 그러나 리베라는 독자적인 지지 기반이 탄탄하지 않아서 다양한 사회 집단 사이에서 줄타기를 해야 했으며, 심지어는 사회당 노조 지도자인 라르고 카바예로와 협력하기까지 했다. 리베라의 허약한 독재 체제는 세계 경제 공황의 압력을 이기지 못하고 1930년에 무너졌다. 그로부터 몇 달 뒤에 치른 지방 선거에서 좌파가 압승을 거뒀고 왕이 물러났다. 열광한 군중은 먼저 바르셀로나에서, 그 다음에는 마드리드에서 공화정 수립을 선포했다.

　그 뒤 2년 동안 부르주아 공화파 정부가 노동부 장관으로 임명된 카바예로의 도움을 받아 스페인을 통치했다. 새 정부는 많은 개혁을 약속했지만 실행한 것은 거의 없었다. 예컨대, 정부의 토지개혁으로 이익을 본 사람은 농민 2백만 명 중에서 겨우 2천 명뿐이었다. 경찰이 남부의 카사스 비에하스 마을에서 토지를 점거한 농민들에게 총을 쏘고 바르셀로나 같은 도시들에서 벌어진 파업을 진압하는 등 환상을 깨는 일들도 공공연히 벌어졌다.

그러나 개혁을 거론하는 것만으로도 상류 계급의 적개심을 사기에 충분했다. 부르주아 공화파의 일부가 떨어져 나가 새 정당 CEDA[스페인우익동맹]와 동맹을 맺었다. CEDA는 대지주들, 일부 대기업가들, 군 지휘관들, 군주주의자들, 무솔리니 지지자들, 가톨릭 교회 주교들의 후원을 받고 있었다. CEDA 당수 로블레스는 돌푸스가 오스트리아에서 하고 있던 것처럼 가톨릭 교리에 파시스트의 방법들을 접목하고 싶어했고, 무솔리니나 히틀러의 집회를 연상시키는 집회들을 열었다. 선거에서 우파가 승리하자 CEDA 정부가 들어서는 것도 충분히 가능해졌다. 심지어 사회당과 노동자 총연맹(UGT)의 지도자들도 사태의 위험성을 깨닫고 물리력을 동원해 그에 반대하기로 합의했으며, 몇몇 노동 계급 조직을 한데 묶어 단일한 '노동자동맹'을 만들었다.

CEDA에 적대적이었던 주된 계층은 주요 도시의 공장 노동자들과 남부의 거대한 농장들에서 일하는 엄청나게 많은 반(半)고용 농촌 노동자들이었다. 그러나 일부 중간 계급도 CEDA에 적대적이었다. 특히 카탈루냐 지역에서 그랬는데, 그 지역 중간 계급은 우파가 카탈루냐 자치정부와 민족어를 말살할까 봐 두려워했다. 그런데도 1934년 10월 마침내 CEDA 정권이 들어섰을 때 실제로 봉기한 것은 북부 지방 아스투리아스의 광부들뿐이었다. 그들은 다이너마이트로 무장하고서 그 지역을 장악했다. 노동 계급 운동의 상당 부분을 주도하던 아나코-생디칼리스트들은 모든 정치인을 불신한 나머지 전국 봉기에 참여하기를 거부했고, 카탈루냐 민족주의자들은 최후의 순간에 옆으로 비켜섰고, 사회당과 노조 지도자들은 마드리드에서 단기간의 총파업을 벌이는 것으로 저항의 수위를 제한했다. 정부는 프랑코 장군이 지휘하던 스페인령 모로코군을 동원해 아스투리아스 광부들의 봉기를 진압할 수 있었고, 그 지역에서 공포정치를 실시했다. 다른 지역에서는 (카바예로까지 포함된) 사회당원들과 노동조합원들이 감옥에 갇혔다. 좌파는 그 뒤의 시기를 "암흑의 2년"이라고 불렀다. 그러나 1934년 스페인 노동 운동의 패배는 같은 해에 있었던 오스트리아 노동 운동의 패배와는 달랐다. 우파 정권은 정치 위기를 해결할 수 없었고 사분오열했다. 1936년 초, 계급 양극화와 정치적 불만이 점점 심화되는 가운데 새로운 선거가 실시됐다.

한편, 프랑스의 예와 똑같은 '인민전선' 개념이 좌파의 상당 부분에 영향을 줬다. 1934년 10월 이전에는 사회당이나 아나코-생디칼리스트와 제휴하기를 거부했던 작은 정당인 공산당이 이제는 모두 부르주아 공화파와 단결해야 한다고 열성적으로 캠페인을 벌였다. 사회당 우파가 그런 발상을 적극 수용해 사회당과 공산당, 그리고 부르주아 공화파 후보자들이 연합 공천으로 선거를 치렀다. 심지어 아나코-생디칼리스트들조차 연합 공천 후보자들에게 투표하라고 지지자들을 설득했다. 선거 결과가 좋으면 자기네 활동가들이 감옥에서 풀려나리라고 기대했기 때문이었다.

선거 결과 인민전선이 압도 다수 의석을 확보했지만, 1933년에 비하면 약간 더 성공한 데 불과했다. 새 정부는 공화파 정치인들로 채워졌는데, 그들은 1931~1933년에 사람들을 실망시킨 전력이 있는 자들이었다. 그러나 아래로부터의 압력에 굴복한 그들은 좌파 정치수들을 풀어 줬고, 좌파들은 온통 축제 분위기였다. 승리의 확신에 찬 노동자들은 파업과 시위를 벌였고 그 파고는 날로 높아갔다. 사람들은 아나코-생디칼리스트의 CNT와 사회당의 UGT로 밀물처럼 몰려들었고, 사회당은 급격히 좌경화했다. 카바예로는 자신이 감옥에서 마르크스주의에 설득됐다면서, "우리가 바라는 혁명은 오직 폭력으로써만 이룰 수 있다"고 선언했다.[215] 사회주의청년단은 주먹을 들어 "노동자 정부"와 "적군(赤軍)"을 건설하자는 구호를 외치면서 카바예로를 "스페인의 레닌"이라고 칭송했다.[216]

스페인 보수 세력은 점점 더 두려움을 느꼈다. CEDA 활동가들은 훨씬 더 노골적인 파시스트 조직인 팔랑헤당으로 옮겨갔고, 상층 계급의 깡패들은 좌파를 격렬하게 공격하기 시작했다. 군 고위 장교들이 쿠데타를 꾀하고 있다는 첩보가 있었지만, 정부는 도처에 나붙은 극우파의 벽보를 제거하는 일 말고는 아무것도 하지 않았다. 불과 4개월 만에 가두 투쟁에서 269

명이 죽고 1,287명이 다쳤으며, 건물 381곳이 공격을 받거나 파손됐고, 43개 신문사가 공격받거나 약탈당했으며, 146건의 폭탄 테러 시도가 있었다.[217]

7월 17~18일, 마침내 우익이 공세에 나섰다. 장군들은 스페인의 모든 도시와 스페인령 모로코를 장악하려 했다. 공화파 정부는 겁에 질려 아무것도 하지 못했을 뿐더러, 쿠데타 발생 사실을 부인하는 성명을 발표하기까지 했다. 총리 키로가 사임했다. 후임자 바리오는 반란군과 타협하려 애쓰다가 성난 노동자들의 시위에 밀려 사임했다.

군부는 불과 몇 시간이면 권력을 장악하리라고 예상했다. 겁에 질리고 혼란에 빠진 인민전선 공화파 정부가 그럴 여지를 제공했다. 군부의 예상을 뒤엎은 것은 노동자들의 대응이었다. UGT와 CNT가 총파업 지시를 내렸다. 그러나 노동자들은 단지 수동적인 파업에만 머무르지 않았다. 스페인 본토의 거의 모든 도시에서 노동자들이 병영을 장악하고 군대를 무장해제했다. CNT, UGT와 노동자 정당 출신의 투사들은 기회만 있으면 어디에서든지 총을 들었다. 그들은 대체로 친공화파 성향이 있는 기동경찰대의 지지를 일부 획득하는 데 성공했고, 심지어 바르셀로나에서는 전통적으로 반(反)노동 계급 성향인 방위군의 지지를 얻기도 했다. 그러나 중요한 것은 노동자들의 주도력이었다. 노동자들이 동요하거나 타협하지 않고 우익 장군들을 단호하게 대한 곳에서는 거의 언제나 노동자들이 승리했다.

쿠데타는 노동자 지도자들이 군 지휘관들의 공화국 지지 다짐을 액면 그대로 받아들인 도시들에서 주로 성공했다. 예컨대 세비야, 카디스, 사라고사와 오비에도 같은 곳에서 군 지휘관들은 무장한 노동자들이 해산하기를 기다렸다가 쿠데타에 대한 지지를 선포하고, 저항하는 사람들을 사살했다.[218] 노동자들이 '공화주의자'를 자처한 전통 지배 엘리트 분파들을 믿은 대가란 바로 그런 것이었다. 1936년 7월에 프랑코 군대가 스페인 국토의 전체는커녕 절반도 채 장악하지 못한 이유는 단 하나, 그런 신뢰가 보편적이지 않았기 때문이었다.

쿠데타가 분쇄된 곳들에서는 단지 프랑코 추종자들만 패배의 고통을 겪은 게 아니었다. "반란을 일으킨 군대와 무장한 민중 사이에 끼여 국가가 산산조각 났다."[219] 마드리드에 공식 정부가 있었지만, 각 지방에서 실제로 권력을 행사한 것은 수많은 혁명위원회였다. 어느 지역에서든 권력을 잡은 노동자들은 자신들의 이익을 관철하는 데 그 권력을 이용했다. 그들은 공장을 접수하고 집산화했다. 노동자 민병대가 자신들을 보호해 주리라는 점을 알고 있던 농민들은 토지를 분배하기 시작했다. 무장한 노동자들은 자신들의 요구에 적대적이었던 지역 고위 인사들을 체포했다. 군대가 해체되면서 공화파 지역 대부분에서 부르주아지의 세상은 끝난 듯했다. 오웰이 바르셀로나에서 목격한 것과 같은 상황이 연출된 것이다. 실제 권력은 노동자 조직이 쥐고 있었다. 공식으로는 공화파 정부가 존재했지만 실권이 없었다. 가장 중요한 산업 지역인 카탈루냐의 자치정부도 그 점에서는 매한가지였다. 자치정부 대통령 콤파니스는 카탈루냐에서 가장 강력한 노동자 조직인 CNT의 지도자들을 초청한 자리에서 이렇게 말했다.

여러분이 시의 주인이요, 카탈루냐의 주인입니다. 여러분이 혼자 힘으로 파시스트 군대를 물리쳤기 때문입니다. …… 여러분은 승리했고, 모든 것이 여러분의 뜻에 달려 있습니다. 만일 여러분에게 제가 필요하지 않다면, 제가 대통령 자리에 있는 것을 원하지 않는다면, 지금 그렇다고 말씀해 주십시오. 그러면 저는 반파시스트 투쟁에 백의종군할 것입니다.[220]

공식 정부가 사태 수습을 각종 혁명위원회와 혁명 조직들의 연합체에 의존하게 되면서 1917년 러시아 혁명과 1918~1920년의 독일 혁명 때 등장한 '이중 권력' 상황이 도래했다. 그러나 공화파 정부에게는 혁명위원회보다 유리한 점이 하나 있었다. 정부는 중앙집권화된 구조를 갖추었지만 혁명위원회들은 그렇지 못했다. 이 차이는 매우 중요했다. 파시스트 군대는 중앙집권화돼 있어서 전국 어디에서든 단일한 전략을 추구할 수 있었다.

반파시스트들도 그런 구조를 갖출 필요가 있었다. 그렇지 않으면, 반파시스트들이 전력을 집중하기 힘들다는 사실을 아는 파시스트들이 전선 중에서 저항 세력의 전력이 가장 취약한 곳들로 군대를 이동시키기만 하면 전쟁에서 승리할 수도 있었다.

반파시스트 세력의 중앙집권화를 이루려면 위원회들이 한데 결집해야 했다. 그런데 여러 지방의 반파시스트 민병대들을 아우르는 조정위원회들은 있었지만, 1917년 러시아 혁명 당시의 소비에트와 비교할 만한 전국적 병사·노동자 대표위원회는 결성하지 못했다.

그 이유는 노동자 조직들의 정치에서 찾을 수 있다. 가장 강력했던 아나코-생디칼리스트 조직들은 힘의 집중이 새로운 국가의 노동자 탄압을 야기할 것이라고 시종일관 주장했다. 그들은 집중화 노선을 추구하는 것은 잘못이라고 말했다. 그들의 지도자 중 한 사람인 산티얀의 말을 빌리면, "독재, 그것은 오직 대중의 자유와 자발성으로써만 성취할 수 있는 자유주의적 공산주의가 파산한 것이었다."[221] 그들은 이런 노선을 걷기보다는 콤파니스 정부를 그대로 둔 채 그 정부와 협력해야 한다고 주장했다. 심지어 CNT 지도자들 중에 가장 유능하고 전투적인 부에나벤투라 두루티 — 공화파 정부에 반대해 일어난 두 건의 실패한 봉기에 연루됐다 — 조차도 그런 논리를 반박하지 않았다. 두루티는 바르셀로나에서 파시스트들을 분쇄하는 데 결정적 역할을 했고, 그곳 노동자들의 영웅이었으며, 그 후 급조된 수만 명의 노동자 군대를 지휘해 카탈루냐와 아라곤의 경계를 넘어 아라곤 지방으로 물밀 듯이 진군한 뒤에 반군이 장악한 도시 사라고사로 진격한 인물이었다. 그러나 두루티는 권력 문제를 다룰 준비가 돼 있지 않았으며, 그의 CNT 동지들이 콤파니스의 부르주아 정부와 권력을 나눠 갖도록 방치했다.

카탈루냐의 CNT는 정부 권력에 맞서는 부분적인 '대항 권력'을 실제로 만들어내기도 했다. CNT, UGT, 사회당, 공산당, 반체제적 공산주의자들의 마르크스주의통일노동자당(POUM), 라바사이레스 농민 조직, 그리고 콤파니스의 정당에서 파견된 대표자들로 민병대 중앙위원회를 결성했다. 카탈루냐 지방에서 군사 투쟁을 조율한 이 위원회는 노동자들의 열망의 구심점이었다. 그러나 노동자·병사·농민 대표들보다는 주로 여러 정당의 대표자들로 구성된 탓에, 위원회가 그런 열망을 제대로 반영하기란 어려웠다. 더욱이 위원회에서는 다른 중요한 문제들, 특히 재정과 금융에 관한 결정들을 의식적으로 콤파니스 정부에 맡겼다.

사회당과 UGT의 지도부는 마드리드에서 노동 운동에 지대한 영향을 미치고 있었고, 그들에게 충성하던 무장 민병대는 CNT가 바르셀로나를 장악했듯이 곧 마드리드를 장악하게 될 것이었다. 그러나 카바예로를 "스페인의 레닌"이라고 칭송하면서도, 그의 지지자들은 노동자 권력을 위한 그 어떤 시도도 하지 않았다. 그들 조직의 역사는 기존 사회 제도의 틀 안에서 압력을 행사하려는 노력으로 점철돼 있었다. 그들은 아나키스트들이 자기네 평조직원들에게 압력을 넣는 통로 노릇을 할지도 모르는 선출직 대표자 기구를 두려워했다. 사회당 우파는 부르주아 공화파와 즉각 타협하라고 촉구했다. 카바예로가 이끌던 좌파는 그런 요구를 달가워하지 않았다. 과거에 공화파와 협력한 결과가 얼마나 실망스러웠는지를 기억하고 있었기 때문이었다. 그러나 좌파는 파시스트 군대의 마드리드 협공 작전에 대적할 만한 중앙집중적 권력을 어떻게 창출하느냐 하는 문제에 대해서 아무런 대안도 제시하지 못했다.

공산당은 아나코-생디칼리스트들과 사회당 개량주의자들의 정치 결여에 맞서기 위해 15년 전에 창당됐다. 그러나 잇따른 숙청 때문에 모스크바에서 스탈린이 내리는 지령에 이의를 달 만한 지도자들은 그동안 당에서 모두 축출됐다. 이런 상황에서 모스크바의 지령은 부르주아 공화파와 인민전선을 꾸리라는 것이었다. CNT와 사회당 좌파가 정부를 어떻게 해야 할지를 두고 갈팡질팡하던 때, 공산당과 소련 대사는 그들에게 연립정부에 참여하고 혁명 논의를 중단하며 공화파의 반파시스트 정책에 동참하는 데에만 전념하라고 촉구했다. 이렇게 해야 중간 계급의 지지를 얻을 수 있고,

자본가들과 지주들이 파시스트 쪽으로 더 넘어가는 것을 막을 수 있으며, 프랑스와 영국 정부의 호감을 살 수 있기 때문이라고 그들은 주장했다. 또 다양한 민병대를 하나로 묶어 공화국에 충성을 다짐한 직업 장교들이 지휘하는 중앙집권적 군대를 꾸릴 수 있기 때문이라는 것이다.

결국 9월 초에 연립정부가 출범했다. 카바예로가 총리를 맡았지만 대다수 각료는 공화주의자 아니면 우파 사회주의자였다. 연립정부의 슬로건은 "먼저 전쟁에서 이기고 그 다음에 혁명을 논하자"였다. 사회당 좌파에 이어 CNT 지도자들도 얼마 안 가서 그 노선을 수용하지 않을 수 없었다. 곧 그들 중 세 명이 카탈루냐의 콤파니스 정부에 참여했고, 곧이어 마드리드에서는 네 명이 장관직에 취임했다.

사회당 좌파와 아나코-생디칼리스트들은 혁명 완수를 뒤로 미룸으로써 한편으로는 노동자들이 그동안 이룬 성과를 굳게 지키고, 다른 한편으로는 온건 공화파의 지지를 공고히 해 전쟁에서 승리할 수 있으리라 믿었다. 그러나 그것은 헛된 믿음이었다. 온건파 공화주의자들이 가장 바랐던 것은 사유재산의 존중과 유지였고, 공화국 편에 있던 국가 기구를 혁명적으로 개혁하는 것도 그들이 원하는 바가 아니었다. 그들은 '공화파' 장군들과 경찰 책임자들의 권위를 다시 세우는 것이야말로 사회혁명에 맞서 자신들을 보호해 줄 최후의 방안이라고 봤다.

그러나 스페인의 1936년 가을 상황에서는 사유재산 존중과 기존 국가 기구 보존이 단지 노동자들의 투쟁을 억제하는 것만을 뜻하지는 않았다. 그것은 노동자들이 그동안의 성과들을 포기하는 것을 뜻했고, 7월에 접수한 공장들과 농장들에 대한 통제권을 포기하는 것을 뜻했다. 또 7월에 노동자들이 병영을 급습해서 얻었던 무기를 도로 압수해, 양다리를 걸치고 있던 장군들 손에 되돌려 주는 것을 뜻했다.

공산당 관료들과 사회당 우파는 노동자들이 사회혁명을 시도하면 공화파 안에서 제2의 내전이 일어날 것이라고 주장했다. 그러나 노동자들의 사회적 성과물들을 강제로 포기하게 만들려는 그들 자신의 시도가 바로 그런 내전을 촉발하는 요인이었다.

내부의 적들을 제거하기 위해 군대와 무기를 전선에서 철수한 자들은 아나키스트나 극좌파 POUM이 아니라 바로 그들이었다. 노동자들이 집산화한 재산들을 포기하지 않고 신장개업한 부르주아 국가의 명령에 따르지 않으려 했을 때 싸움을 건 자들도 바로 그들이었다. CNT 민병대가 9개월 보름 전에 파시스트에게서 빼앗은 전화국을 접수해야 한다면서 1937년 5월에 바르셀로나에서 무장 충돌을 야기해 수백 명을 희생시킨 자들도 바로 그들이었다. 또 안드레스 닌을 비롯한 수백 명의 지도자들이 살해당하고 수천 명의 반파시스트 투사들이 감옥에 갇히도록 좌파에 대한 경찰의 테러를 묵인한 자들도 바로 그들이었다. 그러지 않고서는 전투적인 노동 계급이 혁명을 포기하고 '내전 종식'을 기다리도록 강제할 길이 없었기 때문이었다.

그러나 독일·오스트리아·프랑스의 사회민주당 정부가 노동자들에게 강요한 희생이 파시즘의 진군을 막지 못했던 것처럼, 스페인 노동자들에게 강요된 희생은 전쟁 승리로 이어지지 않았다. 공화제 하의 스페인에서 부르주아 정당들에게 양보하는 것은 프랑코만 이롭게 해 줄 뿐이었다.

공화파가 장악한 도시들이 어려움에 처하자 전형적인 양상이 전개됐다. 프랑코가 도시를 점령하면 모든 것을 잃게 되는 노동자들은 끝까지 싸울 준비가 돼 있었다. 그러나 재산이 있는 중간 계급들은, 비록 파시스트의 승리를 적극 환영하지는 않았지만, 파시스트와 협상함으로써 자신들의 이익을 지킬 수 있으리라고 믿었다. 그리하여 바스크 지방의 부르주아지가 산세바스티안을 포기했을 때, CNT 소속 투사들은 투쟁을 계속할 수 없게 됐다. 부르주아지는 재산을 지키려고 이른바 '약탈자들'과 '방화범들'을 쏴 죽였고, 프랑코 손에 도시를 고스란히 넘겨줄 속셈으로 무장 순찰대를 거리에 남기는 식으로 내전 속의 내전을 수행하고 있었다. 똑같은 양상이 빌바오, 산탄데르, 히혼에서도 되풀이됐다.[222] 다른 여러 곳에서는 정부 덕에 사령관 자리에 오른 장군들이 결정적 순간에 파시스트 편으로 돌아섰다. 전쟁 막바지에는 프랑코와 "평화로운 항복"을 논할 수 있으리라는 희망을 품은 공화파 장군들이 군사 정부를 구성해 마드리드에서 권력을 잡았고, 2천 명이 최후의 전투에서 사망했다.

부르주아적 명망에 대한 타협은 다른 식으로도 해악을 끼쳤다. 1936년 7월 파시스트 반란이 일어났을 때 거의 모든 스페인 함대에서 병사들이 지휘관들을 감금하고 쿠데타 반대를 천명했다. 휘하에 있는 대규모 부대를 모로코에서 스페인 본토로 옮길 방법을 모색하던 프랑코에게 이런 상황은 커다란 난관이 아닐 수 없었다. 그런데 히랄 정부와 카바예로 정부는 영국과 프랑스의 지원을 얻기 위해 그 함대들에게 탕헤르에서 철수하라고 명령해, 프랑코 부대의 연결로를 가로막고 있던 장애물을 치워 줬다. 이와 똑같은 논리로, 모로코의 독립을 보장함으로써 프랑코의 전열을 후방에서 교란시키려는 시도들도 모두 금지했다. 1920년대에 이미 스페인 군대에 막대한 타격을 준 반식민주의 봉기들이 거세게 일어났었기 때문에, 새로운 투쟁을 부추길 수 있는 여지는 꽤 많았다. 그러나 인민전선 정부는 그러기는커녕 영국과 프랑스의 호감을 사기 위해 스페인령 모로코에서 두 나라의 이권을 보장하는 쪽을 택했다.

그러나 강대국들의 환심을 사려던 노력들은 무위로 돌아갔다. 독일과 이탈리아가 대대적으로 프랑코를 지원하는 상황에서도 영국과 프랑스는 공화파에 대한 무기 지원을 거부했다.

또한 공화파는 명망에 집착한 탓에, 감언이설에 속아 자진해서 프랑코를 위해 싸우던 소농들과 프랑코의 세력권 안에서 위기에 처해 있던 수많은 노동자들, 특히 예부터 전투성이 강했던 세비야·오비에도·사라고사 같은 곳의 노동자들에게 아무런 이익도 약속해 줄 수 없었다. 프랑코가 점령 지역에서 민중의 저항을 거의 받지 않았다는 점이야말로 스페인 내전의 가장 경악할 만한 특징 중 하나였다. 러시아 내전 당시에 백군(白軍)의 전열 후방에서 벌어진 상황과 너무나 대조적이었다.

좌파 중에서 반(反)혁명 정책을 가장 적극적으로 추진한 세력은 공산당이었다. 비록 중간 계급 출신의 출세주의자들을 대거 당원으로 받아들이긴 했지만, 반혁명 정책을 추진한 핵심 당원들의 생각은 기존 사회의 틀 안에서 세를 불리자는 것은 아니었다. 그들은 헌신적이고 용감했으나, 러시아와 자신을 동일시하고 혁명 추진이 '비현실적'이라는 스탈린주의 노선을 따르고 있었다. 따라서 혁명적 요구에 반대하면서도 그들은 1936년 가을의 마드리드 방어 전투에 혁명적 열정으로 임했고, 노동 계급의 언어로 노동자들을 동원했다. 그러나 그들의 열정과 언어는 다른 유럽 나라 사회민주주의자들이 택한 노선만큼이나 치명적인 정치노선에 얽매여 있었다. 게다가 1937년 5월에 혁명의 요새이던 바르셀로나에서 혁명을 분쇄함으로써 그들은 파시즘에 맞서 투쟁하기가 훨씬 어려워진 상황을 자초했다. 1939년 1월에 프랑코가 아무런 저항도 받지 않은 채 바르셀로나로 진군했을 때, 그리고 그로부터 몇 주 뒤에 공화파 장군들이 마드리드에서 공산당을 향해 총구를 돌렸을 때, 그들은 그 대가를 치러야 했다.

어떤 사람들은 프랑코 일당을 '파시스트'라고 규정하는 데 이의를 제기하기도 한다. 에릭 홉스봄조차도 "프랑코 장군은 …… 파시스트라고 할 수 없다"고 주장한다. 그런 사람들은 프랑코의 '운동'과 이탈리아 파시스트 또는 독일 나치당의 차이점에 주목한다. 파시스트 노선에 따라 전체주의 대중 정당인 팔랑헤당을 만들려고 한 것은 프랑코가 주도한 운동의 한 요소에 불과하다고 그들은 지적한다. 그의 운동은 그 밖에도 구식 왕정주의자들, 지난 세기에 흔히 일어났던 것과 같은 종류의 쿠데타(군사 정변)를 원했을 따름인 장군들, 보수적인 지주들, 광신적인 기독교도들, 종교재판 시대를 이상으로 여긴 나바레 지방의 '카를로스주의자' 소농들을 포함한다는 것이다.

이런 주장은 오류다. 트로츠키가 설명한 '불균등 결합 발전' 과정을 간과하고 있기 때문이다. 1930년대의 스페인은 후진적인 지주 계급·자본가 계급·군대·교회가 존재한 후진국이었다. 그리고 당시 스페인에는 발달한 산업 중심지들과, 그때로서는 최신식의 혁명적 투쟁을 수행할 능력을 갖춘, 상대적으로 소수이지만 강력한 노동 계급도 존재했다. 과거의 대변자인 지배 계급과 중간 계급은 반혁명 투쟁의 최신 기법을 동원해 이에 맞섰다. 1934년에 그것은 돌푸스의 '성직자 파시즘'을 모방하려는 노력으로 나타났고, 혁명의 해인 1936년에 그것은 무솔리니와 히틀러의 완벽한 파시즘을 본뜨려는 움직임으로 나타났다. 복사가 완벽하지는 못해서 다양한 전통과 다양한 자산가 계급이 한데 뒤섞였다. 그러나 그 결과는 어떠한 군사 쿠데타도 이전에 해내지 못한 일—단지 반대 세력에 맞서 승리하는 데 그치지 않고 노동 계급의 조직망을 뿌리째 파괴하는 일—을 해낼 수 있는 진정한 대중 운동의 탄생이었다. 프랑코가 승리한 뒤에 약 50만 명이 처형당한 것으로 추정된다. 20년이 넘도록 사회주의는 말할 것도 없고 자유주의 이념조차 표현할 수 없었다. 노동 운동은 1960년대 초반에 가서야 겨우 회복됐다. 1936년 7월 18~19일에 바리케이드를 친 사람들은 그들의 적이 '파시즘'임을 제대로 봤다. 이전의 군주정이나 군사 쿠데타 세력과 그랬던 것처럼, 프랑코 세력과도 타협이 가능하리라 믿었던 중간 계급 정치인들은 완전히 착각한 것이다.

8. 세기의 어둠

"세기의 어둠"은 빅토르 세르쥬가 1939년에 펴낸 그의 소설 제목이었다. 이 제목은 세르쥬가 그의 인생의 희망에, 나아가 인류 전체의 희망에 어떤 일이 저질러졌는지를 보고서 느낀 것을 표현한 제목이었다.

세르쥬는 제1차세계대전이 터지기 전에 아나키스트로서 프랑스에서 감옥 생활을 했고, 바르셀로나에서 노동 운동이 고조될 때 참여했고, 그 후 러시아로 건너가 혁명 정부에 봉사했으며, 1923년에는 독일에서 코민테른을 위해 일했다. 러시아로 돌아간 그는 1920년대 중반에 스탈린 반대파에 가담했고, 그 결과 초창기 굴라크에서 3년을 보내야 했다. 1930년대 중반 피의 숙청 이전에 그는 앙드레 말로 같은 프랑스 좌파 지식인들의 노력 덕분에 러시아를 탈출할 수 있었지만, 함께 떠나지 못한 많은 친구들은 고문과 처형을 면할 수 없었다. 그의 또 다른 친구들과 동지들은 히틀러의 게슈타포에 붙잡혀 역시 고문이나 사형을 당했다. 스페인에서는 세르쥬의 친구 호아킨 마우린이 프랑코의 감옥에서 20년형을 살고 있었고, POUM 회원이었던 또 한 친구 안드레스 닌은 바르셀로나에서 스탈린의 하수인에게 암살당했다. 이런저런 유형의 전체주의가 유럽 전역으로 번지고 있었다.

세르쥬만이 그처럼 끔찍한 현실에 직면했던 것은 아니었다. 더 나은 세상을 건설하기 위해 투쟁한 수천 명의 사람들이 적국들 간의 협잡으로 함정에 빠졌다. 1940년 스탈린의 비밀경찰은 독일 공산당원들을 게슈타포 손에 넘겼다. 1939년에 독일군의 진격을 피해 동쪽으로 도망친 폴란드 유대인들은 러시아의 수용소에 갇히고 말았다. 나치 독일에서 망명한 사람들은 영국에서 간첩 용의자로 철창에 갇혔다. 공화국 스페인에서 탈출한 병사들은 공화국 프랑스의 집단 수용소에 갇혔다. 공화국 스페인에 파견된 러시아 고문단은 모스크바로 귀환하자마자 '파시스트 첩자'라고 사형당했다.

1917년 혁명의 화신이던 레온 트로츠키는 모든 종류의 정부가 싫어할 만한 특성을 한 몸에 다 갖춘 인물이었다. 스탈린은 그를 터키로 추방했고, 프랑스에서는 급진당 정부가 그를 추방했으며, 노르웨이에서는 사회민주당 정부가 그를 추방했다. 그의 딸은 나치의 정권 장악을 몇 주 앞두고 베를린에서 자살하지 않을 수 없었다. 그의 아들 중 한 명은 굴라크에서 죽었고, 다른 한 명은 파리에서 스탈린의 하수인에게 독살당했다. 트로츠키 자신도 1940년에 멕시코에서 스탈린이 보낸 자객의 손에 죽었다. 트로츠키에게는 너무나 분명하게도 나치즘과 스탈린주의는 '대칭형'이었다. 단일 지배 정당, 여론 조작용 공개 재판, 비밀경찰, 엄청난 집단 수용소 시설, 독립적 사상이나 예술의 표현 금지 등에서 둘은 닮은꼴이었다.

그러나 트로츠키는 스탈린주의와 나치즘이 근본적으로 똑같다는, 오늘날 유행하는 견해 — 독일이나 스페인에서 나치당과 투쟁한 사람들보다 나치당이 '더 나쁠 것이 없었다'는 식으로 은근슬쩍 나치당을 옹호하는 논리로 변질되기 쉬운 견해 — 에는 동의하지 않았다.[223] 트로츠키는 '대칭형' 정치 구조들이 서로 다른 사회적 맥락 위에 세워졌다고 주장했다.

그는 소련이 "관료적으로 타락했다"고는 하지만 산업을 국유화했기 때문에 '노동자 국가'의 면모를 어떻게든 유지하고 있다는 점에서 둘이 서로 다르다고 믿었다. 트로츠키의 주장에서 이 대목은 올바르지 않다. 만일 노동자들이 정치 구조를 장악하고 있지 못하다면(실제로 그렇지 않았다는 점은 트로츠키도 옳게 지적했다) 그들은 결코 그런 구조에서 운영되는 산업의 '소유자들'일 수 없다. 그들은 전 세계 다른 나라의 노동자들과 마찬가지로 착취당했다. 1917년 혁명은 정치적·경제적으로 이미 살해당했다.

그러나 스탈린주의와 나치즘이 다르다는 트로츠키의 주장은 잘못된 것이 아니었다. 스탈린주의적 국가자본주의는 한 후진국의 새로운 지배 계급이 구축했다. 그 나라는 더 발전한 경쟁국들과 경제적·군사적 힘의 균형을 맞추려고 사력을 다했고, 그 과정에서 자본주의 성장의 밑거름이었던 '원시적 자본 축적'이 만들어낸 온갖 끔찍한 광경들이 펼쳐지고 있었다. 수많은 사람이 노예나 다름없는 신세가 되고, 사형당하고, 감옥에 갇히고, 나라 밖으로 내쫓기고, 굶주렸다.

반면, 나치즘은 이미 성숙한 산업자본주의의 산물이었다. 독일 지배 계급은 심각한 경제 위기에서 벗어날 수 있는 유일한 길은 공황으로 이성을 잃은 중간 계급의 비합리적 환상에 바탕을 둔 전체주의 운동에 정치 권력을 넘기는 것이라고 봤다. 이 과정은 제2차세계대전 중에 실행된 '유대인 멸종 계획'(Final Solution)에서 절정에 달했다. 발달한 산업기술을 동원해 수백만 명을 단지 인종이 다르다는 이유만으로 학살하는 일이 벌어진 것이다. 스탈린은 수백만 명을 노동 수용소에 가두었고, 노역에 시달리던 사람들은 열 명당 한 명꼴로 그곳에서 죽어 나갔다. 히틀러도 비슷한 수용소를 두었지만, 그와 더불어 수백만 명을 단지 독가스로 죽일 용도로 훨씬 더 큰 규모의 죽음의 수용소들을 설치했다. 두 사람 모두 야만 행위에 가담했지만, 두 나라 자본주의의 서로 다른 발달 단계에 조응하는 서로 다른 종류의 야만 행위를 저질렀다. 스탈린이 통치 기반을 다지는 데 악용한 국수주의와 반유대주의 탓에 수백만 명이 고통을 겪었지만, 그 중 대다수는 살아남아 그의 만행을 고발했다. 히틀러 치하에서 고통을 겪은 수백만 명의 유대인과 집시 중에서 살아남은 사람은 거의 없었다. '대학살'은 히틀러의 만행에 어울리는 말이지, 스탈린에게 어울리는 말은 아니다.

물론, 죽은 이들에게는 둘이 매한가지였을 것이다. 그러나 둘의 차이는 더 넓은 의미를 함축하고 있었다. 특히, 세계의 다른 지역에서 나치즘이나 파시즘과 경쟁하는 이념을 지지하던 사람들에게 이 차이는 큰 의미가 있다. 나치 운동의 핵은 나치즘의 야만성, 곧 인종 차별주의와 대학살의 망상에 열광하고 '피와 명예'를 숭배하는 사람들로 이루어져 있었다. 서구와 제3세계에서 스탈린주의 운동의 핵은 스탈린주의가 전체주의에 기대고 있으며 국수주의와 반유대주의를 기꺼이 이용하려 한다는 사실을 애써 외면하고 싶어한 사람들이었다. 그들은 러시아와 자신을 동일시했다. 자본주의의 비인간성보다 나은 것을 찾던 그들은 소련에 그것이 있다고 확신했다.

이 점은 중요한 실천적 의미가 있었다. 서구와 제3세계에서 일어난 다양한 나치·파시스트 운동들은 노동 계급 조직들을 파괴하는 데 온 힘을 기울였다. 반면, 공산당 운동들은 노동자 계급의 이익을 위해 투쟁하는 것 ─ 대다수 사람들은 이 때문에 공산당에 가입했다 ─ 과 동시에 소련 통치자들이 요구하는 정책도 준수하려고 애썼다. 운동의 지도자들은 둘이 서로 균형을 이루도록 힘썼다. 이런 노력은 사회민주당 지도자들의 처신과 마찬가지로 거듭 재앙을 불러왔고 투쟁을 패배로 이끌었다. 그러나 그것은 나치즘의 일관된 노동 운동 파괴 노력과는 성격이 다른 것이었다.

아메리칸 드림의 위기

1930년대 중반에 자유주의자들은 희망의 조짐을 하나 본 듯했다. 그것은 바로 미국이었다. 경기 침체가 가장 심각했던 1932년 말에 치른 선거에서 새로 민주당 의회가 탄생하고 프랭클린 루스벨트가 새 대통령으로 뽑혔다. 민주당 의원들이든 루스벨트든 그들은 분명 혁명가가 아니었고 유럽형 사회민주주의 개량주의자조차도 못 됐다. 민주당은 노예 소유주들의 정당이었고 남부의 백인 분리주의자들, 북부의 거물급 정치인들 그리고 몇몇 대자본가와 동맹을 맺고 있었다.

그러나 1932년 말에 미국 자본주의와 대중의 분위기는 절박했다. 그런 절박감은 정통에 어긋나도 좋으니 경제가 돌아가게끔 뭔가 조치를 취해야 한다는 공감대를 형성했다. 의회에서는 어떻게든 더 많은 일자리를 창출하기 위해 주당 노동시간을 30시간으로 줄이는 법안을 제정하는 것까지도 심각하게 고려하고 있었다. 마침내 루스벨트가 비상조치권을 발동해 자본주의의 작동을 국가가 통제하는 방안들을 추진했다. 거기에는 연방준비제도를 통해 은행들의 예금에 보험을 제공하고, 정부 예산으로 곡물을 구입·폐기함으로써 곡물 가격을 올리고, 민간자원보존단(CCC)을 두어 2백30만 명의 청년 실업자들에게 일자리를 제공하고, 가격과 생산 수준을 통제하는 카르텔을 통해 제한적이나마 산업을 자율적으로 규제하게 하고, 테네시계곡개발공사(TVA)를 설치해 국가가 생산의 일부를 직접 관장하는 조치들이 포함돼 있었다. 게다가 노동자들이 더 쉽게 노동조합을 결성하고 임금을 올릴 수 있게 함으로써 소비 수요를 늘리는 조치까지 포함돼 있었다. 이런 방안들이 빠르고 과감하게 실시되자, 불경기로 고통받던 사람들과 파시즘이나 사회주의 혁명 이외의 대안을 찾던 정치적 자유주의자들이 열광했다. 민주당 정부는 이전 정부와 아주 다른 듯했다. 이전 정부는 백마 탄 맥아더 장군이 이끄는, 착검한 2만 5천 명의 군인들을 보내서 실업에 항의하는 제1차세계대전 참전군인들의 시위를 해산하는 식으로 대량 실업에 대응했다. 그런데 루스벨트는, 비록 최저임금에다 끔찍한 노동 조건을 감수해야 하기는 했지만, 어쨌든 일자리는 제공하는 듯했다.

그러나 많은 사람이 생각하는 것과 달리, 루스벨트가 취한 조치들은 혁신적이지도 효과적이지도 않았다. 루스벨트는 한 가지 점에서 매우 정통에 충실했다. 그는 정부 지출을 위기를 타개하는 데 사용하지 않았다. 오히려 그는 퇴역 군인의 연금을 깎고 공공 부문의 고용을 줄였다. 킨들버거가 말했듯이 "고용을 확대하기 위한 재정 수단을 활용하는 것은 여전히 억제됐다. 루스벨트가 이끌던 민주당 정부가 균형 예산 원칙에 계속 충실했기 때문이었다."[224] 또 킨들버거는 어느 시점에는 투자가 이전의 엄청난 곤두박질 — 1929년의 1백60억 달러에서 1932년의 10억 달러로 하락했나 — 을 멈추고 회복세로 돌아설 수밖에 없었으며, 은행 파산이 정점에 달한 때가 바로 그 전환점이었으리라는 진단도 조심스럽게 제시하고 있다. 어쨌든,

1920년대 중반의 59퍼센트 수준에 불과하던 생산을 1933년 7월까지 100퍼센트 수준으로 회복시키고 1933년에 1천3백70만 명이던 실업자 수를 1934년에 1천2백40만 명, 1935년에는 1천2백만 명까지 줄인 공로는 루스벨트에게 돌아갔다. 많은 사람이 '뉴딜'이 기적을 만들어냈다고 믿었고, 이런 신화는 지금도 널리 퍼져 있다. 그러나 마침내 생산이 그로부터 8년 전 수준으로 증가한 1937년에도 7명 중에서 1명은 실업자였다.

1937년 8월, "미국 역사에서 가장 급격한 경기 후퇴"가 시작돼 "1932년부터 여러 지표에서 확인할 수 있었던 성공의 절반"을 앗아갔다.[225] 철강 생산량이 4개월 만에 3분의 2 이상 줄었고, 면직물 생산은 40퍼센트쯤 줄었고, 농산물 가격은 4분의 1이나 떨어졌다.

경제 부흥은 명이 짧았다. 그러나 노동자의 단결권이 조금 증진된 것과 함께, 뉴딜은 매우 중요한 부산물을 하나 남겼다. 노동자들이 자신의 투쟁 역량에 대해 새로운 자신감을 갖게 된 것이다. 파업 노동자들에 대한 고용주와 경찰의 악랄한 탄압이 여전했지만 노동조합 조직률은 상승했다. 루스벨트의 뉴딜이 시작되고 나서 첫 6개월 동안 15명의 파업 노동자가 살해당하고 2백 명이 다치고 수백 명이 체포됐다.[226] 그러나 1934년에 일어난 세 건의 파업은 노동자들의 자신감이 불황이 일으킨 분노와 결합해 폭발하면 강력한 투쟁 의지로 발전할 수 있음을 보여 줬다. 그것은 1919년의 철강 산업의 파업 패배 이후 유례없던 일이었다. 톨레도의 오토라이트 자동차 부품 공장 노동자들과 미니애폴리스의 화물트럭 운전사들, 그리고 샌프란시스코의 부두 하역 노동자들이 법원의 금지 명령을 무시한 채 전투적으로 파업을 벌였다. 그들은 파업 파괴자들과 경찰에 맞서 물리력으로 자신들을 방어했고 눈부신 승리를 거뒀다. 더욱이 전투적 사회주의자들이 세 곳의 파업을 모두 주도했다. 미니애폴리스에서는 트로츠키주의자들이, 샌프란시스코에서는 공산당원들이, 톨레도에서는 전직 목사인 급진주의자 A J 머스트를 지지하는 사람들이 파업을 이끌었다. 격렬한 논쟁을 거친 뒤에, 중요성이 점점 더해가던 자동차 산업의 노동조합 활동가들은 신규 조합원을 대거 받아들였고, 직능에 따라 조직된 이전의 직종별 노동조합을 산업 전체에 바탕을 둔 노동조합으로 개편해야 한다고 요구하기 시작했다.

주류 노동조합 지도자들 중 일부가 그 교훈을 헛되이 하지 않았다. 이전 몇 해 동안 조합원 수는 계속 줄었다. 1920년에 4백만 명이었던 조합원이 1933년에는 2백만 명을 약간 웃돌았다. 조합원이 줄자 정부와 지배 계급 분파들에 대한 노조 지도자들의 영향력도 사라졌다. 그러던 차에 잃어버린 영향력을 회복할 방법을 발견한 것이다. 광부노조 지도자 존 L 루이스가 이끈 일부 노동조합 지도자들이 수백만의 생산직 노동자들을 산업별 노동조합에 가입시킬 목적으로 위원회, 즉 산업별노동조합회의(CIO)를 조직했다.

새로운 형식의 조직이 노동자들을 고무해, 1934년의 성공한 파업들에서 사용한 전투적 방법들이 수십 군데에서 재현됐다. 오하이오 주의 애크론에서 굿이어사와 파이어스톤사의 고무공장 노동자들이 경영진의 파업 파괴 공작을 막으려고 1935년 12월과 1936년 1월에 공장에서 연좌농성을 벌였다. 파업 파괴자들을 공장 안으로 들여보내려는 경찰의 책동을 저지하기 위해, 굿이어사의 노동자들은 공장 주위에서 대대적인 피케팅을 벌였다.[227] 그 밖에도 40여 건의 농성 파업이 같은 해에 일어났다. 그 중에서도 가장 크고 중요했던 파업은 12월에 미시간 주 플린트 시의 제너럴모터스(GM) 공장에서 시작됐다. 이 파업의 막바지에는 이 회사 노동자 15만 명 중 14만 명이 연좌농성이나 피케팅에 참가했다. 당시의 다른 파업들에서도 그랬듯이, 파업 노동자들은 파업 중지 명령의 위협에 시달렸고 무장경찰의 공격을 막아내야 했다. 그러나 미국에서 가장 큰 제조회사도 결국에는 노동조합을 인정하지 않을 수 없었다. 그 당시 노조 활동가였던 아트 프라이스는 그 시절을 이렇게 회고한다.

계급 투쟁의 물꼬가 터졌다. "앉자!"라는 구호가 나라의 한쪽 끝에서 다른 쪽 끝까지 울려 퍼졌다. 제너럴모터스(GM) 파업이 끝나고 한 달 후에 약 19만 3천 명의 노동자들이 2백47건의 연좌농성에 참여했다. 1937년 말까지 거의 50만 명의 노동자들이 이 무기를 사용했다. …… 농성은 모든 산업과 직종으로 번졌다. …… 크라이슬러 자동차공장 노동자들, 백화점 여점원들, 웨스턴유니언사의 전보 배달원들, 레스토랑과 호텔의 종업원들, 부인용 모자 제조 노동자들, 제본소 노동자들, 환경 미화원들, 유리공장 노동자들, 타이어 생산 노동자들.[228]

대략 1백80만 명의 노동자가 파업에 참여했다. 파업지원위원회들이 그들을 후원했고, '부녀자 부대'가 농성장에 먹을 것을 제공했고, 악단들은 여흥을 제공했다. 1937년 말까지 조합원 총수는 7백만 명에 달해 4년 전보다 5백만 명이나 늘었다.

그런 파업들은 미국 사회에 만연한 개인주의 — 누구나 성공할 수 있다는 '아메리칸 드림'의 신화 — 를, 그리고 그 이면에 존재하는 인종 차별에 타격을 입힘으로써 미국 자본주의의 풍토 전체를 뒤바꿀 수 있는 잠재력이 있었다. 성공적인 노조들은 노동자들 사이에서 새로운 집단 행동 문화 — 농성장에서 불린 노동조합가 〈단결이여, 영원하라〉로 상징되던 — 를 만들어가기 시작했고, 디트로이트 같은 도시들에서 인종 차별을 박살내기 시작했다. CIO는 대규모 기구로서는 미국에서 유일하게 흑인들이 백인들과 함께 '진정한 동참'의 기회를 누릴 수 있는 곳이었다.[229]

한 가지 핵심 문제가 그런 잠재력의 전면적 실현을 가로막고 있었다. 그것은 바로 노동조합 운동이 성장하면서 그 흐름을 주도한 정치였다. 1936년 이전의 직종별 노동조합 운동은 '비정치적'이었다. 이 운동의 지도자들 대다수가 미국 자본주의를 가장 완벽한 사회 조직 방법으로 여겼고 양대 정당 어느 쪽에 속한 지역 정치인들과도 두루 거래하고 있었다. 예컨대, 존 루이스는 "정치에서는 공화당, 경제에서는 애덤 스미스 추종자, 그의 노동조합에서는 독재자"였다.[230] 새 기구인 CIO의 지도자들은 루스벨트, 그리고 나아가 민주당과 동맹을 맺는 것이 그들의 대의를 살릴 수 있는 길이라고 생각했다.

루스벨트는 CIO가 선거에서 자신을 돕는다는 구상이 마음에 들기는 했지만, 자신을 지지하는 자본가들의 비위를 상하게 할 생각은 없었다. 그 점을 극적으로 보여 주는 사건이 1937년 말에 일어났다. 루이스가 철강 산업 부문에서 사상 최대의 조직화 사업을 추진한 것이 사건의 발단이었다. CIO에서는 4백33명의 전임·파트타임 조직가를 임명해 35개 지역 사무소에서 일하게 했다. GM 파업의 여파로, 많은 철강회사가 당시로서는 신규 조합원의 참여가 그리 활발하지 않던 철강 산업 조직위원회를 노조로 인정했다. 그러나 대기업들은 그것을 거부했고, 조직위원회는 7만 5천 명의 노동자가 참여한 파업을 조직해 이에 대응했다. 대기업들은 1919년 철강 노동자 파업 때 보여 줬던 온갖 잔인한 수법으로 파업에 대응했다. 그들은 "회사측 깡패, 보안관, 경찰, 주 방위군……"을 동원해 피케팅 대열을 공격했고, 그 와중에 "…… 파업 노동자 18명이 살해당하고 수십 명이 다치고 수백 명이 체포됐다."[231] 조직위원회는 노동자들이 이런 맹공격에 대비하도록 준비시키지 못했다. 조직 사업에 호의적인 태도를 보인 민주당 주지사들과 시장들을 믿었기 때문이었다. 위원회는 "노동자들에게 '뉴딜' 공무원들은 다 '노동자의 친구'이며, '질서 유지'를 위해 파견된 주 방위군과 경찰을 파업 노동자들이 '환영'해야 한다고 말했다."[232] 그 '친구들'이 곤봉과 총탄 세례를 퍼붓자 노동자들은 사기가 완전히 꺾이고 말았다. 펜실베이니아에서는 44년 만의 첫 민주당 주지사라는 자가 철강 도시 존스타운에 계엄령을 선포했다. 주 방위군이 공장을 다시 가동하고, 피케팅 인원을 여섯 명으로 제한하고, 파업 불참자들을 계속해서 공장 안으로 밀어 넣었다. 역시 민주당 주지사가 있던 오하이오 주의 영스타운에서는 보안관들이 피케팅하던 두 사람을 쏴 죽였다. 시카고에서는 민주당원 시장이 보낸 경찰이 열 명의 파업 노동자들을 살해했다. CIO 지도자들이 루스벨트에게 도움을 청하자, 그는 "두 쪽 다 정말 속 썩이는군!"이라고 일갈했다.[233] 최대의 조직 사업은 경기가 하강해 새로운 불황이 시작되자마자 끝이 났다.

그 후 2년 동안, CIO는 출범 초기의 22개월 동안 조직한 조합원에서 겨우 40만 명이 늘었을 뿐이었다. 1939년에는 파업 건수가 1937년의 절반에 불과했다. 더욱이 노조 지도자들은 점점 더 고용주들과 타협하려 했고 선동 대상을 조합원으로만 국한하려 했다. 자동차노조에서는 지도부의 승인을 받지 않은 문건의 출판을 일절 금지하려 애썼고, 새로 결성된 철강노조에서는 5년 동안 선거를 한 번도 치르지 않았다. 1934~1936년에 자생적으로 폭발한 기층 노동자들의 투쟁성은 그렇게 위로부터의 통제에 굴복하고 말았다.

많은 활동가들이 그런 추세에 저항하려 했다. 그러나 프랑스와 스페인에서 그랬듯이, 그들의 노력은 공산당의 소행 때문에 훨씬 더 어려움을 겪었다. 공산당은 1934~1937년의 투쟁을 주도했다. 당의 여러 활동가가 CIO 조직 사업에서 조직가로 일했고, 그들의 용기는 수많은 신참 조합원을 매료시켰다. 1935년까지만 해도 공산당은 루스벨트가 자본가 정치인이며 뉴딜은 사기라고 주장했다. 그러더니 입장을 180도 바꿔 미국판 '인민전선'론을 들고 나와 루스벨트와 뉴딜 민주당에 환호를 보냈다. 공산당은 노조 지도자들을 앞세워 민주당 정치인들의 역할에 대한 환상을 퍼뜨렸고, 현장조합원들이 민주당과의 편안한 관계를 해치는 일이 없도록 단단히 단속했다. 제2차세계대전 초기에 히틀러와 스탈린의 상호불가침조약 때문에 잠깐 단절되기는 했지만, 그런 관계는 그 뒤 10년 동안 계속됐다. 공산당은 노조 지도자들이 대다수 노동조합을 관료적으로 통제할 수 있게 도왔다.(노조 지도자들은 이런 통제권을 1940년대에 공산당의 영향력을 분쇄하는 데 사용한다.)

공산당의 그런 정책은 이데올로기에 중대한 영향을 끼쳤다. 월스트리트 붕괴와 공황으로 작가들, 예술가들, 영화 제작자들, 음악가들은 갑자기 모든 게 송두리째 뒤흔들린 세상에 살게 됐다. 지배 계급이 잠시 방향감각을 잃고 대중—중간 계급의 여러 분파까지 포함하는—은 지배 계급을 신뢰하지 않게 되자 사람들은 이전의 모든 가치에 의문을 품게 됐다. 1934년 이후에 고양된 파업과 노동조합 운동을 통해 새로운 가치 체계가 등장했다. 이것은 고급 예술과 문학에 영향을 미치는 데 그치지 않았다. 전 세계에서 막 세력을 떨치기 시작하던 대중음악과 할리우드 영화 산업도 그 영향을 받았다.

존 더스 패서스와 리처드 라이트, 랠프 엘리슨, 대쉴 해밋, 존 스타인벡 같은 작가들과 찰리 채플린, 조셉 로지, 니콜라스 레이, 엘리아 카잔, 젊은 오손 웰스 같은 감독들, 아론 코플런드, 우디 거스리, 폴 로브슨, 디지 길레스피와 심지어는 젊은 시절의 프랑크 시나트라 같은 뮤지션들까지 그들의 작품에 새로운 가치관을 반영했다. 그런데 뉴딜과 더불어 그런 저항의 흐름들이 주류로 역류하기 시작했다. 뉴딜은 연방 사업을 통해 일자리를 제공하고, 시사잡지와 라디오쇼에서 활동 공간을 제공하고, 할리우드에서 공연할 기회들을 제공했다. '뉴딜' 민주당은 사회 전체에 새로운 착취 양식을 도입하는 데 좌파 지식인들이 — 새로 출범한 CIO 노조를 이끌던 관료 무리와 마찬가지로 — 도움이 되리라고 봤다.

1936년까지는 대다수 좌파 지식인이 그런 유혹에 저항했다. 그들은 자신들이 루스벨트와 지향하는 바가 다르다는 점을 분명히 했다. 또 '프롤레타리아 예술'을 그 이론과 실천의 결점에도 불구하고 강조하면서, 노동 계급 투쟁과 노동 계급 대중에 관심을 기울이려고 애썼다. 그런데 공산당이 루스벨트를 지지하기 시작하자 상황이 확 바뀌었다. 공산당은 자생적으로 급진화한 지식인들을 사회 변혁의 길로 인도하길 멈추고, 대신에 그런 지식인들이 기존 사회의 틀 안에서 압력을 행사하게 만들려고 애썼다. 우익이 대대로 즐겨 쓰던 '미국 정신'이라는 말을 차용한 것도 그런 노력의 일환이었다. 공산당의 슬로건은 "공산주의가 20세기의 미국 정신이다"로 바뀌었다. 공산당에 우호적이던 작가들과 감독들에게, 온건하게 행동해서 출세하고 할리우드 안에서 영향력을 키우라고 격려한 것도 그런 노력의 일환이었다. 이런 조치들은 많은 급진화된 예술가들이 좌파 쪽으로 이끌리는 것을 약화시켰다. 때문에 그들로서는 할리우드나 음반업계의 주류에 양보하는 손쉬운 길을 택하기가 더 쉬워졌다.

1930년대 초에 활동한 가장 유능한 소설가들 중 한 사람인 제임스 T 패럴은 그 점을 이렇게 설명한다.

1930년대에 미국에서 형성돼 전쟁 기간 동안에 여러 영화나 라디오극이나 소설에서 분명하게 형상화된 뉴딜 문화의 풍토가 보통 사람을 다루는 사이비 포퓰리즘 문학의 탄생을 조장했다. 이 새로운 포퓰리즘 예술과 문학은 모든 인종과 종파와 계급을 통합하는 수단으로서 미국 정신이라는 관념을 강조했다. 계급 차이들을 분명히 묘사하는 문학 대신에 …… 이 부류의 문학은 보통 사람의 인간다움이라는 주제를 두루뭉술하게 강조하고 감상적으로 다루었다. 또 부자들 역시 미국인이며 보통 사람과 똑같다는 생각도 주제로 삼았다.[234]

공산당의 루스벨트 껴안기는 예컨대 랠프 엘리슨의 소설 ≪보이지 않는 인간≫에 등장하는 흑인 주인공의 태도와 비슷한 반응을 낳았다. 공산당(소설 속에서는 '형제애단'으로 불리는)이 주인공에게 "우리는 다른 정치 집단들과 잠시 동맹을 맺고 있으며, 형제들 중 한 집단의 이익은 전체의 이익을 위해 희생돼야 한다"면서 할렘 지역에서 흑인들의 투쟁을 자제하라고 말했을 때, 그는 사회주의에 대한 환상을 버렸다.[235] 엘리슨과 리처드 라이트 같은 작가들의 환멸은 후배 흑인 활동가들로 하여금 사회주의자들이란 흑인을 이용해 먹으려는 또 다른 백인 집단일 따름이라고 생각하게끔 부추겼다. 한편, 백인 지식인들도 그들 나름대로 환멸을 경험하고서 사회주의자들이란 다른 정치 집단들만큼이나 사람을 이용해 먹는 집단이라고 믿게 됐다. 그런 환멸이 얼마나 심했던지, 그들 중 일부는 1940년대와 1950년대에 우익으로 돌아서서 반공주의 마녀사냥을 돕기까지 했다.

하여튼, 아메리칸 드림이라는 신화에 도전한 이념의 조류는 아메리칸 드림이 대중음악과 영화를 통해 세계를 미혹하기 시작하던 바로 그 순간에 미국 노동 운동과 똑같은 방식으로 중도하차하고 말았다.

공황에서 전쟁으로

공황은 계급 간 긴장뿐 아니라 국가 간 긴장도 유발했다. 각 나라 통치자들은 경쟁 관계에 있는 다른 나라들의 희생에 힘입어 제 나라가 받는 압력을 덜려고 했다. 그들은 앞 다투어 제 나라 통화의 가치를 낮추고 관세장벽은 높여서 상품을 더 많이 내다 팔려고 애썼다. '경제 자립' — 국민국가의 경계 안에서 가능한 많은 상품을 생산하려는 — 의 경향이 널리 퍼졌다.

국가도 (제1차세계대전 때를 제외하고는) 그 어느 때보다도 더 직접 경제 활동에 나섰다. 즉, 효율 낮은 기업들을 강제로 퇴출해서 일부 산업의 구조를 합리화하고, 몇몇 부문을 국유화해서 다른 부문들의 성공 가능성을 높이려 했다. 영국의 보수당 '국민' 정부마저도 전력 공급 부문과 항공사, 석탄 채굴권을 국유화할 정도였다.

라틴아메리카와 유럽에서 산업이 덜 발달한 몇몇 나라는 그 과정이 훨씬 더 멀리 나아갔다. 브라질의 바르가스 정부나 아르헨티나의 페론 정부 같은 '포퓰리스트' 정부들은 대대적인 국유화를 실시했다. 폴란드의 우파 정부는 장기적인 경제 계획을 세웠고, 이탈리아에서는 무솔리니가 국영기업들을 만들어 세계 경제 위기의 충격을 완화하려 했다.

그러나 한 나라 자본가 집단에 대한 국가의 지원 노력과, 개별 국가의 좁은 경계를 뛰어넘어 자원을 이용하려는 자본가 일반의 욕구 사이에는 모순이 존재했다. 이 모순을 타개하려면 국가가 통제하는 영역을 넓힐 수밖에 없었다. 그에 따라 공식적 제국과 비공식적 '세력권'이 매우 중요해졌다. 경제 자립이란 곧 열강이 지배하는 '통화 블록' — 달러 블록, 파운드 블록, 프랑스와 그 제국이 중심이 된 금 블록, 마르크 블록, 그리고 소련 — 내의 경제 자립을 뜻했다. 경제학자 앨빈 한센이 1932년에 지적한 대로였다.

> 각 나라에서는 다른 나라 자본가들이 침범할 수 없는 세력권을 넓히려고 애썼다. 미국은 종종 해상 봉쇄 조치를 취해서 유럽 열강이 라틴아메리카에서 부채를 환수하는 것을 막았다. …… 그와 마찬가지로, 아프리카와 근

동 지역을 지배하려는, 또 경제·금융·군사 후원을 통해 발칸 지역 국가들을 간접으로 통제하려는 유럽 강국들 사이의 (아직 끝나지 않은) 오랜 투쟁 역시 다른 나라 자본의 침투가 발단이 된 국제적 반목과 분쟁으로 점철돼 왔다.[236]

세력권들은 균일하지 않았다. 영국, 프랑스, 미국, 소련의 통치자들은 모두 방대한 지역을 지배했다. 유럽 대륙에서 가장 강력한 산업대국이던 독일은 식민지가 없었고, 제1차세계대전이 끝나갈 무렵에 체결된 베르사유 조약의 당사국들인 다른 열강들이 독일의 활동 영역을 좁은 국경선 내부로 제한하고 있었다. 앞서 살펴봤듯이, 공황의 압력을 받은 독일 대기업가들은 베르사유 조약이 강요한 제약을 깨려고 적극적인 활동에 나서게 됐다. 그들은 전쟁 막바지에 폴란드로 넘어간 독일 영토를 되찾고 독일어권인 오스트리아와 체코 국경지(주데텐란트, Sudetenland)를 병합하기를 바랐고, 남동부 유럽의 패권을 장악하려는 노력을 재개하고 싶어했다. 히틀러의 승리는 단지 노동자들에 대한 자본가의 승리만을 뜻하지 않았다. 그것은 다른 강대국들의 희생을 요구하는 군사적 팽창 정책에 힘입어 독일 자본주의의 위기를 해소하고 싶어한 세력들의 승리이기도 했다.

독일의 주요 산업가 집단들은 각자의 위기 타개 노력을 서로 조율하고 투자의 중앙집중적 배분과 국가의 대외 무역 통제 그리고 자원 분배 기능을 점차 확대한다는 데 대체로 흔쾌히 합의했다. 그에 강력히 반대했던 거물 자본가 티센—히틀러에게 가장 먼저 재정 지원을 제공한 자들 중 한 사람—은 나치당에 재산을 몰수당하고 망명해야만 했다. 다른 자본가들은 1945년에 독일이 군사적으로 몰락할 때까지 나치당 우파와 매우 수익성 좋은 협조 관계를 유지했다.

군사 국가자본주의에 바탕을 둔 자립 경제의 확립은 자연스럽게 군비 팽창으로 이어졌다. 군수 산업에는 원료와 자원이 필요했다. 그리 오래지 않은 1918~1920년에 혁명적 봉기를 경험한 나치 정권은 독일 노동자들을 너무 심하게 쥐어짜지 않으려고 조심했다. 노동시간을 늘리고 작업강도를 높였지만, 소비재 생산을 늘려서 노동자들과 하층 중간 계급의 불만 수위를 조절하려는 노력도 게을리하지 않았다.[237] 그에 필요한 자원을 얻는 유일한 길은 영토 확장이었다. 오스트리아의 농산물, 체코 지역의 군수 산업, 알자스-로렌의 철강, 폴란드의 석탄과 루마니아의 석유가 독일 경제의 빈틈을 채워 줄 것이었다. 또한 그곳의 노동자들을 독일 노동자들보다 훨씬 싼 임금으로 노예처럼 부려먹을 수 있을 터였다. '레벤스라움(공영권)[영토 확장을 꾀하던 나치의 표어]'을 표방하고 독일인 아닌 사람들을 '운터멘셴'(열등 인종) 취급하던 나치 이데올로기와 대기업의 요구들 사이에는 서로 만나는 지점이 있었다.

동아시아에서는 일본이 독일 수법을 차용했다. 당시에 일본은 이미 타이완과 한국을 식민지로 만들고 중국 북부에서 막대한 조계(租界)들을 통제하고 있었다. 1931년에 일본은 중국 북부의 만주 지방을 점령함으로써 세계 경제 위기에 대응했다. 그리고 1930년대 말에는 도쿄에서 일어난 군사 쿠데타 직후에 구성된 정부가 중국 본토 침략을 결정하고 동남아시아의 서방 제국 영토들—네덜란드의 동인도, 영국 식민지들인 말라야와 보르네오와 싱가포르, 프랑스 식민지 인도차이나, 미국령 필리핀—에 눈독을 들이기 시작했다.

독일이나 일본보다는 노는 물이 좁기는 했지만, 이탈리아에서는 식민지 확장을 꾀한 무솔리니가 에티오피아를 점령해 이미 확보한 소말릴란드[지금의 소말리아와 지부티 지역]·에리트레아·리비아에 보태는 한편, 알바니아와 유고슬라비아의 아드리아 해 연안 지역을 손에 넣을 기회를 노렸다.

선배 제국주의 강국들인 영국, 프랑스, 네덜란드, 벨기에, 미국은 그런 사태에 어떻게 대응해야 할지 갈피를 잡지 못했다. 그들의 이해관계는 제각각이었다. 영국과 프랑스는 중동에서 패권 나눔을 하고 있었다. 미국 지배 계급의 한 분파는 영국을 세계 강국의 일등 자리에서 밀어내려고 안달이었고, 석유 부국인 사우디아라비아에서 이미 결정적 영향력을 확보하고 있었다. 프랑스는 늘 침략의 기회를 노리던 독일의 의도를 좌절시키기 위해서 동유럽 동맹국들을 하나로 묶는 데 주력했다. 이들 나라에는 노동 계급 조직과 좌파를 범세계적으로 박멸하는 데 도움이 될 동맹자로서 나치당을 바라본 강력한 집단이 존재했다. 그 집단들이 생각하는 적국이 있었다면 그것은 독일이나 이탈리아, 일본이기보다는 소련이었다. 이 점은 스페인 내전 기간에 분명히 드러났다. 서구 '민주주의 나라'의 통치자들은 히틀러와 무솔리니가 '비개입' 협약을 어겨도 무사태평이었다. 프랑코가 자신들의 제국에 전혀 위협이 되지 않았기 때문이었다.

이탈리아가 그런 분위기를 틈타 1935년에 에티오피아를 공격했고, 일본도 그런 식으로 만주를 점령하고 중국 본토를 침략했다. 1938년에는 히틀러의 차례였다. 그가 3월에 오스트리아를 합병하고 그 다음으로 체코슬로바키아 국경의 독일계 주민 거주 지역을 요구했을 때, 영국과 프랑스의 지배 계급 주류파들은 그에 반대함으로써 전쟁의 위험을 무릅써야 할 이유가 없다고 생각했다.

히틀러는 인종을 '청소한' 독일을 유럽의 중심국으로, 나아가 세계 강대국으로 우뚝 세우겠다는 야심을 품은, 정신병자 수준의 인종 차별주의자였다. 그러나 1930년대 말에 히틀러가 취한 전략은 독일 자본주의의 처지에서 보면 합리적이었다. 주어진 상황에 적절하게, 그는 다른 제국주의 강국들이 독일의 세력권 확장을 어느 선까지 허용할 수 있는지를 시험했다.

히틀러는 몰로토프-리벤트로프 협약을 통해 폴란드를 스탈린과 나눠 갖기로 비밀리에 합의하고 난 뒤 1939년 여름에 폴란드를 위협했을 때에도 이성적인 면모를 보였다. 히틀러는 독일이 보유한 자원으로는 총력전을 두 달 이상 수행할 수 없다는 사실을 알고 있었다. 하지만 그는 체코를 지원하는 데 인색했던 영국과 프랑스가 폴란드를 지원할 리가 없다고 추론했다. 따지고 보면 영국 정부는 불과 몇 달 전인 1938년 12월만 해도 폴란드가 독일의 위성국이 돼야 한다는 데 동의했었고, 영국군 참모진도 폴란드 방위가 불가능함을 시인했었다. 히틀러는 폴란드를 며칠 안에 점령할 수 있다는 사실을 알고 있었다. 또 만일 프랑스와 영국이 개입하면 프랑스를 신속하게 물리칠 수 있을 것이고, 그러면 독일이 두 제국을 침범하지 않는다는 약속을 조건으로 프랑스와 영국 통치자들이 그와 타협하게 되리라고 믿었다.

히틀러는 한 가지 계산 착오를 저질렀다. 독일의 유럽 대륙 지배가 대영 제국에 위협이 된다고 믿은 정치인들이 영국 지배 계급 안에서 두 강경파 제국주의자 — 윈스턴 처칠과 앤서니 이든 — 를 중심으로 결집하고 있었던 것이다. 그들은 예컨대 발칸 반도를 지나 중동으로 패권을 확대하려는 독일의 오랜 꿈이 그곳의 유전들과 수에즈 운하 — 영국을 인도의 식민지와 연결해 주던 — 에 위협이 된다고 믿었다. 히틀러의 움직임은 다른 집단들에게도 경각심을 불러일으키기 시작했고, 독일의 폴란드 침공 직후에 영국과 프랑스가 선전포고를 하도록, 또 그로부터 9개월 뒤에 영국 정부가 독일의 유럽 점령을 묵인하지 못하도록 만들었다.

히틀러의 다른 계산들은 정확했다. 프랑스 지배 계급과 영국의 지배 계급 주요 분파는 마지못해 전쟁에 나섰다. 그들은 폴란드에 아무런 지원도 하지 않았다(비록 폴란드군의 일부를 구출해 나중에 자신들의 전쟁 목적에 이용하기는 했지만). 영국은 1939~1940년의 아주 중요한 겨울을 독일의 지원을 받으며 소련과 전쟁을 벌이던 핀란드 정부를 지원하며 보냈다. 독일은 이 '전쟁 아닌 전쟁' 기간을 네덜란드와 벨기에를 거쳐 프랑스로 진격하는 전격전(電擊戰, Blitzkrieg)을 준비하는 데 이용할 수 있었다. 히틀러는 독일이 보유한 한정된 자원이 바닥나기 전에 신속하게 프랑스군을 물리칠 심산이었다.

프랑스에 맞서 신속하게 승리할 수 있으리라던 히틀러의 예상도 정확했다. 1940년 5월에 독일군의 공격을 받은 벨기에와 프랑스 북부 지역의 '연합'군은 2주 만에 궤멸했고, 그 결과 영국군은 그 달 말에 덩케르크에서 탈출할 수밖에 없었으며 독일군은 6월 14일에 파리에 입성했다.

이 승리가 무솔리니를 고무해 독일 편으로 참전하게 만들었고, 히틀러를 중서부 유럽의 확고한 지배자로 만들어 줬다. 이에 힘입어 히틀러는 다음 행보를 결정하는 데 필요한 시간을 벌 수 있었다. 비록 독일 공군이 영국 남부 상공에서 벌어진 공중전(브리튼 전투)에서 열세를 드러내 영국 침공이 어려워지기는 했지만 말이다. 프랑스전 승리 1년 후에 히틀러는 다른 길을 선택했다. 압도적 군사력을 바탕으로 소련과 전격전을 치르는 것이었다. 히틀러는 그 전투에서 겨울이 오기 전에 쉽게 승리할 것으로 예상했다.

제2차세계대전의 본질

유럽과 북아메리카의 좌파와 자유주의자들은 제2차세계대전을 민주주의 대 파시즘의 전쟁이라고 봤다. 언론은 이 관점을 널리 퍼뜨렸다. 영국에서는 <데일리 헤럴드>(노동조합들에서 소유권의 절반을 가지고 있었다), <데일리 미러>, 소유주가 열렬한 제국주의자인 비버브룩이고 머지않아 노동당 좌파의 마이클 푸트가 그를 위해 편집 책임을 맡게 되는 <이브닝 스탠더드>, 좌파 자유주의 성향인 <뉴스크로니클> 같은 신문들과 가장 인기 있는 사진 잡지였던 《픽쳐 포스트》에서 그런 일을 했다. 그것은 오늘날에도 정설로 통한다. 그래서 예컨대 에릭 홉스봄은 20세기 역사를 다룬 그의 책에서 제2차세계대전을 "19세기였다면 '진보와 반동'이라고 불렸을 나라들 사이의" 전쟁이었다고 정의하기도 했다.[238]

그러나 연합군 지도자들을 움직인 동기는 민주주의가 아니었다. 전범의 가차없는 기소를 주장한 처칠은 잔혹한 옴두르만 학살을 진두 지휘했고, 1910년에 군대를 보내 파업 중이던 광부들을 쏴 죽였고, 영국령 이라크 내 쿠르드 반군들에게 독가스를 살포하라는 명령을 영국 공군에 내렸으며, 무솔리니를 찬양하기도 했다. 그는 1930년대에는 인도에 미미하게나마 현지 자치권을 허용했다는 이유로 보수당 정부를 비난했고, 전쟁 기간 내내 영국 식민지들 내의 반제국주의 운동 세력들에게 조금도 양보할 수 없다는 강경론을 고수했다. 그런 양보가 전쟁 수행에 도움이 될 수 있었을 텐데도 그는 입장을 바꾸지 않았다. 그는 "나는 대영제국의 해체를 좌시한, 폐하의 첫 번째 총리가 되지 않을 것이다" 하고 선언했다. 처칠은 얄타에서 루스벨트와 스탈린을 만나서 이렇게 말했다. "내 몸에 생명이 남아 있는 한, 영국 주권의 변동을 결코 용납하지 않을 것이오."[239]

이른바 '반파시즘' 연합에 참여한 세계 제2의 강대국 지도자 스탈린도 처칠보다 더 민주적이거나 자유주의적이지 않았다. 그는 혁명을 성공시킨 볼셰비키 세대를 학살했고, 우크라이나와 카자흐스탄을 기아의 도가니로 몰아넣은 끔찍한 농업 집산화를 강행했던 인물이었다. 1939년에는 히틀러와 뒷거래를 해서 폴란드를 나눠 가졌고, 볼셰비키가 1917년에 독립국 지위를 부여했던 발트 해 연안 공화국들을 다시 속국으로 만들었다. 그것은 단순한 시간벌기용 외교술이 아니었다. 히틀러와의 거래에는 러시아로 망명한 독일 공산당원들을 게슈타포에 넘겨주고 독일에 전쟁 물자를 제공하는 내용이 포함돼 있었다. 스탈린은 히틀러의 의도에 관한 첩보원들과 베를린 대사관의 경고를 무시하더니 결국 1941년 6월에 독일군이 쳐들어오자 그때서야 참전했다. 전쟁 초기 몇 주 동안의 참패에 경악한 스탈린은 1917년 이전의 대러시아 국수주의 이데올로기로 회귀함으로써 자신의 지위를 강화하려 했다. 그는 비러시아계 백성들을 정복했던 짜르 제국의 러시아인 장군들을 찬양했고, 히틀러에 맞서는 전쟁을 ("위대한 반파시스트 전쟁"이 아니라) "위대한 애국 전쟁"이라고 명명했다. 스탈린의 국수주의 때문에 여러 비러시아계 민족들이 끔찍한 희생을 치렀다. 예컨대 그는 크림 공화국의 타타르인들, 체첸인들, 볼가 강 유역의 독일인들을 수천 마일씩 떨어진 중앙아시아와 동아시아 지역으로 모두 강제 이주시켰다.

제3의 '반파시스트' 지도자는 루스벨트였다. 참전하기 전 미국 행정부는 유럽의 혼란을 기회 삼아 공식적인 유럽 제국들을 압도할 만한 '비공식적' 미국 제국을 건설하려는 정책을 주구해왔다. 역사학자 A J P 테일러가 설명한 것처럼,

1941년 3월에 루스벨트는 아마도 제2차세계대전에서 가장 극적인 정치적 일격이라고 할 만한 무기 대여법을 제정했다. 미국은 '민주주의의 무기고'가 됐고 그 보상을 요구하지도 않았다. 그런데도 무거운 대가가 뒤따랐다. 미국 행정부는 영국의 금 준비금과 해외 투자금을 몽땅 쓸어갔다. 영국의 수출은 제한됐고, 그때까지 영국 몫이었던 시장들에 미국 기업가들이 몰려들었다.[240]

영국 외무장관 앤서니 이든은 훗날, 루스벨트가 기존 식민지들이 "일단 그 주인들 손에서 벗어나면 미국에 정치・경제적으로 의존하게 될 것"이라는 희망을 품었다고 비난했다.[241]

미국이 참전하게 된 직접적 계기는 극동 지역에서 벌어진 식민 제국들 간의 분쟁이었다. 전쟁으로 기진맥진한 다른 식민 열강들의 희생을 바탕으로 제국을 확장하는 데 열심이던 일본이 중국에서 프랑스령 인도차이나로 남진하기 시작했다. 그런데 미국은 미국대로 그 지역에 이해관계가 걸려 있었다. 미국은 필리핀을 통치하고 있었고, 일본과 겨루면서 중국 서부에서 여전히 건재하던 장제스를 미국 자본에 우호적인 인물로 평가하고 있었다. 일본과 세력권을 나눠보려던 뒷거래가 무산되자, 미국은 일본에게 절실히 필요한 자원의 공급로를 차단했다. 일본은 동남아시아의 프랑스・네덜란드・영국 식민지를 손에 넣으러 남진하는 것을 가로막는 주된 장애물이던 진주만의 미국 함대를 공격함으로써 그에 응수했다.

수많은 보통 사람이 나치즘에 맞선 투쟁에 나선 동기는 처칠이나 스탈린, 루스벨트의 동기와는 사뭇 달랐다. 그들은 진정으로 파시즘을 증오했다. 특히, 일부 대중 매체에서 종종 처음으로 파시즘의 본질을 폭로하는 일이 늘어나면서 더욱 그러했다. 이른바 '세 거두(巨頭)' 지도자들은 대중의 그런 정서를 활용하지 않을 수 없었다. 영국 지배 계급 가운데 처칠파는 1940년 여름에 절박한 상황에 처해 있었다. 영국군은 군 장비 대부분을 잃어버렸고, 게다가 저항하기 어려운 침공이 임박했다는 (잘못된) 예상을 하고 있었으며, 처칠파가 굴욕이라고 생각하던 조건으로 히틀러와 협정을 맺어야 한다는 입장을 지배 계급의 절반 이상이 갖고 있었다. 처칠파가 정치적으로 살아남으려면 노동당과 노동조합 관료들에게 기대는 수밖에 없었다. 처칠파는 노동당 당수 클레멘트 애틀리를 부총리로 영입했고, 가장 영향력 있는 노동조합 지도자이던 어니스트 베빈에게는 전시 경제의 노동력 동원을 감독할 임무를 맡겼다. 그들을 한 정부 안에 아우르자면 전쟁 전에 보수당이 내걸었던 제국주의적 계급 전쟁의 표어를 포기해야만 했다. 그 대신 등장한 표어들이 '자유', '민주주의', '민족자결'이었다. 또 처칠 정부는 배급제를 통해 부족한 식량을 나누려고 애써야 했고(그 덕분에 실제로 노동자들 중에서 빈곤한 축에 속한 사람들의 식량 사정이 좀 나아졌다. 부자들의 식사는 변함없이 진수성찬이었지만 말이다) 전쟁이 끝나면 복지 제도를 대대적으로 개선하겠다고 약속해야 했다. 보수당의 떠오르는 별 퀸틴 호그(훗날의 헤일셤 경)는 만일 정부가 국민에게 '개량'을 선물하지 않으면 '혁명'의 위험을 감수해야 할 것이라고 시인했다.

    미국에서도 비슷한 정치적 고려들이 작용했다. 정부에서는 반파시즘, 반제국주의 표어를 내거는 한편으로 엘리노어 루스벨트로 하여금 온갖 자유주의적 이상을 대변하게 했으며, 할리우드는 전쟁 전에 채플린의 <위대한 독재자> 같은 나치 반대 영화들을 혐오했던 일을 잊은 듯이 굴었다.

    소련에서조차 전쟁 기간 동안에는, 비록 소수 민족의 집단 이주 같은 불상사가 있기는 했지만, 공포정치가 확실히 느슨해졌다. 적어도 지식인 사회에서는 전쟁이 끝나면 뭔가 달라지리라는 기대가 잠시나마 존재했다. 그런 기대감은 예컨대 스탈린그라드와 히틀러의 죽음의 수용소를 다룬 바실리 그로스먼의 빼어난 소설 ≪삶과 운명≫에서 잘 드러난다.

    그러나 각국 통치자의 동기는 그 나라 국민의 동기와는 여전히 판이했다. 각국의 전쟁 수행 과정이 그 점을 잘 보여 준다. 1940년 봄에 프랑스가 함락당한 때부터 1943년에 연합군이 이탈리아 남부에 상륙할 때까지 영국군은 주로 아프리카 북부에서 전투를 벌였다. 왜 그랬을까? 그것은 수에즈 운하와 유전들이 있는 그 지역을 고수하려 한 처칠의 의지가 확고했기 때문이었다. 사우디아라비아를 놓고 루스벨트와 격렬한 외교전을 벌인 데서 확인할 수 있듯이, 처칠은 독일뿐 아니라 미국의 움직임에도 신경을 곤두세웠다.

이탈리아 침공 자체도 지중해 지역의 패권을 다시 장악하고 싶어한 처칠의 집착이 낳은 결과였다. 그는 제2차세계대전에서 가장 중요한 전투들이 소련 서부에서 벌어지던 판에 프랑스에서 제2전선을 형성해 달라고 한 소련과 미국의 간청을 묵살했다. 오히려 처칠은 이탈리아와 발칸 국가들이 "유럽에서 공격에 가장 취약한 곳"이라고 주장했다. 그곳들의 산악 지형 때문에 전투에서 더 많은 피를 흘려야 하고 진격은 더딜 수밖에 없는데도 그랬다.

전쟁의 운명을 판가름할 스탈린그라드 전투가 한창이던 1942년에 처칠은 인도의 독립 원칙에 대해 양보하기를 거부했다. 그 결과, 영국군이 주도하던 수천 명의 군인이 나치와 싸워야 할 시간에 인도에서 독립 요구 시위들을 야만적으로 진압하기에 여념이 없었고, 인도인들은 그에 맞서 인도 '해방군'을 결성해 일본 편에서 싸웠다. 그리고 처칠의 조치로 벵골 지방에서는 3백만 명이 굶어 죽기도 했다.

히틀러와 함께 유럽을 나눠 가지려던 욕심이 앞선 탓에 스탈린은 독일의 소련 위협을 무시했고, 그 결과 1941년에 독일군이 공격했을 때 소련군은 전투 태세를 전혀 갖추지 못하고 있었다. 또 새 영토를 소련의 세력권에 보태려는 욕심 때문에, 1944년에는 독일군이 바르샤바에서 폴란드 저항 세력의 봉기를 분쇄하는 동안에 소련군더러 뒷전으로 물러나 있으라는 명령을 내리기도 했다. 바르샤바가 완전히 초토화된 다음에야 비로소 소련군은 비스투라 강을 건너 시를 점령했다.

이와 마찬가지로, 미국 정부는 일본 정부의 항복을 예고하는 조짐들이 있었는데도 히로시마와 나가사키에 원자폭탄을 투하했다. 그래야 일본의 점령지 만주를 가로질러 빠르게 진격 중이던 소련군보다 먼저 일본의 항복을 받아냄으로써 전후 일본 문제 처리에서 소련이 발언권을 얻는 것을 미연에 방지할 수 있었기 때문이었다. 히로시마와 나가사키는 세계 지배를 실행에 옮길 수 있는 미국의 능력을 더할 나위 없는 참상으로 전 세계에 각인시키는 구실도 했다.

세 강대국 모두 히틀러가 독일을 계속 지배하도록 거들었다. 세 나라 모두 비단 나치당뿐 아니라 독일인 전체를 적으로 대했다. 영국인 고위 공무원 밴시터트는 독일의 모든 산업 시설을 파괴해 독일을 가난한 농업국으로 되돌리려는 계획을 세웠다. 영국 공군과 미국 공군은 민간인 지역에 대한 융단폭격 방침에 충실히 따랐고 그 결과 함부르크, 쾰른, 드레스덴 등지에서 10만 명 이상의 민간인이 폭격에 따른 대화재로 타죽거나 질식사했다. 드레스덴은 군사적·전략적으로 전혀 중요하지 않은 도시였다. 소련에서는 소설가 일리야 에렌부르크가 방송을 통해 "독일인을 죽이자, 죽이자, 죽이자!" 하고 선동했다. 그런 판국에 독일 노동자들이 자기 나라 통치자들에게 등을 돌릴 리가 없었고, 그 덕분에 히틀러가 최후의 순간까지 독일군을 통솔하기는 더 쉬워졌다.

극에 달한 야만

독일 통치자들이 야만적이었다는 데에는 의심의 여지가 없다. 그들의 서유럽 점령 방식은 잔인했고, 폴란드와 소련의 점령지에서 야만스런 행동을 했으며, 유럽의 유대인에게 그들이 한 짓은 20세기 최대의 공포극이었다. 그렇긴 해도, 어떻게 그런 일들이 가능했는지 이해할 필요는 있다.

서유럽과 동유럽의 여러 지역에서 나치 정책의 주된 동기는 두 가지였다. 되도록 적은 군대를 투입해 점령국을 계속 지배하고 최대한의 식량과 전쟁 물자를 독일로 나르는 것이었다. 이 목표들을 달성하는 가장 쉬운 방법은 독일의 지시에 기꺼이 협조할 현지 정부를 세우고, 저항 세력을 뿌리 뽑고 식량과 물자의 송출을 감독할 임무를 현지 경찰에게 맡기는 것이었다. 그것은 어렵지 않은 일이었다. 유럽 전역의 지배 계급 중에는 계속되는 전쟁이나 혁명으로 재산을 모조리 잃기보다는 독일에 점령당하는 쪽이 더 낫다고 여기는 자들이 꽤 많았기 때문이었다. 원칙상으로는 독일에 반대한 분파들조차도 나치에 협력함으로써 얻을 수 있는 실제 이익을 알고 있었다.

독일 자본주의는 점령국을 약탈함으로써 동유럽의 거의 모든 지역에서 노동자들을 착취하고 전쟁 경비를 계속 조달하고 이윤을 유지할 수 있었다. 또한 가장 두려운 노동자들 — 1918~1923년에 혁명의 위협을 가했던 독일 노동 계급 — 을 지나치게 압박하는 일도 피할 수 있었다.(그러나 독일 노동자들이 "특혜를 누렸다"고 말하기는 어렵다. 전쟁 기간에 생활수준이 악화된 데다, 사망률이 엄청난 소련 전선에 언제 징집당해서 투입될지 모를 판이었기 때문이다.) 그리고 독일 자본주의는 점령지의 부역 정치인·기업가들을 앞세워 값비싼 독일 경찰력을 동원하지 않고서도 그곳 노동자들을 통제할 수 있었다. 부역자들의 논리는 "이렇게 해서 독일인들을 달래자. 그러지 않으면 그들이 직접 올 테고, 그러면 상황이 훨씬 더 나빠질 것이다"라는 것이었지만 어쨌든 그것은 완벽한 분열 지배 전략이었다.

그러나 시간이 흐르면서 문제가 불거졌다. 독일로 물자를 송출해야 하는 부담이 점령지 노동자들에게는 너무 버거웠다. 그들은 결국 하루에 필요한 영양 섭취량의 절반 정도만 음식물로 섭취할 수 있게 됐다. 그들은 점점 더 분노했다. 노동자들이 징용으로 독일에 끌려가 노예 노동에 시달릴 위험까지 안고 사는데도, 통치자들은 점령군과 먹고 마시며 즐기는 것을 보고서 특히 그랬다. 점령이 3년째로 접어들자 파업들이 벌어졌고, 노동자들이 징용을 피해 먼 곳으로 달아났으며, 조직적 저항이 날이 갈수록 늘어났다. 독일의 반응은 점령군 관청을 늘리는 것이었다. 관리들은 반드시 충성심 강한 나치들로만 채워진 것은 아니었다. 관청에 딸린 게슈타포 같은 나치 조직들은 거리낌없이 테러를 저질렀다. 프랑스, 슬로바키아, 크로아티아, 헝가리 같은 나라들에서 히틀러는 현지의 파시스트·나치 집단에 점점 더 의존하게 됐다. 그들 집단은 유대인 추방과 같은 정책들을 추구하는 데 열심이었다. 나치당은 현지의 반유대인 정서를 이용함으로써 현실의 고통에 대한 일부 주민의 분노가 희생양 쪽으로 옮아가게 할 수 있었고, 유대인의 집과 재산을 부역자들에게 뇌물로 줄 수 있었다.

폴란드 점령은 훨씬 더 추악한 다른 방식으로 이루어졌다. 나치의 목표는 서부의 슐레지엔을 합병하고 중부 지역은 '노동력의 저수지'로서 계속 군사 통치 아래 둠으로써 폴란드라는 나라를 완전히 지워버리는 것이었다.(동부는 러시아가 1939년부터 1941년까지 통치했다.) 이것은 옛 폴란드의 전통적 지배자들을 말살하는 것을 뜻했다. 폴란드인 부역자들이 수천 명이나 됐지만 그들은 독일인 상관 밑에서 하급 관리로 일했다. 나치 경찰은 생사여탈권을 쥐고 있었고 실제로 그것을 행사했다. 콜코가 말했듯이 "폴란드에서 나치의 테러는 처음부터 압도적이고 변덕스러워서" "도시들에는 도무지 예측할 수 없는 임박한 위험들이 널려" 있었다.[242] 약 5백70만 명(인구의 16퍼센트)이 목숨을 잃었다. 그 중에서 절반이 유대인이었다. 그들은 1939년에 집단거주지(게토)로 무리 지어 끌려가 사람 수에 비해 너무 좁은 그곳에서 굶주리며 살다가 1942년부터 죽음의 수용소로 보내졌다. 게토는 폴란드를 철저히 약탈한다는 자본가들의 통치 목적과 딱 들어맞았다. 독일에 식량과 노동력을 대느라 고통받은 폴란드인들 중 일부는(나중에는 리투아니아인, 벨로루시인, 우크라이나인들도) 전쟁 전의 편견들을 부추긴 나치의 공작에 넘어가 그들보다 훨씬 더 고통받던 유대인 소수 민족을 분노의 표적으로 삼았다. 나치의 그런 수법은 분열 지배의 논리에 따른 것이었다. 그뿐이 아니었다. 게토는 나치의 살인적인 인종 차별주의 신화와도 딱 들어맞았다. 점령군 독일 병사들은 그들이 선택받은 아리아인이며, 폴란드인들은 하급 인간이고, 유대인들은 그 중에서도 가장 열등한 인종이요 유럽에서 박멸해야 할 이질적 집단이라는 말을 들었다.

1941년 여름에 시작된 독일의 소련 공격 — 바르바로사라는 작전명이 붙은 — 으로 공포감은 더욱 고조됐다. 진격하던 독일군은 폴란드에서 했던 대로, 그러나 훨씬 더 넓은 지역에서 훨씬 대규모로 적국의 구조를 파괴하기 시작했다. 전선의 후방에서 작전을 수행하던 친위대(SS)가 그 일을 맡아 공산당 인민위원들과 "유대인-볼셰비키 분자들"을 모두 죽였다. 처음으로 대학살이 전쟁 과정의 일부가 된 것이다. 그렇긴 해도, 그것은 이른바 군사적 기능을 가진 대학살이었다. 즉, 친러시아 세력이 다시 결집해 게릴라전과 파괴 공작을 벌이는 것을 예방한다는 명분으로 자행된 학살이었다. 그에 따라, 처음에 살해당한 유대인들은 전투원이 될 만한 연령대의 남자들이었다.

히틀러의 예상과 달리, 독일군은 모스크바까지 진격하지 못했고 소련을 정복하지도 못했다. 그들은 중부 유럽 평야의 얼음 황무지에서 오도 가도 못하는 신세가 됐고, 그 후 스탈린그라드와 쿠르스크에서 세계 역사상 최대이자 가장 참혹했던 전투들을 치르게 된다. 바르바로사 작전에 처음 투입됐던 군인은 3백만 명이었다. 1945년까지 동부 전선에서 죽거나 다친 독일군은 총 6백만 명이었고, 소련 쪽에서는 1천3백만 명의 군인이 전사했고 민간인 7백만 명이 희생당했다.[243]

독일군은 지휘관들이 전혀 계획하지 못한 상황에 직면했다. 그 와중에 전쟁은 믿을 수 없을 정도로 야만적으로 됐고, 야수처럼 바뀐 병사들은 러시아인과 유대인 민간인에 대한 대학살을 그들이 레지스탕스 활동을 도울 가능성이 있다는 이유만으로 거리낌없이 저지르거나 방조했다. 자본주의 전쟁은 그런 만행들이 자행될 만한 상황을 조성했고 추악하기 그지없는 판단 기준들로 그런 행위들을 합리화했다. 그러나 전쟁은 나치로 하여금 그런 기준들로도 합리화할 수 없는 정책을 감행하게 만들었다. 그들은 유럽의 유대인과 집시 인구를 비밀리에 완전히 멸종시키려 들었다. 특수부대인 SS무장기동대의 파견대들은 남자들은 말할 것도 없고 여자들과 아이들까지 살해하기 시작했다. 특히, 독일군 사령관들이 여전히 신속한 승리를 기대하고 있는 가운데 키에프 근교의 바비야르 협곡에서 SS가 4만 3천 명을 학살한 것이 그 두드러진 사례다. 학살 계획은 나치당과 국가의 주요 인물 14인이 한자리에 모인 1942년 1월의 반제(Wannsee) 회담에서 공식화됐다.

그들은 마치 공장 조립라인처럼 정교한 학살 장치 — 독일 통치 하에 있던 유럽에서 약 5백~6백만 명의 유대계 주민을 한 사람도 빠짐없이 가려내고, 집단적으로 억류하고, '재정착'이라는 허울 좋은 이름으로 몇백 마일이나 떨어진 특별 수용소로 보내고, 가스실이 있는 특별 사동으로 들어가라고 종용하고, 죽은 이들의 시신을 말끔히 치워 없애는 — 를 가동하기 시작했다.

경제적 측면에서 보든 전쟁 수행상의 필요라는 관점에서 보든, 그런 정책은 독일 자본주의의 요구에 전혀 부합하지 않았다. 살해당한 이들 상당수가 이윤 창출이나 전시 경제에 이바지할 만한 숙련 노동자들이거나 전문가들이었다. 그런데도 그들은 살아 있을 동안에는 마치 노예처럼 그들의 능력에 걸맞지 않은 단순 업무에 종사했다. 수백만 명을 유럽의 한쪽 끝에서 다른 쪽 끝으로 옮기느라 철도가 미어터졌고, 군대와 무기와 공업용 원자재 등을 나르는 데 꼭 필요한 열차들이 그 일에 동원됐다. 관료들은 이송 계획을 짜느라고 많은 시간을 허비해야 했다. 그런데도 그 일은 하루 또 하루, 한 주 또 한 주, 전쟁이 끝나는 바로 그 순간까지 계속됐다.

독일 국민 대중의 분노를 희생양 쪽으로 돌린다는 조잡한 이데올로기의 관점에서 보더라도 그것은 전혀 의미 없는 정책이었다. 독일 국민 대중은 그에 대해 들은 바가 없었기 때문이다. 그것은 비밀작전이었다. 독일 국민 중에서 적어도 수천 명은 틀림없이 대학살의 실상을 어느 정도 알고 있었을 것이다. 그보다 많은 다수의 사람들은 뭔가 불쾌한 일이 일어나고 있지 않나 의심하면서도 애써 그것을 무시하려 했다.[244] 그런 판국에 그것이 정권에 대한 대중적 지지를 확보하기 위한 수단이었다고 볼 수는 없는 노릇이다.

이것은 놀랄 만한 일이 못 된다. 나치 지도자들은 독일 사회에 널리 퍼진 반유대주의의 활용 가능성을 발견했지만, 거기에는 한계가 있다는 점도 알고 있었다. 예컨대, 그들이 1938년 11월의 '크리스탈나흐트'['깨진 유리의 밤'이라고도 함. 나치 독일이 유대인과 유대인 재산에 대해 폭력을 휘두른 사건이 발생했던 밤]에 돌격대원들을 풀어서 유대인 상점과 기업들을 공격하게 했을 때, 그들은 그런 폭력이 대중의 반감을 유발하는 것을 봤다. 세상의 여러 문제를 유대인 탓으로 돌려 유대인 일반을 거리낌없이 비난하던 많은 사람들도 그들과 개인적 친분이 있던 사람들의 고통을 보고는 마음 아파했다. 이런저런 유형의 반유대주의는 그것에 도전하는 이념들과 줄곧 공존하면서 경쟁해왔다. 사회민주당과 공산당의 유대계 지도자들(칼 마르크스에서 로자 룩셈부르크까지)이 독일 노동자들의 대다수 — 그 중 일부는 반유대주의 전통과 선전에 영향을 받았을 텐데도 — 한테서 신뢰받을 수 있었던 것은 그 때문이었다. 또한 바이마르 공화국 말년에 나치의 선전을 검토해보면 알 수 있듯이, 히틀러가 반유대주의에만 기대지 못하고 지지를 얻기 위해 때로는 유대인 비난의 강도를 낮추어야 했던 것도 그 때문이었다. 나치당이 권력을 잡고서 반유대주의에 공공연히 도전하는 견해들의 표현을 억압한 뒤에도, 나치 지도자들은 실업 감소나 베르사유 조약 파기, 그리고 히틀러를 국제적인 인물로 포장하는 데 초점을 맞출 때에 더 환영받는다는 사실을 발견했다.

그러나 반유대주의는 나치당의 핵심이던 돌격대와 친위대를 결속하고 그들에게 동기를 부여해서 그들이 수동적으로 움직이거나 보수주의에 빠지거나 타성에 젖는 것을 막는 데 결정적으로 중요했다. 그들로 하여금 바이마르 공화국 시기에 위험을 무릅쓰고 좌파 세력과 맞서게 하고, 제3제국 수립 이후에는 히틀러의 명령을 즉각 실행하도록 만든 것이 바로 그 비이성적인 이데올로기였다. 그들이 보기에는 독일에 닥친 모든 불행의 배후에 있는 궁극의 적은 유대인이었다. 그들은 유대인 제거야말로 독일군이 동진하면서 점령한 영토를 보전하는 유일한 길이라고 봤다. 그래서 패전이 임박한 1944년 말과 1945년 초에도 유대인 학살은 일종의 승리로 여겨질 수 있었다.

1930년대 초의 위기에 대처하기 위해 독일 지배 계급은 그처럼 이성을 완전히 상실한 자들이 필요했다. 그들의 광기에 힘입어 독일 지배 계급은 노동 계급 조직들을 분쇄한 데 이어 유럽 제패를 계속해서 추구할 수 있었다. 그에 대한 보상으로, 나치당은 6백만 명이 넘는 유대인·집시·불구자를 학살하는 것을 통해 그들의 광기에 찬 환상을 마음껏 표출했다. 크루프, I G 파르벤 같은 독일 대기업들은 대학살 계획이 경제적으로 무의미한데도 죽음의 수용소 설치에 기꺼이 협조하고 수용자들의 노예 노동을 이용했다. 나치즘이란 로자 룩셈부르크가 예언한 바—사회주의로 전진하지 못하면 야만주의로 후퇴할 것이다—가 소름 끼칠 듯이 실현된 것이었다.

되살아난 희망

젊은 영국군 대위 데니스 힐리는 1945년의 노동당 대회에서 귀국 직전에 그가 유럽 지역에서 목격한 '사회주의 혁명'의 진행 상황을 보고할 기회를 얻었다.

> 상류층들은 어느 나라에서나 이기적이고 사악하고 비윤리적이고 퇴폐적입니다. 이들 상류층 사람들은 영국군과 영국인이 자신들을 지켜 주기를 바라고 있습니다. 지난 4년 동안 그들에 대항해 지하 투쟁을 벌여온 사람들의 정당한 분노에 우리가 맞서 주기를 바라는 것이지요. 우리는 그런 일이 일어나지 않도록 경계해야 합니다.[245]

제2차세계대전은 단지 공포와 절망만 낳은 것이 아니었다. 양차 대전 사이의 기간에 패배와 사기 저하를 경험했던 사람들이 제2차세계대전을 맞아 떨쳐 일어났다. 유럽 대부분의 지역에서 일어날 혁명적 변화를 예고라도 하듯, 레지스탕스 운동이 시작됐다.

폴란드와 러시아를 제쳐 놓으면, 그리스는 전쟁에서 다른 어느 나라들보다 훨씬 더 큰 고통을 겪었다. 이탈리아에게, 이어서 독일에게 점령당한 동안에 국민 10명 중 1명이 죽었고 사망자 가운데 절반은 굶주림으로 사망했다.[246] 처음에는 자생적으로 출현했던 레지스탕스 단체들은 한데 모여 느슨한 전국 조직인 그리스민족해방전선인민해방군(EAM-ELAS)을 결성했다. EAM-ELAS는 농촌 지역들을 점점 더 효과적으로 통제했고, 독일군의 병참선을 위협하고 수천 명에 이르는 독일군의 발을 묶어놓았다. 1944년 말 독일군이 북으로 철수할 준비를 하자, 해방 운동 세력이 곧 그리스를 통치하게 될 것으로 보였다. 군주제로 지탱되던 그리스의 우익 독재 정부는 1940년에 이탈리아군이 침공할 때까지 친나치 정책을 취했다. 레지스탕스 주력군은 군주제와 기존 지배 계급을 끝장내길 원했고, 그리스 공산당이 EAM-ELAS 안에서 핵심 역할을 하는 것을 반겼다.

이탈리아의 기업가들과 지주들은 1920년대에 무솔리니의 권력 장악을 도왔고, 이탈리아군이 심각한 패배의 쓴맛을 보고 해외 식민지들을 상실한 1943년 여름까지는 파시스트 정권을 달게 받아들였다. 거의 20년 동안이나 저항이라고는 여기저기에 산재하던 소규모 공산당원 그룹들과, 그보다 규모는 작았지만 일종의 전국 조직을 유지하려 애쓰던 사회당 지지자들의 지하 투쟁이 있었을 뿐이었다. 연결망을 확보하려는 지하 사회주의자들의 필사적인 노력을 그린 이그나치오 실로네의 소설 《빵과 포도주》에서 우리는 엄혹했던 그 시절을 확인하게 된다. 최초의 공개적인 저항은 1943년 3월에 시작됐다. 토리노에서 시작된 파업의 물결은 가담자들이 체포되는 상황에서도 북부 이탈리아 전역으로 번졌고 10만 명의 노동자들이 참가했다. 파업의 직접적 원인은 물가 폭등과 폭격의 피해로 인한 엄청난 생활고였다. 그러나 1918~1920년의 투쟁을 기억하던 소수의 공산당 투사들이 선동의 최전선에 있었다. 무솔리니는 파업 때문에 파시즘 운동이 20년이나 뒷걸음질쳤다고 파시스트 지도자들에게 투덜댔고, 히틀러는 어떻게 그런 불복종을 허용할 수 있느냐고 추궁했다.[247] 당시 파업들은 전쟁으로 하층 계급과 중간 계급의 상당 부분이 궁핍해진 탓에 탄압만으로는 파쇼 정권을 오래 유지할 수 없을 만큼 사회 위기가 심각해졌음을 여실히 드러냈다.

7월 초에 미국군과 영국군이 시칠리아에 상륙해 아주 더디게 북쪽으로 진군하기 시작하자, 상층 계급 대다수가 정권의 위기가 자신들까지 집어삼킬까 봐 두려워했다. 그들은 권력을 유지하려면 무솔리니를 제거하고 영국·미국과 타협할 수밖에 없다고 생각했다. 파시스트 대평의회의 무솔리니 측근들의 생각도 마찬가지였다. 연합군 상륙 2주 후에 열린 특별회의에서 대평의회는 무솔리니가 권좌에서 물러나야 한다고 의결했다. 다음 날, 1922년에 무솔리니에게 권력을 넘겨줬던 바로 그 국왕이 1935년 이탈리아군의 에티오피아 강점 당시에 사령관이었던 바돌리오 장군을 무솔리니의 후임자로 임명하고 무솔리니를 가택 연금했다.

사람들은 로마 거리로 쏟아져 나와 파시즘의 악몽이 끝났다고 환호했다. 그러나 아직 기뻐할 때가 아니었다. 바돌리오 정부는 그 뒤 한 달 동안 독일과 동맹 관계를 유지하면서 연합군 쪽과 비밀협상을 벌였다. 그리고 주어진 권력을 시위 진압에 악용해서 바리 광장에서 23명을 쏴 죽였다. 바돌리오 정부의 그런 행보 덕분에 독일군은 이탈리아에 병력을 투입할 기회를 잡았다. 바돌리오가 마침내 연합군과 협정을 체결했다고 발표한 순간에 독일은 나폴리 이북 지역을 점령해 바돌리오 정부가 로마에서 도망치게 만들었다. 독일 낙하산부대 병사들은 무솔리니를 구출해서 북부 이탈리아에 ('살로 공화국'이라고 알려진) 괴뢰 정권을 세웠다.

독일군의 점령은 대중적 레지스탕스 운동의 성장을 자극했다. 저항 운동에 가담한 집단들은 세 부류였다. 농촌에는 무장한 빨치산 조직들이 있었다. 1943년 말에 9천 명이던 빨치산의 수는 1944년 봄까지 2만 명으로, 같은 해 말까지 10만 명으로 늘어났다. 도시에는 지하 무장 투쟁 조직인 '애국단'들이 있어서 관리들을 암살하고 독일군에 폭탄 테러를 가했다. 공장에서도 저항 운동이 성장하고 있었다. 1944년 1월의 정치수 총살 직후에 꽤 규모가 큰 파업이 일어났고, 3월에는 30만 명이 참가한 파업이 밀라노에서 시작돼 베네토, 볼로냐, 피렌체로 번졌다. 저임금 노동자들과 여성 노동자들이 파업의 선봉에 섰고, 독일군은 체포와 대대적인 국외 추방으로 대응했다.

1944년 8월, 레지스탕스들이 피렌체의 대부분을 연합군 진입 전에 독일 군한테서 빼앗았을 때, 세 부류가 하나로 합류했다. 또 그로부터 8개월 뒤에도 그들은 한데 모여 이탈리아의 3대 주요 산업 도시 — 제노바, 토리노, 밀라노 — 를 장악하는 장관을 연출하게 된다. 제노바에서는 도시의 무장 투쟁 조직들이 봉기를 선도해 공공건물들을 장악하고 독일군을 포위해 병영을 빼앗은 후에 농촌에서 온 빨치산들의 도움을 받아 독일 장군과 1만 5천 명의 병사에게서 항복을 받아냈다. 토리노에서는,

> 특히 시민들과 공장 노동자들이 투쟁의 선봉을 도맡아야 했다. …… 전투는 노동자들이 점거한 공장들 — 란치아, 스파, 그란디 모토리, 피아트 미라피오리와 그 밖의 여러 공장들 — 을 중심으로 벌어졌다. (무장한 도시 조직들이) 반격을 가해 파시스트 잔류병들을 소탕할 때까지 …… 노동자들은 결연히 저항했다.[248]

밀라노에서는 무장 조직들이 파시스트 병영을 급습했다. 주요 공장들, 특히 피렐리 공장을 중심으로 전투가 벌어진 뒤에 무장 조직들과 빨치산들, 그리고 노동자들이 교외에서 도심으로 진출해 도시를 장악했다.

초기의 저항 단체들은 자생적으로 조직된 경우가 많았고, 독일 점령군의 야만 행위와 그로 인한 생활고가 그들의 성장을 촉진했다. 많은 젊은이들이 징병이나 독일에서의 강제 노동을 피하려고 산으로 들어갔다. 그리고 일단 레지스탕스가 되면 그들은 좌파 쪽으로 기울었다. 이탈리아 사람치고 지배 계급이 무솔리니를 후원해왔다는 사실을 모르는 이는 없었다. 기업가들이 독일 점령군에게 어떤 식으로든 협조하고 있다는 것도 다 아는 사실이었다. 또 국왕과 바돌리오가 1943년 여름에 독일군 점령을 막기 위해 한 일이 아무것도 없다는 사실도 모든 사람이 목격한 바였다.

반격하기로 마음먹은 사람들은 이탈리아 사회에 근본적인 변화가 필요하다는 느낌을 대부분 공유하고 있었다. 레지스탕스 운동을 정치적으로 지

배한 세력들도 이 점을 공감했다. 공산당은 당의 '노선'에 대해서는 거의 아는 바가 없지만 이탈리아에서 혁명적 변화가 일어나기를 바라던, 그리고 스탈린그라드 전투 이후에 소련군이 거둔 성공을 자기 일처럼 여기던 엄청나게 많은 사람들을 받아들여 1943년 6월에 5천 명이던 당원 수를 1945년 3월에 41만 명으로 늘렸다. 그보다 규모가 작고 덜 조직화돼 있고 소심한 개량주의자들도 섞여 있었지만 1918~1920년과 마찬가지로 혁명적인 양 행세한 사회당도 여전히 건재했다. 그리고 마지막으로, 중간 계급의 주도하에 잡다한 구성원들이 모여 있던, 그러나 과거와 근본적으로 결별해야 한다는 입장을 견지하던 '행동당'(Party of Action)이 있었다. 윈스턴 처칠이 "볼셰비즘의 기승"을 걱정하고 국왕과 바돌리오를 그에 맞설 유일한 방어벽으로 생각한 것은 충분히 그럴 만한 일이었다.[249]

프랑스는 한 가지 점에서 그리스나 이탈리아와 사정이 달랐다. 지하 레지스탕스를 조직하자고 처음 주장한 것은 좌파가 아니었다. 사회당 국회의원 중 대다수가 페탱 정부에 지지표를 던졌고, 공산당은 히틀러와 스탈린의 불가침조약 기간 중에 모스크바의 지령에 따라 1941년 여름까지 레지스탕스에 반대했기 때문이었다. 항전을 처음 호소한 사람은 옛 지배 계급 출신의 중급 장교로서 영국에 망명해 있던 샤를 드골이었다. 그러나 영국에 기지를 둔 '자유 프랑스'군은 보잘것없었다. 때문에 미국은 드골을 무시하고 1943년 말까지 계속해서 친나치 비시 정부와 거래하려고 애썼다. 독일이 소련을 침공하자, 공산당은 독자적으로 레지스탕스 조직인 프랑스의용군(FTP)을 창설했다. FTP는 곧 드골의 조직을 능가하게 됐다. 그 이유는 레지스탕스가 일반적으로 계급적 성격을 띠고 있었다는 데서 찾을 수 있다. 1940년에 독일군을 뜨뜻미지근하게 환영했던 옛 지배 계급은 이제 충심으로 그들에게 협력하고 있었다. 그리스와 이탈리아에서 그랬듯이, 점령이 초래한 고통의 짐은 하층 계급들이 져야 했다. 파드칼레와 노르에서 체포된 사람들의 약 80퍼센트가 노동 계급 출신이었다. 브리타니 주민 중 철도 노동자는 1퍼센트에 불과했지만, 그곳 레지스탕스 요원들 중에서 그들이 차지하는 비중은 7퍼센트였다. 레지스탕스가 연합군보다 먼저 파리를 독일군에게서 탈환했을 때, 누구나 공산당이 핵심 지도 세력인 줄 알고 있었다. 그리스와 이탈리아에서 그랬듯이 남은 문제는 단 하나, 공산당이 자신의 지위를 혁명적 변화를 추진하는 데 활용하느냐 아니면 자본주의가 계속되도록 드골파와 타협하느냐였다.

다시 목 졸린 희망

윈스턴 처칠의 회고록 중에 1944년 10월에 모스크바에서 스탈린을 만나서 "영국과 소련에 관한 한, 당신들이 루마니아에서 90퍼센트의 우선권을 갖고, 우리가 그리스에서 90퍼센트, 그리고 유고슬라비아는 50대 50으로 하면 어떻겠소?" 하고 제안했다는 유명한 대목이 나온다.

처칠이 나라들의 목록을 적고 그 옆에 그가 적당하다고 생각한 비율을 써넣자 스탈린이 그 위에 커다랗게 체크를 했다.

내가 장황하게 말했다. "수백만 명의 운명이 걸린 이 문제들을 우리가 너무 즉흥적으로 처리했다는 인상을 주면 사람들이 좀 냉소적으로 받아들이지 않겠소? 종이를 태워 버립시다." "아니, 당신이 간직하시오" 하고 스탈린이 답했다.[250]

그리스, 이탈리아, 프랑스에서 유럽의 운명을 결정한 사람들은 레지스탕스 투사들이 아니었다. 이런 식의 회담들이 유럽의 운명을 결정했다. 테헤란, 얄타, 포츠담에서 열린 회담들에서 스탈린은 처칠, 루스벨트와 만나 유럽을 각자의 세력권들로 나누기로 합의했다. 미국은 처음에는 그런 식의 분할안에 만족하지 않았다. 미국은 많이 우월한 산업 경쟁력을 바탕으로 전 세계를 단일한 미국 세력권으로, 어디에나 미국을 위한 열린 시장이 존재하는 자유 무역권으로 재편하고 싶어했다.[251] 런던이 배타적으로 경영하는 제국을 유지하는 데 늘 헌신해온 처칠이 그것을 허용할 리 없었고, 미국의 경제력에 비길 만한 막대한 군사력을 보유한 스탈린도 그랬다. 두 사람은 루스벨트를 설득해 그들이 바라던 분할안을 받아들이게 했다.

그들의 거래는 레지스탕스 운동의 희망에 찬물을 끼얹었다. 이제 스탈린의 군대는 동유럽에서 전권을 휘두를 수 있게 됐다. 스탈린은 다른 나라 공산당들이 혁명을 시도함으로써 미·영과의 협정에 차질이 생기는 사태를 허용하지 않으려 했다. 그 나라의 인민 대중이 아무리 혁명에 호의적일지라도 말이다. 1944년 11월에 이탈리아에서 전임 소련 외무장관 리트비노프가 미국 대표단에게 그런 입장을 노골적으로 천명했다. "우리는 서방에서 혁명이 일어나는 것을 바라지 않는다."[252]

단지 말로만 그런 게 아니었다. 1944년 봄에 이탈리아 공산당 당수 톨리아티가 모스크바 방문을 마치고 귀국했다. 그는 공산당이 경멸의 대상이던 바돌리오 정부에 참여할 것이며 전쟁이 끝날 때까지 군주제를 보전할 용의가 있다고 발표했다.[253] 프랑스 공산당 당수 모리스 토레즈는 모스크바에서, 공산당이 주도하던 가장 큰 레지스탕스 조직 프랑스의용군(FTP)이 그보다 작은 드골의 프랑스국내군(FFI)에 통합돼 그 지휘를 받아야 한다고 주장했다. 1945년 1월에 파리로 돌아온 토레즈는 기존 국가 기구에 대한 모든 저항을 중단하라고 투사들에게 호소했다. 그는 "하나의 국가, 하나의 군대, 하나의 경찰"이 있어야 한다고 주장했다.[254]

이탈리아와 프랑스에서 구질서는 거의 평화적으로 복구됐다. 반면 그리스에서는 레지스탕스 지도자들이 진지하게 혁명을 믿어붙여서 그렇게 된 것은 아니었지만, 결국 내전이 벌어졌다.

1944년 말에 독일 군대가 퇴각하자 EAM-ELAS가 사실상 전국을 통치하게 됐다. EAM-ELAS가 아테네를 점령하려고 했다면 최소한의 자체 병력만 동원해도 가능했을 것이다. 영국이 옛 군주제를 강요하려 하고, 불신을 받던 옛 지배 계급 출신의 정치인들로 정부를 꾸리려 한다는 것을 EAM-ELAS는 알고 있었다. 이미 영국은 이집트에 망명해 있던 수천 명의 그리스군 병사들이 영국의 그런 계획에 맞서 반란을 일으켰을 때 그것을 무력으로 진압했었다. 그런데도 EAM-ELAS는 영국군 진주를 허용하고 새로운 정부 손에 아테네를 넘겼다.[255] 새 정부가 의지할 수 있는 유일한 물리력은 나치에 부역했던 경찰과 우익 집단이었는데, 그들은 레지스탕스에게 당한 수모를 되갚아 주고 싶어서 안달이었다. 12월 초, 정부는 전국의 레지스탕스 조직에 즉각적인 무장 해제를 요구했고, 그에 항의해 아테네에서 일어난 대규모 시위를 정부군은 기관총으로 진압해 28명을 쏴 죽이고 많은 사람을 다치게 했다.[256] EAM-ELAS는 반격할 수밖에 없었고 영국 장군들은 자신들이 궁지에 몰렸음을 깨달았다. 알렉산더 육군원수는 처칠에게 아테네-피레에프스 지역 이상은 다시 점령할 수 없을 것이라고 경고했다.

이미 앤서니 이든에게 "나는 그리스 파견 여단이 발포할 만한 상황에서 주저 없이 발포하기 바라오" 하고 말했던 처칠은 현지 사령관 스코비에게 "점령한 도시에서 국지적인 반란이 벌어지고 있는 것처럼 과감하게 행동하시오" 하고 지시했다.[257] 그 시점에서 처칠은 아테네로 날아가 영국의 작전이 "루스벨트 대통령과 스탈린 원수의 완벽한 승인"을 얻은 것이라고 발표했다.[258] EAM-ELAS는 수도에서 철수했고 지켜지지도 않을 정부의 약속에 대한 화답으로 한 달 후에 공식 해산했다. 3월 8일, 스탈린은 얄타에서 처칠에게 "나는 그리스에서 영국이 취한 정책을 완전히 신뢰하오" 하고 말했다.[259]

그리스 정부는 곧바로 레지스탕스에 가담한 적이 있는 사람들을 색출하기 시작했다. 1945년 한 해 동안 적어도 5만 명의 EAM-ELAS 지지자들이 투옥되고 구금된 반면, 우익 준군사 조직들은 정부의 비호 아래 작전을 수행했다. 당시에 영국 대표단의 일원이었다가 보수당 국회의원이 된 C M 우드하우스는 훗날, "1945년 말까지 …… 유혈 사태에 대한 책임은 주로 우익 군대에 있었다"고 말했다.[260]

프랑스·이탈리아·그리스 세 나라의 레지스탕스 지도자들이 전쟁 전 지배 계급들의 복귀를 받아들일 수밖에 없었다고 주장하는 역사가들이 오늘날에도 적지 않다. 그들을 타도하려 했다가는 막강한 영국군과 미국군에게 박살나고 말았으리라는 것이다. 폴 진스버그가 이탈리아 사례에 대한 그런 관점을 수용하고 있고, 에릭 홉스봄은 좀더 일반화해 "공산당들은……트리에스테 서쪽 지역 어디에서도…… 혁명적 정권을 수립할 만한…… 지위에 있지 못했다"고 주장한다.[261] 그러나 게이브리얼 콜코가 제대로 논박하고 있듯이, 그런 평가들은 "[그런 혁명 정권들을 상대로] 수행된 반혁명 전쟁이 영국과 미국의 국내 정치에 야기했을 엄청난 부담은 물론이고, 순수한 군사적 문제를 포함해서 독일과 벌이는 전쟁에 얽힌 더 큰 맥락을 완전히 무시했다."[262]

1944~1945년에 영국과 미국의 국내 분위기는 지배 계급이 대대적인 탄압을 하기가 쉽지 않은 상황이었다. 영국이 그리스에서 벌인 군사 행동은 영국과 미국에 모두 심각한 정치적 폭풍을 몰고 왔고, 두 나라 병사들은 되도록 빨리 집으로 돌아가고 싶어서 조바심을 냈다. 병사들의 그런 열망은 이집트 주둔 영국군 부대들에서 일어난 항명 사건들에서 드러난다. 무엇보다도, 혁명 운동이 일어났을 경우 그것이 한 나라에만 국한됐을 가능성은 희박하다. 처칠은 그리스 혁명에 영향을 받아 이탈리아에서도 그런 움직임이 일어날까 봐 무척 우려했다. 그리고 만일 그런 일이 벌어졌다면, 프랑스가 영향을 받지 않았으리라고는 상상하기 어렵다. 실제로, 독일에서조차 1945년 5월에 나치 정권이 붕괴하자 노동자들이 지난날의 사회주의와 공산당에 대한 충성심을 되살려 대중적인 반나치위원회들을 만들고, 친나치 경영자들이 도망간 공장들을 운영했다. 그런 상황은 점령군이 망명지에서 데리고 들어온 정치인들의 도움을 받아 '질서'를 회복할 때까지 계속됐다.

그리스·이탈리아·프랑스에서 구질서의 재건은 파시스트 정권과 부역자 정권 아래서 영화를 누렸던 자들이 곧 원상 회복하게 되는 것을 뜻했다. 그리스에서는 정부와 레지스탕스 투사들 사이의 '휴전' 따위는 곧 잊혀졌다. 파시스트 동조자들과 왕년의 부역자들이 군대와 경찰의 모든 자리를 차지했고, 그들은 공공연한 내전이 터질 때까지 좌파를 철저하게 탄압했다. 미국제 무기가 내전에서 우익의 승리를 보장해 줬고, 승리한 우익은 부정선거 덕분에 1950년대와 1960년대 초반에 그리스를 통치했다. 그러더니 1967년에는 선거에서 중도 좌파 정치인들에게 패배할 위험을 무릅쓸 생각이 없던 파시스트 동조자들과 왕년의 부역자들이 아예 군사 쿠데타로 권력을 잡았다. 군사 정권이 1970년대 중반에 무너질 때까지, 그리스에는 정상적인 부르주아 민주주의 비슷한 것조차 존재하지 않았다.

이탈리아에서는 제대로 된 의회제가 확립됐지만, 국가 기구 구성의 실체는 이전과 아주 흡사했다. 그 점은 1970년대에 정보기관과 군부의 일파가 쿠데타의 빌미로 삼기 위한 폭탄 테러를 파시스트들과 협조해 획책한 사건에서 분명하게 드러났다.

프랑스에서는 비시 정부 시절에 보르도의 경찰 책임자로 일하면서 수천 명의 유대인을 죽음의 수용소로 보낸 혐의로 1990년대 중반에 기소된 파퐁의 재판을 통해 국가 기구의 연속성이 입증됐다. 전쟁이 끝난 뒤 파리 경찰청 총수로 승진한 그는 알제리인들의 시위를 공격하라고 지시해 1백 명 이상을 살해했다. 그러나 프랑스 국가 기구의 연속성이 낳은 진짜 비극은 프랑스 밖에서 일어났다. (독일의 패전을 기념하는) 유럽전승기념일에 알제리의 세티프에서 아랍인들이 프랑스 통치에 대한 저항의 표시로서 녹색과 흰색 깃발을 흔들며 거리로 나왔다. 프랑스 경찰이 발포했고, 이어진 전투에서 적어도 알제리인 5백 명과 프랑스 정착민 1백 명이 살해당했다.[263] 그 뒤 20년 동안, 식민지를 잃지 않으려는 프랑스 국가의 끈질긴 집착 때문에 1백만 명이 희생당했다. 베트남에서는 일본이 항복하자 공산당이 이끌던 민족주의 저항 운동 조직인 베트민이 국가를 장악했다. 마운트배튼 경이 지휘하던 영국군이 남부 도시 사이공에 상륙해 일본인 전쟁 포로들을 무장시켜 베트민을 무장 해제시키는 일에 동원했고, 이어서 사이공을 프랑스 식민 당국에 넘겼다. 베트남 공산당이 스탈린의 노선에 따라 프랑스에 협조하던 짧은 소강기를 지나 마침내 전쟁이 터졌고, 거의 30년 동안 계속된 전쟁에서 2백만 명 이상의 베트남인이 목숨을 잃었다.

소련의 세력권인 동유럽에서도 서부와 남부 유럽의 해방 운동이 맞이한 운명과 비슷한 일이 일어났다. 폴란드를 '서(西)우크라이나'로서 소련에 편입시키는 데 합의한 서방 열강들은 독일군이 바르샤바 봉기를 진압하는 것을 스탈린이 방치하는데도 뒷전으로 물러나 있었고, 나중에는 스탈린이 폴란드의 통치자로 임명한 '인민의 정부'를 인정했다. 그와 마찬가지로 그들은 스탈린이 헝가리, 루마니아, 불가리아, 체코슬로바키아, 동독도 마음대로 요리하도록 허용했다. 스탈린이 서방의 범죄를 선전한 것과 똑같이 서방 열강도 그가 동구 여러 나라에 강요한 고통을 엄청나게 선전했지만, 정작 그의 전횡을 막기 위해 한 일은 아무것도 없었다. 양측은 1989년에 소련 블록이 내부 문제로 붕괴할 때까지 전시에 맺은 협정의 골자를 준수했다.

유럽에서 두 진영 중 어느 쪽에도 편입되지 않은 중요한 나라가 하나 있었다. 그 나라는 유고슬라비아였다. 그곳에서는 티토가 이끌던 공산주의자들이 독일 점령군과 크로아티아 우스타샤 파시스트들에 모두 맞서는 다민족 저항 운동을 조직하는 데 성공했다.(티토 자신이 크로아티아계와 슬로베니아계의 혼혈이었다.) 그리고 독일 점령군과 싸우기를 거부한 세르비아의 왕정주의적 체트니크[제2차세계대전 때 결성된 게릴라 부대]와 달리, 저항 세력은 투쟁 의지가 확고했기 때문에 연합군 쪽한테서 무기도 지원받았다. 빨치산들은 나라를 장악하고 강력한 독자적 기반을 가진 정부 ─ 초기에는 소련 스탈린 정부의 복사판에 가깝긴 했지만 ─ 를 수립할 수 있었다. 유고슬라비아의 독자성은 1948년에 티토가 그 후 40년 동안 지속될 중립 노선을 표방하면서 갑자기 스탈린과 결별할 것을 선언했을 때 극명하게 드러났다.

서방 열강과 소련의 합의는 유럽에 국한된 것이 아니었다. 영국과 소련은 전쟁 기간 중에 이란을 두 개의 세력권으로 나누고서 그 뒤로 2년여 동안 동안 군대를 주둔시켰다. 1945년 여름에 미국측의 맥아더 장군이 그은 선을 따라 획정된 미·소의 한반도 분할은 좀더 영속적이었다. 양측은 한반도의 반쪽을 통치할 독재자를 각각 선정했다. 한쪽은 소규모 게릴라 조직의 지도자로서 전쟁 기간을 소련에서 보낸 김일성이었고, 다른 한쪽은 우익 민족주의자로서 미국의 의사에 충실할 것으로 기대되던 이승만이었다. 한반도 분할은 제2차세계대전 연합국들 간의 최후의 중대한 협정이었다. 그리고 그것은 그로부터 5년 만에 그들 간의 가장 큰 충돌의 원인이 됐다.

9. 냉전

'세 거두' 강대국들은 새로운 국제 조직인 국제연합(UN) 창설로 독일과 일본에 대한 승리를 자축했다. 1945년 5월에 샌프란시스코에서 열린 창립 대회에서 전쟁을 영원히 끝낼 평화와 협력의 새 질서를 전 세계인에게 약속했다. 또한 새 조직은 제2차세계대전을 막는 데 완전히 무력했던, 선배격 조직인 전쟁 전의 국제연맹과는 아주 다를 것이라고 주장했다. 그런 선언은 더 나은 세상을 이루기 위해 고통을 받고 투쟁했던 사람들에게 공감대를 불러일으켰다.

그러나 국제연맹의 '실패'는 우연이 아니었다. 그것은 태생적 결함에서 비롯한 것이었다. 국제연맹은 1918년 직후에 전쟁에서 승리한 강대국들이 세계 분할의 원칙을 규정한 베르사유 조약의 일환으로 창설됐다. 레닌은 그것을 "도둑놈들의 주방"이라고 비꼬았다. 그리고 속담에서 말하듯이, "도둑놈들은 서로 싸우기 마련이다." 제네바에 (아동기금인 유니세프나 세계보건기구 같은) '무료 식당' 별관을 두었다지만, 국제연합도 그와 다를 바가 없었다. 안전보장이사회의 네 상임이사국[264] — 영국, 미국, 프랑스, 소련 — 이 의사 결정권을 틀어쥐고서 그들끼리 전 세계의 다른 나라들을 지배하고 억압하고 착취했다.

그들은 샌프란시스코 대회가 열릴 때까지 막후에서 이미 암투를 벌이고 있었다. 처칠은 "소련이 미국과 대영제국의 뜻을 받아들이도록 강제하기 위해"[265] 패전한 독일군을 무장시켜 기습 공격을 감행한다는 "소련 제거" 계획 — 영국군 장군들조차 진지하게 받아들이지 않았을 것으로 보이는 제안 — 을 논하고 있었다. 미국은 말로만 그치지 않았다. 미국이 1945년 8월에 일본을 상대로 핵폭탄을 사용하기로 결정한 데에는 미국이 보유한 엄청난 파괴력을 스탈린에게 과시하고 싶다는 동기가 적어도 일부나마 작용했음이 분명했다.

각 강대국이 전쟁이 끝난 지금 산업을 재조직하고, 새로 손에 넣은 지역들을 관리하고, 국내의 여러 요구들을 누그러뜨리면서 각자의 지위를 다지는 동안, 긴장은 일 년 이상이나 속으로 곪아갔다. 영국의 노동당 정부는 복지 확충과 철도·광산 국유화 계획을 내세워 급진주의의 파도를 달래 보려고 애썼다. 미국에서는 1936~1937년의 파업들보다 훨씬 강력한 파업들이 일어났다. 동유럽에 파견된 소련 점령군은 소규모로 존속해오던 공산당들이 대규모의 관료 조직으로 탈바꿈하는 과정을 감독했다.

각국 지도자들에게는 통치 구조를 공고히 해 줄 보호막으로서 국제적 화합의 분위기가 필요했다. 프랑스와 이탈리아 정부, 심지어 영국 정부조차도 공산당의 파업 반대 방침의 덕을 여전히 보고 있었다. 동유럽에서는 러시아 군대에 점령당한 나라들을 전쟁 전의 우파, 중도파, 사회민주당 인사들을 포함하는 연립정부들이 경영하리라는 사실이 스탈린의 마음을 흡족하게 했다.

강대국들 간의 다툼은 1946~1947년에 공식적으로 불거졌다. 1946년 3월, 당시에 야당으로 있던 영국의 처칠이 미주리 주 풀턴 시에서 한 연설에서 "발트 해의 슈체친에서 아드리아 해의 트리에스테까지 유럽 대륙에 철의 장막이 드리워져 있다"며 포문을 열었다. 물론, 처칠은 불과 18개월 전에 모스크바에서 스탈린과 더러운 거래를 함으로써 그런 사태를 유발한 자신의 책임에 대해서는 한 마디도 하지 않았다. 또한 그로부터 이틀 뒤에는 인종 차별적인 짐크로우 법이 있던 버지니아 주에서 아무 거리낌없이 '자유'와 '민주주의'를 떠들어댔다. 1년 후에는 트루먼이 처칠의 말을 실천에 옮겼다. 그 1년 동안 1천3백 명의 EAM-ELAS 지지자들을 암살한 억압적인 그리스 정권을 지원하는 역할을 미국이 영국에게서 넘겨받은 것이다.

미국이 주도해서 유럽 경제를 부흥시킨다는 마셜플랜이 곧 뒤따랐다. 마셜플랜은 소련 점령 지역들을 포함해 유럽 모든 나라에 원조를 제공하겠다는 제안의 형식을 취하고 있었다. 그러나 계획 입안자인 경제학자 로스토—그는 훗날 미국의 베트남전쟁 수행에서 핵심 임무를 맡게 된다—는 마셜플랜이 "스탈린이 아직 장악하지 못한 지역을 강화"[266]하기 위한 '공세'의 일환이라고 실토했다. 마셜플랜 발표 후 몇 주 만에 프랑스와 이탈리아에서는 우파와 중도파 정당들이 공산당원들을 정부에서 쫓아냈다.[267] 토레즈와 톨리아티가 3년 동안 (정권의 위기가 터져 나오던 때에 중요한 의미가 있었던 파리의 르노 공장 파업까지 포함해) 파업을 무산시키느라 애써준 데 대한 보답이란 그런 것이었다. 1948년 봄, 미국은 이탈리아 공산당과 사회당의 연합 공천 후보자들이 총선거에서 승리하는 것을 막기 위한 자금을 이탈리아에 쏟아 부었고, 그들이 승리할 경우에 대비해 왕년의 파시스트들을 끌어 모아 무장 지하 조직인 글라디오(Gladio, 훗날 나토의 비호 아래로 들어간다)를 건설했다.

스탈린 역시 소련이 점령하고 있는 동유럽에서 잠재적 불만 세력을 탄압하기 위해 비슷한 수단들을 동원했다. 소련군은 자신들이 임명한 자들로 하여금 현지 경찰과 비밀경찰을 확실히 장악하게 했다. 러시아의 지시에 맞선 저항을 분쇄하기 위해 일련의 조치들이 취해졌다. 첫째로, 공산당원이 아닌 장관들이 공직에서 쫓겨났다. 사회민주주의 정당들이 당원들의 의향과 무관하게 공산당에 강제로 통합됐다. 스탈린에게서 독립하려는 여지가 조금이라도 보이는 공산당 지도자들이 재판을 받았고 감옥에 갇히고, 종종 처형까지 당했다. 불가리아의 코스토프, 헝가리의 라이크, 체코슬로바키아의 슬란스키가 모두 처형당했다. 폴란드의 고무우카와 헝가리의 카다르는 감옥에 갇히는 데 그쳤다. 스탈린은 친서방 시장자본주의 지지자들을 제거하는 데에만 열을 올린 것이 아니었다. 그는 독립적인 공산당이 이끄는 정권이 출현할까 봐 노심초사했다. 1948년에 티토의 유고슬라비아와 결별한 뒤로는 특히 그랬다. 티토처럼 '제국주의의 첩자'요 '파시스트'라는 죄명을 뒤집어쓴 동유럽 공산당 지도자들이 줄줄이 여론 조작용 재판의 제물이 됐다.

1948년 여름에는 곧이어 '냉전'으로 알려지게 될 시대를 가장 극적으로 보여 주는 사건이 일어났다. 독일은 네 개의 점령 지구로 나뉘어 있었고 수도 베를린도 마찬가지였다. 그러던 중에 미국과 영국, 프랑스는 세 나라 점령 지구를 통합하고 새로운 통화를 도입함으로써 소련 점령 지구를 사실상 고립시켰다. 소련은 이에 반발해 소련의 점령 지구 한복판에 고립돼 있던 서베를린으로 도로와 철도를 통해 물자가 이송되는 것을 봉쇄했다. 미국과 영국은 대규모 공수작전으로 생필품을 공급하는 데 성공했고, 서베를린 공수는 영국과 미국의 '자유 수호' 선전 캠페인의 일부가 됐다.

그런 캠페인은 공산당원과 좌파 활동가들을 탄압할 명분을 서방 세계에 제공했다. 미국에서는 태프트-하틀리법에 따라 노동조합에서 공산주의자 간부들을 제거하라는 압력이 들어왔다. '충성서약'에 서명하기를 거부한 공무원들(교사와 대학 강사를 포함하는)은 해고당했다. '공산주의자'라는 혐의를 받는 주변 사람들을 고발하기를 거부한 영화감독과 작가들은 조 매카시 상원의원이 주도한 반미활동조사위원회 때문에 할리우드에서 활동을 못하게 됐다. 작가 대쉴 해밋은 공산주의자라는 혐의로 투옥된 많은 사람들 가운데 한 사람이었다. 찰리 채플린은 입국을 금지당했고, 폴 로브슨은 출국 금지를 당했다. 이런 광기는 로젠버그 부부가 소련에 핵무기 관련 비밀을 넘겨줬다는 혐의로 전기의자로 보내졌을 때, 그 참혹한 절정에 도달했다. 프랑스와 이탈리아에서는 반공주의가 야기한 분열 때문에 노동조합 운동이 사분오열됐다. 영국에서는 몇몇 주요 노동조합이 공산당원이 간부직을 맡는 것을 금지했다.

그런 일이 서방에서 벌어지던 동안에, 동유럽에서는 메마르기 짝이 없는 스탈린주의 이데올로기가 강요됐고 이것에 이의를 제기하는 사람들은 예외 없이 감옥이나 노동 수용소로 가게 됐다.

두 블록은 곧 경쟁 관계에 있는 군사 동맹들인 나토와 바르샤바조약기구를 결성했고 경제 교류를 대폭 줄였다. 미국은 광범한 '전략 품목들'의 동방 블록 수출을 금지했고, 소련은 자기 블록 안에서 "정치, 경제, 이념 활동을 블록 전체의 요구에 유보 없이 종속시킬 것"[268]을 강조했다.

양측의 군비 지출은 평시로서는 유례없이 늘어나 미국에서는 국내 생산량의 20퍼센트에 이르렀고, 그보다 규모가 작은 소련 경제에서는 그 비율이 40퍼센트까지 치솟았다. 소련은 미국과 겨룰 요량으로 비밀도시를 세워 핵폭탄을 개발했고, 미국은 그보다 1백 배나 파괴력이 큰 수소폭탄을 개발하는 한편 핵무기를 탑재한 폭격기 편대를 항시 하늘에 띄워놓았다. 두 초강대국이 세계를 몇 번이나 완전히 파괴할 정도의 무기들을 보유하기까지는 시간이 그리 오래 걸리지 않았다. 그런데도 두 나라 장군들은 그런 무기들의 사용을 전제로 하는 전쟁 게임을 즐겼다.

'철의 장막' 양쪽에서 획일적인 이념이 강요되는 와중에, 무려 한 세대의 사람들이 '폭탄'의 그늘 아래서 성장했다. 그런 추악한 상황에 이의를 제기하는 사람은 어느 진영에서든 다른 쪽 지지자 — 심지어는 '첩자' — 라는 낙인이 찍히기 십상이었다. 체제 비판 세력이 그런 편 가르기를 받아들이는 일은 너무 자주 있었다. 서방과 제3세계의 사회주의자들 중에서 많은 사람들이 소련의 통치자들이 자기네 편이라는 그릇된 믿음을 가졌다. 그런 반면에, 동방 블록 안의 반대파는 '자유'와 '민주주의' 옹호자를 자임하는 서방 지도자들을 신뢰했다. 그런 바보짓에 끝까지 반대할 만한 사람은 1950년대 초만 해도 극소수에 불과했다.

냉전이 전 세계적으로 열전(熱戰)화한 적은 없었다. 만일 그랬다면, 우리 중에 지금 살아 있는 사람은 얼마 없을 것이다. 그러나 한국에서는 냉전이 열전으로 발전했다. 1945년에 분할선의 이북과 이남에서 수립된 서로 경쟁하는 두 독재자는 국토 통일로 정통성을 획득하고 싶어했고, 그리하여

1949년 봄부터 양쪽의 충돌이 끊이지 않았다. 북의 독재자 김일성은 남쪽 경쟁자 이승만이 기회를 잡기 전에 행동에 나서기로 결정했다. 스탈린의 작전 개시 승인을 받은 직후인 1950년 6월에 공격을 시작한 김일성은 남한 정부가 이내 붕괴할 것으로 기대했다. 그도 스탈린도 미국이 개입하리라고는 생각하지 않았다. 그러나 남한 군대는 비록 국토의 남쪽 끄트머리까지 퇴각했을지언정 붕괴하지 않았고, 미국이 서둘러 개입했다. 미국은 한반도에서 동방 블록이 승리할 경우에, 혁명을 거론하는 강력한 공산당이 존재하고 여전히 황폐하고 궁핍했던 일본까지 그 영향이 파급될까 봐 우려했다. 미국의 트루먼 대통령도 한국전쟁이 그때까지 대규모 군비 증액안의 승인을 꺼리던 의회를 설득할 명분이 될 수 있다고 생각했다.

전쟁은 3년 동안 계속됐다. 인명 피해가 막심했다. 서방측 사상자가 50만 명이었고, 반대편의 사상자 수는 그 3배에 이르렀다. 2백만 명의 한국 민간인이 죽었고, 남한 주민의 절반이 집을 잃고 피난민이 됐다. 한국의 인민 대중은 얻은 것이 없었다. 최종 분단선은 전쟁이 시작될 당시와 같았고, 수백만 명이 다른 쪽의 친구들과 친척들을 평생 만날 수 없게 됐다. 전쟁이 시작됐을 당시에 남한에는 김일성 지지자들이 상당히 많았고, 북한군을 지원하기 위한 게릴라 활동도 일부 지역에서 벌어졌다. 남한에 잔류한 남한 좌파들은 몇십 년 동안 감옥살이를 했다. 김일성의 군대를 따라 북으로 퇴각한 사람들은 '신뢰할 수 없는 분자'로 낙인찍혀 감옥에 갇히거나 처형당했다. 그동안에 독재자들이 잇따라 남한을 통치했고, 전쟁의 명분이었던 '민주주의'를 남한 주민이 매우 제한된 형태로나마 누릴 수 있게 된 것은 종전 후 거의 40년이 지난 뒤였다.

무익하고 야만적인 한국전쟁은 냉전의 집약판이었다. 서로 경쟁하는 지배 계급들은 이전의 두 세기 동안에 크게 발달한 기술을 파괴의 도구로 변질시켜 인류를 위협했다. 양쪽 모두 계몽의 언어를 앞세워 가능한 한 더 많은 지역을 차지하려 했고, 양쪽 모두 그런 행위의 정당성을 수많은 사람들에게 납득시키는 데 성공했다.

가장 짧았던 황금 시대

가난과 불안이 사라지고 있다. 생활수준이 빠르게 향상되고, 실업의 공포가 계속 줄어들고, 평범한 젊은 노동자는 그의 아버지가 꿈도 꾸지 못한 희망을 안고 산다.[269]

영국의 우파 사회민주주의자 앤서니 크로스랜드가 1956년에 한 말이다. 그보다 60년 앞서 베른슈타인이 내린 결론과 마찬가지로, 그의 결론은 자본주의가 위기들을 극복해 "크나큰 풍요의 문턱에 …… 우리는 서 있다"는 것이었다.[270]

그 뒤에 벌어진 일들은 그가 틀렸음을 입증했다. 그러나 통계상으로는 그의 주장을 반박할 만한 근거가 없었다. 세계 자본주의는 자본주의 역사에서 유례없는 최장기 호황을 누렸다. 1970년에 미국 경제의 생산량은 1940년의 세 배에 달했고, 독일의 산업 생산량은 1949년의 다섯 배, 프랑스의 생산량은 네 배로 늘어났다. 이탈리아는 농업국에서 주요 산업대국으로 변모했고, 일본은 미국 바로 뒤인 2위 자리로 대약진을 했다. 오늘날 많은 경제사가들이 이 시절을 '황금 시대'라고 부르는 것은 당연하다.

엄청나게 많은 사람들의 생활이 바뀌었다. 이전에는 짧은 호황기에나 가능했던 수준으로 실업률이 떨어졌다. 1950년대 초에 미국의 실업률은 3퍼센트, 영국은 1.5퍼센트였고, 1960년에 독일의 실업률은 1퍼센트였다. 1950년대에 미국과 영국, 스칸디나비아에서는 실질 임금이 점차, 그리고 거의 꾸준히 증가했다. 프랑스와 이탈리아에서는 1960년대에 그런 모습이 나타났다. 노동자들은 부모 세대보다 잘 살았고, 자식 세대는 형편이 더 나아질 것이라고 기대하고 있었다.

단지 수입만 더 늘어난 것이 아니었다. 진공청소기, 세탁기, 냉장고, 온수기 등 임금으로 살 수 있는 소비재의 범주도 확대됐다. 노동 계급의 생활수준은 질적으로 비약했다. 가사 노동은 여전히 여성들의 고역이었지만, 이전처럼 어떤 것을 끓이거나 바닥에 엎드려 박박 문지르느라 하루를 다

보낼 필요는 없었다. 날마다 보던 장은 1주일에 한 번만 봐도 되게 됐다. (그에 따라 슈퍼마켓이 소규모 개인 상점들과 벌인 경쟁에서 승리할 기회를 잡았다.) 그리고 영화나 연극, 춤을 즐길 형편이 안 되는 사람들도 집에서 언제든지 다양한 연예 프로그램을 즐길 수 있게 됐다.

그 밖의 다른 변화들도 있었다. 고용주들은 1주일에 5.5일 근무를 5일 근무제로 돌리고 1주일 이상의 연차 휴가를 준다는 양보 조치를 취했다. 1936년에 프랑스 노동자들이 대단한 성과로 여겼던 양보 조치들이 서유럽과 북아메리카에서는 상식으로 통하게 됐다. 노동자 대중에게 휴가란 시골에서 며칠을 보내거나 해변에서 1주일을 보내는 것 이상을 의미하게 됐다. 이전 같았으면 자전거를 사는 데나 만족했을 노동자들이 이제 중고차를 사기 위해 저축을 했다. 사상 처음으로 젊은 노동자들이 독자적으로 시장을 형성할 만한 수입을 올리게 됐다. 십대의 꿈과 청소년기의 불안정성이 불을 지핀, 팝송과 패션에 대한 결코 채워지지 않을 듯한 욕망에서 1950년대 중반에 '청년 문화'가 탄생했다.

소비와 생활양식의 변화는 생산의 변화와 짝을 이루고 있었다. 양차 세계대전 사이의 평화기에 개발된 신기술들이 진가를 발휘했다. 새로워지고 커진 공장들에서는 세탁기, 냉장고, 진공청소기, 텔레비전을, 그리고 무엇보다 자동차를 만들어냈다. 각각 7천만 명과 8백만 명이 넘던 미국과 영국의 제조업 노동자들은 수백 명, 수천 명을 종업원으로 거느린 공장들에 모여 있었다. 몇몇 자동차공장과 항공기공장에서는 수만 명의 노동자를 고용하기도 했다. 시간이 흐르자 대량 생산 공장이 다른 여러 부문의 고용에서 모델이 됐다. 공장의 조직 방식은 빠르게 성장하던 슈퍼마켓 체인점으로, 시간과 동작 연구는 타자수 인력 회사와 정보처리 센터로, 급여 체계는 탄광업으로, 경영 기법들은 부두하역업과 건설업으로 확산됐다. 공장형 모델이 워낙 널리 퍼지다 보니, 그 시기의 성격을 규정하기 위해 '포드주의'라는 용어를 사용하는 산업사회학자들도 생겨났다. 그러나 산업혁명기의 공장이 그랬던 것처럼 장기 호황기의 공장형 고용의 확산 역시, 그때보다 훨썬 대규모로, 노동자들에게 그들의 생활 조건을 개선할 잠재력을 제공했다. 디트로이트와 토리노, 코번트리, 대겐험, 쾰른, 비앙쿠르의 자동차공장들과 시애틀의 항공기공장들, 그리고 캘리포니아의 군수품공장들이 거대한 제철소·탄광·조선소와 함께 자본가들에 맞설 저항의 잠재적 중심지를 이루었다. 완전고용 상황에서는 특히 자본가들이 이 문제에 신경을 써야 했다. 그래서 북아메리카와 대부분의 서유럽 지역에서 자본가들은 '합의'를 설파하던 정치인들에 의존해 사회를 안정시키려 했다.

장기 호황기는 이전의 구빈법들이 마침내 '복지국가'로 환골탈태한 시기였다. 자본이 보기에 복지국가란 한편으로는 노동조합이나 정치적 거간꾼들(유럽에서는 사회민주주의 정치인들, 미국에서는 '자유주의' 민주당원들)을 이용해 전쟁 전보다 훨씬 강력한 잠재력을 지니게 된 노동 계급을 매수하는 것을 뜻했다. 또 다른 한편으로 그것은 아동의 건강 상태와 교육을 개선함으로써 값비싼 노동력이 효율적으로 재생산되도록 하는 확실한 방법이기도 했다. 어느 경우든, 19세기나 요즈음과 달리 당시의 복지 '개혁'은 개선을 뜻했지, 복지를 삭감해 사람들이 더 싼 값에 노동력을 팔게끔 강요하는 수단을 뜻하지는 않았다.

선진국에서 장기 호황은 대단히 중요한 그 밖의 변화들도 가져왔다. 노동시간 단축에 직면한 자본은 전 세계로 새로운 노동력 공급원을 찾아 나섰다. 이탈리아의 농촌에서 이주한 노동자들은 밀라노와 토리노의 인구 증가에 한몫하는 데 그치지 않고 곧 벨기에의 광산들과 스위스의 공장들에서 일하게 됐다. 소작인 출신 흑인들의 로스앤젤레스·디트로이트·시카고 이주가 급류를 탔다. 독일 기업들은 동방에서 온 난민들을 반겼고, 수백만 명의 터키와 유고슬라비아 노동자들을 '손님 노동자'로서 모셔왔다. 프랑스 기업들은 북아프리카 출신 노동자들을 모집했다. 영국 보건 당국은 카리브 해 지역에서, 또 펀자브 지방의 영국 직물공장 노동자들 중에서 일할 사람들을 물색했다. 자본주의가 세계 시장을 통해 모든 대륙 사람들의 노동을 한데 모은 지는 오래됐다. 이제 자본주의는 그 사람들 대다수를 대도시로 불러 모으고 있었다. 그 결과, 사람들의 출신지별로 특색 있는 문화들이 거의 자연스럽게 어우러지는가 하면, 다른 한편으로는 인종 집단들 사이의 반목을 야기하는 인종 차별의 움직임도 생겨났다.

마지막으로, 장기 호황은 남성과 여성의 관계에도 역사적 변화를 가져왔다. 새로운 노동력 공급원을 애타게 찾던 자본은 산업혁명 초기에 그랬듯이 여성으로 눈길을 돌렸다. 특히 섬유 공업처럼 여성 노동력에 주로 의존하던 산업들은 늘 있어왔고, 적어도 제1차세계대전 이후로는 공업 부문에서 여성 노동자의 비중이 꾸준히 늘어나고 있었다. 그러나 기혼 여성 대다수(영국에서는 1950년에 80퍼센트)는 유급 노동에 종사하지 않았다. 노동력의 안정적 재생산에 관심을 기울이던 국가는 기혼 여성에게 집에 남아서 아이들을 돌보고 남편 시중을 들도록 권장했다. 기혼 여성들도 대체로 여성의 저임금이 유급 노동과 가사 노동의 이중 부담을 무릅써야 할 충분한 동기가 된다고 생각하지 않았다. 장기 호황으로 큰 변화가 일어났다. 새로운 가전제품들이 가사 부담을 줄여 줘서 유급 노동을 더 쉽게 겸할 수 있게 해 줬다. 고용주들은 필요하다면 자녀 양육과 병행할 수 있도록 시간제로라도 여성들을 고용하고 싶어 안달이었고, 가사 용품들을 장만하기 위해 가욋돈이 필요했던 상황도 여성들에게 취직할 동기를 부여했다.

새로운 해결책은 경제적 압력의 산물이었다. 그러나 그런 변화는 훨씬 더 많은 의미를 함축하고 있었다. 새로 고용된 여성들은 임금을 받음으로써 누리게 된 독립적 지위를 반겼다. 그들은 이제 자신의 목소리를 내기가 더 유리해졌다. 여성의 공적 역할은 5천 년 전에 계급 사회가 출현한 이후로 크게 축소돼왔다. 그런데 이제 대다수 여성이 가정이라는 사적 영역에서 벗어나 산업계라는 공적 영역으로 편입된 것이다.

이중의 부담은 계속됐다. 많은 고용주들이 여성 노동자들을 환영한 데에는 임금을 적게 줘도 된다는 점이 한 요인으로 작용했다. 노동 시장은 여전히 남성의 수입이 여성의 수입보다 중요하다는 관념을 중심으로 구조화돼 있었다. 이를 뒷받침한 수많은 이데올로기의 전형들 때문에 종종 여성들은 아이를 떠맡는 처지로 내몰릴 수밖에 없었다. 그러나 이윤과 축적을 추구하던 자본은 여성들에게 그런 허구에 도전할 만한 자신감을 제공하는 환경을 만들어주고 있었다. 체제는 여성의 요구를 결코 만족시키지 못할지라도, 여성 해방에 대한 요구가 유례없이 증폭될 토대를 조성하고 있었던 것이다.

식민지 해방

1947년 8월 15일, 자와할랄 네루가 델리의 붉은 요새에 인도 국기를 게양했다. 영국이 대영제국의 "보물 중의 보물"을 떠나고 있었다. 아프리카를 둘러싼 격투로 시작한 제국의 시대가 그로부터 불과 60년 만에 임종의 순간을 맞이하고 있었다. 그 단말마는 1990년대에 남아프리카공화국에서 백인 소수파의 통치가 마침내 막을 내릴 때까지 계속되지만 말이다.

영국 통치자들이 인도에 대한 지배권을 기꺼이 내놓은 것은 아니었다. 그들이 통치권을 고수하려고 안간힘을 쓴 탓에, 분열된 아대륙에 종단 분쟁으로 인한 피가 넘쳐흐르게 됐다.

인도의 민족 운동은 1930년대에 새로운 동력을 얻었다. 세계 공황으로 농촌이 궁핍해졌다. "북쪽 맨 끝의 제후국 카슈미르에서 남쪽의 안드라와 트라방코르까지, 모든 곳에서 농촌의 급진화를 볼 수 있었다."[271]

파업 참가 노동자의 수는 1932년의 12만 8천 명에서 1934년에 22만 명으로 늘어났다.[272] 네루와 수바스 찬드라 보세 같은 지도자들이 이끌던 국민회의 좌파의 영향력이 커지면서 국민회의의 영향력도 덩달아 커졌다. 1937년의 지방의회 선거에서는 지대와 세금 인하를 포함하는 프로그램을 앞세워 선거 운동을 벌인 후보자들이 압승을 거뒀다. 무슬림들 몫으로 배정된 의석 중에서 무슬림연맹은 겨우 4분의 1을 차지하는 데 그쳤다.

그러나 국민회의 안에서 실권은 여전히 간디와 가깝던 인도 자본가 무리와 우파가 쥐고 있었다. 국민회의가 지배하던 지방 정부들은 서둘러 파업 금지 법안들을 통과시키고 계급적 선동을 금지했다. 무슬림들이 힌두교 지주들의 행태를 빌미로 힌두교도들을 싸잡아 비난하고 힌두 국수주의자들이 이슬람교 지주들의 잘못을 문제 삼아 모든 무슬림을 비난하자 종단 갈등이 재연되기 시작했다.

영국이 인도인과는 한 마디 상의도 없이 인도가 독일과 전쟁에 돌입한다고 일방적으로 선언했을 때, 그러고는 '자유'를 위해 투쟁하라고 요구하면서도 인도에 독자 정부를 구성할 수 있는 권한을 부여하는 것을 일고의 가치도 없다는 식으로 거부했을 때 영국에 대한 적대감은 커졌다. 간디조차도 1942년에 '인도를 떠나라'라는 대중 운동을 벌이는 데 동의했다. 학생들과 노동자들이 파업과 대규모 시위를 벌이며 경찰과 잇따라 충돌했고, 그때마다 경찰은 사람들을 거리에서 몰아냈다. 경찰이 비무장 시위대에 발포한 사례가 수백 건이나 됐다. 영국 군사 시설에 대해 게릴라 공격이 감행되고, 경찰서가 불타고, 전신선이 끊기고, 철로가 봉쇄됐다. 탄압에 못 이겨 운동은 결국 분쇄됐다. 봄베이에서만 2천 명이 죽거나 다치고 2천5백 명이 태형(笞刑) 선고를 받았다. 마을들이 불타고 공중에서 기총소사 세례를 받기까지 했다. 그런데도 영국인 총독 아치볼드 웨이벌 장군은 1943년 말에 처칠에게 "전쟁이 끝난 후에 인도를 보유하는 데 필요한 진압 병력은 영국의 지출 능력을 초과할 것입니다"라고 보고하지 않을 수 없었다.[273]

제국 관료들에게는 최후의 카드가 하나 있었다. 그들은 무슬림연맹이 국민회의를 견제해 주기를 바랐다. 그들은 연맹이 모든 무슬림을 대표한다고 주장했고, 1937년 선거에서 참패했는데도 연맹에 몇몇 지방을 통치할 권한을 줬다. 연맹의 가장 유명한 지도자 무함마드 알리 진나는 이전에 그가 반대했던 이슬람 독립국가 요구를 수용했다. 국경선을 어떻게 긋든 그 안에 수많은 힌두교도와 시크교도들이 포함될 수밖에 없고, 힌두교도가 주민의 대다수를 차지하는 지역들에 사는 엄청나게 많은 무슬림들은 배제될 수밖에 없는데도 그랬다. 전에는 분열에 반대했던 공산당도 영국의 전쟁 수행 노력에 대한 지원의 일환으로서, 무슬림과 힌두교도들은 별개의 '민족들'이라고 주장하면서 그런 요구에 따르게 됐다.

그래도 민족 운동이 분열을 극복할 잠재력은 무척 컸다. 1946년 2월, 봄베이 주둔 영국 해군 소속 인도인 수병들이 인종 차별적 모욕과 임금 차별에 항의하는 시위를 시작했다. 분위기가 고조돼 78척의 선박과 20곳의 해안 기지에서 수병 반란이 일어났고, 학생들과 노동자들이 시위와 파업으로 연대했다.[274] 봉기한 병사들은 힌두 깃발, 이슬람 깃발과 적기(赤旗)를 들고 있었다. 제국 수호의 임무를 띠고 창설된 군대가 제국에 대거 등을 돌린 것은 1857년 이후로 처음 있는 일이었다. 더욱이, 병사들은 이슬람-힌두-시크가 아래로부터 단결하고 배타적 종단주의를 약화시킬 가능성을 보여주는 식으로 봉기를 수행하고 있었다. 그러나 국민회의 지도자들은 봉기를 지원할 준비가 돼 있지 않았다. 간디는 봉기에 반대했고, 네루는 그것을 진정시키려고 애썼다. 인도를 계속 지배하려는 영국의 희망은 사병들의 봉기로 물거품이 됐지만, 배타적 종단주의는 회생의 기회를 잡을 수 있었다.

진나가 이끌던 무슬림연맹이 선거 역사상 유일하게 무슬림 몫 의석의 대부분을 차지했다. 연맹에서는 그 의미를 종단주의적 선동을 통해 독립국가 창설을 밀어붙이라는 유권자들의 명령으로 해석했다. 벵골에서는 지방정부 수반인 무슬림연맹의 수라와르디―1942~1943년의 대기근 동안 곡물 암거래로 막대한 부를 쌓은 인물―가 힌두교도들에 대한 군중의 폭력을 방치했다.[275] 그러자 힌두 국수주의자들이 무슬림들을 보복 학살해 5천 명이 숨졌다. 그 뒤 며칠 동안 곳곳의 도시들에서 종단 분쟁으로 폭동이 잇따라 일어나 1년 후에 벌어질 최후 참극의 기초를 놓았다.

국민회의 지도자들과 그들을 후원하던 기업가들은 설령 영토가 좀 줄더라도 독립국가를 수립하고 싶어 안달했고, 아대륙 인도를 진나와 분할하는 데 동의했다. 인도에 대해 아는 바가 전혀 없던 영국인 공무원 래드클리프가 벵골과 펀자브를 반으로 가르는 분할선을 그었다. 라호르, 암리차르 같은 국경에 인접한 도시들을 비롯해 펀자브 국경선의 양쪽 주민들 사이에는 힌두교도, 무슬림, 시크교도가 완전히 뒤섞여 있었다. 한쪽에서는 우익 무슬림 불한당들이, 다른 한쪽에서는 우익 힌두·시크교도 불한당들이 그들 몫으로 주어진 영토를 지키겠다면서 '그릇된' 종교를 믿는 사람들을 학살하고 테러하고 축출하기 시작했다. 그 과정에서 25~100만 명의 사람이 죽었다. 델리와 러크나우 같은 도시들에서는 폭도들이 소수 집단인 이슬람 근본주의자들을 공격해 파키스탄 이주를 '설득하는' 일도 벌어졌다.

분할의 비극은 최후의 재앙으로 이어졌다. 새로 탄생한 두 나라 사이에 전쟁이 터진 것이다. 인도와 파키스탄이 모두 카슈미르 — 주민의 대다수는 무슬림이고 통치자는 힌두교도이고 감옥에 갇힌 야당 지도자는 무슬림이면서 국민회의 지지자인 곳 — 가 자기 나라 영토로 편입돼야 한다고 주장했다. 두 나라가 다 무력으로 카슈미르를 강탈하려 들었다. 수도 스리나가르에 먼저 도착한 쪽은 인도군이었다. 그로부터 1년 동안 드문드문 전투가 계속된 후에야 휴전이 이루어졌고, 서로 으르렁대던 두 나라 군대는 수백 마일이나 되는 경계선을 사이에 두고 대치하게 됐다.

이런 분할로 두 나라 다 만신창이가 됐다. 인도에서는 힌두 국수주의자들이 입지를 굳힘에 따라 다양한 지방 카스트·언어·종교 집단들과, 끊임없이 이합집산하는 인도 정당 정치의 특색이 강화됐다. 또한 국민의 생활을 개선하는 데 꼭 필요한 자원들이 파키스탄과 군사 대결을 하는 데 허비됐다.

분할의 악영향은 파키스탄 쪽이 더했다. 그곳 국민들이 공유하는 것이라고는 이슬람교뿐이었는데, 그 안에서도 수니파와 시아파가 반목했다. 국토는 수백 마일에 걸친 인도 영토를 사이에 두고 둘로 갈라져 있었다. 동부 쪽 사람들은 주로 벵골어를 썼고, 서부 쪽에서는 펀자브어를 주로 썼다. 그런데 국어는 인도 중북부에서 이주한 소수 주민들만이 쓰던 우르두어였다. 더욱이, 서부의 방대한 지역은 거의 봉건적 권력을 행사하던 지주들이 지배하고 있었다. 그 결과 정치 불안정이 계속됐고, 군사 독재가 잇따랐으며, 1971년에는 민중 봉기의 유혈 진압에 이어 동파키스탄이 분리해 방글라데시로 독립했고, 그것이 서파키스탄에서 군사 쿠데타를 촉발해 전임 총리가 처형당하는가 하면 1990년대에는 주요 산업 도시인 카라치에서 거의 내전에 가까운 상황이 벌어졌다.

그러나 그런 재앙에도 불구하고 영국의 철수는 다른 곳들에 엄청난 영향을 끼쳤다. 제국주의자들이 퇴각하고 있었고, 어느 식민지에나 거기에서 교훈을 얻을 준비가 돼 있는 사람들이 있었다.

중화인민공화국

영국이 인도를 떠난 지 불과 2년 뒤인 1949년 여름에 마오쩌둥, 주더(朱德), 류사오치(劉少奇) 같은 고참 공산당원들이 이끄는 인민해방군이 베이징을 점령했다. 해방군이 남진해 큰 섬인 타이완과 영국의 도시 식민지 홍콩을 제외한 중국 전역을 통합하면서, 한 세기 동안이나 중국이 감내해야 했던 각종 조계(租界) 할양과 외국 함대의 시대는 종말을 고했다.

마오쩌둥의 군대는 공산당원들과 1920년대 말에 장제스가 저지른 대학살을 모면한 국민당 군대 출신의 반대파 병사들이 모여 남쪽의 광시 성(廣西省) 변경 지역에 근거지를 마련함으로써 출범했다. 그들은 그 지역 농민들을 병사로 충원해, 중국 역사에서 주기적으로 등장했던 농민 반란군과 흡사했을 법한 군대를 조직했다. 장제스 군대가 압박해오자, 그들은 중국 남부와 서부를 구불구불 돌아 북서쪽의 외딴 지역인 옌안(延安)까지 1만 1천2백 킬로미터에 이르는 '대장정'에 나섰다. 장정을 시작한 10만 명 가운데 목적지에 도착한 사람은 10분의 1이 채 안 됐다. 그러나 특히 일본이 1937년에 중국을 공격한 후에, 살아남은 인민해방군 병사들은 새로운 지지 기반을 마련할 수 있었다.

장제스의 군대는 일본군에 밀려 내륙 깊숙이 쫓겨 들어간 처지라 공산당 군대와 싸울 형편이 전혀 못 됐다. 그로서는 일본과 싸우는 동안에는, 서로 겨루던 중국인 군대들이 상대방의 존재를 용인해야 한다는 데 동의할 수밖에 없었다. 어차피 그의 군대는 누구와도 싸울 능력이 없어 보였다. 그의 장군들 중에는 오로지 병사들과 농민들을 희생시켜 부자가 될 욕심으로 움직이는 자가 태반이었다. 반면, 인민해방군은 꾸준히 힘을 키워갔다. 일본과 싸움으로써 교육받은 중간 계급의 존경을 받았고, 소작료 인하 정책으로 농민들의 지지를 얻었으며, 기업 활동을 위한 안정된 기반을 제공함으로써 몇몇 중국 기업가의 후원을 어느 정도 얻기까지 했다.

1945년에 일본이 패망하자 장제스는 군대의 규모를 이전보다 훨씬 키웠고 미국한테 막대한 원조금도 받았다.(그리고 지원 규모는 그보다 작았지만 소련한테도 원조를 받았다. 그 당시에는 스탈린이 공산당들에게 지원을 전혀 하지 않았기 때문이었다.) 그러나 마오쩌둥의 군대는 사기가 더 높았고 규율이 더 잘 잡혀 있었다. 둘 사이에 내전이 벌어지자 장제스 군대는 지휘관들을 비롯해 부대 전체가 인민해방군 쪽으로 돌아서는 일이 속출하면서 붕괴하기 시작했다. 1949년 말에 장제스는 본토에서 타이완으로 도망쳤다. 그 뒤로 지금까지 국민당이 그곳을 지배하고 있다.

마오쩌둥의 승리는 미국에게 엄청난 충격을 줬다. 미국은 중국을 자기 나라의 비공식 제국의 일부로 여겨 장제스의 장군들 주머니에 지원금을 쏟아 부어왔다. 마오쩌둥은 공산주의자이고 스탈린도 공산주의자이다, 고로 국제 공산주의의 음모 때문에 중국에서 낭패를 봤다고 미국은 생각했다. 그러나 그것은 스탈린이 장제스를 지원하고 마오쩌둥에게는 권력을 잡지 말라고 권고한 사실을 무시한 추론이었다. 마오쩌둥이 승리하고 나서 불과 몇 달 뒤에 터진 한국전쟁에서 미군은 북한 전역을 휩쓸며 곧장 중국 국경까지 진격했는데, 이는 사실상 중국이 북한 편에서 전쟁에 참가하도록 떠밀었고 마오쩌둥을 스탈린의 품에 안기게 만드는 효과를 낳았다.(비록 두 사람의 동맹은 겨우 10여년 남짓 지속됐을 뿐이지만 말이다.) 그리고 미국은 베트남에서 프랑스 식민주의를 지원하는 일을 '공산주의'에 맞서 '자유 세계'를 수호하는 미국의 역할의 일부라고 생각했고, 원조금과 무기를 제공함으로써 프랑스가 1954년까지 전투를 계속할 수 있도록 도왔다.

전 세계 좌파 중에도 미국과 비슷한 추론을 한 사람들이 많았지만 그에 대한 해석은 정반대였다. 그들은 중국과 소련이 연합해 '평화와 사회주의' 블록을 이룬다고 생각했다. 더욱이, 그 중에는 농촌 게릴라전을 통해 정권을 잡기가 얼마나 쉬운지를 중국의 예가 보여 준다고 주장하는 이들까지 있었다. 그들은 1930년대 후반과 1940년대 전반에 중국이 처했던 특수한 상황들—방대한 국토, 일본군의 침공, 장제스 군대의 극심한 타락—을 무시했다. 또 마오쩌둥이 사병 모집을 농민들에 의존했지만 그의 '해방지구'에서 간부와 행정 기구는 도시에서 온 교육받은 중간 계급 출신 급진주의자들로 채워졌다는 사실도 간과했다.

제국의 마지막 저항

영국이 인도에서 철수하고 곧이어 마오쩌둥이 중국에서 승리하자 전 세계 식민지들에서는 제국주의에 승리할 수 있다는 자신감이 한층 고조됐다. 이미 프랑스령 알제리는 봉기로 소란했고, 베트남에서는 독립 정부를 세우려는 움직임이 있었다. 네덜란드 식민지였던 동인도제도에서는 제2차 세계대전 전부터 민족주의 운동이 성장하기 시작했다. 전쟁 중의 일제 점령기에 운동 지도자들은 점령군에 적당히 협력하면서 지지 기반을 확대했고, 일본군이 철수하자 새로운 국가 인도네시아의 정부 수립을 선포했다. 그들은 식민주의를 재차 강요하려던 네덜란드의 시도에 맞서 싸웠고, 수카르노 대통령을 앞세워 1949년에 독립을 쟁취했다. 말라야에서는 영국의 지원을 받아 일본군과 싸웠던 항전의 주력군인 공산당이 이번에는 영국에게서 자유를 쟁취하려는 전쟁을 준비하고 있었다. 아프리카와 서인도제도의 여러 나라에서 온 크와메 은크루마, 조모 케냐타, 에릭 윌리엄스 같은 유학생들은 1930년대에 런던에서 만나 서로 사귀었고 각자의 고국으로 돌아가서는 독립을 위한 선전 활동을 벌였다. 아랍권의 수도들인 다마스쿠스, 바그다드와 카이로에서는 중간 계급 출신의 새로운 청년 세대가 종종 정규군의 장교단에 전략적으로 자리 잡고서, 진정한 독립을 성취하고 대서양부터 페르시아 만까지 통일된 '아랍 국가'를 세울 꿈을 꾸기 시작했다.

이런 해방 운동들에 대해 식민 강국들은 과거에 그랬듯이 거의 본능적으로 기관총과 폭력, 집단 수용소로 대응했다. 베트남, 마다가스카르, 알제리와 서아프리카 식민지에서 프랑스가 보인 반응이 그러했고, 말라야와 케냐, 키프로스, 아덴, 로디지아[276]에서는 영국이, 앙골라와 모잠비크, 기니비사우에서는 포르투갈이 그러했다.

그러나 그런 식의 대응이 비생산적일 뿐더러 유럽인의 이해관계에 대한 대중의 적개심을 부추길 따름이라는 점이 결국에는 분명해졌다. 그보다는 '독립국' 정부의 수반으로서 그들의 이익에 충실히 봉사할 그 지역 세력가들을 포섭하는 정책이 더 낫다고 생각하는 지배자들이 늘어갔다. 영국이 중동의 여러 나라와 서아프리카와 서인도제도에서 그런 해법을 채택했다. 영국은 말라야에서 공산당이 주도하던 해방 운동에 대대적인 탄압을 가했다.(군인들이 '테러리스트들'의 주검에서 손과 심지어는 머리를 잘라냈고, 50만 명을 가시철망으로 둘러싸인 마을들로 강제 이주시켰다.) 그러나 다른 한편으로는 중국계 소수 민족에 대한 인종적 불신을 부추김으로써 지지 기반을 넓혀가던 '온건한' 말레이 정치인들에게 독립을 약속하기도 했다. 영국은 '원주민들'에게 양보하기를 완강히 거부하던 곳들, 예컨대 촌락들을 폭격하고 주민들을 집단 수용소에 몰아넣은 케냐에서나 군인들이 고문을 자행한 키프로스 같은 곳에서조차, 결국에는 이전에 영국 스스로 감옥에 처넣거나 추방했던 케냐타나 마카리오스 대주교 같은 정치 지도자들과 '평화로운' 정권 이양 문제를 놓고 협상할 수밖에 없었다.

프랑스도 마침내 베트남과 알제리에서 그런 해법을 택할 수밖에 없었다. 그러나 그것은 이기지 못할 전쟁들에 엄청난 돈을 쏟아 붓고 수많은 사람을 살해한 뒤의 일이었다. 그 독성이 프랑스 정치에 전염된 듯, 불만에 찬 식민주의자 장군들이 1958~1962년에 잇따라 군사 쿠데타를 꾀했다.(그리고 그 결과, 국회에서는 1958년에 거의 독재에 가까운 권한들을 드골 장군에게 부여했다.) 알제리 독립이 최종 합의되자 1백만 명의 알제리 이주자들이 허둥지둥 프랑스로 철수했고, 파리에서는 OAS[프랑스의 극우파 비밀 군사 조직] 테러 집단이 자행한 폭탄 테러가 잇따랐다.

서유럽에서 가장 뒤처진 자본주의 국가이던 포르투갈 역시 식민지들을 고수하려고 애썼지만, 그 유지 비용 때문에 포르투갈에서 혁명적 봉기가 일어나자 1974~1975년에 결국 그것들을 포기할 수밖에 없었다. 이제 남부 아프리카에서는 인종 차별적 백인 이주민 정권이 두 곳에서만 남게 됐다. 그 중 남로디지아에서는 흑인 다수파의 통치가 마침내 승인돼 1980년에 독립국 짐바브웨가 탄생했고, 남아프리카공화국 역시 1994년에 같은 길을 걸었다.

아시아의 절반 이상과 아프리카의 거의 전부를 직접 통치하던 서유럽 강대국들의 퇴각은 획기적인 사건이었다. 그것은 2백 년 가까이 런던과 파리를 중심축으로 진행된 세계사의 마감을 알리는 징표였다. 그러나 세계의 여러 지역이 여전히 몇몇 경제 선진국의 이해관계에 따라 휘둘린다는 점에서 그것이 곧 제국주의의 종말을 뜻하는 것은 아니었다. 그리고 그 점은 아메리카 대륙과 동남아시아, 그리고 중동에서 벌어질 참혹한 분쟁들을 통해 거듭 입증된다.

석유와 피

어느 제국주의 국가에게나, 막대한 석유를 보유한 중동은 20세기 하반기에 단연 최고의 전리품이었다. 영국은 제1차세계대전 동안에 메카의 지배자인 샤리프 후세인의 '아랍 민족 봉기'를 지원하고 그에게 터키의 모든 영토를 주겠다고 약속함으로써 중동에서 자신의 제국을 확대했다. 그러나 다른 한편으로 영국은 시온주의 지도자들에게도 아랍의 일부, 즉 팔레스타인을 유럽에서 이주한 유대인들에게 떼어 주기로 약속했다. 수에즈 운하에 인접한 아랍 국가들의 위협에 대해 그것이 방벽 노릇을 하리라고 봤기 때문이었다. 이스라엘 정치 지도자 에반이 훗날 설명한 대로 "우리는 영국이 지배 강대국이 되도록 돕고, 영국은 우리가 유대 민족의 국가를 구현하도록 도왔다."[277]

어느 시점까지는 그런 이중 거래가 통했다. 영국 회사들이 이라크와 이란의 유전을 소유하게 됐고, 유대인 이주자들은 대영제국이 1930년대에 직면한 최대의 저항이었던 팔레스타인 지역의 아랍인 봉기를 진압하는 것을 자발적으로 도왔다. 그러나 시간이 흐르면서 그런 정책의 역효과가 나타났다. 부자 아랍인들한테서 땅을 사들인 시온주의자 이주민들이 몇백 년씩이나 그 땅을 경작해온 농민들을 쫓아내자 아랍인들의 적개심이 날로 커졌다. 박해를 피해 유럽에서 도망친 유대인들은 팔레스타인에서 거꾸로 자신들이 박해자 노릇을 해야 할 처지임을 깨달았다. 영국은 유대인 이주를 제한함으로써 아랍인들의 분노를 누그러뜨리려 했지만, 양쪽에서 공격받는 결과만 자초하고 말았다. 이전에 아랍인들을 공격하기 위해 무장했던 유대인 준군사 조직들이 1946년에는 영국 군대와 기지들을 공격하게 됐다.

영국은 1947년에 군대를 철수함으로써 자업자득인 문제를 모면하기로 결정했다. 석유 관련 이익은 이라크·요르단·이집트의 꼭두각시 아랍인 군주들로 하여금 지키게 할 심산이었다. 영국이 비운 자리를 미국과 소련이 채우려고 안달이었다. 두 나라는 팔레스타인을 분할해 이스라엘 이주민 국가를 세운다는 유엔 결의안—주민의 3분의 1에게 땅의 절반을 떼어 준다는—을 지지했다. 이주민들은 '공산주의' 국가 체코슬로바키아에게서 막대한 양의 무기를 공급받았고, 미국한테서는 막대한 지원금을 받았다. 전쟁이 터지자 그들은 데이르 야신 마을에서 대학살을 자행해 아랍계 주민들을 난민 신세로 내몰았고, 이어서 아랍 군주들이 팔레스타인인을 돕는다는 허울 좋은 명분으로 보낸 오합지졸 군대를 격파했다. 군주들의 군대는 결국 원래 땅의 20퍼센트만 남은 쪼가리 팔레스타인 지역을 점령해 요르단 왕과 이집트 왕에게 나눠 바쳤다. 이스라엘은 군사·경제 지원에 대한 보답으로 서구—대개는 미국—의 이익을 기꺼이 옹호할 의지와 능력을 갖춘 강력한 이주민 국가로 우뚝 섰다.

하지만 이것으로 중동에 안정이 찾아올 수는 없었다. 아랍 연합군이 이스라엘에 패배한 데에 분노한 민족주의 장교들의 군사 쿠데타가 이집트에서 일어나 그 지도자인 압둘 나세르가 정권을 잡았고 친영 군주정이 물러났다. 영국과 프랑스가 소유한 수에즈 운하를 국유화하려는 나세르의 움직임이 영국 제국주의를 자극해 대대적인 최후의 무력 공세에 나서게 했다. 1956년 11월에 영국·프랑스·이스라엘 군대들이 합동으로 이집트를 공격하기 시작했다. 공격은 군사적으로는 거의 성공했지만 정치적으로는 완전히 역효과를 낳았다. 영국의 재정 문제를 이용해 이 작전을 끝낸 미국이 중동에서 지배 강국의 지위를 대신 차지한 반면, 반영 감정이 중동 전역에서 폭발해 그로부터 2년 뒤에 영국이 지원하던 이라크 군주정이 타도됐다.

미국은 영국을 본받아 이스라엘 이주민들과 아랍 종속국들에게 양다리를 걸쳤다. 미국은 이스라엘에 세계 그 어느 나라보다 많은 군사 원조를 제공했다. 그리고 사우디아라비아 군주와 긴밀히 협조했고, 1953년 이란에서 쿠데타를 부추겨 국왕의 철권통치가 부활하게 했으며, 1962년 이라크에서는 청년 사담 후세인이 속해 있던 바트당이 정권을 잡게 했다. 미국은 아주 성공적으로 중동과 그곳의 석유 자원에 대한 지배권을 확립했다. 그러나 미국이 패권을 계속 유지하려면 중동에서 국가들·민족들 간의 반목을 더욱 부추겨야만 했고, 이는 거듭된 전쟁으로 이어졌다. 1967년과 1973년에 아랍-이스라엘 전쟁이 일어났고, 레바논에서는 1976년 이후로 내전이 끊이지 않았고, 이란과 이라크가 1980년대 내내 끔찍한 전쟁을 벌였고, 1982년에는 이스라엘이 레바논을 침공했고, 1991년에는 이라크가 미국이 주도한 전쟁의 표적이 됐다. 부(富) — 이런 사례들에서는 석유 — 란 피의 다른 이름임을, 20세기 사람들은 다시금 확인하고 있었다.

거울을 통해서

식민지였다가 새로 독립한 나라들 중에는 러시아식 경제 조직에 매력을 느낀 나라가 적지 않았다. 신생 독립국들은 식민 통치 아래서 대부분 경기 침체나 심지어는 경제 퇴보로 어려움을 겪었었다. 1950년대에 인도에서는 국민 1인당 식량 공급량이 4백 년 전의 악바르 시대에 견줘볼 때나을 것이 없었다. 그런데 러시아 경제는 다른 어느 나라 경제보다 빨리 성장할 수 있었을 뿐더러 서구 자본주의를 주기적으로 괴롭히던 경기 하강도 피할 수 있음을 보여 주는 듯했다.

1989년에 베를린 장벽이 붕괴한 이후로, 스탈린과 그 후계자들인 흐루시초프·브레주네프 시대의 러시아에서는 제대로 돌아간 게 하나도 없다는 식의 주장이 유행했다. 실은, 스탈린이 취한 조치들에 힘입어 러시아 경제는 30년 동안이나 전 세계에서 가장 빨리 성장했다. 예외라면 아마 일본 정도였을 것이다. 1928년만 해도 단연코 후진 농업국이었던 러시아는 냉전 기간 동안 군비 경쟁에서 미국과 어깨를 나란히 할 만한, 그리고 인공위성(스푸트니크)과 인간(유리 가가린)을 미국보다 먼저 우주로 쏘아 보낼 만한 능력을 갖춘 어엿한 산업국으로 변모했다.

러시아식 체제에 훨씬 더 적대적이던 사람들조차 당시에는 그 점을 인정했다. 훗날 노동당 정부의 총리가 되는 영국의 해럴드 윌슨은 1953년에 "러시아의 괄목할 만한 생산량과 생산력 증대"에 관해 거리낌없이 거론할 수 있었다.[278] 그 판단에는 틀린 데가 없었다. 비교적 최근의 동유럽 경제사가 말해 주듯이, "중앙 계획이 도입되고서 첫 20년 동안(1950~1970년) 그 지역의 평균 경제 성장률은 양차 대전 사이의 경기가 가장 좋았던 해들(1925~1929년)의 최고치보다 높았다."[279]

러시아에서 스탈린주의는 고립과 1917년 혁명의 목 조르기를 밑거름 삼아 성장했다. 동유럽에서 스탈린주의는 위로부터 강제로 이식됐다. 유고슬라비아는 예외였는데, 그곳에서는 독일군을 몰아낸 저항군의 지휘관들이 스탈린주의를 받아들였다. 그러나 어느 경우든, 스탈린주의가 초창기에 기세를 떨쳤고 사회에 깊이 뿌리내릴 수 있었던 것은 탄압 때문만은 아니었다. 산업을 건설할 수단들을 제공함으로써, 스탈린주의는 광범한 중간 계급에게 소중한 미래에 대한 기대감을 심어 주기도 했다. 스탈린주의는 두려움만큼이나 열망도 부추겼다. 또한 엄청나게 많은 사람들에게 어느 정도 신분 상승의 기회도 제공했다. 숙련된 공업 노동자들은 관리자가 될 기회를 잡았고, 농민들은 단조로운 농촌 생활에서 벗어나 훨씬 다채로운 도시 생활을 맛볼 수 있었다.

사회를 도시화·산업화하고 대중을 교육할 가능성을 감지한 전 세계 비공업국의 교육받은 중간 계급들은 스탈린주의에 매력을 느꼈다. 산업이 성장할수록 그들이 차지할 보수 좋은 일자리도 늘어난다는 사실을 깨닫고는 더욱 그랬다. 그러나 작은 기업이 성장해서 선진국의 거대 기업들과 경쟁하게 되기를 기다리기만 해서는 그런 일은 일어날 수 없었다. 소기업들이야말로 업계에서 가장 먼저 퇴출될 것이다. 규모를 키워야 했다. 그러려면 국가가 나서서 소기업들을 통합하고 막대한 자금을 투입할 수밖에 없었다. 또한 소기업들이 외국 기업들과 직접 경쟁하는 일이 없도록 보호막도 쳐야 했는데, 그 역시 국가만이 감당할 수 있는 일이었다. 국가자본주의 — 흔히 '사회주의'라는 잘못된 이름으로 불리는 — 가 해법인 듯했다.

19세기 말에서 20세기 초에 이미 일본과 짜리즘의 나라 러시아에서 국가가 대규모 산업화 과정을 주도한 바 있었다. 또 제1차세계대전과 양차 대전 사이의 공황기에는 선진국들에서 국가의 역할이 크게 늘어났다. 1930년대 말의 나치 독일에서는 국가가 통제하는 산업의 규모가 엄청나서 '오스트리아-마르크스주의' 경제학자들과 재무장관 힐퍼딩이 자본주의가 새로운 생산양식으로 대체됐다고 믿을 정도였다.[280] 1941~1944년에는 심지어 서방에서 으뜸가는 '자유 시장' 국가라 하는 미국에서도 국가가 대다수의 공장을 세우고 대부분의 경제 활동을 통제했다.

산업 발전을 지방에서 통제할 힘이 약한 곳일수록 국가자본주의 경향은 더욱 두드러졌다. 1930년대에 포퓰리스트 대통령 바르가스 치하의 브라질에서, 그리고 1940년대~1950년대 초에 독재자 페론 치하의 아르헨티나에서 국가가 중심이 돼 자본을 재조직하고 산업화를 추진한 것이 그 보기였다. 1945~1947년에 동유럽의 거의 모든 나라에서 공산주의자들은 물론이고 그들과 권력을 나눠 가진 사회민주주의자 또는 부르주아 정치인들까지 국가가 산업을 상당 부분 통제하고 중앙 '계획'에 의존하는 것을 당연하게 생각한 것도 같은 맥락의 일이었다. 인도에서는 국민회의가 정권을 잡기도 전인 1944년에 일단의 공장주들이 국가 계획을 위한 '봄베이 프로그램' — 비록 국가 자본과 사적 자본을 함께 활용하는 방식이기는 했지만 그래도 러시아 모델과 아주 흡사한 — 에 환영의 뜻을 표했다.

그에 따라 인도, 중국, 이집트, 시리아, 이라크, 알제리에는 예외 없이 강력한 국유 부문과 장기적 계획이 존재하게 됐다. 그러나 그런 경향은 자칭 사회주의 나라들에만 국한된 것이 아니었다. 국민당 시절의 중국에서도 산업이 꽤 국유화됐고, 국민당이 타이완으로 쫓겨난 뒤에는 그곳에서도 같은 양상이 벌어졌다. 또 남한에서는 1961년에 쿠데타로 정권을 잡은 박정희 장군이 국가 계획과 산업 통제(꼭 국유화까지는 아니더라도)야말로 당시로서는 더 발전해 있던 북한을 따라잡을 유일한 방도라고 생각하고 있었다.

스탈린주의 '계획'에 따른 경제 성장의 이면에서 노동자들은, 산업혁명 시기에 서구 노동자들이 그랬듯이, 끔찍한 노동 환경을 견뎌야 했다. 그러나 성장하는 산업과 국가 기구를 운영하는 사람들은 더는 노동자들이 아니었다. 일부가 한때 노동자였기는 했지만 말이다.

초창기에는 국가자본주의가 효과적인 듯했다. 인도와 이집트는 1960년대 말에도 국민 대다수가 극심한 빈곤에 시달렸던 압도적인 농업 국가였지만, 그래도 그 20년 전과 비교해 보면 많이 달라졌고 현대 세계에 훨씬 더 발을 들여놓은 듯한 인상을 주었다. 그 덕분에 그곳 통치자들은 중간 계급의 신뢰를 폭넓게 확보할 수 있었고, 따라서 정권도 안정됐다. 중국, 인도, 이집트처럼 토지개혁 — 농민들에게 이롭도록 대농장을 분할하는 — 이 수반된 국가자본주의적 발전을 이룬 곳에서는 통치자들이 농촌에서도 지지 기반을 다질 수 있었다. 그 개혁이라는 게 통상 빈농이나 땅 없는 노동자들보다는 중농과 부농에게 더 이로운 것이었는데도 말이다.

그러나 환상이란 오래 못 가는 법이다. 예컨대 이집트 정부가 스탈린주의 모델을 도입하기 시작하던 때에 이미 소련과 동유럽에서는 그 한계를 알리는 조짐들이 나타나고 있었다.

1956년으로 가는 길

스탈린은 사반세기 동안 거의 무소불위의 권력을 휘두르다가 1953년에 죽었다. 때때로 지배자 한 사람의 죽음은 그 주변 인물들로 하여금 그동안 누적돼온 문제들에 관심을 집중하게 만드는데, 스탈린이 죽었을 때가 바로 그런 때였다.

스탈린의 부하들은 수면 밑에 어마어마한 불만이 존재한다는 것을 어렴풋하게나마 눈치 채고 있었다. 또한 그들은 자기들 중 한 명이 스탈린이 남긴 국가 테러 기관을 접수해 나머지 동료들을 상대로 그것을 사용할까봐 두려워했다. 그래서 그들은 스탈린의 장례식이 끝나기가 무섭게 제한된 개혁을 실행하는 한편, 보이지 않는 곳에서 자기들끼리 싸우기 시작했다. (정신병자에 가까웠던 경찰부장 베리아는 지도부 회의에 참석했다가 총을 든 요원들에게 끌려가 처형당했다.)

그러던 1956년 2월, 공산당 총서기 흐루시초프는 지도권 장악 투쟁에서 유리한 고지를 차지하기 위해 당 활동가들에게 천기를 누설하기로 결심했다. 그는 모스크바에서 열린 제20차 당대회에서 스탈린이 수천 명을 살해했고 수백만 명의 소수 민족을 강제 이주시켰다고 폭로했다. 더 심하게는, 1941년에 독일이 러시아를 침략했을 때 스탈린이 무능하고 겁쟁이 같았다고 비난했다. 비록 많은 사람들이 그런 사실들 앞에서 마음을 닫아버리려 했지만, 스탈린을 신적인 존재로 여기도록 교육받은 전 세계 수백만 명의 사람들에게 이처럼 새로운 진실들이 준 충격은 그야말로 상상을 초월했다.

그 사이에 자기 전임자에 대한 흐루시초프의 비난 그 자체보다 훨씬 더 중요한 사건들이 일어났다. 국가자본주의 체제에서 대중이 들고 일어나기 시작한 것이다.

최초의 반란은 스탈린 사망 직후인 1953년 6월 동독에서 일어났다. 동베를린의 거대한 건설 현장에서 일하던 건설 노동자들이 똑같은 임금으로 더 많이 일해야 한다는 방침을 듣고는 일손을 놓고 작업장 밖으로 걸어 나왔다. 그들이 도시 중심가를 행진하기 시작하자 수만 명의 인파가 대열에 합류했다. 그 다음 날에는 동독의 모든 주요 산업 지구가 동맹 파업에 돌입했다. 시위대가 감옥으로 난입하고 경찰서와 공산당 사무실을 공격했다. 결국 러시아 군대가 투입되고 나서야 반란이 진압됐다. 그것은 1918~1919년에도 독일에서 거듭거듭 나타났던 전형적인 자생적 노동자 반란이었다. 하지만 이번 반란은 노동 계급의 이름으로 노동자들을 지배하는 국가자본주의 정권에 맞서서 일어났다. 이때 파업한 노동자들은 1920년대의 바이마르 공화국 시절에 가장 좌파에 속했던 노동자 부문들이었다. 동베를린에서 반란에 가담한 혐의로 공산당에서 축출된 사람들의 약 68퍼센트는 히틀러가 권좌에 오르기 전부터 당원이었던 사람들이었다.[281] 그들은 노동자 권력을 위한 투쟁에 청춘을 바친 나이든 투사들로서, 그 반란을 지난날의 투쟁의 연장선으로 생각했다.

동독 반란 직후에는 다름 아닌 러시아의 보르쿠타에 있는 대형 강제 수용소에서 반란이 일어났다. 거기에서 광부로 일하던 죄수들 25만 명이 파업한 것이다. 정부는 무장 병력을 동원해 광부들을 포위한 다음 협상을 제안했고, 광부들이 대표들을 선출하자 그들을 총살해 도합 2백50명을 죽였다. 하지만 광부들의 행동은 사람들의 불만이 얼마나 폭발적일 수 있는지를 보여 줬고, 정권은 그 다음 두 해에 걸쳐 수용소 인원의 90퍼센트를 석방했다. 미국에서 남북전쟁 이후 노예 노동이 임금 노동으로 대체됐듯이, 러시아에서도 '원시적 자본 축적'에 적합한 착취 형태가 산업화된 경제에 더 적합한 착취 형태로 대체된 것이었다.

그러나 진정한 반란의 잠재력이 드러난 것은 1956년에 흐루시초프가 스탈린을 비난한 직후의 몇 개월 동안이었다. 폴란드 도시 포즈나인에서 일어난 파업이 거의 봉기에 가까운 운동으로 발전했다. 폴란드 정권은 이 운동이 다른 도시로 확산되기 전에 가까스로 그것을 진압했지만 그 충격파는 폴란드의 사회 질서를 송두리째 뒤흔들어놓았다. 11월과 12월이 되자 정권의 꼭대기에 있는 경쟁 분파들이 통제권을 차지하려고 서로 다투면서 폴란드에는 혁명 전야를 방불케 하는 상황이 도래했다. 검열 제도가 유명무실해졌고 노동자들은 자주적인 위원회들을 선출해 힘을 써서라도 자신들의 권리를 수호할 것을 다짐했다. 1940년대 후반에 투옥됐던 당 지도자들 중 한 사람인 고무우카가 공직에 복귀하자 사람들은 "10월의 봄"을 얘기했다. 고무우카는 군대를 투입하겠다는 러시아의 위협에 굴하지 않았고 노동자들에게 자신을 믿어달라고 설득했다. 그 과정에서 가톨릭 교회와 미국의 선전 방송인 '자유 유럽 라디오'에 신세를 졌지만 말이다.[282]

폴란드의 사건은 곧이어 헝가리에서 일어날 위대한 혁명의 도화선 구실을 했다. 학생들의 시위대가 부다페스트를 관통하면서 수만 명의 노동자들에게 지지를 얻었다. 시위대의 일부는 거대한 스탈린 동상을 끌어내렸다. 다른 일부는 라디오 방송국으로 향했다가 방송국 내에 있던 경찰 요원들에게 총격을 당했다. 그러자 노동자들이 공장 내의 스포츠클럽에서 총을 들고 나왔고 한 병영의 병사들까지 시위대 편으로 끌어들여 곧 도시 전체의 통제권을 장악했다. 헝가리의 모든 도시에서 비슷한 운동들이 일어나면서 각 지역의 실제 권력이 공장평의회와 혁명위원회들로 넘어갔다.

영국 공산당 기관지 <데일리 워커>에서 헝가리로 파견된 피터 프라이어는 이렇게 보도했다.

…… [이 위원회들은 — 크리스 하먼] 1905년과 1917년 2월의 러시아 혁명기에 탄생한 노동자·농민·병사 위원회들과 놀라울 정도로 유사[하다]. …… 그것들은 봉기를 조직하는 기구 — 공장, 대학, 광산, 군 부대 등에서 선출된 대표들의 모임 — 인 동시에 무장한 인민이 신뢰하는 인민의 자치 기구이기도 했다.[283]

폴란드에서 고무우카가 그랬듯이, 헝가리 정권의 한 분파도 과거에 추방당했던 공산당원인 임레 나지를 연립정부의 지도자로 내세움으로써 운동에 대한 통제력을 회복하려 했다. 그러나 11월 4일(영국과 프랑스와 이스라엘이 이집트를 공격하던 바로 그 순간), 러시아 탱크들이 부다페스트에 쳐들어와 주요 건물들을 장악했다. 무장한 시민들의 격렬한 저항에 직면한 러시아군은 수천 명을 죽이고 도시의 일부분을 가루로 만들며 20만 명 이상을 국경 너머 오스트리아로 도피하게 만든 뒤에야 저항을 분쇄했다. 총파업이 일어나 부다페스트를 2주일 넘게 마비시켰는데, 그 기간 중에는 대(大)부다페스트 중앙노동자평의회가 러시아의 꼭두각시 정권인 야노스 카다르 정권을 대신한 사실상의 대안 정부였다. 하지만 결국에는 노동자평의회들도 분쇄됐고 그 지도자들은 여러 해의 징역형을 선고받았다. 3백50명이 처형당했으며 "그 가운데 4분의 3은 스무 살 전후의 노동자들이었다."[284] 임레 나지를 비롯해 그의 단명한 정부에 참여했던 다른 4명도 함께 처형됐다.

헝가리 혁명에 관한 공산당의 공식 설명은 그것이 서방의 첩자들이 기획한 친자본주의적 탈선이었다는 것이다. 냉전 시대의 다른 수많은 사건들도 마찬가지였지만, 헝가리 혁명에 관한 서방의 가장 흔해 빠진 설명도 이와 무척 비슷했다. 즉, 혁명의 목적이 단지 서방 자본주의를 본뜬 '자유 사회'를 건설하는 데 있었다는 설명이다. 그러나 실제로 혁명을 주도한 사람들 대다수의 시야는 그보다 더 넓었다. 그들은 자본주의적 '자유'의 이름으로 헝가리를 지배했던 전쟁 전의 독재 정권을 기억하고 있었고, 따라서 그것과는 뭔가 다른 체제, 노동자평의회들이 중추 역할을 담당할 수 있는 그런 체제를 원했다. 사태의 진행이 워낙 빨랐던 탓에 그 체제의 성격을 명확히 규명할 여유가 없었지만 말이다. 이것이 의심스럽다면 1956년 헝가리에서 씌어졌고 그 뒤에 출판된 여러 문서를 읽어 보면 된다.[285] 헝가리에서 진행된 최근의 믿을 만한 연구에 따르면,

사람들의 일상 생활과 밀접하게 연관된 요구들은 주로 공장・노동자 평의회의 선언문에서 발견할 수 있다. 여기에는 …… 노동자들이 그토록 싫어했던 성과급과 부당한 작업 할당제와 저임금과 지극히 낮은 수준의 사회적 성취, 그리고 형편없는 식량 공급에 관한 자세한 기록들이 실려 있다. …… 가장 열성적인 혁명 투사들은 자유와 독립을 위해 싸웠을 뿐 아니라 더 인간적인 삶의 방식과 노동 조건 …… 많은 사람들이 '진정한 사회주의' 사회일 것이라고 믿었던 것을 위해 싸웠다. …… 그런 경제 질서에서는 생산자(노동자, 기술자, 여타 직원)들이 공업과 광업과 운송 등의 분야에서 의사 결정권을 쥐게 될 것이다. …… 다양한 직종의 대표들이 한결같이 "우리는 대지주, 공장주, 은행가의 지배를 되살리려는 어떤 시도에도 반대한다"는 선언문을 채택했다.[286]

헝가리 혁명은 냉전의 양쪽 진영의 지배 이데올로기를 모두 위협했다. 현실을 직시할 용기가 있는 사람들에게 그것은 소련이 이미 오래 전에 칼 마르크스, 프리드리히 엥겔스, 로자 룩셈부르크의 전통을 저버렸다는 사실을 입증해 줬다. 또한 그것은 스탈린주의적 전체주의에서는 어떠한 변혁 시도도 불가능하기 때문에 그에 맞서서 서방 제국주의를 지지해야 한다고 주장했던 자유주의자들이 얼마나 틀렸는지도 보여 줬다. 그런 비관주의는 한때 극좌파였던 수많은 지식인들을 혼란에 빠뜨렸다. 존 더스 패서스, 존 스타인벡, 막스 샤흐트만, 스티븐 스펜더, 알베르 카뮈, 제임스 T 파렐, 존 스트래치, 조지 오웰, 사울 벨로우 등 그 목록은 끝이 없었다. 스탈린주의는 소지 오웰의 소설 ≪1984≫에 나오는, 체세 반내사들에게 2+2=5라고 믿게끔 세뇌할 수 있을 정도로 전지전능한 독재 정권에 비유됐다. 하지만 헝가리 혁명은 그런 정권이 얼마나 쉽게 붕괴할 수 있는지, 또한 그 과정에서 어떻게 진정한 해방을 대변하는 세력이 나타날 수 있는지를 보여 줬다. 만약 헝가리에서 그런 일이 가능했다면 스탈린주의적 국가자본주의의 모국인 러시아에서도 언젠가는 그런 일이 일어날 수 있는 셈이었다.

양쪽 진영의 지배자들은 서둘러 혁명의 기억을 지우려 했다. 헝가리에서 일어난 일을 '반혁명' 이외의 단어로 언급하는 것은 사반세기 이상 금지됐다. 1986년만 해도 학생들이 거리에서 헝가리 혁명을 기념하는 집회를 열었다가 경찰에게 무력으로 해산당한 일이 있었다. 서방에서 헝가리 혁명은 얼마 안 가서 잊혀졌다. 이미 1970년대 초에 서방 언론은 학살자 카다르를 자유주의 '개혁가'로 묘사하고 있었다. 이런 건망증 덕분에 양측 모두 소련의 획일적 체제가 파열될 수도 있다는 것을 쉽게 망각했다. 그랬기에 체코에서 1968년에 다시 한 번 파열구가 열리자 양측 모두 허를 찔렸다.

쿠바 혁명

미국도 나름의 위성국가들을 세계 곳곳에 보유하고 있었다. 1950년대 말에 그것들은 주로 멕시코 국경 남쪽의 중앙아메리카 지역(온두라스, 엘살바도르, 니카라과, 파나마, 과테말라), 카리브 해(쿠바, 도미니카 공화국, 아이티), 그리고 동아시아(필리핀, 남한, 남베트남, 타이)에 집중돼 있었다. 파나마를 가로지르는 운하 지대와 남한에는 미군 병력이 영구 주둔하고 있었다. 미군은 20세기 초반에는 아이티, 니카라과, 그리고 쿠바에도 몇 차례 주둔했고 1946년까지 필리핀을 식민 통치했으며 쿠바 동부 연안의 관타나모와 필리핀에 커다란 기지들을 보유하고 있었다.

이름뿐인 독립국인 이 위성국가들은 보통 한 줌밖에 안 되며 극도로 분열된 지배 집단—군 장교, 지주, 정계의 거물, 그리고 간혹 지역 자본가들로 구성된—들이 운영했다. 그들은 자기 지역에 국한된 협소한 지지 기반을 가지고 있었는데, 이처럼 취약한 기반을 보완하기 위해 매우 극심한 부정부패와 추악한 탄압 정책에 의존했다. 이런 약점 때문에 그들은 미국의 원조와 군사 고문단에 크게 의존했으며 미국 기업의 이익에 도전하기 어려운 처지에 있었고, 이는 미국의 대외 정책에도 도움이 됐다. 하지만 그 말은 동시에, 만약 그들을 지원하려는 미국의 개입 의지가 조금이라도 흔들리는 날에는 그들도 손쉽게 무너질 수 있음을 뜻했다. 미국의 개입 의지가 어떤 것인지는 1954년에 CIA가 과테말라의 온건 개량주의 정부를 전복시켰을 때 확연히 드러났다.

그러나 5년 뒤에 미국은 감당하기 힘들 만큼 쓰라린 실패를 맛봐야 했다. 쿠바에서 풀헨시오 바티스타의 부패한 독재 정권이 별안간 무너지고 피델 카스트로와 그의 동생 라울과 아르헨티나 출신의 의사 에르네스토 '체' 게바라가 이끄는 게릴라 집단이 권력을 장악한 것이다.

그 게릴라들은 겨우 2년 전에 쿠바의 어느 외딴 해변에 상륙했던 사람들이었다. 일단 그들이 승리하고 나자 그들이 성공한 비결을 농민 대중이나 쿠바의 설탕 농장에서 일하는 농업 노동자들의 지지와 결부시키는 온갖 혁명 설화들이 생겨났다. 그러나 사실 그들의 근거지는 외딴 산골이었고 따라서 매우 작은 농민층을 제외하고는 대중과 떨어져 있었다. 그들은 바티스타 정권의 극단적인 정치적 고립을 잘 활용한 덕분에 성공했다. 바티스타 정권은 쿠바의 양대 중간 계급 정당들을 소외시켰을 뿐 아니라 극심한 부패 때문에 자본가 계급에게마저 미움을 샀다. 쿠바는 마피아들의 중요한 활동무대(영화 <대부>에서 볼 수 있듯이)였으며 "카리브 해의 사창가"로 불릴 정도였다. 또한 바티스타 정권은 1930년대에 획득한 사회보장 혜택들을 조금씩 축소함으로써 대중의 분노를 사기도 했다. 결국에는 미국조차 언제 쫓겨날지 모르는 독재자에 대한 지원을 중단하게 됐다.

사정이 그랬기에 그 정권을 무너뜨리는 데 그리 큰 힘이 들지는 않았다. 카스트로의 소규모 게릴라 부대(1956년에 상륙한 원래 인원들 중 오직 20명만 살아남았고 1958년에도 2백여 명에 불과했다[287])는 산사태를 일으킨 자그마한 눈덩이와도 같았다. 바티스타의 군대가 게릴라들을 소탕하기에는 너무도 부패하고 허약해서 게릴라들의 존재 자체가 그의 약점을 보여주는 증거였고, 시간이 흐르면서 바티스타 군대는 붕괴했다.

1959년 새해 첫날에 아바나에 입성한 반란군은 쿠바의 모든 사회 계급에게 지지를 받았다. 하지만 그들은 애초에 바티스타 정권의 지지 기반을 잠식했던 객관적 조건을 그대로 물려받았다. 쿠바 경제―주요 수출품인 설탕의 국제 시장 가격 등락에 묶여 있는데다가 1인당 산출량은 1920년대 수준인―는 상이한 계급들의 상반되는 요구들을 모두 충족시키기에는 역부족이었다. 쿠바 자본가들과 미국의 사업 파트너들은 더 큰 이윤을 벌어들여 자유롭게 나라 밖으로 유출할 수 있기를 원했다. 노동자들은 임금 인상을 원했고 농민들은 형편없는 수입이 향상되길 기대했다. 게릴라 간부들의 출신 배경이자 도시에 있던 게릴라 지지 세력들의 출신 배경이기도 했던 교육받은 중간 계급 청년들은 쿠바 경제를 일으켜 세움으로써 자긍심도 느끼고 고수입을 보장하는 직장도 얻으려 했다.

카스트로의 입장에서는 어느 한 계급이라도 만족시키려면 다른 계급을 적으로 돌려야만 했다. 자본가들을 만족시킨다는 것은 그토록 처참하게 실패했던 바티스타의 전철을 밟는 것을 뜻했는데, 카스트로는 그것만은 피하고 싶었다. 대신에 그는 노동 계급과 농민들의 지지를 얻기 위한 일부 개혁 조치(토지개혁, 의료·복지 혜택, 문맹 퇴치 캠페인)와 국가 주도의 야심찬 산업화 계획들을 채택했다. 이는 견고하게 뿌리박힌 쿠바 자본가들과 미국 대기업들의 기득권을 불가피하게 위협하는 선택이었다. "쿠바 경제는 너무나 미국 경제에 단단히 얽매여 있어서 여러 면에서 미국 경제의 부속품과도 같았"기 때문이다.[288]

카스트로가 권력을 장악한 지 18개월이 지났을 때 쿠바에 있는 미국 정유공장들은 값싼 러시아산 석유의 가공을 거부하고 나섰다. 그러자 카스트로는 문제의 정유공장들을 국유화했다. 이에 미국은 그동안 쿠바에서 생산된 설탕의 대부분을 미국이 사들이던 관례를 폐기하는 것으로 보복했다. 그러자 이번에 카스트로는 미국의 설탕 기업들과 공장들과 전력·전화 독점 기업들을 국유화했으며 러시아와 무역 관계를 발전시켰다. 반(反)카스트로 히스테리가 미국 언론을 휩쓸고 있는 동안 마이애미로 망명을 온 쿠바 자본가들은 카스트로가 혁명을 '배신'했다며 길길이 날뛰었다.

그러다가 1961년 4월에 CIA는 국적 표식이 없는 미군기들이 쿠바 비행장들을 폭격하는 동안 카스트로를 타도하겠다는 일념으로 뭉친 쿠바 망명자들의 군대를 피그스 만에 상륙시켰다. 그러나 쿠바 주민들이 카스트로 정권 편으로 결집하는 바람에 그 모험은 처참한 실패로 끝났다.

피그스 만 상륙 작전 승인은 미국의 새 대통령 존 F 케네디가 집권하고 최초로 취한 행동들 중 하나였다. 그는 1963년에 암살당한 뒤로 수많은 자유주의자들에게 숭배의 대상이 돼왔다. 그러나 쿠바에 대한 그의 태도에는 자유주의적인 면모가 전혀 없었다. 존 F 케네디와 그의 동생 로버트 케네디는 카스트로에 대한 깊은 개인적 증오심을 키웠으며, CIA가 마피아와 짜고 카스트로를 암살할 계획을 세우는 것을 승인했다. 시가에 폭탄을 장착하는 것과 같은 황당한 음모도 포함해서 말이다. 또한 그들은 유사시에 미국의 후원을 받으며 쿠바를 침공할 계획도 준비해뒀다. 1962년에 그들의 책략은 러시아와 정면 대결을 초래했다.

그때를 겪은 많은 사람들에게 1962년 10월 20~27일의 한 주간은 그들 생애에서 가장 소름끼치는 시간이었다. 냉전 질서가 핵전쟁의 문턱에 그토록 가까이 다가간 적이 없었기 때문이다. 미군 전함들이 소련 함정의 통행을 저지하기 위해 쿠바 주변 해역을 봉쇄하고 있었다. 대륙간 탄도 미사일 부대들과 미사일 탑재 잠수함들, 그리고 1천4백 기의 폭격기들이 비상 대기하고 있었다. 핵무기를 서너 개씩 탑재한 폭격기 수십 대가 항시 공중에 떠 있으면서 명령이 떨어지는 순간 소련 내의 폭격 지점으로 날아갈 태세를 갖추고 있었다. 또한 미국은 쿠바에서 단 96킬로미터 떨어진 플로리다에 병력 10만 명, 함정 90척, 68개 비행 중대, 그리고 항공모함 8척으로 구성된 제2차세계대전 이후 최대 규모의 침략군을 결집시켰다.

케네디 정부는 소련의 흐루시초프가 비밀리에 쿠바에 핵미사일을 배치하고 있음을 알아냈다. 미국은 이미 서유럽과 터키에 있는 미사일 기지들을 발판으로 러시아 도시들을 사정권 안에 두고 있었다. 그런데 쿠바에 소련 미사일이 배치되면 소련도 미국 도시들에 대해 동등한 타격 능력을 갖게 될 판이었다. 카스트로와 체 게바라는 소련제 미사일이 미국의 침공에 대한 억지 수단으로서 쿠바에 배치되는 것이라 여기고 그것을 환영했다. 이것은 분명히 착각이었다. 러시아가 쿠바 한 나라를 위해 미국과의 핵전쟁에서 자국 도시들이 파괴될 위험을 무릅쓸 리는 없었기 때문이다.

반면에 미국 정부는 쿠바의 핵미사일들을 제거하기 위해 핵전쟁을 무릅쓸 용의가 있었다. 그때 인류가 핵전쟁의 위험에 얼마나 근접해 있었는지는 훗날 대통령의 동생인 로버트 케네디의 회고를 통해 드러났다. "러시아가 쿠바를 위해 전쟁까지 벌이겠다고 한다면 그것은 곧 핵전쟁도 감수하겠다는 뜻일 것이므로, 어차피 그들과 결판을 내야 한다면 반 년 뒤에 하느니 지금 하는 것이 낫다는 게 우리 전부의 생각이었다." 미국 대통령과 그 참모들의 회의록 사본들을 읽어 보면 세계 최강대국 정부가 정말로 러시아를 상대로 핵전쟁을 감수할 용의가 있었음을 알 수 있다.[289] 또한 쿠바에 대한 케네디의 집착이 더 큰 고민거리―즉, 미국의 세계 패권이 약화될 수 있다는 우려―와 연결돼 있었다는 것도 알 수 있다.

마지막 순간에 흐루시초프가 한 발 양보해서 미사일 철수에 합의하지 않았다면 전쟁은 피할 수 없었을 것이다. 흐루시초프 자신도 그 결정을 간신히 정치국에서 통과시켰으며, 그 결정 때문에 쿠바 지도자들의 충성을 잃었다. 사실, 러시아 지도부는 미국과 소련 사이에 성립된 기존의 세계 분할 구도에 도전할 수 없다고 판단했던 것이다. 헝가리 혁명 때 미국도 그 구도에 도전하지 않았듯이 말이다. 이것은 그 뒤의 역사에서 중요한 함의가 있었다. 양쪽 진영 모두 계속해서 막대한 양의 핵무기를 비축했다. 그러나 그들은 자신들이 '데탕트'라고 부른 기초 위에서―즉, 상대방의 영역을 너무 심하게 침범하지 않는다는 합의를 바탕으로―그렇게 했다. 같은 기간 동안 두 진영 모두 그 내부에서 큼직한 격변들을 겪었지만 이런 양상은 1980년대까지 그대로 지속됐다.

쿠바 지도자들은 러시아의 미사일 철수 결정에 몹시 당황했다. 그들은 자신들이 협상 카드로 이용당했음을 깨달았지만 러시아의 경제 원조에 의존하고 있는 이상 어쩔 도리가 없었다. 그런 대외 의존이 쿠바 경제에 끼친 효과는 산업화 계획의 목표 축소, 그리고 설탕 수출에 많이 의존했던 혁명 이전 상황으로 돌아가는 것이었다. 혁명 초창기의 구호였던 '농업 다변화'는 설탕 수확량을 극대화하자는 호소로 바뀌었다. 러시아의 정책이 부과한 속박에서 벗어나기 위한 국제적 차원의 노력도 진행됐다. 쿠바 지도자들은 자신들이 개최한 '라틴아메리카 연대 기구'와 '3대륙' 회담 등의 자리에서 러시아가 제3세계의 공산당과 해방 운동 세력들에게 강요하고 있는 정책들을 완곡하게 비난했다. 결국 체 게바라는 그런 비판을 실천으로 옮기기 위해 쿠바를 떠나 콩고-자이르와 볼리비아에서 게릴라 투쟁을 전개했다. 그러나 러시아에 대한 그들의 비판도, 그리고 게바라의 실천도 특정 상황의 계급 세력 관계에 대한 구체적인 분석에 근거를 두고 있지는 않았다. 오히려 게바라는 쿠바의 매우 특수한 상황에서만 잘 먹혀들었던 혁명적 투쟁 모델을 전혀 다른 상황에 적용하려 했다. 콩고에서 게릴라 활동은 비참한 실패로 끝났고, 볼리비아에서도 게바라는 참담한 실패에 실패를 거듭하다가 결국 CIA 요원에게 붙잡혀 총살당했다. 1968년에 카스트로와 쿠바 정부는 다시금 러시아의 방식을 지지하고 나섰다.

베트남전쟁

1960년대 초반만 해도 미국 정부는 베트남을 그저 미국이 반정부 세력 소탕 작전을 돕기 위해 '고문단'을 파견한 여러 나라 가운데 하나 정도로 인식하고 있었다. 로버트 케네디는 어느 기자에게 "우리에게는 서른 개 이상의 베트남이 있다"고 말했다.[290] 얼핏 보기에는 그가 자신만만해 하는 것도 무리는 아니었다. 쿠바 혁명 같은 사태가 되풀이되는 것을 막기 위해 미국이 개발한, '진보를 위한 연합'이라고 이름 붙여진 라틴아메리카 안정화 프로그램이 성공을 거두는 듯했으며 베네수엘라, 과테말라, 볼리비아와 여타 지역의 게릴라 운동들도 모두 분쇄된 상태였다. 1960년대 중반에도 미국은 적시에 군대를 투입해 콩고의 반군이 친미 독재자 모부투의 수도로 진격하는 것을 막았고 도미니카 공화국에서는 대중 봉기 시도를 좌절시켰다. 인도네시아에서는 미군이 개입할 필요조차 없었다. CIA의 도움을 받으며 수하르토 장군은 미수에 그친 좌파 장군들의 쿠데타를 빌미로 50만 명을 학살하고 제3세계에서 가장 강력했던 공산당을 분쇄했으며 독자 노선을 걷던 포퓰리스트 지도자 수카르노를 축출했기 때문이다.

그러나 베트남에 대한 로버트 케네디의 호언장담은 잘못된 것으로 드러났다. 베트남은 한국전쟁이 정리될 무렵인 1954년에 분단됐다. 프랑스가 베트남을 계속 식민지로 보유하려 했지만 베트민 민족 해방 운동 세력이 디엔 비엔 푸 전투에서 프랑스 군대를 대파함으로써 프랑스의 시도에 치명타를 가했다. 그러나 러시아와 중국은 베트민이 베트남 북부만 통제하고 남부는 전국 선거를 치를 때까지 과거에 프랑스 지배에 협력했던 자들이 통제하도록 놓아두라고 베트민을 설득했다. 프랑스의 전쟁 비용 대부분을 충당한 미국은 이제 남부에 수립된 정부를 지원하면서 약속했던 선거가 결코 치러지지 않도록 보장했다.

남부에서는 반정부 세력에 대한 탄압이 갈수록 심해졌다. 불교 승려들이 분신으로 항의를 표시했고 옛 베트민 투사들은 시골로 도망친 뒤 살기 위해 무기를 들었다. 머지않아 게릴라전이 곳곳으로 확산됐고 도시에서 소요가 끊이지 않았으며 남베트남 정부는 미국에게서 점점 더 많은 원조를 받지 않고서는 살아남을 수 없게 됐다. 케네디 집권 초기에 4백 명이었던 베트남 파견 '고문'들은 그가 암살당할 무렵에는 1만 8천 명으로 늘어나 있었다. 1965년에는 해병대가 다낭의 해군 기지에 상륙했고 그로부터 한 달 동안 미군 수가 3만 3천5백 명으로 증가해 그 해 말에는 21만 명에 달했다. 그동안 미 공군은 역사상 최대 규모의 폭격 작전을 전개해, 남부와 북부를 가리지 않고 몇 날, 몇 주, 몇 년 동안 끊임없이 폭탄을 퍼부어댔다. 그렇게 하면 언젠가는 민족 해방 세력들이 싸움을 포기하리라 믿었던 것이다.

한국전쟁과 달리 베트남전쟁은 정규군이 수행하는, 따라서 북측의 지배자들이 원한다면 언제든지 중단할 수 있는 그런 싸움이 아니었다. 그 전쟁은 억압적인 정권에 맞선 자생적인 투쟁에서 비롯했으며, 북베트남의 지도자들은 민족 해방 운동의 선구자들로서 자신들의 이미지에 먹칠할 각오를 하지 않고서는 그런 투쟁들을 외면할 수 없었다.

미국은 쉽게 빠져나올 수 없는 소모전에 말려들었다. 미군은 분단선 근처의 케산 지역에 전진 기지를 확보해 비싼 대가를 치러가며 해방군의 진격을 막을 수는 있었지만 그 일대 농촌의 저항을 잠재우지 못했기 때문에 결국 기지를 버려야 했다. 미군은 도회지를 통제할 수는 있었지만 1968년 초 베트남의 음력 설날인 '테트'에 해방군이 감행한 기습 공격으로 거의 함락당할 뻔했다. 또한 미국은 솟구치는 베트남전쟁 비용 때문에 총 군비 지출이 30퍼센트 올라 미국 대자본이 이에 항의하는 사태를 막을 수 없었다. 마지막으로, 미국은 자국 청년들이 전쟁의 공포와 징집에 반기를 들면서 미국 사회에 크나큰 균열이 일어나는 것을 막을 수 없었다.

중국 : 대약진에서 시장으로

웃음 짓는 농부들과 행복에 겨운 노동자들이 살고 있는 땅, 소련에 버금가는 공산주의 세계의 종주국, 평화롭고 풍요로운 사회주의 체제로 착실히 이행하고 있는 나라. 바로 이것이 1950년대와 1960년대 초반에 중국의 공식적인 자화상이었다. 전 세계의 수많은 좌파 신문도 중국을 이런 식으로 묘사했다.

미국의 중국에 대해 인상은 이와 정반대였다. 그들에게는 중국이야말로 가장 위험한 적성 국가로서, 조직적인 증오만이 존재하는 곳이자 수억 명의 인구가 맨 꼭대기에 있는 지도자들의 명령에 기계처럼 복종하고 혹사당하는 사회였다. 조지 오웰이 ≪1984≫에서 그린 악몽 같은 세계는 러시아보다 그들이 바라본 중국에 더 잘 들어맞았다. 이런 이미지는 베트남전쟁을 정당화하기 위한 미국의 선전에 꽤 유용했다. 미국의 주장에 따르면 중국은 남쪽으로 세력권을 확대하고 자유를 압살하려는 의도를 품고 있었다.

만약 중국이 베트남에서 성공한다면 동남아시아의 다른 나라들도 '도미노'처럼 하나 둘 무너져 결국에는 '자유 세계'의 어느 곳도 안전하지 못하게 될 것이다.

그러나 이런 이미지들 가운데 어느 것도 중국에 살고 있는, 전 세계 인구의 5분의 1 또는 그 이상이 처한 삶의 현실을 정확하게 묘사한 것이 아니었다. 미국 쪽의 선전은 최소한 1950년대 중반부터 악화되기 시작한 중국과 소련의 관계를 무시하고 있었다. 1960년대 초에는 러시아가 원조를 중단하고 수천 명의 고문을 중국에서 철수시켰다. 국제 회의 석상에서 두 나라는 정책들을 서로 공공연히 비난했다.

중국 쪽의 선전은 중국 내의 계급 분할과 대다수 사람들이 겪고 있는 매우 힘든 생활를 은폐하고 있었다. 1949년에 중국의 대도시들을 장악한 인민해방군 지도자들은 경제 재건 계획의 기치 아래 일부 자본가들을 포함한 모든 계급의 단결을 지향하는 정책을 추구해왔다. 1950년대 초에 그 계획은 러시아에서 스탈린이 실행했던 것을 느슨하게 모방한 ─ 달리 말하면 서구에서 자본주의가 달성했던 것을 자기 나라에서도 달성하는 것에 목표를 둔 ─ 산업화 계획으로 대체됐다. 기존 산업의 대부분은 국민당 정권 시절에 국가 소유였던 것들이거나 옛 일본인 주인들한테서 몰수한 것들이었다. 이제 국가는 나머지 산업의 대부분을 국유화했지만 여전히 옛 소유주들에게 고정 액수의 배당금을 지불했다.(그래서 중국이 '적화'(赤化)된 뒤에도 계속 백만장자들이 있었다.) 국가 기관들을 운영한 사람들은 주로 교육받은 중간 계급 출신이었고 국민당 시절의 관료들도 대부분 그 자리에 남아 있었다. 국가는 지주들의 힘이 막강했던 곳에서는 토지개혁을 시행했지만 비교적 유복한 농민들은 건드리지 않았다. 노동자 대중의 생활 조건은 바뀐 것이 거의 없었다.

새 정부가 취한 일련의 조치들은 괄목할 만한 경제적 성과를 거뒀다. 정부 공식 통계로 1954~1957년에 연간 경제 성장률은 12퍼센트에 달했다. 그러나 이것으로 선진 공업 국가들을 따라잡는다는 공식 목표를 달성하기에는 역부족이었고, 마오쩌둥 주변의 지배 분파들은 뭔가 필사적인 조치를 취하지 않는다면 중국이 정체의 늪에서 헤어나지 못하는 또 다른 제3세계 국가로 전락할 것이라고 우려하기 시작했다. 그래서 1958년에 그들은 류사오치와 덩샤오핑(鄧小平) 같은 다른 지도자들의 반대를 무릅쓰고 초고속 산업화를 겨냥한 '대약진' 운동을 시작했다.

중공업의 성장을 훨씬 더 빠르게 하기 위해 각 지구는 철과 강철을 자체적으로 생산해야 했다. 수백만 명의 새로운 산업 노동자들을 먹여 살리기 위해 농민들은 자기 토지를 빼앗긴 채 거대한 '인민공사'[원문은 People's Commune, 즉 인민 코뮌]들에 떠밀려 들어갔다. 1958년과 1959년까지만 해도 '약진'은 성공하고 있는 듯했다. 공식 집계된 산업 성장률은 연간 30퍼센트에 육박했고, 세계 곳곳에서 중국 공산주의의 예찬가들은 이 '코뮌'을 새 시대의 여명이라며 반겼다. 그러나 1960년에 냉혹한 현실이 드러났다. 인민공사들이 제대로 움직이기에는 중국이 보유한 기술 장비들이 너무 부족했고, 단지 농민들을 한 곳에 묶어놓는 것만으로 수백 년 동안 형성된 집안들끼리의 대립을 극복할 수 없었다. 곡물 산출량이 폭락하자 수백만 명이 기근으로 사망했다. 지역에 기반을 둔 새로운 산업들은 기술 수준이 낮고 대단히 비효율적이었으며 자원을 낭비함으로써 전체 경제에 손해를 끼쳤다. 대약진 운동은 대참사로 판명이 났으며 인민 대중은 끔찍한 희생을 치러야 했다. 의지만 갖고는 수세기 동안의 정체와 제국주의가 초래한 탈산업화를 극복할 수 없었던 것이다.

중국 지도자들의 대응은 마오쩌둥을 권력의 실세에서 밀어내고 좀더 절제된 산업화 노선으로 돌아가는 것이었다. 그러나 이것조차 대단한 성공이라고 부르기는 어려웠다. 1965년의 산출량은 1960년보다 낮았다. 노동 가능 인력은 해마다 1천5백만 명씩 늘어난 반면 새로운 일자리 수는 고작 50만 개씩만 늘었고, 2천3백만 명가량의 대졸자들은 좀처럼 좋은 일자리를 찾지 못했다.[291]

이런 문제들이 누적되자 마오쩌둥 주변의 지배 분파는 다시 한 번 오직 과감한 행동만이 막다른 골목에서 벗어나는 지름길이라고 믿게 됐다. 그들은 이번에는 그런 행동을 수행할 수 있는 사회 세력을 발견했다고 생각했다. 희망이 꺾인 엄청난 수의 청년들이 바로 그들이었다. 1966년에 마오쩌둥과 그의 부인 장칭(江靑)과 국방장관 린뱌오(林彪)를 포함한 마오쩌둥 지지자 그룹은 '프롤레타리아 문화혁명'을 선포했다.

그들에 따르면, 중국은 당 기구와 국가를 운영하는 자들의 '문화' 때문에 정체하고 있었다. 그 자들은 유약하고 게으르다. 이미 러시아도 그런 성향 때문에 비스탈린화라는 "자본주의의 내리막길"로 빠지고 말았으며, 마찬가지로 중국도 낡은 '유교적' 방식으로 되돌아갈 위험이 있다. 현 시국에 청년들의 임무는 마오쩌둥의 정책에 방해가 되는 자들을 대대적으로 비판함으로써 타락을 막는 것이다. 이를 위해 마오쩌둥의 그룹은 6개월 동안 모든 교육 기관을 폐쇄하고 1천1백만 명의 고등학생과 대학생으로 하여금 무료 열차를 타고 전국 방방곡곡을 돌아다니면서 그런 비판을 전개하도록 부추겼다.

'프롤레타리아 문화혁명'은 프롤레타리아나 혁명과는 아무런 관계가 없었다. 학생들이 대중 집회를 열고 지방을 돌아다니는 동안, 노동자들은 계속 일하라는 얘기를 들었다. 사실 '문화혁명'의 메시지 중 하나는 노동자들이 상여금이나 건강·안전 문제 같은 '자본주의적' 근심거리를 버려야 한다는 것이었다. 그것들은 '경제주의적' 관심사에 불과하며, '마오쩌둥 사상'이 누구에게나 충분한 동기 부여를 해 주기 때문이라는 것이다. 한편, 학생들도 군대와 경찰 기관의 업무를 방해하지 말라는 얘기를 들었다. 정말이지 이것은 국가 전복을 방지하기 위한 '혁명'이었다!

학생 '홍위병'들은 자신들의 분노를 국가 기관이 아니라 혁명적 열의가 부족해 보이는 개인들을 향해 터뜨리도록 부추겨졌다. 권력의 꼭대기에서 이것은 대약진 운동 기간에 마오쩌둥의 노선에 반대했던 사람들을 표적 삼는 것으로 나타났다. 류사오치와 덩샤오핑을 비롯한 여러 사람이 공직에서 제거됐다. 지역에서는 이것이, 어떤 이유에서든 '낡은 방식'을 대표하는 것으로 보이는 영향력 없는 하급 인사들 — 학교 선생, 작가, 기자, 사무원, 배우 등 — 을 속죄양 삼는 것으로 나타났다. 비이성적인 박해로 얼룩진 당시 분위기는 '홍위병' 출신인 장융의 소설 ≪대륙의 딸들≫과 문화혁명의 피해자인 어느 경극 배우의 이야기를 다룬 영화 <패왕별희>의 몇몇 장면에서, 그리고 지식인들의 삶을 소재로 한 다이호우잉의 소설 ≪사람아 아, 사람아!≫에서 생생하게 엿볼 수 있다.

하지만 문화혁명이 단지 광기의 분출이었던 것만은 아니다. 마오쩌둥이 이용해 먹은 대중의 좌절감은 매우 실질적인 것이었다. 그랬기 때문에 마오쩌둥이 시작했던 이 운동이 나중에 가서는 그의 통제를 벗어났다. 서로 경쟁하는 '홍위병' 조직들과 '적색 반란파'들이 여러 시와 기관에서 등장했다. 그 일부는 해당 지역의 경찰과 당 기구들에게 조종당한 반면, 다른 일부는 젊은 노동자들을 끌어들이고 인민 대중의 삶과 직결되는 의문들을 제기하기 시작했으며, 특히 상하이에서는 중요한 파업들에 개입하기 시작했다.

마오쩌둥은 이제 자신이 불과 몇 달 전에 시작했던 운동을 잠재우기 위해 린뱌오의 군대를 시켜 각 지역의 질서를 회복하게 했다. 그러자 일부 학생들은 사회 체제 전체에 반기를 들었다. 후난 성의 어느 학생 그룹은 "새로운 관료 부르주아지의 지배"를 성토했다. 다른 일부는 1970년대의 '민주벽' 운동의 기초가 되는 비판을 수행했다.[292] 그러나 군대의 단호한 개입과 대다수 학생들이 여전히 마오쩌둥에게 갖고 있던 믿음 덕분에 '홍위병' 운동은 막을 내렸다. 왜곡된 방식으로나마 운동을 통해 자신의 감정을 표출하기 시작했던 사람들은 이제 비싼 대가를 치러야 했다. 수백만 명이 도시에서 지방으로 강제 이주당한 다음, 고된 노동으로 혹사당했다. 어느 추산에 따르면, 상하이에서는 열 명 가운데 한 명꼴로 사람들이 지방으로 끌려갔다.[293]

그러나 문화혁명기의 대중 참여가 끝났다고 해서 중국 사회의 혼란이 끝난 것은 아니었다. 1970년에는 마오쩌둥의 후계자로 지명됐던 린뱌오가 쿠데타를 계획했다가 실패했다는 소문이 무성한 가운데 갑자기 비행기를 타고 러시아로 망명하던 중 소련 국경 지대에서 비행기가 추락해 사망한 일이 있었다. 1970년대 초반에는 저우언라이(周恩來)에게 중앙 권력이 집중됐고 그는 이전에 실각했던 덩샤오핑을 자신의 후계자로 지명했다. 마오쩌둥의 부인과 세 명의 협력자들('사인방')은 1974년에 잠시 권좌에 복귀해 덩샤오핑을 다시 숙청하고 문화혁명의 언어를 다시 채용했다. 그러나 사망한 저우언라이를 추모하는 대규모 집회들이 열리면서 사인방의 지지 기반이 매우 취약하다는 것이 드러났고, 1976년에 마오쩌둥이 죽자 사인방은 타도당해 감옥에 갇혔다.

전 세계의 수많은 좌파들이 문화혁명에 열광했다. 많은 나라에서 미국의 베트남전쟁에 반대했던 사람들은 베트남 지도자 호치민의 사진뿐 아니라 마오쩌둥의 사진도 들고 다녔다. '붉은 소책자'에 실린 낡아빠진 '마오쩌둥 사상'은 사회주의적 실천 지침으로 제시됐다. 그러나 정작 마오쩌둥은 미군 폭격기들이 과거 어느 때보다 맹렬히 베트남을 폭격하고 있던 1972년에 베이징에서 미국 대통령 닉슨을 맞이했고, 1977년에 덩샤오핑이 이끄는 중국은 스탈린의 후계자들이 이끄는 러시아보다 더욱 열렬히 시장 정책을 받아들이기 시작했다.

서방 언론은 중국이 이처럼 갈팡질팡했던 이유를 단순한 광기로 설명하려 했다. 1960년대에 마오주의자였던 많은 사람들이 1970년대 말에는 그런 설명에 수긍하면서 사회주의에 등을 돌렸다. 프랑스에서는 아예 과거에 마오주의자들이었던 '신(新)철학자'들의 학파까지 등장해 혁명은 필연적으로 압제를 낳으며 혁명적 좌파는 파시스트 우익들만큼이나 나쁘다는 사상을 퍼뜨렸다. 그러나 얼핏 보기에는 비이성적인 중국 현대사의 전개 과정에 대해서도 간단하고 이성적인 설명이 가능하다. 중국은 강제 공업화라는 스탈린식 모델을 성공적으로 모방하기에는 국내 자원이 너무 부족했다. 중국 지배자들이 아무리 농민들을 굶기고 노동자들을 쥐어짜도 그것은 마찬가지였다. 하지만 무려 한 세기 동안 제국주의의 약탈을 경험한 나라에서 달리 손쉬운 대안이 있었던 것도 아니다. 합리적 해법을 찾을 수 없었던 지배자들은 결국 비합리적 해법들에 이끌렸다.

10. 신세계 무질서

　1960년대 중반에 선진 자본주의 국가들을 관찰한 사람들 대부분은 자본주의 체제가 양차 대전 사이에 경험했던 문제들을 극복했다고 믿었다. 갈수록 깊어가는 경기 침체와 끝없는 경제적 불안, 혁명적 좌파와 파시스트 우파 간의 정치적 양극화 같은 현상은 더는 찾아볼 수 없었다. 미국의 사회학자 다니엘 벨은 "이데올로기의 종말"을 선언했다. 그에 따르면 이제는 "생산을 조직하고, 물가 인상을 억제하며, 완전고용을 유지"할 수 있는 수단이 존재하므로 "오늘날 정치는 국내의 계급 분열을 반영하지 않는다"는 것이다.[294] 벨은 미국 CIA가 돈줄을 쥐고 있는 잡지 ≪인카운터≫에 기고한 글에서 그렇게 주장했다. 그러나 CIA를 증오하는 사람들조차 매우 비슷한 결론에 도달했다. 그래서 독일계 미국인 마르크스주의자였던 헤르베르트 마르쿠제는 이렇게 썼다. "과거의 적들(부르주아지와 프롤레타리아트)은 제도적인 현 상태를 보존하고 개선하는 데 강력한 이해관계가 걸려 있기 때문에 현 사회의 가장 선진적 영역에서 단결하게 됐다."[295]

　역사는, 또는 적어도 계급 투쟁의 역사는 끝난 것처럼 보였다. 어쩌면 제3세계에서는 아니었을지도 모르지만 말이다. 거의 30년 뒤에 미 국무부 관리 프랜시스 후쿠야마도 벨이나 마르쿠제의 이름은 언급하지 않은 채 그런 주장을 되풀이했다.

하지만 1960년대 중반에서 1990년대 초반 사이에는 일련의 사회적 격변들과 갑작스런 경제 위기와 격렬한 파업 투쟁이 잇따랐고 세계 최강의 군사 블록 하나가 붕괴했다. 역사는 끝나기는커녕 속도를 더했다.

20세기 후반에는 세 차례의 전환점 — 1968년, 1973~1975년, 그리고 1989년 — 이 있었다. 이 세 시기의 누적된 영향으로 냉전 시대의 정치·이데올로기·경제 구조가 파괴됐다.

1968년 : 작렬하는 자유의 소리

1968년은 보통 "학생 반란의 해"로 일컬어진다. 분명 그 해는 서베를린, 뉴욕, 하버드, 바르샤바, 프라하, 런던, 파리, 멕시코시티, 로마 등 세계 곳곳에서 학생들의 시위와 점거농성이 분출한 한 해였다. 그러나 동시에 1968년은 그보다 훨씬 더 많은 일이 일어난 해였다. 미국 흑인들의 반란이 절정에 달했던 것도, 베트남에서 미국의 군사적 위신이 땅에 떨어진 것도, 체코슬로바키아에서 러시아 군대가 저항에 직면한 것도, 프랑스에서 사상 최대의 총파업이 일어난 것도, 향후 7년 동안 이탈리아 사회를 뒤흔들 노동자 투쟁의 물결이 일기 시작한 것도, 그리고 북아일랜드에서 '소란'이 일기 시작한 것도 바로 이 때였다. 학생들의 투쟁은 이처럼 더 큰 사회적 힘들의 충돌을 보여 주는 징후였다. 거꾸로 학생 운동이 그런 충돌에 일부 영향을 주고 그것이 다시 되돌아오기도 했지만 말이다.

1968년의 폭발은 그 진원지가 된 사회들이 워낙 안정돼 보였기에 더욱 충격적이었다. 미국에서는 매카시즘의 영향으로 1930년대부터 존재했던 좌파들이 분쇄된 데다가 노동조합 지도자들은 관료적이고 보수적이기로 악명 높았다. 체코는 동유럽 국가들 가운데 가장 부유했으며 1956년의 격변에서 가장 영향을 적게 받은 나라였다. 프랑스에서는 드골의 선횡적인 지배 체제가 10년째 확고하게 유지되고 있었고 좌파는 선거에서 열세를 면치 못했으며 노동조합들은 힘이 약했다. 이탈리아에서는 여러 정부들이 차례로 집권했지만 어느 정부에서나 다수당을 차지했던 기독교민주당이 가톨릭 교회를 통해 사람들의 투표 성향을 통제했다.

이 나라들은 지속적인 경제 성장을 누려온 덕분에 그만한 안정을 유지할 수 있었다. 그러나 바로 그런 성장이 안정의 토대를 허무는 힘들을 창조했고, 1968년이 되자 그 힘들은 도처에서 정치·이데올로기 구조에 커다란 균열을 일으켰다.

장기 호황이 시작될 무렵, 미국의 흑인 인구는 노예제가 폐지된 직후와 거의 다를 바 없는 상황에 처해 있었다. 즉, 그들은 주 정부와 백인 인종 차별주의자들이 총기와 채찍과 올가미를 들이대며 흑인들에게 열등한 지위를 받아들이도록 강요하는 남부의 농촌에서 소작농으로 살아가고 있었다. 호황이 찾아오자 일자리를 구하려고 도시로 떠나는 흑인들이 늘어났다. 1960년에는 흑인 인구의 4분의 3이 도시에서 살고 있었다. 도시 내 흑인 인구의 밀도가 높아지자 국가와 인종 차별주의자들에 맞서 싸울 자신감도 생기기 시작했다. 1955년에는 로자 파크스라는 한 여성이 버스 뒤쪽의 흑인 좌석에 앉기를 거부했고, 이 사건을 계기로 앨라배마 주 몽고메리 시의 낡은 권력 구조를 통째로 뒤흔든 대중적인 버스 보이콧 운동이 일어났다. 1965년, 1966년, 1967년에는 로스앤젤레스, 뉴어크, 디트로이트 같은 북부 도시에서 흑인 반란들이 터져 나왔다. 흑인 지도자 마틴 루터 킹이 암살된 1968년에는 미국의 거의 모든 흑인 빈민가에서 불길이 솟아올랐고 많은 흑인 청년들이 무장을 통한 자기 방어와 혁명을 설파한 흑표범당에 마음이 끌리기 시작했다.

1940년대 말에 프랑스와 이탈리아에서 기존 질서가 안정을 되찾고 스페인과 포르투갈에서는 파시스트 권력이 온전히 유지될 수 있었던 것은 이들 나라 인구의 대다수가 여전히 기존 질서를 받아들이도록 윽박지르거나 매수하기가 쉬운 소농들이었기 때문이다. 이에 대한 이데올로기적 표현으로서, 많은 지역에서 보수적인 가톨릭 교회가 막강한 영향력을 행사하고 있었다. 그러나 장기 호황이 이것을 바꿔놓았다. 1968년에는 수많은 농민 출신 남녀들이 남부 유럽 각국의 공장과 대형 작업장에서 일하고 있었다. 처음에 그들은 노조에 반대하거나 보수적인 가톨릭 노조를 지지하는 등 지방의 편견들을 고스란히 간직하고 있었다. 하지만 그들 역시 1930년대와 전쟁 말기의 거대한 파업 투쟁을 기억하고 있는 더 나이 든 노동자들과 똑같은 환경 — 더 열심히 일하라는 무자비한 압력, 현장 감독들과 경영주들의 괴롭힘, 물가 인상에 따른 실질 임금 하락 등 — 에 노출됐다. 1968년과 1969년에 그들은 체제에 도전하는 새롭고 강력한 하나의 세력이 됐다.

1950년대 중반에 체코가 누렸던 안정도 경제 호황 덕분이었다. 연간 7퍼센트의 경제 성장률 덕택에 지배 관료들은 자기만족에 빠질 수 있었고 노동자들의 실질 임금도 꽤 올랐다. 그러나 1960년대 초반 들어 경제 성장이 느려지면서 모든 사회 계층 내에 불만이 쌓여갔고 지배 관료들은 분열했다. 당의 지도적 인물들은 대통령이자 당 제1서기인 노보트니를 사임하게 만들었다. 지식인들과 학생들은 이 기회를 틈타 20년 만에 처음으로 자신들의 의견을 자유롭게 표출했다. 검열 체계가 완전히 무너졌고, 시위를 진압해야 할 경찰은 별안간 무기력해 보였다. 학생들은 자유로운 학생들의 연합체를 결성했고, 노동자들은 국가가 임명한 노조 지도자들을 선거에서 떨어뜨리기 시작했으며, TV 방송에서는 정부 각료들의 정책이 도마 위에 올랐고, 사람들은 스탈린 시대의 공포에 관해 공개적으로 토론을 벌였다. 러시아 지배자들로서는 더는 참을 수 없는 일이었다. 급기야 1968년 8월에는 소련군이 체코에 쳐들어와 정부의 주요 인사들을 체포해 모스크바로 끌고 갔다.

그들은 체코 사람들의 불만을 간단히 잠재울 수 있으리라 기대하고 그렇게 행동했지만 단기적으로는 그들의 행동이 오히려 불만을 더욱 심화·확대시켰다. 러시아의 탱크에 맞서 물리적 저항은 별로 없었지만 수동적 반감은 어마어마했다. 결국 러시아는 체코 정부의 각료들한테 체코의 상황을 안정시키겠다는 약속을 받고 그들을 풀어 줄 수밖에 없었다. 그 약속이 지켜지기까지는 중간 중간에 시위와 파업으로 얼룩진 9개월이라는 시간이 필요했다. 그러나 마침내 러시아는 체코에 꼭두각시 정부를 세우는 데 성공했고, 그 정부는 사람들을 직장에서 쫓아내거나 때로는 감옥에 가두는 방식으로 공공연한 비판을 잠재웠다. 체코에서 스탈린주의적 국가자본주의가 종식되려면 20년을 더 기다려야 했다.

그렇지만 그 사건은 스탈린주의 체제의 이데올로기에 막대한 타격을 입혔다. 전 세계 좌파들은 1956년에 느꼈던 의혹을 다시 한 번 느껴야 했다. 대부분의 서유럽 공산당들은 단지 국내의 사회민주당이나 중간 계급 정치 세력들과 협력 관계를 구축하기 위해서라도 러시아의 점령을 비난하고 나섰다. 왼쪽으로 이동하는 청년들 사이에서는 '동·서 양쪽의 제국주의'를 싸잡아 비난하는 일이 흔해졌다. 체코를 포함한 동유럽에서는 집권 정당에 가입하는 사람들의 동기가 점점 이데올로기적 헌신과 무관해졌다. 즉, 공산당 가입은 출세하는 방편일 뿐 그 이상도 이하도 아니었다.

미국이 베트남에서 겪고 있던 문제들조차 어떤 측면에서는 장기 호황의 산물이었다. 베트남전쟁은 1968년의 테트 공세(또는 구정 공세)를 계기로 세계 무대의 중심에 올랐다. 그러나 테트 공세 때문에 미군이 곧장 패배한 것은 아니었다. 당시에 미국은 빼앗겼던 도시들을 다시 탈환했다고 자랑했다. 비록 어느 장군이 인정했듯이, 어떤 경우에는 "도시를 구하기 위해 그 도시를 파괴해야 했"지만 말이다. 테트 공세가 베트남전쟁의 전환점이 될 수 있었던 이유는 이를 계기로 미국 대자본의 핵심 부문들이, 미국이 베트남을 통제하기 위한 비용을 더는 감당할 수 없음을 깨달았기 때문이다. 사실 미국이 베트남전쟁에 쏟아 붓고 있었던 비용은 한국전쟁 비용보다 많지 않았다. 하지만 그 사이에 일본과 서독 자본주의가 경제 호황을 통해 미국 자본주의의 경쟁자로 떠오르면서, 미국은 이들의 경제적 도전과 베트남에서 벌어지고 있는 지상전을 한꺼번에 감당하기 힘든 처지에 놓이게 된 것이다. 아니나 다를까, 전쟁 때문에 존슨 대통령의 '위대한 사회' 계획(복지 지출을 늘림으로써 미국 사회의 장기적 안정을 도모하고 개인적 명망도 얻으려는 구상)은 차질을 빚게 됐다.

마지막으로, 장기 호황 덕분에 모든 선진 자본주의 국가에서 학생 수가 엄청나게 증가했다. 어느 나라에서나 정부는 자기 나라 자본주의의 경쟁력을 높이기 위해 고등교육을 엄청 확장했다. 제2차세계대전 발발 당시에 고작 6만 9천 명이었던 영국의 학생 수는 1964년에는 30만 명에 육박했다. 이렇게 수가 늘어나면서 학생들의 구성도 질적으로 바뀌었다. 과거에는 학생들 중에 지배 계급이나 그에 기생하는 계급 출신들이 압도 다수였던 반면, 이제는 중간 계급 자녀들 또는 그보다는 덜 하지만 노동자들의 자녀들이 대다수였다. 대학들은 점차 규모가 커지면서 건물 디자인도 서로 비슷해졌고 노동자들을 일터로 몰아넣는 것과 비슷한 방식으로 학생들을 한 곳으로 몰아넣었다. 캘리포니아 버클리에서 일어난 학생 시위에서는 '지식 공장'에 관한 불만들이 터져 나왔다.

학생들은 더 넓은 사회에서 서로 다른 계급적 목적지를 좇아 뿔뿔이 흩어지기 전에 고작 3, 4년만 대학에 머무른다. 하지만 학생들이 처한 환경은 그들을 집단 행동으로 이끄는 공통의 감정과 관심사를 그들에게 부여할 수 있다. 바깥 세계의 이데올로기적 긴장도 그런 영향을 미칠 수 있다. 이 모든 요인은 수많은 청년들이 사회학, 문학, 역사학, 경제학을 공부하는 학생으로서 이데올로기적 주제들을 흡수하고 논리 정연하게 표현하게 만드는 환경 속에 농축된 형태로 존재하고 있었다.

이 때문에 바깥 사회에서 제기되는 쟁점들이 학내에 끼치는 영향은 폭발적일 수 있었다. 그래서 예컨대 베를린의 학생 투쟁은 이란의 전제 군주가 그곳을 방문했을 때 경찰이 시위대 한 명을 죽인 사건을 계기로 시작됐고, 미국의 학생 투쟁은 베트남전쟁에 대한 혐오와 흑인 투쟁에 대한 연대에서 자라났으며, 폴란드에서는 그것이 반정부 인사들의 투옥에 항의하는 운동으로서, 체코에서는 러시아의 점령에 맞선 저항의 일부로서 시작됐다.

학생들 고유의 쟁점에서 출발한 투쟁들은 체제 전반에 도전하는 투쟁으로 급격히 일반화됐다. 가장 두드러진 사례는 프랑스의 학생 투쟁이었다. 학내 문제를 둘러싼 소규모 학생 시위에 대해 당국은 파리 대학 전체를 폐쇄하고 경찰을 투입하는 것으로 대응했다. 경찰 폭력에 충격을 받은 학생들이 점점 더 많이 시위에 가담했고 마침내 '바리케이드의 밤'(5월 10일)에는 경찰 병력이 잠시 파리 좌안(左岸)에서 완전히 밀려났다. 프랑스의 학생 운동은 파업과 집회에 무장 경찰을 언제든지 투입할 용의가 있었던 드골 치하의 권위주의적 사회 질서 전반에 맞선 성공적인 저항의 상징으로 떠올랐다. 그러자 서로 경쟁하는 노조 연합체들의 지도자들은 아래로부터의 압력에 대응해 5월 13일 하루 총파업을 호소했는데, 이에 대한 노동자들의 반응은 그들 전부를 놀라게 했다. 그 다음 날에는 전날의 총파업이 거둔 성공에 자신감을 얻은 젊은 노동자들이 낭트에 있는 쉬드 아비아시옹 공장을 점거했다. 다른 노동자들이 그들의 선례를 모방하면서 이틀 만에 프랑스 전역이 1936년의 공장점거 운동을 훨씬 더 큰 규모로 재현한 듯한 상황에 빠져들었다. 무려 2주 동안 정부는 마비됐고, 그나마 방송·출판을 계속한 언론 매체에서 다루는 내용은 온통 '혁명'에 관한 얘기 일색이었다. 절박해진 드골은 독일에 주둔한 프랑스 군 장성들에게 피신을 갔다가 소요 사태를 끝내는 것이 자신의 임무라는 핀잔만 듣고 돌아왔다. 그가 마침내 소요 사태를 끝낼 수 있었던 것은 오직 임금 인상과 총선 약속에 만족한 노조들이, 그리고 무엇보다 공산당이 노동자들에게 업무 복귀를 종용한 덕분이었다.

5월 이전에도 이미 학생 운동의 국제적 확산에 힘입어 혁명의 언어가 새로운 인기를 누리고 있었다. 하지만 5월 이전에는 혁명에 관한 논의들이 노동자를 배제하는 헤르베르트 마르쿠제 같은 인물들의 사상적 테두리 내에 머무르는 경향이 있었다. "학생 권력" 같은 구호가 전형적이었다. 하지만 5월 이후로 이런 상황이 바뀌었다. 그때부터는 1968년 당시의 상황을 1848년, 1871년, 1917년, 1936년, 심지어 1956년의 상황과도 연관지어 생각하려는 경향이 짙어졌다. 서방의 주류 사상계에서 20년 이상 천대받았던 마르크스의 사상이 갑자기 최신 유행이 됐다. 30년이 지난 후에도 서방 세계 곳곳의 늙어가는 지식인들은 여전히 1960년대의 유산에 열광하거나 그것을 한탄하고 있다.

1968년의 영향을 받은 것은 단지 협소하고 지적인 의미의 문화만이 아니었다. '대중' 문화와 '청년' 문화도 많은 측면들에서 그 영향을 받았다. 젊은이들은 자라면서 들어왔던 많은 편견들에 도전했다. 예전에는 '언더그라운드'의 소수 집단에만 국한됐던 패션이 광범하게 퍼지는 등 의복과 헤어스타일이 빠르게 바뀌었다. 마약들(주로 마리화나, 암페타민, LSD 같은 것)이 널리 보급됐다. 더 중요하게는, 할리우드 영화들이 아메리칸 드림을 전파하기보다는 그것에 도전하기 시작했고 일부 팝 음악가들은 성욕이나 낭만적 사랑 이외의 주제들을 채택하기 시작했다.

미국에서는 초창기의 '운동들' — 공민권 운동과 흑인 해방 운동, 반전 운동, 그리고 학생 운동 — 이 다시 운동들의 자양분이 됐다. 이들 운동에 고무받은 아메리카 원주민들은 자신들이 겪는 억압에 맞서 싸우기 시작했고, 뉴욕의 동성애자들은 동성애자 클럽 단속에 맞서 싸우는 과정에서 동성애자해방전선을 결성했다. 운동의 경험은 수많은 여성들로 하여금 미국 사회 내에서, 그리고 종종 운동 진영 내에서도 그들의 열등한 지위에 도전하도록 고무했다. 그들은 '여성해방운동'을 결성해 계급 사회가 탄생한 순간부터 여성이 받았던 억압에 문제제기를 했고, 그럼으로써 운동과 직접 관계가 없는 여성들에게도 공감을 얻었다. 이것은 대다수 여성이 고용 노동 인구에 영구적으로 편입되기 시작하면서 새로 획득한 독립적 지위를 소중히 여기게 된 현실을 반영했다.

새로운 곤경

급진화의 물결은 1968년으로 끝나지 않았다. 미국에서 학생 시위는 1970년에 최고조에 달했다. 오하이오 주 켄트 주립대학교에서 닉슨 대통령이 베트남전쟁을 캄보디아로 확장한 것에 항의하던 학생들을 주 방위군이 총으로 쏴 죽인 사건이 있은 후, 그 주에 전국에서 학생들이 대학을 점거했다. 그리스의 학생 운동은 1973년에 분출했다. 아테네 한가운데에 있는 과학기술대학을 학생들이 점거한 사건은 6년 동안 그리스를 지배했던 군사독재를 뒤흔들었고 7개월 뒤에 정권이 붕괴하는 데 기여했다. 서독의 대학들은 전반적으로 비정치적인 환경 속에 고립된 좌파적(주로 마오주의적인) 선동의 섬으로서 수년 동안 계속 존재했다.

그러나 1968년 이후로 몇 개 나라에서는 중요한 전환점이 찾아왔다. 이제 학생들은 더는 좌파적 저항의 중심 세력이 아니었다. 이탈리아에서는 금속 노동자들이 임금 협약을 놓고 공장을 점거한 1969년의 "뜨거운 가을" 이후로 노동자 운동이 무대의 중심을 차지했다. 스페인에서는 1970년 후반부터 중심 역할을 담당하기 시작한 노동자 운동이 말년의 프랑코 정권을 크게 약화시켜, 프랑코의 후계자들은 1975년에 프랑코가 사망한 것과 거의 같은 시기에 부랴부랴 '민주적' 개혁 조치들을 도입해야 했다. 영국에서는 자기 지도자들마저 대부분 무시하고 행동에 나선 노조 활동가들의 공세로 에드워드 히스의 보수당 정부가 너무나 큰 타격을 입은 나머지, 1974년 초에 히스가 "누가 나라의 주인인가"를 걸고 국민투표를 치렀다가 패배한 일이 있었다.

학생들은 간혹 노동자들이 참가하는 투쟁들을 촉발시킬 수는 있었지만 그런 투쟁의 결말은 결국 노동자 조직들이 어떻게 행동하느냐에 달려 있었다. 이는 1968년 5월에 프랑스의 노조들과 공산당이 가장 유명한 학생 지도자들의 반대에도 불구하고 총파업을 접는 데 성공한 사례에서 분명히 드러난다. 1975~1976년에 이탈리아, 영국, 스페인에서도 같은 일이 반복됐다. 이탈리아의 기독교민주당, 영국의 보수당, 그리고 스페인의 프랑코는 혼자 힘만으로는 노동자 투쟁을 중단시킬 수 없었다. 이들 정부는 오직 노조 지도자들이나 노동자 정당들과 협정을 맺음으로써 그렇게 할 수 있었다. 그리하여 이탈리아에서는 '역사적 타협'이라는 이름으로, 영국에서는 '사회 협약'이라는 이름으로, 스페인에서는 '몬클로아 협약'이라는 이름으로 노·정 간의 거래가 이루어졌다.

사실상 이런 협정들은 장기 호황이 끝나갈 무렵에 노동자 투쟁을 잠재우는 효과를 발휘했다. 말하자면 사람들에게 KO 펀치가 날아오기 직전에 가드를 내리게 만든 것이다.

1960년대 말의 학생 급진주의가 1970년대에 노동자 투쟁의 물결로 이어진 곳은 비단 유럽만이 아니었다. 라틴아메리카의 남쪽 끝에서도 그런 일이 있었다. 1960년대 말에 아르헨티나의 코르도바 시에서는 거의 봉기가 일어나다시피 했고,[296] 칠레에서는 토지점거 운동이 확산돼 기독교민주당 정부를 위협했다. 두 경우 모두 변혁을 향한 아래로부터의 동력은 합헌적인 테두리 내에 머물다가 유실됐다.

아르헨티나의 경우 그런 열망은 제2차세계대전 직후에 집권했다가 망명한 옛 독재자 페론의 귀환을 요구하는 것으로 표현됐다. 페론은 아르헨티나의 농산물 수출 가격이 높았던 덕분에 노동자들이 상대적으로 높은 임금 수준과 복지 혜택을 누릴 수 있었던 시절에 아르헨티나를 지배한 인물이다. 사람들은 페론이 돌아오면 좋았던 시절이 다시 오리라고 믿었다. 그것은 좌·우파의 페론 지지 세력들이 모두 거듭거듭 설파한 메시지였고, 심지어 매우 강력한 도시 게릴라 조직이었던 '몬토네로'도 그렇게 주장했다. 그러나 막상 페론의 복귀는 노동자들에게 이득을 안겨주지 못했고 오히려 좌파들이 준비하지 못한 상태에서 우파와 군부의 준동에 길을 터주는 결과를 초래했다. 페론이 사망하자 자신감이 충만했던 군부가 아예 권력을 직접 강악히기에 이른다. 그 결과 수만 명을 헤아리는 무려 한 세대의 좌파 활동가들이 살해되거나 '실종'됐다.

칠레에서는 의회주의 정당인 사회당이 새롭게 부상한 전투적 운동의 수혜자가 됐다. 사회당 지도자들 가운데 한 명인 살바도르 아옌데가 1970년에 대통령에 당선됐는데, 그때 의회 내의 우익 다수파는 아옌데에게 군대의 지휘 체계를 문란하게 하지 않겠다는 헌법상의 약속을 받아내는 대가로 그의 집권을 승인해 줬다. 그러나 주요 미국 자본들은 이에 만족하지 않았고, 아옌데 집권 2년 만에 칠레 지배 계급의 주요 부문들도 정부에 등을 돌렸다. 1972년 가을에는 트럭 운수업주들이 주도해 아옌데 정부 퇴진을 노린 '사장들의 파업'이 일어났다. 그러자 노동자들이 공장을 접수하고 각각의 공장들을 서로 연결하기 위해 1917년과 1956년의 노동자평의회들과 비슷한 기구인 코르돈을 조직함으로써 사장들의 기도를 좌절시켰다. 1973년의 쿠데타 시도는 군부의 분열과 대규모 가두 시위에 부딪혀 실패로 끝났다. 그런데도 공산당과 사회당의 주류는 사람들에게 코르돈을 해체하고 '헌법을 존중하는' 군대의 전통을 믿어달라고 호소했다. 아옌데는 우익을 달래고 질서를 유지하려는 목적으로 아우구스토 피노체트를 포함한 군 장성들을 정부에 끌어들였다. 그러나 그 해 9월에 피노체트는 쿠데타를 일으켜 아옌데가 있는 대통령 궁을 폭격했고 수천 명의 노동자 활동가들을 살해했다. 유럽에서는 노동계 지도자들이 나서서 노동 운동을 잠재운 반면 라틴아메리카 남부에서는 노동 운동이 피의 강물에 익사하고 말았다.

1968년에 지펴졌던 불길은 유럽에서 다시 한 번 타올랐다. 1920년대 말부터 파시즘의 요소를 갖춘 독재국가였던 포르투갈이 그 무대였다. 1970년대 중반 들어 포르투갈은 아프리카 식민지들을 통제하는 데 점점 더 큰 어려움을 겪고 있었다. 1974년 4월에 독재자 카에타누가 쿠데타로 물러나고 그를 대신해 보수적인 장군인 스피놀라가 권좌에 올랐다. 스피놀라는 포르투갈 주요 독점 자본들의 후원을 받고 있었으며 식민지 전쟁들을 협상으로 매듭짓기를 원했다.

독재자 카에타누의 몰락은 일련의 투쟁들을 촉발했다. 리스나베와 세트나베에 있는 대형 조선소들이 점거당했다. 제과점·우체국·공항 노동자들이 파업에 들어갔다. 위험을 무릅쓰고 쿠데타를 주도한 많은 하급 장교들은 스피놀라보다 훨씬 급진적이었다. 그들은 식민지 전쟁을 당장 끝내야 한다고 생각했던 반면, 스피놀라는 식민지의 민족 해방 세력들이 포르투갈 자본의 이익을 보전해 주는 협상안에 합의할 때까지 전쟁을 질질 끌기를 원했다. 포르투갈에서 유일하게 잘 조직된 지하 정당은 공산당이었다. 공산당 지도자들은 파업을 중단시키겠다는 조건으로 스피놀라와 거래를 했고(그 때문에 리스본 지역의 일부 강력한 노동자 그룹들에게 신뢰를 잃었다) 정부에도 참여했으며 중간 계급 지지자들을 군대와 언론의 영향력 있는 자리에 침투시키려 노력했다. 공산당이 노린 것은 노동자들과 장군들 사이에 중재자로서 지위를 획득한 다음에 전후 동유럽 정권들을 본딴 정권을 수립하는 것이었다.

그것은 결코 먹혀들 수 없는 작전이었다. 공산당은 서유럽 문턱에서 벌어지고 있는 혁명적 사건들에 안절부절 못하는 서방 자본주의 국가들을 달랠 수 없었던 것만큼이나, 리스본 노동자들의 전투성과 병사들의 환멸이 공산당보다 왼쪽에 있는 세력의 성장을 촉진하는 것을 막을 수 없었다.

실패로 끝난 우익의 쿠데타 시도가 두 차례 있었는데, 그 결과 스피놀라는 퇴진했고 노동자들과 병사들은 더욱 급진화했다. 우익은 CIA와 서유럽 사회민주주의 정부들의 후원을 등에 업고 포르투갈 북부의 시골 지역에서 일련의 준(準)봉기들을 조직했다. 사실상 군사적 권력을 행사하고 있었던 하급 장교들은 여러 가지 정치적 대안 사이를 오락가락했다. 그러다가 1975년 11월에 사회민주당의 후원을 받은 어느 고위 장교가 좌파 장교들이 어설픈 쿠데타를 시도하게끔 도발하는 데 성공했고, 그 사건을 빌미로 명령에 절대 복종하는 병사 수백 명을 리스본으로 보내 좌파 부대들을 무장 해제했다. 몇 주 전(공산당과 가까운 장교 한 사람이 국무총리까지 지냈던)까지만 해도 그토록 강력해 보였던 공산당은 노동 계급의 저항을 조직하려는 아무런 시도도 하지 않았다. 1975년 여름에 유럽과 영국 자본주의의 지도자들을 그토록 근심에 빠뜨렸던 혁명은 가을이 되자 찍소리도 못하고 패배를 받아들였다.

굵은 빗방울

장기 호황은 1973년 가을에 갑자기 끝을 맺었다. 1930년대 이후 처음으로 서방 경제들이 동시다발로 침체에 빠져들면서 실업률이 두 배 증가했다. 이것은 전 세계 정부들과 기업계에 비상이 걸리도록 만들기에 충분했다. 주류 경제학자들은 1930년대의 대공황이 어떻게 발생했는지 단 한 번도 제대로 설명하지 못했기에 이번에도 비슷한 사태가 일어나지 않으리라고 누구도 장담할 수 없었다.

1950년대와 1960년대에 그들은 이제 존 매이너드 케인스의 처방을 활용할 수 있으므로 더는 침체가 없을 것이라는 결론을 내렸다. 세계에서 가장 많이 팔린 경제학 교과서의 저자이자 노벨상 수상자였던 폴 사무엘슨은 1970년에 경기 순환이 과거의 일이라며 사람들을 안심시켰다. 그러나 케인스의 처방은 먹혀들지 않았다. 실업률은 줄어들지 않고 오직 인플레이션만 악화됐을 뿐이었다. 1976년에 이르러 인플레가 급등할 것이라는 공포 섞인 전망이 난무하는 가운데 그들은 마침내 케인스주의를 폐기했다. 경제학자들과 정치적 저널리스트들은 하룻밤 사이에 국가 개입에 방해받지 않는 완전한 '자유' 시장에 대한 믿음으로 개종했다. 이는 얼마 전까지만 해도 프리드리히 하이에크나 밀턴 프리드먼 같은 극소수의 고립된 교주들만이 설파했던 교리였다. 지식인들의 이런 집단 개종 현상은 과거에 신학자들이 제후들의 말 한 마디에 '믿음'을 바꾸던 시절 이후로 처음 있는 일이었다.

하지만 자유 시장 교주들의 인기가 실업률을 장기 호황 수준으로 되돌릴 수는 없었다. 또한 1980년대 초의 경기 침체로 다시 한 번 실업률이 두 배 뛰고 1974~1976년의 침체 때보다 더 많은 나라들이 타격을 입는 것을 막을 수도 없었다.

1974~1976년과 1980~1982년의 경기 침체 원인을 1973년 10월의 아랍-이스라엘 전쟁과 1980년의 이란-이라크 전쟁 발발에 따른 갑작스런 유가 인상 탓으로 돌리는 잘 알려진 설이 있다. 그러나 유가가 하락하던 1990년대 초에도 경기가 다시 한 번 침체했다. 또 다른 설명에 따르면 1974~1976년의 경기 침체는 임금 인상이 이윤을 압박한 결과라고 한다. 하지만 이것은 세계에서 가장 중요한 경제권인 미국의 임금 수준이 꾸준히 하락하기

시작한 1970년대 중반 이후의 경제 위기들을 설명할 수 없다.[297]

'황금기'를 '고철기'로 바꿔놓은 것은 자본주의 체제에 찾아온 더 근본적인 변화였다. 한국전쟁 당시만 해도 미국은 총생산의 약 20퍼센트에 해당하고 투자 가능한 잉여의 절반에 해당하는 막대한 규모의 군비 지출을 감당할 수 있었다. 이는 미국의 국내 산업에 시장을 제공했을 뿐 아니라 군비 지출이 거의 없는 일본 같은 나라에게도 수출 시장을 제공했다. 하지만 베트남전쟁이 일어날 무렵에 미국은 일본 같은 나라들의 경제적 도전 때문에 더는 예전 같은 수준의 군비 지출을 부담할 수 없게 됐다. 여전히 미국은 막대한 양의 무기를 생산했지만 무기 생산이 총생산에서 차지하는 비중은 아마도 한국전쟁 당시의 3분의 1에 불과했을 것이다. 이것으로는 주기적으로 심화하는 세계 경기 침체를 극복하기에는 역부족이었다. 아직 위기가 1930년대만큼 심각해진 것도 아니었는데 말이다.[298]

장기 호황이 끝났다고 해서 선진국들의 경제 성장이 완전히 멈춘 것은 아니었다. 그러나 성장은 예전보다 훨씬 더디고 불균등해졌으며, 호황과 불황의 경기 순환은 더욱 사나운 모습으로 되돌아왔다. 1980년대의 1인당 산출량 증가율은 1960년대 초반의 절반 이하로 떨어졌다. 실업률은 몇 년 연속 10퍼센트 이상을 기록하거나 아일랜드와 스페인 같은 곳에서는 20퍼센트에 육박하는 등 장기 호황 때라면 상상도 못했을 수준으로 증가했다. 미국에서는 1980년대와 1990년대에 실업률이 상대적으로 낮았는데, 이는 복지 삭감 때문에 사람들이 매우 낮은 임금도 마다 않고 일자리를 구해야 했기 때문이다. 미국에서 가장 가난한 10퍼센트는 영국의 같은 계층에 비해 소득이 25퍼센트 더 낮았다.[299]

곳곳에서 고용 불안이 일상의 한 단면으로 자리 잡았다. 1990년대 들어 주류 정치인들은 '평생 직장'이라는 관념을 비웃기 시작했다. 하지만 장기 호황 내내 대다수 사람들은 평생 직장이라는 관념을 당연하게 받아들였다. 물론 일부 산업이 축소되고 다른 산업이 팽창하면서 직장을 바꾸는 사람들도 항상 있기 마련이었다. 그러나 몇몇 '사양 산업'의 경우를 제외하면 대다수 사람들은 더 나은 고용 조건을 바라보고 자발적으로 일자리를 옮겼지, 인력 축소의 압력에 떠밀려서 그렇게 하지는 않았다. 그러나 이제는 인력 축소의 압력에 떠밀려서 이직하는 경우가 더 많아졌고 각종 여론 조사에서는 노동 인구의 절반이 정리해고의 공포에 시달리는 것으로 나타났다.

자본주의는 과거 어느 계급 사회보다도 역동적인 형태의 계급 사회다. 그런 역동성, 끊임없는 변화는 호황기뿐 아니라 불황기에도 나타난다. 일부 기업들이 도산할 때 다른 일부 기업들은 그 덕분에 번창한다. 일부 산업들이 축소되는 것과 동시에 다른 산업들은 팽창한다. 심지어 최악의 불황기에도 잘 나가는 부문들이 있기 마련이다. 예컨대 현금이 절실히 필요한 사람들의 물건을 사들이는 전당포 주인들이나 부자들의 재산을 지켜주는 보안업체들이 그렇다.

이른바 '고철기'에도 자본주의의 역동성은 살아 있었다. 하지만 그것은 인민 대중의 삶을 향상시키는 것이 아니라 대중이 과거에 쟁취한 성과들을 앗아가려 하고 있었다. 산업들이 통째로 사라지면서 여러 도시가 황무지로 변했다. 복지 혜택은 50년 전 수준으로 되돌아가거나 심지어 미국의 일부 주에서는 완전히 철폐되기도 했다. 그러는 동안 '대처(Thatcher)주의자' 또는 '신자유주의자'로 알려진 새로운 부류의 강경 우파 정치인들은 '기업가 정신'의 전면적 도입을 자축했고, 19세기 정통 정치로 회귀하는 것을 '현대화'의 증거라고 생각했던 일부 사회민주주의 정치인들도 그들의 생각에 동조했다.

이런 우경화는 1970년대 중반의 잇따른 패배로 사기가 떨어진 일부 급진 좌파들에게도 영향을 미쳤다.(그들 중에는 중국에 관한 진실과 중국에 친화적인 캄보디아 크메르루즈 정권의 잔혹한 만행을 알고 나서 좌절한 좌파들도 간혹 있었다.) 어떤 사람들은 애초에 혁명을 목표로 삼은 것 자체가 실수였다는 결론에 도달했다. 어떤 사람들은 자신들이 의회주의적 개량주의를 너무 심하게 비판했다고 생각했다. 어떤 사람들은 단순히 계급 투쟁이 과거의 유물이라고 결론지었다.

그러나 사실은 1980년대에도 노동자들이 오래된 산업 부문의 일자리를 지키기 위해 싸움에 나서면서 매우 크고 때때로 격렬한 계급 전투가 벌어졌다. 프랑스와 벨기에 철강 노동자들의 투쟁, 영국의 광부 15만 명이 1년 동안 벌인 파업, 비슷한 기간 동안 영국 인쇄 노동자 5천 명이 벌인 파업, 덴마크에서 5일 동안 계속된 총파업, 네덜란드와 영국령 콜롬비아에서 일어난 공공 부문 파업, 그리고 스페인의 하루 총파업이 그 사례다.

하지만 이런 투쟁들은 대체로 패배로 끝났고, 그런 패배가 남긴 한 가지 유산은 '낡은 방식'의 계급 투쟁으로는 더는 승리할 수 없다는 믿음의 확산이었다. 이 때문에 일부 노동자 활동가들은 다시 한 번 의회 정치인들의 약속에 희망을 거는 쪽으로 방향을 틀었다. 또한 그것은 좌파 지식인들로 하여금 계급과 계급 투쟁이라는 개념 자체를 부정하도록 부추겼다. 좌파 지식인들은 '포스트모더니즘'이라는 지적 유행을 받아들였는데, 포스트모더니즘에 따르면 현실에 대한 어떤 각도의 해석도 제각기 다 옳으며, '계급'과 같은 개념에는 객관적 토대가 결여돼 있으며, 사회 운영 방식을 바꾸려는 어떠한 시도도 '전체주의' 성격을 띨 수밖에 없다. 사회를 바꾸려면 다른 사람들에게 하나의 총체[전체]적인 세계관을 강요해야만 하기 때문이다. 이처럼 포스트모더니스트들은 사회의 위험한 불안정성이 어느 때보다 밝히 드러나고 있던 바로 그 순간에 사회 변혁을 위한 투쟁이라는 관념을 배격했다.

국가자본주의의 위기

1989~1990년에 유럽에서는 1917년(더 과거로 거슬러 올라가면 1848년) 이래로 가장 많은 정부들이 붕괴했다. 갑자기 동구권은 더는 존재하지 않게 됐고, 1991년에는 동구권을 지탱해온 기능이었던 소련마저 무너져 내렸다. 포스트모더니스트들과 '포스트마르크스주의자'들은 그런 일이 불가능하다고 주장했지만, 동구권과 소련은 바로 경제 위기와 계급 투쟁의 결합

때문에 붕괴했다. 일부 좌파가 이 점을 이해하지 못한 것은 그들 자신의 환상 때문이었지, 땅 위의 현실이 이해하기 어려운 것이어서가 아니었다. 왜냐하면 1968년 이후의 전 시기를 통틀어 동구권에서는 깊어지는 위기와 투쟁의 고양기가 주기적으로 찾아왔기 때문이다.

1968~1969년에 러시아는 체코를 점령하고 사태를 '정상화'하는 데 성공했다. 그러나 곧이어 폴란드에서 일어난 사태는 위기가 얼마나 뿌리 깊고 광범해졌는지를 보여 줬다. 1968년에 학생 운동을 분쇄했던 폴란드 정권은 1970~1971년에 가격 인상에 항의하며 그다인스크(전쟁 전에는 '단치히'였다)와 슈체친의 조선소를 점거한 수천 명의 노동자들에게도 비슷한 방식으로 경찰력을 투입하려 했다. 그 과정에서 경찰은 많은 노동자를 살해했다. 그러나 다른 곳으로 연대 파업이 확산되면서 정권의 지도자였던 고무우카가 사퇴했고 그의 후계자인 기에레크는 가격 인상을 철회했다. 그는 서방 은행에서 돈을 융자받았고, 폴란드 경제는 호황을 맞이했으며, 서방 저널리스트들은 '폴란드의 기적'을 찬양했다. 그러나 폴란드 경제가 서방 시장과 더 긴밀하게 통합된 결과, 폴란드는 1970년대 중반에 서방에 불어 닥친 충격에 고스란히 노출되고 말았다. 폴란드 정권은 또 다시 가격 인상을 시도했고 경찰을 앞세워 시위자들을 공격했다.

이번에는 폴란드 정권도 1956~1957년과 1970~1971년 직후에 그랬듯이 노동자 행동의 기억을 대중의 뇌리에서 지우지 못했다. 위기가 심화하고 있는 듯한 분위기가 만연한 가운데, 한 지식인 그룹이 탄압을 무릅쓰고 노동자 방어위원회를 설립했고 <로보트니크(노동자)>라는 불법 신문을 발간해 약 2만 명가량의 독자를 확보했다. 한때 전체주의적이었던 정권이 여전히 권력을 쥐고 있었지만 더는 전체주의적으로 통치할 수 없게 됐다.

정권의 약점은 결국 1980년 여름에 드러나고 말았다. 새로운 가격 인상 시도는 더 많은 파업과 그다인스크 조선소의 점거 투쟁에 직면했다. 1956년의 헝가리 노동자평의회를 기억하는 새로운 운동이 그다인스크 점거 운동에서 탄생했다. 그러나 이 새로운 운동은 3, 4주가 아니라 무려 16개월 동안 살아남았다.

이 운동은 스스로 독립 노조 운동임을 선포했으니, 그 이름은 솔리다르노치(연대노조)였다. 하지만 1년 3개월가량 존재하는 동안 연대노조는 평범한 노조가 아니었다. 3천5백 개 공장의 대표들이 참가한 총회에서 결성된 뒤 곧이어 1천만 명의 회원을 자랑하게 된 연대노조는 폴란드 정부에 맞선 대안 권력 기구나 다름없었다. 그것은 구체제에 염증을 느낀 모든 사람의 열망을 대변하는 구심점이었고 그 존재 자체가 정권에 대한 위협이었다. 그렇지만 그 지도자들은 의도적으로 연대노조 운동이 정권을 타도하는 사태를 막기 위해 헌신했다. 그들은 이 운동이 '자기 제한적인 혁명'을 목표로 삼아야 한다는 우호적인 지식인들의 의견을 받아들인 것이다. 그들은 칠레의 아옌데 정부가 범했던 것과 무척 흡사한 오류를 범했다. 즉, 그들은 노동자 운동이 국가를 위협하지 않겠다고 약속하면 국가도 노동자 운동을 용인할 것이라고 전제했다. 그 결과 연대노조도 칠레의 운동과 비슷한 운명을 맞이했다. 1981년 12월 중순에 군 지도자 야루젤스키는 계엄령을 선포한 뒤 폴란드의 전화 통신 체계를 마비시켰고 연대노조 지도부를 모조리 구속했으며 저항하는 노동자들에 맞서 군 병력을 투입했다. 혼란에 빠지고 사기가 떨어진 노동자 조직들은 끝내 분쇄됐다.[300]

그러나 폴란드 노동자 운동을 분쇄했다고 해서 애초에 그 운동을 성장시킨 기저의 동인들을 제거할 수는 없었다. 동구권의 경제 성장률은 서방의 비교적 큰 경제권보다 높지 않았다. 게다가 당시에 미국의 레이건 정부는 새로운 군비 증강에 착수(유럽에 크루즈 미사일과 퍼싱 미사일을 배치하는 등)했고 러시아 정부는 이에 맞대응하려 했다. 그러나 이에 필요한 경제적 재원은 턱없이 부족했다. 국가자본주의 정권들은 개혁을 감행하지 않으면 계급 반란과 내부 붕괴에 직면할 판이었다.

1980년대 조반에 러시아를 지배했던 안드로포프는 노동자 운동이 얼마나 심각한 도전을 제기할 수 있는지를 직접 경험했다. 그는 1956년에 헝가리 주재 러시아 대사를 지냈고 연대노조가 부상했던 1980~1981년에는

KGB 국장이었다. 소련에서도 그런 운동이 등장할 것을 염려한 안드로포프는 그의 눈에 러시아의 개혁을 수행할 적임자로 보이는 인물들을 승진시키기 시작했다. 그런 인물들 가운데 미하일 고르바초프가 단연 일인자였다.

1985년, 고르바초프가 소련의 수장이 됐을 때 그는 전지전능해 보였다. 또한 그가 1987년과 1988년에 개방(글라스노스트)과 개혁의 필요성에 관해 얘기할 때는 인기마저 있어 보였다. 그러나 1991년, 그가 실각했을 때 그의 지지율은 0퍼센트에 가까웠다. 그의 개혁 슬로건은 소련 경찰 기구 내에 혼란을 가져왔고, 사람들의 기대치를 높여 지난 60년 동안의 착취와 억압에 도전하게 만들었다. 그러나 국가자본주의적 생산 구조를 개혁하는 것 이상의 일을 할 용의가 없었던 고르바초프는 사람들의 기대를 충족시키려고 노력하지 않았다. 1980년대 초반의 경제 정체는 1980년대 말이 되자 경제 수축으로 돌아섰다.

1988년 봄에는 1920년대 이후 처음으로 경찰이 즉각 진압하지 못한 대중 시위들이 일어났다. 처음에는 아르메니아에서, 그 다음에는 발트 해 연안 국가들에서 소수 민족의 권리를 요구하는 운동들이 일어났다. 고르바초프에게는 그의 전임자들처럼 그런 운동을 무자비하게 탄압할 만한 힘이 없었다. 또한 그는 그런 운동을 매수할 수단도 갖고 있지 못했다. 악랄하지만 불완전한 탄압에 이어 말뿐인 양보 조치들이 뒤따랐다. 역사상 수많은 정권들이 이미 경험했듯이, 이것은 반란을 촉발하는 고전적인 공식이었다.

고르바초프는 1989년 여름과 1991년 봄에 보수 세력들에게 기댐으로써 자신의 입지를 튼튼히 하려 했다. 그러나 그의 시도는 매번 러시아 전체의 에너지 공급을 중단시킬 뻔했던 거대한 광부 파업으로 저지당했다. 특히 1989년 여름의 파업은 단순한 느낌 이상으로 폴란드 노동자들의 첫 번째 대투쟁과 비슷한 면이 있었다. 고르바초프는 자신의 정권 전체가 아래로부터 포위당하는 것을 피하기 위해 어쩔 수 없이 여러 반정부 세력에게 양보해야 했고, 그 과정에서 그는 사태의 흐름을 통제할 수 있는 힘을 완전히 상실했다.

45년 전 동유럽에 수립된 정권들에게 그 파장은 가히 파괴적이었다. 동유럽 여러 국가의 지배자들은 대중 반란에 직면했을 때 기댈 수 있는 최후의 안전판 — 즉, 러시아가 개입하리라는 위협 — 을 잃었다. 이미 1년 전에 폴란드의 독재자 야루젤스키는 연대노조 지도자들과 협상하겠다는 조건으로 일련의 광부 파업들을 진정시켰다. 당시 지하 조직으로 전락한 연대노조는 1980~1981년에 비하면 아무런 힘도 없었지만 말이다. 1989년 여름 헝가리에서는 카다르의 후계자들이 폴란드의 경우보다 상당히 약한 반정부 세력들을 상대로 비슷한 종류의 '원탁' 협상을 벌이기로 합의했다.

　9월과 10월에는 일련의 시위들이 동독을 휩쓸자 동독 정부가 협상에 응하기로 약속했고 정부의 양보 의사가 진지하다는 것을 보이기 위해 베를린을 동·서로 갈라놓았던 베를린 장벽을 철거하기 시작했다. 그 해 11월이 되자 이번에는 체코의 후사크가 거대한 가두 시위와 1시간 총파업이 벌어지는 가운데 실각했다. 그 다음 차례는 불가리아였다. 루마니아에서는 변화의 물결에 저항하려는 독재자가 시위대에 발포한 사건을 계기로 수도인 부쿠레슈티에서 자생적인 봉기가 일어났고, 결국 그 독재자는 자기 휘하의 장군들에게 총살당했다. 6개월 만에 유럽 절반의 정치 지도가 새로 그려졌다. 동유럽에 남아 있던 유일한 스탈린주의 정권은 알바니아였는데 이조차도 1991년 초에 한 차례의 총파업으로 붕괴하고 말았다.

　어떠한 제국도 자기 영역 내에서 이만한 소요를 겪으면 상처를 입을 수밖에 없다. 소련 내의 소수 민족 운동은 점점 더 자신감을 얻은 반면, 지배자들 내부의 분열은 한없이 깊어졌고 사회에 대한 그들의 통제력도 나날이 위태위태해졌다. 고르바초프는 반대파 세력들에 맞서 마지막으로 강경 대응을 했다가 1991년 봄에 2차 광부 파업과 모스크바의 거대한 시위에 부딪혀 실패하고 말았다. 그 해 여름, 고르바초프 정부 내에서 보수 세력들은 고르바초프 없이 강경 노선을 채택하려 했다. 그들은 모스크바에 있는 군부대들을 동원해 쿠데타를 일으켰고 고르바초프를 가택 연금했다. 그러나 다른 군 부대들은 그들에게 협조하길 거부했고 한 차례의 대치 끝에 권력은 러시아 공화국 대통령이자 과거에 공업 도시인 스베르들로프스크의 당 서기였던 보리스 옐친의 수중에 떨어졌다. 옐친은 소련 내 여러 공화국의 연방 탈퇴를 공식 인정했고, 이로써 소비에트사회주의공화국연방은 역사의 뒤안길로 사라졌다.

1989~1991년의 격변은 1953년, 1956년, 1968년, 그리고 1980~1981년에 동유럽을 뒤흔들었던 격변들보다 규모가 훨씬 더 컸다. 그렇지만 1989~1991년의 변화는 이전의 격변들, 특히 1956년과 1980~1981년의 격변기 초기에 나타난 변화에 비하면 그다지 근본적이지 못한 측면이 있었다. 그도 그럴 것이, 1989~1991년에는 노동자 권력의 그림자조차 용납하지 않으려고 작심한 사람들에게 운동의 지도권이 돌아갔던 것이다. 바로 옛 지배 관료들의 틈바구니에서 출세한 사람들이 결정적인 순간에 제한된 개혁 강령을 내세워 반대파 지식인들과 연합했고, 그렇게 선수를 침으로써 진정한 혁명을 미연에 방지할 수 있었다. 그들은 이탈리아의 마르크스주의자 안토니오 그람시가 '수동 혁명'—아래로부터의 변화를 방지하기 위해 위로부터 변화를 도입하는 것—이라고 부른 전략을 따랐던 것이다.

각각의 경우에 그들은 반대파 세력들과 여러 요소가 결합된 개혁 강령에 합의해야 했다. 세계 시장을 향한 개방 확대, 옛 지령 경제 폐기, 비교적 자유로운 의회 선거, 민족주의에 대한 새로운 강조 등이 강령에 포함됐다. 옛 관제 언론 기관들과 예전의 반대파 인사들이 똑같은 메시지를 거듭 설교하는 동안, 노동자 대중은 시장과 민주주의가 서로 같은 것이며 그것들이 자신들의 열망을 충족시켜 줄 수 있다고 믿게 됐다. 1989~1991년의 분위기에서는 이와 다르게 주장하는 사람은 청중을 얻기가 매우 어려웠다. 위로부터의 선제 행동 때문에 노동자 운동의 약진이 최소한도에 머물렀기 때문이다.

이 시기에 일어난 거대한 정치적 변화는 분명 계급 투쟁의 성과였다. 하지만 그것은 빗나간 계급 투쟁으로서, 노동자평의회 같은 피착취 계급의 민주적인 대중 조직들을 창출하는 데까지 나아가지 못했다. 그 당시의 격변은 예전에 일어났던 위대한 사회혁명들보다는 1830년에 프랑스에서 일어났던 정치혁명에 더 가까웠다. 변화가 있은 뒤에도 이전과 똑같은 사람들이 러시아의 주요 은행들과 기업들을 운영한 사실이 이 점을 잘 보여 준다.

소련 붕괴의 충격파

동구권의 위기는 국가자본주의 모델을 채택한 수많은 나라들이 겪고 있던 더 광범한 위기의 일부분이었다. 이제 국가자본주의 모델은 세계 어디서도 이전 시기의 높은 성장률을 보장해 주지 못하는 듯했다. 동시에 국가자본주의 모델은 그것을 채택한 나라의 토착 산업을 미국과 일본이 어마어마한 돈을 들여 개척하고 있던 신기술(특히 마이크로 칩, 컴퓨터 소프트웨어 등과 관련된 기술)의 혜택에서 고립되게 만들었다.

아시아, 아프리카, 라틴아메리카를 통틀어 국가자본주의의 이런저런 변종들을 추구하며 경력을 쌓아온 수많은 정치인들과 관료들이 이제는 '자유' 시장 찬양자로 돌변해 서방의 다국적 기업들과 계약을 체결하는 일에 발 벗고 나섰다. 인도의 역대 국민회의 정부들, 내전에서 승리한 에티오피아의 옛 마오주의 운동 세력, 알제리 정권, 이집트의 나세르 후계자들, 이들 모두 정도의 차이는 있었지만 결국 똑같은 길을 따라갔다. 이 새로운 발상을 가장 앞장서서 실천하고 있었던 나라는 덩샤오핑의 중국이었는데, 중국에서는 시장주의와 이윤 추구 열풍이 공식적인 마오쩌둥 숭배와 나란히 공존했다.

제3세계 국가들 대부분은 세계은행과 국제통화기금(IMF)의 '구조조정 프로그램'에 응함으로써 자신들이 이 새로운 접근법을 진지하게 받아들이고 있음을 보여 줬다. 그러나 구조조정 프로그램이 성장률 저하를 극복하고 빈곤을 퇴치하는 데 도움이 된다는 증거는 거의 없다. 1980년대에 무려 76개 나라가 세계은행이 개발한 '자유 시장' 기준의 구조조정 프로그램을 실행했지만 단 몇 개국만이 성장률과 인플레 억제 면에서 이전보다 더 나은 성과를 기록했다. "강도 높은 구조조정"을 밀어붙인 19개 나라 가운데 단 4개 나라만이 "1980년대에 일관된 실적 향상을 보였다."[301] 라틴아메리카 지역 유엔 경제위원회의 보고에 따르면 1990년대에 라틴아메리카 인구의 44퍼센트가 빈곤선 이하의 생활을 하고 있었고 "1980년대에는 라틴아메리카와 카리브 해 지역 인구의 물질적 생활수준이 엄청나게 퇴보했다."[302] 아프리카에서는 1987년 무렵에 도시 인구의 55퍼센트 이상이 절대빈곤에 처해 있는 것으로 추정됐다.[303]

1990년대에 동유럽과 구소련에서 일어난 일도 그에 못지않게 파괴적이었다. 개혁가들이 약속했던 '경제 기적'은 끝내 오지 않았다. 1999년에는 오직 두 나라, 즉 폴란드와 슬로베니아만이 1989년보다 높은 산출량을 기록했다. 체코 공화국과 헝가리는 둘 다 10년 전보다 약간 가난해졌고, 불가리아·리투아니아·러시아 경제는 각각 40퍼센트나 그 이상 움츠러들었다.[303a]

이 딱딱한 수치들은 현실에서는 수백만 인민의 희망이 무참히 짓밟혔음을 뜻했다. 모스크바나 상트페테르부르크 같은 러시아 주요 도시의 주민 대다수는 자신에게 할당된 자그마한 땅덩어리에서 기를 수 있는 농작물이나 절임 음식 따위로 빈약한 빵·감자 식단을 보충해야 했다. 극지방의 마을 주민들은 매년 겨울마다 전기 공급이 끊어질까 봐 전전긍긍했다. 광부들과 철강 노동자들이 몇 개월 동안 임금을 받지 못하는 경우가 다반사였고, 의료 서비스는 엉망진창이었으며, 결핵 같은 질병이 흔해지면서 평균수명도 줄어들었다.

동유럽의 북부 벨트는 그나마 사정이 조금 나은 편이었다. 그러나 심지어 체코 공화국과 헝가리에서도 생활수준은 1980년대 말보다 나빠졌다. 상점에 물건은 더 많아졌지만 대다수 사람들은 그것을 구매할 돈이 없었다. 독일 연방에 편입된 동독에서는 실업률이 계속해서 20퍼센트를 웃돌았다. 동유럽 남부의 불가리아, 루마니아, 알바니아에서는 사정이 러시아만큼이나 나빴다. 구소련의 남부 벨트는 사정이 훨씬 더 나빴다. 1989년에 수많은 지식인들을 사로잡았던 낙관주의가 1990년대 말에는 절망으로 바뀐 것도 무리가 아니다. 유명한 체코 시인 미로슬라브 홀럽은 심지어 이렇게 말했다. "만약 우리가 이런 대가를 치르게 될 줄 알았다면 우리는 기꺼이 우리 작품을 출판하지 못하고 우리 그림을 팔지 못했던 시절에 안주했을 것이다."[304] 동유럽 국가들 가운데 가장 큰 타격을 입은 것은 냉전 시절 내내 소련과 거리를 유지해왔던 유고슬라비아였다. 서방 국가들은 이제 더는 러시아를 견제하기 위한 수단으로 유고슬라비아에 낮은 금리로 자금을 대출해 줄 필요성을 느끼지 못했다. 급기야 IMF가 채무 상환 프로그램을 강요하면서 대중의 생활수준은 2년 만에 예전의 절반 수준으로 떨어졌고 더 가난한 지역에서는 실업률이 천문학적으로 치솟았다. 정치인들이 저마다 자기 입지를 다지려고 상이한 민족 집단들 사이에 갈등을 부추겨 피비린내 나는 내전이 줄을 이었고 서방 강대국들은 여기에 개입해 자신들에게 가장 우호적인 집단들의 힘을 키워 줬다.

그럼에도 세계에서 단 한 곳, 시장 찬미론자들이 특별히 자랑스럽게 여긴 지역이 있었으니 그 곳은 바로 동아시아였다. 1991년의 세계 개발 보고서에서 세계은행은 "동아시아 경제들의 놀라운 성취"에 주목했고 중국, 인도, 인도네시아, 그리고 한국에서 실시된 "다양한 수준의 개혁"들이 "경제 실적의 향상으로 이어지고" 있음을 지적했다.[305] 영국 <파이낸셜 타임스>의 새뮤얼 브리튼은 독자들을 이렇게 안심시켰다. "뭔가 위안을 얻고 싶다면 대공황 시절로, 즉 과거로 눈을 돌릴 것이 아니라 세계 경기 둔화에서 벗어난 동아시아 개발도상국들로 눈을 돌려야 할 것이다."[306]

이런 낙관주의가 얼마나 공허한 것이었는지는 1997년, 타이에서 시작된 경제 위기가 동아시아 전체로 확산됐을 때 밝히 드러났다. 동아시아 경제 위기는 인도네시아를 1930년대에 버금가는 공황으로 몰아넣었고 남한, 말레이시아, 그리고 홍콩을 깊은 침체에 빠뜨렸다. 1998년을 거치면서 그것은 러시아에서도 갑작스런 위기를 촉발했고 라틴아메리카 최대 경제인 브라질을 불안정하게 만들었다. 제프리 삭스 같이 그 자신이 한때 IMF의 지도적 지식인이었던 사람들조차 IMF가 내놓은 위기 관리 조치들이 사태를 더 악화시킬 뿐이라고 비난했다.

한편 중국 경제는 1980년대와 1990년대 대부분 기간 동안 급속히 성장했다. 1970년대 말에 국가가 농민들에게 부가 이동하는 결과를 낳은 농산물 가격 제도 개혁을 단행한 결과였다. 여러 해에 걸쳐 식량 생산량이 급속히 증가했고 그것은 다시 국내 시장과 세계 시장에 상품을 공급하는 여러 가지 경공업이 발전할 수 있는 기반을 제공했다. 공식 통계에 따르면 산업 전체의 산출량이 세 배 증가했다.

하지만 그것은 엄청나게 불균등한 성장이었다. 일부 연안 지방에서 대규모 산업화와 도시화가 진척되는 동안 광활한 내륙 지역들은 정체하거나 심지어 퇴보하기까지 했다. 공업 발전으로 수천만 개의 새로운 일자리가 생겨났지만 그 자리를 메우려고 농촌에서 몰려온 사람들은 2억 명이나 됐다. 정부는 낡은 중공업 부문들을 합리화하는 과정에서 인력을 대폭 줄이고 최소한의 복지 급여마저 박탈했다. 성장률은 변동이 무척 심해서 가파른 호황과 물가 상승에 뒤이어 정체기가 도래하는 일이 자꾸 반복됐다. 세계 시장에 더 많은 상품을 수출함으로써 이런 주기적 침체에서 벗어나려는 시도는 세계적 경기가 둔화하거나 침체함에 따라 고전적 과잉생산 위기를 부르기 십상이었다.

이런 요인들의 결합은 1989년에 생생히 드러났듯이 거대한 사회적 격변을 초래할 위험이 있었다. 동유럽의 정치적 붕괴가 도래하기 몇 달 전에 중국 국가도 붕괴 직전까지 갔었다. 민주주의를 요구하는 학생들의 시위로 시작된 운동이 더 광범한 대중의 불만을 수렴하는 구심점으로 발전했고, 그것은 베이징의 톈안먼(天安門) 광장에서 일어난 유명한 시위를 통해 절정에 달했다. 베이징뿐 아니라 다른 수십 개의 도시와 산업 중심지에서도 동시다발로 시위가 벌어졌다. 며칠 동안 마비된 중국 정권은 진압 작전에 투입할 믿을 만한 군인들을 찾느라 진땀을 빼는 듯하다가 결국 탱크를 투입해 시위를 진압했다.

국가자본주의의 특징과 시장 정책을 혼합한 정권이 사회적 폭발에 직면한 사례는 톈안먼 항쟁이 처음은 아니었다. 이집트도 1977년 초에 13개 주요 도시에서 일련의 파업과 시위와 반란을 경험했다. 그것은 영국에 맞선 1919년의 민족 항쟁 이후로 가장 큰 사회적 폭발이었다. 1988년 알제리에서도 일련의 파업으로 시작된 운동이 청년들이 거리를 장악하기 위해 경찰과 싸우면서 거의 봉기 수준으로 발전했고, 결국 알제리 정권은 언론의 자유를 보장하고 정치적 반대파들의 귀국을 허용하는 양보를 했다. 1987년 남한에서는 학생들과 일부 중간 계급의 거대한 시위가 군사 정권을 뒤흔들어 어느 정도의 민주화를 달성했다. 뒤이어 1988년에는 일련의 거대한 파업들이 일어나 두 자리 수의 임금 인상을 따낸 끝에 타결됐다.

이 모든 사회적 폭발들은 1989~1990년의 동유럽 사태와 비슷한 면이 있었다. 그 사건들이 보여 준 것은 국가자본주의든, 국가자본주의에서 모종의 시장 체제로 이행하는 것이든, 그 어느 쪽도 산업 발전이 창조한 노동 인력들이 반란을 일으키고 그 과정에서 다른 여러 계층의 사람들을 등 뒤에 끌어 모으는 것을 막지는 못한다는 것이다.

이슬람, 개혁, 그리고 혁명

1990년대에는 '공산주의와 자본주의'의 충돌이 '이슬람과 서방'의 충돌로 대체됐다는 말이 저널리즘의 상투적 문구가 됐다. 분명 최근 역사에서 두 차례의 거대한 봉기가 이슬람의 기치 하에 벌어진 것은 사실이다. 1979년의 이란 혁명이 그랬고 1980년대에 러시아의 점령에 맞선 아프가니스탄의 저항이 그랬다. 또한 이 사건들은 이집트, 알제리, 팔레스타인 등 다른 곳의 저항 운동에 용기를 주었다. 그러나 '이슬람과 서방'의 충돌 어쩌고 하는 얘기는 이슬람이 과거에도 종종 그랬듯이 서로 매우 다른 사회적 이해 당사자들의 목소리를 반영할 수 있으며 그것이 종국에는 그들 사이에 유혈낭자한 갈등으로 치달을 수 있다는 점을 무시하고 있었다.

이란 혁명은 전제 군주였던 샤와 그를 후원한 미국 정부에 대한 분노의 폭발이었다. 샤의 통치는 전통주의 성직자들, 민족주의 지식인들, 바자[이슬람 문화권의 시장으로서 상설 또는 정기적으로 열리는 만물시장]와 연계된 일부 자본가들, 성장하는 산업의 신생 노동 계급, 학생들, 가난해진 쁘띠부르주아지, 도시 빈민가의 실업자와 반(半)고용 상태의 실업자들, 소수 민족, 그리고 일부 농민들의 환멸을 샀다. '억압'을 비난하는 이슬람의 통렬한 언어는 이 모든 사람을 공동의 적에 맞서 단결시키는 데 유용했다. 그러나 대중 파업과 무장 봉기와 병사들의 항명이 결합된 고전적 혁명을 거쳐 일단 샤가 타도되자 각각의 집단들은 이슬람의 경전을 서로 다른 식으로 해석하면서 천차만별의 실천적 결론들을 이끌어냈다. 혁명 이후 처음 얼마 동안은 이슬람 집단과 세속 집단 사이에서만 갈등이 나타난 것이 아니라 상이한 이슬람 분파들 사이에서도 피비린내 나는 내전이 일어났다. 결국에는 아야톨라 호메이니 주변의 분파가 승리를 거머쥔 뒤 패배한 정적들을 상대로 공포정치를 펼쳤고 이를 종교적 논리로 정당화했다. 이것을 본 많은 자유주의자들은 호메이니의 야만적인 통치 방식이 소위 '유대-기독교 전통'의 인간성을 결여한 '이슬람' 특유의 정서에서 비롯한다고 주장했다. 하지만 호메이니의 탄압은 사실 파리코뮌을 분쇄할 때 프랑스의 로마 가톨릭 교회가 승인했던 탄압과 질적으로 다르지 않았으며 1919~1920년에 프러시아의 루터 교회가 후원했던 탄압이나 이스라엘 군대가 1980년대 초 레바논에서 팔랑헤당원[역시 기독교 정당이다]들이 팔레스타인 난민들을 대량 학살하는 것을 감독하고 있을 때 미국의 기독교 근본주의자들과 유대교 랍비들이 보낸 박수갈채와도 별반 다르지 않았다. 이란의 대학살은 반혁명의 산물이었지, 종교의 산물이 아니었다.

러시아의 후원을 받고 있었던 아프가니스탄 정권도 급속한 '현대화'라는 스탈린주의 정책을 밀어붙이려다가 다양한 사회 집단의 저항을 불러일으켰다. 러시아 군대가 아프가니스탄을 점령하고서 한 친러시아 지배자를 죽이고 다른 사람을 그 자리에 앉혔을 때 이슬람은 다시 한 번 저항을 촉구하는 목소리 구실을 하는 듯했다. 그러나 서로 모순된 이해관계를 지닌 집단들은 시간이 흐르자 러시아 점령군뿐 아니라 서로서로 총부리를 겨누며 싸우는 지경에 이르렀다. 러시아 군대가 철수하자 이슬람 집단들 사이에 내전이 벌어졌고, 결국 사우디아라비아의 후원을 받고 있었으며 이웃 나라 이란의 이슬람 정권에 엄청 적대적이었던 탈레반 세력이 아프가니스탄 땅 대부분을 장악했다. 한편 CIA가 러시아 군대와 싸우게 할 목적으로 아프가니스탄에 불러들인 중동 곳곳의 이슬람 전사들은 이제 자기 나라의 친미 지배자들을 향해 총구를 돌렸고, 미국은 이제 그들을 '테러리스트'로 낙인찍었다.

이슬람이 서방에 맞서는 단일한 세력이기는커녕, 1980년대의 가장 크고 끔찍했던 전쟁은 이라크의 이슬람 지도자들과 이란의 '이슬람 공화국' 사이에 불붙은 전쟁이었다. 사우디아라비아의 보수적 정권과 하산 알 투라비가 통치하던 수단의 이슬람 정권 모두 그 전쟁에서 이라크를 편들었다. 또한 미국도 결정적인 고비마다 이라크 편에 섰다.

이슬람주의 정치 운동이 성장한 것은 수천만 명의 사람들, 특히 젊고 교육받은 사람들이 세계 체제에서 자기 나라가 처한 위치 때문에 안정된 직장을 구할 가능성이 거의 없었던 현실과 직결돼 있었다. 막연하게 억압을 금지하고 정의로운 사회를 선포하는 코란의 언어는 쓰라린 좌절감을 표출할 수 있는 통로를 제공해 주는 것처럼 보였다. 그러나 이슬람주의자들의 급진성은 그들이 권력 장악에 가까이 다가갈수록 무디어졌다. 그렇게 권력을 장악한 이슬람 정부들도 결국에는 이슬람 자본가들과 기꺼이 협력했고, 이슬람 자본가들은 그들 나름대로 세계 체제의 다른 부분들과 끊임없이 관계 맺기를 추구했다. '대(大)악마'에 해당하는 미국도 포함해서 말이다. 중동에서 국민국가들 사이에 분쟁이 일어날 때마다 이슬람 정부끼리도 서로 다른 편으로 갈렸다.

새로운 제국주의

직접적인 식민 통치에 의존하는 옛 제국주의는 20세기의 마지막 사반세기에 결국 수명이 다했다. 포르투갈 지배 계급은 식민지를 포기해야 했고, 로디지아의 백인 이주민 정권은 짐바브웨로 대체됐고, 남아프리카공화국의 인종 차별 정권은 다수의 지배를 승인했으며, 영국은 홍콩을 중국에 반환했다. 심지어 '반(半)식민지'라고 불리던 나라들 — 서방의 원조에 기대어 생존하던 허약한 정권들 — 도 대개 일정 수준의 독립을 달성했다. 제국주의의 꼭두각시였던 정권들이 이제 하위 파트너로 승격됐고, 하위 파트너들은 간혹 옛 주인에게 대들기도 했다. 이라크의 사담 후세인이 1990년에 쿠웨이트로 진격했을 때처럼 말이다. 그러나 이것이 곧 제국주의 — 주요 자본주의 국가들이 더 약한 국가들에게 자신의 의지를 강요하려는 시도 — 의 종말을 뜻하지는 않았다.

1990년대 중반에는 수많은 저널리스트, 학자, 정치인이 '새로운 세계 경제'에서 국가는 더는 중요하지 않다는 주장들을 쏟아냈다. 그러나 다국적 기업의 사장들 그리고 그들과 동업 관계에 있는 정부 인사들이 보기에는 그렇지 않았다. 각종 연구 결과에 따르면 다국적 기업들의 사주들과 중역들은 특정 국민국가에 깊숙이 뿌리박은 채 그 국가를 발판 삼아 다른 지역에 투자한 것을 보호하거나 확장하는 경향이 있었다. 어느 보고서에서 결론을 내렸듯이,

> 세계 경제에서 안전한 위치를 차지하기 위한 국가 간 경쟁과 기업 간 경쟁은 더욱 강렬하고 치열해졌다. 그 결과 기업들은 정부들과 더욱 깊숙이 유착하게 됐고 정부들은 기업들이 통제하는 소중한 자원에 자신들이 더 많이 의존하게 됐음을 깨닫게 됐다.[307]

미국에 몰려 있는 거대한 다국적 기업들은 자신들의 뜻을 나머지 세계에 강요하기 위해 미국 국가의 힘에 의존해왔다. 제3세계 부채를 해결하기

위한 양대 구상은 적절하게도 미국 정부 관리들의 이름을 따 각각 베이커 플랜, 브래디 플랜으로 불렸다.[308] IMF와 세계은행은 "새로운 개발 패러다임" 운운하면서 실제로는 은행들이 돈을 두둑이 벌도록 하는 데 공을 들였다. 마찬가지로 세계 무역 협상들도 미국이 자신에게 이로운 '자유 무역' 헤게모니를 다른 나라 정부(그들 역시 때때로 미국 자본의 이해와 상반되는 자국 자본의 이해를 보호하는 데 열심이었다)들에 강요하려는 시도들로 점철됐다.

그러나 언제나 경제·외교적 압력만으로 강대국의 지배자들이 자기 뜻을 100퍼센트 관철시킬 수 있는 것은 아니었다. 그들도 때로는 군사력만이 자신들의 세계적 지배를 보장해 줄 수 있다고 느낄 때가 있었다.

그것이 어떤 결과를 부를 수 있는지는 두 차례의 걸프전을 통해 잘 드러났다. 이라크는 미국과 페르시아 만의 부유한 나라들의 지원을 이끌어내고 중요한 다국적 기업들과 관계를 확고하게 다질 목적으로 1980년대에 이란을 상대로 피비린내 나는 전쟁을 벌였다. 그러나 전쟁 기간에 자신을 편들었던 나라들에게서 돌아온 재정적 이득이 생각보다 적은 것에 실망한 이라크는 그 나라들 가운데 하나인 쿠웨이트를 1990년에 침공했다. 그렇게 했을 때 강대국들이, 특히 미국이 어떻게 나올지를 잘못 계산하고서 말이다. 미국, 영국, 기타 여러 국가는 어마어마한 군사력 집결, 무시무시한 폭격 작전, 육상 침략, 그리고 쿠웨이트에서 바스라로 통하는 길을 따라 후퇴하는 이라크 병력 10만 명에 대한 무차별 학살로 대응했다. 이것으로도 모자라 그들은 그 뒤 10여 년 동안 이라크에 경제 재제를 가했는데, 유엔은 이 조치 때문에 해마다 5만·명의 이라크인들이 사망한 것으로 추정했다.

이 작전의 목적은 단지 이라크를 길들이기 위한 것도 아니었고 장래에 미국 석유 회사의 이익을 위협할지도 모르는 중동의 다른 민족주의 정부나 운동들에 경고의 메시지를 보내기 위한 것만도 아니었다. 그것의 또 다른 목적은 다른 강대국들에게 세계 경찰 노릇을 할 수 있는 유일한 국가인 미국의 뜻을 거슬러서는 안 된다는 점을 주지시키는 데 있었다.

이미 1980년대에 공화당 정부들은 서반구에 대한 미국의 지배력이 여전히 건재함을 과시함으로써 베트남전쟁의 패배가 남긴 유산, 즉 '베트남 증후군'을 극복하려는 작업에 착수했다. 미국의 그레나다 침공과 파나마 침공의 배후에는 바로 이런 계산이 깔려 있었다. 또한 니카라과에서 숱한 만행을 저지른 우익 게릴라인 콘트라를 후원한 것도 같은 생각에서였다. 부시 행정부는 더 나아가 미국이 중동에서도 훨씬 더 큰 규모의 경찰 작전을 수행할 수 있음을 과시했다. 부시의 후임인 클린턴 정부에서는 1990년대 내내 군사 작전들이 점점 빈도를 높여가며 주기적으로 시행됐다. 미 해병대의 소말리아 상륙, 거듭된 이라크 폭격, 보스니아 내전 중 세르비아군 폭격, 아프가니스탄에서 게릴라 막사로 추정되는 시설 폭격, 수단의 제약 공장 폭격, 그리고 세르비아에 대한 전면전 개시가 그런 사례들이다.

이처럼 새로운 제국주의를 몸소 실천한 나라는 비단 미국만이 아니었다. 러시아도 군사력을 동원해 그루지야와 타지키스탄의 내전에 개입하는 등 구소련 일대의 광범한 지역에서 패권을 유지하려 애썼다. 프랑스는 아프리카에 거대한 세력권을 보유하고 있었으며 르완다-부룬디 같은 지역들에 대한 지배권을 놓고 미국과 경쟁했다. 영국이 시에라리온과 나이지리아 내의 사건들에 영향을 미치려 했던 반면, 나이지리아는 또 그들 나름으로 '평화 유지 활동'을 명분 삼아 다른 서아프리카 국가들에 개입했다. 그리스와 터키는 지중해 북동부와 발칸 지역 일부에 대한 영향력을 다투며 주기적으로 서로 전쟁을 벌일 듯이 으르렁댔다.

1990년대의 세계 체제는 영향력 있는 지위를 차지하려고 서로 각축하는 국가들과 그 국가들에 연계된 자본들의 복잡한 위계 질서 모양을 하고 있었다. 그러나 각각의 국가와 자본은 힘이 동등하지 않았고, 위계 질서에서 자신들이 차지하는 지위가 결국에는 무력에 좌우된다는 사실을 잘 알고 있었다. 맨 꼭대기에는 자신의 지위가 도전받을까 봐 안절부절 못하는 미국이 있었다. 이것이 함의하는 바가 무엇인지는 1990년대의 마지막 해에 미국이 이끄는 나토군이 세르비아의 사회 기반 시설들을 체계적으로 파괴했을 때 잘 드러났다. 당시 세르비아 지도자였던 밀로셰비치가 세계 곳곳의 친미 정권들이 자행했던 만행을 허락도 없이 모방해 자국 내의 알바니아계 소수 민족을 공격한 것이 화근이었다.

결론

거대한 사회 갈등의 결말이 어떻게 날지 미리 알 수는 없다. 그 결말은 단지 한 계급의 객관적 발전 수준에만 달려 있는 것이 아니라 그처럼 거대해진 '보편적' 노동 계급 중에서 싸우는 방법을 이해하고 동료들에게도 그 방법을 납득시킬 수 있는 중핵이 얼마만큼 존재하느냐에도 달려 있기 때문이다. 21세기에 인류가 멸망하지 않으려면 어마어마한 규모로 확대된 오늘날의 노동 계급에게도 그런 결정체가 끊임없이 필요할 것이다. 그런 필요는 오직 사람들이 그 과업에 몸소 뛰어들어야만 충족될 수 있다. 아일랜드의 혁명적 사회주의자 제임스 코널리는 이렇게 말한다. "유일하게 참된 예언자들은 미래를 스스로 개척하는 자들이다."

결론: 이 시대의 환상

20세기는 진보의 필연성을 공언하는 요란한 팡파르와 함께 시작됐다. 베른슈타인 같은 사람은 장차 민주주의와 평등이 확대되고 사회가 모든 면에서 더욱 풍요로워질 것이라고 예측했다. 똑같은 사상이 1950년대 중반과 1960년대 초반에도 앤서니 크로스랜드 같은 정치인, 다니엘 벨 같은 정치 이론가, 그리고 폴 새뮤얼슨 같은 경제학자들의 저작을 통해 표현됐다. 그 사상은 프랜시스 후쿠야마가 "역사의 종말"을 선언했던 1990년에 다시 부활해 앤서니 기든스가 좌파·우파의 범주는 옛것이 됐다고 주장한 1990년대 말까지 맥을 이어갔다. 말하자면 우리는 가능한 모든 세계 가운데 최상의 세계에 살고 있으며, 간혹 그렇지 못할 때는 몇 가지 문제점만 개선하면 다시 모든 것이 최상인 상태로 돌아간다는 것이다.

하지만 20세기의 여러 시점에 인류 대다수가 처해 있었던 상황은 과거에 알려진 어떠한 시점 못지않게 끔찍했다. 멈추지 않을 것 같았던 진보의 시기에 뒤이어 제1차세계대전의 참극이 벌어졌고, 이어서 1930년대 초반의 대량 빈곤화, 유럽에서 나치즘과 파시즘의 확산, 스탈린의 강제 수용소, 일본군의 상하이·난징 공략, 1940~1945년의 유럽 초토화, 벵골 기근, 히로시마·나가사키 원폭, 베트남에 강요된 30년간의 전쟁, 9년간의 알제리 전쟁 등 숱한 비극들이 줄을 이었다. 1차 걸프전에서 1백만 명이 죽었고 2차 걸프전에서는 또 20만 명이 죽었다. 엘살바도르, 과테말라, 아르헨티나에서는 수만 명이 암살단들에게 살해당했다. 그리고 크로아티아, 보스니아, 타지키스탄, 앙골라, 에티오피아, 라이베리아, 시에라리온, 아프가니스탄 등지의 참혹한 내전에서 수십만 명이 희생됐다. 공업 발전은 너무나 흔하게 전쟁의 기계화로 이어졌다. 가장 끔찍하기로는—홀로코스트에서 그랬듯이—집단 학살의 기계화로 이어졌다. 20세기 말이 됐어도 50년 전보다 전망이 밝아 보이지 않는다. 서유럽과 북아메리카 바깥에 있는 수많은 나라들이 20세기의 여러 시점에 '제1세계'를 '따라잡겠다'는 희망을 품었었지만 그 꿈은 좌절되고 말았다. 아르헨티나, 멕시코, 베네수엘라, 브라질, 러시아의 경우가 그랬다. 1인당 소득이 30년 동안 꾸준히 하락해온 아프리카 대륙 전체는 다시 한 번 세계사에서 누락되다시피 했다. 앙골라, 시에라리온, 라이베리아, 타지키스탄, 아프가니스탄, 콩고-자이르는 여전히 내전으로 갈가리 찢기고 있다. 1930년대에 성장했던 나치들의 만행에서 유래한 '대량 학살'이라는 단어에다가 1990년대 세계 각지의 내전에서 유래한 '인종 청소'라는 신조어가 추가됐다.

1890년대와 1950년대에 그토록 유행했던 부와 여가의 무한한 증대와 계급 소멸에 대한 약속들은 심지어 선진국에서조차 한낱 신기루였던 것으로 드러났다. 대부분의 나라에서 산출량은 계속 증가했지만 그 속도는 1950년대와 1960년대 초반의 절반 수준이었다. 또한 인구 대다수에게 그런 경제 성장은 삶의 질 향상으로 이어지지 않았다.

미국에서는 20세기 마지막 4분기 동안 시간당 실질 임금이 대체로 꾸준히 하락했다. 유럽에서는 통계상으로 실질 임금이 계속 증가한 것처럼 나타나지만 노동 양식의 변화와 결부된 간접비용(더 멀어진 출퇴근길, 교통비 인상, 패스트푸드와 냉동 음식에 대한 의존도 증가, 탁아 비용 증대) 때문에 소득 증대 효과가 상쇄됐다는 증거도 수두룩하다. 그래서 어느 '지속 가능한 복지 지수' 산출 결과는 유럽 노동자들의 실질 소득이 1950년에서

1970년대 중반까지 대체로 꾸준히 상승했다가 그 뒤로는 사실상 하락했음을 시사한다.[1] 대중의 삶의 질이 1950년대와 1960년대 초반에 그랬던 것만큼 향상되지 못했음은 분명하다. 한편, 이미 일자리를 갖고 있는 사람들에게는 더 오래, 더 열심히 일하라는 압력이 점점 커졌다. 미국인들은 1976년에 비해 1996년에 연평균 164시간을 더 오래 일했다. 즉 1년에 꼬박 한 달을 더 일한 셈이다.[2] 수많은 여론조사에서 사람들은 직장에서 받는 스트레스가 더 심해지고 있음을 호소했다. 거듭되는 경기 침체, 그리고 심지어 경기 '회복'기에도 감행되는 인력 감축 때문에 장래에 대한 불안이 1930년대 이래로 유례없을 만큼 만연해졌다. 1970년대만 해도 고용 불안은 과거지사가 됐노라고 장담했던 주류 정당들이 1990년대에 들어와서는 고용 불안이 '신세계 경제'(그들이 인정하지는 않았지만 이 말은 좌파가 오래 전부터 사용한 용어인 '국제 자본주의'를 재활용한 것이다)의 한 측면이기 때문에 어쩔 도리가 없다고 강변하기 시작했다.

제3세계와 옛 공산권의 광범한 영역에서 빈곤이 확산되고 서방 세계의 삶이 불안정해지는 한편, 지배 계급들의 수중에는 더 많은 부가 집중됐다. 1990년대 말에는 3백48명의 억만장자들이 전 세계 부의 절반을 소유하고 있었다. 1999년의 유엔 인간개발 보고서는 세계에서 가장 부유한 2백 명이 지난 4년 동안 재산을 두 배 늘렸다고 발표했다.[3] 1960년대 말에는 가장 부유한 20퍼센트와 가장 가난한 20퍼센트의 소득 격차가 30대 1이었지만 1990년에는 60대 1, 1998년에는 74대 1이 됐다. 최상위 부자들은 대부분 선진국에 살고 있었다. 1980년에 미국의 3백대 기업 최고 경영자들이 벌어들인 수입은 일반 생산직 노동자 평균 수입의 29배였다. 1990년이 되면 그 격차는 93배로 뛰었다. 하지만 똑같은 현상이 선진국뿐 아니라 가장 가난한 나라들에서도 나타나고 있었다. 그런 곳에서도 극소수의 지배층은 다른 곳의 부자들과 비슷한 생활양식을 흉내 내려 했고 국내의 사회 격변에 대비해 거액의 돈을 서방 은행에 예치해뒀다. 어디서나 그들은 자기 손에 더 많은 부를 축적하는 방식으로 사회 위기에 대처했고, 자신의 행동이 사회를 지탱하는 기반을 허물 수도 있다는 점에 대해서는 별로 개의치 않았다. 국가의 징세권을 부유한 개인들에게 매각하는 관행은 전(前)자본주의 계급 사회에서 위기 때마다 등장했으며, 위기로 치닫는 그 사회의 장기적 경향을 더욱 증폭시키는 구실을 했다. 자본주의에서도 똑같이 불가피한 장기적 결과를 초래할 공공 서비스 매각이 20세기의 마지막 10년 동안 점차 흔해졌다.

주기적인 침체와 불안정성이 부활한 것과 더불어, 제2차세계대전을 끝으로 완전히 봉인된 줄 알았던 악령들이 지옥에서 다시 튀쳐나왔다. 여러 종류의 파시즘과 나치즘이 바로 그것이다. 프랑스의 르펭이나 오스트리아의 하이더 같은 극우 인사들이 심지어 '경기 회복'기에도 선거에서 15퍼센트의 표를 얻는 일이 흔해졌으며, 다음번에 공황이 닥치면 더 많은 표를 얻을 수 있겠다고 기대하는 것도 꽤 현실적인 일이 됐다. 또한 주류 보수 정당들이 득표 전략의 일환으로 인종 차별적인 언어를 택하는 것도, 그리고 사회민주당들이 자기 표밭을 지키려는 절박한 심정에서 그런 언어에 타협하는 것도 예사로운 일이 되고 말았다.

사회주의, 야만주의, 그리고 21세기

세계대전이 한창이던 1915년에 로자 룩셈부르크는 엥겔스가 쓴 다음의 문장을 떠올렸다. "자본주의 사회는 선택의 기로에 서 있다. 사회주의로 전진하느냐, 아니면 야만주의로 후퇴하느냐." 로자 룩셈부르크는 말하기를,

> 우리는 이 말의 무시무시한 함의를 이해하지도 못한 채 거듭해서 이 말을 인용하고 되뇌어왔다. …… 우리 앞에 놓인 전율스러운 선택은 바로 이것이다. 제국주의가 승리해 모든 문화가 파괴되고 고대 로마처럼 인구 격감, 황폐화, 그리고 퇴보로 이어지는 입 벌린 무덤을 택할 것인가, 아니면 사회주의의 승리, 즉 제국주의에 맞서 의식적으로 싸우는 국제 노동자 계급의 승

리를 택할 것인가. …… 이것은 세계사적 딜레마이며, 필연적으로 다가올 그 선택의 균형추는 지금도 떨리고 있다. …… 전 인류와 문화의 미래가 바로 그 선택에 달려 있다.[4]

이 글에서 로자는 자본주의에서 진보가 불가피하다는 환상을 가장 통렬한 방식으로 반박하고 있다. 마르크스과 엥겔스는 ≪공산주의 선언≫에서 신흥 계급의 사회 변혁 이외의 역사적 대안은 "서로 적대하는 계급들의 공멸"이라고 주장했는데, 로자는 같은 요지를 다시 한 번 강조한 것이다. 우리가 이미 살펴봤듯이 "적대하는 계급들의 공멸"은 서쪽의 로마 제국에서만 일어난 것이 아니라 첫 번째 '암흑기'들, 유라시아의 초기 청동기 문명들, 메소아메리카의 테오티우아칸과 마야 문명, 11세기 아바스 왕조 치하의 메소포타미아에서도 나타났다. 기원전 2000년 이집트에서도 그런 일이 일어날 뻔했고, 12세기 중국과 14세기 유럽에서도 마찬가지였다. 로자 룩셈부르크는 이번에는 세계대전이 그런 재앙들을 재현하고 있다고 생각했다. "이 전쟁에서 제국주의는 지금껏 승승장구하고 있다. 피로 물든 제국주의의 칼은 압도적인 폭력으로 역사의 균형추를 수치와 절망의 심연으로 기울여 놓았다."[5]

레온 트로츠키도 1921년에 같은 논지를 전개했다.

인류의 역사가 언제나 상승 곡선을 그려왔던 것은 아니다. 오랜 정체기와 야만주의로 회귀한 일도 수없이 있었다. 한 사회가 발전해서 일정 수준에 도달하면 더는 그 수준을 유지할 수 없게 된다. 인류는 현재의 위치에 머무를 수 없다. 현재의 위치는 균형이 불안정하기 때문이다. 더 앞으로 나아갈 수 없는 사회는 퇴보하게 되고, 만약 그 사회를 더 높은 단계로 끌어올릴 계급이 없다면 그 사회는 결국 붕괴해 야만수의에 길을 내주게 된다.[6]

트로츠키가 건설한 제4인터내셔널의 창립 선언문(제2차세계대전 전야에 작성된)은 다음과 같이 냉엄한 선택을 제시하고 있다. "사회주의 혁명이 일어나지 않는다면 역사의 다음 시기에는 거대한 재앙이 인류의 문화 전체를 위협할 것이다."[7]

로자 룩셈부르크와 트로츠키는 20세기 자본주의 사회의 정신 나간 논리를 누구보다도 정확히 포착했다. 생산의 힘을 파괴의 힘으로 둔갑시키고 인간의 창의성을 비인간적 광기에 이용하는 체제의 논리를 말이다. 적어도 유럽 사람들에게 20세기는 17세기나 심지어 14세기 이후로도 유래를 찾아볼 수 없는 야만의 세기였다. 비록 20세기에 룩셈부르크와 트로츠키가 예고한 최악의 시나리오, 즉 문명과 문화의 완전한 붕괴라는 예언은 적중하지 않았지만 엥겔스와 룩셈부르크가 사용했던 야만주의라는 단어의 엄밀한 의미, 즉 지배자들이 권력을 내놓느니 차라리 자신이 지배하는 사회를 덩달아 끌어내리려 하는 경향은 거듭해서 나타났다. 러시아 내전 때 백군의 행동이, 제2차세계대전 끝 무렵에 퇴각하는 나치 세력이 기를 쓰고 홀로코스트를 완수하려 했던 것이, 그리고 냉전 시대에 미·소 모두 지구를 방사능 사막으로 만들 수 있는 핵무기들을 기꺼이 실전 배치했던 사실이 이를 보여 준다. 20세기 마지막 10년 동안에는 카프카스, 중앙아시아, 그리고 아프리카의 드넓은 지역에 사는 민중이 똑같은 논리의 희생양이 됐다. 경쟁하는 군벌들이 일반화된 경제·사회 붕괴를 배경으로 한 줌의 부라도 더 차지하기 위해 민간인들을 약탈하고 서로 학살했던 것이다. 또한 20세기 마지막 10년 동안에는 경기 침체와 전쟁 같은 오래된 병폐와 더불어 새롭고 가공할 만한 위협들이 등장했다.

가장 극적인 위협은 생태계 파괴가 초래할 재앙이다. 계급 사회들은 언제나 인구를 떠받쳐 주는 주변 환경에 무리한 부담을 지우는 경향이 있었다. 전(前)자본주의 계급 사회들의 역사는 어느 시점을 지나면 탐욕스러운 지배 계급과 값비싼 상부구조를 유지하는 데 드는 부담이 너무 커져서 마침내 기근이 찾아오고 인구가 격감하는 사례들로 점철된 역사다. 자본주의 체제의 경제적 역동성 때문에 환경 파괴의 악영향을 피부로 느끼는 데 걸리는 시간은 전보다 훨씬 단축됐다. 자본주의가 노동 계급 거주 지역에 어떤 영향을 끼쳤는지에 관한 디킨스, 엥겔스 등 19세기 저술가들의 기록은 빈민가의 오염된 공기, 전염병, 인구 과밀, 그리고 불량 식품에 관해서도 말하고 있다. 그러나 전 세계 인구 중에 기껏해야 1천만 명만이 산업자본주의의 생산에 참여하고 있던 그 당시에 환경 파괴는 한 지역에 국한된 문제였다. 맨체스터의 매연은 영국 땅 대부분에 별 영향을 미치지 않았고 그것이 지구 전체에 끼친 영향은 더욱 미미했을 것이다. 그러나 20세기 들어 자본주의가 전 세계로 퍼지고 세기 말에는 60억 인구의 삶을 지배하게 되자 환경 파괴는 지구적 차원의 문제로 발전했다. 어느 권위 있는 보고서에 따르면 1998년 한 해는 "기록된 최악의 해였으며 과거 어느 해보다 큰 손해를 끼쳤다." 2천5백만 명이 재해로 난민이 됐는데, 이 수치는 "전쟁 때문에 난민이 된 사람 수를 처음으로 넘어섰다."[8] 10억 명이 도시 계획 없이 지어진 판자촌에 살고 있고 세계에서 가장 빠르게 성장하고 있는 50개 도시 가운데 40개가 지진대 위에 있는 상황에서 미래에는 더 끔찍한 일들도 일어날 수 있다. 하지만 그것으로 끝이 아니다. 이산화탄소 배출량이 한없이 증가해 생긴 '온실효과'로 지구가 가열되고 있고, 그 결과 기습적인 태풍을 수반하는 예측하기 어려운 기상 패턴이 발생했으며 해수면이 상승해 전 세계 연안 지역들이 물에 잠길 것으로 예상되고 있다. 냉장고에 사용하는 프레온 가스는 오존층을 파괴해 피부암 발병률을 높이고 있다. 동물 사료에 항생제를 투여한 결과 인간의 질병을 치료하는 데 쓰는 항생제가 무용지물이 되고 있다. 또한 유전자 변형 작물의 무절제한 사용은 먹이사슬 전체를 위험에 빠뜨릴 수 있다. 이미 실현됐거나 아직 실현되지 않은 이런 환경 재앙들은 결코 자연 재해라고 볼 수 없다. 그런 점에서는 12세기 메소포타미아의 식량 공급을 고갈시킨 재해나 14세기 유럽 전역을 굶주림으로 몰아넣은 재해도 마찬가지였다. 그것은 세계적 규모에서 인류가 특수한 방식으로 환경과 상호 작용한 결과다.

자본주의에서는 그런 상호 작용이 자본들 간의 경쟁을 통해 조직된다.

19세기 초에는 소규모 회사들이, 20세기 말에는 거대 다국적 기업들과 국유 기업들이 그런 경쟁의 주체들이었다. 경쟁은 자본들로 하여금 끊임없이 더 새롭고 생산적이며 수지맞는 방식으로 상호 작용하게끔 만들며 그에 뒤따르는 다른 종류의 대가는 고려하지 못하게 한다. 때때로 국가는 이 모든 과정을 규제하려 한다. 그러나 국가들 역시 자국에 뿌리를 둔 기업들의 이익을 먼저 생각하기 때문에 결국 이 과정에 동참하게 된다. 그들이 귀에 못이 박히도록 얘기하듯이, 규제는 국내 기업들의 경쟁력을 떨어뜨려 경쟁 상대인 외국 기업들을 유리하게 해 주기 때문이다. 설령 국가가 규제에 나선다 해도 그것은 이미 파괴가 된 다음의 일이다. 국가 관료들이 모든 산업 혁신을 미리 내다보고 그것들의 더 광범한 파급 효과를 앞서 예측할 수는 없기 때문이다.

20세기 말에는 그 여파가 얼마나 심각했던지 과학과 기술 문명 전체에 염증을 느끼는 사람들까지 생겨났다. 그러나 지난 세기의 과학 기술이 아니었다면 세계 인구를 먹여 살릴 방법도, 계급 사회의 등장 이후 대다수 사람들의 운명이었던 궁핍과 혹사에서 인류를 해방시킬 수단도 존재하지 않을 것이다. 비슷한 경향으로서, 그저 사람 수가 너무 많은 것이 문제라는—아니면 적어도 세계 인구가 두 배 늘어날 30, 40년 뒤에는 그렇게 될 것이라는— 맬서스의 낡은 반동적 견해를 받아들이는 사람들도 생겨났다. 하지만 맬서스의 시대 이후로 지금까지 인구가 8배 증가했는데도 식량 생산량은 오히려 그 이상으로 증가했다. 아프리카·아시아·라틴아메리카 일부 지역에서 사람들이 굶주리는 것은 식량이 절대적으로 부족한 탓이 아니라 식량이 계급에 따라 차등 분배되기 때문이다.

인류가 해결해야 할 문제는 과학 기술이나 사람 수 그 자체가 아니라 현재 사회에서 과학 기술의 용도를 어떻게 결정하느냐 하는 문제다. 거칠게 말하자면, 지구는 현재 인구의 두 배까지도 거뜬히 지탱할 수 있다. 그러나 지구는 하루에 몇 킬로그램의 이산화탄소를 내뿜으며 오직 거대 석유 기업들과 자동차 회사들의 돈벌이에만 유익한 내연 기관들을 더는 감당할 수 없다. 일단 인류가 현재 규모로 지구를 뒤덮게 된 이상, 인류가 계속 생존하려면 자본의 맹목적인 축적 경쟁이 아닌 인간의 진정한 필요에 부합하도록 과학 기술의 활용을 계획해야만 한다.

군사 기술은 과학 기술이 경쟁적 축적에 활용되는 또 다른 방식이다. 제1차세계대전에서는 서부 전선의 대량 살육을, 제2차세계대전에서는 동부 전선의 참극과 나가사키·히로시마 원폭을 가능하게 했던 군사 기술들이 1990년대의 기준으로는 대단히 원시적으로 보인다.

그동안 한편에서는 수천조 달러의 무기 체계들이 개발됐다. 미국은 냉전의 절정기였던 1950년대 초반보다 절대적 규모에서는 더 많은(비록 국민 총생산에서 차지하는 비중은 더 적어졌지만) 군사비를 지출했고 반세기에 걸친 컴퓨터 기술의 진보를 활용함으로써 이라크와 세르비아를 상대로 전쟁을 벌여 자국 병사는 한 명도 잃지 않은 채 상대편에게는 수천 또는 수십만 명의 인명 피해를 입힐 수 있었다. 또한 미국은 미 대륙 본토에서 무선 조종으로 전쟁을 수행하는 방법을 모색하기 시작했으며 보복 공격이 들어올 때 자국을 지키기 위해 다시 한 번 '스타워즈' 탄도탄요격미사일(ABM) 체계에 눈독을 들이고 있다.

다른 한편으로, 치명적이고 파괴적인 소형 무기 체계에 대한 의존도가 높아졌다. 이스라엘 같은 작은 나라와 파키스탄 같이 가난에 찌든 나라도 공대 졸업생 숫자는 모자라지 않는데다가 현대 컴퓨터 기술까지 어느 정도 입수할 수 있어서 자체적으로 핵무기를 개발하는 데 성공했다. 미국 기준으로 보면 난쟁이 수준의 핵무기들이지만 그래도 유사시에 인접국 수도에 사는 수십만 명의 사람들을 산 채로 태워 죽이기에는 충분하다. 적어도 일부 국가들은 미국이 페르시아 만과 발칸 반도에 대해 화력을 과시하는 행위에서 전직 러시아 총리 빅토르 체르노미르딘이 도출한 다음의 교훈을 받아들인 듯했다. "가장 조그만 녹립국들마저 스스로 방어하기 위해 핵무기와 핵무기 발사 기구를 보유하려 들 것이다."[9] 핵 기술을 개발할 능력이 없는 나라들에게는 20세기의 첫 75년 동안 열강들이 개발한 더 싸고 손쉬운 생화학 무기 제조 기술들이 널려 있었다.

20세기 후반에 강대국의 핵무기 옹호론자들은 핵무기가 MAD(Mutually Assured Destruction, 확실한 상호 파멸)라는 논리를 통해 평화를 보장할 것이라고 주장했다. 즉, 누구든 핵을 먼저 사용하는 나라는 그 자신도 핵 보복으로 전멸할 것이 확실하므로 아무도 감히 먼저 핵을 사용하지는 않을 것이라는 논리다. 그러나 1962년의 쿠바 미사일 위기는 이 논리가 얼마나 붕괴 직전까지 갈 수 있는지를 보여 줬다. 또한 1980년대에는 미국이 '선제 공격 능력'을 획득하기 위해 유럽에 크루즈 미사일을 배치하고 ABM 체계 구축(결국 실패했지만)을 처음으로 시도하면서 MAD 논리가 근본부터 도전받게 됐다. 그런데도 MAD 논리가 붕괴하지 않은 것은 미국이 현재의 기술로는 ABM 체계 개발에 성공할 수 없다는 것을 깨닫기 시작한 바로 그 순간에 소련 경제가 치솟는 군비 부담을 견디지 못하고 주저앉았기 때문이다. 또한 대중 시위 때문에 유럽 정부들이 자국 영토에 크루즈 미사일 배치를 계속 허용하기가 정치적으로 곤란해진 것도 한 가지 변수였다. 그러나 핵 확산 사태, 그리고 ABM 체계 개발 재개와 더불어 위험은 더 한층 높은 수위로 부활했다. 세계 최강대국을 비롯해 그보다 더 작은 나라들도 다시 한 번 '선제 공격' — 국제적 긴장이 급격히 고조될 때 보복을 면할 수 있다고 가정하고 핵을 먼저 사용하는 것 — 개념에 이끌렸다. 이것은 다시, 강대국들이 경쟁국들과 하위 국가들을 통제하기 위한 절박한 수단으로서 핵 전력이나 재래식 전력을 이용해 선제 군사 공격을 감행할 가능성을 더욱 높였다. 20세기 후반에는 실현되지 않았던 야만주의가 21세기에는 실질적인 위협이 될 수 있다. 단지 1, 2년이 아닌 수십 년 앞을 내다보고 미래를 전망한다면 어떤 규모의 핵전쟁이든 발생할 확률이 상당히 크며 그와 함께 지구의 수많은 지역들이 진정한 의미의 야만주의로 빠져들 위험도 그만큼 크다는 것을 인정해야 한다.

경제적 불안은 이런 위협을 더욱 부추긴다. 1930년대에 맞먹는 공황이 닥쳐오면 모든 나라가 극심한 정치 위기를 겪게 될 것이고 양차 대전 사이의 기간에 그랬듯이 국내 문제에 대한 해결책으로 군사적 모험을 추구하는 정당들이 쉽게 권력을 장악할 수 있는 여건이 마련될 것이다. 몇몇 주요 국가에서 극우 정당들의 득표가 증가하는 등 불길한 징조는 이미 나타나고 있다. 향후 몇십 년을 두고 본다면 이런 정당들이 핵무기를 손에 넣는 일도 얼마든지 가능하다. 현 체제에 맞선 계급적 대안이 등장해 사회 전체를 지금과는 다른 방식으로 재조직하지 않는다면 말이다. 사회주의인가 야만주의인가 하는 선택은 과거 어느 때보다도 선명하게 제기되고 있다.

보편적 계급?

20세기는 단지 공포의 세기만은 아니었다. 우리가 살펴봤듯이, 그것은 공포의 주범들에 맞서 노동 계급이 이끈 거대한 반란들이 아래로부터 분출해 나온 세기이기도 했다. 제1차세계대전 이전에 생디칼리스트들이 주도한 파업 투쟁, 전쟁 발발 이후의 러시아 혁명과 유럽·식민지 세계를 휩쓴 반란의 물결, 1934~1936년에 오스트리아·프랑스·스페인에서 일어난 반란들, 1943~1945년의 프랑스·이탈리아·그리스, 1956년의 헝가리 혁명, 1968년과 그 이후의 사건들, 그리고 1980년 폴란드의 거대한 파업과 점거 운동이 이를 보여 준다. 이 위대한 반란들 가운데 오직 러시아 혁명만이 성공했지만 그조차도 얼마 안 가서 고립된 채 교살당하고 말았다. 그러나 이런 투쟁들은 20세기 역사의 흐름을 결정한 중요한 요인들이었다. 그리고 20세기 말이 돼서도 투쟁은 끝나지 않고 있다. 빗나간 계급 투쟁이 동구권의 붕괴를 초래했고, 1990년대에 서유럽에서는 이탈리아의 베를루스코니 우파 정부가 일련의 파업 투쟁 끝에 무너졌고, 프랑스에서는 1995년 11~12월 한 달 동안 공공 부문에서 파업과 시위가 일어나 쥐페의 우파 정부가 물러난 것을 계기로 계급 투쟁이 급격히 부활했으며, 독일에서는 파업과 시위의 물결이, 덴마크에서는 총파업이, 남한에서는 잇따른 파업 물결이, 콜롬비아와 에콰도르에서는 총파업이, 그리고 인도네시아에서는 거대하고 자생적인 시위와 폭동이 일어나 32년 동안 집권했던 수하르토 장군의 독재 정권을 무너뜨렸다.

그러나 이처럼 거대한 사회·정치 격변들에도 아랑곳 않고 피상적이고 유행을 좇는 일부 평론가들은 여전히 계급 정치의 종말을 얘기했다. 심지어 오랫동안 영국에서 가장 유명한 마르크스주의자였던 에릭 홉스봄조차 자본주의의 불안정성에 관한 마르크스의 지적은 옳았지만 노동 계급이 체제에 맞선 역사적 적대자의 입장으로 내몰린다는 마르크스의 관점은 틀렸다고 주장했다. 이렇게 주장하는 사람들이 내세운 증거는 두 가지였다. 선진 공업 국가에서 제조업에 고용된 인구의 비중이 낮아졌다는 것, 그리고 그런 나라에서 자본주의 사회의 혁명적 타도를 꿈꾸는 사람들은 비교적 소수라는 것이다. 그러나 어느 것도 그들의 결론을 뒷받침할 수 없는 증거들이다.

확실히 영국 같은 나라에서 광부, 철강 노동자, 항만 노동자 등 노동 계급의 아성이라고 할 수 있는 오래된 부문들이 많이 축소된 것은 사실이다. 영국에서는 심지어 자동차 노동자 수도 1990년대 말에 30년 전의 2분의 1 내지 3분의 1로 줄어들었다. 그러나 다른 변화들이 이것을 충분히 상쇄하고도 남았다. 선진국에서는 화이트칼라 직종과 '서비스' 부문의 일자리가 늘어나면서 제조업의 공백을 메웠으며, 과거에는 '중산층'으로 여겨졌던 직업들이 점점 생산직을 닮아갔다. 어디서나 '라인 매니저'들이 전통적인 현장 감독 역할을 대신하게 됐다. 어디서나 사람들은 더 오래 일하고 무보수로 초과 근무를 함으로써 '헌신성'을 보이라는 압력에 시달렸다. 근무 실적 평가 제도는 거의 보편화됐고, 심지어 교사들에게까지 성과급을 도입하려는 시도들이 있었다.

제조업이 상대적으로 쇠퇴하면서 조립 라인이 사라지기는커녕 그것은 새로운 영역으로 옮아갔다. 정말이지, 이제 와서 '서비스업'과 '제조업'을 구분하는 것은 수많은 부문에서 더는 의미가 없게 됐다. 기계를 이용해 컴퓨터를 조립하는 사람은 '생산직'으로 분류되는 반면, 그 컴퓨터에 소프트웨어를 설치하는 반복되는 작업을 하는 사람들은 '서비스직'으로 분류된다. 햄버거 고기를 캔에 넣는 사람들은 '생산직'인 반면, 그 고기를 패스트푸드 빵에 끼워 넣는 사람들은 '서비스직'이다. 두 종류의 일 모두 이윤을 남기는 상품 생산에 기여하며 지속적인 이윤 극대화의 압력이 양쪽 다 작용하는데도 말이다.

세계적 규모에서는 그림이 더욱 선명하다. 20세기 후반에는 전 세계에 걸쳐 임금 노동이 엄청난 규모로 확산됐다. 섬유공장, 제철소, 정유소, 자동차 조립공장 등이 여섯 개 대륙의 거의 모든 주요 국가에 세워졌다. 그런 곳에는 항만, 공항, 철도, 고속도로, 현대적 은행 체계, 그리고 고층 빌딩들도 함께 건설됐다. 그 결과 무수히 많은 도시들이 생겨났다. 1945년에는 세계에서 가장 큰 도시가 뉴욕이냐 런던이냐를 놓고 논란이 있었는데, 20세기 말에는 멕시코시티, 뭄바이[봄베이], 그리고 도쿄가 1위 자리를 다퉜다. 새로운 산업들과 도시들이 탄생하는 것과 더불어 노동자 수도 늘어났다. 1980년대에는 남한 한 곳의 산업 노동자 수가 마르크스와 엥겔스가 《공산주의 선언》을 썼을 무렵의 전 세계 노동자 수보다 더 많았다. 게다가 당시 남한에는 산업 노동자 외에도 수백만 명의 임금 소득자들이 있었다.

당연한 얘기지만, 임금 노동자들은 전 세계 노동 인구의 일부분일 뿐이다. 임금 노동자 외에도 조그만 땅을 소유한 농민들이 아시아, 아프리카, 라틴아메리카 일부, 심지어 동유럽 일부 지역에 이르기까지 몇억 명 이상 존재한다. 제3세계 도시들에는 생존하기 위해 아무리 보잘것없는 상품이나 서비스라도 팔아야 하는 가난한 쁘띠부르주아지들이 대규모로 밀집해 있으며, 이들은 도시 주변의 빈민가에서 임시고용 상태에 있는 더 방대한 수의 노동자 대중과 융합된다. 이런 집단들의 심리는 산업 노동자들과 매우 다를 수 있다. 그러나 한 세기 전의 중간 계급이나 농민들과 다르게, 그들의 삶 역시 산업 노동자들의 삶과 마찬가지로 시장에 완전히 묶여 있으며 자본의 논리에 종속돼 있다.

칼 마르크스는 사회에서 일정한 객관적 위치를 차지하는 '즉자적 계급'

과 자신의 고유한 목표를 달성하기 위해 의식적으로 싸우는 '대자적 계급'을 구분했다. 20세기 말의 노동 계급은 '즉자적 계급'으로서 과거 어느 때보다도 두드러진 존재다. 그 중심에는 대략 20억 명이 포진해 있지만 그 주변부에는 자신의 삶이 여러 가지 측면에서 중심부의 삶과 똑같은 논리에 종속된 또 다른 20억 명이 존재한다. 따라서 노동 계급에 관한 진정한 쟁점은 그들이 과연 — 그리고 어떻게 — 대자적 계급이 될 수 있느냐 하는 것이다.

마르크스의 구분이 의미하는 핵심은, 역사상 어떤 계급도 처음부터 대자적 계급으로 출발하지는 않는다는 것이다. 신생 계급의 구성원들은 다른 어떤 사회도 경험해보지 못한 채 기존의 낡은 사회 질서 속에서 탄생하고 성장하며, 처음에는 어쩔 수 없이 기존 사회의 가치관을 당연한 것으로 받아들인다. 때문에 그들은 적어도 처음에는 낡은 사회의 편견들을 고스란히 간직하고 있다. 이것이 바뀌는 것은 그들이 종종 스스로 어떻게 할 수 없는 상황에 떠밀려 기존 질서에서 자신들의 이익을 지키기 위해 싸움에 나설 때다. 그런 투쟁을 거치면서 그들 사이에는 연대의 끈이 형성되며 기존 사회의 것과는 다른 종류의 도의적 의무와 가치관들이 탄생한다. 이런 밑거름 위에 사회 운영 방식에 관한 새로운 관념들이 피어나고, 그 관념들은 또 그 다음 세대의 세계관에 영향을 끼친다.

이처럼 의식이 발전하는 과정은 곧게 뻗은 오르막길이 아니다. 신생 계급의 투쟁이 조그만 승리와 부분적 패배, 또는 극적인 전진과 갑작스럽고 때로는 파멸적인 후퇴를 거듭하듯이 사람의 의식 변화에도 오르막과 내리막이 수시로 찾아온다. 자본가 계급의 탄생에 얽힌 역사는 이 점을 잘 보여준다. 매 단계마다 부르주아 계급 중에는 자신을 옛 봉건 질서의 여타 구성원들과 다르게 정의하는 집단들이 나타나지만 그들은 얼마 안 가서 봉건 지배 계급과 화해하고 그들의 가치관을 받아들임으로써 옛 질서에 순응해 그것의 영속화를 돕는다. 그래서 후대의 부르주아들은 새로운 세계를 건설하기 위한 투쟁을 처음부터 다시 시작해야 하는 부담을 떠안게 된다. 15세기 말 이탈리아 북부의 전쟁과 한 세기 뒤 프랑스에서 일어난 종교전쟁,

그리고 보헤미아와 독일에서 일어난 30년 전쟁의 아수라장 속에서 아마도 수많은 사람들이 부르주아지는 도저히 그들이 그리는 상(像)대로 새로운 세계를 창조하지 못할 것이라며 탄식했을 법하다. 그렇지만 19세기 들어 부르주아지는 그동안의 경제 발전 덕택에 하나의 계급으로서 막강한 힘을 휘두르게 됐고, 그 때문에 1848년의 좌절조차 권력을 향한 부르주아지의 가차없는 (것처럼 보이는) 행진을 막을 수 없었다.

마찬가지로, 자본주의에서 노동자들이 계급의식을 획득하는 데에도 결코 마술적인 왕도는 없다. 노동자들은 자본주의의 가치관이 곳곳에 스며든 환경에서 살고 있고 그런 가치관을 당연하게 받아들인다. 노동 착취 역시 노동자들이 일자리를 두고 서로 경쟁하게 만드는 방식으로 조직된다. 자본 축적의 비인간적 논리에 맞서 거듭거듭 노동자들을 단결하게 만드는 압력이 존재하는가 하면, 그런 단결을 너무나 쉽게 깨뜨릴 수 있는 요인들도 존재한다. 예를 들어 실업은 개별 노동자들로 하여금 다른 사람을 희생시켜서라도 먹고살 방도를 절실히 강구하게 만들며, 노동자 조직이 투쟁에서 패배하면 노동자들의 연대의식이 깨지는 동시에 아무리 단결하고 투쟁해도 삶을 향상시킬 수 없다는 회의감이 팽배해진다. 국적·민족·성을 초월한 연대의식처럼 투쟁이 승리를 거듭하는 시기에 피어나는 새로운 가치관들은 어느 날 갑자기 상처 입고 왜곡되거나 심지어 산산조각 날 수도 있다. 새로운 의식은 일부 노동자들이 체제와 타협함으로써 이익을 챙길 수 있는 시기인 자본주의의 '번영'기에도 훼손될 수 있다. 노동자들 가운데 승진해서 현장 감독이나 관리자가 되는 사람들, 자영업을 시작해 용케 성공한 사람들, 또는 노조 관료나 사회민주당 정치인으로서 부르주아 민주주의 사회의 전문 중재자가 되는 사람들이 그런 의식 변화를 겪는다. 그들은 대개 자신이 몸담고 있는 지역 사회나 작업장에서 가장 정력적이고 목소리가 큰 사람들이기 때문에 그들의 타협은 다른 노동자들의 계급의식을 무너지게 하는 효과가 있다.

마지막으로, 노동 계급이 **즉자적 계급**에서 **대자적 계급**으로 바뀌는 과정은 자본주의 자체가 발전하면서 노동 계급의 구조가 변하고 팽창하게 됨으로써 끊임없이 방해받는다. 자본주의 발전의 각 단계마다 새로운 노동자 집단들이 탄생하고, 이들은 매번 배움의 과정을 처음부터 새로 밟아야 한다. 예컨대 차티스트 운동이 한창이었던 1840년대에는 섬유 노동자들이 영국 노동 계급의 핵심이었지만 제1차세계대전 직전의 몇 해 동안에는 조선소, 광산, 제철소 같은 중공업 부문의 노동자들이 핵심이었고, 제2차세계대전 직후에는 엔지니어링 노동자들이 그 자리를 차지했다. 각각의 집단은 앞서간 집단의 의식에 이미 어느 정도 구현된 사상을 깨치기까지 똑같은 과정을 되풀이해야 했다. 옛 노동자들과 새로운 노동자들의 차이는 20세기에 여러 나라에서 그랬듯이 급격하고 거대한 산업화가 진행될 때 더욱 두드러진다. 1917년 러시아 혁명의 주역이었던 노동자들은 1930년대에 새로 유입된 차세대 노동자들의 홍수에 잠겨버렸고, 1943년에 무솔리니 정권을 뒤흔들었던 이탈리아 노동자들은 1960년대에 농촌에서 대거 몰려온 훨씬 더 많은 노동자들 속에 용해됐으며, 1980년대의 중국 노동자들 가운데 1920년대의 거대한 파업들에 참가했던 노동자들의 직계 자손들은 거의 없었다. 하지만 그럴 때마다 길든 짧든 시간이 흐르면 옛 전통을 닮은 새로운 전통이 탄생했다. 1969년부터 이탈리아에서 불붙은 파업 투쟁, 1989년 톈안먼 항쟁에 대한 중국 노동자들의 연대, 1989년과 1991년의 러시아 광부 파업이 그런 사례들이다. 이 가운데 어느 경우에도 노동자들이 완전한 혁명적 의식에 도달하지는 못했다. 그러나 그 모든 경우에 그들은 기존 사회의 가치관과 상식들을 깨뜨리기 시작했다. 다시 말해, 그들은 대자적 계급으로 거듭나는 여정을 시작했던 것이다. 비록 그 여정을 끝까지 완주하지는 못했을지라도 말이다.

20세기 마지막 4분기에 우리가 목격한 것은 노동 계급의 종말도 아니고 계급의식의 종말도 아니다. 오히려 우리는 노동 계급의 거대한 팽창에 따른 결실들을 목격했다. 양적 팽창은 사회를 바꿀 수 있는 전례 없이 큰 힘을 노동 계급에게 선사했지만, 동시에 70년 전의 노동자들이 이미 알고 있었던 것을 이제 더 많은 노동자들이 새로 배워야만 하는 상황을 빚어냈다. 바로 그런 배움의 과정에서 최근 몇 년 동안 빗나간 계급 투쟁들이 일어난 것이다. 그 빗나간 투쟁들은 수많은 사람들의 의식 속에 혼란스럽고 모순된 관념 더미들을 남겼다. 이런 점을 고려할 때, 즉자적 계급이 완전한 대자적 계급으로 변모하려면 아직 갈 길이 멀다. 그러나 역사 형성에 능동적으로 관여하는 변수로서 계급 투쟁이 사망했다는 진단은 더욱더 현실과 거리가 멀다.

20세기가 시작됐을 무렵, 미래의 러시아 혁명 지도자 레닌은 노동자들의 경제 투쟁이 자동으로 혁명적 의식에 도달하기는커녕 "자생적으로 발전한 노동자 운동은 부르주아 이데올로기에 종속되고 만다"고 썼다. 왜냐하면 "부르주아 이데올로기는 사회주의 이데올로기보다 훨씬 기원이 오래 됐으며 훨씬 성숙하게 발달했을 뿐 아니라 …… 비교가 안 될 정도로 더 많은 유포 수단을 갖추고" 있기 때문이다.[10] 그가 내린 유명한 결론은 "노동자들에게 계급적 정치의식은 오직 외부에서만 도입될 수 있다"는 것이었다.[11] 로자 룩셈부르크를 비롯한 여러 사람이 그의 결론을 비판했는데, 레닌도 나중에 가서는 사회주의 사상의 발전 과정에서 노동자들이 수행하는 역할을 자신이 과소평가했음을 시인했다.[12] 그렇지만 레닌은 약 25년 뒤에 이탈리아 혁명가 안토니오 그람시(그는 종종 오해받는 사상가이다)가 채택하고 발전시킨 논지를 올바르게 강조했다.

그람시는 한 계급의 구성원들이 보통 서로 충돌하는 세계관들에 노출돼 있다고 지적했다. 기존 사회에서 일상적 삶의 경험을 통해 형성되는 세계관과 기존 사회를 변혁하기 위해 한 계급(또는 그 계급의 한 부분)이 투쟁의 경험으로 얻게 되는 세계관은 서로 충돌한다. 그 결과 한 사람의 인격은 "괴상한 조합들로 이루어진다. 그 속에는 원시인의 요소와 고도로 발달한 현대적 학습의 영향이 공존하며, 과거의 모든 역사적 단계에서 파생한 온갖 낡은 편견과 전 세계의 인류가 하나 되는 미래의 철학에 관한 본능적 인식이 뒤죽박죽 섞여 있다."[13] 이처럼 모순된 요소들이 섞여 있는 비율과 형태는 개인과 집단마다 서로 다르다. 어떤 사람들은 거의 완전히 기존 사회의 관념들에 갇혀 있는 반면, 어떤 사람들은 그런 관념들을 극복하는 데서 한참 앞서 나간다. 그러나 대다수 사람들은 그 중간쯤 어딘가에 끼여 있으며, 양 극단의 가장 일관된 사상들에 이끌려 이쪽과 저쪽을 왔다 갔다 한다. 역사의 어느 시점에서든 한 계급의 구체적 행동은 양 '극단' 가운데 어느 쪽이 이 중간 집단을 설득하는 데 성공하느냐에 달려 있다. 특히 중간 집단이 새로운 사상에 귀를 기울이게 되는 사회 격변(전쟁, 경제 위기, 파업 또는 내전)의 시기에는 말이다. 그러므로 즉자적 계급이 대자적 계급으로 바뀌는 것의 성공 여부는 주변 세계의 물질적 변화에만 달려 있는 것이 아니라 계급 내에서 서로 영향력을 다투는 당파들의 형성에도 달려 있다.

이 점은 자본주의의 등장 과정에서도 드러났다. 자본주의로 가는 '대변혁'은 단지 객관적 경제 발전의 산물만은 아니었다. 새로 등장한 도시민 계급 또는 부르주아 계급의 일부 분파가 구질서의 세계관과는 매우 다른 사상을 중심으로 자기 계급을 조직화하는 데 들인 노력도, 그리고 그 분파의 시도를 좌절시키기 위해 구질서의 수호자들과 손잡은 다른 부르주아 분파들이 쏟은 노력도 마찬가지로 '대변혁'의 성패를 판가름하는 열쇠였다. 이것은 8세기 이슬람 제국과 11세기 중국에서 일어난 반란이나 개혁을 지향하는 운동들의 흥망사, 르네상스와 종교개혁 운동 — 이탈리아·독일·프랑스에서는 구질서에 항복했지만 네덜란드와 영국에서는 혁명을 거쳐 승리했고 보헤미아에서는 30년 전쟁이라는 끔찍한 대치 국면에 봉착했던 — 의 역사, 계몽주의와 그에 맞선 반계몽주의적 반동의 역사, 국왕에 맞서 싸운 프랑스 국민의회의 역사, 그리고 자코뱅파와 지롱드파 간의 투쟁사에서 한결같이 드러나는 패턴이다. 대변혁은 결코 단 한 번의 대약진으로 성취되지 않았고, 그렇다고 해서 느리고 점진적인 변화를 통해 이룩된 것도 아니다. 그것은 수백 년에 걸쳐 새롭게 태동하는 세계관을 중심으로 뭉쳤다가 짓밟혔다가 다시 일어서기를 되풀이한 당파들이 투쟁으로써 이뤄낸 것이다.

자본주의가 세계를 정복한 뒤로 이 역사적 과정에는 어마어마한 가속도가 붙었다. 20세기에 들어와 인류의 삶은 그 전 5천 년 동안 일어난 변화를 모두 합친 것보다도 더 많은 변화를 겪었다. 이처럼 변화의 속도가 빨라진 탓에, 사람들은 새로운 환경에 적응하는 과정에서 가까운 과거의 경험에는 부합했지만 이미 현재 상황에는 들어맞지 않게 된 사상들에 거듭거듭 의존했다. 또한 노동자들에게는 유럽의 부르주아지가 6백 년에 걸쳐 달성했던 것과 맞먹는 수준의 의식 변화를 수십 년 만에 달성해야 하는 부담이 있었다. 그러므로 20세기 말이 되도록 그런 의식 변화가 완결되지 않았다고 해서 아예 진척도 없었다고 생각해서는 안 된다. 20세기의 역사는 세대를 이어갈수록 그 숫자가 늘어나는 인민들이 경쟁적 자본 축적의 논리에 맞서 끊임없이 투쟁해온 역사다. 한때 러시아에서 그들은 잠깐의 승리를 맛보았다. 때때로 — 1918~1919년에 독일에서, 1936년에 프랑스에서, 또는 1980년대에 폴란드에서 그랬듯이 — 그들은 절반의 승리에 만족했다가 그 절반마저 도로 빼앗겼다. 또는 1933년 1월 독일에서 그랬듯이, 싸워 보지도 못한 채 처참히 깨지기도 했다. 하지만 이 가운데 어떤 사례도 계급 투쟁의 종말을 얘기할 핑계거리가 될 수는 없다. 19세기에 소규모의 노동 계급이 벌인 투쟁, 그보다 더 큰 노동 계급이 20세기의 첫 50년 동안 벌인 투쟁, 그리고 그보다 훨씬 큰 노동 계급이 20세기 마지막 25년 동안 수행한 그런 종류의 투쟁들은 수십억을 헤아릴 새천년의 노동 계급을 통해서도 되풀이될 것이다.

이런 투쟁들 속에서 연대와 상호 부조와 평등과 집단적 협력과 자원 활용의 민주적 계획에 기초를 둔 사회 변혁 시도들이 새롭게 등장할 것이다. 세계 지배자들은 선조들이 지난 5천 년 동안 그래왔듯이 죽을힘을 다해 그런 시도를 분쇄하려 들 것이다. 심지어 자신의 신성한 권력과 재산을 수호하기 위해 필요하다면 세계를 끝없는 야만에 빠뜨리는 것도 수저하지 않을 것이다. 그들은 마지막 순간까지 자본주의 질서를 지키려 할 것이다. 설사 그것이 조직화된 인간 생활의 종말을 초래하더라도 말이다.

이처럼 거대한 사회 갈등의 결말이 어떻게 날지 미리 알 수는 없다. 그 결말은 단지 한 계급의 객관적 발전 수준 — 즉자적 계급으로서 얼마나 규모가 성장했는가 — 에만 달려 있는 것이 아니라 그처럼 거대해진 '보편적' 노동 계급 중에서 싸우는 방법을 이해하고 동료들에게도 그 방법을 납득시킬 수 있는 중핵이 얼마만큼 존재하느냐에도 달려 있기 때문이다. 체제의 이런저런 측면들에 맞서 격렬히 싸우는 운동과 단체들이 고갈되는 일은 결코 없을 것이다. 과거에도 그랬지만 앞으로도 체제의 야만성과 비이성 그 자체가 그런 운동들의 지속적인 출현을 보증할 테니 말이다. 그러나 20세기의 역사가 보여 주듯, 그런 반체제 세력들은 오직 체제의 모든 측면에 맞서 싸울 태세가 돼 있는 혁명적 조직이라는 결정체로 응고돼야만 진정으로 효과적일 수 있다. 부르주아지는 17세기에 신형군이라는 형태의 결정체가 필요했고 18세기에는 자코뱅 클럽이라는 형태의 결정체가 필요했다. 마찬가지로, 1917년에 러시아 노동 계급은 볼셰비키당이라는 형태의 결정체가 필요했다. 21세기에 인류가 멸망하지 않으려면 어마어마한 규모로 확대된 오늘날의 노동 계급에게도 그런 결정체가 끊임없이 필요할 것이다. 그런 필요는 오직 사람들이 그 과업에 몸소 뛰어들어야만 충족될 수 있다. 아일랜드의 혁명적 사회주의자 제임스 코널리는 이렇게 지적한 바 있다. "유일하게 참된 예언자들은 미래를 스스로 개척하는 자들이다."

과거를 이해하는 것은 미래를 개척하는 데 도움이 된다. 내가 이 책을 쓴 이유가 바로 그것이다.

후주

ᐳ 1부 계급 사회의 등장

1   사실 이것은 진정으로 과학적인 유전학 연구에서는 절대로 나올 수 없는 주장들이다. 예컨대, 다음의 책들을 보시오. S Rose, *Lifelines* (London, 1997). R Hubbard, *The Politics of Women's Biology* (New Jersey, 1990). R Lewontin, *The Doctrine of DNA* (London, 1993).
2   D Morris, *The Naked Ape* (London, 1967).
3   R Ardrey, *African Genesis* (London, 1969).
4   R Dawkins, *The Selfish Gene* (Oxford, 1976).
5   R Lee, 'Reflections on Primitive Communism', in T Ingold, D Riches and J Woodburn (eds), *Hunters and Gatherers*, vol 1 (Oxford, 1988).
6   널리 받아들여지고 있는 노엄 촘스키(Noam Chomsky)의 이론에 따르면, 언어 사용 능력은 모든 현대 인류의 유전적으로 결정되는 특징이다. 언어, 추상 작용, 인간 의식 사이의 관계는 러시아 마르크스주의자 볼로쉬노프(Voloshinov)가 1920년대에 쓴 책들과 헝가리의 마르크스주의자 게오르크 루카치(Georg Lukács)의 *Ontology*의 제2부 *Labour*에서 자세히 다루고 있다.
7   여기서는 긴 논쟁을 아주 짧게 요점만 소개했다. 자세한 논의와 참고 문헌을 알고 싶다면 내 글 'Engels and the Origins of Human Society', in *International Socialism* 65 (Winter 1994)의 앞부분을 보기 바란다.
8   네안데르탈인과 현대 인류 사이의 정확한 관계에 관해서는 한 세기 동안이나 과학적 논쟁이 벌어져왔다. 예컨대, 두 종 사이의 이종 교배가 가능한지 하는 문제 따위가 그것이다. 여기서 이 논쟁을 살펴볼 수는 없다. 인류의 기원을 "피 속에서 탄생한" 어떤 것으로 설명하는 아드리(Ardrey) 같은 사람들의 주장과 달리, 네안데르탈인이 반드시 현대 인류에게 살해당했기 때문에 소멸한 것은 아니라는 점만 짚고 넘어가자. 이 점에 관한 부연 설명은 내 글 'Engels and the Origins of Human Society'를 참고하기 바란다.
9   '수렵-채취'는 오해의 소지가 조금 있는 용어다. 흔히 식물 채취가 짐승 사냥보다 생계에 더 중요했기 때문이다.
10 그 때문에 '야만 사회'라는 용어는 오랫동안 그런 사회를 가리키는 데 사용돼왔다. 원시 사회의 발전을 과학적으로 설명하려 한 루이스 모건(Lewis Morgan), 프리드리히 엥겔스(Frederick Engels), 고든 차일드(Gordon Childe) 같은 사람들조차 이 용어를 사용했다.

11 "만인에 대한 만인의 투쟁"이라는 말은 영국의 철학자 토머스 홉스(Thomas Hobbes)가 처음 사용했다. 하지만 이 말은 1960년대까지는 원시 사회들에 대한 대부분의 설명에 스며 들어 있는 상식적인 태도를 단적으로 드러낸다. 아드리의 *African Genesis* 같은 대중서에 서도 같은 태도를 발견할 수 있다.
12 M Sahlins, *Stone Age Economics* (London, 1974).
13 C Turnbull, *The Forest People* (New York, 1962), pp107, 110, 124~125.
14 E Friedl, *Women and Men: the Anthropologist's View* (New York, 1975), p28.
15 E Leacock, *Myths of Male Dominance* (New York, 1981), pp139~140.
16 R Lee, *The !Kung San* (Cambridge, 1979), p118.
17 쿵(!Kung)족의 '!'는 인도-유럽어에는 없는 '흡기음'(吸氣音)을 표시하기 위한 것이다.
18 R Lee, *The !Kung San*, p244.
19 Le P P LeJeune (1635), M Sahlins, *Stone Age Economics*, p14에서 재인용.
20 E Friedl, *Women and Men: The Anthropologist's View* (New York, 1975), pp15, 28.
21 모든 인용문은 R Ardrey, *African Genesis*, pp300, 399.
22 R Lee, *Reflections on Primitive Communism*.
23 E Gellner, *Plough, Sword and Book* (London, 1991)에서 재인용.
24 엥겔스는 이 사회에서 여성의 체계적인 지배가 존재하지 않았다고 한 점에서 옳았다. 그러 나 엥겔스는 한 가지 중요한 세부 사실에서 틀렸다. 즉, 엥겔스는 대부분의 수렵-채취 사 회에서 혈통이 한 역할을 너무 지나치게 강조했다. 이 문제에 관한 자세한 논의로는 내 글 'Engels and the Origins of Human Society'를 보시오.
25 팔레스타인, 시리아, 레바논, 터키 남부, 이라크.
26 더 자세한 설명은 다음의 책들을 보시오. D O Henry, *From Foraging to Agriculture* (Philadelphia, 1989). J V S Megaw (ed), *Hunters, Gatherers and the First Farmers Beyond Europe* (Leicester, 1977). C Renfrew (ed), *Explaining Cultural Change* (London, 1973)에 실린 P M Dolukhanov and G W W Barker의 글들. C K Maisels, *The Emergence of Civilisaion* (London, 1993), chs3 and 4.
27 J Harlan, 'A Wild Wheat Harvest in Turkey', *Archaeology* 20 (1967), pp197~201, C K Maisels, *The Emergence of Civilisation*, pp68~69에서 재인용.
28 고든 차일드가 사용한 용어다.
29 C K Maisels, *The Emergence of Civilisation*, p125에 나와 있는 여러 가지 추측이다.
30 R M Adams, *The Evolution of Urban Society* (London, 1966), p96.
31 물론, 어떤 학자들은 다산부 조각상이 다산 제의와 관련 있는 것이지, 가톨릭의 성모 마리 아 숭배처럼 여성의 지위하고 관련 있는 것은 아니라고 주장해왔다.
32 1920년대와 1930년대에 약탈농법 사회에 관한 선구적인 연구를 수행한 서구의 인류학자 들이 이 점을 강조한다. 예컨대, R Benedicts, *Patterns of Culture* (London, 1935)를 보 시오.
33 J-F Lafitan, R Lee, *Reflections on Primitive Communism*, p252에서 재인용.
34 E Evans-Pritchard, R Lee, *Reflections on Primitive Communism*, p252에서 재인용.
35 M Sahlins, *Stone Age Economics*의 핵심 논점 중 하나다.
36 R M Adams, *The Evolution of Urban Society*, p96.

37 J V S Megaw (ed), *Hunters, Gatherers and the First Farmers Beyond Europe*과 C Renfrew (ed), *Explaining Cultural Change*에 실린 P M Dolukhanov, G W W Barker, C M Nelson, D R Harris and M Tosi의 글들을 보시오.
38 F Katz, *Ancient American Civilisations* (London, 1989). W M Bray, F H Swanson and I S Farrington, *The Ancient Americas* (Oxford, 1989), p14.
39 재레드 다이아몬드(Jared Diamond)가 지적했듯이, 이 지역들에서는 지금까지도 적절한 동물이나 식물을 길들이는 데 성공하지 못했다. J Diamond, *Guns, Germs and Steel* (London, 1997), pp163~175를 보시오.
40 이 점은 J Diamond, *Guns, Germs and Steel*, p139에 잘 설명돼 있다.
41 R Lee, *Reflections on Primitive Communism*, p262.
42 C Levi-Strauss, M Sahlins, *Stone Age Economics*, p132에서 재인용.
43 H I Hogbin, M Sahlins, *Stone Age Economics*, p132에서 재인용.
44 고든 차일드 이전에는 19세기 인류학자인 모건이 '야만'(즉, 순수한 농경 생활방식)에서 '문명'(도시 중심)으로 이행한 것에 대해 글을 썼다. 프리드리히 엥겔스도 이런 용어들을 사용했지만, 모건이 말한 의미의 '문명' 사회가 초기 농경 사회보다 훨씬 더 야만적일 수 있다는 점이 분명해지면서 이제는 사용하지 않게 됐다.
45 M Sahlins, *Stone Age Economics*에 나오는 사례들을 보시오.
46 V Gordon Childe, *What Happened in History* (Harmondsworth, 1948), pp59~62.
47 예컨대, F Katz, *Ancient American Civilisations*, pp78~79, 81, 102, 113, 128을 보시오.
48 V Gordon Childe, *What Happened in History*, pp80~81
49 C K Maisels, *The Emergence of Civilisation: From Hunting and Gathering to Agriculture, Cities and the State in the Near East* (London, 1993), p297.
50 C K Maisels, *The Emergence of Civilisation*, p297.
51 F Katz, *Ancient American Civilisations*, p29.
52 V Gordon Childe, *Social Evolution* (London, 1963), pp155~156.
53 이런 도시화 이전 석조 건축물에 관한 논의로는 C Renfrew, *Before Civilisation* (Harmondsworth, 1976)을 보시오.
54 예컨대, 동남쪽으로는 아시아 본토와 남쪽으로는 아프리카 본토에 일어난 발전이 에게 해의 발전에 영향을 미친 것이 분명하다. 이집트의 발전 가운데 일부(재배한 곡물 품종과 유적의 일부)는 제한적이나마 더 일찍 발전한 메소포타미아 문명과 접촉한 데서 영향을 받은 듯하다. 라틴아메리카 분냉늘이 동아시아와 동남아시아 문명들과 모종의 접촉을 했을 가능성도 있다.
55 R M Adams, *The Evolution of Urban Society*, pp95~96.
56 R M Adams, *The Evolution of Urban Society*, p98.
57 R M Adams, *The Evolution of Urban Society*, p103.
58 R M Adams, *The Evolution of Urban Society*, p104.
59 V Gordon Childe, *What Happened in History*, p88.
60 T B Jones, C K Maisels, *The Emergence of Civilisation*, p184에서 재인용.
61 C J Gadd, 'Cities in Babylon', in I E S Edwards, C J Gadd and N G L Hammond (eds), *Cambridge Ancient History*, vol 1, part 2 (Cambridge, 1971).

62　F Katz, *Ancient American Civilisations*, p38.
63　G R Willey and D B Shimkin, 'The Maya Collapse: A Summary View', in T P Culbert (ed), *The Classic Maya Collapse* (Albuquerque, 1973), p459.
64　마이클 만(Michael Mann)이 난해한 사회학 용어를 동원해 설명했듯이, 이 사회들은 "분배 권력이 관련돼 있었기 때문에 집단적 권력을 증대"시키려 하지 않았다. M Mann, *The Sources of Social Power*, vol 1 (Cambridge, 1986), p39.
65　그런 변화에 관한 한 가지 설명은 D R Harris, 'The Prehistory of Tropical Agriculture', in C Renfrew (ed), *Explaining Cultural Change*, pp398~399를 보시오.
66　M Sahlins, *Stone Age Economics*, p140.
67　서기 1100년부터 1400년 사이에 통가(Tonga)의 최고위 족장 집단이 하층민들에 대한 의무에서 벗어나 지배 계급을 형성하려고 했던 시도에 관한 크리스틴 워드 게일리(Christine Ward Gailey)의 설명을 보시오. C W Gailey, *Kinship to Kingship* (Texas, 1987).
68　V Gordon Childe, *Man Makes Himself* (London, 1956), p155.
69　예컨대, R Tharper, *Ancient Indian Social History* (Hyderabad, 1984)를 보시오.
70　R M Adams, *The Evolution of Urban Society* (London, 1966), p114.
71　A J Pla, *Modo de Produccion Asiatico y las Formaciones Econimico Sociales Inca y Azteca* (Mexico, 1982), p151에 나와 있는 잉카 문명에 관한 설명을 보시오.
72　R M Adams, *The Evolution of Urban Society*, p90.
73　V Gordon Childe, *What Happened in History*, p72.
74　V Gordon Childe, *What Happened in History*, p72.
75　K Sachs, *Sisters and Wives* (London, 1979), pp117, 121에서 이런 주장을 하고 있다.
76　여성 억압의 기원에 관한 나의 더 자세한 주장에 관해 알고 싶다면, 내 글 'Engels and the Origins of Human Society', pp129~142를 참고하시오.
77　I M Diakhanov, 'The Structure of Near Eastern Society Before the Middle of the 2nd Millennium BC', *Oikumene* 3:1 (Budapest, 1982).
78　두 도시 모두 지금의 카이로 외곽에 있었다.
79　B J Kemp, 'Old Kingdom, Middle Kingdom and Second Intermediate Period', in B G Trigger, B J Kemp, D O'Connor and A B Lloyd, *Ancient Egypt: A Social History* (Cambridge, 1983), p176.
80　V Gordon Childe, *What Happened in History*, p117.
81　V Gordon Childe, *Man Makes Himself*, p227.
82　V Gordon Childe, *The Pre-History of European Society* (London, 1958), p7. 이 책의 중심 주제는 강력한 전제 국가 구조에 짓눌리지 않은 '야만인'들이 더 혁신적이었다는 것이다. 그러나 차일드는 혁신적인 '야만인들'을 거의 언제나 유럽인으로 보는 경향이 있으며, 다른 대륙—아시아, 아프리카, 아메리카—의 기성 제국 바깥에 있던 '야만인들'도 거대한 진보를 이룩한 점은 고려하지 않는다.(예컨대, 서기 첫 천 년 동안 중앙아시아에서 잇따라 일어난 혁신들이 그런 진보였다. 나중에 살펴보겠지만, 이 혁신들은 유럽으로 전파되기 전에 중국에서 채용됐다. 아프리카에서 철기 문화가 독립적으로 발전한 것 역시 그런 진보였다.)

83   B G Trigger, 'The Rise of Egyptian Civilisation', in B G Trigger and others, *Ancient Egypt*, p67.
84   V Gordon Childe, *Man Makes Himself*, pp230~231.
85   V Gordon Childe, *What Happened in History*, pp119~120.
86   G R Willey and D B Shimkin, 'The Maya Collapse', in T P Culbert (ed), *The Classic Maya Collapse*.
87   M Rich, *Egypt's Making* (London, 1991), p226에서 재인용. 이것이 실제로 일어난 사건을 언급한 것이라는 견해에 대한 비판은, B J Kemp, in B G Trigger and others (eds), *Ancient Egypt*, pp74~75, 115를 보시오.
88   예컨대, F Katz, *Ancient American Civilisations*, pp78~79와 T P Culbert (ed), *The Classic Maya Collapse*, p19의 서문을 보시오.
89   예컨대, F Katz, *Ancient American Civilisations*, p78을 보시오.
90   B J Kemp, in B G Trigger and other (eds), *Ancient Egypt*, p115.
91   B S Lesko, 'Rank, Roles and Rights', in L H Lesko (ed), *Pharoah's Workers* (Ithaca, 1994), p15.
92   B S Lesko, 'Rank, Roles and Rights', p39.
93   B S Lesko, 'Rank, Roles and Rights', p38.
94   K Marx, Preface to the *Contribution to the Critique of Political Economy*, in K Marx and F Engels, *Selected Works*, vol 1 (London, 1962), pp362~363.
95   K Marx and F Engels, *The Communist Manifesto* (London, 1996), p3.
96   V Gordon Childe, *What Happened in History*, p137.
97   K W Butzer, *Early Hydraulic Civilisation in Egypt* (Chicago, 1976), p46.

☙ 2부 고대 세계

1   일부 역사가들은 철 제조에 관한 지식이 아프리카로 전달됐음이 틀림없다고 가정한다. 예컨대, R Mauny, 'Trans-Saharan Contacts in the Iron Age', in J D Gage (ed), *Cambridge History of Africa*, vol 2, p318을 보시오. 그러나 재레드 다이아몬드는 사하라 이남 아프리카에서 사용된 기술이 다른 곳에서 사용된 기술과 조금 달랐으며, 이는 아프리카에서 철기 문화를 독립적으로 발견했음을 보여 준다고 주장한다. J Diamond, *Guns, Gems and Steel*, (London, 1977), p394를 보시오.
2   인도 비하르 주 중앙부에 있었다.
3   D D Kosambi, *An Introduction to the Study of Indian History* (Bombay, 1996), p190에서 재인용.
4   R Thapar, *History of India*, vol 1 (Harmondsworth), p84.
5   R S Sharma, *Light on Early Indian Society and Economy* (Bombay, 1966), p66.
6   R Thapar, 'Asoka India and the Gupta Age', in A L Basham, *A Cultural History of India* (Oxford, 1975), p44.
7   R S Sharma, *Light*, p78. 로밀라 타파르(Romila Thapar)는 마우리아 시대 후기를 경제

쇠퇴기로 본 코삼비(D D Kosambi)를 비판하면서, "굳이 언급해야 한다면, 전반적으로는 팽창하는 경제"였다고 주장한다. R Thapar, *Asoka and the Decline of the Mauryas* (Oxford, 1961), pp204~205.

8   H J J Winer, 'Science', in A L Basham, *A Cultural History*, p154.
9   H J J Winer, 'Science', p154.
10 R Thapar, 'Asoka', p49.
11 때때로 사람들이 주장하는 것과 달리, 만리장성은 아무것도 없는 상태에서 건축된 것이 아니라 이미 존재하던 여러 성을 연결해 건축한 것이었다. 현재의 만리장성은 서기 17세기 명대에 복구·연장한 것이다.
12 H Maspero, *China in Antiquity* (1920년대에 프랑스에서 처음 출간됐다) (Folkestone, 1978), p26에 의역돼 있는 기록에 바탕을 두었다.
13 예컨대, D Bodde, 'The State and Empire of Ch'in', in D Twitchett and M Loewe (eds), *Cambridge History of china*, vol 1 (Cambridge, 1986), p21을 보시오.
14 H Maspero, *China*, p45. 고대 중국 사회의 성격 문제에 관한 현대 중국학자들의 몇몇 논의로는 Wu Daken, Ke Changyi and Zhao Lusheng, in T Brook (ed), *The Asiatic Mode of Production in China* (New York, 1989)를 보시오.
15 H Maspero, *China*, p70.
16 Cho-yun Hsu, *Han Agriculture* (Washington, 1980), p4. 그리고 J Gernet, *A History of Chinese Civilisaion* (Cambridge 1982), pp67~69와 D Bodde, 'The State', pp22~23을 보시오.
17 Cho-yun Hsu, *Han*, p6.
18 J Gernet, *History*, p72.
19 Cho-yun Hsu, *Han*, p12.
20 Cho-yun Hsu, *Han*, p13.
21 Shih-chi, D Bodde, 'The State', p40에서 재인용.
22 세부적인 사실들은 D Bodde, 'The State', p45에 의존했다.
23 J Gernet, *History*, p109, 그리고 D Bodde, 'The State', p52.
24 J Gernet, *History*, p109.
25 Cho-yun Hsu, *Han*, p3.
26 K Wittfogel, 'The Fundamental Stages of Chinese Economic History', in *Zeitschrift für Sozial Forschung*, no 4 (1935).
27 Cho-yun Hsu, *Han*, p39.
28 'Discourses on Iron and Salt' (81 BC), Cho-yun Hsu, *Han*, p191.
29 Cho-yun Hsu, *Han*, p53.
30 Cho-yun Hsu, *Han*, p165에서 재인용.
31 D Bodde, 'The State', p69에서 재인용.
32 Cho-yun Hsu, *Han*, pp6~7.
33 D Bodde, 'The State', pp71~72.
34 D Bodde, 'The State', pp71~72.
35 D Bodde, 'The State', p83에서 재인용.

36 Cho-yun Hsu, *Han*, p153.
37 이 시기의 상황에 대한 개괄적인 설명은 R Osborne, *Greece in the Making* (London, 1996), pp17~37을 보시오.
38 G E M De Ste Croix, *Class Struggle in the Ancient Greek World* (London, 1983), p293.
39 R Osborne, *Greece*, p67은 '잉여'라는 용어는 사용하고 있지 않지만, 노예제의 발전을 정확히 이런 관점에서 설명한다. 드 생 크루아는 그리스의 조건에서는 노예 노동이, 자유민 노동은 말할 것도 없고, 농노 노동보다 훨씬 더 '수익성'이 있었다고 말한다. G E M De Ste Croix, *Class Struggle*, p226~231을 보시오. 반면, E M Wood, *Peasant, Citizen and Slave* (London, 1988)에서 엘런 메익신스 우드(Ellen Meiksins Wood)는 농업의 물질적 조건에 관해서는 논의조차 하지 않고 있고, 그 때문에 노예제가 뿌리를 두고 있던 조건에 관해서도 전혀 논의하지 못하고 있다. 이것은 우드와 로버트 브레너(Robert Brenner) 등의 '정치적 마르크스주의'가 지니고 있는 분명한 특징인 유물론적 관점의 결여 때문에 생기는 전형적인 실수다.
40 G E M De Ste Croix, *Class Struggle*, p227.
41 드 생 크루아에 따르면, 테살리아 지역의 페나스타이(Penastai)도 노예가 아닌 농노였다. 십중팔구 크레타에도 농노제가 있었을 것이다. G E M De Ste Croix, *Class Struggle*, p150을 보시오.
42 *Plutach's Lives*의 리쿠르고스(Lycurgus) 왕 편(예컨대, E C Lindeman [ed], *Life Studies of Men Who Shaped History, Plutarch's Lives* [New York, 1950]에 실려 있다)을 보면, 스파르타 사람들이 자신들의 생활방식을 자랑했다는 사실을 알 수 있다. 그러나 내핍은 대체로 현실이 아닌 이데올로기적 신화였을 수도 있다. 적어도 스파르타 시대 후기에는 분명히 그랬다. A H M Jones, *Sparta* (Oxford, 1967)를 보시오.
43 A H M Jones, *The Athenium Democracy* (Oxford, 1957)의 주장이 그러하다.
44 G E M De Ste Croix, *Class Struggle*, pp140~141에서 재인용.
45 드 생 크루아는 기원전 201~153년의 비문들을 증거로 노예의 13퍼센트만이 "본국 태생"이었다고 지적한다.
46 R Osborne, *Greece*, p233.
47 G E M De Ste Croix의 책 *Class Struggles*와 *The Origins of the Peloponnesian War* (London, 1972)의 설명을 보시오. 소크라테스의 방법을 낱낱이 비판하려 한 시도로는 I F Stone, *The Trial of Socrates* (London, 1997)를 보시오.
48 이런 주장은 G E M De Ste Croix, *Origins*에서 더 상세하게 전개되고 있다.
49 E Gibbon, *The Decline and Fall of the Roman Empire* (London, 1920), p1.
50 G E M De Ste Croix, *Class Struggle*, p328.
51 P A Brunt, *Social Conflicts in the Roman Republic* (London, 1971), p28.
52 Sallust, *The Histories*, vol 1 (Oxford, 1992), p24.
53 P A Brunt, *Social Conflicts*, p51.
54 P A Brunt, *Social Conflicts*, p51.
55 G E M De Ste Croix, *Class Struggles*, p334.
56 G E M De Ste Croix, *Class Struggles*, p335.

57　P A Brunt, *Social Conflicts*, p87.
58　P A Brunt, *Social conflicts*, p58.
59　P A Brunt, *Social conflicts*, p58.
60　P A Brunt, *Social Conflicts*, p58.
61　A H M Jones, *The Roman Republic* (London, 1974), p116.
62　P A Brunt, *Social Conflicts*, p15에서 재인용.
63　A H M Jones, *The Roman Economy*, p122.
64　P A Brunt, *Social Conflicts*, p33.
65　P A Brunt, *Italian Manpower, 225 BC~AD 14* (Oxford, 1971).
66　P A Brunt, *Italian Manpower*, p9.
67　P A Brunt, *Italian Manpower*, p9.
68　A H M Jones, *The Roman Economy*, p123.
69　P A Brunt, *Social Conflicts*, p78.
70　더 자세히 알고 싶다면 P A Brunt, *Social Conflicts*, 그리고 A Lintott, 'Political History', in J A Cook, A Lintott and G Rawson (eds), *Cambridge Ancient History*, vol IX (Cambridge, 1986), p69를 보시오.
71　P A Brunt, *Social conflicts*, pp83~92, 그리고 A Lintott, 'Political History', pp77~84에서도 이 사건을 설명하고 있다.
72　P A Brunt, *Social Conflicts*, p92.
73　Sallust, *The Histories*, vol 1, p25.
74　P A Brunt, *Social Conflicts*, p96에서 인용.
75　P A Brunt, *Social Conflicts*, p98.
76　P A Brunt, *Social Conflicts*, p104.
77　P A Brunt, *Social Conflicts*, p197에 따르면 아피아노스(Appianos)의 기록.
78　빈민이 처한 상황에 관해서는 P A Brunt, *Social Conflicts*, p128을 보시오.
79　A Lintott, 'The Roman Empire', in J A Cook, A Lintott and G Rawson (eds), *Cambridge Ancient History*, vol IX, pp25~26.
80　커크 더글러스(Kirk Douglas)가 주연한 위대한 영화 <스파르타쿠스>는 스파르타쿠스가 십자가에 못 박힌 걸로 그림으로써 극적인 재미를 더하려 한 듯하다.
81　A Lintott, 'Political History', pp221~223.
82　리비우스(Livius)의 기록과 수치는 G E M De Ste Croix, *Class Struggles*, p230.
83　G E M De Ste Croix, *Class Struggles*, p368에서 재인용.
84　G E M De Ste Croix, *Class Struggles*, p368에서 재인용.
85　인용문들은 G E M De Ste Croix, *Class Struggles*, p355에서 가져왔다.
86　클라우디우스 황제 즉위 전에 공화국을 다시 수립하려는 시도를 겨우 두 시간 만에 포기한 적도 있다.
87　A H M Jones, *The Roman Economy*, p124.
88　A H M Jones, *The Roman Economy*, p127.
89　A H M Jones, *The Roman Economy*, p127.
90　A H M Jones, *The Roman Economy*, p24.

91 I Gibbon, *Decline and Fall*, vol 1, p89.
92 Apuleius, *The Golden Ass*, translated by Jack Lindsay (London, 1960), p192에서 재인용.
93 Apuleius, *The Golden Ass*, pp206~208.
94 A H M Jones, *The Roman Economy*, p36.
95 A H M Jones, *The Roman Economy*, p39.
96 이 문제들에 관한 더 자세한 논의로는 L A Moritz, *Grain Mills and Flour in Classical Antiquity* (Oxford, 1958)의 특히 pp131, 136, 138, 143을 보시오.
97 A H M Jones, *The Roman Economy*, p83.
98 A H M Jones, *The Roman Economy*, p129.
99 G Bois, *The Transformation of the Year 1000* (Manchester, 1992)을 보시오.
100 남아 있는 요세푸스 저작 가운데 가장 오래된 판본은 예수를 언급하지 않고 있다. 번역본은 Josephus, *The Jewish War* (London, 1981)를 보시오. 분실된 중세 판본의 슬라브어 번역본은 예수를 언급하고 있지만, 이것이 자기들이 베끼고 있던 사본에 예수에 대한 언급이 없는 데 당황한 수도사들이 '끼워 넣은 것'이라고 의심할 이유는 별로 없다. 이 슬라브어 번역본 때문에 기독교 작가들이 요세푸스의 저작을 이용해 자기들의 역사 해석을 뒷받침하는 것이 정당화되지는 않기 때문이다.
101 루가 복음서 18 : 19-26
102 마태오 복음서 16 : 24
103 루가 복음서 6 : 20-25
104 마태오 복음서 5 : 1과 5 : 6
105 마태오 복음서 25 : 14-30
106 마태오 복음서 21 : 20
107 카우츠키가 1세기 유대의 대중을 '프롤레타리아'로 표현한 것 자체부터 혼란스럽다. 유대의 대중은 빈민이었지만 현대 노동자 계급과는 아주 달랐다. 대부분은 자영 수공 기술자('장인')나 상점 주인이었고, 소수의 거지와 극소수의 임금 노동자가 있었다. 게다가 복음서들에는 예수가 '세리'(稅吏)들에게 설교하고 교제했다고 나와 있는데, 세리는 멸시당했지만 꼭 가난하지만은 않은 집단이었다. 카우츠키는 바울이 <고린토인들에게 보낸 첫째 편지>에서 "유력한 사람, 또는 가문이 좋은 사람이 과연 몇이나 있었습니까?" 하고 말했던 구절을 자신에게 유리하게 인용한다. 카우츠키는 이 구절이 초기 교회에서는 '재산'을 중요하게 생각하지 않았음을 뜻한다고 말한다. 그러나 사실 이 구절은 소수의 "유력한 사람"과 소수의 "가문이 좋은 사람"은 있었으며, 편지가 작성될 당시에는 대다수가 이런 집단에 속하지 않았음을 보여 준다. 이 구절을 통해 기독교가 모종의 계급을 초월하는 호소력이 있으며, 초기에도 순전히 '프롤레타리아'적이었던 것은 아니라는 점을 분명히 알 수 있다.
108 M Goodman, 'Judea', in J A Cook and others (eds), *Cambridge Ancient History*, vol IX, p768.
109 더 자세히 알고 싶다면 *The Jewish War*의 앞 장들을 보시오.
110 Josephus, *Antiquities*, K Kautsky, *Foundations of Christianity* (New York, no date), p300에서 재인용.
111 Josephus, *The Jewish War*. 여기에 번역된 인용문은 K Kautsky, *Foundations*에도 등

장하지만, 펭귄판 *The Jewish War* (London, 1981), pp126, 147에 나와 있는 구절과는 아주 약간 차이가 있다.
112 Josephus, *The Jewish War* (London, 1981), p148.
113 M Goodman, 'Judea', p771.
114 Josephus, *The Jewish War*.
115 W A Meeks, *The First Urban Christians* (New Haven, 1983), p34.
116 K Kautsky, *Foundations*, p261에서 재인용. 개종자가 어느 정도나 됐는지는 M Goodman, 'Judea', p779도 보시오.
117 엄밀하게 말해서 불교는 '일신교'가 아니다. 최초의 불교는 어떤 신도 믿지 않았기 때문이다. 그러나 불교는 모든 현실의 배후에 있는 한 가지 원리를 강조하며, 그 때문에 다른 종교와 똑같은 범주에 속한다고 볼 수 있다.
118 믹스(W A Meeks)는 1세기에 "디아스포라에는 …… 약 5백~6백만 명의 유대인이 있었다"고 주장한다.(W A Meeks, *The First Urban Christians* [New Haven, 1983], p34를 보시오.) 당시 로마 제국의 총인구가 5천만 명밖에 안 됐고, 그 가운데 소수만이 도시에 살았다는 점을 놓고 볼 때 이 수치는 지나친 것 같다.
119 루가 복음서 14 : 26
120 거의 틀림없이 복음서는 전해 내려오던 얘기들을 후세에 글로 옮기면서 탄생한 것인 듯하다. 복음서들은 요세푸스가 언급한 사건들을 비롯한 별개의 사건들을 한 덩어리로 합쳐 놓은 듯하다. 실제로 그렇다면, 예수(당시 유대인들 사이에서는 아주 흔한 이름이었던 요슈아의 그리스식 이름)라고 불린 인물은 단순히 그런 사건에 참여한 많은 사람들 중 하나였는데도, 후세의 기록들이 예수의 역할을 크게 부풀렸을 수도 있다. 1990년 3월의 인두세 폭동이나 1984년 광부 파업처럼 10여 년 전에 일어난 사건들에 관해 참여한 당사자들의 말을 들어 보면, 실제로 일어났던 일에 대한 설명이 무척 다양하게 엇갈리는 것을 볼 수 있다.
121 이 기도문은 Apuleius, *The Golden Ass*에 실려 있다.
122 A J Malherbe, *Social Aspects of Early Christianity* (Baton Rouge, 1977), p86.
123 저지(Judge)의 연구 결과이지만, 여기서는 A J Malherbe, *Social Aspects*, p46에서 재인용했다.
124 A J Malherbe, *Social Aspects*, p61을 보시오.
125 A J Malherbe, *Social Aspects*, p77.
126 W A Meeks, *The First Urban Christians*, pp70~71, 191. 물론 믹스는 '지위 불일치'(status inconsistency)라는 사회학 용어를 사용하고 있다.
127 내가 주일학교에 다닐 때 들은 해석이 바로 이것이었다!
128 고린도전서 11 : 2
129 H Chadwick, *The Early Church* (London, 1993), p46.
130 바울이 <고린토인들에게 보낸 편지>와 <골로사이인들에게 보낸 편지>는 모두 그노시스파가 제기한 문제들을 다루고 있다.
131 P Brown, *The World of Late Antiquity* (London, 1971), p66.
132 P Brown, *The World*, p67.
133 자세히 알고 싶으면 H Chadwick, *Early*, pp135~136을 보시오. Gibbon, *Decline and*

*Fall of the Roman Empire*는 이 시기 전체에 벌어진 제국의 개입과 탄압의 규모를 소름 끼칠 만큼 자세히 설명하고 있다.
134　H Chadwick, *Early*, p179를 보시오.

❧ 3부 '중세'

1　J C Russell, 'Population in Europe 500~1500', in C M Cipolla (ed), *Fontana Economic History of Europe: The Middle Ages*, p25.
2　P Anderson, *Passages from Antiquity to Feudalism* (London, 1978), p126.
3　이 시기의 읽고 쓰는 문화에 관한 뛰어난 설명은 H Waddell, *The Wandering Scholars* (Harmondsworth, 1954)를 보시오.
4　J Gernet, *A History*, p180, 그리고 D Twitchett, 'Introduction', in D Twitchett (ed), *Cambridge History of China*, vol 3 (Cambridge, 1979), p5에 이 시기의 변화에 관한 개괄적인 설명이 나와 있다.
5　J Gernet, *A History*, p197.
6　J Gernet, *A History*, p236.
7　이런 징세 체계가 얼마나 널리 퍼져 있었으며, 얼마나 효과적이었는지를 두고 역사가들 사이에서 몇 가지 논쟁이 있어왔다. 맥나이트(N E McKnight)는 면세 수혜자의 폭이 컸기 때문에 인구의 17퍼센트만 세금을 냈으며, 귀족과 관리는 보통 농민보다 훨씬 많은 땅을 받았다고 주장한다. 옛 호족들의 땅이 대중에게 돌아가지 않고 늘어난 관리층에게 갔을 것이라는 주장이다. N E McKnight, 'Fiscal Privileges and Social Order', in J W Haeger (ed), *Crisis and Prosperity in Sung China* (Tucson, 1975)를 보시오.
8　R M Somers, 'The End of the T'ang', in D Twitchett (ed), *Cambridge History of China*, vol 3, p723.
9　R M Somers, 'The End', p723.
10　황소의 난에 관해서는 R M Somers, 'The End', pp733~747, 그리고 J Gernet, *A History*, p267을 보시오. 이어지는 두 문단도 소머즈(Somers)의 설명을 따랐다.
11　대지주 토지의 성격에 관해 학자들 사이에 몇 가지 논쟁이 있다. 어떤 학자들은 서유럽 봉건제의 장원과 비슷했다고 보는 반면, 어떤 학자들은 본질적으로 자본주의의 성격을 지녔을 것이라고 본다. 이 논쟁에 관한 간단한 설명은 D Twitchett, 'Introduction', p27을 보시오.
12　E A Kracke, 'Sung K'ai-feng', in J W Haeger (ed), *Crisis*, pp65~66.
13　Y Shiba, 'Urbanisation and Development of Markets', in J W Haeger (ed), *Crisis*, p22.
14　E A Kracke, 'Sung', pp51~52.
15　J Gernet, *A History*, p320.
16　J Gernet, *A History*, pp310~311.
17　J Gernet, *A History*, pp334~335.
18　J Gernet, *A History*, p333.

19 Fang Ta-tsung, Y Shiba, 'Urbanisation'에서 재인용.
20 D Twitchett (ed), *Cambridge History of China*, vol 3, p30
21 L C J Mo, *Commercial Development and Urban Change in Sung China* (Ann Arbor, 1971), pp124~125.
22 Hsia Sung, Y Shiba, 'Urbanisation', p42에서 재인용.
23 N E McKnight, 'Fiscal Privileges', p98. 과거제도의 발전과 내용에 관한 자세한 설명은 J F Chaffee, *The Thorny Gates of Learning in Sung China* (Cambridge, 1985)를 보시오.
24 J F Chaffee, *The Thorny Gates*, p3.
25 N E McKnight, 'Fiscal Privileges', p98 각주.
26 칼 비트포겔(Karl Wittfogel)의 가장 유명한 후기 저작 *Oriental Despotism*의 논조가 그렇다. 이 책은 비트포겔이 마르크스주의를 버린 뒤에 쓴 책이다. 에티엔느 발라즈(Etienne Balazs)의 저작들도 어떤 대목에서는 비슷한 논조를 보이고 있다. 예컨대, 발라즈는 "중국의 기술 진보를 가로막은 것은 국가였다."(*Chinese Civilisation and Bureaucracy* [Yale, 1964], p11)고 말한다. 하지만, 발라즈는 어떤 대목에서는 지적인 관점이 다양했다는 사실과 기술이 변한 현실을 모두 인정한다. 마지막으로, 데이빗 랜데스(David Landes)의 최근 저작 *The Wealth and Poverty of Nations* (London, 1998)도 같은 논조를 선보인다. 그러나 이런 입장은 송대 경제의 진정한 역동성을 무시하는 것이다.
27 P B Ebrey, 'Introduction', in P B Ebrey, *Family and Property in Sung China: Yüan Ts'ai's Precepts for Social Life* (Princeton, 1984), p129.
28 Etienne Balazs, *Chinese Civilisation*, pp8~9의 입장이 바로 이렇다.
29 방법 면에서 막스 베버뿐 아니라 마르크스한테서도 영향을 받았다고 시인한 에티엔느 발라즈는 "학자-관료들과 상인들은 적대적이지만 서로 의존한 계급이었다"고 쓰고 있다. E Balazs, *Chinese Civilisation*, p32.
30 L C J Mo, *Commercial Development*, pp140~141.
31 L C J Mo, *Commercial Development*, p20에서 인용.
32 P B Ebrey, *Family*, p293에 번역돼 있는 구절.
33 J W Haegar, Introduction to *Crisis*, p8.
34 몽골족에 관해 마르크스주의적 분석을 한 시도로는 R Fox, *Genghis Khan* (Castle Hedingham, 1962)을 보시오.
35 S Runciman, 'The Place of Byzantium in the Medieval World', in J M Hussey, *Cambridge Medieval History*, vol IV, part II, p358.
36 그리스 이름은 "성스러운 지혜"라는 뜻을 지니고 있지만, 영어로는 보통 성 소피아라고 부른다.
37 A Grabor, 'Byzantine Architecture and Art', in *Cambridge Medieval History*, vol IV, part II (Cambridge, 1967), p330.
38 G Dölger, 'Byzantine Literature', in *Cambridge Medieval History*, vol IV, part II, p208.
39 G Dölger, 'Byzantine Literature', p209.
40 A Grabor, 'Byzantine Architecture and Art', p306.
41 K Vogel, 'Byzantine Science', in *Cambridge Medieval History*, vol IV part II, p287.

42 K Vogel, 'Byzantine Science', p305.
43 'The Physical Universe', in C Mango, *Byzantium* (London, 1994), ch8, pp166~176을 보시오. 약간 더 관대한 설명은 K Vogel, 'Byzantine Science', p269를 보시오.
44 R J H Jenkins, 'Social Life in the Byzantine Empire', in *Cambridge Medieval History*, vol IV, part II, p93.
45 H St L B Moss, 'Formation of the Eastern Roman Empire', in *Cambridge Medieval History*, vol IV, part I , p38.
46 P Brown, *The World of Late Antiquity* (London, 1971), p157
47 P Brown, *The World*, p104.
48 R J H Jenkins, 'Social Life', p97.
49 R J H Jenkins, 'Social Life', p98.
50 R J H Jenkins, 'Social Life', p84.
51 R J H Jenkins, 'Social Life', p89.
52 일부 역사가들은 서로 다른 정치적·계급적·종교적 이해관계를 대표한 여러 분파가 있었다고 주장해왔다. 그러나 앨런 캐머런(Alan Cameron)은 이 폭동들이 계급과 종교의 차이에 따라 나뉘어 있었던 것은 아니며, 제국을 위협할 수도 있는 문제들이 아닌 엉뚱한 문제들을 주목하고 있었다는 자신의 주장을 뒷받침하는 많은 증거를 제시했다. 니케의 반란은 다소 예외였다. 유스티니아누스가 양편의 폭동 가담자들을 모두 처형하겠다고 발표하자 당황한 청·녹 분파는 유스티니아누스를 비난하는 합동 성명을 발표했다. 그러나 지금까지 살펴본 것처럼, 이 경우에도 부자들에 대항한 빈민들의 폭동은 아니었다. A Cameron, *Blues and Greens: Circus Factions at Rome and Byzantium* (London, 1976)을 보시오.
53 A Cameron, *Blues and Greens*, 그리고 R J H Jenkins, 'Social Life', p86을 보시오.
54 J B Bury, 'Introduction' to *Cambridge Medieval History*, vol IV, pxix.
55 R J H Jenkins, 'Social Life', p88.
56 로마에는 아라비아 펠릭스(행복한 아라비아)로 알려졌고, 오늘날에는 예멘으로 불린다.
57 메소포타미아 관개 시설의 확대와 관리 소홀에 관한 자세한 설명은 R M Adams, *Land Behind Baghdad* (Chicago, 1965), pp69, 80~82를 보시오. 애덤스는 전쟁뿐 아니라 "억압적인 조세 체계"와 "지주 귀족에게 권한이 이전된 것"에도 원인이 있었다고 지적한다.
58 B Lewis, *The Arabs in History* (London, 1966), p55.
59 P Brown, *The World*, pp192~193.
60 두 인용문 모두 B Lewis, *The Arabs*, p58.
61 예컨대, P Brown, *The World*, p200을 보시오.
62 B Lewis, *The Arabs*, p72. 아랍 군대 사이의 분쟁에 관한 자세한 설명은 'The Islamic Opposition', in M G S Hodgson, *The Venture of Islam, vol 1, Classical Age of Islam* (Chicago, 1974)을 보시오.
63 B Lewis, *The Arabs*, p80.
64 B Lewis, *The Arabs*, p80.
64a B Lewis, 'Government, Society and Economic Life Under the Abbasids and Fatamids', in *Cambridge Medieval History*, vol IV, part 1, p643. 또한 S D Gotein,

Studies in Islamic History and Institutions (London, 1966) pp221~240도 보시오.
65 B Lewis, *The Arabs,* p81.
66 B Lewis, *The Arabs,* p86.
67 B Lewis, *The Arabs,* p91.
68 로딘슨의 주장에 관해서는 M Rodinson, *Islam and Capitalism* (London, 1974)을 참조.
69 B Lewis, *The Arabs,* p91.
70 G E von Grunebaum, 'Muslim Civilisation in the Abbasid Period', in *Cambridge Medieval History,* vol IV, part I, p679.
71 M G S Hodgson, *The Venture of Islam,* vol II (Chicago, 1972), p65.
72 R M Adams, *Land Behind Baghdad.*
73 R M Adams, *Land Behind Baghdad,* p87.
74 Yaqut, R M Adams, *Land Behind Baghdad,* p87에서 재인용. 관개 지역 전체에서 일어난 일에 관한 애덤스의 설명(pp99~106)도 보시오.
75 G E von Grunebaum, 'Muslim Civilisation', p693에서 재인용.
76 이븐 할둔은 정확히 7백 년 동안 일어난 이슬람 문명의 출현·혁명·쇠퇴의 동학을 분석함으로써 그렇게 했다. Ibn Khaldun, *The Muqaddimah* (London, 1987)를 보시오.
77 예컨대, G E von Grunebaum, 'Muslim Civilisation', p682를 보시오.
78 B Davidson, *Africa in History* (London, 1992), p61에서 인용.
79 G Connah, *African Civilisations* (Cambridge, 1987), p183에서 인용.
80 H Trevor-Roper (Lord Dacre), A Callinicos, *Theories and Narratives* (Cambridge, 1995), p167에서 재인용.
81 예컨대, K W Butzer, *Early Hydraulic Civilisation in Egypt* (Chicago, 1976), pp9~12와 M Stone, *Egypt's Making* (London, 1991), pp27~29를 보시오. 그리고 기원전 400~500년 무렵 이집트 남부의 거석 기념물에 관한 연구로는 'Tribe In Sahara Were The First To Aim For The Stars', in *Guardian,* 2 April 1998을 보시오.
82 G Connah, *African,* p150에서 인용.
83 Leo Africanus, *History and Development of Africa,* vol 1 (London, 1896). 아프리카누스의 여행을 뼈어난 소설로 재현한 작품인 A Maalouf, *Leo the African* (London, 1994)을 보시오.
84 D W Phillipson, *African Archaeology* (Cambridge, 1985), p170을 보시오. 재레드 다이아몬드는 이렇게까지 주장한다. "19세기 유럽과 미국에서 베서머 용광로를 사용하기 2천 년 전에, 아프리카의 대장장이들은 마을에 설치한 아궁이에서 고온을 만들어내는 법을 발견해 강철을 제조했다."(J Diamond, *Guns, Germs and Steel,* p394). 반 데어 메르베(M J van der Merwe)와 베르티메(T A Wertime)는 철 제조 기술이 지중해 연안 지역에서 사하라를 건너 퍼져 나갔다고 보지만, 아프리카의 대장장이들이 연철이 아닌 강철을 직접 제조할 수 있는 기술을 개발했다는 점은 인정한다. 이들의 글은 T A Wertime and J D Munly (eds), *The Coming of the Age of Iron* (New Haven, 1980)에 실려 있다.
85 G Connah, *African Civilisations,* p213.
86 J Diamond, *Guns,* pp177~191.
87 S D Coitein, *Studies in Islamic History and Institutions* (Leiden, 1966), p297에 실려

있는, 카이로의 유대교회당에서 나온 문서들에 대한 자세한 연구 결과를 보시오.
88 G Duby, *Rural Economy and Country Life in the Medieval West* (London, 1968), p5.
89 예컨대, *The Wealth and Poverty of Nations*에 등장하는 데이빗 랜데스의 설명 일부가 그러하다.
90 로버트 브레너와 엘런 메익신스 우드 같은 소위 '정치적 마르크스주의자'들이 그렇다. 예 컨대, T Ashton (ed), *The Brenner Debate* (Cambridge, 1993)에 실려 있는 로버트 브레너 자신의 글을 보시오.
91 L White, 'The Expansion of Technology 500~1500', in C Cipolla (ed), *Fontana Economic History of Europe, vol 1, The Middle Ages* (London, 1972), p147. 또 G Duby, *Rural Economy*, pp18~19도 보시오.
92 L White, 'The Expansion', p149.
93 L White, 'The Expansion', p146.
94 G Duby, 'Medieval Agriculture', in C Cipolla (ed), *Fontana*, pp196~197. 사실 중국의 진대와 당대의 생산력이 이 시기의 유럽보다 더 많이 발전했지만, 그렇다고 이 시기 유럽의 생산력 발전이 중요하지 않은 것은 아니다.
95 S Thrupp, 'Medieval Industry', in C Cipolla (ed), *Fontana*, p225.
96 P Kriedte (ed), *Industrialisation Before Industrialisation* (Cambridge, 1981), p19.
97 J Le Goff, *Medieval civilisation* (Oxford, 1988), p59.
98 M Bloch, *Feudal Society* (London, 1965), p346.
99 J Le Goff, *Medieval Civilisation*, p198.
100 G Bois, *The Transformation of the Year 1000* (Manchester, 1992)을 보시오. 기 부아의 관점에 대한 비판적 논의로는 이 책에 대한 내 서평 'Change at the First Millennium', *International Socialism* 62 (Spring 1994)를 보시오.
101 J Le Goff, 'The Town as an Agent of Civilisation', in C M Cipolla (ed), *Fontana*, p79. 영국 영주의 장원 영지에 신설된 그런 성격의 소도시들이 한 역할에 관해서는 R Hilton, 'Lords, Burgesses and Hucksters', in *Past and Present*, November 1982를 보시오.
102 예컨대, 라틴어로 번역된 아랍어 과학 서적 목록은 J Gimpel, *The Medieval Machine* (London, 1992), pp176~117을 보시오.
103 J Gimpel, *Medieval*, p174에서 재인용.
104 J Gimpel, *Medieval*, p174에서 재인용.
105 J Gimpel, *Medieval*, pp192-193을 보시오.
106 L White, 'The Expansion', p156.
107 벨기에 남부와 프랑스 맨 북쪽 지방.
108 자세한 설명은 S Runciman, *The Sicilian Vespers*를 보시오.
109 R Roehl, 'Pattern and Structure of Demand 1000~1500', in C Cipolla (ed), *Fontana*, p133.
110 십자군 전쟁에 관한 정평이 난 역사서는 세 권으로 된 Stephen Runciman, *A History of the Crusades* (Harmondsworth, 1990)이다. BBC에서 펴낸 보급판인 Terry Jones and Alan Ereira, *The Crusades* (London, 1996)도 십자군의 역사를 쉽게 약술하고 있다. 십자군이 유럽보다 훨씬 더 진화된 문명의 땅을 정복할 수 있었던 것은 유럽의 농업이 새

로운 기술을 이용하게 된 결과였으며, 동시에 그것은 유럽의 물질적 발전을 보여 준 증거였다. 그러나 그렇다고 해서 십자군의 파괴적이고 낭비적인 성격이 바뀌는 것은 아니다.
111 G Bois, *The Crisis of Feudalism* (Cambridge, 1984), p1. 그러나 역사적 전례들은 있었다. 예컨대, 초기 고대 문명들이나 중세 메소포타미아에 찾아온 위기 역시 그만큼 심각했다.
112 G Duby, 'Medieval Agriculture', p192.
113 R Hilton, *Class Conflict and the Crisis of Feudalism* (London, 1990), p171. 그리고 G Bois, *The Crisis*, pp1~5도 보시오.
114 부아와 힐턴이 사용한 용어다.
115 J-P Poly and E Bournazel, *The Feudal Transformation* (New York, 1991), p119에서 재인용.
116 R Hilton, *Class Conflict*, p65.
117 간략한 사건 설명은 S A Epstein, *Wage Labor and Guilds in Medieval Europe* (North Carolina, 1991), pp252~253을 보시오.
118 N Cohn, *The Pursuit of the Millennium* (London, 1970), p102.
119 N Cohn, *Pursuit*, p103.
120 N Cohn, *Pursuit*, p104.
121 N Cohn, *Pursuit*, pp139~141.
122 지금의 체코 공화국 북서부 지방.
123 인용문은 N Cohn, *Pursuit*, p215에서 빌어왔다. 타보르파 운동에 관한 훨씬 더 우호적인 설명은 K Kautsky, *Communism in Central Europe in the Time of the Reformation*, translated by J L and E G Mulliken (London, 1897, 재판[再版]은 New York, 1966)을 보시오. 카우츠키는 타보르파 운동을 단순히 비이성적인 열망의 문제로 보지 않았다.
124 예컨대, C Hibbert, *The Rise and Fall of the Medicis* (London, 1979)를 보시오.
125 G Duby, 'Medieval Agriculture', p182를 보시오.
126 F Braudel, *The Wheels of Commerce, Civilisation and Capitalism in the 15th~18th Century*, vol 2 (London, 1979)의 chapter 2, 'Markets and the Economy'에서 페르낭 브로델(Fernand Braudel)은 여러 가지 국제 무역망을 자세히 설명하고 있다.
127 G Duby, 'Medieval Agriculture', p193. 도시의 상인들이 더 나아가 상당한 농토 보유자들이 되기 시작한 사례를 알고 싶으면 G Bois, *The Crisis*, p153을 보시오.

❧ 4부 대변혁

1 코르테스의 군대가 멕시코 호숫가에 있던 이츠팔파라(Itztapalapa)에 도착했을 때 베르날 디아스(Bernal Diaz)가 목격한 광경. F Katz, *Ancient American Civilisations* (London, 1989), p179에서 재인용.
2 코르테스가 테노치티틀란과 테노치티틀란의 시장(틀랄텔롤코에 있었다)을 설명한 것이다. F Katz, *Ancient*, p180에서 재인용.

3 한 스페인 정복군이 잉카의 수도 쿠스코를 설명한 것이다. J Hemmings, *The Conquest of Peru* (London, 1970), pp120~121에서 재인용.
4 콜럼버스의 주장은 *The Life of Admiral Christopher Columbus by his Son Ferdinand*, translated by Benjamin Keen (New Brunswick, 1992), pp15~28에 소개돼 있다.
5 콜럼버스의 신비스런 믿음에 관해서는 K Sale, *The Conquest of Paradise* (New York, 1991), p189를 보시오.
6 크리스토퍼 콜럼버스의 항해사들이 카리브 해에서 마주친 첫 번째 토착민들에 관한 얘기. *The Life of Admiral Christopher Columbus*, pp60, 69에서 재인용.
7 K Sale, *Paradise*, p181에서 재인용.
8 *The Life of Admiral Christopher Columbus*, p82에 실린 편지 본문.
9 *The Life of Admiral christopher Columbus*, p71.
10 K Sale, *Paradise*, p110에서 재인용.
11 콜럼버스와 '카리브 사람들'에 관해서는 K Sale, *Paradise*, p130을 보시오. 인류학자들은 식인 풍습이 실제로 유행했는지에 대해 의문을 제기해왔다. 확실한 증거들을 살펴보면, 심각한 기근이 찾아온 때를 제외하면, 식량을 구하는 일반적 방식으로서 식인 풍습은 존재하지 않은 듯하다.('선진적인' 20세기 사회들에서도 심각한 기근이 찾아온 때에는 사람을 먹었다.) 죽은 사람의 골을 먹는 제의(祭儀)는 때때로 약탈농법에 바탕을 둔 몇몇 초기 사회에서 발견된 특징이었다.
12 *The Life of Admiral Chistopher Columbus*, p109.
13 사제가 되기 전에 몇 년 동안 히스파니올라에 식민지 주민으로 거주했던 라스 카사스(Las Casas)의 증언. K Sale, *Paradise*, p155에서 재인용.
14 셔번 쿡(Sherburne Cook)과 우드로 보라(Woodrow Borah)는 인구가 8백만 명이었을 것이라고 주장한다. K Sale, *Paradise*, p161을 보시오.
15 K Sale, *Paradise*, p159에서 재인용.
16 K Sale, *Paradise*, p182.
17 K Sale, *Paradise*, p180을 보시오.
18 F Katz, *Ancient*, p324를 보시오.
19 R C Padden, *The Hummingbird and the Hawk: Conquest and Sovereignty in the Valley of Mexico 1503~1541* (New York, 1970), p74. 그리고 계급 분화와 제국의 팽창, 종교에 관한 설명은 F Katz, *Ancient*, pp134~243을 보시오.
20 멕시코시티 한가운데에 있는 지금의 알메디 궁전.
21 V Gordon Childe, 'The Bronze Age', *Past and Present* (1956).
22 J Diamond, *Guns, Germs and Steel*.
23 F Katz, *Ancient*, p334에서 재인용.
24 W H Prescott, *The Conquest of Peru* (New York, 1961), p251에서 재인용.
25 W H Prescott, *Conquest*, p251 그리고 F Katz, *Ancient*, p334도 보시오.
26 W H Prescott. *Conquerst*, p253.
27 F Katz, *Ancient*, p335에 인용돼 있는 페드로 피사로(Pedro Pizarro)의 설명.
28 J Hemmings, *Peru*, p178에서 재인용.
29 J Hemmings, *Peru*, p129에서 재인용.

30 J Hemmings, *Peru*, p365.
31 J Hemmings, *Peru*, p113.
32 J Hemmings, *Peru*, p376.
33 J Hemmings, *Peru*, p347에서 재인용.
34 Fernando de Almellones, J Hemmings, *Peru*, p348에서 재인용.
35 세부 사실은 J Hemmings, *Peru*, p407에 나와 있다.
36 마르크스와 엥겔스는 이것을 "귀족과 자치도시민 사이의 균형"(F Engels, *The Origins of the Family* [London, 1998], p211), "지주 귀족과 부르주아지 사이의 균형"(F Engels, *The Housing Question* in K Marx and F Engels, *Collected Works*, vol 23 [London, 1988], p363), "봉건제에 대항한 투쟁에서 태동하고 있는 중간 계급 사회에 강력한 무기 구실을 한 것"(K Marx, *The Civil War in France* [London, 1996], p75), "부르주아적 발전의 산물"(K Marx, *Capital*, vol 1 [Moscow, 1986], p672) 등으로 다양하게 표현했다. 반면, 페리 앤더슨(Perry Anderson)은 그것을 "재배치되고 재장전된 봉건 지배 기구 …… 위협당한 귀족의 정치적 보호막"이라고 표현했다. 설사 그것이 "재배치"됐거나 "재장전"된 봉건제라 할지라도, 군주는 시장과 도시의 상층 계급에 의지해 그것을 확립했다. 다시 말해, 봉건제 요소뿐 아니라 자본주의 요소에도 기반을 두었던 것이다.
37 K Marx, *Capital*, vol 1, p686에 나오는 마르크스의 용어.
38 K Marx, *Capital*, vol 1, pp686~687에서 재인용.
39 자세한 사항은 H Heller, *The Conquest of Poverty: the Calvinist Revolt in 16th Century France* (London, 1986), p27을 보시오.
40 A G Dickens, 'The Shape of Anti-Clericalism and the English Reformation', in E I Kouri and T Scott, *Politics and Society in Reformation Europe* (London, 1987), p381.
41 예컨대, R S Duplessis, *Transitions to Capitalism in Early Modern Europe* (Cambridge, 1997), p93을 보시오.
42 베버는 자신의 저작들 여러 군데에서 많은 요인들의 상호 작용이라는 관점에서 그런 설명을 시도하고 있지만, 일관된 설명을 한 적은 한 번도 없었다. 베버의 저작들은 실제 역사 과정에 대한 설명이라기보다는 역사에 대한 각주에 더 가깝다.
43 심지어 P Anderson, *Lineages*에서 페리 앤더슨이 수용하고 있는 주장이기도 하다.
44 W Kula, *Economics of the Feudal System* (London, 1987)에서 위톨드 쿨라(Witold Kula)는 폴란드에서 출현한 경제의 역동성과 모순들을 빼어난 솜씨로 밝혀내고 있으며, 폴란드가 지니는 함축을 통해 이 시기 유럽의 다른 지역들에서 출현한 경제에 관해서도 훌륭하게 설명하고 있다. 책 제목과 달리 이 책은 중세 초기의 고전적 봉건제가 아니라 내가 '시장 봉건제'라고 부르는 것을 다루고 있다. 이 책은 영주들이 영국과 네덜란드 등지의 산업국에서 생산된 새로운 상품을 사려고 앞 다투면서 어떻게 정체에 빠져들었으며, 어떻게 농업까지 파괴됐는지를 잘 보여 주고 있다. 나는 '사용가치'와 '교환가치' 부분을 모두 지니고 있었던 송대의 중국, 아바스 시대의 메소포타미아, 무굴 시대의 인도 같은 사회들에도 이런 결론이 적어도 부분적으로는 적용될 수 있지 않을까 생각한다.
45 G Mülder, 'Martin Luther and the Political World of his Time', in E I Kouri and T Scott, *Politics and Society in Restoration Europe*, p37에서 재인용.
46 H Heller, *Poverty*, p131.

47 다시 말해 '제후'.
48 특히 다음의 책들을 보시오. T A Brady, *The Politics of the Reformation in Germany* (New Jersey, 1997). P Blickle, *Communal Reformation* (London, 1992). J Abray, *The People's Reformation* (Oxford, 1985).
49 P Blickle, *Communal*, p63.
50 P Blickle, *Communal*, p73.
51 P Blickle, *Communal*, p84.
52 G R Elton, *Reformation Europe* (Glasgow, 1963), pp53~54.
53 T A Brady, *The Politics*, p80.
54 G R Elton, *Reformation Europe*, p64.
55 A G Dickens, *The Age of Humanism and Reformation* (London, 1977), p152에서 재인용.
56 P Blickle, *Communal*, p88.
57 P Blickle, *Communal*, p12.
58 P Blickle, *Communal*, p13. 자세한 설명과 번역된 문서들은 T Scott and B Scribner (eds), *The German Peasants' War* (London, 1991)를 보시오.
59 스트라스부르의 과두 독재자 야콥 슈투름(Jacob Sturm)의 전형적인 대응에 관한 자세한 설명은 T A Brady, *The Politics*, pp82~86을 보시오.
60 P Blickle, *Communal*, p13.
61 T A Brady, *The Politics*, p83. 프리드리히 엥겔스가 1850년에 출판한 *The Peasant War in Germany*은 여러 지방에서 벌어진 이 운동을 자세히 설명하고 있다. K Marx and F Engels, *Collected Works*, vol 10 (London, 1978), pp399~477. E Belfort Bax, *The Peasants' War in Germany* (London, 1899)는 세부적인 전투 양상에 대해서는 관심을 덜 기울이고 있는 마르크스주의 역사서이다.
62 12개 조항은 T Scott and B Scribner (eds), *The German Peasants' War*, pp252~257에 실려 있다.
63 P Blickle, *Communal*, p50.
64 G R Elton, *Reformation Europe*, p59.
65 F Engels, *The Peasant War*, p449.
66 Villagers in Shaffhausen, P Blickle, *Communal*, p48에서 재인용.
67 G R Elton, *Reformation Europe*, p59.
68 F Engels, *The Peasant War*, p419에서 재인용.
69 L Febvre, *Martin Luther* (London, 1930), p258에서 재인용.
70 L Febvre, *Martin Luther*, p258에서 재인용.
71 P Blickle, *Communal*, p199.
72 K Kautsky, *Communism in Central Europe in the Time of the Reformation* (New York, 1966), p136에서 재인용.
73 G R Elton, *Reformation Europe*, pp58, 94.
74 가장 유명한 사례는 괴츠 폰 베를리힝겐(Goetz von Berlichingen)의 사례다.
75 P Blickle, *Communal*, p200에서 재인용.
76 H Heller, *Poverty*, p137.

77 H Heller, *Poverty*, p70.
78 Honore de Balzac, *About Catherine de Medici* (London, 1910), p59.
79 H Heller, *Poverty*, p175.
80 H Heller, *Poverty*, p139.
81 H Heller, *Poverty*, p172.
82 큰 호평을 받은 최근의 영화 <여왕 마고>의 중심 배경이 이 종교전쟁이다.
83 H Heller, *Poverty*, pp246~247.
84 정평이 난 저작 *Reformation Europe*에서 엘튼(G B Elton)은 이렇게 주장했다. "난데없이 칼뱅주의는 그것이 처음 받아들여진 것이나 널리 성공을 거둔 것이 …… 중간 계급의 경제적 야심을 충족시켜 줬기 때문이라고 상상했다."
85 칼뱅파의 '해외' 동맹자들은 틀림없이 그랬다. 그때까지는 제국의 일부였던 스트라스부르의 도시민들은 한 귀족의 젊은 친척에게 그곳의 주교직을 사주려 했던 칼뱅파 귀족들과 동맹하는 것을 격렬하게 반대했다. J Abray, *The People's Reformation*을 보시오.
86 서로 충돌한 여러 해석을 아주 잘 가려내고 있는 T K Rabb (ed), *The Thirty Years War* (Boston, 1965)를 보시오.
87 이들은 르네상스 이후에 유럽에서 발견된 지식을 중국에 전함으로써 과학과 기술 발전에서도 중요한 역할을 했다. C A Ronan and L Needham, *The Shorter Science and Civilisation of China*, vol 4 (Cambridge, 1994), p220을 보시오.
88 A G Dickens, *The Age of Humanism and Reformation in Europe* (London, 1977), p202.
89 H V Polisensky, *The Thirty Years War* (London, 1974), p28.
90 H V Polisensky, *Thirty*, p31.
91 후스파의 신앙을 추종한 사람들로서 사제들이 성찬식에서 특별한 역할을 해서는 안 된다고 주장했다.
92 H V Polisensky, *Thirty*, p47.
93 G Parker, *Europe in Crisis, 1598~1648* (London, 1984), p168.
94 G Parker, *Europe in Crisis*, p168에서 재인용.
95 자세한 것은 H V Polisensky, *Thirty*, pp141, 186~187을 보시오.
96 F Mehring, *Absolutism and Revolution in Germany, 1525~1848* (London, 1975), p28에 나와 있는 독일 마르크스주의자 프란츠 메링의 90년 전 논평을 보시오.
97 발렌슈타인의 암살과 암살이 일어나게 만든 발렌슈타인 자신의 동요는 독일의 계몽주의 작가 프리드리히 쉴러가 쓴 두 희곡 작품의 배경이다. *The Piccolomini and The Death of Wallenstein*, in F Schiller, *Historical and Dramatic Works*, vol 2 (London, 1980).
98 H V Polisensky, *Thirty*, p197.
99 H V Polisensky, *Thirty*, p245를 보시오.
100 보헤미아 경제와 문화의 쇠퇴에 관한 자세한 설명은 H V Polisensky, *Thirty*, pp245~247을 보시오.
101 전쟁이 얼마나 파괴적이었는지는 T K Rabb (ed), *The Thirty Years War*에 실린 G Pages, S H Steinberg, H V Polisensky, and T K Rabb의 글을 보시오.
102 지배 계급이 받았다는 충격은 대부분 위선이었다. 볼테르가 자신의 저작 *Lettres*

*Philosophiques*에서 지적했듯이, 그 전에도 몇 명의 유럽 군주가 처형당했다.
103 C Hill, 'The English Revolution and the Brotherhood of Man', in C Hill, *Puritanism and Revolution* (London, 1968), p126.
104 C Hill, *God's Englishman* (Harmondsworth, 1973), p87에서 재인용.
105 R S Duplessis, *Transitions*, p68. 또 G Parker, *Europe in Crisis*, table 1, p23도 보시오.
106 R S Duplessis, *Transitions*, pp113~115를 보시오.
107 John Dillingham to Lord Montagu, A Fletcher, *The Outbreak of the English Civil War* (London, 1981), p182에서 재인용.
108 A Fletcher, *The Outbreak*, p182.
109 John Tailor in his *New Preacher News* tract, A Fletcher, *The Outbreak*, p175에서 재인용.
110 C Hill, *God's Englishman*, p62에서 재인용.
111 C Hill, *The Century of Revolution, 1603~1714* (London, 1969), p116에서 재인용.
112 휴 피터의 연설 하나를 요약한 것이 I Gentles, *The New Model Army* (Oxford, 1992), p84에 실려 있다.
113 C Hill, *God's Englishman*, pp68~69.
114 I Gentles, *New Model Army*, p160에서 재인용.
115 I Gentles, *New Model Army*, pp161~163을 보시오.
116 I Gentles, *New Model Army*, p209에서 재인용.
117 I Gentles, *New Model Army*, p209에서 재인용.
118 B Manning, *The Crisis of the English Revolution* (London, 1992), p108에서 재인용.
119 C Hill, *God's Englishman*, p105에서 재인용.
120 I Gentles, *New Model Army*, p330에서 재인용.
121 C Hill, *God's Englishman*, p97.
122 C Hill, *The Century of Revolution*, p181.
123 오늘날의 '옛 고아' 시.
124 오늘날의 함피 부근.
125 V A Smith, *The Oxford History of India* (Oxford, 1985), p312에서 재인용.
126 구로사와의 영화 <란(亂)>에서 그리고 있는 전투가 이것이었다.
127 J Gernet, *A History of Chinese Civilisation* (Cambridge, 1996), p424. 그리고 'Introduction' to F W Mote and D Twitchett (eds), *Cambridge History of China*, vol 7 (Cambridge, 1988), pp508~509를 보시오.
128 J Gernet, *History*, p426.
129 J Gernet, *History*, p442. 중세 유럽이 중국에서 배웠던 것처럼, 중국의 지식인들과 기술자들은 이제 베이징의 예수회 선교사한테서 르네상스 이후 유럽에서 발전한 지식을 습득하고 있었다. C A Ronan and J Needham, *The Shorter Science and Civilisation of China*, vol 4 (Cambridge, 1994), pp220~221을 보시오.
130 J Gernet, *History*, p440.
131 J Gernet, *History*, p437.
132 J Gernet, *History*, p446.

133 그럼에도 로넌(Ronan)과 니덤(Needham)은 17세기 중국에서는 유럽의 르네상스가 아주 중요한 영향을 미쳤다고 주장한다.(C A Ronan and J Needham, *Shorter Science*, pp1, 34를 보시오.)
134 J Gernet, *History*, p425.
135 J Gernet, *History*, p426.
136 J Gernet, *History*, p426.
137 F W Mote and D Twitchett, *Cambridge*, vol 7, p587.
138 수치는 J Gernet, *History*, p429와 F W Mote and D Twitchett, *Cambridge*, vol 7, p586 에서 인용했다.
139 F W Mote and D Twitchett, *Cambridge*, vol 7, p586
140 F Mote and D Twitchett, *Cambridge*, vol 7, p631에서 재인용.
141 F W Mote and D Twitchett, *Cambridge*, vol 7, p632.
142 G Parker, *Europe in Crisis*, pp17~22에서 제프리 파커(Geoffrey Parker)가 이렇게 주장한다.
143 F W Mote and D Twitchett, *Cambridge*, vol 7, p587.
144 항해가 중단된 것은 상인의 영향력이 성장한 데 대한 저항 때문만은 아니었다. 항해를 하려면 국가의 비용이 많이 들었고, 중국은 인도양이나 유럽의 물건들이 별로 필요가 없었다. 이 제국은 수출이 수입보다 훨씬 많았지만, 19세기에 아편 무역이 출현하면서 역전됐다.
145 F W Mote and D Twitchett, *Cambridge*, vol 7, p518.
146 J Gernet, *History*, p431.
147 J Gernet, *History*, p432.
148 자세한 것은 J Gernet, *History*, pp432~433을 보시오.
149 J Gernet, *History*, p483.
150 J Gernet, *History*, p489에서 인용한 수치.
151 J Gernet, *History*, p464.
152 J Gernet, *History*, p497.
153 J Gernet, *History*, pp497~505를 보시오. 그러나 몇 가지 이유 때문에 제르네 자신은 만주족의 지배를 수용한 시기의 문화를 "계몽된 문화"라는 용어로 표현하고 있다.
154 J Gernet, *History*, p505.
155 J Gernet, *History*, p507
156 자세한 것은 J Gernet, *History*, p508을 보시오.
157 J Gernet, *History*, p509.
158 위기의 증상에 대한 자세한 설명은 J Gernet, *History*를 보시오.
159 마르크스가 인도에 관한 글에서 범한 한 가지 실수는 이 문제의 중요성을 지나치게 강조했다는 것이다. 이 점만 빼고 마르크스의 인도에 관한 글들을 높이 평가하는 이르판 하비브(Irfan Habib)는 "마르크스의 주장에도 불구하고, 국가의 관개 시설 건설과 통제가 무굴 시대 인도 농업의 두드러진 특징이었다고 볼 수는 없다." I Habib, *The Agrarian System of Mughal India* (London, 1963), p256.
160 무굴 제국의 관리들과 자민다르 사이의 관계를 상세히 설명한 책으로는 I Habib, *Agrarian*, pp66, 153~185를 보시오.

161 Manriques, I Habib, *Agrarian*, pp322~323에서 재인용.
162 I Habib, *Agrarian*, p250. 국가는 자민다르보다 훨씬 많은 잉여를 가져갔다. I Habib, *Agrarian*, p153을 보시오.
163 H K Naqvi, *Mughal Hindustan: Cities and Industries, 1556~1803* (Karachi, 1974).
164 S Maqvi, 'Marx on Pre-British Indian Society', in D D Kosambi Commemoration Committee (eds), Essays in *Honour of D D Kosambi, Science and Human Progress* (Bombay, 1974).
165 H K Naqvi, *Mughal*, p2.
166 H K Nsqvi, *Mughal*, p18.
167 H K Naqvi, *Mughal*, p22. I Habib, *Agrarian*, p75
168 I Habib, *Agrarian*, p76.
169 I Habib, 'Problems in Marxist Historical Analysis', in *D D Kosambi*, p73.
170 H K Naqvi, *Mughal*, p155.
171 H K Naqvi, *Mughal*, p171.
172 I Habib, 'Problems', p46.
173 Pelsaert, I Habib, *Agrarian*, p190에서 재인용.
174 I Habib, *Agrarian*, p77.
175 D D Kosambi, 'Introduction', in *D D Kosambi*, p387. 코삼비는 이 시기의 사회를 설명하기 위해 '봉건제'라는 용어를 사용했다. 이르판 하비브는 적어도 서기 1200년 이후에 대해서는 '봉건제'라는 용어를 사용할 수 없다고 주장했다. 농노도 실질적인 지주 계급도 없었으며, 잉여의 대부분은 화폐로 교환돼 세금으로 납부됐기 때문이라는 것이다. I Habib, 'Problems', p46을 보시오.
176 I Habib, *Agrarian*, p320.
177 I Habib, *Agrarian*, p321에서 재인용.
178 I Habib, *Agrarian*, p328.
179 아우랑제브는 아버지인 샤 자한를 폐위시키고 아그라의 요새에 있는 첨탑에 가두었다. 첨탑에서는 샤 자한이 건설한 기념비적 건축물인 타지마할이 보였다.
180 H K Naqvi, *Mughal*, p23에서 재인용한 당시 목격자의 증언.
181 I Habib, *Agrarian*, p330에서 재인용.
182 자세한 것은 I Habib, *Agrarian*, p333을 보시오.
183 I Habib, *Agrarian*, p333.
184 I Habib, *Agrarian*, p333.
185 I Habib, *Agrarian*, p333.
186 H K Naqvi, *Mughal*, p18.
187 I Habib, *Agrarian*, p339에서 재인용.
188 I Habib, *Agrarian*, pp344~345
189 I Habib, *Agrarian*, p346.
190 I Habib, *Agrarian*, p333.
191 인도 역사가들 사이에서는 부르주아지가 나서지 못한 이유를 두고 중요한 논쟁이 벌어져 왔다. 경제 정체 때문에 부르주아지가 취약했기 때문이라는 주장도 있고, 동인도회사를 부

르주아지의 목표를 달성할 수단으로 봤기 때문에 독립적으로 싸우지 못했다는 주장도 있다. 아는 것이 많지 않아서 이 논쟁에 의견을 내기는 어렵겠지만, 동인도회사가 인도가 아니라 영국의 목표에 따라 행동했기 때문에 인도 부르주아지가 독립적으로 행동하지 못하고 손해를 봤다는 근본적인 사실에서 차이가 있는 것 같지는 않다.

192 I Habib, *Agrarian*, p351.

❧ 5부 새로운 질서의 확산

1. 예컨대, G Rudé, *Europe in the Eighteenth Century* (Harvard, 1985), p23과 R S Duplessis, *Transitions to Capitalism in Early Modern Europe* (Cambridge, 1997), p174를 보시오.
2. 예컨대, G Rudé, *Europe*, p23과 R S Duplessis, *Transitions*, p174를 보시오.
3. R S Duplessis, *Transitions*, pp242, 248에 나오는 수치.
4. D Defoe, *A Tour Through the Whole Island of Great Britain* (London, 1912), G Rudé, *Europe*, p58에서 재인용.
5. 이 발명들에 대한 간략한 설명은 D Landes, *Wealth*, pp187~191을 보시오.
6. R S Duplessis, *Transitions*, pp88, 242에 나오는 수치.
7. J de L Mann, *The Cloth Industry in the West of England* (Oxford, 1971), pp23, 90~91.
8. 키스 토머스(Keith Thomas)는 이런 온갖 믿음에 관해, 그리고 그 믿음들이 사람들의 물질적 경험과 맞아떨어졌다는 점을 길지만 아주 쉽게 설명하고 있다. K Thomas, *Religion and the Decline of Magic* (Harmondsworth, 1978)과 C Ginsburg, *Night Battles* (Baltimore, 1983)를 보시오.
9. 이 문단에서 개략한 이런 전개 과정을 아주 쉽게 설명하고 있는 책으로는 I B Cohen, *The Birth of the New Physics* (London, 1961)를 보시오.
10. G de Santillana, *The Age of Adventure* (New York, 1956), p158에서 재인용.
11. K Thomas, *Religion*을 보시오.
12. 갈릴레오의 한계와 갈릴레오의 불확실한 실험에 관해서는 I B Cohen, *Birth*, pp91~129를 보시오.
13. I B Cohen, *Birth*, p158. 로버트 문첸블레드(Robert Munchenbled)는 국가를 다스린 집단이 농촌 주민에 대한 지배력을 확립하려 하면서 마녀 박해가 퍼져 나갔다고 주장한다. 예컨대, R Munchenbled, *Sorcèries, Justice et Société* (Paris, 1987), pp9~10을 보시오.
14. K Thomas, *Religion*, p598.
15. K Thomas, *Religion*, pp533, 537을 보시오.
16. C Hill, *A Century of Revolution*, p250.
17. K Thomas, *Religion*, p692에서 재인용.
18. 이 때문에 계몽주의가 정확히 무엇인지를 두고 설명이 다를 수 있다. 예컨대, 에른스트 카시러(Ernst Cassirer)는 데카르트 이후의 합리주의 철학자들을 계몽주의의 일부로 보지만 (E Cassirer, *The Philosophy of the Enlightenment* [Boston, 1955]), 조르주 뤼데(George Rudé)는 계몽주의가 합리주의 철학자들에 대한 존 로크(John Locke)의 반동에

서 시작된다고 본다(G Rudé, *Europe*).
19 라이프니츠는 뉴턴의 수학 공식을 받아들였지만, 그의 우주 모형은 받아들이지 않았다.
20 살롱에 대한 설명은 P Naville, *D'Holbach et la Philosophie Scientifique au XVIIIe Siècle* (Paris, 1967), pp46~48을 보시오.
21 P Naville, *Philosophie*, p118~119에서 재인용.
22 G Rudé, *Europe*, p131.
23 G Rudé, *Europe*, p132.
24 P Naville, *Philosophie*, p73.
25 D Outram, *The Enlightenment* (Cambridge, 1995), p75. 반면, 스웨덴의 생물학자 린네(Linnaeus)는 피부색에 바탕을 두고 인류를 네 개의 인종으로 엄격하게 구분했다.
26 G Rudé, *Europe*, pp135~136. 군주들은 국민 교회를 지배하겠다는 동기를 갖고 있었다. 그러나 그 결과 반동 사상을 선전하는 주요 기관인 교회가 약해졌다.
27 P Gay, *The Enlightenment* (New York, 1977), p71에서 재인용.
28 R Darnton, *The Business of the Enlightenment* (Harvard, 1979), p528.
29 R Darnton, *Business*, p526.
30 G Rudé, *Europe*, p170.
31 I Kant, G Rudé, *Europe*, p171에서 재인용.
32 자카르타.
33 R Blackburn, *The Making of New World Slavery* (London, 1997), p3의 추정치. 이 수치를 더 크게 보기도 하고 더 적게 보기도 한다. 이 수치에 관한 긴 논의로는 P Manning, *Slavery and African Life* (Cambridge, 1990), p104를 보시오.
34 P Manning, *Slavery*, p35.
35 P Manning, *Slavery*, p30.
36 A Calder, *Revolutionary Empire* (New York, 1981), pp257~258을 보시오. 로버트 루이스 스티븐슨(Robert Louis Stephenson)의 소설 *Kidnapped*은 18세기 중반 스코틀랜드에서 일어난 그런 납치 사건과 함께 시작된다.
37 R Blackburn, *Making*, p230.
38 A Calder, *Revolutionary*, p566.
39 배리 언스워스(Barry Unsworth)의 소설 *Sacred Hunger* (London, 1992)는 노예와 선원들의 공통점을 아주 잘 그리고 있다.
40 A Calder, *Revolutionary*, p289.
41 R Blackburn, *Making*, p231.
42 자세한 것은 R Blackburn, *Making*, pp240~241을 보시오.
43 그래서 반란에 대한 블랙번(Blackburn)의 설명은 아프리카 노예들의 참여를 강조하는 반면(R Blackburn, *Making*, pp256~258), 칼더(Calder)의 설명은 인디언과 싸웠다는 측면만 언급하지 노예의 참여는 언급하지 않고 있다(A Calder, *Revolutionary*, pp311~312).
44 R Blackburn, *Making*, p264.
45 R Blackburn, *Making*, p32에 이 그림의 흑백 사진이 실려 있다.
46 R Blackburn, *Making*, pp254~255, pp264~265를 보시오.
47 J Locke, *An Essay Concerning Human Understanding* (Oxford, 1975), pp606~607,

R Blackburn, *Making*, p329에서 재인용.
48 예컨대, 감비아의 왕립아프리카회사 대리인 출신이었던 프랜시스 무어(Francis Moore)가 이런 주장을 했다. A Calder, *Revolutionary*, p454를 보시오.
49 흄(Hume) 같은 일부 계몽주의자들은 아프리카인이 선천적으로 열등한 정신을 지니고 있다는 생각을 받아들였지만, 애덤 스미스(Adam Smith), 콩도르세(Condorcet), 벤저민 프랭클린(Benjamin Franklin)처럼 유명한 계몽주의자들은 대부분 노예제를 반대했다.
50 W E Washburn and B Trigger, 'Native Peoples in Euro-American Historiography', in W E Washburn and B Trigger (eds), *Cambridge History of Native Peoples of the Americas*, vol 1, part 1 (Cambridge, 1996), p74.
51 W E Washburn and B Trigger, 'Native', p75.
52 W E Washburn and B Trigger, 'Native', p79.
53 W E Washburn and B Trigger, 'Native', p80.
54 P Manning, *Slavery*, p13. 유용하게도 R Blackburn, *Making*, ch12에는 여러 가지 주장이 요약돼 있다.
55 P Matthias, *The First Industrial Nation* (London, 1983), p168.
56 물론 무역의 양태는 이보다 훨씬 복잡했지만, 여기에서 요약한 본질적인 특징들을 갖고 있었다.
57 P Manning, *Slavery*, p22.
58 P Manning, *Slavery*, p34.
59 P Manning, *Slavery*, p85.
60 P Manning, *Slavery*, p23.
61 유럽 계몽주의와 스미스의 관계에 관해서는 I Simpson Ross, *The Life of Adam Smith* (Odors, 1995)를 보시오.
62 A Smith, *The Wealth of Nations* (Harmondsworth, 1982), p433.
63 A Smith, *Wealth*, pp104, 133.
64 A Smith, *Wealth*, pp430~431.
65 A Smith, *Wealth*, p488.
66 E Roll, *History of Economic Thought* (London, 1962), p151.
67 A Smith, *Wealth*, p168
68 A Smith, *Wealth*, p169.

6부 뒤집힌 세계

1 E Wright, *Benjamin Franklin and the American Revolution*, pp71, 90을 보시오.
2 R A Ryerson, *The Revolution Has Now Begun; the Radical Committees in Philadelphia, 1765~76* (Pennsylvania, 1978), pp3~4.
3 E Countryman, *The American Revolution* (London, 1986), p71.
4 Theodore Drape, *A Struggle for Power* (London, 1996)에서 드레이퍼는 이 점을 자세히 소개했다.

5   E Countryman, *American Revolution*, p97.
6   E Countryman, *American Revolution*, pp98, 100.
7   E Countryman, *American Revolution*, p100.
8   E Countryman, *American Revolution*, p103.
9   E Countryman, *American Revolution*, p103, 그리고 E Countryman, *A People in Revolution* (Baltimore, 1981), p30.
10 E Countryman, *American Revolution*, p103.
11 E Wright, *Benjamin Franklin*, p116에서 재인용.
12 E Countryman, *American Revolution*, pp70~71에서 재인용.
13 E Countryman, *American Revolution*, p4.
14 E Countryman, *American Revolution*, pp113~114.
15 E Countryman, *A People*, pp102, 125~126.
16 E Countryman, *A People*, p102. E Countryman, *American Revolution*, p118에 나오는 메사추세츠 상황에 관한 컨트리먼의 설명과 *The Revolution*에 나오는 라이어슨(R A Ryerson)의 설명도 보시오.
17 J Keane, *Tom Paine, a Political Life* (London, 1995)에서 재인용.
18 J Keane, *Tom Paine*, p125에서 재인용.
19 E Countryman, *A People*, p150.
20 E Countryman, *A People*, p221의 수치.
21 E Countryman, *American Revolution*, p162.
22 E Countryman, *American Revolution*, p71.
23 제퍼슨(Jefferson)의 독립선언서 초안에는 군주제 때문에 노예제가 성행한다는 왜곡된 주장이 등장하며, 이를 근거로 노예에게 반란을 촉구하고 있다. E Countryman, *American Revolution*, p71을 보시오.
24 R R Palmer, 'Social and Psychological Foundation of the Revolutionary Era', in A Goodwin (ed), *Cambridge New Modern History*, vol VIII (Cambridge, 1965), p422.
25 P McGarr, 'The Great French Revolution', in *Marxism and the Great French Revolution, International Socialism* 43 (June 1989), p40에서 재인용.
26 P McGarr, 'The Great French Revolution', p48에서 재인용. 다른 곳에서도 많이 등장한다.
27 이 말은 게오르그 뷔히너(Georg Buechner)의 1835년 희곡 *Danton's Death*에서 당통이 한 말로 잘 알려져 있다. 그러나 사실은 당통과 로베스피에르가 불화를 겪기 1년 전에, 지롱댕 베르니노(Girondin Vergninaud)가 빵 폭동을 일으킨 사람들에 대한 가혹한 처벌을 옹호하면서 한 말인 듯하다.
28 L Madelin, *Talleyrand* (London, 1948), p12.
29 A Soboul, *The French Revolution 1787~99* (London, 1989), p37.
30 R S Duplessis, *Transitions to Capitalism in Early Modern Europe* (Cambridge, 1997), p242.
31 R S Duplessis, *Transitions*, p237.
32 최근의 '수정주의' 가운데 가장 유명한 것은 F Furet, *Interpreting the French Revolution* (Cambridge, 1981)이다.

33 A Soboul, *French Revolution*, p99.
34 A Soboul, *French Revolution*, p255에서 재인용.
35 A Soboul, *French Revolution*, p307에서 재인용.
36 A Soboul, *French Revolution*, p309.
37 A Soboul, *French Revolution*, p325에서 재인용.
38 대출과 세금에 관해 자세히 알고 싶다면, P Kropotkin, *The Great French Revolution* (London, 1971), pp410~411을 보시오.
39 G Lefebvre, *The French Revolution*, vol II (New York, 1964), p57.
40 P Kropotkin, *The Great*, p404.
41 P Kropotkin, *The Great*, p387에서 재인용.
42 P Kropotkin, *The Great*, p387.
43 A Soboul, *French Revolution*, p339.
44 자세한 것은 A Soboul, *French Revolution*, p342를 보시오.
45 A Soboul, *French Revolution*, p386.
46 H G Schenk, 'Revolutionary Influences and Conservatism in Literature and Thought', in C W Crawley (ed), *Cambridge New Modern History*, vol IX (Cambridge, 1965), p91에서 재인용.
47 *Class Struggle in the First French Republic* (London, 1977)을 보시오.
48 G W F Hegel, *The Philosophy of History* (New York, 1956), p447.
49 H G Schenk, 'Revolutionary Influences', p100에서 재인용.
50 G Williams, *Artisans and Sans-culottes* (London, 1981), p58.
51 G Williams, *Artisans*, pp59, 62~66. 권위 있는 저서 E P Thompson, *The Making of the English Working Class* (New York, 1966), ch5에 실린 'Planting the Liberty Tree'는 사태 발전 과정 전부를 포괄적으로 설명하고 있다.
52 G Williams, *Artisans*, p78.
53 자세한 설명은 E P Thompson, *The Making*, pp73~74를 보시오.
54 J D Mackie, *A History of Scotland* (Harmondsworth, 1973), pp311~313의 설명을 보시오.
55 T Moore, *The Life Death of Lord Edward Fitzgerald*, vol 1(London, 1831), p204.
56 F Campbell, *The Dissenting Voice, Protestant Democracy in Ulster* (Belfast, 1991), p51.
57 F Campbell, *The Dissenting Voice*, p98.
58 T Gray, *The Orange Order* (London, 1972), p69의 수치. 패큰엄(T Packenham)은 이 봉기에서 3만~7만 명이 죽었다고 추정한다.(*The Year of Liberty* [London, 1978], p392를 보시오.)
59 F Campbell, *The Dissenting Voice*, p83.
60 C Fitzgibbon, T Gray, *The Orange Order*, p68에서 재인용.
61 H G Schenk, 'Revolutionary Influences', p100에서 재인용.
62 H G Schenk, 'Revolutionary Influences', p98에서 재인용.
63 J Keane, *Tom Paine*, p323에서 재인용.

64 H G Schenk, 'Revolutionary Influences', p106에서 재인용.
65 H G Schenk, 'Revolutionary Influences', p105에서 재인용.
66 E Gibbon, *Autobiography*, P Gray, *Voltaire's Politics* (New Jersey, 1959), p259에서 재인용.
67 콜리지(Coleridge)와 횔덜린(Hölderlin)의 말 모두 H G Schenk, 'Revolutionary Influences', p100에서 재인용.
68 A Desmond and J Moore, *Darwin* (London, 1992)을 보시오.
69 R M Hartwell, 'Economic Change in England and Europe 1780~1830', in *Cambridge New Modern History*, vol IX, p42에서 재인용.
70 이런 사실은 콜럼버스 이전의 아메리카 문명들을 불합리한 문명이나 바퀴를 이용하지 못한 탓에 발전이 억제된 문명으로 여겨서는 안 된다는 점을 암시한다. 자연 조건 때문에 바퀴 달린 운반구를 끌 수 있는, 길들일 수 있는 짐승이 존재하지 않았기 때문이다.
71 최초의 철도는 1825년 스톡포트와 달링턴 사이에 개설됐지만, 대부분의 구간에서 기관차가 아닌 정치(定置) 기관을 사용했다. P Mathias, *The First Industrial Nation* (London, 1983), p255를 보시오.
72 E Hobsbawm, *Industry and Empire* (Harmondsworth, 1971), p86의 수치.
73 시간에 대한 이런 식의 태도 변화를 자세히 설명한 것으로는 E P Thompson, 'Time, Work and Industrial Capitalism', in *Customs in Common* (London, 1992), pp352~403을 보시오.
74 Evidence to Poor Law Report of 1832, D McNally, *Against the Market* (London, 1993), p101에서 재인용.
75 J Thelwall, *The Rights of Nature* (London, 1796), pp21, 24, E P Thompson, *Making*, p185에서 재인용.
76 예컨대, D Williams, *John Frost, a Study in Chartism* (New York, 1969)을 보시오.
77 M Jenkins, *The General Strike of 1842* (London, 1980)를 보시오. 최근의 설명은 *The Trial of Fergus O'Connor and Fifty Eight Others* (Manchester, 1843, 재판[再版]은 New York 1970)를 보시오.
78 자세한 설명은 J Saville, *1848* (Cambridge, 1987)을 보시오.
79 *Cambridge New Modern History*, vol IX, p59에서 재인용.
80 G Mayer, *Frederick Engels* (London, 1936), p44.
81 오언에 대한 엥겔스의 관심과 찬사는 G Mayer, *Frederick Engels*, p45를 보시오. 정치성제학의 영향력에 대한 엥겔스의 견해는 *The Condition of the English Working Class*, in K Marx and F Engels, *Collected Works*, vol 4 (London, 1975), p527을, 맨체스터에 도착하고 1년 뒤에 출판한 엥겔스의 첫 번째 정치경제학 비판은 'Outlines of a Critique of Political Economy', in K Marx and F Engels, *Collected Works*, vol 3 (London, 1975), p418을 보시오.
82 오늘날에는 the *Paris Manuscripts*나 *The 1844 Manuscripts*, 또는 간단하게 *The Early Writings* 등 다양한 판으로 출판돼 있다.
83 모든 인용문은 K Marx, *1844 manuscripts*, in K Marx and F Engels, *Collected Works*, vol 3.

84 이것은 세 권으로 된 *Capital*을 통해 마르크스가 한 작업이었다. 마르크스의 사상에 대한 더 깊이 있는 설명은 내 책 *The Economics of the Madhouse* (London, 1995)와 *Explaining the Crisis, a Marxist Reappraisal* (London, 1999), 그리고 캘리니코스(A Callinicos)의 *The Revolutionary Ideas of Karl Marx* (London, 1999)를 보시오..

85 영어 번역본들은 대부분 여기 등장하는 '인간'(man)이라는 단어를 '그'(he)라는 대명사로 대체하고 있다. 그러나 마르크스는 'Mann'(man)이 아니라 'Menschen'(humans)이라는 독일어 단어를 사용했다.

86 R Price (ed), *Documents on the French Revolution of 1848* (London, 1996), p46~47에서 재인용.

87 D Blackburn, *The Fontana History of Germany, 1780~1918* (London, 1997), p147.

88 R Price (ed), *Documents*, p9. 독일의 라인란트에 관해서는 J Sperber, *Rhineland Radicals* (New Jersey, 1993), pp54~59를 보시오.

89 R Price (ed), *Documents*, p11.

90 C Pouthas, 'The Revolutions of 1848', in *Cambridge New Modern History*, vol X, p393.

91 C Pouthas, 'The Revolutions of 1848', p394.

92 R Price (ed), *Documents*, p17.

93 수치들은 Frederick Engels, *Neue Rheinische Zeitung*, 2 July 1848, in K Marx and F Engels, *Collected Works*, vol 7 (London, 1977), p161에서 인용.

94 플로베르(Flaubert)의 소설 *Sentimental Education*은 혁명적 클럽들의 회합에 대한 풍자 만화를 싣고 있을 뿐 아니라 이들이 취한 태도들도 우호적으로 설명하고 있다.

95 R Price (ed), *Documents*.

96 F Engels, *Neue Rheinische Zeitung*, 27 June 1848, in K Marx and F Engels, *Collected Works*, vol 7 (London, 1977), p131.

97 R Price (ed), *Documents*, p20에서 재인용.

98 F Mehring, *Absolutism and Revolution in Germany, 1525~1848* (London, 1975), p214에서 재인용.

99 *Neue Rheinische Zeitung*, 31 December 1848, in *Collected Works*, vol 7.

100 모든 수치는 D Blackbourn, *Fontana History of Germany*, p180에서 인용.

101 영화 <표범>(*The Leopard*)은 이 반란을 그리고 있다.

102 영화 <표범>에서 왕자가 한 말.

103 더글러스(Douglass)와 논쟁하면서 한 말, J M McPherson, *The Struggle for Equality* (New Jersey, 1992), p11에서 재인용.

104 예컨대, J M McPherson, *Battle Cry of Freedom* (London, 1988), p312에 인용돼 있는 1861년 7월 4일의 연설을 보시오.

105 J M McPherson, *Battle Cry*, p46에서 재인용.

106 그 당시에 마르크스가 이렇게 말했다. *Die Presse* of 7 November 1861, in K Marx and F Engels, *Collected Works*, vol 19 (London, 1984), p50에 있는 마르크스가 쓴 기사를 보시오.

107 J M McPherson, *The Struggle for Equality*, p47.

108 J M McPherson, *The Struggle for Equality*, p47에서 재인용.
109 J M McPherson, *The Struggle for Equality*, p51.
110 J M McPherson, *The Struggle for Equality*, p82.
111 J M McPherson, *The Struggle for Equality*, pp128~129.
112 프리드리히 엥겔스조차도 마르크스에게 보낸 편지에서 북부가 "참패"할 것이라고 예상했으며(1862년 7월 30일), 북부가 "반란을 진압"할 능력이 있는지 의심스럽다(1862년 9월 9일)고 말했다. 반면, 마르크스는 (1862년 9월 10일) "이 친구들[남부 — 크리스 하먼]이 최악의 결과를 맞이할 것이라는 데 …… 내 목숨이라도 걸 수 있습니다. …… 사태의 군사적 측면에 약간 지나치게 신경 쓰고 있는 것 같습니다" 하고 썼다. K Marx and F Engels, *Collected Works*, vol 41 (Moscow, 1985), pp414~416.
113 마르크스는 *Die Presse* of 22 August 1862, in K Marx and F Engels, *Collected Works*, vol 19, p234~235에서 이 연설을 길게 인용하고 있다. J M McPherson, *The Struggle for Equality*, p113에서도 이 연설의 일부를 인용하고 있다.
114 K Marx, article in *Die Presse*, 12 October 1862, in K Marx and F Engels, *Collected Works*, vol 19, p250.
115 예컨대, 스미스의 풍자 소설 *Zadig and The Princess of Babylon*을 보시오.
116 A Smith, *The Wealth of Nations* (London, 1986), pp174~175.
117 '깜둥이'(nigger)는 키플링(Kipling)의 단편 소설 주인공들이 '원주민'을 가리킬 때 흔히 사용하는 표현이다. '워그'(wog)는 영국 제국의 식민지가 되는 불행을 당한 모든 이들을 가리킬 때 사용하는 욕설이다.
118 B Stein, *A History of India* (Oxford, 1998), p202는 "공식적인 식민화가 시작되기 훨씬 전부터 인도의 토착 자본가 계급이 발전"했다고까지 말한다. 아는 것이 많지 않기 때문에 이런 설명이 맞는지는 판단하기 어렵다. 그러나 이것은 산업이나 농업 자본주의를 가리키는 것이라기보다는 봉건 시대 중기 이후 유럽과 같은 상인 자본과 금융 자본을 가리키는 것이 아닐까 하는 생각이 든다. 맹아적인 형태의 산업·농업 자본주의를 제외한다면 말이다. 또한, 종교-농민 반란으로 온전한 자본주의 발전의 길이 열릴 수도 있었다고 주장하는 역사가들이 있는 반면, 그런 생각을 맹렬히 반대하는 역사들도 있다. 다시 한 번 말하지만, 나는 어떤 판단도 할 수 없는 처지다.
119 K Marx, 'The Revolt in the Indian Army', *New York Daily Tribune*, 15 July 1857, in K Marx and F Engels, *Collected Works*, vol 15 (Moscow, 1986), p297.
120 B Stein, *A History*, p248.
121 제국이 직접 지배한 초기의 수치와 1890년대 이후의 수치는 B Stein, *A History*, pp257, 263에서 인용.
122 수치는 B Stein, *A History*, p262에서 인용.
123 A 'Censor', 'Memorial to the Emperor', in F Schurmann and O Scholl, *Imperial China* (Harmondsworth, 1977), p139.
124 이것은 F Schurmann and O Scholl, *Imperial China*, pp126, 133, 139에 등장하는 편집자들과 치앙팅푸의 설명이다.
125 J Gernet, *A History of Chinese Civilisation* (Cambridge, 1996), pp539~541은 이런 주장을 아주 강력하게 펼치고 있다.

126 W Franke, 'The T'ai-p'ing Rebellion', F Schurmann and O Scholl, *Imperial China*, pp170~183에서 재인용.
127 수치는 P A Kuhn, 'The T'ai-p'ing Rebellion', in J R Fairbank (ed), *Cambridge History of China*, vol 10 (Cambridge, 1978), p309에서 인용.
128 J Batou, 'Muhammed Ali's Egypt, 1805~48', in J Batou (ed), *Between Development and Underdevelopment* (Geneva, 1991), p183~207. 어떤 경제사가들(예컨대, *The Wealth and Poverty of Nations* [London, 1998]의 데이빗 랜데스)은 이런 발전상에 의문을 제기하면서 비효율성과 높은 원가, 상품의 질을 지적한다. 그러나 1880년대 일본처럼 훗날 국제 경쟁에서 승리한 다른 산업국들의 초기 산업화 과정에 대해서도 비슷한 문제를 지적할 수 있다. 이 산업국들과 이집트의 중대한 차이 한 가지는 이 산업국들이 외국과의 직접적인 경쟁에서 차단돼 있었기 때문에 자국의 무역 정책에 대한 서방의 간섭을 쉽게 피할 수 있었다는 점이다.
129 J Batou, 'Muhammed Ali's Egypt', p205에서 재인용.
130 M Hane, *Modern Japan* (Boulder, 1992), p52~53.
131 M Hane, *Modern Japan*, p71.
132 T Gautier, A Horne, *The Fall of Paris* (London, 1968), p26에서 재인용.
133 A Horne, *The Fall of Paris*, p53.
134 예컨대, A Horne, *The Fall of Paris*, p254의 가격 목록을 보시오.
135 A Horne, *The Fall of Paris*, p328에서 재인용.
136 P O Lissagaray, *History of the Paris Commune*, translated by E Marx (London, 1976), p65.
137 P O Lissagaray, *History of the Paris Commune*, p65.
138 K Marx, 'The Civil War in France', in K Marx and F Engels, *Collected Works*, vol 22 (London, 1986), pp333~334.
139 K Marx, 'The Civil War in France', p339.
140 A Horne, *The Fall of Paris*, p551에서 재인용.
141 *The Times*, 29 May and 1 June 1871, A Horne, *The Fall of Paris*, p555에서 재인용.
142 A Horne, *The Fall of Paris*, p556.
143 루이즈 미셸의 재판은 여러 책에 나와 있다. 예컨대, P O Lissagaray, *History of the Paris Commune*, pp343~344를 보시오.
144 A Horne, *The Fall of Paris*, p363.
145 1871년 4월 12일에 마르크스가 쿠겔만에게 보낸 편지, K Marx and F Engels, *On the Paris Commune* (Moscow, 1976), p284.
146 1871년 4월 17일에 마르크스가 쿠겔만에게 보낸 편지, K Marx and F Engels, *On the Paris Commune*, p285.

❧ 7부 희망과 공포의 시대

1 수치는 G Stedman Jones, *Outcast London* (Harmondsworth, 1976), p132에서 인용.

2   E Hobsbawm, *Industry and Empire* (Harmondsworth, 1971)의 표 13과 3을 보시오.
3   OECD의 통계.
4   G B Longstaff in September 1893, G Stedman Jones, *Outcast*, p128에서 재인용.
5   G Stedman Jones, *Outcast*, p129에서 재인용.
6   Charity Organising Society report of 1870~71, G Stedman Jones, *Outcast*, p266에서 재인용.
7   사실 맥스웰은 이 모형과 모순되며, 20세기에 유행한 아주 다양한 모형 가운데 일부의 토대가 된 수학적 방법을 사용했다. 그러나 그의 원래 모형은 한 세대 동안 과학적 사고 대부분을 지배했다. W Berkson, *Fields of Force* (London, 1974), chs 5, 6 and 7, 특히 pp150~155를 보시오.
8   맥스웰의 우주 모형처럼, 프로이트의 이론에는 아주 다양한 방법에 이용된 요소들이 있었다. 흔히 1920년대의 정신분석은 기계적 결정론의 방법에 비이성적으로 도전하는 일을 옹호했다고 본다. 그러나 프로이트의 출발점은 분명히 기계적 결정론에 바탕을 두고 있었다. 예컨대, 외과 수술식으로 히스테리 증상을 치료하려고 했던 프로이트의 초기 시도에 관한 설명으로 J Masson, *The Assault on Truth* (Harmondsworth, 1984), pp55~106을 보시오.
9   R Miliband, *Capitalist Democracy in Britain* (Oxford, 1982), fn 2, p22를 보시오.
10 R Harrison, *Before the Socialists* (London, 1965), pp69~78을 보시오.
11 M Cowling, *1867, Disraeli, Gladstone and Revolution*, R Miliband, *Capitalist Democracy*, p25에서 재인용.
12 K Marx, second draft for *The Civil War in France*, in K Marx and F Engels, *Collected Works*, vol 22 (London, 1985).
13 M Cowling, *Disraeli*, p49.
14 R Miliband, *Capitalist Democracy*, p28.
15 Hanham, R Miliband, *Capitalist Democracy*, p27에서 재인용.
16 R T McKenzie, *British Political Parties* (London, 1963), p15.
17 이 점에 관해서는 G Stedman Jones, *Outcast*, pp344, 348을 보시오.
18 가장 오래된 산업자본주의로서 영국은 가장 오래된 위로부터의 민족주의도 지니고 있었다. E P 톰슨은 영국 정부가 1790년대에 영국의 자코뱅주의에 대항하기 위해 대중적인 민족주의 조직들을 후원했음을 보여 줬다. E P Thompson, *The Making of the English Working Class* (New York, 1966)를 보시오. 더 최근에 린다 콜리(Linda Colley)는 1750년대 중반 이후에 밀진하고 있었던 민족 감정의 규모를 강조한다. L Colley, *Britons* (London, 1994)를 보시오. 불행하게도 콜리의 방법은 일차원적이기 때문에, 톰슨이 언제나 존재한 민족주의에 대한 대항 흐름이라고 언급한 것을 보지 못하고 있다.
19 E Bernstein, *Evolutionary Socialism* (London, 1909), pxi.
20 E Bernstein, *Evolutionary Socialism*, p159.
21 E Bernstein, *Evolutionary Socialism*, p160.
22 R Luxemburg, *Social Reform or Social Revolution* (Colombo, 1966).
23 B Vandervort, *Wars of Imperial conquest in Africa 1830~1914* (London, 1998), p27.
24 Nicola Labanca, B Vandervort, *Wars of Imperial Conquest*, p164에서 재인용.
25 B Vandervort, *Wars of Imperial conquest*, p177. 또 T Packenham, *The Scramble for*

    Africa (London, 1992), pp539~548을 보시오.
26 T Packenham, *The Scramble*, p546.
27 T Packenham, *The Scramble*, p652.
28 T Packenham, *The Scramble*, p600. 레오폴드의 박애주의적 노예제 반대 주장들은 pp11~23을 보시오.
29 T Packenham, *The Scramble*, p22에서 재인용.
30 수치들은 H Feis, *Europe: The World's Banker, 1879~1914*, M Kidron, 'Imperialism, the Highest Stage but One', in *International Socialism* 9 (first series), p18에서 재인용.
31 제국주의 경제에 관한 긴 논의로는 내 책 *Explaining the Crisis* (London, 1999), pp35~36을 보시오. 또 경험적 자료들에 대한 반박에 답변한 것으로는 fn 50, p159를 보시오.
32 세부 사실들은 L Derfler, *Paul Lafargue and the Flowering of French Socialism* (Harvard, 1998), pp48 and 90.
33 L Trotsky, *Results and Prospects*, in *The Permanent Revolution and Results and Prospects* (London, 1962)을 보시오. 혁명에 대한 트로츠키의 전반적인 설명은 L Trotsky, *1905* (New York, 1972)를 보시오.
34 완전한 제목은 *The Mass Strike, the Political Party and the Trade Unions* (London, 1986).
35 A Sayers, 'The Failure of Italian Socialism', *International Socialism* 37 (first series).
36 R Luxemburg, writing in the spring of 1915, in *The Junius Pamphlet* (London, 1967), p1.
37 L Trotsky, *My Life* (New York, 1960) pp233~234.
38 J Canning (ed), *Living History: 1914* (London, 1967), p240.
39 V Serge, *Memoirs of a Revolutionary* (London, 1963), p47.
40 L Trotsky, *My Life*, p233에서 재인용.
41 D Blackbourne, *The fontana History of Germany 1780~1918* (London, 1977), pp461~462.
42 A Shlyapnikov, *On the Eve of 1917* (London, 1982), p18.
43 R Fox, *Smoky Crusade* (London, 1938), p192.
44 L Trotsky, *My Life*, pp233~234.
45 J Joll, *Europe Since 1870* (London, 1983), p194에서 재인용.
46 Keir Hardie, R Miliband, *Parliamentary Socialism* (London, 1975), p44에서 재인용. 카우츠키의 입장에 관한 설명은 M Salvadori, *Karl Kautsky and the Socialist Revolution 1880~1938* (London, 1979), pp183~185를 보시오.
47 D Blackbourne, *The Fontana History of Germany*, p475.
48 D MacIntyre, *The Great War, Causes and Consequences* (Glasgow, 1979), p63에서 재인용.
49 D MacIntyre, *The Great War*, p64.
50 D Blackbourne, *The Fontana History of Germany*, pp488~489.
51 자세한 것은 D Blackbourne, *The Fontana History of Germany*, pp480, 482를 보시오.
52 수치는 J Kocka, *Facing Total War* (London, 1984), p23에서 인용.

53 J Kocka, *Facing Total War*, p17.
54 D MacIntyre, *The Great War*, p61.
55 W Allison and J Fairley, *The Monocled Mutineer* (London, 1986), p68에서 재인용.
56 1916년 크리스마스에 일어난 이 사건에 관한 설명은 the diary of Lieutenant William St Leger, M Moynihan (ed), *People at War 1914~1918* (London, 1988), p52를 보시오.
57 W Allison and J Fairley, *The Monocled Mutineer*, pp81~111에 참가자들과의 인터뷰에 바탕을 둔 자세한 설명이 나와 있다.
58 V I Lenin, *Collected Works*, vol 23 (Moscow, 1964), p253.
59 1914년 8월까지는 상트페테르부르크로 불렸다.
60 당시 러시아에서 사용된 율리우스 달력에 따른 날짜. 서구에서 사용된 그레고리우스 개량 달력에 따르면 3월이다.
61 L Trotsky, *The History of the Russian Revolution* (London, 1965), p121에 언급돼 있는 카이우로프(Kayurov)의 증언.
62 S A Smith, 'Petrograd in 1917: the View from Below', in D H Kaiser (ed), *The Workers' Revolution in Russia of 1917* (Cambridge, 1987), p61.
63 L Trotsky, *The History*, p181에서 재인용.
64 N N Sukhanov, *The Russian Revolution 1917* (Princeton, 1984), p77.
65 N Stone, *The Eastern Front* (London, 1975), p218.
66 N Stone, *The Eastern Front*, pp283~284, 291.
67 수치와 세부 사실은 S A Smith, *Red Petrograd* (Cambridge, 1983), pp10~12.
68 볼셰비키는 6석을 얻었고 멘셰비키는 7석을 얻었지만, 멘셰비키는 대부분 중간 계급 선거구에서 의석을 얻었다. T Cliff, *Lenin, Volume 1: Building the Party* (London, 1975), p325를 보시오.
69 이 문단에서 나는 오랫동안 벌어진 활동과 이론적 논쟁을 개괄적으로 설명하고 있다. 자세한 설명은 T Cliff, *Lenin, Volume 1*을 보시오. I Getzler, *Martov* (Melbourne, 1967)는 멘셰비키 지도자 마르토프를 우호적으로 설명하고 있다.
70 수치는 T Cliff, *Lenin, Volume 2 : All Power to the Soviets* (London, 1976), pp148, 150에서 인용.
71 수치는 M Haynes, 'Was there a Parliamentary Alternative in 1917?', in *International Socialism* 76, p46에 인용돼 있는 자료들에서 재인용.
72 수치는 M Haynes, 'Was there a Parliamentary Alternative in 1917?'에서 인용.
73 이런 몇몇 투쟁에 관한 설명은 S A Smith, *Red Petrograd*와 T Cliff, *Lenin, Volume 2*, pp168~189를 보시오.
74 N N Sukhanov, *The Russian Revolution*, p627~628에서 재인용.
75 N N Sukhanov, *The Russian Revolution*, p629에서 재인용.
76 수치는 S A Smith, *Red Petrograd*, p87에서 인용.
77 V I Lenin, *Collected Works*, vol 8 (Moscow, 1962), pp28~29.
78 V I Lenin, *Collected Works*, vol 27 (Moscow, 1977), p98.
79 이 '봉기'에 대한 설명은 J M Cammett, *Antonio Gramsci and the Origins of Italian communism* (Stanford, 1967), pp52~53을 보시오.

80 P Nettl, *Rosa Luxemburg*, vol II (London, 1966), p689에서 재인용.
81 S A Smith, *Red Petrograd*, p243.
82 자세한 것은 V Serge, *Year One of the Russian, Revolution* (London, 1992), pp282를 보시오.
83 V Serge, *Year One*, p245.
84 V Serge, *Year One*, p265.
85 F A Upton, *The Finnish Revolution, 1917~18* (Minnesota, 1980), p522, J Rees, 'In Defence of October', *International Socialism* 52, p33에서 재인용.
86 J Joll, *Europe Since 1870* (London, 1990), p237.
87 이 사건과 오스트리아의 독일어 사용 지역에서 일어난 혁명에 관한 자세한 내용은 F L Carsten, *Revolution in Central Europe 1918~19* (London, 1972), pp22~32를 보시오.
88 이 사건에 관한 자세한 설명과 자료, 그리고 독일 혁명의 다른 측면들에 관해서는 졸고 *The Lost Revolution, Germany 1918~1923* (London, 1982)을 보시오.
89 당시 베를린 병원에 있었던 로자 레비네-마이어(Rosa Leviné-Meyer)의 증언. 그의 책 *Leviné* (London, 1973), p80을 보시오.
90 E Hobsbawm, *The Age of Extremes* (London, 1994), p68.
91 E H Carr, *The Bolshevik Revolution*, vol 3 (Harmondsworth, 1966), pp135~136에서 재인용.
92 E H Carr, *The Bolshevik Revolution*, vol 3, p135에서 재인용.
93 자세한 것은 E H Carr, *The Bolshevik Revolution*, vol 3, p134를 보시오.
94 E Wigham, *Strikes and the Government 1893~1981* (London, 1982), p53에서 재인용.
95 G H Meaker, *The Revolutionary Left in Spain 1914~1923* (Stanford, 1974), p134.
96 G H Meaker, *The Revolutionary Left*, p141에서 재인용.
97 G H Meaker, *The Revolutionary Left*, p142.
98 G H Meaker, *The Revolutionary Left*, p143.
99 이 파업에 관한 설명은 G H Meaker, *The Revolutionary Left*, pp158~161 and 165~168, 그리고 G Brennan, *The Spanish Labyrinth* (Cambridge, 1974), pp70~71을 보시오. 미커(Meaker)는 노동자가 패배했다고 보며, 브레넌(Brennan)은 "결론 내릴 수 없다"고 본다. 반면, 파게스(P Pages)는 노동자들에게 "유리한 결과"로 끝났다고 설명한다. P Pages, *Andreu Nin, Su Evolución Política* (Madrid, 1975)를 보시오.
100 I Turner, *Industrial Labour and Politics* (London, 1965), p194.
101 Erhard Lucas, *Märzrevoluton 1920* (Frankfurt, 1974)은 이 사건 전체를 훌륭하게 설명하고 있다. 사건 요약은 내 책 *The Lost Revolution*, ch9를 보시오.
102 P Spriano, *The Occupation of the Factories, Italy 1920* (London, 1975), p60.
103 P Spriano, *The Occupation of the Factories*, pp21~22.
104 P Spriano, *The Occupation of the Factories*, p56에서 재인용.
105 연설 전문은 R Leviné-Meyer, *Leviné*에 실려 있다.
106 Letter to Jacques Mesnil of April 1921, P Spriano, *The Occupation of the Factories*, p132에서 재인용.
107 P Spriano, *The Occupation of the Factories*, pp129~130에서 재인용.

108 A Rossi (타스카의 가명), *The Rise of Italian Fascism* (London, 1938), p68.
109 A Rossi, *The Rise of Italian Fascism*, p74.
110 1923년의 혁명 상황이 얼마나 실질적이었는지에 관한 논의는 내 책 *The Lost Revolution*, ch13을 보시오.
111 A Rossi, *The Rise of Italian Fascism*, pp82, 99.
112 A Rossi, *The Rise of Italian Fascism*, p126~127.
113 A Rossi, *The Rise of Italian Fascism*, p103.
114 수치는 A Rossi, *The Rise of Italian Fascism*, p126~127에서 인용.
115 A Rossi, *The Rise of Italian Fascism*, p148.
116 A Rossi, *The Rise of Italian Fascism*, p145에서 재인용.
117 A Rossi, *The Rise of Italian Fascism*, p147.
118 A Rossi, *The Rise of Italian Fascism*, pp229~231.
119 G Carocci, *Italian Fascism* (Harmondsworth, 1975), p27.
120 G Carocci, *Italian Fascism*, p32.
121 A D Harvey, *Collision of Empire* (Phoenix, 1994), p511을 보시오.
122 이 사건들에 관한 최고의 설명은 P Avrich, *Kronstadt 1921* (New Jersey, 1991)을 보시오.
123 Lenin, *Collected Works*, vol 32 (Moscow, 1965), p24.
124 M Schachtman, *The Struggle for the New Course* (New York, 1943), p150에서 재인용.
125 Lenin to the 11th Congress of the RCP(B) in V I Lenin, *Collected Works*, vol 33 (Moscow, 1976), p288.
126 예컨대, T Jones, *Whitehall Diaries, vol III, Ireland 1918~25* (London, 1971)에 실려 있는, 내각의 장관이었던 톰 존스(Tom Jones)의 일기를 보시오.
127 1921년 수치는 R Palme Dutt, *Guide to the Problem of India* (London, 1942), p59의 공식 통계에서 재인용.
128 J Chesneaux, *The Chinese Labor Movement 1919~27* (Stanford, 1968), p42.
129 J Chesneaux, *The Chinese Labor Movement*, p47.
130 B Stein, *A History of India* (London, 1998), p297을 보시오.
131 R Palme Dutt, *Guide*, p112의 설명. B Stein, *A History*, p304와 M J Akbar, *Nehru* (London, 1989), pp116~118에서도 비슷한 설명을 찾아볼 수 있다.
132 *India in 1919*, R Palme Dutt, *Guide*, p113에서 재인용.
133 이 사건에 대한 또 다른 설명으로는 B Stein, *A History*, p309와 M J Akbar, *Nehru*, pp152~152를 보시오.
134 M J Akbar, *Nehru*, p154에서 재인용.
135 Hu Shih, 'The Chinese Renaissance', in F Shurmann and O Schell, *Republican China* (Harmondsworth, 1977), p55에서 재인용
136 수치들은 J Chesneaux, *The Chinese Labor Movement*, p11에서 인용.
137 J Chesneaux, *The Chinese Labor Movement*, p156.
138 J Chesneaux, *The Chinese Labor Movement*, p293.
139 J Chesneaux, *The Chinese Labor Movement*, p325.

140 자세한 것은 J Chesneaux, *The Chinese Labor Movement*, pp356~361과 H Isaacs, *The Tragedy of the Chinese Revolution* (Stanford, 1961), pp130~142를 보시오. 앙드레 말로(André Malraux)는 홍콩 파업을 자신의 소설 *Les Conquerants*의 배경으로 삼았던 것처럼, 이 파업도 *Man's fate*의 배경으로 삼았다.
141 장제스의 쿠데타에 대한 설명은 J Chesneaux, *The Chinese Labor Movement*, pp311~313과 H Isaacs, *Tragedy*, pp89~110을 보시오.
142 앙드레 말로의 *Man's Fate*는 이 사건들을 배경으로 하고 있다. 주인공이 장제스 군대의 제물이 되는 것으로 결말이 난다.
143 이런 식에 관한 설명은 R E Ruiz, *The Great Rebellion: Mexico 1905~24* (New York, 1982), pp120~122와 A Gilly, *The Mexican Revolution* (London, 1983), pp28~45를 보시오.
144 R E Ruiz, *The Great Rebellion*, p58.
145 A Gilly, *The Mexican Revolution*, p37. 비슷한 그림을 보여 주는 통계들로는 R E Ruiz, *The Great Rebellion*, pp59, 63을 보시오.
146 L Trotsky, *The Third International After Lenin* (New York, 1957)과 *Permanent Revolution* (London, 1962)을 보시오.
147 F Sternberg, *The Coming Crisis* (London, 1947)에서 재인용.
148 J K Galbraith, *The Great Crash* (London, 1992), p95에서 재인용.
149 F Dobbs, *Teamster Rebellion* (New York, 1986)의 서론을 보시오.
150 J K Galbraith, *The Great Crash*, pp77~78에서 재인용.
151 J Braunthal, *In Search of the Millennium* (London, 1945), p270에서 재인용. 그리고 A Guerin, *Front Populaire, Révolution Manquée* (Paris, 1997), pp79~80에 서술돼 있는, 1920년대 후반 프랑스에서 미국식 모형을 수용한 노조 지도자들에 관한 앙드레 게랭(André Guerin)의 설명을 보시오. 이런 낙관주의적인 설명은 1920년대 중·후반에도 위기가 가시지 않았다는 에릭 홉스봄의 설명과 대조된다. E Hobsbawm, *The Age of Extremes* (London, 1994), p91을 보시오.
152 F Sternberg, *The Coming Crisis*에서 재인용.
153 P Gay, *The Dilemma of Democratic Socialism* (New York, 1979)을 보시오.
154 George Hicks to 1927 TUC conference, R Miliband, *Parliamentary Socialism*, p149에서 재인용.
155 R B Day, *The 'Crisis' and the 'Crash'* (London, 1981), pp80~81에 나와 있는 스탈린과 부하린의 1925년 논쟁에 관한 설명을 보시오.
156 부하린의 1928년 주장들에 관한 요약은 R B Day, *The 'Crisis' and the 'Crash'*, pp156~159를 보시오. 이 무렵 스탈린은 또 다른 급전환을 마친 상태였다. 스탈린은 자본주의의 붕괴가 임박했기 때문에 서방 공산당들이 즉각적인 봉기의 기회를 맞이했다는, 부하린만큼이나 틀린 주장을 하고 있었다.
157 프로이트는 *Civilisation and its Discontents of the 1920s*에서 문명이라는 개념 자체가 본능을 합리적으로 수용하려 하는 인간과 양립할 수 없다는 생각을 받아들이고 있는 듯하다.
158 예컨대, G Lukács, *The Historical Novel* (London, 1962)과 *Studies in European Realism* (New York, 1964)을 보시오. 루카치는 1848년 이전의 '사실주의' 소설이 한편으

로는 기계적 자연주의에, 다른 한편으로는 주관적 심리학주의에 굴복했다고 본다. 이 때문에 루카치는 20세기의 문학은 끝났다는 결론에 이르렀다. 그러나 이런 결론에 이르지 않고서도 루카치의 핵심적인 통찰을 수용할 수 있다.

159 C P Kindelberger, *The World in Depression* (London, 1973), pp116~117, 124를 보시오. 또 L Corey, *The Decline of American Capitalism* (London, 1938), p184도 보시오.
160 수치는 E H Carr, *The Interregnum* (London, 1984), p39에서 인용.
161 M Lewin, *Lenin's Last Struggle* (London, 1969), p12에서 재인용.
162 트로츠키조차도 그런 결정에 당장 도전하지는 않았다.
163 인용문들은 모두 라이트(J G Wright)가 번역한 L Trotsky, *The Third International After Lenin* (New York, 1957), p36. 스탈린의 1924년판 책 영어 번역본은 영국도서관에서 찾아볼 수 있다.
164 이 항의 시위들에 관한 설명은 V Serge, *Memoirs of a Revolutionary*와 M Reiman, *The Birth of Stalinism: the USSR on the Eve of the 'Second Revolution'* (London, 1987)에서 볼 수 있다. 과거에 나는 고인이 된 해리 윅스(Harry Wicks)가 러시아의 코민테른 학교 학생 시절에 이 시위들에 참여한 경험을 얘기하는 것을 들은 적이 있다.
165 M Reiman, *The Birth of Stalinism*, p2.
166 M Reiman, *The Birth of Stalinism*, p12.
167 E H Carr and R W Davies, *Foundations of a Planned Economy*, vol 1 (London, 1969), p313.
168 I Deutscher, *Stalin* (London, 1961), p328에서 재인용.
169 수치와 출처는 T Cliff, *Russia: A Marxist Analysis* (London, 1964), p33.
170 수치와 출처는 T Cliff, *State Capitalism in Russia* (London, 1988), p53.
171 수치와 출처는 T Cliff, *State Capitalism*, p42.
172 이런 수치들은 R W Davies, 'Forced Labour Under Stalin: The Archive Revelations', in *New Left Review* 214 (November-December 1995)에서 인용.
173 수치와 출처는 T Cliff, *State Capitalism*, p130.
174 Speech of Stalin in Moscow, 5 April 1927, H Isaacs, *Tragedy*, p162에서 재인용.
175 수치와 출처는 P Flank, *Histoire de l'Internationale Communiste* (Paris, 1979), p634.
176 수치는 E Rosenhaft, *Beating the Fascists, the German Communist and Political Violence, 1929~33* (Cambridge, 1983), pp44~45에서 인용.
177 E Rosenhaft, *Beating the Fascists*, p45에 인용돼 있는 이느 딩 관료의 증인.
178 *Rote Fahne*, 2 February 1932, L Trotsky, *Fascism, Stalinism and the United Front, 1930~34* (London, 1969), p39에서 수치를 재인용.
179 W S Allen, *The Nazi Seizure of Power: The Experience of a Single German Town, 1930~35* (Chicago, 1965), p292.
180 나치당원들을 계급과 나이에 따라 자세하게 분류한 수치는 J Noakes and G Pridham, *Nazism 1919~45, Volume 1, The Rise to Power 1919~34* (Exeter, 1983), pp84~87에서 찾아볼 수 있다.
181 예컨대, M H Kele, *Nazis and Workers* (North Carolina, 1972), p210을 보시오. 나치가 중간 계급에 기반을 두고 있다는 사실을 부인하려고 하는 뮐베르거(Mühlberger)도 나치

가 주로 경쟁 관계에 있는 노동자들과 실업자들 사이에서 호소력이 있었다는 사실은 인정한다. D Mühlberger, *Hitler's Followers* (London, 1991), pp165, 177, 205를 보시오.
182 M Mann, 'As the Twentieth Century Ages', *New Left Review* 214, November-December 1995, p110.
183 K Kautsky, 'Force and Democracy', in D Beetham, *Marxists in the Face of Fascism* (Manchester, 1983), p248.
184 R Hilferding, 'Between the Decisions', in D Beetham, *Marxists*, p261.
185 W S Allen, *The Nazi Seizure of Power*, p142.
186 A Schweitzer, *Big business in the Third Reich* (Bloomington, 1963), p107.
187 J Noakes and G Pridham, *Nazism*, p94.
188 히틀러의 집권이 재계의 지지 덕분이었다는 주장에 대체로 회의적인 터너(H A Turner)가 인정하듯이, H A Turner, *German Business and the Rise of Hitler* (New York, 1985), p243을 보시오.
189 A Schweitzer, *Big Business*, p95.
190 A Schweitzer, *Big Business*, pp96~97, 100을 보시오. 터너는 루르의 주요 산업가들이 기자들의 설명보다는 훨씬 더 히틀러에게 냉정했다고 주장한다. 그러나 터너는 히틀러가 유력한 기업인들에게서 지지를 받았다는 점은 인정한다. H A Turner, *German Business*, p172를 보시오.
191 F L Carsten, *Britain and the Weimar Republic* (London, 1984), pp270~271에서 재인용.
192 터너조차도 사태가 이런 순서로 전개됐다는 설명을 나무랄 수는 없다. 또 다른 출처로는 I Kershaw (ed), *Why Did Weimar Fail?* (London, 1990)과 P D Stachura, *The Nazi Machtergreifung* (London, 1983)을 보시오. 시종일관 마르크스주의 관점에 서 있는 견해로는 글룩스타인(D Gluckstein)의 훌륭한 저서 *The Nazis, Capitalism and the Working Class* (London, 1999), ch3을 보시오.
193 J Braunthal, *History of the International*, vol II (London, 1966), p380.
193a 석간 <전진 *Vorwärts*>, 30 January 1933. 예컨대, E B Wheaten, *The Nazi Revolution 1933~85* (New York, 1969), p223에 인용돼 있다.
194 E Rosenhaft, *Beating the Fascists*은 이런 사실을 훌륭하게 설명하고 있다.
195 A Merson, *Communist Resistance in Nazi Germany* (London, 1986), p29를 보시오.
196 J Braunthal, *History of the International*, p383에서 재인용.
197 A Merson, *Communist Resistance*, p61.
198 A Sturmthal, *The Tragedy of European Labour 1918~39* (London, 1944), p51,
199 A Sturmthal, *The Tragedy of European Labour*, p172.
200 당시 비엔나에서 활동한 사회민주당 지도자 브라운탈(J Braunthal)의 *In Search of the Millennium* (London, 1945) p280에서 재인용.
201 J Braunthal, *In Search of the Millennium*, p280.
202 A Sturmthal, *The Tragedy of European Labour*, p176에서 재인용.
203 A Sturmthal, *The Tragedy of European Labour*, p177.
204 J Jackson, *The Popular Front in France, Defending Democracy 1934~38* (Cambridge, 1990), p28.

205　J Jackson, *The Popular Front in France*, p28.
206　J Jackson, *The Popular Front in France*, pp5~6.
207　수치와 인용문은 모두 J Jackson, *The Popular Front in France*, p88.
208　J Jackson, *The Popular Front in France*, p10, 88에서 재인용.
209　J Damos and M Gibelin, *June '36* (London, 1986), p229.
210　J Jackson, *The Popular Front in France*, p112.
211　J Jackson, *The Popular Front in France*, p13.
212　수치는 J Jackson, *The Popular Front in France*, pp219~220에서 인용. 그리고 J Danos and M Gibelin, *June '36*, p214를 보시오.
213　해고와 공장폐쇄에 관한 통계는 J Danos and M Gibelin, *June '36*, p230을 보시오.
214　G Orwell, *Homage to Catalonia* (London, 1938).
215　P Broué and E Témime, *The Revolution and the War in Spain* (London, 1972), p82를 보시오.
216　P Broué and E Témime, *The Revolution*, p81에 등장하는 메이데이 시위에 관한 설명.
217　수치는 P Broué and E Témime, *The Revolution*, p84에 실려 있는 로블레스의 연설에서 인용.
218　P Broué and E Témime, *The Revolution*, pp102~118의 주요 도시들에서 일어난 사건들에 관한 설명을 보시오.
219　P Broué and E Témime, *The Revolution*, p121.
220　아나키스트 지도자였던 산티얀(Santillan)이 집회에 관해 쓴 기사. P Broué and E Témime, *The Revolution*, p130에 번역돼 있다.
221　곧이어 열린 CNT 모임에서 산티얀이 한 연설에 관한 기사. R Fraser, *Blood of Spain* (Harmondsworth, 1981), p112에 실려 있다. 아나코-생디칼리스트들에 관한 우호적인 설명으로는 J B Acarete, *Durutti* (Barcelona, 1975), pp176~179를 보시오.
222　P Broué and E Témime, *The Revolution*, pp389~414의 북부에서 일어난 전쟁에 관한 설명을 보시오.
223　예컨대, 독일 철학자 하이데거(Heidegger)가 나치당원이었던 전력을 변명하기 위해 그런 주장을 이용한다. "'수백만 명의 유대인을 절멸시킴으로써 공포를 평범한 일로 만들어버린' 정권을 신랄하고 정당하게 비난하는 말에 대해 …… 나는 오로지 '유대인'이라는 말을 '동독인'이라는 말로 바꿔 넣어야 한다는 점만을 덧붙일 수 있습니다."(마르쿠제에게 보낸 1948년 1월 20일자 편지.) R Wolin, *The Heidegger Controversy: A Critical Reader* (London, 1993), p163.
224　C K Kindelberger, *The World in Depression*, p233.
225　C K Kindelberger, *The World in Depression*, p272.
226　American Civil Liberties Union report, A Preis, *Labor's Giant Step* (New York, 1982), p17에서 재인용.
227　A Preis, *Labor's Giant Step*, p45.
228　A Preis, *Labor's Giant Step*, p61.
229　예컨대, B J Widick, *Detroit, City of Race and Class Violence* (Chicago, 1972), p74를 보시오.

230 B J Widick, *Detroit*, p64.
231 A Preis, *Labor's Giant Step*, p67.
232 A Preis, *Labor's Giant Step*, p67.
233 A Preis, *Labor's Giant Step*, p70에서 재인용.
234 J T Farrell, *Selected Essays* (New York, 1964).
235 R Ellison, *Invisible Man* (Harmondsworth, 1965), p404.
236 A H Hansen, *Economic Stabilisation* (New York, 1971), p76.
237 수치와 자세한 것은 T Mason, *Nazism, Fascism and the Working Class* (Cambridge, 1995), p114를 보시오.
238 E Hobsbawm, *The Age of Extremes*, p144.
239 J Anderson, *The United States, Great Britain and the Cold War, 1944~1947* (Missouri, 1981), p6에서 재인용.
240 A J P Taylor, *The Second World War* (Harmondsworth, 1976), p86.
241 J Anderson, *The United States*, p6에서 재인용.
242 G Kolko, *Century of War* (New York, 1994), p253.
243 수치는 G Kolko, *Century of war*, p207에서 인용.
244 이런 이중적 사고 과정은 귄터 그라스(Gunter Grass)의 소설 *The Dog Years*에 잘 묘사돼 있다.
245 예컨대, R Miliband, *Parliamentary Socialism*, p281에 인용돼 있다.
246 수치는 G Kolko, *Century of War*, p200에서 인용.
247 P Ginsborg, *A History of Contemporary Italy* (London, 1990), p10.
248 P Ginsborg, *A History*, p67.
249 G Kolko, *Century of War*, p294에서 재인용.
250 G Kolko, *The Politics of War* (New York, 1970), pp114~115에서 재인용.
251 이 논의들에 관한 자세한 설명은 G Kolko, *The Politics of War*, pp346~347을 보시오.
252 G Kolko, *Century of War*, p297에서 재인용.
253 톨리아티의 기자회견에 관한 한 가지 설명은 G Kolko, *Century of War*, p297을 보시오.
254 예컨대, G Kolko, *Century of war*, pp187~188을 보시오.
255 D Eudes, *The Kapetanios* (London, 1972), p172를 보시오.
256 자세한 설명은 D Eudes, *The Kapetanios*, pp190~191을 보시오.
257 예컨대, G Kolko, *Century of War*, pp278~279와 *The Politics of War*, pp185~192를 보시오.
258 처칠이 이런 말을 한 회담에 관한 설명은 D Eudes, *The Kapetanios*, p216을 보시오.
259 D Eudes, *The Kapetanios*, p229에서 재인용.
260 G Kolko, *Century of War*, p375에서 재인용.
261 P Ginsborg, *A History*, p46과 E Hobsbawm, *The Age of Extremes*, p168.
262 G Kolko, *Century of War*, p306.
263 A Horne, *A savage War of Peace: Algeria 1954~62* (Harmondsworth, 1979), p25.
264 중국은 다섯 번째 안보리 상임이사국이었다.(지금도 그렇다.) 그러나 그 자리는, 심지어 중국 본토에서 도망쳐 타이완에 친미 정권을 세운 뒤에도 장제스의 국민당이 차지했다. 정작

중국은 1970년대까지 이사국 지위를 누릴 수 없었다.
265 *Guardian*, 2 October 1998에 실린, 최근에 공개된 문서 내용에 관한 기사.
266 D Horowitz, *From Yalta to Vietnam* (Harmondsworth, 1967), pp70, 73에서 재인용.
267 I H Birchall, *Workers Against the Monolith* (London, 1974), p62와 P Ginsborg, *A History*, pp110~112를 보시오.
268 체코슬로바키아 공산당 기관지인 *Nova Mysl*, nos 6~7, 1968.
269 A Crosland, *The Future for Socialism* (London, 1956), p115.
270 A Crosland, *The Future for Socialism*, p115.
271 B Stein, *A History*, p327.
272 B Stein, *A History*, p336.
273 B Lapping, *End of Empire* (London, 1985), p356.
274 M J Akbar, *Nehru*, p369와 B Stein, *A History*, p360은 이 군사 반란을 달리 설명하고 있다.
275 M J Akbar, *Nehru*, pp381~382를 보시오.
276 현재의 잠비아, 짐바브웨, 말라위.
277 B Lapping, *Empire*, p106에서 재인용.
278 *Daily Telegraph*, 28 September 1953, P Foot, *The Politics of Harold Wilson* (Harmondsworth, 1968), p111에서 재인용.
279 M C Kaser, *An Economic History of Eastern Europe* (London, 1986), p9.
280 M Haynes and P Binns, 'Eastern European Class Societies', *International Socialism* 7 (Winter 1979)에서 재인용.
281 M Jaenicker, *Der Dritte Weg: Die Anti-Stalinistische Opposition gegen Ulbricht seit 1953* (Cologne, 1964), p51.
282 이 사건들에 관한 자세한 설명은 내 책 *Class Struggles in Eastern Europe* (London, 1984), ch6을 보시오.
283 P Fryer, *Hungarian Tragedy* (London, 1956), p46.
284 G Litvan (ed), *The Hungarian Revolution of 1956* (London, 1996), p144에 요약돼 있는 헝가리 정부 문서.
285 가장 포괄적인 문서 모음집으로는 B Lomax, *Hungarian Workers' Councils of 1956* (New York, 1990)을 보시오. 라디오 방송 사본이 포함돼 있는 훨씬 더 초기의 모음집으로는 M J Lasky (ed), *The Hungarian Revolution* (London, 1957)을 보시오. 그리고 S Kopacsi, *In the Name of the Working Class* (New York, 1986)를 보시오. 혁명의 동학에 관한 간략한 설명으로는 내 책 *Class Struggles in Eastern Europe*, ch7을 보시오.
286 G Litvan (ed), *The Hungarian Revolution*, pp126~127.
287 J L Anderson, *Che Guevara* (New York, 1997), p216.
288 D Seers and others, *Cuba: the Economic and Social Revolution* (North Carolina, 1964), p20.
289 E R May and P D Zelikow (eds), *The kennedy Tapes: Inside he White House during the Cuban Missile Crisis* (Harvard University Press, 1998).
290 D Halberstam, *The Best and the Brightest* (London, 1970), p78에서 재인용.

291 수치는 J Deleyne, *The Chinese Economy* (London, 1973), p59에서 인용.
292 the manifesto 'Whither China?' of the Sheng-wu-lien, in *International Socialism* 37 (first series)을 보시오.
293 J Deleyne, *Chinese*, p59.
294 D Bell, *The End of Ideology* (Illinois, 1960), p84.
295 H Marcuse, *One Dimensional Man* (London, 1964), ppxi~xii.
296 1969년 5월에 일어난 봉기 '코르도바소'(Cordobazo)에 관해서는 R Falcon and B Galitelli, *Argentina: from Anarchism to Peronism* (London, 1987), pp171~174를 보시오.
297 이 문제들에 관한 더 자세한 논의로는 내 책 *Explaining the Crisis*의 부록을 보시오.
298 여기서는 매우 긴 논의를 아주 간략하게 요약했다. 이런 논의들에 관한 대중적 설명은 내 책 *Economics of the Madhouse*를, 이론적 설명은 내 책 *Explaining the Crisis*를 보시오.
299 W Hutton, *The State We're In* (London, 1994), p19.
300 이 사건들에 관한 자세한 설명은 내 책 *Class Struggles in Eastern Europe*, ch9를 보시오.
301 '구조조정'에 관한 수치들은 R Sobhan, 'Rethinking the Market Reform Paradigm', *Economic and Political Weekly* (Bombay), 25 July 1992에서 인용.
302 J Petras and M Morley, *Latin America in he Time of Cholera* (New York, 1992), p14에서 재인용.
303 Food and Agricultural Organisation, *The State of Food and Agriculture 1991*.
303a 예컨대, the *Observer*, 6 December 1998의 수치들을 보시오.
304 Moroslav Holub, *Guardian*, 12 March 1999에서 재인용.
305 World Bank, *World Development Report 1991*, pp4~5.
306 S Brittan, *Financial Times*, 10 December 1992.
307 J M Stopford and S Strange, *Rival States, Rival Firms* (Cambridge, 1991), p1.
308 이 협정에 관한 자세한 설명은 M Mohanty, 'Strategies for Solution of Debt Crisis: an Overview', *Economic and Political Weekly* (Bombay), 29 February 1992를 보시오.

❧ 결론: 이 시대의 환상

1 T Jackson and N Marks, *Measuring Sustainable Economic Welfare: A Pilot Index 1950~1990* (Stockholm Economic Institute, 1994).
2 수치는 J Schor, *The Overworked American*에서 인용.
3 *UN Human Development Report 1999* (Oxford, 1999).
4 R Luxemburg, 'The Crisis of Social Democracy', in R Luxemburg, *Selected Political Writings* (London, 1972), pp195~196.
5 R Luxemburg, 'The Crisis of Social Democracy', p196.
6 1921년 7월 12일자 <프라우다 *Pravda*>에 보도된 1921년 7월 모스크바 연설, P Broué, *Trotsky* (Paris, 1988), p349에서 재인용.
7 L Trotsky, *The Death Agony of Capitalism and he Tasks of the Fourth International*

(London, no date), p8.
8   *Guardian*, 24 June 1999에 요약돼 있는 Red Cross, *1999 World Disasters Report*.
9   Mark Almond, *Independent on Sunday*, 6 June 1999에서 재인용.
10 V I Lenin, 'What Is To Be Done?', in V I Lenin, *Collected Works*, vol 5 (Moscow, 1961), pp385~386.
11 V I Lenin, 'What Is To Be Bone?, in *Collected Works*, vol 5, p422.
12 더 자세한 논의는 내 글 'Party and Class', in T Cliff, D Hallas, C Harman and L Trotsky, *Party and Class* (London, 1996).
13 A Gramsci, *The Modern Prince and Other Essays* (London, 1957), p59.

용어 설명

∞ 인명

간디, 마하트마(Gandhi, Mahatma) 런던에서 교육받은 변호사로서, 제1차세계대전 이후에 농민의 옷을 입고 인도의 민족 운동을 이끎. 인도 자본가들에게 좋지 않은 영향을 끼칠 수 있는 폭력적인 방법과 파업에 반대했음. 1948년에 힌두 국수주의자들에게 암살당함. 인디라 간디(Indira Gandhi) 하고는 아무 관계가 없음.

갈릴레오(Galileo) 16세기 후반과 17세기 초반에 현대 물리학의 토대를 놓은 천문학자이자 물리학자.

게드, 쥘(Guesde, Jules) 프랑스 사회주의자. 파리코뮌 이후에 망명해 마르크스주의파 사회주의 운동을 이끌다가 1914년에 전쟁 내각에 가담함.

게바라, 체(Guevara, Che) 1956년 쿠바에 상륙한 카스트로의 게릴라 부대에 처음부터 참여한 젊은 아르헨티나 의사. 1959년에 수립된 혁명 정권에서 산업화의 책임을 맡음. 1960년대 중엽에 소련과 사이가 나빠지자 혁명을 해외로 확산하려고 쿠바를 떠났다가, 1967년에 볼리비아에서 CIA에게 암살당함.

고든, 찰스 조지(Gordon, Charles George) 베이징의 원명원(圓明園)을 파괴하는 데 일조했으며, 1860년대 태평천국의 난을 진압한 영국 군인. 1885년 하르툼 요새에서 사망함.

고무우카, 스타니슬라브(Gomulka, Stanislaw) 전후 폴란드 공산당 지도자. 스탈린 생애 말기에 투옥됐다가, 1956년에 대중적 환호 속에서 권력에 복귀해 새로운 탄압을 자행했음. 1969~1970년 파업으로 물러남.

괴테, 요한 볼프강 폰(Goethe, Johann Wolfgang von) 18세기 후반과 19세기 초 독일의 시인이자 극작가이자 소설가.

그라쿠스, 가이우스(Gracchus, Caius) 기원전 120년대에 로마 농민의 영웅이 된 개혁가. 형처럼 부자들에게 살해당함.

그라쿠스, 티베리우스(Gracchus, Tiberius) 기원전 130년대에 로마 농민의 영웅이 된 개혁가. 부자들에게 살해당함.

그람시, 안토니오(Gramsci, Antonio) 이탈리아의 혁명적 마르크스주의자. 1919~1920년 토리노에서 일어난 노동자위원회 설립 운동을 지도했으며, 1921년 이탈리아 공산당 창당에 참여함. 1924~1926년 지도권을 장악함. 무솔리니에게 투옥당한 뒤에 1937년에 감옥에서 사망함. 감옥에서 스탈린의 '제3기' 정책에 반대함.

글래드스톤, 윌리엄(Gladstone, William) 19세기 영국의 주요 산업 자본가 정당이었던 자유당의 주요 인물.

기번, 에드워드(Gibbon, Edward) 18세기 영국의 역사가. ≪로마 제국 쇠망사≫를 통해 기독교의 영향력을 혹평했음.

나세르, 압둘(Nasser, Abdul) 군 장교로서 1952년 이집트 군주에 맞선 혁명을 이끌었고 1956년 대통령이 되어 1970년 사망할 때까지 집권. 아랍 세계 전체의 민족주의자들에게 영감을 줌.

네루, 자와할랄(Nehru, Jawaharlal) 1920년대부터 인도 국민회의의 지도자를 지냈고, 제2차세계대전 당시 투옥됐다가, 1947~1964년에 총리가 됨.

녹스, 존(Knox, John) 16세기 후반 스코틀랜드의 칼뱅파 종교개혁 지도자.

닉슨, 리처드(Nixon, Richard) 1975년 민주당의 워터게이트 당사 불법 침입으로 쫓겨난 미국 대통령이자 전범.

단테, 알리기에리(Dante, Alighieri) 1265년 피렌체에서 태어난 이탈리아 시인이자 현대 이탈리아어로 글을 쓴 최초의 작가들 중 한 명.

달라디에, 에두아르(Daladier, Éduard) 프랑스 급진당 지도자이자 1933년, 1934년, 1938~1940년 총리.

당통, 조르주 자크(Danton, Georges Jacques) 프랑스 혁명에서 부르주아 급진파에 속했던 변호사. 1792년 지롱드파 정부에서 가장 혁명적인 인물이었으며, 뒷날 로베스피에르와 함께 지롱드파 정부를 전복함. 1794년에 단두대에서 처형되기 전까지 공안위원을 지냄.

덩샤오핑(鄧小平) 중국의 고참 공산당 지도자. 1966~1967년 문화혁명 때 박해를 당했으나 1976년 마오쩌둥이 사망한 뒤에 복귀해 집권하면서 중국에 시장 메커니즘을 도입함. 1989년 톈안먼(天安門) 광장의 시위를 진압한 책임자.

돌바크(d'Holbach) 계몽주의와 관련 있는 18세기 프랑스의 유물론 철학자.

돌푸스, 엥겔베르트(Dollfuss, Engelbert) 1932년 오스트리아 총리에 올랐고, 1933년 3월에 스스로 독재자로 선언했고, 1934년 2월 사회주의 봉기를 진압했으며, 1934년 7월 경쟁 관계였던 나치 조직에게 암살당함.

두루티, 부에나벤투라(Durutti, Buenaventura) 가장 유명한 스페인의 아나코-생디칼리스트. 1920년대 초에 사라고사의 대주교를 암살했고, 1920년대 후반에는 라틴아메리카의 은행들을 털었음. 1931~1934년에는 제2차 스페인 공화국 시절에 일어난 봉기를 이끈 죄로 투옥됨. 1936년 7월 바르셀로나에서 일어난 쿠데타 시도에 대항한 봉기를 조직하는 일을 도왔고, 그 뒤 군대를 이끌고 아라곤으로 진입했지만, 1936년 말에 마드리드 전선에서 사망함.

드 발레라, 이몬(De Valera, Éamon) 1916년 부활절 봉기에 참여했고, 1919년에 공화국 대통령으로 임명됐으며, 1921년에는 영국과의 조약에 반대했음. 1932년에는 26개 군(郡)으로 이루어진 '자유국가'의 총리로 선출됨.

드골, 샤를(De Gaulle, Charles) 1940년 6월 이후에 독일과 협력하는 데 반대한 유일한 프랑스군 장성. 런던에 본부를 둔 레지스탕스의 명목상 대표를 지내다가 1944~1946년에 프랑스의 총리가 됐음. 1958년에 일어난 쿠데타 시도를 배경으로 공직에 복귀해 1969년까지 대통령을 지냄.

드라이저, 시어도어(Dreiser, Theodore) 20세기 전반 미국의 주요 현실주의 소설가.

라데크, 칼(Radek, Karl) 폴란드 혁명가. 1917년에 볼셰비키에 가담했고, 공산주의 인터내셔널 초기에 지도자로 활동. 1924~1928년에 트로츠키를 지지했다가 스탈린 편으로 넘어감. 모스크바 재판 이후 노예 노동 수용소에서 사망.

라마르틴, 알퐁스(Lamartine, Alphonse) 1848년 프랑스의 제2공화국에서 중요한 역할을 한 프랑스의 시인이자 역사가.

라파르그, 폴(Lafargue, Paul) 1911년 자살하기 전까지 프랑스 사회주의 운동의 마르크스주의파를 이끈, 칼 마르크스의 사위.

라파예트(Lafayette) 독립전쟁 당시 미국 식민지를 도운 프랑스 장군. 프랑스 혁명 초기 2년간 내각에 참여했고, 공화국 시절에 망명을 떠났다가, 1830년 루이 필리프가 왕위에 오르는 것을 도움.

러셀, 버트런드(Russell, Bertrand) 1890년대부터 1960년까지 활동한 영국의 경험주의 철학자이자 논객. 개량주의적 사회주의자로서 제1차세계대전과 베트남전쟁에 반대함.

레닌, 블라디미르(Lenin, Vladimir) 러시아 마르크스주의 조직의 초기 조직원이었다가, 1903년부터 볼셰비키파의 지도자를 지냈고, 1917년에는 소비에트 정부의 지도자를 지냈음. 1923년에 병으로 누웠다가 1924년에 사망.

로베스피에르, 막시밀리앙(Robespierre, Maximilien) 1789~1794년에 프랑스 부르주아지의 가장 혁명적 분파였던 '자코뱅당'을 이끈, 프랑스 북부의 아라스 출신 변호사.

로욜라, 이그나티우스(Loyola, Ignatius) 16세기 중엽에 예수회를 창립해 로마 가톨릭을 전파한 인물.

로이드 조지, 데이빗(Lloyd George, David) 1900~1940년 영국 자유당 지도자. 제1차 세계대전 전에 급진적 예산안을 도입했지만, 1916년에 보수당과 연립정부를 구성해 1922년까지 보수당과 함께 통치함. 1921년에 아일랜드를 분할함.

로터미어 경(Rothermere, Lord) 알프레드 함스워스(노스클리프 경)의 동생. 자신만의 언론 제국을 수립했으며, 제1차세계대전 때 영국 정부에서 장관을 지냄. 1930년대 중반에 파시스트인 검은 셔츠단을 지지했음.

루덴도르프, 에리히(Ludendorff, Erich) 제1차세계대전 당시 힌덴부르크와 나란히 독재 권력을 행사한 독일 장군. 1923년에 히틀러와 동맹했지만, 나중에 히틀러와 사이가 틀어짐.

루소, 자크(Roux, Jacques) 프랑스 대혁명 때 파리의 상퀼로트들을 선동한 전직 신부. 1794년에 처형당하지 않으려고 자살함.

루스벨트, 프랭클린 D(Roosevelt, Franklin D) 1933~1945년 미국 대통령.

루이 14세(Louis XIV) 통치 기간에 군주의 권력을 엄청나게 성장시킨 프랑스 왕. 베르사유 궁을 지었음.

루이 15세(Louis XV) 18세기 전반 프랑스의 지배자.

루이 보나파르트(Louis Bonaparte) 나폴레옹 3세(Napoleon III)로도 알려져 있음. 나폴레옹 보나파르트(나폴레옹 1세)의 조카. 1848년에 프랑스 대통령에 선출됐다가 1852~1870년에 황제를 지냄.

루이스, 존 L(Lewis, John L) 1930년대 중반에 CIO 노조를 창립한 미국 광부노조 지도자.

루터, 마틴(Luther, Martin) 1517년에 로마에서 프로테스탄트 분리를 주도한 독일 수도사.

룩셈부르크, 로자(Luxemburg, Rosa) 1871년 러시아령 폴란드의 유대인 가정에서 태어나 1880년대에 망명함. 독일과 폴란드 사회주의 운동의 혁명적 좌파 지도자. 제1차세계대전 기간을 감옥에서 보냈으며, 1919년 1월에 살해당함.

류사오치(劉少奇) 1920년대 말부터 중국 공산당 지도자. 1966~1967년 문화혁명 때 숙청됨.

리프크네히트, 칼(Liebknecht, Karl) 독일 사회민주당 의원으로 제1차세계대전에 반대했으며, 혁명 조직인 스파르타쿠스단의 창립 당원으로 참여했다가 투옥됐음. 1918년 11월 사회주의 공화국을 선언했고, 1919년 1월에 살해당함.

마라, 장 폴(Marat, Jean-Paul) 1789년 이후 프랑스 혁명기에 빈민의 영웅이 된 상층 계급의 의사. 로베스피에르・당통과 함께 1793년 자코뱅 정부를 세웠음. '온건파'의 미움을 사 1793년 7월 암살당함.

마르쿠제, 헤르베르트(Marcuse, Herbert) 히틀러 집권 후 미국에서 산 독일 마르크스주의 철학자. 1968년에 태어난 여러 좌파 사상에 영감을 제공함.

마리 앙투아네트(Marie-Antoinette) 혁명으로 처형당한 오스트리아 공주이자 프랑스 왕비.

마리우스(Marius) 기원전 100년 무렵에 빈민의 지지를 이용해 로마의 권력을 잡은 장군.

마오쩌둥(毛澤東) 1930년대 초부터 중국 공산당 지도자였고, 1949년에 중국 정부의 수반이 됨. 1962~1966년에는 이름뿐인 대표로 전락했지만, '문화혁명'으로 전면에 복귀함. 1975년에 사망.

마키아벨리, 니콜로(Macchiavelli, Niccolò) 1500년 무렵 피렌체의 공무원. 파렴치한 정치 수단을 찬양한 듯한 ≪군주론≫을 지은 것으로 유명함.

마흐디, 무함마드 아메드(Mahdi, Mohammed Ahmed) 1880년대 영국령 이집트에 대항한 수단인 반란 지도자.

만, 톰(Mann, Tom) 1889년 항만 파업과 1910~1914년 대혼란기에 지도적인 역할을 한 숙련 금속 노동자. 1921년 공산당에 가입함.

말로, 앙드레(Malraux, André) 1920년대 후반과 1930년대 초 프랑스의 좌파 작가. 스페인 내전에 참여해 공화국 공군을 조직하는 데 도움을 줌. 제2차세계대전 뒤에는 드골의 지지자로 변신함. 1958년에 드골 정부의 장관이 됨.

매클렐런, 조지(McClellan, George) 1861~1862년에 미국의 남북전쟁에서 북군 사령관.

맥도널드, 램지(MacDonald, Ramsay) 1890년대 중엽에 영국의 독립노동당 창당에 참여했고, 제1차세계대전 전에 노동당 지도자를 지냄. 1914년에 비혁명적 입장에서 전쟁에 반대함. 1924년과 1929~1931년 노동당의 소수파 정부의 총리. 입장을 바꿔 1931~1935년에 보수당 '국민' 정부의 수반이 됨.

맬서스, 토머스(Malthus, Thomas) 18세기 후반과 19세기 초의 영국 목사. 부가 늘어날수록 가난한 사람은 더욱 가난해진다는 인구론을 주장함.

메디치(Medici) 15세기와 16세기에 피렌체를 지배한 상인·금융 가문. 여러 르네상스 미술가들을 후원했으며, 두 명의 교황과 16세기에 한 명의 프랑스 여왕을 배출했음.

메리 스튜어트(Mary Stuart) 잉글랜드의 엘리자베스 1세가 처형한 스코틀랜드의 메리 여왕.

메리 튜더(Mary Tudor) 일명 '피의 메리'. 잉글랜드 여왕이자 스페인의 펠리페 2세의 부인. 16세기 중엽 잉글랜드를 다시 로마 가톨릭 국가로 만들려 했음.

모렐로스, 호세 마리아(Morelos, Jose Maria) 이달고 사후에 스페인에 대항한 반란을 이끈 멕시코 신부. 1815년에 총살됨.

몬테수마(Montezuma) 목테수마(Moctezuma)라고도 불림. 스페인에게 정복당한 아스텍의 지배자.

몰로토프, 비야체슬라프(Molotov, Vyacheslav) 1917년에 볼셰비키 활동가였다가 1920년대 초에 스탈린 지지자로 변신했으며, 1958년 흐루시초프에게 박해당할 때까지 소련 정권의 주요 인물이었음.

무솔리니, 베니토(Mussolini, Benito) 이탈리아 파시즘 지도자. 좌파 사회민주주의자였지만, 제1차세계대전 때 열렬한 민족주의자로 변신해 1922년 권력을 잡았음. 1935년에 에티오피아를 침공했고, 1940년 독일 편에서 전쟁에 참여했지만, 1943년 이탈리아 남부를 잃고 북부에서 친독 꼭두각시 정부를 운영하다가, 1945년 빨치산에게 거꾸로 매달려 처형됐다.

뮌처, 토머스(Müntzer, Thomas) Münzer라고도 표기함. 1525년 농민 반란에서 중요한 역할을 한 종교개혁 당시의 종교 혁명가. 마틴 루터의 지지를 받은 제후들에게 처형당함.

바르가스, 제툴리오(Vargas, Getulio) 1937~1945년 브라질 독재자. 1950~1954년 대통령.

발렌슈타인(Wallenstein) 발트슈타인(Waldstein)이라고도 불림. 30년 전쟁 초기에 제국 군대 참모총장. 성공의 절정기에 황제의 명령으로 암살당함.

버크, 에드먼드(Burke, Edmund) 18세기 후반에 영국의 미국 식민화와 아일랜드 탄압에 반대한 휘그당 정치인. 나중에 프랑스 혁명에 반대한 보수당의 주요 선전가가 됨.

베른슈타인, 에두아르트(Bernstein, Eduard) 엥겔스의 협력자였다가 19세기 말 독일 사회주의 운동 내부에서 개량주의의 주요 지지자가 됨. 제1차세계대전에 반대했지만 혁명에도 반대함.

베버, 막스(Weber, Max) 20세기 초 독일의 사회학자.

베이컨, 로저(Bacon, Roger) 13세기 학자이자 과학자. 유럽 최초로 화약 제조 공식을 작성함.

부하린, 니콜라이(Bukharin, Nicolai) 러시아 볼셰비키 지도자이자 이론가. 1920년대 중엽에 스탈린과 동맹을 맺었으나, 1937년 스탈린에게 처형당함.

브레즈네프, 레오니드(Brezhnev, Leonid) 중앙의 탄압이 강화됐지만 경제는 갈수록 정체한 시기인 1964년부터 1982년까지 소련의 지배자.

브레히트, 베르톨트(Brecht, Bertolt) 20세기 독일 최고의 극작가. 1920년대 후반 이후로 공산당원이었음.

브루투스(Brutus) 율리우스 카이사르를 암살한 유명한 인물.

브뤼닝, 하인리히(Brüning, Heinrich) 독일 가톨릭중앙당의 지도자이자 1930~1932년 총리.

브리소, 자크 피에르(Brissot, Jacques Pierre) 저널리스트이자 프랑스 대혁명 당시 지롱드파의 지도자. 1793년 10월에 처형당함.

블랑, 루이(Blanc, Louis) 19세기 중엽 프랑스의 사회당 지도자. 기존 국가를 통한 개혁이라는 방법을 신봉했으며, 1948년 2~6월 공화당 정부에서 핵심 역할을 함.

블랑키, 오귀스트(Blanqui, August) 음모적 봉기를 통해 프롤레타리아 독재를 수립할 수 있다고 믿은 프랑스 혁명가. 인생의 대부분을 감옥에서 보냄.

블룸, 레옹(Blum, Leon) 프랑스 사회당의 지도자이자 1936~1937년 인민전선 정부의 총리. 제2차세계대전 당시 독일에서 수감됨.

비버브룩 경(Beaverbrook, Lord) 본명은 맥스 에이킨(Max Aitken). 캐나다 태생의 영국 신문 재벌로, 1916년과 1940~1942년에 정부 각료를 지냄.

비스마르크, 오토 폰(Bismarck, Otto von) 귀족 출신으로 프러시아 총리였다가 1862~1890년에는 독일 총리를 지냄. 독일 제국을 자본주의 국가로 수립한 전쟁을 벌임.

사르곤(Sargon) 기원전 2300년 무렵에 '비옥한 초승달 지대' 전체에 제국을 수립한 첫 번째 지배자.

사울, 타르수스의(Saul of Tarsus) 성 바울의 원래 이름.

생 쥐스트, 루이(Saint-Just, Louis) 프랑스 대혁명기에 로베스피에르의 가까운 동료. 테르미도르 반동이 일어나고 나서 27세의 나이로 처형됨. "반쯤만 혁명을 하는 자들은 제 무덤을 파고 있는 것이다"는 말로 유명함.

성 바울(Paul, Saint) 타르수스의 사울. 로마 시민권을 지닌 유대인이었음. 기독교로 개종한 뒤 기독교를 그리스-로마 세계 전역으로 전파했으며, 기독교 교리 대부분을 만들어냈음.

세르쥬, 빅토르(Serge, Victor) 벨기에의 러시아인 가정에서 태어나 제1차세계대전이 벌어지기 전에 프랑스에서 아나키스트에 동조했다는 혐의로 투옥됐다가 스페인으로 망명했으며, 1919년 러시아에서 볼셰비키에 가담함. 공산주의 인터내셔널에서 일하면서 트로츠키의 스탈린 반대파를 지지했고, 모스크바 재판 직전에 풀려나 프랑스로 갔다가 1940년 진주하는 독일군을 피해 멕시코로 건너감. ≪툴라예프 동지 사건≫(The Case of Comrade Tulayev), ≪한 혁명가의 회상≫(Memoirs of a Revolutionary)을 비롯한 여러 편의 소설을 썼고, ≪러시아 혁명의 1년≫(Year One of the Russian Revolution)이라는 역사서를 집필함.

세이, 장 밥티스트(Say, Jean Baptiste) 과잉생산은 불가능하다는 '법칙'을 주장한 19세기 초의 프랑스 경제학자.

셸리, 퍼시 비쉬(Shelley, Percy Bysshe) 19세기 초 영국 시인. 혁명적 사상을 지지했으며, 1822년 항해 사고로 사망.

쇼, 조지 버나드(Shaw, George Bernard) 20세기 전반기에 활동한 극작가이자 논객. 더블린에서 태어나 잉글랜드에 살았으며, 페이비언 협회의 창립자였음.

술라(Sulla) 기원전 1세기의 로마 장군. 반대파와 빈민들을 사악하게 탄압함.

쉴리야프니코프, 알렉산드르(Shlyapnikov, Alexander) 금속 노동자이자 제1차세계대전 전까지 볼셰비키 조직가. 1918년 혁명 정부의 노동부 장관. 1920~1921년 '여성반대파' 지도자. 1920년대 중반에 스탈린과 화해했다가 1930년대 중반에 실종됨.

스미스, 애덤(Smith, Adam) 18세기 스코틀랜드의 경제학자. 스코틀랜드 계몽주의의 일부였으며, 현대의 주류 경제학과 칼 마르크스에게 영향을 끼침.

스파르타쿠스(Spartacus) 고대 로마 최대의 노예 반란 지도자.

쑨원(孫文) 중국 민족주의 운동과 국민당 창립자이자 지도자. 1925년 사망.

아리스토텔레스(Aristotle) 고대 그리스의 철학자이자 과학자. 플라톤의 제자였지만, 중세 후기의 유럽을 지배한 매우 다른 철학을 발전시킴.

아베로에스(Averroes) 이븐 루슈드(ibn-Rushd)로도 불림. 스페인의 무어인 지방에 살았던 12세기 아랍 철학자. 아리스토텔레스 저작들에 관한 그의 해석은 13세기 기독교 학자들에게 매우 큰 영향을 미침.

아벨라르, 피에르(Abelard, Pierre) 교회의 비난을 받은 13세기 사상가. 엘루아즈와 몰래 정사를 나눈 뒤에 거세당함.

아쇼카(Ashoka) 아소카(Asoka)라고도 불림. 기원전 4세기의 절정기에 마우리아 제국의 지배자. 불교로 개종함.

아옌데, 살바도르(Allende, Salvador) 칠레 사회당의 중도파 당원이자 1970~1973년 칠레 대통령. 수천 명을 학살한 군사 쿠데타로 축출당함. 대통령 궁을 지키기 위해 무장 항쟁을 조직한 끝에 사망함.

아우구스투스(Augustus) 기원전 27년부터 서기 14년까지 재위한 초대 로마 황제.

아우구스티누스, 히포의(Augustine of Hippo) 서기 400년 무렵의 주교. 그 뒤 1천 년 동안 주류 기독교 신학에 영향을 미친 저서들을 저술.

아우랑제브(Aurangzeb) 거대한 권력을 휘두른 무굴 제국의 마지막 황제. 아버지인 샤 자한을 아그라 요새에 투옥했음. 제국 관리들에게 이슬람을 강요해 통치를 공고히 하려고 했지만 실패함.

아이스너, 쿠르트(Eisner, Kurt) 뮌헨에서 활동한 독일 사회민주당원. 베른슈타인의 사회개량주의를 지지했지만, 제1차세계대전에는 반대함. 1919년 11월 혁명을 일으킨 노동자들과 병사들이 그를 바이에른의 총리로 임명함. 우파 장교에게 살해당함.

아퀴나스, 토머스(Aquinas, Thomas) 아리스토텔레스 저작의 영향을 받은 13세기 신학자. 그 뒤 몇백 년 동안 가톨릭 정통 교리의 토대가 된 사상을 제창함.

알렉산더 대왕(Alexander the Great) 인더스 강에서 나일 강에 이르는 중동 전체에 그리스 제국을 수립한 마케도니아 지배자.

알리(Ali) 마호메트의 사위이자 7세기 말에 이슬람의 '타락'에 반대해 생겨난 '시아파'의 영웅.

에라스무스(Erasmus) 16세기 초 북유럽의 르네상스 사상가. 네덜란드에서 태어나 영국에서도 살았음. 종교개혁에 반대했지만, 반종교개혁가들의 비난을 받음.

에베르, 자크(Hébert, Jacques) 프랑스 대혁명 당시 상퀼로트의 지지를 받은 자코뱅 급진파. 1794년 3월에 로베스피에르에게 처형당함.

엘베시우스(Helvetius) 계몽주의에 속했던 18세기 프랑스의 유물론 철학자.

오언, 로버트(Owen, Robert) 협동조합에 기반을 둔 '사회주의'의 필요성을 확신하게 된 19세기 초의 선구적 산업가.

오웰, 조지(Orwell, George) 영국의 작가. 1930년대에는 사회주의자로서 스페인 내전에 극좌파 정당인 POUM 편에서 참여함. ≪카탈로니아 찬가≫에서는 혁명적 입장을 지지했고, ≪동물농장≫과 ≪1984≫에서는 스탈린주의를 풍자함.

옥타비아누스(Octavian) 율리우스 카이사르의 조카로서, 나중에 로마 황제를 지내는 아우구스투스.

요세푸스(Josephus) 로마에 대항한 유대인 반란 지도자였다가 로마 편에 붙었으며, 뒷날 유명한 역사서를 저술했음.

웰링턴 공작(Wellington, Duke of) 반도 전쟁과 워털루 전투에서 나폴레옹 군대와 교전한 영국군 사령관. 뒷날 보수당 총리가 됨.

웰스(Wells, H G) 1890년대부터 1940년대까지 활동한 영국의 대중소설가. 과학 소설을 개척했고, 과학과 역사를 대중화함.

웹 부부(Webb, Beatrice and Sidney) 1880년대 영국에서 점진적 사회주의의 페이비언 버전을 창립한 사람들. 볼셰비키 혁명에 반대했고, 1930년대 스탈린의 소련을 찬양함.

위클리프, 존(Wycliffe, John) 14세기 영국 종교개혁의 선구자.

윌버포스, 윌리엄(Wilberforce, William) 18세기 말과 19세기 초에 노예 무역에 반대하는 의회 캠페인을 이끈 영국 의원.

윌슨, 우드로(Wilson, Woodrow) 1913~1921년의 미국 대통령.

윌크스, 존(Wilkes, John) 18세기 영국의 언론인이자 의원. 런던 상인들과 런던 하층민의 지지를 받아 조지 3세 정부와 충돌했다가 의원직을 박탈당하고 투옥됨. 나중에 런던 시장을 지내면서 기성 지배 세력의 버팀목이 됨.

유스티니아누스(Justinian) 서기 6세기 중엽의 비잔틴 제국 황제. 이탈리아와 북아프리카를 다시 정복하려 했고, 성 소피아 성당을 완공했음.

이글레시아스, 파블로(Iglesias, Pablo) 1879년에 스페인 사회당(PSOE)을 창당해 1925년까지 총재를 지냄.

이달고, 미겔(Hidalgo, Miguel) 1810년에 스페인에 대항한 봉기를 이끌다가 1811년에 총살당한 멕시코 신부.

장제스(蔣介石) 1925년 이후 중국 국민당의 장군이자 지도자. 1927~1949년에 중국을 통치했고, 1950년대와 1960년대에 타이완을 통치한 지배자.

저우언라이(周恩來) 1920년대 이후 저명한 중국 공산당원. 1950년대부터 1970년대 초까지 줄곧 총리를 지냄.

제퍼슨, 토머스(Jefferson, Thomas) 18세기 후반 버지니아의 대농장주로서 독립선언을 작성했고, 1801~1809년에 미국 대통령을 지냄.

존슨, 린든 베인스(Johnson, Lyndon Baines) 1963~1968년 미국 대통령.

졸라, 에밀(Zola, Émile) 19세기 후반 프랑스의 사실주의 소설가. 드레퓌스를 방어했다는 이유로 징역 선고를 받았음.

졸리티, 지오반니(Giolitti, Giovanni) 제1차세계대전 전후로 이탈리아 정부를 지배한 부르주아 정치인.

채플린, 찰리(Chaplin, Charlie) 가장 유명한 미국의 희극 영화배우. 좌파적 입장에서 <모던 타임스>, <위대한 독재자> 같은 영화들을 감독했음. 1940년대 후반과 1950년대 내내 미국 입국을 금지당함.

처칠, 윈스턴(Churchill, Winston) 20세기 전반의 영국 정치인. 아프리카와 인도에서 열성적인 제국주의자로 활약하다가 제1차세계대전 전의 자유당 정부와 1920년대의 전시 연립정부와 보수당 정부에서 장관을 지냄. 1930년대에는 보수당 우파였으나 히틀러가 영국 제국에 위협이 된다고 생각했음. 제2차세계대전 때와 1950년대 초에 총리를 지냄.

초서, 제프리(Chaucer, Geoffrey) 14세기 런던의 작가로 영어를 처음 사용한 사람 중 한 명.

카를 5세(Charles V) 16세기 초에 스페인, 네덜란드, 신성로마제국을 통치한 지배자.

카바예로, 라르고(Caballero, Largo) 스페인 사회당의 지도자. 1931~1933년에 노동부

장관을 지냈고, 1934년 아스투리아스 봉기 뒤에 투옥됐다가, 1936~1937년에 총리가 됨. 1937년 5월에 퇴진당함.

카스트로, 피델(Castro, Fidel) 지주의 아들로 태어나 1956~1958년에 쿠바에서 게릴라 전쟁을 이끌었음. 1958년 12월 31일에 정권을 장악한 뒤로 쿠바의 실질적인 통치자였음.

카우츠키, 칼(Kautsky, Karl) 엥겔스 사후 독일 사회주의 운동에서 가장 유명했던 지식인. '마르크스주의의 교황'으로 알려짐. 제1차세계대전에 반대했지만, 전쟁에 반대하는 혁명적 투쟁에도 반대했음. 볼셰비키 혁명을 반대함.

카이사르, 율리우스(Caesar, Julius) 갈리아를 정복한 마리우스의 지지자였다가 빈민의 지지를 얻어 기원전 49년에 독재 권력을 장악함. 기원전 44년에 암살됨.

칼뱅, 장(Calvin, Jean) 16세기 중엽 종교개혁을 이끈 프랑스 태생의 지도자. 하느님이 모든 것을 정했다는 교리를 설교했으며, 제네바의 실질적 통치자였음.

케네디, 로버트(Kennedy, Robert) J F 케네디의 동생. 1960~1963년 케네디 정부에서 법무장관을 지냄. 1968년에 베트남 전쟁에 대한 대중적인 반대 운동이 폭발하기 전에는 전쟁을 지지했음. 대통령 선거 유세 기간에 암살당함.

케렌스키, 알렉산드르(Kerensky, Alexander) 1917년 여름과 가을에 러시아 임시정부의 수반.

케인스, 존 메이너드(Keynes, John Maynard) 1930년대에 국가 개입의 필요를 깨닫게 된 영국의 자유 시장 경제학자.

케플러, 요하네스(Kepler, Johannes) 16세기 후반과 17세기 초에 코페르니쿠스의 사상을 발전시킨 천문학자이자 수학자.

코널리, 제임스(Connolly, James) 1870년 스코틀랜드에서 태어난 아일랜드 사회주의자. 미국에서 세계산업노동자연맹(IWW) 조직자로 활약하다가, 그 뒤 벨파스트에서 아일랜드 운수일반노동조합의 조직자로 일했음. 세계대전이 일어난 첫 2년 동안 조합을 이끌면서 전쟁에 반대함. 노동자 시민군을 조직해 1916년 부활절 봉기를 지도함. 영국 정부에게 총살당함.

코르테스, 에르난(Cortés, Hernando) 1520년대 초에 스페인의 멕시코 정복을 주도함.

코페르니쿠스(Copernicus) 지동설을 주장한 첫 번째 근대 유럽인으로서, 16세기 전반의 폴란드 수도사.

콘스탄티누스(Constantine) 제국의 도읍을 비잔티움으로 옮기고 기독교를 국교로 채택한 서기 4세기 초의 로마 황제.

콜리지, 새뮤얼 테일러(Coleridge, Samuel Taylor) 18세기 후반과 19세기 초의 영국

시인. 워즈워스(Wordsworth)의 친구였음.

콜린스, 마이클(Collins, Michael) 제1차세계대전 뒤에 영국에 대항해 싸웠던 아일랜드 게릴라 군대의 군사 지도자. 1921년에 영국과의 조약을 통한 아일랜드 분할을 받아들임. 조약 찬성 세력의 지도자로 활동하던 1922년에 살해됨.

클리브, 로버트(Clive, Robert) 1750년대에 동인도회사의 직원으로 영국의 첫 번째 인도 정복을 책임짐.

키신저, 헨리(Kissinger, Henry) 1968~1976년 미국 공화당 정부들에서 외교 정책을 담당했음. 노벨평화상을 받은 전범.

키치너 경(Kitchener, Lord) 1898년 옴두르만(수단) 학살을 자행했고, 남아프리카에서 벌어진 보어전쟁 때 강제 수용소를 설치한 영국 장군. 1916년 사망 전까지 제1차세계대전에서 원수로 활약함.

키플링, 루드야드(Kipling, Rudyard) 19세기 후반과 20세기 초 인도 태생의 영국 작가.

토레즈, 모리스(Thorez, Maurice) 1920년대 후반에 프랑스 공산당 지도자. 1945~1947년 프랑스 부총리.

트러셀, 로버트(Tressell, Robert) 로버트 누난(Robert Noonan)이라고도 부름. 20세기 첫 10년 동안 활동한 하우스페인터이자 사회주의자이자 소설가. 1911년에 40세의 나이로 가난 속에서 사망함.

트로츠키, 레온(Trotsky, Leon) 1890년대부터 러시아 혁명가였음. 1905년 상트페테르부르크 소비에트 의장. 레닌에 반대했다가 1917년에 볼셰비키에 가담. 10월 혁명의 조직자이자 적군 창립자. 스탈린에 반대했고, 1929년 러시아를 떠나 망명함. 1940년에 스탈린의 자객에게 암살당함.

티에르, 루이 아돌프(Triers, Louis Adolphe) 1871년 프랑스 제3공화국의 대통령. 황제의 각료 출신으로 파리코뮌을 진압함.

티토, 요시프(Tito, Josip) 1945~1980년 유고슬라비아 공산당 지도자. 1948년 스탈린과 결별함.

파머스톤 경(Palmerston, Lord) 1830년대부터 1860년대까지 영국 휘그당 정부들의 주요 인사.

파펜, 프란츠 폰(Papen, Franz von) 1932년 5~11월 독일 총리. 1933~1934년 히틀러 정부의 부총리. 후에 나치 정권의 대사를 지냄.

페론, 후안(Perón, Juan) 육군 대령 출신으로 1946년 아르헨티나 대통령에 취임해 대중적인 인기와 독재 권력을 누리다가 1955년에 타도됨. 1973년에 권력에 복귀함. 그가 사망한 뒤 아내 '이사벨리타'가 뒤를 이었지만, 1976년 쿠데타로 전복당함.

페인, 톰(Paine, Tom) 영국 태생의 장인으로 미국 혁명에서 주요 소책자 저자로 활동했고, 영국에 돌아와 프랑스 혁명을 옹호하다가 쫓겨남. 그 뒤 프랑스에서 자코뱅파에게 투옥당함.

포드, 헨리(Ford, Henry) 포드 자동차 회사의 설립자. 세계 최초로 자동차 대량 생산 공장을 설립했고, 노동조합을 지독히도 적대했고, 1930년대에는 히틀러에게 우호적이었음.

포이어바흐, 루트비히(Feuerbach, Ludwig) 인간이 신을 만들었지, 신이 인간을 만든 것이 아니라고 본 1840년대 독일의 유물론 철학자.

프랑코, 프란시스코(Franco, Francisco) 스페인의 장군. 1934년 아스투리아스 봉기를 진압했고, 1936년 7월에 쿠데타를 일으키고 뒤이어 벌어진 내전에서 파시스트 군대를 이끌었음. 1939~1975년에 독재자로 집권.

프랭클린, 벤저민(Franklin, Benjamin) 18세기 중반 펜실베이니아의 부유한 인쇄업자이자 출판업자. 미국 식민지 대표로 런던에 갔고, 프랑스 계몽주의 지식인들과 사귀었으며, 타고난 발명가였음. 1776년 독립선언문에 서명함.

프루동, 피에르-조셉(Proudhon, Pierre-Joseph) 1840년대부터 1860년대까지 활동한 프랑스의 사회주의 작가. 노동자들의 정치적 행동을 반대했으며, 독립 소생산자들의 '상호' 연합으로 운영되는 사회를 신봉함.

프리드먼, 밀턴(Friedman, Milton) 정부가 화폐 공급을 적절하게 통제하면 위기가 일어날 수 없다는 '통화주의' 신념을 갖고 있는 자유 시장 경제학자.

프리스틀리, 조지프(Priestley, Joseph) 18세기 후반 영국의 화학자. 프랑스 혁명을 열렬하게 지지함.

프톨레마이오스(Ptolemy[Claudius]) 천동설을 주장한 수학자이자 천문학자. 그의 천동설은 유럽의 중세기 내내 영향력을 발휘함.

플라톤(Plato) 고대 그리스 철학자로 소크라테스의 제자였음. 플라톤의 사상은 5세기부터 14세기까지 기독교 신학에 영향을 미쳤음.

피사로, 프란시스코(Pizarro, Francisco) 1530년대에 스페인의 잉카 정복을 이끎.

하이에크, 프리드리히 폰(Hayek, Friedrich von) 마가렛 대처를 감동시킨 광적인 친시장 경제학자.

함스워스, 알프레드(Harmsworth, Alfred) 나중에 노스클리프 경이 됨. 19세기 말에 최초의 대중적 우파 신문을 발행한 신문사주.

헤겔, 게오르그 빌헬름 프리드리히(Hegel, Georg Wilhelm Friedrich) 18세기 후반과 19세기 초의 독일 철학자로서 변증법을 불명료한 방식으로 발전시킴.

호치민(胡志明) 1920년대 이후 베트남 공산당의 지도자. 일본과 프랑스의 식민 지배에 맞선 베트민 저항 운동의 지도자. 1954년에 북베트남의 통치자가 됨. 1960년대와 1970년대 초에는 미국에 맞선 저항의 상징이었음.

홉스봄, 에릭(Hobsbawm, Eric) 50년 동안 공산당원이었던 영국의 역사가. 1780년대부터 오늘날까지를 다룬 네 권짜리 역사서의 저자.

후겐베르크, 알프레드(Hugenberg, Alfred) 독일의 신문·영화왕. 보수 정당인 국민당의 우파 지도자이자 1933년 1~6월 히틀러 내각의 각료.

흐루시초프, 니키타(Khrushchev, Nikita) 우크라이나를 통치한 스탈린주의 지배자였다가 1953년 스탈린이 죽은 뒤 소련의 지도자가 됨. 1956년과 1958년에 스탈린 격하 운동을 벌임. 1956년 헝가리 혁명을 진압했고, 1964년 브레주네프에 의해 권좌에서 쫓겨남.

힌덴부르크, 파울 폰(Hindenburg, Paul von) 제1차세계대전기에 독재에 가까운 권력을 휘두른 독일군 사령관. 1925~1934년에 독일 공화국 대통령을 지내면서 1933년 1월에 히틀러를 총리에 임명함.

힐리, 데니스(Healey, Denis) 1950년대부터 1980년대까지 영국 노동당의 지도적 인물. 1964~1970년 정부와 1974~1979년 정부에서 장관을 지냄.

힐퍼딩, 루돌프(Hilferding, Rudolf) 오스트리아 태생의 마르크스주의 경제학자. 독일 사회주의 운동 속에서 활동했으며, 1919~1920년에는 볼셰비즘과 사회민주당 우파 사이의 중노 노선을 시도했음. 1923년 가을과 1928년의 연립정부에서 사회민주당 재무장관을 지냈지만, 1929년 경제 위기에 부딪혀 사임함. 1940년 망명지에서 나치에게 살해당함.

지명

갈리아(Gaul) 오늘날 프랑스의 로마식 이름. 이탈리아 북단을 포함함.

그라나다(Granada) 스페인 군주에게 함락당한 최후의 무어인 도시.

기자(Giza) 카이로 정서(正西)쪽으로 약 3킬로미터 떨어져 있는 곳. 이집트 최대의 피라미드가 있음.

난징(南京) 상하이(上海)에서 양쯔 강을 거슬러 올라간 곳에 있는 중국 도시.

누비아(Nubia) 이집트 남부와 수단 북부 지방.

뉴래너크(New Lanark) 로버트 오언이 '모델' 공장을 경영했던 글래스고 근처의 소도시.

다르다넬스 해협(Dardanelles Straits) 지중해와 흑해가 만나는 이스탄불의 서해. 옛 이름은 헬레스폰트(Hellespont) 해협.

라가시(Lagash) 기원전 3000~2000년 무렵 메소포타미아의 도시국가.

라인란트(Rhineland) 프랑스와 벨기에 국경과 인접해 있는 독일 남서부 지방.

루르(Ruhr) 라인란트 북부의 벨기에 국경과 인접한 지방. 독일 산업혁명의 중심지.

마가다(Magahda) 마우리아 제국으로 이어진, 기원전 6세기에 인도 북부에 있었던 국가.

마그리브(Maghreb) 모로코, 알제리, 튀니지를 포함하는 북아프리카 지방.

마케도니아(Macedonia) 그리스 북부의 발칸 지방.

메소아메리카(Meso-America) 멕시코와 과테말라를 포함하는 지방.

메소포타미아(Mesopotamia) 오늘날 이라크의 옛 이름. '두 강 사이'라는 뜻으로 유프라테스 강과 티그리스 강 사이의 지방을 지칭했음.

메카(Mecca) 아라비아 반도 서부의 상업 도시. 마호메트의 출생지이자 이슬람의 중요한 성지. 오늘날에는 사우디아라비아에 속해 있음.

멕시코 계곡(Valley of Mexico) 오늘날 멕시코시티를 중심으로 한 지역. 테오티우아칸과 아스텍 문명의 중심지.

모헨조다로(Mohenjo-dero) 기원전 3000~2000년 무렵의 인도 도시.

발미(Valmy) 1792년에 혁명군이 왕당파 침략자들에 맞서 처음으로 대승을 거둔 프랑스 북부의 지명.

베르사유(Versailles) 루이 14세가 거대한 궁전을 지은 파리 외곽의 소도시. 1871년 파리코뮌 진압군의 중심지. 제1차세계대전 직후 영국과 프랑스의 뜻대로 세계를 분할하기 위한 회의가 열렸음.

보헤미아(Bohemia) 오늘날 체코 공화국의 절반을 차지하는 북서부 지방. 프라하에 도읍을 두었고, 13세기부터 17세기까지 신성로마제국(독일어 사용 지역)의 중심지였음.

부르고뉴(Burgundy) 프랑스 북부와 동부 지방. 15세기에 독립국가로 발전할 뻔했음.

비옥한 초승달 지대(Fertile Crescent) 팔레스타인, 레바논, 시리아 북부, 이라크의 대부분을 포함하고 있는 중동 지방.

비잔티움(Byzantium) 지중해와 흑해를 잇는 해협 연안의 도시. 4세기부터는 콘스탄티노플로 불렸고, 15세기부터는 이스탄불로 불렸음. 5세기부터 15세기까지 잔존한 로마 제국의 독일어 사용 지역을 부르는 이름으로도 사용됨.

사마르칸트(Samarkand) 중세 내내 중요했던 중앙아시아의 상업 도시.

사카라(Saqqara) 오늘날 카이로의 남동쪽에 있음. 이곳에서 최초의 피라미드와 고분이 세워졌음.

산토도밍고(Saint Domingue) 1790년대 노예 반란 이전에 아이티를 가리킨 이름.

소아시아(Asia Minor) 오늘날 터키의 아시아 지방. 아나톨리아(Anatolia)로도 불림.

수메르(Sumer) 기원전 3000~2000년 무렵의 메소포타미아 문명.

슐레지엔(Silesia) 오늘날 폴란드 남부 지방. 제2차세계대전이 끝나기 전까지는 폴란드와 독일이 분쟁을 벌였음.

스파르타(Sparta) 고대 그리스의 남부 본토에 있었던 도시국가. 아테네와 경쟁했음.

신성로마제국(Holy Roman Empire) 9세기에 샤를마뉴 대제가 수립한 제국. 오스트리아 제국으로 불렸다가 나중에 오스트리아-헝가리 제국이라고 불렸고, 19세기까지 독일, 동유럽, 이탈리아처럼 이질적인 영토들을 포괄한 제국으로 존속했음.

아그라(Agra) 델리 남쪽에 있는 인도의 도시. 타지마할이 있음.

아라곤(Aragon) 지금의 스페인 북동부 내륙 지방. 중세 후기와 근대 초기에 카탈루냐를 포함했던 왕국.

아르메니아(Armenia) 흑해와 카스피 해 사이에 있는 소아시아 동부 지방. 옛 소련의 공화국 이름.

아시리아(Assyria) 오늘날 터키 남부에 해당했던 지방. 기원전 7세기에 수립된 대(大) 중동 제국의 중심지.

알자스-로렌(Alsace-Lorraine) 지금의 프랑스 북동부 지방. 1871년부터 1919년까지, 그리고 1940년부터 1944년까지 독일에 병합된 적이 있음.

양쯔 강(揚子) 중국의 허리를 서쪽에서 동쪽으로 관통해 상하이 근처의 바다로 흘러 들어가는 큰 강.

얼스터(Ulster) 북아일랜드의 9개 주. 친영 왕당파가 1921년에 수립한, 6개의 주로 이루어진 소국을 가리키는 데 사용했음.

에게(Aegean) 그리스 동부와 남동부 바다와 섬. 그리스 본토에 있었던 청동기 문명을 가리키는 데 사용하기도 함.

우루크(Uruk) 기원전 3000~2000년 무렵 메소포타미아의 도시국가.

워털루(Waterloo) 1815년에 나폴레옹이 마지막 패배를 당한 프랑스의 마을. 같은 이름의 런던 철도역과 혼동하기 쉬움.

이베리아 반도(Iberian Peninsula) 스페인과 포르투갈을 가리키는 용어.

이오니아(Ionian) 그리스 서쪽 바다와 섬.

인더스 강 유역(Indus Valley) 오늘날 인도 국경과 가까운 파키스탄 동부 지방.

인도차이나(Indochina) 베트남, 캄보디아, 라오스가 있는 지역.

저지대 지방(Low Countries) 오늘날 벨기에와 네덜란드를 포함하는 지방.

제3세계(Third World) 1950년대부터 옛 식민지와 반(半)식민지 국가들을 가리킨 용어.

찰스턴(Charleston) 미국 사우스캐롤라이나의 중요한 항구 도시.

카스티야(Castile) 스페인 중부 지방. 현대 스페인 국가와 언어가 기원한 곳.

카탈루냐(Catalonia) 스페인 북동부 지방. 프랑스 남부 국경과 맞닿아 있고 자체 언어를 가지고 있음. 중세에는 프랑스 남부의 일부를 포함한 독립국가가 있었음. 20세기에는 강력한 민족주의 운동이 존재했고, 오늘날에는 별도의 의회를 두고 있음.

코르도바(Cordoba) 중세에 이슬람 문화의 중심지였던 스페인 도시. 아르헨티나에도 같은 이름의 도시가 있음.

크노소스(Knossos) 기원전 2000~1500년에 크레타 문명의 궁전이 있었던 도시.

테노치티틀란(Tenochtitlan) 아스텍의 도읍. 스페인 정복자들이 이곳에 멕시코시티를 세웠음.

테베(Thebes) 오늘날 룩소르 근처에 있었던 고대 이집트 도시. 중왕국과 신왕국의 도읍.(같은 이름의 그리스 도시국가와 혼동하기 쉬움.)

테오티우아칸(Teotihuacan) 서기 1세기에 오늘날의 멕시코 근처에 세워진 도시와 문명.

튀링겐(Thuringia) 독일 중부 지방.

트란실바니아(Transylvania) 오늘날 헝가리아 루마니아 사이의 산악 지방. 두 나라가 영토 분쟁을 벌이고 있음.

팔츠(Palatine) 신성로마제국 시기의 독일 서부 지방.

페니키아(Phoenicia) 고대 레바논의 해안 지방 이름.

프로시아(Prussia) 베를린을 중심으로 한 독일 동부에 있었던 왕국. 1870년에 프로시아 국왕이 독일 황제가 됐음. 1945년까지 독일에서 가장 컸던 주.

플랑드르(Flanders) 헨트와 브뤼헤를 중심으로 한 벨기에 서부 지방과 릴과 덩케르크 사이의 프랑스 북단 지방의 중세 이름. 오늘날에는 벨기에의 절반에 해당하는, '플라망어'로 알려진 독일어 방언 사용 지역을 가리킨다.

피에몬테(Piedmont) 1860년대 말에 이탈리아 국왕이 된, 왕이 통치했던 토리노를 중심으로 한 이탈리아 북부 지방.

하라파(Harappa) 기원전 3000~2000년 무렵에 인도에 있었던 도시.

한자 동맹 도시(Hanseatic cities) 중세 후기 북해와 발트 해 연안의 독일 항구 도시들.

황허 강(黃河) 남쪽으로 흐르다 서쪽으로 꺾어졌다가 동쪽으로 흐르면서 중국 북부를 가로지르는 큰 강. 최초의 중국 문명들의 중심지. 물길을 바꾸면서 자연 재해를 일으켜온 역사를 가지고 있다.

히스파니올라(Hispaniola) 오늘날의 아이티와 도미니카 공화국이 자리 잡고 있는 카리브 해의 섬 이름.

❧ 용어

가부장제(Patriarchy) 가장 나이가 많은 남성이 다른 남성들과 여성들과 하인들을 지배하는 가구 단위를 중심으로 구조화된 사회를 가리키는 말. 대부분의 페미니스트들은 이 말을 남용해 여성 억압이 존재한 모든 사회를 가부장제 사회로 부름.

계몽주의(Enlightenment) 미신을 과학적 이성으로 대체하려고 했던 18세기의 지식인 조류. 볼테르, 디드로, 루소, 흄, 기번이 이 계몽주의에 참여함.

고왕국(Old Kingdom) 기원전 3000~2100년 무렵 이집트에 세워진 최초의 문명.

고트족(Goths) 서기 5세기부터 로마 제국의 여러 지역을 점령한 독일 민족(동고트족, 서고트족, 프랑크족을 참조).

공동전선(United Front) 혁명가들과 비혁명적 노동자 정당과 조합이 방어적 동맹을 맺는 전술. 1920~1921년에 레닌과 트로츠키가 정식화함.

공산주의 인터내셔널(Communist International) 코민테른(Comintern)이라고도 불림. 1919년에 설립된 혁명 정당들의 중앙집중적 국제 조직. 1920년대 중반 이후로 스탈린이 지배했으며, 제2차세계대전 때 해체됨.

공상적 사회주의(Utopian Socialism) 사회가 계획적이고 협동적으로 조직될 필요가 있지만, 선의의 지배자나 협동조합을 통하면 혁명 없이도 그런 일이 가능하다고 생각한 19세기 초의 교의들. 프랑스의 콩트 드 생시몽과 샤를 푸리에, 영국의 로버트 오언이 대표적 인물.

과격파(Ultras) 때때로 철두철미한 반동주의자를 가리키는 데 사용하는 말로, '초좌익'(ultra-left)과 혼동하지 말 것.

과두제(Oligarchy) '몇 사람의 지배'를 뜻하는 고대 그리스 말.

구빈원(Workhouse) 실업자와 빈민이 숙식을 제공받는 대가로 노동을 해야 했던 시설.

국가자유당(National Liberals) 대기업의 후원을 받은 독일의 옛 자유주의자 분파. 1871년 이후로 제국주의 체제를 지지했고, 1918년 혁명 뒤에 인민의 당으로 바뀜.

국민공회(Convention) 1792~1796년 혁명기에 프랑스에서 선출된 국민 의회.

국민당(國民黨) 중국의 민족주의 정당. 1927~1949년에 중국을 통치했고, 그 이후에는 타이완을 통치함.

국민방위대(National Guards) 1790년대 초 프랑스와 19세기 유럽에서 중간 계급으로 충원된 의용군. 1870~1871년에 파리가 포위됐을 때는 노동자 계급의 군대로 바뀌었음.

굽타 왕조(Guptas) 서기 초기에 인도를 다스린 왕조.

그리제트(Grisettes) 19세기 프랑스에서 젊은 노동 계급 여성을 가리켰던 구어적 표현.

금(金) 12세기에 중국의 북부를 통치한 투르크어 왕조.

급진당(Radical Party) 제2차세계대전 전 프랑스 중간 계급의 주요 정당.

기사당(Cavaliers) 영국 내전(청교도 혁명) 때 왕당파 군대.

길드(Guilds) 상품의 가격과 질을 통제해 이익을 보호하려고 만든 장인과 수공 기술자의 조직. 흔히 국왕이나 도시국가의 후원을 받음.

나로드니키(Narodniks) 글자 그대로 '인민주의자'. 노동자가 아니라 농민에게 눈을 돌렸던 1917년 이전의 러시아 혁명가들.

네스토리우스파(Nestorian) 로마 교회와 비잔티움 교회가 금지한 기독교 일파. 중세 중앙아시아와 중국에 영향을 미침.

노동자총연맹(UGT) 사회당이 주도하는 스페인의 노동조합.

노동총동맹(CGT) 제1차세계대전 전에 생디칼리스트들이 창립했고, 제2차세계대전 이후 공산당이 지배한 프랑스의 주요 노조연합.

농노(Serfs) 얼마간은 자기 토지에서 일하지만, 영주에게 현물로든 현금으로든 무보수 노동을 바쳐야 했던 반(半)자유농민. 영주의 땅을 떠나서는 안 됐음.

능동적 시민(Active citizens) 1790~1792년 프랑스의 불평등 선거 제도 하에서 투표권을 지닌 남성.

단성론자(單性論者 : Monophysites) 가톨릭과 아리우스파의 삼위일체설에 반대한 중동의 기독교 일파.

당(唐) 서기 618년부터 907년까지 중국을 지배한 왕조.

대검귀족(Noblesse d'epée) 프랑스의 전통 귀족.

대공황(Great Depression) 1870년대 말과 1880년대의 경제 위기. 때때로 1930년대를 가리키는 데에도 사용함.

도교(道敎) 지난 2천5백 년 동안 중국에서 인기를 누린 종교 이데올로기. 여러 가지 주술적 믿음과 결부돼 있으며, 실천적인 실험을 고무했음.

도시혁명(Urban revolution) 계급, 국가, 도시, 그리고 흔히 야금술과 문자를 낳은 사회 변화를 가리키는 말.

도쿠가와(德川) 17세기 초부터 1860년대까지 일본을 지배한 봉건 가문. 흔히 일본의 봉건 시대를 도쿠가와 시대라고 부름.

독립노동당(Independent Labour Party) 1890년대 영국에서 활동한 노동당의 선조격인 정당. 1906년부터 1930년대 초까지 노동당의 일부로 존재함.

독립사회민주당(Independent Social Democrats) 제1차세계대전 때 독일 사회민주당에서 분리해 나온 좌파 의회사회주의 정당. 절반은 1920년에 공산당에 가입했고, 절반은 사회민주당으로 되돌아감.

독립파(Independents) 영국 내전(청교도 혁명)에서 크롬웰이 중심이었던 당파.

동방 문제(Eastern Question) 발칸 반도와 흑해 지방의 터키 제국이 오랫동안 약화와 분열을 겪으면서 주요 열강들에게 제기된 문제.

동인도회사(East India Company) 17세기 초에 남아시아 무역을 위해 영국 국왕이 설립한 독점 기업. 1760년대부터 1850년까지 인도의 대부분을 정복·통치했으며, 1857년 군사 반란 이후 영국 정부의 직접 지배로 대체됨.

두마(Duma) 혁명 전 러시아에서 비민주적인 과정을 거쳐 선출된 의회.

라티푼디움(Latifundia) 고대 로마와 현대 라틴아메리카의 대농장.

러다이트(Luddites) 1811~1816년에 자본가들이 설치한 새로운 기계들을 파괴하면서 대반란을 일으킨 직조공과 양말 제조공들. 기술 진보에 반대하는 사람들을 경멸적으로 지칭하는 용어로도 사용됨.

마니교(Manicheism) 서기 3세기에 기독교·불교·조로아스터교의 사상을 혼합해 창시된 종교.

마드라사(Madrasas) 이슬람 학교.

마야인(Mayas) 서기 700년 무렵에 문명을 일으킨 멕시코 남부와 과테말라 주민.

마우리아 제국(Maurya) 기원전 4세기에 오늘날의 인도 대부분을 통일한 제국.

맘루크(Mamlukes) 중세 중동 제국의 터키 출신 군인들. 공식적으로는 노예 신분이었지만, 12세기에 이집트에서 권력을 장악해 1517년 오스만 제국에게 정복당하기 전까지 이집트를 다스렸음.

망명귀족(Émigrés) 프랑스 혁명에 맞서 음모를 꾸민 귀족들을 가리키는 말.

메이지유신(明治維新) 1860년대에 일본의 봉건제를 끝낸 개혁.

메카닉(Mechanics) 장인이나 소공업자를 가리킨 옛 말.

멘셰비키(Mensheviks) 1903년부터 존재한 러시아 사회민주당 분파로 부르주아지와 협력에 의지하는 경향이 있었음.

명(明) 서기 1368년부터 1644년까지 중국을 지배한 왕조.

몽골족(Mongols) 중동부 아시아에서 기원해 12세기부터 15세기까지 유라시아 전역을 휩쓸고 다니면서 중동, 동유럽, 이란, 인도, 중국의 왕국들과 제국들을 침략한 민족.

무굴 제국(Moguls) 1526년부터 18세기 초반까지 인도의 대부분을 통치한 왕조.

미케네(Mycenae) 기원전 1500년 무렵 그리스 남부의 본토에 있었던 문명.

바이킹족(Viking) 서기 9세기와 10세기에 서유럽과 지중해 유럽에 침입했다가 영국, 스코틀랜드, 아일랜드, 아이슬랜드, 러시아, 노르망디, 시실리에 정착한 사람들. 스칸디나비아에서 기원한 민족. 노스먼(Northman)이라고도 함.

반투어족(Bantu) 아프리카 서부·중부·남부에서 사용하는 어족.

방데(Vendée) 1792년에 혁명에 대항한 왕당파 반란이 일어난 프랑스 서부 지방.

법복귀족(Noblesse de robe) 법 체계를 세습적으로 지배해 부를 얻은 프랑스 귀족층. 처음에는 국왕이 유복한 중간 계급 속에서 등용했음.

베다교(Vedic) 오늘날 힌두교의 선조. 살아 있는 소로 제사를 지냈음.

베트남 증후군(Vietnam syndrome) 1970년대 중반 이후로 이길 수 없는 전쟁에 말려들고 있다고 생각한 미국 지배 계급의 불안감.

보어 전쟁(Boer War) 1899~1902년에 벌어졌음. 광물이 풍부한 남아프리카의 보어인 영토를 합병하려고 영국이 벌인 전쟁.

보어인(Boers) 네덜란드어를 사용한 남아프리카의 백인 정착민. 아프리카너(Afrikaner)라고도 부름.

봉건적 세금(Feudal dues) 농민이 더는 농노가 아니었을 때조차 봉건 영주에게 바쳐야 했던 돈.

부르봉 왕가(Bourbon) 17세기와 18세기 프랑스와 18세기 초 이후 스페인의 군주 가계.

부르주아지(Bourgeoisie) 중간 계급 도시 거주자를 가리키는 프랑스 말이었다가 19세기 초부터 자본가 계급을 가리키는 용어로 사용됨.

쁘띠부르주아지(Petty bourgeoisie 또는 Petite bourgeoisie) 말 그대로 '소(小)부르주아지'. 원래는 가게 주인, 소매상인, 소자본농 등을 가리켰지만, 화이트 칼라 피고용인 가운데 전문직 종사자와 중간 관리자층까지 포함하게 됐음.

사무라이(Samurai) 1860년대 이전 일본의 특권 귀족층.

사포텍인(Zapotecs) 서기 500년부터 몬테알반 문명을 세운 멕시코 남부인.

사회혁명당(Social Revolutionary Party) 20세기 첫 사반세기 동안 러시아에 존재한 정당으로서 농민 정당을 자처했지만 실제로는 변호사들이 주도했음.

사힙(Sahib) 영국 식민주의자들을 부르는 데 사용된 '나으리'라는 뜻의 인도 말.

삼부회(Estates-General) 혁명 전에 군주제 하에서 프랑스 국민의 세 부문, 즉 귀족·성직자·기타 계급의 대표들로 구성된 의회. 1백75년 만인 1789년에 다시 소집됨.

상(商) 기원전 1600년 무렵에 중국에 제국을 수립한 첫 번째 왕조.

상퀼로트(Sans culottes) 프랑스 혁명 당시 빈민. 주로 장인과 장인 가족이었지만 노동자들도 일부 포함돼 있었음.

선대제(先貸制 : Putting-out) 상인이 자영 수공 기술자에게 원자재와 도구를 제공하는 대신에 생산물을 통제함으로써 생산 이윤을 얻는 제도. 완성된 산업자본주의를 향해 한발 내딛은 제도였음.

선제후(選帝侯 : Elector) 신성로마제국 황제 선거권을 지녔던 독일 제후들.

성찬식(聖餐式 : Holy Communion) 사제가 회중(會衆)에게 포도주와 빵을 나눠 주는 기독교의 의식. 칼뱅파와 달리 가톨릭과 루터파는 '그리스도의 피와 살'을 먹는 의식이라고 생각함. 종교개혁 당시 엄청난 분쟁의 원인이 됨.

셈족(Semitic) 히브리어, 아랍어, 아람어 등 중동에서 기원한 어족. 흔히 중동에서 기원한 민족, 특히 유대인을 셈족이라고 부름. 반유대주의(anti-semitic)라는 말도 그 때문에 생김.

소련(Soviet Union) 소비에트 사회주의 공화국 연방(Union of Soviet Socialist Republics)의 약칭. 1924년에 옛 러시아 제국에 속해 있던 공화국들이 한데 모여 소련을 결성했지만, 스탈린주의 제국으로 변했다가 1991년에 해체됨.

소비에트(Soviet) 러시아 말 그대로 '평의회'. 1905년과 1917년에는 노동자평의회와 병사평의회를 가리켰음. 나중에는 소련 정권의 약칭으로도 사용됨.

송(宋) 서기 960~1127년에 중국 전 영토를 지배했고, 1279년까지 중국 남부를 지배한 왕조.

수니파(Sunnis) 이슬람의 다수 교파.

수동적 시민(Passive citizens) 1790~1792년 프랑스의 불평등 선거 제도에서 투표권을 갖지 못한 남성.

수드라(Sudras) 인도의 토지 노동자 카스트. 고대 사성제도(四姓制度)에서는 사제, 전사, 농민 아래였고 '불가촉천민'보다는 위였음.

스탈린주의(Stalinism) 스탈린의 교의와 방법. 더 일반적으로는 1989~1991년까지 소련과 동유럽 블록 국가들에 존재했던 국가자본주의 조직 형태를 가리키는 뜻으로 사용됨.

스파르타쿠스단(Spartakusbund) 제1차세계대전 때 독일의 혁명 조직.

시아파(Shi'ites) 이슬람의 주요한 소수 교파. 오늘날 이란의 대부분, 이라크 남부, 레바논의 일부 지방들이 시아파에 속한다.

시크교(Sikhism) 16세기에 카스트 제도에 반대해 인도 북부에서 창립된 종교. 힌두교와 이슬람을 통일하려고 했음.

신경제정책(NEP) 1921년부터 1928년까지 러시아에 존재한 시장 메커니즘.

신령파(神靈派 : Fratelli) 성 프란체스코의 교리에서 거의 혁명적인 결론을 이끌어낸 13세기 기독교 일파. 교회의 박해를 받음.

신분(Estates) 중세 유럽의 영주, 기사, 자치도시민이나 혁명 전 프랑스의 귀족, 성직자 등처럼 권리와 책임의 차이가 법적으로 규정된 사회 계급을 가리키는 말. 'estate'는 다양한 집단의 대표들이 포함된 의회 유형의 기구를 가리키기도 함(예컨대, 30년 전쟁 시기의 보헤미아에서처럼).

신석기시대(Neolithic) 정교한 석기와 목기를 만들었고 도기를 사용했음.

신석기 혁명(Neolithic revolution) 신석기 도구들에 바탕을 둔 새로운 생활방식이 도입된 것. 커다란 촌락 생활과 단순한 농경 생활이 시작됨.

신왕국(New Kingdom) 기원전 1550~1075년의 이집트.

신형군(新型軍 : New Model Army) 영국 내전과 그 뒤 1649년에 시작된 영국 혁명 내내 왕당파를 무찌른 재편된 의회군.

십일조(Tithes) 농민과 장인이 교회에 바친 세금의 일종. 흔히 귀족들의 호주머니로 들어갔음.

씨족(Clan, Gens) 혈족(lineage)을 보시오.

아나코-생디칼리즘(Anarcho-syndicalism) 노동조합적 투쟁 방법과 아나키스트 사상을 결합한 운동.

아리아인(Aryans) 기원전 1500년 무렵에 인도 북부를 침약한 민족. 인도-유럽어를 사용. 서기 5세기에 유행한 기독교의 이단인 '아리우스파'(Arian)와 혼동하기 쉬움.

아리우스주의(Arianism) 서기 5세기에 영향력이 컸던 기독교의 일파. 가톨릭의 삼위일체설을 반대했음.

아바스 왕조(Abbasids) 8세기 중엽부터 13세기까지 중동의 이슬람 제국을 통치한 왕조. 10세기부터 실권을 잃었음.

아일랜드 '자치'(Home Rule) 통일 아일랜드 의회에 일정한 권력을 양도하려 한 영국의 계획.

아크로폴리스(Acropolis) 아테네를 굽어보고 있는 언덕. 기원전 6세기에 파르테논 신전이 세워졌음.

아힝사(Ahimsa) 불교와 힌두교의 불살생(비폭력).

앙시앵 레짐(Ancien régime) '구체제'라는 뜻의 프랑스 말. 보통 프랑스 혁명 이전 유럽의 사회 질서를 가리킴.

야만 사회(Barbarians) 모건, 엥겔스, 고든 차일드가 순수 농경 사회를 가리키는 데 사용한 옛 용어.

약탈농법(Horticulture) 막대기와 괭이 같은 가벼운 도구를 이용하는 아주 단순한 형태의 농업.

양형영성체파(兩形領聖體派 : Ultraquists) 보헤미아의 후스파 교리를 따르는 교파. 미사를 집전할 때 사제가 특별한 지위를 갖지 않음.

SA 독일 나치의 준군사 조직인 돌격대.

SS 원래는 히틀러의 친위대. 나치 군대의 핵심으로 발전했으며, 강제 수용소를 운영했음.

에퀴테스(Equites) 기원전 1세기에 원로원 가문들이 권력에서 배척한 신흥 부유층.

연맹군(Fédérés) 1792년에 프랑스 혁명을 지키려고 파리 바깥에서 파리로 행진해 들어온 의용군.

연방수사국(FBI) 미국의 연방 (비밀) 경찰 조직.

예수회(Jesuits 또는 Society of Jesus) 16세기 중엽에 종교개혁과 싸우려고 창립된 수도회. 20세기까지 프로테스탄트와 자유 사상가들은 종교적 반동의 중심으로 여겼음. 1960년대 이후에 잠시 동안 좌파 '해방신학'의 전파 수단이 되면서 교황의 박해를 받았음.

오라녜(Orange) 원래는 네덜란드 왕가 이름. 18세기부터 아일랜드에서 가톨릭교도들을 혐오하는 프로테스탄트들과 영국의 지배를 지지하는 자들을 가리키는 데 사용됨.

오스만(Ottomans) 중세 후기에 이슬람 제국들과 비잔틴 제국한테서 소아시아를 빼앗은 다음 북아프리카, 중동, 발칸 반도로 영토를 확대한 투르크 민족의 지도자들.

올멕(Olmecs) 기원전 1000년부터 서기 1년 무렵에 멕시코와 과테말라에서 일어난 최초의 문명.

왕정복고(Restoration) 혁명기가 끝나고 1660년 영국과 1814~1815년 유럽에서 군주제가 회복된 일.

우마이야 왕조(Umayyads) 7세기 중엽부터 8세기 중엽까지 중동의 이슬람 제국을 지배한 왕조.

위그노(Huguenots) 칼뱅의 사상을 추종한 프랑스의 프로테스탄트. 17세기에 추방당함.

위대한 잉카(Great Inca) 잉카 황제를 가리키는 말.

유교(儒敎) 20세기 이전 중국의 관료와 지주 계급을 2천 년 동안 지배한 이데올로기.

유목 사회(Pastoralists) 소, 양, 낙타, 라마를 기르는 일에 바탕을 둔 사회.

유물론(Materialism) 정신이나 생각이 물질적 존재와 무관하게 존재할 수 있다는 생각을 부정하는 견해.

융커(Junkers) 18세기와 19세기 독일 동부 지방의 지주 귀족.

이단화형장(Auto da fé) 종교재판의 제물이 된 '이단'을 처형한 장소.

이달고(Hidalgo) '신사'라는 뜻의 스페인 말.

이즈베스챠(Izvestia) 1917년 러시아에서 노동자 소비에트가 발행한 신문. 1920년대부터 1980년대 말까지 러시아 정부의 대변자 역할을 했음.

인도-유럽어족(Indo-European) 그리스어, 라틴어, 독일어, 러시아어, 산스크리트어, 힌디어, 우르두어, 페르시아어, 쿠르드어가 포함돼 있는 어족.

인민전선(Popular Front) 소련의 스탈린의 부추김으로, 1930년대 이후 노동자 정당과 '진보적 부르주아지' 사이에 동맹을 만들려고 했던 노력.

인신보호영장 제도(Habeas corpus) 재판 없이 투옥되는 것을 방지하는 법규.

인클로저(Enclosures) 지주와 자본농이 개방 농지나 공유지였던 토지에 울타리를 침으로써 빈농들을 토지에서 쫓아내 도시로 가거나 농업 노동자로 만든 일.

임시정부(Provisional government) 1917년 2월부터 10월까지 러시아를 통치한 비선출 정부.

자민다르(Zamindars) 인도의 무굴 제국에서 농민이 낸 세금에 기생한 호족 계급. 영국의 정복 이후에는 현대적 지주 계급이 됨.

자치도시민(Burghers) 중세와 근대 초기의 완전한 도시민. 보통 상인이나 자영 수공 기술자를 가리킴. 영국에서는 'burgesses'로도 부름. 프랑스어 '부르주아지'가 이 단어에서 파생됐음.

자코뱅(Jacobins) 1789~1794년 파리에서 가장 중요했던 혁명 클럽의 회원들. 처음에는 혁명적 인물들뿐 아니라 지롱드파 같은 '온건파'도 포함했음. 나중에는 로베스피에르가 이끈 가장 극단적인 분파의 이름이 됨. 프랑스 바깥에서는 프랑스 혁명을 지지한 모든 이들을 자코뱅이라고 불렀음.

장로파(Presbyterians) 스코틀랜드 칼뱅파 신교. 영국 내전에서 왕당파를 제거하고자 한 의회파를 가리키는 말이기도 했음.

장인(Artisan) 수공 생산 기술자를 지칭하는 좀 고풍스런 용어로, 보통은 자영업자를 가리킴.

재판(再版)농노제(Second serfdom) 16세기 이후 동유럽에서 부활한 농노제. 귀족들이 서유럽 시장에 내다 팔 곡물을 마련하기 위해 재판노동제를 이용했음.

전국노동자연맹(CNT) 스페인의 아나코-생디칼리스트 노조.

절대주의/절대군주(Absolutism/absolutist monarchy) 17세기 중엽부터 프랑스, 스페인, 프러시아, 오스트리아, 러시아에 존재했던 강력한 군주 체제.

제3기(Third period) 사회민주당과 노동조합을 '사회파시스트'로 취급한 공산당들의 스탈린주의 정책.

제헌의회(Constituent assembly) 새로운 헌법을 제정하기 위해 설치되는 의회.

젠트리(Gentry) 대귀족과 구별되는 부유한 지주 계급. 송대의 중국과 17~18세기 잉글랜드와 관련해 사용되는 용어.

조계(租界: Concessions) 중국의 도시들에 있었던 유럽인이나 일본인 거주 지역.

조공(朝貢: Tribute) 정복된 국가의 인민들에게서 징수하는 돈.

조로아스터교(Zoroastrianism) 이슬람이 등장하기 전 이란의 종교. 선과 악이 끝없는 투쟁을 벌인다는 신앙을 가지고 있었음. 오늘날에는 인도의 파르시 소공동체들 사이에서 잔존하고 있음.

족장 제도(Chieftainship) 일부 성원이 다른 성원들보다 더 높은 지위에 있지만 명확한 계급 분화와 별도의 국가가 존재하지 않는 사회를 가리키는 인류학자들의 용어.

종교재판(Inquisition) 중세 후기와 근대 초기에 가톨릭 교회가 이단을 진압하려고 만든 제도.

좌파 헤겔주의자(Left Hegelians) 보수적 철학자였던 헤겔의 사상을 프러시아 군주에 대항해서 사용한 1840년대 독일의 자유민주주의 지식인 집단.

주(周) 기원전 1100년 무렵에 수립된 느슨한 '봉건' 제국을 다스린 중국의 왕조.

주르네(Journée) 프랑스 대혁명 당시 파리 주민들이 반란에 참여한 것을 가리키는 말.

중간 부류(Middling people) 영국 내전 당시 소농과 상인으로 이루어져 있던 맹아적인 중간 계급.

중왕국(Middle Kingdom) 대략 기원전 2000~1780년의 이집트.

지롱드(Girondins) 1791~1792년 프랑스 대혁명에서 자코뱅 클럽의 덜 혁명적이었던 분파. 로베스피에르와 격렬하게 대립함.

직인(Journeymen) 유럽의 중세 후기와 근대 초기에 작업장에 고용돼 있었던 숙련 노동자. 흔히 직인은 언젠가는 자영 장인이 될 수 있을 것이라고 생각했음.

진(秦) 기원전 221년에 중국 북부를 통일한 제국

징세 대행인(Tax farmers) 고대 로마, 아바스 제국, 비잔틴 제국, 혁명 전 프랑스 등지에서 국가의 세금을 대신 거둘 권리가 있었던 부유한 도급업자.

채집(採集: Foraging) 수렵-채취를 가리키는 더 나은 용어.

청동기시대(Bronze Age) 유라시아와 아프리카의 도시혁명 시기를 가리킬 때 때때로 사용하는 용어.

총독(Viceroy) 국왕에 가까운 (절대) 권력을 누린 식민지의 통치자.

축음기(Phonograph) 유성기와 레코드 플레이어의 전신.

7년 전쟁(Seven Years War) 1750년대에 프랑스와 영국이 북아메리카와 대서양 무역 지배권을 놓고 벌인 전쟁. 영국이 캐나다에 대한 지배권을 획득하고, 인도를 첫 식민지로 삼게 되는 결과를 낳음.

카데츠(Kadets) 러시아 혁명 전의 입헌민주당. 짜르의 절대주의와 노동자 운동에 모두 반대함.

카르마뇰(Carmagnole) 프랑스의 민족무용. 프랑스 대혁명 당시 민중이 춘 춤으로 유명함.

카를로스주의자(Carlists) 1830년대부터 파시스트가 승리한 1939년까지 아주 온건한 근대화나 자유화 계획에도 격렬하게 반대한 카를로스 왕 추종자들.

카스트(Caste) 사람들을 날 때부터 특정한 사회 범주에 속하게 만드는, (이론상) 피할 수 없는 사회 제도. 힌두교와 관련 있음. 흔히 현실에서 카스트의 위계 구조는 계급 권력에 기반을 둔 위계 구조와 일치하지 않기 때문에, 오늘날 모든 상층 카스트 힌두교인들이 다 부자인 것은 아님. 물론, 그럼에도 하층 카스트의 압도 다수는 가난함.

카이저(Kaiser) 독일 황제

코뮌(Commune) 흔히 중세 도시나 중세 도시를 다스린 시 정부를 가리키는 말. 1789~1795년의 파리 시 정부. 1871년 노동자를 위해 운영된 선출된 혁명위원회. 1950년대 후반과 1960년대 중국의 '집단'(사실은 국영) 농장.

쿠시 문명(Kush) 고대 누비아 문명.

쿨락(Kulak) 자본농이나 부농을 가리키는 러시아 말.

퀘이커교(Quakers) 영국 혁명 당시에는 혁명적인 교파였지만 나중에는 평화주의적 교파가 됨. 일부 퀘이커교도들은 아메리카 대륙의 식민지 펜실베이니아를 좌지우지할 정도로 부유해졌음.

타이노족(Tainos) 콜럼버스가 카리브 해에서 처음 마주친 원주민들에게 붙인 이름.

태평천국의 난 19세기 중엽 중국에서 일어난 반란.

테르미도르(Thermidor) 1794년 여름 프랑스에게 자코뱅에 대항한 반혁명 쿠데타를 가리키는 말. 테르미도르 달에 일어난 사건이었기 때문에 그렇게 불렀고, 그 뒤로는 반혁명의 발단을 가리키는 말로 사용됨(예컨대, 러시아에서).

토리당(Tories) 원래는 17세기 후반과 18세기 초 영국의 스튜어트 왕가를 지지했다가 양대 지배 계급 정당 가운데 하나를 결성한 사람들을 가리켰음. 독립전쟁 당시 미국에서는 왕당파를 가리키는 말로 사용했음. 오늘날에는 보수당(원)을 가리킴.

통일주의자(Unionists) 영국의 아일랜드 지배를 지지하는 사람들.

트리엔트 공의회(Council of Trent) 프로테스탄트에 맞서 반종교개혁을 추진하려고 결성된 가톨릭 교회 위원회.

파를망(Parlements) 프랑스 혁명 전의 고등법원.

파트리키(Patricians) 로마 공화국 초기의 세습 지배 계급.

파티마 왕조(Fatimids) 11세기와 12세기에 이집트를 지배한 왕조.

팔랑헤당(Falange) 이탈리아 파시즘이 스페인과 레바논에서 부추긴 운동.

프라이코어(Freikorps) 1919~1920년에 독일 노동자와 싸우는 데 이용된 우파 용병 군대.

프란체스코 수도회(Franciscans) 13세기 초 성 프란키스쿠스의 설교에 바탕을 두고 생겨난 기독교 수도회. 가난의 미덕을 강조했지만, 봉건 교회에 안전하게 통합됐음.

프롤레타리아(Proletarians) 원래는 고대 로마의 무산 시민을 가리킨 말. 현대에 들어서 마르크스가 임금 노동자를 가리키는 말로 사용하기 시작함.

프롱드의 난(Fronde) 17세기 중엽 프랑스에서 일어난 잠깐 동안의 정치적 혼란. 귀족에 대한 왕권의 강화가 잠깐 저지됐음.

플라톤주의(Platonism) 물질계가 단순히 관념적 개념의 불완전한 반영에 지나지 않는다고 보는 관점.

플레브스(Plebeians) 로마 공화국 초기의 평민 소토지 소유자. 나중에는 가난한 도시 주민층이나 단순히 하층 계급에서 자란 사람들을 가리키는 말이 됨.

피타고라스 학파(Pythagoreanism) 수와 수학 공식이 신비스런 특징을 지니고 있다고 생각한 고대 그리스의 초기 수학자들.

하디스(Hadiths) 예언자 마호메트가 했다는 말을 집성한 책.

한(漢) 기원전 206년부터 서기 220년까지 중국을 지배한 왕조. 중국 민족을 가리키는 말로도 사용함.

헬레네인(Hellenes) 그리스인

헬로트(Helots) 고대 스파르타의 농노.

혈족(Lineage) 혈연 관계에 바탕을 두는 사회 조직 형태. 씨족은 혈족의 일종.

화이트마운틴 전투(Battle of White Mountain) 30년 전쟁에서 보헤미안 군대가 처음으로 대패를 당한 전투.

후스파(Hussites) 17세기 프로테스탄트 종교개혁의 선구자들로서, 15세기 초 보헤미아의 종교적 반란자들.

훈족(Huns) 4세기 후반부터 유럽과 인도 북부를 침략한 중앙아시아 민족. 마지막에 훈족의 일부가 오늘날의 헝가리에 정착했다.

휘그당(Whig) 영국 자유당의 선조. 원래는 1688년 영국의 명예혁명에 참여한 정당이었음. 19세기 초에는 지주 지배 계급에 반대한 산업가 편에 섰음. '휘그'는 만물이 자유주의적 존재로 완벽하게 진화한다고 본 영국의 역사관을 가리키는 데에도 사용됨.

힉소스인(Hyksos) 약 기원전 1700~1600년에 이집트를 침략한 민족. 보통 팔레스타인에서 기원했을 것이라고 추측함.

더 읽을거리

● 아래 목록은 포괄적인 것이 아니다. 다만 각 장에서 제기된 쟁점들을 좀더 깊이 탐구하고 싶은 독자들이 쉽게 읽을 수 있는 책들을 소개하고자 했다. 더 탐구하고 싶은 사람들은 본문의 주를 참조하기 바란다.

1부 계급 사회의 등장

엘리너 리콕의 《남성 지배의 신화》(Eleanor Leacock, *Myths of Male Dominance*)는 수렵채취 사회를 가장 알기 쉽게 설명한다. 리처드 리의 《쿵산족》(Richard Lee, *The !Kung San*)과 리처드 턴불의 《산림 종족》(Richard Turnbull, *The Forest People*)은 수렵채취 사회의 사례들을 깊이 있게 탐구하고 있다. 마셜 살린스의 《석기시대 경제학》(Marshall Sahlins, *Stone Age Economics*)은 풍요로운 원시 사회와 평등한 사회에서 족장 사회로 변하는 과정을 탐구하고 있다.

고든 차일드의 《역사에서 무슨 일이 일어났나》(V Gordon Childe, *What Happened in History*)는 비록 일부 데이터와 연대가 잘못됐지만, 아직까지도 유라시아 대륙의 신석기·도시 혁명을 가장 쉽게 설명한 책이다. 새로운 연대기는 콜린 렌프루의 《문명 이전》(Colin Renfrew, *Before Civilisation*)을 참조하면 된다. 고대 이집트에 대해서는 브루스 트리거 등이 저술한 《고대 이집트 사회사》(Bruce Trigger, *Ancient Egypt, A Social History*)를, 고대 아메리카에 대해서는 프레드릭 카츠의 《고대 아메리카 문명》(Frederick Katz, *Ancient American Civilisations*)을 참조하라.

2부 고대 세계

역시 고든 차일드의 저작을 추천한다. 자크 제르네의 《중국 문명사》(Jacques Gernet, *A History of Chinese Civilization*)와 로밀라 타파르의 《펭귄 인도사》(Romila Thapar, *Penguin History of India*) 1권[정병조의 《인도사》는 부분적으로 이 책의 편역이다]도

매우 훌륭한 입문서다. 제프리 드 생 크루아의 ≪고대 그리스의 계급 투쟁≫(Geoffrey de Ste Croix, *Class Struggles in the Ancient Greek World*)은 그리스 노예와 로마 제국의 몰락을 자세하게 분석하고 있다. 로마의 초기 역사에 대해서는 브런트의 ≪로마 공화국의 사회 갈등≫(P A Brunt, *Social Conflicts in the Roman Republic*)[국역 : ≪로마사회사≫, 탐구당]을 보라. 나는 칼 카우츠키의 ≪그리스도교의 기원≫(Karl Kautsky, *The Foundations of Christianity*)의 일부 내용과 그의 정치의 많은 부분에 동의하지 않지만, 이 책은 읽어볼 가치가 있다. 헨리 채드윅의 ≪초기 교회≫(Henry Chadwick, *The Early Church*)[국역 : ≪초대교회사≫, 크리스찬다이제스트]는 그리스도교의 제도화를 이해하는 데 유용하다.

☙ 3부 '중세'

피터 브라운의 ≪후기 고대 세계≫(Peter Brown, *The World of Late Antiquity*)와 ≪서구 기독교 왕국의 탄생≫(Peter Brown, *The Rise of Western Christendom*)은 서유럽·비잔틴 제국·중동의 초기 발전을 고찰하고 있다. 앞서 소개한 제르네의 책은 중국의 발전을 훌륭하게 설명하고 있다. 해거가 편집한 ≪중국 송나라의 위기와 번영≫(W Haeger, *Crisis and Prosperity in Sung China*)은 중요한 시기를 깊이 있게 다루고 있고, 중국 과학에 관한 조셉 니덤의 저작들을 콜린 로넌이 요약한 ≪중국의 과학과 문명≫(C Ronan and J Needham, *The Shorter Science and Civilisation of China*)[국역 : ≪중국의 과학과 문명≫, 까치글방]은 중국의 과학과 기술뿐 아니라 기술 발전 일반에 대해서도 많은 점을 알려 준다. 비잔틴 제국에 관한 가장 쉬운 입문서는 시릴 망고의 ≪비잔티움≫(Cyril Mango, *Byzantium*)이다. 버나드 루이스의 ≪아랍인의 역사≫(Bernard Lewis, *The Arabs in History*)와 막심 로댕송의 ≪무함마드≫(Maxime Rodinson, *Mohammed*)와 ≪이슬람과 자본주의≫(Maxine Rodinson, *Islam and Capitalism*)는 초기 이슬람 역사를 가장 쉽게 소개하고 있다.

베이슬 데이빗슨은 아프리카 역사 탐구에서 선구자 역할을 했다. ≪아프리카의 역사≫(Basil Davidson, *Africa in History*)와 ≪아프리카를 찾아서≫(Basil Davidson, *The Search for Africa*)는 매우 유용하다. 이 분야에서는 새로운 발견이 계속되면서 식민주의적 편견의 영향력이 마침내 사라지고 있다. 같은 시기 유럽에 대해서는 마르크 블로크의 2부작 ≪봉건 사회≫(Marc Bloch, *Feudal Society*)[국역 : ≪봉건사회≫, 한길사]가 여전히 최고의 입문서이고, 자크 르 고프의 ≪중세 문명≫(Jacques Le Goff, Medieval

Civilisation)[**국역**: ≪서양 중세 문명≫, 문학과 지성사]도 매우 훌륭하다. 기 부아의 두 권의 책 ≪서기 1000년의 변화≫(Guy Bois, *The Transformation of the Year 1000*)(봉건제 생산양식의 등장을 다루고 있다)와 ≪봉건제의 위기≫(Guy Bois, *The Crisis of Feudalism*)는 좀 어렵지만 탁월하다. 로드니 힐튼도 ≪계급 투쟁과 봉건제의 위기≫(Rodney Hilton, *Class Struggle and the Crisis of Feudalism*)에서 부아와 비슷한 관점에서 봉건제의 위기를 다루고 있다. 진 짐펠의 ≪중세의 기계≫(Jean Gimpel, *The Medieval Machine*)는 중세 기술 변화와 14세기 고대 유산의 재발견에 관한 쓸 만한 설명을 제공한다.

❧ 4부 대변혁

아직도 당시의 전반적인 변화를 ≪공산주의 선언≫(*The Communist Manifesto*)[**국역**:≪공산주의 선언≫, 박종철출판사]의 첫 부분보다 뛰어나게 묘사한 글은 없다. 15세기부터 18세기까지 다루고 있는 페르낭 브로델의 3부작 ≪자본주의와 문명≫(Fernand Braudel, *Capitalism and Civilisation*)[**국역**: ≪물질문명과 자본주의≫, 까치글방]은 시장이 등장하면서 대중의 삶과 세계 정치에서 일어난 변화를 탁월하게 고찰하고 있지만, 때로는 지나치게 자세하다. 듀플레시스의 ≪초기 근대 유럽에서 자본주의로 이행≫(R S Duplessis, *Transitions to Capitalism in Early Modern Europe*)은 3세기 동안 유럽에서 일어난 경제적 변화들을 간략하게 다루고 있다. 독일 종교개혁은 토머스 브래디의 ≪독일 개혁의 정치≫(Thomas Brady, *The Politics of the Reformation in Germany*), 빅클의 ≪종교개혁≫(P Bickle, *Communal Reformation*)과 애브레이의 ≪민중 종교개혁≫(J Abray, *The People's Reformation*) 등에서 잘 다루고 있다. 칼 카우츠키의 ≪종교개혁 시대 유럽의 공산주의≫(Karl Kautsky, *Communism in Europe in the Age of the Reformation*)와 엥겔스의 ≪독일 농민전쟁≫(Frederick Engels, *The Peasant War in Germany*)[**국역**: ≪독일 혁명사 2부작≫, 소나무]은 여전히 읽어볼 만하다. 제목을 잘못 붙인 헨리 헬러의 ≪빈곤의 정복≫(Henry Heller, *The Conquest of Poverty*)은 프랑스 칼뱅주의의 계급 토대를 탁월하게 분석하고 있다. 폴리센스키의 ≪30년 전쟁≫(J V Polisensky, *The Thirty Years War*)은 유럽 역사에서 가장 혼란스러운 시기를 이해하는 데 필수적이다.

크리스토퍼 힐과 브라이언 매닝의 저작들을 포함해서 그동안 영국 혁명에 관한 책들이 많이 출간됐다. 이 중 무엇을 먼저 추천해야 할지 결정하기 힘들지만, 먼저 힐의 ≪혁명의 세기≫(Christopher Hill, *The Century of Revolution*)와 ≪신(神)의 영국인≫(Christopher Hill, *God's Englishman*), 브라이언 매닝의 ≪영국 혁명과 귀족, 평민≫(Brian

Manning, *Aristocrats, Plebeians and Revolution in England*)과 ≪신형군≫(Brian Manning, *The New Model Army*)을 추천한다. 중국에 관해서는 다시 한 번 제르네의 책을 권한다. 인도에 관해서는 버튼 스타인의 ≪인도의 역사≫(Burton Stein, *A History of India*)를 보라. 서유럽이 나머지 세계를 앞지르기 시작했을 당시 인도에 어떤 일이 일어났는지를 더 깊이 이해하려면 이르판 하비브의 중요한 저작인 ≪무굴 제국 시기 인도의 농업 구조≫(Irfan Habib, *Agrarian Structure of Mogul India*)를 볼 필요가 있다. 하지만 스피어의 ≪인도의 역사≫(Spear, *History of India*) 2권은 피하기 바란다. 지루하고 읽기 어렵다.

∞ 5부 새로운 질서의 확산

조르주 뤼데의 ≪18세기 유럽≫(George Rudé, *Europe in the 18th Century*)은 서유럽 역사 전개 과정을 개괄하고 있고, 듀플레시스는 경제의 변화를, 앵거스 칼더의 ≪혁명적 유럽≫(Angus Calder, *Revolutionary Empire*)은 영국과 그 식민지의 등장을 소개하고 있다. 로빈 블랙번의 ≪신세계 노예제의 형성≫(Robin Blackburn, *The Making of New World Slavery*)은 에릭 윌리엄스의 고전인 ≪자본주의와 노예제≫(Eric Williams, *Capitalism and Slavery*)를 새롭게 보충하면서 인종 차별 사상의 등장도 자세히 분석하고 있다. 패트릭 매닝의 ≪노예제와 아프리카인의 삶≫(Patrick Manning, *Slavery and African Life*)은 노예제가 아프리카에 끼친 영향을 고찰한다. 키스 토머스의 ≪종교와 주술의 쇠퇴≫(Keith Thomas, *Religion and the Decline of Magic*)는 17세기에 과학적 세계관이 등장한 과정을 자세하게 보여 주며, 로버트 단턴의 일련의 책들(예를 들어 ≪계몽주의의 과업≫ [Robert Darnton, *The Business of the Enlightenment*])은 18세기 과학적인 사고의 사회적 기원을 추적한다. 아이작 루빈의 마르크스주의 저작인 ≪경제사상사≫(Isaac Rubin, *A History of Economic Thought*)[**국역**: ≪경제사상사 1≫, 지평]는 애덤 스미스에 관한 매우 유용한 분석을 담고 있다.

∞ 6부 뒤집힌 세계

에릭 홉스봄의 두 권의 책 ≪혁명의 시대≫(Eric Hobsbawm, *The Age of Revolution*)[**국역** : ≪혁명의 시대≫, 한길사]와 ≪자본의 시대≫(Eric Hobsbawm, *The Age of Capital*)[**국역** : ≪자본의 시대≫, 한길사]는 이 시기 유럽을 장기적 관점에서 분석한다. 제르네는 중국에 관해서 비슷한 개괄을 하고 있으며, 여기에 덧붙여 프란츠 슈르만과 오빌 숄이 편집한 ≪중화 제국≫(F Schurmann and O Scholl, *Imperial China*)도 쓸 만하다. 에드워드 컨트리먼의 ≪미국 혁명≫(Edward Countryman, *The American Revolution*)은 미국 독립혁명을 이해하기 위해, 제임스 맥퍼슨의 ≪자유의 함성≫(James McPherson, *Cry of Freedom*)은 남북전쟁을 이해하기 위해 필수적인 책이다. 알베르 소불의 ≪프랑스 혁명≫(Albert Soboul, *French Revolution*)[국역: ≪프랑스 대혁명사≫, 두레], 피터 크로포트킨의 ≪프랑스 대혁명≫(Peter Kropotkin, *The Great French Revolution*)과 앙드레 게랭의 ≪프랑스 제1공화국의 계급 투쟁≫(André Guerin, *Class Struggle in the First French Republic*)은 서로 다른 관점에서 쓸 만한 분석을 제공한다. 제임스의 ≪흑인 자코뱅≫(C L R James, *The Black Jacobins*)은 아이티 흑인 반란에 관한 권위 있는 책이다.

에드워드 톰슨의 ≪영국 노동 계급의 형성≫(Edward Thompson, *The Making of the English Working Class*)[국역: ≪영국 노동 계급의 형성≫, 창작과비평사]은 1780년부터 1830년까지의 시기를 포괄하고 있으며, 도로시 톰슨의 ≪차티스트≫(Dorothy Thompson, *The Chartists*)는 이어진 차티스트 운동을 다루고 있다. 프리드리히 엥겔스의 ≪영국 노동자 계급의 상태≫(Frederick Engels, *The Condition of the Working Class in England*)[국역: ≪영국 노동자 계급의 상태≫, 세계]는 산업혁명이 노동 대중에게 미친 영향을 생생하게 묘사하며, 존 새빌의 ≪1848년≫(John Saville, *1984*)은 그 해 영국과 아일랜드에서 일어난 투쟁을 자세히 다루고 있다.

로저 프라이스의 ≪1848년 프랑스 혁명 문서집≫(Roger Price, *Documents on the French Revolution of 1848*)과 조너선 스퍼버의 ≪라인란트의 혁명가들≫(Jonathan Sperber, *Rhineland Revolutionaries*)도 무척 유용하다. 칼 마르크스의 ≪프랑스의 계급 투쟁≫(Karl Marx, *Class Struggles in France*)[국역: ≪프랑스 혁명사 3부작≫, 소나무]과 ≪루이 보나파르트의 브뤼메르 18일≫(Karl Marx, *The Eighteenth Brumaire of Louis Bonaparte*)[국역: ≪프랑스 혁명사 3부작≫, 소나무]과 엥겔스의 ≪독일의 혁명과 반혁명≫(Frederick Engels, *Revolution and Counter-Revolution in Germany*)[국역: ≪독일 혁명사 2부작≫, 소나무](오래된 편집본에는 종종 마르크스의 저작으로 잘못 표시돼 있다)은 선구자적 분석을 제공하고 있다. 마르크스와 엥겔스에 대해서는 알렉스 캘리니코스의 탁월한 저작인 ≪마르크스의 혁명적 사상≫(Alex Callinicos, *The Revolutionary Ideas of Karl Marx*)[국역: ≪마르크스의 사상≫, 북막스]과 프란츠 메링의 고전적 전기인 ≪칼 마르크스≫(Franz Mehring, *Karl Marx*)가 있다. 리사가레이의 ≪파리코뮌의 역사≫(Lissagaray, *The History of the Paris Commune*), 엘리넥의 ≪파리코뮌≫(Jelinek, *The Paris Commune*)과 앨리스테어 호른의 ≪포위된 파리≫(Alistair Horne, *The Siege of*

Paris) 모두 훌륭하며, 마르크스의 ≪프랑스 내전≫(Karl Marx, *The Civil War in France*)[국역 : ≪프랑스 내전≫, 박종철출판사]은 여전히 돋보인다.

❧ 7부 희망과 공포의 시대

20세기를 만족스럽게 개괄한 책은 드물다. BBC 텔레비전의 <민중의 세기>(*The People's Century*) 다큐멘터리 시리즈와 책은 20세기의 주요 사건을 참가자의 경험을 중심으로 소개하지만 꽤 산만하다. 에릭 홉스봄의 ≪제국의 시대≫(Eric Hobsbawm, *The Age of Imperialism*)[국역 : ≪제국의 시대≫, 한길사]는 20세기 초의 여러 세력에 대한 유용한 개괄서이며, ≪극단의 시대≫(Eric Hobsbawm, *The Age of Extremes*)[국역 : ≪극단의 시대 : 20세기의 역사≫, 까치글방]는 일부 중요한 사건과 문화 사조에 대한 부분적인 통찰을 제공하지만, 20세기를 결정지었던 사회 계급의 발전과 그들 사이의 거대한 충돌을 진지하게 탐구하지는 않는다. 게이브리얼 콜코의 ≪전쟁의 세기≫(Gabriel Kolko, *A Century of War*)는 일부 사건을 훌륭하게 다루고 있지만 포괄적이지는 않다. 특정한 상황 전개나 사건을 다룬 훌륭한 책들은 많다.

토머스 팩크넘의 ≪아프리카 각축장≫(Thomas Packenham, *The Scramble for Africa*)은 제국주의가 식민지 주민들을 어떻게 대했는지 보여 준다. 레온 트로츠키의 ≪러시아혁명사≫(Leon Trotsky, *History of the Russian Revolution*)[국역 : ≪러시아혁명사≫, 풀무질]는 아직도 러시아 혁명에 관한 최고의 저작이지만 멘셰비키였던 수하노프의 ≪1917년 러시아 혁명≫(N N Sukhanov, *The Russian Revolution of 1917*)의 축약본도 훌륭하다. 토니 클리프의 3부작 ≪레닌≫(Tony Cliff, *Lenin*)[국역 : ≪당 건설을 향하여≫, 북막스] 전기 중 첫 두 권은 러시아 사회주의 운동에 대한 훌륭한 입문서이기도 하며, 특히 둘째 권은 1917년 혁명을 쉽게 소개하고 있다. 파울 프릴리히의 ≪로자 룩셈부르크≫(Paul Fröich, *Rosa Luxemburg*)[국역 : ≪로자 룩셈부르크 생애와 사상≫, 책갈피]는 훌륭한 전기이자 독일 사회민주당 내부 논쟁에 대한 훌륭한 안내서이기도 하다. 칼 쇼르스커의 ≪독일 사회민주주의≫(Carl Schorske, *German Social Democracy*)는 독일 사회민주당에 대한 최고의 책이다.

1918~1922년의 혁명적 시기를 다룬 책은 엄청나게 많지만 영어로 된 것 중 가장 포괄적인 것은 내 책 ≪패배한 혁명 : 독일 1918~1923년≫(*The Lost Revolution: Germany 1918~23*)이다. 안젤로 로시라는 필명으로 발표된 안젤로 타스카(Angelo Tasca)의 ≪이탈리아 파시즘의 등장≫(Angelo Rossi, *The Rise of Italian Fascism*)은 이 문제에 관한 최

고의 저작이지만 구하기 어렵다. 지암피에로 카로치의 ≪이탈리아 파시즘≫(Giampiero Carocci, *Italian Fascism*)은 유용하며, 캐메트의 ≪안토니오 그람시와 이탈리아 공산주의의 기원≫(J M Cammett, *Antonio Gramsci and the Origins of Italian Communism*)과 파올로 스프리아노의 ≪공장점거≫(Paolo Spriano, *Occupation of the Factories*)를 덧붙일 수 있다. 도니 글룩스타인의 ≪서구 소비에트≫(Donny Gluckstein, *The Western Soviets*)는 20세기 유럽에서 노동자 항쟁의 경험을 종합적으로 다룬다. 던컨 핼러스의 ≪코민테른≫(Duncan Hallas, *The Comintern*)[**국역**: ≪우리가 알아야 할 코민테른 역사≫, 책갈피]과 알프레드 로스메르의 ≪레닌의 모스크바≫(Alfred Rosmer, *Lenin's Moscow*)는 초기 공산주의 인터내셔널을 다루고 있다. 제임스의 ≪세계 혁명≫(C L R James, *World Revolution*)은 1930년대 초까지 공산주의 인터내셔널에 대한 분석이며, 페르난도 클라우딘의 ≪공산주의 인터내셔널≫(Fernando Claudin, *The Communist International*)은 인터내셔널 역사 전체를 다루고 있다. 빅토르 세르쥬의 ≪어느 혁명가의 회상≫(Victor Serge, *Memoirs of a Revolutionary*)은 이 시기와 운동에 대한 탁월한 입문을 제공하고 있다. 장 셰노의 ≪중국 노동 계급 운동≫(Jean Chesneaux, *The Chinese Labour Movement*)은 1920년대 중국 노동자 운동의 성장과 패배를 포괄적으로 다루고 있다. 해럴드 아이작스의 ≪중국 혁명의 비극≫(Harold Isaacs, *The Tragedy of the Chinese Revolution*)도 탁월하며 쉽게 구할 수 있다. 아이작 도이처의 트로츠키 전기 중 둘째 권인 ≪비무장한 예언자≫(Isaac Deutscher, *The Prophet Unarmed*)와 토니 클리프의 ≪트로츠키≫(Tony Cliff, *Trotsky*) 3부작 중 마지막 권 모두 약간 다른 관점에서 1920년대 러시아의 변화를 다루고 있으며, 모셰 르윈의 ≪레닌의 마지막 투쟁≫(Moshe Lewin, *Lenin's Last Struggle*)은 스탈린에 대한 레닌의 불신을 자세히 묘사하고 있다.

갤브레이스의 ≪대공황≫(J K Galbraith, *The Great Crash*)[**국역**: ≪대공황 1929≫, 양영각]은 1929년 대공황에 대한 뛰어난 저작이지만 불행하게도 1930년대 경제 공황을 깊이 있게 다루지는 않고 있다. 찰스 킨들버거의 ≪불황에 빠진 세계≫(Charles Kindelberger, *The World in Depression*)[**국역**: ≪대공황의 세계≫, 부키는 주로 국제 금융에 대한 정부 내 논쟁에 집중하고 있다. 도니 글룩스타인의 ≪나치, 자본주의, 노동 계급≫(Donny Gluckstein, *The Nazis, Capitalism and the Working Class*)은 대공황이 낳은 가장 재앙적인 정치적 결과를 설명한다. 1930년대 프랑스는 줄리언 잭슨의 ≪프랑스 민중선선≫(Julian Jackson, *The Popular Front in France*)에서 살 나무고 있나. 세나이의 ≪함락된 요새≫(G E R Gedye, *Fallen Bastions*)는 비엔나 봉기를 소개한다. 스페인 내전에 관해서는 좋은 책이 여러 권 있다. 대표적으로 브루에와 떼미네의 ≪스페인 혁명과 내전≫(Broué and Temine, *The Revolution and the Civil War in Spain*), 로널드 프레이저의 구술사인 ≪스페인의 피≫(Ronald Fraser, *Blood of Spain*), 펠릭스 모로우의 당대사인 ≪스페인의 혁명과 반혁명≫(Felix Morrow, *Revolution and Counter- Revolution in Spain*), 그리고 조지 오웰의 ≪카탈로니아 찬가≫(George Orwell, *Homage to Catalonia*)[**국역**: ≪카탈로니아 찬가≫, 민음사] 등이 있다. 아트 프라이스의 ≪노동 계급의 위대한 발걸음≫(Art Preis, *Labor's Giant Step*)은 1930년대 미국 노동 운동을 흥미진진하게 논의하며, 패럴 돕스의 ≪팀스터 반란≫(Farrell Dobbs, *Teamster Rebellion*)은 가장 중요한 파업 중 하나를 참가자의 눈으로 소개하고 있다.

테일러의 ≪제2차세계대전≫(A J P Taylor, *The Second World War*)은 이 전쟁을 단순하게 사건의 관점에서 검토한다. 게이브리얼 콜코의 ≪전쟁의 정치≫(Gabriel Kolko, *The Politics of War*)는 열강들의 저항 운동 억압과 냉전을 낳은 책략을 탐구한다. 이언 버철의 ≪체제 구출하기≫(Ian Birchall, *Bailing Out the System*)[**국역**: ≪서유럽 사회주의의 역사≫, 갈무리]와 ≪획일체에 도전한 노동자들≫(Ian Birchall, *Workers Against the Monolith*)은 전후 서구 공산당과 사회민주당의 역사를 다룬다. 브라이언 랩핑의 ≪제국의 종말≫(Brian Lapping, *End of Empire*)(1980년대 텔레비전 시리즈를 기반으로 하고 있다)은 영국의 영향력 아래 있는 지역에서 일어났던 몇몇 중요한 반식민지 운동을 탁월하게 설명하고 있다. 나이절 해리스의 ≪천명(天命)≫(Nigel Harris, *The Mandate of Heaven*)은 마오쩌둥 시기 중국에 대한 비판적 연구서다. 토니 클리프의 ≪소련 국가자본주의≫(Tony Cliff, *State Capitalism in Russia*)[**국역**: ≪소련 국가자본주의≫, 책갈피](1947년에 처음 쓰였다)는 스탈린주의 사회의 진정한 동역학을 탐구하며, 내 책 ≪동유럽의 계급 투쟁≫(*Class Struggles in Eastern Europe*)[**국역**: ≪동유럽에서의 계급 투쟁≫, 갈무리]은 폴란드·체코슬로바키아·헝가리 등에서 스탈린주의 정권 수립 과정과 1953~1981년에 발생했던 위기를 설명하고 있다. 1960년대 미국의 흑인 운동에 관해서는 많은 책이 있다. 개로우의 ≪십자가 지기≫(Garrow, *Bearing the Cross*)는 마틴 루터 킹의 전기를 통해 공민권 운동을 얘기한다. 콜린 바커가 편집한 ≪혁명의 리허설≫(Colin Barker, *Revolutionary Rehearsals*)은 1960년대 말과 1970년대의 일부 투쟁을 다루며, 그의 ≪피억압자들의 축제≫(Colin Barker, *Festival of the Oppressed*)는 1980~1981년 폴란드 노동자 운동을 다루고 있다. 폴 진스버그의 ≪이탈리아 현대사≫(Paul Ginsborg, *A History of Contemporary Italy*)와 로버트 럼리의 ≪비상 사태≫(Robert Lumley, *States of Emergency*)는 1969년부터 1974년까지 이탈리아를 휩쓴 운동을 소개한다.

최근의 가장 뛰어난 구술사 중 일부는 텔레비전 다큐멘터리에서 발견할 수 있으며, 종종 비디오로 구입할 수 있다. BBC의 <민중의 세기>(*People's Century*), <나치 — 역사의 경고>(*The Nazis: a Warning from History*)와 미국 흑인 운동 이야기인 <아이즈 온 더 프라이즈>(*Eyes on the Prize*)를 적극 추천한다. <냉전>(*The Cold War*)은 질이 불균등하다. <세계산업노동자연맹>(*The Wobblies*)는 20세기의 첫 사반세기 동안 미국을 뒤흔들었던 전투적 노동 운동에 관한 다큐멘터리이며, <칠레 전투>(*Battle for Chile*)의 1부와 2부는 아옌데 정부에서 일어난 사건들을 역동적으로 묘사하고 있다.

찾아보기

ㄱ

가리발디(Garibaldi) 442, 443
가부장제 61, 62
가비, 마커스(Garvey, Marcus) 591
가사 노동 693, 696
가족 : —과 계급 사회의 출현 60~62, —과 산업혁명 417, 490, 중간 계급 모델 491, 500, 501, 장기 호황기 동안 변화 696, 697
가족 임금 491
가축화 : 동물의 38
가톨릭 교회 : 중세 204, 205, 16세기 초 타락 248, 현대 폴란드 713, 1950년대 남유럽에서 미친 영향 732
가퐁(Gapon) 신부 513
간디, 마하트마(Gandhi, Mahatma) 573, 579, 580, 697~699
간디, 인디라(Gandhi, Indira) 317
갈리아 : 로마의 정복 119, 농민 반란 127
갈릴레오(Galileo) 242, 315, 316, 494
강제 공업화 : 스탈린 하에서 604, 사회적 결과 605, 606, 영국의 원시적 축적에서 발생하는 끔찍함과 유사 606, 607
개드, C J(Gadd, C J) 54
걸프전(1991년) 759, 766
'검은 목요일'(1929년) 596
게드, 쥘(Guesde, Jules) 502, 522
게랭, 앙드레(Guerin, André) 390
게바라, 체(Guevara, Che) 717, 719, 721
게이지 장군(Gage, Governor) 352
게토(빈민가), 미국의 흑인 591 : 1960년대 봉기 732

게토, 유대인 : 제2차세계대전에서 671
경제 성장 : 16세기와 18세기 잉글랜드 291, 1920년대 589, 제2차세계대전 전후 동유럽 708, 1930년대에서 1970년대까지 소련 708
경제 위기 : 1900년대 초 512, 1929~1933년 독일 612, 중간 계급에게 미친 영향 613
계급 분화 : 최초 분화의 증거 52, 원인 54~58, 아프리카에 출현 192
계급 사회 : —의 확산 62
계급 투쟁 : 최초의 문명들에서 67~71, 고대 그리스에서 104~107, 로마 공화국에서 116, 117
계몽 군주 322
계몽주의 318~323 : 선구자들 188, 성격 318, 청중 322
고대 문명 : 붕괴 79, 80
고든 차일드, C(Gordon Childe, C) 45, 46, 48, 50, 53, 60, 61, 65, 72, 229
고든, 찰스 조지(Gordon, Charles George) 506
고등법원(파를망) 371, 375
고르바초프(Gorbachev) 748, 749
고왕국 64, 66~68, 73
고우무카, 스타니슬라브(Gomulka, Stanislaw) 689, 713, 714, 746
고타마(Gautama) 86
고트족 128, 152, 167
고행자 운동(Flagellants) 210, 212
곡물 창고 : 신전의 기원으로서 48, 49
공산당(그리스) 676
공산당(독일) 592 : 1930년대 초 611, 나치에 맞선 재앙적인 정책 620, 621, 나치와 싸우다 621, 나치당 하에서 체포되다 621, 622
공산당(미국) 610 : —과 뉴딜 656, 657

공산당(소련) : 1930년대 중반까지 남아있는 고참 볼셰비키의 비율 606
공산당(스페인) 637, 640~642
공산당(이탈리아) 688, 689 : 지하 활동 676, 1943~1945년의 성장 679
공산당(인도) : 분할 지지 698
공산당(일본) 692
공산당(칠레) 740
공산당(포르투갈) 740, 741
공산당(프랑스) : 제3기 정책 627, 사회당과의 공동전선 628, 급진당과의 인민전선 628~632, 파업 물결을 중단시키다 630, 1933~1936년 당원 수 633, 인민전선 정부에 의해 불법화되다 634, 레지스탕스 679, 1968년 파업을 중단시키다 736
공산당, 동유럽 : 1945년 이후 688~690
공산주의 : 인간 해방으로서 426, 소련과 동일시되다 599, 1930년대 초 서방과 제3세계에서 598, 599
≪공산주의 선언≫ 71, 426~430, 432, 473, 769, 777
공산주의 인터내셔널(코민테른) : 창립과 제2차 대회 564, 21개 조건 564, 1921년 제3차 대회 570
공산주의자 동맹 426
공상적 사회주의 424
공안위원회 : —의 선거와 권한 380
공영권 661
공자(孔子) 95, 96, 101, 422
공장점거 : 1920년 이탈리아 559, 560, 565
공장점거, 숙련 노동자들의 : 1890년대 영국 511, 512
공포정치 : 프랑스 혁명 370, 381~386, 1793년 9월 이전까지 381, 마크 트웨인 382, 왕당파와 지롱드파의 —에 대한 반동 382, 좌파에 대한 자코뱅의 — 383, 당통의 사형 384
공포정치, 1918년 혁명 정부의 : 이유 548, 1929년 이후 스탈린의 테러와 나른 섬 548
공화당(미국) 445, 449, 454, 456, 498, 591, 654, 760
공화주의 : 아일랜드 574
과거제도 : 중국 157, 162

과잉 생산 428, 754
과테말라 42, 228, 716, 717, 721, 766
과학 : 고대 인도의— 88, 고대 그리스의— 108, 109, 아랍의— 187, 188
과학주의 494, 495, 503
관개 : —와 계급 사회의 등장 48, 49, 등장 65, 마우리아 제국 85, 중국 92, 99, 메소포타미아 182, 아바스 제국 185, 스페인의 정복으로 안데스에서 파괴되다 234
관료 : 마우리아 제국 85, 제국 이전과 제국 초기의 중국 94, 중국의 명대 297
광둥(廣東) : 1920년대 582
광부 파업 : 1984~1985년 영국 745, 1988년 폴란드 749
괴벨스(Goebbels, Joseph) 617
괴테(Goethe) : 발미 전투에 대해 362
교환가치 246, 337
구루 나나크(Guru Nanak) 302
구빈 제도 416
구빈원 419, 438
구약성서 72, 79, 133, 175, 410, 423
국가 : 출현 57, 봉건 시대 237, 근대의 시작 237~239
국가자본주의 : 러시아와 중국과 동유럽에서 607, 1930년대부터 1970년대까지 세계적 경향으로서 709, 710, 1980년대와 1990년대의 위기 751, 위기 관리에서 드러난 시장의 무능력 751, 752
국가자본주의 관료 : 1989~1990년에 보인 행동 750
국민공회 370, 378~382, 387, 392, 403
국민국가 : 특징들 237, 238, —의 등장과 세계 시장 체제 349, 20세기 말의— 758
국민당(중국) 581, 582, 701, 702, 710, 724
국민방위대 : 프랑스 혁명기 364, 366, 368, 408, 1848년 433, 436, 438, 439, 1870~1871년 475, 476, 479
국빈사유낭(복일) 552
국민회의, 인도 697~700, 710, 751
국어 237 : —의 출현 242, 유럽에서 201, 독일어와 마틴 루터 243, 체코어 271
국영 작업장(1848년) 437, 438

국제 여성 노동자의 날 529
국제연맹 687
국제연합(유엔) : 창설 687
국토방위법 525
군사 반란 : 1936년 스페인에서 631
군사혁명위원회 541
군주 : 중세 말기 201, 214
굴라크(Gulag) 602, 606, 647, 648
굽타 왕조 88
귀족 : 고대 메소포타미아 67, 고대 메소아메리카 67, 아랍 초기 178, 중세 초기 중국 156, 몽골 165, 프랑스와 칼뱅파 종교개혁 258~261, 스코틀랜드 262, 영국 275, 영국 내전 277, 프랑스 혁명 364~366, 369~377
그노시스주의 141
그라나다 191, 239, 242
그라쿠스, 가이우스(Gracchus, Gaius) 117
그라쿠스, 티베리우스(Gracchus, Tiberius) 116, 117
그람시, 안토니오(Gramsci, Antonio) 559, 781 : 르네상스에 대해 241, '수동 혁명'에 대해 750
그랜트, 율리시스(Grant, Ulysses) 452~454
그레나다, 침공 760
그뢰너 장군(Groener, Genral) 551
그뤼에, 자크(Gruet, Jacques) 262
그리스, 고대 81 : 미케네 문명 붕괴 후 101, 도시 국가 출현 102, 역동성의 이유 109
그리스, 현대 : 독립 467, 1912~1913년 발칸 전쟁 참전 516, 1920년대 초 터키와의 전쟁 555, 제2차세계대전 참전 676, 1944~1945년 영국이 다시 세운 군주정 682, 683, 1967년 군사 쿠데타 684
그리스민족해방전선인민해방군(EAM-ELAS) 676, 681, 682, 689
글라디오(Gladio) 689
글라스노스트(Glasnost) 748
글래드스톤, 윌리엄(Gladstone, William) 497, 502
급진당(프랑스) 626~629, 631, 632, 648
기계화 : 중세 유럽 202, 18세기 말 412, 19세기 말 487, 농업의— 489

기독교 : 고대 인도에서 88, 등장 130~146, —의 초기와 유대교 136, 137, —와 로마 다신 신 숭배 137, 초기에 노예제 수용 138, 청중 138, 139, 순교자와 박해 143, 이단 박해 144, 네스토리우스파 157, 163, 170, 아리우스파 170
기독교민주당(이탈리아) 732, 738
기동경찰대 638
기동타격대 438
기번, 에드워드(Gibbon, Edward) 110, 124, 320, 409
기사 : 종교개혁 시기 독일 257
기사당(Cavaliers) 279~281, 287
기에레크(Gierek) 746
기자(Giza) 63, 64, 68
길드 252, 291, 373 : 고대 인도 88, 비잔티움에서 171, 172, 중세 208, 중세 말기 214, 215
김일성 686, 692

ᄂ

나로드니키 514
나세르, 압둘(Nasser, Abdul) 707, 751
나이지리아 507, 760
나일 강 유역 : —과 비잔틴 제국 169
나지, 임레(Nagy, Imre) 714
나치 : 1923년의 반란 614, 부르주아 정당들과의 차별점 614, 1929년 이후의 성장 614, 사회적 구성 614, 인종 차별 이데올로기와 독일 자본의 이해 660~662, 유대인 박멸 671~675, 나치 선전에서 반유대주의 효용 673, 674
나토 689, 691 : 세르비아 전쟁 760
낙타 : 길들여진 시기 174, 사하라 사막의 — 이용 194
난징(南京) 464, 465, 765
남베트남 716, 722
남부연합 450~453
남아프리카공화국 508, 598, 697, 705, 758
남한 692, 710, 716, 753, 755, 775, 777
낭만주의 411
냉전 : 발발 688, 영향 690, 691, 군비 경쟁 708
네덜란드 : —와 종교개혁 243, 스페인에 맞선

870 _ 민중의 세계사

반란 242~264, 포르투갈 제국의 식민지 중 많은 지역을 가져가다 307, '황금기' 308
네로 황제(Nero, Emperor) 122, 143
네루, 자와할랄(Nehru, Jawaharlal) 579, 697, 699
네안다르탈인 31
네이즈비 전투 283
네케르(Necker) 320, 363
넨니, 피에트로(Nenni, Pietro) 563
노동 : 상품으로서 430
노동 가치론, 애덤 스미스의 337, 340, 341
노동 계급 : 영국에서 형성과 성장 413~418, 태도 416~419, 투쟁 418~421, 1840년대 유럽 대륙에서 나타난 성격 435, 마르크스와 엥겔스가 —에 대해 한 말 430~432, 1890년대와 1900년대 초의 구조조정 512, 장기 호황기의 성장과 재구성 694, 695
노동 귀족 511
노동 분업 : 성별 33, 35, 농업 사회에서 48
노동 수용소 : 1920년대 소련에서 수용자의 수 602, 1930년대 605
노동당(프랑스) 502
노동력 재생산 35, 41, 695, 696
노동시간 : —과 자본주의의 등장 416
노동시간 : 1950대와 1960대 694
노동시간 단축 : 파리 1848년 437
노동자 정부 : 1923년 565, 1926~1927년 중국 583
노동자·병사 평의회 551
노동자동맹 636
노동자반대파 570, 600
노동자평의회 : 1918년 독일 551, 1919년 오스트리아 556, 1956년 헝가리 714, 715
노동조합 : 영국의 비합법— 418, 1948~1949년 프랑스에서 —의 분열 690, 1948~1949년 이탈리아에서 —의 분열 690
노동조합주의 608, 610
노동총동맹(CGT) 513, 628, 632, 633
노보트니, A(Novotny, A) 733
노스캐롤라이나와 사우스캐롤라이나 : 미국 혁명기 348
노스케, 구스타프(Noske, Gustav) 554, 562

노예 : 로마에서 —를 다루는 법 115, 아메리카에서 —의 상태 326, 백인— 327
노예 무역 330, 331, 334, 335, 403, 507
노예 반란 : 고대 그리스 104, 105, 고대 로마 116, 119~121, 아바스 제국 189, 아메리카 식민지 348, 산토도밍고(아이티) 402
노예제 : —와 계급 분화 52, 53, —와 초기 기독교 138, 후기 로마 제국 —의 쇠퇴 126, 127, 비잔틴 제국 171, 아바스 제국 185, 봉건 유럽에서 —의 쇠퇴 199, 중세 326, 담배 재배 328, —를 정당화하기 위해 비(非)인종 차별적 변명을 하다 330, 331, —와 인종 차별의 탄생 332, 미국 혁명 후 360, 미국 445
노예제 폐지론자 445, 446, 449, 454 : 갑자기 얻은 인기 450~452
녹스, 존(Knox, John) 249, 262
농노 : 스파르타에서 103, 104
농노제, 유럽의 : 등장 128, 생산 방식에 미친 영향 199, 30년 전쟁 후 보헤미아 271, 러시아에서 폐지되다 473
농민: 제국 이전과 제국 초기의 중국 97~100, 고대 로마 112, 114, 115, 중세 중국 155, 158, 159, 비잔틴 제국 170, 171, 중세 초 유럽 195, 18세기 영국 309, 18세기 후반의 프랑스 373, 제1차세계대전의 영향 528, 1917년 러시아 542, 1960년대까지 남부 유럽 732, 733
농민 반란 : 로마 제국 시기 127, 중국 158, 297, 299, 비잔틴 제국 171, 중세 유럽 207, 208, 212, 혁명적 프랑스 365, 1917년 러시아 534
농민전쟁, 독일 253~258, 274, 289, 436
농업 : 최초의— 38, 39, 다양한 지역적 기원 42, 확산 43, 44, 쟁기 56, 괭이와 쟁기와 여성의 역할 60, 중국 92, 중세 초기의 —발전 153, 송대의 —쇠퇴 164, 아바스 제국의 —쇠퇴 185, 아프리카의 —발전 192, 중세 후기 유럽의 —변화 197~199, 영국에서 출현한 자본주의— 290, 291, 17세기 네덜란드의 —발전 308, 영국의 농업혁명 308, 산업혁명과— 413
농업 자본가 275, 308, 310, 373, 441
누비아, 고대 72, 190~192
누어족 41

뉴딜 : 주요 조치 651, —에 대한 열광 651, 민주당과 문화 656, 657
뉴래너크 412
뉴질랜드 509 : 폴리네시아인의 정착에 대해 43
뉴턴, 아이작 316, 319, 494 : —과 요한계시록 312
뉴포트 봉기 419
능동적 시민 365
니카라과 716 : 콘트라 반군 760
닌 안드레스(Nin, Andres) : 암살 643, 647

ㄷ

다국적 기업 751, 758, 759, 772
다마스쿠스 177, 703
다윈, 에라스무스(Darwin, Erasmus) 410
다윈, 찰스(Darwin, Charles) 410, 494, 495
다이아몬드, 재레드(Diamond, Jared) 229
다이어 장군(Dyer, General) 579
단성론자(單性論者, Monophysites) 170
단테, 알리기에리(Dante, Alighieri) 202, 241
달라디에, 에두아르(Daladier, Eduard) 627, 628, 631, 633
달랑베르(d'Alembert) 320
달력 : 최초의— 50, 아메리카 토착 문명들의— 222
당통, 조르주 자크(Danton, Georges Jacques) 365, 367~370, 374, 379, 383, 384, 387, 391
대검귀족 371
'대공포' 365
대공황 : 양차 대전 사이의 생산량 감소 596, 국제 무역량 감소 597, 제3세계에 미친 영향 597
대량 생산 : —의 확산 512
대량 학살 : 제2차세계대전 동부 전선에서 672
대륙회의 347, 350, 353, 354, 357, 360
대약진 운동 725, 726
대장정 701
대처, 마가렛(Thatcher, Margaret) 34
대처주의자 744
대포 : 최초의— 161, 202
대학 : 유럽에서 설립된— 201

더글러스, 프레드릭(Douglass, Frederick) 446, 450
더스 패서스, 존(Dos Passos, John) 557, 594, 599, 657, 715
덩샤오핑(鄧小平) 725, 726, 728, 751
데모크리토스(Democritus) 108
데물랭(Desmoulins, Camille) 374, 384
데살린(Dessalines) 403
데카르트(Descartes, René) 316, 318
데탕트 720
델리 : 무굴 제국 시대 293, 301, 303
도교 96, 99, 163
도기 : 최초의— 38
도미니카 공화국 716, 722
도스안(Dawes Plan) 591, 612
도시 : 최초의— 46, 49, 무굴 제국 시대의 인도 300, 301, 영국 414
도시혁명 45, 46 : 기술 진보 65, 66
도시화 : 1650년 잉글랜드 274, 영국 309, 무굴 제국 시대 인도 300, 301, 19세기 영국과 독일 488, 489, 1950년 프랑스와 일본 489, 1950년대와 1960년대의 미국 흑인 732
도제 : 영국 혁명에서 279, 280, 418
도쿠가와 469, 470, 471
독립노동당(영국) 564
독립사회민주당(독일) 543, 553, 554, 562~564, 612
독립선언서 347, 357, 359, 361, 364, 446
독일 : 종교개혁 당시의 도시들 242, 30년 전쟁 이후 272, 1848년 혁명 이후 441, 442, 20세기 초에 식민지들 찾다 509, 510, 1918~1919년 혁명 550~554, 1919년과 1920년의 선거 553, 1923년·1925~1929년·1928~1933년 선거들 591, 592, 1930년대 팽창 정책의 뿌리 661, 1945년 반나치 위원회 683, 연합군의 점령과 분할 690
돌격대원(SA) 613, 614, 616, 619, 621, 622, 674 : 수 566, 613
돌바크(d'Holbach) 319~321, 337, 423, 424
돌푸스, 엥겔베르트(Dollfuss, Engelbert) 624~626, 636, 646
돕스, 파렐(Dobbs, Farrell) 591

동고트족 128, 152, 153
동독 : 1953년 봉기 712, 1989년 시위들 749
동방 문제 466~468
동성애 : 영국에서 불법화되다 491
동성애자해방전선(Gay Liberation Front) 737
동아시아 : 1990년대 753
동유럽 : 1919년 초 555, 556, 전쟁 이후 서방이 스탈린이 ―을 지배하는 것을 용인하다 685, 러시아의 정책 688~690, 1990년대 경제 상황 752, 753
동유럽 정부의 1989년 몰락 : 원인 745~751
동인도회사 : 인도 정복 458~460, 관료들의 약탈 460, 아편 무역 462, 463
두루티, 부에나벤투라(Durutti, Buenaventura) 557, 640
두마 : 1917년 러시아 530~532, 제1차세계대전 이전 러시아 536, 537
뒤마, 알렉산더(Dumas, Alexander) 395
뒤비, 조르주(Duby, Georges) 198, 206
드 메스트르(De Maistre) 409
드 발레라, 이몬(De Valera, Éamon) 575, 577
드 비테(De Witte) 270
드 생 크루아(De Ste Croix, G E M) 104, 111, 113, 127
드골, 샤를(De Gaulle, Charles) 679, 681, 704, 731, 736
드라이저, 시어도어(Dreiser, Theodore) 494, 599
드레퓌스 사건(Dreyfus) 499
드루즈파(Druze) 186
디드로, 데니스(Diderot, Denis) 319~322
디아스, 포르피리오(Diaz, Porfirio) 585, 586
디오클레티아누스(Diocletian) 144
디킨슨, 애나(Dickinson, Anna) 450
디포, 다니엘(Defoe, Daniel) 308

ㄹ

라가시 49, 53, 54
라데크, 칼(Radek, Karl) 575, 621
라마르크(Lamarck, J B de) 410
라마르틴, 알퐁스(Lamartine, Alphonse) 421
라블레, 프랑수아(Rabelais, Francois) 242
라스 카사스(Las Casas) 225, 234, 327
라스콥, 존 J(Raskob, John J) 591
라스파유(Raspail) 441
라스푸틴(Rasputin) 530
라이크(Rajk) 689
라이트, 리처드(Wright, Richard) 599, 657, 658
라이프니츠(Leibniz) 318, 319
<라인 신문(Rheinische Zeitung)> 424
라콩브, 클레르(Lacombe, Claire) 366, 384
라킨, 짐(Larkin, Jim) 513
라틴아메리카 : 스페인으로부터 해방 404~407
라파르그, 폴(Lafargue, Paul) 502
라파예트(Lafayette) 364, 366, 367, 369, 378, 408
라호르 293, 301, 303, 699
랠프 폭스(Ralph Fox) 520
러다이트 운동 418
러시, 벤저민(Rush, Benjamin) 356
러시아(소련) : 16세기와 17세기의 확장 293, 카프카스 점령 467, 이스탄불을 향해 밀고나가다 467, 농노제 폐지 473, 러일전쟁 516, 이스탄불 점령을 원하다 533, 경제 위기의 영향 542, 외국의 침공 546, 내전과 외국 군대의 침공으로 황폐화되다 569, 1925~1928년 593, 혁명의 타락 599~603, 1968년 체코슬로바키아 침공 733, 1989~1991년 블록의 붕괴 745, 1980년대 말 경제 수축 748, 아프가니스탄 점령 756, 1990년대 그루지야와 타지키스탄 내전 개입 760
러시아-중국 분열(1960년대) 724
럭크나우 : 무굴 제국 시대 301
레기엔(Legien) 558
레닌, 블라디미르(Lenin, Vladimir) : 혁명을 볼 것이라고 예상하지 못하다 528, 1917년에 535, 마르토프·단·악셀로드와 의견 불일치 536, 혁명의 성격에 대한 시각 변화 538, 혁명에서 핵심 역할 538~540, 1906년 러시아에서 사회주의 혁명의 불가능성에 대해 543, 태도를 바꾼 이유 543, 서방에서 혁명이 일어날 필요성에 대해 543, ―과 브레스트-리토프스크 545, 암살 시도로 부상을 입다

546, 아일랜드 봉기에 대해 575, 소비에트 국가의 관료화에 대해 599, 600, 스탈린에 대한 경고를 적은 유언장 600
레마르크, 에릭 마리아(Remarque, Erich Maria) 527
레바논 : 고대 81, 1982년 이스라엘의 침공 707, 756
레비네, 오이겐(Leviné, Eugene) 563
레오 수학자(Leo the Mathematician) 168
레오 아프리카누스(Leo Africanus) 191, 334
레오폴드 국왕(Leopold, King) 507
레이건, 로널드(Reagan, Ronald) 317, 747
레인보로위(Rainborowe) 284
레지스탕스 운동, 제2차세계대전 : 그리스 676, 이탈리아 676~679, 프랑스 679, 680
로댕송, 막심(Rodinson, Maxime) 182
로마 : 고대 110~129, 제국의 규모 110, 기술 발전 111, 이탈리아 정복 112, 도시 빈민 119, 제국의 쇠퇴와 몰락 126~129, 152, 1849년 혁명 440
로베스피에르(Robespierre, Maximilien) 365 : 전쟁에 반대하다 367, 하층 계급과 동맹하다 379, 사형제 폐지 요구 381, 반역자 처벌을 정당화하다 382, 383, 지롱드파에 반대해 행동하다 383, 좌파에 반대하다 383, 384, 당통을 처형하다 384, 공포정치의 존속에 주저하다 386, 권력을 잃다 387, 혁명의 파괴를 경고하다 387
로브슨, 폴(Robeson, Paul) 657, 690
로블레스, 길(Robles, Gil) 636
로욜라, 이그나티우스(Loyola, Ignatius) 249
로이드 경(Lloyd, Lord) 580
로이드 조지, 데이빗(Lloyd George, David) 554, 576, 577
로즈, 세실(Rhodes, Cecil) 507
로지앙코(Rodzianko) 530, 531
로크, 존(Locke, John) 319, 331, 356
로터미어, 경(Rothermere, Lord) 613
롤, 에릭(Roll, Eric) 339
롤라드파(Lollards) 243
루, 자크(Roux, Jacques) 366, 384, 386
루가 복음 131, 132 : 가족에 대해 137

루가드 경(Lugard, Lord) 507
루덴도르프, 에리히(Ludendorf, Erich) 524, 549
루소, 장 자크(Rousseau, Jean Jacques) 320~322, 332, 337, 356, 377, 422
루스벨트 엘리노어(Rooservelt, Eleanor) 667
루스벨트, 프랭클린(Roosevelt, Franklin) 650~652 : ―와 노동조합 지도자들 654, 655, ―와 공산당 656~658, 1941년 이전의 정책 665, 666
루이 11세(Louis XI) 238
루이 14세(Louis XIV) 362
루이 15세(Louis XV) 298, 363
루이 16세(Louis XVI) 322, 363
루이 9세(Louis IX) 203
루이 보나파르트(Louis Bonaparte)(나폴레옹 3세) 441, 442, 474, 496, 497
루이 필리프(Louis Philippe) 421, 433, 441
루이스, 존(Lewis, John) 653~655
루카치, 게오르크(Lukács, Georg) 594
루터, 마틴(Luther, Martin) : 사회적으로 보수적이다 250, ―와 독일 황제들 249~252, 농민 반란 진압을 촉구 255
루터주의 : 봉건 제후들의 이데올로기가 되다 257
루터파(Lutherans) 243, 256, 267, 270, 273
룩셈부르크, 로자(Luxemburg, Rosa) : 베른슈타인과의 논쟁들 504, 《대중파업》 515, 광적인 전쟁 지지 분위기에 대해 519, 러시아가 고립되는 데 독일 사회민주주의가 책임이 있다고 주장하다 544, 암살 552
류사오치(劉少奇) 701, 725, 726
르네상스 88, 240~242, 312 : 교황권 266, ―와 종교개혁 251
르노, 파리 : 1936년 점거 629, 1938년 파업 633, 1947년 파업 689
르드뤼 롤랭(Ledru Rollin) 441
르보프 공(L'vov, Prince) 531, 532
'르 샤플리에' 법(Le Chapalier) 366
르완다-부룬디 510, 760
르콩트 장군(Lecomte, General) 476
리, 리처드(Lee, Richard) 30, 32~34, 44
리베라, 프리모 데(Rivera, Primo de) 635

리사가레이(Lissagaray) 476
리옹 : 프랑스 혁명기 378, 382, 383
리처드, 사자왕(Richard the Lionheart) 419, 425
리카도, 데이빗(Ricardo, David) 340~342, 411
리콕, 엘리너(Leacock, Eleanor) 33
리트비노프(Litvinov) 681
리프크네히트, 칼(Liebknecht, Karl) 551~553
린뱌오(林彪) 726, 727
릴번, 존(Lilburne, John) 282, 284, 285, 287
링컨, 에이브러햄(Lincoln, Abraham) : 노예제에 손대지 않을 것이라고 말하다 445, '온건파' 노선을 따르다 451, 노예 해방으로 급전환하다 452, 마르크스가 ―에 대해 한 말 453

ㅁ

마가 복음서 132
마가다(Magadha) 84, 101
마그리브 192, 193, 510
마니교 142, 157
마데로, 프란시스코(Madero, Francisco) 586
마드라사(Madrasah/Madrasas) 187
마라, 장 폴(Marat, Jean Paul) 365, 366, 368, 369, 374, 378~380, 383, 390, 538, 631
마라타 왕조(Marathas) 459
마르셀, 에티엔느(Marcel, Etienne) 208
마르코 폴로(Marco Polo) 165, 223, 462
마르쿠스 안토니우스(Mark Antony) 122
마르쿠제, 헤르베르트(Marcuse, Herbert) 730, 736
마르크스, 칼(Marx, Karl) : 생산력과 생산관계에 대해 54, 70, 71, '아시아 사회'에 대해 58, 92, 스파르타쿠스에 대해 120, 사용가치와 교환가치에 대해 245, 246, 봉건제 하의 생산에 대해 246, 경력 423, 424, 사상의 발전 424, 425, 1848년 혁명에 대해 441, 링컨에 대해 453, 인도를 정체된 사회로 잘못 보다 458, 1871년 파리에 대해 473, 노동자 정부로서 코뮌에 대해 477, 코뮌의 역사적 의미에 대해 481, "근대 계급 지배의 국가 형태"로서 보나파르트 독재에 대해 496, 인간이 역사를 만드는 것에 대해 571
마르크스주의 : 탄생 422~432, ―와 제1차세계대전 후 중국 학생들과 지식인들 581, 1960년대 말과 1970년대 초 새로운 청중 736
마르크스주의통일노동자당(POUM) 640, 643, 647
마르토프(Martov L) 536, 537
마른 전투 522, 621
마리 앙투아네트(Marie Antoinette) 366, 381
마리우스(Marius) 118, 122
마셜플랜 689
마스턴 무어 전투 281
마야 문명 49, 54, 64, 66, 67, 70, 227, 769
마오쩌둥(毛澤東) 701, 703, 725~727, 751 : 스탈린의 태도 702, ―과 닉슨 728
마왈리(Mawali) 180
마우리아 제국(Maurya) 84, 85, 87
마우린, 호아킨(Maurin, Joaquin) 647
마우흐, 칼(Mauch, Carl) 190
마운트배튼 경(Mountbatten, Lord) 684
마이네케, 프리드리히(Meinecke, Friedrich) 521, 554
마이젤스(Maisels) 초기 관개에 대해 인용 48
마치니(Mazzini, Giuseppe) 442
마카리오스 대주교(Makarios, Archbishop) 704
마카오 292
마케도니아 : 고대 왕국과 제국 109
마태오 복음서 131, 138
마테오티(Matteoti, Giacomo) 568
마하라자(Maharajahs) 460, 462
마하비라(Mahavira) 86
마호메트(Mohammed) 175~181, 183, 191, 422
마흐디, 모하메드 아메드(Mahdi, Mohammed Ahmed)) 181, 506
막시무스(Maximus, Emperor) 144
막시밀리안(Maximilian) 474
만, 마이클(Mann, Michael) 615
만, 톰(Mann, Tom) 513
만리장성 91, 97, 157
만주 573, 574, 661, 662, 668
말로(Malraux, A) 647

찾아보기_875

맘루크(Mamlukes) 186, 187, 466, 468
매닝, 패트릭(Manning, Patrick) 327
매카시즘 731
매콜리(Macaulay, Lord) 496
매클렐런 장군(McClellan, General) 451~453
맥도널드, 램지(MacDonald, Ramsay) 543, 564, 612
맥스웰, 제임스 클러크(Maxwell, James Clerk) 494
맥아더 장군(MacArthur, General) 651, 686
맨체스터 : —와 산업혁명 414, 1842년 총파업 424
맬서스, 토머스(Malthus, Thomas) 342, 416, 772
맹자 95, 96, 101
머스트, A J(Muste, A J) 652
메디치 가(Medicis) 212, 241, 248
메소아메리카 : 농업의 채택 42, 신전과 사제의 출현 49, 50, —내의 위기 63, 64
메카 174~178, 180, 191, 705
메카닉(Mechanics) 280, 354, 395, 418,
멕시코 : 고대 42, 스페인 지배에 맞선 봉기 405, 406, 프랑스와 미국의 침략 447, 474
멘셰비키 : 러시아에서 필요한 혁명의 성격에 대해 514, —와 제1차세계대전 532, 러시아 내전에서 546
멜란히톤, 필립(Melanchthon, Philip) 257, 315
멤피스(이집트) 71, 72, 81, 455
면화 : 경작 확산 182, 미국의 산출량 466, 467
면화 산업, 인도 : 19세기 초에 파괴됨 460
명(明)대 166, 297
명예혁명, 영국(1688년) 290
모(Meaux) 시 : 이단화형 243
모더니즘 594, 595
모렐로스, 호세 마리아(Morelos, Jose Maria) 393, 405
모로코 182, 186, 191, 510, 516, 636, 638, 644
모스크바 봉기(1905년) 513, 514
모스크바 쿠데타(1991년) : 불발 749, 750
모잠비크 191, 704
모즐리, 오스왈드(Mosley, Oswald) 613
모차르트(Mozart) 318, 321
모헨조다로(Mohenjo-dero) 46, 64, 70

몬드-터너 교섭 593
몬클로아 협약 738
몬테수마(Montezuma) 226, 227, 229
몬테알반(Monte Alban) 64, 67, 70
몬토네로(Monteneros) 739
몰로토프, 비야체슬라프(Molotov, Vyacheslav) 532
몰로토프-리벤트로프 협약 662
몰리나, 크리스토발 드(Molina, Cristobal de) 232
몽고메리 버스 보이콧 732
몽골 제국 165, 166
몽골족 165, 193
몽모랑시 가(Montmorency) 260
몽타네족 33
몽테스키외(Montesquieu) 319
무리 사회 32
무솔리니, 베니토(Mussolini, Benito) 522, 565~569, 613, 624, 626, 636, 646, 659, 661, 662 : 제2차세계대전 참전 663, 1943년 파업에 대해 676, 공직 박탈 677, 북부로 도망가다 677
무슬림연맹(Muslim League) 697~699
무어인 191, 239, 263
무역 : —과 여성의 역할 61, 세계 무역의 발전 초기 84, 로마 125, 128, 아랍 정복 후의 성장 179, 중세 시기 아랍 182, 중국 송대에 성장 160, 중세 초기 유럽 196, 인도의 무굴 제국 시대 300, 일본 도쿠가와 시대 470
묵자 95, 96
문자 : 기원 49, 65, 확산 50
문학 : 비잔틴 제국 168, 아바스 제국 183, 중국 명대에서 대중적인— 295, 중국 만주 298, 299
문화혁명 726~728
뮌처, 토머스(Müntzer, Thomas) 255, 256, 289
뮤어, 토머스(Muir, Thomas) 396
미국 : 푸에르토리코와 필리핀 점령 505, 제국주의 588, 비공식 제국 665, 702, 중동에서 주요 지배 강국으로서 영국을 대신하다 707, 20세기 라틴아메리카에 군대 주둔 716, 위성국가 정부를 속박하다 716, 베트남 폭격 721~723, 캄보디아 침공 737, 이라크 전쟁 759, 아프가니스탄과 수단 폭격 760
미국 남북전쟁 : 발발 445, 450, 사상자 수 446,

원인 446~450, 과정 450~453, 여파 453~456
미국 철강 파업(1919년) 590
미국노동총연맹(AFL) 513, 590
미국의 군비 지출 : 베트남전쟁 723, 한국전쟁 743
미리빌리스(Myrivillis) 528
미셸, 루이즈(Michel, Louise) 481
미케네 문명 46, 64, 70, 80, 101
미켈란젤로(Michelangelo) 241
민족주의 : 19세기 말의 두 가지 형태 499, 500
민주당(미국) : 남북전쟁 당시 448, 449, 451, 454, 특징 650, 장기 호황 시기에 695
민주주의 : 고대 그리스에서 106
민주주의, 부르주아 : 등장 496~501
밀로세비치, 슬로보단(Milosevic, Slobodan) 761
밀류코프(Miliukov) 531
밀리번드, 랠프(Miliband, Ralph) 497

ㅂ

바그다드 : 탄생 182, 학문 중심지 183, 약탈과 쇠퇴 186
바돌리오 장군(Badoglio, General) 677~679, 681
바르가스 대통령(Vargas president) 659, 709
바르나브, 앙투안느(Barnave, Antoine) 366
바르바로사 작전 671, 672
바르샤바 봉기 668, 685
바르샤바조약기구 691
바르셀로나 : 16세기의 상대적 쇠퇴 247
바리사이파(Pharisees) 133, 136, 137
'바리케이드의 밤' 736
바뵈프, '그라쿠스'(Babeuf, 'Gracchus') 391
바부르(Babur) 294
바비야르 대학살 672
바빌론 81, 177
바스티유 321 · 습격 364, 376
바실리우스, 카이사레아의(Basil of Caesarea) 145
바우어, 브루노(Bauer, Bruno) 423
바울, 성(Paul, Saint) 137~140, 422

바이마르 공화국 592, 618, 674, 712
바이샤(Vaisyas) 84
바이에른 소비에트 공화국 554, 555, 563
바이킹족 153 : 북아메리카 상륙 236
바트당 707
바티스타, 풀헨시오(Batista, Fulegencio) 717, 718
박정희 장군 710
반공 캠페인 : 서방의— 690
반미활동조사위원회 690
반제 회담 672
반종교개혁 249, 266, 267, 269, 277, 279, 315, 321, 324
반투어 사용자 43, 192
발도파(Waldensians) 243
발렌슈타인(Wallenstein) 270, 271
발미 전투 362, 370, 396
발자크, 오노레 드(Balzac, Honore de) 258, 411
발칸 : 20세기 초 열강들의 다툼 510, 1912~1913년 발칸 전쟁 516, 517
방글라데시 : 형성 700
방위동맹(Republikanischer) 624, 626
≪백과전서≫ 320, 322, 337
백년전쟁 206
백련교(도) 166, 299
백색 테러 : 프랑스 1794~1795년 388
밴더포트, 브루스(Vandervort, Bruce) 505
버지니아 329, 332, 347, 348, 353, 359, 360, 449, 688
버크, 에드먼드(Burke, Edmund) 408, 409, 496
버클리 대학교 : 1966년 735
법가(法家) 사상 96
법복귀족 371, 375
벙커 힐(Bunker Hill) 354
베네수엘라 404~406, 721, 766
베다교 83, 86
베르그송, 앙리(Bergson, Henri) 521
베르사유 궁전 362 : 행진 364, 366, 376
베르사유 조약 618, 660, 674, 687
베른슈타인, 에두아르트(Bernstein, Eduard) : '수정주의' 502~504, 553, 바이마르 공화국이 자본주의 공화국이 아니라고 주장 592

베를린 : 1918년 혁명 551, 1948년 공수 작전 690
베를린 장벽 : 붕괴 708, 749
베리아(Beria) : 처형 711
베버, 막스(Weber, Max) 196, 248
베빈, 어니스트(Bevin, Ernest) 667
베스트팔렌 조약 271, 272
베이징(北京) : 중국의 도읍 165, 166, 영국과 프랑스 군대가 원명원을 불태운 사건 463, 중국 공산당의 점령 701
베이컨, 로저(Bacon, Roger) 202, 204, 205, 241
베이컨, 프랜시스(Bacon, Francis) 314
베이컨의 반란 329
베토벤, 루드비히 판(Beethoven, Ludwig van) 393
베트남 : 1945년 684, 독립 정부 설립 움직임 703, 분단 722, 723
베트남 증후군 760
베트남전쟁 446, 689, 721~723, 728, 734, 735, 737, 743, 760, 765
베트민(Vietminh) 684, 722
벨, 다니엘(Bell, Daniel) 730, 765
벨기에 : 프랑스의 —병합 394, 독립 421, 선거권 확대를 위한 총파업 500
벨파스트 : 1792년 398, 1907년 파업 513, 1919년 총파업 556
벵골 : 무굴 제국 시대 302, 영국의 정복 349, 409, 동인도회사의 약탈 340, 458, 영국의 분할 573, 1942년 기근 668, 1947년 분할 699
변증법 108
보나파르트, 나폴레옹(Bonaparte, Napoleon) : 통치 성격 388, 389, 394, 산토도밍고 정복 실패 403, 스페인과 러시아에서 394, 패배 395, —와 이집트 467
보나파르트, 조제프(Bonaparte, Joseph) 404
보노보(Bonobos) 30
보르디가, 아마데오(Bordiga, Amadeo) 567
보르쿠타 반란(1953년) 712
보불전쟁(1870년) 519
보세, 수바스 찬드라(Bose, Subhas Chandra) 697
보수당 : '국민연합' 설립 498

보스니아 : 19세기 후반 443, 1914년 517, 내전 760, 미국의 개입 766
보스턴 : 학살 사건 351, 차 사건 352, —과 미국 혁명 351, 352, 354
보어전쟁 491, 499
보일, 로버트(Boyle, Robert) 316
보카치오(Bocaccio) 202, 241
보통선거권 285, 368, 396, 420~434, 453, 477, 500 : 루이 보나파르트와 비스마르크가 이용한— 496, 497
보헤미아 : 중세 후기의 경제 발전 210, 16세기의 경제 성장 268, 30년 전쟁 뒤의 경제 정체 271
보호주의, 양차 대전 사이 597
복지 : 1990년대 삭감 743
복지 '개혁' 19세기·'장기 호황'·1990년대 695
복지국가 491, 695
본 파펜(Von Papen) 615~617, 619
볼리바르, 시몬(Bolivar, Simon) 393, 404~406
볼리비아 406, 721
볼셰비키당 : —과 1905년 모스크바 봉기 513, 514, 러시아에 필요한 혁명의 성격 514, 515, 1914년의 전쟁 반대 522, 1917년 이전 멘셰비키와의 역사적 논쟁 532, 1917년 —의 강점 537~539
볼턴, 매튜(Boulton, Matthew) 336
볼테르(Voltaire) 307, 319~322, 325, 331, 337, 356, 377, 410, 422, 423, 457, 631
봄베이 415, 461, 487, 578~580, 698, 699, 710, 777
봉건 영주 195, 196 : —와 농업 향상 197~200, —와 14세기의 위기 203~205
봉건제 : 인도 89, 고대 중국 92, 유럽 195~216, 시장— 213~216, 프랑스 혁명에서 폐지되다 364, 370, 라인란트에서 사라지다 423, 프러시아 423, 독일과 오스트리아에서 폐지되다 441
부간다 왕국 191
부다페스트 : 1918년 10~11월 550
부르고뉴 공국 237
부르고스 법(Laws of Burgos) 233
부르봉 왕가(Bourbons) 260, 307, 388, 404,

421, 438, 441
부르주아지 : 송대에 부르주아지가 존재했다는 주장 161, 비잔틴 제국에서 성장 지체 171, 아바스 혁명 181, 프랑스 종교전쟁 260, 17세기와 18세기의 인도 303, 304, 18세기 후반의 프랑스 371, 372, 프랑스 혁명에서 동요와 분열 377~379, 마르크스와 엥겔스의 설명 427, 428 마르크스의 설명 441, 독일 — 가 비스마르크를 신뢰하다 442, 1917년 러시아 혁명과 프랑스·미국·영국 혁명에 대한 대조적인 태도 530, 531, 식민지 세계에서 587, 스페인 내전 기간 바스크 지방에서 643
부사마족 44
부아, 기(Bois, Guy) 199, 205
부족 : 고대 로마 111
부채, 제3세계 758
부하라 179, 186
부하린, 니콜라이(Bukharin, Nicolai) 504, 545, 593, 600~603, 608, 609
부활절 봉기(1916년) 543, 574, 575
<북극성(Northern Star)> 419
북아메리카 : 진도가 느렸던 유럽인들의 식민지화 292, 1776년 이전의 식민지들 347, 348
북아일랜드 576, 577, 731
북한 692, 702, 710
분서(焚書) : 진대의— 96, 18세기 후반 만주족의— 299
분열 지배 400, 459, 461, 506, 573, 670, 671
불가리아 516, 555, 685, 689, 749, 752
불교 86~89, 142 : 중국에서 확산되다 151, 중국의— 96, 100, 156, 157, 163
불균등 결합 발전 587, 645
불런 전투 451
불평등 조약 573
뷔퐁, 조르주 드(Buffon, Georges de) 321, 410
뷰캐넌 경, 조지(Buchanan, Sir George) 520
브라만(Brahmans) 83, 86, 87, 89, 302, 462
브라운, 존(Brown, John) 449
브라운슈바이크 공작(Brunswick, Duke of) 367, 378
브라운탈, J) 620, 625
브라질 264, 404, 659, 709, 753, 766

브런트(Brunt, P A) 114, 115
브레스트-리토프스크 강화조약 545, 546, 549
브레주네프(Brezhnev) 708
브레히트, 베르톨트(Brecht, Bertolt) 265, 594, 599
브루노, 조르다노(Bruno, Giordano) 316
브루크, 루퍼트(Brooke, Rupert) 521
브루투스(Brutus) 122, 377
브뤼닝, 하인리히(Brüning, Heinrich) 615, 616, 627
브리소(Brissot, J P) 367, 378, 392, 393
블랑, 루이(Blanc, Louis) 434, 437
블랑키, 오귀스트(Blanqui, August) 437, 478, 479
블랑키주의자들과 파리코뮌 479
<블랙 드워프(Black Dwarf)> 419
블랙번, 로빈(Blackburn, Robin) 329
블레이크, 윌리엄(Blake, William) 392
블로흐, 마르크(Bloch, Marc) : '2차 봉건 시대' 201
블룸, 레옹(Blum, Leon) 628, 629, 631~633
비버브룩 경(Beaverbrook, Lord) 499, 664
비스마르크(Bismarck) 442 : 1848년 6월에 관한 입장 439, 보불전쟁 474, 코뮌 진압에 도움을 주다 478, 독일 민족주의 499
비앙쿠르 629, 695
비야, 프란시스코(Villa, Franciso) 586
비엔나 : 오스만 제국에게 포위되다 293, 1918년 10월~11월 550, 1934년 봉기 623~626
비옥한 초승달 지대 38~40, 43, 63, 70, 72
비잔티움 : 로마 제국의 도읍 127, 130
비잔틴 제국 167~173 : 언어 167, 정체 174, 위기 175, 오스만 투르크에게 함락 173
비트포겔, 칼(Wittfogel, Karl) 94
비폭력(주의) : 인도에서 580

ㅅ

사담 후세인(Saddam Hussein) 707, 758
사두가이파(Saducees) 133
사라예보 : 1914년 517, 1918년 10~11월 550
사라토프 546

사르곤(Sargon) 63, 64
사마르칸트 156, 157, 186
사무라이 469~471
사용가치 245
사우디아라비아 : 미국과 영국이 충돌하다 661, 668, 아프가니스탄에서 한 역할 757
사울 타르수스의(Saul of Trasus) 137
사유 재산 35, 40, 53 : 등장 59, 고대 중국 92
사인방 728
사임(Syme, R) 123
'사장들의 파업' : 1972년 칠레 740
사제 : 최초의— 49, 50, 최초의 지배 계급으로서 57, 67, 비잔티움 172
사투르니누스(Struninus) 118
사파타, 에밀리아노(Zapata, Emiliano) 586
사포텍(Zapotecs) 49
사회당(미국) 564
사회당(세르비아) : 1914년 전쟁에 반대하다 522
사회당(스페인)(PSOE) 502
사회당(이탈리아) 564
사회당(칠레) 739, 740
사회당(프랑스)(SFIO) 564 : 급진당 정부를 용인하다 627, 1936~1937년에 정부를 이끌다 628, 629, 1937년 급진당 정부에서 632, 1940년 대다수 의원이 페탱 정부 지지 634
사회민주당(오스트리아) : 1918년의 정책 550, 623, 당원 수 624
사회민주당(포르투갈) : 1975년 741
사회민주당(독일)(SPD) : 1880년대와 1890년대의 선거 성공 502, 1890년대 독일 사회민주당 내의 논쟁 502, 503, 제1차세계대전 지지 522, 1918~1919년 551~554, 1920년 558, 정부와 공황을 이끌다 612, —과 나치의 성장 615~617, 히틀러 정부가 합법이라고 말하다 620
사회민주연맹(SDF) 502
사회민주주의 : 19세기 말과 20세기 초의 성장 501, 502
사회적 다원주의 495
사회주의자단속법 502
사회파시스트 608, 610, 611, 627
사회혁명당 : 1917년 537, 혁명 초의 세력 537

삭스, 제프리(Sachs, Jeffrey) 753
산 마르틴(San martin) 406
산상설교 131
산업별노동조합회의(CIO) 653~657
산업혁명 412~421 : 생활 조건과 노동 조건에 미친 영향 414~417, 독일 441, 442
산토도밍고 226, 400, 402~405
살루스티우스(Sallust) 113, 115, 117, 118
삼각 동맹 556
삼각 무역 333
삼부회 376
상대성 이론 594
상부구조 : 사회 진보를 짓누르다 73, 185, 189
상인 : 고대 이집트와 비옥한 초승달 지대 69, 70, 72, 제국 이전의 중국 93, 중국에서 국가 관료에 의존하다 164, 중세 초기 아랍 175~177, 중세 유럽 211~213, 르네상스 시기 이탈리아 241, 중국 명대 297, 298, 몽골 제국의 인도 302, 303, 영국 내전 279, 도쿠가와 하의 일본 470, 북아메리카 식민지 348, 350, 18세기 말 프랑스 372, 인도와 영국의 지배 458, 460
상조(商朝) 92
상퀼로트 366, 368, 377, 379, 380, 383~388, 394, 402, 418, 433, 475, 538
상하이(上海) : 1927년 583, 1967년 파업 727
색슨족 152
생디칼리슴 510, 513, 522, 775
생산 : 필요를 위한 245, 판매를 위한 246
생산적·비생산적 노동 : 애덤 스미스가 말한 337, 338
생시몽(Saint-Simon) 411
샤 자한(Shah Jahan) 294, 301, 302
샤, 이란의(Shah of Iran) 735, 756
샤를 10세(Charles X) 421
샤를 7세(Charles VII) 238
샤를마뉴(Charlemagne) 129, 153
샤리아(Shariah) 183
샤리프 후세인(Sharrif Hussein) 705
샤이데만, 필립(Scheidemann, Philippe) 544, 562 : 공화국을 선언하다 551
샤흐트(Schacht) 612, 617, 619

샤흐트만, 막스(Shachtman, Max) 715
샹 드 마르스 대학살 366, 369
서고트족 128, 152
석탄 : 녹이는 데 사용 160, 영국 생산 309, 412, 탄광 488
선대제 214, 215, 246, 333, 336, 435, 474
섬터 요새 445, 446, 450
성 베르나르두스(Bernard, Saint) 202
성 소피아 성당 167~169
성직자 파시즘(Clerico-fascism) 626, 646
성찬식 250
세계산업노동자연맹(IWW) 512, 513, 515, 575, 591
세계은행 751, 753, 759
세계화 : ≪공산주의 선언≫에서 묘사한 것 427, 428
세라티(Serrati) 563
세르반테스(Cervantes, Miguel de) 242
세르베투스, 마이클(Servetus, Michael) 262
세르비아 : 독립 467, 1912년 발칸 전쟁 참전 516
세르쥬, 빅토르(Serge, Victor) 519, 547, 647
세이, 장 밥티스트(Say, Jean Baptiste) 342, 416
셀웰, 존(Thelwell, John) 418
셔먼, 윌리엄 장군(Sherman, William, General) 452, 453, 455
셰익스피어(Shakespeare) 242
셰필드헌법협회 395, 397
셸리, 퍼시 비시(Shelley, Percy Bysshe) 410
소말리아 : 미국의 상륙 760
소불, 알베르(Soboul, Albert) 385, 391
소비에트 : 1905년 페테르부르크 514, 대규모 공업에서 혁명의 특징적 형태로서 514, 1917년의 러시아 530~532, 10월 25일 541
소외 : 마르크스의 개념 425, 426, 428, 429
소책자 : 미국 혁명에서 355~357
솔로몬(Solomon) 79, 190
솔론 시대 106
쇨리니드노지(연대노소) 747, 749
쇼, 조지 버나드(Shaw, George Bernard) 494
쇼군 469~471
수(隋)나라 156
수단 : 영국의 점령 506

수도원 제도 145
수동 혁명 : 1989년 750
수동적 시민 : 프랑스 혁명에서 368
수드라(Sudras) 84, 85
수라와르디(Suhrawardy) 699
수메르 54, 61, 65, 66
수에즈 전쟁(1956년) 707
수카르노, 아흐메드 대통령(Sukarno, Ahmed) 703, 722
수피(Sufis) 187
수하르토, 장군(Suharto, General) 722, 776
수학 : 탄생 50, 고대 인도 88, 아랍 183, 토착 아메리카 문명들에서 222
술라(Sulla) 118, 122
술피키우스(Sulpicus) 118
쉴리야프니코프(Shlyapnikov) 520
슈말칼덴 전쟁 243, 258
슈트라서, 오토(Strasser Otto) 618
슈트라우스, 다비드(Strauss David) 410, 423, 424
슐라이허, 폰(Schleicher, von) 615, 617, 619
슐레지엔 267, 534, 671 : 1919~1921년 555
스노든, 필립(Snowden, Philip) 612
스럽, 실비아(Thrupp, Sylvia) 198
스코틀랜드 : ―와 영국 내전 277, 281, 283, 잉글랜드와의 통일 308, 봉건적 ―고원 지대 337, 계몽주의 337
스콜라주의 201, 205
스콧, 월터(Scott, Walter) 411
스콧, 폴(Scott, Pal) 461
스타니슬라프 왕(Stanislav, King) 409
스타인벡, 존(Steinbeck, John) 599, 657, 715
스탈린(Stalin) : 1917년 2월에 임시정부를 비판적으로 지지하다 532, 권력을 집중시키다 601, 일국사회주의 반대 601, 602, 일국사회주의 지지 601, 강제 공업화 채택 604, 1931년 국민투표에서 공산당에게 나치당에 투표하라고 명령하나 620, 621, 레닌 당시의 중앙위원들을 죽이다 606, 스탈린과 부하린이 장제스를 지지하다 608, 광둥 봉기 609, 히틀러와 뒷거래하다 665, 전쟁 준비의 부족 668, 처칠과 루스벨트와 함께 유럽을 분할하다 680, 혁명을 차단하다 681, 그리스에서 처칠을 후원하다 682, 중국 내전에서 공산당을 지원하지 않다 702, 사망 711
스탈린그라드 전투 668, 672, 679
스탈린주의 : 원인 571, 등장 598~602, 소련의 고립을 영속화하다 608~611, 나치즘과의 공통점·차이점 648~650, 원시적 자본 축적 649, 산업화의 모델로서 708, 709
스탕달 389, 395, 411
스탠리, 헨리(Stanley, Henry) 505
스톤, 노먼(Stone, Norman) 535
스튜어트 왕가 : 왕가 복위를 시도하다 307, 337
스튜어트, 메리(Stuart, Mary Queen) 262
스트래치, 존(Strachey John) 715
스트래퍼드(Strafford) 276~278
스파르타 103, 104, 107, 108
스파르타쿠스 동맹(Spartakus League) 563
스파르타쿠스(Spartacus) 119~121, 552
스페인 : 네덜란드에서 벌인 전쟁 263, 264, 30년 전쟁 264~272, 경제 쇠퇴 271, 1918~1920년 557, 558, 내전의 배경 634~637, 군사 반란 635, 638, 노동자 조직들의 정치 640, 프랑코주의의 종말 738
스페인 노동자총연맹(UGT) 513, 636~638, 640, 641
스펜더, 스티븐(Spender, Stephen) 715
스포츠, 경쟁적 : 등장 489
스푸트니크(Sputnik) 708
스피노자, 바루흐(Spionza, Baruch) 318
스피놀라(Spinola) 740, 741
슬란스키(Slansky) 689
슬로바키아 670 : 19세기 후반 443, 466
슬로베니아 752 : 19세기 후반 443
시아파 157, 183, 186, 187, 700
시온주의 705, 706
시장 봉건제 213~216, 249
시칠리아 : 18세기 310, 나폴리 왕에게서 해방되다 443
시크교 302
시크교도 459, 461, 698~700 : 반란 303
식량 부족 : ―과 프랑스 혁명 364~366
식민주의 : 1890년대와 1900년대 504, 505, 신화

505, 1940년대부터 1970년대까지 억제 704, 종말 703~705, 제국주의의 종말은 아니다 705
식민지 : 고대 그리스 102
식민지 반란 : 제1차세계대전이 끝난 후 572
식인 풍습 296 : ―에 대한 근거 없는 믿음 34, 224, 505
신경제정책(NEP)(소련) 599, 603
신령파(神靈派, Fratelli) 205
신문 : 미국 혁명 355, 프랑스 혁명 365, 1840년대 파리 437, ―에 부과한 세금 499, 대중― 499
신석기 혁명 40, 42, 45, 47
신석기시대 44
신성로마제국 129, 210, 211, 237, 242, 247, 265, 267, 550
'신세계 경제' 767
신약성서 130, 131, 138, 139, 142, 423
신왕국, 이집트 72, 73
신자유주의자 744
〈신질서(Ordine Nuovo)〉 559
신페인당 575
신플라톤주의 314
신형군 282~284, 287, 288, 316, 317, 351, 357, 561, 784
실업 : 양차대전 사이의 공황 596, 597, 1950년대와 1960년대 693, 1980년대와 1990년대 742, 743
실증주의 494, 495, 503
실질 임금 : 1900년 이후 산업국가에서 하락하다 512, 제1차세계대전 시기의 하락 525
십일조 207, 248, 251, 254, 288, 370, 372, 374
십자군 : 제4차 원정대 173, 인민·소년·목자 십자군 208, 212
쑨원 573, 581, 582
씨족 : 고대 메소포타미아와 아메리카에서 59

o

아그라 : 무굴 제국 시대 293, 301~303
아나코-생디칼리스트 635~637, 640~642
아널드, 리처드(Arnold, Richard) 287

아도와 전투 506
아드리, 로버트(Ardrey, Robert) 29, 34
아라비아 반도 : 중세 초기 174
'아랍 민족 봉기' 705
아랍의 중간 계급과 아랍 민족주의 703, 704
아랍-이스라엘 전쟁 707, 742
아르항겔스크 556
아르헨티나 : 19세기 영국의 영향력 406, 영국의 투자 509
아리스토텔레스(Aristotle) 104, 106, 108, 184, 201, 205, 240, 313~315, 422
아리스토파네스(Aristophanes) 106
아리아인 83, 84
아메리카 원주민 : ─에 대한 초기 유럽인들의 태도 332
아메리칸 드림 591 : 1930년대 중반 ─에 대한 도전 654, 658, 737
아바스 제국 181, 182, 197, 198, 769 : 몰락과 붕괴의 원인 185
아바스 혁명 182, 184, 188
아방가르드주의 595
아베로에스(Averroes) 201, 205
아벤틴 의회 : 1924년 로마 569
아벨라르, 피에르(Abelard, Pierre) 201, 202, 204, 241
아부 무슬림(Abu Muslim) 181, 188
아부 바크르(Abu Bakr) 177
아부 알 아바스(Abu-I-Abbas) 181
아쇼카(Ashoka) 87
아수르 81
아스카소, 프란시스코(Ascaso, Francisco) 557
아스텍 : 스페인 제국과 비교한 제국 227, 등장 227, 228, 계급 분화 228, 군사적 이데올로기와 종교 228, 기술 228, 229, 스페인의 정복 222, 226~230
아스투리아스 : 1934년 봉기 636
아스트롤라베(Astrolabe) 184, 244
아시리아인 72
'아시아적 사회' 58, 92
아옌데, 살바도르(Allende, Salvador) 739, 740, 744
아우구스투스(Augustus) 122, 123, 130

아우구스티누스, 히포의(Augustine of Hippo) 142, 151
아우랑제브(Aurangzeb) 302, 303
아이룰리(Aylulli) 59
아이스너, 쿠르트(Eisner, Kurt) 551, 562
아이스킬로스(Aeschylus) 108
아이티 : 콜럼버스 상륙 223, 노예 반란 400~404, 미국의 지배 716
아일랜드 : 영국이 무역을 제한하다 340, 18세기 영국의 지배 397, 1798년의 봉기 397~400, 19세기 중반에 민족주의 부활 443
아일랜드 운수일반노동조합 513
아일랜드공화국군(IRA) 575~577
아일랜드시민군 575
아일랜드인협회 398, 400
아퀴나스, 토머스(Aquinas, Thomas) 205, 315
아크라이트, 리처드(Arkwright, Richard) 308, 336
아크로폴리스 102, 104
아타나시우스(Athanasius) 144
아타우알파(Atahualpa) 230~232
아테네 : 고대 민주주의 106, 1944~1945년 전투 681, 682, 1973년 과학기술대학 점거 738
아편전쟁 471
아풀레이우스(Apuleius) 124, 125
아프가니스탄 466, 505, 760 : 1990년대의 내전 757, 766, 아프가니스탄 전쟁 755~757
아프리카 : 철기 문화 192, 잇따른 문명들 190~193, 혁신의 확산을 방해한 장애물 193, 194, 느리게 이루어진 유럽의 침투 292, 505, 유럽과 기술 격차가 적었던 점 505, 1890년부터 1900년대까지 식민 열강들 사이의 분할 506, 507
아프리카계 미국인(흑인) : ─과 미국 혁명 360, 361, 미국 남북전쟁 시기 북군 452, 455, 남북 재통합기의 투표권 상실 455, 북부 도시들로 이주 695, 732, 1950년대와 1960년대에 일이닌 도시 이주 732
아힝사(Ahimsa) 86
악바르(Akbar) 302, 708
악숨 문명 191
안데스 지역 : 고대 42, 44, 잉카 230

찾아보기_883

안드로포프(Andropov) 747, 748
알라리크(Alarick) 128
알렉산더 대왕(Alexander the Great) 84, 101, 109
알렉산드르 세베루스(Alexander Severus) 143
알렉산드리아 88, 101, 109, 125, 134, 135, 168, 177, 187, 202
알리(Ali) 179, 180, 188
알리, 무함마드(Ali, Mohammed) 467, 468
알바 공작(Alba, Duke of) 263
알자스-로렌 474, 524, 661
알제 : 오스만 제국의 점령 293
알제리 457, 467, 506, 684, 703, 765 : 독립 704, 독립 이후 710, 시장 수용 751, 1988년 파업과 시위 755
알파벳 : 표음문자 82, 셈족 문자 102, 그리스 102, 103, 로마 111
암흑기 : 유럽의 152~154, 195~197
암흑기, 첫 번째 : 원인 64~66, 이집트와 메소포타미아가 암흑기에서 벗어남 71~73
앙리, 나바르의(Henry of Navarre) 261
앙시앵 레짐(Ancien régime) : 특징 371~374
애덤 스미스(Smith, Adam) 245, 321 : ―와 노예제 339, 446, 《국부론》의 주요 사상 336~342, 마르크스에게 영향을 미치다 341, 자본가에 대항하는 사상으로서 419, 중국에 대해 457
애덤스(Adams, R M) 52
애틀리, 클레멘트(Attlee, Clement) 667
앵글족 152
야루젤스키 장군(Jaruzelski, General) 747, 749
야만 사회 : 농경민 사회라는 뜻으로서 65
야만주의 : 문명과 문화의 파괴라는 뜻으로서 675, 768~770, 774, 775
약탈농법 39~42
얄타 회담 665, 680, 682
양자론 594
양쯔 강 유역 : ―에서 이루어진 경작 91, 벼농사의 등장 155, 160
어린이 : 공장에서 336, 414
어음 : 송대 161
얼스터 397, 575

에라스무스(Erasmus) 266
에라토스테네스(Eratosthenes) 109
에반, 아바(Eban, Abba) 705
에베르, 자크(Hébert, Jacques) 366, 370, 378, 379, 381, 384, 386, 387, 390
에베르트, 프리드리히(Ebert, Friedrich) 544, 551, 562
에세네파(Essenes) 134, 137, 138
에퀴테스(Equites) 117, 118
에트루리아인(Etruscans) 111, 112
에티오피아 : 고대 46, 87, 141, 174, 182, 191, 192, 무솔리니의 침공 661, 시장 수용 751
엘리슨, 랠프(Ellison, Ralph) 657, 658
엘리엇, T S(Eliot, T S) 594
엘리자베스 1세(Elizabeth I) 274
엘베시우스(Helvetius) 321, 337, 423, 424
엘살바도르 716, 766
엘튼, G R(Elton, E R) 254, 256
엥겔스, 프리드리히(Engels, Frederick) : 경력 423, 맨체스터에서 424, 1849년 독일 남부의 혁명에서 440, ―와 원시공산주의 30, 여성 억압에 대해 60, 독일 농민 전쟁에 대해 254, 1848년 6월 파리에서 벌어진 투쟁에 대해 439, 독일 사회민주당의 사례에 대해 502
엥코미엔다 제도(制度) 225, 233
여론 조작용 재판 605, 648, 690
여성 : 지배 계급 61, 농민 61, 62, 노예 62, 격리 173, 초기 이슬람에서 ―의 지위 176, 독일 농민 전쟁 253, 영국 내전 279, 프랑스 혁명 364, 366, 384, 1848년 혁명 439, 파리코뮌 476, 480, 481, 유급 고용에서 차지하는 기혼 ―의 수 696
여성 노동자 : 산업혁명 490, 낮은 임금 492, 제1차세계대전 525, 1917년 2월 섬유 노동자 파업이 혁명으로 이어지다 529, 장기 호황으로 수가 증가하다 696, 사회적 결과 696, 697
여성 억압 : ―의 기원 60~62
여성 참정권(투표권) : ―에 대한 이데올로기적 저항 500, ―운동 501
여성해방운동 737
여진족 : 중국 송나라 침략 165
'역사적 타협' 738

연금술(사) 168, 313
연맹 축제 : 1790년 7월 365, 366
연맹군(Fédérés) 368
연좌농성 : 1935~1937년 미국 653
열심당(Zealots) 134, 137
영국 : 프랑스 혁명의 영향 395, 1797년 해군 반란 396, 투생 루베르튀르와의 전쟁에서 패배한 사건 403, 몰락하는 오스만 제국에 대한 정책 467, 제국주의적 민족주의 500, 1880년대의 해외 투자 508, 1931년과 1935년 총선 612, 영국 정부와 스페인 내전 642, 제2차 세계대전에 대한 정책과 참전 662, 663, 1940년 지배 계급의 분열 666, 667, 1945년 노동당 정부 688, 말라야·케냐·키프로스에서 자행한 탄압 704, 1974년 국민투표 738
영국 노동조합회의(TUC) 522, 593
예루살렘 : 로마 제국에게 갖는 중요성 132, 반란들 132
예수, 나자렛의(Jesus of Nazareth) 130~132, 134, 137, 138, 145, 208, 250, 464
예수회 33, 249, 266, 269, 277, 322
예술 : 비잔틴— 168, 스탈린주의 하의— 605
옐친, 보리스(Yeltsin, Boris) 750
오데사 : 1919년 556
오라녜 공(Orange, Prince of) 264, 271
오렌지당 498, 574, 577
오렌지주의 400
오렌지회 : 창설 399
오렘, 니콜(Oresme, Nicole) 313
오버튼, 리처드(Overton, Richard) 284
오브레곤(Obregon, Alvaro) 586
오스만 제국 : 넓이 466, 내부 구성 466, 쇠퇴 467, 오스트리아와 러시아에 영토를 잃다 457, 민족주의의 성장 499
오스트랄로피테쿠스 34
오스트리아 : 1848년 434~436, 440, 1848년 이후의 제국 441~443, 1918~1919년 555, 556, 사회민주당 정부 623, 중간 계급 623, 나치 독일로 흡수되다 624
오스트리아-헝가리 제국 : 새로운 종류의 민족주의 성장 499, 1918년 10월 군대 붕괴 550
오스틴, 제인(Austen, Jane) 411, 415

오언, 로버트(Owen, Robert) 411, 412, 424
오언, 윌프레드(Owen, Wilfred) 527
오웰, 조지(Orwell, George) 461, 634
오이긴스(O'Higgins) 406
오코늘, 다니엘(O'Connell, Daniel) 444
올리베르, 가르시아(Oliver, Garcia) 557
올림픽 경기 : 고대 103
올멕 49, 50 : 계급 분화 54
옴두르만 전투와 학살 506, 664
옵티무스(Optimus) 117
와일드먼, 존(Wildman, John) 284
와트, 제임스(Watt, James) 308, 336
와프드당 585
왕간(王艮) 295
왕당파 : 미국 혁명 347, 358~360
왕립학회 : 영국 혁명에서 기원 317
왕망(王莽) 95
요먼(Yeomen) 275, 281
요세푸스(Josephus) 123, 131, 133, 137
우드(Oudh) 459
우루크 49, 54, 63
우마르(Umar) 177, 178
우마이야 왕조(Umayyads) 179~181
우바이드 시대 40
우스만(Uthman) 178, 179
우스타샤(Ustashe) 685
우아스카르(Huascar) 230
우에르타(Huerta, Victoriano) 586
우크라이나 534, 545, 546, 607, 665, 685
운하 : —와 산업혁명 413, 414
울프 톤(Wolfe Tone) 393, 398
움마(Umma) 177
워싱턴, 조지(Washington, George) 359
워즈워스(Wordsworth) 392
원로원, 로마 112, 116~119, 122, 123, 132, 139
원수정, 로마 123
원시 문자 시대 40, 52
원시공산주의 30, 36, 62, 152
원조(元朝) 165
원채(袁采) 163, 164
월러스, 알프레드(Wallace, Alfred) 494
웨이벌 장군(Wavel, General) 698

웰스, H G(Wells, H G) 494, 521
웹, 비어트리스와 시드니(Webb, Beatrice and Sidney) 495, 607
위클리프, 존(Wycliffe, John) 243, 245
윌리엄 월윈(Walwyn, William) 284
윌리엄스, 에릭(Williams, Eric) 332, 703
윌버포스, 윌리엄(Wilberforce, William) 402
윌슨, 우드로(Wilson, Woodrow) 580
유고슬라비아, 1945~1991년 : 정부의 성격 685, 708, 경제 붕괴와 내전 753
유교 96, 157, 163, 164, 581, 726
유대교 : 로마 제국 시기 133, 134, 식사 규정 135, 137, 이슬람 이전 아라비아에서 ―로 개종하다 175
유대교-기독교 전통 183, 196
유대인 : 로마 시절 디아스포라 134~138, 중세 유럽에서 대학살 209, 210, 스페인에서 추방 239, 동유럽 444
유럽 제국 : 소멸 697~701, 703~705, 707
유럽 제국주의 : 1920년대 후반 587, 588, ―와 1930년대 독일의 팽창 정책 662
유물론 87, 423, 426
유스티니아누스(Justinian) 169, 171, 174
유엔 안전보장이사회 687
유클리드(Euclid) 109, 240
율리아누스 황제(Julian, Emperor) 144, 145
융단폭격 669
융커(독일 지주) 439, 441, 498
은둔자(Anchorites) 145
은쿠르마, 크와메(Nkrumah, Kwame) 703
은행 제도 : 중세 아랍 182, 무굴 제국 시대의 인도 301
의인동맹 426
의회단의 난 572
의회군 : 영국 내전에서 280, 281, 283
이글레시아스, 파블로(Iglesias, Pablo) 502, 556
이단화형장(Auto da fé) 229 : 18세기 스페인 321
이달고, 미겔(Hidalgo, Miguel) 393, 405, 406
이든, 앤서니(Eden, Anthony) 663, 666, 682
이라크 : 군주정 707, 1958년 혁명 707
이란 : 사파비 제국 293, 러시아와 영국 세력권으로 분할 505, 1953년에 샤가 다시 권력을 잡다 707, 1979년 혁명 756
이란-이라크 전쟁 742
이로쿼이족 41
이븐 바투타(Ibn Battuta) 191
이븐 시나(Ibn Sina) 183
이븐 할둔(Ibn Khaldun) 188
이스라엘 : 이주민 국가로서 706, 군대가 1982년 대학살을 감독하다 756
이스마일파(Ismailis) 186
이스파한(Isfahan) 293
이슬람 : 기원 174~184, 기독교와 유대교에서 받은 영향 176, ―과 여성 176, 중국 157, ―과 이자 182, 사하라 이남 아프리카 193
이슬람주의 : 1980년대와 1990년대 755~757, ―의 모순 757
이승만 686, 692
이윤 : 애덤 스미스가 말한 노동으로 생산되는 ― 340, 341
이중 권력 639
이집트 : 위기 64~66, 초기 발전 190, 영국 점령 508, 식민 해방 운동 572, 574, 나세르 707, 시장 수용 751, 1977년 파업 755
이타주의 : 계급 이전 사회에서 35, 41
이탈리아 : 고대 도시국가 81, 중세 202, 도시국가 241, 18세기 310, 1848~1849년 440, 통일 442, "붉은 2년" 559, 파시즘 565~569, 자본가와 무솔리니 676, 레지스탕스 677~679, "뜨거운 가을" 738
인간 본성 30, 34, 35, 54, 60 : 자본주의에서 491, 493
인권선언, 프랑스 대혁명의 364
인더스 문명 80, 83
인도 : 고대 58, 무굴 제국 299~304, 중국과 다른 점 299, 무굴 제국 붕괴 이후 458, 영국의 지배 하에서 산업 파괴 460, 제1차세계대전 당시 군대 573, 의회 579, 580, 자본가들 579, 제1차세계대전 이후 노동자들 578, 1930년대 민족 운동 697, 1937년 선거 697, 독립 697, 시장 수용 751
인도 '해방군' 668
인도차이나 42, 97, 157, 500, 505, 661, 666
인민공사 725

〈인민의 벗(Ami du Peuple)〉 365, 538
인민전선, 프랑스 626~634 : 1936년의 정부 구성 628, 1936년 7월의 집회 631
인민전선, 미국 656
인민전선, 스페인 637, 641
인민해방군(중국) 701, 702, 724
인민행동대(Arditi del popolo) 566, 567
인쇄술 : 중국에서 발명되다 161, 아바스 제국에서는 사용되지 않다 188, 유럽 244, 사회적 충격 245
인종 차별 : 등장 330~332, 고대와 중세 시대에는 존재하지 않다 330, 기독교 판— 331, '과학적인'— 331, 332, 495, 미국의 북부 주들 449, 남북 재통합 후의 미국 자본주의에서 완전한— 456, 영국 지배 하의 인도 460~462, 장기 호황기 696
'인종 청소' : 1912~1913년 발칸 전쟁에서 555
인클로저 280, 308, 413, 606
일국사회주의 593, 601, 608
일본 : 봉건제 293, 메이지유신 471, 중국에 맞선 제국주의 472, 식민 제국 건설 505, 1930년대 중국 침략 661, 662, 유럽 식민지들을 빼앗다 666, 1950년대 초 692, 1950년대 이후 성장 734
일신교 136, 302
읽고 쓰는 능력 : 유럽의 암흑기 153, 중국 송대 161, 유럽 중세 초기 196, 유럽 중세 말기 201, —과 프로테스탄티즘 316, 노동자들 사이에서 417
임금 노동 : 아바스 제국 185, 영국에서 확산되다 291
임금, 미국의 : 1970년대 중반 이후의 하락 742, 743, 1990년대 743
임시정부, 1917년 러시아 530 : 1917년에 실패한 이유 533~535, 이스탄불 병합을 지지하다 533, 민족자결권 거부 534, 농민들의 대토지 분할 거부 534
입헌 민족주의 : 아일랜드 574
잉글랜드 : 16세기의 번영 247, 18세기 산업 인구 310
잉여 44, 48~50 : 중세 중국 156, 비잔틴 제국 169

잉카 제국 : 스페인의 정복 222, 223, 230~235 규모 221, 스페인에 맞선 저항 233

ㅈ

자동차 : 대량 생산 589, 694
자민다르 300, 303, 459, 460, 462, 580
자본주의 : 중세 후기 유럽에서 —맹아 215, 216, —와 프로테스탄티즘 248, —와 영국 혁명 289~291, 중국 명대의 —요소 295, 노예제와 —의 등장 334, 335, 세계 체제로서의 — 427~429, 앞선 계급 사회들과의 차이점 429, 일본의 —발전 경로 471, 472, —의 세계 정복 473, 20세기 초의 —체제 487~490, —의 성숙 493
자본주의 위기 : 마르크스와 엥겔스의 위기론 428~430
자선 : 노동 계급의 도덕성에 해로운 영향을 미친다고 알려지다 491
자유 노동 : 미국 북부 446
자유 무역 : 오스만 제국에 영국이 강요하다 468, 1944~1945년 미국의 정책 680, —과 1990년대 미국의 헤게모니 759
자유 유럽 라디오 713
자유 토지 : —와 미국 남북전쟁 448
자유 프랑스(Free French) 679
자유당(영국) 502 : 1906~1914년 정부 574
자유당(이탈리아) : 무솔리니 정부에서 각료 차지 568
자이나교(Jains) 86
자치, 아일랜드 497, 574
자치도시민(Burghers) 207, 208, 211, 275
자코뱅주의 : 프랑스가 점령한 나라에서 393~395, 영국에서 395~397
자코뱅파 : 중앙집중적 권력 385, 전복 386, 387, —와 노예제 402
잔지 반란(Zanj revolt) 189
장기 호황 : 1940년대부터 1970년대까지 693~697, 갑작스런 종말 741, —에 대한 설명들, 742
장로 141, 280

장로파 280, 282, 284~288, 290, 316, 435
장안(長安) 156, 158
장인 : 고대 이집트 68, 고대 인도 86, 87, 89, 비잔틴 제국 171, 172, 중세 212, 후스 반란 211, 종교개혁 252, 영국 내전 281, 283, 288, 무굴 제국 시대의 인도 303, 미국 혁명 351, 354, 355, 18세기 후반 프랑스 373, 1790년대 영국 395, 1840년대의 상황 435, 436, 1848년 혁명 434~439
장제스(蔣介石) 583~585, 608, 609, 666, 701~703
재판농노제 249, 310
잭슨, 줄리언(Jackson, Julian) 633
쟁기 : 최초 사용 47, —와 여성의 역할 48, 60, 61, 황소가 끄는— 92, 156~169, 무거운 바퀴가 달린— 198
저우언라이(周恩來) 728
저지대 지방 247, 263
적군(赤軍) 546, 548, 554, 555, 559, 560, 570, 600, 601, 637
적색 국민투표 620
적색 산업가 600
적자생존 494
전국노동자연맹(CNT) 513, 557, 564, 637~643
전국시대 92, 93
전쟁 : 초기 농업 사회 42, 농업 사회와— 47, 유럽 봉건제 203, 205
전쟁 아닌 전쟁(Phoney war) 663
전체주의 : 중국 제국 96, 플라톤의 사상 108, 나치 정권 622
절대적 잉여가치 492
절대주의 270, 271, 339, 363, 434, 441, 493
점성술 50, 313, 314, 317
정구장의 맹세 363
정신분석학 594
정치경제학 425, 427
≪정치경제학 비판 요강≫ 70
제1차세계대전 : 전쟁으로 가게 만든 잇따른 사건들 516~518, 직접적 원인들 517, 전쟁이 일찍 끝날 것이라는 예상 519, 전쟁 초기의 광적인 분위기 519, 광적인 분위기의 한계 520, 전쟁 전의 평화 집회 521, 노동조합과 사회민주당 지도자들의 전쟁 지지 선언 521, 전쟁 중 사상자 수 523, 국가의 경제 통제 524, 생활수준 하락 525, 식량 시위들 526, 서부 전선의 항명 527
제2인터내셔널 502
제2전선 668
제2차세계대전 : 첫 몇 달들 662, —의 성격 664~669
제3기 608, 609, 627, 630
제3신분 363, 364, 376
제국의 깃발(Reichsobanner) 616
제국주의 : —와 자본주의의 성장 504, 숙련 노동자에게 혜택이 돌아가지 않다 511, 512, —와 전쟁 518, 1916년까지 총체적 체제로서 524, 525, 20세기 말 758~761
제너럴모터스(GM) : 연좌농성 610, 653
제도혁명당 586, 587
제르네, 자크(Gernet, Jacques) 93, 156, 294, 295
제임스 1세(James I) 잉글랜드 왕이자 스코틀랜드의 제임스 6세 269, 275, 276, 마법을 다룬 책 312
제임스 2세(James II) 290
제임스, C L R(James, C L R) 332
제퍼슨, 토머스(Jefferson, Thomas) 347, 352, 359, 446
젠트리(Gentry) 273~286, 290, 309, 310, 317, 349, 418
조계(租界) 464, 573, 580, 661, 701
조국방위대(하임베어, Heimwehr) 624
조로아스터교 142, 157, 178, 180
조지 3세(George III) 356, 409
족장 33, 44, 49, 56, 83, 105, 152, 191, 462
존 볼(John Ball) 208
존스, A H M(Jones, A H M) 116
존스, T B(Jones, T B) 54
존슨, 앤드류(Johnson, Andrew) 454
존슨, L B(Johnson, L B) 734
졸라, 에밀(Zola, Emile) 494
졸리티, 지오반니(Giolitti, Giovanni) 559, 560, 565~567
좀바르트, 베르너(Smobart, Werner) 592
종교 : 조직된 —의 기원 57, 58, 보편주의적인

— 82, 87, 아스텍 228, 이슬람 전의 아랍 174, 175
종교개혁 : 종교적 논쟁이 수반된— 250, 독일의 도시 251, 252, 256, 257, 제후 251, 농민 253~258, 영국 273, 274
종교재판 205, 239, 404, 645
종교전쟁, 프랑스 258~261
종이 제조법 : —의 발명과 확산 157, 168, 182
좌익반대파 553, 600, 601, 621
좌파 사회혁명당 537, 539, 545~547
주 노동시간 : 1936년 프랑스에서 쟁취한— 629
주교 : 초기의— 144
주더(朱德) 701
주데텐란트(Sudentenland) 660
주오, 레옹(Jouhaux, Leon) 522
주원장(朱元璋) 166
주트족 152
죽음의 수용소 649, 667, 671, 675, 684
중간 계급 : 중국 명대에 문화적 발전 295, 영국령 인도 462, 식민지 세계 573, 578, 독일과 나치즘 614, 615
중간 부류 : 영국 288~290, 351, 472
중간기 64, 72
중국 : 고대 문자 46, 고대 58, 고대 문명의 성장 91~93, 수로 체계 91, 주나라 80, 92, 진나라 91, 93, 94, 98, 101, 159, 진시황제가 반체제 지식인들에게 사형 명령을 내림 299, 한나라 95, 98, 159, 무역의 부활 155, 당나라 156~158, 163, 189, 송나라 158, 160, 161, 163, 165, 189, 197, 213, 명나라 166, 297, 222, 웅장한 항해 294, 농업과 산업의 진보 294, 295, 17세기의 위기 296, 만주 제국 297, 298, 573, 574, 공화국 선포 573, 제1차세계대전 이후의 노동자들 578, 1919년에 식민 세력이 지배함 580, 581, 1930년대와 제2차세계대전 시기의 공산당 702, 1945~1949년 내전에 대한 중간 계급의 태도 702, 농민의 태도 702, 1954~1957년 경제 성장 724, 725, 1960~1965년 725, 시장을 받아들임 751, 1980년대와 1990년대 754
중도주의(자) 562~564
중동 : 영국과 프랑스 사이의 다툼들 661, —과

석유 705~707
중상주의 337, 339, 401, 403
중앙아메리카 : 1950년대 716
중앙아시아 : —와 중국의 영향 156
중왕국, 이집트 73
증기엔진 412, 413, 442, 487
지구 : —측정 109, 184, 223, 코페르니쿠스 이전 —의 운동에 대한 시각 313, 314
지구라트(Ziggurats) 46, 63
지노비에프, 그리고리(Zinoviev, Grigory) 540, 600, 601
지롱드파 367~370, 378~384, 386, 387, 390, 392, 402, 403, 435, 453, 782
지식인 : 1800년대 반동 423, 20세기 초 낙관주의 493~495, 제1차세계대전 이후 환멸 527, 528, 593~595, 스탈린주의에 직면해서 생겨난 비관주의 715, 1980년대의 비관주의 745
직장위원 : 제1차세계대전 시기 유럽 526
진나, 무함마드 알리(Jinnah, Mohammed Ali) 698, 699
진스버그, 폴(Ginsborg, Paul) 683
진승(陳勝) 98
진주만 666
진화론 410
질병 : 유럽인들이 아메리카에 미친 충격 225, 227, 234
짐바브웨 190, 193, 705, 758
짐크로우 법(Jim Crow) 688
집단 수용소 : 영국 704
집산화, 스탈린주의식 605, 665 : —로 인한 사망 606
집산화, 스페인 : 1936년 639, 643
징세 : 로마 제국 126, 127, 비잔틴 제국 170, 171, 무굴 제국 시대의 인도 300, 301, 영국 지배 하의 인도 461, 제1차세계대전 동안 인도 578
징세 대행인 183, 184, 372, 375, 377, 458
짜르쯤, 러시아 : 19세기 반혁명의 중심 513, 발칸에서 오스만 제국의 사람들을 보호해야 한다고 주장하다 467, 러시아 민족주의 고무 500, 국영 군수공장 510

ㅊ

차티즘 419~421 : 엥겔스의 접촉 424, 토지 계획 493
찰스 1세(Charles I) 276, : 처형 272, 289
참정권 : 1776년 펜실베이니아 357, 프랑스 혁명 365, 370, 영국에서 확장되다 496, 500, 1848년 독일 434
채집 사회 32, 35 : 영구적인 촌락 38
채플린, 찰리(Chaplin, Charlie) 657, 667, 690
처칠, 윈스턴(Churchill, Winston) : 무솔리니 칭찬 569, 1930년대 말 663, 정치 경력 664, —와 인도 664, 아프리카 북부와 이탈리아에서 전투 고집 667, 668, 제2차세계대전 말 이탈리아에서 '볼셰비즘'의 위험성 경고 679, 1944년 그리스에 대해 682, 1944~1945년 그리스와 이탈리아에서 혁명이 일어날까 봐 우려하다 683, 1945년 러시아 공격을 원함 688, 플턴 시에서 한 연설 688
천년왕국 운동 208
천문학 81, 313~315, 470 : 기원 50
천연두 313 : 아메리카에 가한 충격 225, 227
철 : 녹이는 기술 발견 80, 아프리카 80, 아프리카에서 독자적으로 발전 192, 고대 중국 92, 중국 송대의 생산량 160, 스페인의 아메리카 정복에서 한 역할 227, 229, 230, 233
철기군(Ironsides) : 영국 내전에서 281, 283
철학 : 고대 인도 88, 고대 중국 95, 그리스 108, 109, 아랍어로 번역된 그리스— 183
청년 헤겔주의자 423
청동 : 발견 46, 64, 기원전 3000~2000년의 이용 증대 73, 79, 비용 80, 고대 중국 92
청동기시대 46, 81
체첸 665
체코슬로바키아 : 형성 550, 여론 조작용 재판 689, 1950년대 733, 1968년 731, 733, 러시아 점령 이후 746, 1989년 749
체트니크(Chetniks) 685
초서, 제프리(Chaucer, Geoffrey) 202, 241, 245
촘피(Ciompi) 208
총파업 : 1917년 스페인 556, 1917년 벨파스트 556, 1919년 독일 553, 1919년 위니펙 558, 1919년 상하이 583, 1919년 이탈리아 559, 1920년에 독일에서 카프 반란을 물리치다 558, 559, 1922년 홍콩 582, 1923년 독일 564, 1925년 상하이와 홍콩 583, 1926년 영국 592, 1934년 2월 프랑스 628, 1934년 마드리드 636, 1938년 프랑스 633, 1956년 헝가리 714, 1968년 프랑스 731
최고가격제(Law of Maximum) 380, 391
츠빙글리, 훌드리히(Zwingli, Huldrych) 243, 249, 255
친위대(SS) 622, 672, 674
칠레 : 인디언들의 스페인에 맞선 반란 265, 19세기 영국의 영향 406, 아옌데 정부 739, 740, 747

ㅋ

카다르, 야노스(Kadar, Janos) 689, 714, 716, 749
카로이, 미차엘(Karoly, Michael) 550
카르타고 112
카를 5세(Charles V) 263
카를로스 4세(Charles IV) 404
카를로스주의자 645
카메네프(Kamenev, L B) 540, 600
카바예로, 라르고(Caballero, Largo) 635~637, 641, 642, 644
카베냐크 장군(Carvaignac, General) 438
카보우르(Cavour) 442, 443
카슈미르 : 인도와 파키스탄 700
카스트 제도 : 출현 83, 84, 변화 84, 86, 89, 90, 무굴 제국 시대 300, 인도 종파들에게 도전받다 302, 영국 지배 하에서 다시 강화되다 459
카스트로, 라울(Castro, Raoul) 717
카스트로, 피델(Castro, Fidel) 717~719, 721
카스티야 : 16세기의 정체기 263, 271, 18세기 310, 325
카시우스(Cassius) 122
카에타누(Caetano) 740
카우츠키, 칼(Kautsky, Karl) 544, 553, 564 : 기독교에 대해 132, 1890년대 베른슈타인과의 논쟁 503, 504, 1914년 전쟁에 대해 침묵

하다 522, 독일에서 나치가 이기는 것이 불 가능하다고 생각하다 615
카이로 167, 177, 187, 195, 598, 703 : 건립 186, 오스만의 장악 293
카이사르, 율리우스(Caesar, Julius) 119, 122, 123, 132, 134
카츠, F(Katz, F) 54
카토(Cato) 115
카프 반란(Kapp Putsch) 560
카하마르카 230, 231
칸트, 임마누엘(Kant, Immanuel) 322, 393
칼리굴라(Caligula) 122
칼뱅, 장(Calvin, Jean) 243, 249~251, 259, 260, 262, 316, 495
칼뱅주의 : 특징 259, 중간 계급 일부에게 미친 호소력 259, 260, 제노바 262, 스코틀랜드 262, 저지대 지방 263
칼뱅파 267 : 영국 275, 277
칼풀리(Calpulli) 59
캄보디아 88, 737, 744
≪캉디드(Candide)≫ 307, 319, 321
캐나다 : 영국의 점령 349
캘리포니아 : 계급 이전 시대 43
커래이 항명 사건 574
컨트리먼, 에드워드(Countryman, Edward) 354
케냐타, 조모(Kenyatta, Jomo) 703, 704
케네디, 로버트(Kennedy, Robert) 719~721, 722
케네디, 존 F(Kennedy, John F) 719, 720, 722
케렌스키, 알렉산드르(Kerensky, Alexander) 531, 533, 534, 541, 629
케이스먼트, 로저(Casement, Roger) 507
케인스, 존 메이너드(Keynes, John Maynard) 495, 742
케플러, 요하네스(Kepler, Johannes) 242, 314~316
코널리, 제임스(Connolly, James) 575, 577, 784
코란 176, 182, 187, 757
코르닐로프 장군(Kornilov, General) 535, 540
코르도바(아르헨티나) : 1969년 봉기 739
코르돈(Cordones) 740
코르테스, 에르난(Cortés, Hernan) 222, 226, 227, 229, 230, 248, 312, 327

코뮌 : 1789~1795년의 파리 363
코뮌 : 중세의— 202
코스토프(Kostov) 689
코이산족 292
코트, 헨리(Cort, Henry) 336
코페르니쿠스(Copernicus) 242, 314~316, 470
콘스탄티노플 167, 169~171, 173, 204, 293
콘스탄티누스(Constantine) 144, 242
콘스탄티우스(Constantius) 144
콜럼버스, 크리스터퍼(Columbus, Christopher) 214, 222 : 금에 대해 223, 토착민 타이노족에 대해 223, 노예제 시도 225, 그에 저항하는 반란 진압 226, 토착민을 노예로 만들다 327
콜로니(Coloni) 127
콜로세움 125
콜리지(Coleridge, Samuel Taylor) 392, 410
콜린스, 마이클(Collins, Michael) 575~577
콜코, 게이브리엘(Kolko, Gabriel) 671, 683
콤파니스(Companys) 639~642
콩고-자이르 721, 766
콩트, 오귀스트(Comte, August) 494
쿠 클랙스 클랜(KKK) 454, 455
쿠노(Cuno) 정부 564
쿠르드 664
쿠바 : 콜럼버스 상륙 223, 바티스타 하에서 717, 혁명 717, 718, 게릴라의 사회적 구성 718, 1959~1960년에 미국 기업 이익과 충돌 하다 718, 1961년 침공 시도 718, 719
쿠바 미사일 위기 719, 720
쿠스코 222, 232, 233
쿠시 문명 190
쿠웨이트 758, 759
쿠자누스, 니콜라우스(Cusanus, Nicolas) 313
쿤, 벨라(Kun, Bela) 555
쿨락(부농) 547, 599, 605
쿨리지(Coolidge) 미국 대통령 595
쿵족 33
퀘이커교 348, 353
쿼틀라와크(Cuatlahuac) 227
크노소스(Knossos) 46, 64
크레송, 에디스(Cresson, Edith) 317
크레타, 고대 46, 64, 70, 117

크로스랜드, 앤서니(Crosland, Anthony) 693, 765
크로포트킨(Kropotkin, Peter) 390, 522
크론슈타트 반란(1921년) : ―의 성격 569, 570
크롬웰, 올리버(Cromwell, Oliver) 273, 281~284, 286~290, 312, 561
크롬퍼드 방적공장 336
크루즈 미사일 747, 774
크루프(Krupps) : ―와 죽음의 수용소 675
크루프, 알프레드(Krupp, Alfred) 442
크리스마스 '휴전' : 제1차세계대전에서 527
크리스탈나흐트(Kristallnacht) 673
크리스토프(Christophe) 404
크릿테(Kriedte) 198
크메르루즈(Khmer Rouge) 744
크테시폰 177, 182
클라이브, 로버트(Clive, Robert) 458, 459
클럽 : 프랑스 혁명에서 정치― 363, 365, 1870~1871년 파리 '적색'― 475
클레망소(Clemenceau) 554
클로디우스(Clodius) 119
클로비스(Clovis) 128
키로가(Quiroga) 638
키치너 경(Kitchener, Lord) 506
키케로(Cicero) 118 : 가난에 대해 123
키플링, 루드야드(Kipling, Rudyard) 461, 505
킨들버거, 찰스(Kindelberger Charles) 651
킹, 마틴 루터(King, Martin Luther) 732

ᇀ

타넨베르크 전투 522
타보르파(Taborites) 211
타스카, 안젤로(Tasca, Angelo) 563
타이노족 223~225
타이완 701, 702 : 국유화 710
타일러, 와트(Tyler, Wat) 208
타지마할 294, 301
타키투스(Tacitus) 131
타파르, 로밀라(Thapar, Romila) 89
탈부르크 614, 617

탈퍼들의 순교자(Tolpuddle Martyrs) 418
태평천국의 난 464, 506 : 평등주의 이상의 타락에 대해 465
태프트 하틀리법 690
터키 : 1912년 발칸 전쟁 참전 516, 1920년대 초 그리스와의 전쟁 555
테노치티틀란 222, 227~229 : 스페인인이 묘사한― 221
테르미도르(Thermidor) 370, 386~389, 393, 403, 410
테베(이집트) 15, 68, 72, 81
테오도릭(Theodoric) 128, 153
테오티우아칸 63, 64, 67, 70, 227, 769 : 인구 49
테일러, 프레드릭(Taylor, Frederick) 492
테일러, A J P(Taylor, A J P) 665
테트 공세(1968년) 723, 734
테헤란 회담 680
톈안먼(天安門) 754, 755, 780
토레즈, 모리스(Thorez, Maurice) 630, 631, 681, 689
토리노 515, 543, 563, 678, 695 : 1920년의 파업 559, 1943년의 파업 676
토지개혁과 국가자본주의 710
토지점거 운동 : 1960년대 말 칠레 739
토크빌, 알렉시스 드(Tocqueville, Alexis de) 433
톨러, 에른스트(Toller, Ernst) 528
톨리아티, 팔미로(Togliatti, Palmiro) 681, 689
투라티, 필리포(Turati, Filippo) 563, 564, 567
투생 루베르튀르(Toussaint L'Ouverture) 402, 403
튀르고(Turgot) 322
튜더, 메리(Tudor, Mary) 274
트란스발 : 영국이 빼앗으려고 하다 508
트란실바니아 247, 443
트러스트 : 20세기 초의 독일 509, 524
트레버-로퍼, 휴(Trevor-Roper, Hugh) 190
트로츠키, 레온(Trotsky, Leon) : 페테르부르크 소비에트 의장 514, 러시아에서 필요한 혁명의 성격에 대해 514, 515, 1914년 전쟁에 사람들이 열광한 이유에 대해 520, 521, 1917년 10월 혁명의 평화적 성격에 대해 541, 브레스트-리토프스크 545, 적군 창설 546, 식민지 국가와 연속혁명에 대해 587, 스탈린에 대한 반대 600, 소련에서 쫓겨나다 602, 스탈린에게 살해당하다 606, 가족들이 스탈린의 손에 고통받다 648, 나치즘과 스탈린주의에 대해 648, 러시아의 성격에 대해 648
트루먼, 대통령(Truman, President) 689, 692
트리거, 브루스(Trigger, Brusse) 65
트리엔트 공의회 266
트웨인, 마크(Twain, Mark) 382
티베트 88, 156
티센, 프리츠(Thssen, Fritz) 617, 619, 660
티에르, 오귀스트(Thiers, August) 475, 476, 478~480
티토(Tito) 685 : 스탈린과 관계를 끊다 685, 690
틸라크, B G(Tilak, B G) 573

ㅍ

파나마 230, 335, 393, 406, 716, 760
파라오 57, 66, 68, 69, 72, 73, 79
파리 : 1870~1871년의 포위 474
파리코뮌, 1871년 : —의 선거와 조직 477, —내의 정치적 경향들 478, 479, 분쇄 480, 481
파머, 토머스(Palmer, Thomas) 396
파머스톤 경(Palmerston, Lord) 468
파브르(Favre, Jules) 475
파시즘, 이탈리아 : 등장 565~569, 핵심 지지자들의 계급적 배경 566
파업 : 처음 역사에 기록된— 69, 1918년 1월 독일과 오스트리아-헝가리 544, 1919년 미국 철강 558, 1918~1920년 인도 578, 579, 이집트 585, 1936년 프랑스 628, 629, 1930년대 초 바로셀로나 635, 미국의 뉴딜 기간 652~655, 1943~1944년의 이탈리아 676, 677, 1946년 미국 688, 1967년 상하이 727, 1980년대 서유럽 745
파이퍼(Pfeifer) : 농민전쟁에서 236
파크, 뭉고(Park, Mungo) 505
파크스, 로자(Parks, Rosa) 732
파키스탄 : 건립 700, 두 개로 쪼개지다 700, 언어 700

파트리키(Patricians) 111~114, 116
파퐁(Papon) 684
파푸아 뉴기니 42, 56
팔랑헤당(Falange) : 스페인 637, 645
팔랑헤당원 : 1982년 레바논 대학살 756
팔레스타인 : 고대 72, 73, 79, 81, 134, 136~138, 140, 203, 1930년대 중반의 아랍인 봉기 706, 영국이 유대 민족의 고향을 약속하다 705, 분할 706
패러데이, 마이클(Faraday Michael) 494
패럴, 제임스(Farrell, James T) 599, 658
팽크허스트, 실비아(Pankhurst, Sylvia) 501
팽크허스트, 에멀린(Pankhurst, Emmeline) 501
팽크허스트, 크리스타벨(Pankhurst, Christabel) 501
퍼거슨, 애덤(Ferguson, Adam) 321, 337, 410
펀자브 : 1947년 분할 699
페니키아인 102
페론(Peron) 659, 709, 739
페루 : 스페인 정복으로 파괴되다 234
페르난도 왕(Ferdinand, King) 222, 238, 239
페르디난트, 황태자(Ferdinand, Archduke) 517
페르시아 : 서기 5세기와 6세기 175
페리, 제독(Perry, Commander) 471
페인, 톰(Paine, Tom) : 경력 355, 356, ≪상식≫ 356, 미국 혁명에 끼친 영향 356, 357
페테르부르크 : 압도적인 농민 국가에서 대규모 산업 514, 1914년 516
페트로그라드 : 1914년 공장들의 규모 536
펜 가(Penn) 348
펜실베이니아 347, 348, 353, 355~357, 359, 361, 418, 435, 511, 655
펠로폰네소스 전쟁 107
펠리페 2세(Philip II) 263, 274
포드, 헨리(Ford, Henry) : 512, 589
포드주의 694
포르투갈 : 15세기 아프리카 연안을 따라 항해하다 214, 네덜란드에게 밀려나다 264, 스페인 지배 하에서 265, 271
포스트모더니즘 745
포이어바흐, 루트비히(Feuerbach, Ludwig) 423~426

포즈나인 : 1956년의 반란 712
포츠담 회담 680
포퓰리스트 정부 : 1930년대와 1940년대 659
포퓰리즘 : 19세기 후반 미국 456
폴란드 : 18세기 310, 19세기 중반의 귀족 435, 1830년대와 1860년대 러시아 지배에 맞선 반란 444, 1939년 분할 665, 나치 점령 하에서 671, '인민의 정부' 685, 1956년 "10월의 봄" 713, 1968년 학생 운동 746, 1969~1981년의 노동자 저항과 파업들 746, 747
폴리네시아 43
폴리보스(Polybus) 104
폴리젠스키(Polisensky) 267, 268, 270
폼페이우스(Pompey) 122
푸거 가(Fugger) 247
푸리에, 샤를(Fourier, Charles) 411
프라이드 대령(Pride, Colonel) 287
프라이스, 아트(Preis, Art) 653
프라이어, 피터(Fryer, Peter) 713
프라이코어(Freikorps) 554, 614
프라하 투척 사건 267
프란체스코 수도회(Franciscans) 205
프랑스 : ―와 루터의 혁명 243, 16세기 종교전쟁 243, 18세기 산업 인구 310, ―왕정과 미국 혁명 359, 부르주아지가 루이 보나파르트를 믿다 442, 알제리 점령 457, 467, 인도네시아 점령 505, 알제리와 세네갈에서 벌인 전투 506, 1934년 2월 6일 극우파들 시위 627, 1934년 2월 12일 노동자들의 시위 628, 1936년 선거 628, 인민전선 628~634, 레지스탕스 679, 680, 전쟁 후 비시 국가 기구의 연속성 684, 베트민에게 패배하다 722, 1958~1962년 군사 쿠데타 시도 704
프랑스, 아나톨(France, Anatole) 521
프랑코(Franco) 장군 635, 636, 638, 639, 643, 644 : ―의 '파시즘' 645, 승리의 결과 646
프랑크족 128, 152
프랑크푸르트 국민의회 434, 436, 440
프랭클린, 벤저민(Franklin, Benjamin) 320, 347, 349, 352, 355, 359
프로이트, 지그문트(Freud, Sigmund) 494, 594
프로테스탄트, 아일랜드 : 18세기 398, 1790년대 중간 계급 398, 오렌지회를 창설하다 399, 400
프로테스탄티즘 : 사회적 토대 197, 258, 316, ―과 자본주의 248, ―과 읽고 쓰는 능력 316
프롤레타리(Proletarii) 112
프롤레타리아 예술 657
프롤레타리아트 : 마르크스와 엥겔스의 개념 430~432
프루동 478, 479
프루동주의자 : ―와 파리코뮌 479
프리드리히 대제(Frederick the Great) 319
프리드리히, 작센의(Frederick of Saxony) 251
프리드먼, 밀턴(Friedman, Milton) 742
프리들, 어니스틴(Friedl, Ernestine) 33, 34
프리스틀리, 조지프(Priestley, Joseph) 320, 393, 396
프톨레마이오스, 클라디오스(Ptolemy, Claudius) 88, 109, 313, 315
플라톤(Plato) 106, 108, 183, 201, 240, 314, 422
플랑드르 202, 207~211, 214, 263, 593
플레브스(Plebeians) 112~114, 116
플레하노프(Plekhanov) : 1914년 전쟁 지지 522
플리니, 원로원 의원(Pliny the Elder) 132
플린, 엘리자베스 걸리(Flynn, Elizabeth Gurley) 515
피노체트, 아우구스토(Pinochet, Augusto) 740
피라미드 46, 49, 63, 64, 68, 80, 221
피렌체 : 중세 208, 212, 르네상스 241, 16세기의 쇠퇴 247
피사로, 에르난도(Pizarro, Hernando) : 잉카 학살 설명 231
피사로, 프란시스코(Pizarro, Francisco) 222, 230~233, 248, 312
피어스, 패드라익(Pearse, Padraic) 575
피에몬테 440, 442, 443
피츠제럴드, 에드워드 경(Fitzgerald, Lord Edward) 393
피카소(Picasso) 594
피타고라스의 세계관 314
피터, 휴(Peter, Hugh) 282, 283
피트, 윌리엄(Pitt, William) 402, 403
핀란드 : 1918년 백군이 사회민주당 봉기 분쇄 548

필라델피아 348, 354, 355, 359, 360, 413
필리핀 271, 296, 505, 661, 666, 716
필립 아라부스(Philip the Arab) 143
필립스, 웬델(Phillips, Wendell) 450, 452
핌, 존(Pym, John) 278

ㅎ

하겐도르프, 반(Hagendorp, van) 362
하디, 케어(Hardie, Keir) 522
하디, 토머스(Hardy, Thomas) 396
하디스(Hadiths) 183, 187
하라파 46, 64
하비브, 이르판(Habib, Irfan) 300, 301, 303
하산 알 와잔(Hasan al Wazzan) 191
하이에크, 프리드리히 폰(Hayek, Friedrich von) 34, 35, 742
하이젠베르크, 베르너(Heisenberg, Werner) 594
학생 : 독일 종교개혁 252, 1919년 중국의 항의 시위들 581, 1968년의 투쟁들 735, 736, 선진 자본주의에서 수의 증가 735
한국전쟁 446, 692, 702, 722, 734, 743
한무제(漢武帝) 95
한자 동맹 도시들 247
할렘 르네상스 591
할리우드 657, 667, 690, 737
함스워스, 알프레드(Harmsworth, Alfred) 489, 499
합리주의 319
합스부르크 가(Habsburg) 265~267, 280, 307, 324
항명 : 제1차세계대전 527, 독일 해군에서 530, 1919년 영국과 프랑스 556, 코노트 유격대 반란 576, 1920년 이탈리아 559, 영국 군대 683, 1946년 인도 해군 699
해군 : 20세기 초 영국과 독일 사이에 군비 경쟁 510
해밋, 대쉴(Hammett, Dashiell) 599, 657, 690
해이가르, 존(Haegar, John) 164
핵무기 690, 691, 719, 720, 770, 773~775
핸슨, 앨빈 H(Hansen, Alvin H) 590, 592

행동당(이탈리아) 679
헉슬리, 토머스(Huxley, Thomas) 494
헤겔(Hegel) 411, 423~425 : 프랑스 혁명에 대해 392
헤로데 왕(Herod, King) 130, 133
헤로도토스(Herodotus) 190
헤밍스(Hemmings) 233, 234
헤이스팅스, 워렌(Hastings, Warren) 459
헤이우드, 빅 빌(Haywood, Big Bill) 515
헨리 7세(Henry VII) 238, 240
헬러, 헨리(Heller, Henry) 258, 259
헬로트(Helots) 103, 104, 107
혁명, 1848년 433~444 : 프랑스 433, 434, 437~439 독일 434, 440, 이탈리아 434, 440, 프라하 434, 440, 헝가리 435, 440
혁명, 러시아 : 1905년 513~515
혁명, 러시아 : 1917년 528~542
혁명, 스페인 : 1931년 635, 1936년 638~646
혁명, 아메리카 347~361 : 뉴욕 348, 하층 계급이 한 선동의 역할 354, 355, 영국의 전략 358, 359, 반란군의 전투 358~360, ―과 흑인들 360, 사회적 중요성 361, ―과 아메리카 원주민 360, 361
혁명, 영국 272~291 : 원인 276~279, 결과 289~291, ―과 자본주의의 발생 290, 291, ―과 검열의 완화 316
혁명, 이란 : 1979년 755, 766
혁명, 포르투갈 : 1974~1975년 740, 741
혁명, 프랑스 362~391 : 연표 346, 원인 371~377, 계급 세력 관계 377~381, 383~386, 389~391, 경제적·사회적 영향 389, 아일랜드에 미친 충격 397, 1840년대 중간 계급에게 미친 영향 435
혁명, 헝가리 : 1956년 714~716, 720, 775
혁명위원회, 미국 혁명 354, 355, 358
혁명위원회, 1936년 스페인 639
혈족 30, 41~43, 53, 59, 175
호르티 장군(Horthy, Admiral) 556
호른, 앨리스테어(Horne, Alistair) 481
호메로스(Homer) 108
호메이니, 아야톨라(Khomeini, Ayatollah) 756
호이겐스(Huygens, Christian) 316

호주 : 식민지 이전 43, 양모 488, 1919년 파업 558
호치민(胡志明) 728
홀로코스트 766, 770
홉스, 토머스(Hobbes, Thomas) 317, 356
홉스봄, 에릭(Hobsbawm, Eric) 552, 634, 645, 664, 683, 726
홉슨, J A(Hobson, J A) 504
홉킨스, 매튜(Hopkins, Matthew) 317
홍건적 166
홍수전(洪秀全) 464, 465
홍위병 726, 727
홍콩 463, 582, 583, 701, 753 : 중국 반환 758
화이트마운틴 전투 269, 281
화폐 : 초기 사용 87, 유럽 암흑기에 사용 쇠퇴 153, 4세기 중국 155, 16세기 유럽에서 수요 증가 246
활판 161
황건적 99
황소(黃巢) 158
황허 강 : —과 중국 문명의 기원 92
회의론자 108
횔덜린(Hölderlin) 410
후겐베르크, 알프레드(Hugenburg, Alfred) 617, 618
후버, J 에드거(Hoover, J Edgar) 591
후사크(Husak) 749
후세인(Husein) 179
후스(胡適) 581
후스, 얀(Hus, Jan) 210, 211
후스파(Hussites) 243
후쿠야마, 프랜시스(Fukuyama, Francis) 730, 765
후크, 로버트(Hooke, Robert) 316
훈족 152, 193
흄, 데이빗(Hume, David) 320, 337, 410
흐루시초프, 니키타(Khrushchev, Nikita) 708, 719, 720 : 스탈린 폭로 711, 712
흑사병 210, 234, 248, 275
흑표범당 732
희망봉 : 네덜란드의 식민화 509
히랄(Giral) 정부 644

히로시마와 나가사키 668, 669, 765, 773
히스, 에드워드(Heath, Edward) 738
히스파니올라 섬 224~226, 400
히타이트인 72, 80
히틀러, 아돌프(Hitler, Adolf) 239, 564, 569, 591, 611, 613~624, 626, 627, 632, 636, 646, 647, 649, 656, 660 : 제2차세계대전 참전 662~664, 1943년 토리노 파업에 대해 676
히파르코스(Hyparcus) 109
힉소스인(Hyksos) 72
힌덴부르크, 파울 폰(Hindenburg, Paul von) 524, 551, 615, 616, 619
힌두 국수주의 698~700
힌두교 83 : 전파 88, 강화 151
힐, 크리스터퍼(Hill, Christopher) 289
힐리, 데니스(Healey, Denis) 675
힐턴, 로드니(Hilton, Rodney) 206
힐퍼딩, 루돌프(Hilferding, Rudolf) 553, 562, 593, 612, 615, 709

기타

12개 조항 : 독일 농민전쟁 254
1917년 2월 혁명 528~530
1968년 731~737
30년 전쟁 243, 264, 265, 272, 275, 276, 292, 314, 779, 782
3대륙 회담 721
5월 사태 : 1968년 프랑스 736, 738
7년 전쟁 16, 307, 349, 375
9월 학살 369
CEDA 636, 637
CGL(이탈리아 노동조합 연맹) 567, 568
CIA : 과테말라 쿠데타 717, 쿠바 침공 시도 718, 마피아와 협작 719, 체 게바라 살해 721, 1965년 인도네시아에서 722, 1975년 포르투갈에서 741, —와 아프가니스탄 이슬람 전사들 757
I G 파르벤(I G Farben) 675
IMF(국제통화기금) 751, 753, 754, 759
OAS 테러 집단 705